Arnd Kluge
Die Zünfte

Arnd Kluge

Die Zünfte

Franz Steiner Verlag Stuttgart 2009

Bibliografische Information der Deutschen National-
bibliothek
Die Deutsche Nationalbibliothek verzeichnet diese Publikation in der Deutschen Nationalbibliografie; detaillierte bibliografische Daten sind im Internet über <http://dnb.d-nb.de> abrufbar.

ISBN 978-3-515-09391-0

Gedruckt auf säurefreiem, alterungsbeständigem Papier.
Druck: buch bücher dd ag, Birkach
Printed in Germany

INHALTSVERZEICHNIS

DANK

Dieses Buch entstand während eines „Sabbatjahres“. Den Parlamentariern, die diese Möglichkeit schufen, gebührt der Dank des Autors ebenso wie den Bibliotheken, welche eine Flut an Fernleihbestellungen bewältigten, vor allem der Stadtbücherei Hof, sowie dem Stadtarchiv Hof.

Herrn Prof. Dr. Karl Heinrich Kaufhold (Göttingen), Herrn Prof. Dr. Wilfried Reininghaus (Münster), Herrn Prof. Dr. Reinhold Reith (Salzburg), Frau Prof. Dr. Helga Schultz (Frankfurt an der Oder) und Herrn Prof. Dr. Knut Schulz (Berlin) gebührt Dank für die Lektüre des Manuskriptes und wertvolle Hinweise und Anregungen. Den Herren Prof. Reininghaus und Kaufhold, den Herausgebern der VSWG und dem Franz Steiner-Verlag dankt der Autor für die Gelegenheit zur Veröffentlichung des Manuskriptes.

1. EINLEITUNG

1.1. ANNÄHERUNGEN

Seit rund 150 Jahren hat Deutschland keine Zünfte mehr. Die Erinnerung an das alte Zunftwesen ist verblasst, seit niemand mehr lebt, der es noch aus eigener Erfahrung kennt. Geblieben ist sein schlechter Ruf.

1.1.1. Zünfte in der Umgangssprache

Einige Wendungen der Umgangssprache entstammen der Zunft- und Handwerksterminologie, ohne dass uns gewöhnlich dieser Zusammenhang bewusst ist. Wenn wir einen Gegenstand oder eine Handlung als „zünftig" bezeichnen, wollen wir ein Lob aussprechen. Die Sache ist ordentlich, tüchtig, fachmännisch, gut in einem bodenständigen, traditionellen Sinne.[1] Neben dem Ausdruck der Anerkennung hat das Wort „zünftig" einen altmodischen Beigeschmack, es reflektiert eine altväterlich-biedermeierliche Solidität des Zunfthandwerks. Wer die „Innung blamiert", beschämt die Gruppe, der er angehört. Hinter der Formulierung verbirgt sich die Erinnerung an Ehrbegriffe des Zunfthandwerks.[2] Das Wort „Zeche" kommt in alten Schriften als Synonym für „Zunft" vor, meint aber auch die Kosten von Speisen und Getränken. Im übertragenen Sinne muss jemand, der „die Zeche zahlen muss", für die unangenehmen Folgen einer Handlung einstehen. Die sprachliche Verbindung der Zunft mit den Kosten einer Mahlzeit bewahrt etwas von der Geselligkeit des Zunftlebens. Dass „Handwerk goldenen Boden" habe, ist eine – übertrieben positive – Einschätzung der Gewinnchancen, die handwerkliche Arbeit vermittelt. Verstieß ein Mitglied gegen die Regeln der Zunft, wurde ihm „das Handwerk gelegt", das heißt stillgelegt.[3] Heute gebrauchen wir die Redewendung in dem Sinne, dass ein böses Treiben beendet wird. Mit Aussagen wie denen, dass jemand eine Sache meistere, sein Handwerk verstehe oder das (Handwerks-) Zeug zu etwas habe, drücken wir Anerkennung für Tüchtigkeit aus.[4] Die Umgangssprache verbindet mit Zünften statische Eigenschaften wie Ordnung, Ehre, Qualität, Gemütlichkeit und Stabilität, während moderne Begriffe des Wirtschaftslebens wie Dynamik, Flexibilität oder Ehrgeiz nicht auf das Zunftwesen zu passen scheinen.[5]

1 Vgl. Roth, Zunftherrlichkeit, S. 7.
2 Vgl. Röhrich/Meinel, Redensarten, S. 164.
3 Röhrich/Meinel, Redensarten, S. 164.
4 Röhrich/Meinel, Redensarten, S. 164–167.
5 Redensarten über Handwerke und Handwerker lassen noch andere Dimensionen erkennen. Sie spotten über die Unfähigkeit oder Ungeschicklichkeit der Handwerker und ihre schlechten Charaktereigenschaften wie Faulheit oder Unehrlichkeit. Andere Redensarten loben das Handwerk und bewundern die Fertigkeiten der Ausübenden, auch ihre Schnelligkeit bei Ar-

1.1.2. Zünfte in Konversationslexika

Was das gebildete Publikum wissen sollte, findet es in Konversationslexika. Das erste große Konversationslexikon deutscher Sprache ist „der Zedler“, ein Opus magnum aus 64 Bänden. In mehr als 100 Spalten setzte es sich mit dem zeitgenössischen Zunftwesen des 18. Jahrhunderts auseinander. „Von denen übeln Gewohnheiten und Mißbräuchen der Handwercks-Zünffte“, was Reich und Länder dagegen unternommen hatten und „wie denen Handwercks-Mißbräuchen am besten zu steuern“, davon handelten allein fast 70 Spalten. Trotzdem kam das Lexikon nach Abwägung des Für und Wider zu dem Schluss, das Zunftwesen sei zwar gründlich zu reformieren, solle aber beibehalten werden.[6]

Der „Brockhaus“ aus dem Jahr 1830 definierte die Zunft als „eine Gesellschaft von Gewerbleuten, die zur Betreibung ihres Gewerbes ausschließend berechtigt sind und eine bestimmte gesellschaftliche Verfassung haben“.[7] Im Mittelalter waren die Zünfte, so das Lexikon, „wo Volksbildung und Betreibung der Gewerbe noch auf einer niedrigen Stufe standen, wo diese Vereine das Ehrgefühl ihrer Mitglieder weckten und die vorhandenen technischen Kenntnisse in ihrer Mitte bewahrten und fortpflanzten, heilsame Anstalten. Aber gerade die Umstände, die den Gewerbmann zur Selbständigkeit erhoben, gaben seiner Betriebsamkeit das dem Zunftwesen eigne selbstsüchtige Streben, das schon in jener frühen Zeit sich ausbildete.“[8] Bereits in der mittelalterlichen Zunftverfassung „liegen die Keime zu Mißbräuchen und Hemmungen der Gewerbthätigkeit, die um so nachtheiliger wirken mußten, je mehr die Gewerbsamkeit sich ins Große ausbreitete, und Manufacturfleiß und Handel zunahmen.“ Der Verfasser des Lexikonartikels stellte weiter fest, dass in seiner Gegenwart die Zünfte sich überlebt hätten, weil ihre Aufgaben vom Staat, dem Markt oder der bürgerlichen Gesellschaft übernommen worden seien.[9]

Der Vorwurf des Missbrauchs und der wirtschaftlichen Hemmungen wurde in der Folgezeit noch gesteigert: Man stellte Übertreibungen der Zünfte bis „zum Lächerlichen“ fest.[10] Mit dem Ende des Mittelalters sei das Zunftwesen in das Stadium des „Verfalls“ eingetreten.[11] Die Zünfte hätten ihre „ursprüngliche Aufgabe“, das Gemeinwohl zu fördern, vergessen und „ausschließlich auf das mate-

beitsvorgängen. Dass Handwerker innovativ oder kreativ seien, verkünden die Redensartenicht, allenfalls sind sie gewitzt, wenn sie ihre Kunden „über den Löffel balbieren“ und „schröpfen“, jemandem „das Wasser abgraben“ und ihn „in die Zange nehmen“. (Vgl. Röhrich/Meinel, Redensarten, S. 172–197.)

6 Großes vollständiges Universal-Lexikon, hrsg. von Johann Heinrich Zedler, Band 64, Leipzig/Halle 1750, Sp. 50–157.

7 Allgemeine deutsche Real-Encyklopädie für die gebildeten Stände (Conversations-Lexikon), 7. Auflage, 12. Band, Leipzig 1830, S. 564–568, Zitat: S. 564.

8 Ebenda, S. 566.

9 Ebenda, S. 567.

10 Allgemeine deutsche Real-Encyklopädie für die gebildeten Stände (Conversations-Lexikon), 9. Auflage, 15. Band, Leipzig 1848, S. 593ff, Zitat: S. 593; Allgemeine deutsche Real-Encyklopädie für die gebildeten Stände (Conversations-Lexikon), 11. Auflage, 15. Band, Leipzig 1868, S. 790ff.

11 Allgemeine deutsche Real-Encyklopädie für die gebildeten Stände (Conversations-Lexikon), 11. Auflage, 15. Band, Leipzig 1868, S. 792.

rielle Wohl der Innungsmeister ihr Augenmerk" gerichtet.[12] In der Zeit seiner mittelalterlichen Blüte „war das Zunftwesen zeitgemäß und nützlich, es entsprach den Interessen der Produzenten und Konsumenten, schuf für die gewerbliche Bevölkerung gute, gesunde Verhältnisse, führte zu großen Fortschritten in der Technik, namentlich auch in der künstlerischen Herstellung von Handwerksprodukten, und war ein wichtiges Förderungsmittel des gemeinen Wesens und Wohls und eine wesentliche Ursache jener Blüte des deutschen Städtewesens im 15. und 16. Jahrhundert, die kulturgeschichtlich zu den glänzendsten Erscheinungen der deutschen Geschichte gehört. In der zweiten Phase [der des neuzeitlichen Verfalls] zeigt das Zunftwesen von alledem sein Gegenteil. ... Das deutsche Gewerbewesen geriet in einen traurigen Zustand", aus dem es erst die „Staatsgewalt", namentlich Preußen, seit dem 18. Jahrhundert erlöst habe.[13] Die Zwei-Phasen-Dichotomie ist Grundlage der lexikalischen Auffassungen bis zur Gegenwart.[14]

1.1.3. Zünfte in der Geschichtswissenschaft

Nicht viel besser steht es um die wissenschaftliche Beurteilung des Zunftwesens. In Deutschland begann die Zunftgeschichtsschreibung in der Zeit der Romantik. Im Jahr 1831 nahm sich der Hamburger Rechtsanwalt Wilhelm Eduard Wilda des Themas in aller Ausführlichkeit an, durch eines der damals beliebten Preisausschreiben angeregt. Die Königlich Dänische Gesellschaft der Wissenschaften in Kopenhagen hatte die Erforschung der dänischen Gilden zum Gegen-stand einer Preisaufgabe gemacht. Wilda, der dänische und deutsche Gilden und Zünfte verglich, hatte – abgesehen von kurzen Ausführungen Karl Heinrich Raus im Jahr 1816[15] – „ein fast unbebautes Feld zu bearbeiten."[16]

Auf dem Gebiet der deutschen und europäischen Zunftgeschichte betätigten sich in den folgenden Jahrzehnten neben Mediävisten und Rechtshistorikern vor allem Wirtschaftshistoriker und Volkswirte der in diesen Fächern bis nach dem Ersten Weltkrieg dominierenden „Jüngeren Historischen Schule der Nationalökonomie". Die führenden deutschen Gelehrten dieser Fachgebiete waren in die Debatte involviert. Das Interesse am Mittelalter als einer „großen" deutschen Epoche verband sich mit den damals aktuellen Diskussionen über Sinn und Unsinn der Zünfte, die es in einigen deutschen Territorien ja noch gab. Das Thema bot Historikern eine Gelegenheit, ihre Wissenschaft als modern zu erweisen, da sie sich fast unisono auf die Seite der historischen Sieger, der Gewerbefreiheit und des starken Staates, stellten. Victor Böhmert drückte die verbreiteten Einschätzungen aus, wenn er feststellte: „Während die Zünfte in den ersten Jahrhunderten ihres Beste-

12 Illustrirtes Konversations-Lexikon. Vergleichendes Nachschlagebuch für den täglichen Gebrauch. Hausschatz für das deutsche Volk und „Orbis pictus" für die studirende Jugend, 8. Band, Leipzig/Berlin 1880, Sp. 1471.

13 Meyers Konversations-Lexikon. Eine Encyklopädie des allgemeinen Wissens, 4. Auflage, 16. Band, Leipzig/Wien 1890, S. 992f.

14 Vgl. Brockhaus-Enzyklopädie in 24 Bänden, 19. Auflage, 24. Band, Mannheim 1994, S. 623.

15 Rau, Zunftwesen, S. 9–41.

16 Wilda, Gildenwesen, S. V–IX, Zitat: S. VIII.

hens das Schauspiel eines edlen Ringens bieten, das um so schöner war, weil sie zugleich die Ehre der Arbeit miterkämpften, sind sie im 17. und 18. Jahrhundert die Förderer des herzlosesten Egoismus und ein Hemmniss des gewerblichen Aufschwunges geworden."[17] Gustav Schmoller machte „‚Stumpfsinn und Apathie, kleinlichen Spießbürgergeist und beschränkte Indolenz' in den Zünften" der Frühen Neuzeit aus.[18] Historikern der frühneuzeitlichen Territorialgeschichte und der Nationalgeschichte des 18. und 19. Jahrhunderts galten die Zünfte als Antipoden des herrschenden Paradigmas, da sie gegen den Ruhm des Herrschers oder der Nation die Kleinteiligkeit der Stadt verkörperten.[19] Über Leistungen und Entwicklung der Zünfte in der Neuzeit wurde wenig geforscht.[20] Die deutschen Zünfte des Mittelalters wurden hingegen als konstituierendes Element einer hoch entwickelten und in ihren künstlerischen (Meistersinger), wirtschaftlichen (Hanse) und politischen (Städtebünde) Manifestierungen gefeierten Städtekultur angesehen, welche zusammen mit dem deutschen Kaisertum die Größe Deutschlands in einer längst vergangenen Epoche ausmachte.

Nach dem Ersten Weltkrieg beruhigte sich die Forschung zur Entstehung der Zünfte. Die Zahl der örtlichen Zunftgeschichten wuchs stetig, unzählige Details wurden ans Tageslicht befördert, frühere Pauschalaussagen differenziert. Georg von Below relativierte die strenge Schematisierung der Zunftgeschichte in Blüte- und Verfallszeit.[21] Zusammenfassende Deutungen versuchten zum „Wesen" der Zunft vorzudringen.[22] Das Bild der Forschung dominierte – in Wilfried Reininghaus' zugespitzter Diktion – ein „antiquarisches Interesse an Handwerksgeschichte ... Das gilt selbst für R. Wissells mehrbändiges Werk ‚Des alten Handwerks Recht und Gewohnheit', das als Materialsammlung angelegt war, um Bedrohtes zu retten."[23] Rudolf Wissell, ein Schlossergeselle, der es während der Weimarer Republik bis zum Reichsminister brachte, kannte zwar die Zünfte nicht mehr aus eigenem Erleben, war aber als Geselle noch gewandert und einer Gesellenschaft beigetreten. Er sammelte über mehrere Jahrzehnte schriftliches Material und mündliche Überlieferungen. Mit seinen sechs Bänden (erste Auflage in zwei Bänden 1929) ist Wissells Werk bis heute die umfangreichste Arbeit der Zunftgeschichte. Widmen sich die ersten zweieinhalb Bände und ein Teil des sechsten

17 Böhmert, Beiträge, S. 27. Dem Paradigma vom mittelalterlichen Aufstieg und neuzeitlichen Verfall der Zünfte schlossen sich Historiker in anderen Ländern an. Für Belgien vgl. Lis/Soly, Zünfte, S. 155; für Italien: Frigo, Zünfte, S. 197.

18 Haupt, Wege, S. 9. Zur Jüngeren Historischen Schule der Nationalökonomie vgl. Winkel, Nationalökonomie, S. 101–121; Lenger, Gewerbegeschichtsschreibung; Ehmer, Denken, S. 25f.

19 Reith, Zünfte, S. 41; vgl. Oexle, Zunft.

20 Eine herausragende Einzelstudie aus dieser Zeit ist die Arbeit von Fritz Hähnsen über die Kieler Zünfte von den Anfängen im Mittelalter bis zur Gewerbefreiheit (Hähnsen, Geschichte.) Hähnsen untersuchte ausgiebig die Entwicklungen während der Frühen Neuzeit und stellte dem Zunftbild der Statuten die tatsächlichen Verhältnisse gegenüber. In der Frage des „Verfalls" des neuzeitlichen Zunftwesens kam er zu differenzierten Urteilen. Nur wenige lokale Studien zur Zunftgeschichte erreichten jemals das Niveau dieser erweiterten Dissertation.

21 Hopp, Zunft, S. 80.

22 Breuer, Wesen; Maurer, Zunft.

23 Reininghaus, Gewerbe, S. 50.

Bandes allgemeinen systematischen Untersuchungen zur Zunftgeschichte, so stellt Wissell in den anderen Teilen das Brauchtum der wichtigsten Handwerke detailliert vor.[24] Die Arbeit gilt nach wie vor als Standardwerk volkskundlicher Handwerksforschung.[25]

Einige Akzentverschiebungen nahmen die Nationalsozialisten vor, ohne die Grundtendenzen der alten Zunftforschung anzutasten. Das klassische Bild der mittelalterlichen Zunft als eines Höhepunktes der Nationalgeschichte war mit der Geschichtsauffassung des Nationalsozialismus kompatibel. Die Zunftforschung überstand das Dritte Reich mit erstaunlich geringfügigen Blessuren; andere Themen interessierten die Machthaber weitaus stärker, die meisten Arbeiten zur Zunftgeschichte blieben ideologisch indifferent.[26] Im Zuge der allgemeinen Militarisierung, die an der Geschichtswissenschaft nicht vorbeiging, wandte man sich den militärischen Aufgaben der Zünfte in der mittelalterlichen Stadt zu.[27] Rassistische Ideen hielten Einzug in die Deutung der Ausschlusstendenzen der Zünfte.[28] Die Nationalsozialisten verstanden Zünfte als „überrationale“, aus altgermanischen heidnischen Kulten hervorgegangene, auf Ehre gegründete Gemeinschaften.[29] Die Feier des mittelalterlichen Zunftwesens schlug sich in einer weihevoll gestimmten Ausdrucksweise einschlägiger Schriften nieder.[30] Am konsequentesten manifestierte sich der nationalsozialistische Geist in einer faktenreichen volkskundlichen Untersuchung Rudolf Siemsens, aus der neben Antisemitismus, Antiliberalismus und Arierglauben die „Volksgemeinschaft“ und das Motto „Gemeinnutz von Eigennutz“ herausgelesen werden können. Die Zunft, so heißt es dort, sei „in ihrer ursprünglichen Form nur als organische Lebensgemeinschaft“ zu verstehen, „nicht als ein Zusammenschluß isolierter Einzelner, die ihren privaten Vorteil suchten“.[31] Sie sei die Sonderform eines „wehrhaft-kultischen Männerbundes“ gewesen.[32] Die Betonung außerökonomischer Zielsetzungen und gemeinschaftsbildender Elemente im Zunftleben findet sich bis in gegenwartsnahe Veröffentlichungen.

Mit dem Zusammenbruch der nationalsozialistischen Herrschaft verebbte die universitäre Zunftgeschichtsschreibung. Die Grabrede auf die alte Zunftforschung hielt Wolfram Fischer 1955: „’Über das Handwerk der vorindustriellen Zeit ist unendlich viel geschrieben worden. Aber der wissenschaftliche Ertrag dieser Forschungen steht in keinem Verhältnis zu der Mühe und dem Sammlerfleiß, den mehrere Generationen dafür aufgebracht haben’“.[33] Fischers Verdikt markierte die Erweiterung der Fragestellungen von der Institutionengeschichte zu anderen sozial- und wirtschaftsgeschichtlichen Problemkreisen. Zünfte wurden als ein Prob-

24 Wissell, Recht.
25 Matter, Volkskunde, S. 186.
26 Vgl. Frank, Zunft.
27 Vgl. Heinzen, Zunftkämpfe.
28 Vgl. Breuer, Wesen, S. 23; Hopp, Zunft, S. 88.
29 Kieser, Kartell, S. 7f.
30 Vgl. Gatz, Handwerk.
31 Höfler, Vorwort, S. 11; vgl. Siemsen, Germanengut, S. 60, 89f; Maurer, Zunft. Eine ausführliche Kritik Siemsens leistete Wissell. (Wissell, Recht III, S. 234–240.)
32 Höfler, Vorwort, S. 12.
33 Fischer, Handwerksrecht, S. 9.

lem der Handwerksgeschichte neben anderen verstanden. In diesem Zusammenhang sind Autoren wie Wilhelm Abel, Karl Heinrich Kaufhold und Wilfried Reininghaus zu erwähnen.[34] Neuere Trends der Geschichtswissenschaft wie historische Demographie, wissenschaftliche Genealogie, Alltags-, Kultur-, Frauen- und Mentalitätsgeschichte, Interdisziplinarität (unter Einbeziehung von Volkskunde und Germanistik) und Internationalismus (staatenübergreifende, vor allem europäische Vergleiche) hinterließen ihre Spuren in der Zunftforschung.[35] „Seit den 1970er Jahren standen nicht mehr ausschließlich städtische Handwerke im Mittelpunkt des Interesses, sondern auch ländliche Gewerbezweige.“[36] Wilfried Reininghaus plädierte für eine stärkere Erforschung der neuzeitlichen Zünfte, um zu einer Typisierung der bunten Vielfalt von Erscheinungsformen zu kommen.[37] Das wachsende Interesse am Zunftwesen schlug sich in Ausstellungen und archivpädagogischen Materialsammlungen nieder.[38]

Manche Parallelen zur Bundesrepublik weist die Zunftgeschichtsschreibung der DDR auf, obwohl die dortige sozialistische Gesellschaftsordnung auf den ersten Blick eine ganz andere Entwicklung hätte erwarten lassen. Auch in der DDR wurde bis in die 1970er Jahre kaum zum Zunftwesen geforscht. Was Wolfram Fischer für die Bundesrepublik, war Hans Mottek für die DDR. Er äußerte 1957, die Zünfte seien in der Phase der mittelalterlichen Städtebildung etwas Fortschrittliches gewesen, während er sie in späteren Epochen als Hemmnis der Weiterentwicklung der Produktivkräfte einstufte. Nach dem Dreißigjährigen Krieg seien sie reaktionär geworden.[39] Damit stand Mottek auf dem Boden der alten Zunftforschung, die er aus marxistischer Sicht bewertete. Die DDR konzentrierte ihre Forschungen auf die Übergangsphasen der „Frühbürgerlichen Revolution“ im 16. und des „Manufakturzeitalters“ im 18. und frühen 19. Jahrhundert.[40] Die veränderten Rahmenbedingungen des Kulturlebens unter Erich Honecker beeinflussten seit den 1970er Jahren die Erforschung der Zunftgeschichte.[41] Nach mehreren Seiten erfolgte eine Öffnung: Ausländische Anregungen wurden rezipiert, volkskundliche und alltagsgeschichtliche Fragestellungen wurden bearbeitet, der Orts- und Regionalgeschichte wurde Raum gegeben. Vor allem den Lebens- und Arbeitsbedingungen der Gesellen, die man als Vorgänger der Arbeiterbewegung auffasste, wandte man sich – wie zeitgleich Forscher in der Bundesrepublik und anderen Ländern – zu, während die Meister weniger beachtet wurden. Auch das Landhandwerk fand das Interesse von DDR-Historikern. Zur Frühen Neuzeit entstand eine Reihe beachtenswerter Arbeiten.[42]

Trotz der Ausweitung der Themen und Methoden hielt sich in Fachkreisen bis

34 Reininghaus, Gewerbe, S. 51; vgl. Abel, Wege.
35 Reininghaus, Gewerbe, S. 52f; Elkar, Fragen, S. 5ff; Ehmer, Denken, S. 35.
36 Reininghaus, Zünfte und Regionen, S. 5.
37 Reininghaus, Gewerbe, S. 61f.
38 Vgl. Vogel, Zünfte; Zünfte und Handwerk in Hessen; Stieglitz, Zünfte; 51; Reddig, Handwerker.
39 Reininghaus, Handwerksgeschichte, S. 283f. In diesem Sinne äußerte sich auch noch das „Handbuch Wirtschaftsgeschichte“ aus dem Jahr 1981 auf S. 529.
40 Reininghaus, Handwerksgeschichte, S. 284.
41 Czok/Bräuer, Studien, S. 5.
42 Reininghaus, Handwerksgeschichte, S. 286–299.

in die jüngere Zeit die traditionell negative Beurteilung der neuzeitlichen Zünfte. Helga Schultz sprach „von der ‚unübersehbaren Verkrustung des Zunftwesens während der frühen Neuzeit' ..., die sie auf den ‚Ehrenkodex und die eigene Gerichtsbarkeit'" zurückführte.[43] Andere moderne Historiker unterstellen den Zünften in der Tradition der Historischen Schule Wachstums- und Fortschrittsfeindlichkeit und Schmarotzertum.[44] Noch Thomas Nipperdeys Deutsche Geschichte des 19. Jahrhunderts[45] und die mehrbändige „Gesellschaftsgeschichte" Hans-Ulrich Wehlers[46] geben im Großen und Ganzen die traditionelle Zunftkritik wider. Im letzten Jahrzehnt ist eine teilweise Abkehr von dieser Sichtweise zu bemerken.[47] Heinz-Gerhard Haupt stellte die berechtigte Frage, wie es zu erklären sei, dass die Zünfte Jahrhunderte lang die europäische Gesellschaft geprägt haben, wenn sie doch so schlecht gewesen sein sollen?[48] Mehrere Arbeiten relativierten ältere Grundannahmen der Zunftforschung. Vom Standpunkt eines Sozialstaates des ausgehenden 20. oder beginnenden 21. Jahrhunderts erscheinen die Zünfte in einem freundlicheren Licht als aus der wirtschaftsliberalen Perspektive des späten 19. Jahrhunderts.[49]

Seit Hans Roths verdienstvollem Werk „Von alter Zunftherrlichkeit" aus dem Jahr 1981 mangelt es an zusammenfassenden Darstellungen der Zunftgeschichte.[50] Die Forschungsergebnisse der letzten Jahrzehnte, die über eine Unzahl von Dissertationen, Aufsätzen, Handbüchern und Tagungsprotokollen verstreut sind, sind kaum noch von Spezialisten zu überblicken. Das Bild, das sie zeichnen, ist zwar weder vollständig noch im mathematischen Sinne repräsentativ, lässt aber doch mit einem akzeptablen Grad an Zuverlässigkeit die Haupttendenzen erkennen.[51] Hier wird der Versuch einer Gesamtdarstellung unternommen, welche sich gleichermaßen an Fachleute wie an interessierte Laien wendet. Die Zusammenfassung lässt Stellen zu Tage treten, an denen sich weitere Forschungen lohnen. Sie gibt lokalen und regionalen Studien Vergleichsmaterial an die Hand, das zur Einordnung der Einzelerscheinungen in den Gesamtverlauf nützlich sein kann. Relikte und Nachwirkungen der Zunftzeit in der Gegenwart werden in ihrem historischen Zusammenhang verständlich. Vor- und Nachteile einer Alternative zur ungebremsten, „freien" Marktwirtschaft werden beispielhaft diskutiert. Nicht zuletzt enthält die Zunftgeschichte neben lehrreichen Abschnitten unterhaltsame.

43 Haupt, Wege, S. 9.
44 Reith, Zünfte, S. 40.
45 Nipperdey, Deutsche Geschichte 1800–1866; Nipperdey, Deutsche Geschichte 1866–1918.
46 Wehler, Deutsche Gesellschaftsgeschichte.
47 Bereits 1943 distanzierte sich Georg Fischer von der Verurteilung der neuzeitlichen Zunftentwicklung. (Vgl. Fischer, Volk, vor allem S. 31–40.) Seine Argumentation drang aber in der wissenschaftlichen Gemeinschaft nicht durch, geschweige denn in der breiten Öffentlichkeit.
48 Haupt, Wege, S. 9.
49 Schmidt, Frühkapitalismus, S. 80.
50 Roth, Zunftherrlichkeit.
51 Sie verdienen, so Gerhard Deter, das „Prädikat des Charakteristischen". (Deter, Rechtsgeschichte, S. 12.) – Um die Fußnoten nicht zu überfrachten, wird in diesem Buch keine Vollständigkeit der Belegstellen erstrebt. Abgesehen vom Nachweis wörtlicher Zitate sind die in den Fußnoten aufgeführten Belege stets „pars pro toto" aufzufassen.

Der Schwerpunkt der Darstellung liegt auf den deutschen Verhältnissen, wobei bewusst auf eine präzise Abgrenzung dessen, was „deutsch" ist, verzichtet wird. Grenzziehungen sind für vormoderne Staaten schwierig, noch dazu, wenn sich ein Volk mehr als kulturelle denn als nationale Einheit versteht, wie es das deutsche Volk seit eh und je tut. Das „deutsche" Zunftwesen hatte Ausstrahlungen über das deutsche Sprach- und Kulturgebiet oder das „Heilige Römische Reich Deutscher Nation" hinaus. Im Hanseraum an Nord- und Ostsee, in Elsass-Lothringen, Böhmen und anderswo bildeten sich Kontaktzonen, in denen sich „typisch deutsche" Eigenheiten der Zünfte mit anderen Formen mischten. Die Verhältnisse in Österreich und der Schweiz, aber auch in Ländern anderer Sprache, werden berücksichtigt, wenn sie prägnante Beispiele für das „deutsche" Zunftwesen bieten oder in einem deutlichen Kontrast zu ihm stehen.

Die Integration der zahlreichen Einzelforschungen gelingt nach der Auffassung des Verfassers am besten, wenn man die Zunft als eine Gestaltungsmöglichkeit des Handwerks neben anderen auffasst, zu der es Alternativen gab, etwa die völlige Freigabe des Handwerks oder dessen strikte Einbindung in obrigkeitliche Regularien. Warum es zur Gründung von Zünften kam und warum sie bestimmte Formen der Ausgestaltung erfuhren und die nachzuzeichnende Entwicklung nahmen, wird erklärlich, wenn man die Institution Zunft in den Gesamtzusammenhang des Gemeinwesens stellt. Die hier betriebene Geschichtsschreibung ist daher eine – wohlgemerkt in einem sehr weiten Sinne – „politische". Sie untersucht die Akteure innerhalb der Zünfte und in deren wirtschaftlichem und politischem Umfeld, ihre Interessen, ihr Mit- und Gegeneinander. Sie sucht Verbindungen des primär Wirtschaftlichen zu sozialen, religiösen, politischen (im engeren Sinne) und geistesgeschichtlichen Feldern.[52]

Zünfte waren keine Monolithen. Sie umfassten Mitglieder unterschiedlicher wirtschaftlicher und politischer Potenz, deren Familienangehörige und Mitarbeiter. Die Interessen der verschiedenen Beteiligten am Zunftsystem stimmten nicht notwendigerweise überein. Neben den Zunftangehörigen – und manchmal gegen sie – standen Externe wie Kaufleute, die städtischen Führungsschichten und die Landesherren. Als Verbände entwickelten die Zünfte Eigenleben, „Geist" und Habitus, die sich mit denen ihrer Mitglieder nicht immer deckten. Die historische Entwicklung der Zünfte wurde vom Wechselspiel dieser Kräfte bewirkt. So simpel diese Aussage erscheinen mag, so wenig wurde sie von der Geschichtsschreibung bisher beachtet.

52 Vgl. Pitz, Gewerbeverbände, S. 675f; Ehmer, Denken, S. 34, 40.

1.1.4. Historische Quellen

Die wichtigste Quelle einer zusammenfassenden Darstellung ist naturgemäß die Literatur der Fachleute, die eine Unmenge an Primärquellen ausgewertet haben. Nach dem Ende der Zunftzeit wurden Hinterlassenschaften der Zünfte absichtlich oder aus Ignoranz und Unachtsamkeit, weil sie keine rechtliche oder gesellschaftliche Bedeutung mehr hatten, oder infolge von Bomben-, Brand- oder Wasserschäden vernichtet. Trotzdem stehen Zunftrelikte auch heute noch in einer kaum zu überschauenden Vielfalt zur Verfügung.[53] Nahezu jedes Heimatmuseum bewahrt Sachzeugnisse, fast jedes Gemeindearchiv Zunfturkunden, -bücher und -siegel auf.[54] Selbstverständlich sind wichtige Quellen zur Zunftgeschichte nicht allein im kommunalen Kontext überliefert, sondern ebenfalls in staatlichen Archiven, Bibliotheken und Museen. Als die Zünfte im 19. Jahrhundert aufgelöst wurden, waren historisches Interesse und institutionelle Voraussetzungen so weit entwickelt, dass die Überreste der Zünfte oftmals Beachtung fanden und in Verwahrung genommen wurden. Sie kamen in öffentliche Einrichtungen oder verblieben im Besitz der letzten Zunftvorsteher und ihrer Familien.[55] „Die Einsicht in die aktuelle wirtschaftliche und soziale Notwendigkeit, alte Strukturen aufzubrechen, löste gleichzeitig den Wunsch aus, die ‚gute alte Zeit' wenigstens museal am Leben zu erhalten. Das ist ein Grundzug dieser Zeit: Rational wurden die Industrialisierung energisch vorangetrieben und die Naturwissenschaften intensiv gefördert; emotional und bei der ästhetischen Gestaltung der Umwelt waren retrospektive, historisierende Tendenzen dominant."[56] Trotz ihres großen Umfangs und illustrativen Charmes wurden Sachquellen („Zunftaltertümer") bisher wenig für die Zunftgeschichtsschreibung ausgewertet.[57] Die für Historiker besonders wichtigen schriftlichen Überreste sind in einem bemerkenswerten Umfang ediert worden, wenn auch mit einem Schwerpunkt auf mittelalterlichen Schriftstücken.[58]

Für die mittelalterliche Zunftgeschichte stehen in erster Linie normsetzende Schriften zur Verfügung: Erwähnungen in karolingischen Kapitularen und in Stadtrechten sowie Zunft- und Gesellenordnungen, die als Einzelurkunden oder in Sammelhandschriften vorkommen. Wie bei allen normativen Quellen ist zu fragen, inwieweit sie die Realität spiegeln.[59] Da Zunftordnungen meist in großen zeitlichen Abständen geändert wurden, galten neben ihnen andere Normen, die sich im Schriftgut der Zünfte und Obrigkeiten finden.[60] Die Zunftnormen wurden im Laufe der Jahrhunderte immer detaillierter. Hierin schlugen sich die zunehmende Verschriftlichung und Bürokratisierung des Handelns der Zünfte nieder,

53 Vgl. Reininghaus, Gewerbe, S. 105; Brod, Chronik, S. 29.
54 Vgl. 46; Klötzer, Quellen, S. 58.
55 Vgl. Reininghaus, Handwerk und Zünfte im Paderborner Land, S. 19.
56 Stieglitz, Zünfte, S. 7; vgl. Roth, Zunftherrlichkeit, S. 132.
57 Vgl. Reininghaus, Sachgut.
58 Vgl. Reininghaus, Gewerbe, S. 50.
59 Zur Interpretation von Zunftordnungen vgl. Dieling, Zunftrecht, sowie (aus marxistischer Sicht) Bräuer, Innungsordnungen, S. 324–335.
60 Vgl. Schembs, Dach, S. 17; Salow, Zunftwesen, S. 66.

aber auch Reaktionen auf neue wirtschaftliche und gesellschaftliche Herausforderungen. Neue Regelungen wurden aufgenommen, während überholte Bestimmungen lange Zeit nicht aus den Statuten verschwanden.[61] Städtische Amtsbücher beinhalten seit dem 13. Jahrhundert Normen des städtischen Rechts ebenso wie Aufzeichnungen aus der Verwaltungspraxis.[62] Bundesbriefe dokumentieren überörtliche Absprachen der Zünfte.[63] Eine Besonderheit stellt die Gewandschneider-Kompanie in Stralsund dar, von der aus dem Mittelalter nicht nur ein vollständiges Mitgliederverzeichnis, sondern auch ein Buch der Vorstände und umfangreiche Rechnungsunterlagen vorhanden sind.[64] In Hamburg sind Protokolle der Morgensprachsherren, der städtischen Beisitzer bei Zunftversammlungen, seit der Mitte des 15. Jahrhunderts überliefert.[65] In Köln begannen „ungefähr zwischen 1300 und 1350 ... verschiedene, meist vornehme Zünfte Zunftbücher zur Aufnahme ihrer Satzungen und meist auch der Mitgliederlisten anzulegen. In dieser Periode wächst allgemein in Köln das Bedürfnis nach Rechtsaufzeichnungen erheblich."[66] Seit dem Ende des 14. Jahrhunderts verlangten Kölner Zünfte Lehr- und Geburtsbriefe sowie Führungszeugnisse. Protokolle von Ratsentscheidungen, Verpflichtungen der Marktaufseher und Qualitätskontrolleure, Stadtrechnungen und Schriftverkehr der Zünfte sind für Köln ebenfalls seit dem 14. oder 15. Jahrhundert erhalten. Noch älter sind die Schreinskarten und -bücher (Nachweise des Immobilieneigentums), eine Kölner Besonderheit, deren früheste Stücke in das 12. Jahrhundert zurückgehen. Nicht zu vernachlässigen sind Stadtchroniken, die seit dem Spätmittelalter in vielen Städten geführt wurden.[67]

Neuzeitliches Zunftschriftgut ist in weit größerer Zahl und in einer zuvor unbekannten Vielfalt vorhanden. Nachdem Papier das teure Pergament als Schreibmaterial abgelöst und sich die Fähigkeiten des Lesens und Schreibens in der Bevölkerung verbreitet hatten, gewann Schriftlichkeit in vielen Lebensbereichen an Bedeutung. Wandernde Gesellen mussten Schriftstücke mitführen, welche bewiesen, dass der Geselle die Voraussetzungen der Gesellenschaft erfüllte. Die Wirklichkeit der Zünfte lässt sich aus deren interner Überlieferung (Statuten, Einschreib-, Protokoll- und Kassenbüchern), aus Protokollen und Zunftakten der Städte und staatlichen Behörden, Reichsabschieden (Beschlüssen der Reichstage), Akten der Finanzverwaltung, der Gerichte und Landstände und nicht zuletzt aus den Hinterlassenschaften einzelner Handwerker rekonstruieren. Reiseführer für Handwerksgesellen, autobiografische Zeugnisse wie Briefe und Chroniken (seit dem Spätmittelalter), Wandertagebücher und Erinnerungen (seit dem 17. Jahrhundert), Handwerkskundschaften (Zeugnisse wandernder Gesellen ab 1731), Wanderbücher und -pässe (zwischen 1808 und 1872) und Herbergs- und Gesellenbücher (aus dem 16. bis 18. Jahrhundert), welche die in der Herberge untergebrach-

61 Vgl. Bräuer, Handwerk im alten Chemnitz, S. 19f; Göttmann, Bäckerzunft, S. 13f; Hartmann, Geschichte, S. 41; Hähnsen, Geschichte, S. 131.
62 Klötzer, Quellen, S. 50ff.
63 Klötzer, Quellen, S. 55f.
64 Fritze, Kompanien, S. 33.
65 Rüdiger, Zunftrollen, S. XXVIII.
66 Loesch, Zunfturkunden I, S. 4*.
67 Loesch, Zunfturkunden I, S. 8*ff.

ten, ankommenden oder abgehenden Gesellen verzeichneten, werfen ein Licht auf die alltägliche Praxis des Zunftlebens.[68] Findige Forscher ermittelten weitere Quellengattungen zu einer Vielzahl an Fragestellungen.[69] Einige Probleme wie der Einsatz der Mägde in zünftigen Handwerksbetrieben oder die Ausbildung weiblicher Lehrlinge während der Frühen Neuzeit oder auch die Entwicklung der Gesellensprache wurden noch nicht befriedigend mit Quellen unterlegt.[70]

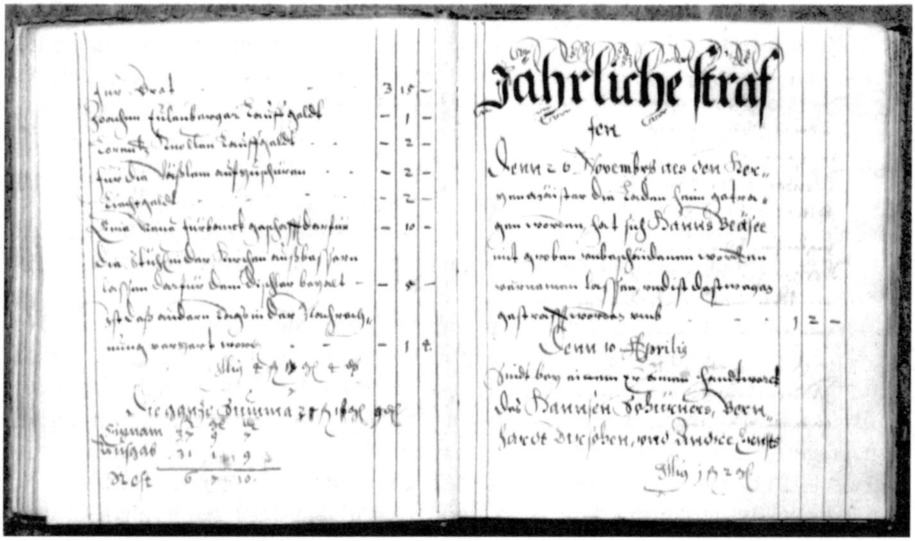

Rechnungsbuch der Maurer- und Steinhauerzunft Hof 1626–1644[71]

1.2. BEGRIFFE

In der Wissenschaftssprache deutscher Historiker hat sich seit dem 19. Jahrhundert die Unterscheidung von „Gilden" für Kaufleute und „Zünften" für Handwerker durchgesetzt.[72] „Bruderschaften" bezeichnen religiöse oder Gesellenvereinigungen, „Innungen" die Nachfolgeorganisationen der Zünfte, die seit dem 19. Jahrhundert entstanden sind. Es war ein langer Weg zu dieser Begrifflichkeit. Im

68 Reininghaus, Gewerbe, S. 105ff; Elkar, Mühsal; Elkar, Umrisse, S. 92–95, 106, 108f; Rüdiger, Zunftrollen, S. XXX. Ausführlich zu Selbstzeugnissen: Fischer, Quellen, S. 8–24; zu Kundschaften: Lerner, Handwerksgesellen, S. 31f; Stopp, Erstellung, S. 80ff; zu Wanderbüchern: Bräuer, Überlegungen; Emig, Berufserziehung, S. 392–395; Bräuer, Gesellenmigration, S. 9–43.

69 Vgl. Bickel/Kuntz, Handwerksforschung, S. 175–183.

70 Steidl, Probleme, S. 125; Schlenkrich, Überlegungen, S. 112f.

71 Stadtarchiv Hof, BZ 1.

72 Schmidt-Wiegand, Bezeichnungen, S. 31; Irsigler, Problematik, S. 14.

Mittelalter und der Frühen Neuzeit wurden zahlreiche Bezeichnungen nebeneinander gebraucht, die „Zünfte“ im heutigen Sinn meinten. Die Bezeichnungen variierten religiöse, soziale, politische und wirtschaftliche Bedeutungsnuancen. Der Verbreitung der Zünfte in verschiedenen Regionen ließ regionale Sprachmoden entstehen, die sich im Laufe der Jahrhunderte veränderten.

1.2.1. Bedeutungen

Der älteste Terminus des hier interessierenden Begriffsfeldes ist der der „Gilde“, etymologisch mit „gelten“ und „Geld“ verwandt, mit Zahlungen, Feierlichkeiten, der Gemeinschaft oder dem Beitrag zum gemeinsamen Mahl. Ähnlich breit wie die etymologischen Anklänge sind die Verwendungsbereiche des Gildebegriffs gestreut. Deutsche Rechtshistoriker und die englische Sprache verwenden „Gilde“ heute noch als Oberbegriff, unter den z. B. auch Verbindungen von Magistern und Studenten fallen.[73] Von Gilden sprachen bereits die Karolinger und bezogen den Ausdruck auf verschiedene Arten der Schutzgenossenschaften. Seit dem Hohen Mittelalter wurden Kaufmanns-Zusammenschlüsse und (etwas später) religiöse und handwerkliche Verbände so bezeichnet.[74]

Die Zunft geht sprachgeschichtlich auf das Verb „sich ziemen“ zurück, allerdings nicht direkt. Von dem zu „ziemen“ gehörenden Substantiv Zunft in der Bedeutung von Regel, Schicklichkeit oder Würde ging die Bedeutungsentwicklung zu Zunft als Gemeinschaft oder Vertrag und schließlich zu „nach bestimmten Regeln eingerichtete Gesellschaft“. Erst diese Bedeutung lag der Anwendung des Wortes auf Handwerkerzusammenschlüsse zugrunde. Die Handwerkerzunft hat also lediglich mittelbar mit dem „sich ziemen“ und dem dazu gehörenden Brauchtum und sozialen Anspruch zu tun, vielmehr ist sie etymologisch eine nüchterne Gesellschaft nach Regeln.[75]

Auch Kaufleute-Vereinigungen wurden bisweilen „Zunft“ genannt.[76] Zu Verwechslungen gab der uneinheitliche Sprachgebrauch des Wortes „Zunft“ Anlass, weil es einmal einen wirtschaftlichen Verband und andererseits eine politische Organisation im Rahmen der „Zunftverfassung“ meint. Als man in Freiburg im Breisgau zur Zunftverfassung der Stadt überging und das Wort „Zunft“ auf die neuen politischen Organisationen übertrug, sahen sich wirtschaftliche Zünfte veranlasst, zur Klarstellung auf andere Bezeichnungen auszuweichen. Die Bohrer und Polierer von Schmucksteinen wählten für ihren Verband nicht das eigentlich zutreffende Wort „Zunft“, sondern „Brüderschaft“.[77] In Köln und am Niederrhein nannte man die politische Zunft „Gaffel“, so dass ähnliche terminologische Prob-

73 Oexle, Anfänge, S. 17.

74 Kluge, Friedrich: Etymologisches Wörterbuch der deutschen Sprache, 19. Auflage Berlin 1963, S. 258; Obst, Wandel, S. 142–157, 245–255; Grimm, Jacob und Wilhelm: Deutsches Wörterbuch, Nachdruck München 1984, Band 7, Sp. 7486ff.

75 Obst, Wandel, S. 157–168, Zitat: S. 157; vgl. Grimm, Jacob und Wilhelm: Deutsches Wörterbuch, Nachdruck München 1984, Band 32, Sp. 575 .

76 Schmidt-Wiegand, Bezeichnungen, S. 11.

77 Schragmüller, Bruderschaft, S. 19.

leme vermieden wurden. Der Ausdruck Gaffel wurde übrigens nicht von der Vorlegegabel der gemeinsamen Festessen abgeleitet, wie behauptet wurde, sondern von der Pflicht der Mitglieder, zur Finanzierung der Festessen eine Abgabe zu entrichten.[78]

Die „Innung" und ähnlich die „Einung" ist eine Vereinigung, ein Bund, eine Verschwörung oder ein Übereinkommen.[79] Sprechen die historischen Quellen von der Innung oder Einung, so liegt die Betonung nicht auf der Freiwilligkeit des Zusammenschlusses, wie sie Wilhelm Eduard Wilda 1831 und Otto von Gierke 1868 in ihrer Theorie von der „freien Einung" vertraten, sondern auf wirtschaftlich-rechtlichen Aspekten.[80] In Lüneburg war die Innung das Marktrecht einer Zunft, die „*gratia emendi et vendendi*" (Gnade zu kaufen und zu verkaufen),[81] betonte also ein von der Obrigkeit verliehenes Recht und mithin die Abhängigkeit der Zunft statt ihrer Eigenmacht.

Die „Bruderschaft" oder (süddeutsch) „Brüderschaft" findet sich in mittelalterlichen Quellen für fast alle Arten von Gilden (im weitesten Sinne): „Mit dem Terminus *fraternitas*/Bruderschaft werden bis in die Frühe Neuzeit so unterschiedliche soziale Gebilde bezeichnet wie Erbverbrüderungen, Städtebündnisse, oppositionelle Verschwörungen, Gebetsverbrüderungen, ordensähnliche Gemeinschaften, Handwerker- und Gesellenvereinigungen und natürlich auch Vereinigungen mit religiöser Zielsetzung, also Bruderschaften nach dem heutigen Sprachgebrauch."[82] In der Zeit der Gegenreformation und des Barock spezialisierte sich der Begriff zu Vereinigungen mit religiös-kirchlichen Zielen und im Zusammenhang mit der Expansion der Gesellenvereinigungen seit dem Spätmittelalter zu deren Bezeichnung, während andere Bedeutungsvarianten unüblich wurden.[83] In Köln und Trier hießen die frühen Zünfte Bruderschaften; seit dem 14. Jahrhundert wurde stattdessen der Ausdruck „Amt" gebräuchlich, der ihre Abhängigkeit von der städtischen Obrigkeit herausstellte.[84]

Ebenfalls einen religiösen Anklang hatte die „Zeche",[85] während „Gewerk(e)" (seit dem 14. Jahrhundert), „Handwerk" und „Werk" (seit dem 15. Jahrhundert) sowie „Gesellschaft" (in Aachen) den gewerblichen Charakter[86] und „Amt" – wie erwähnt – die Abhängigkeit von der Obrigkeit betonten.[87] Als „pars pro toto" ging seit dem 14. Jahrhundert die Bezeichnung „Kerze", welche eine Zunft in der Kirche unterhielt und auf Prozessionen mitführte, auf die Gesamtorganisation über,[88]

78 Obst, Wandel, S. 207–211; Schmidt-Wiegand, Bezeichnungen, S. 48; Loesch, Zunfturkunden I, S. 136*f.
79 Obst, Wandel, S. 168.
80 Obst, Wandel, S. 176; vgl. Salow, Zunftwesen, S. 61.
81 Scheschkewitz, Zunftwesen, S. 17. Ähnlich in Magdeburg und Braunschweig belegt: Obst, Wandel, S. 173ff.
82 Remling, Aspekte, S. 150.
83 Obst, Wandel, S. 222; Remling, Aspekte, S. 150.
84 Loesch, Zunmfturkunden I, S. 42*f.
85 Obst, Wandel, S. 181.
86 Obst, Wandel, S. 195; Hermandung, Zunftwesen, S. 21; Grimm, Jacob und Wilhelm: Deutsches Wörterbuch, Nachdruck München 1984, Band 6, Sp. 5632–5645.
87 Obst, Wandel, S. 203.
88 Obst, Wandel, S. 213f.

ebenso die „Lade", das Behältnis zur Aufbewahrung des Verwaltungsschriftgutes, und (in Aachen) die „Laube", das Zunfthaus.[89] Auch die „Hanse", etymologisch eine „Schar" und seit dem 12. Jahrhundert im Zusammenhang mit Kaufleuten belegt, insbesondere auf Organisationen von Fernkaufleuten angewandt,[90] wurde in Einzelfällen in Ostwestfalen auf Zünfte bezogen.[91] „Sozietäten" (in Bremen) und „Kompagnien" in Norddeutschland, Dänemark und dem Baltikum erinnerten ebenfalls an die Vorherrschaft der Fernkaufleute in diesen Gebieten, welche auf die Benennung von Handwerkervereinigungen abfärbte.[92] „Mittel", abgeleitet von der Bezeichnung für den Kreis einer Gesellschaft, begegneten in Schlesien als Kreise von Handwerkern im Sinne einer Zunft.[93]

1.2.2. Regionale Verbreitung

Einige der Zunft-Bezeichnungen – Beispiele wurden bereits gegeben – traten nur sporadisch auf. „Kerze" war wenig verbreitet und hatte kein eigenes Verbreitungsgebiet, es begegnet in Bayern und den Niederlanden.[94] Am häufigsten wurden Gilde, Zunft, Innung, Amt und Zeche benutzt, seltener Bruderschaft, Einung, Werk und Handwerk.[95]

Gildebelege finden sich im Mittelalter im gesamten norddeutschen Raum bis nach Belgien, Skandinavien und Litauen.[96] „Ausgehend von den sich im 13. Jahrhundert abzeichnenden Verhältnissen lassen sich der west- und ostfälische sowie der märkische Sprachbereich ausmachen, in denen Gildebelege zu finden sind. Zu diesem Zeitpunkt reichen auffallend im Norden Amtnachweise und von Südosten her kommend Innungsbelege in das Gildeareal hinein. Zum 15. Jahrhundert hin verlagern sich die Bezeichnungen dergestalt, daß a m t weiter nördlich und i n - n u n g mehr südöstlich vorherrschend werden. Dagegen erweist sich die ursprünglich für g i l d e angenommene Zone als beständig ... In den folgenden Jahrhunderten findet ... einerseits eine Auffüllung dieses Gebietes mit weiteren Gildebelegen und andererseits eine Verlagerung bzw. Ausdehnung der Peripherien in alle Richtungen statt, wovon besonders der Nordosten profitiert."[97] Offenbar wurde das Wort Gilde von den Kaufmannsvereinigungen des Hohen Mittelalters auf die späteren Handwerkerverbände übertragen, was die Konzentration des Wortes auf Fernhandelsstädte in Flandern und im Gebiet der Städtehanse erklärt.[98] Das Gildegebiet erstreckte sich bis ins 17. Jahrhundert nördlich einer Linie Brüssel – Löwen – Hamm – Kassel – Göttingen – Halberstadt – Zerbst – Frankfurt an der Oder mit dem Kerngebiet Westfalen und nördliches und westliches Harzvorland.

89 Hermandung, Zunftwesen, S. 21.
90 Obst, Wandel, S. 224–227.
91 Reininghaus, Handwerk und Zünfte im Paderborner Land, S. 11f.
92 Wissell, Recht I, S. 106.
93 Wissell, Recht I, S. 103.
94 Obst, Wandel, S. 214; Finkenstaedt, Stanglsitzerheilige, S. 10.
95 Vgl. Borst, Alltagsleben, S. 463.
96 Obst, Wandel, S. 244.
97 Obst, Wandel, S. 245.
98 Obst, Wandel, S. 245–255.

Später ging das Wort in das gesamtdeutsche Sprachgebiet über.[99] Seit dem 18. Jahrhundert wurde es populär durch bekannte Schriftsteller wie Justus Möser, Johann Wolfgang von Goethe und Johann Gottfried Herder. Mit der literarischen Verwendung verließ das Wort die rechtlich-ökonomische Sphäre und reicherte sich mit Bedeutungen an bis hin zum Gebrauch durch romantisierende Jugendbünde.[100] Nach Jahrhunderten der Begriffsverengung erreichte die „Gilde" in der Neuesten Zeit wieder die Bedeutungsvielfalt ihrer Entstehungsperiode. Die Geschichtsschreibung folgte dem literarisch-politischen Trend nicht und beharrte auf dem Begriffsumfang, wie er sich vom Späten Mittelalter bis zur Frühen Neuzeit herausgebildet hatte.

„Die Bezeichnung z u n f t ist eindeutig dem oberdeutschen Raum zuzuordnen, genauer seinem südlichen bzw. südwestlichen Teil. Die ersten Belege, also aus dem 12. und 13. Jahrhundert stammend, finden sich in Basel, Rheinfelden, Zürich, Schaffhausen, Überlingen, Ulm und Würzburg. Das ursprüngliche Zentrum des Zunftgebietes liegt demnach im Umfeld des Bodensees und gehört dem hochalemannischen Sprachgebiet an. In seiner gesamten Ausdehnung umfaßt es aber auch das Schwäbische und Ostfränkische."[101]

Im 14. Jahrhundert breitete sich die Verwendung des Wortes Zunft bis zum Main aus, in Einzelfällen darüber hinaus. Ab dem 15. Jahrhundert kam „Zunft" in Nord- und Mitteldeutschland sowie Österreich vor. Das Wort wurde zu der am weitesten verbreiteten Bezeichnung einer Handwerkerorganisation im deutschsprachigen Raum.[102] Es setzte sich im 17. Jahrhundert im amtlichen Sprachgebrauch der nordwest- und mitteldeutschen sowie österreichischen Obrigkeiten durch, welche sich um Vereinheitlichung der Rechtsbegriffe bemühten. Außerdem drang es seit dem 16. Jahrhundert auch in Selbstbezeichnungen in neue Gebiete vor, ohne andere ortsübliche Bezeichnungen zu verdrängen.[103] „Zunft" ist ein Beispiel für das Eindringen eines hochdeutschen Ausdrucks in das niederdeutsche Sprachgebiet.[104] Als Motor der Ausbreitung und Vereinheitlichung des Zunftwesens sah man, wie es scheint, den südwestdeutschen Raum an, vor allem dessen Reichsstädte, und übernahm dessen Bezeichnungsweise für die eigenen Handwerkerorganisationen. Die Geschichtsforscher des 19. Jahrhunderts teilten diese Auffassung und leiteten das Wort „Zunft" in die Wissenschaftssprache der Gegenwart.

Im mitteldeutschen Sprachraum, in einem keilförmigen Gebiet zwischen der Weser im Westen, der mecklenburgischen Seenplatte im Norden, der Schlesischen Bucht im Osten und dem Nordrand der Mittelgebirge im Süden, ballten sich die mittelalterlichen Belege für den Ausdruck „Innung". Im Zuge der deutschen

99 Grimm, Jacob und Wilhelm: Deutsches Wörterbuch, Nachdruck München 1984, Band 7, Sp. 7485.

100 Grimm, Jacob und Wilhelm: Deutsches Wörterbuch, Nachdruck München 1984, Band 7, Sp. 7487.

101 Obst, Wandel, S. 233.

102 Obst, Wandel, S. 236–243; Hopfgartner, Geschichte, S. 8.

103 Reininghaus, Zünfte, Städte und Staat, S. 45; Ehmer, Zünfte, S. 94; Wutzel, Handwerksherrlichkeit, S. 64, 69; Otruba, Gewerbe, S. 8; Schwarz, Lage, S. 17; Lentze, Nürnbergs Gewerbeverfassung im Mittelalter, S. 273f.

104 Schmidt-Wiegand, Bezeichnungen, S. 52.

Ostsiedlung überschritt die „Innung“ zwar die Oder, insgesamt aber ging im 17. Jahrhundert die Verwendung des Wortes zurück.[105] Trotzdem gelang es der „Innung“, in der Umgangssprache bis heute zu überleben, und zwar auf dem Umweg über die Amtssprache. In Ostfriesland verbreitete sich der Ausdruck „Innung“ seit dem frühen 18. Jahrhundert in der fürstlichen Korrespondenz, ein Vorbote der Angliederung an Preußen, welche nach dem Aussterben des ostfriesischen Fürstenhauses im Jahr 1744 erfolgte.[106] Die preußische Hauptstadt Berlin lag im Kerngebiet der „Innung“. Das preußische Allgemeine Landrecht von 1794, das darauf abzielte, das Recht der verschiedenen preußischen Territorien zu vereinheitlichen, rekurrierte nebeneinander auf Zünfte, Innungen und Gewerke,[107] ebenso das Gewerbepolizeigesetz von 1811.[108]

Erst die Allgemeine Gewerbeordnung vom 17.1.1845, welche die Verhältnisse in ganz Preußen angleichen sollte, verwendete konsequent das Wort „Innung“. Sie diente zur Vorlage der späteren Reichsgesetzgebung.[109] Die „Zunft“ war in den Augen der Freihändler diskreditiert, das „Gewerk“ nicht ausreichend verbreitet. Die „Innung“ mit ihren Anklängen an die Abhängigkeit der Verbände von der Obrigkeit passte gut zur Politik der preußischen Gesetzgeber. Die Meister- und Gesellenkongresse des Jahres 1848 verwendeten ebenfalls durchweg das Wort „Innung“, mit dem sie die Modernität und Staatsverträglichkeit ihrer Vorstellungen betonen konnten.[110] Auch in die Bremer Gewerbeordnung von 1851 hielt es Einzug.[111]

Die Verbreitung des Wortes „Amt“ zeigt Überschneidungen mit der „Gilde“, vor allem in Westfalen und im Hamburg-Lübecker Gebiet. „Amt“ war die Bezeichnung einer Handwerkerorganisation in einem diagonalen Streifen von Köln über Münster – Paderborn, Osnabrück – Hildesheim, Bremen, Hamburg – Lüneburg bis Lübeck, Wismar und Greifswald, seit dem 16. und 17. Jahrhundert auch in Schleswig-Holstein.[112] Die Affinität zum Hanseraum ist kein Zufall, waren die Handwerkerorganisationen doch dort besonders eng an die Obrigkeiten gebunden. In Köln kam „Amt“ in der zweiten Hälfte des 14. Jahrhunderts anstelle der „Bruderschaft“ auf, um die Abhängigkeit der Handwerkerorganisationen von der städtischen Obrigkeit hervorzuheben.[113]

„Während z u n f t und g i l d e den Süden bzw. Norden und dabei speziell jeweils die westliche Hälfte des deutschen Sprachgebietes hinsichtlich der Bezeichnungen für gewerbliche Vereinigungen abdecken, nimmt den Südosten und Osten als dritte Bezeichnung z e c h e ein.“[114] Der Lech bildet die Sprachscheide zwischen Zunft und Zeche, das ursprüngliche Zentrum von Zeche ist der südöstli-

105 Obst, Wandel, S. 261, 266, 269f.
106 Canzler, Zünfte, S. 15.
107 Allgemeines Landrecht, S. 464–470.
108 Roehl, Beiträge, S. 130f.
109 Roehl, Beiträge, S. 255ff, 275f; Stieglitz, Zünfte, S. 119.
110 Vgl. Zerwas, Arbeit, S. 126–163.
111 Branding, Einführung, S. 29.
112 Obst, Wandel, S. 273ff; Reininghaus, Zünfte, Städte und Staat, S. 45.
113 Loesch, Zunfturkunden I, S. 42*f.
114 Obst, Wandel, S. 255.

che Donauraum.[115] Von dort expandierte der Terminus im Laufe der Jahrhunderte nach Böhmen, Mähren und Schlesien, in die Lausitz und nach Sachsen.[116]

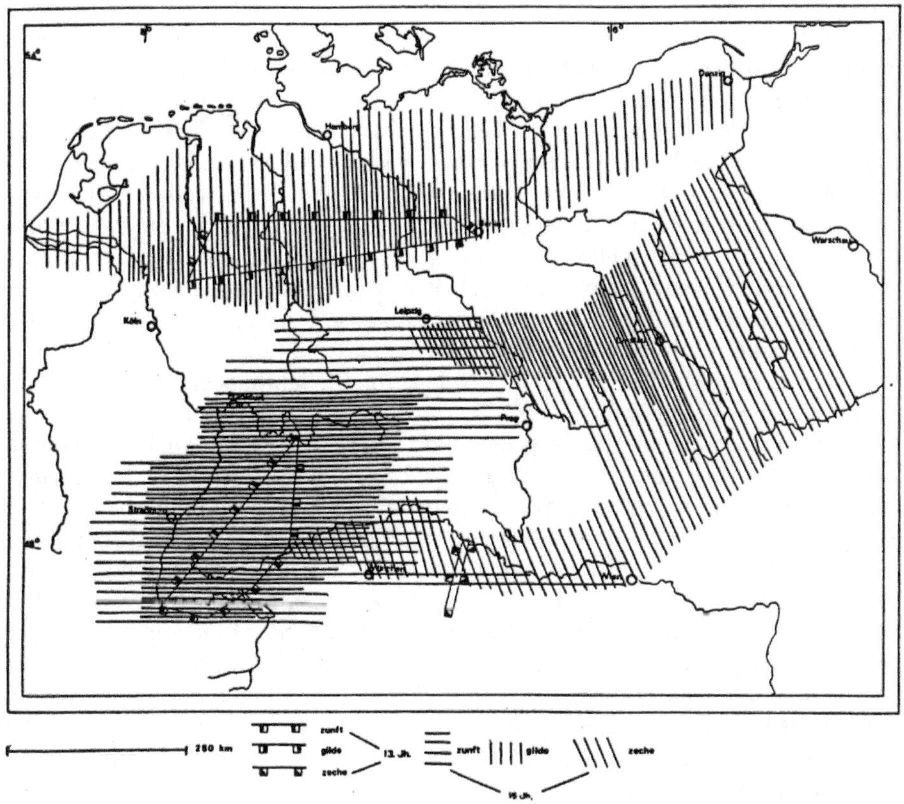

Verbreitung der Zunfttermini „Gilde", „Zunft" und „Zeche" im 13. und 15. Jahrhundert[117]

Als Zentrum der „Bruderschaften" (in der Bedeutung einer Zunft) ist Köln anzusehen. Von dort strahlte das Wort an den Niederrhein und nach Westfalen aus, in Einzelbelegen darüber hinaus.[118] „Einung" trat gelegentlich als oberdeutsche Variante der Innung auf.[119] „Werk" findet man im ostniederdeutschen Sprachraum.[120] „W e r k dehnt sich von der Weser über die Elbe nach Brandenburg und von dort in die östlichen Kolonialgebiete, besonders an die Ostseeküste

115 Obst, Wandel, S. 255.
116 Obst, Wandel, S. 256; Schulze, Handwerkerorganisation, S. 36.
117 Obst, Wandel, S. 429.
118 Reininghaus, Zünfte, Städte und Staat, S. 45; Schulze, Handwerkerorganisation, S. 37; vgl. Kapitel 2.1.
119 Obst, Wandel, S. 173, 272.
120 Obst, Wandel, S. 282.

hin, aus; hier füllt es – vor allem im 16. und 17. Jahrhundert – Lücken im Gildebereich auf. Zu erwähnen ist noch, daß im Westen die Weser eine Grenze bildete, die offensichtlich von w e r k nicht zu überwinden gewesen ist, wodurch sich das Kerngebiet von g i l d e ‚werkfrei' halten konnte."[121] „Deutlich unterscheiden sich auf der Karte w e r k und (h) a n t w e r k - Gebiete, wobei die Handwerkregion bisher [in der wissenschaftlichen Literatur] noch keine Beachtung gefunden hat. Sie reicht von Mitteldeutschland, wo sie stark mit dem Innunggebiet kollidiert, bis in den Südwesten, in den Bereich von z u n f t."[122] Karin Obst, deren terminologie-geschichtlicher Untersuchung hier auf weiten Strecken gefolgt wurde, fährt fort: „H a n d w e r k verläßt nicht das mitteldeutsche Gebiet, im Prinzip damit nicht die von z u n f t beherrschte Region. Lediglich im Thüringischen und teilweise im Obersächsischen tritt es mit i n n u n g in Kontakt."[123] Außerdem fand Obst Einzelbelege aus anderen Gebieten, wo Handwerk ergänzend zu anderen Bezeichnungen auftrat.[124] Ein ähnliches Verbreitungsgebiet wie Werk und Handwerk hatte „Gewerk(e)" im Sinne einer Zunft. Seit dem 14. Jahrhundert ist es in sächsisch-thüringischen Quellen belegt. Im 18. Jahrhundert drang es in die preußische Verwaltungssprache ein.[125]

Indem man mehrere Bezeichnungen für eine einzelne Organisation kombinierte und die Benennungen der Handwerkerorganisationen variierte, konnte man Nuancen ausdrücken, die ein einzelnes Wort nicht enthielt. In Hildesheim waren im Spätmittelalter die Ausdrücke Amt, Gilde, Werk und Handwerk nebeneinander gebräuchlich. „Finden sich auch öfter alle drei Ausdrücke für ein und dasselbe Gewerbe, so hat sich der Ausdruck Amt im allgemeinen für die gewerblichen Genossenschaften aus der ersten Periode [12./13. Jahrhundert] behauptet, während die Bezeichnungen Gilde und Handwerk sich namentlich für jene aus der zweiten [14. Jahrhundert] und dritten [16. Jahrhundert] Periode einbürgerten."[126] Im 18. Jahrhundert wurden die Bezeichnungen in folgender Weise verwendet: „Amt für die Organisationen der Bäcker, Gerber und Schuhmacher und Knochenhauer, die ihre Privilegien vom Stadtherren, dem Fürstbischof, herleiteten, sich daher dem Rat gegenüber nicht verantwortlich fühlten, andererseits aber an der Stadtregierung teilhatten, Gilde für die Organisationen der Kramer, Kürschner, Schmiede, Schneider und Wollenweber, denen ihre Privilegien vom Rat verliehen worden waren und die ebenfalls in der Stadtregierung mitbestimmten, Innung für die übrigen (überwiegend vom Rat, nur ausnahmsweise vom Fürstbischof privilegierten) handwerklichen Organisationen, denen eine unmittelbare Mitwirkung an der Stadtregierung versagt war."[127]

Eine von der Tendenz ähnliche, aber keineswegs deckungsgleiche Begrifflichkeit entwickelte sich in Lüneburg: „Während die G i l d e oder Brüderschaft

121 Obst, Wandel, S. 94.
122 Obst, Wandel, S. 194.
123 Obst, Wandel, S. 285.
124 Obst, Wandel, S. 286–291.
125 Grimm, Jacob und Wilhelm: Deutsches Wörterbuch, Nachdruck München 1984, Band 6, Sp. 5639, 5642ff.
126 Hartmann, Geschichte, S. 34.
127 Kaufhold, Handwerk, S. 26.

zu kirchlichen und geselligen Zwecken die Genossen eines Gewerbes und ... auch deren Frauen zusammenschliesst und eine der obrigkeitlichen Gewalt gegenüber autonome Bildung ist, umschliesst das A m t die Genossen eines Gewerbes zum Zweck des ausschliesslichen Gewerbebetriebs wie der Ueberwachung der Gewerbepolizei, aber stets unter der Voraussetzung einer höhern weltlichen Gewalt, welche das Genossenschaftsrecht verleiht und die Selbstverwaltung überwacht. ... Statt des Ausdrucks ‚Amt' wird auch vielfach die Bezeichnung ‚Werk' gebraucht. ... [Die Innung] musste vom Rathe besonders gewonnen werden und verlieh dieser damit das Recht, die Waaren und Producte in Schaufenstern und Laden auslegen und verkaufen zu dürfen".[128] Das Amt ist durch die Innung, die *gratia emendi et vendendi*, vor dem Handwerk ausgezeichnet. Außerdem unterscheidet sich das Amt durch die ihm vom Rat beigegebenen Beisitzer von den Handwerken. Vom Beginn des 16. Jahrhunderts an setzte jedoch eine Ungenauigkeit in der Scheidung der Begriffe ein, so daß auch die Handwerke als Ämter bezeichnet werden konnten."[129]

In Lübeck – wie in vielen anderen Orten – drückte die Wortwahl die soziale Bedeutung der Organisationen aus: Fernkaufleute bezeichneten ihre Vereinigungen als „Nation" (von den Nationen, in die sie ihr Handel führte), die Schiffer ihre als „Gesellschaft", die vornehmen Brauer ihre mit dem Fremdwort „Zunft", während alle anderen „Amt" genannt wurden. Die Gewandschneider und Krämer, ursprünglich in „Ämtern", nannten ihre Vereinigungen nach sozialem Aufstieg „Kompagnien".[130]

1.2.3. Definitionen

Die Herleitung des Wortes „Zunft" – des Grundbegriffs der folgenden Erörterungen – mit Mitteln der Begriffsgeschichte befreit nicht von der Notwendigkeit einer genaueren Begriffsbestimmung, auch wenn Rainald Ennen urteilte, dies sei nicht möglich, weil sich die Erscheinungsformen der Zunft regional unterschieden und im Zeitablauf geändert hätten.[131] Ennens Einsicht in die Vielfalt der Erscheinungsformen ist unbestreitbar richtig; sie gilt im übrigen nicht allein für den Zunftbegriff, sondern für sämtliche historischen Begrifflichkeiten der „langen Dauer". Trotzdem ist es notwendig, einer historischen Studie eine saubere Begrifflichkeit zugrunde zu legen, damit Schreiber und Leser dasselbe meinen, wenn sie ein Wort benutzen. Begriffe der historischen Quellen können so, wie sie in den Quellen benutzt werden, in der Regel nicht übernommen werden, da sie ohne Hintergrundwissen unverständlich sind und uneinheitlich gebraucht werden. Die heutige Umgangssprache hat den Vorteil, allgemein verstanden zu werden, ist aber selten präzise genug. Umgekehrt verhält es sich mit künstlichen Fachsprachen, wie sie in den „systematischen Wissenschaften" gebräuchlich sind.

In der Geschichtswissenschaft kann dieser Begriffs-Knoten durch ein mehr-

128 Bodemann, Zunfturkunden, S. XXIIf.
129 Scheschkewitz, Zunftwesen, S. 17.
130 Warncke, Handwerk, S. 16f.
131 Ennen, Zünfte, S. 4.

stufiges Vorgehen gelöst werden. Historiker beschreiben die verschiedenen historischen Begriffsverwendungen in Quer- und Längsschnitten, d.h. in ihren räumlichen und zeitlichen Bezügen, und in der gegenwärtigen Umgangs- und Fachsprache. Durch Vergleich versuchen sie zu einer Minimaldefinition zu kommen, einem Begriff, der so allgemein ist, dass er möglichst viele der zu untersuchenden historischen Objekte umfängt, aber so reichhaltig mit Eigenschaften ausgestattet, dass alle nicht interessierenden Objekte ausgeschaltet werden. Auf der Grundlage dieser Minimaldefinition werden die historischen Objekte untersucht, so dass man über räumliche Varianten und zeitliche Wandlungen des Begriffs Aussagen machen kann. Zwei Einschränkungen unterliegt dieses Verfahren: Erstens sind die ermittelten Begriffe niemals strenge Klassifikationen im mathematischen Sinne, sondern stets unscharfe Typusbegriffe, auf die alle Aussagen nur mehr oder minder zutreffen; zweitens verlangt das Verfahren mehrere Durchgänge, bei denen sich die Begrifflichkeit immer weiter klärt. Zu Beginn einer Untersuchung wird eine Definition versucht, die mit dem Fortschreiten der Arbeiten wiederholt angepasst wird.

In dieser Weise ist hier vorgegangen worden, wobei die mehrfachen Änderungen der Definitionen nicht aufgelistet werden sollen. Auf die regionalen und zeitlichen Variationen des Zunftbegriffs wurde bereits eingegangen. Einige umgangssprachliche Wendungen sind im vorigen Kapitel vorgestellt worden. Wissenschaftliche Definitionen der Zunft gibt es zuhauf, Einigkeit über ihre Kriterien nicht. Die meisten Definitionen enthalten Aussagen zu folgenden Komplexen: den Mitgliedern der Zunft, der Art ihrer Vereinigung, deren Verhältnis zum Staat, ihrem Zwangscharakter und ihren Zielen und Aufgaben.

Zunftdefinitionen

Autor (Jahr)	**Mitglieder**	**Art der Vereinigung**	**Verhältnis zum Staat**	**Zwangscharakter**	**Ziele und Aufgaben**
Johann Andreas Ortloff (1803) [132]	örtlich oder bezirklich begrenzt, einerlei Gewerbe Treibende	gesellschaftliche Verbindung	Genehmigung der Landesobrigkeit	Mitgliedschaft Voraussetzung der Gewerbe-Ausübung	„zum Nutzen anderer“
Friedrich Dieling (1932) [133]	städtisch oder auf ein umfassendes Gebiet	Vereinigung auf genossenschaftlicher Grundlage	-	-	Erreichung gewisser Ziele wirt-

132 Ortloff, Recht, S. 3f.
133 Obst, Wandel, S. 115f.

	begrenzt, ein Gewerbe Treibende samt Hausangehörigen und Arbeitspersonal				schaftlicher, in zweiter Linie religiöser, gesellschaftlicher und sozialer, schließlich auch politischer Art
Georg von Below (1933) 134	gemeindlich begrenzt, ein Gewerbe Treibende	Verband	Sanktion der Obrigkeit	Mitgliedschaft Voraussetzung der Gewerbeausübung	-
Wolfram Fischer (1955) 135	auf Stadt, Landschaft, Territorium oder das gesamte Reich begrenzt, Handwerker eines oder mehrerer Gewerbezweige	Verband gleichberechtigter Genossen	-	allgemeinverbindliche Richtlinien und Gewohnheiten	gewisse politische, kirchliche und jurisdiktionale Funktionen
Wolfgang Zorn (1965) 136	Gewerbetreibende eines Gewerbes	Verband mit eigener Rechtspersönlichkeit	-	ausschließliches Recht auf den Betrieb eines bestimmten Gewerbes, aber auch	-

134 Siemsen, Germanengut, S. 91.
135 Fischer, Handwerksrecht, S. 15f.
136 Pitz, Gewerbeverbände, S. 676.

				Beschränkung darauf	
Franz Irsigler (1979)[137]	Bezirksbezogenheit, Gemeinsamkeit der beruflichen Tätigkeit	Verband mit Konsistenz und Identität, eigene Organe	obrigkeitliche Sanktionierung oder Bestätigung	Zunftzwang im weitesten Sinne, Gemeinsamkeit der wirtschaftlichen Funktionen und gleichzeitig Beschränkung darauf	religiös-gesellschaftliche Funktionen

Friedrich Diering schränkte ein, seine Definitionsmerkmale müssten „nicht unbedingt in der beschriebenen Ausgestaltung und Gewichtung alle zusammengenommen bei jeder derartigen Vereinigung zutreffen“.[138] Franz Irsigler ergänzte zu den in der Tabelle aufgeführten „unverzichtbare(n) Definitionselemente[n]“ einige „akzidentielle Merkmale“: „Kartellfunktionen, caritative Funktionen, eigene Gerichtsbarkeit, militärische und politische Aufgaben, Produktions- und Marktkontrolle, vielleicht noch einige mehr“.[139]

Um zu einer methodisch einwandfreien Definition zu kommen, sollen diese sechs Definitionen kritisch gemustert werden:

1. Räumliche Komponente der Mitgliedschaft: Die aufgeführten Definitionen ignorieren die räumliche Komponente der Mitgliedschaft (Zorn) oder legen sie in unterschiedlicher Weise fest, angefangen vom Ort, der Gemeinde oder Stadt, über das Gebiet, den Bezirk oder die Landschaft bis zum Territorium oder das gesamte Reich. Reichsweite Zünfte hat es nicht gegeben, aber alle denkbaren Formen räumlichen Bezugs unterhalb der Reichsebene, angefangen von Stadtteilen (z.B. nach Eingemeindungen) über die Vereinigung mehrerer Orte oder geschlossener Regionen bis hin zu Territorien und überterritorialen Einheiten. Als Definitionskriterium kann man daher nur die Tatsache der geografischen Begrenzung festhalten.

2. Berufliche Komponente der Mitgliedschaft: Überwiegend sind die Autoren der Meinung, eine Zunft umfasse die ein bestimmtes Gewerbe Treibenden. Mehrere Autoren erweitern diese Bestimmung, indem sie mehrere Gewerbe in einer Zunft akzeptieren (Fischer), Hausangehörige und Arbeitspersonal einbeziehen (Dieling) oder statt der Ausübung eines Gewerbes eine beliebige Tätigkeit zulassen (Irsigler). In der Tat gab es zahlreiche Zünfte, die mehrere Berufe kombinierten. Ihre Bezeichnung als Gewerbe ist gleichzeitig zu weit und zu eng: Einerseits gehörten nicht alle Gewerbe zum Zunftwesen (Ausschluss des Fernhandels), andererseits bildeten auch Nicht-Gewerbe (Dienstleister) Zünfte. Das Handwerk war

137 Irsigler, Problematik, S. 15.
138 Obst, Wandel, S. 116.
139 Irsigler, Problematik, S. 15.

weiter definiert als heute, professionelle Fischer etwa zählten dazu. Hausangehörige und Arbeitspersonal waren zwar in das Zunftleben eingebunden, aber niemals Mitglied: Sie entrichteten keine Beiträge und nahmen an offiziellen Zunftversammlungen nicht teil. In Wirklichkeit waren nicht Personen Zunftmitglied, sondern Betriebe, gewöhnlich vertreten durch den Betriebsinhaber, im Handwerk den Meister.[140] Ein Meister gehörte der Zunft in seiner Eigenschaft als Betriebsinhaber an, gab er seinen Betrieb auf, verlor er meist seine Mitgliedschaft. Neben dem Meister konnten seine Gesellen abgestufte Mitgliedschaftsrechte genießen und statt des Meisters die Witwe, welche nach seinem Tod den Betrieb fortführte.

3. Art der Vereinigung: Die neueren Definitionen sind sich darin einig, dass man die Zunft als Verband kennzeichnen könne. Da man außerdem eine eigene Rechtspersönlichkeit (Zorn), Konsistenz, Identität und eigene Organe (Irsigler) fordert, scheint keine klare Vorstellung über die Eigenschaften eines Verbandes zu bestehen. Ein Verband ist eine

- dauerhafte und stetige,
- mit einem gewissen Maß an Autonomie ausgestattete
- soziale Gruppe,
- die der Artikulation und Verfolgung von Interessen ihrer Mitglieder dient
- und zu diesem Zweck Beziehungen zu Außenstehenden aufnimmt,
- Regeln und Normen anwendet
- sowie über eine funktionale Verwaltungsstruktur verfügt.[141]

Das Verbandspostulat grenzt die Zunft von der Behörde ab. Einige Autoren fordern zusätzlich, eine Zunft solle eine genossenschaftliche Grundlage haben (Dieling) bei Gleichberechtigung der Genossen (Fischer). Soweit mit Genossenschaftlichkeit die Unabhängigkeit des Verbandes von den Obrigkeiten gemeint ist, ist sie Teil der Verbandsdefinition. Von einer Gleichberechtigung der Zunftmitglieder kann nicht durchweg die Rede sein. Sind Gesellen oder Witwen Mitglied, dann meist in untergeordneter Position. Wahlverfahren sind vielfach weit von dem Ideal der Gleichberechtigung aller Mitglieder entfernt.

4. Verhältnis zum Staat: Während einige Definitionen zu diesem Punkt keine Aussage machen, nehmen andere an, dass Zünfte von den Obrigkeiten bestätigt werden müssen. Damit eine Zunft ihre Zwangsrechte (siehe Punkt 5.) ausüben kann, ist sie auf die Anerkennung durch die Obrigkeit angewiesen. Für eine Minimaldefinition genügt es daher, die Zwangsrechte zu verlangen.

5. Zwangscharakter: An diesem Punkt ist die Einigkeit der Autoren am größten; fast alle verlangen den persönlichen Zunftzwang als Definitionsmerkmal: Die Berufsausübung ist an die Mitgliedschaft in der Zunft gebunden. Der Zunftzwang ist ein notwendiges, aber kein hinreichendes Kriterium, denn ansonsten müssten die modernen Handwerkskammern mit ihrer Zwangsmitgliedschaft zu den Zünften gerechnet werden. Man muss den Mitgliedschaftszwang mit weiteren Forderungen ergänzen, um eine Abgrenzung gegenüber den Kammern vornehmen zu können. Die Kammern unterscheiden sich von den Zünften darin, dass sie wesent-

140 So schon Krefft, Kartelle, S. 13.

141 Vgl. Wörterbuch der Soziologie, hrsg. von Günter Endruweit und Gisela Trommsdorff, Stuttgart 1989, S. 769f; Garzmann, Korporationsproblem, S. 72f.

lich weniger Aufgaben für die Mitgliedsbetriebe übernehmen. Allerdings ist eine Abgrenzung, die sich auf ein Mehr oder Minder bezieht, unscharf und in Definitionen möglichst zu vermeiden. Hier wird daher vorgeschlagen, einfach die zeitliche Abfolge zum unterscheidenden Kriterium zu erheben: Zünfte gab es bislang ausschließlich in vormodernen Gesellschaften.

6. Ziele und Aufgaben: Während die ältere Zunftliteratur auf der Gemeinwohlverpflichtung der Zünfte bestand (Ortloff), hat die neuere diese Forderung fallen gelassen. Die Verbandseigenschaft der Zünfte impliziert im Gegenteil, dass es einer Zunft zunächst einmal um die Wahrnehmung der Mitgliederinteressen geht. Ob zusätzlich die Interessen Dritter gewahrt werden, ist eine sekundäre Frage. Umstritten ist nach wie vor das Verhältnis zwischen ökonomischen und nichtökonomischen Aufgaben. Gehörten die nichtökonomischen Aufgaben gleichrangig dazu oder waren sie bloße Ergänzungen des ökonomischen Kerns? Für die Definition ist diese Frage irrelevant, es genügt festzuhalten, dass den Zünften immer ökonomische, genauer: marktordnende Aufgaben gestellt waren.

Als Definition soll der folgende Satz vorgeschlagen werden: Eine Zunft ist ein geografisch begrenzter Zwangsverband von Betrieben des Handwerks, des Kleinhandels oder der Dienstleistungen, der in vormodernen Epochen marktordnende Aufgaben wahrnimmt. Der Gang der Untersuchung wird erweisen, dass dieser Zunftbegriff geeignet ist, die historischen Phänomene, die nach allgemeinem Verständnis und nach Ansicht von Zeitgenossen und Fachleuten als Zünfte anzusprechen sind, zu subsumieren.

2. AUFSTIEG

2.1. URSPRÜNGE UND VORBILDER

2.1.1. Die ältere Forschung zur Herkunft der Zünfte

Die Zunftforscher des 19. Jahrhunderts beschäftigten sich weniger mit der Entwicklung, mehr mit der Entstehung der mittelalterlichen Zünfte. Ihre Diskussion, die zu heftigen Polemiken Anlass gab, drehte sich darum, ob die Zünfte in langfristige Kontinuitätslinien zu stellen seien (Römer, Germanen, christliche Bruderschaften, frühmittelalterliches Hofrecht) oder „spontane" Bildungen ihrer Entstehungszeiten waren (Ämtertheorie, freie Einung). Hinter den Debatten verbargen sich tiefe weltanschauliche und politische Konflikte. „Germanisten" und „Romanisten" stritten darum, inwieweit man die deutsche Geschichte als autonome Entwicklung aus dem Germanentum verstehen oder in einen internationalen, „ultramontanen" Kontext einordnen solle. Hier war – Parallelen zum Bismarckschen „Kulturkampf" sind sicherlich kein Zufall – der Ort, an dem man über den Einfluss heidnischer und christlicher Traditionen auf die Zünfte diskutierte. Die Frage, ob die Zünfte aus alten ländlichen Strukturen hervorgegangen oder auf Herausforderungen des Städtebildungsprozesses im Hohen und Späten Mittelalter zurückzuführen seien, bewegte Menschen des 19. Jahrhunderts, die eine Phase rasanter Urbanisierung und des Verfalls vorindustrieller, ländlicher Traditionen erlebten. Des Weiteren ging es um die Frage der obrigkeitlichen oder demokratischen, in den damaligen Worten: der herrschaftlichen oder genossenschaftlichen Wurzeln des Zunftwesens. Auch hier thematisierte die Geschichtswissenschaft einen Grundkonflikt des 19. Jahrhunderts.

Für unsere Zwecke ist es nicht erforderlich, diese Diskussionen in all ihren Verästelungen nachzuvollziehen. Es genügt, ihre Grundlinien zu erfassen und anhand der neueren Forschungsergebnisse zu bewerten. Walther Müller gab 1910 in seiner Leipziger Dissertation einen konzentrierten Überblick des Forschungsstandes, dem hier gefolgt wird.

Die Herkunft der Zünfte aus antiken römischen Korporationen behaupteten u.a. Eichhorn, Warnkönig, Gfrörer und Mone. Sie sahen Ähnlichkeiten in Verfassung und Praxis der spätantiken „collegia opificum" und der Zünfte und behaupteten das Fortbestehen der römischen Munizipalverfassung und des Dekurionenstandes in der Stadtverfassung und dem Beamtentum der Städte römischen Ursprungs in Frankreich und Deutschland. Kritiker wandten ein, dass übereinstimmende Bezeichnungen kein zuverlässiger Hinweis auf übereinstimmende Realitäten sind; die mittelalterlichen Korporationen seien ihrem Wesen nach etwas Anderes als die antiken, auch wenn sie teilweise denselben Namen trugen. Die römischen Handwerkerkorporationen seien viel komplexer gegliedert gewesen als die mittelalterlichen und hätten gesellschaftliche, die mittelalterlichen hingegen primär gewerbliche Ziele verfolgt. Außerdem sei in der Spätantike der Beruf erblich gewesen, was man für Zunftmitglieder nicht sagen kann.[142]

Wilda und Brentano vertraten die Theorie der germanischen Abstammung der Zünfte. Diese seien Zusammenschlüsse nach dem Vorbild der Kaufmannsgilden, welche sich wiederum auf Gilden der Germanen zum Zweck gegenseitiger Schutz- und Hilfeleistung zurückführen ließen. Auch hier betonten Kritiker die „Wesensunterschiede“ zwischen Zünften und germanischen Gilden. Letztere dienten vor allem dem Rechtsschutz, der Geselligkeit, dem gemeinsamen Gottesdienst und der Armenunterstützung, während die frühen Zünfte fast ausschließlich gewerblichen Charakter aufwiesen. Ferner finde man bei den germanischen Gilden weder den Beitrittszwang noch die Beaufsichtigung der Berufstätigkeit der Mitglieder oder die Gerichtsbarkeit über die Mitglieder, Elemente, die man bei Zünften schon früh – zumindest ansatzweise – beobachten kann.[143]

Mit dem Namen Eberstadt verbindet sich die Behauptung, Zünfte seien aus der Umbildung kirchlicher Bruderschaften entstanden, indem den ursprünglich rein privaten Bruderschaften, die kirchliche Aufgaben wahrnahmen, von der Obrigkeit Zwangsrechte übertragen worden seien mit dem Ziel, die finanzielle Basis der Bruderschaften zu stärken. Müller zufolge erklärt diese Theorie nicht, warum die Bruderschaften nach Gewerben geschieden waren, was zur Erfüllung ausschließlich kirchlicher Aufgaben nicht erforderlich gewesen sei.[144]

Große Prominenz errang die Hofrechtstheorie, die von zahlreichen Gelehrten (u.a. Nitzsch, Arnold, Heusler, von Gierke, von Maurer, Schmoller, Stieda, Geering, von Inama-Sternegg, Bär, Bücher, Lamprecht, Eberstadt) vertreten wurde. Sie geht davon aus, dass die Handwerker im frühen Mittelalter in Fronhofverbänden gearbeitet hätten, die jeweils von einem Meister geleitet wurden. Allmählich hätten sie von ihren Herren die Erlaubnis erhalten, neben den Herrendiensten auf eigene Rechnung für den freien Markt zu arbeiten. Daraus entstanden Handwerkerverbände, die nicht mehr zu Diensten für den Fronhof verpflichtet waren. Kritiker monierten, dass im Hofrechtsverband eine Handwerkerorganisation nur rudimentär vorhanden war und sich die angenommene Stufenfolge der Ablösung vom Hofrechtsverband in den Quellen nicht nachweisen lasse.[145]

Die enge Bindung der frühen Zünfte an die städtischen Obrigkeiten gab neben der Hofrechtstheorie den Anlass für die Aufstellung der Ämtertheorie, die mit den Namen Hüllmann und Keutgen verbunden wird. Keutgen nahm an, dass der Zwang der Handwerker zur Teilnahme an den „amtlich“ (vom Stadtherrn) vorgeschriebenen Verkaufsstellen und der obrigkeitlichen Marktordnung (Warenkontrolle) zur Entstehung der Zünfte geführt habe. Müller meinte, hier würden Ursache und Wirkung vertauscht: Die Bildung der Zünfte habe gemeinsame Verkaufsstellen zur Folge gehabt, nicht umgekehrt. Die größte deutsche Stadt des Mittelalters – Köln – wurde als Gegenbeispiel herangezogen. Hier sind keine Spuren von

142 Müller, Frage, S. 2ff.
143 Müller, Frage, S, 4ff.
144 Müller, Frage, S. 12f, 15.
145 Müller, Frage, S. 6–9, 13f.

Ämtern aufzufinden, die Zünfte bildeten sich scheinbar aus freien Stücken durch einen Vertrag ihrer Mitglieder. Die von Keutgen als marktordnendes Instrument postulierten Gewerbegassen verteilten sich in Köln über das gesamte Stadtgebiet, nicht allein über den Marktbezirk. Der Markt war in Köln jünger als die ältesten Gewerbegassen.[146]

Schließlich ist die Theorie der freien Einung zu erwähnen, die am Beispiel Kölns bereits anklang. Ihre Vertreter (Schönberg, von Below, Gothein, Keutgen, von Loesch) nehmen als Gründungsziel der Zünfte den Kampf gegen die Gewerbefreiheit an. Zu diesem Zweck hätten sich die freien Handwerker der Städte freiwillig zu einer Zunft vereint. In dieser Ausprägung ist die Theorie der freien Einung unvereinbar mit den Beobachtungen, dass das Zunftwesen in der Anfangszeit enge obrigkeitliche Bezüge hatte und zunächst nicht überall der Zunftzwang festzustellen war.[147]

Wie andere vor und nach ihm versuchte Müller, die Widersprüchlichkeiten durch eine Kombination mehrerer Theorien in den Griff zu bekommen. Seiner Meinung nach entsprangen die Zünfte hofrechtlicher Wurzel. Die ursprünglich hofrechtlichen Verbände seien in den Städten im Sinne der Ämtertheorie umgebildet worden. Diese älteren Organisationen hätten den freien Einungen der Handwerker seit dem 12. Jahrhundert als Vorbild gedient. Erst diese seien als eigentliche Zünfte anzusprechen.[148]

Selten haben Dissertationen eine so nachhaltige Wirkung auf die Forschungsgeschichte gehabt wie die Walther Müllers. Seine Arbeit markiert das Ende der älteren Zunftforschung.[149] Ihre Ergebnisse wurden über Rudolf Wissells Standardwerk aus dem Jahr 1929 bis in die jüngste Vergangenheit transportiert. Wissell folgte mit geringfügigen Modifikationen Müllers Linie und lehnte mit ihm Keutgens Ämtertheorie, die germanische Herkunft sowie Eberstadts Theorie der Bruderschaften ab. Hofrechtstheorie und Freie Einung kombinierte er: „Man kann gewiß nicht von einer hofrechtlichen Entstehung der Zünfte in dem Sinne reden, daß sich ursprünglich hofrechtliche Ämter auf den Fronhöfen in Zünfte verwandelt hätten. Man kann nur sagen, daß die in unselbständigen Vereinigungen zusammengefaßten Handwerker sich im Kampf gegen die der hofrechtlichen Anschauung entstammenden Pflichten die freie Arbeitsbetätigung und die Regelung ihrer gewerblichen Verhältnisse in der Zunft errangen. ... Ehe sich die aus hofrechtlichen Anschauungen heraus entstandenen Ämter zu Zünften entwickelten, ... sind Zünfte auch aus freier Einung entstanden ... Sie betreffen Gewerbe, die der Bischof oder Stadtrat in die Stadt holte oder die beide besonders fördern wollten."[150]

146 Müller, Frage, S. 4, 14ff; vgl. Sonntag, Zunftzwang, S. 5.

147 Müller, Frage, S. 4, 9–12.

148 Müller, Frage, S. 19–67.

149 Nach Otto Gerhard Oexle „versickerte" die „einst so heftig und ausdauernd geführte Forschungskontroverse" gegen 1920 resultatlos. (Oexle, Zunft, S. 4f; Zitat: S. 5.)

150 Wissell, Recht I, S. 30f.

2.1.2. Antike römische Handwerkerverbände

In der römischen Königszeit entstanden „collegia" als Stiftungen hoheitlicher Gewalt, die zu Leistungen für den Herrscher verpflichtet waren. Vermutlich wurden sie analog zu bestehenden bäuerlichen Organisationen gebildet, um den Nicht-Grundeigentümern das Bürgerrecht zu vermitteln.[151] „Gemeinsame Kult- und Opfermahlzeiten, zu denen jeder beizusteuern hatte, und die Pflege der Geselligkeit und Freundschaft, zu denen natürlich auch gegenseitiges Beraten in allen möglichen Fragen gehört, war in der Tat das übereinstimmende Kennzeichen aller Kollegien. Hinzu kam regelmäßig die gemeinsame Sorge für das Begräbnis der Mitglieder in Form von Sterbekassen ... Andere Funktionen sind mit den Sodalicien nicht verbunden. Zwar mögen die nach Branchen gegliederten Collegien ursprünglich auch durch Informationsaustausch technische und wirtschaftliche Vorteile gebracht haben. Aber diese Seite steht nicht im Vordergrund und ist vor allem auch nicht von der Rechtsform der Collegien erstrebt oder gefördert."[152]

In der Römischen Republik bildeten sich zahlreiche neue Kollegien. Diese waren weniger abhängig vom Staat und verloren ihre ehemalige Funktion der Bürgerrechtsvermittlung. Nach wie vor blieben sie berufsständische Organisationen, die sich religiösen und gesellschaftlichen Bedürfnissen ihrer Mitglieder widmeten, während für gewerbliche Zwecke andere Rechtsformen zur Verfügung standen.[153]

Die klassische Kaiserzeit erhöhte wieder die Bindung der Kollegien an den Staat. Als gemeinnützige Vereine bedurften sie einer staatlichen Zulassung. „Die Collegien wurden in einem sich immer mehr steigernden Maße zu Trägern mittelbarer Staatsverwaltung, indem ihnen die Erbringung öffentlicher Leistungen, zu welchen sich das Kaisertum in Aufnahme und Fortentwicklung insbesondere der popularen Traditionen der Republik verpflichtet fühlte, ... auferlegt wurde."[154] Zu den öffentlichen Leistungen der Kollegien zählten die Veranstaltung öffentlicher Konzerte (durch ein Musikerkolleg), die Sicherstellung der Nahrungsmittelversorgung der Hauptstadt (durch Händler- und Handwerkerkollegien) oder die Übernahme von Feuerwehrfunktionen. Kaiser Marc Aurel stärkte die Kollegien bei der Erbringung öffentlicher Aufgaben, indem er die gleichzeitige Zugehörigkeit zu mehreren Kollegien verbot.[155]

„Im Laufe des von schweren politischen und militärischen Krisen heimgesuchten 3. Jahrhunderts vollendete sich eine Wandlung der Handwerkskollegien, deren Ergebnis mit Beginn des 4. J[ahr]h[undert]s durch den Codex Theodosianus sichtbar wird. Die ehedem freien, wenn auch nach Gesichtspunkten öffentlichen

151 Behrends, Rechtsformen, S. 154–166; zum Folgenden vgl. auch Mickwitz, Kartellfunktionen, S. 166–182; Epstein, Wage labor, S. 10–27.

152 Behrends, Rechtsformen, S. 165f. Das Wort „Sodalicien" vom Lateinischen „sodalitas" wird hier als Synonym für Kollegien verwendet. Andere Autoren unterscheiden „sodalitas" als religiös-gesellige Gruppe vom „collegium", dem sie wirtschaftliche Funktionen zuschreiben. (Vgl. Epstein, Wage labor, S. 11.)

153 Behrends, Rechtsformen, S. 167–175.

154 Behrends, Rechtsformen, S. 175.

155 Behrends, Rechtsformen, S. 175ff.

Interesses zur Rechtsfähigkeit zugelassenen Gewerbevereine wurden zu Zwangsverbänden. ... Ein Austreten aus einem solchen zum Zwangsleistungsverband gewordenen collegium war ausgeschlossen. Die Rechtsstellung des collegiatus wurde als vererblich behandelt und folgte darüber hinaus mit großer Konsequenz dem haftenden Vermögen des Pflichtigen."[156] Die Mitglieder – nicht notwendig Angehörige eines einzelnen Gewerbes – konnten außerhalb des Kollegiums ungestört ihrem Beruf nachgehen, ihre Pflicht als Kollegiaten beschränkte sich auf eine bestimmte Menge an Diensten oder Abgaben. Der Staat versuchte auf diese Weise, zu einem stabilen Steuerertrag zu kommen. Ähnliche Regularien gab es für landwirtschaftliche Pächter und öffentliche Beamte (Dekurionen). Da es dem Staat allein um den Steuerertrag ging, konnten sogar Sklaven die Mitgliedschaft in Kollegien erwerben, wenn sie ein haftendes Vermögen für die Erbringung der geforderten staatlichen Leistungen mitbrachten. Der Eintritt in die Kollegien erfolgte teils auf Druck des Staates, teils freiwillig, da die Mitgliedschaft neben den angestammten religiösen und geselligen Tätigkeiten Vorteile wie ein ordentliches Begräbnis und eine Statuserhöhung vermittelte. Marktregulierende Funktionen hatten die Kollegien nicht.[157]

Verschiedene Autoren vermuteten, die spätantiken Kollegien hätten bis in das Mittelalter in einigen Römerstädten fortbestanden, weil diese kontinuierlich bewohnt worden seien.[158] Leider gibt es keinen einzigen schriftlichen Beleg für diese Annahme. Für Rom und Ravenna schloss Ludo Moritz Hartmann aus Formähnlichkeiten der hoch- und spätmittelalterlichen Zünfte mit byzantinischen Handwerksorganisationen des 10. Jahrhunderts und spätantiken Kollegien und aus urkundlichen Erwähnungen des 10. und 11. Jahrhunderts auf eine Kontinuität seit der Antike. Doch auch er musste einräumen, dass vor dem 10. Jahrhundert keinerlei historische Quellen vorhanden sind, die seine Vermutung erhärten.[159] Auch für Paris mit seinem reichen und seit der Antike ununterbrochen lebendigen Gewerbeleben ist ein römischer Ursprung der Zünfte nicht nachweisbar.[160] In Deutschland, so äußerte bereits 1876 Wilhelm Stieda, „war wohl die Umwälzung von 600 bis 1200 so gross und die Gewerbthätigkeit in jener Zeit so gering, dass sich römische Ueberlieferungen sehr gut verlieren konnten."[161]

„Der Verfall der collegia beschleunigte sich in der ersten Hälfte des 5. J[ahr]h[undert]s, als sich zahlreiche collegiati in den Schutz von Großgrundbesitzern begaben. Mit dem Ende des Römischen Reiches im Westen schwand der gesetzliche Zwang, der die zu solidarisch haftenden Leistungsgemeinschaften zusammengeschlossenen Handwerkerkorporationen zusammengehalten hatte."[162]

156 Behrends, Rechtsformen, S. 178.
157 Behrends, Rechtsformen, S. 179f; Alföldy, Sozialgeschichte, S. 119, 154, 183; Finley, Wirtschaft, S. 91, 165; Graeber, Untersuchungen.
158 Weyrauch, Handwerkerorganisationen, S. 28; Henning, Das vorindustrielle Deutschland, S. 87.
159 Vgl. Hartmann, Geschichte; Mickwitz, Kartellfunktionen, S. 188; Epstein, Wage labor, S. 28–34.
160 Gallion, Ursprung, S. 6f.
161 Stieda, Entstehung, S. 3.
162 Claude, Handwerker, S. 260f.

Trotzdem könnten einige Kollegien als freiwillige Zusammenschlüsse unter nunmehr christlichen Vorzeichen weiter bestanden haben. Auf der Iberischen Halbinsel sollen Kollegien bis in die Westgotenzeit (seit Mitte des 5. bis Anfang des 8. Jahrhunderts) überdauert haben. Aus west- und südgallischen Städten liegen vage Hinweise vor, die möglicherweise als Belege für die Existenz von Nachfolgern der Kollegien in der frühen Merowingerzeit gedeutet werden könnten.[163]

Bemerkenswerterweise reißt die einschlägige merowingische Überlieferung im 6. Jahrhundert ab. Erst im ausgehenden 8. Jahrhundert werden vergleichbare Organisationen, jetzt als „Gilden" bezeichnet, wieder in Schriftstücken benannt. Diese Lücke dürfte nicht allein auf den Zufall fehlender Überlieferung aus der „finstersten", quellenärmsten Epoche des Mittelalters zurückzuführen sein. In der Merowingerzeit befand sich das Handwerk noch auf einem relativ hohen Niveau, wenn auch Quantität und Qualität gegenüber der Spätantike schon erheblich abgenommen hatten.[164] Dieser Verfall setzte sich während der Karolingerherrschaft fort. Unter den Merowingern wurden antike Paläste in den alten Städten weiterhin für herrschaftliche Zwecke genutzt, mit den Karolingern begann das Umherziehen der Herrscher von Pfalz zu Pfalz. Die Städte büßten zugunsten des Landes an Bedeutung ein.[165] Während der Merowinger- und Karolingerzeit fand ein einschneidender Kulturbruch statt; die von Karl dem Großen und seiner „Hofakademie" angestoßene „renovatio" mit ihrem Wunsch, das Bildungs- und Kulturniveau wieder zu heben, zeigt dies beispielhaft.[166]

Es ist also weder eine direkte Linie von antiken Kollegien zu den mittelalterlichen Zünften Deutschlands noch eine über die karolingischen Gilden vermittelte antike Tradition festzustellen.

2.1.3. Germanen

Bereits bei Wilhelm Eduard Wilda im Jahr 1831 findet sich die Germanenthese in einer milden Form. Wilda meinte, die germanische Sitte der Trinkgelage, die vielfach eine Verbindung zur religiösen Sphäre hatte, sei von christlichen Bruderschaften übernommen worden, wobei das heidnische Element gegen ein christliches ausgetauscht worden sei.[167]

Otto von Gierke pries 1868 die Germanen als Genossenschaftsgründer: „Keinem anderen Volke in dem Zuge nach Universalität und in der Fähigkeit zu staatlicher Organisation nachstehend, die meisten an Liebe der Freiheit übertreffend, haben die Germanen Eine Gabe vor allen Völkern voraus, durch welche sie der Freiheitsidee einen besonderen Gehalt und der Einheitsidee eine festere Grundlage verliehen haben, – die Gabe der Genossenschaftsbildung."[168] Unter seinen –

163 Claude, Handwerker, S. 260–263.
164 Vgl. Claude, Handwerker, S. 204–266; Kellenbenz, Wirtschaftsgeschichte I, S. 45ff.
165 Ennen, Die europäische Stadt, S. 48ff.
166 Vgl. Schneider, Frankenreich, S. 144–147.
167 Wilda, Gildenwesen, S. 3–45.
168 Gierke, Genossenschaftsrecht I, S. 3.

sehr weiten – Genossenschaftsbegriff fasste Gierke auch die Zünfte. Er war offenbar beeindruckt von der Entstehung der modernen Genossenschaften, die damals in England und Deutschland, zwei „germanischen" Ländern, am weitesten fortgeschritten war.

Bei Gustav Schmoller hieß es, „Vereine und Schwurgenossenschaften Gleichgesinnter und Gleichstehender zum Schutz und zur Verfolgung gemeinsamer Zwecke" seien in dem Maße entstanden, in dem sich „der altgermanische Familien- und Geschlechtsverband" aufgelöst habe.[169]

Den Germanenbegriff Gierkes und seiner Zeit akzeptiert die Forschung heutzutage nicht mehr.[170] „Die" Germanen gab es nicht, die im Frühmittelalter in das Licht der Geschichte tretenden germanischen Völker hatten bereits Jahrhunderte lang Kontakte zur römischen Welt gepflegt. In der Spätantike bildete sich in den römisch-germanischen Kontaktzonen eine Mischzivilisation aus.[171] Sowohl die Tatsache der römischen Handwerkerkollegien als auch die Verbreitung mittelalterlicher Zünfte in den romanischen Ländern Italien und Frankreich falsifizieren Gierkes These von einer besonderen germanischen Affinität zum handwerklichen Genossenschaftswesen. Für die These von der germanischen Provenienz der Gilden lassen sich weder auf dem europäischen Kontinent noch in Skandinavien oder England Quellenbelege finden.[172]

„In der Mittelalterforschung gilt allgemein als akzeptiert, daß die Gilden des früheren Mittelalters ein Zeugnis sind für die sogenannte ‚germanische Kontinuität', wobei man entweder das Vorhandensein germanischer Gilden annimmt, oder aber die Gilden des Mittelalters auf bestimmte germanische Sozialgebilde zurückführt. In diesem Sinn werden abwechselnd einmal die germanische Blutsbrüderschaft oder die germanischen Opfergemeinschaften oder die ‚kriegerisch-kultischen Männerbünde' als Ursprung der mittelalterlichen Gilden angesehen. Eine kritische Analyse der bisher in der Forschung erörterten Belege zeigt jedoch, daß es für die Existenz von germanischen Gilden keinen zweifelsfreien Beweis gibt. Und die Ableitung der mittelalterlichen Gilden aus der germanischen Blutsbrüderschaft oder aus Männerbünden scheitert daran, daß sie nicht zu erklären vermag, wie man sich die Umwandlung einer nur Männer umfassenden Gruppe in eine Männer und Frauen gleichermaßen vereinigende Gilde vorzustellen hat."[173] Die Gilden, welche seit der Karolingerzeit belegt sind, nahmen Mitglieder beiderlei Geschlechts auf.[174]

Nicht allein eine direkte Abstammung der Gilden von den Germanen ist zu verneinen, auch ihre Funktion als Ersatz für die schwindende Kraft der germanischen Sippe, die Schmoller suggerierte, ist abzulehnen. Gilden und Zünfte, die seit dem 8. Jahrhundert belegt sind, unterstützten den Fernhandel oder das städtische Handwerk oder verfolgten christliche Ziele, Bereiche, die der germanischen

169 Schmoller, Tucher- und Weberzunft, S. 376.

170 Zur älteren Gildeforschung vgl. Cordt, Gilden, S. 5–38.

171 Hauck, Kulte, S. 56; Schneider, Frankenreich, S. 6; Lütge, Sozial- und Wirtschaftsgeschichte, S. 30f.

172 Oexle, Gilden, S. 337; Anz, Gilden, S. 293; Eggerer, Brethren, S. 24, 294ff.

173 Oexle, Anfänge, S. 49.

174 Oexle, Gilden, S. 331ff.

Sippe fremd waren. Sie setzten nicht das Wirken der Sippe fort, sondern erschlossen neue Aufgaben.

Von der Germanenthese bleibt also nicht viel übrig. Im Grunde bestätigte die moderne Forschung den Ausgangspunkt der Zunftgeschichtsschreibung bei Wilda. Eine germanische Kontinuität ist allenfalls in dem allgemeinen Sinne „gewisser formaler Anknüpfungen an mögliche germanische Neigung zu Zusammenschlüssen“[175] denkbar, die wir aber nicht mehr wie von Gierke als etwas Besonderes, sondern als Ausdruck allgemein menschlicher Bedürfnisse werten würden.[176]

2.1.4. Gilden

Nachdem sich die Ableitungen der Zünfte aus heidnischen Wurzeln als unhaltbar erwiesen haben, sollen im nächsten Schritt die christlichen Hintergründe überprüft werden. Die religionsstiftende Bedeutung des Abendmahls ist aus dem Neuen Testament bekannt. Spätestens in der zweiten Hälfte des 4. Jahrhunderts gab es Vereinigungen von Klerikern und Laien, die Gastmähler ausrichteten.[177] Aus dem 6. und 7. Jahrhundert sind Verbände von Landklerikern bekannt, die sich um gemeinsame Mahlzeiten gruppierten.[178] Man findet also auch im Christentum – wie bei Römern und Germanen – das Element der gemeinschaftsbildenden Mahlzeiten schon vor dem Beginn des Mittelalters. Allerdings gelingt es hier ebenso wenig wie bei den römischen und germanischen Vorgängern, eine Kontinuität über die Merowingerzeit hinaus herzustellen, die konkreter ist als die Feststellung, dass es immer wieder zu geselligen Zusammenschlüssen innerhalb der religiösen Sphäre kam. Die Landklerikerverbände verschwanden spätestens am Beginn der Karolingerzeit; sie wurden durch Strukturen innerhalb der kirchlichen Hierarchie ersetzt.[179]

Die ältesten Organisationen, von denen eine Kontinuität bis zu den Zünften angenommen wird, sind die „Gilden“ der Karolingerzeit, die zum ersten Mal im Jahr 779 Erwähnung fanden. Im Kapitular von Herstal Karls des Großen wurden Gilden als geschworene Verbindungen verpönt. Allein Vereinigungen ohne Schwureid für Almosenspenden und Beihilfe bei Brandschäden und Schiffbruch wurden gestattet. Ein Kapitular des westfränkischen Königs Karlmann aus dem Jahr 884 verbot dörfliche Gilden, die sich – nachdem das Königtum in diesem Punkt versagt hatte – der Abwehr von Räubern widmeten; statt Selbsthilfe zu

175 Kahl, in: Kaufmännische und gewerbliche Genossenschaften I, S. 57. Ernst Cordt hielt daran fest, dass Gilden eine typisch germanische Organisationsform gewesen seien, weil sie eine Rechts- mit einer Kultgemeinschaft verbanden. (Cordt, Gilden, S. 123.) Die Verbindung von Recht, Religion und Gemeinschaft ist jedoch nichts typisch Germanisches, sondern etwas typisch Vormodernes, das man bei vielen alten Völkern findet.

176 Selbst Cordt, der die germanische Abkunft der mittelalterlichen Gilden verfocht, gab zu, dass es sich nur um „die prinzipielle Identität der Institutionen an sich“ handeln könne, „nicht die Identität einzelner Gilden“. (Cordt, Gilden, S. 153.)

177 Oexle, Gilden, S. 318.

178 Oexle, Gilden, S. 342–344.

179 Oexle, Gilden, S. 344–348.

üben, sollten die Menschen kirchliche und königliche Instanzen einschalten.[180] Auch die Kirche wandte sich gegen Gilden. Bischof Hinkmar von Reims wollte sie 852 durch Vereinigungen ersetzen, die vom Bischof, Dekan oder Pfarrer beaufsichtigt würden. Nach Hinkmars Willen sollten den Gilden nur fünf Aufgaben erlaubt sein, nämlich Gabendarbringung, kirchliche Stiftungen, Gebet, Totenmemoria und karitative Tätigkeiten.[181] An dieser Stelle ist ein „argumentum e silentio" angebracht: Die christlich motivierte Betätigung der Gilden, wie sie das Kapitular von Herstal und Bischof Hinkmar beschreiben, hätte in älteren kirchlichen Schriften erwähnt werden müssen, hätte es diese Art der Gilden vor der Karolingerzeit gegeben; es fehlt aber jeder Hinweis auf sie in der älteren kirchlichen Literatur. Dies ist ein weiterer Beleg für einen Neuanfang zur Karolingerzeit.

Die Kritik der Obrigkeiten an den Gilden entzündete sich an zwei Gesichtspunkten, dem Schwureid, den man im Widerspruch zu Forderungen der Bibel sah, und dem Charakter der Gilden als Genossenschaft oder „freie Einung". Karolingische Gilden vereinten Frauen und Männer, Kleriker und Laien, Freie und Unfreie, auf dem Land und in den Städten. Ob man in ihnen ein Mittel der Unterschichten sehen soll, sich die gesellschaftliche Gleichberechtigung zu erkämpfen, sei dahingestellt.[182] Immerhin entstanden sie ohne Einwirken der Obrigkeiten und entzogen sich weitgehend deren Kontrolle. Indem sie die Gleichheit der Mitglieder in Hinsicht auf die Verwirklichung der Organisationsziele praktizierten, relativierten sie implizit die universelle Geltung der offiziellen gesellschaftlichen Hierarchie. Die Strategie der Obrigkeiten ging dahin, die Gilden, die man nicht verbieten konnte, weil sie in großer Zahl vorhanden waren und legitime christliche Aufgaben wahrnahmen, auf harmlose Betätigungsfelder zu lenken und in die kirchliche Ordnung einzubinden.[183]

Von den Gilden der Karolingerzeit werden zwei Verbindungslinien zu den Zünften des Mittelalters gezogen.

Als christliche „Bruderschaften" begegnen sie bis zur Gegenwart.[184] Im Mittelalter galt das Leben im Kloster als der beste Weg, um das ewige Seelenheil zu erlangen. Die Bruderschaften ahmten das klösterliche Ideal nach, ohne dessen volle Strenge anzuwenden, um ihren Mitgliedern, die außerhalb klösterlicher Gemeinschaften lebten, bessere Heilschancen zu verschaffen.[185] In Deutschland werden Bruderschaften ab dem 11. Jahrhundert in schriftlichen Quellen direkt erwähnt, nachdem die karolingischen Verbote ja nur indirekte Auskunft über ihr Bestehen gegeben haben. Obwohl zwischen dem 9. und dem 11. Jahrhundert eine Überlieferungslücke klafft, geht die Mediävistik von einer tatsächlichen Kontinui-

180 Hegel, Städte I, S. 1, 4; Oexle, Anfänge, S. 47; Cordt, Gilden, S. 57–63.

181 Oexle, Anfänge, S. 47f.

182 Vgl. Kirchgässner, Bernhard, in: Kaufmännische und gewerbliche Genossenschaften I, S. 23.

183 Oexle, Gilden, S. 331ff; Oexle, Anfänge, S. 47f; Schneider, in: Kaufmännische und gewerbliche Genossenschaften I, S. 34.

184 Zur Geschichte der Bruderschaften vgl. Lexikon des Mittelalters. Studienausgabe, Stuttgart/Weimar 1999, Band 2, Sp. 738–741; Lexikon für Theologie und Kirche, 2. Band, Freiburg 1994, Sp. 718–721; Religion in Geschichte und Gegenwart. Handwörterbuch für Theologie und Religionswissenschaft, 4. Auflage, Band 1, Tübingen 1998, Sp. 1783–1789.

185 Maier, in: Kaufmännische und gewerbliche Genossenschaften I, S. 23f.

tät aus, weil man zwischen den Bruderschaften des 11. Jahrhunderts und den Gilden des 8. und 9. Jahrhunderts Übereinstimmungen der Aufgabenfelder feststellt.[186] Dabei handelt es sich um einen sehr gewagten Schluss, denn man müsste, falls die Kontinuitätshypothese stimmt, spätmittelalterliche Bruderschaften finden, die sich auf ihre altehrwürdigen Privilegien und Praktiken beriefen. Dafür gibt es aber keine Belege.

Die Bruderschaften traten ab dem 12. Jahrhundert in nennenswerter Anzahl auf, zuerst in größeren Städten, ab dem 14. Jahrhundert beinahe überall. Bis zur Reformation erlebten sie ihre Blütezeit. Allein in Köln und Hamburg gab es im Spätmittelalter jeweils mehr als hundert Bruderschaften, in Lübeck mehr als siebzig.[187] Bruderschaften wurden zu Zünften erweitert, indem man ihnen neue Aufgaben übertrug. Das war etwa 1149 bei den Bettdeckenwebern in Köln der Fall.[188] Nicht immer wurde zwischen gewerblicher Zunft und religiös-geselliger Bruderschaft organisatorisch klar unterschieden. Man gründete kombinierte Organisationen, welche beide Bereiche zugleich abdeckten, oder nahm die religiöse Komponente später hinzu, nachdem man mit der gewerblichen gestartet war. Auch Ausgründungen religiöser Bruderschaften aus Zünften sind ab dem 14. Jahrhundert belegt.[189] Eine Organisation ohne christlichen Einschlag war schier undenkbar.[190]

Die zweite angebliche Verbindungslinie verläuft von den karolingischen Gilden über Kaufmannsgilden zu den Zünften, auch diese zweifelhaft.[191] Am „Beginn des 11. Jahrhunderts begegnet der früheste eindeutige Beleg für die Existenz von Kaufmannsgilden",[192] während es vorher nur Gelegenheitszusammenschlüsse von Kaufleuten gegeben hat, um die Risiken einer Handelsfahrt zu mindern, in der Art der Handelskarawanen (Hansen) oder der Partenreederei.[193] „Ihre Entstehung im 11. Jahrhundert ist kein Zufall, sondern ein Moment in jener Phase der Expansion des Handels, die den Beginn des Hochmittelalters bezeichnet. Die Bildung der Kaufmannsgilden im 11. Jahrhundert war eine Antwort auf neue Phänomene und auf wirtschaftliche und soziale Wandlungen, in deren Folge die Gilde mehr und mehr auch ein das städtische Leben prägendes Sozialgebilde wird."[194] Der Übergang von der „Gilde" im alten Sinne zur modernen „Kaufmannsgilde" wurde durch die Aufnahme geschäftlicher Tätigkeiten seitens der Gilde herbeigeführt, zum Beispiel durch den Betrieb einer Gildehalle, die als Versammlungsort,

186 Vgl. Cordt, Gilden, S. 119–123; Störmer, Korporationen, S. 129.

187 Schulz, in: Kaufmännische und gewerbliche Genossenschaften I, S. 31; Krettner/Finkenstaedt, S. 12, 18–23; Stieglitz, Zünfte, S. 32; Remling, Aspekte, S. 152; Zmyslony, Bruderschaften, S. 28.

188 Eberstadt, Ursprung, S. 8ff, 18.

189 Loesch, Zunfturkunden I, S. 134*.

190 Hauck, Kulte, S. 18.

191 Schewe, Geschichte, S. 57.

192 Oexle, Gilden, S. 352; vgl. Dilcher, Strukturen, S. 68ff; Cordt, Gilden, S. 98–103; Ennen, Die europäische Stadt, S. 113ff; Ennen, Frühgeschichte, S. 167; Schewe, Geschichte, S. 58f.

193 Vgl. Planitz, Stadt, S. 57; Oexle, Gilden, S. 351. Ernst Cordt meinte bereits in der Zeit der Franken Handelsniederlassungen der Friesen auszumachen, die eine feste Struktur mit eigenen Kirchen und einem eigenen Rechtskodex besessen hätten. (Cordt, Gilden, S. 102f.)

194 Oexle, Gilden, S. 352f.

aber auch als Lager, Übernachtungs- oder Handelsstätte diente.[195] Kaufmannsgilden entstanden in Nieder-, nicht in Oberdeutschland, weil der Italienhandel Oberdeutschlands nicht von Handelskarawanen mehrerer unabhängiger Kaufleute, sondern von Einzelreisenden im Netzwerk fester Handelsgesellschaften bestimmt wurde.[196] Auch hier stellt sich das Problem der Kontinuität, da die bekannten Beispiele von Kaufmannsgilden des 11. Jahrhunderts aus Frankreich stammen und im rechtsrheinischen Deutschland Gildesatzungen erst im 13. Jahrhundert vorkommen.[197] Ohne es anhand schriftlicher Quellen eindeutig belegen zu können, wurde angenommen, dass Köln und Dortmund bereits im 10. bzw. 11. Jahrhundert Kaufmannsgilden gehabt hätten.[198] Seit dem 13. Jahrhundert gab es Kaufmannsgilden u.a. in Goslar, Stendal, Göttingen und Kassel.[199] In einer Reihe früher Zunftstädte lässt sich beobachten, dass zunächst Kaufmannsgilden, dann Zünfte der vornehmeren, dem Handel nahe stehenden Handwerke (Seidenmacher, Gewandschneider, Goldschmiede, Wechsler, Krämer) und erst im dritten Schritt solche der Massenhandwerke entstanden. In diesen Orten scheint die Bildung gewerblicher Korporationen von oben nach unten „getröpfelt" zu sein.[200] Allerdings gibt es daneben zahllose Beispiele, in denen sich kein „Tröpfeleffekt" nachweisen lässt. Viele Städte besaßen nie eine Kaufmannsgilde, die nur an bedeutenden Handelsplätzen möglich war.[201]

2.1.5. Hofrechtsverbände

Ebenfalls im frühen Mittelalter entstanden die Hofrechtsverbände oder Villikationen. Ein Feudalherr bewirtschaftete einen Herrenhof mit Abhängigen und erhielt darüber hinaus von anderen Abhängigen, die eigene Höfe bewirtschafteten, Abgaben in Form von Waren und Dienstleistungen. Waren die Leistungspflichtigen geografisch weit verstreut, gab es möglicherweise eine Zwischenstufe, bestehend aus größeren Höfen, die als Sammelstellen für die Waren der Abhängigen eines Gebietes dienten. Um einen hohen Grad an Autarkie innerhalb der Villikation zu erreichen, waren neben Bauern auch Handwerker an den Herrenhof gebunden.

195 Schwineköper, Marktbauten, S. 10.

196 Doren, Untersuchungen, S. 58f; vgl. Neuschäffer, Geschichte, S.48.

197 Kraack, Gildewesen, S. 17f. Im niederländischen Tiel am Rhein gab es um 1020 bereits eine Fernhändlergilde. (Radtke, Kommune, S. 126.)

198 Doren, Untersuchungen, S. 88, 91–96; Ennen, Die europäische Stadt, S. 115; Ehbrecht, Beiträge, S. 421f. Die angebliche Schleswiger Kaufmannsgilde aus dem 11. Jahrhundert (vgl. Kraack, Geschichte, S. 77.) wird von der neueren Forschung als Fehlinterpretation historischer Berichte angesehen; die Ermordung des dänischen Königs in Schleswig 1134 sei nicht durch eine Gilde, sondern durch die Bürgerschaft erfolgt. Fernhändler-Gilden lassen sich in Schleswig und Dänemark erst nach 1170 nachweisen. (Vgl. Radtke, Kommune.)

199 Doren, Untersuchungen, S. 97, 100, 108–129; Planitz, Stadt, S. 283f.

200 Vgl. Neuschäffer, Geschichte, S. 49; Planitz, Stadt, S. 283f, 289.

201 Ennen, Die europäische Stadt, S. 116. In Dresden wurde eine Kramerzunft (für den lokalen Einzelhandel) erst im 17. Jahrhundert gegründet; der Stadtrat, der den Einzelhandel im Nebenerwerb schützen wollte, und die Handwerkerzünfte, welche ihre Handelsprivilegien in Gefahr sahen, votierten dagegen. (Flemming, Innungen, S. 114ff.)

Das Villikationssystem, das vor allem westlich des Rheins verbreitet war, löste sich bis zum 12. Jahrhundert zugunsten der klassischen Grundherrschaft auf.[202]

„Die hofrechtliche Theorie von der Entstehung der Zünfte lehrt, kurz gesagt, daß die größeren Grundherrschaften des frühen Mittelalters ihre zahlreichen Handwerker in zunftartigen Verbänden, sogenannten Aemtern, unter je einem Meister organisierten; daß später, als bei zunehmender Menge die Leistungsfähigkeit dieser Organisationen den Bedarf der Herrschaft an Handwerkserzeugnissen zu übersteigen anfing, die Arbeiter Erlaubnis erhielten, ihre überschüssige Arbeitskraft für eigene Rechnung zu verwenden; daß im weiteren ihre Verpflichtungen gegen die Herrschaften legitimiert wurden, und nun das Schwergewicht für sie auf die freie Arbeit für den Markt fiel; bis endlich die ganzen ‚Aemter' die grundherrliche Abhängigkeit überhaupt abwarfen und als autonome Zünfte dastanden. Andere Zünfte sollen wenigstens in Anlehnung an hofrechtliche Verbände oder in ihrer Nachahmung entstanden sein."[203]

Die Kritik an der Hofrechtstheorie konzentriert sich auf zwei Punkte: die Verbreitung der hofrechtlichen Handwerkerverbände und deren Umwandlung in Zünfte. Der schärfste Kritiker der Hofrechtstheorie war Friedrich Keutgen, der argumentierte, das als „Geburtsurkunde" der Villikationsverfassung geltende Kapitular de villis Karls des Großen sei ein in weiten Teilen nach italienischem Vorbild erstelltes Idealprogramm gewesen, das kaum realisiert worden sei, weil die Handwerkerzahlen auf den meisten Krongütern – von deren Organisation das Kapitular handelt – zu klein war. Weder bei großen Klöstern noch bei Bischöfen fand Keutgen bis zum 12. Jahrhundert ausreichend Handwerker, um mit ihnen die Hofrechtstheorie zu begründen. Die angebliche Eingliederung der Villikations-Handwerker eines Berufes in eine Abteilung, die von einem Meister geführt wurde, scheiterte gewöhnlich an der zu geringen Zahl der Handwerker. Nur in Einzelfällen, bei sehr großen Villikationen, war dies möglich. Aus den wenigen Belegen kann man aber keine allgemeine Entstehungstheorie der Zünfte ableiten.[204]

Das zweite Problem der Hofrechtstheorie ist der Übergang vom Handwerkerverband der Villikation zur städtischen Zunft. In vielen Städten lässt sich ein solcher Übergang nicht belegen.[205] In anderen Städten, in denen man eine enge Verbindung zwischen dem Stadtherrn und den Handwerkern einer Zunft feststellen kann, die dem Herrn Abgaben oder Dienste zu leisten hatten, scheint eine hofrechtliche Herkunft der Zunfthandwerker denkbar, wobei offen bleibt, wie man sich den Übergang vom Hofrecht zur Zunft vorzustellen hat. An den Beispielen Straßburg und Trier wollte Rudolph Eberstadt die Hofrechtstheorie beweisen. Seiner Meinung nach geschah der Übergang vom Hofrecht zur Zunft entweder durch die Absorption der nicht dem Hofrechtsverband angehörenden (schon in der Stadt vorhandenen oder hinzugezogenen) Handwerker in den Hofrechtsverband, der sich allmählich von der Obrigkeit löste, oder durch den Ersatz des Hofrechts-

202 Henning, Das vorindustrielle Deutschland, S. 40–48.

203 Keutgen, Ämter, S. 3f.

204 Keutgen, Ämter, S. 6–47; Weyrauch, Handwerkerorganisationen, S. 26f; Sprandel, Handel (Protokoll), S. 8; Schwind, in: Kaufmännische und gewerbliche Genossenschaften I, S. 13.

205 Vgl. Gallion, Ursprung, S. 7f; Jakobs, Bruderschaft, S. 27.

verbandes durch neue Organisationen, die auf dem Prinzip der freien Einung basierten. An anderer Stelle behauptete er, der Übergang sei durch die Umwandlung von Natural- in Geldleistungen erfolgt.[206] Leider ist dies alles Spekulation ohne den geringsten schriftlichen Beleg: „Eins ist vor allen Dingen festzustellen, daß wir ein echtes Zeugnis für den Uebergang der Handwerker vom Frondienst zur Marktarbeit überhaupt nicht besitzen.“[207]

Diese Aussage widerspricht nicht der Tatsache, dass Stadtneugründungen des späten Mittelalters Umsiedlungen vom Land in die Stadt kannten. Auf dem Land lebende, abhängige Handwerker des Stadtherrn gingen in seine Stadt, wo sie – sofern vorhanden – einer Zunft beitraten und mit dieser dem Stadtherrn Abgaben und Dienste leisteten, die dieser als Ersatz für die ihm auf dem Land ab jetzt entgehenden Leistungen erwartete. Dieses Verfahren spielte sich regelmäßig ab, aber nicht mehr im Rahmen der Villikationsverfassung, sondern innerhalb der ihr folgenden klassischen Grundherrschaft. Für das Villikationssystem kommen nur wenige Städte in Frage, die schon im 12. Jahrhundert Zünfte hatten; bei keiner einzigen von ihnen ist der Nachweis hofrechtlicher Ursprünge der Zünfte gelungen.

2.1.6. Ämter

Als Alternative zur Hofrechtstheorie postulierte Friedrich Keutgen die Entstehung der Zünfte aus Ämtern. Er glaubte, die frühen Zünfte seien geschaffen worden, um im Auftrag der Obrigkeiten die städtische Marktordnung, insbesondere die Überwachung der richtigen Anwendung von Maßen und Gewichten, durchzuführen. Gewerbegassen, die geografische Ballung einzelner Gewerbe, schienen ihm ein Beleg seiner Behauptung zu sein.[208] Bereits kurz nach dem Erscheinen des Keutgenschen Buches wurde massive Kritik an dieser These geübt. Gunnar Mickwitz fasste seine Untersuchungen zu dieser Frage mit den Worten zusammen: „Wo wir Verbände vorgefunden haben, die das ganze Gewerbe umfassen, war nirgends der Beweis möglich, dass die Verbandsgründung von der Obrigkeit ausgegangen sei. Dagegen gibt es verschiedene Handwerkerorganisationen obrigkeitlicher Art, denen aber jede Tendenz das gesamte Gewerbe heranzuziehen abgeht. Es fehlt durchaus an Beweisen dafür, dass sich diese Ämter zu Zünften entwickelt haben.“[209]

Auch wenn die Zünfte nicht aus der Privatisierung von Behörden entstanden sein mögen, standen sie doch von Beginn an in einer engen Verbindung zu den Obrigkeiten. Zeitgenossen, die den Ausdruck „Amt“ auf eine Zunft anwandten, war dies geläufig.[210] Wer den Zunftzwang durchsetzen wollte, kam an einer obrigkeitlichen Bestätigung nicht vorbei. Den Kölner Bettdeckenwebern wurden

206 Eberstadt, Ursprung, S. 81f, 137f.
207 Keutgen, Ämter, S. 49.
208 Keutgen, Ämter, S. 133–168.
209 Mickwitz, Kartellfunktionen, S. 128f.
210 Vgl. Kapitel 1.2.

1149 von der Stadtverwaltung bestimmte Marktplätze zugewiesen.[211] In der klassischen Zunftepoche ab dem 13. Jahrhundert finden sich marktordnende Funktionen in den Zunftbriefen zuhauf.[212] Auch für die von Keutgen angenommene Bildung von Zünften **nach** der Ansiedlung der Handwerker in Gewerbegassen finden sich Beispiele.[213]

2.1.7. Freie Einungen

Konträr zur Ämtertheorie wird die Ansicht vertreten, Zünfte seien als freie Einungen, als freiwilliger vertraglicher Zusammenschluss ihrer Mitglieder, entstanden. Auch diese These geht auf Wilhelm Eduard Wilda zurück: „Die Zünfte sind nicht aus der Unterordnung und Abhängigkeit entstanden – aus der Freiheit des Handwerkerstandes sind sie hervorgegangen. Die Handwerker, zum Wohlstand in den Städten und zu einer gewissen Behaglichkeit des Lebens gelangend, fühlten nun neue Bedürfnisse für den freier sich regenden Geist, den die Sorge für die Erhaltung des Lebens, für den Erwerb des nothwendigsten Unterhaltes nicht mehr lastend zu Boden drückte und zu sclavischer Unterwürfigkeit verdammte. Wie ihre Mitbürger, frei ihre eignen Angelegenheiten zu ordnen und im Leben und in Sitte es ihnen gleich zu thun, strebten sie; so sind die freien Genossenschaften, die Verbrüderungen der Handwerker entstanden."[214]

Wildas Einschätzung hat sich als idealistische, realitätsferne Sichtweise erwiesen. Die frühen deutschen Zünfte hatten oft noch keine eigene Rechtsprechung, sondern unterstanden in allen Zunftangelegenheiten der städtischen Gerichtsbarkeit. Teilweise wurden sogar die Zunftvorsteher von der Obrigkeit eingesetzt, oder deren Vertreter nahmen als aufsichtführendes und zustimmungspflichtiges Organ an den Zunftversammlungen teil. Oft wurden die Gewerbegerichtsbarkeit und die Wahl der Zunftvorsteher den Zünften erst nach längerem Bestehen übertragen.[215] Innerhalb der hochmittelalterlichen Stadtverfassung, in der dem Stadtherrn die ausschlaggebende Rolle zukam, konnte es gar nicht anders sein. Ob die Initiative zu einer Zunftgründung vom Stadtherrn, dem Stadtrat oder den Handwerkern ausging, war sekundär: Ohne das ausdrückliche oder stillschweigende Einverständnis der Obrigkeit konnte keine Zunft gegründet werden.

Änderungen in der innerstädtischen Stellung der Zünfte traten in vielen Städten im Spätmittelalter ein. In den als „Zunftkämpfe" bekannten Konflikten gelang es den Zünften zwar nur ausnahmsweise und vorübergehend, die Stadtregierung zu dominieren, aber sie konnten immerhin ein höheres Maß an Autonomie durchsetzen. Die Bindungen an die Obrigkeit lockerten sich, die Zünfte näherten sich dem Idealtypus der freien Einung an.[216] Niemals jedoch gelang es den Zünften,

211 Loesch, Zunfturkunden I, S. 25f.
212 Vgl. Stieda, Entstehung, S. 87–104.
213 Vgl. Hartmann, Geschichte, S. 31.
214 Wilda, Gildenwesen, S. 307.
215 Stieda, Entstehung, S. 12ff, 30–33; vgl. Thoms, Entstehung, S. 84f; Schulz, Patriziergesellschaften (Vorträge und Forschungen), S. 329ff.
216 Henning, Das vorindustrielle Deutschland, S. 87f; Schulz, Patriziergesellschaften (Protokoll),

volle Unabhängigkeit zu erzielen. Jede Zunft, für die der Zunftzwang galt und die marktordnende Aufgaben übernahm, brauchte zumindest eine obrigkeitliche Bestätigung dafür, wenn nicht gar die Initiative zur Verleihung dieser Rechte von der Obrigkeit ausging, denn die Zunft besaß keinen eigenen Erzwingungsstab, um ihre Rechte gegenüber Dritten durchzusetzen.[217]

Pars pro toto möge die Gründung der Sensenschmiedezunft im oberösterreichischen Kirchdorf-Micheldorf angeführt werden. Im Jahr 1595 bildeten die interessierten Schmiede einen Ausschuss von je zwölf Meistern und Gesellen, der eine Ordnung nach dem Vorbild einer anderen Zunft entwarf. Anschließend wurden Verhandlungen mit den Obrigkeiten begonnen, welche sich bis 1604 hinzogen. Im Ergebnis wurde der Entwurf der Handwerker in wesentlichen Punkten abgeändert.[218]

2.1.8. Ausländische Vorbilder

Die bisherigen Resultate der Untersuchung sind ernüchternd. Die Herkunftstheorien der älteren Zunftforschung sind fast vollständig zu verwerfen. Eine vormittelalterliche Kontinuität der deutschen Zünfte kann mit großer Wahrscheinlichkeit ausgeschlossen werden, weder Römer noch Germanen standen bei der Schaffung der mittelalterlichen Zünfte Pate. Die ältesten Anknüpfungspunkte stammen aus der Karolingerzeit. Auch für sie – die christlichen Gilden oder Bruderschaften – ist nicht völlig geklärt, ob eine ununterbrochene Verbindungslinie vom 8. bis in das 12. Jahrhundert besteht, möglicherweise spiegelt sich in der christlichen Prägung der Zünfte lediglich der allgemeine christliche Geist des Mittelalters. Da sowohl die Herleitung der Zünfte aus Hofrechtsverbänden als auch ihre Schaffung als freie Einungen der Handwerker abzulehnen sind, verbleiben die Ämtertheorie und der Zusammenhang mit Kaufmannsgilden als einzige Deutungen, welche zumindest die Kraft von Teilerklärungen in Anspruch nehmen können. Die Suche nach Vorbildern, von denen die Zunftgründer des 12. Jahrhunderts Anregungen erhalten haben könnten, ist damit noch nicht befriedigend beantwortet. Es ist denkbar, dass die deutschen Städte, in welchen Zünfte und zunftähnliche Gebilde zuerst vorkamen, Ideen aus dem Ausland aufnahmen und auf die heimischen Verhältnisse übertrugen. Fernhandelswege dienten bekanntlich zu allen Zeiten nicht nur dem Warenumschlag, sondern ebenso dem Transfer politischer Ideen und organisatorischer Schemata.

In den westeuropäischen Nachbarländern Deutschlands, in Frankreich, Flandern, England, Schottland und auf der Iberischen Halbinsel entstanden die Zünfte ungefähr zeitgleich mit dem deutschsprachigen Raum im 12. und 13. Jahrhundert, so dass diese Länder für die frühen deutschen Zünfte kein Vorbild abgegeben

S. 39.

217 Willy Sonntag sprach vom Parallelogramm der Kräfte mit den Vektoren der Handwerker auf der einen und der Obrigkeit auf der anderen Seite. (Sonntag, Zunftzwang, S. 14f.)

218 Fischer, Sensen, S. 22–27.

haben können.[219] In Österreich, der Schweiz (außer Basel und Zürich), den nördlichen Niederlanden und Skandinavien entwickelten sich die Zünfte später als in Deutschland.[220] In den osteuropäischen Staaten gab es im Mittelalter entweder gar keine Zünfte, oder diese standen unter maßgeblichem deutschen oder schwedischen Einfluss.[221] Die islamischen Staaten des Nahen Ostens und die maurischen auf der Iberischen Halbinsel kannten schon im Frühen und Hohen Mittelalter Strukturen, die Handwerkerorganisationen in einigen Aspekten ähnelten. Die Handwerker produzierten und verkauften auf Märkten, die unter der strikten staatlichen Kontrolle eines Marktaufsehers standen. Zwischen Handwerkern gab es vielfältige Formen der Zusammenarbeit. Eigentliche Zunftstrukturen, einen auf Dauer angelegten Verband mit einem gewissen Maß an Autonomie, gab es jedoch nicht.[222] Als eventuelle Vorbilder für Deutschland kommen allein Italien und Byzanz in Frage.

Auch in Italien bedeutete die Völkerwanderung einen Kulturbruch.[223] Der langobardische Königshof organisierte seine Handwerker in „ministeria", die unter der Kontrolle der Hofverwaltung standen. Die „ministeria", welche an die oben erwähnte hofrechtliche Handwerksorganisation erinnern, führten die Karolinger fort, nachdem sie das Langobardenreich erobert hatten.[224] Lothar, der älteste Sohn Ludwigs des Frommen, ab 823 Regent des karolingisch beherrschten Norditalien, forderte 825 die Neuerrichtung von Kollegien in acht Städten seines Reiches. Daraus scheint jedoch nichts geworden zu sein, denn im 10. Jahrhundert gab es Handwerkerorganisationen nur in Rom und Ravenna, die in Lothars Städteliste fehlten. Für diese beiden Städte wurde eine Kontinuität seit der Antike unter byzantinischem Einfluss angenommen;[225] wahrscheinlicher scheint ein Neuan-

219 Vgl. für Frankreich: Gallion, Ursprung; Martin Saint-Léon, Histoire, S. 50f, 69f; für Flandern: Blockmans, Strukturen; Blockmans, Genossenschaften, S. 70; Sosson, Körperschaften, S. 81; Lis/Soly, Zünfte, S. 155; für England und Schottland: Mickwitz, Kartellfunktionen, S. 138f; Eggerer, Brethren, S. 35, 42; Unwin, Gilds, S. XXIV, XXX; für die Iberische Halbinsel: Wischnitzer, History, S. 107; Schmidt, Geschichte, S. 159; Pitz, Gewerbeverbände, S. 690; Ladero Quesada, in: Lexikon des Mittelalters. Studienausgabe, Stuttgart/Weimar 1999, Band IX, Sp. 701; Klein, Gilds, S. 169, 172.

220 Vgl. für Österreich: Das historische Gewerbe, S. 7; für die Schweiz: 650 Jahre Zürcher Zünfte, S. 10; Gutzwiller, Zünfte, S. 6f; Dubler, Handwerk, S. 33ff, 65; Scheitlin, Zunftwesen, S. 19; für die Niederlande: Lis/Soly, Exportgewerbe; van Uytven, in: Lexikon des Mittelalters. Studienausgabe, Stuttgart/Weimar 1999, Band IX, Sp. 691f; für Dänemark: Hegel, Städte I, S. 241–249; Nielsen, Wirtschaftsgeschichte, S. 49f; für Schweden: Hegel, Städte I, S. 344f; 475; für Norwegen: Hegel, Städte I, S. 345–440; Blom, Ursprung; für Skandinavien insgesamt: Anz, Gilden.

221 Henning, Industrialisierung, S. 64f; Haupt, Wege, S. 17; Samsonowicz, formes, S. 307–315; Rösler, Beitrag.

222 Vgl. Clot, Spanien, S. 100, 179, 204, 245, 266, 271, 276, 326; Imamuddin, economic history, S. 179ff..

223 Die Forschungsgeschichte der Kontinuitätsfrage für Italien referierte Pini in: Lexikon des Mittelalters. Studienausgabe, Stuttgart/Weimar 1999, Band IX, Sp. 692f; vgl. Luzzatto, Economic History, S. 30; Mickwitz, Kartellfunktionen, S. 192.

224 Racine, Associations de Marchands, S. 39, 45.

225 Luzzatto, Economic History, S. 13, 47f; Hartmann, Geschichte; Doren, Studien, S. 7; Sprandel, Handel (Protokoll), S. 8, 44.

fang, der nach byzantinischem Muster vorgenommen wurde.[226] Ab dem ausgehenden 10. oder frühen 11. Jahrhundert folgten – der gegenüber Deutschland früheren italienischen Urbanisierung gemäß – andere Städte.[227] Die italienischen Zünfte beeinflussten im 12. und 13. Jahrhundert die englischen,[228] vielleicht auch die deutschen.[229] Die Organisation der Wormser Fischer seit 1106/7 ähnelt der der „schola piscatorum" in Ravenna, die seit 1034 urkundlich belegt ist.[230] Deutschland war im Hoch- und Spätmittelalter bekanntlich nicht allein durch den Handel eng mit Italien verbunden, sondern gleichfalls politisch, da die deutschen Könige es als ihr Herrschaftsgebiet beanspruchten, sowie kulturell, etwa über deutsche Studenten an italienischen Hochschulen.

Eine andere Spur führt nach Byzanz. Das byzantinische Reich war der direkte Nachfolger des Oströmischen Reiches. Bis zur Eroberung Konstantinopels durch die Osmanen im Jahr 1453 beherrschte Byzanz zeitweise Gebiete in Kleinasien, auf dem Balkan, in Südspanien und Italien. In diesen Regionen könnten spätantike Handwerkerkollegien fortexistiert haben. „Trotz sehr dürftiger Quellenlage für die Periode vom 7.–9. Jahrhundert gibt es Hinweise auf die großen materiellen Möglichkeiten und die Macht des korporativen Handwerks wie auch auf die Kontinuität des Organisationsgrades."[231]

Aus einer kaiserlichen Vorschriftensammlung für Konstantinopel ist die Gestalt der byzantinischen Handwerkerorganisationen im 10. Jahrhundert abzulesen. Sie standen zwischen spätantiken Handwerkerkollegien und spätmittelalterlichen Zünften, wobei die Ähnlichkeiten mit den Zünften frappierend sind. In Konstantinopel bestand im 10. Jahrhundert Zunftzwang. Niemand durfte gleichzeitig zwei Zünften angehören. Es gab Abwerbeverbote von Mitarbeitern und Begrenzungen der Mitarbeiterzahlen. In einigen Fällen setzten die Aufnahme und der Ausschluss von Mitgliedern die Genehmigung des Stadtpräfekten voraus. Sklaven konnten Mitglied werden, wenn ihr Herr für sie bürgte. Voraussetzung der Mitgliedschaft waren die berufliche Qualifikation und die Ehrbarkeit eines Bewerbers. Eine vererbbare Zwangsmitgliedschaft gab es nicht. Manchmal mussten Eintrittsgelder bezahlt werden. Handwerken, die Lebensmittel lieferten, schrieb der Staat die Einkaufskonditionen, die Qualitäten und Verkaufspreise vor, um die Grundversorgung der Hauptstadt sicher zu stellen. Die Zünfte kauften Rohstoffe für ihre Mitglieder ein. Unlauterer Wettbewerb gegenüber Kollegen oder Kunden war untersagt. Der Staat gab die Lage der Werkstätten vor und kontrollierte die Waagen. Er führte die Mitgliederlisten, bestellte die Vorsteher und setzte besondere Beamte als Zunftaufseher ein. Der Zunftvorstand durfte nur kleine, rein exekutive Aufgaben wahrnehmen; außerdem war er der Verbindungsmann zum Stadtpräfek-

226 Vgl. Luzzatto, Economic History, S. 60.
227 Luzzatto, Economic History, S. 60, 68; Staley, Guilds, S. 35f.
228 Eggerer, Brethren, S. 35.
229 Henning, Das vorindustrielle Deutschland, S. 87.
230 Zu den Wormser Fischern siehe unten. Zur „schola piscatorum" vgl. Heidrich, Situation, S. 591.
231 Maksimovic, in: Lexikon des Mittelalters. Studienausgabe, Stuttgart/Weimar 1999, Band IX, Sp. 706.

ten. Die Mitglieder waren innerhalb ihrer Zunft gleichberechtigt.[232]

Ein Kontakt zwischen Byzanz und Deutschland konnte mittels des Handels, der italienischen Besitzungen Byzanz' oder der von Byzanz beeinflussten Verhältnisse in Norditalien hergestellt werden. Während des ersten Kreuzzuges in den Jahren 1096 bis 1099 bildete Konstantinopel eine Zwischenstation auf dem Weg ins Heilige Land, und zwar sowohl für die Ritterheere als auch für die von einem Volksprediger mobilisierten Massen. Neben Franzosen und Lothringern nahmen viele Deutsche, besonders aus dem Rheinland, am ersten Kreuzzug teil. Man darf annehmen, dass das Wissen über die byzantinische Zunftorganisation spätestens jetzt das Rheinland erreichte.[233] Falls sich die Zunftgründer des Rheinlandes von Byzanz inspirieren ließen, kann es sich allerdings nur um den Anstoß gehandelt haben, sich einer für Deutschland neuen Herausforderung zu stellen, und um die Orientierung an Organisationsideen. Die elaborierten byzantinischen Konzepte wurden in Deutschland nicht kopiert, vergleichbar komplexe Strukturen findet man in Deutschland erst ein bis zwei Jahrhunderte nach der Entstehung der ersten Zünfte.[234]

2.1.9. Die ältesten Zünfte im deutschsprachigen Raum

Als älteste urkundliche Erwähnung einer deutschen Zunft gilt die der Mainzer Weber im Jahr 1099.[235] Diese Urkunde ist jedoch eine Fälschung aus der Mitte des 13. Jahrhunderts, wie sowohl der paläographische als auch der inhaltliche Befund ergeben. Sie spiegelt nicht den Zustand am Ende des 11. Jahrhunderts, sondern ist eine spätere Erfindung. Die tatsächlich älteste Erwähnung der Mainzer Weberzunft stammt aus dem Jahr 1175.[236]

Die Literatur nennt für das 12. Jahrhundert eine Reihe „Zünfte", die aber – aus verschiedenen Gründen – keine waren. Bei dem angeblichen Beleg einer Schuhmacherzunft in Koblenz 1104 handelt es sich um die Fehlinterpretation einer Stelle in einer Kaiserurkunde, welche ein Zollweistum bestätigte. Eine Organisation der Koblenzer Schuhmacher lässt sich daraus nicht ablesen.[237] Aus einer Urkunde, mit welcher der Kaiser 1114 den Wormser Schiffszoll in eine Abgabe in Tuch umwandelte, wurde eine Tuchmacherzunft konstruiert.[238] Ein angebliches Privileg Heinrichs des Löwen für die Gewandschneider und Krämer in Hamburg um 1152 ist „eine Sage dieser Aemter".[239] Die Würzburger Schuhmacher bildeten 1128 ein „consortium", womit ihre Gesamtheit, vielleicht eine christliche Bruderschaft, sicherlich aber keine gewerbliche Zunft bezeichnet wurde, als sie den Bischof als Stadtherrn baten, sie gegen unberechtigte Forderungen zu schützen und

232 Stöckle, Zünfte.
233 Vgl. Mayer, Geschichte der Kreuzzüge, S. 40–59.
234 Epstein, Wage labor, S. 47.
235 Borst, Alltagsleben, S. 226.
236 Gerlich, Heimburgenamt, S. 76, 80f.
237 Eberstadt, Ursprung, S. 27–30.
238 Domel, Zünfte, S. 11; die Urkunde ist ediert bei Boos, Urkundenbuch, S. 53f.
239 Rüdiger, Zunftrollen, S. XVIII.

ihre gewohnten Abgaben zu bestätigen.[240] Die Mainzer Weber „übernehmen [1175] die Verpflichtung, für den Bau und Unterhalt der Kirchenvorhalle zu sorgen, sowie der Kirche durch Kerzenspenden und fromme Werke zu dienen. Als Gegenleistung wird ihnen die Befreiung von Abgaben an das Schenkenamt und an das Heimburgenamt, sowie eine Grabstätte bei der Kirche gewährt."[241] Die Kölner Drechsler ließen sich gegen 1180 eine Bruderschaft bestätigen. Neben der Festsetzung der Eintrittsgebühren und der Beschreibung der religiösen Aufgaben der Bruderschaft enthält die Urkunde die Ermahnung, übernommene Aufträge pünktlich auszuführen; ansonsten wurden Geldstrafen an die Bruderschaft fällig.[242]

Unsicher ist auch die Auslegung eine Urkunde Kaiser Barbarossas für Hagenau im Elsaß, in der um 1164 die Qualitätsüberwachung der Waren der Bäcker und Metzger geregelt wurde. Der Schultheiß des Stadtherrn wurde bevollmächtigt, bei Verstößen gegen die Vorschriften die Übeltäter aus dem „consorcium" zu entfernen. Ob das „consorcium" eine Zunft war, eine städtische Behörde oder die Gemeinschaft der Stadtbürger, ist unklar.[243]

Mehrmals wurden Lieferverpflichtungen von Handwerkern an die Obrigkeit als Beweis für die Existenz einer Zunft missverstanden. „Das Mittelalter findet durchaus keine Schwierigkeit darin, einer Vielheit von Personen Verpflichtungen zuzuteilen, ohne deshalb hierbei zu der Annahme einer Einheit zu kommen ... Die Erwähnung einer bestimmten gemeinsamen Leistung [von Handwerkern in einem mittelalterlichen Schriftstück] genügt in keiner Weise, um die Vermutung einer selbständigen, von den Einzelpersonen unterschiedenen Einheit des Verbandes zu stützen."[244]

Im Augsburger Stadtrecht von 1104 wird die Pflicht zweier Metzger erwähnt, dem Burggrafen einmal jährlich eine teilweise vergütete Lieferung zu schicken.

240 Eberstadt, Ursprung, S. 10f; Keutgen, Ämter, S. 174f; Roth, Zunftherrlichkeit, S. 21f. Text und Erläuterung der Urkunde bei Hoffmann, Polizeisätze, S. 26ff. Der ebenda, S. 30f, abgedruckte Vertrag der Würzburger Schuhmacher mit dem Stift Neumünster vom Jahre 1169 legt keineswegs, wie der Herausgeber meinte, die Existenz einer Zunft der Schuhmacher nahe. Im Gegenteil weist die Zeugenreihe mit einem „Magister" an der Spitze und weiteren, titellosen Schuhmachern in seinem Gefolge, eher auf eine behördenähnliche Organisationsform hin. In einer Zunft führten alle Mitglieder den Titel „Meister", nicht allein der Vorsteher. Eine weitere angebliche Würzburger Zunfturkunde aus dem 12. Jahrhundert (Tuchschererprivileg von 1157) ist eine weit spätere Fälschung, wahrscheinlich aus dem 17. Jahrhundert. (Hoffmann, Polizeisätze, S. 28ff.)

241 Eberstadt, Ursprung, S. 11; vgl. Keutgen, Ämter, S. 174.

242 Loesch, Zunfturkunden I, S. 34f.

243 Vgl. Eberstadt, Ursprung, S. 70f; Schwineköper, Marktbauten, S. 6. In München wurde nach Auffassung Wilhelm Störmers – allerdings erst im Jahr 1290 – als „consortium" die Zunft der Schuhmacher bezeichnet. (Störmer, Vergesellschaftungsformen (Vorträge und Forschungen), S. 372.)

244 Eberstadt, Ursprung, S. 6. Eine ähnliche Beobachtung machte Thomas Weyrauch für die nichtzünftigen Gewerbe Oberhessens im 17. und 18. Jahrhundert: „Nichtzünftige Gewerbetreibende besaßen keine Organisation, konnten aber zum Teil vereint auftreten." (Weyrauch, Amts- und Gewerbeordnungen, S. 173.) Viele kleine Handwerke Dresdens besaßen 1527 noch keine Zunftorganisation, hatten aber die Verpflichtung, Mannschaften zum Militär zu stellen. (Flemming, Innungen, S. 55.)

Daraus wurde auf die Existenz einer Zunft geschlossen. Diese Folgerung ist keineswegs zwingend, denn die Lieferpflicht könnte unter den wenigen Augsburger Metzgern reihum gegangen sein, ohne dass es einer festeren Organisation bedurfte.[245] Eine ähnliche Situation liegt bei den Schuhmachern in Freiburg im Breisgau vor. Im Freiburger Stiftungsbrief von 1120 wurde bestimmt, „dass wenn der Herzog sich auf einen Feldzug begiebt, seinem Ministerial das Recht zusteht, von einem der auf dem Markte feilbietenden Schuhmacher ein Paar Schuhe und ein Paar Stiefel zu entnehmen.“[246] Der Herzog begab sich nicht ständig auf Feldzüge, so dass diese Abgabe unregelmäßig und selten zu leisten war. Man benötigte dazu keine festen Verbandsstrukturen, es genügte eine von Fall zu Fall erhobene Umlage.

Regelungen im Straßburger Stadtrecht, welche zwischen 1129 und etwa 1150 erlassen wurden, teilten die Handwerker in Ämter ein, denen jeweils ein Meister vorstand, welchen die Obrigkeit (Bischof oder Burggraf) einsetzte. Die Gewerbe hatten für die bischöfliche Hofhaltung Lieferungen und Dienstleistungen, teils gratis, teils gegen Vergütung, vorzunehmen.[247] Die Straßburger Regelungen galten der älteren Literatur neben etwas späteren ähnlichen Verhältnissen in Trier als Paradebeispiel der Hofrechtstheorie. Aber es handelt sich hier noch nicht um eine Zunft im eigentlichen Sinne, sondern um die Eingliederung der Handwerker in eine Behörde. Die Leistungen der Handwerker an die Obrigkeit sind so gering, dass es keiner Selbstverwaltung bedurfte.

„Bereits um das Jahr 1106 oder 1107 gab es in Worms eine Fischmarktordnung, die den Grundsätzen des Marktverkehrs entspricht, wie sie während des ganzen Mittelalters herrschten. Der Zwischenhandel sollte möglichst ausgeschaltet werden und die Verbraucher die Fische unmittelbar von den Fischern beziehen. Einer beschränkten Anzahl von Händlern wurde das Recht gewährt, die Fische in einem bestimmten Bezirk aufzukaufen; es wurde ihnen jedoch verboten, vor dem Läuten der Prim (8 Uhr morgens) auf dem Stadtmarkt Einkäufe von Fischen zu machen. Die Urkunde, worin dieses Marktrecht geregelt wird, stellt den ältesten Zunftbrief dar. ... Bischof Adalbert errichtete auf die Bitte des Burggrafen Wernher eine Innung von 23 Erbfischern (eigentlich Fischhändlern). Diesen gab er ein Privileg und bestimmte, daß ihre Zahl bei Fehlen eines Erben durch Wahl immer wieder hergestellt werde. Andern Händlern sollte der Fischhandel in der Gegend verboten sein. Wer dabei betroffen würde, Fische zum Wiederverkauf einzukaufen, solle bestraft und die Fische beschlagnahmt werden. Die Strafe betrug 3 lb. Heller, wovon 2 lb. an den Bischof und 1 lb. an den Grafen zu bezahlen waren. Zur Sicherung des Privilegs sollten die 23 privilegierten Fischhändler jedes Jahr dem Bischof 2 und dem Burggrafen einen Salm liefern. Diese Fischhändler waren wahrscheinlich zugleich Fischer, wie ja auch die Fischer fast alle Fischhandel betrieben.“[248] Obwohl im Zitat als Zunft bezeichnet, handelt es sich hier nicht einmal um eine Kaufmannsgilde. Weder ist die behauptete Identität der

245 Stieda, Entstehung, S. 24; Eberstadt, Ursprung, S. 31–37.
246 Stieda, Entstehung, S. 23f.
247 Eberstadt, Ursprung, S. 48f, 54–66; Stieda, Entstehung, S. 24f.
248 Martin, Akten, S. 3. Die Urkunde ist ediert bei Boos, Urkundenbuch, S. 50.

Fischhändler mit den Fischern zu beweisen, noch geht aus der Urkunde hervor, wie die innere Struktur des angeblichen Verbandes ausgesehen haben soll. Um einmal jährlich drei Salme abzuliefern und beim Tod eines Fischhändlers einen Nachfolger zu wählen, falls es keinen Erben gab, war eine Zunftstruktur überflüssig. Die 23 Erbfischer des Privilegs standen – soweit das Privileg Auskunft gibt – lediglich in einer hierarchischen Beziehung zum Stadtherrn, aber in keiner genossenschaftlichen Beziehung untereinander.

In Hildesheim existierte vor 1190 ein Schuhmachermeister (magister sutorum), der zur Zahlung von Abgaben aus verschiedenen Grundstücken an den Bischof verpflichtet war. Leider ist nichts Näheres von den Grundstücken, etwaigen Zahlungspflichtigen oder gar der Art der Erhebung der zu zahlenden Summe bekannt. Vielleicht handelte es sich um einen Grundzins von Schuhmachern, den der „magister" für den Stadtherrn einzog, doch dass diese Vermutung als Beleg einer Schuhmacherzunft gelten soll, ist mehr als fragwürdig.[249]

Die Kölner Bettdeckenweber ließen sich ihre Bruderschaft, die der Hoffnung auf ein ewiges Leben diente, im Jahr 1149 von der Stadtobrigkeit bestätigen mit der Maßgabe, dass alle Bettdeckenweber in Köln, sowohl die von einheimischer als auch die von fremder Geburt, der Bruderschaft nach deren Recht angehören sollten. Außerdem wurde bestätigt, dass die Bettdeckenweber den Teil des Marktes, an dem Schleier (eine Stoffart) verkauft wurden und zu dessen Austrocknung sie beigetragen hatten, zusammen mit den Schleiermachern benutzen durften.[250] Diese Urkunde ist der älteste Text, der zweifelsfrei eine Zunftgründung im deutschsprachigen Raum belegt. Es verwundert nicht, dass diese in Köln stattfand, der größten deutschen Stadt des Mittelalters. Nachdem die religiöse Bruderschaft der Kölner Bettdeckenweber sich gewerblichen Tätigkeiten zugewandt hatte – der baulichen Vorbereitung eines Marktplatzes –, ließ sie sich von der Stadtobrigkeit den Zunftzwang bewilligen und den Marktplatz zuweisen. Die Formulierung, dass die Bettdeckenweber der Zunft „nach deren Recht" angehören sollten, deutet darauf hin, dass eine Anzahl Regeln für die Organisation des Verbandes vorhanden war.

Die Gründungsurkunde der Zunft der Bettdeckenweber in Köln 1149[251]

"In nomine sancte et individue trinitatis.

Non lateat fideles cuiuslibet condicionis tam in futura temporis etate quam in presentiarum quosdam viros iusticiae amatores Reinzonem, Wildericum, Heinricum, Everoldum ceterosque eiusdem operis cultores fraternitatem textorum culcitrarum pulvinarium pia spe perhennis vitae conformasse et in domo civium inter Iudeos sita ab advocato Ricolfo, a comite Hermanno, a senatoribus, a melioribus quoque tocius civitatis vulgi etiam favore applaudente confirmatam suscepisse hac videlicet ratione, ut omnes textorici operis cultores scilicet culcitrarium pulvinarium qui infra urbis ambitum continentur sive indigenae sive

249 Vgl. Thoms, Entstehung, S. 49ff.

250 Die Bruderschaften der Schleierweber und der Bettdeckenweber hatten den von ihnen genutzten Teil des Marktes zuvor gekauft. (Rumpf, Handwerkerleben, S. 83.)

251 Auszug aus: Loesch, Zunfturkunden I, S. 25f.

alienigenae huic fraternitati, quo iure a supra memoratis fratribus constat disposita, sponte subiciantur, ei vero aliqua enormitate obviantes et subire nisi coacti nolentes iudiciaria severitate refrenati cum rerum suarum detrimento subire et obsecundari tandem compellantur.

Preterea non ignoret tam futura quam presens etas prelibatos fratres a communi bono eiusdem fraternitatis textoribus peplorum supplementum pro posse suo erogasse et locum fori, quo pepla venduntur, congerie lapidum minutorum et lignorum exsiccasse et ob hoc utrisque absque contradictione et deractorum murmuratione communem permanere."

In einer späteren, aber inhaltlich auf das Jahr 1159 zutreffenden Urkunde wurde den Magdeburger Schustern „das Recht ihres Amtes mit den Worten jus et magisterium sutorum ita consistere volumus ut nullus magistratum super eos habeat nisi quem ipsi ex communi consensu magistrum sibi elegerint“ übertragen.[252] Neben der Verselbstständigung eines ehemaligen obrigkeitlichen Amtes zu einer Zunft ging es den Magdeburger Schustern ebenso wie den dortigen Gewandschneidern 1183 und den Schilderern 1197 um die Übertragung des Zunftzwangs durch die Obrigkeit.[253]

Zu Beginn des 13. Jahrhunderts werden in der Literatur außerdem Basel, Trier und Braunschweig als Zunftorte genannt.[254]

Selbst wenn man eine gewisse Dunkelziffer unterstellt, muss man doch einräumen, dass die Entwicklung des Zunftwesens während der ersten Jahrzehnte im deutschsprachigen Raum sehr stockend vor sich ging.[255] Sie begann in der Mitte des 12. Jahrhunderts und gewann erst nach 1225 langsam an Fahrt. Außer Magdeburg und Braunschweig waren linksrheinische Städte an der Entstehung der ersten Zünfte beteiligt. In den Gewerbezentren gab es bereits geistliche Bruderschaften oder obrigkeitliche Behörden, die Handwerker organisierten. In einigen Städten war lediglich eine Privilegierung bestimmter Handwerkergruppen vorhanden, ohne dass diese schon zum Verband geworden wären. Aus Bruderschaften wurden Zünfte, indem sie gewerbliche Tätigkeiten aufnahmen und sich ihren neuen Status von der Obrigkeit bestätigen ließen. Privilegierungen und Behörden wandelten sich zu Zünften, indem aus den Betroffenen ein Verband mit Selbst-

252 Eberstadt, Ursprung, S. 124; vgl. Stieda, Entstehung, S. 22. Im Magdeburger Urkundenbuch wird die Urkunde auf den Zeitraum 1152 bis 1192 datiert. (Hertel, Urkundenbuch, S. 32.)

253 Pitz, Gewerbeverbände, S. 682; Eberstadt, Ursprung, S. 19; Hertel, Urkundenbuch, S. 27, 32f; Puhle, Magdeburg, S. 62.

254 Eberstadt, Ursprung, S. 75ff, 124; Garzmann, Korporationsproblem, S. 85. Das Braunschweiger Stadtrecht von 1227 bestimmte: „Neman ne mach sich nenere ininge noch werkes vnderwinden. He ne do it mit dere meistere oder mit dere werken orloue.“ (Hänselmann, Urkundenbuch, S. 7.) Ob daraus auf eine Existenz von Zünften vor 1227 geschlossen werden darf, ist zweifelhaft. Im Jahr 1231 verliehen Vogt und Stadtrat der Altstadt den Altstädter Goldschmieden den Zunftzwang: Keiner solle als Goldschmied tätig sein dürfen, ohne vorher die Mitgliedschaft in der Zunft erworben zu haben. (Hänselmann, Urkundenbuch, S. 8.)

255 Aus vagen Andeutungen über Häuser und Verkaufsstände von Handwerkergruppen schloss Heinrich von Loesch, dass die Bäcker, Goldschmiede, Schuhmacher und Kürschner in Köln sich bereits in der zweiten Hälfte des 12. Jahrhunderts als Zunft organisiert hätten. (Loesch, Zunfturkunden I, S. 47*f.)

verwaltungsrechten gebildet wurde. Zweck der Zünfte war die Wahrnehmung des Zunftzwangs und anderer marktordnender Funktionen. Bei den frühen Zunftgründungen handelte es sich um Ad-hoc-Maßnahmen, mit denen konkrete Probleme gelöst werden sollten, ohne dass ein einheitliches Prinzip oder gar eine „Zunftidee“ zu erkennen wäre. Weder führte irgendeine Stadt das Zunftsystem auf einmal für alle Handwerke ein noch entstanden die frühen Zünfte stets in den wichtigsten Gewerben einer Stadt.

2.1.10. Ergebnis

Die ersten deutschen Handwerksorganisationen – zunftähnliche Gebilde und Zünfte – entstanden ab dem 12. Jahrhundert in den führenden Gewerbestädten am Rhein sowie in Magdeburg und Braunschweig. Als älteste Zunft hat wahrscheinlich die der Kölner Bettdeckenweber (Ersterwähnung 1149) zu gelten. Bei den Gründungen orientierte man sich möglicherweise an Vorbildern aus Italien oder Byzanz, ohne dass dies einen Niederschlag in den schriftlichen Quellen der damaligen Zeit gefunden hätte. Anregungen empfing man von Kaufmannsgilden und christlichen Bruderschaften, von obrigkeitlichen Privilegierungen und städtischen Behörden. Warum und wie diese Anregungen in die Praxis umgesetzt wurden, erläutern die folgenden Kapitel. Durch die Übernahme des Zunftzwangs und marktordnender Funktionen wurden aus Vorläufern „richtige“ Zünfte. Nach 1225 verbreiterten sich die zarten Anfänge allmählich zu einer „Zunftbewegung“.

2.2. URBANE VORAUSSETZUNGEN

In der Bundesrepublik Deutschland lebt ein Drittel der Bevölkerung in Großstädten mit mehr als 100.000 Einwohnern, ein weiteres Drittel in Städten mit 10.000 bis 100.000 Einwohnern. Weniger als zehn Prozent der Bevölkerung wohnen in Gemeinden unter 2.000 Einwohnern. So selbstverständlich uns der hohe Verstädterungsgrad heute erscheint, so außergewöhnlich ist er im historischen Rückblick, denn er ist ein Phänomen der letzten 200 Jahre.
In der vorindustriellen Zeit wohnte fast die gesamte Bevölkerung auf dem Land; Orte mit unter 2.000 Einwohnern, die heute als Dörfer eingestuft werden, besaßen vielfach Stadtrechte. Obwohl die Kelten mit ihren „oppida“ stadtähnliche Gebilde hatten, waren die ersten eigentlichen Stadtgründer im deutschsprachigen Raum die Römer. Am Ende der Völkerwanderung war von den Römerstädten nicht mehr viel übrig, die Städte waren verfallen oder entvölkert. Das Städtewesen, das in der Antike seine erste Blüte gehabt hatte, musste neu entstehen. Für die Karolingerzeit schätzt man 60 bis 70, für das 11. Jahrhundert 200 bis 300 Fernhandelsplätze zwischen Rhein und Elbe. Das 13. und 14. Jahrhundert wurden zur großen Zeit der Stadtgründungen. Am Ende des Mittelalters lebten ca. 1,25 bis 1,75 Millionen Menschen oder 10 bis 15% der Bevölkerung in Städten. Städtereichen Regionen wie dem Rheinland, Südwestdeutschland und Sachsen standen städtearme

wie Mecklenburg oder Bayern gegenüber.[256]

„Man rechnet damit, daß etwa im 15. Jahrhundert rund 3000 Städte in Deutschland bestanden haben. Davon sind die Einwohnerzahlen von nur rund 30 Städten etwas genauer bekannt. In roher Schätzung glaubt man auf folgende Größenabstufungen schließen zu können: 12–15 größere Städte mit mehr als 10000 Einwohnern, 15 bis 20 Mittelstädte mit je 2–10000 Einwohnern, etwa 150 Städte mit mehr als 1000 Einwohnern und der große Rest mit Einwohnerziffern zwischen 100 und 1000. Unter den größeren Städten gab es im ganzen Reiche etwa nur 6 Städte mit mehr als 20000 Einwohnern. Die größte Stadt war Köln; sie zählte um die Mitte des 16. Jahrhunderts rund 31000 Einwohner und dazu 6100 Geistliche, Studenten und Fremde. Außer Köln hatten im 15. Jahrhundert 20000 und mehr Einwohner: Ulm 20000 im Jahre 1427, Lübeck 22300 um 1400, Danzig 20000 im Jahre 1416, Hamburg 22000 im Jahre 1419, Nürnberg 22800 im Jahre 1438 und Straßburg im Jahre 1474 20722 ‚Stadtleute' und 5476 ‚Landleute'. Größere Städte waren u. a. ferner Frankfurt a. Main mit 7–10000 Einwohnern, Basel mit 10000 im Jahre 1446, Rostock mit etwa 14000 im Jahre 1410, Augsburg mit 18300 im Jahre 1475, Breslau mit 14–15000 im Jahre 1403, Braunschweig mit 15–17000 im Jahre 1403. Nach Keyser können als Städte von mittlerer Größe noch genannt werden Görlitz mit 7800 Einwohnern im Jahre 1426, Stettin mit 9500 Einwohnern im Jahre 1470, Dresden mit 3101 Einwohnern im Jahre 1453. Heidelberg hatte 1439 5200 Einwohner, Leipzig 4000 im Jahre 1474, Trier 8–9000 im 15. Jahrhundert."[257]

Während der Frühen Neuzeit vermehrte sich die Zahl der deutschen Städte bis gegen 1800 langsam auf ca. 4.000; Grundstruktur und geografische Verteilung der Städte änderten sich wenig. Die neuen Städte hatten meist Spezialzwecke: Bergbau-, Festungs-, Exulanten-, Residenzstädte. Seit dem 16. Jahrhundert und – nach einer Unterbrechung durch den Dreißigjährigen Krieg – vor allem seit dem 18. Jahrhundert nahmen die Bevölkerungszahlen vieler Städte erheblich zu. Um 1800 lebten 7 Millionen Menschen oder ein Viertel der Bevölkerung in Städten. Während sich die Zahl der Kleinstädte kaum veränderte, verdoppelten sich die Anzahlen der Mittelstädte (2–10.000 Einwohner) und Großstädte (über 10.000 Einwohner).[258]

Die Verfassung der Städte machte im Mittelalter entscheidende Veränderungen durch. Die Fernhandelsplätze des Frühen und Hohen Mittelalters waren herrschaftlich organisierte Märkte, auf denen sich Reisekaufleute zur Abwicklung ihrer Geschäfte trafen. Wie daraus die klassische mittelalterliche Stadt mit ihrer Schwurgemeinde wurde, ist in der Forschung in den Einzelheiten umstritten. Ansätze zur Genossenschaftsbildung fand man sowohl bei Kaufleutegilden als auch auf dem Lande. Andere meinten, die kommunale Bewegung des Hoch- und Spätmittelalters sei lediglich eine kontinuierliche Fortentwicklung älterer gemeindli-

256 Handbuch Wirtschaftsgeschichte, S. 529f; Kellenbenz, Wirtschaftsgeschichte I, S. 82; Buchholz, Mittelalter, S. 51f; Rörig, Stadt, S. 75f; Gebhardt/Lorenz/Rüdiger, Brotordnungen, S. 47; Ennen, Die europäische Stadt, S. 105.

257 Maurer, Zunft, S. 145f.

258 Schilling, Stadt, S. 3f, 6, 8f; Gerteis, Städte, S. 5–8, 52–64.

cher Ansätze gewesen. Allmählich wandelten sich die Märkte zu Städten im vollen Wortsinne, in denen Kaufleute und Handwerker wohnten, die vom Lande in die ummauerte Zentralsiedlung gezogen waren. Die Führungsschicht der Städte wurde von Fernkaufleuten gebildet, welche von ihren adeligen Stadtherren Autonomie ertrotzten, erkauften und erdienten. Militärische Auseinandersetzungen, Vakanzen, finanzielle Engpässe und politische Zwangslagen der Stadtherren nutzten die Städte, um ihre Rechte zu Lasten der Stadtherren zu vermehren. Zentrale Elemente der städtischen Autonomie wurden die Selbstverwaltung mit Stadträten und Bürgermeistern und das Münzrecht. Bürgerliches Handelsrecht, Gerichtsverfassung, Friedensschutz und Strafrecht wurden von Privilegien der Kaufleute zu solchen der Stadtgemeinde. Die Ausbildung der Stadtgemeinde begann – nach Vorläufern in Italien und Nordfrankreich – in den wirtschaftlich führenden Städten im Rheinland im 11. Jahrhundert und breitete sich rasch über Südwest- und Norddeutschland aus. Der Grad der Autonomie war von Ort zu Ort verschieden und blieb bis zur Gegenwart ein Zankapfel zwischen Stadtgemeinde und Stadtherren (heute: den Ländern). Territorialstädte, vor allem im Osten Deutschlands, erlangten oftmals nur eine partielle Autonomie.[259]

Etwa seit der ersten Jahrtausendwende nach Christus erhöhte sich in ganz Europa die Bevölkerungszahl. Die Produktivität der Landwirtschaft wuchs, der Bedarf an professionell hergestellten Handwerksprodukten wurde angekurbelt. Das Handwerk nahm quantitativ und qualitativ einen bemerkenswerten Aufschwung. Ein wachsender Teil der Bevölkerung wurde nicht mehr zur Subsistenzsicherung benötigt, sondern konnte sich handwerklicher Produktion zuwenden. Für die Entstehung der Zünfte wurde es entscheidend, dass die Handwerker sich in den Städten konzentrierten. Wie dies geschah, ist nur in Umrissen nachzuvollziehen. In den Römerstädten lebten traditionell Handwerker. Die Stadtherren beschäftigten an ihren städtischen Höfen Handwerker, ebenso die Klöster. In die frühen Städte dürften Handwerker ländlicher Villikationen eingewandert sein. Die meisten städtischen Handwerker waren aber vermutlich ehemalige Bauern, die erst in der Stadt das Handwerk lernten oder vom Nebenerwerbshandwerker zum Hauptberufler avancierten. Das Land leerte sich von Handwerkern, die in den Städten bessere Bedingungen fanden. Das städtische Bürgerrecht befreite sie von der Leibeigenschaft, Befestigungsanlagen schützten gegen die Fehden des Adels, kulturelle und soziale Einrichtungen lockten. Außerdem bot die Stadt den Handwerkern bessere Arbeitsbedingungen und Absatzmöglichkeiten. Die Nähe zum Handel wirkte sich positiv aus. Die wachsende Bevölkerungszahl der Städte, die auf den Zuzug vom Lande zurückging, wirkte ihrerseits förderlich auf diesen ein, da sie die urbanen Märkte expandieren ließ; ein sich selbst tragender Aufschwung entstand.[260]

259 Planitz, Stadt, S. 59, 77f, 103–111; Dilcher, Strukturen, S. 67, 74ff; Schulz-Nieswandt, Gilden, S. 41; Benevolo, Stadt, S. 45, 59f; Lütge, Sozial- und Wirtschaftsgeschichte, S. 148; Rörig, Stadt, S. 11f, 16–19; Ennen, Frühgeschichte, S. 292, 297; Ennen, Stadtfriede, S. 545; Ennen, Die europäische Stadt, S. 112, 124, 207; Kieser, Kartell, S. 21; Wissell, Recht I, S. 53f; Schulz, Freiheit, S. 7f, 13f.

260 Sprandel, Handel (Vorträge und Forschungen), S. 9; Ennen, Stadtfriede, S. 541f; Roth, Zunftherrlichkeit, S. 17; Lütge, Sozial- und Wirtschaftsgeschichte, S. 136f; Kellenbenz, Wirtschaftsgeschichte I, S. 65; Ennen, Frühgeschichte, S. 333f; Ennen, Die europäische Stadt, S.

Ein Werbeargument der Städte wurden ihre Zünfte. Wer einem Ansiedlungswilligen eine Zunft anbieten konnte, hatte einen Wettbewerbsvorteil. Die Zunft erhielt wirtschaftliche Privilegien verliehen, die den Handwerkern das Geschäft erleichterten, indem sie zum Beispiel auswärtigen Anbietern den Marktzutritt erschwerten. Die Zunft erlaubte den fachlichen Austausch zwischen ihren Mitgliedern und bot mit ihren Regeln Hilfen bei der Bewältigung geschäftlicher Probleme wie der Personalrekrutierung oder dem Rechnungswesen. Sie vermittelte Partizipation am Stadtregiment und sozialen Status und schuf einen Bereich, in dem die Mitglieder ihre Angelegenheiten unabhängig von externen Einflüssen regeln konnten.[261] Die österreichischen Herrscher gewährten Zunftordnungen „oft zuerst den Waffenherstellern ..., um sich auf diese Weise deren Loyalität und allenfalls auch Parteinahme gegenüber den ratsfähigen Bürgern zu sichern."[262]

Fernhändler konnten mit Hilfe der Zunft stabile Beziehungen zu ihren Lieferanten pflegen, die einen nach Menge und Güte konstanten Absatz verbürgten. Für die Obrigkeiten waren Zünfte eine Möglichkeit, ihre Bürgerschaft administrativ zu erfassen und zu beherrschen – gleich ob sie in Gewerbegassen eng beieinander wohnte oder nicht – und aktive Gewerbepolitik zu betreiben. Die Wirtschaft der Stadt konnte bei Bedarf gegen auswärtige Konkurrenz abgeschirmt werden. Zünfte eigneten sich bestens, um die Marktordnung im Sinne des Gemeinwohls (Daseinsvorsorge) und der Interessen der herrschenden Kreise zu gestalten. Einwanderer wurden per Zunftmitgliedschaft in die städtische Gesellschaft integriert. Ein Grundzug mittelalterlicher Politik ist der Kampf gegen Chaos und Anarchie unter den Bedingungen eines schwachen Staates und kleiner, persönlich geprägter Verhältnisse. Zunftstrukturen boten sich zur Regulierung des Handwerks an, da sie den politischen Anforderungen der Kleinheit, persönlichen Prägung und Staatsferne in idealer Weise entsprachen. Gilden und Zünfte organisierten prinzipiell jeden Bürger. Keine Obrigkeit verfügte im 12. oder 13. Jahrhundert über die Mittel, die Aufgaben der Zünfte selbst in die Hand zu nehmen.[263] Einen mittelalterlichen Trend zum Korporatismus braucht man der Zunftentstehung nicht zu unterstellen. Die zunächst sehr langsame Ausbreitung des Zunftwesens und die Tatsache, dass viele Handwerke Jahrhunderte lang außerhalb des Zunftwesens blieben, sprechen eine andere Sprache.[264]

83f, 89.

261 Loesch, Zunfturkunden I, S. 52*ff; Kieser, Kartell, S. 39f; Thoms, Entstehung, S. 79; Keutgen, Ämter, S. 192.

262 Otruba, Zunftordnung, S. 107.

263 Ennen, Stadtfriede, S. 544; Kellenbenz, Wirtschaftsgeschichte I, S. 90f; Kieser, Kartell, S. 38; Klein, Aussenseiterpolitik, S. 6; Planitz, Stadt, S. 291; Luzzatto, Economic History, S. 84; Canzler, Zünfte, S. 49. Die Übertragung öffentlicher Aufgaben an private Einrichtungen ist keine Besonderheit des Mittelalters. Man findet in der heutigen Zeit eine Fülle derartiger Beziehungen zwischen Staat und Gesellschaft. „Beliehene Unternehmer" üben im Verkehrs- und Energiewesen umfangreiche hoheitliche Funktionen aus; man denke etwa an die Technischen Überwachungsvereine. (Vgl. Püttner/Losch, Verwaltung.)

264 Vgl. Farr, Artisans, S. 20. Städte, die finanziell und personell dazu in der Lage waren, übernahmen teure und komplizierte Aufgaben der Zünfte wie die Warenschau und den Betrieb technischer Anlagen in Eigenregie. Vgl. Kapitel 4.2. und 4.3..

2.3. AUSBREITUNG

2.3.1. Quantitatives Wachstum

Die einfachsten Fragen sind manchmal am schwersten zu beantworten. Eine solche Frage ist die nach der Zahl der Zünfte.

Stille Post

In einem Buch aus dem Jahr 2002 heißt es: „Bayern zählte im frühen 19. Jahrhundert 9.800 Zünfte, das entspricht etwa einer Zunft auf 500 Einwohner, in Preußen gab es 4.600 Zünfte, also etwa eine Zunft auf 5.000 Einwohner. Die Niederlande lagen mit einer Zunft auf 1.500 Einwohner etwa in der Mitte dieser beiden Extreme.“[265] Der Leser freut sich, erhält er doch recht präzise Angaben über zwei große deutsche Länder und gratis einen internationalen Vergleich geliefert. Leider täuscht dieser Eindruck, hier wurde von den Forschern „stille Post“ gespielt. Die Angabe zu den Niederlanden ist nicht ganz genau: Sie bezieht sich auf die Gesamtzahl von 2.000 Zünften, die in den Niederlanden nicht etwa im 19. Jahrhundert existierten (die Zünfte wurden in den Niederlanden zwischen 1798 und 1818 abgeschafft), sondern zwischen 1200 und 1818 gegründet worden waren.[266] Wie die Niederländer eine solche Zahl ermitteln konnten, wo doch viele Zünfte – gerade die frühen – keine Spuren hinterlassen haben, ist unklar; eine runde Zahl wie „2.000“ ist doch wohl eher als Angabe einer Größenordnung aufzufassen denn als exakte Quantität.

Uns interessieren mehr die Zahlen zu Preußen und Bayern. Diese sind einer Schrift von Antony Black entnommen. Black datierte die 9.800 bayerischen Zünfte nicht genau, die 4.600 Zünfte Preußens in die 1850er Jahre.[267] Er übernahm die bayerische Zahl aus einem Werk von Mack Walker über „German Home Towns“.[268] Dort steht sie zwar nicht auf Seite 248, wie Black angibt, aber immerhin auf Seite 210. Walker belegte seine Nennung wiederum mit einer Schrift des bayerischen Ministers Montgelas und einer Dissertation von Ernst Anegg über Montgelas' Regierungszeit. Bei Montgelas wird man leider nicht fündig,[269] bei Anegg[270] wiederum nicht auf den genannten Seiten 143–146 und 170, aber auf Seite 169: „Nach der Zählung von 1811/12 gab es in den neun Kreisen [bayerischen Bezirken] rund 9.800 Zünfte.“ In dieser Zahl waren die Gesellenschaften enthalten. Bayern umfasste damals Teile Tirols und Vorarlbergs, Salzburg und die Hochstifte Brixen und Trient sowie das Innviertel, aber noch nicht das Großherzogtum Würzburg, das Fürstentum Aschaffenburg und Marktredwitz. Im damaligen Bayern lebten 3,33 Millionen Menschen, so dass eine Zunft auf rund 340

265 Bos/Lourens/Lucassen, Zünfte, S. 129.
266 Lucassen/Prak, Guilds, S. 64, 69.
267 Black, Guilds, S. 168, 170.
268 Walker, Home Towns.
269 Denkwürdigkeiten des Grafen; dort geht es auf der angegebenen Seite 50 nicht einmal um das Zunftwesen; auch auf Seite 159 steht nichts dergleichen.
270 Anegg, Gewerbestruktur.

Einwohner kam.[271] Die preußische Zahl entnahm Black einem Buch von Theodore S. Hamerow,[272] wo man sie nicht auf der angegebenen Seite 179, sondern auf Seite 229 findet. Hamerow meint dort, nach der Revolution von 1848/49 seien in Preußen 4.600 Innungen gegründet oder wiederhergestellt worden. Ob diese Zahl stimmt, kann nicht weiter verfolgt werden, da Hamerow keine verwertbaren Quellenangaben macht, die Spur verliert sich im Nebel. Unabhängig davon, ob Hamerow recht hat, werden hier Äpfel mit Birnen verglichen: In Bayern gab es 1811/12 noch ein Zunftwesen, während Preußen den Zunftzwang bis 1845 im gesamten Land abgeschafft hatte; die bayerischen Zwangsvereinigungen werden also mit den freiwilligen Innungen Preußens mehrere – entscheidende – Jahrzehnte später auf eine Stufe gestellt.

Was von der „Stillen Post" übrig bleibt, ist die Erkenntnis, dass es im Etatsjahr 1811/12 in einem Land namens Bayern, dessen geografische Ausdehnung mit dem heutigen Bayern wenig Überschneidungen hatte, rund 9.800 oder – wegen der Gesellenschaften – etwas weniger Zünfte gegeben hat. Zumindest für die Schätzung einer Größenordnung kann man diese Zahlen verwenden. In Bayern lebten damals 199.000 Gewerbetreibende (6% aller Einwohner), von denen 152.000 (77%) in Zünften organisiert waren.[273] Die mittlere Mitgliederzahl einer Zunft lag bei 15,5. Da in Bayern auch die ländlichen Nebenerwerbshandwerker in Zünften integriert waren und die kleinen adeligen Herrschaften aus fiskalischen Gründen bemüht waren, möglichst viele Handwerker und Zünfte zu haben, waren die Zahlen der Zunfthandwerker und der Zünfte überdurchschnittlich hoch. Nimmt man die deutsche Bevölkerungszahl um 1810 mit 24,7 Millionen an,[274] so kann man aus den bayerischen Zahlen eine Maximalzahl der deutschen Zünfte hochrechnen: Vor der Einführung der Gewerbefreiheit gab es höchstens rund 72.650 Zünfte in Deutschland. In Wirklichkeit dürfte die Zahl um einiges darunter gelegen haben, mit einer Größenordnung von 30.000 bis 50.000 Zünften dürfte man nicht allzu weit daneben liegen.

Immer wieder schliefen Zünfte ein, weil ihre Mitgliederzahl sank oder keines der Mitglieder sich mehr um das Zunftleben kümmerte. Zünfte fusionierten, weil sie die Kosten für ein Zunfthaus auf mehr Schultern verteilen wollten oder der Stadt- oder Landesherr ihren politischen Einfluss verringern wollte. In kleinen Orten mussten sich Einberufszünfte eher Gedanken über ihr Fortbestehen machen als in großen mit einer größeren Zahl Handwerker eines Gewerbes. Um ihre Existenz zu sichern, wurden sie unter Umständen veranlasst, Nichthandwerker aufzunehmen, die ausschließlich an den bruderschaftlichen Aktivitäten der Zunft interessiert waren.[275] Wer ein Freimeisterprivileg besaß, als Alleinmeister ohne Lehrlinge und Gesellen, für eine Manufaktur, einen Verleger oder die öffentliche Hand

271 Anegg, Gewerbestruktur, S. 7f, 10.

272 Hamerow, Restoration.

273 Anegg, Gewerbestruktur, S. 28–31, 132.

274 Für 1800 werden 24,5 Millionen (Bevölkerungsgeschichte Europas, S. 130.), für 1816 24,8 Millionen (Ehmer, Bevölkerungsgeschichte, S. 17.) genannt.

275 Döhler, Beschreibung, S. 268f; Dubler, Handwerk, S. 111, 115; Reininghaus, Handwerk und Zünfte im Paderborner Land, S. 10.

oder nur im Nebenerwerb oder Kundenauftrag arbeitete, war weniger an einer Zunft interessiert als der „klassische“ Gewerbetreibende, der hauptberuflich für den Markt produzierte und – zumindest gelegentlich – Mitarbeiter einstellte.[276]

In Dresden wurde die Gründung einer Krämerzunft der lokalen Einzelhändler lange verschleppt, da sie die nicht der Zunft Angehörigen von der Berufsausübung ausschloss. Der Stadtrat wollte die Erwerbschancen von Witwen und Waisen schützen. Die Handwerker, die bisher Handel getrieben hatten, und deren Zünfte fürchteten, man nehme ihnen ihre Privilegien. Die Verhandlungen endeten mit einem typischen Kompromiss: Die neue Zunft wurde mit allen üblichen Rechten gegründet; diejenigen Einzelpersonen aber, die bisher schon Handel getrieben hatten, behielten dieses Recht bis zu ihrem Tode. Um die Handelsrechte der Handwerkerzünfte gab es nach der Errichtung der Krämerzunft jahrzehntelange Streitigkeiten, obwohl die Ordnung der Krämerzunft sie garantierte.[277]

Der Stadtrat in Frankfurt am Main löste 1350 die gemeinsame Zunft der Zimmerleute, Steindecker und Steinmetze auf. „Diese Verordnung sollte den Zunftzwang der gemeinsamen Organisation beseitigen, der offenbar die Stadterweiterungs- und Befestigungsarbeiten des Rates stark behinderte. Sie gehört in eine Reihe von Verordnungen dieser Jahre, die eine Stärkung und Vermehrung des politischen Einflusses der organisierten Handwerke unterbinden und Entwicklungen wie in anderen süddeutschen Städten von vornherein verhindern sollte.“[278]

Obwohl es keine genauen Zahlen über Auflösungen von Zünften gibt, darf man annehmen, dass die Zahl der Gründungen die der Auflösungen bis gegen 1800 weit übertraf. Da sie fremden Konkurrenten den Marktzutritt in der eigenen Stadt verwehrte und alle einheimischen Kollegen an Kosten gemeinsamer Betriebsstätten beteiligte, war die Gründung einer Zunft attraktiv.[279] Außerdem entwickelte das Zunftwesen Tendenzen, die selbst bei stagnierenden oder schrumpfenden Märkten Zunftgründungen anregten. Die Hildesheimer Hut- und Filzmacher begründeten ihren Wunsch nach einer Zunft im Jahr 1310 damit, die anderen Handwerke der Stadt hätten auch schon eine.[280] Im 14. Jahrhundert hatte das Zunftwesen eine „kritische Masse“ erreicht, die mit dem Medium des Gesellenwanderns dafür sorgte, dass die Mitgliedschaft in einer Zunft für fast jeden Handwerker zu einem erstrebenswerten Ziel wurde. Wer einen Lehrling oder Gesellen beschäftigen oder seinem Sohn eine zünftige Laufbahn eröffnen wollte, musste auf die „Passierlichkeit“ des Kandidaten achten, sich in das Zunftwesen eingliedern lassen und dessen Regeln akzeptieren. Zünfte erhöhten den politischen Einfluss und das gesellschaftliche Ansehen ihrer Mitglieder. Waren, die keiner zünftigen Qualitätskontrolle unterlagen, wurden auf den Märkten nicht geschätzt. Regional- und Mischzünfte zerfielen oft wegen innerer Zwistigkeiten in Orts- bzw. Einzelberufszünfte.[281]

276 Vgl. Götschmann, Kuchenreuter, S. 18–66; Geuter, Korbwarengewerbe, S. 362.
277 Flemming, Innungen, S. 117–120.
278 Schembs, Dach, S. 9, 11.
279 Hartmann, Geschichte, S. 20.
280 Thoms, Entstehung, S. 81.
281 Böhmert, Beiträge, S. 22; Hähnsen, Geschichte, S. 102; Mordstein, Handwerksordnungen, S. 163f; Adamczyk, Möbel, S. 11ff; Fischer, Sensen, S. 21. Zu Mischzünften vgl. Kapitel 3.1.6.

Die Obrigkeiten begrüßten die Kontrollmöglichkeiten über die Gewerbetreibenden, die sich ihnen darboten, die öffentlichen Aufgaben, welche die Zünfte wahrnahmen, und die Abgaben, die von den Zünften in ihre Kassen flossen.[282] Die Leipziger Kürschner vereinigten sich 1423 auf Initiative ihres Landesherrn. „Es ging um handfeste Interessen: Der Rat mußte für eintausendfünfhundert Gulden vom Kurfürsten die Gerichtsbarkeit kaufen; die Kürschner konnten dazu mehr als ein Scherflein beitragen. Und [Kurfürst] Friedrich dachte sicher an die Kriegsdienste der Stadt für ihn, als er den Kürschnern ‚empfahl', ‚... daß sie sich zusammenfügen sollten, also sämtlich unserem gnädigen Herrn und der Stadt zu dienen.'"[283] Goldschmiede, welche die Währungsmetalle Gold und Silber verarbeiteten, wurden in Zünfte gedrängt, um sie einer schärferen staatlichen Kontrolle zu unterziehen.[284] Während der Frühen Neuzeit bevorzugten die Landesherren Zünfte ihres eigenen Territoriums vor der Mitgliedschaft der Landeskinder in auswärtigen Zünften, selbst wenn dies kaum lebensfähige Mini-Zünfte hervorrief.[285]

Über die frühesten Zünfte ist kaum etwas bekannt. In keiner Stadt kennen wir mit Sicherheit die älteste Zunft. Heinrich von Loeschs und Wilhelm Stiedas Vermutung, die ersten Zünfte seien stets in den massenhaften Grundgewerben (Bäcker, Fleischer, Schuhmacher, Schneider, Weber) entstanden, ist unbegründet.[286] Aus vielen Orten sind Gegenbeispiele bekannt; die hoch spezialisierten Bettdeckenweber Kölns, welche die älteste überlieferte deutsche Zunft gründeten, zählen nicht zu den Grundgewerben. Es gibt aber auch keinen einleuchtenden Grund, warum gerade die Grundgewerbe voran gegangen sein sollen; die Idee, sich zünftige Strukturen zunutze zu machen, kann ebenso einem anderen Gewerbe als erstem gekommen sein, sofern nur genügend Gewerbeangehörige in der Stadt vorhanden waren.

In den meisten Städten können wir ebenso wenig angeben, wann die erste Zunftgründung erfolgte. Als Quellen stehen für die Frühzeit Erwähnungen in Stadtrechten sowie Zunftordnungen zur Verfügung. Zunftordnungen traten in historischen Quellen in zahlreichen Ausdrücken auf, welche sich auf die Form oder den Rechtscharakter des Schriftstücks beziehen: Rolle, Schraa (d.h. Pergament), Schragen, Brief, Artikel, Punkte, Stücke, Gebrauch, Gewohnheit, Gerechtigkeit, Ordnung, Regiment, Satzung (des Stadtrates), Ordinanz, Privileg, Handfeste, Gesetz, Statut, Befreiung, Freiheit, Beliebung, Willkür. Stadtrechte wurden gewöhnlich erst einige Zeit nach der Stadtgründung schriftlich niedergelegt, wenn ein gewisser Besiedlungsstand erreicht war. Ähnlich war es bei Zünften. Ihnen genügten mündliche Vereinbarungen, während sie schriftliche Aufzeichnungen erst in dem Moment vorlegten, in dem ein besonderer Anlass gegeben war: In der Zunft oder mit Externen gab es Streit um die Zunftgewohnheiten, so dass deren

282 Flemming, Innungen, S. 92, 113; Schragmüller, Bruderschaft, S. 21; Störmer, Korporationen, S. 137; Ziegler, Zunftwesen, S. 27.

283 Duclaud, Zünfte, S. 142.

284 Salow, Zunftwesen, S. 52.

285 Mordstein, Handwerksordnungen, S. 164; Reith, Zünfte, S. 44f.

286 Fröhlich, Sicherung, S. 22; Stieda, Entstehung, S. 28.

Klärung und Anerkennung durch die Obrigkeiten angeraten schien, neue Regelungen sollten eingeführt werden, die das alte Herkommen außer Kraft setzten, oder die Obrigkeiten wollten einen Überblick über das Zunft-Gewohnheitsrecht ihres Herrschaftsgebietes gewinnen oder darauf einwirken. Je mehr sich Schriftlichkeit in der öffentlichen Verwaltung und im Zunftwesen verbreitete, umso selbstverständlicher wurde es, eine schriftliche Zunftordnung zu haben. Wie lange vor der ersten bekannten Ordnung eine Zunft bereits bestand, ist selten auszumachen. Aus Floskeln der Urkunden, die sich auf „das alte Herkommen" berufen, darf man nicht auf ein langes Alter der betreffenden Zunft schließen. Solche Floskeln gehörten zum üblichen Vokabular der Zunftordnungen und wurden zur Legitimation auch dann benutzt, wenn gar kein **altes** Herkommen existierte oder man sich lediglich auf das alte Herkommen des Zunftwesens im Allgemeinen, nicht aber auf eine örtliche Tradition stützen konnte. Des Weiteren ist zu beachten, dass die Ordnungen niemals das gesamte Recht umfassten; was selbstverständlich war oder öfter geändert werden musste, stand nicht in den Ordnungen, welche in großen Zeitabständen angepasst wurden, weil dies umständlich, teuer und wegen der Eingriffsmöglichkeiten der Obrigkeiten riskant war. Inwieweit das Statutenrecht einer Zunft mit der Rechtswirklichkeit übereinstimmte, ist eine offene Frage.

Zünfte erhielten neue Ordnungen, weil die alte Fassung den Zeitgenossen sprachlich oder rechtlich nicht mehr verständlich war, die wirtschaftlichen, technologischen oder religiösen Verhältnisse sich geändert hatten, Anpassung an das Recht führender Zunftorte erstrebt wurde oder die Obrigkeiten auf neue Regelungen drängten, welche die Zünfte politisch neutralisierten oder „Missbräuche" abstellten. Seit dem 16. Jahrhundert wurden – der Rechts- und Behördensprache analog – kurze Fassungen durch schwülstige, langatmige, kleinste Einzelheiten regelnde Paragrafenmonster ersetzt.[287] „Die schriftliche Regelung der Zunftverfassung war oft auch bedingt durch Arbeitsaufteilungen, die neue Handwerke entstehen ließen. Die Spannungen zwischen den Handwerkern verwandter Berufe mußten ausgeglichen und geregelt werden. Veränderte Produktionsformen und Absatzmärkte machten die Neufestsetzung der Satzungen mitunter notwendig. Ebenso lesen wir immer wieder vom Verlust der Originalurkunden bei Bränden, Hochwasser, kriegerischen Ereignissen oder durch Mäusefraß."[288]

287 Warncke, Handwerk, S. 20; Schmoller, Tucher- und Weberzunft, S. 398; Rüdiger, Zunftrollen, S. XVIIf; Krumbholtz, Gewerbe, S. 10*; Hartmann, Geschichte, S. 41; Wissell, Recht I, S. 109f, 122 ; Flemming, Innungen, S. 74 ; Wiest, Entwicklung, S. 66 ; Salow, Zunftwesen, S. 66; Dieling, Zunftrecht, S. 9f, 43, 45; Rumpf, Handwerkerleben, S. 8 ; Roth, Zunftherrlichkeit, S. 36f, 45; Fischer, Volk, S. 51; Zincke, Jahre, S. 104; Keller/Brod, Fischer, S. 18f; Doberkat, Gildebuch, S. 81ff; Schmidt, Zunfturkunden I, S. 22*; Lentze, Nürnbergs Gewerbeverfassung im Mittelalter, S. 269; Ehmer, Denken, S. 39.

288 Roth, Zunftherrlichkeit, S. 36.

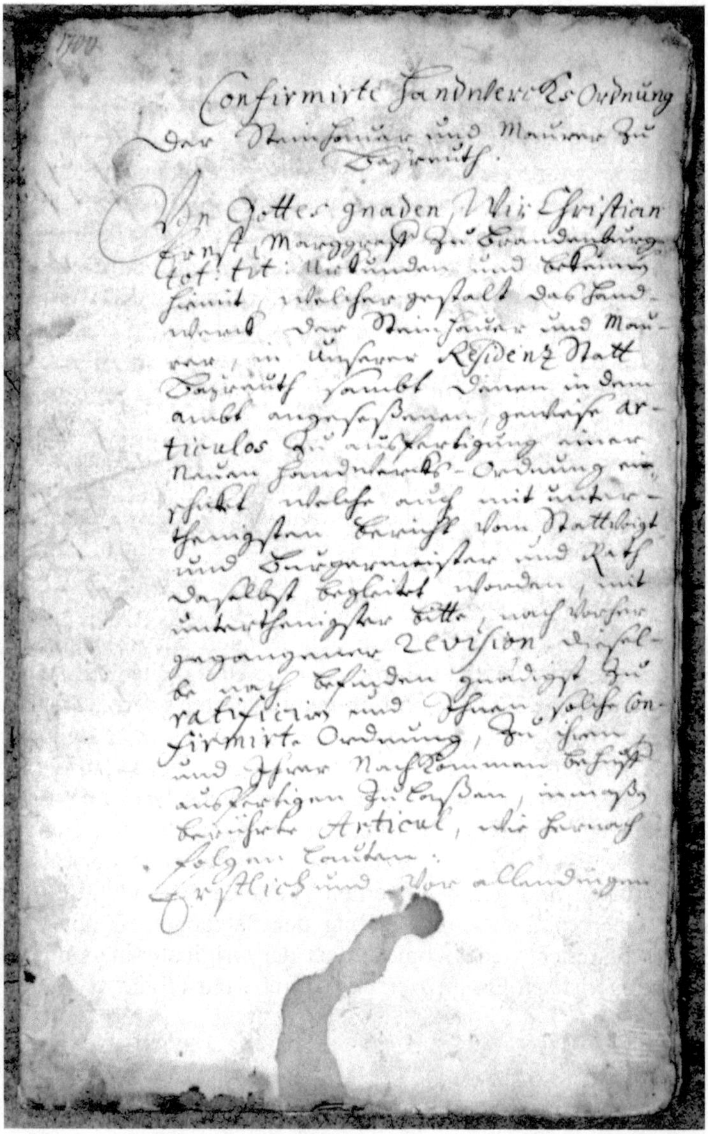
1700

Confirmirte Handwercks Ordnung der Steinhauer und Maurer zu Bayreuth.

Zunftordnung der Steinhauer und Maurer in Bayreuth 1700[289]

Im 12. Jahrhundert hatten wir (in Kapitel 2.1.) Köln und Magdeburg als Zunftstädte zweifelsfrei ermittelt sowie einige Orte mit zunftähnlichen Organisationen. In der Literatur wird zusätzlich Salzburg genannt. Im 13. Jahrhundert kamen etliche Städte hinzu, je weiter das Jahrhundert voranschritt, desto mehr: Bremen, Hamburg, Osnabrück, Lüneburg, Lübeck, Braunschweig, Neustadt bei

289 Stadtarchiv Hof, BZ 205.

Braunschweig, Salzwedel, Halberstadt, Goslar, Duderstadt, Witzenhausen, Stendal, Hameln, Höxter, Hildesheim, Perleberg, Berlin, Kyritz, Dortmund, Hagen, Soest, Würzburg, Mühlhausen in Thüringen, Erfurt, Halle, Freiberg in Sachsen, Pirna, Breslau, Löwenberg, Gersdorf, Wohlau, Weidenau, Schweidnitz, Strehlen, Straßburg, Freiburg im Breisgau, Überlingen, Ulm, Villingen, München, Landshut, Passau, St. Pölten, Wien, Wiener Neustadt, Basel, Schaffhausen, Zürich, eventuell Augsburg, und gewiss einige andere.[290] Am Ende des 13. Jahrhunderts besaßen also bereits über 50 Städte im deutschsprachigen Raum Zünfte, deren Gesamtzahl im unteren dreistelligen Bereich gesucht werden muss.[291] Es handelt sich vorwiegend um größere Handelsstädte, die über das Gesamtgebiet breit gestreut sind; in einigen Fällen – im weiteren Umkreis Braunschweigs etwa oder in Schlesien – lassen sich bereits regionale Schwerpunktbildungen erkennen. Einige Landschaften waren noch frei von Zünften.

Karin Obst wertete zahllose historische Quellen aus, um eine Verbreitungskarte der Zunfttermini bis zum Jahr 1700 zu erstellen.[292] Die Ergebnisse ihrer Sammlung fasst die folgende Tabelle zusammen; sie summiert Benennungen verschiedener Zünfte, die Obst ermittelte.

Zeitliche Streuung regionaler Zunfttermini nach Karin Obst

Zeitraum	„Zunft“	„Gilde“	„Zeche“	„Innung/ Einung“	„Officium/ Amt“	„Werk/ Handwerk“	Gesamt
bis 1300	10	15	3	38	7	10	83
1301–1400	71	55	16	67	40	61	310
1401–1500	105	42	38	61	51	86	383
1501–1600	77	56	26	17	61	29	266
1601–1700	65	25	12	12	27	10	151
Gesamt	328	193	95	195	186	196	1193

Obwohl auf städtische Zünfte beschränkt und weit von Vollständigkeit entfernt, gibt die Tabelle interessante Aufschlüsse. Die dichtesten städtischen Zunftlandschaften gab es in Südwest-, Nord- und Mitteldeutschland, weniger städtische Zünfte waren in Österreich und Altbayern. Darin liegt nichts Überraschendes, der Befund reflektiert die Dichte des Städtenetzes. Die meisten Gründungen erfolgten während des 14. und 15. Jahrhunderts, nach 1600 nahm in allen Gebieten die Zahl der Gründungen ab. Offenbar war jetzt eine Sättigung erreicht, die in größeren

290 Stieda, Entstehung, S. 28f; Obst, Wandel, S. 304–355; Ehmer, Guilds, S. 122; Schulze, Handwerkerorganisation, S. 29–36.

291 Vgl. Schewe, Geschichte, S. 74ff.

292 Obst, Wandel, S. 304–355.

Städten nur noch wenige zusätzliche Zünfte zuließ. Die Trends der Daten Obsts werden von Einzelergebnissen aus etlichen Städten gestützt, obwohl auch abweichende lokale Entwicklungen vorkamen. In einigen Städten wurde die Zahl der Zünfte vermindert, um ihren politischen Einfluss zu reduzieren. Expandierende Metropolen wie Berlin oder Wien, aber auch viele Kleinstädte, erklommen erst im 18. Jahrhundert den Scheitelpunkt ihres Zunftwesens.[293]

So wie die Zünfte ein Phänomen des Mittelalters waren, weil sie in dieser Epoche entstanden und ihren Typus ausbildeten, so waren sie eines der Frühen Neuzeit, weil sie jetzt ihre größte Verbreitung erlangten. In der unmittelbaren Nachbarschaft zu den Niederlanden, in denen die Zünfte keine große Rolle spielten, entwickelten sich die Zünfte schwach und spät. Am Niederrhein verzichteten viele Städte auf Zünfte.[294] Im schwach urbanisierten Ostfriesland entstanden sie erst in der Frühen Neuzeit.[295] In den Ackerbaustädten Ostpreußens blieb das Zunftwesen unbedeutend.[296] Ländliche und französischsprachige Kantone der Schweiz wurden weit weniger von der Zunftbewegung berührt als ihre deutschsprachigen „Stadtstaaten".[297] In Westfalen sind die ersten Zünfte in der Mitte des 13. Jahrhunderts nachweisbar, zuerst in den großen Handelsstädten Dortmund und Soest, kurz danach in den Bischofsstädten. Im 14. Jahrhundert wurde aus den Anfängen eine breite Zunftbewegung. Bis zum 17. Jahrhundert folgten die Mittel- und schließlich die Kleinstädte. Bis zum Ende des 18. Jahrhunderts verdichtete sich das Netz immer mehr. Selbst die Zwergstadt Vörden, die um 1800 nur 94 Haushalte mit weniger als 500 Einwohnern hatte, besaß zwei Zünfte.[298] Ähnlich verlief die Entwicklung in Sachsen und Schlesien, zwei ebenfalls städtereichen Gebieten.[299] In anderen, ländlich geprägten Regionen setzte die Zunftexpansion erst im späten 14. oder 15. Jahrhundert ein, zum Beispiel in Oldenburg, Schleswig-Holstein, Mecklenburg, in der Grafschaft Saarbrücken, der Markgrafschaft Baden-Baden, Hessen-Darmstadt, Oberfranken, weiten Gebieten Altbayerns und Österreichs und der deutschsprachigen Schweiz. Hier wurde sie in erster Linie von den Landzünften getragen, deren große Zeit im 17. und 18. Jahrhundert war. In diesen Regionen nahm die Zahl der Zünfte bis zur Mitte des 18. Jahrhunderts zu, teilweise noch darüber hinaus.[300]

293 Reith, Zünfte, S. 43; Ehmer, Guilds, S. 122; Peters, Gilden, S. 76; Hasse, Zunft, S. 5; Krumbholtz, Gewerbe, S. 3*; Vogel, Zünfte, S. 7f; Duclaud, Zünfte, S. 219; Flemming, Innungen, S. 133ff; Schultz, Das ehrbare Handwerk, S. 11ff; Barnowski-Fecht, Handwerk, S. 24, 27; Hermandung, Zunftwesen, S. 21; Wanner, Zunftkraft, S. 23, 29; Kraack, Gildewesen, S. 32f; Salow, Zunftwesen, S. 18, 20, 22, 63f; Heinzen, Zunftkämpfe, S. 31; Loesch, Zunfturkunden I, S. 45*; Lauffs, Zunft- und Gewerbewesen, S. 11; Schragmüller, Bruderschaft, S. 13f; Maurer, Zunft, S. 163; Schulze, Handwerkerorganisation, S. 29–36; Keller, Kleinstadt, S. 77; Trautmann, Entwicklung, S. 113ff, 190, 209–213.

294 Reininghaus, Gewerbe, S. 62.

295 Canzler, Zünfte, S. 43–47, 147.

296 Haupt/Crossick, Kleinbürger, S. 33.

297 Bauer, Zunftverfassung, S. 28–33.

298 Reininghaus, Handwerk und Zünfte im Paderborner Land, S. 9, 12; Reininghaus, Handwerk und Zünfte in Westfalen, S. 268–272; Reininghaus, Zünfte, Städte und Staat, S. 19ff.

299 Bräuer, Gesellen, S. 16; Schulze, Entwicklung, S. 214, 216f.

300 Emig, Berufserziehung, S. 75f; Voß, Innungen, S. 7; Schultz, Zunfthandwerk, S. 130; Roehl,

Auch wenn es seit dem 18. Jahrhundert in einigen Ländern Widerstände der Regierungen gegen Zunftgründungen gab, entstanden neue Zünfte bis kurz vor dem Ende der Zunftepoche. In Burgdorf (zwischen Hannover und Celle gelegen) verweigerten die Behörden 1843 den Nagelschmieden eine Zunft, weil in den maßgeblichen Kreisen des Landes über die Gewerbefreiheit diskutiert wurde. Auf der anderen Seite ließ man zu, dass noch 1864 eine Maurerzunft errichtet wurde – sie hatte nicht lange Bestand, denn 1866 wurde das Königreich Hannover von Preußen annektiert, 1867 wurden sämtliche Zünfte aufgehoben.[301]

Allerdings dürfte die Gesamtzahl der Zünfte seit 1791 rückläufig gewesen sein, seit in den französisch besetzten linksrheinischen Gebieten die Gewerbefreiheit eingeführt wurde. Die Helvetische Republik folgte 1798, Preußen ab 1810/11, Nassau 1819, Österreich 1859. Wenn auch Gewerbefreiheit und Zunftabschaffung nicht gleichzusetzen waren und nach dem Ende der Franzosenzeit einige Regierungen Zünfte wieder einführten, dürfte deren Zahl zwischen 1791 und 1869 allmählich zurückgegangen sein.[302] In England, Frankreich und Italien verlor das Zunftwesen bereits im 18. Jahrhundert an Bedeutung, während es im Ausstrahlungsbereich des deutschen Zunftwesens erst im 19. Jahrhundert langsam verschwand.[303]

In Frankfurt am Main gab es in der Mitte des 14. Jahrhunderts mehr als 1.500 Gewerbebetriebe bei 9.600 Einwohnern, in Basel 1429 1.750 Betriebe bei 9–10.000 Einwohnern und in Straßburg in der Mitte des 15. Jahrhunderts 4.600 Betriebe bei 18.000 Einwohnern.[304] Rechnet man vier bis fünf Familienmitglieder und berücksichtigt zusätzlich Gesellen und Lehrlinge, so ergibt sich, dass in den genannten Gewerbezentren des Spätmittelalters Bevölkerung und Gewerbetreibende nahezu identisch waren. Weniger bedeutende Städte wiesen Anteile der Gewerbetreibenden von 20 bis 50% auf, während sich in kleinen Städten die Bevölkerung oftmals vorrangig der Landwirtschaft widmete.[305] Seit dem 15. Jahrhundert entstand in großen und mittleren Städten eine unterbürgerliche Schicht, die nicht mehr vom Gewerbe lebte – jedenfalls nicht offiziell, obwohl bisweilen als Störer. Gewerbeanteile von mehr als 50% der Bevölkerung wurden selten, in vielen Städten sank der Anteil der Gewerbetreibenden erheblich. Eine Handwerkerquote von 25 bis 30% der Bevölkerung war für viele Städte typisch, die Unterschiede zwischen den Größenklassen der Städte ebneten sich ein. Der Aufstieg des Landhandwerks in der Frühen Neuzeit und das Bevölkerungswachstum der

Beiträge, S. 45f; Störmer, Korporationen, S. 139; Ziegler, Zunftwesen, S. 5f, 15ff; Johanni, Zünfte, S. 17; Schmidt, Lehrbuben, S. 7; Ehmer, Zünfte, S. 92, 94; Aul, Entwicklung, S. 35f; Otruba, Gewerbe, S. 9, 14f; Hopfgartner, Geschichte, S. 7; Bauer, Zunftverfassung, S. 23; Hemmen, Zünfte, S. 5f.

301 Bessenrodt, Handwerk, S. 33, 105; Voß, Innungen, S. 169; Nerger, Geschichte, S. 17; Reininghaus, Handwerk und Zünfte im Paderborner Land, S. 5; Kaufhold, Gewerbefreiheit, S. 83.

302 Vgl. Kapitel 6.3.

303 Farr, Artisans, S. 31.

304 Schembs, Dach, S. 14; Schulz, Handwerksgesellen, S. 17, 19, 30.

305 Farr, Artisans, S. 97; Puschner, Handwerk, S. 50; Fröhlich, Sicherung, S. 27; Maurer, Zunft, S. 157f; Dollinger, Hanse, S. 181; Handbuch Wirtschaftsgeschichte, S. 575.

Städte im 18. Jahrhundert erhöhten den Anteil der Handwerker und ihrer Familien an der Gesamtbevölkerung. Im Spätmittelalter kann dieser – bei einem Urbanisierungsgrad von 10 bis 15% – kaum mehr als 5% betragen haben, d.h. bei einer Bevölkerungszahl von 12 bis 13 Millionen vielleicht 600–650.000 Personen. Für das Ende des 18. Jahrhunderts wird der Anteil der Handwerkerhaushalte an der deutschen Bevölkerung auf 17% oder 4,1 Millionen geschätzt, für 1846/47 auf 16% oder rund 5 Millionen.[306]

Die Gewerbebevölkerung bestand zum weitaus überwiegenden Teil aus Handwerkern, gegenüber denen Kaufleute und andere Dienstleister quantitativ nicht ins Gewicht fielen.[307] Die meisten Handwerksberufe waren nicht zünftig organisiert, weil sie von zu wenigen Personen ausgeübt wurden; gleichwohl war die Mehrheit der städtischen Handwerker im Spätmittelalter Mitglied einer Zunft. Für Köln wurde geschätzt, dass im 14. und 15. Jahrhundert weniger als ein Zehntel aller Handwerker keiner Zunft angehörte.[308] In den Städten, in denen sich das Zunftwesen etablierte, strebte man danach, die Handwerker möglichst vollständig zu erfassen. Da sich dieser Prozess über Jahrhunderte erstreckte und nicht überall zur selben Zeit ablief, muss man davon ausgehen, dass zu keinem Zeitpunkt in der deutschen Zunftgeschichte mehr als zwei Drittel der Handwerker Zunftmitglied waren. In ländlichen Regionen wurde die zünftige Durchdringung nie so intensiv wie in den Städten. In Frankfurt am Main, dessen Stadtrat eine dezidiert antizünftische Politik betrieb, gehörte im 16. und 17. Jahrhundert nur noch die Hälfte der Gewerbetreibenden einer Zunft an.[309] Die absolutistische Politik der Einzelprivilegien durchlöcherte das Zunftwesen. In Wien war im 17. und 18. Jahrhundert nur noch rund ein Drittel der Handwerker Mitglied einer Zunft, während die meisten als Störer, Freimeister, Soldaten- oder Hofhandwerker außerhalb des Zunftwesens arbeiteten. „Die Unterschiede zwischen den Branchen waren enorm. Nach der Wiener Zählung von 1736 waren tatsächlich alle Apotheker zünftig organisiert, von den Maurer- und Zimmermeistern 70 bis 75%, von den Bäckern immerhin noch zwei Drittel. In anderen Gewerben bildeten die ‚bürgerlichen Meister' [Zunftmeister] dagegen eine kleine Minderheit der Selbständigen. In den Massengewerben der Schneider, Schuster oder Schlosser lag ihr Anteil bei rund einem Viertel, bei Webern, Tischlern und in einigen anderen Gewerben nur mehr bei

306 Buchholz, Mittelalter, S. 52; Endres, Zünfte, S. 154ff; Farr, Artisans, S. 97; Fröhlich, Sicherung, S. 27; Buchholz, Mittelalter, S. 46; Bevölkerungsgeschichte Europas, S. 130; Ehmer, Bevölkerungsgeschichte, S. 17; Schembs, Dach, S. 59; Salow, Zunftwesen, S. 71; Puschner, Handwerk, S. 50; Schultz, Das ehrbare Handwerk, S. 11ff; Lis/Soly, Zünfte, S. 160; Ehmer, Zünfte, S. 95; Kellenbenz, Wirtschaftsgeschichte II, S. 75; Rauser, Gewerbe, S. 7; Puschner, Handwerk, S. 48f; Bräuer, Gesellenmigration, S. 15; Zerwas, Arbeit, S. 117; Althaus, Rechtsnormen, S. 22; Emig, Berufserziehung, S. 333; Gerteis, Städte, S. 137; 650 Jahre Zürcher Zünfte, S. 28; Anegg, Gewerbestruktur, S. 29ff, 38; Czok, Volksbewegungen, S. 40ff; Maurer, Zunft, S. 157f; Wiest, Entwicklung, S. 114; Lenger, Sozialgeschichte, S. 18f, 21, 50. Die Dachsbergsche Volksbeschreibung aus den 1770er Jahren ermittelte für die bayerischen Rentämter München, Straubing und Burghausen ca. 51 Meister, Gesellen und Lehrlinge je 1.000 Einwohner. (Denzel, Statistik, S. 84.)

307 Vgl. Kapitel 3.1.6.

308 Loesch, Zunfturkunden I, S. 46*.

309 Kellenbenz, Wirtschaftsgeschichte I, S. 246.

rund 15 Prozent."[310] Wien war ein Extremfall, doch auch anderswo sank der Anteil der Zunfthandwerker infolge der Politik der Regierungen und des Aufkommens anderer Betriebsformen im 18. und 19. Jahrhundert.[311] In der Stadt Oldenburg gehörten 1744 noch ungefähr drei Viertel aller Handwerker einer Zunft an,[312] in den Teilen des Großherzogtums Hessen, in denen die französische Besatzungsmacht die Zünfte nicht abgeschafft hatte, 1860 nur noch zwei Drittel, auf das gesamte Großherzogtum bezogen lag der Anteil bei der Hälfte.[313]

Je größer ein Ort war, desto mehr Zünften bot er Raum, weil in mehr Berufen die Mindestzahl für eine Zunftgründung erreicht wurde. Diese wurde im 17. und 18. Jahrhundert mit drei Personen angenommen, damit Abstimmungen in der Versammlung zu eindeutigen Ergebnissen führten. Den Schneidern im Berliner Stadtteil Friedrichswerder wurde 1662 die Gründung einer Innung gestattet, sobald neun Meister vorhanden waren, damit die Verwaltungsposten der Innung ordnungsgemäß besetzt werden konnten. Allerdings gab es Zünfte, die von zwei Personen gegründet wurden, und solche, die infolge von Mitgliederschwund aus einem einzigen Meister bestanden.[314] Die Vergrößerung der Zunftzahl verhielt sich nicht proportional zur Bevölkerungszahl, da die einzelnen Zünfte umso mehr Mitglieder hatten, je größer die Stadt war. In kleinen Städten fand man im Verhältnis mehr Zünfte als in großen. Bevölkerungswachstum vergrößerte, Berufsteilung und die Aufspaltung von Misch- und Gebietszünften verkleinerten die Zünfte. Die mitgliederstärksten Zünfte existierten in Exportgewerben und den Nahrungs- und Bekleidungsbranchen der Grundversorgung. Wo die Zünfte gleichzeitig politische Körperschaften waren, waren sie am größten, weil sie mehrere Handwerksberufe und Nichthandwerker einschlossen und die Führungsschichten danach strebten, die Zahl der Zünfte zu vermindern, damit nicht zu viele Zunftvertreter in den Stadtrat kamen. Die Reb- und Gartenleute Straßburgs umfassten 1545/46 803 Personen, einige Zünfte in Köln hatten 500 bis 600 Mitglieder, doch selten hatte eine Zunft mehr als 300 Mitglieder, überwiegend unter 100. Am häufigsten waren Zünfte mit fünf bis fünfzig Mitgliedern.[315]

310 Ehmer, Zünfte, S. 95, 98 (Zitat); Ehmer, Guilds, S. 127; Otruba, Gewerbe, S. 23.

311 Kocka, Traditionsbindung, S. 336.

312 Barnowski-Fecht, Handwerk, S. 46.

313 Emig, Berufserziehung, S. 345.

314 Dubler, Handwerk, S. 117; Schulze, Entwicklung, S. 217; Roehl, Beiträge, S. 29; Zincke, Jahre, S. 59f; Großes vollständiges Universal-Lexikon, hrsg. von Johann Heinrich Zedler, Band 64, Leipzig/Halle 1750, Sp. 119; Weichs, Studien, S. 68.

315 Schulze, Entwicklung, S. 217; Fröhlich, Sicherung, S. 28; Schultz, Das ehrbare Handwerk, S. 11ff; Fromm, Studien, S. 31; Ehmer, Guilds, S. 122, 124; Schulz, Stellung, S. 310; Schulz, Handwerksgesellen, S. 17, 19, 23; Scheben, Zunfthaus, S. 21, 77; Salow, Zunftwesen, S. 75; Flemming, Innungen, S. 273; Rohde, Entwicklung, S. 231; Schulze, Handwerkerorganisation, S. 40ff; Schmidt, Zunfturkunden I, S. 37*; Schmoller, Tucher- und Weberzunft, S. 540f; Eitel, Reichsstädte, S. 150f; Hartfelder, Zunftordnungen, S. 3f.

2.3.2. Der Gang aufs Land

Die Urbanisierung des Hoch- und Spätmittelalters brachte die klassische wirtschaftliche Dichotomie von Stadt und Land hervor. In der Stadt konzentrierten sich der sekundäre und tertiäre Sektor, während der primäre Sektor (Land- und Forstwirtschaft, Bergbau) auf dem Land angesiedelt war. Die Bauern stellten handwerkliche Gegenstände ihres Alltagsbedarfs selbst her oder erwarben sie bei Nebenerwerbs-Handwerkern in Dörfern und Märkten. Ausgefallene und hochwertige Handwerkserzeugnisse, die sie selten benötigten, kauften sie in der nächst gelegenen Stadt, etwa wenn sie dort ihre eigenen Produkte absetzten. Unter diesen Umständen konnte auf dem Land kein Zunftwesen entstehen, das Land verharrte in feudalen Abhängigkeiten, gelegentlich durchbrochen von genossenschaftlichen Ansätzen und Marktbeziehungen.

Diese Situation änderte sich seit dem 14. Jahrhundert, das Gewerbe „rustikalisierte" oder „territorialisierte".[316] Unterbrochen von den Pestzügen der zweiten Hälfte des 14. Jahrhunderts und dem Dreißigjährigen Krieg nahm die Zahl der Landbewohner kontinuierlich und im 18. Jahrhundert mit wachsender Geschwindigkeit zu. Abwanderung in die Städte absorbierte nur einen Teil des Bevölkerungswachstums. Obwohl mehr Flächen bäuerlich genutzt wurden, beschäftigte die Landwirtschaft, die immer produktiver wurde, nicht mehr die gesamte Landbevölkerung. Wer zu kleine Parzellen bewirtschaftete, musste einen Nebenerwerb suchen, wer im Erbfall leer ausging, sich als Knecht verdingen oder einem gewerblichen Hauptberuf zuwenden. Der Vollerwerbsbauer verlangte nach Arbeit für die landwirtschaftliche Nebensaison. Die Kombination von Landwirtschaft und Handwerk hielt die Bevölkerung in Gebieten, die landwirtschaftlich benachteiligt waren.

Bereits im 14. Jahrhundert gingen Exportgewerbe auf das Land, die von städtischen Verlegern abhängig waren. Außerdem siedelten sich all jene Gewerbe auf dem Land an, die an ländliche Standorte gebunden waren, etwa der Metall- und Kohlebergbau, Steinbrüche, Ziegeleien, verschiedene Waldgewerbe (beispielsweise Teerschweler, Glasschmelzer, Wachsbleicher) oder das expandierende Mühlenwesen aller Spielarten. Das ländliche Handwerk setzte sich zusammen aus dem Handwerk zur landwirtschaftlichen Selbstversorgung und Versorgung der Durchreisenden an den großen Handelsrouten (Hufschmiede, Stellmacher, Zimmerleute, Drechsler), dem – vor allem textilen – Exporthandwerk, etwa in der schwäbischen Barchent- und der sächsisch-schlesischen Leinenlandschaft, das in erster Linie einfache Massenwaren lieferte, und dem aus natürlichen Gründen standortgebundenen Handwerk, dessen Erzeugnisse anschließend in den Städten zu Endprodukten weiterverarbeitet wurden. Teils im Spätmittelalter, teils im Laufe der Frühen Neuzeit kam eine vierte Richtung hinzu: die Belieferung der ländlichen Haushalte mit Gütern des Grundbedarfs wie Backwaren, Fleisch und Wurst, Schuhen und Kleidung. Auch auf dem Land schritt die Spezialisierung der Berufe voran; vormals selbst ausgeführte Nebentätigkeiten wurden aufgegeben und stattdessen Waren oder Dienstleistungen eingekauft. Die ländlichen Konsumenten

316 Holbach, Frühformen, S. 583.

klagten, dass städtische Anbieter an ihrem Bedarf vorbei produzierten. Nicht immer wurde das hohe Niveau der Zunftprodukte benötigt, nicht immer konnte es bezahlt werden. Die Landbevölkerung verfügte über wenig Bargeld und bevorzugte mitunter Tausch- oder Kreditgeschäfte, die sie in der Stadt nicht abwickeln konnte. Schließlich wurde das Land zum Konkurrenten der Stadt, weil ländliche Handwerkswaren in Städten Absatz fanden. Regelmäßig wurden Wochen- und Jahrmärkte der nahen Städte aufgesucht, gelegentlich die Jahrmärkte der weiteren Umgebung. Solange das Landhandwerk keinem zünftigen Hausierverbot unterlag, hatte es Absatzvorteile gegenüber städtischen Mitbewerbern. Landhandwerker knapp jenseits der städtischen Bannmeile wurden von städtischen Kunden aufgesucht. Unbelastet von Zunftgebühren und städtischen Steuern, bei geringeren Lebenshaltungskosten und weniger anhängig vom Gewinn des Handwerks, das für sie eine Einkommensquelle unter mehreren darstellte, waren sie billiger als die Zunftkollegen in der Stadt. Außer im Spitzensegment und bei Spezialitäten spürten die städtischen Zunfthandwerker überall die ländliche Konkurrenz. „Pfuscher", die in der Stadt nichts werden konnten, wanderten auf das Land und vermehrten die Schar der Wettbewerber.[317] Den Städten war es kaum möglich, die Landkonkurrenz wirksam abzuwehren. Die Augsburger Schuhmacher klagten 1738: „Ferner würden ‚viele Leute hiesiger Stat unter dem Schein eines Spaziergangs auf dem bischöflichen Hochzoll, die anhabenden alten Schuhe gegen neue auf den Dörfern herum verfertigte [tauschen], und daselbst in Quantität niedergelegte Schuhe ... also an denen Füßen hereintragen."[318]

Zur Zahl der Landhandwerker wird oft eine Studie August Skalweits über das preußische Landhandwerk gegen 1800 zitiert. Skalweit kam zu dem Ergebnis, je weiter westlich, desto zahlreicher sei das Landhandwerk gewesen.[319] „Je dichter die Bevölkerung ist, um so mehr Handwerker drängen von der Stadt auf das platte Land, wozu speziell in den westlichen preußischen Provinzen kam, daß hier auch die aufgelockerte ländliche Siedlungsweise verwaltungstechnisch die gewerbliche Trennung des platten Landes von der Stadt schwierig machte. Doch gibt es in den westlichen Provinzen dafür auch politische Gründe, die nicht nur in der Eigenart der Behördenorganisation zu finden sind, sondern auch darin, wie in diesen noch unter stärkerem ständischen Einfluß stehenden Territorien die Verwaltung ausgeübt wurde."[320] Wie Skalweit zu diesen Behauptungen kam, ist nicht nachvollziehbar. Eine Tabelle, die er im selben Buch auf den Seiten 54 und 55 abdrucken ließ,

317 Schremmer, Standortausweitung, S. 5ff; Bräuer, Gesellen, S. 70; Dubler, Handwerk, S. 185; Skalweit, Dorfhandwerk, S. 6, 10f, 14, 17, 24–38, 68f; Gerteis, Städte, S. 143f; Hähnsen, Geschichte, S. 271; Reininghaus, Gewerbe, S. 66–69; Trautmann, Entwicklung, S. 230f; Terhalle, Gilden, S. 27; Schulze, Entwicklung, S. 173, 175, 180–188, 192ff; Schultz, Landhandwerk, S. 24–27, 30ff, 36–39, 42, 44f, 55, 60; Kaufhold, Handwerk, S. 150, 185, 190f; Sczesny, Von Handwerkern, S. 151f; Steinkamp, Stadt- und Landhandwerk, S. 43, 46, 58f, 87ff; Bräuer, Handwerk im alten Chemnitz, S. 31; Duclaud, Zünfte, S. 60–65; Ehrenburg, Fischer, S. 15, 30; Schöne, Bandweberei, S. 176f; Voigt, Handwerk, S. 42f; Schmoller, Tucher- und Weberzunft, S. 522.

318 Reith, Arbeits- und Lebensweise, S. 247.

319 Skalweit, Dorfhandwerk, S. 53.

320 Skalweit, Dorfhandwerk, S. 54.

lässt sie nicht zu. In dieser Tabelle werden die Quoten der ländlichen an der gesamten Handwerkerbevölkerung in verschiedenen preußischen Regionen gegen 1800 einander gegenübergestellt. Sie lagen zwischen 33,6% in der Kurmark und 78,1% in Lingen/Tecklenburg. Ostfriesland hatte eine Quote von 63,5%, Minden/Ravensberg 71,2% und das am weitesten westlich liegende Kleve 44,0%. Eine niedrige Quote (zwischen 21,0% und 32,7%) hatten Bäcker, Barbiere, Böttcher, Drechsler, Färber, Schuhmacher und -flicker sowie Tischler, eine mittlere Schneider (47,8%) und Maurer (52,1%), eine hohe (zwischen 62,9% und 80,9%) Leinweber, Müller, Schmiede, Stell- und Radmacher sowie Zimmerleute. Noch komplizierter wird die Analyse des Datenmaterials, wenn man die Variablen Region und Beruf gemeinsam betrachtet. Während Drechsler in der Neumark nur in der Stadt vorkamen, gab es sie in Schlesien fast ausschließlich auf dem Land, in Kleve zu drei Vierteln in der Stadt, in Minden/Ravensberg zu drei Vierteln auf dem Land. Die Interpretation der Skalweitschen Daten ist also mit äußerster Vorsicht vorzunehmen, um nicht zu unzulässigen Verallgemeinerungen zu kommen.

Die neuere Forschung ist von einer flächendeckenden Untersuchung des Themas – trotz einiger guter Ansätze – weit entfernt. Die Städte waren gegen 1800 nach wie vor im Verhältnis zur Gesamtbevölkerung gewerbereicher als das Land, der Unterschied war aber in vielen Gegenden nur mehr geringfügig. Inzwischen gab es sogar Gebiete, in denen mehr Handwerker auf dem Land als in Städten tätig waren. Die Arbeitsteilung zwischen Stadt und Land bezog sich gegen 1800 weniger auf die Gewerbedichte als auf die Gewerbestruktur. Als wichtigster Faktor, der das Landhandwerk förderte, scheint sich das Exportgewerbe herauszuschälen, gefolgt von Einflüssen der Agrarverfassung, die in Bayern und Teilen Frankens viel und im Gebiet der ostelbischen Gutsherrschaft außer Schlesien und der Oberlausitz wenig Landhandwerk hervorrief.[321] Falls sich dieser Eindruck bestätigen lässt, war der negative Effekt des Landhandwerks auf die städtischen Zünfte kleiner als die zahllosen Beschwerden der Zünfte Glauben machen wollten. Kein Fall ist bekannt, bei dem sich eine städtische Zunft auflösen musste, weil die ländliche Konkurrenz zu stark gewesen wäre. Das Landhandwerk scheint den langfristigen Zuwachs der Gewerbetätigkeit abgeschöpft, die städtischen Zünfte aber nicht in ihrer Existenz bedroht zu haben. Bedeutender als die wirtschaftlichen waren die politischen Folgen der Entwicklung.

Die Territorialstaaten trugen dazu bei, das Wachstum des Landhandwerks zu verlangsamen und die Zünfte zu schützen. Die Auseinandersetzungen zwischen Stadt- und Landhandwerk waren eine gute Gelegenheit für die Regierungen, neben den städtischen Obrigkeiten und dem Landadel oder an ihrer Stelle im Zunftwesen zu intervenieren und ihren Einfluss auf die Bevölkerung auf Kosten der Landstände zu erhöhen. Sie vertraten die hergebrachte Stadt-Land-Arbeitsteilung,

321 Emig, Berufserziehung, S. 72; Habicht, Stadt- und Landhandwerk, S. 100–106; Reininghaus, Gewerbe, S. 70; Reith, Zünfte, S. 76; Kaufhold, Umfang, S. 51ff, 56; Schultz, Handwerk und Zünfte, S. 206, 208f; Handbuch Wirtschaftsgeschichte, S. 579; Anegg, Gewerbestruktur, S. 28–31; Schultz, Landhandwerk, S. 34, 48, 51; Trautmann, Entwicklung, S. 400; Bischoff, Zunft- und Handwerkssiegel, S. 130; Fromm, Studien, S. 43f; Aubin/Kunze, Leinenerzeugung, S. 16f; Habicht, Stadt- und Landhandwerk, S. 176; Stieglitz, Zünfte, S. 18f.

weil sie ihnen „natürlich" schien und die Städte eine ihrer wichtigsten Steuerquellen waren. Selbst da, wo es kaum Städte gab, stärkten Landesherren die wenigen urbanen Ansätze zu Lasten der ländlichen Entwicklung. Die Zahl der Handwerker je Dorf oder die ihrer Mitarbeiter wurden beschränkt, der Betrieb eines Handwerks auf dem Land wurde von einer Konzession abhängig gemacht, die Lieferung in die Stadt oder das gesamte Landhandwerk verboten oder nur für bestimmte Berufe – zur Selbstversorgung der Landbevölkerung oder zum Export – freigegeben.

Im 18. Jahrhundert nahmen die Regierungen die Angelegenheiten ihrer ländlichen Untertanen wichtiger, weil sie sich bemühten, den modernen Flächenstaat konsequent zu realisieren, der jeden Untertanen gleichermaßen in das Staatswesen einbezieht, unabhängig davon, wo er wohnt. Das Landhandwerk hatte inzwischen einen Umfang erreicht, der nicht mehr zu übersehen war; wo es für den Export arbeitete, unterstützte es die merkantilistischen Bestrebungen der Regierungen, das Geld im Territorium zu halten. Der Landesherr war in vielen Territorien der bedeutendste Grund- oder Gutsherr, hatte also wie der Landadel ein Interesse an den Abgaben, die ihm in dieser Eigenschaft vom Landhandwerk zuflossen.

Auf der einen Seite sollte das Land gestärkt, auf der anderen sollten die Städte nicht geschwächt werden, so dass die Politik wechselhaft blieb. In Schaumburg-Lippe gab es 1731 Gewerbe, deren Ausübung auf dem Land verboten war (Bäcker, Schlosser, Nagelschmiede). Andere durften mit Zustimmung einer Stadtzunft auf dem Land ausgeübt werden (Schlachter, Schuster, Tischler), wieder andere waren nur zünftig möglich (Grobschmiede, Leinweber als Lohnhandwerker). Nicht zuletzt gab es zunftfreie Landhandwerke (Schneider, Leinweber als Preishandwerker). Eine grundlegende Änderung der Verhältnisse führte erst die schrittweise Einführung der Gewerbefreiheit im Verlaufe des 19. Jahrhunderts herbei, welche die Niederlassungsfreiheit beinhaltete.[322]

Die städtischen Zünfte schrieen Zeter und Mordio gegen ihre ländlichen Kollegen, weil sie ihre Erwerbschancen in Gefahr sahen. Insgesamt jedoch wurde das Landhandwerk zu einer beeindruckenden Erfolgsgeschichte des Zunftwesens. Ohne ländliche Zünfte wären die Zahl und politische Relevanz der Zünfte erheblich geringer ausgefallen, auch wenn in den Exportgewerben Verlagsbeziehungen das Zunftwesen bedrängten. Das für die Stadt entwickelte Prinzip wurde bereits 1306 auf die „villa" Burscheid nordöstlich Kölns übertragen, die erst ein Menschenalter später zur Stadt erhoben wurde. Sobald im 16. Jahrhundert das Landhandwerk fast überall im deutschsprachigen Raum einen organisationsfähigen Stand erreicht hatte, wurden Landzünfte und Land-Stadt-Zünfte allgemein. Territorien ohne große urbane Zentren nahmen oftmals erst jetzt am Zunftwesen teil.

322 Dubler, Handwerk, S. 152ff, 158; Kaufhold, Umfang, S. 50; Ziekow, Freiheit, S. 249, 277f, 280; Bräuer, Handwerk im alten Chemnitz, S. 13, 31; Ortloff, Recht, S. 9f; Brohm, Handwerkspolitik, S. 332; Ziegler, Zunftwesen, S. 5f, 16; Bessenrodt, Handwerk, S. 29; Puschner, Handwerk, S. 63, 65, 161f; Ziekow, Freiheit, S. 279; Deter, Rechtsgeschichte, S. 105–126; Aul, Entwicklung, S. 25f; Gutzwiller, Zünfte, S. 28f; Schultz, Landhandwerk, S. 115, 121, 125; Reith, Zünfte, S. 47ff; Duclaud, Zünfte, S. 119; Stieglitz, Zünfte, S. 17; Jahn, Gewerbepolitik, S. 112–117; Steinkamp, Stadt- und Landhandwerk, S. 15; Skalweit, Dorfhandwerk, S. 11ff, 41–50; Reininghaus, Gewerbe, S. 68f.

Ihnen wäre es schwer gefallen, Zünfte zu etablieren, wenn sie sich auf die klassischen Ein-Stadt-Zünfte beschränkt hätten. Die Landmeister verbesserten mit der Integration in das Zunftsystem die „Passierlichkeit" ihrer Mitarbeiter und ihren Zugang zu städtischen Märkten. Stadtzünfte, die einsahen, dass man das Landhandwerk nicht beseitigen konnte, arrangierten sich mit den Verhältnissen und plädierten für den Anschluss der Landhandwerker an die Stadtzunft, so dass sie sie wenigstens unter Kontrolle bekamen, ihre Abgaben erhielten und sie zwangen, die städtische Akzise zu zahlen.[323]

Im Schaumburg-Lipper Amt Stadthagen hatten Landschuster der städtischen Schusterzunft Abfindungen zu zahlen, um ihr Gewerbe außerhalb der Zunft ausüben zu können; diese schwankten in der Höhe sehr stark. Die Zunft war an der Mitgliedschaft der Landschuster nicht interessiert, weil sie dann die Abfindungen verloren hätte und die Landschuster Lehrlinge und Gesellen hätten halten können. Außerdem wäre durch das in der Zunft geforderte Meisterstück das fachliche Niveau der Landschuster gestiegen.[324] Im Amt Hagenburg wurden die Landschuster in die Zunft des Hauptortes Steinhude aufgenommen. „Der Grund für dieses unterschiedliche Verhalten der Steinhuder Schuster wird darin zu suchen sein, dass zwischen den Schustern Steinhudes, das als Flecken noch stark dörflichen Charakter aufwies, und denen der umliegenden Dörfer sich kein Gegensatz herausgebildet hatte, zumal sämtliche Schuster des Amtes Hagenburg sich bis zur Erteilung des ersten Privilegiums gemeinsam gegen die Stadthagener Schusterzunft wehren mußten."[325]

Für das Landhandwerk wurden neue Zunftformen entwickelt. Lieber als instabile Mischzünfte aus mehreren Berufen zu bilden, verband man sich mit Angehörigen desselben Gewerbes, die auswärts wohnten, ohne dass dadurch stabilere Verhältnisse entstanden wären. Mehrere Modelle kamen zur Anwendung: Einzelne Auswärtige wurden einer städtischen Zunft als externe Mitglieder angeschlossen, die Gewerbetreibenden mehrerer kleiner oder mittlerer Städte vereinigten sich zu einer Zunft, oder Stadt und Umland wurden in einer Gebietszunft zusammengeschlossen, wobei vielleicht besondere Regeln für die beiden „Abteilungen" der Zunft galten. Daneben gab es regionale Landzünfte ohne städtische Beteiligung und territoriumsweite „Landeszünfte", die von Regierungen unterstützt wurden, um das Zunftwesen zu vereinheitlichen, besser zu kontrollieren und vom „Ausland" unabhängig zu machen. Je nachdem, wie dicht die Verteilung der Handwerker eines Gewerbes in einer Region war und was die Regierung gerade bevorzugte, bediente man sich von der Modellpalette.

Auf dem Land waren die Anforderungen an die Meister vielfach geringer als in der Stadt, was sich in den Bedingungen für Meisterstücke niederschlug, ein Grund mehr, warum Stadtmeister ihre „bäurischen" Kollegen verachteten. Ein

323 Schultz, Landhandwerk, S. 28, 109, 118f; Hähnsen, Geschichte, S. 109; Schultz, Handwerk und Zünfte, S. 210f; Bräuer, Gesellen, S. 70f; Canzler, Zünfte, S. 124f; Ehrenburg, Gewerbefreiheit, S. 31; Mordstein, Handwerksordnungen, S. 159ff; Keller, Kleinstadt, S. 87f; Reininghaus, Gewerbe- und Zunftpolitik, S. 117f; Sczesny, Von Handwerkern, S. 147–150; Johanni, Zünfte, S. 27; Klein, Aussenseiterpolitik, S. 25; Decker, Bürger, S. 36.

324 Steinkamp, Stadt- und Landhandwerk, S. 17.

325 Steinkamp, Stadt- und Landhandwerk, S. 19.

Lüneburger Münzmeister äußerte 1582, „es seien ihm etliche Male in Lüneburg verarbeitetes Silber vorgekommen, das wohl so schlecht und gering im Feingehalt gewesen sei, ‚als wäre es in einem Landstädtlein oder zu Ottensen und Altona [Hamburg benachbarten Landgemeinden] gemacht'." Landhandwerker, die nebenher eine Landwirtschaft betrieben, wurden häufiger von der Wanderpflicht befreit. Auf eine zentrale Warenschau musste oft verzichtet werden, weil es zu umständlich gewesen wäre, sie zu beschicken. Die weiten Entfernungen bereiteten der Zunftverwaltung Schwierigkeiten. Versammlungen fanden daher seltener als in den Städten statt. Wurde ein Vorort bestimmt, an dem sich dauerhaft die Verwaltung befand, fühlten sich die Meister aus anderen Orten schnell benachteiligt. Gemeinsame Aktivitäten geselligen, religiösen, kommunalen oder festlichen Charakters entfielen meist, Landzünfte waren wirtschaftliche Einheiten in reinerer Ausprägung als ihre städtischen Vettern. Folgerichtig war der Zusammenhalt in Landzünften noch geringer als in städtischen. Während städtische Zünfte politischen Einfluss generieren konnten, blieben Landzünfte immer am Gängelband der Landesherren. Hätten diese nicht so rigoros eingegriffen, hätte kaum eine kombinierte Stadt-Land-Zunft länger als einige Jahre überlebt.[326]

Im Coburger Land beschwerten sich einige Wagner 1615 beim Herzog über die Konkurrenz von Störern vom Lande. Statt – wie es die Handwerker vielleicht erwartet hatten – gegen das Landhandwerk vorzugehen, sorgte der Herzog dafür, dass 1618 eine Gebietszunft gegründet wurde, der alle Wagner und Pflugmacher des Herzogtums angehörten. Diese musste er gegen den Widerstand von Teilen der Wagner durchsetzen, welche die weiten Wege zu den Versammlungen in der Hauptstadt Coburg, die Kosten der Zunft, Nachteile für Kunden, die Abwanderung von Kunden und Konkurrenznachteile der Land- zugunsten der Coburger Stadtwagner fürchteten. Tatsächlich kam es unmittelbar nach der Gründung der Zunft zur Erhöhung der Preise.[327] Seit der Mitte des 17. Jahrhunderts spalteten sich von der Landeszunft mehrere regionale Zünfte ab: „Die Aufsplitterung der einst großen Zunft in mehrere kleine entsprach offensichtlich einer allgemeinen Tendenz; man wird darin auch das Bedürfnis der Landhandwerker sehen müssen, sich von den Stadthandwerkern und von der damit wahrscheinlich verbundenen Bevormundung zu lösen."[328] Im Jahr 1802 wünschten die Rodacher Meister die Trennung von der Gebietszunft, weil es ihnen zu umständlich war, jedes Jahr zur Versammlung nach Coburg zu reisen.[329] „Gewerbegeschichtlich bedeutsam war folgende Umfrage: 1830 sollte der Zunftzwang zwischen Stadt und Land aufgehoben werden, Landmeister sollten also künftig auch für die Stadt und Stadtmeis-

326 Ehrenburg, Gewerbefreiheit, S. 11 (Zitat); Keller, Kleinstadt, S. 78; Trautmann, Entwicklung, S. 327ff; Schultz, Landhandwerk, S. 28, 128; Flemming, Innungen, S. 138, 142f; Dubler, Handwerk, S. 185f, 413f; Hähnsen, Geschichte, S. 111ff, 117f, 128ff; Reininghaus, Gewerbe, S. 72; Stieglitz, Zünfte, S. 37f; Schlenkrich/Bräuer, Armut, S. 103; Elkar, Schreiner, S. 38; Irle, Landesherr, S. 41; Johanni, Zünfte, S. 28; Klein, Aussenseiterpolitik, S. 26f; Schichtel, Recht, S. 209, 214f; Deter, Rechtsgeschichte, S. 52; Decker, Bürger, S. 36; Jahn, Gewerbepolitik, S. 133–137; Reininghaus, Stadt, S. 9.

327 Beck, Wagnerhandwerk, S. 1–13.

328 Beck, Wagnerhandwerk, S. 14.

329 Beck, Wagnerhandwerk, S. 15.

ter fürs Land arbeiten dürfen; dieser Plan stieß bei den 36 befragten Handwerkern auf einhellige Ablehnung. Und 1838 wurde von der Landesregierung eine Umfrage durchgeführt, bei der es in Anlehnung an den Plan von 1830 darum ging, zu ermitteln, welche städtischen Gewerbe für das Land arbeiteten. Schließlich kam es zur Verordnung von 1841, die zwar nicht die Zunftgrenze zwischen Coburg und dem Land, aber immerhin die Grenze zwischen den Zünften auf dem Land aufhob; es waren also die Landwagner nicht mehr auf ihr jeweiliges Amt beschränkt, sondern konnten jetzt theoretisch im ganzen Herzogtum arbeiten, von Coburg natürlich abgesehen."[330]

2.4. SYSTEMBILDUNG

Damit aus einer wachsenden Anzahl verstreuter Zünfte ein einheitliches Zunftwesen werden konnte, brauchte es integrierende Kräfte. Was die Zunftwelt zusammenhielt, wird in diesem Kapitel gefragt.

2.4.1. Zunft- und Gesellenbünde

Die Integration der Zünfte erfolgte zunächst im regionalen Kontext. Zünfte eines Gewerbes aus mehreren Städten einer Region trafen Verabredungen, die als Zunftbünde bezeichnet werden.[331] Vorbilder der Zunftbünde waren Landfriedenseinungen des Adels und die regionale Zusammenarbeit von Städten, die sich gegenseitig als Schiedsrichter bei inneren Streitigkeiten anerkannten, militärische Bündnisse und Rechtshilfeabkommen, Landfriedenseinungen und Münzverträge schlossen oder sich vereinigten, um ihre Interessen gegen die Territorialherren wirksamer geltend zu machen. Städtebünde entstanden seit der Mitte des 12. Jahrhunderts. In vielen Regionen rückten die Städte im Spätmittelalter enger aneinander. Aus der Kaufmannshanse erwuchs im 14. Jahrhundert die norddeutsche Städtehanse. In der Oberlausitz schlossen sich 1340 sechs Städte gegen den Niederadel zusammen. Reichsstädte und Reichsritter Südwestdeutschlands vereinigten sich in der zweiten Hälfte des 14. Jahrhunderts zu großen Verbänden.[332]

Teils mit Unterstützung der Städte, teils gegen sie schlossen sich seit dem 14. Jahrhundert – zuerst nachweisbar im Jahr 1321 – Zünfte einer Region zusammen.[333] Zunftbünde wurden verabredet, sobald das Zunftwesen in Städten flächendeckend verbreitet war und regionaler Handel und Gesellenwandern Druck ausübten, gemeinsame Regelungen zu treffen. Vor allem Gewerbe, die zwar in vielen Städten vorhanden, aber in jeder einzelnen nur schwach besetzt waren, ten-

330 Beck, Wagnerhandwerk, S. 16.

331 Anders Frank Göttmann, der alle Verabredungen von Handwerkern und Zünften, die über die Grenzen eines Territoriums hinausgingen, als Handwerkerbünde bezeichnete, einschließlich überterritorialer Zünfte. (Vgl. Göttmann, Handwerk, S. 1, 159.)

332 Ennen, Die europäische Stadt, S. 180f, 199f; Mascher, Gewerbewesen, S. 125; Göttmann, Handwerk, S. 15f.

333 Göttmann, Handwerk, S. 168ff; Wissell, Recht II, S. 76.

dierten zum Zusammenschluss mit auswärtigen Kollegen, um ihre Interessen besser durchsetzen zu können.[334]

Die Gebiete der Zunftbünde deckten sich oft mit denen der Städtebünde. Das Elsass, Ober- und Mittelrhein, Bayern, Sachsen, Schlesien mit der Lausitz und Mähren, der Hanseraum, Ostpreußen, die deutschsprachige Schweiz und die österreichischen Länder waren vom 14. bis zum 18. Jahrhundert Schwerpunkte von Zunftbünden, während der Niederrhein und Westfalen unter Kölner Dominanz, die spät urbanisierten und früh straff von ihren Landesherren geführten Gebiete in Thüringen und Oberfranken sowie städtearme Gebiete Ostdeutschlands (Brandenburg, Mecklenburg, Pommern) keine Zunftbünde kannten. Aus sporadischen Treffen von Berufskollegen anlässlich von Messen und Jahrmärkten erwuchsen Verträge, die über Jahrhunderte immer wieder erneuert wurden. Territorialstaaten der Frühen Neuzeit bekämpften Zunftbünde, weil diese eine Gegenmacht darstellten und sich nicht an die Grenzen der Territorien hielten. Ihrem Einfluss ist es zuzuschreiben, dass Zahl und Reichweite der Zunftbünde seit dem 17. Jahrhundert abnahmen. Zwischen Zunftbünden und Landeszünften kam es zu fließenden Übergängen.[335]

Die Absprachen der Zunftbünde umfassten Probleme der Ökonomie, während man sich nur ausnahmsweise mit religiösen Fragen (Gottesdienstbesuch) oder dem sozialen Status (Kleiderordnungen) beschäftigte. Am häufigsten wurden Gesellenangelegenheiten geregelt wie Löhne, Beköstigung und Unterbringung, Arbeitszeiten, Feiertage, Sitte und Kleidung. Auch Bestimmungen über das Lehrlingswesen waren häufig. Hier verhielten sich die Zunftbünde wie Arbeitgebervereinigungen. Des Weiteren wurden Abmachungen über die Zulassung zur Meisterschaft getroffen. Einen großen Stellenwert besaßen Marktvereinbarungen wie die Verteilung von Marktgebieten oder die Beteiligung an Messen. Der Rohstoffeinkauf, Qualitätsvorschriften, die Abgrenzung der Gewerbe voneinander und der Kampf gegen Störer und das Landhandwerk waren andere Themen, welche in Zunftbünden häufig angesprochen wurden. Den Beteiligten ging es um verlässliche und transparente Marktbedingungen und die Verminderung der Konkurrenz, typische Handlungsfelder von Kartellen. Schließlich enthielten die Bundesbriefe Versprechungen zur gegenseitigen Hilfe in Notfällen.[336]

Die Zunftbünde erreichten „die regionale Vereinheitlichung handwerklicher Bräuche und Rechtsgewohnheiten oder doch wenigstens die Schaffung und allgemeine Anerkennung von Mindestnormen, deren Erfüllung redliche Handwerkstätigkeit sowie redlichen und ehrlichen Status des Handwerkers ausmachte."[337] Die oberrheinische „Knechteordnung" von 1436 gewann mit geringfügigen Varia-

334 Göttmann, Handwerk, S. 190, 237.

335 Wissell, Recht II, S. 59–74; Loesch, Zunfturkunden I, S. 98*; Dubler, Handwerk, S. 95–99; Dollinger, Hanse, S. 182f; Reininghaus, Handwerk und Zünfte in Westfalen, S. 280; Hartmann, Geschichte, S. 50, 69; Breuer, Wesen, S. 51f; Göttmann, Bäckerzunft, S. 12; Schmidt, Zunfturkunden I, S. 15*f; Schmoller, Tucher- und Weberzunft, S. 414; Thikötter, Zünfte, S. 35; Schulze, Handwerkerorganisation, S. 50; Flemming, Innungen, S. 69, 85, 227, 230; Göttmann, Handwerk, S. 3f, 7, 17; Werner, Geschichte, S. 51; Maurer, Zunft, S. 134.

336 Dieling, Zunftrecht, S. 57; Maurer, Zunft, S. 133; 39; Gatz, Handwerk, S. 62

337 Göttmann, Handwerk, S. 236.

tionen Gültigkeit von der Nordschweiz bis Koblenz.[338]

Zu Beginn des 15. Jahrhunderts ahmten die Gesellen die Bündnisse ihrer Meister nach, um sich gegen deren Forderungen zu wehren. Im Jahr 1407 kam es am Oberrhein zu einer Konfrontation zwischen Meistern und Obrigkeiten auf der einen und Gesellen auf der anderen Seite. „Es war ein Ausstand sämtlicher Schuhmachergesellen geplant. Der entscheidende Schlag gegen die Meister sollte auf einer Maiversammlung, dem großen ‚Maien' zu Rufach geführt werden. Es wurden mehr als 4000 Knechte erwartet, die dort Vereinbarungen treffen wollten. Die Städte beriefen einen Städtetag nach Schlettstadt ein und bemühten König und Fürsten, um diesen Schaden von ‚dem gemeinen Lande' abzuwenden. ... Beabsichtigt war eine große Kundgebung, vielleicht um einen höheren Lohn und bessere Arbeitsbedingungen zu fordern – wir wissen es nicht genau. Aber sicher war es nicht nur dies. Es sollte auch den Meistern die Macht der zusammengeschlossenen Knechte eindringlich vor Augen gestellt werden, was ihnen auch gelungen ist."[339] Die Rufacher Versammlung kam nicht zustande, sie wurde frühzeitig von den Obrigkeiten unterdrückt. Erfolgreicher waren die Schuhmachergesellen des Bodensees und der Nordschweiz, welche 1421 ein „Königreich" bildeten. Sie brachten es auf zwei Streiks in den Jahren 1421 und 1424, bis auch diese Vereinigung von den Obrigkeiten aufgelöst wurde.[340] In Straßburg vereinbarten oberrheinische Reichsstädte, denen sich Schweizer Städte anschlossen, im Jahr 1436, in Zukunft gemeinsam gegen alle Gesellenbünde vorzugehen.[341] Das war das Ende der kurzlebigen regionalen Gewerkschaftsbewegung der Zunftgesellen. Von diesem Zeitpunkt an wurden sie auf lokale Streikaktionen und die stadtübergreifenden Methoden der Hauptladen und Verrufe verwiesen, wenn sie sich gegen die Meister behaupten wollten.

2.4.2. Überterritoriale Zünfte

Ein Problem des Zunftwesens war die Einbeziehung von Gewerben mit ambulantem Verkauf. Dazu zählten Kupferschmiede (Kessler), Kesselflicker, Töpfer und Krämer, die ihre Waren auf Jahrmärkten und im Hausierhandel anboten. Diese vereinigten sich seit dem 14. Jahrhundert zu Gebietszünften, welche über territoriale Grenzen hinauswuchsen. Vor allem in Südwestdeutschland und der Deutschschweiz, wo kleine Herrschaften aneinander stießen, kam es zu überterritorialen Zünften.[342] Die Kessler organisierten sich in einem guten Dutzend „Kesslerkreisen", die unter dem Schutz des Kaisers standen, dessen Befugnisse von einem adeligen Schirmherrn wahrgenommen wurden. Analog den Reichsstädten und -dörfern handelte es sich gewissermaßen um „Reichszünfte". In der Schweiz er-

338 Schulz, Handwerksgesellen, S. 89.
339 Roth, Zunftherrlichkeit, S. 82; vgl. Schulz, Stellung, S. 316f; Schulz, Handwerksgesellen, S. 74f.
340 Dubler, Handwerk, S. 101ff.
341 Dubler, Handwerk, S. 104.
342 Rippmann, Frauen, S. 133; Ziegler, Zunftwesen, S. 6f; Krumbholtz, Gewerbe, S. 220*.

hielten die Kesslerkreise zwar nie den Status eines Reichslehens, orientierten sich aber in ihrem Gebaren an den südwestdeutschen Vorreitern; ohne kaiserliche Protektion fielen sie schon nach kurzem Bestehen den Territorialisierungsbemühungen der Stadtstaaten zum Opfer. In der Burggrafschaft Nürnberg und der Landgrafschaft Hessen gab es Kesslerkreise auf Landesebene.[343]

Am Oberrhein bestand seit 1419 nach dem Vorbild der Kessler eine Organisation der Töpfer (Hafner), die 1435 offiziell zur Zunft wurde. Während des 15. Jahrhunderts wuchs der Einzugsbereich der Zunft so sehr, dass sie in zwei Regionen gegliedert werden musste, die an unterschiedlichen Orten ihre Jahrestage abhielten. Seit dem 16. Jahrhundert spalteten sich Randbereiche von der Zunft ab. Am Ende des 17. Jahrhunderts wurde das Elsass zur französischen Provinz; trotzdem blieben die dortigen Hafner Mitglied der deutschen Zunft. Zu Beginn des 18. Jahrhunderts verließen wichtige Landesherrschaften und Städte die Zunft in dem Bestreben, ihr Zunftwesen nicht mehr jenseits ihrer Grenzen regeln zu lassen, worauf die Zunft 1732 aufgelöst werden musste.[344]

Eine andere Möglichkeit der überterritorialen Zunftorganisation war ein gestuftes System aus Haupt- und Nebenladen. Erfinder dieser Organisationsform waren die Steinmetze. Sie übten ihr Handwerk im Mittelalter zumeist im Umherziehen aus, wanderten von Großbaustelle zu Großbaustelle und wünschten dabei einheitliche Arbeitsbedingungen. Die Steinmetze des deutschsprachigen Raumes trafen sich 1459 in Regensburg und beschlossen, sich fortan in vier Haupthütten in Straßburg, Köln, Wien und Bern zu organisieren. Die Haupthütten wurden in Oberhütten (auch „Hauptbüchsen“ oder „-laden“) unterteilt. Die Ordnung von 1459 regte zur Bildung regionaler Zünfte an, die sich aufsplitterten, als die Zahl der Steinmetze zunahm und diese überwiegend ortsfest wurden. Die „Viertelladen“ (Orts- oder Regionalverbände) regelten ihre Angelegenheiten selbstständig; die Hauptladen bzw. -hütten beschränkten sich gewöhnlich darauf, wichtige Veränderungen zu entscheiden.[345]

Andere Handwerke kopierten das System der Steinmetze, weil es auch kleinen und verstreuten Handwerken die Anbindung an das Zunftwesen ermöglichte und die Geschlossenheit des Zunftwesens verbürgte. Landhandwerker konnten so in das städtische Zunftwesen unter Führung der Städte eingebunden werden. Die Unterscheidung zu Gebietszünften verschwamm bisweilen. Die Meister der Hamburger Kannegießerzunft schlossen mit ihren Kollegen in kleineren Orten der Umgebung und in norwegischen Städten Verträge, wonach diese nach Hamburger Vorbild arbeiten und nicht mehr Jahrmärkte als die Hamburger Handwerker besuchen durften. Die Marken der Meister wurden im Hamburger Zunftbuch eingetragen. Der Reichsabschied von 1731 verbot Haupt- und Nebenladen, da er die Autonomie des Zunftwesens zu eliminieren suchte. Die Landesherren bekämpften sie, sofern die Hauptlade nicht in ihrem Territorium lag, weil ihre Zünfte in diesem Fall „ausländischem“ Einfluss offen standen: Ausländer sprachen Recht über

343 Wissell, Recht II, S. 82–123; Johanni, Zünfte, S. 32f; Salow, Zunftwesen, S. 49; Bischoff, Zunft- und Handwerkssiegel, S. 129; Dubler, Handwerk, S. 86f, 94.
344 Eules, hafner gesellen, S. 19ff, 26, 29, 43, 76f, 87ff, 293.
345 Moser, Steinmetz- und Maurerzunft, S. 16, 18–24, 48, 51; Ziegler, Zunftwesen, S. 6f.

die eigenen Landeskinder und zogen Abgaben aus dem Land. In Tirol wurden in der Mitte des 18. Jahrhunderts selbstständige Schuhmacherzünfte zu Viertelladen degradiert, die der Hauptlade in Innsbruck unterstanden. Auf diese Weise wollte die Regierung ein leicht steuerbares einheitliches Landeszunftwesen schaffen in der Gestalt einer gestuften Landeszunft.[346]

2.4.3. Überregionale Berührungen

Während Zunft- und Gesellenbünde und überterritoriale Gebietszünfte einen regionalen Rahmen nicht verließen, machten sich bereits im Spätmittelalter überregional vereinheitlichende Bestrebungen bemerkbar, welche aus einer Anzahl Zünften ein deutsches und internationales Zunftsystem werden ließen. Von den internationalen Haupt- und Nebenladen seit 1459 war bereits die Rede. Ein anderer Faktor war das Gesellenwandern, das schon in seiner Entstehungsphase einen internationalen Austausch der Handwerker herbeiführte. Gesellenschaften legten Wert darauf, alle Gesellen ihrem Regelwerk zu unterwerfen; mit Hilfe mündlicher und schriftlicher Korrespondenz, insbesondere der Praxis der Verrufe, gelang es ihnen, ihre Vorstellungen durchzusetzen.[347] Unter den Gesellenschaften bildeten sich Strukturen heraus, die Hauptladen ähnelten. Gegen 1700 gab es im Reich vier privilegierte Gesellenschaften der Messerschmiede in Heidelberg, München, Wien und Basel, die alle Streitigkeiten zwischen Gesellenverbänden dieses Handwerks entschieden. Bei den Tischlern waren es Gesellenschaften in Hannover, Hamburg und Kopenhagen.[348] „Im 16. und 17. Jahrhundert war dann ganz Deutschland mit einem dichten Netze interterritorialer Gesellenverbände überspannt."[349] Ebenfalls eine große Bedeutung für die Vereinheitlichung des Zunftwesens hatte die Übernahme von Zunftstatuten durch Neugründungen. Keine Zentrale steuerte den Prozess, und doch sind Muster erkennbar. Natürlich bediente man sich zur Gründung einer Zunft gern der Vorbilder in der eigenen Stadt, doch in einem überraschend großen Umfang orientierte man sich an auswärtigen Modellen.[350]

Das Konzept der Stadtrechtsfamilien ist in der historischen Städteforschung seit langem eingeführt. „Die intensiv entfalteten Stadtrechte der großen Wirtschaftsmetropolen wurden Vorbilder für zahlreiche Tochterstädte. Über Köln und seine Stadtrechtsfamilien wissen wir schon aus dem 11. J[ahr]h[undert] eingehend Bescheid. Neben Soest, Freiburg und Lübeck war auch noch Hamburg zur Kölner Stadtrechtsfamilie gehörig. Von Soest gingen wieder Lippstadt und Hamm, von Freiburg viele oberrheinische und Schweizer Stadtrechte aus, von Lübeck die

346 Rüdiger, Zunftrollen, S. XXX; Schmoller, Tucher- und Weberzunft, S. 539; Fischer, Volk, S. 49; Moser, Steinmetz- und Maurerzunft, S. 34; Otruba/Sagoschen, Gerberzünfte, S. 24, 26; Aul, Entwicklung, S. 11f; Hopfgartner, Geschichte, S. 53; Hopp, Zunft, S. 21.

347 Vgl. Kapitel 3.2.2.

348 Zerwas, Arbeit, S. 35.

349 Jahn, Gewerbepolitik, S. 42.

350 Vgl. Johanni, Zünfte, S. 66; Kreutzberger, Gewerberecht, S. 7; Hähnsen, Geschichte, S. 118; Lentze, Nürnbergs Gewerbeverfassung im Mittelalter, S. 232.

meisten mecklenburgischen, pommerschen und preußischen Städte. Eine andere selbständige Stadtrechtsgruppe war die von Magdeburg, dessen Rechtsordnung in die Kulmer Handfeste von 1233, nach Stettin 1243, Posen 1253, Krakau 1257 usw. überging. Das Recht von Speyer pflanzte sich fort auf Annweiler und Heilbronn, das von Dortmund auf Wesel, das von Halberstadt auf Aschersleben usw."[351] Stadtrechtsfamilien spiegelten herrschaftliche und wirtschaftliche Beziehungen. Daher wird verständlich, dass sich das Zunftrecht ähnlich verbreitete. Beliebte Vorbilder waren im Hanseraum Lübeck, in Mitteldeutschland Magdeburg und in Österreich Wien.[352] So wie Oldenburg das Bremer Stadtrecht übernahm, legte es auch das Bremer Zunftrecht zu Grunde.[353]

Die Verbreitung innerhalb der Stadtrechtsfamilien war allerdings nur ein Modell neben anderen. Frankfurt am Main diente zum Vorbild, weil man sich dort auf der Messe traf und organisatorische Anregungen empfing. Oftmals wurden Ordnungen aus dem näheren Umkreis kopiert oder aus maßgebenden Metropolen.[354] Das Beispiel des böhmischen Komotau und seiner Umgebung zeigt, dass nebeneinander mehrere Kriterien die Auswahl der Statuten lenkten: „Entlehnungen von Zunftordnungen finden wir des öfteren: in Komotau: aus Chemnitz für die Leinweber (1460), aus Prag für die Mälzer (1466) und für die Seifensieder (1654), aus Brüx für die Kürschnergesellen (1651), aus Kaaden für die Schuhmacher (1654); in Görkau: aus Brüx für die Fleischer (1509), Schmiede (1511), Schuster (1512) und Mälzer (1602), aus Komotau für die Leinweber (1539) sowie die Schlosser, Büchsenmacher und Tischler (um 1660); in Sonnenberg: aus Preßnitz für die Fleischer (1608), Bäcker (1609) und Schuster (1643). Für Görkau sind noch 2 Anlehnungen an sächsische Städte erwähnt: die Leinweber wurden (1674) mit aller Begnadung begnadet wie das Handwerk zu Dresden und Chemnitz und die Bäcker sollten sich (1578) mit dem Backen nach Magdeburgischer Art und Gewohnheit halten."[355] Meistens nahm man die Vorlagen aus der Umgebung, für die man produzierte, manchmal – vor allem in Exportgewerben – aus großen Städten, die im jeweiligen Gewerbe herausragendes Ansehen genossen. Warum die Görkauer Bäcker gerade Magdeburg zum Vorbild wählten, ist schwer nachvollziehbar; vielleicht wollten sie den guten Ruf Magdeburgs ihrem Geschäft dienstbar machen. Der Zufall mag eine Rolle gespielt haben, als die Kieler Gerber 1724 ihre Ordnung nach der kursächsischen aus dem Jahr 1627 richteten[356] oder als die Sattler in Höxter 1738 der Ordnung von Mühlhausen in Thüringen folgten.[357] Die Statuten der Leinenweberzunft in Essen im Jahr 1593 orientierten sich an zwei Vorbildern: im ersten Teil dem einer unbekannten südwestdeutschen Stadt, im zweiten einer älteren Ordnung der Essener Zunft.[358] In Bremen trafen

351 Planitz, Stadt, S. 342.
352 Wenisch, Zunftordnungen, S. VI; Wissell, Recht II, S. 77–82; Hähnsen, Geschichte, S. 5; Hartmann, Geschichte, S. 25.
353 Hemmen, Zünfte, S. 2, 24.
354 Wissell, Recht II, S. 78–82.
355 Wenisch, Zunftordnungen, S. XI.
356 Hähnsen, Geschichte, S. 127.
357 Reininghaus, Handwerk und Zünfte im Paderborner Land, S. 4.
358 Büscher, Statuten, S. 52.

niederländische und Frankfurter Einflüsse auf Nürnberger beim Zinngewerbe sowie Regensburger und Kölner bei den Tuchmachern.[359] Der autoritäre Kurs des Nürnberger Stadtrates gegenüber seinen Handwerkern nach 1349 inspirierte die Führungskräfte anderer Städte.[360] Einen besonders großen Wert legten die Gesellen auf die Einheitlichkeit der Statuten; für sie war es wichtig, ohne rechtliche Einschränkungen rasch den Aufenthaltsort wechseln zu können. Die Berliner Messerschmiedegesellen beschlossen 1717 ihre Ordnung unter dem Vorbehalt, sie zu ergänzen, falls sie Kenntnis von anderen im Reich üblichen Gesellenartikeln erhalten würden.[361]

Die Übernahme auswärtiger Statuten schloss örtliche Anpassungen nicht aus. In Straßburg, das nicht weit von Freiburg im Breisgau entfernt ist, wurde 1536 eine Schlossergesellenordnung in Kraft gesetzt, „und da die Freiburger Ordnung erst 1544 gemacht wurde, so ist klar, dass der Freiburger Rat sich um Auskunft in dieser Angelegenheit nach Strassburg wendete, von wo aus ihm die dortige Ordnung geschickt wurde. Nach diesem Muster arbeitete man die hiesige aus. Darum stimmen ganze Abschnitte fast wörtlich überein. Die wichtigsten Abweichungen sind durch die verschiedene Grösse der Städte bedingt. Im kleineren Freiburg brauchte man z. B. keine vier, sondern blos zwei Meister, um die Gesellen zu beaufsichtigen u. s. w. Im übrigen aber waren dieselben Gesichtspunkte massgebend, wenn auch die Reihenfolge der einzelnen Bestimmungen geändert ist."[362] Die Kieler Töpfer bedienten sich 1661 einer Vorlage aus Itzehoe, „deren Artikel wörtlich abgeschrieben, mit verändertem Anfang und nur teilweise geändertem Schluß dem Rat als Entwurf eingereicht wurden. Diese Beliebungsartikel berichtigte der Rat zunächst sinngemäß, so daß der Wortlaut auf die Kieler Ortsverhältnisse paßte, und änderte weiter verschiedene Bestimmungen über die Amtsgewinnung."[363] Die Hildesheimer Glaser nahmen sich 1555 gleich drei Städte zum Vorbild, aus deren Ordnungen sie ihre eigene mischten.[364] Im Hanseraum war es Sitte, neuen Zünften die Ordnungen dreier Nachbarstädte zugrunde zu legen.[365]

2.4.4. Regionale Muster

Wohl in keiner größeren Stadt oder Region orientierten sich sämtliche Zünfte bei der Auswahl ihrer Statuten an denselben Vorbildern. Trotzdem wurde in der Zunftgeschichtsschreibung mehrmals der Versuch unternommen, regionale Zunfttypen innerhalb des deutschen Zunftwesens zu definieren.

Georg Fischer schlug 1943 vor, zünftische Brauchtumsgebiete zu kartieren.[366] In einigen Handwerken sind rivalisierende Gruppen zu unterscheiden, die sich

359 Thikötter, Zünfte, S. 15.
360 Lentze, Nürnbergs Gewerbeverfassung des Spätmittelalters, S. 610–618.
361 Schultz, Das ehrbare Handwerk, S. 92.
362 Hartfelder, Zunftordnungen, S. 6.
363 Hähnsen, Geschichte, S. 106f.
364 Hartmann, Geschichte, S. 25.
365 Rüdiger, Zunftrollen, S. VII.
366 Fischer, Volk, S. 118ff.

gegenseitig für unehrlich hielten. „Bei den Rotgerbern bestanden solche Gegensätze zwischen Nord- und Süddeutschen, bei den Böttchern (Faßbindern) zwischen Franken und Österreichern, so daß man sich gegenseitig nur vierzehn Tage lang förderte“,[367] d.h. Gesellen der anderen Gruppe beschäftigte. Der seeländische Reepschläger schlug „Seil und Garn nach links, der oberländische Seiler nach rechts zusammen. Der eine arbeitete ‚auf der Rechten', der andere ‚auf der linken Hand'. Und in ähnlicher Weise waren die Böttcher nach der Richtung, in der der Schlegel beim Schlag geführt wurde, in ein Gebiet des ‚Links herum' und ein Gebiet des ‚Rechts herum' geteilt. Auch bei anderen Handwerken lassen sich gelegentlich solche Verschiedenheiten nachweisen.“[368] Insgesamt jedoch waren die Brauchtumsunterschiede so geringfügig, dass sie nicht ausreichen, um Fischers Konzept wissenschaftlich fruchtbar zu verfolgen. Studiert man Rudolf Wissells Sammlung zum Gesellenbrauchtum, so gewinnt man den Eindruck, dass die Unterschiede zwischen den Handwerken klein und eher ein Artefakt der Überlieferung als wesentliche Merkmale sind.[369] Auf die vereinheitlichenden Kräfte des Gesellenwanderns wurde bereits mehrfach hingewiesen; da aus Gesellen Meister wurden, die wiederum auf auswärtige Gesellen angewiesen waren, stand nicht zu erwarten, dass mit dem Erwerb der Meisterwürde die Rückkehr zu einem Regionalbrauchtum einherging.

Ein anderes Konzept formulierte Wilfried Reininghaus: Angelehnt an Städte- und Gewerbelandschaften postulierte er Zunftlandschaften. Deren „Gleichartigkeiten können z.B. entstanden sein durch:
a) Interaktion der Zünfte, etwa als Handwerkerbünde ...;
b) Filiationen als Übernahme der Normen einer Vorort-Zunft;
c) politische Rahmenbedingungen (z.B. Absprache zwischen zünftig bestimmten Städten als ständischen Verfassungsorganen);
d) gleichartige gewerbliche Strukturen (z.B. die Absprachen zwischen den Drahtzünften im märkischen Sauerland);
e) obrigkeitliche Einwirkungen (z.B. die Gründung von Zünften in den Titular- bzw. Akzisestädten der Grafschaft Ravensberg im 18. Jahrhundert);
f) die Entstehung und Verbreitung von handwerklichen Techniken innerhalb einer Region;
g) kulturelle Praktiken (um das Wort ‚Handwerksbrauch' zu vermeiden).“[370]

Für ein Untersuchungsgebiet, das die Niederlande und Westfalen umfasst, haben Piet Lourens und Jan Lucassen eine regionale Gliederung nach dem Kriterium der Aufnahmebedingungen der Zünfte während des 16. bis 18. Jahrhunderts ermittelt. Sie unterschieden eine westliche Zone mit sehr geringen, eine mittlere Zone mit mittleren und eine östliche mit hohen Anforderungen an die Bewerber.[371] Knut Schulz hielt das Rheinland vom Bodensee bis zum Niederrhein für eine Zunftlandschaft, ohne deren Charakteristika genauer zu beschreiben und von

367 Otruba, Gewerbe, S. 61.
368 Fischer, Volk, S. 118.
369 Vgl. Wissell, Recht I–VI, und Kapitel 5.3.
370 Reininghaus, Zünfte und Regionen, S. 6.
371 Lourens/Lucassen, Zunftlandschaften, S. 32f.

anderen Gebieten abzuheben.[372] Eingehende Untersuchungen über Zunftlandschaften wurden bisher nicht angestellt. Von Zunftlandschaften kann man am ehesten für das 15. und 16. Jahrhundert sprechen; in der Zeit davor war das Zunftwesen zu wenig ausgebildet, danach konterkarierten die Territorialstaaten das Konzept, da sie das Zunftwesen innerhalb eines Territoriums vereinheitlichten, Zunftlandschaften also tendenziell mit den Landesgrenzen zusammenfielen. Das Konzept ist äußerst komplex, da multifaktoriell; die dem Gegenstand angemessene Methode der Cluster-Analyse scheitert daran, dass lücken- und zweifelhafte historische Daten die mathematischen Voraussetzungen komplexer statistischer Verfahren nicht aufweisen. Die oben geschilderten Verbreitungsmechanismen des Zunftwesens durchkreuzten regionale Muster und schwächten sie ab. Ob es jemals gelingen wird, Zunftlandschaften empirisch nachzuweisen, scheint zweifelhaft.

2.5. POLITISCHE KÄMPFE

2.5.1. Die städtische Autonomiebewegung

„Herr, die Not ist groß! Die ich rief, die Geister, werd ich nun nicht los", klagt der Zauberlehrling in Johann Wolfgang von Goethes gleichnamigem Gedicht. Kaum waren die Zunftgeister geweckt, wurden sie zur Plage. Sie solidarisierten sich mit anderen bürgerlichen Gruppen und kämpften für städtische Selbstständigkeit gegen ihre Stadtherren. Jene wandten sich mit Unterstützung des Kaisers gegen alle städtischen Autonomiebestrebungen. Kaiser Friedrich I. Barbarossa verbot auf Betreiben des Erzbischofs 1157 und 1161 die Eidgenossenschaft der Bürger Triers. Ähnlich wurde er gegenüber Goslar aktiv. In der Constitutio pacis von Roncaglia verbot er 1158 Vereinigungen in oberitalienischen Städten, die geeignet waren, deren Unabhängigkeitswünsche voranzutreiben.[373] In Köln versuchte der erzbischöfliche Stadtherr 1216, „durch scharfes Eingreifen zugunsten der Schöffen wieder stärkeren Einfluß auf die Stadtverfassung und die Zünfte zu gewinnen."[374]

Kaiser Friedrich II. untersagte 1219 in Goslar alle städtischen Vereinigungen mit Ausnahme der Münzer-Innungen, die benötigt wurden, um den Geldverkehr zu kontrollieren. Sein Sohn König Heinrich VII. hob das Verbot zwar wenige Jahre danach wieder auf, nahm die Zünfte der Weber und Zimmerleute aber davon aus. Offenbar nahm er an, dass eine ungebrochene Herrschaft der Fernhändler über Goslar eher im Interesse des Kaisertums lag als die Beteiligung von Zünften am Stadtregiment. Friedrich II. setzte das umfassende Verbot von 1219 wieder in Kraft. In das Nürnberger Stadtrecht wurde 1219 ein Verbot von Zusammenschlüssen aufgenommen, in Cambrai 1226 die „commune" verboten. In den Jahren 1231 und 1232 veranlasste der Kaiser abermals Verbote innerstädtischer Zusammenschlüsse. „Communiones", „constitutiones", „colligationes" und „coniurationes"

372 Schulz, Norm, S. 68.
373 Mascher, Gewerbewesen, S. 99; Schewe, Geschichte, S. 61.
374 Luther, Zunftdemokratie, S. 30.

wurden für illegal erklärt. Der Bischof von Worms beschwerte sich 1232 beim Kaiser, die Wormser Zünfte beanspruchten eine eigene Gerichtsbarkeit und missachteten seine Gerichtshoheit. Nach der Intervention des Kaisers wurden 1233 alle Zünfte in Worms aufgehoben mit Ausnahme der Kürschner, die sich wohl obrigkeitstreu verhalten hatten. Während zu Zeiten Barbarossas die Zünfte im Reich nur in Italien eine bemerkenswerte Rolle bei den städtischen Unabhängigkeitsbestrebungen gespielt hatten, begannen sie nach 1200 auch in Deutschland so aktiv in die städtische Politik einzugreifen, dass sie die Aufmerksamkeit des Kaisers erregten. Mit seinen Verboten wollte der Kaiser die Zünfte – deren Notwendigkeit für die städtische Ordnung er akzeptierte – nicht abschaffen, sondern in die Abhängigkeit von ihren Stadtherren zwingen.[375] Wenn es politisch opportun schien, konnte er allerdings auch anders handeln: Im Jahr 1245 stärkte er die Stadt Regensburg gegenüber ihrem Bischof und ließ die 1232 allgemein verbotenen bürgerlichen Verbindungen wieder zu.[376]

Die Landshuter Marktordnung von 1256 verbot alle Vereinigungen.[377] In Worms wurden 1264 die Vereinigungen der Bürger aufgehoben, die sich anlässlich eines Streits um das Ungeld gegen den bischöflichen Stadtherrn gebildet hatten.[378] König Rudolf von Habsburg, der von 1273 bis 1291 regierte, betrieb eine wechselhafte Politik. Als „Manager des Machbaren" drängte er die Zünfte zurück, wo es möglich schien, und erkannte sie an, wo er sie benötigte, um den Frieden in der Stadt und deren Finanzkraft sicherzustellen.[379] Im Colmarer Stadtrecht von 1278 gab er der Stadt das Recht, Einungen zuzulassen, verbot aber im selben Jahr im Wiener Stadtrecht alle Einungen.[380] In einem Stadtbrief des Königs für Goslar hieß es 1290 (in deutscher Übersetzung): „‚Auf das glühende Verlangen einiger glaubten wir, es sei gut, was, wie wir jetzt sehen, schädlich ist, und hoben auf und vernichteten gewisse Brüderschaften in unserer Stadt Goslar, welche Innungen oder Gilden gemeiniglich heißen; jetzt eines klügeren Rates mächtig ... haben wir dieselben Brüderschaften und deren Brauch zu ihrem früheren Zustande und dieselbe Gewohnheit wieder erweckt und zu ewiger Kraft wieder hergestellt.'"[381] Rudolfs Sohn Herzog Albrecht ließ sich 1288 von den Wiener Bürgern den Eid schwören, dass sie künftig keinerlei Vereinigungen bilden wollten.[382]

In Würzburg tobte der Kampf zwischen bischöflichen Stadtherren und Stadt mehr als ein Jahrhundert. Die Zünfte wurden als städtische Einrichtungen wiederholt vom Bischof bekämpft. Im Jahr 1265 hob der Bischof die Zünfte auf, um sie

375 Mascher, Gewerbewesen, S. 108f, 112–115; Planitz, Stadt, S. 251, 293; Lentze, Kaiser, S. 28ff, 84; Stieda, Entstehung, S. 25f; Wissell, Recht I, S. 55ff; Kellenbenz, Wirtschaftsgeschichte I, S. 113; Schulz, Freiheit, S. 4; Schewe, Geschichte, S. 76f; Neuschäffer, Geschichte, S. 49f; Mummenhoff, Handwerker, S. 41; Mayer, Geschichte des deutschen Handwerks, S. 37.

376 Mascher, Gewerbewesen, S. 120f.

377 Schewe, Geschichte, S. 78.

378 Lentze, Kaiser, S. 30.

379 Mascher, Gewerbewesen, S. 174; Lentze, Kaiser, S. 95.

380 Lentze, Kaiser, S. 89; Krefft, Kartelle, S. 41

381 Neuschäffer, Geschichte, S. 50.

382 Roth, Zunftherrlichkeit, S. 24.

politisch zu schwächen. Er widerrief das Verbot im Jahr 1279, nachdem die Zunfthandwerker ihm wertvolle Kriegsdienste geleistet hatten. Ein halbes Jahr nach der Wiederzulassung hob der Bischof die Zünfte abermals auf, weil die Geistlichkeit der Stadt sämtliche gottesdienstlichen Handlungen eingestellt hatte, um gegen die Zünfte zu protestieren. Die Zünfte bestanden trotz des Verbotes weiter, aber ihre wirtschaftlichen Privilegien wurden beschnitten. Im Jahr 1294 wiederholten sich diese Vorgänge, wobei die Geistlichen Unterstützung von Seiten des Adels und der Ministerialen bekamen. Zwei Jahre später kam es zum militärischen Kampf zwischen der Stadt und dem Bischof, in dem die Stadt unterlag. Ein neuer Bischof, der 1303 sein Amt antrat, hielt die Zünfte wie sein Vorgänger für eine Gefahr und bereitete ihre Auflösung vor. Die Geistlichkeit der Stadt drohte 1307 abermals, die gottesdienstlichen Handlungen einzustellen, wenn die Zünfte nicht verboten würden. Schiedsleute bestimmten 1308, die Zünfte seien aufzuheben. Sie bestanden aber weiter. Während einer kriegerischen Auseinandersetzung mit der Stadt beharrte der Bischof 1357 auf einem Zunftverbot. Kaiser Karl IV. verbot die Würzburger Zünfte, d.h. ihre politische Wirksamkeit. Noch einmal verlangte der Bischof im Jahr 1373 die Abschaffung des Stadtrates und der Zünfte.[383] Auch Abt Heinrich von Fulda ließ 1357 in seinem Herrschaftsbereich alle Zünfte vom Kaiser verbieten.[384] Landgraf Hermann von Hessen hob 1384 die Zünfte in Kassel auf, um seinen Einfluss auf die Stadtverfassung zu erhöhen. Bereits 1388 ließ er die erste Zunft wieder zu, 1391 alle anderen.[385] Landgraf Friedrich von Thüringen zwang 1414 die Chemnitzer Zünfte, ihre Statuten von ihm genehmigen zu lassen.[386]

All diese Verbote waren von kurzer Dauer: Es war nicht zu übersehen, dass die Autonomie der Städte im Spätmittelalter unaufhaltsam voranschritt und in deren Gefolge Zünfte von den Stadtherren und Königen nicht mehr abgeschafft werden konnten. Es ging nicht um die Existenz der Zünfte als solche, sondern darum, welchen Stellenwert sie innerhalb einer Stadt besitzen sollten.

2.5.2. Die Zunftkämpfe

Nachdem sich die Städte von ihren Stadtherren abgenabelt hatten, begannen Auseinandersetzungen um die Machtverteilung innerhalb der Stadtverwaltung, die traditionell als „Zunftkämpfe", „Zunftrevolten" oder „-revolutionen" bekannt sind. Da nicht allein Zünfte daran beteiligt waren, wollte der DDR-Historiker Karl Czok lieber von „Bürgerkämpfen" sprechen: Es sei um „Auseinandersetzungen zwischen machthabenden Geschlechtern und bürgerlicher Opposition unter Beteiligung der Stadtarmut um das Stadtregiment" gegangen.[387] Czoks Definition hilft leider bei der Klärung des Sachverhalts nicht weiter, da er es unterließ, das „Bür-

383 Engel, Zunftsiegel, S. 11–27; Lentze, Kaiser, S. 61f; Keutgen, Ämter, S. 245f.
384 Zünfte und Handwerk in Hessen, S. 5; Hohmann, Zunftwesen, S. 16.
385 Salow, Zunftwesen, S. 19f.
386 Mascher, Gewerbewesen, S. 239.
387 Czok, Volksbewegungen, S. 4.

gertum“ näher zu bestimmen. Zu Recht hielt er den Rechtsbegriff des „Bürgers“ für unzureichend, ebenso das Gegensatzpaar „Stadtbewohner-Landbewohner“, denn neben Stadtbewohnern mit Bürgerrecht waren Stadt- und Landbewohner ohne Bürgerrecht an den Kämpfen beteiligt. Stattdessen schlug er – Friedrich Engels folgend – einen „sozialökonomischen“ Bürgerbegriff vor, nach dem das Bürgertum aufgefasst wird als eine Klasse, die in der marxistischen Stufenfolge der geschichtlichen Entwicklung eine bestimmte Rolle spielte.[388] Durch den Rekurs auf die marxistischen Klassiker verhielt sich Czok zwar ideologisch korrekt, umging aber das eigentliche Problem, festzustellen, „wie es eigentlich gewesen ist“ (Leopold von Ranke). Die Abgrenzung der „bürgerlichen Opposition“ von „machthabenden Geschlechtern“ und der „Stadtarmut“ entsprach im Spätmittelalter nicht den tatsächlichen Verhältnissen in den größeren Städten, wo ein Teil der „Geschlechter“ mit einem Teil der Zünfte gegen andere „Geschlechter“ paktierte, während andere Zünfte sich aus den Kämpfen heraushielten. Zunftmitglieder, welche die Masse des Bürgertums stellten, gehörten überwiegend den Mittelschichten an, aber auch den Unterschichten, so dass ihre klare Abgrenzung zur „Stadtarmut“ nicht möglich ist. Einen Ausweg aus dem Dilemma suchte Peter Blickle, der statt von Bürgerkämpfen von „Verfassungskonflikten“ sprechen wollte.[389] In seinem Bestreben, die Relevanz einer gesellschaftlichen Organisationsform „Kommunalismus“ nachzuweisen, idealisierte Blickle die Kämpfe in den spätmittelalterlichen Städten. Den Beteiligten ging es – hier ist Karl Czok zu folgen – nicht um Verfassungs-, sondern um Machtfragen.[390] Theoretische Ansätze einer Verfassungslehre lassen sich in der Überlieferung der innerstädtischen Kämpfe nicht auffinden, die „Systemfrage“ stellten die Aufständischen nicht. Es handelte sich also weder ausschließlich um Bürger- noch um Verfassungskämpfe, sondern allgemein um innerstädtische Machtkämpfe. Da hier lediglich der Anteil der Zünfte an diesen Kämpfen interessiert, wird für diesen im Folgenden wieder von Zunftkämpfen gesprochen.

Zunftkämpfe fanden in Städten aller Größenklassen statt, in Reichs- und Land-, Handels-, Gewerbe- und Bergbaustädten, vorzugsweise in größeren Städten und Reichsstädten. Die Masse der rund 3.000 deutschen Städte des Spätmittelalters wurde von Zunftkämpfen verschont, einige hundert Städte waren aber davon betroffen, teils mehrfach. In der Mitte des 13. Jahrhunderts kam es zu ersten Unruhen, die nach kurzer Zeit alle großen Städtelandschaften einbezogen. Überall entstanden ähnliche Probleme, die nicht immer friedlich gelöst werden konnten, übrigens nicht allein in Deutschland, sondern in allen europäischen Ländern mit ausgeprägter Urbanisierung. Manchmal regten Aufstände in Metropolen Städte der Umgebung an, dem Beispiel zu folgen. Obwohl sämtliche Aufstände lokal begrenzt blieben, sind Beziehungen zwischen ihnen nicht zu übersehen. Städtebünde wie die Hanse, Handelsverbindungen und die überregionalen Kontakte der Zünfte verbreiteten das Wissen um Aufstände. Die Spanne vom 14. bis 16. Jahrhundert wurde zur Hauptepoche innerstädtischer Kämpfe, die seit dem Dreißig-

388 Czok, Volksbewegungen, S. 53.
389 Blickle, Kommunalismus, S. 144f.
390 Czok, Volksbewegungen, S. 57.

jährigen Krieg abflauten, bevor sie nach 1780 noch einmal kurzzeitig an Fahrt gewannen. Während es den Zünften im Spätmittelalter um die Ausdehnung ihrer Macht ging, hatten die Auseinandersetzungen des späten 18. Jahrhunderts eher den Charakter von Abwehrkämpfen gegen Verschlechterungen.[391]

Neben Fernkaufleuten waren „vor allem in den älteren Städten, die an einem Herrschaftssitz entstanden, also in königlichen, herzoglichen, bischöflichen Städten Deutschlands führende Geschlechter ministerialischer Herkunft."[392] Fernkaufleute und städtische Ministerialen verschmolzen im Spätmittelalter zu Führungsschichten, die als „Geschlechter" oder „Patriziat" bezeichnet werden. In ihrer Hand lag die Stadtverwaltung, soweit sie nicht Sache der Stadtherren blieb.[393] Krämern gelang es in einigen Städten recht früh, individuell oder als Korporation Teilhabe am Stadtrat zu erreichen.[394] „In Magdeburg sind die Krämer zusammen mit den Gewandschneidern schon vor 1261 ratsfähig gewesen und besetzen gewohnheitsmäßig zwei Ratsstühle. Anläßlich des Aufstandes von 1330 zählen sie nicht mehr zu den Zunftverbänden, sie sind vielmehr als Vorkämpfer des Patriziates die verhaßtesten Gegner des Handwerks geworden."[395]

Hauptakteure in den innerstädtischen Kämpfen waren die Handwerkszünfte. Sie mussten sich ihren Platz in der Stadtverwaltung erkämpfen und besaßen dank ihrer Organisiertheit gute Voraussetzungen dazu. Nichtzünftige Handwerker, Bauern und unterbürgerliche Schichten beteiligten sich an Aufständen, hatten aber selten die Führung inne. In bunten und mitunter rasch wechselnden Koalitionen verbanden sich Zünfte auch mit Teilen der Führungsschichten, welche die Gelegenheit nutzten, ihre spezifischen Interessen gegen andere Teile der Führungsschichten in Stellung zu bringen. Während im 13. Jahrhundert der Charakter der Zunftkämpfe am reinsten ausgeprägt war, beteiligten sich ab dem 14. Jahrhundert – der komplexeren Struktur der Stadtbevölkerung gemäß – auch alle anderen Gruppen an den Auseinandersetzungen. Die Zünfte traten manchmal geschlossen auf, oft aber zerfielen sie in verschiedene Gruppen, die sich gegenseitig bekämpften, wie vornehme und weniger angesehene Zünfte oder reiche und arme Meister. Die Gesellen hielten teils zu ihren Meistern und teils zu den Unterschichten. Noch komplizierter wurde die Lage dadurch, dass die Geistlichkeit, der Stadt- und Landesherr und auswärtige Parteien wie Adelige, Zünfte anderer Orte oder die Hanse sich einmischten.[396]

Im 13. Jahrhundert ging es den Aufständischen – soweit die dürftigen Über-

391 Luther, Zunftdemokratie, S. 34f; Czok, Volksbewegungen, S. 6, 34, 72, 127, 135, 149, 198; Endres, Zünfte, S. 152; Göttmann, Bäckerzunft, S. 12; Reininghaus, Handwerk und Zünfte in Westfalen, S. 275f; Garzmann, Korporationsproblem, S. 106f; Scheschkewitz, Zunftwesen, S. 202f; Schulze, Handwerkerorganisation, S. 141; Elkar, Handwerk als Lebensform, S. 101; Farr, Artisans, S. 171; Blickle, Kommunalismus, S. 144; Gerteis, Städte, S. 83; Bräuer, Handwerk im alten Chemnitz, S. 131.

392 Ennen, Frühgeschichte, S. 335.

393 Rörig, Stadt, S. 84ff.

394 Köhler, Einzelhandel, S. 135.

395 Köhler, Einzelhandel, S. 136.

396 Lentze, Nürnbergs Gewerbeverfassung im Mittelalter, S. 227; Simon-Muscheid, Handwerkszünfte, S. 244; Handbuch Wirtschaftsgeschichte, S. 473; Welter, Studien, S. 88f; Czok, Volksbewegungen, S. 5, 7, 50, 65, 68–72, 98, 104, 113; Luther, Zunftdemokratie, S. 64.

lieferungen dies verraten – darum, Stadtherren und Geschlechter im Stadtregiment zurückzudrängen. Seit dem 14. Jahrhundert lassen sich differenziertere Aufstandsmotive ausmachen: „Beseitigung oder Einschränkung der politischen und wirtschaftlichen Vorrechte und Privilegien, des Nepotismus und der Cliquenwirtschaft der Patrizier, Kontrolle der Finanzverwaltung und des Steuerwesens, Allein- oder Mitaufsicht über städtische Wehranlagen und Waffenlager, Aufsichtsrecht über die Stadttore, Stadtsiegel und -schlüssel, Mitbestimmung in Fragen der Außenpolitik, Gewährung oder Sicherung von wirtschaftlichen und politischen Rechten für Handels- und Handwerkerzünfte."[397]

Im Zeitalter der Reformation kamen vermehrt „Pfaffenstürme" vor, in denen es gegen schlechte Religionspraxis und wirtschaftliche und fiskalische Vorrechte geistlicher Einrichtungen ging. Vereinzelt wandte man sich gegen große kaufmännische Unternehmungen und Handelsgesellschaften. Während des Bauernkrieges 1524–1526 kam eine Stoßrichtung gegen die Landesherren dazu.[398] Der Zorn entlud sich gegen die Juden, denen man die Schuld an allerlei Problemen gab. In Bergbaustädten kam es zu Arbeiterunruhen, bei denen um höhere Löhne gefochten wurde. Wirtschaftliche, soziale und politische Themen verschränkten sich. Die Zünfte erstrebten die Beteiligung am Stadtregiment, um ihre aktuellen Beschwerden abzustellen, in Zukunft in ihrem Sinne auf die Politik einwirken zu können und ihren sozialen Status zu heben. Dabei wirkten sie als Lobby in eigener Sache und vertraten die Angelegenheiten anderer Bevölkerungsschichten nur insoweit, als sie mit ihnen übereinstimmten oder sie im Verlaufe der Auseinandersetzungen als Druckmittel benötigten. Demokratisches Gedankengut lag ihnen fern, in keinem Fall wurden Stadtverfassungen erstrebt, die modernen demokratischen Vorstellungen entsprochen hätten.[399] „Weniger die Existenz einer Oberschicht als solcher als aristokratische Allüren der Oberschicht erregen die Bürgerschaft."[400]

Zum Jubel, wie ihn orthodoxe sozialistische Autoren geäußert haben, gibt es keinen Anlass: Den Zünften ging es nicht um Klassenkampf, sondern darum, ein Stück vom Kuchen der Macht für sich zu reklamieren.[401] Gewöhnlich begnügten sie sich damit, dass man sie bei wichtigen Entscheidungen fragen musste, ohne auf ihrer nach Köpfen proportionalen Beteiligung an der Herrschaft zu bestehen. Umgekehrt sollte man die Zunftkämpfe nicht schlechter machen als sie waren: Die „'Wahrnehmung öffentlicher Gewalt unterschied das europäische Zunftwesen etwa von den Handwerksgilden des osmanischen Reiches und begründete so einen Teil der europäischen städtebürgerlichen Freiheit'."[402] Außer in Oberitalien und Flandern erreichten die Zünfte nur im deutschsprachigen Raum jemals eine so starke politische Stellung innerhalb der städtischen Selbstverwaltung. Überall

397 Czok, Volksbewegungen, S. 72f.

398 Czok, Volksbewegungen, S. 85, 150ff, 155, 160, 163, 183.

399 Endres, Zünfte, S. 161–167; Schmoller, Strassburg, S. 4; Czok, Volksbewegungen, S. 5f, 44; Borst, Alltagsleben, S. 383f; Göttmann, Bäckerzunft, S. 12; Wissell, Recht I, S. 63; Luther, Zunftdemokratie, S. 39, 46, 48, 50f, 71; Bräuer, Handwerk im alten Chemnitz, S. 128.

400 Ennen, Die europäische Stadt, S. 240f.

401 Handbuch Wirtschaftsgeschichte, S. 471; vgl. Czok, Volksbewegungen, S. 91f.

402 Helga Schultz, zitiert in: Schulz-Nieswandt, Gilden, S. 39.

sonst gelang es den Herrschern bereits im Spätmittelalter, die Städte und mit ihnen die Zünfte an die kurze Leine zu legen.[403]

Die Kölner Weberschlacht[404]
Im Jahr 1368 wurde ein leitender Mitarbeiter der Kölner Stadtverwaltung wegen Veruntreuungen enthauptet. Das Vertrauen in die Kompetenz der „Geschlechter", denen der Beamte angehört hatte, wurde erschüttert. Am Pfingstsonntag 1369 zogen Mitglieder der Weberzunft vor das Rathaus und verlangten die Enthauptung eines Straßenräubers, der im Gefängnis einsaß. Offenbar vermuteten sie die Verschleppung des Verfahrens durch das Schöffengericht. Sie drohten, den Räuber aus dem Gefängnis zu holen, worauf der Rat ihnen den Gefangenen übergab, „den die Weber kurzer Hand ohne Urteilsfindung einen Kopf kürzer machten". Der nächste Streitfall drehte sich um die Fehde der Stadt Köln mit einem Ritter, der Kölner Kaufleute belästigte. In Verhandlungen hatte der Stadtrat eine Beilegung des Streits erreicht, die aber nicht zur Zufriedenheit der Weberzunft ausfiel. Obwohl der Rat darauf hinwies, seine Unterhändler hätten Kompromisse schließen müssen, beharrte die Weberzunft unter Drohungen darauf, dass die drei Unterhändler einzusperren seien. Außerdem wurden auf Verlangen der Zunft acht weitere Ratsherren – quasi als Geiseln der Weber – in das Gefängnis gesteckt.

„Die Weber bemühten sich, nachdem sie beim Rat ihre Forderungen durchgesetzt hatten, ihren Einfluß darauf auszuüben, die Gewalt der Richerzeche [der Aufsichtsbehörde des Rates über die Zünfte] ... zu brechen, um stärkere Einwirkung auf die städtischen Angelegenheiten zu erlangen. Ferner sollten die Schöffen nicht mehr den Verhandlungen des Rates beiwohnen und die Bürgermeister nicht mehr aus der Mitte der Schöffen gewählt werden. Bevor diese Forderungen nicht erfüllt seien, hätten die drei und die acht Ratsherren nicht auf Freigabe zu rechnen. Die Autorisierung der Zünfte und Bruderschaften, ein Privileg der Richerzeche, sollte aufgehoben und die Einnahme der Domwaage in eine Rente von 120 Mark umgewandelt werden. Der neue Rat – wie bislang bestehend aus einem engern von 15 Mitgliedern und einem weitern von 82 Mitgliedern – sollte nicht nur aus den Geschlechtern, sondern auch aus den Zünften gewählt werden. Die Weber erreichten es, die Beschlüsse von dem Entscheid des weiten Rats abhängig zu machen und sich dadurch ein Übergewicht in der Herrschaft zu sichern."

Die Geschlechter nutzten eine Gelegenheit, die sich bald darbot, um zurückzuschlagen. Der Rat hatte zwei Weber eingesperrt und wollte sie hinrichten lassen, weil sie eine Zeitlang in Jülich als Söldner gedient hatten. Die Weber befreiten einen der beiden, als er hingerichtet werden sollte. Nun kam es zum offenen Aufruhr. Auf der Seite der Weber standen einige Zünfte, während andere mit den Geschlechtern paktierten. In einer blutigen Straßenschlacht unterlag die Partei der Weber. Das Vermögen der Weberzunft wurde vom Rat eingezogen, ihre beiden Zunfthäuser wurden abgerissen. Die Zünfte, die auf der Seite der Weber gestanden hatten, durften keine Waffen mehr tragen. Zu einem weiteren Aufstand kam es 1396, als dessen Ergebnis in Köln die „Zunftverfassung" etabliert wurde.

403 Vgl. Pitz, Gewerbeverbände, S. 680–692.
404 Domel, Zünfte, S. 47–52; vgl. Militzer, Führungsschicht, S. 20–23.

Die äußerliche Radikalität der Zunftkämpfe mutet heutzutage fremd, ja abstoßend an. Man muss aber berücksichtigen, dass friedliche politische Protestformen wie ein Meinungsstreit in den Medien oder eine angemeldete Demonstration seinerzeit unbekannt waren. Jede öffentliche Unmutsäußerung war illegal und barg die Gefahr der Eskalation in sich. Physische Gewalt war in der traditionalen Gesellschaft weiter verbreitet als in der Gegenwart; in Familie, Vereinigungen und Öffentlichkeit musste man stets mit gewalttätigen Ausbrüchen rechnen. Den Kämpfen lag selten ein Plan oder gar ein ausgearbeitetes Programm zugrunde.[405] Sie keimten spontan, beispielsweise beim Umtrunk nach einer Zunftversammlung.[406] „Jede Revolution beginnt mit einem Auflauf", lautete vor einigen Jahren der Werbespruch eines Tiefkühlunternehmens. In diesem Sinne begann der eigentliche Aufstand mit dem öffentlichen Auflauf, einer (illegalen) Demonstration. Verhandlungen hinter verschlossenen Türen, öffentliche Kundgebungen und gewalttätige Kämpfe lösten einander ab. Die Zünfte hatten gute Erfolgsaussichten, weil sie nicht allein ihre Mitgliederzahl und ihren wirtschaftlichen Einfluss sowie die Unterstützung der Unterschichten und auswärtiger Zünfte mobilisieren konnten, sondern auch über Waffen und Kampferfahrung verfügten. Neben einzelnen Zünften bildeten gelegentlich Bürgerausschüsse die organisatorischen Zentren der Aufstände. Die Führungsschichten wehrten sich, indem sie von ihrem Recht als Zunftobrigkeit Gebrauch machten und aufrührerische Zünfte auflösten, sich ebenfalls mit Teilen der Bevölkerung verbündeten, den Stadt- oder Landesherrn oder den Kaiser um Unterstützung baten oder ihre Beziehungen innerhalb der Städtebünde spielen ließen.[407]

Ludwig der Bayer – er regierte von 1314 bis 1347 – zwang 1334 der Reichsstadt Dortmund eine neue Ratsverfassung auf, in der er den Einfluss der Zünfte beschnitt. Im Jahr 1340 gewährte er aber den Zünften in Schwäbisch Hall ein begrenztes Mitspracherecht im Stadtrat.[408] Karl IV. intervenierte nach einem Handwerkeraufstand in den Jahren 1348 und 1349 in Nürnberg und sorgte dafür, dass dort die Handwerker so konsequent wie nirgends sonst vom Stadtrat kontrolliert wurden.[409] König Sigmund ordnete 1420 die Breslauer Zünfte der Aufsicht des Stadtrates unter.[410] In Konstanz halbierte der König 1430 nach einem Zunftaufstand die Zahl der Zünfte von zwanzig auf zehn. Die Zünfte der Gerber und Leinweber, die den Aufstand angeführt hatten, wurden „auf ewig" abgeschafft, ihre Mitglieder auf andere Zünfte verteilt.[411] Auch Landesherren betätigten sich in diesem Sinne. Der bayerische Herzog Stephan der Ältere und seine Söhne Friedrich und Johann verordneten 1369, dass in all ihren Städten der Rat über den

405 Czok, Volksbewegungen, S. 98.

406 Wissell, Recht I, S. 64.

407 Vgl. Ehbrecht, Führungsgruppen; Arentz, Zersetzung, S. 20f; Schragmüller, Bruderschaft, S. 18; Eitel, Reichsstädte, S. 19; Schmoller, Strassburg, S. 28; Czok, Volksbewegungen, S. 133; Bräuer, Handwerk im alten Chemnitz, S. 15.

408 Naujoks, Kaiser Karl V., S. 3.

409 Lehnert, Nürnberg, S. 73.

410 Hogen, Erwerbsordnung, S. 40; Schmoller, Strassburg, S. 10f.

411 Horsch, Zünfte, S. 27.

Handwerken sitzen solle.[412] Die Städtehanse blieb ebenfalls nicht untätig, arbeiteten die Aufstände doch den hansefeindlichen Fürsten in die Hände. „Die Solidarität der Geschlechter und das Handelsinteresse veranlaßte sie im allgemeinen, zugunsten der bestehenden Macht gegen die Aufsässigen, zugunsten des ‚alten Rates', der durch den ‚neuen Rat' vertrieben worden war, einzuschreiten. Das ist zum ersten Mal in Braunschweig im Jahre 1374 zu erkennen: Auf den Hilferuf geflohener Patrizier hin verfügte der Hansetag den Ausschluß der rebellischen Stadt; diese aber ließ sich nicht einschüchtern und erreichte schließlich ihre Wiederaufnahme, ohne die patrizische Vorrangstellung gänzlich wiederherzustellen, wie zuerst gefordert worden war. Dieser halbe Mißerfolg veranlaßte die Hanse zur Vorsicht. Sie hielt sich dann völlig zurück beim Sturz des Patriziats in Köln (1396), in Dortmund (1399), in Danzig (1416), in Breslau (1418) und beschränkte sich darauf, bei Unruhen in den wendischen Städten einzugreifen. Die Zeit des Umsturzes in Lübeck (1408–1416) machte aber mit einem Schlage die tödliche Gefahr deutlich, in die diese Erhebungen die Hanse brachten. Deshalb entschied der Hansetag von 1418, ihnen von nun an mit größter Festigkeit entgegenzutreten. Es folgte eine Reihe von Ausschlüssen: Stade 1419, Stettin 1420, Bremen 1427, Rostock 1439 und Münster 1454. Alle diese Städte wurden übrigens früher oder später, nachdem sie unterschiedliche Zugeständnisse gemacht hatten, wieder aufgenommen."[413]

Die Zunftkämpfe zeitigten für die Zünfte durchweg positive Ergebnisse, die ebenfalls Städte ohne Kämpfe einschlossen, wenn auch natürlich nicht alle Ziele erreicht wurden. Niemand konnte mehr auf die Idee kommen, das Zunftwesen abzuschaffen. Es hatte sich als ein vielleicht widerspenstiger, aber unübersehbarer und unverzichtbarer Faktor der Stadtgesellschaft erwiesen. In der Epoche der spätmittelalterlichen Zunftkämpfe kamen die Zünfte dem Idealtypus der „freien Einung" in ihrer gesamten Geschichte am nächsten. Dabei war ihre Autonomie niemals schrankenlos. Über die Kopplung der Mitgliedschaft an das Bürgerrecht, die Vereidigung der Vorsteher auf die Stadt und die Genehmigung von Zunftordnungen übten die Obrigkeiten nach wie vor Einfluss aus. Allerdings erweiterten sich die Freiräume: Obrigkeitliche Bestätigungen degradierten zu rein formalen Akten, die wirtschaftlichen Privilegien wurden vermehrt, Rechtsprechungsbefugnisse erweitert, die Zünfte durften bei ihren Versammlungen ohne äußere Beeinflussung wählen und abstimmen.[414] Vor allem in südwestdeutschen Reichsstädten errangen die Zünfte einen hohen Grad an Autonomie, während sie in Regionen, in denen sich Zünfte erst in der Frühen Neuzeit etablierten, als die Zunftkämpfe ihren Zenit überschritten hatten, enger an die Landesherren gebunden blieben.[415] In den Hansestädten Norddeutschlands und der international bedeutenden Messestadt Frankfurt am Main gelang es dem Patriziat der Fernhändler besser, die Au-

412 Mummenhoff, Handwerker, S. 42.

413 Dollinger, Hanse, S. 185f; vgl. Thikötter, Zünfte, S. 139; Czok, Volksbewegungen, S. 109; Luther, Zunftdemokratie, S. 37.

414 Frensdorff, Zunftrecht, S. 17; Böhmert, Beiträge, S. 7; Horsch, Zünfte, S. 22; Hermandung, Zunftwesen, S. 41; Welter, Studien, S. 33, 40–43.

416 Johanni, Zünfte, S. 62; Canzler, Zünfte, S. 111; Trautmann, Entwicklung, S. 323f; Scheschkewitz, Zunftwesen, S. 25.

tonomie der Zünfte zu beschränken, als in den meisten großen Handelsstädten Süddeutschlands.[416]

Am schlechtesten war die Situation der Zünfte in Nürnberg, wo Fernkaufleute und Kaiser ihre Selbstständigkeitsbestrebungen konsequent unterdrückten. Streng genommen darf man im Nürnberger Fall nicht von Zünften sprechen, da den Organisationen der Handwerker jegliche Autonomie fehlte. Trotzdem war Nürnberg in das Zunftwesen integriert. Bereits zu Beginn des 14. Jahrhunderts waren die Zünfte eng an den Rat gebunden. Nach einem Aufstand in den Jahren 1348 und 1349 verbot Kaiser Karl IV. als Stadtherr der Reichsstadt alle Zünfte. Die Nürnberger Handwerker waren in der Folgezeit bis zur Angliederung Nürnbergs an Bayern 1806 entweder außerhalb des Zunftwesens tätig oder in „geschworenen Handwerken" organisiert. Diese unterstanden dem Stadtrat, der 1470 das Rugamt als Aufsichtsbehörde errichtete. Den Handwerken war alles verboten, was eine Zunft ausmachte. Gemeinsame Mahlzeiten, religiöse Bruderschaften oder Gesellenschaften waren als „zünftisches Wesen" untersagt, wenn auch die Verbote nicht immer konsequent beachtet wurden. Selbst das gemeinsame Spazierengehen und Singen von Handwerkern beäugte der Rat misstrauisch. Die Ordnungen der Handwerke, welche die üblichen wirtschaftlichen Zunftregeln kopierten, mussten dem Rugamt zur Genehmigung vorgelegt werden, das sämtliche Korrespondenz der Handwerke abwickelte. Versammlungen, die Warenschau und die Aufnahme neuer Meister standen unter strenger Aufsicht des Rugamtes. Abgesehen von einer mehr optischen als wirksamen Mitwirkung im Stadtrat seit 1370 waren die Handwerke Nürnbergs politisch ausgeschaltet.[417] Das Nürnberger Modell wurde im fränkischen und Oberpfälzer Umland der Stadt wie auch in weiter entfernten Orten Süd-, Mittel- und Südostdeutschlands, Böhmens und Österreichs nachgeahmt, ohne allerdings jemals so stringent realisiert zu werden. Von der führenden Gewerbestadt, deren Verwaltung im Spätmittelalter als vorbildlich galt, holten sich andere Obrigkeiten Anregungen für ihre Politik.[418]

Fast überall errangen die Zünfte im Spätmittelalter Anteil an der städtischen Politik. In vielen Klein- und Mittelstädten gab es kein starkes Kaufmannspatriziat, das die Führung hätte an sich reißen können. Die Handwerker kamen in diesen Städten meist nicht als Vertreter einer Zunft, sondern als Individuen in den Stadtrat. Trotzdem kann man davon ausgehen, dass sie die Interessen der Zunft, der sie angehörten, in die Stadtpolitik einbrachten. Zunftkämpfe waren in diesen Städten überflüssig: Gegen wen hätten sie sich richten sollen?[419]

Anders verhielt es sich in mittleren und großen Städten, in denen eine Füh-

416 Remling, Formen, S. 76; Pitz, Gewerbeverbände, S. 683; Schmidt, Zunfturkunden I, S. 45*; Schmoller, Tucher- und Weberzunft, S. 456f, 472; Göttmann, Bäckerzunft, S. 17.

417 Lehnert, Nürnberg, S. 71–80; Diefenbacher, Massenproduktion, S. 215; Lentze, Nürnbergs Gewerbeverfassung im Mittelalter, S. 229, 246, 255; Treue/Kellermann, Bedeutung, S. 77f, 84; Wiest, Entwicklung, S. 38; Fischer, Quellen, S. 45f; Weyrauch, Handwerkerorganisationen, S. 40; Rörig, Stadt, S. 70f.

418 Reichshandwerksordnung und Reichsstädte, S. 40; Lentze, Nürnbergs Gewerbeverfassung des Spätmittelalters, S. 610–618; Reith, Zünfte, S. 57f.

419 Terhalle, Gilden, S. 42f; Czok, Volksbewegungen, S. 117; Johanni, Zünfte, S. 61; Fromm, Studien, S. 23; Reininghaus, Zünfte, Städte und Staat, S. 45f.

rungsschicht oberhalb der Zünfte existierte. Hier kam es bereits gegen 1250 zu Verfassungsrevisionen, teils kurz nachdem städtische Selbstverwaltungsgremien entstanden waren. In der zweiten Hälfte des 14. Jahrhunderts bildeten sich mehrere Verfassungsmodelle heraus, wobei etliche Städte im Laufe der Zeit Verschiedenes ausprobierten. In vom Fernhandel und seinen Vertretern dominierten Städten wie Nürnberg, Frankfurt am Main, Leipzig und den meisten Hansestädten sowie in den größeren Städten Altbayerns und Österreichs behielten schließlich die „Geschlechter" das Heft in der Hand, während die Handwerker eher symbolische Mitwirkungsrechte erlangen konnten. Die überwiegende Zahl der Städte bildete ein System aus, das die Führung den „Geschlechtern" beließ, aber Zunftvertretern Minderheitspositionen mit beachtenswerten Einflussmöglichkeiten einräumte, etwa eine Zunftbank im Stadtrat neben der Patrizierbank. Obwohl die Zünfte nirgends auf Dauer die Mehrheit erlangten, konnte man doch nicht mehr regieren, ohne ihre Interessen einzubeziehen. Ein beliebtes Modell war die Kombination eines patrizischen engeren Rates, der die Geschäfte führte, mit einem weiteren Rat, in dem die Zünfte dominierten und der Grundsatzentscheidungen seine Zustimmung geben musste. Ob alle Zünfte oder nur eine Auswahl und mit welchen Stimmenverhältnissen sie vertreten waren, differierte von Stadt zu Stadt.[420] Sobald die Zünfte politische Mitbestimmungsrechte genossen, wurde es für Nicht-Handwerker interessant, die Mitgliedschaft, vielleicht sogar in mehreren Zünften, zu erwerben.[421]

In Münster gab es mindestens seit 1410 eine Gesamtgilde, welche sich aus jeweils zwei Vertretern von 17 Einzelgilden zusammensetzte. Sie nahm kommunale Aufgaben gegenüber den Gewerben wahr und wirkte als Lobby der Zünfte beim Rat sowie auf den Landtagen des Bistums. Seit 1447 bildete sie eine Art weiten Rat, der in wichtigen Angelegenheiten vom (engen) Rat gefragt werden musste. Die Gesamtgilde grenzte sich nach oben vom Rat wie nach unten von der „Gemeinheit" ab. Sogar mit den Einzelgilden kam es zu Streit.[422]

In Hildesheim stand die Ratsfähigkeit der gewerbetreibenden Bevölkerung vom Beginn der städtischen Selbstverwaltung an außer Zweifel. In Kämpfen der Jahre 1342 bis 1345 wurde darum gerungen, die prinzipiell gegebene Ratsmitgliedschaft von Zunfthandwerkern zu institutionalisieren. Im Jahr 1345 wurde eine neue Ratsordnung beschlossen. „Danach sollten in dem Rat fortan zwölf aus dem alten Rat, zwölf aus den Ämtern, zwölf aus der gemeinen Bürgerschaft sit-

420 Schulz, in: Lexikon des Mittelalters. Studienausgabe, Stuttgart/Weimar 1999, Sp. 688f; Czok, Volksbewegungen, S. 66; Reininghaus, Handwerk und Zünfte in Westfalen, S. 277; Vogel, Zünfte, S. 3; Zünfte und Handwerk in Hessen, S. 5; Böhmert, Beiträge, S. 7; Planitz, Stadt, S. 326–331; Luther, Zunftdemokratie, S. 37f, 71; Reith, Zünfte, S. 56; Wissell, Recht I, S. 65f, 88ff; Ehmer, Zünfte, S. 112f; Eitel, Reichsstädte, S. 54; Stieglitz, Zünfte, S. 27; Zöllner, Zunftverfassung, S. 106; Hopp, Zunft, S. 23; Störmer, Korporationen, S. 137, 139, 142; Hähnsen, Geschichte, S. 121f; Welter, Studien, S. 17f; Thikötter, Zünfte, S. 141; Remling, Formen, S. 69; Lentze, Nürnbergs Gewerbeverfassung des Spätmittelalters, S. 602; Naujoks, Kaiser Karl V., S. 2; Salow, Zunftwesen, S. 130; Horsch, Zünfte, S. 26.

421 Hartmann, Geschichte, S. 60.

422 Krumbholtz, Gewerbe, S. 11*, 28*–43*.

zen. Diese Ratsverfassung bestand bis 1435."[423] Von 1435 bis 1449 gab es diverse Auseinandersetzungen und Änderungen der Ratsverfassung.[424] Im Jahr 1449 wurde festgesetzt, dass zwei Kammern gebildet werden sollten, nämlich ein Rat mit 24 Mitgliedern und ein Gremium namens „Ältermann der Gemeinde, Ämter und Gilden" von 24 Personen, das bei wichtigen Gegenständen vom Rat zu beteiligen war. In dieser zweiten Kammer saßen Vertreter von fünf Gilden und vier Zünften, während alle anderen gewerblichen Körperschaften ohne politische Vertretung blieben.[425]

Von der deutschsprachigen Schweiz über Schwaben, den Bodenseeraum und das Rheintal bis in die Niederlande wurde seit dem 14. Jahrhundert die Zunftverfassung praktiziert, vielleicht nach Florentiner Vorbild. Anders als manchmal behauptet, handelte es sich dabei nicht um die Beherrschung einer Stadt durch ihre Zünfte, sondern um die Gestaltung der städtischen Verfassung nach dem Muster des Zunftwesens. Die gesamte Bürgerschaft wurde in politische Zünfte – am Niederrhein „Gaffeln" – eingeteilt. Kern jeder politischen Zunft war eine große (wirtschaftliche) Zunft oder Gilde, der kleinere Zünfte oder Gilden zugeordnet wurden. Wer keiner Zunft oder Gilde angehörte, durfte seine politische Zunft frei wählen oder wurde ihr zugewiesen. Das Haus der großen Korporation, welche der politischen Zunft ihren Namen gab, war gleichzeitig der Versammlungsort der politischen Zunft. Die politischen Zünfte wählten nach einem festgelegten Schlüssel ihre Abgeordneten für die politischen Körperschaften der Stadt.[426]

„Gab es eine Zunftdemokratie?", fragte Rudolf Luther 1968 in seiner gleichnamigen Schrift. Seiner Ansicht nach sind die Zünfte in den Zunftkämpfen gescheitert, die „Zunftdemokratie" habe versagt. „Die Ursache für das Versagen der ‚Zunftdemokratie' ist neben dem Fehlen gewisser sozialer Voraussetzungen vor allem in den politischen Institutionen zu suchen, die nicht auf einheitliches staatliches Handeln, sondern auf wirtschaftlich-soziale Interessenvertretung zugeschnitten waren. Wenn sich die Ratsherren nicht als Vertreter der gesamten Bürgerschaft, sondern als Exponenten ihrer jeweiligen sozialen Gruppe oder gewerblichen Zunft fühlten, so lag das weniger in ihrer persönlichen Unzulänglichkeit als vielmehr im korporativen System selbst begründet. Denn gemäß diesem System hatten sie doch gerade deshalb ihren Ratssitz erhalten, um diese oder jene wirtschaftliche und soziale Gruppe zu repräsentieren."[427] Setzt man den Maßstab so hoch an, wie Luther es tat, könnte man das politische System der Bundesrepublik Deutschland ebenfalls für gescheitert halten, weil es von Lobby-Interessen mitbe-

423 Hartmann, Geschichte, S. 36.

424 Hartmann, Geschichte, S. 37ff.

425 Hartmann, Geschichte, S. 40.

426 Schulz, in: Lexikon des Mittelalters. Studienausgabe, Stuttgart/Weimar 1999, Sp. 688f; Arentz, Zersetzung, S. 24ff, 30, 37, 77, 80, 83; Bauer, Zunftverfassung, S. 16, 21; Lentze, Kaiser, S. 69; 62; 88; Ennen, Die europäische Stadt, S. 241; 650 Jahre Zürcher Zünfte, S. 13–17; Wanner, Zunftkraft, S. 20; Scheitlin, Zunftwesen, S. 43; Hermandung, Zunftwesen, S. 37, 52; Schragmüller, Bruderschaft, S. 16; Luther, Zunftdemokratie, S. 36, 57f; Lentze, Nürnbergs Gewerbeverfassung des Spätmittelalters, S. 601; Stieglitz, Zünfte, S. 12, 24, 27; Handbuch Wirtschaftsgeschichte, S. 529.

427 Luther, Zunftdemokratie, S. 109.

stimmt wird. Die Vertreter der Zünfte im Stadtrat waren – das Münsteraner Beispiel belegt es stellvertretend für zahllose andere – durchaus nicht allein Lobbyisten; in den städtischen Gremien entwickelte sich ein Corps-Geist, der Konflikte mit den Zünften nicht ausschloss. Die Vertreter der Zünfte wuchsen in ihrer kommunalen Arbeit über ihre Zunftherkunft hinaus. Städtische Ämter waren regelmäßig Ehrenämter, zu deren Ausübung man neben Sachkenntnissen, politischen Fähigkeiten und repräsentativem Auftreten viel Zeit und finanzielle Unabhängigkeit mitbringen musste. Ein kleiner Handwerksmeister verfügte nicht über die „Abkömmlichkeit", die der tägliche politische Betrieb erforderte. Von daher war es unvermeidlich, dass sich die Zünfte auf eine Art Aufsichtsratsfunktion im weiteren Rat zurückzogen oder ihre Vertretung reichen Kollegen und Angehörigen der Führungsschichten überließen, welche in die wirtschaftliche oder politische Zunft eingetreten waren. Altes Patriziat und arrivierte Zunftoberschicht näherten sich an, bis es sogar zu Eheschließungen zwischen beiden einst verfeindeten „Parteien" kam. Die Tendenz zur Oligarchisierung, die sich im Verlauf der Frühen Neuzeit Bahn brach, war bereits im Spätmittelalter angelegt.[428]

2.6. SOZIALE ETABLIERUNG

2.6.1. Stände

Handwerker, Einzelhändler, Freiberufler, kleine und mittlere Fabrikanten und gehobene Angestellte werden seit den 1920er Jahren zum „Mittelstand" gerechnet, obwohl niemand auf die Idee käme, die heutige Gesellschaft als Ständegesellschaft zu bezeichnen. Soziologen benutzen Begriffe wie „Klasse", „Schicht", „soziales Milieu" oder „Lebensstil", um die Struktur der Gesellschaft zu beschreiben, während sie den Standesbegriff den Historikern überlassen. Mit dem „Mittelstand" soll eine angebliche Zunfttradition in die moderne Zeit gerettet werden, weil der Mittelstand ein Puffer zwischen oben und unten sei: Er vermittle den Auf- und Abstieg zwischen den extremen gesellschaftlichen Lagen.[429] Ein Blick in die Geschichte zeigt, dass diese Einschätzung im vorindustriellen Ständewesen nur schwach fundiert ist.

Jürgen Kocka definierte: „In der hier gewählten Sprache soll als Stand eine gesellschaftliche Großgruppe gelten, deren Mitglieder sich durch spezifisches Recht und eigene Gerichte, ein bestimmtes Maß der Teilhabe an der politischen Herrschaft, durch eine besondere Form des Einkommens bzw. des Auskommens und vor allem durch besondere Lebensführung und Kultur von Mitgliedern anderer Stände oder von nicht-ständischen Schichten unterscheiden. ... Zum Mitglied

428 Czok, Volksbewegungen, S. 91f; Kellenbenz, Wirtschaftsgeschichte I, S. 156; Kieser, Kartell, S. 22; Wissell, Recht I, S. 68f; Luther, Zunftdemokratie, S. 90, 111, 113; Naujoks, Obrigkeitsgedanke, S. 13; Naujoks, Kaiser Karl V., S. 9, 18; Herborn, Verfassungsideal, S. 51f; Loesch, Zunfturkunden I, S. 144*f; Ennen, Die europäische Stadt, S. 240f; Endres, Zünfte, S. 158–161.

429 Bolte/Hradil, Ungleichheit, S. 97–103, 311; Lenger, Sozialgeschichte, S. 163.

eines Standes wurde man durch Geburt oder bewußte Akte der Aufnahme bzw. des Eintritts. Auf der Grundlage der genannten Gemeinsamkeiten entwickelten sich dichte Kommunikationsbeziehungen – standesspezifische Kommunikationsbeziehungen, standesspezifische Geselligkeits- und Heiratskreise z.B. – zwischen den Angehörigen eines Standes, oft über lokale Distanzen hinweg, durch ritualisierte symbolische Praktiken abgestützt. Die ausgeprägte Ungleichheit zwischen den Ständen war traditional, oftmals auch religiös legitimiert."[430] In Ammans Ständebuch aus dem Jahr 1568 begründete der Verleger Sigmund Feyerabend die Ständeordnung funktional: „Denn man muß not halben Reiche haben / die den Armen handreichung und hülff beweisen / so muß man widerumb auch Arme haben / welche den Reichen mit Handwercken und sonst zu arbeiten geschickt seyen. Denn wer wolt [s]onst allerley nutzbarliche und notwendige Arbeit / dem Menschlichen Geschlecht dienstlich / vollbringen: Niemand zwar / wo wir alle in gleichem Standt und Reichthumb lebeten. ... Der halben sol ein jeglicher in seinem Stand / Beruff oder Handwerck / dareyn i[h]n Gott gesetzt / wol zu frieden seyn / und trewlich darinnen fortfahren / in betrachtung / daß auch der geringste / und ärmeste Mensch / er sey was Wesens / Wird / oder Standts er wölle / bey der Göttlichen Maiestat nicht vergessen sey."[431] Die Schneider Frankfurts am Main rechtfertigten die Ständeordnung noch 1732 mit den Worten: Dass sie „'dasjenige sei, wodurch ein jeder Stand in der Welt in seinen gebührenden Maßen erhalten wird, ist allen geistlichen, natürlichen und weltlichen Rechten gemäß'".[432] Seit dem 18. Jahrhundert löste sich das Ständewesen allmählich auf; aber erst mit der Abschaffung des Adels in der Weimarer Reichsverfassung verschwand es 1919 endgültig.[433]

Das klassische mittelalterliche Ständemodell unterschied „Lehrstand" (Klerus), „Wehrstand" (Adel) und „Nährstand" (Bauern). „Durch die Einbeziehung der in den Städten lebenden Handwerker und Kaufleute sowie der Gelehrten versuchten jüngere Deutungsschemata, die klassische Ständetrias zu modifizieren und der Bedeutung der sich neu herausbildenden sozialen Gruppen Rechnung zu tragen. Jedoch führten diese Bestrebungen nicht zu einer wirklichen Revision der Vorstellung von einer dreigeteilten Gesellschaft, die vor allem in der spätmittelalterlichen und frühneuzeitlichen Literatur und Kunst die Wahrnehmung sozialer Wirklichkeit prägte." Obwohl das Wort „Stand" auf die Unabänderlichkeit der Ordnung abhebt, waren die Stände in sich gegliedert, und soziale Mobilität innerhalb der Stände und zwischen ihnen existierte.[434]

Die Städte fielen aus dem ländlichen Gegebenheiten angepassten Ständemodell eigentlich heraus, orientierten sich aber an ihm. Die Spitze der städtischen Stände bildete der adelige Stadtherr; unter diesem befanden sich der Klerus und

430 Kocka, Stand, S. 34; vgl. Wörterbuch der Soziologie, hrsg. von Günter Endruweit und Gisela Trommsdorff, Stuttgart 1989, S. 690.

431 Amman, Ständebuch, S. IXf.

432 Schembs, Dach, S. 66.

433 Kocka, Stand, S. 115; Wiest, Entwicklung, S. 47.

434 R. Mitsch, in: Lexikon des Mittelalters. Studienausgabe, Stuttgart/Weimar 1999, Band VIII, Sp. 45ff; Zitat: Sp. 47; Manz, Ordo-Gedanke, S. 48f, 51ff; Schulze, Gesellschaft, S. 5f, 8f; Amman, Ständebuch, S. 142.

die politische und wirtschaftliche Führungsschicht aus Fernkaufleuten und Ministerialen, darunter dann die Handwerker. Auch wenn körperliche Arbeit nicht als besonders erstrebenswert galt und dem Adel sogar verboten war, wurde sie doch als unentbehrlich für die Gesellschaft anerkannt. Über den Handwerkern rangierten die Berufe, die nicht körperlich arbeiten mussten – auch in der heutigen Zeit genießen „white-collar-jobs“ ein höheres Ansehen als „blue-collar jobs“ –, das Handwerk wurde aber als vollwertiger Teil der Ständeordnung betrachtet. Daneben wurden spätmittelalterliche und frühneuzeitliche Städte von zahlreichen Menschen bewohnt, die neben der bürgerlichen Ständeordnung angesiedelt waren – etwa Gäste oder Juden – oder unter ihr wie Halbbürger (Einwohner, Insassen usw.) und unterbürgerliche Arme; wie weit nach unten sich die städtische Ständeordnung erstreckte, war von Fall zu Fall verschieden.

An welcher sozialen Position genau sich die Handwerker einer Stadt befanden, hing von variablen lokalen Umständen ab, ihrer wirtschaftlichen Bedeutung und politischen Macht. Im Allgemeinen waren diejenigen Zünfte die vornehmeren, die dem Handel näher standen, reicher und älter waren und deren Mitglieder über eine höhere Kunstfertigkeit verfügten. Die Zunfthandwerker waren sich ihres Standes bewusst und kämpften darum, ihre Position in der Ständegesellschaft zu erhalten oder zu verbessern. Öffentliche Auftritte waren gute Gelegenheiten, um den sozialen Rang zu demonstrieren.

Für den einzelnen Zunfthandwerker gab es ständischen Aufstieg nur, wenn er sein Handwerk verließ. Innerhalb der Zunft waren seinem Expansionsdrang meist enge Grenzen gezogen, es sei denn eine Handwerkszunft akzeptierte Händler in ihren Reihen. Als nichtzünftiger Freimeister, zum Beispiel als Hofhandwerker, konnte er vielleicht die zünftigen Betriebsgrößenbeschränkungen hinter sich lassen, blieb aber trotzdem im selben Stand. Zwei Wege standen ihm offen, um einen höheren Stand zu erreichen. Er konnte das Handwerk aufgeben, sich dem Handel zuwenden und über den nichtpatrizischen Handel schließlich ins Patriziat aufsteigen. Dieser Fall kam bis ins 16. Jahrhundert häufiger vor. Außerdem bestand die Möglichkeit des intergenerativen Aufstiegs, indem der Handwerker seinen Kindern eine höhere Schulbildung angedeihen ließ und sie für den geistlichen oder administrativen Dienst, eine Tätigkeit als Arzt oder die akademische Laufbahn vorbereitete. Diese Form des Aufstiegs wurde im Laufe der Frühen Neuzeit die typische für Zunfthandwerker, da sich die städtischen Führungsschichten dem direkten Aufstieg zunehmend verschlossen.[435] Vice versa verschlossen sich die Zünfte seit dem 15. Jahrhundert unehelichen Kindern der höheren Stände.[436]

Zu den Menschen, die in der Ständehierarchie unter ihnen angesiedelt waren,

435 Maschke, Mittelschichten, S. 2, 13–19, 22f; Wunder, Struktur, S. 132f; Planitz, Stadt, S. 263f; Rörig, Stadt, S. 15, 99f, 102; Ennen, Die europäische Stadt, S. 300; Ennen, Frühgeschichte, S. 335f; Kocka, Stand, S. 96, 113f, 161, 181; Oexle, Dreiteilung, S. 39f; Farr, Artisans, S. 10f; Siemann, Gesellschaft, S. 147; Schmidt, Zunftzeichen, S. 6; Rumpf, Handwerkerleben, S. 67; Mayer, Geschichte des deutschen Handwerks, S. 47; Loesch, Zunfturkunden I, S. 29*f; Ludwig, Technik, S. 16, 21, 27; Epstein, Wage labor, S. 186; Kurze, Lob, S. 127ff; Kintzinger, Eruditus, S. 168; Böhmert, Beiträge, S. 8, 26; Hemmen, Zünfte, S. 20; Voigt, Handwerk, S. 40f; Thamer, Handwerksehre, S. 86; Proesler, Handwerk, S. 48.

436 Vgl. Kapitel 3.1.1.

bauten die Zünfte kaum Barrieren auf. Selbstverständlich unternahm man Einiges, um eine gesellschaftliche Abwertung des Zunftwesens zu verhindern: Man diskriminierte nichtzünftige „Pfuscher“ und legte großen Wert darauf, sich in der öffentlichen Wahrnehmung deutlich von den unteren Ständen zu unterscheiden.[437] Trotzdem blieb die Grenze durchlässig. Sofern sie nicht die zünftigen Ehrbarkeitsregeln verletzten, wurden Angehörige der unteren Stände als Lehrlinge akzeptiert. Da sich generationenübergreifende Familienbetriebe kaum bildeten, bestand stets ein Bedarf an Nachwuchs aus den unteren Ständen. Wer das Lehrgeld nicht aufbrachte, dem baute man Brücken durch die Möglichkeit, die Lehrzeit zu verlängern. Die Ehrbarkeitsregeln richteten sich zwar vornehmlich gegen Angehörige der unteren Stände, schlossen aber nur wenige von ihnen von einer Zunftlaufbahn aus. Einmal zum Lehrling geworden, stand einer zünftigen Karriere nichts mehr im Wege, falls sich der Kandidat den üblichen Verhaltensregeln gemäß verhielt.[438] Gegen den sozialen Abstieg eines Meisters errichteten die Zünfte keine effizienten Dämme, die soziale Sicherung ihrer Mitglieder blieb bescheiden. Seit dem späten Mittelalter waren viele Meister gezwungen, Nebentätigkeiten aufzunehmen, die normalerweise von Angehörigen der unteren Stände ausgeübt wurden. Trotz ihres sozialen Abstiegs blieben verarmende Meister – der Logik des Ständewesens entsprechend – Teil des „Mittelstandes“: Ihre schlechte wirtschaftliche Situation auf der einen und auf der anderen Seite ihre bevorzugte rechtliche Lage und ihr gehobenes Ansehen klafften weit auseinander.[439]

Wie man sich standesgemäß in der Öffentlichkeit zu zeigen hatte, war von der Mitte des 14. bis zum Ende des 18. Jahrhunderts – während der Blütezeit des Ständewesens – in Kleiderordnungen festgelegt. Die Untertanen sollten vor einer Überbeanspruchung ihrer Privatvermögen infolge von Kleiderluxus geschützt werden. Landesväterliche Fürsorge sah im Vermögensverfall der Einzelnen und ihrer Familien eine Gefährdung des Staatswesens. Seit dem 16. Jahrhundert wurde der Transfer von Geld ins Ausland zum Erwerb luxuriöser Kleidung kritisiert. Im 16. und 17. Jahrhundert wurden „Hoffart“ und Luxus als Sünden apostrophiert, sexuelle Anspielungen der Kleidung als moralisch verwerflich. Seit dem Ende des 15. Jahrhunderts strebten die Kleiderordnungen danach, die verschiedenen Stände gegeneinander abzugrenzen. Die Ständeordnung hatte sich inzwischen gefestigt, ihre äußerliche Manifestation in der Auswahl der Kleidungsstücke schien angeraten. Das Bestreben der absolutistischen Fürsten, einen einheitlichen Untertanenstand zu schaffen, führte zum allmählichen Verblassen der ständischen Motivation der Kleiderordnungen seit der Mitte des 18. Jahrhunderts.[440]

Die Vielfalt und Benennung der Stände in den Kleiderordnungen differierte im Einzelnen, es gab aber immer eine Hierarchie vom Adel über das höhere und niedere Bürgertum bis hinab zu den Bauern.[441] In den Städten wurden vielfach drei, bisweilen auch mehr Stände unterschieden, wobei die Handwerker stets in

437 Vgl. Kapitel 4.1.1. und 5.3.2.
438 Vgl. Kapitel 3.2.
439 Vgl. Kapitel 4.6.
440 Vgl. Baur, Kleiderordnungen, S. 120–128; Eisenbart, Kleiderordnungen, S. 54–58, 65–103.
441 Vgl. Baur, Kleiderordnungen, S. 130.

der Mitte eingeordnet wurden.[442] Zwischen den verschiedenen Handwerken wurden Standesunterschiede gemacht. In einer Straßburger Kleiderordnung von 1660 wurden die Schuhflicker und Korbmacher mit Tagelöhnern und Hirten auf eine Stufe gestellt; unter ihnen standen nur noch Mägde und andere lohnabhängige Frauen. Einen Stand höher befanden sich die meisten Handwerke, während noch einen Stand höher Kunsthandwerker, Schriftgießer, Buchdrucker, Seidensticker und Uhrmacher eingeordnet wurden. Über diesen schließlich gab es auf zwei Stufen Angehörige der Führungsschichten.[443]

Zwischen Meistern und Gesellen differenzierten die Kleiderordnungen, wenn auch beide Gruppen nicht allzu weit auseinander lagen. Die Nennung der Gesellen in Kleiderordnungen seit dem 15. Jahrhundert spiegelt ihre Anerkennung als eigenständige soziale Gruppe. Als einzigen von allen Ständen kennzeichnete den „Gesellenstand", dass er gewöhnlich nur vorübergehend bezogen wurde und man ihn auf einem definierten Weg wieder verlassen konnte.[444] Der Kampf der Obrigkeiten gegen die selbstbewussten Gesellen manifestierte sich darin, dass den Gesellen ihre ständische Qualität aberkannt wurde. Ein preußischer Kammerdirektor kommentierte zu Beginn des 18. Jahrhunderts: „'Diese Leute bilden sich ein, als wann sie ein besonderes Corpus oder Statum in Republica formierten, da sie doch vor nichts weiter als Arbeitsgehilfen vor Lohn zu considerirен sind.'"[445]

Regelungen für Männer aus der Kleiderordnung der bayerischen Herzöge Wilhelm und Ludwig von 1526[446]

„Der Mann von Adel, der Ritter oder Doktor ist, darf zwei Gewänder aus Seide, Samt, Atlas, Damast oder aus anderen Seiden besitzen, die mit Marder überfüttert werden dürfen. Die Verbrämung kann aus einer Elle Samt bestehen, aber nicht aus goldenen oder silbernen Geweben oder Stoffen. Der Ritter soll auch nicht ‚über hundert gulden schwer golts' an Ketten oder anderen Schmuck tragen und an einer Haube nur zwei Unzen Gold, sonst aber keinen Goldschmuck an den Gewändern.

Der Adelige, der weder Ritter noch Doktor ist, soll sich vom Ritter nur insoweit unterscheiden, als er nur eine Kette zu 5 Gulden, kein Kleid aus Samt und keine Perlen tragen darf. ...

Ein deutlicher Unterschied besteht zwischen den männlichen Angehörigen der Geschlechter und des Adels. Erstere dürfen keine Goldketten tragen, noch Gold an den Hauben, sondern nur zwei Unzen Silber, Samt und Atlas kann nur für das Wams, nicht aber für ganze Kleider verwendet werden, die aus Damast, Dobin, ‚daffet' und anderen minderwertigeren Seiden gefertigt werden sollen. ...

Der reiche Bürger und Kaufmann darf keine Seiden zu Gewändern, die aus Schamlott, Sattin, Wurschet, Arles und gutem wollenem Tuch bestehen sollen, verwenden, mit Ausnahme von Damast, Daffet und Zendl zu Wämsern. Auch

442 Eisenbart, Kleiderordnungen, S. 60f.
443 Vgl. Eisenbart, Kleiderordnungen, S. 62f.
444 Mummenhoff, Handwerker, S. 94; Bräuer, Gesellen, S. 80. Vgl. Kapitel 3.2.2.3.1.
445 Zerwas, Arbeit, S. 54.
446 Baur, Kleiderordnungen, S. 46–49.

alles Gold ist verboten und nur eine Unze Silber als Schmuck von Haube, Brusttuch und anderen Kleidungsstücken erlaubt, Kehlmarder-, Feh- und Fuchspelz wird als Birettfutter zugestanden und die Verbrämung der Kleider nur noch mit einer halben Elle Sammt. ...

Die Handwerksmeister sollen an Stoffen Sattin, Wurschet, Arles und gutes Tuch – außer Scharlach – zu Röcken und Schauben tragen und Daffet, Zendlturt und andere Seiden zu Wämsern, an Pelz nur Fuchs- und Schwarzkropf und kein Gold in Hauben, Brusttüchern und Hemden. Dies gilt nur dann, wenn sie nicht dem Rat in Stadt oder Markt angehören; als Ratsmitglied können sie sich wie die ‚Alten Burger und vermöglichen Kaufleuthe' kleiden. ...

Landsknechte und Handwerksgesellen dürfen kein Gold und Silber, keinen Sammt, kein Marderfutter und auch kein gefüttertes Birett tragen. Ähnlich den einfachen Bedienten, denen ein Tuch zu einem halben Gulden die Elle und ein Haarband aus Sammt erlaubt ist. Die bäuerliche Bevölkerung, die Taglöhner in Städten und Märkten und die Magd des Pfarrers sollen all ihre Kleidungsstücke, Röcke, Kappen, Hosen und Mäntel nur aus einem Tuch – die Elle zu einem halben Gulden – fertigen. Der Pelz zu Futter und einer drei Finger breiten Verbrämung darf nur von Lämmern und Geißen, Königswammen und Weißkröpf genommen werden. ... Darüber hinaus werden den Bauern und Taglöhnern zwei weitere, keinem anderen Stand sonst auferlegte Vorschriften gemacht: Zum einen dürfen sie kein Birett, sondern ‚huet schläppel' zu 10 Kreuzern tragen, zum anderen sollen sie ihre Kleidung nicht geschlitzt und ‚gestückht' anfertigen, auch nicht die reichen Bauern, ausgenommen nur der vermögende Wirt."

2.6.2. Schichten

Die neuere Literatur zur historischen Städteforschung lässt den Ständebegriff zurücktreten und spricht lieber von Gruppen und Schichten als prägenden gesellschaftlichen Strukturen.[447] Zweifellos gehörte der Handwerker des Mittelalters und der Frühen Neuzeit verschiedenen sozialen Gruppen wie seiner Familie, Stadt, Kirchengemeinde oder Zunft an. Neben der Zugehörigkeit zu einem Stand beeinflusste vor allem die zu einer Schicht seine Position innerhalb der gesellschaftlichen Hierarchie, wobei letztere von den genannten Gruppen abhängig war. Mehr als der Standes- betont der Schichtbegriff (neben anderen Dimensionen) die wirtschaftliche Komponente der sozialen Lage. Üblicherweise werden die Meister den Mittel- und die Gesellen den Unterschichten zugerechnet.[448] Die historische Wirklichkeit war indes weit komplexer.

Seit dem 14. Jahrhundert sind Vermögensunterschiede in der Handwerkerschaft nachzuweisen, die sicherlich auch vorher schon bestanden haben. Edelmetall verarbeitende und Nahrungshandwerke waren wohlhabender als die Massenberufe des Textil- und Bekleidungshandwerks. Je näher am Handel ein Handwerk

447 Ennen, Die europäische Stadt, S. 242; Oexle, Dreiteilung, S. 25f.

448 Schanz, Geschichte, S. VII; Reininghaus, Entstehung, S. 222, 227; Gerteis, Städte, S. 165; Bräuer, Gesellen, S. 105.

war und je luxuriöser seine Produkte, desto reicher war es zumeist. Krämer, Handwerker-Verleger und Kunsthandwerker konnten so reich werden, dass sie den Oberschichten oder oberen Mittelschichten angehörten. Umgekehrt verarmten Alleinmeister in kapitalarmen Handwerken wie der Schneiderei manchmal so, dass sie in die Unterschichten rutschten, teilweise bis zum Bettlertum. „Die Vermögensunterschiede waren in den kleinen Städten, wo das Handwerk in der Regel mit Ackerbau gekoppelt war, geringer als in den mittleren und großen Städten; sie waren besonders groß in den Exportgewerbestädten."[449]

Auch innerhalb eines Handwerks einer bestimmten Stadt kam es zur Differenzierung der Einkommen und Vermögen, obwohl in der Mehrzahl der Fälle eine mittlere gesellschaftliche Lage für die Handwerksmeister typisch war.[450] Für Konstanz untersuchte Klaus D. Bechtold die Vermögensverteilung im 14. und 15. Jahrhundert. Er stellte große Unterschiede zwischen den verschiedenen Handwerken fest. Handels- und Nahrungsgewerbe (Krämer, Mertzler, Bäcker, Metzger, Weinschenken und Gerber) rangierten in der Vermögenstabelle oben. In der Mitte befanden sich Fischer, Schuhmacher und Binder, die anderen Handwerke (darunter die Konstanzer Massenhandwerke) waren sehr arm. In den einzelnen Zünften gab es riesige Vermögensunterschiede. In fast jeder Zunft gab es einzelne reiche Meister, eine große Gruppe (50% oder mehr) von Vermögenslosen – die keine Steuern zahlten – und eine mehr oder minder große Gruppe mittlerer Vermögen.[451]

„In Würzburg bestand [im 16. Jahrhundert] zwischen dem größten und dem kleinsten Vermögen bei den Büttnern ein Verhältnis von 1:1800, bei den Lobern von 1:2200 und bei den Glasern sogar von 1:2500. Noch extremere Relationen ergaben sich in Konstanz bei den Krämern, Metzgern, Weinschenken und Goldschmieden mit bis zu 1:10000 und bei den Mertzlern, Schuhmachern, Zimmerleuten und Gerbern mit bis zu 1:5000. Der reichste Metzger Schwäbisch Halls besaß ein 220mal größeres Vermögen als der ärmste. Verhältnisse von 1:100 finden sich etwa bei den Gerbern zu Basel und den Tuchmachern zu Görlitz."[452] Zu ähnlichen Ergebnissen kamen Vergleiche mit anderen europäischen Städten, auch für die Frühe Neuzeit.[453] Für die Kölner Lohgerber im 16. Jahrhundert wurde nachgewiesen, dass rund 40% arme Meister waren, die als Lohnwerker arbeiten mussten, während 20% den Status eines Handwerker-Verlegers erreichten.[454]

In Nürnberg waren gegen Ende des 18. Jahrhunderts die Verhältnisse ausgeglichener: Das reichste Zehntel der Gewerbetreibenden war deutlich wohlhabender, das ärmste Zehntel beträchtlich ärmer als der Rest, der eine relativ homogene Gruppe bildete.[455] In Oldenburg gehörten 1744 drei Handwerksmeister, die

449 Handbuch Wirtschaftsgeschichte, S. 577; vgl. Schönberg, Bedeutung, S. 77; Köhler, Einzelhandel, S. 180–212; Puschner, Handwerk, S. 84; Maschke, Mittelschichten, S. 11; Ehmer, Denken, S. 68.

450 Göttmann, Bäckerzunft, S. 73; Emig, Berufserziehung, S. 94.

451 Bechtold, Zunftbürgerschaft, S. 72f, 153f.

452 Ziekow, Freiheit, S. 66f.

453 Farr, Artisans, S. 114–126.

454 Schmidt, Frühkapitalismus, S. 82.

455 Wiest, Entwicklung, S. 56.

gleichzeitig Handel betrieben, der oberen Mittelschicht an. Das Gros der Meister war der mittleren Mittelschicht zuzurechnen, ein kleiner Teil der Unterschicht.[456]

Im 19. Jahrhundert vertieften sich die Gräben zwischen Arm und Reich, vor allem in größeren Städten. „Die Zahl der Alleinmeister wuchs, und ihr Anteil an allen Handwerkern auch, zumindest bis zur Mitte des 19. Jahrhunderts. Gleichzeitig nahm der an sich kleine Anteil zu, der auf die großen Betriebe entfiel. ... Die Einkommen der Meister wurden ungleicher, innerhalb der Meisterschaft ein und desselben Gewerbes wuchs die Differenz zwischen Arm und Reich – am wenigsten in den Nahrungsmittelgewerben, am stärksten bei den Schneidern, Schustern, Holz- und Metallhandwerkern. Und die Einkommensunterschiede zwischen den Branchen prägten sich schärfer aus. Die Entwicklung der Marktverhältnisse bedingte und der allmähliche Abbau der Zunftordnung erleichterte die Ausdifferenzierung der Handwerkerschaft. Der Markt zerfraß den Stand."[457]
Gesellen, die einem Mittelschichthaushalt entstammten, gerieten nicht dadurch in die Unterschichten, dass sie während ihrer Gesellenzeit vorübergehend wenig Geld hatten, sondern blieben ihrer Herkunftsschicht treu. Ebenso wenig käme man auf den Gedanken, heutige Studenten den Unterschichten zuzuweisen, weil sie fast kein Vermögen und ein geringfügiges Einkommen haben, während sie nach Selbsteinschätzung und Lebensstil den Mittelschichten angehören. Anders verhielt es sich mit „ewigen Gesellen", die den Aufstieg zum Meister verpasst hatten. Ihre Schichtzuordnung war von den konkreten Verdienstmöglichkeiten abhängig und schwankte von daher je nach Handwerk, Konjunktur und persönlichen Lebensumständen. „Ewige Gesellen" gehörten ihrer realen Situation gemäß oft zu den oberen Unterschichten, trachteten sich jedoch von den Unterschichten mit einem mühsam aufrecht erhaltenen Elitebewusstsein abzugrenzen.[458]

456 Barnowski-Fecht, Handwerk, S. 49.
457 Kocka, Arbeitsverhältnisse, S. 322f; vgl. Schultz, Das ehrbare Handwerk, S. 28; Lenger, Sozialgeschichte, S. 26.
458 Schulz, Handwerksgesellen, S. 59; Bräuer, Gesellen, S. 106f; Schwarz, Lage, S. 375.

3. MENSCHEN

3.1. AUSGRENZUNGEN

Die Mitgliedschaft in einer Zunft war an persönliche und materielle Voraussetzungen geknüpft. Große Bevölkerungsgruppen waren – unabhängig von fachlichen Qualifikationen – von vornherein von der Mitgliedschaft ausgeschlossen. Während die Zünfte in der ersten Phase ihrer Entwicklung für weite Kreise offen waren, vermehrten sich seit dem Spätmittelalter die Ausschließungskriterien. Im Laufe der Frühen Neuzeit verloren einige Ausschließungskriterien an Bedeutung, andere kamen hinzu. Stets war mehr als der Hälfte der Bevölkerung die Mitgliedschaft in einer Zunft verwehrt, einem weiteren Viertel war sie ab dem 16. Jahrhundert eingeschränkt. In den Ausschließungskriterien spiegelten sich gesamtgesellschaftliche Trends, von den Zünften in einer spezifischen Weise adaptiert.

3.1.1. Die Ehrbarkeit

Eine der wichtigsten Voraussetzungen zur Aufnahme in eine Zunft war die Ehrbarkeit eines Bewerbers. Selbstverständlich musste das Mitglied während der gesamten Dauer der Mitgliedschaft ehrbar bleiben, der Stolz auf die Handwerks- und Zunftehre galt und gilt heute noch als konstituierender Bestandteil der Zünfte. Der Neuerungen abwehrende Gebrauch des Ehrbegriffs durch die Zünfte im 18. und 19. Jahrhundert brachte die Zunftehre in den Verruf, ein fortschrittsfeindliches Element zünftischer Starrhalsigkeit zu sein. Im Zusammenhang mit der Untersuchung von Gesellenstreiks und „unehrlichen", d.h. unehrenhaften, Personen und Verhältnissen in der traditionalen Gesellschaft erlebte der Ehrbegriff viel Beachtung in den wissenschaftlichen Diskussionen der jüngeren Zeit.

Eine allgemeingültige Definition der Ehre gibt es nicht. Was Ehre ausmacht, lässt sich immer nur aus dem Verhalten der Menschen in konkreten Situationen, insbesondere aus Ehrstreitigkeiten, erschließen.[459] In vormodernen Gesellschaften war die persönliche Ehre, die Unbescholtenheit des Rufs, für Männer und Frauen weit wichtiger als in der heutigen Zeit. „Sie war Voraussetzung für das Auskommen mit den Nachbarn, für den materiellen Erfolg ihrer Arbeit, für eine gute Heiratspolitik, für den Erwerb eines Amtes in der Dorf- oder Stadtgesellschaft. Sie begründete den sozialen Status jedes Einzelnen innerhalb seiner Gruppe wie innerhalb der Kommune. Die Ehre war zwar abhängig von ökonomischer Potenz und sozialer Position, besaß aber einen darüber hinausgehenden eigenständigen Wert, den jeder akzeptieren mußte, der selbst ein angesehenes Leben führen woll-

459 Dülmen, Mensch, S. 96f.

te."[460] Andreas Grießinger sprach in Anlehnung an einen Ausdruck des französischen Soziologen Pierre Bourdieu vom „symbolischen Kapital der Ehre".[461]

Ein karolingisches Kapitular schloss Spielleute, Schwätzer und Narren von gerichtlichen Funktionen aus.[462] Der zwischen etwa 1220 und 1235 verfasste Sachsenspiegel kannte den Begriff der Ehrlosigkeit, unter den unehelich Geborene, Lohnkämpfer in gerichtlichen Auseinandersetzungen und Spielleute gerechnet wurden.[463] Die Ausgrenzung von Unehelichen und Spielleuten fand sich später bei vielen Zünften.

In den Zünften trafen – analog zum Adel und dem städtischen Patriziat – die individuelle Ehre der Mitglieder und die Ehre der Zunft als Gesamtheit aufeinander.[464] Beide sollten im Idealfalle übereinstimmen, weil der schlechte Ruf eines Mitglieds den Ruf der Organisation samt all ihren Mitgliedern gefährden konnte. Die Zunft achtete darauf, die Ehre ihrer Mitglieder nicht nur in ihrer Eigenschaft als Mitglied zu gewährleisten, sondern ebenso in ihren sonstigen Verhältnissen. Eine – nach heutiger Auffassung – „private" Verfehlung eines Mitglieds betraf ebenso die berufliche Sphäre. Man kann zwar nicht sagen, dass „die Idee der Unehrlichkeit wohl in der Handwerkerwelt der mittelalterlichen Städte geboren wurde", wie Richard van Dülmen meinte.[465] Gleichwohl waren die Zünfte in besonderer Weise an der Ehre von Organisation und Mitgliedern interessiert. Der Ehrbegriff übernahm für sie Funktionen der internen Stabilisierung und der wirtschaftlichen und gesellschaftlichen Positionierung nach außen.

Der Appell an die persönliche Ehre schlug sich im Brauchtum der Zünfte nieder, dessen ausgeprägte Rituale symbolische Darstellungen des Ehrbegriffs beinhalteten. Bis ins kleinste Detail festgelegte Grußformeln und Verhaltensweisen bei den Zunfttreffen oder beim Auftritt auf öffentlichen Veranstaltungen machten jedem Mitglied klar, welch hohen Maßes an Disziplin es bedurfte, um der Zunftehre zu entsprechen. Die außerordentliche Stabilität der Institution Zunft über Jahrhunderte hinweg ist nicht zuletzt auf die integrative Kraft des Ehrbegriffs zurückzuführen.

Während ein Großkaufmann seinen Geschäften gewöhnlich ein nennenswertes Geldkapital unterlegte, hatten Zunfthandwerker nur selten diese Möglichkeit. Vertrauen in ihre Solvenz fasste der Geschäftspartner, weil er sich auf die Ehrbarkeit des einzelnen Handwerkers und deren Kontrolle durch die Zunft (und die Obrigkeit) verlassen konnte. Der Ersatz von Kapital durch vertrauensbildende Maßnahmen war auch noch die Geschäftsgrundlage der modernen Genossenschaftsbanken des 19. Jahrhunderts.

Die Zünfte positionierten sich in der gesellschaftlichen Mitte. Zu deren Verteidigung betonten sie den Abstand von den Unterschichten und strebten der Lebensweise der Oberschichten nach. Da dies mit Hilfe wirtschaftlicher Stärke oder

460 Dülmen, Mensch, S. 1.
461 Grießinger, Kapital, S. 451.
462 Frensdorff, Zunftrecht, S. 35.
463 Frensdorff, Zunftrecht, S. 8.
464 Vgl. Schulz, in: Lexikon des Mittelalters. Studienausgabe, Stuttgart/Weimar 1999, Band IX, Sp. 690.
465 Dülmen, Mensch, S. 60.

politischen Einflusses nur selten möglich war, diente eine ausgeprägte Normbeflissenheit als Vehikel der ständischen Repräsentation nach innen und außen. Die Rigorosität einiger Zünfte bei der Anwendung des Ehrbegriffs ist die des Aufsteigers, der sich von seiner Herkunftsschicht abgrenzen will, indem er die Normen seiner Vorbilder konsequenter anwendet als diese selbst. Man suchte sich gegenseitig „in der Exklusivität zu überbieten."[466]

Zunftmitgliedschaft und Bürgerrecht bedingten in den Städten einander. Die Abgrenzung der Zünfte von unehrenhaften Personen und die Vermeidung unehrenhaften Verhaltens der Mitglieder waren gleichfalls städtische Angelegenheiten. Die Stadt hatte ein vitales Interesse an der Ehre ihrer Bürger. Der Ausschluss Armer entlastete die öffentliche Hand von Unterhaltszahlungen, der Ausschluss sozialer Randgruppen verhinderte Aufruhr, der Ausschluss von Personen zweifelhafter Ehre erhielt den tadellosen Ruf der Stadt. Die Ehrenhaftigkeit der Zunftmitglieder war ein Mittel der kommunalen Daseinsvorsorge.

Die Zünfte forderten von ihren Mitgliedern generell einen tadellosen Ruf oder „guten Leumund". Ihrer gesellschaftlichen Reputation förderlich waren Aufrichtigkeit und Ehrlichkeit, Achtung vor der Ehre der Mitmenschen, Gewaltlosigkeit, Maßhalten und überhaupt ein „anständiges" Verhalten.[467] Während es sich hierbei um einen gewöhnlichen Tugendkatalog handelt, nach dem sich eigentlich jeder Mensch richten sollte, legten die Zünfte besonderen Wert auf zwei Komplexe, die sich unter den Stichworten der „Ehelichkeit" und der „Ehrlichkeit" zusammenfassen lassen.

Die Pflicht zum Nachweis ehelicher Geburt für die Lehrlinge, Gesellen und Meister, teilweise auch für deren Ehefrauen oder Eltern, kam bereits im späten 13. Jahrhundert im Zunftrecht vor.[468] Die Eltern der Zunftaspiranten durften nicht getrennt leben.[469] Zunftmitglieder und Aspiranten durften keine außerehelichen Schwangerschaften herbeiführen. Seit dem 15. Jahrhundert wurde der Verkehr mit Dirnen als unehrenhaftes Verhalten aufgefasst.[470] In ihrer weitesten Auslegung galten diese Regeln nicht allein für den Betriebsinhaber, sondern für seine gesamte „familia", bestehend aus der Familie im engeren Sinne und den Mitarbeitern. Die Bedingung ehelicher Geburt für die Übernahme von Ämtern und anderen Positionen war als Druckmittel zur Eheschließung eine traditionelle christliche Forderung. Seit der Karolingerzeit hatten „Illegitime" kirchenrechtliche Nachteile zu erwarten.[471] Die Zünfte wandten das kirchliche Gebot allerdings in einer verschärften Variante an. Während die Kirche seit dem 12. Jahrhundert die nachträgliche Legitimation eines unehelichen Kindes infolge der Heirat seiner Eltern aner-

466 Hopp, Zunft, S. 50; vgl. Böhmert, Beiträge, S. 27; Wissell, Recht I, S. 273; Willoweit, Kindschaft, S. 64; Schulz, Norm, S. 80ff.

467 Vgl. Wissell, Recht II, S. 155–171.

468 Die Einbeziehung der Ehefrauen in die Ehrvorstellungen der Zünfte war konsequent, weil diese am Meisterbetrieb und am Zunftleben teilnahmen und ein Makel der Meisterfrau auf ihren Sohn, einen potenziellen Meisteraspiranten, abgefärbt hätte. (Scheschkewitz, Zunftwesen, S. 54.)

469 Moser, Steinmetz- und Maurerzunft, S. 81f.

470 Wissell, Recht II, S. 140–145.

471 Landau, Weihehindernis, S. 42ff.

kannte und fleißig Dispense von den kirchenrechtlichen Folgen der Illegitimität erteilte, blieben die Zünfte beim Ausschluss sämtlicher unehelichen Kinder.[472] Hochschulen verboten im 15. Jahrhundert nichtehelich Geborenen die Zulassung zur Promotion. Allerdings verfuhren sie dabei weniger streng als die Zünfte.[473] Vor allem in Norddeutschland wurde die Regel in ihrer vollen Schärfe exerziert, während süddeutsche und rheinische Zünfte sie später, seltener, weniger rigoros und mit vielen Ausnahmen anwandten.[474] Ferdinand Frensdorff erklärte das aus Unterschieden im Fernhandel. Norddeutsche Fernkaufleute hätten auf ihren Reisen eine große Zahl unehelicher Kinder gezeugt, die sie anschließend in Handwerkszünften unterbringen wollten, während das süddeutsche Fernhandelssystem mit seinen Handelsgesellschaften und deren festen Niederlassungen in den Haupthandelsorten weniger in diese Richtung tendiert habe. Der Ausschluss der Händlerkinder habe einen ständepolitischen Hintergrund gehabt.[475] Andere vermuteten eine Stoßrichtung gegen „die verhaßten Pfaffenkinder und Priestersöhne".[476] Der Bundesbrief der mittelrheinischen Schneider von 1565 schloss „Pfaffenkinder" von der Mitgliedschaft aus; sollte aber die Obrigkeit auf der Mitgliedschaft bestehen, so dürfe kein Geselle oder Lehrling bei ihnen arbeiten.[477] Die Konstanzer Leineweber verschlossen sich ebenfalls ausdrücklich gegen „Pfaffensöhne".[478] Johannes Warncke meinte, das Handwerk habe beabsichtigt, sich „von den Unehelichen frei zu halten, die aus höheren Ständen stammten, um diesen gegenüber seine Stellung zu wahren und um nicht als Tummelplatz für deren außereheliche Kinder zu gelten, über deren Herkunft Dunkel herrschte."[479]

Mindestens seit 1300 kamen Zunftausschlüsse von Personen vor, die selbst oder deren Eltern einen „unehrlichen" Beruf ausgeübt hatten oder ausübten. „Die Zahl der verpönten Berufe mehrte sich bald."[480] Dabei gab es erhebliche regionale Unterschiede.[481]

„Unehrliche" Berufe lassen sich in drei Gruppen einteilen. Zur ersten gehören alle, die einer nichtsesshaften Tätigkeit nachgingen, wie umherziehende handeltreibende Juden und Zigeuner und Hausierer allgemein, Spielleute, Musikanten, Schausteller, Scherenschleifer, Dirnen, Bettler oder Kesselflicker. „Armut und Heimatlosigkeit war das einzige sie Verbindende, vielleicht auch noch der allgemeine Verdacht auf Betrügerei, den man ihnen gegenüber hegte."[482] Die zweite Gruppe umfasste Tätigkeiten, die mit Schmutz, Strafe und Tod zu tun hatten, zum Beispiel die Totengräber, Gassenkehrer, Gerichts- und Polizeidiener, Abdecker oder Scharfrichter. Diese Personen hatten Kontakt zu üblen Dingen oder Perso-

472 Vgl. Schmugge/Braun, Dispense, S. 34; Schmugge, Einleitung, S. 4ff.
473 Schmugge/Braun, Dispense, S. 40.
474 Vgl. Schmugge/Braun, Dispense, S. 39; Schulz, Norm, S. 68ff; Decker, Bürger, S. 80.
475 Frensdorff, Zunftrecht, S. 18–35, 45–57.
476 Schmugge/Braun, Dispense, S. 49.
477 Schmidt, Zunfturkunden II, S. 411.
478 Horsch, Zünfte, S. 42.
479 Warncke, Handwerk, S. 48.
480 Frensdorff, Zunftrecht, S. 35f, Zitat: S. 36.
481 Vgl. Canzler, Zünfte, S. 97.
482 Dülmen, Mensch, S. 26.

nen, zu Unrat, ansteckenden Krankheiten, Kriminellen oder den nach damaliger christlicher Lehre verfemten Selbstmördern.[483] Schwieriger wird die Begründung für die „Unehrlichkeit" der Angehörigen von Berufen der dritten Gruppe, wie Müllern, Schäfern, Leinenwebern, Gerbern, Töpfern, Barbieren oder Nachtwächtern. Für diese Gruppe werden verschiedene Erklärungen angenommen. Schäfer waren nebenberuflich als Abdecker tätig, Bader betrieben ein Bordell, Nachtwächter wurden als Totengräber beschäftigt. Die Angehörigen dieser Berufe „verunreinigten" sich also durch Nebentätigkeiten. Müllern wurde im Osten Deutschlands Unehrlichkeit unterstellt, weil sie außerhalb der kommunalen Gemeinschaft lebten.[484] In Ostdeutschland galten auch Zeidler und Töpfer als unehrlich, Berufe, die häufig von Personen slawischer Abstammung ausgeübt wurden.[485] „Die Gewerbe der Müller, Leinweber und Schneider hatten das gemeinsam, dass der Besteller dem Handwerker Material übergab, ohne ihn bei dessen Bearbeitung oder Verarbeitung kontrollieren zu können. Die Erfahrung mochte oft gezeigt haben, dass der Empfänger einen Teil des Materials unterschlug oder sich davon mehr aneignete, als das Gesetz erlaubte."[486] Schäfer, Müller, Zeidler, ländliche Leinweber, Töpfer oder Schneider arbeiteten fernab der Stadt, jenseits der Zunftkontrolle.[487] Andere nahmen an, dass diese Gewerbe verachtet worden seien, weil Unfreie sie ausgeübt hätten.[488] Vielleicht spielte auch die Arroganz der Städter gegenüber der Landbevölkerung eine Rolle. Ehemalige Landhandwerker sollten keine Möglichkeit erhalten, Mitglied einer Zunft zu werden. Nicht allein die Berufsausübung, jegliche Kontakte zu derartigen Tätigkeiten und ihren Exponenten waren verboten: das Töten von Hund oder Katze, das Berühren eines verendeten Tieres oder eines Selbstmörders, das Speisen, Feiern oder Handeltreiben mit einer „unehrlichen" Person.[489]

Eine definitive Liste „unehrlicher" Berufe oder Tätigkeiten gibt es nicht. Die Zuschreibung von Ehre oder Ehrlosigkeit hing vom konkreten Einzelfall ab. Eine Gruppe konnte in einem Ort ehrlos sein und in einem anderen zu den höchsten Positionen zugelassen werden. Ein durch Zuschreibung unehrenhafter Mensch konnte seinen Makel eventuell ausgleichen, wenn er sich tatsächlich ehrenhaft verhielt.[490] Strikte Vorschriften kontrastierten einer lockeren Praxis.[491] Leider gibt es keine detaillierten Untersuchungen zu der Frage, in welchen gesellschaftlichen Zusammenhängen eine Etikettierung als „unehrlich" erfolgte, so dass die in der Literatur zu findenden Begründungen viel Spekulatives an sich haben.

483 Dülmen, Mensch, S. 63.
484 Dülmen, Mensch, S. 39f.
485 Hopp, Zunft, S. 58.
486 Frensdorff, Zunftrecht, S. 40.
487 Vgl. Warncke, Handwerk, S. 128; Ehrenburg, Gewerbefreiheit, S. 5; Aubin/Kunze, Leinenerzeugung, S. 6.
488 Wissell, Recht I, S. 147, 150, 167.
489 Dülmen, Mensch, S. 19f, 45. Religiöse und magische Aspekte der Ehrlosigkeit bleiben hier außer Betracht, da sie nichts Zunftspezifisches an sich haben. Vgl. Angenendt, Grundformen, S. 103.
490 Dülmen, Mensch, S. 22–25, 37.
491 Moser, Steinmetz- und Maurerzunft, S. 60.

Sicherlich wird man im einen oder anderen Fall annehmen müssen, dass die Erklärung der Unehrlichkeit aus taktischen Gründen erfolgte, um Missliebige oder Konkurrenten auszuschalten, doch ist dies keine allgemein gültige Erklärung, da sie ja ein verbreitetes Grundgefühl von der potenziellen Ehrlosigkeit einer bestimmten Tätigkeit voraussetzt. Für die zunehmende Anzahl der als „unehrlich" etikettierten Berufe muss es eine andere Erklärung geben als die angebliche Abschließungstendenz der Zünfte. Die Ehrloserklärung war kein geeignetes Mittel, um eine Zunft abzuschließen, da sie selbst bei einem wachsenden Katalog von ehrlosen Berufen nicht zuverlässig „griff".[492]

Ob der Ausschluss qua Ehrloserklärung überhaupt im Laufe der Jahrhunderte häufiger praktiziert wurde, ist ungeklärt. Die bessere Quellenlage des 18. Jahrhunderts und die Vehemenz der Gegner täuschen vielleicht über die wirkliche Situation hinweg. Für die Zünfte kursächsischer Kleinstädte im 18. Jahrhundert wurden kaum Belege ermittelt, die auf ein entsprechendes Verhalten der Zünfte hindeuten. In einem Fall fungierte der einzige Schlosser der Stadt zugleich als Totengräber und Nachtwächter, arbeitete also neben seinem ehrenvollen Hauptberuf in zwei unehrlichen Berufen. In einem anderen Fall wurden Handwerker, die uneheliche Kinder hatten, zwar bestraft, sie zahlten aber nur eine kleine Geldbuße und hatten ansonsten keine negativen Folgen zu gewärtigen.[493] Der Pragmatismus der Provinz ließ die Menschen über eine allzu gewissenhafte Auslegung von Zunftregeln hinwegsehen. Auch aus vielen anderen Orten ist bekannt, dass Vorschriften über Ehrlosigkeit im 18. Jahrhundert kaum noch zur Anwendung kamen; im Streitfalle stellten sie kein ernsthaftes Hindernis für einen Bewerber dar.[494]

In den Gesellenstreiks des 18. Jahrhunderts wurde die Zunftehre zum Kampfbegriff. Die Gesellen wollten die Zünfte voll funktionsfähig erhalten, weil sie ihnen ihren Platz in Wirtschaft und Gesellschaft garantierten. Gleichzeitig wollten sie innerhalb des bestehenden Systems ihre Interessen gegenüber den Meistern durchsetzen, denen sie die Verletzung der hergebrachten Zunftehre vorwarfen.[495]

Die Gesellen trafen nicht allein auf den Widerstand ihrer Meister, sondern in vielen Fällen auf den der Obrigkeiten. Diese bekämpften bereits seit dem 16. Jahrhundert die Diffamierung von Menschengruppen als Ehrlose, denn sie erkannten „in der Unehrlichkeit ein ihren rationalen absolutistischen Ordnungsvorstellungen widersprechendes System und suchten zum Ausgleich der verschiedenen gewerblichen Gruppen gegen diese ‚Ungerechtigkeit' vorzugehen."[496] Martin Luther hielt den Ausschluss Armer und Verachteter aus den Zünften für unchristlich.[497] Vertreter der Naturrechtslehre kritisierten die „Unehrlichkeit" als Verstoß gegen das natürliche Recht jedes Menschen, der nach seinen persönlichen Verdiensten beurteilt werden solle, nicht nach denen seiner Eltern. Exklusivitätsbestrebungen der Zünfte wurden als kontraproduktiv zur Peuplierungspolitik ange-

492 Vgl. Schulz, Norm, S. 80.
493 Keller, Kleinstadt, S. 79ff. Zu ähnlichen Beispielen für Gießen vgl. Weyrauch, Amts- und Gewerbeordnungen, S. 97.
494 Vgl. Kreutzberger, Gewerberecht, S. 70.
495 Vgl. Grießinger, Kapital.
496 Dülmen, Mensch, S. 23.
497 Thikötter, Zünfte, S. 149.

sehen. Der Ehrbegriff der Zünfte hindere wirtschaftlich Fähige am Aufstieg, während er Unfähige schütze.[498] Die Diffamierung hatte Nachwuchsmangel in den von ihr betroffenen Berufen zur Folge, der die Obrigkeiten zum Einschreiten veranlasste.[499] Erfolge verbuchten sie jedoch erst im 18. Jahrhundert, nachdem sich die absolutistische Regierungsweise in Deutschland durchgesetzt hatte. Der Reichsschluss von 1731 verbot den Zunftausschluss wegen der Zugehörigkeit eines Bewerbers oder seiner Eltern zu einem „unehrlichen" Beruf mit Ausnahme des Abdeckers, der 1772 „ehrlich" gemacht wurde.[500] Allmählich lockerten sich auch die Bestimmungen zur Unehelichkeit. Aufklärer kritisierten: Die „Frucht der unehelichen Liebe kann zum Feldmarschall und zum Minister, aber nicht zum Schuhmacher oder Schneidermeister reifen."[501] Ihrer christlichen Verhaftung halber blieb die rechtliche Diskriminierung unehelicher Kinder bis in das 20. Jahrhundert bestehen, die absolutistischen Fürsten durchlöcherten aber die konsequente Anwendung dieses Grundsatzes, indem sie eine zunehmende Zahl nachträglicher Legitimationen aussprachen.[502] In Sachsen wurde mit Gesetzen von 1833 und 1840 die Zunftmitgliedschaft für uneheliche Kinder freigegeben.[503] Nicht alle Handwerker nahmen den hergebrachten Ehrenkodex mehr ernst. Im 18. und 19. Jahrhundert wurde das alte Bürgerethos der „Ehrbarkeit" Zug um Zug vom modernen Ethos bürgerlicher Tüchtigkeit abgelöst.[504]

Die Beerdigung des Husumer Scharfrichters[505]

In Husum war 1656 der Scharfrichter gestorben. „Bei Gelegenheit dieses Todesfalles hatte der Rath der Stadt Husum 10 Leichenträger bestellt, davon waren aber nur 7 erschienen; 2, ein Schuhmacher und ein Schmied, waren ausgeblieben. Ein dritter Handwerker war zwar gekommen, als er aber sah, daß seine Genossen fehlten, weigerte er sich auch den Sarg anzurühren. Die 7 übrigen Träger erklärten, daß sie nicht im Stande seien, den Sarg zu tragen. Daher wandte sich der Prediger unter ‚vielen Bitten und Flehen' an die umstehende Bürgerschaft. Aber erst als der Magistrat selber die Bahre angriff, vermochte der Prediger die übrigen Träger zu gewinnen. Von den 3 Contravenienten wurden die zwei fortgebliebenen mit Gefängniß, der dritte, der sich bereit erklärt hatte zu tragen, wenn seine Amtsgenossen mit trügen, zu einer ansehnlichen Brüche [Geldstrafe] verurtheilt." Die Zunft, der die Bestraften angehört hatten, holte Rechtsgutachten bei Zünften in Lübeck und Hamburg ein. Die Lübecker Kollegen antworteten, „daß wann die Meistern

498 Böhmert, Beiträge, S. 38ff; Frensdorff, Zunftrecht, S. 71ff; Zunkel, Friedrich: Ehre, Reputation, in: Geschichtliche Grundbegriffe. Historisches Lexikon zur politisch-sozialen Sprache in Deutschland, hrsg. von Otto Brunner, Werner Conze und Reinhart Kosellek, Studienausgabe, Stuttgart 2004, Band 2, S. 1–63, hier: S. 44f.

499 Wissell, Recht I, S. 174.

500 Dülmen, Mensch, S. 19, 54f; vgl. Jahn, Gewerbepolitik, S. 30f; Proesler, Handwerk, S. 59*, 78*.

501 Hoffmann, Interesse, S. 2.

502 Frensdorff, Zunftrecht, S. 79f; vgl. Jahn, Gewerbepolitik, S. 29f.

503 Horster, Entwicklung, S. 3.

504 Emig, Berufserziehung, S. 352, 370.

505 Voß, Innungen, S. 50–53.

den Scharfrichter zu Grabe würden getragen haben, selbige mit gutem Gewissen keine Lehrjungens lehren könnten, auch kein Fremder noch heimischer Gesell mehr bei ihnen würde gearbeitet haben." Im selben Tenor antworteten die Hamburger Kollegen, die ihre Entrüstung über das Verhalten des Husumer Rates nicht verbargen. Der Husumer Rat entschied, in Zukunft die Zünfte in ähnlichen Fällen nicht mehr in Anspruch zu nehmen. „Dadurch ermuntert, weigerten sie sich auch im Jahre 1667 eines Nachtwächters Tochter zu Grabe zu tragen, weil die Nachtwächter die Uebelthäter, ‚wan selbige abgethan [hingerichtet] werden sollen', zu begleiten und demnach mit den Scharfrichtern Gemeinschaft hätten. Der Streit spitzte sich derart zu, daß die Nachtwächter ihre Entlassung nahmen und Husum längere Zeit ohne Nachtwache war." Der Landesherr, der dänische Herzog Christian Albrecht, entschied, dass in Zukunft jeder zu bestrafen sei, der sich weigere, einen Nachtwächter zu Grabe zu tragen.

3.1.2. Die Nationalität

In Städten der mittelalterlichen deutschen Ostsiedlung wurde Angehörigen der slawischen Bevölkerung – im damaligen Jargon als „Wenden" bezeichnet – die Mitgliedschaft in Zünften verweigert. In einer ausführlichen Studie zu dieser Frage, die sie unter der nationalsozialistischen Herrschaft an der Universität Breslau erstellt hatte, aber erst 1954 beim Herder-Institut in Marburg veröffentlichte, glaubte Dora Grete Hopp darin ein „Zeugnis vom völkisch-rassischen Fühlen einer breiten Schicht ostdeutscher Menschen" zu sehen.[506]

Den „Deutschenparagraphen" der Zunftstatuten sah sie am verbreitetsten in der Mark Brandenburg.[507] Auch in der Niederlausitz und den niedersächsischen Nachbargebieten der Mark Brandenburg einschließlich der führenden Hansestädte Nordostdeutschlands wurde er vielfach angewendet, während er in der Mark Meißen, der Oberlausitz und Schlesien seltener und später vorkam. Im Ordensland Preußen wurde er als Kampfmittel gegen polnisch-pruzzische Forderungen eingesetzt. In den deutschen Siedlungsgebieten Südosteuropas war das Bild uneinheitlich. Nirgends war der Ausschluss Nichtdeutscher von den Zünften flächendeckend realisiert.[508]

Außer im Deutschordensland hatten im 13. Jahrhundert Wenden überall die Möglichkeit, das Bürgerrecht zu erlangen; in den Stadträten waren Wenden ebenbürtig vertreten. Der erste Fall, in dem eine Zunft Wenden den Eintritt verweigerte, ist aus Beeskow in der Mark Brandenburg aus dem Jahr 1353 überliefert. Im Laufe der Zeit folgten zahlreiche weitere Zünfte. In den schwächer betroffenen Gebieten begann die Abgrenzung gegen Wenden meist wesentlich später. Obwohl

506 Hopp, Zunft, S. 88.

507 Hopp, Zunft, S. 3; zum Folgenden vgl. Hopp, Zunft, S. 8–16, 61–88; vgl. auch Schich, Ausschluß; Bucher, Zunft- und Verkehrs-Ordnungen, S. XXIV.

508 Selbst in Lüneburg, das Hopp als besonders wendenfeindlich einstufte, enthielten im Spätmittelalter nur 43,8% der Zunftordnungen den „Deutschenparagraphen", bei den Lehrlingen sogar nur 25,0%. (Scheschkewitz, Zunftwesen, S. 32.)

auch das Bürgerrecht an vielen Orten allmählich restriktiver an Menschen slawischer Ethnie vergeben wurde, scheinen die Zünfte noch restriktiver vorgegangen zu sein als die Städte.

Die deutschen Siedler waren als Träger einer überlegenen materiellen Kultur in das slawische Siedlungsgebiet gekommen. Sie hatten – teils von slawischen Herrschern – Privilegien erhalten, um den Landesausbau voranzubringen. Bis zum Spätmittelalter hatten die slawischen Bewohner ihre Fähigkeiten so weit entwickelt, dass sie in manchen Handwerken zunftfähige Leistungen aufwiesen. Die Privilegien der deutschen Handwerker gerieten in Gefahr. Während die patrizische Führungsschicht der Städte den sozialen Aufstieg der wendischen Unterschichten weniger fürchten musste, betraf er unmittelbar die Mittelschichten der Handwerker. Sie mussten wirtschaftliche Nachteile durch neue Konkurrenten befürchten und eine Minderung ihrer sozialen Positionen in der Stadt, wenn ihr Gewerbe sich der slawischen, vorzugsweise ländlichen Bevölkerung öffnete. Auch innerhalb des Zunftsystems – beim überregionalen Austausch der Gesellen – war mit Schwierigkeiten zu rechnen, falls man in den Verdacht geriet, weniger qualifizierte Handwerker zur Zunft zuzulassen.[509]

Die rigide Vorgehensweise des Deutschen Ordens gegenüber der slawischen Bevölkerung bediente sich der Zunftpolitik als einer Methode, die Macht gegen starke slawische Gegner zu behaupten. In großen Hansestädten solidarisierten sich die Fernhändler der Räte mit den Zünften insoweit, als die zweifelsfreie Qualität der Zunftprodukte für den Fernhandel Voraussetzung war. In Krakau erhielten zunächst allein die Deutschen Zunftrechte, weil der Stadt- und Landesherr nicht wünschte, dass dem Umland der Stadt Arbeitskräfte entzogen und Streitigkeiten mit den dortigen Grundherren hervorgerufen würden.

In baltischen Küstenstädten wurde der „Deutschenparagraph" auch auf die nichtslawische Bevölkerung angewandt. Teils öffneten sich die deutschen Zünfte Nichtdeutschen, sofern diese bereit waren, die herrschende deutsche Kultur innerhalb der Zünfte zu akzeptieren, teils schlossen sie ihre Konkurrenten konsequent aus.[510] Wurden in Riga Esten und Litauer diskriminiert, so waren es in Siebenbürgen Ungarn und „Wallachen".[511] Lübecker Zünfte schlossen Schotten aus; Schottland stand seit dem 14. Jahrhundert im Handel mit Bremen und Danzig, Lübecks Konkurrenten in der Hanse.[512] In hansischen Zünften wurde zu Beginn der Frühen Neuzeit kein Meister akzeptiert, der als Geselle in Skandinavien außerhalb der deutschen Handelsniederlassungen gearbeitet hatte. Vor allem gegen Dänemark, den damals stärksten Staat Skandinaviens und Hauptwidersacher der Hanse als unmittelbarer Nachbar des hansischen Vororts Lübeck und Herrscher über die Verbindung zwischen Nord- und Ostsee, richteten sich die Zünfte.[513]

Wie für das Entstehen, so waren für das Vergehen des „Deutschenparagra-

509 Auch die Anforderungen der Zünfte an die Ehrbarkeit der Mitglieder wuchsen seit dem 14. Jahrhundert in dem Bestreben, sich nach unten abzugrenzen. Vgl. Schich, Ausschluß, S. 129f.

510 Soom, Zunfthandwerker, S. 96f; Hopp, Zunft, S. 74f, 79.

511 Fischer, Volk, S. 100f; Rösler, Beitrag, S. 52f.

512 Fischer, Volk, S. 100f; Dollinger, Hanse, S. 323.

513 Vgl. Fischer, Volk, S. 100f; Bodemann, Zunfturkunden, S. LVII; Dollinger, Hanse, S. 380–384, 404f; Rörig, Stadt, S. 23.

phen“ wirtschaftliche Opportunität und politische Macht die entscheidenden Kriterien. Dahme in der Niederlausitz musste 1467 nach nur 15 Jahren die Bestimmung ersatzlos streichen, weil nicht ausreichend deutsche Handwerker zuwanderten, weshalb die Stadt Schaden zu nehmen drohte. In Polen und Böhmen war der deutsche Siedlungsanteil zu gering, um Exklusivität gegenüber der Mehrheitsbevölkerung durchsetzen zu können. Einige Sprachinseln Ungarns gaben die anfängliche Exklusivität der deutschen Zünfte im 17. Jahrhundert auf, als andere Bevölkerungsgruppen in der Lage waren, ähnliche wirtschaftliche Leistungen zu vollbringen. In Ostdeutschland schliff sich der Unterschied zwischen Deutschen und Wenden ab, jede eigenständige slawische Kultur außer den Sorben ging durch Assimilation unter, so dass es bald keinen Grund mehr gab, eine Abgrenzung vorzunehmen. Wo der „Deutschenparagraph“ in den Zunftordnungen verblieb, konnte er spätestens irgendwann in der Frühen Neuzeit nicht mehr angewendet werden, weil er auf niemanden mehr passte. Aufklärer kritisierten ihn als unzeitgemäß.

Die Fürsten des Absolutismus strebten nach einem einheitlichen Untertanenstand, der sich vermehren, Steuern zahlen und die inländische Produktion steigern sollte. Dieses Konzept störten Exklusivitätsregeln wie der „Deutschenparagraph“. In Salzwedel war es 1668 zum Streit um die Zunftfähigkeit der Wenden gekommen. Ein Betroffener wandte sich an seinen Landesherrn, den brandenburgischen Kufürsten, mit der Begründung, Wenden dürften Pfarrer oder Arzt werden, daher sei es unangemessen, sie von den Zünften auszuschließen. Umgehend erklärte der Kurfürst Wenden für zunftfähig. Diese Haltung hinderte ihn indes nicht, in den nächsten Jahren Zunftsatzungen zu genehmigen, in denen Wenden von der Mitgliedschaft ausgeschlossen wurden.[514]

Als die Zunftzeit ihrem Ende zuging, fand die antiquierte Bestimmung kaum noch Anwendung. Bevor völkische und rassistische Lehren aufkamen, war sie verschwunden.

Vielschichtig war das Verhältnis der deutschen Zünfte gegenüber den italienisch- und französischsprachigen Nachbarn, seinerzeit „Welschen“ genannt. Ihnen gegenüber konnte das Argument einer überlegenen deutschen Kultur nicht zur Geltung gebracht werden. Trennende Momente zwischen den Völkern resultierten nicht aus nationalistischen Diffamierungen, sondern aus wirtschaftlichen, sozialen und religiösen Unterschieden.

Seit den Völkerwanderungen der Antike gab es zwischen Deutschland und Italien einen regen Austausch. Die zweite Hälfte des 14. Jahrhunderts erlebte die erste Masseneinwanderung deutscher Handwerker und Arbeiter nach Italien, im Wesentlichen nach Norditalien. Deutsche Handwerker reisten als Pilger nach Rom, besuchten als Wandergesellen die berühmten italienischen Gewerbezentren und ließen sich dort nieder. Die Deutschen gründeten in Italien Bruderschaften, die Pilgerhospize und Altäre unterhielten und für die Beerdigung ihrer Mitglieder sorgten. Nur ausnahmsweise scheinen diese auch wirtschaftliche und nichtreligiös-gesellige Funktionen wahrgenommen zu haben; in diesen Fällen waren sie

514 Wissell, Recht I, S. 236ff.

meist den italienischen Zünften angeschlossen.[515] Italienische Handwerker reisten hingegen kaum nach Deutschland, abgesehen von Kunsthandwerkern, die – gewöhnlich außerhalb des Zunftwesens – Auftragsarbeiten für Kirchen, Adelshöfe und reiche Bürger übernahmen. Das Gesellenwandern hatte in Italien keine Deutschland vergleichbare Bedeutung.[516] Seit dem Ende des 16. Jahrhunderts verminderten sich die Handwerksbeziehungen zwischen Deutschland und Italien nachhaltig. Nachdem Deutschlands Handwerk in einigen Sektoren die technologische Führung übernommen hatte, bestand für deutsche Handwerker kaum noch ein ökonomischer Grund, italienische Städte aufzusuchen. Die Reformation versperrte katholischen Italienern die protestantischen deutschen Gebiete als Wanderziel und umgekehrt. Die Institution der „geschenkten Handwerke" grenzte das deutsche Zunftwesen von anderen ab.[517] In Italien gab es den Brauch des „Schenkens" nicht, italienische Gesellen waren folglich in Deutschland wenig willkommen. In Augsburg erhielten im 18. Jahrhundert „welsche" Gesellen bei den Kaminkehrern nur ein Drittel des sonst üblichen Geschenks, weil in ihren Herkunftsorten kein Geschenk gegeben wurde. Hierbei ging es nicht um „Welschenfeindlichkeit":[518] Die Augsburger Kaminkehrer bedachten neben Italienern und Franzosen auch die Bayern mit einem verminderten Geschenk.[519]

Das Verhältnis zu Frankreich wurde von ähnlichen Determinanten bestimmt.[520] Außerdem kamen Einflüsse hinzu, die aus der unmittelbaren Nachbarschaft zu Frankreich und der Einwanderung von Franzosen nach Deutschland herrührten. Die Konkurrenz französischer Handwerker und Kaufleute spürten besonders die unmittelbaren Nachbarn am Oberrhein, aber mitunter auch weiter entfernte Regionen. Der Baseler Stadtrat schloss 1541 zum ersten Mal Fremde welscher oder anderer Nation vom Erwerb des Bürger- oder Hintersassenrechtes aus, es sei denn, ihre Aufnahme sei für die Stadt von wirtschaftlichem Nutzen.[521] Der Straßburger Rat sperrte die Stadt in der Mitte des 16. Jahrhunderts gegen den Zuzug französischer Glaubensflüchtlinge; er befürchtete Massenarmut.[522] Einige Zunftordnungen in der Grafschaft Saarbrücken forderten im 18. Jahrhundert, dass ein Meisterkandidat seine Lehre bei einem reichszünftigen Meister absolviert haben müsse, ein Affront gegen das französische Lothringen.[523] Die deutschen Weißgerberzünfte, die in einem Bund mit dem Sitz in Frankfurt am Main vereinigt waren, beschlossen 1577, sich gegen Frankreich abzuschließen, weil die dortigen höheren Löhne Mitarbeiter aus Deutschland abzögen. Die Zünfte glaubten,

515 Doren, Handwerker, insbesondere S. 17.
516 Elkar, Lernen, S. 222f; Reith, Arbeits- und Lebensweise, S. 133.
517 Schulz, Handwerksgesellen, S. 91f.
518 Diese behauptete Knut Schulz; vgl. Schulz, Handwerksgesellen, S. 91.
519 Reith, Arbeits- und Lebensweise, S. 138.
520 Vgl. Schulz, Handwerksgesellen, S. 161f; Mummenhoff, Handwerker, S. 81; Reith, Strukturen, S. 130.
521 Schulz, Handwerksgesellen, S. 231. In Luzern klagten die Zünfte zwischen 1549 und 1590 über die Konkurrenz von Händlern und Zuwanderern aus verschiedenen Gebieten, u.a. über „welsche". (Dubler, Handwerk, S. 160f.)
522 Schulz, Handwerksgesellen, S. 235f, 246.
523 Johanni, Zünfte, S. 83.

dass die französischen Kaufleute keine gegerbten Häute mehr in Deutschland einzukaufen bräuchten, wenn sie deutsche Handwerker abwarben.[524]

Die Angst vor der französischen Konkurrenz war wohl begründet. Frankreich lieferte im Kunsthandwerk, aber auch im gehobenen Bekleidungsgewerbe in der Frühen Neuzeit Qualitäten, zu denen deutsche Handwerker nicht fähig waren. Die Regeln des französischen Zunftwesens waren vielfach lockerer als die deutschen. Am unmittelbarsten spürte man die geschäftlichen Beeinträchtigungen durch Franzosen, die sich im Reichsgebiet niederließen. Integrationsprobleme von Einwanderern vermischten sich mit den Spezifika des Zunftwesens zu einer eigenartigen Melange. Als sich 1609 ein Schneider aus Orleans bei der Gießener Schneiderzunft bewarb, nutzte diese das Meisterstück als Vehikel, um ihm den Beitritt zu verwehren. Der französische Kollege schneiderte auf französische oder italienische Art, die Gießener Schneider verlangten aber Meisterstücke auf „deutsche Art“. Der Landesherr machte schließlich eine Ausnahme zugunsten des Bewerbers.[525] Nicht immer verhielt man sich negativ zu französischen Einwanderern. Die Posamentierer Frankfurts am Main erhielten in demselben Jahr, in dem sich ihre Gießener Kollegen gegen einen Neuling wehrten, vom Rat auf ihre Bitte hin die Erlaubnis, „im Falle des Bedarfes bei fremden, welschen Lehrjungen von der Beibringung des Geburtsbriefes absehen zu dürfen.“[526]

Straßburg wurde 1681 dem französischen Staatsgebiet eingegliedert. Sofort kamen französische Handwerker in die Stadt, die sich bei der Beschäftigung von Mitarbeitern nicht an die üblichen Begrenzungen hielten, weil dies in Frankreich nicht üblich war.[527] Da Straßburg weiterhin dem Reichszunftgebiet angehören wollte,[528] stand man vor dem Dilemma, auf der Einhaltung der strengen deutschen Regeln beharren zu müssen, um sich keinen Verruf durch die deutschen Handwerker einzuhandeln, ohne diese Regeln gegen den französischen Staat durchsetzen zu können.

Im Jahr 1685 hob Ludwig XIV. das Edikt von Nantes auf, das den reformierten Hugenotten in Frankreich religiöse Toleranz gewährt hatte. In den folgenden Jahrzehnten verließen über 200.000 Hugenotten Frankreich. Protestantische deutsche Landesherren warben um ihren Zuzug, um ihr Territorium zu „peuplieren“ und von den Fertigkeiten der Einwanderer zu profitieren. Gut bekannt ist die hugenottenfreundliche Politik des brandenburg-preußischen Großen Kurfürsten, der den Immigranten Steuererleichterungen, freies Bauholz und die unentgeltliche Aufnahme in die Bürgerschaft anbot. Sie wurden von den Eintrittsgebühren der Zünfte befreit, waren aber nicht zum Beitritt verpflichtet. Teils arbeiteten die Hugenotten als staatlich konzessionierte Freimeister, teils gründeten sie eigene Zünfte.[529] In Berlin sperrten sich Zünfte verschiedentlich gegen die Aufnahme hugenottischer Handwerker, die sie als Wettbewerber betrachteten, „aber meistens

524 Schulz, Handwerksgesellen, S. 287.
525 Weyrauch, Amts- und Gewerbeordnungen, S. 128f.
526 Schmidt, Zunfturkunden I, S. 61*.
527 Como, Zunft, S. 34ff.
528 Löper, Rheinschifffahrt, S. 138f.
529 Sarre, Goldschmiede-Zunft, S. 44.

waren unterschiedliche Arbeitsverfahren und Zunfttraditionen der Grund für die Sonderung. Häufiger, als es die Quellen sagen, mögen auch einfach Sprachbarrieren ausschlaggebend gewesen sein. Alle diese Gründe stellten sich nun der wohl 1704 gebildeten königlichen Kommission für die Vereinigung der deutschen und französischen Zünfte entgegen. Der Widerstand kam von beiden Seiten. Das deutsche Handschuhmachergewerk fürchtete beispielsweise um seine Stellung als ‚geschenktes Handwerk', wenn es sich mit dem französischen vereinigte, das die Handschuhe außer Haus von Frauenzimmern nähen ließ! Die königliche Kommission solle zuvor die Bestimmung der anderen Städte im Römischen Reich einholen, von denen Breslau, Nürnberg und Wien besonders genannt wurden. Das war gewiß eine kaum akzeptable Forderung. Die Vereinigung kam denn auch nicht zustande. Noch 1783 ist ein besonderes französisches Handschuhmachergewerk in den Magistratsakten nachweisbar. Bei den Raschmachern waren es die Franzosen, die sich dem Drängen der deutschen Kollegen und dem Wunsch der Obrigkeit zumindest bis 1726 erfolgreich widersetzten. Die französischen ‚Etaminmacher' fürchteten nicht grundlos, von den Produktionsvorgaben des Rasch- und Zeugmachergewerks eingeschnürt zu werden. Ohne große Probleme vereinigten sich offenbar im Jahre 1709 die Knopfmacher, 1712 die Schlosser und schließlich 1715 die Hutmacher beider Nationalitäten in Berlin."[530] Auch für das schwierige Verhältnis zwischen Zünften und Hugenotten gilt: Stets ging es im Kern um wirtschaftliche Fragen, ergänzt um religiöse, soziale und (seltener) sprachliche Unterschiede, niemals aber um ethnische oder gar nationalistische Gegensätze.[531]

3.1.3. Die Religion

3.1.3.1. Juden

Während der Antike übten Juden eine Vielzahl handwerklicher Berufe aus.[532] Dies scheint sich beim Übergang zum Mittelalter geändert zu haben. Noch im südlichen Gallien der Merowingerzeit hatten Juden als Kaufleute, Richter, Zöllner, Ärzte, Münzmeister und grundbesitzende Bauern vielfältige Erwerbschancen.[533] Seit der Karolingerzeit kommen sie in den historischen Quellen in erster Linie als Fernkaufleute, Geldwechsler und Darlehensgeber vor, gelegentlich als Ärzte. Die Zerstreuung der Juden über viele Länder prädestinierte sie zum Aufbau eines internationalen Handelsnetzwerks. Das kanonische Zinsverbot erschwerte Christen die Vergabe von Krediten gegen Zinsen; sie mussten sich Umgehungsgeschäfte einfallen lassen, um trotzdem den in jeder Wirtschaftsordnung erforderlichen Kapitalverkehr durchführen zu können. Für Juden galt ein derartiges Verbot nicht, sie konnten die von den Christen gelassene Marktlücke ausfüllen. Die ärztliche Kunst beherrschten Juden dank ihrer Kontakte zur islamisch-arabischen

530 Schultz, Das ehrbare Handwerk, S. 114.
531 Vgl. Schultz, Das ehrbare Handwerk, S. 45.
532 Vgl. Wischnitzer, History, S. 11f, 48.
533 Battenberg, Zeitalter I, S. 47.

Welt schon früh auf einem Niveau, das im christlichen Europa noch unbekannt war. In diesen Wirtschaftssektoren wurden die Juden für die früh- und hochmittelalterliche Gesellschaft unentbehrlich.[534]

Seit dem 13. Jahrhundert verdrängten oberitalienische und einheimische Kaufleute die Juden von ihrer Vorherrschaft im Fernhandel. Die Juden wichen auf den Nahhandel aus. Vom 14. bis zum 16. Jahrhundert vertrieben zahlreiche deutsche Städte „ihre" Juden, die sich mit Unterstützung der Landesherren in Kleinstädten und auf dem Land in der Umgebung ihrer ehemaligen Wohnsitze niederließen. Zu ihrer neuen Aufgabe wurde die Vermittlung zwischen Stadt und Land.[535] „Was sie auf den Messen, Jahr- und Wochenmärkten der Städte einkauften, konnten sie auf dem Lande hausierend feilbieten, und was sie bei ländlichen Grundbesitzern und bäuerlichen Produzenten erstanden, konnten sie in die Städte bringen und dort günstig verkaufen. Der den Juden häufig weiterhin erlaubte kurzfristige Aufenthalt in den Städten zur Tätigung von Geschäftsabschlüssen ermöglichte ihnen außerdem die Kontaktaufnahme zu kreditbedürftigen Einzelbürgern, mit dem vielfach in den Städten unerwünschten Effekt, daß sich die Darlehensgeschäfte der Kontrolle des Rates entzogen."[536] Während des 17. und 18. Jahhunderts zerfiel die jüdische Gesellschaft in eine kleine Gruppe reicher Hofjuden und die Masse der unter sehr bescheidenen Umständen lebenden Landjuden, die sich nicht selten mit Gaunern, Dieben, Bettlern und Dirnen in Gemeinschaft befanden. Außerdem entstanden in einzelnen Städten neue jüdische Gemeinden.[537]

Da die historischen Quellen meist schweigen, geht man davon aus, dass in Deutschland im Mittelalter und der Frühen Neuzeit jüdische Handwerker Ausnahmefälle gewesen sind. Im Mittelalter wurde den Juden handwerkliche Betätigung nur selten explizit verboten, später regelten Polizei- und Judenordnungen sowie Einzelentscheidungen der Stadträte, der Landesherren und des Kaisers die erlaubten und verbotenen Gewerbe der Juden.[538] Während es in den islamisch beherrschten Ländern Europas und des Mittelmeerraums, in Süditalien und Spanien im Mittelalter zahlreiche jüdische Handwerker gab, spielte das Handwerk für die Juden nördlich der Pyrenäen und des Balkans (außer der Provence) kaum eine Rolle. Seit dem 15. Jahrhundert lebte jüdisches Handwerk in Böhmen, Mähren, Österreich und Polen-Litauen wieder auf.[539] In Deutschland fand man jüdische Handwerker überwiegend dort, wo es um die Selbstversorgung der Juden mit Produkten ging, welche die christliche Umwelt nicht herstellte. Metzger lieferten koscheres Fleisch, Schneider nähten rituelle Gewänder und die in Kleiderordnun-

534 Battenberg, Zeitalter I, S. 51, 59ff; Graus, Judenfeindschaft, S. 31; Ennen, Die europäische Stadt, S. 248.

535 Battenberg, Zeitalter I, S. 99, 123–126, 165.

536 Battenberg, Zeitalter I, S. 168.

537 Battenberg, Zeitalter I, S. 235; Battenberg, Zeitalter II, S. 9; Strauss, Juden, S. 71.

538 Vgl. Battenberg, Zeitalter I, S. 177ff; Sonntag, Zunftzwang, S. 44; Caro, Sozial- und Wirtschaftsgeschichte I, S. 432ff; Roth, Zunftherrlichkeit, S. 54.

539 Baron, Economic history, S. 147–151; Caro, Sozial- und Wirtschaftsgeschichte I, S. 141; Wischnitzer, History, S. 109ff, 125f; Strauss, Juden, S. 75.

gen Juden vorgeschriebenen Kleidungsstücke.[540] Darüber hinaus muss es eine kleine jüdische Handwerkerschaft gegeben haben, die auch für Christen produzierte. Die jüdischen Schlachter und Schneider nutzten ihre Geschäftschancen und verkauften an Nichtjuden, sofern es ihnen nicht untersagt wurde.[541] Mehrfach werden jüdische Glaser erwähnt, auch ein jüdischer Weber ist in den Akten einschlägig.[542]

In den Ländern Europas, in denen viele jüdische Handwerker lebten, gab es sowohl rein jüdische als auch religiös gemischte Zünfte unter jüdischer Beteiligung.[543] In Berlin existierte im Jahr 1313 eine Zunft der jüdischen Schlachter.[544] Da nur an wenigen Orten Deutschlands eine ausreichende Zahl jüdischer Handwerker lebte, um eine rein jüdische Zunft ins Leben zu rufen, dürfte es sich um eine Rarität gehandelt haben. Gemischte Zünfte gab es in Deutschland nicht, abgesehen von Einzelfällen, in denen an Peuplierung, Wirtschaftsförderung oder der Steigerung der Staatseinnahmen interessierte Landesherren seit dem 17. Jahrhundert Zünfte zwangen, jüdische Bewerber aufzunehmen.[545] Für die Landesherren war es nicht leicht, Zünfte zur Aufnahme von Juden zu bewegen, wollten sie nicht Nachteile für diese Zünfte innerhalb des Reichszunftsystems provozieren.[546] Die Zünfte lehnten von sich aus jüdische Mitglieder durchweg ab. Die Zunftordnungen enthielten selten Bestimmungen, die gegen Juden gerichtet waren, weil deren Ausschluss so „selbstverständlich“ war, dass er keiner Erwähnung bedurfte.[547] Indem man die Abstammung von christlichen Eltern voraussetzte, verhinderte man den Eintritt von Konvertiten. Wenn die Gießener Schreinerzunft 1605 ausnahmsweise „nur“ das Christentum des Bewerbers selbst voraussetzte, folgte sie der politischen Linie ihres Landesherrn, der den Juden seines Landes den Übertritt zum Christentum nahe legen wollte.[548] Dabei handelte es sich durchaus nicht um rassistische Vorurteile, wie in einer Schrift aus dem Jahr 1937 gemutmaßt wurde.[549] Die Ausdehnung einer Aufnahmebedingung auf die Eltern eines Bewerbers war vielmehr eine übliche Maßnahme der Zünfte, um jede Berührung des Zunftlebens mit unerwünschten Personen zu vermeiden. Ähnliche Klauseln findet man bei den Ehrbarkeitsregeln.

Aus der Sicht der Zünfte sprachen erhebliche Gründe gegen die Aufnahme von Juden. Sie waren nicht allein keine Christen, sondern wurden dem verbreiteten Antijudaismus zufolge in einer dezidierten Gegnerschaft zum Christentum

540 Baron, Economic history, S. 39; Steinkamp, Stadt- und Landhandwerk, S. 8, 82; Weyrauch, Amts- und Gewerbeordnungen, S. 98; Bessenrodt, Handwerk, S. 78f.

541 Vgl. Steinkamp, Stadt- und Landhandwerk, S. 8, 82; Bessenrodt, Handwerk, S. 78f; Wischnitzer, History, S. 88f; Habicht, Stadt- und Landhandwerk, S. 93ff.

542 Vgl. Baron, Economic history, S. 39; Warncke, Handwerk, S. 55; Canzler, Zünfte, S. 127; Salow, Zunftwesen, S. 68. Glashütten befanden sich auf dem Land, die jüdischen Glaser und Weber dürften dem zunftfreien Landhandwerk angehört haben.

543 Wischnitzer, History, S. 83, 109ff, 190ff; Haupt, Wege, S. 27.

544 Wissell, Recht I, S. 111.

545 Vgl. Canzler, Zünfte, S. 127.

546 Rohde, Entwicklung, S. 195.

547 Caro, Sozial- und Wirtschaftsgeschichte II, S. 166.

548 Weyrauch, Amts- und Gewerbeordnungen, S. 108f.

549 Vgl. Warncke, Handwerk, S. 55.

gesehen. In einer christlich geprägten Organisation wie den Zünften sollte für sie kein Platz sein. Die Kredite der Juden nahm man zwar gern, unterstellte den Kreditgebern aber Wucher, weil jegliches Zinsnehmen als Ausbeutung des Schuldners gewertet wurde.[550] Die christliche Verurteilung der Juden war der Boden, auf dem andere Ressentiments gedeihen konnten. Jüdische Hausierer gehörten zum fahrenden Volk, das man misstrauisch betrachtete, noch dazu, wenn es arm war; umherziehende Juden machten sich ehrlos. Angesichts des überwältigenden Anteils des Hausierer unter den Juden seit dem Ausgang des Mittelalters war es ein psychologisch kleiner Schritt der Generalisierung, um vom hausierenden Juden auf „den Juden“ zu schließen. Jüdische Kleinhändler, die sich im Umland der Städte aufhielten, waren ebenso wie nichtjüdische Krämer Wettbewerber der Zünfte, denn sie reduzierten die Absatzmöglichkeiten der Zünfte auf dem Land und brachten auswärtige Waren auf die städtischen Märkte. Selbst wenn man ihnen lediglich Trödellizenzen erteilte, war ihr Neuwarenhandel kaum kontrollierbar.[551] Als Konsument profitierte man vom Warenangebot der jüdischen Händler, als zunftgebundener Produzent hatte man aber kaum eine legale Möglichkeit, mit Juden ins Geschäft zu kommen; letztere bevorzugten die billigeren Angebote der städtischen Bönhasen und der Landhandwerker. Jüdische Handwerker waren, weil von den Zünften ausgeschlossen, als Freimeister Konkurenten der Zunftmeister.[552] Während der großen Pest bekämpften im Jahr 1349 in Straßburg, Basel und Freiburg im Breisgau Zünfte die dortigen Juden, unter anderem mit dem Vorwurf der Brunnenvergiftung. In Straßburg erhielten die Zünfte nach der Ermordung der Juden deren Bargeld, die Handwerker wurden von ihren Kreditschulden an die Ermordeten befreit.[553] Die Zwangsentschuldung als Methode, sich seiner Verbindlichkeiten bei Juden zu entledigen, war in der zweiten Hälfte des 14. Jahrhunderts in Deutschland weit verbreitet, Städte, Landesherren und der Kaiser arbeiteten Hand in Hand.[554]

Von Ausnahmen, welche einzelne Landesherren seit dem 17. Jahrhundert vom Zunftverbot der Juden durchsetzten, war bereits die Rede. Den Landesherren waren die Juden ein Spielball der Politik; kirchliche, wirtschaftliche, finanzielle und politische Gesichtspunkte griffen ineinander und führten zu einer wechselhaften Praxis.[555] Zu einer wirklichen Änderung der Situation kam es im Zuge der „Emanzipation“ der Juden, die seit dem Ende des 18. Jahrhunderts stattfand.[556] Der Kaiser bestimmte für die österreichischen Staaten 1782, dass den Juden die freie Berufswahl gestattet werde, „und besonders sollten die Juden ein Handwerk erlernen können. Sie konnten bei Christen in die Lehre gehen, soweit diese sie zur Erlernung eines Berufes aufnahmen; weiterhin allerdings behielten die Zünfte das

550 Caro, Sozial- und Wirtschaftsgeschichte II, S. 195.

551 Vgl. Kaufhold, Handwerk, S. 185; Kreutzberger, Gewerberecht, S. 162.

552 Wischnitzer, History, S. 156ff.

553 Caro, Sozial- und Wirtschaftsgeschichte II, S. 208ff.

554 Battenberg, Zeitalter I, S. 147–150. Nach der Auffassung von Hermann Kellenbenz „waren die Handwerker schärfere Gegner der Juden als die Patrizier, weil sie stärker an die Juden verschuldet waren.“ (Kellenbenz, Wirtschaftsgeschichte I, S. 157.)

555 Vgl. Battenberg, Zeitalter I, S. 198, 253; Wischnitzer, History, S. 168.

556 Strauss, Juden, S. 77.

Recht, Juden auszuschließen, so daß jüdische Handwerker selbständig und ohne den Schutz einer korporativen Verfassung arbeiten mußten."[557] Die während der Napoleonischen Zeit französisch besetzten Gebiete befreiten die Juden nach französischem Vorbild schlagartig von allen Fesseln. Nach der Niederlage Napoleons kehrten einige Staaten des Deutschen Bundes zur alten Absonderungspolitik zurück, während andere auf dem Weg der Emanzipation voranschritten und die Zünfte für jüdische Handwerker öffneten.[558] Einen Mittelweg ging Preußen. Durch „das Edikt vom 11. März 1812, das die bürgerrechtlichen Verhältnisse der Juden im Preußischen Staate betraf, wurden die Juden in staatsbürgerlicher Beziehung als gleichberechtigt anerkannt. Aber auch in diesem Edikt wurde festgesetzt, dass *fremde* Juden nicht als Lehrburschen angenommen werden durften. Als fremde Juden galten alle diejenigen, die sich nicht innerhalb von sechs Monaten nach der Veröffrentlichung des Edikts vor der Obrigkeit erklärt hatten, welchen Familiennamen sie führen wollten. Erst durch eine Verfügung vom 14. Oktober 1838 wurde den jüdischen Handwerksgesellen aus deutschen Bundesstaaten in Zukunft gestattet, bei einheimischen Meistern als Gesellen zu arbeiten, sofern in ihrer eigenen Heimat den jüdischen Handwerksgesellen aus dem preußischen Staate gleiche Befugnisse zugestanden wurden. Noch durch das Gesetz über die Verhältnisse der Juden vom 23. Juli 1847 wurde es verboten, ausländische Juden als Gewerksgehilfen, Gesellen, Lehrjungen und Dienstboten einzustellen."[559] Sobald es ihnen gestattet war, strömten Juden ins Handwerk. In der Mitte des 19. Jahrhunderts war im preußischen Rheinland und im preußischen Schlesien jeweils mehr als ein Zehntel aller Juden im Handwerk tätig. In Bayern arbeitete in den 1840er Jahren sogar annähernd die Hälfte der Juden im Handwerk.[560] Etwa ab 1858 gewann die Emanzipation an Fahrt; ihren Abschluss bildete das Jahr 1871, als in Bayern die letzten Einschränkungen fielen.[561]

3.1.3.2. Christliche Konfessionen

Die konfessionelle Zersplitterung Deutschlands seit Martin Luthers öffentlichem Auftreten im Jahr 1517 hatte Auswirkungen auf das Zunftleben, ohne dass den Zünften im Religionskampf eine irgendwie herausgehobene Position zugekommen wäre.

Martin Luther stand den Zünften mit wohlwollender Distanz gegenüber. Seine Wirtschaftsauffassung stand der katholisch-mittelalterlichen sehr nahe. Luther akzeptierte die seinerzeit modernen Wirtschaftsmethoden, beharrte aber darauf, dass diese kein Selbstzweck seien, sondern an das Gemeinwohl gebunden. Wirtschaft diene nicht der Bereicherung des Einzelnen, sondern der Realisierung der Gebote Gottes, etwa der Nächstenliebe, für welche wirtschaftliche Erträge die

557 Battenberg, Zeitalter II, S. 95 (Zitat); Roth, Zunftherrlichkeit, S. 54.

558 Battenberg, Zeitalter II, S. 140; Bernert, Handwerk, S. 88, 329, 361; Bessenrodt, Handwerk, S. 79.

559 Wissell, Recht I, S. 239.

560 Battenberg, Zeitalter II, S. 115.

561 Battenberg, Zeitalter II, S. 145f.

materielle Voraussetzung schaffen. Wirtschaft dürfe nicht ablenken vom Wesentlichen, dem Glauben. Falls die Wirtschaftssubjekte gegen diese Grundsätze verstießen, seien Interventionen der Obrigkeiten angebracht.[562] Auf die Frage des Erfurter Rates im Jahr 1525, ob man die Zünfte abschaffen solle, antwortete Luther, er überlasse dies dem Urteil des Rates. Andere Äußerungen Luthers lassen allerdings den Schluss zu, dass er davon ausging, Gewerbefreiheit komme in erster Linie den Reichen zugute, dass er die Schutzfunktion der Zünfte also anerkannte. Auf der anderen Seite wandte sich Luther mehrmals gegen die Zunftpraxis, Kinder von „Unehrlichen" auszuschließen, weil man die Kinder nicht für Verfehlungen ihrer Eltern strafen solle. Als die Wittenberger Fleischer, Bäcker, Brauer und Schankwirte ihr Zunftmonopol zum Schaden der Konsumenten ausnutzten, nahm Luther in einer Predigt Stellung dazu. Für den Fall, dass eine obrigkeitliche Schlichtung misslinge, schlug er – nach dem Muster anderer Städte – vor, die Zünfte vorübergehend aufzuheben.[563] Mit seiner Position, die das Zunftwesen prinzipiell anerkannte, es aber durch die Obrigkeiten von „Missbräuchen" reinigen lassen wollte, bereitete Luther der obrigkeitlichen Zunftpolitik der Frühen Neuzeit die Bahn.

An Luthers Auffassungen zum Zunftwesen kann es nicht gelegen haben, dass die Zünfte an vielen Orten die Reformation unterstützten. Ohne seine Missbrauchskritik hätten sie bequemer leben können. Sicherlich gab es auch in den Zünften fromme Mitglieder, die aus Gewissensgründen der neuen Lehre anhingen, die ja nicht als Abspaltung, sondern als das bessere Christentum daherkam. Solche Menschen gab es aber genauso außerhalb der Zünfte, weshalb das überdurchschnittliche Engagement der Zünfte für die Reformation so nicht erklärt werden kann. Da sich Luther gegen Bruderschaften und Prozessionen aussprach, nahm er den Zünften einen Teil ihres religiösen Aktionsfeldes (und ihrer gesellschaftlichen Reputation), so dass gerade die religiös Interessierten abgeschreckt worden sein könnten. Die Erklärung ist nicht in der Religion, sondern in Politik und Wirtschaft zu suchen. In den ersten Jahren seiner öffentlichen Wirksamkeit wollte Luther die Kirchengemeinden stärken und ihre Abhängigkeit von der kirchlichen Hierarchie vermindern, um die katholische Kirche zu schwächen. Er setzte schließlich aber an die Stelle des römischen Papstes nicht die Gemeinden, sondern die territorialstaatliche weltliche Obrigkeit zusammen mit kirchlichen Leitungen. Die reformierte Richtung der Reformation unter Ulrich Zwingli vertrat ein demokratischeres Gemeindeverständnis. Den Reformatoren gelang es auf diese Weise, Gläubige zu locken, sich für die Reformation stark zu machen. Die Zünfte solidarisierten sich während der Reformation vielfach mit den Unterschichten, da man übereinstimmende Interessen hatte. In vielen Städten sah man sich im Gegensatz zu den Führungsschichten. Das Establishment blieb oft altgläubig, um Ruhe und Ordnung aufrecht zu erhalten und die eigene gesellschaftliche Stellung nicht zu gefährden. Die Obrigkeiten der Reichsstädte mussten auf die kämpferische katholische Position ihres Stadtherrn, des Kaisers, Rücksicht neh-

562 Kellenbenz, Wirtschaftsgeschichte I, S. 215; Berns, Gesellschafts- und Wirtschaftsauffassung, S. 88–140.

563 Holl, Luther, S. 131ff.

men. Aus dem Kirchenregiment wollten sie sich nicht von Volksgemeinden verdrängen lassen. Nicht zu vernachlässigen sind die wirtschaftlichen Vorteile, welche die Reformation den Zünften bot. Kloster- und Domimmunitäten wurden beseitigt, mithin verschwanden die Vorrechte der dort lebenden Handwerker, die keine Steuern zu zahlen und sich nicht nach Zunftregeln zu richten brauchten. Die „Zunftkämpfe" und „Pfaffenkriege" des Spätmittelalters flammten in der Reformationszeit wieder auf.[564]

Der Augsburger Religionsfrieden, ein Teil des Augsburger Reichsabschiedes von 1555, regelte das Verhältnis zwischen Katholiken und Lutheranern im Reich. Während Reformierte nach wie vor als Ketzer galten, wurden Lutheraner eine reichsrechtlich anerkannte Konfession. Jedem Reichsstand wurde das Recht eingeräumt, das Bekenntnis seiner Untertanen zu regeln; dieses Prinzip wurde seit dem 17. Jahrhundert mit der Formel „cuius regio eius religio" („wessen Land, dessen Bekenntnis") zutreffend beschrieben. Zwei Ausnahmen von diesem Grundprinzip wurden zugelassen. Zum einen sollten geistliche Fürsten, welche zum Luthertum konvertierten, ihr Amt verlieren. Zum anderen durften Reichsstädte beide Konfessionen in ihren Mauern dulden. Wer nicht die Konfession des Landesherrn hatte, durfte auswandern; nach anderer Interpretation durfte er vom Landesherrn vertrieben werden.[565] Der Westfälische Frieden von Münster und Osnabrück gewährte 1648 den Reformierten als zweiter protestantischer Konfession die Anerkennung des Reiches, während Täufer weiterhin verfolgt wurden. An die Stelle des Prinzips „cuius regio eius religio" trat – mit einigen Ausnahmen – das „Normaldatum" 1.1.1624: Der konfessionelle Stand dieses Tages wurde für verbindlich erklärt. Wechselte seit 1648 ein Landesherr sein Bekenntnis, brauchten ihm die Untertanen nicht mehr zu folgen.[566]

In diesem Rahmen war es folgerichtig, dass sich die Goldschmiede des lutherischen Lübeck 1708 weigerten, einen katholischen Lehrling in das „Jungenbuch" einzutragen.[567] Sein Meister hatte offenbar keinen Anstoß an der Konfession des Lehrlings genommen, während die Zunft ihn ablehnen musste, weil sie der Stadt für die Befolgung der Gesetze verantwortlich war. Ein katholischer Lehrling konnte der Pflicht zum regelmäßigen Besuch der Gottesdienste, welche das Zunftrecht beinhaltete, in einer evangelischen Stadt nicht nachkommen. Er war ein „Meister in spe"; als Meister musste er das Bürgerrecht erwerben, was die Zugehörigkeit zur offiziellen Kirche der Stadt voraussetzte.

Ein Geselle, der den Gottesdienst unter Angehörigen der eigenen Glaubensgemeinschaft feiern wollte, konnte nicht mehr in ein andersgläubiges Gebiet wandern. Katholische Staaten wie Frankreich und Italien waren evangelischen Gesellen, evangelische Staaten wie die skandinavischen den katholischen Gesellen ver-

564 Black, Guilds, S. 111; Otruba, Gewerbe, S. 22; Naujoks, Obrigkeitsgedanke, S. 57, 76; Hardtwig, Genossenschaft, S. 147f; Naujoks, Obrigkeitsgedanke, S. 99; Simon-Muscheid, Handwerkszünfte, S. 295, 297; Gerteis, Städte, S. 115f; Reininghaus, Die Gesellenvereinigungen am Ende, S. 225; Eitel, Reichsstädte, S. 103, 105f; Reininghaus, Zünfte, Städte und Staat, S. 47

565 Schulze, Geschichte, S. 157ff.

566 Burkhardt, Der Dreißigjährige Krieg, S. 166–178.

567 Warncke, Handwerk, S. 56.

schlossen. Die Obrigkeiten erschwerten Gesellen der anderen Konfession die Arbeitsaufnahme in ihrem Gebiet, unterstützt von den Gesellen der offiziellen Konfession, die „ungläubige" Zuwanderer abwehrten oder schlecht behandelten. Diese Tendenz wirkte sich in kleinen Städten deutlicher aus als in den führenden Gewerbestädten, die Zulauf von weither hatten.[568]

Je mehr sich die religiösen Auseinandersetzungen in Reformation und Gegenreformation zuspitzten, desto stärker wurden die Zünfte in sie hineingezogen; spätestens im 17. Jahrhundert wurde überall die konfessionelle Separierung vorangetrieben.[569] „In Wien war bis in die ersten Jahre des Dreißigjährigen Krieges von seiten der katholischen Kirche eine beachtenswerte Duldsamkeit gegen Andersgläubige üblich. Bei den Bäckern waren zum Beispiel 1620 Ober- und Unterzechmeister, 1622 der Ober- und 1624 der Unterzechmeister noch Protestanten. Aber seit 1623 durfte das Bürgerrecht nicht mehr an Protestanten verliehen werden. Eine Verordnung des Stadtrats vom 22. März 1625 verfügte, daß alle Bürger sich zum katholischen Glauben bekennen oder die Stadt verlassen müßten. Und Bürger waren alle Handwerksmeister."[570] Auch im westfälischen Münster wehrten sich die Zünfte lange gegen die Rekatholisierungsbestrebungen ihres Landesherrn; noch 1624 und 1659 wählten Zünfte evangelische Vorsteher.[571] In der „paritätischen" Reichsstadt Augsburg, die lutherische und katholische Bürger hatte, hatten Meister und Gesellen gemeinsame Vereinigungen, bis diese allmählich nach Konfessionen getrennt wurden.[572] „Die Ämter [in den Gesellenschaften] wurden noch im 17. Jahrhundert gleichmäßig auf katholische und evangelische Gesellen verteilt. Erst in der zweiten Hälfte des 17. Jahrhunderts haben sich die Webergesellen nach ihrer Konfession getrennt."[573]

Nicht immer war im „konfessionellen Zeitalter" auszumachen, ob der konfessionelle Gegensatz die Ursache einer Auseinandersetzung oder ein Vorwand für andere Motive war. Evangelische Einwanderer im katholischen Köln brachten zu Beginn des 17. Jahrhunderts neue Betriebsformen und Arbeitsmethoden mit, „die sie den Kölnern überlegen und darum verhaßt machten. So hatte es nicht nur einen religiösen Hintergrund, wenn die Kölner Zünfte 1608/09 erklärten, an der katholischen Religion festhalten zu wollen. Fortan war der Konfessionsunterschied für Köln das geeignetste Mittel, mißliebige Konkurrenz unter einem ehrenwerten Deckmantel zu beseitigen."[574]

Zünfte, die sich über die Grenzen eines Landes hinaus erstreckten, hatten es schwer. Die Regionalzunft der oberrheinischen Hafner schrieb 1573 ihren Mitgliedern die Teilnahme an einem katholischen Gottesdienst anlässlich des Jah-

568 Reininghaus, Migrationen, S. 205; Elkar, Schreiner, S. 35; Reininghaus, Wanderungen, S. 187; Elkar, Auf der Walz, S. 61; Reininghaus, Die Gesellenvereinigungen am Ende, S. 227; Fischer, Quellen, S. 80; Dubler, Handwerk, S. 139.

569 Schembs, Dach, S. 36; Das historische Gewerbe, S. 46f; Schwarzlmüller, Berufslaufbahn, S. 14; Otruba, Zunftordnung, S. 107f; Fromm, Studien, S. 32.

570 Wissell, Recht II, S. 151.

571 Krumbholtz, Gewerbe, S. 162*f.

572 Fischer, Volk, S. 77.

573 Clasen, Streiks und Aufstände, S. 11; vgl. Wissell, Recht III, S. 70.

574 Arentz, Zersetzung, S. 138f; vgl. Hölscher, Geschichte, S. 166f.

restages vor. Naturgemäß kam es darüber zu Streitigkeiten mit den reformierten Mitgliedern. Im Jahr 1716 schließlich verzichtete man darauf, die Reformierten zur Teilnahme am katholischen Gottesdienst zu zwingen. Auch die katholischen Mitglieder schwänzten oft den Gottesdienst.[575]

Der Westfälische Frieden beendete die Religionskriege im Reich, aber nicht die religiösen Auseinandersetzungen. Dogmatismus auf allen Seiten, Reformation und Gegenreformation setzten sich fort. Seit dem ausgehenden 17. Jahrhundert gewannen jedoch aufgeklärte Kräfte, die Toleranz und Pragmatismus vertraten, an Boden.[576] Die Landes- und Stadtobrigkeiten der absolutistischen Epoche waren nicht allein konfessionelle Wächter, die auf die Reinheit der in ihrem Gebiet herrschenden Lehre zu achten hatten, sondern zugleich weltliche Herrscher, denen das wirtschaftliche Wohlergehen ihres Landes und eine Steigerung der Staatseinnahmen wichtig waren. Zwei Herzen schlugen in ihrer Brust, die gegensätzliche Entscheidungen herbeiführen konnten.[577]

Nach Berlin wanderten im 17. Jahrhundert fast ausschließlich Handwerker aus lutherischen Regionen ein. Als der Große Kurfürst 1685 die reformierten Hugenotten ins Land rief, entstand für die Zünfte ein konfessionelles Problem. Wie berichtet, entschieden sich die Hugenotten – vor allem aus wirtschaftlichen Gründen – überwiegend dafür, außerhalb der Zünfte oder in eigenen Zünften tätig zu werden, so dass der konfessionelle Dissens im Alltag kaum zum Tragen kam.[578] Die preußische Toleranzpolitik machte sich in der Mitte des 18. Jahrhunderts auch in der Provinz bemerkbar. Nachdem die lutherischen Bäcker Lippstadts bereits – dem Vorbild ihres Fürsten folgend – mehrmals Reformierte aufgenommen hatten, akzeptierten sie 1753 sogar einen Katholiken.[579] Die preußschen Generalzunftprivilegien hatten schon in den 1730er Jahren keine Forderungen nach einer bestimmten Konfession mehr enthalten.[580]

Nicht überall setzte sich religiöse Toleranz so schnell durch. In Österreich durften Nichtkatholiken bis zum Toleranzpatent Kaiser Joseph II. 1781 kein zünftiges Handwerk ausüben.[581] Allerdings fand man einen Ausweg, um trotz des Verbotes tüchtige protestantische Handwerker aus dem Ausland anzulocken: Unter dem Titel eines „Schutzdekretisten“ machte man sie seit 1725 zu Freimeistern, die außerhalb der Zünfte ihrem Gewerbe nachgehen durften.[582] In München konnte bis 1801 ein Nicht-Katholik kein Bürgerrecht erwerben, so dass er auch vom Zunfthandwerk ausgeschlossen blieb.[583] In den geistlichen Territorien Westfalens achtete man bis zum Ende der Zunftzeit streng auf die katholische Konfession der

575 Eules, hafner gesellen, S. 63ff.
576 Vgl. Hölscher, Geschichte, S. 160–163.
577 Vgl. Wehler, Deutsche Gesellschaftsgeschichte I, S. 270–281; Schilling, Stadt, S. 32; Gerteis, Städte, S. 124.
578 Schultz, Das ehrbare Handwerk, S. 53.
579 Reininghaus/Thurmann/Walberg, Quellen, S. 361.
580 Deter, Rechtsgeschichte, S. 91.
581 Otruba, Zunftordnung, S. 107f.
582 Otruba, Gewerbe, S. 82; Reschauer, Geschichte, S. 10.
583 Haenert, Preispolitik, S. 113.

Zunftangehörigen.[584] Anders verhielt man sich im ebenfalls streng katholischen Rheinland: Die Kölner Erzbischöfe erlaubten im 17. und 18. Jahrhundert auch Nichtkatholiken, sich in ihrem Territorium als Handwerker niederzulassen, um der ebenfalls katholischen Reichsstadt Köln Konkurrenz zu machen.[585] Auch in Köln änderte sich allmählich die Lage: „Gegen Ende des 18. Jahrhunderts wurde weder von seiten des Magistrates, noch von seiten der Zunft ein geschlossener, systematischer Kampf gegen die Nichtkatholiken geführt, sondern diese werden in ihrer wirtschaftlichen Führerstellung praktisch anerkannt."[586] Die volle Religions- und Wirtschaftsfreiheit erhielten die Protestanten in Köln allerdings erst nach der Besetzung durch die Franzosen im Jahr 1794.[587] In der Landgrafschaft Hessen-Darmstadt „mußten im 18. Jahrhundert zwar die aufzunehmenden Meister der evangelisch-lutherischen Konfession angehören, nicht jedoch die Lehrlinge."[588] In der zweiten Hälfte des 18. Jahrhunderts wurde die Konfessionsklausel in allen vom Staat revidierten Zunftordnungen Darmstadts gestrichen.[589] Die konfessionelle Ausrichtung der Ziele für die Gesellenwanderungen nahm gegen 1800 ab, wobei die Lage uneinheitlich blieb. Während bedeutende Städte wie Nürnberg, Regensburg oder Mainz, die das Ziel überregionaler Wanderungen darstellten, die Konfessionsfrage zurückdrängten, blieb sie in mittleren Orten wie Bamberg mit vorherrschender Nahwanderung wichtig. In Westfalen wurden die Ziele der Nahwanderungen weitgehend unabhängig davon ausgewählt, welcher Konfession sie verpflichtet waren.[590]

3.1.4. Die bürgerliche Freiheit

Seit dem 11. Jahrhundert entwickelte sich der Rechtsgrundsatz „Stadtluft macht frei", der ab dem Ende des 12. Jahrhunderts in den meisten Städten eingeführt wurde.[591] Er besagte, dass Bürger einer Stadt frei von feudalen Bindungen waren. Wer vom Land in die Stadt zog, erwarb die Freiheit und als deren Verbriefung das Bürgerrecht gewöhnlich nach Ablauf eines Jahres („nach Jahr und Tag"), falls ihn nicht ein Feudalherr vorher rechtmäßig abforderte. Mit dem Bürgerrecht stellten die Städte sicher, dass ihre Bewohner keine anderen rechtlichen Bindungen eingingen als die zur Stadt, stets loyal zu ihrer Stadt hielten und ihre kommunalen Pflichten erfüllten. Gleichzeitig diente der Erwerb des Bürgerrechts der sozialen und politischen Steuerung, da er an Vermögensnachweise und Gebührenzahlungen gekoppelt war. Hohe Mindestvermögen und Bürgerrechtsgebühren konnten

584 Deter, Rechtsgeschichte, S. 91.
585 Arentz, Zersetzung, S. 120.
586 Arentz, Zersetzung, S. 140f.
587 Hölscher, Geschichte, S. 167.
588 Emig, Berufserziehung, S. 150.
589 Emig, Berufserziehung, S. 267.
590 Reininghaus, Wanderungen, S. 188; Elkar, Gesellen, S. 271, 277, 292f; Decker, Bürger, S. 27.
591 Lütge, Sozial- und Wirtschaftsgeschichte, S. 156; Planitz, Stadt, S. 88f; Ennen, Frühgeschichte, S. 337.

restriktiver wirken als Zunftabschließungen.[592] Neben dem Vollbürgerrecht hatten viele Städte ein minderes Recht (Einwohner, Beisassen, Hintersassen, Schutzverwandte usw.), dessen Erwerb billiger und von niedrigeren Mindestvermögen abhängig war, aber nicht die volle politische Teilhabe verlieh. Außerdem lebten in den Städten des Mittelalters und der Frühen Neuzeit zahlreiche Menschen, die vorübergehend oder dauernd den Status von Gästen besaßen, der weder Rechte beinhaltete noch Pflichten – außer der Einhaltung der städtischen Ordnung –, sowie Gruppen mit Sonderrechten („Pfahlbürger“, die außerhalb der Mauern wohnten, Juden, Angehörige einer anderen als der offiziellen christlichen Konfession).[593]

In der ersten Zeit war das Bürgerrecht der mittelalterlichen Städte meist vom Erwerb von Grundbesitz abhängig, doch dieser Zusammenhang lockerte sich bald, weil er die Aufnahme von Neubürgern behinderte.[594] Gelegentlich schon im 13. Jahrhundert und immer häufiger im Laufe des Spätmittelalters musste ein städtischer Zunftmeister mit der Meisterwürde das Bürgerrecht erwerben, falls er es nicht schon als Sohn eines Bürgers besaß.[595] Bürgerrecht und Zunftrecht wurden regelmäßig miteinander verbunden, es sei denn eine Zunft nahm außer Stadtmeistern auch solche vom Lande auf, wo es kein Bürgerrecht gab und man im übrigen die Zunftregeln nicht so genau beachtete.[596] Städte nutzten das Bürgerrecht zur Gewerbepolitik, erlaubte es ihnen doch die Kontrolle aller Neuaufnahmen, die Abschließung von Zünften oder das Anlocken auswärtiger Experten. Gewöhnlich wurde zunächst das Bürger- und dann das Meisterrecht erworben.[597] Der Würzburger Stadtrat hingegen begründete 1690, warum er darauf bestand, dass zuerst das Meister- und anschließend das Bürgerrecht zu erwerben sei: „Einen Bürger, der die Meisterprüfung nicht bestehe, könne man nicht mehr fortschicken, habe also einen Störer mehr in der Stadt; andernfalls könne man ihm aber das Bürgerrecht mit Fug verweigern.“[598]

Folgerichtig schlossen städtische Zunftstatuten Unfreie von der Mitgliedschaft aus. Die Bohrer und Polierer Freiburgs im Breisgau, die über Jahrhunderte ein Monopol in der kunstgewerblichen Bearbeitung bestimmter Schmucksteine besaßen, sprachen offen aus, warum sie die Mitgliedschaft von Leibeigenen unter allen Umständen zu verhindern trachteten: Es war leicht möglich, „daß solche Leibeigene ,... wan sie ihr manbar Alter erraichet haben, sich der Laibaigenschafft und Nachfolgen wider ihres Aigen- oder Laibsherren Willen ganz oder gar nit,

592 Deter, Rechtsgeschichte, S. 92.
593 Gerteis, Städte, S. 165.
594 Behn, Voraussetzungen, S. 33f.
595 Vgl. Weyrauch, Amts- und Gewerbeordnungen, S. 112; Roth, Zunftherrlichkeit, S. 107; Bodemann, Zunfturkunden, S. XXVI; Salow, Zunftwesen, S. 86f; Maschke, Mittelschichten, S. 4; Schulze, Handwerkerorganisation, S. 65f; Horsch, Zünfte, S. 42; Göttmann, Handwerk, S. 88; Göttmann, Bäckerzunft, S. 102f; Schulz, Handwerksgesellen, S. 211; Scheitlin, Zunftwesen, S. 41.
596 Johanni, Zünfte, S. 77ff; Emig, Berufserziehung, S. 269; Haupt/Crossick, Kleinbürger, S. 33.
597 Lentze, Nürnbergs Gewerbeverfassung im Mittelalter, S. 222, 243; Neuburg, Zunftgerichtsbarkeit, S. 22.
598 Scheschkewitz, Zunftwesen, S. 71.

oder doch sehr schwehrlich, uff große Fürbitt leedigen oder abkauffen künden ...'. Und da bestand nun die Gefahr, daß sie ‚durch allerley Gesuch von ihrem Augen- oder Laibsherren' dazu verleitet wurden, ihm nachzufolgen und an anderen Orten das Kunsthandwerk zu betreiben."[599] Im Gebiet der ostelbischen Gutsherrschaft mussten sich Handwerker aus der Leibeigenschaft freikaufen oder freigelassen werden, bevor sie ihren Beruf ergreifen konnten.[600] Allerdings war man durchaus flexibel, solange es der Zunft nicht schadete. Wenn es zu wenige freie Bewerber gab, verzichteten Zünfte auf die Forderung der persönlichen Freiheit und begnügten sich mit einer Genehmigung des Gutsherrn für einen unfreien Bewerber.[601]

Auch in Köln nahm man es mit der Prinzipientreue nicht zu genau: „Im Anfang des Zunftwesens, als auch in Köln die Konkurrenz im Absatz bei den verschiedenen Handwerken nicht sehr groß war, wurde auch den Unfreien, welche zugezogen waren, und die wegen ihrer Mittellosigkeit keine Möglichkeit hatten, das Bürgerrecht zu erwerben und dadurch frei zu werden, die Aufnahme in die Zunft, und damit die selbständige Leitung eines Gewerbebetriebs nicht verwehrt. ... Während im Mittelalter die gewerblichen Rechte der Unfreien durch den persönlichen Zunftzwang nicht wesentlich eingeengt wurden, ist dies bereits im 16. Jahrhundert anders geworden, denn nun forderten die Zünfte mehrfach, dass ein Bewerber frei sein müsse. Die Frage der Unfreiheit hat in Köln jedoch nie die Rolle gespielt wie an vielen anderen Orten."[602] Man begnügte sich in Köln mit dem Erwerb des Einwohnerrechts und verlangte seit dem 16. Jahrhundert das Bürgerrecht nur, wenn ein Handwerker einen Laden hielt, die Gewandschnittkonzession erlangen, Wein zapfen oder Ratsherr werden wollte, also eine besondere Nähe zur Stadtverwaltung anstrebte.[603]

Schied jemand aus der Zunft aus, etwa weil er sich zur Ruhe setzte oder zum Kaufmann avancierte, so behielt er das Bürgerrecht. Andere Ursachen für den Austritt oder Ausschluss aus der Zunft bei Aufrechterhaltung des Wohnsitzes in der Stadt kamen in der Praxis kaum vor, weshalb es für sie keine Regelungen zum Umgang mit dem Bürgerrecht gab. Solange der Zunftzwang existierte, setzte ein Meister normalerweise alle Hebel in Bewegung, um Mitglied seiner Zunft bleiben zu können, weil er ansonsten automatisch seine Handwerksberechtigung innerhalb des Stadtgebietes verlor.

Etwas Anderes war es, wenn ein Zunftmeister die Stadt verließ. Die Städte legten Wert auf „Stadtsässigkeit", den Wohnsitz ihrer Bürger in der Stadt.[604] Der Rechtsschutz, den eine Stadt ihren Bürgern gegenüber Feudalherren gewährte, galt immer nur für eine bestimmte Stadt. Wechselte ein frei gewordener Bürger

599 Schragmüller, Bruderschaft, S, 62.
600 Schultz, Landhandwerk, S. 109.
601 Hopp, Zunft, S. 59f.
602 Sonntag, Zunftzwang, S. 41.
603 Loesch, Zunfturkunden I, S. 30*f. In Luzern wurde in der Mitte des 16. Jahrhunderts auf das obligatorische Bürgerrecht für Zunftmeister verzichtet und Hintersassen der Stadt erlaubt, zünftige Gewerbe zu betreiben, weil an einer Vermehrung der Bürgerzahl kein Interesse bestand. (Dubler, Handwerk, S. 54.)
604 Ennen, Frühgeschichte, S. 182.

seinen Wohnsitz, musste er neue Forderungen seines Feudalherrn befürchten.[605] Der Zunftmeister „war in der Ausübung seines Handwerks an den Ort gebunden, in dem er das Bürgerrecht hatte. Doch gab es da mancherlei Ausnahmen. An manchen Orten durfte er ein Jahr, anderswo, so lange er wollte, wegbleiben, nur mußte er auch während seiner Abwesenheit die Steuern entrichten. In den schlesischen Städten war er gehalten, eine bestimmte Zeit am Ort zu bleiben und, wenn er ging, Bürgschaft zu stellen, die verfiel, im Fall er nicht zurückkehrte. An anderen Orten war das zeitweise Abziehen der Meister überhaupt bei Verlust des Bürger- und Meisterrechts untersagt. In allen Fällen aber war das Arbeiten an fremden Orten an die Erlaubnis der Obrigkeit geknüpft."[606]

Vice versa sahen sich Zünfte veranlasst, Bewerber um die Meisterschaft zurückzuweisen, die bereits woanders selbstständig gewesen waren. In diesem Fall konnte es sein, dass der Bewerber auf dem Lande als Störer gearbeitet hatte, von einer anderen Zunft im Unfrieden geschieden war oder man sich wegen seines früheren Bürgereides für eine andere Stadt nicht vollkommen auf ihn verlassen konnte.[607]

Das klassische Modell der spätmittelalterlichen und frühneuzeitlichen Stadt war die Identität der Bürgerschaft mit den selbstständigen Gewerbetreibenden.[608] Die Ausführungen zum Bürger- und Zunftrecht, die bisher gemacht wurden, trafen in ihrer vollen Schärfe nur auf die Meister zu, Gesellen und Lehrlinge waren von den Regelungen meistens ausgenommen.[609] Ihre Zuwanderung sollte nicht durch die Pflicht zur Zahlung hoher Bürgerrechtsgebühren behindert werden.[610] Da der Meisterschaft vielfach eine mehrjährige Wanderschaft vorausging, war Sesshaftigkeit der Gesellen nicht zu gewährleisten. Ausnahmsweise wurde von diesem Grundmuster abgewichen.[611] Der Stadtrat Frankfurts am Main ließ nach 1377 auch Lehrlinge und Gesellen den Bürgereid ablegen, um das Zunftleben besser kontrollieren zu können.[612] In Nürnberg erhielten die Lehrlinge gesperrter Handwerke – deren Mitarbeiter die Stadt nicht verlassen durften, um keine technologischen Geheimnisse zu verraten – das Bürgerrecht, um sie an die Stadt zu binden.[613]

Es braucht kaum betont zu werden, dass die Territorialherren der Frühen Neuzeit gegen das städtische Bürgerrecht angingen, weil es die Autonomie der Stadt von der Landesherrschaft verkörperte. Man schlug den Sack und meinte den Esel, wenn man Zünfte veranlasste, Meister aufzunehmen, die den üblichen Be-

605 Planitz, Stadt, S. 255.
606 Mummenhoff, Handwerker, S. 103; vgl. Scheschkewitz, Zunftwesen, S. 56; Salow, Zunftwesen, S. 110; Decker, Bürger, S. 16. Die Einjahresfrist resultierte aus dem Grundsatz, dass Stadtluft nach Jahr und Tag frei machte. Wer länger als ein Jahr abwesend war, konnte in der Zwischenzeit das Bürgerrecht einer anderen Stadt erworben haben.
607 Krumbholtz, Gewerbe, S. 110*; Scheschkewitz, Zunftwesen, S. 56; Bodemann, Zunfturkunden, S. XXXIX.
608 Planitz, Stadt, S. 100.
609 Kocka, Arbeitsverhältnisse, S. 357; Schlenkrich, Alltag, S. 58.
610 Schmoller, Tucher- und Weberzunft, S. 522.
611 Bräuer, Gesellen, S. 92ff, mit Beispielen aus Sachsen.
612 Schmidt, Zunfturkunden I, S. 45*.
613 Wiest, Entwicklung, S. 67; Schlenkrich, Alltag, S. 62.

dingungen der persönlichen Freiheit und erstmaligen Ausübung einer selbstständigen Tätigkeit nicht entsprachen. Das allmähliche Verschwinden der Leibeigenschaft und die Gründung von Regional- und Landeszünften lockerten ebenfalls den Konnex von Bürger- und Zunftrecht. Je mehr Reichsstädte mediatisiert und Landstädte an die kurze Leine der Landesherren gelegt wurden, desto belangloser wurden die politischen Mitwirkungsrechte eines Bürgers für die Zunftmitglieder.

Auf dem Weg zur Gewerbefreiheit wurde im späten 18. und frühen 19. Jahrhundert die regionale Bindung der Zünfte verringert. Der Wechsel eines Meisters von einer Zunft zur anderen wurde erleichtert.[614] Als nächstes wurden die regionalen Beschränkungen für Zunftmitglieder und -kunden abgeschafft, Bannmeilen wurden beseitigt. Nun konnten Meister überall im Land ihr Gewerbe ausüben, wenn sie in einem einzelnen Ort des Landes die Erlaubnis besaßen, und Kunden durften kaufen, wo sie wollten.[615] Nach wie vor mussten die Meister in einem der Orte, in denen sie gewerblich tätig waren, das Bürgerrecht besitzen; die völlige Trennung des Gewerberechts vom städtischen Bürgerrecht brachte erst die Einführung der Gewerbefreiheit.[616]

3.1.5. Das Geschlecht

Die meisten der etwa 200 Berufe, die von Frauen im Mittelalter ausgeübt wurden, waren Handwerksberufe. Seit dem 13. Jahrhundert lassen sich Handwerkerinnen schriftlich belegen. Auch im Groß- und Einzelhandel, der Ärzte- und Lehrerschaft und bei der Wahrnehmung öffentlicher Aufgaben waren Frauen im Spätmittelalter vertreten.[617]

In Stadtrechten und Urkunden des 12. und 13. Jahrhunderts, die sich auf Zünfte bezogen, wurden weibliche Mitglieder nicht erwähnt. „Man wird daher annehmen dürfen, daß der Eintritt in die Zunft vom Geschlecht unabhängig war."[618] Gemischte Zünfte, in denen Handwerkerinnen Mitglied waren, gab es an zahlreichen Orten, je vielseitiger das Wirtschaftsleben einer Stadt war, umso mehr Erwerbsmöglichkeiten boten sich Frauen. Berichtet wird von Garnzieherinnen in Stringau (Schlesien) 1358 und in Schweidnitz (Schlesien) 1369, Wollweberinnen in Straßburg 1330 und in Köln 1448, Deckenweberinnen in Köln 1320, Leinenweberinnen in Hamburg 1375, in Kassel 1421, in Lübeck zu Anfang des 15. Jahrhunderts und in Memmingen 1525, Weberinnen in Speyer 1360, in Basel und Minden, Schneiderinnen in Münster 1373, in Frankfurt am Main 1377, in Köln 1445 und in Bremen 1467, Kürschnerinnen in Köln 1485, Wappenstickerinnen, Taschen-, Beutel- und Gürtelmacherinnen in Köln 1397, Gärtnerinnen in Lübeck um 1370, Fleischerinnen in Köln 1397, Brauerinnen in Lübeck 1363 und in Köln

614 Emig, Berufserziehung, S. 403.
615 Emig, Berufserziehung, S. 357; Hähnsen, Geschichte, S. 370, 400; Anegg, Gewerbestruktur, S. 98–110.
616 Emig, Berufserziehung, S. 365.
617 Vgl. Schuster, Stellung, S. 5; Uitz, Frauenarbeit, S. 35; Wachendorf, Stellung, S. 90–104, 124f.
618 Stieda, Entstehung, S. 116f; vgl. Thikötter, Zünfte, S. 53.

1434, Baderinnen in Lübeck um die Mitte des 14. Jahrhunderts, Barbierinnen in Lübeck 1480, in Köln 1446 und in Hildesheim 1384, Nadelmacherinnen in Köln 1397 und in Lübeck 1356, Böttcherinnen in Köln 1437.[619] Helmut Wachendorf nannte außerdem Bäckerinnen, Müllerinnen, Tuchschererinnen, Filzhutmacherinnen, Schuhmacherinnen, Loh- und Weißgerberinnen, Pergamenterinnen, Riemenschneiderinnen, Sattlerinnen, Paternostermacherinnen und Goldschmiedinnen und brachte Beispiele aus weiteren Städten.[620] Die Aufzählung vereint hauptsächlich „typische" Frauengewerbe, meist in bedeutenden Handelsstädten, aber auch in einigen kleineren Orten, so dass man wohl annehmen darf, dass die Mitgliedschaft von Frauen in Zünften im Spätmittelalter zwar nicht die Regel, aber eine nicht ungewöhnliche Ausnahme war. Sogar in körperlich schweren Berufen arbeiteten vereinzelt Frauen.[621] Zunfthandwerkerinnen konnten eine Lehre machen, Gesellin und Meisterin werden.[622] Die mit der Zunftmitgliedschaft verbundene bürgerliche Pflicht zum Wehr- und Wachdienst nahmen sie selbst wahr oder übertrugen sie einem auf ihre Kosten bestellten männlichen Vertreter.[623]

Als Paradebeispiel weiblicher Zunftherrlichkeit werden in der Frauenforschungsliteratur die Frauenzünfte angeführt, die es in einigen Städten im Spätmittelalter gegeben habe. Schriftlich nachgewiesen sind in Köln die (Leinen-) Garnmacherinnen seit 1373, die Goldspinnerinnen 1437, die Seidenspinnerinnen 1456 und die Seidenweberinnen 1469. Keine der „Frauenzünfte" war eine vollwertige Zunft, ihre Selbstständigkeit war eingeschränkt. Aus einem Schreiben von 1373 geht hervor, dass die Garnmacherinnen die Ehefrauen der Garnhändler waren, die diesen zuarbeiteten. Die Goldspinnerinnen waren oft die Ehefrauen der Goldschläger, die an der Leitung der Goldspinnerinnenzunft beteiligt waren. An der Spitze der Seidenspinnerinnen- und der Seidenweberinnenzunft standen neben Frauen Männer, offenbar die Ehemänner der Meisterinnen. Diese nahmen die Vertretung der Zunft im Rat wahr.[624] Wir haben es hier mit einer gewissen Verselbstständigung der Ehefrauen von Fernhändlern oder Goldschmieden zu tun, die ihren Männern zuarbeiteten bzw. eng verwandte Tätigkeiten ausführten. Sie gehörten zu den gehobenen Schichten, in denen wirtschaftliche Selbstständigkeit von Frauen im Mittelalter nichts Ungewöhnliches war: In Orten, in denen Ehefrauen ihr Vermögen selbst verwalten durften, waren sie als Geschäftsfrauen aktiv, seit das Reisen für Kaufleute nicht mehr unbedingt erforderlich war. Die handwerklich tätigen Frauen organisierten ihren Arbeitsbereich in eigener Regie nach dem Muster einer Zunft, ohne dass sie es zu voller Autonomie gebracht hätten. Sie waren zwar wirtschaftlich selbstständig, aber nicht politisch, da sie bei

619 Vgl. Schuster, Stellung, S. 18–28; Thikötter, Zünfte, S. 52; Roth, Zunftherrlichkeit, S. 116; Krumbholtz, Gewerbe, S. 62*, 77*f, 98*; Ennen, Frauen, S. 178f, 188f; Lauffs, Zunft- und Gewerbewesen, S. 39; Schmoller, Tucher- und Weberzunft, S. 521; Simon-Muscheid, Handwerkszünfte, S. 242.

620 Wachendorf, Stellung, S. 48–88; vgl. Maurer, Zunft, S. 37f.

621 Wachendorf, Stellung, S. 33; Moser, Steinmetz- und Maurerzunft, S. 66.

622 Vgl. Uitz, Frauenarbeit, S. 43–48.

623 Wachendorf, Stellung, S. 32.

624 Vgl. Schuster, Stellung, S. 6–17; Wachendorf, Stellung, S. 34–48; Ennen, Frauen, S. 159–163; Salow, Zunftwesen, S. 85.

allen Außenkontakten auf die Hilfe ihrer Männer angewiesen blieben. Zunftähnliche Organisationen von Frauen sind auch vom Oberrhein, aus Nördlingen, Straßburg, Nürnberg, Basel, Zürich, Paris und London bekannt. Nirgends gelang den Frauen der Aufstieg zu Organisationen, die denen der Männer gleichwertig waren.[625]

In der spätmittelalterlichen Gesellschaft war das Geschlechterverhältnis vom Idealbild der komplementären Rollenverteilung zwischen Mann und Frau bestimmt, dem bis heute – abgeschwächt – vorherrschenden Modell. Auf dem Land waren typischerweise der Haushalt und die haushaltsnahen Arbeitsbereiche Garten und Stall solche der Frau, die haushaltsfernen Bereiche Feld und Wald sowie die Außenvertretung der Familie solche des Mannes, wobei die Familienangehörigen einander unterstützten, falls es in besonderen Situationen erforderlich war, z.B. durch die Mitarbeit der Frau bei der Ernte von Feldfrüchten, welche innerhalb einer kurzen Zeitspanne durchgeführt werden musste. In diesem Schema war die Frau dem Mann untergeordnet.[626] Ein analoges Rollenverständnis beherrschte das Handwerk. Frauen konnten in Zünften nur Führungspositionen einnehmen, die sich nach innen richteten, zum Beispiel die Qualitätskontrolle der Produkte, so dass vollwertige Frauenzünfte nicht gebildet werden konnten. In haushaltsfernen Berufen wie den Bauhandwerken, die nicht in der heimischen Werkstatt, sondern auf externen Baustellen ausgeübt wurden, fand man Frauen sehr selten. Gestaltungsspielraum innerhalb des dominanten Rollenmodells bestand bei der Frage, inwieweit Frauen das Recht haben sollten, Handwerksberufe auszuüben, deren Tätigkeiten in Werkstätten in oder bei dem Wohnhaus stattfanden.

Das Hohelied bürgerlicher Tugenden
Friedrich Schiller: Die Glocke (1799)[627]

Der Mann muß hinaus
In's feindliche Leben,
Muß wirken und streben
Und pflanzen und schaffen,
Erlisten, erraffen,
Muß wetten und wagen
Das Glück zu erjagen.
Da strömet herbei die unendliche Gabe,
Es füllt sich der Speicher mit köstlicher Haabe,
Die Räume wachsen, es dehnt sich das Haus.

Und drinnen waltet
Die züchtige Hausfrau,
Die Mutter der Kinder,
Und herrschet weise

625 Vgl. Uitz, Frauenarbeit, S. 51; Jacobsen, Gesetz, S. 62; Steidl, Probleme, S. 127; Wachendorf, Stellung, S. 48; Haupt, Wege, S. 27.
626 Vgl. Frevert, Frauen-Geschichte, S. 26ff.
627 Auszug aus: Schiller, Gedichte, S. 70; vgl. ebenda, S. 412.

Im häuslichen Kreise,
Und lehret die Mädchen,
Und wehret den Knaben,
Und reget ohn' Ende
Die fleissigen Hände,
Und mehrt den Gewinn
Mit ordnendem Sinn.
Und füllet mit Schätzen die duftenden Laden,
Und dreht um die schnurrende Spindel den Faden,
Und sammelt im reinlich geglätteten Schrein
Die schimmernde Wolle, den schneeigten Lein,
Und füget zum Guten den Glanz und den Schimmer,
Und ruhet nimmer.

An dieser Stelle fand ab der zweiten Hälfte des 15. Jahrhunderts ein Wandel statt. Nichtzünftige Handwerke blieben Frauen zugänglich, aber immer mehr Zünfte verschlossen sich weiblichen Mitgliedern, „Frauenzünfte" verschwanden komplett.[628] Im böhmischen Komotau wurde den Leinwebern bereits im Jahr 1460 untersagt, weibliche Lehrlinge oder Gesellen zu beschäftigen.[629] Für Augsburg konnte Christine Werkstetter im 18. Jahrhundert keine einzige Zunft mit weiblicher Beteiligung ermitteln.[630] Vielleicht durften Mädchen noch einige Zeit eine geregelte Ausbildung machen, während ihnen der Zugang zur Meisterwürde seit dem 16. Jahrhundert verschlossen war.[631] Über die weitere Existenz von Lehrmädchen in Zünften gibt es in der Literatur unterschiedliche Angaben, die kein geschlossenes Bild vermitteln.[632] „Es wird jedoch generell davon auszugehen sein, daß weibliche Lehrlinge im sächsischen Zunfthandwerk [und nicht nur dort] vom 15. bis 18. Jahrhundert die große Ausnahme gewesen sein dürften."[633] „Auch das Recht der Meisterstochter, für sich allein das Gewerbe des Vaters betreiben zu dürfen, hält sich allgemein nicht länger als bis zum Ende des 15. Jahrhunderts."[634] Einzelnen Frauen gelang der Eintritt in Zünfte während der Frühen Neuzeit, weil sie zur Bestreitung ihres Lebensunterhalts einen zunftgebundenen Nebenerwerb betreiben mussten und die Obrigkeiten die Zünfte zur Aufnahme dieser Personen zwangen, damit sie nicht der öffentlichen Armenversorgung zur Last fielen. Diese Frauen waren Zunftmitglieder mit eingeschränkten Rechten und Pflichten.[635] In

628 Vgl. Uitz, Frauenarbeit, S. 48ff; Jacobsen, Gesetz, S. 61; Simon-Muscheid, Frauenarbeit, S. 31; Wachendorf, Stellung, S. 125; Wiest, Entwicklung, S. 70. In England, Frankreich und Italien hielten sich Frauen in gemischten und rein weiblichen Zünften noch im 17. und 18. Jahrhundert. (Farr, Artisans, S. 110–113.)
629 Wenisch, Zunftordnungen, S. VIII.
630 Vgl. Werkstetter, Frauen; Maurer, Zunft, S. 38.
631 Stieglitz, Zünfte, S. 92.
632 Schlenkrich, Überlegungen, S. 112f; vgl. Johanni, Zünfte, S. 110; Mummenhoff, Handwerker, S. 49; Homann, Gilden, S. 9.
633 Schlenkrich, Überlegungen, S. 114.
634 Wachendorf, Stellung, S. 126.
635 Stannek, Armut, S. 103.

Luzern betrug der weibliche Anteil an den Neuaufnahmen der Schneiderzunft zwischen 1750 und 1790 immerhin 10%; diese hatten jedoch kein „Stubenrecht", sie durften das Zunfthaus weder zu geselligen noch zu administrativen Verrichtungen betreten.[636] Erst seit dem Ende des 18. Jahrhunderts wurde Frauenarbeit außerhalb des Haushalts wieder generell zugelassen; entgegenstehende Vorschriften der Zünfte wurden für ungültig erklärt.[637] Ein Reichsgutachten von 1771, das vom Kaiser 1772 bestätigt wurde, erlaubte Frauen den Zutritt zum Handwerk als Hilfskräfte.[638] In der Praxis änderte sich zunächst wenig; Frauenerwerbsarbeit verbreitete sich in Verlag, Manufaktur und Fabrik, aber kaum im Zunfthandwerk.[639]

Die Erklärung wurde in einem gewandelten Verständnis der Geschlechterrollen gesucht. „Schon im 15. und verstärkt im 16. Jahrhundert, im Zusammenhang mit der Reformation, setzte ein (männlicher) Diskurs über die Rollenzuweisung von Mann und Frau ein, der das Verhältnis zwischen den Geschlechtern in den zentralen Bereichen ‚Arbeit' und ‚Ehe' neu zu definieren suchte und zumindest festschrieb, was zuvor noch im Fluß gewesen war. In unserem Kontext ist besonders wichtig, daß damit Frauen auf klar umschriebene Aufgaben festgelegt beziehungsweise aus bestimmten Räumen ausgegrenzt wurden."[640] Träfe diese Einschätzung zu, müssten sich Unterschiede in protestantischen und katholischen Gegenden beobachten lassen, die es aber nicht gab: Meisterinnen wurden überall konsequent vom Zunfthandwerk ausgeschlossen. Außerdem wäre eine gleichmäßige Verdrängung der Frauen aus den verschiedenen Sektoren der Wirtschaft zu erwarten. Auch dies entspricht nicht den Tatsachen: „Im Gegensatz zu Handwerkerzünften scheint am Ausgang unseres Zeitraumes [des Spätmittelalters] die Frau im Groß- und Einzelhandel nicht benachteiligt worden zu sein; sie hat ihre Stellung in diesen Berufen behauptet."[641] Die wirksamen Faktoren dürften zunftspezifischer Natur gewesen sein, während es zur Relativierung des herkömmlichen Rollenmodells erst im 19. und 20. Jahrhundert kam.

Auch die Annahme, der Erfolg der weiblichen Beteiligung am Zunftleben habe die Männer zum Gegenschlag bewogen, ist zurückzuweisen. Als politische Hypothese geht sie davon aus, dass die Ausnahmen von der Regel der weiblichen Abstinenz vom zünftigen Handwerk im Spätmittelalter sehr zahlreich geworden seien; aus der Sicht der Männer habe die Gefahr bestanden, die Ausnahme werde zur Regel. Die Männer sahen das klassische Rollenmodell bedroht und wehrten sich, indem sie Frauen zurückdrängten, wo immer sie es vermochten.[642] Eine Variante dieser Hypothese nimmt an, die männlichen Meister und Gesellen hätten ihre Kolleginnen ausgeschlossen, um deren wirtschaftliche Konkurrenz loszuwer-

636 Dubler, Handwerk, S. 121. In Frankreich erlaubte das Edikt vom 23.8.1776 Frauen die Mitgliedschaft in gemischten oder rein weiblichen Zünften, behielt die Zunftverwaltung aber den Männern vor. (Farnam, Gewerbepolitik, S. 59f.)

637 Wissell, Recht II, S. 445.

638 Roth, Zunftherrlichkeit, S. 117; Proesler, Handwerk, S. 74*.

639 Vgl. Kocka, Arbeitsverhältnisse, S. 339, 614.

640 Simon-Muscheid/Jacobsen, Resümee, S. 162.

641 Wachendorf, Stellung, S. 126; vgl. Mitterauer, Familie, S. 33.

642 Vgl. Jacobsen, Gesetz, S. 63.

den.[643] Das widerspricht den historischen Quellen: Die männlichen Weber Straßburgs zwangen im Jahr 1330 ihre Kolleginnen in die Zunft, um sie unter Kontrolle zu bringen; außerhalb der Zunft hatten die Frauen als Störerinnen gewirkt.[644] Beide Interpretationen setzen voraus, dass den Zunfthandwerkerinnen eine große politische bzw. wirtschaftliche Bedeutung zugekommen sei. Davon kann keine Rede sein. Sie waren nicht in allen zünftigen Berufen vertreten, stets in der Minderheit und ohne politische Durchsetzungsmacht.[645] Nicht ohne Grund verlief ihre Verdrängung geräuschlos; „Aufstände“ gab es nicht.

Frauen wurden am Ende des Mittelalters und dem Beginn der Frühen Neuzeit aus allen Berufen verdrängt, in denen sich tiefgreifende Professionalisierungsprozesse ereigneten. Ihnen wurden Berufe verschlossen, in denen ein Studium üblich wurde, wie die des (evangelischen) Pfarrers, des (höheren) Lehrers oder des Arztes oder neue Berufe wie die des Juristen, weil sie nicht studieren durften. Ähnlich verhielt es sich mit den Zunfthandwerken, in denen es Frauen ebenfalls verboten wurde, die benötigte formale Qualifikation zu erreichen. Entscheidend für den Ausschluss der Frauen von den Zünften waren nicht etwa mangelnde Fertigkeiten – die Häufigkeit, in der Witwen die Betriebe ihrer Männer erfolgreich fortführten, beweist das Gegenteil –, sondern die fehlende formale Qualifikation. Ein Studium wurde Frauen verwehrt, weil der Aufenthalt in einer fremden Stadt unter lauter Männern als Gefahr für die Sittlichkeit der Frau angesehen wurde. Genauso undenkbar war es, dass eine Handwerkerin in gemischter Gesellschaft von Ort zu Ort reiste. Sie hätte ihre sexuelle Ehre nicht aufrecht erhalten können und sich somit für die Mitgliedschaft in einer Zunft disqualifiziert. Folgerichtig musste die Ausbildung weiblicher Zunftmitglieder eingestellt werden, sobald das Gesellenwandern verpflichtend wurde.[646] Von nun an waren sie allenfalls noch als Lehrmädchen vorstellbar. Solche auszubilden, wenn ihnen keine Aufstiegsperspektive gegeben werden konnte, war jedoch überflüssig und unklug. Nach der Beendigung ihrer Lehre sanken sie zu bloßen Hilfskräften herab, deren Zahl man einschränken wollte, oder zu Störern, die ihr Glück außerhalb der Zunft versuchten, beides unerwünschte Zustände, welche die Stabilität des Zunftwesens gefährdeten.[647]

Eine mindere Form der Mitgliedschaft erwarben Frauen in Zünften, die gleichzeitig als religiöse Bruderschaft fungierten. Neben berufsfremden Männern waren Frauen Mitglied solcher Verbände. Sie übten den zünftisch organisierten Handwerksberuf nicht aus, sondern nahmen lediglich an den bruderschaftlichen –

643 Wachendorf, Stellung, S. 127; Reith, Strukturen, S. 133f.

644 Schmoller, Tucher- und Weberzunft, S. 3.

645 In einigen Zünften erreichte der Frauenanteil im Spätmittelalter 10 bis 15 %. (Farr, Artisans, S. 39, 108.)

646 Vgl. Simon-Muscheid, Frauenarbeit, S. 16f, 30; Ennen, Frauen, S. 195.

647 Vgl. Mummenhoff, Handwerker, S. 49–52. In Hessen-Darmstadt durften im 18. Jahrhundert Frauen, die eine Lehre absolviert hatten, lediglich bei ihrem Ehegatten oder Vater arbeiten. (Emig, Berufserziehung, S. 149.) In Frankreich gab es im 18. Jahrhundert zunftähnliche Einrichtungen für Frauen, in denen eine formale Ausbildung stattfand. Sie spielten allerdings keine öffentliche Rolle und besaßen keine juristische Bedeutung oder gar politischen Einfluss. (Haupt/Crossick, Kleinbürger, S. 31.)

religiösen und geselligen – Aktivitäten der Zünfte teil.[648]

Vor allem aber wurden Frauen als einer der Stützpfeiler des „ganzen Hauses“ des Handwerkerbetriebs in die Zunft integriert. Das Konzept des „ganzen Hauses“ geht auf Otto Brunner zurück, der damit die Normen der Hausväterliteratur der Frühen Neuzeit auf den Begriff brachte. Bei „einer Vielzahl von Handwerken ... [waren] die Wohn- und Arbeitsstätten nicht getrennt, und das zünftige wie das Hausgesinde lebte bei seinem ‚Brotherren'. Damit finden sich die in der Hausväterliteratur normativ beschriebenen personalen Beziehungen auch im Handwerk. In einer idealtypischen Übertragung hieße dies: der Meister stand als ‚Hausvater' dem Haus vor, unterstützt wurde er durch die Meisterin – die ‚Hausmutter' –, die ihrem Mann Gehorsam schuldete; gemeinsam übten sie elterliche Pflichten gegenüber ihren Kindern und Herrschaftsrechte gegenüber dem Gesinde, dem untersten häuslichen Stand, aus. Männliches Gesinde war dem Mann zugeordnet, weibliches der Frau. Während dem Hausvater gemäß der Norm der eher äußere Arbeitsbereich oblag – auf das Handwerk bezogen, die Werkstatt –, war für den inneren Bereich – die Haushaltung – die Hausmutter zuständig.“[649]

Das Konzept des „ganzen Hauses“ ist in jüngerer Zeit eingehender Kritik unterzogen worden. Im Bauhandwerk wurde nicht in der häuslichen Werkstatt, sondern auf einer auswärtigen Baustelle gearbeitet. Auch andere Handwerke kannten die Arbeit beim Kunden. In größeren Städten war der Handwerkerhaushalt stärker marktbezogen als es der Theorie nach hätte sein sollen, selbst in ländlichen Regionen war der Selbstversorgungsgrad der Haushalte schon im Spätmittelalter geringer als man verbreitet annimmt. Mietverhältnisse waren weit verbreitet. Viele Handwerksbetriebe besaßen kein Gesinde, oder es wohnte außerhalb, vielleicht mit einer eigenen Familie. Der Meister (als Nebentätigkeit) und seine Ehefrau und Kinder (als Hauptberuf) gingen eventuell einer außerhäuslichen Erwerbsarbeit nach. Die nach der Theorie statische Hierarchie innerhalb des „ganzen Hauses“ verdeckt Freiräume, welche beispielsweise die Frauen hatten.[650]

Trotzdem ist das Konzept nicht völlig zu verwerfen, denn es weist mit Recht darauf hin, dass der traditionelle Handwerksbetrieb nicht allein aus dem Meister und seinen Mitarbeitern im Rahmen der vertraglich vereinbarten Leistungen bestand, sondern dass mehr als heute im Betrieb informelle persönliche Beziehungen herrschten und die gesamte Familie als Teil des Betriebs anzusehen war. Die Meisterfrau war „essentieller Teil eines ‚Arbeitspaares'“,[651] und zwar nicht ausschließlich durch die Trennung zwischen „ihren“ Arbeiten in Haushalt, Garten und Stall und „seinen“ betrieblichen Arbeiten, sondern in vielen Fällen dank ihrer Stellung als mithelfende Familienangehörige im Betrieb des Mannes. Sie stand bereit, um Auftragsspitzen zu bewältigen und einfache Zuarbeiten zu übernehmen. In der Werkstatt hatte sie bisweilen ihren eigenen Arbeitsbereich, übernahm Schreibarbeiten und das Eintreiben von Forderungen oder verkaufte die Produkte

648 Wachendorf, Stellung, S. 30f; vgl. Canzler, Zünfte, S. 89.
649 Werkstetter, Frauen, S. 38.
650 Vgl. Werkstetter, Frauen, S. 139, 505f; Rippmann, Frauen, S. 147; Handbuch Wirtschaftsgeschichte, S. 550; Mitterauer, Familie, S. 11, 13; Dirlmeier, Problem, S. 266.
651 Werkstetter, Frauen, S. 138; vgl. Simon-Muscheid, Frauenarbeit, S. 27.

im Laden, auf Märkten oder durch Hausieren. Viele Meisterfrauen waren so qualifiziert, dass sie nach dem Tod ihres Mannes den Betrieb problemlos fortführen konnten.[652] Die Position der Meistertöchter und -söhne gegenüber dem väterlichen Betrieb glich in vielem der ihrer Mütter. Zahllose Verbote in Zunftstatuten und Beschwerden von Mitmeistern und Gesellen belegen die große Bedeutung der Meisterfamilie für den Betrieb. „Besonders die ärmeren Landmeister, die ohne Gehilfen ... arbeiteten, waren auf die kostenlose Mitarbeit ihrer Ehefrauen und Kinder angewiesen.“[653] Ihre Position im Betrieb brachte es mit sich, dass die Meisterfrau an Zunftaktivitäten teilnehmen durfte, sofern es nicht um die Selbstverwaltung der Zunft ging.[654] Auf die vorgeschriebenen Zusammenkünfte gehörten „doch gewiß keine Weiber“.[655]

Sobald der Meister starb, trat das Witwenrecht in Kraft. Die Meisterwitwen hatten in den meisten Zünften das Recht, den Betrieb ihres Mannes fortzuführen, teils selbstständig, teils unter Zuhilfenahme eines Gesellen. Dieses Recht war gewöhnlich nicht schrankenlos: Es endete, sobald die Witwe sich erneut verheiratete oder ihr Sohn den Betrieb übernahm, nach einer bestimmten Zeitspanne (von zum Beispiel einem Jahr) oder nach dem Aufbrauchen der Rohstoffvorräte der Werkstatt. Manchmal durfte das Witwenrecht nur in Anspruch genommen werden, wenn ein Sohn als Betriebsnachfolger in spe vorhanden war. In anderen Fällen führten Frauen das Gewerbe so lange fort, bis sie es aus Altersgründen aufgeben mussten; sie vereinbarten mit dem Betriebsnachfolger ihre lebenslange Versorgung. Manchmal waren die Wirkungsmöglichkeiten einer Witwe dadurch beschränkt, dass sie weniger Gesellen oder Lehrlinge beschäftigen durfte als meistergeführte Betriebe. Gegen diese Einschränkungen wurde in vielen Fällen verstoßen.[656]

Für Meistertöchter galten dergleichen Vergünstigungen normalerweise nicht. Man erwartete offensichtlich, dass sie heirateten, wenn sie ihren Unterhalt nach dem Tod der Eltern nicht anderweit sicherstellen konnten. „So fanden sich vor allem im Textilgewerbe viele Frauen, die als Pfuscherinnen einem gefährdeten Broterwerb nachgingen. Wurden sie entdeckt, drohten harte Strafen bis zur Stadtverweisung. Mitunter deckten auch Zunftmeister diese Frauen, zahlten lieber wiederholt hohe Handwerksstrafen, um nicht auf die billigen und vollständig abhängigen Arbeitskräfte verzichten zu müssen.“[657]

Wer eine Meisterwitwe oder -tochter heiratete, erhielt Erleichterungen beim

652 Werkstetter, Frauen, S. 138f; Keller, Kleinstadt, S. 89.

653 Steidl, Probleme, S. 122; vgl. Schuster, Stellung, S. 42ff; Werkstetter, Frauen, S. 268f; Bessenrodt, Handwerk, S. 69.

654 Vgl. Siemsen, Germanengut, S. 103f.

655 Aus einem Beschwerdeschreiben über eine Coburger Wagnerfamilie aus dem Jahr 1781; in: Beck, Wagnerhandwerk, S. 21.

656 Vgl. Schuster, Stellung, S. 28–36; Stannek, Armut, S. 104; Werkstetter, Frauen, S. 276, 279; Scheschkewitz, Zunftwesen, S. 197; Fröhlich, Sicherung, S. 108ff. Die preußischen Generalprivilegien der 1730er Jahre hoben die zeitliche Befristung der Betriebsführung durch Witwen auf, damit diese nicht der öffentlichen Armenpflege zur Last fielen. (Deter, Rechtsgeschichte, S. 235.)

657 Stannek, Armut, S. 104.

Eintritt in die Zunft. „Trotzdem darf nicht davon ausgegangen werden, daß solche Maßnahmen in der Realität effektive Wirkung zeigten, und für den größten Teil der Meistersehefrauen Witwenschaft nur einen kurzzeitigen und vorübergehenden Abstieg in die Armut bedeutete."[658]

Mit diesen Regelungen ging es den Zünften nicht primär darum, die Hinterbliebenen eines Meisters wirtschaftlich abzusichern.[659] Einschränkungen der Dauer oder des Umfangs des Witwenbetriebes und der Ausschluss der Töchter von den Witwenprivilegien stehen einer sozialen Absicht der Zünfte entgegen. Die Witwe sollte vielmehr einen „Platzhalter" abgeben, der den Betrieb erhielt, bis dieser – möglichst rasch – wieder zum männlich geleiteten Normalbetrieb wurde.[660] Von Witwen wurde eine kontinuierliche Betriebsführung auch gegen ihren Willen erwartet. Als Betriebsleiterinnen nahmen sie an Handwerksversammlungen teil, ohne allerdings in die Zunftleitung gewählt werden zu können.[661]

3.1.6. Der Beruf

3.1.6.1. Zünftige und unzünftige Berufe

Die Einteilung der Menschen nach ihrem Beruf war im Mittelalter und der Frühen Neuzeit alles andere als selbstverständlich. Das ständische Modell des Lehr-, Wehr- und Nährstandes zerlegte die Gesellschaft in Funktionsbereiche, nicht in Berufe. Adelige waren als Politiker, Verwaltungsbeamte oder Militärs tätig, Geistliche als Pfarrer, Lehrer oder Organisten, aber auch als Landwirte, Handwerker oder Schreiber. Der „Nährstand" umfasste eine Vielzahl Berufe: Kaufleute, Bauern, Handwerker, Dienstleister. Dörfer und Städte waren nach dem Nachbarschaftsprinzip gegliedert, größere Städte in Quartiere unterteilt, die wie Dörfer verwaltet wurden. Die Kirche war mit ihren Pfarreien und Bistümern analog strukturiert; auch Laienbruderschaften lehnten sich oft an Stadtteile oder Pfarreien an. Das Zunftwesen durchbrach diese funktionalen und geografischen Ordnungsmuster und stellte ihnen das Berufsprinzip an die Seite. Rolf Sprandel wollte das zünftige Berufsprinzip auf das Konzessionswesen der Stadtherren im Frühen und Hohen Mittelalter zurückführen, welches dazu geführt habe, dass die Branchen geschlossen in Gewerbegassen angesiedelt wurden und zu ihrer Kontrolle branchenbezogene Organe geschaffen wurden.[662] In Kapitel 2.1. wurde gezeigt, dass es sich hierbei bestenfalls um eine Teilerklärung handeln kann. Bedeutsamer wa-

658 Stannek, Armut, S. 101; vgl. Kieser, Kartell, S. 26.

659 So etwa Kieser, Kartell, S. 26.

660 Simon-Muscheid, Frauenarbeit, S. 29; Steidl, Probleme, S. 123; Haupt, Wege, S. 28; Fröhlich, Sicherung, S. 74. Vom Meister wurde, falls seine Ehefrau starb, nicht unbedingt die Wiederverheiratung verlangt. Man ging offenbar davon aus, dass der Meister, falls er nicht mehr heiratete, in der Lage war, den Betrieb ohne Ehefrau weiterzuführen. (Vgl. Johanni, Zünfte, S. 88f.)

661 Werkstetter, Frauen, S. 275; vgl. Bräuer, Handwerk im alten Chemnitz, S. 109; Hähnsen, Geschichte, S. 159.

662 Sprandel, Handel (Vorträge und Forschungen), S. 28.

ren – unten wird darauf näher eingegangen – Fragen der Funktionsfähigkeit der Zünfte: Einer Handwerkerorganisation, die mehrere Berufe umfasste, fehlten integrative Elemente, sie war instabil.

Den Kern des Zunftwesens bildete das Handwerk. Um diesen Kern lagerten sich im Laufe der Jahrhunderte andere Berufe, weil der Handwerksbegriff weiter gefasst wurde als heutzutage und das im Handwerk erprobte Organisationsschema auf andere Bereiche übertragen wurde. Eine einheitliche Linie gab es nicht, die Situation stellte sich an jedem Ort anders dar. Lediglich gegenüber dem feudalistisch geprägten Ackerbau, der Forstwirtschaft und den charakteristischen Tätigkeiten des Adels und des Klerus gab es eine saubere Trennung. Bergleute, Gärtner, Winzer, Fischer und Jäger, Hirten und Schäfer, Wirte, Musikanten, Landsknechte, Bettler und Dirnen waren mehr oder minder häufig in Zünften organisiert. Oft waren Fischer, Bader und Wundärzte – deren Zahl überall beschränkt wurde – sowie Angehörige der Transportgewerbe (Packer und Träger, Schiffer, Flößer und Fuhrleute) zünftig, seltener künstlerische Berufe wie Maler oder Bildhauer. Goldschmiede waren trotz ihres künstlerischen Einschlags in das Zunftwesen integriert, weil man ihren Umgang mit den Währungsmetallen Gold und Silber kontrollieren wollte. Auch für Münzer, Zinngießer, Ofenbauer, Bäcker und Metzger war die Kontrolle durch die Obrigkeiten oder die Zünfte als deren Beauftragte das entscheidende Kriterium, das ihre Zünftigkeit begründete. Neuwaren liefernde Massengewerbe wie Schuhmacherei und Schneiderei waren fast überall zünftig, die wenig angesehenen reinen Reparaturgewerbe wie Flickschusterei und Änderungsschneiderei blieben hingegen oft unzünftig; sie waren ein Tummelplatz von Nebenberuflern und Bönhasen. Überhaupt wurden nebenberufliche Handwerker, vor allem auf dem Land, seltener verzünftet; aber auch hier gab es wichtige Ausnahmen, etwa in Bayern, wo man sich um die vollständige Integration des Handwerks in Zünften bemühte. Je nach Konjunktur schwankte der Anteil agrarischen Nebenerwerbs am Einkommen der Handwerker. In den Großstädten widmeten sich viele Handwerker ausschließlich ihrem Hauptberuf, während in Klein- und Mittelstädten wie auf dem Land die Nebentätigkeit in der Landwirtschaft bis zum 19. Jahrhundert ubiquitär war. Lederzurichter erhielten keine eigene Zunft, weil man in diesem Falle mit anderen Zünften, die ebenfalls Leder zurichteten, über die Abgrenzung der Arbeitsgebiete hätte verhandeln müssen. In Köln blieben Lohnschlächter, welche Hausschlachtungen vornahmen, und Lohnbäcker, die in den Bürgerhäusern buken, außerhalb des Zunftwesens, weil sie als Mitarbeiter der Haushalte galten, für deren Eigenproduktion das Zunftwesen nicht zuständig war. Die Bierbrauerei war in Städten zünftig, in denen sie nicht als Kommunbrauwesen ein Vorrecht der Bürger oder Hauseigentümer war. Öffentlich Bedienstete blieben außerhalb der Zünfte, doch gab es auch hier Ausnahmen; manchmal waren Eichbeamte oder die Flusspolizei zünftig organisiert. Im Textilsektor war die Situation uneinheitlich. Die Weberei war in den Städten meist zünftig, auf dem Land oft nicht. Wo der Verlag die Produktion bestimmte – wie in der Baumwollweberei – waren die Weber vielfach zunftlos. Die Vorbereitung der Textilrohstoffe und ihr Verspinnen wurden meist von Frauen, Kindern oder Gesinde im Nebenerwerb betrieben; nur in Schlesien bildeten die „Garnzieher“ eigene Zünfte. In großen

Städten blieb die Mehrheit der bis über 300 verschiedenen Handwerksberufe außerhalb des Zunftwesens, weil diesen Berufen jeweils nur wenige Personen angehörten. Für eine eigene Zunft reichte die Zahl der Berufstätigen nicht aus, in Mischzünften waren sie wegen ihres Spezialisierungsgrades oder ihrer hohen Kunstfertigkeit schwer zu integrieren. In unzünftigen Berufen war ebenfalls manchmal eine Lehr- und Gesellenzeit vorgeschrieben, und Zunftregeln galten analog.[663]

Krämerzünfte sind seit dem 14. Jahrhundert sicher nachgewiesen. Der Einzelhandel konnte mit einigem Recht dem Handwerk zugerechnet werden, weil er kaum Fertigprodukte verkaufte, sondern fast alle Waren vor dem Verkauf bearbeitet, gemischt, gewogen und verpackt werden mussten; erst die Industriezeit brachte hier einschneidende Veränderungen. Mitglieder der Krämerzünfte waren Gewürz- und Kurzwarenhändler (Krämer im engeren Sinne), Buchhändler, Gewandschneider (welche aus Stoffballen das für ein Kleidungsstück erforderliche Stück Stoff schnitten), Handschuhmacher und andere Berufe, die selbst handelten oder die Krämer mit ihren Produkten belieferten. Lebensmitteleinzelhändler (Höker) wurden meist nicht zu den Krämern gezählt; die Hökerei war gewöhnlich ein Geschäft der Bauern des Umlandes. Was ein Krämer verkaufen durfte und was nicht, war eine Frage der Macht, welche die Krämerzunft und ihre Konkurrenten (Handwerks- und Gewandschneiderzünfte, Kleinhändler mit Landesprodukten) in einem Ort ausübten. Während der Gewandschnitt in vielen süddeutschen Städten Sache der Weber oder Schneider war, sicherten sich in Norddeutschland oft die Kaufmannspatrizier das Recht des Schnittes für ihre Gewandschneiderzünfte. Ab und zu gehörte der Fernhandel zur Krämerzunft, meist jedoch nicht: Der typische Fernhändler des Späten Mittelalters und der Frühen Neuzeit legte nicht mehr selbst im Geschäft Hand an, sondern leitete und verwaltete es nur noch, er vereinte sich mit seinesgleichen in einer Gilde und hielt sich für etwas Besseres. Für Krämer bedeutete es sozialen Aufstieg, wenn es ihnen gelang, individuell oder insgesamt Anschluss an eine Kaufmannsgilde zu finden. Zünfte der Gewandschneider, Krämer, Brauer und Schiffer gaben sich besondere Namen, um ihre soziale Position zwischen Handwerkerzunft und Fernhändlergilde kundzutun. In diesen Städten verengte sich der Begriff des Zunfthandwerks auf diejenigen, die weniger erfolgreich waren. In Krämerzünften galten Zunftregeln – etwa über den Ausbildungsgang – nur ausschnittweise.[664]

663 Handwörterbuch des deutschen Aberglaubens, hrsg. von Hanns Bächtold-Stäubli und Eduard Hoffmann-Krayer, 10 Bände, Nachdruck Augsburg 2000 (Original 1927–1942) IV, Sp. 590f; Gatz, Handwerk, S. 35, 40; Gierke, Genossenschaftsrecht I, S. 945; Stieglitz, Zünfte, S. 37, 40; Eitel, Reichsstädte, S. 26; Hasse, Zunft, S. 4; Sonntag, Zunftzwang, S. 56, 58; Trautmann, Entwicklung, S. 226f, 242f; Fromm, Studien, S. 19f; Scheitlin, Zunftwesen, S. 98; Otruba, Gewerbe, S. 15, 79; Kocka, Stand, S. 142; Klein, Aussenseiterpolitik, S. 30f; Salow, Zunftwesen, S. 34; Eitel, Reichsstädte, S. 136; Lütge, Sozial- und Wirtschaftsgeschichte, S. 259, 262.

664 Eckert, Krämer, S. 12f, 15ff, 21f, 27–58, 87ff; Hasse, Zunft, S. 5; Hopp, Zunft, S. 23; Schmoller, Tucher- und Weberzunft, S. 390–394, 459; Köhler, Einzelhandel, S. 1, 23; Lauffs, Zunft- und Gewerbewesen, S. 18–26; Loesch, Zunfturkunden I, S. 126*; Müllerleile, Gewandschneidergilde, S. 65ff.

Die Entwicklung des Berufsprinzips war vielschichtig und in sich widersprüchlich. Seit dem Spätmittelalter vergrößerte sich die Zahl der Handwerker, die außerhalb des Zunftwesens blieben, weil städtische Beschäftigte, Hofhandwerker und Hilfskräfte der Kaufleute überwiegend nicht zünftig organisiert waren. Freimeister wurden bewusst außerhalb des Zunftwesens platziert. Auf der anderen Seite bemühten sich die Landesregierungen noch im 18. Jahrhundert, um der Einheitlichkeit und Kontrollierbarkeit der Gewerbetreibenden willen Landhandwerker und nichthandwerkliche Berufe in das Zunftwesen einzubinden. Die Zahl der Handwerke explodierte, weil sich die Handwerke aufsplitterten. Der technologische Fortschritt und die wachsende Kunstfertigkeit der Produzenten brachten in den Gewerbezentren hochgradige Spezialisierung hervor. Schreiner trennten sich von Zimmerleuten, als die Ansprüche an bürgerlichen Wohnkomfort stiegen, Maurerzünfte entstanden mit der Ausbreitung der Steinbauweise. Statt eines einheitlichen Schmiedehandwerks gab es jetzt Grob-, Klein-, Huf-, Messer-, Nagel- und Haubenschmiede, Schwertfeger, Harnischmacher, Spengler, Kessler, Messing- und Kupferschmiede, Nadler, Kannen- und Pfannenschmiede und viele andere. Der Zuzug von Glaubensflüchtlingen und ausländischen Fachkräften vermehrte ebenfalls die Zahl der Gewerbe. Bis zum 17. Jahrhundert wurden die neuen Gewerbe fast stets dem Zunftwesen inkorporiert. Seither mehrten sich die Fälle, wo neue Gewerbe dauerhaft außerhalb des Zunftwesens blieben. Im 18. und 19. Jahrhundert bildete sich ein handwerklicher Sektor erheblichen Ausmaßes außerhalb des Zunftwesens. Je spezieller die Gewerbe wurden, desto mehr hatten zu wenige Angehörige, um eine Zunft zu gründen. Neue Sparten des Kunstgewerbes blieben ohne einschnürende zünftige Regulierungen, die ihre Kreativität und Anpassungsfähigkeit an technologische Entwicklungen und Geschmacksveränderungen der Kundschaft beeinträchtigt hätten. Die Abgrenzung zwischen handwerklicher Produktion und der der Manufakturen und Fabriken verwischte, ein Handwerker übte in der Fabrik eventuell dieselben Tätigkeiten aus wie in einem selbstständigen Handwerksbetrieb, blieb dabei aber außerhalb der Zunft. Neue Produktionszweige wurden teilweise von vornherein außerhalb des Zunfthandwerks aufgebaut. Aufgaben von Handwerkern gingen an Spezialisten verloren, die über eine höhere schulische Ausbildung verfügten, aber keine handwerkliche. In Italien traten Architekten – deren Aufgaben zuvor die Steinmetze wahrgenommen hatten – bereits um 1500 auf.[665]

Zünftige und unzünftige Berufe in Bremen in der Mitte des 19. Jahrhunderts[666]

„Neue Stoffe, neue Industrien, neue Betriebsmethoden passten gar nicht mehr in die zünftige Abgrenzung der Arbeit hinein, und sehr bald stand jedem zünftigen

665 Ehrenburg, Gewerbefreiheit, S. 3; Elkar, Schreiner, S. 32; Flemming, Innungen, S. 44ff; Schultz, Zunfthandwerk, S. 129; Warncke, Handwerk, S. 34; Schultz, Das ehrbare Handwerk, S. 125; Schembs, Dach, S. 39; Schmoller, Tucher- und Weberzunft, S. 471; Kellenbenz, Wirtschaftsgeschichte I, S. 168; Lütge, Sozial- und Wirtschaftsgeschichte, S. 262; Stieda, Entstehung, S. 118–121; Loesch, Zunfturkunden I, S. 15*; Gatz, Handwerk, S. 81.

666 Böhmert, Beiträge, S. 55f.

Handwerk ein eng verwandtes freies Gewerbe gegenüber. Den zünftigen Maurern und Zimmermeistern traten die freien Architecten gegenüber, welche polytechnischen Schulen ihre Bildung verdankten und ohne ein sog[enanntes] Meisterstück geliefert zu haben, doch die grossartigsten Bauten in Bremen aufführten. Während ferner Schmiede, Schlosser, Gürtler, Blechenschläger zünftisch waren, gehörten die Mechaniker, Eisengiesser, Maschinenfabrikanten, Büchsenmacher und Verfertiger chirurgischer Instrumente zu den freien Gewerbetreibenden. Die Goldschmiede lebten im Zunftzwange, während Silberwaarenfabrikanten und Uhrmacher völlig frei waren. Die Tischler und Rademacher hatten ihre Innungen, – die Fournir-, Kisten- und Pianofortefabrikanten waren frei. Die Schuhmacher waren zünftig, dagegen die Handschuhmacher, Gummi- und Guttapercha-Fabrikanten frei. In ähnlicher Weise standen den zünftigen Bäckern die freien Conditoren, den zünftigen Sattlern die unzünftigen Tapezierer, den zünftigen Buchbindern die unzünftigen Leder-, Etuis- und Papparbeiter, sowie die Tapeten- und Rouleauxfabrikanten gegenüber. Die Filt- und Hutmacher waren gebunden, dagegen die Seidenhutmacher, Strohhutfabrikanten und Kappenmacher frei. Die Schneider waren zünftig, während die Putz- und Weißwaarengeschäfte sowie die Corsettfabrikanten frei waren. Die Tuchmacher und Tuchbereiter verblieben in ihrer alten Verfassung, während Baumwollenweber, Segeltuchmacher, Wattenfabrikanten, Appreteure, Decorateure und Färber sich frei bewegen durften. Es entstanden außerhalb des Zunftwesens Maschinenfabriken, Cigarrenfabriken, Spritfabriken, Dampfbrauereien, Silberwaarenfabriken, Pianofortefabriken, Kistenfabriken, Zuckersiedereien, Reisschälmühlen, chemische Fabriken und andere freie industrielle Etablissements, welche zusammen Tausende von Arbeitern beschäftigten und meist rasch emporblühten. So entwickelten sich denn gar bald die sonderbarsten Widersprüche."

3.1.6.2. Ein- und Mehrzünftigkeit

Warum sollte jemand die Mitgliedschaft gleichzeitig in mehreren Zünften erwerben? Vielleicht übte er mehrere verwandte Berufe nebeneinander aus oder war in einem Grenzbereich tätig, der mehreren Zünften zugeordnet werden konnte. Ein Handwerker konnte durch die Mitgliedschaft in der Krämerzunft das Recht zum Handel mit Produkten außerhalb seines Handwerks erwerben. Arbeitete er in erster Linie für einen bestimmten Kaufmann, so wurde er womöglich gezwungen, in dessen Zunft einzutreten. Saisonarbeiter wie Gärtner oder Bauhandwerker mussten im Winter einer anderen Beschäftigung nachgehen, um ihren Lebensunterhalt aufzubringen. Sie durften mehreren Zünften angehören oder ihre Winterarbeit außerhalb des Zunftwesens durchführen. Die Mindener Fleischer lieferten während der Fastenzeit statt Fleisch und Wurst ein brauchtümliches Gebäck, eine Art Krapfen. Neben den ökonomischen gab es soziale, religiöse und politische Gründe. Wer in mehreren Zünften Mitglied war, durfte mehrere Trinkstuben betreten und gehörte mehreren Bruderschaften an. Möglicherweise erhöhte er seinen politischen Einfluss und die Heiratschancen seiner Kinder, wenn er Verbindungen zu einer angesehenen Zunft aufnahm. Manchmal war die Mitgliedschaft in einer weiteren Zunft erlaubt, wenn diese vom Vater „ererbt“ oder von der Frau „erheiratet“ worden war. In Hildesheim wurde man Mitglied in Zünften, welche ihre jährlichen Überschüsse an ihre Mitglieder ausschütteten; hier wurde die Zunftmitgliedschaft zu einer Kapitalanlage.[667]

Personen, die mehreren Zünften angehörten, waren derjenigen, deren Gewerbe sie vorwiegend ausübten, „leibzünftig“, d.h. Vollmitglied mit allen Rechten und Pflichten, und den anderen „geldzünftig“, d.h. dass sie für ihre beschränkten Rechte lediglich einen bestimmten Geldbetrag zahlten, aber keinen weiteren Verpflichtungen unterlagen.[668] Geldzünftige Mitglieder, die aus sozialen, religiösen oder politischen Gründen beitraten, waren gern gesehen, da sie „Beziehungen“ und Bares mitbrachten. Als der Luzerner Stadtrat in der Mitte des 15. Jahrhunderts die Mehrzünftigkeit nach dem Vorbild anderer Städte abschaffen wollte, konnte er sich nicht durchsetzen, denn die Zünfte brauchten Mehrfachmitglieder, um ihre Zunfthäuser abzuzahlen.[669] Die Möglichkeit, in mehreren Gewerben nebeneinander tätig zu sein, wurde seit dem 14. Jahrhundert – abgesehen von Saisonarbeitern – zusehends eingeschränkt.[670] Der Werdegang vom Lehrling über den Gesellen zum Meister, den niemand mehrfach durchlaufen konnte, verhinderte sie zuverlässig.[671] Die Reformatio Sigismundi lehnte 1439 die Mehrzünftigkeit ab, weil sie dem Grundsatz entgegenstehe, dass man einem Anderen nicht „in sein Handwerk greifen“ solle.[672] Indem sie eine Mitgliedschaft in Handelszünften untersagten, wollten sich Baseler Handwerkerzünfte 1523 die Unabhängigkeit vom Handel sichern.[673] Im 18. Jahrhundert änderte sich die Auffassung der Juristen dahingehend, dass Doppelzünftigkeit in zwei Berufen verboten, an zwei Orten aber gestattet sei.[674] Nachdem ihnen die Ausübung mehrerer Zunftberufe verboten worden war, wandten die Handwerker ihre Tatkraft außerzünftigen Nebentätigkeiten zu. Sie übernahmen städtische Dienste, vermieteten Immobilien, handelten mit Rohstoffen und Erzeugnissen des eigenen Handwerks, die nicht aus ihrer Produktion stammten, oder mit handwerksfremden Gütern, brauten, betrieben Gasthöfe, verliehen Geld oder beteiligten sich an Bergbauunternehmen. Die Verstetigung des Einkommens durch das Engagement in mehreren Berufen und eine Streuung von Kapitalanlagen waren sinnvolle Strategien in einer Zeit ohne Arbeitslosenversicherung und Sozialhilfe.[675]

667 Müllerleile, Gewandschneidergilde, S. 23ff; Trübsbach, Wirtschafts- und Sozialgeschichte, S. 50; Eitel, Reichsstädte, S. 25; Reith, Arbeits- und Lebensweise, S. 208; Loesch, Zunfturkunden I, S. 118*; Lauffs, Zunft- und Gewerbewesen, S. 14; Rohrscheidt, Zunftzwange, S. 67.

668 Como, Zunft, S. 29.

669 Dubler, Handwerk, S. 108f.

670 Schmoller, Tucher- und Weberzunft, S. 385; Scheitlin, Zunftwesen, S. 84; Breuer, Wesen, S. 84.

671 Sonntag, Zunftzwang, S. 53.

672 Schmoller, Tucher- und Weberzunft, S. 473.

673 Simon-Muscheid, Handwerkszünfte, S. 293.

674 Döhler, Beschreibung, S. 25; Großes vollständiges Universal-Lexikon, hrsg. von Johann Heinrich Zedler, Band 64, Leipzig/Halle 1750, Sp. 120.

675 Mitterauer, Familie, S. 13; Keller, Handwerkeralltag, S. 17f; Kaufhold, Handwerk, S. 225ff; Schembs, Dach, S. 57f.

3.1.6.3. Die zünftige Arbeitsteilung

Lucas Cranach
Der Maler Lucas Cranach beschäftigte in seiner Werkstatt im frühen 16. Jahrhundert Lehrlinge und bis zu zehn Gesellen. Diese bereiteten die Arbeiten vor, fertigten die Unterzeichnungen der Gemälde an, führten einzelne Bildelemente aus und vervielfältigten beliebte Sujets wie die berühmten Luther-Porträts. Cranach-Bilder sind oft aus gezeichneten Versatzstücken, sozusagen „Bildbausteinen“, komponiert, die von der Werkstatt mehrmals benutzt wurden.[676] „Nach Festlegung von Format und Komposition eines Gemäldes und nach Angabe der zu verwendenden Elemente reduzierte die Arbeit sich weithin auf ein Kopieren, Kombinieren und Variieren von Bildelementen. Bestimmte Aufgaben, wie das zeitraubende Malen der Landschaften, mögen Spezialisten zugewiesen worden sein. Mitarbeiter konnten so bei minimaler Mitwirkung des Werkstattleiters weitgehend selbständig ‚Cranachs‘ produzieren, die sich individuell unterschieden, aber doch jeweils einer Bildfamilie angehörten ... Nicht einmal der Urtyp muß notwendig von Cranach entworfen sein, der gleichwohl die prägenden Elemente vorgeschrieben hat. Das Monogramm mit der Schlange wurde zum Firmenzeichen, das den Verantwortlichen bezeichnete, nicht aber den Ausführenden. Mit seiner Verwendung bestätigte der Maler und Unternehmer Cranach, daß das Objekt seinen Bildvorstellungen und Qualitätsanforderungen entsprach.“[677]

Lucas Cranachs Betrieb war eine Kunst-Manufaktur. Als zunftfreier Unternehmer war er nicht an Vorschriften des Zunftwesens gebunden und konnte seinen Betrieb organisieren, wie er wollte. Im Zunftwesen war eine ähnlich arbeitsteilige Betriebsführung nur im Baugewerbe möglich; in anderen Gewerben lag die maximale Betriebsgröße bei drei bis sieben Personen. Selbstverständlich verzichteten auch sie nicht auf Arbeitsteilung. Auch in Zunftbetrieben musste man davon ausgehen, dass Lehrlinge und Gesellen noch nicht alles beherrschten, was der Meister konnte. Die hohe Fluktuation der Wandergesellen, die oft nur ein bis zwei Wochen in einem Betrieb blieben, war ebenfalls ein Argument für die Entscheidung eines Meisters, seinen Gesellen vorzugsweise einfachere Arbeitsgänge zu übertragen. Den vermeintlichen zünftischen Grundsatz, ein Geselle habe ein Werkstück von A bis Z selbstständig auszuführen, gab es nicht.[678]

In vielen Betrieben wurden neben den Gesellen oder an ihrer Stelle Familienangehörige eingesetzt. In Webereien waren Frau und Kinder mit dem sehr arbeitsintensiven Spinnen und mit Hilfsarbeiten wie dem Umspulen und dem Vorbereiten des Webstuhls beschäftigt. Meisterfrauen übernahmen Abrechnung und Buchhaltung sowie den Verkauf. Bedenkt man aber, wie viele Witwen den Betrieb des verstorbenen Gatten fortführten, so kann man erahnen, dass sie weit mehr als das ausgeübt haben müssen. Bei den Meistersöhnen gingen die Zünfte wie selbstverständlich davon aus, dass sie von klein auf im väterlichen Betrieb mithalfen.

676 Hinz, Fabrikate; Erichsen, Vorlagen; Sandner/Ritschel, Arbeitsweise.
677 Erichsen, Vorlagen, S. 184.
678 Vgl. Kieser, Kartell, S. 66, 72.

Zünfte und Gesellenschaften wandten sich gegen die Mitarbeit von weiblichen Familienangehörigen und Gesinde. Ihre Mitwirkung wurde als unehrenhaft gebrandmarkt. Man darf diese Anklagen verallgemeinern und annehmen, dass weit mehr Arbeiten von formal unqualifizierten Mitarbeitern ausgeführt wurden als offiziell zugegeben. Da man mit Widerstand rechnen musste, hing man es nicht an die große Glocke.[679] Manchmal gab es sogar Vorschriften darüber, welche Arbeitsgänge nur von einem Meister ausgeführt werden durften, ein verlässliches Indiz dafür, dass eine ausgeprägte Arbeitsteilung im Zunftbetrieb existierte.[680] Zugunsten der Arbeitsteilung war man sogar bereit, Zunftregeln außer Kraft zu setzen. Die Sensenschmiede im oberösterreichischen Kirchdorf-Micheldorf verfeinerten um 1700 ihre Erzeugungstechnik so, dass die Arbeitsteilung zunahm. Sie stellten zusätzliche Arbeitskräfte ein und hielten die statutarischen Betriebsgrößenmaxima nicht mehr ein.[681]

Allerdings war die Arbeitsteilung innerhalb eines Zunftbetriebes weit entfernt von einer Fabrikproduktion, bei der ein Arbeiter nur eine oder zwei Maschinen mit wenigen Handgriffen bedient. Insofern hatte der Gerbergeselle Johann Eberhard Dewald aus Königswinter bei Bonn Recht, der über ein Arbeitsverhältnis in einer Prager Fabrik im Jahr 1837 schrieb: „Zudem gefällt mir das Arbeiten nit, dieweil jeder den langen Tag die gleiche Arbeit verrichten muß und dabei das Ganze aus den Augen verliert. Muß wohl in einer Fabrik solcherweis geschehen, kann mich aber nit darein schicken und mein immer, ich triebe mein Gewerb nur halb.“[682]

Nachteile gegenüber Großbetrieben kompensierte das Zunftwesen, indem es spezifische Instrumente der zünftigen Arbeitsteilung entwickelte. Viele Betriebe begnügten sich mit einem Ausschnitt aus der Produktionspalette ihres Berufes.[683] Andere spezialisierten sich auf einzelne Arbeitsschritte. Die Nürnberger Kammmacher verteilten die Arbeit in der Zunft so, dass einige Betriebe die Elfenbeinzähne in Tafeln grob zerlegten, andere die Kammzähne in die Tafeln einarbeiteten, wieder andere die Kämme polierten und die Endbearbeitung übernahmen.[684] Bei den Kürschnern und Schneidern in Leipzig wurden bereits im 16. Jahrhundert Teilschritte des Arbeitsprozesses wie das Zurichten oder die Endfertigung in andere Werkstätten vergeben.[685] Die Zunft der Bohrer und Polierer in Freiburg im Breisgau vereinte zwei Berufe der Schmucksteinfertigung, die aufeinander aufbauten: Zuerst wurden die Steine durchbohrt, anschließend wurden sie zu kleinen Kugeln geschliffen und poliert. Beide Berufe waren gegeneinander weitgehend abgeschlossen.[686] Schließlich spalteten viele Zünfte Teilarbeitsgänge in zunfteigene Betriebe ab: Weber unterhielten gemeinsam eine Walkmühle und eine Färberei, Schuhmacher einen Gerbhof und eine Lohmühle, Töpfer einen Brennofen,

679 Vgl. Loesch, Zunfturkunden I, S. 78*.
680 Schwarzlmüller, Lehrling, S. 123f; Schwarzlmüller, Berufslaufbahn, S. 197.
681 Fischer, Sensen, S. 68f.
682 Fischer, Quellen, S. 132.
683 Wiest, Entwicklung, S. 134.
684 Wiest, Entwicklung, S. 134.
685 Keller, Handwerkeralltag, S. 14.
686 Schragmüller, Bruderschaft, S. 55.

Fleischer ein Schlachthaus. Sofern es sich lohnte, wurde für diese Betriebe spezialisiertes Personal eingestellt.[687] Die arbeitsteilige Zusammenarbeit von Mitgliedern verschiedener Zünfte war hingegen oftmals verboten, wie überhaupt die Zusammenarbeit mit Zunftfremden unterdrückt wurde, um keine Abhängigkeit von Außenstehenden zu riskieren.[688]

Die wichtigste Form der Arbeitsteilung im Zunftwesen war die Aufspaltung in Ein-Beruf-Zünfte. Statt den Arbeitsprozess eines einzelnen Werkstücks auf verschiedene Bearbeiter zu verteilen, wurde die Variabilität der Werkstücke verringert, die ein Betrieb produzieren durfte. Auch so konnten die Komplexität reduziert und die Geschwindigkeit der Mitarbeiter erhöht werden. Die hohe Spezialisierung der Zunftberufe „hinderte zwar das seltene Talent seine ganze Vielseitigkeit zu zeigen, und eben durch die Verbindung mannigfaltiger Fertigkeiten Werke von ungewöhnlicher Zusammensetzung und ungeahnter Brauchbarkeit zu schaffen. Aber sie machte es der großen Mehrzahl der mittelmäßigen Köpfe möglich, in einem einzelnen Fache, auf welches ihre ganze Kraft beschränkt und hingeleitet wurde, etwas Vorzügliches zu leisten."[689] Wo die Zahl der Meister nicht für eine eigene Zunft ausreichte, wurden mehrere Berufe zu einer Mischzunft vereinigt. Waren diese Berufe miteinander verwandt – etwa Spezialisierungen desselben Grundberufs nach dem Rohstoff oder Endprodukt (wie die verschiedenen Arten der Schmiede) oder aufeinander aufbauende Arbeitsprozesse (wie Gerber und Schuhmacher) –, so war unaufhörlicher Ärger vorprogrammiert. Wer durfte welche Arbeiten ausführen, wer ging bei öffentlichen Veranstaltungen im Rang vor, wer durfte die Ämter in der Zunft besetzen oder die Abgeordneten zum Stadtrat entsenden? Wann immer möglich, trennten sich die Streithähne und bildeten Ein-Beruf-Zünfte, die höheres Ansehen genossen. Dem Problem, wie die Arbeitsgebiete abzugrenzen seien, konnte man entgehen, indem man einander fremde Berufe in einer Zunft vereinte. Natürlich stellte sich auch hier keine Integration ein; waren die verwandten Gewerbe verfeindet, blieben sich die fremden fremd: Was verband die Glaser mit den Beutelmachern? Mischzünfte aus fremden Gewerben wurden wie Dachverbände organisiert: Unter einer gemeinsamen Leitung besaß jeder Beruf seine spezifischen Vorschriften und Gremien. Obwohl Mischzünfte stets zur Auflösung neigten, wurden sie immer wieder errichtet, weil auch kleine Gewerbe an den Segnungen des Zunftwesens partizipieren und die Obrigkeiten das gesamte Handwerk zünftig erfassen wollten. Wo jeder Zunft eine bestimmte Anzahl Plätze im Stadtrat vorbehalten waren, waren die Führungsschichten an einer kleinen Zunftzahl interessiert und tendierten dazu, Handwerke in Mischzünften zu vereinigen.[690]

687 Vgl. Kapitel 4.2.

688 Neuburg, Zunftgerichtsbarkeit, S. 127.

689 Hoffmann, Interesse, S. 28.

690 Flemming, Innungen, S. 66, 75; Dubler, Handwerk, S. 119; Otruba, Gewerbe, S. 16; Keller, Kleinstadt, S. 78; Krefft, Kartelle, S. 15f; Bessenrodt, Handwerk, S. 88; Wefeling, 700 Jahre, ohne Seitenzählung; Johanni, Zünfte, S. 34f; Voß, Innungen, S. 46; Handbuch Wirtschaftsgeschichte, S. 529; Klein, Aussenseiterpolitik, S. 31; Schmidt, Zunfturkunden I, S. 81*; Schulze, Handwerkerorganisation, S. 33; Wiest, Entwicklung, S. 135; Krumbholtz, Gewerbe, S. 6*; Göttmann, Bäckerzunft, S. 24; Hartfelder, Zunftordnungen, S. 3f.

Auseinandersetzungen um die Abgrenzung der Berufe gehörten seit dem 13. Jahrhundert zum Zunftwesen wie das Salz in die Suppe. Sie resultierten direkt aus dem Zunftzwang: Wer gehalten war, sich ausschließlich einem einzigen Handwerk zu widmen, musste darum kämpfen, dass ihm niemand seine Erwerbsmöglichkeiten in diesem Handwerk beschnitt. Je mehr sich die Handwerksberufe ausdifferenzierten und je weniger Mehrzünftigkeit geduldet wurde, umso schärfer wurden die Kämpfe geführt. Die zunächst vereinten Knochenhauer der Hildesheimer Altstadt teilten sich noch im 13. Jahrhundert in drei Zünfte auf je nach dem Markt, auf dem sie handelten; außerdem sorgten sie dafür, dass die Wurstmacher ausgeschlossen wurden. Die Krämer wachten darüber, dass ihre Privilegien nicht von den Handwerkern beschnitten wurden. „Heute sind für uns zum Beispiel die Bezeichnungen ‚Reepschläger' und ‚Seiler' durchaus gleichbedeutend, während sie in früherer Zeit Handwerker mit verschiedenen Arbeitsmethoden benannten. Der seestädtische Reepschläger arbeitete nämlich ‚auf der rechten Hand', das heißt, er schlug die Seile und das Garn nach links, der oberländische oder landstädtische Seiler drehte dagegen die Seile nach rechts zusammen und spannte die Fäden mit der rechten Hand. In Kiel erhielt ein ‚Seiler' keine Arbeit. Wenn ihn ein Meister aus Not angenommen hatte, wurde er sofort wieder entlassen, sobald ein Reepschläger eintraf."[691]

Die starke Aufsplitterung der Gewerbe machte sie konjunkturanfällig: Je weniger verschiedene Produkte ein Handwerker herstellen darf, umso schlechter kann er in Krisenzeiten seine Produktion umstellen. Die Obrigkeiten mussten immer wieder schlichtend eingreifen und neue Grenzen ziehen. Im 18. und 19. Jahrhundert erfolgten die Interventionen in immer kürzeren Abständen, weil ständig neue Waren auf den Markt kamen, um deren Fertigung sich die Handwerke stritten. Die Berufsspezialisierung wurde zum Hindernis der Modernisierung und zum Nachteil im Konkurrenzkampf mit Manufakturen und Fabriken.[692]

Einen Eindruck von den Problemen vermittelt die folgende Schilderung der Verhältnisse in München vom 16. bis zum 18. Jahrhundert: „Die Zimmerleute durften nur in der Zeit der winterlichen Arbeitspause im Baugewerbe Fensterstöcke verfertigen, was sonst Aufgabe der Kistler war. Die Bortenmacher mußten bei ihrer Zulassung als Meister unterschreiben, daß sie bei Verlust ihres Handwerksrechts nicht in das Handwerk der Seidensticker eingreifen würden. Ständige Streitigkeiten ergaben sich zwischen den Brauern, Köchen und Metzgern über den Verkauf von Schweinefleisch und zwischen den beiden letzteren über die Herstellung der Würste. Immer wieder setzen sich die Melber [Mehlhändler] gegen den Mehlverkauf der Bäcker in kleinen Mengen zur Wehr. Das Färben von handwerklichen Produkten muß den Färbern überlassen werden und ist für die Huter und Weber verboten, überhaupt befanden sich die Färber in ständigem Zwist mit Nestlern, Weißgerbern, Tuchscherern und Säcklern. Die Verfertigung und der

691 Wissell, Recht VI, S. 101.

692 Loesch, Zunfturkunden I, S. 116*; Bräuer, Gesellen, S. 16; Kaufhold, Handwerk, S. 164; Böhmert, Beiträge, S. 15; Bräuer, Handwerk im alten Chemnitz, S. 47; Ennen, Zünfte, S. 85; Krumbholtz, Gewerbe, S. 125*; Herrmann, Gefüge, S. 97; Hartmann, Geschichte, S. 18f; Breuer, Wesen, S. 85; Schwarz, Nahrungsstand, S. 124.

Verkauf von Schlössern sind das Streitobjekt zwischen Geschmeidmachern und Schlossern. Die Goldschmiede klagen ständig über Übergriffe der Messerschmiede und Gürtler; und diese wiederum kommen den Nadlern ins Gehege. Den Maurern stehen alle Arbeiten zu, bei denen Mörtel Verwendung findet, während die Hafner nur mit Lehm arbeiten durften. Über den Ausschnitt des Leders streiten sich die Lederer und Schuhmacher schon in der ersten Münchner Urkunde, die uns über das Vorhandensein von Handwerksverbänden Auskunft gibt, und dieser Streit setzt sich durch die Jahrhunderte fort. Differenzen gibt es auch zwischen den Messerschmieden und Drechslern einerseits und den Messerschmieden und den Spenglern. Nagler und Eisenkramer haben Auseinandersetzungen über den Verkauf der großen und kleinen Nägel. Die Streitigkeiten zwischen den Sattlern und Riemern wurden dahin entschieden, daß die Sattler nur solche Riemen verfertigen durften, die in direktem Zusammenhang mit dem Gebrauch des Sattels standen, und außerdem durften sie diese nur in Verbindung mit einem Sattel verkaufen. Für Ersatzriemen waren dann die Riemer zuständig. Auch zwischen den Taschnern und den Riemern kommt es gelegentlich zu Übergriffen. Die Goldschmiede setzten im Jahre 1738 die Trennung in Gold- und Silberarbeiter durch."[693]

Der Bratenwenderstreit[694]

Mitglieder der Leipziger Schlosserzunft waren „anfangs auch die Großuhrmacher. Sie beschäftigten sich nicht nur mit Uhren, sie fertigten verschiedene andere Gegenstände an, unter anderen auch die damals vielgebrauchten Bratenwender. Wegen dieser offenbar lukrativen Produktion hatten sie einen länger währenden Streit mit den Schlossern auszufechten. Diese pfuschten ihnen des öfteren ins Handwerk.

Überliefert ist das erstemal ein solcher Zwist aus dem Jahre 1561 im Zusammenhang mit der pompös gefeierten Hochzeit Wilhelms von Oranien mit Anna, der Tochter des [sächsischen] Herzogs Moritz. Für dieses Tage währende Volksfest anläßlich der Vermählung lieferten die Schlosser die Geräte zum Wenden der Ochsen, die überall auf den Straßen gebraten wurden. Erst 1641 endete der sogenannte Bratenwender-Prozeß mit einem salomonischen Urteilsspruch des Rates: Die Herstellung von Bratenwendern sollte traditionell bei den Großuhrmachern verbleiben. Lediglich dann, wenn keine Uhrmacher in der Stadt weilten, durften die Schlosser für sie einspringen. 1775 schließlich überließen die Uhrmacher – offenbar infolge verbesserter Auftragslage in ihrem eigentlichen Gewerbe – den Schlossern diesen Produktionszweig freiwillig."

693 Haenert, Preispolitik, S. 101f.
694 Duclaud, Zünfte, S. 97f.

3.2. DER WERDEGANG ZUM ZUNFTMEISTER

3.2.1. Die Lehrlinge

Die Lehre zählt zum Urbestand der Zunftcharakteristika, die Ansiedlung qualifizierter Handwerker in Städten war ja eine der Voraussetzungen zur Entstehung der Zünfte. Der früheste schriftliche Nachweis einer Lehre stammt aus dem 12. Jahrhundert. In einer Urkunde über die Stiftung einer Bruderschaft der Drechsler in Köln, die gegen 1180 ausgestellt wurde, ist die Rede von der Eintrittsgebühr eines „discipulus, qui vulgariter dicitur leirkint" (Schüler, der in der Umgangssprache Lehrkind genannt wird). [695]

Allmählich bildeten sich Regelungen der Lehrdauer und der genauen Umstände der Lehre heraus, um sich von „Stümpern" außerhalb der Zunft abzusetzen, die Qualität der Produktion zu sichern, Streit zwischen den Meistern zu verhindern und den Wechsel von Gesellen in andere Städte zu gewährleisten.[696] Die Zünfte erfanden nicht die Lehre als solche, aber ihre Normierung.[697] Bei den Kölner Tuchscherern war 1270 von einer zweijährigen Lehrzeit die Rede.[698] Andere Städte folgten.[699] Bis zum 15. Jahrhundert setzte sich der Lehrzwang flächendeckend durch.[700] Die Straßburger Weber machten noch 1484 den Nachweis einer Lehre nicht zur Vorbedingung der Meisterschaft.[701] Gewiss mussten auch die Straßburger Weber ihr Gewerbe gründlich lernen, bevor sie Meister werden konnten, aber die Formalisierung der Lehre wurde für sie erst erforderlich, als das überregionale Gesellenwandern üblich wurde und ihre Lehrlinge Gefahr liefen, in anderen Städten ohne formalen Nachweis abgelehnt zu werden. Die Lehre blieb bis zum Ende der Zunftepoche eines ihrer typischen Merkmale.

3.2.1.1. Persönliche Voraussetzungen

Der männliche Lehrling wurde als Lehrkind, Junge, Bub oder Knabe bezeichnet,[702] die Lehre galt als abschließender Teil der Kindheit. Dem widerspricht nicht die Beobachtung, dass der frühest mögliche Lehrbeginn häufig mit dem Mündigkeitsalter zusammenfiel. Jenes betrug im Spätmittelalter gewöhnlich 12 Jahre, später erhöhte es sich auf 14 Jahre.[703] Die Meister legten offenbar Wert darauf,

695 Loesch, Zunfturkunden I, S. 34.
696 Roth, Zunftherrlichkeit, S. 56.
697 Vachenauer, Handlungskompetenz, S. 12f; Hohmann, Zunftwesen, S. 10.
698 Loesch, Zunfturkunden I, S. 187.
699 Hopp, Zunft, S. 38; Thikötter, Zünfte, S. 29; Ziekow, Freiheit, S. 80; Ziekow, Freiheit, S. 102f.
700 Göttmann, Bäckerzunft, S. 65; Hemmen, Zünfte, S. 49.
701 Schmoller, Tucher- und Weberzunft, S. 522.
702 Loesch, Zunfturkunden I, S. 34; Schwarzlmüller, Lehrling, S. 14. Zu anderen Bezeichnungen des Lehrlings siehe Kapitel 3.2.2.
703 Köbler, Familienrecht, S. 155. Die Bestimmungen über das Mindestalter galten selbstverständlich nicht für Meisterkinder.

Lehrlinge zu bekommen, die bereits mündig, d.h. rechtlich für ihre Handlungen verantwortlich waren, wenn sie sie aufnahmen. Trotzdem waren die Lehrlinge von ihrem Entwicklungsstand meist noch Kinder und wurden im Meisterhaushalt auch so behandelt. Parallel zum Mündigkeitsalter erhöhte sich das Mindestalter bei Lehrbeginn von 12 auf 14 Jahre; selten wurden jüngere Lehrlinge beschäftigt.[704] Manchmal wurde das Mindestalter erhöht, um Bewerber abzuschrecken.[705] „Ältere Lehrjungen gab es vor allem in Handwerken, in denen der Arbeitsprozeß durch harte körperliche Arbeit bestimmt war, wie bei den Maurern und Zimmerleuten, den Bierbrauern und den Goldschlagern. Bei den Buchdruckern, wo außer dem Lesen, Schreiben und Rechnen – zumindest für die Setzer – die Kenntnis von Fremdsprachen erforderlich war, wurden ebenfalls Erwachsene zur Lehre zugelassen."[706] Kaum ein Lehrling war bei Lehrbeginn älter als zwanzig Jahre: Welcher Meister wollte einen so alten Lehrling haben, vielleicht kaum jünger als er selbst, der sich nur noch schlecht in Werkstatt und Meisterhaushalt einpasste und womöglich keinen geradlinigen Lebenslauf aufzuweisen hatte?[707]

Die sozialen Kriterien der Ehrbarkeit, Religion und Konfession, Nationalität und des Geschlechts, die für Meister galten, wurden ebenfalls auf Lehrlinge angewandt. Einen Lehrling auszubilden, der später kein Meister werden konnte, weil er eines dieser Kriterien verletzte, barg die Gefahr, einen Störer zu produzieren. Vor Beginn ihrer Lehrzeit mussten die Lehrlinge einen Geburtsschein vorlegen oder Zeugen präsentieren, die belegten, dass sie alle Kriterien erfüllten. Ausnahmsweise verzichtete eine Zunft darauf, wenn sie den Lehrling gut kannte oder es mit den Vorschriften nicht so genau nahm. Von Gesellen wurden Geburtsscheine nicht mehr verlangt, weil der Lehrbrief, der ihnen am Schluss der Lehre ausgestellt wurde, den Geburtsnachweis implizierte. Von auswärts zugezogene Meisteranwärter mussten die Nachweise jedoch noch einmal erbringen, damit man ganz sicher ging, sich kein Kuckucksei ins Nest zu legen.

Die Positionierung der Lehre am Ende der Kindheit eröffnete einen mehrjährigen Zeitraum für eine vorhergehende Elementarschulbildung.[708] Die handwerkliche Tätigkeit selbst erforderte – von Ausnahmen wie der Druckerei und den medizinischen und pharmazeutischen Berufen abgesehen – bis in das 19. Jahrhundert meist keine Schulbildung. Meisterstücke waren praktische oder mündliche Arbeiten, während in schriftlicher Form höchstens Zeichnungen, aber keine Schreib-, Lese- oder Rechenfähigkeiten erwartet wurden. Der Anstoß zur Schulbildung kam von außen.

Als die Fernkaufleute im 13. Jahrhundert sesshaft wurden und dazu übergingen, ihre Geschäfte vom Kontor aus zu leiten, hielt die Schriftlichkeit Einzug: Die Kaufleute korrespondierten mit ihren auswärtigen Vertretern und Geschäftspartnern und stellten Rechnungen und Wechsel aus. In Lübeck wurde schon 1262 eine

704 Kintzinger, Eruditus, S. 175f; Wissell, Recht I, S. 276f; Decker, Bürger, S. 83; Schwarzlmüller, Berufslaufbahn, S. 16; Emig, Berufserziehung, S. 149.
705 Krumbholtz, Gewerbe, S. 78*.
706 Reith, Arbeits- und Lebensweise, S. 101; vgl. Schwarzlmüller, Berufslaufbahn, S. 17.
707 Kintzinger, Eruditus, S. 175f; Wissell, Recht I, S. 276f; Decker, Bürger, S. 83.
708 Kintzinger, Eruditus, S. 176ff.

bürgerliche Lateinschule gegründet, an der Fernkaufleute unterrichtet wurden. Neben Lateinschulen entstanden seit dem 13. Jahrhundert Deutsche Schulen, die sich auf den Bildungsbedarf der Gewerbetreibenden einstellten. Für den Kaufmann eines größeren Handelsplatzes wurde es selbstverständlich, lesen, schreiben, rechnen und sogar etwas Latein zu können. Seinem Vorbild eiferten die Handwerker nach.[709]

Die Städte errichteten Kanzleien, Archive und Bibliotheken und produzierten in großer Zahl Amtsbücher, Urkunden, Akten und Protokolle; früher und ausgeprägter als Reich und Territorien gingen sie zu schriftlicher Amtsführung über. Von der Beteiligung der Zünfte an den Stadträten, die sie in den Zunftkämpfen des Spätmittelalters errangen, ging ebenfalls ein Anreiz für die Handwerker aus, die notwendigen Fähigkeiten des Lesens und Schreibens zu erlernen.[710]

Vor allem aber setzte die Organisation der Handwerker in Zünften Bildungsimpulse frei. Anfänglich wurden die Zunftordnungen mündlich überliefert, doch bald ging man nach dem Vorbild der Kaufleute und Stadtverwaltungen zu schriftlichen Aufzeichnungen über. Neben den Statuten wurden Einschreibe-, Protokoll- und Rechnungsbücher geführt, Geburts-, Lehr- und Wanderscheine ausgestellt. Wer in einer Zunft ein Amt übernehmen sollte, musste lesen und schreiben, vielleicht sogar rechnen können. Ohne Schriftlichkeit wäre es nicht möglich gewesen, ein so differenziertes Regelwerk, wie es die Zünfte besaßen, zu implementieren und seine Einhaltung zu überwachen. Leistete man sich einen Schreiber, bedeutete das nicht etwa, dass man nicht schreiben konnte, sondern dass man die anfallenden Arbeiten professionell erledigen lassen wollte.[711]

Schon im 14. Jahrhundert besuchten viele Lehrlinge eine Elementarschule, im 16. Jahrhundert war es in den Städten Usus.[712] Humanismus und Reformation förderten bei allen Konfessionen das Elementarschulwesen.[713] Seit dem 17. Jahrhundert versuchten die deutschen Länder, unterstützt von den christlichen Kirchen, eine mehrjährige Unterrichtspflicht einzuführen.[714] Dabei legte man mehr Wert auf Lesen als auf Schreiben, noch weniger auf Rechnen, weil es primär darum ging, den Schülern die Fähigkeit zum Lesen der Bibel zu vermitteln.[715] Das schulische Niveau war durchschnittlich höher in Städten, in protestantischen Gegenden, bei Männern und bei Wohlhabenden; außerdem hing es von lokalen Traditionen und dem Interesse der Verwaltungen ab.[716] Obwohl es auch auf dem Land Bildungsanstrengungen gab, ließ die Expansion der Zünfte auf das Land das durchschnittliche Bildungsniveau der Zunftmitglieder zunächst absinken. Nach dem Dreißigjährigen Krieg lag das Volksschulwesen in vielen Landstrichen darnieder, die Aufmerksamkeit der Bildungspolitik gehörte den weiterführenden

709 Ennen, Die europäische Stadt, S. 255f; Rörig, Stadt, S. 25; Wesoly, Diskussionsvotum, S. 190; Hamann, Geschichte, S. 32f.
710 Wesoly, Diskussionsvotum, S. 190.
711 Kintzinger, Eruditus, S. 175–184.
712 Kintzinger, Eruditus, S. 176ff; Wesoly, Diskussionsvotum, S. 190f.
713 Wesoly, Diskussionsvotum, S. 192; Hamann, Geschichte, S. 40–50.
714 Ehrenpreis, Sozialdisziplinierung, S. 167ff.
715 Vgl. Mohl, Frage, S. 44.
716 Ehrenpreis, Sozialdisziplinierung, S. 180f.

Schulen und Hochschulen.[717] Im 17. und 18. Jahrhundert war es nicht mehr selbstverständlich, dass ein Meister über elementare Bildung verfügte, wenn dies auch in Zunftordnungen ausdrücklich gefordert wurde.[718] Im 18. Jahrhundert verstärkten die Staatsverwaltungen ihre Bemühungen, das Volksschulwesen zu verbessern.[719] Das General-Privileg von 1735 für die Berliner Goldschmiede, eine der vornehmsten Zünfte, bestimmte, „dass keiner eher als Lehrjunge aufgenommen werden durfte, als bis er Schreiben, Lesen und die 5 Hauptstücke aus dem Katechismus kannte. Im anderen Fall musste sich der Lehrherr verpflichten, den Jungen wöchentlich 4 Stunden in die Armen-Freischule zu schicken und dafür 6 Thaler zu erlegen."[720]

3.2.1.2. Die Annahme als Lehrling

Hatte der Bewerber um eine Lehrstelle alle persönlichen Voraussetzungen erfüllt, konnte er auf die Suche nach einem Lehrherrn gehen. Sein Vater oder Vormund schloss mit dem Meister (gewöhnlich mündlich) einen Lehrvertrag ab, dessen Hauptinhalt die Festsetzung des Lehrgeldes war. Das Lehrgeld war der Theorie nach die Gegenleistung des Lehrlings für Kost, Logis und Unterricht, die er vom Meister empfing.[721] In Wirklichkeit hing die Höhe des Lehrgeldes vom Arbeitsmarkt ab. Vornehme Zünfte und bekannte Meister verlangten ein höheres Lehrgeld.[722] In Reval, wo man sich um die Zuwanderung deutscher Lehrlinge bemühen musste, um nicht die Vorrechte einer deutschen Zunft zu verlieren, verzichtete man auf Lehrgeld.[723] Manchmal gaben die Zünfte ein Minimum oder Maximum vor, meistens überließen sie die Höhe des Lehrgeldes den freien Verhandlungen zwischen dem Lehrherrn und dem Vertreter des Lehrlings.[724] Die Küfer in der Grafschaft Saarbrücken bestimmten 1744, dass nur die unter 18 Jahre alten Lehrlinge ihren Meistern Lehrgeld zu geben hatten, weil die älteren „'das Lehrgeld in 3 Jahren gedoppelt einbringen'".[725] Üblicherweise wurde das Lehrgeld in Raten gezahlt, eine Hälfte zu Beginn und eine in der Mitte der Lehrzeit. Außer Geldzahlungen waren Naturalleistungen wie Kornlieferungen und die Mitgabe von Bettzeug üblich.[726] Die Lehrlinge rekrutierten sich aus allen Gesellschaftsschichten, vorzugsweise aus den Mittelschichten und dort besonders aus dem

717 Hamann, Geschichte, S. 51, 65f, 83.
718 Schultz, Das ehrbare Handwerk, S. 55; Trautmann, Entwicklung, S. 343; Reininghaus/Thurmann/Walberg, Quellen, S. 155; Schlenkrich, Alltag, S. 57; Schilling, Stadt, S. 71; Emig, Berufserziehung, S. 150f; Schwarzlmüller, Berufslaufbahn, S. 19.
719 Hamann, Geschichte, S. 83ff.
720 Sarre, Goldschmiede-Zunft, S. 15.
721 Warncke, Handwerk, S. 59; Kreutzberger, Gewerberecht, S. 73; Schlenkrich, Alltag, S. 32.
722 Beck, Wagnerhandwerk, S. 78; Roth, Zunftherrlichkeit, S. 58; Reininghaus, Zünfte, Städte und Staat, S. 104; Emig, Berufserziehung, S. 180.
723 Soom, Zunfthandwerker, S. 210.
724 Beck, Wagnerhandwerk, S. 78; vgl. Reininghaus, Zünfte, Städte und Staat, S. 105; Arneth, Verfassung, S. 9.
725 Johanni, Zünfte, S. 113.
726 Schlenkrich, Alltag, S. 33f; Emig, Berufserziehung, S. 181.

Handwerk.[727] War ein Lehrling zu arm, konnte er statt des Lehrgeldes die Lehrzeit verlängern, so dass der Meister die Arbeitskraft eines voll ausgebildeten Mitarbeiters ein oder zwei Jahre ohne Barlohn genießen durfte.[728] In Nürnberg übernahm das Stadtalmosenamt die Lehrgeldzahlung für Arme.[729] Nach dem Ende des Zunftzeitalters gingen die Lehrgeldzahlungen im Handwerk im Allgemeinen zurück, weil die Industrie alternative Beschäftigungen anbot.[730]

Mit dem Abschluss des Lehrvertrags konnte die Ausbildung mitnichten beginnen; zuerst war die Zunft einzuschalten. Je mehr Bedingungen an die Annahme eines Lehrlings gestellt wurden, desto wichtiger wurde es, deren Einhaltung zu kontrollieren. „Um keine Fehlgriffe zu tun, ging man immer mehr dazu über, die Lehrlinge nur vor dem Handwerk aufzudingen. Hatten die Seiler [in Freiberg in Sachsen] 1520 noch die Meister gewarnt, bei der Aufnahme vorsichtig zu sein, die Kürschner 1522 ihre Meister für eheliche Geburt der Lehrlinge verantwortlich gemacht, so wurde immer nachdrücklicher betont, die Aufnahme nicht ohne Wissen der Zechmeister vorzunehmen, sondern sie nur vor dem Handwerk aufzudingen."[731] Die Zunft prüfte, ob die geforderten Bedingungen erfüllt waren, und forderte von dem Lehrling in spe Bürgen. Der Lehrling musste in der Regel zwei Bürgen vorweisen, die „dafür einstehen sollten, daß der Lehrknecht die Ausbildung auch wirklich absolvierte, also nicht vorzeitig entlief. Auch bei normwidrigem Verhalten des Jungen waren die Bürgen gefordert." Sie dienten neben dem „Jungenbuch" der Zunft oder an seiner Stelle als Zeugen des Lehrvertrags und des Lehrbeginns, damit über die Konditionen der Lehre kein Streit entstehen konnte, hafteten für ausstehende Beträge des Lehrgeldes und garantierten der Zunft die moralische Qualität des Lehrlings. Des Weiteren vertraten sie die Interessen des Lehrlings, falls dieser vom Meister schlecht behandelt wurde.[732] Neben den Bürgen, die der Vater des Lehrlings aussuchte, gab es solche aus der Zunft, die den Lebenswandel des Lehrlings kontrollieren sollten.[733] Bisweilen musste der Meister einen Bürgen stellen, der dafür geradestand, dass der Meister den Jungen nicht grundlos aus der Lehre entließ.[734] Statt der persönlichen Bürgen genügte es manchmal, eine Kaution zu hinterlegen.[735]

Für die Anmeldung bei der Zunft – die „Aufdingung" – musste der Lehrlingsvater Gebühren entrichten, deren Struktur den Zahlungen der Meister bei ihrer Aufnahme in die Zunft entsprach, abgesehen davon, dass kommunale Gebühren für das Bürgerrecht und militärische Ausrüstung entfielen. Die Zunftgebühren der Lehrlinge waren im Allgemeinen niedrig. Sie stiegen aber während der Frühen

727 Schlenkrich, Alltag, S. 73; Schultz, Herkunft, S. 58.
728 Kreutzberger, Gewerberecht, S. 74; Roth, Zunftherrlichkeit, S. 58; Warncke, Handwerk, S. 58; Scheschkewitz, Zunftwesen, S. 39.
729 Gömmel, Sozialpolitik, S. 94.
730 Reith, Sozialisation, S. 6.
731 Schulze, Handwerkerorganisation, S. 82.
732 Bräuer, Handwerk im alten Chemnitz, S. 68; vgl. Krumbholtz, Gewerbe, S. 82*; Scheschkewitz, Zunftwesen, S. 34f; Schlenkrich, Alltag, S. 38.
733 Hähnsen, Geschichte, S. 178.
734 Kreutzberger, Gewerberecht, S. 74f.
735 Kreutzberger, Gewerberecht, S. 74.

Neuzeit erheblich an, weil die Zünfte einen wachsenden Finanzierungsbedarf hatten und Ablieferungen an die Landeshaushalte drückend wurden. Trotzdem kann nicht davon gesprochen werden, dass die Zünfte sich mit Hilfe der Gebühren gegen neue Lehrlinge abgeschlossen hätten; dies wäre gegen die Interessen der Meister gewesen, die auf ihre billigen Arbeitskräfte nicht verzichten wollten. Wer zu arm war, dem konnte ein Teil der Gebühren erlassen werden. Manchmal übernahmen die Meister Gebührenzahlungen für ihre Lehrlinge.[736]

Jetzt konnte es fast schon losgehen – falls der Lehrling die Probezeit überstand, die der eigentlichen Lehre vorgeschaltet war. Probezeiten kamen bei den Zünften schon im 14. Jahrhundert vor.[737] Die Probe dauerte zwischen zwei Wochen und einem Vierteljahr.[738] „Die Dauer der Probe lag nicht im Ermessen des Lehrherrn, der durch ein derartiges System die Arbeitskraft des bei ihm in der Handwerksprobe befindlichen Jungen hätte beliebig ausbeuten können, sondern wurde durch Festlegungen in den Normativen geregelt. Eine übermäßig ausgedehnte Probezeit war zudem mit der Gefahr verbunden, daß der Junge ins Handwerk gewonnene Einblicke für die Tätigkeit als Störer oder Pfuscher nutzen konnte."[739] Mit der Probe sollte festgestellt werden, „ob der künftige Lehrling ‚zum Handwerge lust hette und tüchtig darzu erkandt würde' und er und der Meister sich ‚beyderseits mit einander zu uerkommen getrawen'."[740]

3.2.1.3. Die Lehre

In Zunftstatuten des Mittelalters und der Frühen Neuzeit werden Lehrzeiten zwischen sechs Wochen und zehn Jahren genannt.[741] Je komplizierter ein Handwerk war, desto länger dauerte die Ausbildung.[742] Gelegentlich erstrebten Zünfte, die Lehrzeiten zu verlängern, um die kostengünstige Arbeitskraft der Lehrlinge länger auszunutzen oder Bewerber von einer Lehre abzuschrecken und damit die Zahl der Meister konstant zu halten.[743] Das war jedoch eine Ausnahme.[744] Die Bohrer in der kombinierten Zunft der Bohrer und Polierer von Schmucksteinen in Freiburg im Breisgau plädierten 1544 für eine Lehrzeit von einem Jahr, die ausreiche, um das Bohren wie ein Meister zu erlernen, konnten sich aber gegen den Stadtrat nicht durchsetzen, der einheitlich allen Lehrlingen der Zunft eine Lehrzeit von vier Jahren vorschrieb.[745] Die Reichspolizeiordnung von 1548 monierte, dass

736 Trautmann, Entwicklung, S. 344f; Schlenkrich, Alltag, S. 30; Emig, Berufserziehung, S. 153.
737 Ziekow, Freiheit, S. 91.
738 Bräuer, Handwerk im alten Chemnitz, S. 68; Scheschkewitz, Zunftwesen, S. 33; Schlenkrich, Alltag, S. 37; Warncke, Handwerk, S. 58; Stieglitz, Zünfte, S. 48.
739 Schlenkrich, Alltag, S. 36.
740 Ziekow, Freiheit, S. 91.
741 Ziekow, Freiheit, S. 105f; Warncke, Handwerk, S. 58.
742 Kintzinger, Eruditus, S. 175.
743 Reith, Zünfte, S. 60f; Arentz, Zersetzung, S. 72; Hermandung, Zunftwesen, S. 93f; Scheschkewitz, Zunftwesen, S. 37f; Reith, Arbeits- und Lebensweise, S. 102.
744 Hähnsen, Geschichte, S. 179; Johanni, Zünfte, S. 109.
745 Schragmüller, Bruderschaft, S. 44.

Handwerker mit kurzer Lehrzeit in Orten mit längerer Lehre nicht anerkannt wurden unter dem Vorwand, sie hätten nicht genug gelernt.[746] Vom 13. bis zum 15. Jahrhundert sank die durchschnittliche Lehrzeit deutlich, weil sich zwischen Lehre und Meisterschaft die Gesellenzeit schob. Vom 16. bis zum 18. Jahrhundert lässt sich ein Nivellierungstrend beobachten: Lange Lehrzeiten wurden kürzer, kurze länger, eine „Normallehrzeit" von drei Jahren bildete sich heraus, Lehren unter zwei und über vier Jahren wurden immer seltener. Wurde in der Frühen Neuzeit eine kurze Lehrzeit angehoben, so geschah es meist in der Absicht, dem Durchschnittswert näher zu kommen, um die Konkurrenzfähigkeit der Gesellen in anderen Städten zu gewährleisten.[747] Landesherrliche Eingriffe unterstützten im 18. Jahrhundert diese Entwicklungen.[748] Die Novelle zur Reichsgewerbeordnung vom 26.7.1897 schrieb Lehrzeiten von drei bis vier Jahren vor.[749] Trotz veränderter Produktionsbedingungen haben viele Handwerke bis heute eine Lehrdauer von drei Jahren beibehalten.

In vormodernen Gesellschaften muss man den Realitätsgehalt von Normen mit äußerster Skepsis betrachten. So auch hier: Die Norm der in den Statuten festgelegten Lehrzeiten hatte mit der Praxis der Zünfte nur bedingt zu tun. Von der Verlängerung der Lehrzeit als Ersatz für fehlendes Lehrgeld war schon die Rede. Umgekehrt wurde die Lehrzeit verkürzt oder völlig gestrichen bei Meistersöhnen, bei denen man davon ausgehen konnte, dass sie sich von klein auf in der Werkstatt aufhielten und vom Vater angeleitet wurden.[750] Lehrlinge von Landmeistern brauchten nicht so lange zu lernen wie die der Stadtmeister, denen die Kunden schwierigere Arbeiten abverlangten.[751] Vor allem aber wurde die Lehrzeit immer mehr zu einer Verhandlungssache zwischen Meister und Lehrlingsvater.[752] „Maßgebend blieben immer die persönlichen Eigenschaften des einzelnen Lehrlings, sein Alter, sein Betragen und seine Geschicklichkeit."[753] Gegen Zahlung einer Gebühr wurden dem Lehrling einige Monate oder auch Jahre seiner Lehrzeit erlassen.[754] Die Lehrzeit war so reichlich bemessen, dass dies ohne Qualitätsverlust möglich war. Während in Hessen-Darmstadt „im 18. Jahrhundert Abweichungen von den im Zunftbrief bestimmten Zeiten oder Sätzen nur von der Zunft beschlossen werden konnten, mindestens aber ihrer Zustimmung bedurften", trafen im 19. Jahrhundert Meister und Eltern darüber Vereinbarungen, ohne die Zunft einzuschalten.[755]

Der Lehrling wohnte im Meisterhaushalt. Die Tuchscherer in Emden erlaubten 1570 ihren Meistern, den Lehrling auswärts unterzubringen, wenn ihnen sein Aufenthalt in ihrer Wohnung ungelegen kam, doch mussten sie ihm die Kosten

746 Ziekow, Freiheit, S. 241; Proesler, Handwerk, S. 7*.
747 Schlenkrich, Alltag, S. 48; Ziekow, Freiheit, S. 102–113, 124.
748 Ziekow, Freiheit, S. 286f.
749 Banasch, Handwerksgeselle, S. 17.
750 Keller/Brod, Fischer, S. 53; Hähnsen, Geschichte, S. 181.
751 Hähnsen, Geschichte, S. 182.
752 Schultz, Das ehrbare Handwerk, S. 63; Reininghaus/Thurmann/Walberg, Quellen, S. 169.
753 Hähnsen, Geschichte, S. 180.
754 Emig, Berufserziehung, S. 176.
755 Emig, Berufserziehung, S. 374.

dafür erstatten.[756] In Innsbruck lebten die Maurerlehrlinge nur im Sommer bei ihren Meistern, während sie die Phase der Winterarbeitslosigkeit bei ihren Eltern zubrachten.[757] Manchmal blieb der Lehrling bei seinen Eltern wohnen, doch erst seit dem Ende des 18. Jahrhunderts kamen diese Fälle häufiger vor. In der Mitte des 19. Jahrhunderts wohnte und aß schließlich ein großer Teil der Lehrlinge bei den Eltern.[758]

Die soziale Position des Lehrlings im Meisterhaushalt pendelte zwischen der eines Sohnes und der eines Dienstboten. Seine Herkunftsfamilie blieb zwar weiterhin für ihn zuständig – etwa bei längerer Krankheit –, doch der Meister und seine Frau erzogen, beaufsichtigten und züchtigten ihn wie ihr eigenes Kind. Entsprechend strenge Regeln galten für seine Ausgangsrechte und sein Verhalten inner- und außerhalb der Familie. Lehrjahre waren alles andere als Herrenjahre, der Lehrling war das letzte Glied der Kette und wurde vom Meister, seiner Frau und den Gesellen oft übel traktiert. Das Züchtigungsrecht des Meisters war begrenzt auf Vergehen des Lehrlings, der nicht willkürlich geschlagen werden durfte; die Züchtigung durfte nicht zur Misshandlung ausarten. Im Zweifelsfall musste die Zunftversammlung entscheiden. Ob dies den Lehrlingen gegen brutale Meister wirklich geholfen hat? Heutzutage stößt eine derartige Behandlung eines Lehrlings ab, doch in der vorindustriellen Zeit war es in allen gesellschaftlichen Kreisen üblich, seine Kinder am Ende der Kindheit für einige Jahre zu standesgleichen Fremden zur Ausbildung zu geben; bei jungen Frauen der Unterschichten war eine mehrjährige Dienstbotenzeit vor der Eheschließung noch im 20. Jahrhundert verbreitet. Aus seinem Elternhaus kannte der Lehrling ein kaum noch vorstellbares Ausmaß an Gewalttätigkeit und viele Arbeiten, die im Haushalt anfielen, angefangen von hauswirtschaftlichen Tätigkeiten im engeren Sinne über Botengänge und die Beaufsichtigung kleiner Kinder bis zur landwirtschaftlichen und Gartenarbeit. Dieselbe Situation fand der Lehrling im Meisterhaushalt vor. Als neues Aufgabenfeld kam die eigentliche Lehre, die Arbeit in der Werkstatt, hinzu. Diese Verhältnisse führten naturgemäß vielfach zu Streit; Handwerkermemoiren sind voll von Klagen über die elende Lehrzeit. Der Lehrling und seine Herkunftsfamilie wollten eine optimale Ausbildung im Handwerk. Der Meister wollte die Arbeitskraft seines Lehrlings maximal nutzen; gab es in der Werkstatt nichts zu tun, setzte er den Lehrling für andere Arbeiten ein. Vor allem in ländlichen Gebieten verbrachten die Lehrlinge wie ihre Meister viel Zeit mit landwirtschaftlichen Tätigkeiten, während das Handwerk nebenher lief.[759] Die Zünfte und in der Frühen Neuzeit die Obrigkeiten, die sich um die Qualität der handwerklichen Ausbildung sorgten, setzten den handwerksfremden Einsätzen der Lehrlinge Grenzen. Was als zumutbar galt, zeigt eine Bestimmung in der allgemeinen Zunftordnung Kurhessens von 1860: „'Solche häusliche und Feldarbeit, wozu der Meister auch seine

756 Canzler, Zünfte, S. 62.
757 Moser, Steinmetz- und Maurerzunft, S. 86.
758 Mitterauer, Familie, S. 35; Emig, Berufserziehung, S. 182, 377f; Reith, Sozialisation, S. 10ff.
759 Kieser, Kartell, S. 69–72; Bräuer, Handwerk im alten Chemnitz, S. 70f; Scheschkewitz, Zunftwesen, S. 40ff; Schwarzlmüller, Berufslaufbahn, S. 42f; Schichtel, Recht, S. 191ff; Fischer, Quellen, S. 17, 66; Lenger, Sozialgeschichte, S. 31.

eigenen Kinder gebrauchen würde, kann zwar durch den Lehrling verrichtet werden, jedoch müssen im Winter wenigstens zwei Drittel und im Sommer die Hälfte der Arbeitszeit dem Handwerk gewidmet sein'."[760] In der zweiten Hälfte des 19. Jahrhunderts nahmen die handwerksfremden Beschäftigungen der Lehrjungen ab; die Verstädterung und der Auszug der Lehrlinge aus dem Meisterhaushalt wirkten sich aus.[761]

Aus dem Wanderbüchlein des Schneidergesellen und späteren Humanisten Johannes Butzbach (1478–1526)[762]

„Ich kam zu einem tüchtigen Meister, der einen großen Ruf hatte: der sollte sich Mühe geben, mir binnen zwei Jahren seine Kunst beizubringen, und versprach ihm der Vater dafür, innerhalb jener Frist ihm sechs Goldgulden und zwanzig Ellen Tuch zu geben, wovon er einen Teil ihm schon gleich mitgebracht hatte.

Was ich bei diesem Meister während der zwei Jahre meiner Lehrzeit ausgestanden habe, auch abgesehen von der Schwierigkeit des Handwerks und dem unmenschlichen Nachtwachen, wodurch ein junger Mensch körperlich völlig heruntergebracht wird, wie ich von drei oder vier Uhr morgens bis abends neun oder zehn, bisweilen auch bis elf oder zwölf Uhr, wie ich aber besonders an den höheren Festen gemeiniglich bis zur Hochmesse in einem fort arbeiten mußte, wie ich geplagt wurde mit Wassertragen, mit Hauskehren, Feuerstochen, mit Hin- und Herlaufen und Kommissionenmachen in und außer der Stadt, an Festtagen mit Schuldeneintreiben und, was mir am meisten verhaßt war, mit dem Sammeln oder richtiger mit dem Stehlen des Wachses von den Leuchtern in der Kirche zum Gebrauch bei dem Geschäfte, wie ich von dem Meister und der Meisterin und den Dienstboten herbe Worte und mitunter noch härtere Schläge, Kälte und Hitze, Hunger und Durst bis zum äußersten zu ertragen hatte: was ich auf solche und mehrfache andere Art für ein Elend ausgehalten habe, das würde kaum in einem großen Buche zu beschreiben sein."

Butzbach ging während seiner Gesellenwanderung als Laienbruder ins Kloster, wo er neben Schneiderarbeiten ebenfalls von frühmorgens an in der Haus- und Landwirtschaft und als Dienstbote arbeiten und sich bei dürftiger Kost den strengen Regeln des Konvents (gemeinsamer Schlafraum, Schweigegebote) fügen musste. Darüber beschwerte er sich nicht.[763]

Wer sich heute über hohe Abbrecherquoten aufregt, sollte die Zahlen der Frühen Neuzeit zum Vergleich heranziehen. Von 161 Lehrlingen der Münsteraner Maler-, Glaser- und Sattlerzunft zwischen 1563 und 1662 lernten nur 104 aus, davon 99 bei demselben Meister bzw. dessen Witwe, Sohn oder Schwiegersohn. 5 wechselten den Lehrherrn. Die anderen 57 Lehrlinge sind also gestorben oder weggelaufen. Ähnliche Zahlen liegen von den Münsteraner Goldschmieden vor. Von 219 Lehrlingen zwischen 1538 und 1661 beendeten 171 die Lehre

760 Emig, Berufserziehung, S. 188f.
761 Reith, Sozialisation, S. 15f.
762 In deutscher Übersetzung; aus: Fischer, Quellen, S. 25.
763 Vgl. Das historische Gewerbe, S. 123f.

vorschriftsgemäß. 39 liefen fort, 7 starben, einer wurde Tischler, einer von seinem Vater aus der Lehre genommen, um die Schule zu besuchen.[764] In Sachsen entliefen in der Frühen Neuzeit in manchen Handwerken mehr als 10% der Lehrlinge.[765] Während des Dreißigjährigen Krieges brachen Lehrlinge ihre Ausbildung ab, um Soldat zu werden. Andere ließen sich noch vor dem Ende ihrer Lehrzeit als „Pfuscher" auf dem Lande nieder oder zogen es nach einem Diebstahl vor, sich der Bestrafung durch Flucht zu entziehen. Als schuldhafter Abbruch der Lehre durch den Lehrling galten fehlender fachlicher Fortschritt, Unfolgsamkeit, Faulheit, Diebstahl, Beleidigung, nächtliche Abwesenheit und Arbeitsversäumnis.[766] Lag die Schuld für das Entlaufen beim Lehrling, worüber die Zunftversammlung zu befinden hatte, wurde dieser streng bestraft: Er musste eine Geldbuße zahlen, verlor das Lehrgeld für die Restlehrzeit, musste die Lehre von vorn beginnen oder wurde aus dem Handwerk ausgeschlossen; kein anderer Meister durfte ihn aufnehmen.[767] Als Schuld des Meisters galten schlechte Verpflegung oder Unterkunft, schwere körperliche Misshandlung, übermäßiges Arbeitspensum oder ein Übermaß an außerhandwerklichen Arbeiten. Erkannte die Zunftversammlung auf die Schuld des Meisters, musste dieser damit rechnen, eine Zeitlang keine Lehrlinge mehr annehmen zu dürfen. Sein Lehrling wurde bei einem anderen Meister untergebracht.[768] Von der Bestrafung eines schlechten Meisters durch die Zunft ist in den Quellen hingegen nie die Rede.

Rechtsstreit um die Behandlung eines Lehrlings in Goslar[769]

„Anfangs des Jahres 1754 wurde ein Meister namens Johann Paul Hirt von dem Vater seines Lehrjungen beim hiesigen Untergericht verklagt, den Jungen mit einem Strick derartig geschlagen zu haben, dass ein Arzt zur Behandlung des Jungen gerufen werden mußte. Der Vater verlangte von dem Meister Schmerzensgeld und Ersatz der Arzt- und Apothekenkosten. Das Untergericht verurteilte diesen tatsächlich zu 2 Th[a]l[e]r Schmerzensgeld und zum Ersatz der genannten Kosten. Da er nicht bald zahlte, wurde auf Bitten des Vaters am 22.4.1754 der Gerichtsdiener zur Eintreibung des Betrages in das Haus des Meisters geschickt, der behauptete, zur Zeit nicht in der Lage zu sein, die geforderte Summe zu erlegen. Aus dem Urteil hatte der Meister eine Strafe von 3 M[eißner] G[roschen] neben der Forderung zu zahlen.

Darauf erschien der Gerichtsdiener am nächsten Tag mit zwei Soldaten, die nicht eher das Haus verlassen wollten, bis der Meister zahlte. Nach tiefen Beteuerungen der Zahlungsunfähigkeit zogen schließlich die Soldaten und der Ratsdiener wieder ab. Angesichts dieser Situation wandte sich der Meister an den Engeren Rat. Er trug vor, dass der Junge ihn zu seiner Handlungsweise herausgefordert hätte. Das Urteil des Untergerichts wäre doch zu hart, zumal nun noch 3

764 Krumbholtz, Gewerbe, S. 82*f.
765 Schlenkrich, Alltag, S. 114.
766 Wissell, Recht I, S. 293, 297; Salow, Zunftwesen, S. 93; Schlenkrich, Alltag, S. 113, 115.
767 Terhalle, Gilden, S. 21; Scheschkewitz, Zunftwesen, S. 42; Warncke, Handwerk, S. 62; Wissell, Recht I, S. 294; Ehrlicher, Zunft, S. 20.
768 Hemmen, Zünfte, S. 50f; Wissell, Recht I, S. 297.
769 Kreutzberger, Gewerberecht, S. 80.

M[eißner] G[roschen] Strafe wegen der nicht baldigen Begleichung der Schuld hinzukämen. Der ‚Ehrbare und Ehrwürdige Rath' möge ihn doch von der Strafe und der Erlegung der Kosten befreien. Der diesbezügliche Bescheid des Rates ist nicht mehr auffindbar."

Das Gegenstück zum Lehrgeld waren Lohnzahlungen der Meister an die Lehrlinge. Kost und Logis des Lehrlings im Meisterhaushalt kann man als eine Form der Entlohnung auffassen. Manchmal hatten Lehrlinge außerdem einen Anspruch auf Bekleidung. Geldzahlungen an Lehrlinge scheint es im Mittelalter nicht gegeben zu haben, in Köln waren sie den Meistern ausdrücklich untersagt.[770] In der Frühen Neuzeit, insbesondere im 18. Jahrhundert, änderte sich das; zwar überwogen auch jetzt noch die Handwerke ohne Barentlohnung der Lehrlinge, aber geringe Lohnzahlungen an Lehrlinge kamen doch öfter vor, gestaffelt nach der Dauer der Lehre. Vor allem in Bauhandwerken und Textilgewerben, wo die Lehrlinge schon früh nennenswerte Arbeitsleistungen erbrachten, wurde ihnen eine Entlohnung in Bargeld gezahlt. Im Baugewerbe könnte der Lohn ein Ersatz für Kost und Logis gerwesen sein für die Lehrlinge, die nicht mehr beim Meister wohnten. Vielleicht musste man mit Lohnzahlungen Anreize schaffen, damit sich genug Lehrlinge einfanden, die bereit waren, die harte und gefährliche Arbeit auf dem Bau auf sich zu nehmen. Je mehr Arbeitsmöglichkeiten in Manufakturen und Fabriken entstanden, desto mehr mussten Handwerksmeister um Lehrlinge werben. Gleichzeitig dienten die Lohnzahlungen als Ausgleich des Verdienstausfalls während der Winterarbeitslosigkeit. Im Textilgewerbe erhielten Lehrlinge Stücklohn, um sie zu flotter und hochwertiger Arbeit zu motivieren.[771]

Sicherlich erwartet der Leser schon lange, endlich etwas vom Kern der Lehre zu erfahren, von den Zielen, Inhalten, Methoden und Medien der Ausbildung. Darüber erzählen die historischen Quellen – nichts. Weder Lehrpläne noch eine Ausbildung der Ausbilder, weder überbetriebliche Lehrwerkstätten noch Berufsschulen existierten. Die Ausbildungsqualität hing allein vom einzelnen Betrieb, dessen Auftragslage und Mitarbeitern, ab.[772] Die Zünfte begnügten sich damit, die Lehrlingsausbildung durch Witwen zu verbieten oder im Witwenbetrieb von der Beschäftigung eines fähigen Gesellen abhängig zu machen und die Zahl der Lehrlinge je Betrieb zu begrenzen, Maßnahmen, die der Qualität der Lehrlingsausbildung zugute kommen konnten. Als absolute Ausnahme ist die Pflicht der Goldschmiedelehrlinge in Münster zu betrachten, die alljährlich am 15. Juni vor der Zunft berichten mussten, womit sie im vergangenen Jahr beschäftigt gewesen waren.[773] Warum sich die Zünfte so verhielten, darauf wird unten noch zurückzu-

770 Sonntag, Zunftzwang, S. 35.

771 Wissell, Recht I, S. 291; Johanni, Zünfte, S. 112f; Loesch, Zunfturkunden I, S. 75*; Reininghaus, Zünfte, Städte und Staat, S. 105; Hermandung, Zunftwesen, S. 49; Warncke, Handwerk, S. 60; Trautmann, Entwicklung, S. 349; Weyrauch, Amts- und Gewerbeordnungen, S. 127; Martin, Akten, S. 85; Keller/Brod, Fischer, S. 58; Kaufhold, Handwerk, S. 69; Schlenkrich, Alltag, S. 87f; Emig, Berufserziehung, S. 185f; Schwarzlmüller, Berufslaufbahn, S. 54, 57; Moser, Steinmetz- und Maurerzunft, S. 88; Reith, Sozialisation, S. 24f.

772 Bräuer, Handwerk im alten Chemnitz, S. 70; Vachenauer, Handlungskompetenz, S. 190.

773 Krumbholtz, Gewerbe, S. 83*f.

kommen sein. Erstaunlicherweise litt die Qualität der handwerklichen Produktion nicht, mit anderen Worten: Das Ausbildungssystem funktionierte, obwohl es ganz und gar nicht modernen pädagogischen Vorstellungen entsprach.[774] Im 18. und 19. Jahrhundert wurde die traditionelle Handwerksausbildung massiver Kritik ausgesetzt. Intellektuelle urteilten, außerhandwerkliche Arbeiten während der Lehre seien erniedrigend, ineffizient und ein Verstoß gegen den Lehrvertrag und die aus den Lehrgeldzahlungen erwachsenden Ansprüche des Lehrlings auf eine gute Ausbildung.[775] Auch Lehrlinge erkannten ihren traditionellen Einsatz in Haushalt und Landwirtschaft nicht mehr als gerechtfertigt an und nutzten die Möglichkeiten, die sich ihnen durch Beschwerden bei den Regierungen eröffneten.[776] Kritische Äußerungen zur Lehrlingsausbildung stammten „aus der Feder von Gelehrten, Schriftstellern, Beamten oder sind den autobiographischen Aufzeichnungen von – modern gesprochen – ‚Aufsteigern' zu entnehmen, ‚die aus dem Handwerk kamen, meist selbst handwerkliche Berufe erlernten und erst in späteren Jahren in die Bildungsschicht und die produktive Literatur eintraten'."[777] Die handwerkliche Berufsausbildung hatte sich zwar nicht verschlechtert, die zeitgenössische Pädagogik gab sich aber mit dem Erreichten nicht mehr zufrieden. Die fehlende Systematik der Ausbildung und ihr bescheidenes theoretisches Niveau wurden beklagt.[778] Der Staat griff nicht direkt in die betriebliche Ausbildung ein, bereicherte sie aber durch neue Schulformen. Sonn- und Feiertagsschulen, deren Besuch für Lehrlinge verpflichtend wurde, dienten der Fortführung des Elementarschulbesuchs.[779] Nach 1760 entstanden – vor allem im Baugewerbe – Fachschulen, welche die Mängel der Elementarschulen und der praktischen Ausbildung in berufsbezogener Theorie beheben sollten.[780] Den Schritt zur theoretischen Ausbildung unternahmen nicht mehr die Zünfte, sondern den Trends der Zeit gemäß die Staatsverwaltungen.

3.2.1.4. Das Ende der Lehre

Die Lehre endete – sofern nichts Außergewöhnliches dazwischenkam – zu dem Zeitpunkt, der im Lehrvertrag vereinbart worden war. Der Lehrherr erklärte der Zunft während der nüchternen Zeremonie der Los-, Ledig- oder Freisprechung, dass sein Lehrling die Ausbildungszeit ordnungsgemäß hinter sich gebracht habe. Dank der Eintragungen im Jungenbuch und der Anwesenheit der Bürgen konnte die Dauer der Lehrzeit überprüft werden. Was der Lehrling gelernt hatte, über-

774 Kaufhold, Handwerk, S. 70f; Schlenkrich, Alltag, S. 82.
775 Mohl, Frage, S. 24, 83.
776 Vgl. Schichtel, Recht, S. 191ff.
777 Puschner, Handwerk, S. 239.
778 Blankertz, Geschichte, S. 44f.
779 Puschner, Handwerk, S. 255; Hamann, Geschichte, S. 67, 98, 164; Anegg, Gewerbestruktur, S. 163f; Barnowski-Fecht, Handwerk, S. 288.
780 Emig, Berufserziehung, S. 425; Blankertz, Geschichte, S. 65; Kocka, Arbeitsverhältnisse, S. 337; Moser, Steinmetz- und Maurerzunft, S. 81.

prüfte niemand.[781] Ein „Lehrbrief“ (Gesellenbrief) der Bayreuther Schuhmacher aus dem Jahr 1726 vermerkte die ordnungsgemäße Ableistung der vorgeschriebenen Lehrzeit und die termingerechte Durchführung des Aufdingens und Freisprechens sowie formelhaft die Charaktereigenschaften Fleiß, Treue, Verschwiegenheit, Ehrlichkeit, Redlichkeit und Bescheidenheit, die ein Lehrling haben solle und die der des Lehrbriefes habe. Kein Wort der barock-weitschweifigen Urkunde ging auf fachliche Aspekte ein.[782] Eine Prüfung des Lehrlings wäre gleichzeitig eine Überprüfung der Lehrkompetenz des Meisters gewesen, ein Unding in einer Welt, in der die Ehre eines Meisters eine so große Rolle spielte. Hätte ein Lehrling die Prüfung nicht bestanden, wäre ein Schatten auf die Berufsehre des Meisters gefallen, der diesen seine Existenz kosten konnte. Da der Meister um die Konsequenzen schlechter Ausbildung für seinen Ruf wusste, hatte er einen Anreiz, den Lehrling mit dem nötigen Rüstzeug auszustatten.[783] Der Lehrling wurde gleich nach der Ausbildung Meister oder ging als Geselle auf die Wanderschaft, so dass es in seinem eigenen Interesse lag, die Lehrzeit zu nutzen. Die unerbittlichen Anforderungen des Arbeitsmarktes sorgten dafür, dass er bestrebt war, möglichst viel zu lernen. Wer das unausgesprochene Ausbildungsziel nicht erreicht hatte, scheiterte spätestens auf der Wanderschaft, wo er keine Stellenangebote über die Probezeit hinaus bekam, oder am Meisterstück.

Aus dem 15. und 16. Jahrhundert sind Zünfte bekannt, die sich über die mangelhafte Qualifikation von Mitgliedern beklagten, welche den Ruf der gesamten Zunft in Misskredit brachte.[784] Für diese Zünfte wurde der Druck innerhalb des Zunftsystems und auf dem Warenmarkt so groß, dass sie die Gesamtinteressen der Zunft über die einzelner Mitglieder stellten. Viele von ihnen führten Meisterstücke ein, die eine oder andere Zunft sogar eine mündliche oder praktische Gesellenprüfung.[785] Die Flensburger Böttcher wollten ihren Ruf gegenüber der übermächtigen Konkurrenz ihrer Kollegen in den Hansestädten verbessern. Sie verlangten ab 1488, dass die Lehrlinge am Ende ihrer Lehrzeit in der Werkstatt des Zunftvorsitzenden drei verschiedene Gegenstände herstellten. Wer die Prüfung bestand, durfte in der Stadt bleiben, die anderen wurden auf Wanderschaft geschickt.[786] Bis zum 18. Jahrhundert führten zahlreiche Zünfte Gesellenprüfungen oder -stücke ein, wenn auch die Zahl der Zünfte ohne Prüfung weitaus überwog.[787] Einige deutsche Länder versuchten, Gesellenprüfungen generell verpflichtend zu machen: Württemberg bereits im 16. Jahrhundert, die meisten anderen Länder im 18. oder 19. Jahrhundert, oft gegen den massiven Widerstand der Zünf-

781 Hemmen, Zünfte, S. 51; Warncke, Handwerk, S. 67; Hähnsen, Geschichte, S. 22; Schultz, Das ehrbare Handwerk, S. 65; Zuger Zünfte, S. 8.
782 Schmidt, Lehrbuben, S. 23f.
783 Vgl. Neuburg, Zunftgerichtsbarkeit, S. 35.
784 Maschke, Mittelschichten, S. 7.
785 Stieglitz, Zünfte, S. 48.
786 Schrader, Zünfte, S. 58, 135.
787 Bräuer, Handwerk im alten Chemnitz, S. 73; Ehrlicher, Zunft, S. 21; Zöllner, Zunftverfassung, S. 52f; Jahn, Gewerbepolitik, S. 37ff; Reith, Arbeits- und Lebensweise, S. 106; Schlenkrich, Alltag, S. 83; Schwarzlmüller, Berufslaufbahn, S. 59ff.

te.[788] In Verden an der Aller machten die Glaser 1821 die erfolgreiche Beendigung der Lehre davon abhängig, dass der Lehrling im Anschluss an die offizielle Lehrzeit weitere zwei Wochen bei einem anderen Meister arbeiten und von diesem ein Zeugnis über seine Leistungen erhalten solle. Eine reguläre Gesellenprüfung wurde 1839 auf Initiative der Regierung eingeführt.[789] Der Staat wollte sich nicht mehr darauf verlassen, dass Markt und Zünfte für ein hohes Ausbildungsniveau sorgten, er wollte die Ausbildung unter seine Kontrolle bringen, indem er Standards vorgab.

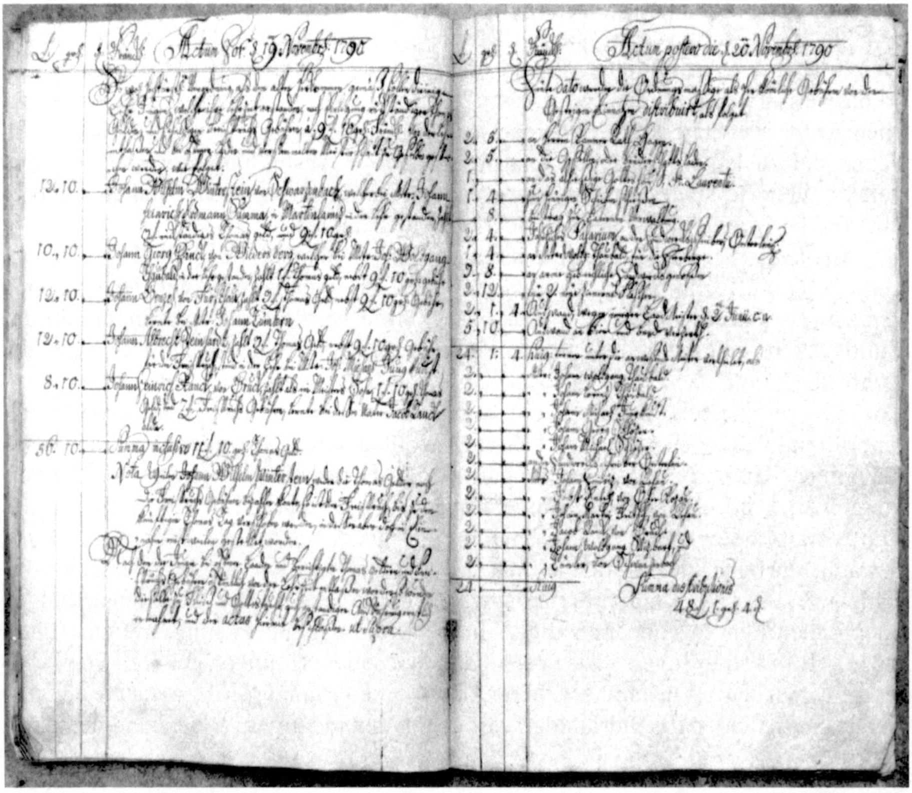

Lehrentlassungsbuch der Maurer und Steinhauer in Hof 1784–1796[790]

788 Emig, Berufserziehung, S. 195, 380f; Jahn, Gewerbepolitik, S. 37–40; Aul, Entwicklung, S. 15f.

789 Nerger, Geschichte, S. 30.

790 Stadtarchiv Hof, BZ 100.

3.2.2. Die Gesellen

Ursprünglich war es nicht zwingend erforderlich, zwischen Lehrzeit und Meisterschaft als Geselle zu arbeiten: Wer seine Lehre absolviert hatte, konnte sogleich Meister werden. Seit dem 14. Jahrhundert sind Handwerker bekannt, die zwischen Lehre und Meisterschaft als abhängig Beschäftigte bei einem Meister arbeiteten, doch noch im 18. Jahrhundert gab es Zünfte, die keine Gesellen kannten.[791] Vielleicht wirkte das Rittertum, das einen dreiteiligen Werdegang vom Pagen über den Knappen zum Ritter kannte, als Vorbild.[792] Diese Erklärung allein genügt natürlich nicht, denn warum eine ritterliche soziale Institution auf das Handwerk übertragen worden sein soll, bedarf der Begründung. Im Baugewerbe gab es schon im Spätmittelalter große Betriebe, weil dies beim Hausbau praktischer war als die Koordination zahlreicher Kleinbetriebe. Die Löhne der Gesellen und Meister unterschieden sich hier kaum. Wo sich das Verlagswesen verbreitete – bereits früh im Textilgewerbe –, eröffneten sich gute Erwerbschancen auch ohne Meisterschaft; der Verleger bezahlte Stücklohn unabhängig davon, ob ein Meister oder ein Geselle die Ware hergestellt hatte. Randbereiche des Zunftwesens wie verschiedene Zweige des Transportgewerbes, städtische Bedienstete oder der Wein- und Gartenbau waren zwar gelegentlich zünftig organisiert, kannten aber keine eigentliche Meisterschaft als herausgehobene Qualitätsstufe; ihre Mitglieder waren den Tätigkeitsmerkmalen nach Lohnarbeiter ohne zünftige Aufstiegschancen.[793] Je mehr sich das Zunftwesen etablierte, desto höher wurden die Hürden, die sich zum Beginn der Meisterschaft auftürmten: Nicht allein die Kosten der Betriebseinrichtung und die Zunftgebühren, sondern insbesondere die wachsenden kommunalen Anforderungen (Bürgerrechtsgebühren, militärische Ausrüstung) dürften Handwerker veranlasst haben, nicht sofort nach der Lehre die Meisterwürde zu erwerben, sondern zunächst eine abhängige Beschäftigung einzugehen, um die erforderlichen Kapitalien ansparen zu können.[794]

Die Einschaltung einer Arbeitsphase zwischen Ausbildung und Meisterschaft wurde nicht mit Hilfe einer Verlängerung der Lehrzeiten realisiert; im Gegenteil wurden die manchmal sehr langen Lehrzeiten (bis zu zehn Jahre) im Spätmittelalter erheblich verkürzt. Für den Meister war eine klare Abgrenzung zwischen Lehrling und Geselle vorteilhaft. Ein Lehrling lernte in den letzten Jahren einer überlangen Lehrzeit nichts mehr, sondern war als billige Arbeitskraft für seinen Meister tätig. Trennte man die eigentliche Lehrzeit rechtlich von der anschließenden vormeisterlichen Arbeitszeit, so lief man nicht Gefahr, dass der Lehrling auch für die (kürzere) Lehrzeit einen Lohn forderte, wie er ihn für die letzten Jahre eines (langen) Lehrverhältnisses erhielt. Zumindest für die kürzere Lehrzeit, während der der Lehrling ja auch schon Erträge erwirtschaftete, sicherte man sich eine kostenlose oder sehr billige Arbeitskraft. Ein Geselle erhielt zwar einen höheren

791 Arentz, Zersetzung, S. 66; Hartmann, Geschichte, S. 47; Horsch, Zünfte, S. 46; Emig, Berufserziehung, S. 266; Fromm, Studien, S. 58; Hohmann, Zunftwesen, S. 58f.

792 Mayer, Geschichte des deutschen Handwerks, S. 57.

793 Schulz, Handwerksgesellen, S. 47, 50.

794 Arentz, Zersetzung, S. 66f; Horsch, Zünfte, S. 46.

Lohn als ein Lehrling, konnte aber bei Bedarf entlassen werden, so dass der Meister die zeitlichen Festlegungen des Lehrvertrages umging und letztlich die Summe der Lohnzahlungen reduzierte.[795] Solange die Städte expandierten, konnten sich die Meister auf langfristige starre Lehrverträge und die anschließende automatische Meisterschaft einlassen. Als die Phase der Stadtgründungen zu Ende ging und in der einen oder anderen Stadt die Bevölkerungszahlen stagnierten, war es erforderlich, diesen Automatismus zu unterbrechen und den Arbeitsmarkt zu flexibilisieren. Dies gelang mit der „Erfindung" des Gesellen. Man hätte stattdessen auf angelernte Hilfskräfte zurückgreifen können, für die es keine Arbeitsvertragsregelungen gab, doch wäre dann womöglich die Qualität der handwerklichen Produkte beeinträchtigt worden. Hilfskräfte, die außerhalb des Zunftwesens standen, waren schwer kontrollierbar; sie konnten jederzeit abwandern und beeinträchtigten die Kontinuität des Betriebsablaufs.[796] Außerdem hätte das Ausweichen auf Hilfskräfte Meister veranlasst, auf die Lehrlingsausbildung zu verzichten, so dass die Rekrutierung von Nachwuchs unterbrochen worden wäre. An der „Erfindung" des Gesellen ging kein Weg vorbei. Sie war unter den gegebenen Umständen eine notwendige Folge der Einführung des Zunftsystems.

Wurden zunächst alle männlichen Mitarbeiter des Meisters als „Knechte" oder „Knappen" bezeichnet, so brachte die Separierung des Gesellen vom Lehrling auch eine begriffliche Scheidung mit sich. Der Lehrling wurde jetzt – neben anderen Ausdrücken – als „Lehrknecht" oder „Lehrling" vom „Knecht" oder „Knappen" differenziert.[797] Die Worte „Knecht" und „Knappe" wurden im Mittelalter und der Frühen Neuzeit allgemein für junge Männer aller Stände verwendet, die sich in Abhängigkeit von einem Herrn befanden und dienende Tätigkeiten ausübten. Während „Knecht" bei allen Handwerken üblich war, trat „Knappe" vorzugsweise bei Tuchmachern und Müllern auf. Seit dem 17. Jahrhundert ist eine abwertende Bedeutungsvariante des „Knechts" nachzuweisen, die sich aber noch nicht allgemein durchsetzte.[798]

„Knecht" und „Knappe" blieben bis zum Ende der Zunftzeit in Gebrauch, wurden aber seit dem 14. Jahrhundert allmählich vom „Gesellen" verdrängt.[799] Dieses Wort wurde zuerst auf die Meister angewandt, die sich in ihren Trinkstuben „gesellig" versammelten, bevor es auf die Knechte überging.[800] „Dabei spielen zwei Faktoren offensichtlich eine entscheidende Rolle. Einerseits ist es als Ausdruck eines gesteigerten Selbstbewußtseins zu werten, wenn die Gesellen in eigenen Aussagen und schriftlichen Zeugnissen nicht mehr den für sie quasi offiziellen Begriff *knechte*, sondern die unter ihnen wohl ohnehin übliche Bezeich-

795 Vgl. Epstein, Wage labor, S. 111.

796 Fischer, Sensen, S. 59.

797 Vgl. Schanz, Geschichte, S. 3; Bräuer, Gesellen, S. 19; vgl. oben im Kapitel 3.2.1.

798 Grimm, Jacob und Wilhelm: Deutsches Wörterbuch, Nachdruck München 1984, Band 11, Sp. 1341–1344, 1380–1396; Lexikon des Mittelalters. Studienausgabe, Stuttgart/Weimar 1999, Band 5, Sp. 1232ff; Saal, Wanderbuch, S. 48f.

799 Grimm, Jacob und Wilhelm: Deutsches Wörterbuch, Nachdruck München 1984, Band 5, Sp. 4025–4037; Martin, Akten, S. 82; Schwarzlmüller, Lehrling, S. 47; Reininghaus, Entstehung, S. 69; Schwarz, Lage, S. 15.

800 Schulz, Handwerksgesellen, S. 52; Schmoller, Tucher- und Weberzunft, S. 452.

nung *gesellen* benutzen. Andererseits, und das ist nur die andere Seite derselben Medaille, ist das Aufkommen und die Anwendung dieses Begriffs das Ergebnis der Entstehung einer eigenständigen Gesellenorganisation, als deren Mitglieder die sonst im Verhältnis zu Meister und Zunft als *knechte* benannten Gesellen nach ihrer Gruppenbeziehung benannt werden, wofür die Formulierung *gesellen der müller- und beckerknechtgeselschaft* einen besonders anschaulichen Beleg darstellt."[801] Mit ihrer Anerkennung als „Gesellen" erfuhren die „Knechte" eine respektable soziale Aufwertung. Es dürfte kein Zufall sein, dass der positiven Besetzung des „Gesellen" seit dem 17. Jahrhundert, der großen Zeit der Gesellenschaften, die allmähliche Abwertung der „Knechte" korrespondierte. Nichtzünftige Handwerker versuchten ebenfalls von den positiven Konnotationen des Gesellenbegriffs zu profitieren.[802] Obwohl es keinen sachlichen Grund mehr gibt, an dem Ausdruck „Geselle" festzuhalten, nachdem die Gesellenschaften seit langem verschwunden sind, würde es sich niemand mehr gefallen lassen, als „Knecht" seines Meisters tituliert zu werden.

3.2.2.1. Die Arbeits- und Lebensbedingungen

Zünfte waren ein Labor der Arbeitsvertragsregelungen; was heute Gegenstand von Gesetzen und Tarifverträgen ist, findet sich in den Verhältnissen der Zunftgesellen vorgebildet. Während es für die selbstständigen Meister, sowie ihre Frauen, Kinder, Dienstboten und Lehrlinge als Familienangehörige kaum Regelungen gab, entstand ein differenziertes Regelwerk für die Gesellen, die einen Status erlangten, der dem eines modernen Lohnarbeiters verwandt war. Sobald der Gesellenstand im 14. Jahrhundert als solcher fassbar wird, lassen sich auch Regelungen der Arbeitsbedingungen auffinden. Die Vielfalt der Regelungen war unüberschaubar groß; im Folgenden seien einige charakteristische Grundlinien aufgeführt.

Das Arbeitsverhältnis eines Gesellen begann überwiegend mit einer Probezeit von ein oder zwei Wochen, bevor es auf eine bestimmte Dauer von einem halben oder ganzen Jahr, vom einen bis zum nächsten „Ding-" oder „Miettermin" oder auf unbestimmte Dauer abgeschlossen wurde. Verbreitete „Dingtermine" waren Johannis (24. Juni) und St. Stephan (26. Dezember). Beide Seiten konnten mit einer Frist von ein, zwei oder vier Wochen kündigen, meist zum „Lohnabend" am Samstag oder zum arbeitsfreien Sonntag. Gesellen, die kündigten, mussten mit einer „Sperrfrist" im selben Ort rechnen, die sie zwang, den Ort zu verlassen; sie hätten sonst die Meister gegeneinander ausspielen können, indem sie ihrem alten Meister die Kunden abspenstig machten oder vom neuen einen höheren Lohn verlangten. Der häufige Stellenwechsel der Gesellen galt nicht als Nachteil, denn er erlaubte den Meistern eine hohe Flexibilität im Verhältnis zu ihrer Auftragslage. Die Länge der Kündigungsfristen war zwischen Meistern und Gesellen oft umstritten, ohne dass man eindeutige Präferenzen feststellen könnte. Bei schlechter

801 Schulz, Handwerksgesellen, S. 53; vgl. Göttmann, Bäckerzunft, S. 49.
802 Schwarz, Lage, S. 16.

Konjunktur waren die Meister an kurzen, die Gesellen an langen Kündigungsfristen interessiert, bei guter Konjunktur war es umgekehrt. Die Verkürzung von Kündigungsfristen bedeutete nicht zwingend eine Verschlechterung für die Gesellen: Qualifizierte Gesellen konnten sie nutzen, um faule, freche, schlecht bezahlende oder gering qualifizierte Meister rasch zu verlassen und zu besseren zu wechseln. Kurze Kündigungsfristen heizten den Wettbewerb nicht nur unter den Gesellen, sondern ebenso unter den Meistern an.[803]

Gearbeitet wurde in vorindustriellen Epochen prinzipiell immer und unbegrenzt; zu begründen war, wenn nicht gearbeitet wurde. Den Gesellen gelang es schon früh, diesem Grundsatz den der fest vereinbarten Arbeitszeit gegenüber zu stellen, bei dem es eine vertraglich garantierte Freizeit gibt und Überstunden extra vergütet werden. Für Meister und Lehrlinge endete die Arbeitszeit, wenn Bedürfnisse wie Mahlzeiten und Schlaf, Auftragsmangel oder öffentliche Begrenzungen eintraten, für Gesellen endete sie zu einem vorher festgelegten Zeitpunkt.[804] Die Anzahl der Jahresarbeitstage unterschied sich – obwohl Erholungsurlaub unbekannt war – nicht sehr von der heutigen Situation, da zusätzlich zu den Sonntagen an zahllosen Feiertagen nicht gearbeitet wurde. Manchmal endete die Arbeitszeit vor einem Sonn- oder Feiertag bereits am Nachmittag. Nach der Reformation und besonders seit dem 18. Jahrhundert wurde die Zahl der Feiertage von den Regierungen drastisch reduziert, so dass sich die Arbeitszeit der Handwerker ohne Lohnausgleich für Zeitlohnempfänger erhöhte. Auch andere Maßnahmen der Regierungen, die sich gegen den „guten Montag“, gesellige Zusammenkünfte, die Leichenfolge und das Gesellenwandern wandten, erhöhten im 18. und 19. Jahrhundert die Arbeitszeiten. Selbstverständlich klebte man nicht an religiös veranlassten Arbeitsverboten; die Gewerbe der Grundversorgung (Bäcker, Metzger) arbeiteten teilweise auch an Sonn- und Feiertagen, Handwerke mit saisonalen Auftragsspitzen ignorierten wochenlang alle Beschränkungen. Prinzipiell wurde gearbeitet, solange Tageslicht vorhanden war, im Sommer länger und im Winter kürzer. Die Arbeitszeit wurde von einigen Essenspausen unterbrochen, sie betrug meist 7 bis 12 Stunden am Tag. Nachtarbeit war verboten, weil der Lärm die Nachbarn störte, Lampen teuer und feuergefährlich waren und die Qualität der Arbeit im flackernden Schein einer Funzel litt. Keine Regel ohne Ausnahme: Waren dringende Arbeiten zu erledigen, wurde die Nachtruhe bis auf vier Stunden verkürzt.

Oft wird angenommen, die Arbeitsintensität sei in der Zunftepoche geringer gewesen als in der Gegenwart, weshalb man längere Arbeitszeiten leichter habe ertragen können. In Gewerben mit Stücklohn war dies sicherlich nicht der Fall.

803 Hähnsen, Geschichte, S. 26, 217, 221; Göttmann, Bäckerzunft, S. 52f; Reith, Arbeits- und Lebensweise, S. 146f; Fröhlich, Sicherung, S. 64f; Decker, Bürger, S. 16; Emig, Berufserziehung, S. 235; Johanni, Zünfte, S. 124; Kaufhold, Handwerk, S. 82; Kreutzberger, Gewerberecht, S. 102; Krumbholtz, Gewerbe, S. 86*, Schmidt, Zunfturkunden I, S. 66*; Schulz, Handwerksgesellen, S. 82; Moser, Steinmetz- und Maurerzunft, S. 96; Wesoly, Auswirkungen, S. 118. In Kiel wurde die Wanderpflicht der selbst kündigenden Gesellen im Jahr 1800 abgeschafft. (Hähnsen, Geschichte, S. 448.)

804 In seltenen Fällen existierten Ansätze eines Jugendarbeitsschutzes, wenn Zünfte argumentierten, Nachtarbeit sei zu vermeiden, um Lehrlinge vor Überanstrengung zu schützen. (Loesch, Zunfturkunden I, S. 105*.)

Aber auch in Gewerben mit Zeitlohn darf man es nicht generell unterstellen, die erwähnten Ausnahmen von den Arbeitszeitnormen lassen vermuten, dass bei Auftragsspitzen die Dauer der Arbeit erhöht werden musste, weil die Intensität nicht ausreichend zu steigern war.[805]

Eine vergnügliche Form der Arbeitszeitverkürzung war der Badetag. Die älteste nachweisbare Zunftbadestube wurde in Stendal im Jahr 1232 errichtet. Im Spätmittelalter wurde das gemeinsame Baden im Holzzuber einer Badeanstalt zu einem Volkssport, der selbst in Kleinstädten und Dörfern von allen Bevölkerungsschichten ausgeübt wurde. Einmal wöchentlich oder vierzehntäglich, oft am Samstag, bekamen die Gesellen frei, um mit ihren Meistern und deren Familie oder im Gesellenverband eine Badestube aufzusuchen; manchmal zahlten die Meister sogar die Benutzungsgebühren. Im 16. und 17. Jahrhundert schlief das Baden aus gesundheitlichen, religiös-moralischen und materiellen Gründen langsam ein, die Arbeitszeiten der Handwerker verlängerten sich um die ausfallende Badezeit.[806]

Trotz intensiver Forschungstätigkeit in den letzten Jahrzehnten ist die Lohnfrage nach wie vor nicht allgemein zu beantworten. Der Lohn der Gesellen setzte sich aus mehreren Komponenten zusammen, varriierte erheblich je nach Ort, Handwerk, Werkstatt und Konjunktur und kann wegen der schlechten Datenlage kaum jemals präzise berechnet werden. Die Strukturen des Lohnsystems waren im Spätmittelalter fertig ausgebildet und blieben bis zum Ende der Zunftzeit unverändert.

Wohnte der Geselle, wie üblich, im Hause des Meisters, so erhielt er als Lohnbestandteil Kost und Logis, deren Wert den individuellen Umständen des Meisterhaushalts gemäß schwankte. Den Naturallohnanteil an der Gesamtentlohnung der Gesellen schätzt man auf etwa 50 plus/minus 10 Prozent, eine vage Größenordnung, die man aber für die gesamte Zunftepoche als ungefähren Anhaltspunkt annehmen darf. Stiegen die Lebensmittelpreise – in der vorindustriellen Zeit der größte Ausgabeposten eines Haushalts, der sich nicht selbst versorgen konnte –, so sank zwar der Wert des Geldlohnes, den der Geselle erhielt, der Wert seines Naturallohnes stieg aber – bei gleichbleibender Versorgung – entsprechend an, so dass sich an der Gesamtlohnhöhe absolut nichts änderte. Wohnte der Geselle nicht beim Meister und verpflegte sich selbst, so sah die Situation anders aus, es sei denn der Geselle hatte eine kleine Landwirtschaft, die ihn vom Lebensmittelzukauf unabhängig machte. Auf dem Land, in kleinen und mittleren Städten war agrarische Nebentätigkeit für weite Bevölkerungsschichten bis ins 19. Jahrhundert normal, so dass sich die Auswirkungen von Preis- und Geldlohnschwankungen in Grenzen hielten.[807]

805 Wissell, Recht II, S. 402, 405; Schultz, Das ehrbare Handwerk, S. 78f; Roth, Zunftherrlichkeit, S. 101ff; Wiest, Entwicklung, S. 115; Loesch, Zunfturkunden I, S. 105*; Puschner, Handwerk, S. 95f, 99f; Emig, Berufserziehung, S. 184f, 250, 253; Neuburg, Zunftgerichtsbarkeit, S. 87; Decker, Bürger, S. 17; Bräuer, Gesellen, S. 41ff; Otruba, Gewerbe, S. 65; Göttmann, Bäckerzunft, S. 38.

806 Bräuer, Handwerk im alten Chemnitz, S. 78; Kleeis, Geschichte, S. 31; Schulze, Handwerkerorganisation, S. 126f; Mummenhoff, Handwerker, S. 72f; Kiby, Bäder, S. 273f.

807 Schultz, Das ehrbare Handwerk, S. 81; Radtke, Kommune, S. 82; Emig, Berufserziehung, S.

Die Geldlöhne der Gesellen waren Verhandlungssache zwischen Arbeitgeber und Arbeitnehmer. An manchen Orten existierten Lohntaxen der Obrigkeiten, welche im Interesse der Meister einen Höchstlohn definierten. Auch Absprachen innerhalb einer Zunft und zwischen mehreren Zünften desselben Gewerbes sind seit dem 14. Jahrhundert bekannt. Üblich waren a) Zeitlöhne, gelegentlich gestaffelt nach dem Leistungsvermögen der Gesellen, b) Stücklöhne in Gewerben wie der Weberei, die massenhaft Standardwaren produzierten, c) Provisionen vom Verkaufserlös und d) Mischformen. Zeitlöhne wurden als Wochen- oder Tagelohn gezahlt. Die Funktionen des Stücklohns, den Gesellen zu motivieren und ihn am Risiko von Auftragsflauten zu beteiligen, waren bekannt. Stücklohn wurde schon im Spätmittelalter recht häufig gezahlt. Der Gesellenlohn reichte aus, um den Gesellen selbst am Leben zu erhalten, für die Versorgung einer Familie war er gewöhnlich zu niedrig; wollte ein Geselle Frau und Kinder haben, mussten diese ebenfalls einer Erwerbsarbeit nachgehen. Über den Abstand des Gesellenlohns zum Meisterlohn lassen sich keine verallgemeinerungsfähigen Aussagen treffen. Im Baugewerbe waren die Tagelöhne der Meister wenig höher als die der Gesellen, während aus anderen Branchen größere Abstände bekannt sind. Außer von den Lohnunterschieden profitierten die Meister von Abzügen („Meistergroschen"), welche sie von den Löhnen der Gesellen vornahmen.[808]

Neben dem Natural- und dem Geldlohn ist eine dritte Einkommensart der Gesellen zu erwähnen. In vielen Gewerben war den Gesellen das Arbeiten auf eigene Rechnung verboten, in anderen war es bis zu einem gewissen Höchstumfang am Feierabend erlaubt. Man darf den Nebenerwerb der Gesellen als Teil ihrer Bezahlung durch den Meister ansehen, analoge Entlohnungsweisen gehörten zu den typischen Instrumenten der Feudalgesellschaft: Der Hörige oder Mitarbeiter erhielt statt einer direkten Entlohnung oder als deren Ergänzung die Möglichkeit, sich seinen Lebensunterhalt selbst zu erwirtschaften. Häufig wurden zu diesem Zweck landwirtschaftliche Grundstücke oder Gebühreneinnahmen zur Verfügung gestellt; was lag bei einem Handwerker näher, als ihm das Handwerkszeug oder die Werkstatt für die Eigenproduktion zu leihen oder die Ausübung seines Berufes mit eigenem Handwerkszeug am Feierabend zu gestatten?[809]

Außer den Einnahmen prägten die Ausgaben für Grundnahrungsmittel den Lebensstandard der Gesellen entscheidend. Kurzfristige Preisschwankungen auf Grund der regionalen Ernteergebnisse gab es immer wieder. Langfristig wirkten sich vor allem die Preisrevolution des 16. Jahrhunderts und der säkulare Preisan-

254.

808 Bräuer, Handwerk im alten Chemnitz, S. 80, 92; Hähnsen, Geschichte, S. 219; Wissell, Recht II, S. 363–377; Schultz, Das ehrbare Handwerk, S. 81; Ennen, Frauen, S. 166; Reith, Arbeits- und Lebensweise, S. 151ff; Mummenhoff, Handwerker, S. 72; Schwarzlmüller, Berufslaufbahn, S. 103; Kaufhold, Handwerk, S. 84; Kreutzberger, Gewerberecht, S. 97; Krumbholtz, Gewerbe, S. 87*; Göttmann, Bäckerzunft, S. 56; Fromm, Studien, S. 63; Althaus, Rechtsnormen,, S. 107, 127; Oexle, Zunft, S. 103f.

809 Hermandung, Zunftwesen, S. 50; Johanni, Zünfte, S. 126; Kreutzberger, Gewerberecht, S. 95; Wissell, Recht II, S. 395; Scheschkewitz, Zunftwesen, S. 51; Emig, Berufserziehung, S. 257; Schmoller, Tucher- und Weberzunft, S. 389; Althaus, Rechtsnormen, S. 98; Döhler, Beschreibung, S. 111.

stieg seit etwa 1750 negativ auf die Gesellen aus. Schon die Reichspolizeiordnung von 1548 sah sich bemüßigt, Gesellen, Meister und Obrigkeiten zur gütlichen Verständigung über Verpflegungsfragen aufzurufen. Je öfter Gesellen aus dem Meisterhaushalt auszogen, umso stärker war die Gruppe der Gesellen von Preiserhöhungen betroffen. Seit der Mitte des 18. Jahrhunderts war Gesellenarmut in Deutschland verbreitet.[810]

Zum Gesellen wurde man als Jugendlicher oder junger Erwachsener, in einem Alter, in dem man normalerweise noch ledig ist. Die wirtschaftliche Existenz des Gesellen, dem jeder Meister kurzfristig kündigen konnte, war so prekär, dass eine Familiengründung nicht ratsam schien. Da die Gesellenzeit eine Phase von wenigen Jahren darstellte, war es dem Gesellen zuzumuten, mit der Eheschließung bis zur Meisterschaft zu warten. Der lebenszyklische Normalfall des ledigen Gesellen wurde seit dem 14. Jahrhundert zur Norm des Zunftwesens erhoben. Verheiratete Gesellen in nennenswerter Zahl gab es nur in wenigen Gewerben, in denen die klassische Laufbahn vom Lehrling über den Gesellen zum Meister nicht existierte, in Randbereichen des Zunftwesens, dem Bauhandwerk, den vom Verlagswesen abhängigen Gewerben; in allen anderen Gewerben wurden verheiratete Gesellen von Zünften, Gesellenschaften und Obrigkeiten diskriminiert. Sie waren bei Arbeitsmangel örtlich unflexibel und arbeiteten daher oftmals als Störer. Zogen sie mit ihrer Ehefrau von Stadt zu Stadt, gerieten sie in einen Ruf, der sich mit der Zunftehre nicht vertrug. Am Gesellenwandern konnten sie schlecht teilnehmen, weil sie während der Wanderung ihre Familie nicht versorgen konnten. Um die Flucht vor der Familie unter dem Vorwand der Wanderschaft zu verhindern, wurden Erlaubnisbescheinigungen der Ehefrauen zur Wanderung gefordert. Ledige Gesellen bekämpften ihre verheirateten Kollegen, weil diese am Leben der Gesellenschaften kaum teilnahmen und abhängiger von den Meistern waren, so dass sie das Streben der ledigen Gesellen nach besseren Arbeits- und Lebensbedingungen konterkarierten. In Gewerben mit einer größeren Zahl verheirateter Gesellen bestanden in einigen Städten zwei Gesellenschaften parallel, eine für die ledigen, die andere für die verheirateten Gesellen. Der Gesellenzölibat setzte sich im Zunftwesen rasch durch, Ausnahmen wurden ab dem Ende des 16. Jahrhunderts in den meisten Gewerben nicht mehr geduldet. Ein verheirateter Geselle durfte nicht mehr Meister werden, er blieb „ewiger Geselle“.[811] Im Reichsgutachten von 1672 und im Reichsschluss von 1731 mokierten sich die Reichsstände darüber, ohne

815 Schultz, Das ehrbare Handwerk, S. 83; Wiest, Entwicklung, S. 117; Schwarz, Lage, S. 383; Proesler, Handwerk, S. 11*.

811 Reininghaus, Entstehung, S. 218, 225; Ziekow, Freiheit, S. 143; Schulz, Handwerksgesellen, S. 47, 50, 451; Bräuer, Gesellen, S. 37f, 78, 99ff, 104; Simon-Muscheid, Frauenarbeit, S. 21; Uitz, Frauenarbeit, S. 40; Fischer, Volk, S. 145; Duclaud, Zünfte, S. 201; Göttmann, Bäckerzunft, S. 47; Wissell, Recht II, S. 446f; Scheschkewitz, Zunftwesen, S. 45; Schulz, Stellung, S. 309f; Schmoller, Tucher- und Weberzunft, S. 389, 527; Clasen, Streiks und Aufstände, S. 46, 49; Ehmer, Traditionen, S. 24, 27, 29f; Kreutzberger, Gewerberecht, S. 94; Sarre, Goldschmiede-Zunft, S. 18; Reith, Zünfte, S. 65. Wäre das Verschwinden der verheirateten Gesellen in den meisten Gewerben seit dem 16. Jahrhundert Folge der „Preisrevolution“ gewesen, wie einige Autoren behaupten, so hätte es in den Phasen höherer Löhne im 17. und frühen 18. Jahrhundert revidiert werden müssen. (Vgl. Schulz, Handwerksgesellen, S. 451; Wesoly, Auswirkungen, S. 122.)

sich mit ihren Ansichten durchsetzen zu können.[812] Eine Ausnahme stellte Bremen dar, wo im 18. Jahrhundert rund drei Viertel aller Gesellen verheiratet waren.[813] Gegen 1800 sind erste Auflösungserscheinungen der Ehelosigkeitsnorm zu bemerken, reguläre und wilde Ehen wurden hier und da akzeptiert.[814] Verheiratete Gesellen fanden ihr Auskommen in handwerklichen Großbetrieben, die über die Schranken des Zunftwesens hinausgewachsen waren, in Verlag und Manufaktur. Etwa seit 1840 schwand die Verbindung von Gesellentum und Ehelosigkeit, an der Wende vom 19. zum 20. Jahrhundert war der Ledigenstand der Gesellen von der Regel zur Ausnahme geworden. Heiratsmöglichkeiten für Gesellen fanden sich vor allem dort, wo der Übertritt in die Fabrik möglich wurde oder hausindustrielle Produktionsweisen die Mitarbeit von Frau und Kindern erzwangen. Die Zünfte hatten keine Macht mehr, ihre alten Prinzipien durchzusetzen.[815]

Typischerweise lebte der ledige Geselle, sofern er in einem Arbeitsverhältnis stand, im Meisterhaushalt. Auf diese Weise war er jederzeit reisebereit, falls sein Arbeitsverhältnis endete, an keine Mietverträge gebunden und nicht mit Möbeln oder Hausrat belastet. Da er Teil der Meisterfamilie war, galten für ihn deren Verhaltensregeln inner- und außerhalb des Haushalts. Der Geselle durfte abends nicht zu lange und keinesfalls über Nacht ausbleiben, nicht oder jedenfalls nicht um Geld spielen, sich nicht mit Huren einlassen oder betrinken und hatte sich in der Öffentlichkeit gut zu kleiden. Generell hatte er sich „anständig" zu verhalten, um den Meisterhaushalt nicht in Misskredit zu bringen. Gesellen waren oft beinahe so alt wie ihre Meister, körperlich ebenbürtig und selbstbewusst in der Solidarität ihrer Mitgesellen. Da die Meister ihre Disziplinargewalt gegen die Gesellen nicht allein durchsetzen konnten, beauftragten sie die Zünfte, ihnen zu helfen. Daher rühren die zahlreichen Vorschriften zum Gesellenverhalten in den Zunftstatuten, während es solche für Lehrlinge kaum gab.[816]

Im Spätmittelalter bereits lebten ledige Gesellen außerhalb des Meisterhaushalts oder erhielten dort ihre Kost, ihre Zahl war aber noch sehr gering. Im Verlauf des 18. Jahrhunderts wuchs die Zahl der Gesellen, die außerhalb des Meisterhaushalts wohnten, oft als Untermieter („Schlafgänger"). Die Situation unterschied sich von Ort zu Ort, „aber man wird sicher sagen können, daß mindestens zwei von drei Gesellen um 1800 bei ihrem Meister in Kost und Logis standen, mindestens vier von fünf, wenn man das Baugewerbe nicht mitrechnet."[817] Im Verlauf des 19. Jahrhunderts setzte sich im Allgemeinen die Wohnung außerhalb

812 Proesler, Handwerk, S. 41*, 68*.

813 Schwarz, Lage, S. 383.

814 Rohde, Entwicklung, S. 177; Elkar, Gesellen, S. 270; Herzig, Kontinuität, S. 307f; Hähnsen, Geschichte, S. 450.

815 Ehmer, Traditionen, S. 33–36, 51; Emig, Berufserziehung, S. 399; Kocka, Stand, S. 150; Nipperdey, Deutsche Geschichte 1800–1866, S. 213.

816 Bräuer, Handwerk im alten Chemnitz, S. 88; Bodemann, Zunfturkunden, S. LVIII–LXII; Schwarzlmüller, Berufslaufbahn, S. 126; Scheschkewitz, Zunftwesen, S. 46ff ; Johanni, Zünfte, S. 130; Kreutzberger, Gewerberecht, S. 94.

817 Kocka, Stand, S. 149f; vgl. Kocka, Arbeitsverhältnisse, S. 330; Emig, Berufserziehung, S. 246; Haupt/Crossick, Kleinbürger, S. 34 ; Wiest, Entwicklung, S. 55; Bräuer, Handwerk im alten Chemnitz, S. 91; Schulz, Stellung, S. 312f; Schultz, Das ehrbare Handwerk, S. 82; Uitz, Frauenarbeit, S. 41.

des Meisterhaushalts durch. Die Steigerung der Wohnkultur des bürgerlichen Hauses im dritten und vierten Jahrzehnt des 19. Jahrhunderts, die den Gesellen Wohnraum entzog, die Entstehung von Großbetrieben mit einer Vielzahl an Gesellen und die wachsende Zahl verheirateter Gesellen trugen dazu bei.[818] „Für die Meister konnten die im Hause wohnenden Gesellen belastend werden, vor allem, wenn ihre Zahl stieg. Sie standen auch der Tendenz, sich auf die engere Familie zurückzuziehen und um diese den Schleier des Intimen zu legen, entgegen. Für die Gesellen bedeutete der Auszug aus dem Meisterhause höhere Unabhängigkeit und Beweglichkeit, nicht zuletzt im Hinblick auf die Arbeitsbedingungen und die Möglichkeiten, sich zu organisieren."[819]

In einigen Gewerben, vor allem der Bäckerei, kamen Gesellen mit Kost und Logis noch recht lange vor. In kleinen Ortschaften war es den Gesellen nicht immer möglich, ein Zimmer außerhalb des Meisterhaushalts zu mieten. Die Meister beharrten auf zeitlicher Flexibilität und Pünktlichkeit ihrer Gesellen, auch bei Nachtarbeit und ungünstigem Wetter. Statt verheirateter Gesellen stellten sie lieber Lehrlinge ein, die billiger waren. Mit dem „Familienanschluss" ihrer Mitarbeiter bekämpften sie Organisationsbemühungen der Gewerkschaften. Doch auch in der Bäckerei siegte schließlich der Zug der Zeit zum getrennten Wohnen, zuerst in den Großstädten; in den 1920er Jahren verschwand das Kost-und-Logis-Wesen fast ausnahmslos.[820]

Gottfried Keller: Die drei gerechten Kammmacher (1855)[821]

„Zu Seldwyl bestand ein Kammachergeschäft, dessen Inhaber gewohnterweise alle fünf bis sechs Jahre wechselten, obgleich es ein gutes Geschäft war, wenn es fleißig betrieben wurde; denn die Krämer, welche die umliegenden Jahrmärkte besuchten, holten da ihre Kammwaren. Außer den notwendigen Hornstriegeln aller Art wurden auch die wunderbarsten Schmuckkämme für die Dorfschönen und Dienstmägde verfertigt aus schönem durchsichtigem Ochsenhorn, in welches die Kunst der Gesellen (denn die Meister arbeiteten nie) ein tüchtiges braunrotes Schildpattgewölke beizte, je nach ihrer Phantasie, so daß, wenn man die Kämme gegen das Licht hielt, man die herrlichsten Sonnenauf- und -niedergänge zu sehen glaubte, rote Schäfchenhimmel, Gewitterstürme und andere gesprenkelte Naturerscheinungen. Im Sommer, wenn die Gesellen gerne wanderten und rar waren, wurden sie mit Höflichkeit behandelt und bekamen guten Lohn und gutes Essen; im Winter aber, wenn sie ein Unterkommen suchten und häufig zu haben waren, mußten sie sich ducken, Kämme machen, was das Zeug halten wollte, für geringen Lohn; die Meisterin stellte einen Tag wie den andern eine Schüssel Sauerkraut auf den Tisch, und der Meister sagte: ‚Das sind Fische!' Wenn dann ein Geselle zu sagen wagte: ‚Bitt um Verzeihung, es ist Sauerkraut!' so bekam er auf

818 Emig, Berufserziehung, S. 398f; Kaufhold, Einführung, S. 46; Kocka, Arbeitsverhältnisse, S. 330f; Ehmer, Zünfte, S. 125; Ehmer, Traditionen, S. 50; Lenger, Kleinbürgertum, S. 120; Lenger, Sozialgeschichte, S. 61.

819 Kaufhold, Einführung, S. 46.

820 Weingärtner, Kost- und Logiszwang; Lenger, Sozialgeschichte, S. 185.

821 Auszug; aus: Keller, Leute, S. 176.

der Stelle den Abschied und mußte wandern in den Winter hinaus. Sobald aber die Wiesen grün wurden und die Wege gangbar, sagten sie: ‚Es ist doch Sauerkraut!' und schnürten ihr Bündel. Denn wenn dann auch die Meisterin auf der Stelle einen Schinken auf das Kraut warf und der Meister sagte: ‚Meiner Seel, ich glaubte, es wären Fische! Nun, dieses ist doch gewiß ein Schinken!' so sehnten sie sich doch hinaus, da alle drei Gesellen in einem zweispännigen Bett schlafen mußten und sich den Winter durch herzlich satt bekamen wegen der Rippenstöße und erfrorenen Seiten."

3.2.2.2. Das Wandern

Die europaweite Verbreitung von Baustilen ist ein Hinweis darauf, dass die geografische Mobilität von Bauhandwerkern über große Entfernungen seit der Antike kontinuierlich praktiziert wurde: Die Könner ihres Fachs reisten von Großbaustelle zu Großbaustelle.[822] Fernkaufleute bzw. ihre Mitarbeiter waren unablässig unterwegs, um Waren zu handeln, Adelige gingen seit dem 15. Jahrhundert in ihrer Jugend auf Kavalierstour von Hof zu Hof, Jungakademiker verdienten ihren Lebensunterhalt als Reisebegleiter oder Hauslehrer in befristeten Arbeitsverhälrnissen an wechselnden Einsatzorten, Pilger besuchten die berühmten Heiligtümer in Jerusalem, Rom oder Santiago de Compostela, Lehrlinge wurden im Spätmittelalter in entfernte Regionen vermittelt, welche in dem zu erlernenden Gewerbe einen guten Ruf genossen. Alle diese Reisegruppen wurden quantitativ weit übertroffen von den Handwerksgesellen, die sich „auf die Walz" begaben.[823] Schon im 14. Jahrhundert war das Gesellenwandern verbreitet, ab dem 16. Jahrhundert wurde es zur Pflicht von immer mehr Zunfthandwerkern. Seit dem 14. Jahrhundert war es möglich, Gesellen zum Wandern zu veranlassen, weil es ab jetzt ein flächendeckendes Zunftnetz gab. Die Gesellenzeit eines ledigen Handwerkers wurde der Idee nach identisch mit seiner Wanderzeit.[824] Gesellenschaften rekrutierten sich in erster Linie aus Wandergesellen, an beliebten Wanderzielen übertraf die Zahl der fremden die der einheimischen Gesellen um ein Vielfaches.[825]

Das Gesellenwandern war eines der konstitutiven Elemente des deutschen Zunftwesens. Ähnliche Ausmaße erreichte es in keinem anderen Land. In England, den Niederlanden und Italien entwickelte sich keine vergleichbare Tradition, in Frankreich blieb es schwächer entwickelt und war schon im 18. Jahrhundert nicht mehr obligatorisch.[826] Trotzdem gab es keinen Zeitpunkt, zu dem das Gesel-

822 Elkar, Auf der Walz, S. 59; Moser, Steinmetz- und Maurerzunft, S. 95.

823 Warncke, Handwerk, S. 72; Siebers, Lehrfahrten, S. 48f; Elkar, Lernen, S. 214; Schulz, Handwerksgesellen, S. 77f; Schlenkrich, Alltag, S. 76–79. Die sich drehende und rollende Walze wurde zur Metapher der Wanderschaft. (Röhrich/Meinel, Redensarten, S. 168.)

824 Elkar, Umrisse, S. 91; Göttmann, Bäckerzunft, S. 66; Schulz, Handwerksgesellen, S. 73; Wissell, Recht I, S. 302; Schulz, Handwerksgesellen, S. 268; Reith, Zünfte, S. 62; Reininghaus, Migrationen, S. 207; Elkar, Lernen, S. 214; Domonkos, Reiserouten, S. 21; Bräuer, Handwerk im alten Chemnitz, S. 81.

825 Elkar, Schola Migrationis, S. 90.

826 Elkar, Lernen, S. 222f; Bos/Lourens/Lucassen, Zünfte, S. 141; Kocka, Arbeitsverhältnisse, S.

lenwandern im deutschsprachigen Zunftgebiet wirklich verpflichtend für alle Handwerker gewesen wäre. Land- und Nebenerwerbshandwerker, Gewerbe mit vielen verheirateten Gesellen (Maurer) und Massengewerbe mit ausschließlich lokalem Absatzgebiet und jahreszeitlich stetigem Absatz (Bäcker) wanderten weniger, aber auch angesehene Handwerke in führenden Handelsstädten legten nicht immer Wert auf das Wandern.[827]

„Gesperrte" Handwerke verboten ihren Gesellen zu wandern. Das älteste bekannte Wanderverbot stammt von den Lübecker Paternostermachern (Bernsteindrehern) aus dem Jahr 1385.[828] Wanderverbote fanden sich in Gewerben, die Spezialitäten für den überregionalen Markt herstellten, etwa bei Metallhandwerkern in Nürnberg, Oberösterreich, dem Siegerland und dem Bergischen Land, Schreinern in Nördlingen, Schmucksteinbearbeitern in Idar-Oberstein und dem Breisgau, kunstgewerblichen Töpfern im Westerwald oder auch bei den Wannenmachern im münsterländischen Emsdetten, die sich ein einträgliches Monopol sicherten auf die Herstellung der großen Wannen, die zur Reinigung des Korns und zu Transportzwecken benötigt wurden. Die Meister mussten schwören, ihr Gewerbe nicht außerhalb der Stadt oder Region zu betreiben, ja ihren Wohnort niemals zu verlassen. Einheimische Gesellen durften nicht wandern, fremde Lehrlinge und Gesellen nicht angenommen werden. Die Gewerbetreibenden wurden durch Erleichterungen beim Bürgerrechtserwerb an die Stadt gebunden. Die Politik der Handwerkssperrung war Jahrhunderte lang erfolgreich, wenn sie auch letztlich nicht verhindern konnte, dass irgendwann auswärtige Konkurrenten auftraten.[829]

Der entflohene Schmucksteinbohrer aus Waldkirch bei Freiburg im Breisgau[830]

„In große Angst und Sorge wird die Bruderschaft [der Schmucksteinbohrer und -polierer] versetzt, als gegen Ende des 16. Jahrhunderts verschiedene Bo[h]rer ihrer Heimat den Rücken kehren und an auswärtigen Plätzen auf eigene Faust das Gewerbe zu betreiben suchten. So machte ihr namentlich ein Bo[h]rer aus Waldkirch, ‚Anthoni Busenreutter', unendlich viel zu schaffen. Heimlich hatte er sich nach Chur begeben, um dort für einen Wirt zu arbeiten. Als die Bruderschaft seiner nach großen Bemühungen wieder habhaft wurde, und er die von ihr zuerkannte Strafe ‚in den Eisen' abgebüßt hatte, glaubte sie ihn von seinen Ausreißergelüs-

339. Die Gesellenwanderung in Frankreich wurde als „Tour de France" bezeichnet. (Hinkmann, Korporationen, S. 34.)

827 Elkar, Umrisse, S. 103; Clasen, Streiks und Aufstände, S. 38; Reininghaus, Migrationen, S. 211f; Elkar, Lernen, S. 222f; Warncke, Handwerk, S. 74; Reith, Arbeits- und Lebensweise, S. 110; Reininghaus/Thurmann/Walberg, Quellen, S. 170; Kocka, Arbeitsverhältnisse, S. 334; Schichtel, Recht, S. 212; Emig, Berufserziehung, S. 388; Reininghaus, Wanderungen, S. 185; Moser, Steinmetz- und Maurerzunft, S. 95.

828 Wissell, Recht I, S. 320f.

829 Wiest, Entwicklung, S. 39, 67; Kintzinger, Eruditus, S. 173; Elkar, Lernen, S. 221f; Wissell, Recht I, S. 321; Irle, Landesherr, S. 35; Klein, Aussenseiterpolitik, S. 9ff; Schragmüller, Bruderschaft, S. 35, 45, 96f; Deter, Rechtsgeschichte, S. 129; Fischer, Sensen, S. 64.

830 Schragmüller, Bruderschaft, S. 71.

ten kuriert zu haben. Trotzdem entfloh er bei nächster Gelegenheit abermals, diesmal nach Prag. Dort, und in Coda in Böhmen bohrte und balierte [polierte] er, unbekümmert um die Bruderschaft. Später verpflichtete er sich einem Nürnberger Kaufmann, ihm eine Schleifmühle aufzubauen, und einen Bo[h]rtisch herzurichten. Endlich konnte die Regierung ihn in Frankfurt fassen und ihn dauernd unschädlich machen."

3.2.2.2.1. Motive

Wie es zur Entstehung des Gesellenwanderns und zur Wanderpflicht kam, wird kontrovers diskutiert. In England blieb das ursprünglich auch in Deutschland verbreitete Schema, wonach ein Lehrling nach einer langen Lehrzeit sogleich Meister werden konnte, lange erhalten, so dass ein Gesellenwandern wie in Deutschland nicht entstehen konnte.[831] Diese Beobachtung gibt den Schlüssel zu den Entstehungsursachen des Wanderns: Es war eine logische Konsequenz aus der „Erfindung" des Gesellen. Sollte der Geselle das flexible Element des handwerklichen Arbeitsmarktes sein, so musste er die Stadt, in welcher er seine Anstellung verlor, verlassen.[832] Bei der Besprechung der Kündigungsfristen wurde darauf hingewiesen, dass der Geselle ansonsten die Meister gegeneinander hätte ausspielen können. Für die städtischen Obrigkeiten war es wichtig, dass arbeitslose Gesellen nicht zu Bettlern absanken oder sich zu Aufständen zusammenrotteten. Da es sich um männliche Jugendliche oder junge Erwachsene handelte, war die Gefahr der Unruhe groß. Die Ausweisung Missliebiger war bis zum 19. Jahrhundert eine beliebte Methode der Obrigkeiten, um soziale Probleme zu „lösen".[833]

In den Massenhandwerken, die in jeder Stadt vorkamen, konnte ein arbeitsloser Geselle leicht auf Arbeitssuche gehen, da er im Spätmittelalter in den meisten Regionen innerhalb eines Tagesmarsches die nächste Stadt erreichte. Von den regionalen Zunftbünden, die sich seit dem 14. Jahrhundert bildeten, wissen wir, dass regionale Arbeitsmärkte entstanden waren.[834] Anders verhielt es sich mit den Handwerken, die ausschließlich in bedeutenden Gewerbestädten ausgeübt wurden. Diese Städte lagen oft ein bis zwei Reisewochen auseinander. Wäre das Wandern freiwillig und auf die arbeitslosen Gesellen beschränkt geblieben, so hätten diese kaum freie Arbeitsplätze vorgefunden, wenn sie nach langer Reise endlich in einer Stadt ankamen, in der ihr Gewerbe vorhanden war; sie hätten eventuell Monate lang durch die Lande ziehen müssen, bevor sie Arbeit fanden. Gezielte Stellenausschreibungen waren überregional nicht zu realisieren, weil das Nachrichtenwesen lückenhaft und langsam war; erst im Laufe der Frühen Neuzeit entstand allmählich ein Postnetz, das breiten Schichten eine regelmäßige, zuverlässige und erschwingliche Korrespondenz über weite Entfernungen erlaubte. Wer

831 Kocka, Arbeitsverhältnisse, S. 339.
832 Mummenhoff, Handwerker, S. 62; Reininghaus, Migrationen, S. 203; Reith, Zünfte, S. 66; Domonkos, Reiserouten, S. 18.
833 Schultz, Das ehrbare Handwerk, S. 71.
834 Vgl. Kapitel 2.4.

wäre bereit gewesen, ein Handwerk zu erlernen, das ihm im Falle der Arbeitslosigkeit solche Probleme bereitete? Die seltenen Gewerbe waren folglich darauf angewiesen, die Wanderpflicht für alle Gesellen einzuführen und ein überregionales Wandersystem mit Unterkunftsmöglichkeiten und Unterstützungszahlungen aufzubauen, das arbeitslosen Gesellen viele Gelegenheiten bot, in Arbeit und Verdienst zu kommen. War jeder Geselle zum Wandern verpflichtet, so wurden ständig überall Arbeitsstellen frei, so dass die individuellen Chancen der Stellensuche sich verbesserten. Statt wenigen Mitarbeitern langfristige Arbeitsverhältnisse zu sichern und alle anderen leer ausgehen zu lassen, entschied man sich, alle Mitarbeiter zu häufigem Arbeitsplatzwechsel mit interimistischer Arbeitslosigkeit zu zwingen. Die Zünfte implementierten so arbeitsmarktpolitische Vorzüge von Teilzeit- und Kurzarbeit in ihr System. Selbstverständlich konnte das Gesellenwandern nur so lange erfolgreich funktionieren, wie Angebot und Nachfrage an Arbeitsstellen nicht zu weit auseinanderklafften. Dies war Jahrhunderte lang der Fall; das Gesellenwandern erfüllte seine Aufgabe und glich regionale Konjunkturunterschiede zuverlässig aus. Als in der zweiten Hälfte des 18. Jahrhunderts in vielen Berufen in ganz Deutschland ein deutlicher Arbeitskräfteüberhang entstand, war das System überfordert, die Gesellen mussten unterwegs betteln, weil sie während ihrer Wanderschaft zu selten in Arbeit standen. Das Gesellenwandern kaschierte die Massenarbeitslosigkeit. In Handwerk und Gesellschaft verlor es an Attraktivität.[835]

Erleichterungen für Meistersöhne und -schwiegersöhne sowie Ehegatten von Meisterwitwen und die zahlreichen Wanderdispense des 18. und 19. Jahrhunderts verstießen nicht gegen den Geist des Gesellenwanderns, denn sie wurden ja nur denjenigen erteilt, die ohne zu wandern eine Arbeitsstelle besaßen oder in Aussicht hatten.[836]

Nachdem das Gesellenwandern als zwingender Teil des Zunftsystems erkannt wurde, erübrigt sich die Frage nach weiteren Ursachen, die in der Literatur postuliert werden. Diese vermeintlichen Ursachen waren erwünschte Folgen des Gesellenwanderns, die seiner Rechtfertigung dienstbar gemacht wurden, sie waren aber für sein Bestehen nicht notwendig.[837]

Nach Rudolf Wissells bekanntem Diktum war das Gesellenwandern die „Hochschule des Handwerks".[838] Schon Konrad von Megenberg, ein Magister der Pariser Universität von 1334 bis 1342, lobte die fachlichen Vorzüge des Wanderns. Es diene dem Gesellen, „damit er die Feinheiten seiner Kunst sehe, mit denen spreche, die ihn verbessern könnten, und die Lehre der tüchtigsten Meister ... suche."[839] Noch im 18. und 19. Jahrhundert wurde Megenbergs Ansicht geteilt. Karl Friedrich Mohl, ein Doktor der Philosophie und Archidiakon in der Reichsstadt Dinkelsbühl, argumentierte im Jahr 1798, das Wandern vermittele dem Ge-

835 Emig, Berufserziehung, S. 211; Grießinger/Reith, Ordnungskonzeptionen, S. 147f; Wesoly, Auswirkungen, S. 119f.

836 Vgl. Emig, Berufserziehung, S. 206.

837 Vgl. Bräuer, Wanderungsmotivation, S. 222.

838 Wissell, Recht I, S. 301.

839 Kintzinger, Eruditus, S. 170.

sellen breitere Fertigkeiten, als er sie in einer kleinen und spezialisierten Werkstatt während seiner Lehre erwerben konnte, also etwa das, was heutige überbetriebliche Lehrwerkstätten leisten sollen. Der Geselle eruiere auf der Wanderung Bezugs- und Absatzchancen. Die Erfahrungen der Wanderzeit hülfen ihm später am Ort seiner Niederlassung, auf Veränderungen am Markt flexibel zu reagieren.[840] Johann Andreas Ortloff, ein bekannter Zunftrechtler seiner Zeit und Professor in Erlangen, sah – ebenfalls 1798 – die Vorteile des Wanderns darin, dass sich der Geselle in seinem Handwerk vervollkommnen könne, ein Bewusstsein für die Qualität von Materialien und Werkzeugen gewinne und neue Erfindungen kennenlerne.[841] Ein Ratgeber für wandernde Handwerksgesellen aus dem Jahr 1842 meinte, zur Hauptsache diene das Wandern der fachlichen Ausbildung: Mit neuen Handgriffen, Produkten und Werkzeugen, Produktionsgeheimnissen, der Großproduktion in Fabriken, Bezugsadressen für Rohstoffe und für den Handel mit Handwerkserzeugnissen komme der Geselle in Kontakt.[842]

Auch die neuere Forschung unterstreicht den Ausbildungsgedanken.[843] Der Aufschwung der handwerklichen Qualität im Spätmittelalter wie auch die Anpassung der Produktion an modische Trends seien ohne zu wandern undenkbar.[844] Technologisch rückständige Regionen hätten so zu führenden Gebieten aufschließen können.[845] An Stellungnahmen von Zünften und Berichten von Gesellen sind die genannten Ausbildungsfunktionen des Wanderns in der Tat ablesbar.[846] Die Gesellen lernten von fähigen Meistern, gelegentlich auch die Meister von den Gesellen.[847] Wer die Meisterprüfung nicht bestand, wurde auf Wanderschaft geschickt.[848] Welcher einheimische Meister hätte einen als unfähig Erwiesenen zur Nachschulung beschäftigen wollen? Ein alter Handwerksspruch fasst die Sachlage kurz und prägnant zusammen: Was er nicht erlernt, muss er erwandern.[849] „Christian Wilhelm Bechstedt, ein Bäckergeselle aus Langensalza, der von 1805 bis 1810 durch Deutschland, die Schweiz und Österreich wanderte, hat berichtet, wie ihn die Meister, wenn er nur längere Zeit bei ihnen gearbeitet und ihr Vertrauen gefunden hatte, in ihre Geheimnisse einweihten und ihm Rezepte mitteilten, wie er die so erworbenen Kenntnisse bei anderen Meistern und später im Betrieb des Vaters verwenden konnte; nach Jahren wandte er sich nochmals an einen Meister in Neuhaldensleben, bei dem er lange gearbeitet hatte, und ließ sich die Herstellung eines Gebäcks erklären, das er zu Hause einführen wollte."[850] Wurden aus jungen Handwerkern im 19. Jahrhundert Fabrikgründer, „so lag dem nicht selten

840 Mohl, Frage, S. 6–15.
841 Ortloff, Beantwortung, S. 5–12.
842 Saal, Wanderbuch, S. 79–93.
843 Stieglitz, Zünfte, S. 50; Reininghaus, Migrationen, S. 203.
844 Schulz, in: Lexikon des Mittelalters. Studienausgabe, Stuttgart/Weimar 1999, Band IX, Sp. 689f; Schulz, Handwerksgesellen, S. 76; Ziekow, Freiheit, S. 137.
845 Domonkos, Reiserouten, S. 29.
846 Bräuer, Wanderungsmotivation, S. 222; Wiest, Entwicklung, S. 145; Schwarzlmüller, Berufslaufbahn, S. 75.
847 Fischer, Quellen, S. 42, 67.
848 Trautmann, Entwicklung, S. 366; Bodemann, Zunfturkunden, S. LXIV.
849 Hähnsen, Geschichte, S. 233.
850 Emig, Berufserziehung, S. 210; vgl. Fischer, Quellen, S. 111–122.

eine Erfahrung, eine Anregung, eine Information zugrunde, die von der Wanderschaft im Ausland mitgebracht und nun ausgenützt wurde."[851]

Eine andere Richtung der Forschung schüttete Wasser in den Wein und zweifelte die Ausbildungsfunktion des Wanderns an.[852] Auffällig ist, dass die Zünfte zwar die Dauer der Wanderung vorschrieben, nicht aber die Dauer der Arbeitszeit während der Wanderung. Im 18. und 19. Jahrhundert konnte es geschehen, dass ein Geselle während seiner Wanderzeit überwiegend arbeitslos blieb; seine Wanderpflicht erfüllte er trotzdem. Auch weitere qualifizierende Momente wie die aufzusuchenden Orte, die Dauer des einzelnen Arbeitsverhältnisses oder die Zahl der Arbeitgeber wurden meist ins Belieben des Betroffenen gestellt.[853] Trotz Jahrhunderte langen Gesellenaustauschs blieben rückständige Regionen rückständig. Ein Geselle war verpflichtet, seinem Meister gute Arbeit zu leisten, wollte er nicht entlassen werden.[854] Eine etwa fehlende Qualifikation konnte er demnach während der Wanderung nicht nachholen. Die Wanderpflicht war Voraussetzung der Meisterschaft nicht etwa, weil während der Wanderung viel gelernt wurde, sondern weil ein schlechter Geselle die Wanderschaft nicht überstand. Wer aus einer einseitig spezialisierten Werkstatt kam, erhielt in Werkstätten anderer Produktionsrichtungen keine Anstellung. Ob die Meister fremden Gesellen, die wenige Wochen oder Monate bei ihnen arbeiteten, allzu viele Geheimnisse verraten haben, mag bezweifelt werden; meist beschäftigten sie sie mit einfachen Handgriffen. Kamen die Gesellen nach der Wanderung in ihren Heimatort zurück, um sich als Meister niederzulassen, konnten sie mit dem, was sie auswärts gelernt hatten, oft nichts anfangen. Die auswärtigen Produkte waren nicht gefragt, weil sie den lokalen Gewohnheiten nicht entsprachen. Bisweilen verboten die Zünfte Innovationen, welche einem Meister Vorteile gegenüber anderen einbringen oder Arbeitsplätze kosten konnten. Selten durfte sich ein Geselle an einem Wanderziel „seinen" Meister aussuchen, meist musste er mit dem vorlieb nehmen, der ihm zugewiesen wurde; die Fähigen hatten Mühe zueinander zu finden. Schließlich war es einfacher, Neuerungen durch das Kopieren von Produkten einzuführen, die auf dem Markt erworben worden waren, als durch die Reise an den Herstellungsort: Nicht der Mensch reiste zur Ware, sondern die Ware zum Menschen.[855] In Handwerken der Nahversorgung, die von technischen oder modischen Innovationen unberührt waren, brachte die Wanderung keinen relevanten Wissensgewinn. Als ihr Landesherr 1748 auf der Wanderpfllicht beharrte, entgegnete ihm die Miltenberger Zunft der Fischer und Schiffer, es „seien in ihrer Zunft die Wanderjahre eher schädlich als nützlich, da man weder als Schiffer, noch als Fischer in der

851 Kocka, Arbeitsverhältnisse, S. 341.

852 Kintzinger, Eruditus, S. 170.

853 Vgl. Bräuer, Handwerk im alten Chemnitz, S. 84. In Sachsen wurde zu Beginn des 19. Jahrhunderts verfügt, dass Gesellen, die während ihrer Wanderzeit länger als vier Wochen arbeitslos waren, in ihre Heimat zurückzuschicken seien, jedoch nicht, weil man um die Qualität der Ausbildung besorgt war, sondern um das Betteln zu unterbinden. (Horster, Entwicklung, S. 10f.)

854 Bräuer, Gesellen, S. 40.

855 Elkar, Lernen, S. 218–230; Mengers, Aus den letzten Tagen, S. 59; Mohl, Frage, S. 25f, 40f; Fischer, Quellen, S. 43, 52, 54; Hoffmann, Interesse, S. 93, 97f, 101, 108.

Fremde etwas dazu lernen könne. Diese Haltung stand in krassem Gegensatz z.B. zu der im würzburgischen Amt Remlingen, wo man die auswärtigen Erfahrungen für den beruflichen Nachwuchs für sehr wichtig hielt."[856]

Strebsame Gesellen verbesserten ihre Reputation, wenn sie nach der Rückkehr von ihrer Wanderschaft berichten konnten, in einer berühmten Gewerbestadt gearbeitet zu haben.[857] Nachdem Kundschaften und Wanderbücher eingeführt geworden waren, konnten sie es sogar Schwarz auf Weiß beweisen. Vielleicht bewogen sie so den einen oder anderen Kunden, ihre Dienste in Anspruch zu nehmen, oder verbesserten ihre gesellschaftliche Position. Allzu viel darf man in dieser Hinsicht allerdings nicht erwarten. Ihre Kollegen am Ort hatten während ihrer Wanderzeit möglicherweise eine ähnliche Route zurückgelegt. Die Weltkenntnis der Fernkaufleute konnte man ohnehin nicht erreichen. „Es gehört auch zu den eigentümlichen Diskrepanzen des 19. Jahrhunderts, daß die Wanderburschen immer noch in gewohnter Weise ihre Straße zogen, obwohl sie in einer ganzen Reihe ihrer Traditionsstädte wie Frankfurt, Nürnberg, Augsburg, Wien, im 19. Jahrhundert dann Berlin, Hamburg und München kaum noch Arbeit fanden und sie schließlich doch die Arbeit in einem kleinen Provinznest aufnehmen mußten, das in keiner Weise zu ihrer späteren handwerklichen Reputation beitrug."[858] Was auf den ersten Blick wie das Streben nach Reputation aussieht, erweist sich bei genauerem Hinsehen als Traditionalismus.

Neben den fachlichen wurden die charakterlichen Vorzüge der Gesellenwanderungen hervorgehoben. Das Lob des Gesellenwanderns beschwor Rudolf Wissell: „Natürlich musste das Aufeinandertreffen der aus allen Gegenden Deutschlands stammenden Gesellen ihren Blick ganz ungemein erweitern. Die Kenntnis anderer Dialekte, anderer Gewohnheiten und Sitten machten allgemein den einzelnen duldsamer gegen den anderen, als es in der engeren Heimat möglich gewesen wäre. Ihre Eigenarten schliffen sich ab, und sie lernten im fremden Berufskollegen den gleichberechtigten Mitbürger achten. Sie alle waren Brüder, die Not und Freude gemeinsam tragen mussten, und das schuf das Solidaritätsbewußtsein, das in so hohem Maße in den Gesellen des alten Handwerks lebte. Und nicht nur die engeren Berufskollegen lernten sich auf diese Weise achten, auch der Handwerker des einen Berufs den des anderen. Die Zeit des Wanderns wurde eine Zeit der Schulung, nicht nur im Sinne des Erwerbs größerer Fertigkeit im eigenen Beruf, sondern auch in politischer Hinsicht. Die Handwerker lernten über den Kirchturm der eigenen Heimat hinaus ins Weite sehen. Sie verhinderten das Entstehen eines engen partikularen Bürgergeistes und verschmolzen die jeweiligen Eigenarten des eigenen Stammes zu einer Einheit deutschen Wesens und Denkens."[859]

Man könnte über Wissells dramatische Fehleinschätzung hinweggehen, wenn sie nicht einen bemerkenswerten Traditionsstrang der Zunftkritik verkörpern würde. Ähnliche Urteile finden sich von der Aufklärungszeit bis zur Gegenwart. Sie nennen Gottesfurcht, Sparsamkeit, Anpassungsfähigkeit, Lebenserfahrung, an-

856 Keller/Brod, Fischer, S. 43.
857 Schulz, Verflechtungen, S. XII; Elkar, Umrisse, S. 113; Reininghaus, Migrationen, S. 206
858 Elkar, Umrisse, S. 110.
859 Wissell, Recht I, S. 350.

ständiges Betragen, politische Weitsicht und andere Charaktereigenschaften, welche das Wandern fördere.[860] Dass Reisen bilde, sagt das Sprichwort, dass es Gefahren mit sich bringt, sagt die Erfahrung. Im 18. und 19. Jahrhundert wurde darauf hingewiesen, dass Wandern Nachteile haben könne für die Frömmigkeit der Gesellen, dass ihre Sitten verrohten, sie zum Betteln verführt, „Ausschweifungen zur Wollust“ und ein „Hang zur Liederlichkeit, zur Faulheit“ genährt würden.[861] Zahllose historische Quellen sprechen über die Jahrhunderte hinweg kontinuierlich vom Umgang der Gesellen mit Prostituierten, vom Spielen um Geld, übermäßigen Alkoholtrinken, Raufen, Randalieren, Betteln und Müßiggehen.

Eine andere Argumentationslinie möchte im Gesellenwandern – oder zumindest in der Wanderpflicht – ein Abschließungsinstrument der Zünfte sehen. Indem man die Gesellen auf Wanderschaft schickte, habe man sie gehindert, die Meisterwürde zu beantragen, und Kandidaten abgeschreckt, das Handwerk zu erlernen. Die vorgeschriebene Wanderzeit sei immer weiter erhöht worden, um den Abschreckungseffekt zu verstärken. Die Gesellen, die nicht mehr Meister werden konnten, habe man auf Wanderschaft geschickt, um sie von ihrer ausweglosen Lage abzulenken.[862]

Wirklich begründeten Zünfte und Gesellenschaften die Wanderpflicht und die Verlängerung von Wanderzeiten mit dem Ziel, Konkurrenten fernzuhalten.[863] Sie waren natürlich erfolglos. Sicherlich gaben sich nur wenige, naive Zünfte dem Glauben hin, mit Wanderjahren den Wettbewerb unter den Meistern steuern zu können. Führte man – um ein Beispiel zu nennen – eine Wanderzeit von einem Jahr ein, so verschob man den Bewerbungstermin um die Meisterwürde für die Betroffenen zwar um ein Jahr, musste aber nach diesem Jahr zur Kenntnis nehmen, dass die früheren Bewerber erneut vor der Tür standen. Der Erfolg einer solchen Maßnahme war also lächerlich gering. Da viele Handwerke parallel dieselbe Entwicklung durchmachten, konnte es ebenso wenig gelingen, Bewerber durch Schikanen zur Wahl eines alternativen Handwerks zu bewegen. Es gibt auch, obwohl oft behauptet, keine Anzeichen dafür, dass die Zünfte die Wanderschaft tatsächlich zur Abschließung benutzten. Nur wenige Gesellen überschritten auf der Wanderung das 30. Lebensjahr.[864] Die Langzeit-Wanderer hatten vielleicht Freude am Wandern oder warteten darauf, dass eine Stelle in einer geschlossenen Zunft frei werde oder sie ihrem Vater in seinem Betrieb folgen konnten.[865] Analog zur Entwicklung der Lehrzeiten lässt sich vom 15. bis zum 17. Jahrhundert eine Tendenz zur Ausbildung einer „Normalwanderzeit“ von zwei bis vier Jahren feststellen, kürzere Zeiten wurden verlängert, längere verkürzt. Die durchschnittliche Wanderzeit erhöhte sich infolgedessen von zwei Jahren auf drei

860 Mohl, Frage, S. 6–15; Ortloff, Beantwortung, S. 5–12; Saal, Wanderbuch, S. 79–93; Domonkos, Reiserouten, S. 12ff.

861 Mohl, Frage, S. 49–63; Ortloff, Beantwortung, S. 14f (Zitate).

862 Schulz, Handwerksgesellen, S. 272, 274; Bräuer, Gesellen, S. 60; Ziekow, Freiheit, S. 158; Schulz, Handwerksgesellen, S. 76; Wissell, Recht I, S. 304; Kieser, Kartell, S. 45; Welter, Studien, S. 100; Hopp, Zunft, S. 41.

863 Hähnsen, Geschichte, S. 202; Keller/Brod, Fischer, S. 42.

864 Elkar, Schola Migrationis, S. 100.

865 Vgl. Otruba, Gewerbe, S. 18.

Jahre. Der Nivellierungstrend setzte sich in staatlichen Ordnungen des 17. und 18. Jahrhunderts fort, die meist dreijährige Wanderzeiten fixierten.[866]

Ob das Wandern „des Müllers Lust“ war, wie es im Volkslied heißt, oder seine Last, ist eine offene Frage. Ein jugendlicher oder adoleszenter Geselle konnte das Ende seiner Lehre durchaus als Befreiung erleben; zum ersten Mal im Leben war er nicht mehr ein untergeordnetes, reglementiertes und oftmals gequältes Mitglied eines Haushaltes, sondern Gleicher unter Gleichen, dem die Welt offenstand.[867] Freiheitsdrang, Abenteuerlust und touristischer Genuss lassen sich sowohl in mittelalterlichen Verhältnissen als auch in den Lebensbeschreibungen ehemaliger Wandergesellen im 18. und 19. Jahrhundert feststellen.[868] Auch beim Pilgern, der zweiten Massenwanderbewegung seit dem Spätmittelalter, spielten neben religiösen und gesundheitlichen Motiven eine Fülle anderer Ziele eine Rolle, seien es Neugier, Abenteuerlust, Ruhmsucht, Schmuggel oder Spionage.[869] „So mancher aus Kaufmannskreisen hervorgehende Knabe konnte die Zeit nicht erwarten, wegzukommen, wie jener Matthäus Schwarz aus Augsburg, den es weder bei dem ihn unterrichtenden Pfarrer in Heidenheim noch auch in Augsburg auf der Lateinschule litt, denn: ‚meyn sinn stonden mir nur in frembde land.‘ Schon mit 17 Jahren zieht er nach Italien, erst nach Mailand, dann nach Genua, endlich nach Venedig. Drei Jahre später war er Buchhalter in der Fuggerzentrale in Augsburg und hat dann als solcher auf Grund seiner praktischen Kenntnis der Geschäftsführung in der Fuggerschen Faktorei in Venedig eine ‚Musterbuchhaltung‘ herausgegeben. Der junge hansische Kaufmann lernte in den ausländischen Niederlassungen der Hanse: in Brügge, in London, in Bergen und Nowgorod; auch auf den ‚Vitten‘, das heißt den von den Hansestädten in Schonen zur Aufnahme des Heringsfanges verwalteten Grundstücken, hatte er kräftig zuzufassen. In Flandern trafen sich junge hansische Kaufleute mit Berufsgenossen aus Oberdeutschland“.[870] Von Reisefieber wurden auch Gesellen angesteckt. Auf die Meisterschaft zu warten wurde durch Reisen erträglicher. Es „unterstrich das Transitorische ihrer Existenz und machte sie so akzeptabler.“[871]

Auch an dieser Stelle darf der Hinweis nicht fehlen, dass das soeben gezeichnete positive Bild gewiss nicht für alle Gesellen galt. Die zahllosen Wanderdispense seit dem 18. Jahrhundert sprechen eine deutliche Sprache. Vor- und Nachteile des Wanderns wurden von den Gesellen kritisch abgewogen, und als sich die Möglichkeit bot, mit einer Eingabe bei der Regierung von der Wanderpflicht befreit zu werden, machten viele davon Gebrauch. Sie waren offenbar nicht erpicht darauf, die Welt kennen zu lernen, sondern blieben lieber am heimischen Herd. Je schlechter die materielle Situation der Wandergesellen im Verlaufe des 18. und frühen 19. Jahrhunderts wurde, umso weniger attraktiv wurde das

866 Ziekow, Freiheit, S. 159ff, 296ff; Ehrlicher, Zunft, S. 21; Stieglitz, Zünfte, S. 50.
867 Eules, hafner gesellen, S. 68; Schulz, Handwerksgesellen, S. 79; Schwarzlmüller, Berufslaufbahn, S. 51.
868 Reininghaus, Entstehung, S. 48; Elkar, Umrisse, S. 114; Schulz, Verflechtungen, S. XI; Zerwas, Arbeit, S. 37; vgl. Mengers, Aus den letzten Tagen.
869 Vgl. Schmugge, Motivstrukturen, S. 278ff.
870 Rörig, Stadt, S. 93.
871 Kocka, Arbeitsverhältnisse, S. 341.

Wandern. Das Wanderleben war keineswegs so romantisch, wie es in Erzählungen und Liedern überliefert wird, sondern in Zeiten der Massenarbeitslosigkeit ein täglicher Überlebenskampf, mit harten Eingriffen der Obrigkeiten, welche das Betteln gnadenlos bekämpften.[872]

Ein Lied, das in der Gesellenherberge in Gießen aushing[873]

„Das Reisen ist ein theures Ding,
Ich möchte wissen, wers anfing?
Ich reise jetzt schon Tag und Jahr,
Vertret' den Dalast[874] ja fürwahr.

Wenn ich des Morgens früh aufsteh',
Dann greif' ich in die Tasch', o weh!
Es ist kein Poscher[875] nicht mehr drin.
Ich muß zum Talfen[876] wieder hin.

Ach, nun kommt der liebe Morgen,
Nun geht das Talfen wieder an,
Lieber Gott, Du wirst doch sorgen,
Daß mich kein Butz[877] abfassen kann.

Ich fechte[878] nur auf Ritters Gut
Und denke mir: Herz, fasse Muth.
Als ich dies dacht in meinem Sinn,
Ging ich gleich zu der Küche hin.

Da ward geschmort, gebraten, gekocht,
Vor Hunger mir das Herze pocht;
Da kam die schwarze Küchenmagd,
Der schnell ich meine Bitt' hersagt:

‚Ach, liebes Kind, verzeih'n Sie mir,
Daß ich jetzt komm' vor Ihre Thür,
Sie werden wohl Erbarmen haben

872 Roth, Zunftherrlichkeit, S. 85, 89; Elkar, Lernen, S. 232.
873 Müller, Blütezeit, S. 31f.
874 Einer, der schlecht gekleidet und arm ist.
875 Pfennig.
876 Wandern.
877 Polizeidiener.
878 Bettle. „Im ausgehenden Mittelalter hatten sich die Handwerker vielerorts zu Fechtgesellschaften zusammengeschlossen, um sich im Gebrauch der Waffen zu üben. Viele Handwerksburschen zogen im Lande umher, zeigten ihre Kunst im Fechten und erwarben damit ihren Lebensunterhalt. Da sie auf Gaben der Zuschauer hofften, nahm der Ausdruck ‚fechten' die Bedeutung von ‚betteln' an, und die wandernden Handwerksgesellen wurden deshalb auch ‚Fechtbrüder' genannt." (Röhrich/Meinel, Redensarten, S. 168.)

Und mich mit etwas Essen laben.
Komm' von Leipzig, will nach Danzig.
Drei mal acht ist vierundzwanzig.
Zwei mal vier und das ist acht,
Hab' noch kein' warmen Löffel übers Herz gebracht.'

Die schimpft: ‚Schon den ganzen Morgen
Für die Fechter nur zu sorgen!'
Warf zu die Thür mir vor der Nas',
Daß ich vor der Thür nun saß.

Halt, dacht ich, Pech hab ich heut',
Und ging zu den Bauersleut'.
Da bekam ich Brod, Speck, Geld,
Alles, was mir wohlgefällt.

Ich hat alle Taschen voll,
Lief herum, als wär ich toll
Und seh noch ein großes Haus,
Halt, dacht ich, da springt was raus.

Ging hinein! O, welch ein Schreck,
Da standen zwei ‚Deckel'[879] in der Eck,
‚Halt, Bürschchen, kommen Sie mal her,
Sie kommen uns grad in die Quer'!'

Da nahmen sie mich Armen hin,
Betrachten mich nach ihrem Sinn:
Als Stromer und als Vagabund
Und haben mich gleich eingespund[880].

Dort saß ich lang und konnt' nicht raus,
Und mit dem Fechten war es aus.
Der Staatsanwalt platzt nun heraus,
Steckt mich sechs Wochen ins Arbeitshaus."

879 Polizisten.
880 Eingesperrt.

3.2.2.2.2. Geografie

Das Gesellenwandern begann als europäische Bewegung und endete im Provinzialismus. Aus dem Spätmittelalter ist bekannt, dass deutsche Gesellen nach England, Frankreich, Italien, in die Niederlande, nach Skandinavien, Polen und auf den Balkan wanderten, während die Iberische Halbinsel und Anatolien – die kein Gesellenwandern kannten – außerhalb des Radius' der Handwerksgesellen lagen. Während Engländer, Niederländer und Italiener kaum ins Ausland wanderten, kamen Franzosen, Skandinavier, Ost- und Südosteuropäer (außer Russen) öfter nach Deutschland. Sicherlich waren internationale Fernwanderungen auch damals schon Sache einer Minderheit unter den Gesellen, aber sie kamen doch bemerkenswert häufig vor. Die großen Handels- und Gewerbezentren der Nachbarländer lockten deutsche Gesellen. Den Bäckern im ostfriesischen Aurich wurde noch 1616 vorgeschrieben, zwei Jahre in Holland zu verbringen. Seit dem 16. Jahrhundert machten sich jedoch gegenläufige Tendenzen bemerkbar, wenn es auch nie zu einer völligen „Nationalisierung" des Gesellenwanderns kam.[881] In erster Linie sorgten die Abschließung gegenüber wirtschaftlichen Konkurrenten und die Etablierung des Schenkens im deutschen Zunftgebiet für die Sonderung der Wandergebiete, sekundär spielten konfessionelle und sprachliche Gründe eine Rolle. In den französisch- und italienischsprachigen Regionen Europas hörte das Gesellenwandern auf, als die Gewebefreiheit eingeführt wurde. Der thüringische Bäckergeselle Bechstedt berührte auf seiner Wanderschaft 1805 bis 1810 einmal die französische Schweiz, wo es seit 1798 kein Zunftwesen mehr gab. „Es kränkte ihn, daß ihn die Meister, bei denen er um sein Zeichen vorsprach, wie einen Bettler behandelten, und er kehrte nach wenigen Tagen in die deutschsprachige Schweiz zurück, obwohl er das Französische beherrschte."[882] Zwischen 1831 und den 1850er Jahren wurden in den Staaten des Deutschen Bundes politisch motivierte Wanderverbote für Frankreich, Belgien und die Schweiz erlassen, damit sich die deutschen Gesellen dort nicht mit einem demokratischen oder sozialistischen Bazillus ansteckten.[883]

Deutschland zerfiel in zwei große Wanderräume mit einem Scharnier in der Mitte: Niederdeutschland (samt Skandinavien und dem Baltikum) auf der einen Seite, Oberdeutschland (einschließlich Österreichs, der deutschsprachigen Schweiz und Südosteuropas) auf der anderen Seite, zwischen denen Sachsen und

881 Bräuer, Gesellenmigration, S. 44; Schulz, Handwerksgesellen, S. 87–92; Mummenhoff, Handwerker, S. 64; Löper, Rheinschifffahrt, S. 138f; Spiesz, Zunftwesen, S. 301; Reith, Strukturen, S. 130; Canzler, Zünfte, S. 63; Elkar, Lernen, S. 222f; Bos/Lourens/Lucassen, Zünfte, S. 141; Kocka, Arbeitsverhältnisse, S. 339; Farr, Artisans, S. 206; Nikoloff, Handwerk, S. 62; Rösler, Beitrag, S. 65. Vgl. Kapitel 3.1.2.

882 Emig, Berufserziehung, S. 216. Vgl. Hähnsen, Geschichte, S. 197, und oben Kapitel 3.1.2. Vgl. Bauer, Zunftverfassung, S. 56, 86–98.

883 Emig, Berufserziehung, S. 392, 395–398; Allgemeine deutsche Real-Encyklopädie für die gebildeten Stände (Conversations-Lexikon), 8. Auflage, 12. Band, Leipzig 1837, S. 544; Wissell, Recht I, S. 309; Wissell, Recht III, S. 216f; Bernert, Handwerk, S. 333; Müller, Blütezeit, S. 12; vgl. Kowalski, Handwerksgesellen.

Schlesien (mit Polen) vermittelten.[884] Das oberfränkische Wunsiedel im Fichtelgebirge gehörte zum mitteldeutschen Wandergebiet. Die Wunsiedler Schreinergesellen, deren Wanderrouten bekannt sind, zogen von 1728 bis 1830 in alle Himmelsrichtungen: Mehrere wanderten in der näheren Umgebung, zwei in Sachsen und Thüringen, einer in Polen, einer in Holland und Brabant, einer in West- und Norddeutschland, zwei in Bayern und Österreich.[885] Für die Wandergeografie gaben wirtschaftliche Gründe gewöhnlich den Ausschlag: Man wanderte entlang der Haupthandelsrouten seiner Heimatstadt oder -region. Während Handwerker vom Land und aus kleinen Städten eher im Nahbereich blieben, gingen solche aus bedeutenden Gewerbezentren in andere Gewerbezentren. Geografisch oder wirtschaftlich marginale Gebiete wurden seltener aufgesucht. Je schlechter die Arbeitsmarktlage war, desto ausgedehnter wurden die Wanderungen. Als der Arbeitsmarkt vieler großer Städte im 18. Jahrhundert überfüllt war, erhielt auch das Land seinen Anteil weit gereister Gesellen.[886] Die überwiegende Zahl der Wanderungen ereignete sich in einer Entfernung von 100 bis 400 km vom Heimatort.[887]

Ein schönes Beispiel ist die Reichsstadt Augsburg im 18. Jahrhundert, trotz Stagnation immer noch eine international bekannte wirtschaftliche Größe, die Gesellenzuzug aus einem charakteristischen geografischen Gebiet erhielt: „Im Bereich der Nahwanderung dominierten die schwäbischen Gesellen; bedeutend war auch die Zuwanderung aus Franken (besonders Mittelfranken) und Württemberg. Trotz räumlicher Nähe blieb die Zuwanderung aus Bayern (verglichen mit Schwaben) gering. Im Süden reichte der Einzugsbereich bis Tirol, vereinzelt sind auch italienische Gesellen anzutreffen. Die Zuwanderung aus den Städten der Schweiz wurde im Westen durch Genf begrenzt. Französische Gesellen kamen kaum nach Augsburg; die Sprachgrenze von Basel über das Elsaß und Lothringen zum romanischen Sprachraum wurde nur von wenigen Gesellen überschritten; Gesellen aus Straßburg, Kolmar und dem Elsaß sind jedoch mehrfach genannt. Aus dem Rhein-Main-Gebiet und Mainfranken kamen ebenso Gesellen wie aus der Pfalz, nur wenige Gesellen kamen aus dem Rheinland und aus Westfalen; einzelne kamen noch aus Brüssel und Utrecht. Im Norden erstreckte sich der Einzugsbereich über die niedersächsischen Städte und Holstein bis nach Dänemark (besonders Kopenhagen) und Schweden, im Nordosten reichte der Einzugsbereich über die Seestädte (Mecklenburg, Pommern) Lübeck, Danzig, Königsberg und Riga bis nach Dorpat in Livland. Vereinzelt kamen Gesellen auch aus Polen und

884 Reininghaus, Handwerk und Zünfte in Westfalen, S. 280f; Reininghaus, Migrationen, S. 205, 209; Elkar, Auf der Walz, S. 61; Elkar, Schola Migrationis, S. 95; Schulz, Handwerksgesellen, S. 82ff; Reininghaus, Zünfte, Städte und Staat, S. 55f; Reininghaus, Wanderungen, S. 187. Die Mittelstellung Sachsens drückte sich auch in Hinsicht auf die Dialekte und Handelskreise aus. (Aubin/Kunze, Leinenerzeugung, S. VII.)

885 Adamczyk, Möbel, S. 19f.

886 Elkar, Schreiner, S. 35; Wissell, Recht I, S. 344f; Wesoly, Auswirkungen, S. 119; Bräuer, Grundzüge, S. 29; Elkar, Auf der Walz, S. 57f; Fritzsche, Handwerkerhaushalte, S. 110ff; Elkar, Umrisse, S. 104ff; Schulz, Handwerksgesellen, S. 83; Reininghaus/Thurmann/Walberg, Quellen, S. 435ff; Emig, Berufserziehung, S. 219. Zu den konfessionellen Einflüssen auf das Wandergeschehen vgl. Kapitel 3.1.3.2.

887 Elkar, Umrisse, S. 104.

Galizien. Gesellen aus Schlesien, Böhmen und Mähren und Ungarn fanden mehrfach den Weg nach Augsburg, einzelne wanderten auch aus Siebenbürgen zu. Bedeutend war auch die Zuwanderung aus den sächsisch-thüringischen Territorien sowie die Zuwanderung österreichischer Gesellen; einzelne Gesellen kamen aus Slowenien und dem Herzogtum Krain (Laibach).“[888]

Große Unterschiede sind im Wanderverhalten der verschiedenen Gewerbe festzustellen: „Überall gehörten die *Metallhandwerker* zu den weitgereisten Gesellen; edelmetallverarbeitende Branchen und technisch höher entwickelte Berufe wie Uhr- und Instrumentenmacher ragten besonders hervor. Auch im *Bauhandwerk* wurden weite Distanzen zurückgelegt, jedoch nicht immer: Im Landhandwerk beschränkte man sich auf geringere Entfernungen ... Eine ausgeprägte Fernwanderung zeigten die *Buchbinder*, die sich gern an den großen buchproduzierenden Zentren orientierten, den Universitätsstädten und Residenzen sowie den wohlhabenderen Reichs- und Landstädten. In den *Bekleidungsgewerben*, in den leder- und pelzverarbeitenden Berufen bestand eine große Neigung zu ausgedehnter Wanderschaft, wobei die Kürschner herausragten. Bei den Schuhmachern und Schneidern, die in den meisten Herbergen reichlich vertreten waren, läßt sich dennoch der Eindruck unterschiedlich migranter Gruppen gewinnen: ein Teil bewegte sich im Nahbereich, ein Teil in ferne Distanzen. Die starke Übersetzung wirkte sich so aus, daß etliche mit sicherer Anbindung an den Herkunftsort auf Stör- und Gelegenheitsarbeit hofften. Unsere Stichprobe zeigt, daß die oftmals attestierte geringe Mobilität in den *Nahrungsmittelberufen* nicht verallgemeinert werden sollte. Spezialisiertere Handwerke – wie Lebküchner, Konditoren und Zuckerbäcker – bewegten sich ohnehin in weiteren Regionen. Bemerkenswert ist schließlich das Wanderverhalten der Doppelberufe: In Bamberg wie in Schwäbisch Hall verband sich der Beruf des Brauers oft mit dem des Küfers; vor allem in Hall zeichnet sich unter dieser Voraussetzung der Eindruck ab, daß die starke Mobilität der *holzverarbeitenden Berufe* sich dann auswirkte. Die Tischler bzw. Schreiner, die Drechsler und Ebenisten brachten weite Wanderrouten hinter sich. Je näher das Handwerk in die Dimension der Kunst rückte, um so internationaler wurde die Wanderschaft. Die Musikinstrumentenmacher, vor allem die Lauten- und Geigenbauer aus Schwaben, gründeten in Österreich und Italien ganze Handwerkerdynastien, die wiederum in ein mitteleuropäisches Kommunikationssystem integriert waren. Ähnliches gilt für die chirurgischen und optischen Instrumentenmacher, die Zirkelschmiede und Kompantenmacher. Kunst und Wissenschaft erhöhten das Sozialprestige einzelner Berufe, dessen suchten sich auch die zum Teil recht wenig angesehenen *Bader* und *Wundärzte* zu versichern. Sie wanderten mit spezifischen Ausbildungsinteressen in die Universitätsstädte, bei ihnen ist auch häufiger eine regelrechte Auswanderung aus dem Handwerk ins Militär oder in den Hofdienst zu beobachten.“[889] Handwerke, die für entfernte Absatzmärkte produzierten, förderten die Fernwanderung, Gewerbe für den lokalen Bedarf zo-

888 Reith, Arbeits- und Lebensweise, S. 133.

889 Elkar, Schola Migrationis, S. 92ff; vgl. Roth, Zunftherrlichkeit, S. 89; Bräuer, Handwerk im alten Chemnitz, S. 83; Duclaud, Zünfte, S. 103; Hähnsen, Geschichte, S. 128, 189; Schulz, Handwerksgesellen, S. 80; Reith, Arbeits- und Lebensweise, S. 133f.

gen eher Arbeitskräfte aus der Umgebung an.[890]

Bei einigen Handwerken, z.B. den Seilern und Böttchern, gab es – nachweisbar vor allem im 18. Jahrhundert – die Unterscheidung in seestädtische und reichsstädtische (bzw. landstädtische oder oberländische) Handwerker. Beide Gruppen versuchten sich voneinander abzuschließen, ein Mitglied der anderen Gruppe wurde nur so lange als Mitarbeiter geduldet, bis ein Mitglied der eigenen Gruppe anreiste. In anderen Handwerken wurde sogar zwischen drei Gruppen (Seestädter, Oberländer und Landstädter) unterschieden, die sich gegenseitig nicht akzeptierten. Die Unterschiede lagen in der Länge der Ausbildungszeiten oder unterschiedlichen Handwerksgebräuchen.[891]

Regierungen kleiner deutscher Länder legten seit dem späten 17. Jahrhundert Wert darauf, dass die Wanderung ganz oder teilweise außerhalb der engen Landesgrenzen, vorzugsweise in Gewerbezentren, zugebracht werde, weil sie den Import moderner Technologie fördern wollten. Größere Staaten versuchten dies zu verhindern. Preußen verbot 1738 seinen Untertanen, in andere Länder zu wandern. Sie „könnten nach Berlin kommen. Hier würden sie ebensoviel lernen wie in den Reichsstädten." Nachdem die ehemalige Markgrafschaft Brandenburg-Bayreuth 1791/92 Preußen angegliedert worden war, aber keine gemeinsamen Grenzen mit dem restlichen Preußen besaß, musste nach einer Lösung gesucht werden, die es den dortigen Gesellen trotzdem erlaubte zu wandern. Sie konnten preußisches Staatsgebiet nicht erreichen, ohne durch verbotenes „Ausland" zu ziehen. Wenn sich ein Geselle in einem dieser Länder niedergelassen hätte! Man ließ zusätzlich zum preußischen Staatsgebiet den fränkischen Kreis als Wandergebiet zu, verwies die markgräflichen Gesellen also auf die Nahwanderung in Franken, während ihnen die Segnungen der fortgeschrittenen preußischen Gewerbestädte vorenthalten bleiben sollten. Österreich folgte Preußen 1770 mit Blick auf die Rekrutierung der Armee und aus merkantilistischen Überlegungen. Bayern verbot 1804 das Wandern jenseits der Landesgrenzen, um seine Landeskinder vor der militärischen Zwangsrekrutierung durch andere Staaten zu schützen. Im Jahr 1807 wurde es wieder zugelassen, aber nur noch bei besonders wichtigen Handwerken, die zur technischen Vervollkommnung unbedingt das Land verlassen müssten. Vorzüglich solle in die mit Bayern verbündeten Staaten gewandert werden. Seit 1825 wurde Wandern im „Ausland" vor dem Beginn der Militärdienstpflicht zugelassen.[892] Während sie zu Beginn des 19. Jahrhunderts noch kaum Wirkung zeigten, hatten die jetzt konsequent durchgesetzten Wanderverbote in arrondierten Ländern in der Mitte des 19. Jahrhunderts eine spürbare Einschränkung der Wanderungen zur Folge: Die Zahl der Gesellen, welche außerhalb des Landes wanderten, dessen Staatsangehörigkeit sie besaßen, ging erheblich zu-

890 Reininghaus, Wanderungen, S. 185.

891 Wissell, Recht VI, S. 100ff.

892 Wissell, Recht I, S. 323 (Zitat); Ehrlicher, Zunft, S. 21; Trübsbach, Wirtschafts- und Sozialgeschichte, S. 49, 51; Trautmann, Entwicklung,. S. 352; Johanni, Zünfte, S. 23; Ziekow, Freiheit, S. 291ff; Puschner, Handwerk, S. 236f; Reininghaus, Wanderungen, S. 188f; Emig, Berufserziehung, S. 206; Schultz, Das ehrbare Handwerk, S. 70; Schultz, Zunfthandwerk, S. 129; Adamczyk, Möbel, S. 19.

rück.[893] Das Fernwandern schlief ein, stattdessen bildeten sich feste Rekrutierungsgebiete für die Wandergesellen der großen Städte heraus, die in einer mittleren Entfernung von der Zielstadt lagen.[894]

3.2.2.2.3. Verfahren

Unmittelbar nach der Lehre oder nachdem er eine Zeitlang bei einem Meister im Heimatort gearbeitet hatte, machte sich der Geselle auf den Weg. Von der Gesellenschaft seiner Zunft oder – falls diese keine hatte – von der im nächsten größeren Ort erhielt er eine Unterweisung in den Bräuchen, die er unterwegs zu beachten hatte. Das Gepäck für eine Reise von mehreren Jahren bestand aus der Wäsche, die der Geselle am Leib trug, und seinem Tornister („Felleisen") sowie einem Degen oder Wanderstab. „Zur vollständigen Ausrüstung eines Handwerksburschen gehörte endlich das nötige Reisegeld, aber leider war dieses manchem sehr knapp zugemessen, weshalb schon als Lehrling die Groschen zur Wanderschaft gespart wurden. Man denke sich in die Lage eines Handwerksburschen, der bei einer Geschäftsstockung seines Gewerbes ein halbes Jahr laufen mußte, ehe er Arbeit bekam. Da wurde das Felleisen von Tag zu Tag leichter, Kleider und Wäsche gingen in Fetzen, zum Besohlen der Stiefel fehlte das Geld und trotz Schnee und Regen ging es barfuß oder in Stiefeln ohne Sohlen. Durchnäßt bis auf die Haut legte sich der Handwerksbursche auf der Herberge auf einen Bündel Stroh, eine sog[enannte] Streu, auf der gemeinschaftlich eine Lagerstätte war, an warmes Essen war nicht zu denken. Wenn er kein Geld hatte, machte er Bankarbeit und mußte auf der Bank schlafen."[895]

„Bankarbeit" war keine Ausnahme. „Der Grünberger Weißgerbergeselle Johann Daniel Dörr, der von 1720 bis 1731 durch Norddeutschland und Skandinavien wanderte, mußte insgesamt 177 mal auf der Durchreise übernachten; 10 mal schlief er in einem Gasthof, 24 mal in einer Herberge und 101 mal bei einem Meister; in 42 Fällen machte Dörr keine nähere Angabe."[896] Das Netz der Gesellenherbergen war sehr dünn geknüpft, man lief oft tagelang, bis man einen Ort mit Herberge erreichte.[897] In Städten ohne Herberge wurden Wandergesellen, die keine Arbeit fanden, bei den Meistern reihum untergebracht, auf dem Land übernachtete man bei Bauern oder unter freiem Himmel.[898] Mit ihren Herbergen reihten sich die Gesellen in ein Übernachtungssystem, das sich über Pilgerherbergen des Spätmittelalters und Wanderherbergen der Klöster bis zu den Xenodochien der Antike zurückverfolgen lässt, wobei sie – anders als die Meister mit ihren Zunfthäusern – keine eigenen Gebäude errichteten, sondern sich bestehender Wirtshäuser bedienten. Die ersten Herbergen sind im ausgehenden 14. Jahrhun-

893 Emig, Berufserziehung, S. 217, 385.
894 Ehmer, Herkunft, S. 55.
895 Müller, Blütezeit, S. 4f.
896 Emig, Berufserziehung, S. 223.
897 Mengers, Aus den letzten Tagen, S. 15.
898 Voß, Innungen, S. 101; Bräuer, Handwerk im alten Chemnitz, S. 81; vgl. Mengers, Aus den letzten Tagen.

dert nachweisbar, ihre große Verbreitung erlebten sie nach 1450. Die Zunft oder Gesellenschaft als Träger der Herberge schloss mit einem Wirt, dem „Gesellenvater“ oder „Vater“, einen befristeten Vertrag, nach dem dieser gegen eine bestimmte Vergütung die Führung der Herberge übernahm. Neben dem Herbergsgeschäft konnte er sein Wirtshaus wie üblich betreiben oder auch mehrere Herbergen in einem Haus kombinieren. Der Betrieb einer Gesellenherberge war ein begehrtes Geschäft, die Wirte konkurrierten miteinander.[899] Er lag im allgemeinen Interesse, da er den Gesellen ein preiswertes Quartier, den Meistern die Entlastung ihres Haushaltes und den Obrigkeiten Überwachung, Ruhe und Ordnung versprach.[900] „Um 1800 gab es nach Ausweis der Industrieadreßbücher 36 Gesellenherbergen in Berlin, ... die meistens mehreren Gewerken zugleich dienten. So waren in der Roßstraße 12 die Feilenhauer, Glaser, Gürtler, Klempner, Knopfmacher, Korbmacher, Kupferschmiede, Kürschner, Täschner und Weißgerber. Im Unterschied zu den letztgenannten mieden sich verwandte oder verfeindete Gesellen sonst: Die Tuchbereiter teilten mit den Böttchern und nicht mit den Tuchscherern die Herberge, während diese die Gesellschaft der Handschuhmacher ertrugen.“[901] Von der einfachen Inneneinrichtung der Zunftherbergen ist nichts erhalten geblieben.[902] Ihren Kern bildeten der Stammtisch der Gesellen in der Wirtsstube – Versammlungsort der ansässigen Gesellenschaft und Anlaufpunkt der ankommenden Wandergesellen – und der Schlafsaal. Den Eingang zierten Herbergsschilder. „Es konnten einfache Holz- oder Steintafeln sein, die die Embleme des Handwerks aufweisen und auch für den Gesellen verständlich waren, der die Landessprache nicht beherrschte oder des Lesens unkundig war. Später, vor allem im 18. Jahrhundert, waren diese Herbergsschilder in der Art von Auslegern kunstvoll in Schmiedeeisen gearbeitet und mitunter auch farbig gefaßt. Die Zeichen des Handwerks sind dann von reichem Rankenwerk umgeben und repräsentieren so das Ansehen des Berufsstandes in augenfälliger Weise.“[903]

Nach der Ankunft eines Gesellen ließ der Wirt den zuständigen Verantwortlichen der Zunft oder Gesellenschaft rufen, der den Gesellen regelgerecht begrüßte. Außer den Grußformeln gehörte ein Umtrunk zur Begrüßung, wie er in allen Bevölkerungskreisen bei der Ankunft eines Reisenden üblich war. Gab es keine Herberge, so musste der Wandergeselle den zuständigen Gesellen oder Meister der Zunft zu Hause aufsuchen. Dort ging es nicht so feierlich zu wie in der Herberge. Handwerke mit einer Herberge oder Schenke wurden „geschenkte“ Handwerke genannt; mit den Geschenken, welche die Gesellen außerdem erhielten (siehe unten), hatte der Begriff des „geschenkten“ Handwerks nichts zu tun. „Geschenkte“ Handwerke galten als besonders ehrenvoll. Rudolf Wissell glaubte, dass sich in der Ehre die Widerstandskraft der Gesellen gegen die Obrigkeiten manifestiert habe, welche versucht hätten, den Gesellen ihre Herbergen streitig zu machen.

899 Fischer, Handwerksrecht, S. 30f; Emig, Berufserziehung, S. 224; Decker, Bürger, S. 47; Schanz, Geschichte, S. 160f; Döhler, Beschreibung, S. 107.

900 Bräuer, Gesellen, S. 34.

901 Schultz, Das ehrbare Handwerk, S. 74.

902 Schmidt, Zunftzeichen, S. 8

903 Roth, Zunftherrlichkeit, S. 90; vgl. Gröber, Zunftherrlichkeit, S. 34f; Schmidt, Zunftzeichen, S. 14.

Vielleicht war die Ehre einfach die Anerkennung für den besonderen Aufwand, den ein „geschenktes" Handwerk für seine auswärtigen Kollegen trieb, indem es auf seine Kosten eine Herberge unterhielt.[904] Verließ ein Geselle die Stadt wieder, wurde er von den Mitgesellen seiner Zunft oder Gesellenschaft bis zum Stadttor begleitet, eine gute Gelegenheit für einen neuerlichen Umtrunk.[905] Gegen diese Sitte erhob sich ab dem 16. Jahrhundert Widerstand der Meister und Obrigkeiten, weil sie die Arbeitszeit reduzierte und man Angst hatte, die höheren Arbeitskosten würden auf die Preise der Handwerkswaren aufgeschlagen.[906]

Mit der Zeit hielt neben den mündlichen Ritualen die Schriftlichkeit Einzug in das Wanderwesen. Die Gesellen mussten seit dem Spätmittelalter Lehrbriefe vorweisen, seit dem 18. Jahrhundert Kundschaften oder Wanderbücher. In das Gesellenbuch der Zunft wurden sie eingeschrieben.[907] Aus dem 17. und 18. Jahrhundert sind Gesellenbücher bekannt, in welche jeder Geselle einen „Symbolum" genannten Sinnspruch eintrug.[908]

Eintrag eines Wandergesellen im Gesellenbuch der Marburger Buchbinder 1722[909]

„Dies Buch für reisende Gesellen ist gemacht,
Daß man sie alle behält in Acht,
Wenn sichs begibt eine solche Zeit,
Daß wir von einander wohnen weit.
Der eine reist ins Bayerland,
Bleibt lange aus, wird unbekannt.
Wenn ich dann für mich nehm dies Buch,
Und fleißig hin und wieder such,
So find ich manchen Namen drin,
Der mir sonst käm in meinen Sinn.
Gesellen, Ihr sollt gebeten sein,
Schreibt alle Eure Namen ein,
Andreas Klug bin ich benannt,
Goßlar, die Reichsstadt, ist mein Vaterland,
Von Duderstadt nach Marburg hingereist,
Beim Vater Baries eingekehrt mit Fleiß.
Hab keine Arbeit funden dorten,
Viel Gutes mir erwiesen worden,
Dafür ich schönstens danken thu,
Und schreib den 1. Junius 1722 dazu."

904 Hähnsen, Geschichte, S. 205; Wissell, Recht I, S. 328–331; Mayer, Geschichte des deutschen Handwerks, S. 88; Schulz, Handwerksgesellen, S. 132, 162; Schade, Handwerksleben, S. 253.
905 Reith, Arbeits- und Lebensweise, S. 140.
906 Proesler, Handwerk, S. 3*f, 7*, 13*–16*, 18*–21*, 23*, 25*.
907 Wissell, Recht I, S. 312–316; Kreutzberger, Gewerberecht, S. 93.
908 Emig, Berufserziehung, S. 231.
909 Müller, Blütezeit, S. 17.

Außer dem Umtrunk oder an seiner Stelle erhielt der Wandergeselle ein Geschenk, das in Kost und Logis während ein bis drei Nächten in der Herberge und einem Geldbetrag bestehen konnte. Das Geschenk wurde von der Zunft, der Gesellenschaft, beiden gemeinsam oder von einzelnen Amtsinhabern dieser Verbände bezahlt.[910] „In den Handwerken mit hohem Anteil an verheirateten Gesellen ..., in den Handwerken mit regionalem Einzugsbereich ... und in den Handwerken mit verdichtetem Migrationsnetz ... war die Wanderunterstützung in der Regel geringer, als in den Handwerken, in denen weitgewanderte Gesellen überregionaler Herkunft dominierten."[911] Das Geschenk differierte in der Höhe zwischen einem Taschengeld und dem Wochenlohn eines Gesellen. Bisweilen gab es ein zusätzliches Geschenk am Abreisetag, das „Viaticum". Damit die Gesellen die Sitte des Geschenks nicht missbrauchen konnten, wurden Sperrzeiten verhängt, in denen sie nicht ein zweites Mal im selben Ort nachfragen durften. Manche Zunft verzichtete auf Geldgeschenke und nahm lieber sämtliche ankommenden Gesellen für mindestens zwei Wochen in Beschäftigung, so dass sie sich ihr Reisegeld verdienen konnten. Wer aus einer Gegend kam, in der keine Geschenke verabreicht wurden, durfte seinerseits mit keinem oder höchstens mit einem verminderten Geschenk rechnen. Auch die größten Geschenke waren nie mehr als ein Tropfen auf den heißen Stein, zur Finanzierung der Wanderschaft reichten sie bei weitem nicht aus. Letzteres wäre verheerend gewesen, die Wanderzeit wäre zur touristischen Reise auf Kosten des Zunftsystems degeneriert. Trotzdem wurden die Geschenke eine schwere Belastung der Zahlungspflichtigen, als im 18. und 19. Jahrhundert Massen arbeitsloser Handwerker unterwegs waren.[912] In Kiel wurde 1794 ein Geschenk der städtischen Armenkasse eingeführt, um die polizeiliche Überwachung der Gesellen zu intensivieren. Daraufhin schafften einige Zünfte ihr Geschenk ab, während andere es bis nach der Einführung der Gewerbefreiheit beibehielten.[913] In der Grafschaft Saarbrücken durfte das Geschenk seit 1744 erst nach vorheriger Genehmigung durch die staatliche Zunftaufsicht verabreicht werden.[914]

Wer den Gesellen begrüßte und ihm das Geschenk übergab, führte meist auch die „Umschau" (auch: das „Umschicken" oder „Zuschicken") durch. Er begleitete den Gesellen in eine bestimmte Werkstatt oder von Werkstatt zu Werkstatt, um für ihn nach Arbeit zu fragen. Zunftvorsteher, alte Meister, Witwen, die Meister mit den wenigsten Gesellen oder die, die am längsten keinen Gesellen gehabt hatten, wurden bevorzugt; jede Zunft verfolgte hier ihre eigene Linie. Die Umschau bot wohl auch Gelegenheiten für die, die sie durchführten, Einfluss auf die Verteilung der Gesellen auf die Meister zu nehmen. Teils hing in der Herberge eine Tafel mit den Namen der Meister, die Gesellen suchten, teils bestellten die Meister Gesellen bei der Wache am Stadttor. Die Reichspolizeiordnung von 1548 verbot die Umschau. Akzeptierte ein Meister den ihm präsentierten Gesellen, so musste

910 Reith, Strukturen, S. 134ff; Wissell, Recht I, S. 327f; Roth, Zunftherrlichkeit, S. 93.

911 Reith, Strukturen, S. 134; und Reith, Arbeits- und Lebensweise, S. 136.

912 Reith, Strukturen, S. 134ff; Emig, Berufserziehung, S. 229; Fröhlich, Sicherung, S. 131ff; Stieglitz, Zünfte, S. 50; Johanni, Zünfte, S. 123.

913 Hähnsen, Geschichte, S. 446ff; Reith, Arbeits- und Lebensweise, S. 138.

914 Johanni, Zünfte, S. 123.

dieser den Kontrakt schließen; ansonsten hatte er die Stadt zu verlassen. Er zog zum Meister, wo er bis zum Ende seiner Anstellung lebte. In einigen Städten hatte der Geselle zuvor sein Felleisen wieder am Stadttor abzuholen, wo er es beim Betreten der Stadt hatte deponieren müssen. Nach der erfolgreichen Stellensuche hatte er in der Herberge eine Marke erhalten, die ihn bei der Wache legitimierte.

Die Umschau diente den Meistern, da sie ein einigermaßen faires Verfahren war, um Gesellen zu verteilen. Gern beauftragten die Meister einen Gesellen mit der Umschau, damit sie nicht ihre eigene kostbare Zeit aufwenden mussten. Trotzdem erhob sich seit dem 16. Jahrhundert Widerstand gegen die Umschau bei Meistern und Obrigkeiten, da sie den Gesellen zu Selbstbewusstsein verhalf – sie, nicht die Meister, entschieden, wer einen Gesellen zugeteilt bekam – und viel Arbeitszeit verschlang. Die Obrigkeiten wollten die Macht der Gesellenschaften brechen, die Meister Kosten sparen. Im 18. und 19. Jahrhundert – im autoritären Nürnberg schon im 16. Jahrhundert – wurde die Umschau allmählich abgeschafft. Man ersetzte den Gang von einer Werkstatt zur anderen durch ein Listensystem, an dessen Reihenfolge die ankommenden Gesellen gebunden waren, oder strich die Regelung komplett und führte einen freien Arbeitsmarkt ein, bei dem der Geselle ohne Zunft und Gesellenschaft auf die Suche ging und einen Arbeitsvertrag abschloss mit wem er wollte.[915] Seit der Mitte des 19. Jahrhunderts ersetzten Inserate in Fachzeitschriften und Arbeitsnachweise die Umschau.[916] Außer der Umschau gab es „Laufschreiben", mit denen Meister in einer auswärtigen Herberge um Gesellen werben konnten. Meister kleiner und abgelegener Orte mit wenig Zulauf machten davon Gebrauch und Meister, die Spezialisten für Großprojekte suchten. Das Verschreiben hatte aber insgesamt eine geringe Bedeutung, weil es langsam und teuer war.[917]

Es es es und es[918]
Es es es und es
Es ist ein harter Schluß,
Weil weil weil und weil
Weil ich aus Frankfurt muß.
So schlag ich Frankfurt aus dem Sinn
Und wende mich Gott weiß wohin.
Ich will mein Glück probieren,
Marschieren.

915 Bräuer, Handwerk im alten Chemnitz, S. 81–84; Kreutzberger, Gewerberecht, S. 91f; Johanni, Zünfte, S. 121f; Reith, Arbeits- und Lebensweise, S. 141, 144; Schembs, Dach, S. 47ff; Mengers, Aus den letzten Tagen, S. 4; Emig, Berufserziehung, S. 227, 239f, 369; Gröber, Zunftherrlichkeit, S. 66; Decker, Bürger, S. 27; Reininghaus, Entstehung, S. 152, 155; Bräuer, Gesellen, S. 32, 35; Roth, Zunftherrlichkeit, S. 92; Hähnsen, Geschichte, S. 449f; Schultz, Das ehrbare Handwerk, S. 102f; Naujoks, Obrigkeitsgedanke, S. 130; Lentze, Nürnbergs Gewerbeverfassung m Mittelalter, S. 280.

916 Banasch, Handwerksgeselle, S. 81f.

917 Hähnsen, Geschichte, S. 213; Wissell, Recht II, S. 344; Reith, Arbeits- und Lebensweise, S. 143.

918 Roth, Zunftherrlichkeit, S. 86.

Er er er und er,
Herr Meister, leb er wol!
Ich sags ihm grade ins Gesicht,
Seine Arbeit die gefällt mir nicht
Ich will mein Glück probieren,
Marschieren.

Sie sie sie und sie,
Frau Meistrin, leb sie wol!
Ich sags ihr grade ins Gesicht,
Ihr Speck und Kraut das schmeckt mir nicht.
Ich will mein Glück probieren,
Marschieren.

Sie sie sie und sie
Jungfer Köchin, leb sie wol!
Hätt sie das Eßn beßr angericht,
So wär ich auch gewandert nicht.
Ich will mein Glück probieren,
Marschieren.

Sie Sie Sie und Sie
Herr Vater, leben Sie wol!
Sie haben mit doppelter Kreide geschrieben,
Sonst wär ich noch länger in Frankfurt geblieben.
Ich will mein Glück probieren,
Marschieren.

Ihr ihr ihr und ihr,
Ihr Jungfern, lebet wol!
Ihr habt mir manche Lust gemacht
Um mich um vieles Geld gebracht
Nun wünsch ich euch zu guter letzt
Einen andern, der meine Stelle ersetzt.
Ich will mein Glück probieren,
Marschieren.

Ihr ihr ihr und ihr,
Ihr Brüder, lebet wol!
Hab ich euch was zu Leid gethan,
So bitt ich um Verzeihung an.
Nun geb ich euch den letzten Kuß
Und auch den letzten Händedruck.
Ich will mein Glück probieren,
Marschieren.

3.2.2.2.4. Abschaffung

Ausnahmen vom Wanderzwang wurden seit dem Ende des 17. Jahrhunderts häufiger: Man löste die Wanderzeit mit Geld ab, weil man seinen Militärdienst leisten oder die kranken Eltern versorgen musste, eine schwache Gesundheit – oder schlicht keine Lust hatte, weshalb der Anteil der Wandergesellen an allen Gesellen vermutlich zurückging. Die absolute Zahl der Wandergesellen scheint in der zweiten Hälfte des 18. und ersten Hälfte des 19. Jahrhunderts jedoch angestiegen zu sein, weil es mehr Gesellen gab als je zuvor. Regierungen, Wissenschaftler und Publizisten traten teils für, teils gegen das Wandern ein. Noch nach dem Ende der Zunftepoche blieb das Gesellenwandern eine Zeit lang lebendig. Mit dem Fortgang der Industrialisierung ging die Wanderlust zurück, gegen 1900 erlosch sie bis auf geringfügige Reste.[919]

Die Ablösung von Wanderjahren durch Geld im 18. Jahrhundert in der Wormser Fischerzunft[920]

„Der Schiffer Jakob Heyl machte 1743 ein Gesuch, seinem Sohn Johann Jakob Heyl, der ein Jahr in der Fremde gewesen, das zweite Jahr zu erlassen, weil seine Mutter ihn gern daheim hätte. Nach Abstimmung beschloß die Zunft, bei der Zunftordnung zu bleiben und den jungen Heyl noch ein Jahr draußen zu lassen. Als auf dem nächsten Gebot der junge Heyl selbst das Gesuch wiederholte, wurde der Vorschlag gemacht, Heyl solle für das fehlende Wanderjahr 25 Gulden außer den 10 Gulden Zunftgeld bezahlen und den Zünftigen 1/2 Ohm Wein stiften. Während der Abstimmung wurde ein anderer Vorschlag gemacht, der mit 30 Stimmen durchging, nämlich: 10 Gulden für das Wanderjahr, 10 Gulden 20 Kr[euzer] Zunftgeld, 1 Ohm Wein und das dazu nötige Brot.

Der Mitzünftige Herweck nannte das Vorgehen Schmarotzerei. Zur Rede gestellt, sagte er, er habe nicht die ganze Zunft gemeint. Darüber brach Streit in der Zunftstube aus, weshalb die beiden Streitenden, Herweck und Walde, der Zunft 1/2 Ohm Wein stiften mußten."

„Politische und militärische Gründe sprechen dafür, das Wandern ... ganz zu untersagen, weil es Rekruten entzieht und Demokraten und Kommunisten schafft, praktische gewerbepolizeiliche Rücksichten lassen es angebracht erscheinen, den Wanderzwang beizubehalten. Was aus dem einen Grund nützlich ist, ist aus dem andern schädlich, und eigentlich müßte in jedem Gewerbe und jeder Stadt und

919 Adamczyk, Möbel, S. 19; Steinkamp, Stadt- und Landhandwerk, S. 9f; Trautmann, Entwicklung, S. 352; Wissell, Recht I, S. 311; Martin, Akten, S. 68f; Schichtel, Recht, S. 193; Ehmer, Zünfte, S. 125; Beck, Wagnerhandwerk, S. 94ff; Elkar, Auf der Walz, S. 59; Emig, Berufserziehung, S. 208, 381ff; Fritzsche, Handwerkerhaushalte, S. 110–118; Ehmer, Traditionen, S. 105f; Beck, Wagnerhandwerk, S. 95f, 209; Roth, Zunftherrlichkeit, S. 89; Puschner, Handwerk, S. 237; Kocka, Arbeitsverhältnisse, S. 340; Jahn, Gewerbepolitik, S. 51ff; Terhalle, Gilden, S. 82; Puschner, Handwerk, S. 233, 237; Schultz, Das ehrbare Handwerk, S. 70f; Wiest, Entwicklung, S. 67; Schembs, Dach, S. 66f; Mengers, Aus den letzten Tagen, S. 110; Fromm, Studien, S. 48; Banasch, Handwerksgeselle, S. 73–76.

920 Martin, Akten, S. 71.

schließlich bei jedem Individuum besonders entschieden werden, ob eine Wanderzeit empfehlenswert sei. Schon im 18. Jahrhundert waren die drei verschiedenen Tendenzen durcheinandergelaufen. Während die Zünfte im allgemeinen streng am Wanderzwang festhielten, hob ihn ein kaiserliches Dekret von 1772 für das ganze Reich auf, und einzelne Territorien, wie Kurhessen, verboten das Wandern ganz, damit die geldbringenden Rekruten nicht verlorengingen. Aus ähnlichen Gründen war auch in Preußen im 18. Jahrhundert das Wandern ins Ausland teilweise schon verboten worden, und seit den Revolutionskriegen hatten die meisten Länder zu ähnlichen Einschränkungen gegriffen. In Württemberg, beispielsweise, durften seit 1819 nur noch Gesellen ins Ausland, die ihre Militärpflicht abgeleistet hatten. Auf der anderen Seite blieb dort für Barbiere und Apotheker eine drei- oder vierjährige Wanderpflicht bestehen, nur für die Maurer, Zimmerleute, Steinmetzen und die Meistersöhne bei den Metzgern und Fischern wurde sie ganz abgeschafft. Und Anhalt-Dessau führte noch 1855 den Wanderzwang wieder ein. Im großen und ganzen setzte sich jedoch die Wanderfreiheit durch, weil sie einer liberalen Wirtschaftspolitik am besten entspricht. Besonders nach der achtundvierziger Revolution stellten die meisten Staaten es den Gesellen frei, ob sie wandern wollten. Daß damit das Absterben der Wandersitte, das sich in der zweiten Hälfte des Jahrhunderts feststellen läßt, beschleunigt wurde, liegt auf der Hand.“[921]

Nachdem die Zünfte aufgelöst worden waren, wanderten all jene nicht mehr, die es widerwillig und lediglich unter Zwang getan hatten, doch auch die meisten anderen hörten bald damit auf. Mühselige Fußmärsche wurden überflüssig, mit Eisenbahn und Dampfschiff ließ sich schneller und billiger ans Ziel kommen. Zur Arbeitsvermittlung brauchte man nicht mehr von Ort zu Ort zu reisen, sondern bediente sich der Zeitschriften und Arbeitsnachweise. Viele Gewerbe wurden vom Produktions- zum Verfeinerungs-, Montage- oder Reparaturgewerbe, das sich weniger am Können der Fachkollegen als am Stand der industriell hergestellten Waren orientierte, die man in Berufsschulen, auf Messen oder durch den Ankauf kennenlernte. Dem Fußwandern blieben diejenigen treu, welche arbeitslos geworden waren oder eine besser bezahlte Arbeitsstelle suchten und in Gegenden ohne Eisenbahnanschluss wohnten bzw. sich die Eisenbahnfahrt nicht leisten konnten. In kleinerem Umfang wanderten jene, die traditionalistisch motiviert waren, das Gemeinschaftserlebnis schätzten oder die touristischen Reize des Umherziehens genießen wollten, während sich die Mehrzahl der Gesellen einen festen Wohnsitz suchte. Die Grenze zwischen Wandergesellen und Obdachlosen verschwamm. Am längsten hielten sich Wanderungen in expandierende Großstädte mit ihrem schier unersättlichen Arbeitskräftebedarf und an touristische Ziele.[922]

Die Zahl der Herbergen ging mit der Auflösung der Gesellenschaften rasch zurück. Ersatz schafften die großen christlichen Konfessionen. „In Elberfeld hatten im Jahre 1844 zwei Tischlergesellen, Georg Gerlach aus Stadtberge und Fritz Kamp aus Volmershausen, ihre Mitgesellen zu einer Korporation zusammengeschlossen, die zunächst religiösen Charakter tragen sollte. Bald aber entwickelte

921 Fischer, Handwerksrecht, S. 67f.
922 Fischer, Handwerksrecht, S. 67f; Banasch, Handwerksgeselle, S. 27–32, 70ff.

sich daraus ein Verein zwar auf religiöser Grundlage, aber mit dem Ziel, die ortsansässigen Gesellen zu sammeln, ihnen durch Geselligkeit, Vortrag, Vermittelung von Lektüre Belehrung und Fortbildung angedeihen zu lassen und Unterhaltung und Erheiterung zu verschaffen. Einen Wendepunkt für diesen Verein bedeutete es, als [Adolf] Kolping, ein ehemaliger Schuhmachergeselle, im Jahre 1847 als Kaplan Präses des Vereins wurde. Unter Kolpings Leitung ... wuchs der Verein zunächst in Elberfeld. 1849 siedelte Kolping als Domvikar nach Cöln über und gründete hier ganz nach seinen Ideen den Gesellenverein und das Gesellenhaus. Mit diesen schlossen sich die Vereine Elberfeld und Düsseldorf zum ‚Rheinischen Gesellenbund' zusammen, der 1851 den Namen ‚Katholischer Gesellenverein' annahm und sich schnell über ganz Deutschland, Österreich und die Schweiz ausdehnte."[923] Die Kolpingvereine führten schulische und gewerbliche Fortbildungen für ihre Mitglieder durch und förderten das Sparen der Gesellen, damit sie zum Zeitpunkt der Meisterschaft über einen Vermögensgrundstock zur Betriebsgründung verfügten. Bis 1913 wurden in Deutschland 265 Herbergen eingerichtet, um wandernde Gesellen zu unterstützen. Man wünschte kein Jahre langes Wandern, wollte aber den Wechsel einer Arbeitsstelle erleichtern. Mitglieder auf der Walz durften in den Herbergen kostenlos übernachten.[924] Bereits in den ersten Jahrzehnten ihres Bestehens änderte sich allmählich die Belegung der Kolpinghäuser: Die Zahl der Wandergesellen verringerte sich, die der länger verbleibenden Gesellen nahm zu. Die Häuser boten Gesellen, die fremd in einer Stadt waren, eine preiswerte Schlafstelle. Aus Gesellenherbergen wurden Jugendwohnheime.[925] Noch heute nehmen Kolpinghäuser diese Funktion war, obwohl sich der Zuschnitt der Kolpingvereine seit der Entstehungszeit stark verändert hat.[926] Das evangelische Pendant zu Kolping waren die Herbergen zur Heimat, die ab 1854 entstanden. Sie richteten sich von vornherein nicht allein an Handwerksgesellen, sondern an Wanderer generell. Seit den 1880er Jahren tendierten sie zur Obdachlosenfürsorge. Im Jahr 1913 gab es im Deutschen Reich 441 dieser Herbergen.[927] Schließlich standen wandernen Gesellen sogenannte „Pennen" zur Verfügung, private Obdachlosenunterkünfte.[928]

Kunstschmiedgeselle Julius Schramm auf der Wanderschaft im Jahr 1890[929]
„Als ich wieder geheilt war, ging ich mit meinem Kameraden R. von der Handwerkerschule am 8. Mai 1890 auf die Wanderschaft, auf eine Wanderschaft im modernen Sinne, teils mit Benutzung der Eisenbahn und in schönen Gegenden zu Fuß. Wir waren beide mit Skizzenbüchern ausgerüstet und hatten vorher gemeinsam einen Wanderplan mit dem Ziel aufgestellt, schöne Gegenden und alte Städte zu besuchen, alte und neue Eisenarbeiten zu zeichnen und in Frankfurt am Main und später in München zu arbeiten. In beiden Städten gab es Werkstätten, die ei-

923 Banasch, Handwerksgeselle, S. 33.
924 Banasch, Handwerksgeselle, S. 34–43.
925 Banasch, Handwerksgeselle, S. 44; Hanke, Bewegung, S. 160f.
926 Vgl. Vom alten Gesellenhaus, S. 13f, 32.
927 Banasch, Handwerksgeselle, S. 50ff; Kiebel, Herberget gerne, S. 41–44.
928 Banasch, Handwerksgeselle, S. 70ff.
929 Fischer, Quellen, S. 173f.

nen besonders guten Namen wegen ihrer Arbeit hatten.

Oft führte uns der Weg über Landstraßen, auf denen wir viele andere Handwerksburschen und auch sogenannte Tippelbrüder trafen, von denen ich gehört, daß sie weniger arbeiten als wandern. ... Nun wollte ich einmal doch auch eine wirkliche Herberge der alten Art kennenlernen. Die neuen Herbergen ‚zur Heimat' verfügen meist über Zimmer mit 1 oder 2 Betten. Wir beschlossen daher, in Hameln eine solche alte Herberge aufzusuchen. Diese Herberge sah sauber aus, sie hatte einen kleinen Schlafraum mit 4 Betten und einen großen mit vielen Betten, für die noch geringere Preise als in dem kleinen Schlafraum gefordert wurden. Als wir abends von einem Rundgang durch die Stadt in der Herberge ankamen, war der Gastraum mit Handwerksburschen aller Art angefüllt, und da mein Kamerad doch Bedenken hatte, beschloß ich, das Abenteuer allein zu erleben und ließ mir etwas zum Abendbrot geben. Nach meiner Erinnerung kostete alles, was man bestellte, je 10 Pfennig: 1 Glas Bier, 1 Paar Würstchen, Bratkartoffeln, Käse- und Butterbrot. ... Schließlich gebot der Herbergsvater Ruhe. Er forderte die Gäste, die nicht in der Herberge schlafen wollten, zum Verlassen derselben auf und stellte anheim, Wertsachen abzugeben. Sehr behaglich war mir nicht zumute, ich ritzte vor dem Abgeben mit meinem Taschenmesser den Buchstaben S auf den Deckel meiner Uhr und wurde in den kleineren Schlafraum geführt. Auf meine Frage erfuhr ich, daß ich voraussichtlich darin allein bleiben würde, ich könne ihn aber nicht verschließen, weil selbst in der Nacht noch Schlafgäste kommen könnten, die man auch in diesem besseren Raum unterbringen müsse, wenn der große Raum besetzt sei. Ein Bezahlen der 4 Betten, um den Raum für mich allein zu behalten, wurde abgelehnt, und so legte ich mich eben in eins der sauberen Betten. Bald erschien der Herbergsvater mit dem Hausdiener und forderte mich auf, mein Hemd auszuziehen und vorzuzeigen. Auf meinen Protest wurde mir gesagt, daß ich selbst durch diese Sicherheitsmaßnahme vor Ungeziefer geschützt sei, und ich schlief dann ruhig und ohne Störung allein in diesem Zimmer, das ich am nächsten Morgen tatsächlich ohne Ungeziefer verließ. Mein Wissensdurst in dieser Richtung war aber vollkommen gestillt, und ich hatte kein Bedürfnis, solche Abenteuer zu wiederholen."

Einige Gewerkschaften zahlten ihren Mitgliedern seit den 1860er Jahren Wanderunterstützungen, welche die Stelle der Geschenke der Gesellenschaften und Zünfte einnahmen, falls ein Arbeitsplatz- und Ortswechsel wegen Arbeitslosigkeit oder als Folge eines Streiks erforderlich wurde. Je mehr sich die Arbeitslosenunterstützung verbreitete, desto weniger wurde Reiseunterstützung gewährt. „Ferner erkannte man, daß die Methode, durch persönliches Umschauen und Anfragen mit Hilfe der Reiseunterstützung Arbeit zu suchen, sogar lohndrückend werden kann, da die Reisenden von der Landstraße nur zu leicht geneigt sind, unter den bestehenden normalen Gewerkschaftsbedingungen Arbeit anzunehmen. In Erkenntnis dieser Umstände haben verschiedene Verbände die Nichtbenutzung des Arbeitsnachweises, das persönliche Umschauen und die briefliche Nachfrage unter Strafe gestellt."[930]

930 Banasch, Handwerksgeselle, S. 61–66, Zitat: S. 66.

3.2.2.3. Gesellenschaften

Seit dem 14. Jahrhundert schlossen sich Gesellen zu örtlichen Vereinigungen mit eigener Rechtspersönlichkeit zusammen. In den historischen Quellen treten diese als Bruderschaft, Gesell(en)schaft, Gilde, Elendigkeit oder Verein auf.[931] In der Wissenschaft haben sich die Bezeichnungen Bruderschaft und Gesellenschaft durchgesetzt. Einige Autoren versuchten, zwischen der Bruderschaft mit religiösen und der Gesellenschaft mit geselligen und wirtschaftlichen Zielen zu unterscheiden, obwohl die Quellen hier alles andere als eindeutig sind und Religion und Geselligkeit stets gemeinsam vorkamen.[932]

Die Gesellenschaften entstanden unmittelbar, nachdem sich der Geselle als eigenständige Stufe des Handwerkerlebenslaufs herausgebildet hatte. Die ältesten Nennungen sind aus Breslau (Gürtler 1329) und Berlin (Woll- und Leinenweber 1331) überliefert. In München soll bereits 1323 eine Gesellenschaft der Bäcker bestanden haben, aber diese Überlieferung ist nicht urkundlich verbürgt. Vor 1360 gab es Gesellenschaften außerdem in Augsburg, Basel, Duderstadt, Göttingen, Regensburg, Straßburg und Zürich. Aus dem 14. Jahrhundert sind 24 Gesellenschaften im deutschsprachigen Raum bekannt, gegen 1530 über 200. Bis in die dreißiger Jahre des 15. Jahrhunderts dominierten der Oberrhein und die Hansestädte, seither verbreiteten sich die Gesellenschaften im deutschsprachigen Raum, dem Baltikum, in Skandinavien und Frankreich in den meisten Regionen. In Ungarn entstanden Gesellenschaften sogar vor den Zünften. In Handwerken mit wenigen Gesellen oder einer Vielzahl verheirateter Gesellen oder mit vielen Meistersöhnen sowie in kleineren Orten etablierten sich Gesellenschaften schwer und spät. Im Textilgewerbe gab es schon früh Gesellenschaften, während diese bei Steinmetzen mit ihren weit auseinander liegenden Baustellen und bei Metzgern – wohl wegen des gemeinsamen Arbeitsplatzes im Schlachthaus – nicht gediehen. In Österreich und östlich der Elbe behinderte der massive Widerstand der Landesherren, in Köln und Aachen der des städtischen Patriziats ihren Erfolg. Noch im 18. Jahrhundert wurden Gesellenschaften gegründet, weil kleine Orte die „Passierlichkeit“ ihrer Wandergesellen erhöhen wollten: Wer keiner Gesellenschaft angehörte, bekam als Wandergeselle noch im 19. Jahrhundert – vor allem in Norddeutschland – Probleme. Da die meisten Handwerke weniger Gesellen als Meister hatten, waren die Gesellenschaften gewöhnlich kleine Einheiten mit unter 100, meist 10 bis 50 Mitgliedern. Die Gesellenschaft der Berliner Tischler, die im Jahr 1798 rund 600 Mitglieder hatte, stellt eine extreme Ausnahme in einer „Boomstadt“ am Ende der Frühen Neuzeit dar.[933]

931 Reininghaus, Entstehung, S. 73.

932 Schanz, Geschichte, S. 93–96; Schulz, Handwerksgesellen, S. 167ff.

933 Schanz, Geschichte, S. 27, 30; Bräuer, Grundzüge, S. 26; Mascher, Gewerbewesen, S. 765; Peters, Geschichte, S. 26; Schulz, in: Lexikon des Mittelalters. Studienausgabe, Stuttgart/Weimar 1999, Band IX, Sp. 689; Schulz, Stellung, S. 316; Krettner/Finkenstaedt, S. 106–111; Vogel, Zünfte, S. 4; Reininghaus, Handwerk und Zünfte in Westfalen, S. 272; Stieglitz, Zünfte, S. 54; Böhmert, Beiträge, S. 23; Otruba, Zunftordnung, S. 106; Reininghaus, Haus, S. 60, 63–67; Spiesz, Zunftwesen, S. 304; Elkar, Handwerk als Lebensform, S. 103; Hartmann, Geschichte, S. 48; Hermandung, Zunftwesen, S. 51; Schultz, Das ehrbare

3.2.2.3.1. Entstehungsursachen

Warum die Gesellen eigene Vereinigungen schufen, ist unter Wissenschaftlern umstritten. Der erste, der sich ausführlich damit befasste, war Georg Schanz im Jahr 1877. Seine Auffassung soll als „Abschließungsthese" bezeichnet werden; sie reihte sich nahtlos in die seinerzeit gängige Zunfttheorie ein. Nach Schanz kam die Gesellenbewegung am Oberrhein „am frühesten und stärksten zum Ausdruck", von wo sie sich „über die übrigen Theile Deutschlands" verbreitet habe.[934] Die oberrheinischen Städte seien im Spätmittelalter übervölkert gewesen, die Meister hätten auf das übergroße Arbeitskräfteangebot mit der Abschließung der Zünfte reagiert. In ihren Trinkstuben hätten sich die Meister von den Gesellen abgesondert. Der politische Aufstieg der Meister im Gefolge der Zunftkämpfe habe sie befähigt, die Gesellen zu unterdrücken. Außerdem hätten zur Entstehung der Gesellenschaften beigetragen: der allgemeine Trend zur Genossenschaftsbildung im Mittelalter, die Entlastung der Meister von sozialen Aufgaben, welche die Gesellen nun selbst übernahmen, die Ausbildung der Gesellen im Kriegsdienst, den sie stellvertretend für ihre Meister ausübten, und die Wanderpflicht, welche den Betrieb von Herbergen veranlasste.[935] Die ältesten Gesellenschaften seien religiös-gesellige Bruderschaften gewesen, ohne dass eine Stoßrichtung gegen die Meister nachweisbar sei. Später traten andere Momente hinzu. Teils seien Gesellenschaften auf Veranlassung der Obrigkeiten errichtet worden, die sie als Ordnungsinstrument oder als Gegenmacht zu den Meistern einsetzen wollten, teils auf Veranlassung der Meister, welche ein einheitliches Zunftwesen wünschten.[936] Die Abschließungsthese wird bis heute von einigen Autoren akzeptiert.[937]

Eine Variante des Schanzschen Ansatzes vertrat Georg Fischer im Jahr 1943. Für ihn waren die frühen Gesellenschaften Familienverbände. Fischer glaubte, die Abschließung der Zünfte habe im 14. Jahrhundert dazu geführt, dass die überwiegend verheirateten Gesellen Verbände zur sozialen Absicherung ihrer Familien errichtet hätten.[938] Auch diese These findet bis zur Gegenwart ihre Anhänger,[939] obwohl längst bekannt ist, dass verheiratete und „ewige" Gesellen erst im 19. Jahrhundert zu einer Massenerscheinung wurden. Die von Fischer zum Beleg herangezogene Ordnung der Regensburger Gesellenbruderschaft aus dem Jahr 1341 ist im übrigen das beste Gegenbeispiel seiner These. In ihr werden zwar Witwen von Mitgliedern erwähnt und mithin verheiratete Gesellen, die Frauen der Gesel-

Handwerk, S. 91; Loesch, Zunfturkunden I, S. 78*; Ehmer, Zünfte, S. 108f; Emig, Berufserziehung, S. 284, 421; Reininghaus, Die Gesellenvereinigungen am Ende, S. 222; Grießinger, Kapital, S. 264; Reininghaus, Entstehung, S. 43f, 64, 245, 276–280. Aus Breslau wurde zum Jahr 1329 von einem Gesellenstreik berichtet; ob dieser von einer formalisierten Gesellenschaft geführt wurde, geht aus dem Quellentext nicht hervor. (Kittner, Arbeitskampf, S. 17, 19.)

934 Schanz, Geschichte, S. VIII.

935 Schanz, Geschichte, S. 8–26; vgl. Maurer, Zunft, S. 137; Hähnsen, Geschichte, S. 61.

936 Schanz, Geschichte, S. 69, 76ff, 98ff, 106.

937 Göttmann, Bäckerzunft, S. 50; Riis, in: Lexikon des Mittelalters. Studienausgabe, Stuttgart/Weimar 1999, Band IX, Sp. 703.

938 Fischer, Volk, S. 141f.

939 Kieser, Kartell, S. 62f.

len waren aber gerade nicht Mitglied der Bruderschaft, solange ihr Mann lebte. Von einer Unterstützung der Frauen durch die Bruderschaft finden sich in der Ordnung keine Spuren.[940]

Wilfried Reininghaus schrieb 1981 einen „Anti-Schanz". Neben der Absonderung betonte er die Konfrontation: Die Entstehung der Gesellenschaften im 14. und 15. Jahrhundert sei auf den Kampf zwischen Gesellen und Meistern zurückzuführen. Nach den Pestzügen habe in den Städten nicht – wie Schanz angenommen hatte – ein Überschuss, sondern ein Mangel an Arbeitskräften geherrscht. Kam es während dieser Epoche zu Streiks, so deshalb, weil die Gesellen die günstige Konjunktur für sich nutzten. Außerdem habe sich die Zahl der Wandergesellen vergrößert, weil diese versuchten, ihre materielle Lage durch einen Umzug zu verbessern, sobald sie vom Arbeitskräftebedarf einer von der Pest geleerten Stadt hörten. Die Gesellen brauchten ihre Gesellenschaften, um sich auf den Wanderungen gegenseitig zu unterstützen. Sie kämpften mit lokalen Streiks und überregionalen Boykotten gegen die Meister, um ihre Situation zu verbessern. Weil die Meister sie ausschlossen, schufen sie eigene Trinkstuben, soziale Einrichtungen, Totenmemorien und Vorstellungen vom Zunftwesen. Um den Kern ihrer Gruppe vor den Verfolgungen der Meister und Obrigkeiten zu schützen, weigerten sie sich, Lehrlinge aufzunehmen.[941] Die Gesellenschaften entstanden im 14. Jahrhundert in verschiedenen Teilen Deutschlands „so spontan, daß nicht die Ausbreitung von einer Landschaft zur anderen für das Vorkommen in weiten Teilen Deutschlands verantwortlich gemacht werden kann."[942] Reininghaus' Konfrontationsthese gilt Einigen als Stand der Forschung;[943] Reininghaus habe Schanz „endgültig widerlegt".[944]

In der Wissenschaft ist nichts endgültig. Auch gegen Wilfried Reininghaus' Thesen wurden Einwände vorgebracht. Der Zusammenhang zwischen der Arbeitsmarktsituation nach den Pestzügen und der Entstehung der Gesellenschaften wurde in Frage gestellt. Schon vor den Pestzügen gab es Gesellenschaften. „Weiterhin läßt der noch Jahrzehnte nach den Epidemien nachweisbare erhöhte Bedarf an Meistern einen erleichterten Aufstieg der Gesellen zur Meisterschaft annehmen, so daß die für eine Solidaritätsfähigkeit vorauszusetzende Permanenz einer homogenen Gruppe nicht gegeben war."[945] Helmut Bräuer fand starke Elemente der Kohäsion und Interessenübereinstimmung bei Meistern und Gesellen in Sachsen seit dem 15. Jahrhundert. Zwar räumte er ein, dass einige Gesellenschaften aus einer Konfrontation zwischen Gesellen und Meistern entstanden seien, im Normalfall sei die Gründung einer Gesellenschaft aber friedlich und übereinstimmend erfolgt. Die Meister waren daran interessiert, dass die Gesellen mit ihren Herbergen und ihrer Arbeitsvermittlung das Wanderwesen organisierten und sich gegenseitig bei Krankheit unterstützten. Die religiösen und sozialen Seiten der

940 Vgl. Fischer, Volk, S. 287–299.

941 Reininghaus, Entstehung, S. 35, 37, 41f, 49, 52, 55, 60f, 67f, 112f; Reininghaus, Die Gesellenvereinigungen am Ende, S. 228; Reininghaus, Haus, S. 60, 66.

942 Reininghaus, Entstehung, S. 63.

943 Kieser, Kartell, S. 63f.

944 Ziekow, Freiheit, S. 130f.

945 Ziekow, Freiheit, S. 130f.

Gesellenschaften fanden Beifall bei Meistern, Obrigkeiten und kirchlichen Institutionen. Die meisten Gesellenschaften wurden mit Hilfe der Meister und Obrigkeiten gegründet, welche ihre Statuten genehmigten und dafür sorgten, dass die Organisationen nach dem Vorbild der Zünfte modelliert wurden. In ihren Vereinigungen leisteten die Gesellen Selbsterziehungsarbeit für ihre spätere meisterliche Existenz. Streiks wurden von Gesellen tunlichst vermieden. Bevor die Gesellen streikten, bemühten sie sich um Kompromisse mit den Meistern. Gelegentlich wurden die Gesellen bei ihren Streiks von Meistern unterstützt.[946] Man sollte auch nicht übersehen, dass die Gesellen oft aus derselben Gesellschaftsschicht stammten wie ihre Meister, im Meisterhaushalt „mit Familienanschluss" lebten und Meister in spe waren, also kein sozialer Graben zwischen Gesellen und Meistern existierte.

Wilfried Reininghaus war der Ansicht, das Wandern der Gesellen sei älter als die Gesellenschaften. Jan Ziekow stellte auf dieser Grundlage die These auf, das Wandern sei die Ursache für die Entstehung der Gesellenschaften gewesen. So habe man versucht, die unruhigen, ungebundenen Elemente in das Zunftwesen zu integrieren und kontrollierbar zu machen.[947] Hier werden Ursache und Wirkung vertauscht. Als die ersten Gesellenschaften entstanden, war das Wandern eine freiwillige und wenig verbreitete Angelegenheit. Um die wenigen Wandergesellen zu betreuen, benötigte man keine Gesellenschaften. Erst als Gesellenwandern zum Massenphänomen geworden war, wurde es zweckmäßig, Gesellenschaften einzurichten, um Herbergen und den Arbeitsnachweis zu betreiben, aber auch jetzt blieben Gesellenschaften eher die Ausnahme als die Regel, weil es einer Zunft möglich war, ohne eigene Gesellenschaft am Wanderwesen teilzunehmen. Gesellenschaften waren vorteilhaft für das Wandern, aber keineswegs zwingend.

Knut Schulz, der die Lage der Gesellen am Oberrhein vom 14. bis zum 17. Jahrhundert untersuchte, vertrat einen multifaktoriellen Ansatz, wobei er ständische Absonderungstendenzen hervorhob. Sowohl für Konfrontation als auch für Kooperation zwischen Gesellen und Meistern ermittelte er Beispiele. Auch dem Wanderwesen räumte er einen Platz in der Genese der Gesellenschaften ein. Schulz zufolge bewegte der Aufstieg der Meister in die Stadtregierung in Städten mit Zunftverfassung diese zur Absonderung von den Gesellen, die sich nolens volens einen autonomen Bereich mit eigenen Trinkstuben und Totenmemoria einrichten mussten.[948] Rolf Sprandel wandte ein, diese These habe bestenfalls die Kraft einer Teilerklärung, denn Gesellenschaften entstanden bekanntlich ebenso in Städten ohne Zunftverfassung.[949] Man darf hinzufügen, dass es in der gesellschaftlichen Wahrnehmung niemals zu einer absoluten Verselbstständigung der Gesellen als Stand neben den Meistern kam, auch wenn manche Gesellen dies

946 Bräuer, Gesellen, S. 34f, 111f, 115ff, 121f, 124f, 141; Bräuer, Handwerk im alten Chemnitz, S. 94; Bräuer, Statuten, S. 21, 24; vgl. Canzler, Zünfte, S. 65, 105; Breuer, Wesen, S. 56; Althaus, Rechtsnormen,, S. 75f; Thamer, Handwerksehre, S. 90; vgl. unten in Kapitel 3.2.2.3.3.

947 Ziekow, Freiheit, S. 130f; vgl. Schulze, Handwerkerorganisation, S. 119; Fischer, Volk, S. 144.

948 Schulz, Handwerksgesellen, S. 68ff, 73, 95, 129, 166, 171f, 189; Schulz, Stellung, S. 318f, 323f.

949 Sprandel, Familienbetrieb, S. 330.

gern gesehen hätten; in Kleiderordnungen wurden sie als Teil des Handwerkerstandes begriffen oder gemeinsam mit Dienstboten, Landsknechten und Tagelöhnern aufgeführt.[950] Die Gesellenschaften wurden nicht nur nach dem Vorbild der Zünfte organisiert, sie blieben diesen auch stets eng verbunden.

Zur Lösung des Entstehungsproblems sollte der lebenszyklische Ansatz herangezogen werden. Ohne seinen Gedanken weiter auszuführen, wies Schulz darauf hin, dass „die Gesellenverbände auch als Ausdruck von Lebensformen junger unverheirateter Männer verstanden werden müssen, die durch ähnliche Interessen und Erfahrungen sowie die Freude an der Geselligkeit verbunden sind."[951] Neben gemeinsamen Interessen erkannte Schulz den „Übermut der jungen Gesellen und Knaben" als Gründungsmotiv der Gesellenschaften an.[952] Die „Erfindung des Gesellen" durch die Zünfte erzeugte im Spätmittelalter eine Jugendphase im Handwerkerleben. Ähnliche Erscheinungen gab es bei Rittern und Studenten, aber mit weitaus kleineren Teilnehmerzahlen, und bei ländlichen Burschenschaften, dort weniger ausgeprägt. Die Gesellenphase war normalerweise eine begrenzte Zeitspanne zwischen der Kindheit, die mit der Lehre abschloss, und dem Erwachsenwerden, das durch Meisterschaft, Betriebsgründung und Eheschließung markiert wurde. Die Gesellenschaften waren die erste große Jugendkultur der europäischen Geschichte. Der Kirche, Obrigkeit und Meisterschaft dienten die Gesellenschaften als Disziplinierungsinstrument für die unruhige Jugend.[953]

Die Gesellenschaften als Jugendbewegung

Aus der Perspektive von Historikern werden als Kennzeichen der Jugendzeit die folgenden Kriterien genannt:[954]	**Diese Kennzeichen findet man bei den Gesellenschaften der Handwerker wieder:**
a) Die Jugend ist eine Übergangsphase zwischen Kindheit und Erwachsenenalter.	a) Der typische Geselle war zwischen 15 und 25 Jahren, höchstens 30 Jahre, alt, ein Jugendlicher oder junger Erwachsener.
b) Sie liegt zwischen dem Erwerb von Fähigkeiten und deren Entfaltung.	b) Seine Ausbildung hatte er abgeschlossen, durfte die gelernten Fertigkeiten aber noch nicht selbstständig einsetzen.
c) Alte Sicherheiten gelten nicht mehr, neue noch nicht.	c) Die Geborgenheit des Meisterhaushaltes war vorbei, der Geselle

950 Vgl. Baur, Kleiderordnungen, S. 48, 130. Vgl. Kapitel 2.6.1.

951 Schulz, Handwerksgesellen, S. 59.

952 Schulz, Handwerksgesellen, S. 81.

953 Vgl. Handwörterbuch des deutschen Aberglaubens, hrsg. von Hanns Bächtold-Stäubli und Eduard Hoffmann-Krayer, 10 Bände, Nachdruck Augsburg 2000 (Original 1927–1942) III, Sp. 1419f; Dubler, Handwerk, S. 140; Henkel, Zunftmißbräuche, S. 74; Lentze, Nürnbergs Gewerbeverfassung im Mittelalter, S. 281.

954 Vgl. Levi/Schmitt, Einleitung; Schindler, Hüter; Freund, Trends; Kaschuba, Einführung, S. 190.

	war während der Wanderung auf sich allein gestellt. In die Meisterzunft war er nicht integriert, weil diese – fast immer – nur die selbstständigen Betriebsinhaber umfasste.
d) Während der Jugend mangelt es an Autorität. Die Jugendlichen pflegen die Selbstorganisation in Gruppen „Standesgleicher" („peer groups"), unabhängig vom Einfluss der Erwachsenen.	d) Dieses Vakuum füllten die Gesellenschaften, in denen die Jugendlichen ihre Angelegenheiten selbst regelten. Auch wenn sie die Zünfte der Erwachsenen nachahmten, blieben sie doch gewöhnlich unter sich. Meistens grenzten sie sich gegen Lehrlinge ab, welche der überwundenen Kindheit angehörten.[955] „Symbolisch fand diese [Abgrenzung] im Alltag ihren Ausdruck im Rauchen, Duzen, Stocktragen, Tanz usw. All das war den Lehrjungen verboten, und die Gesellenorganisation wachte streng darüber, daß Lehrbuben diese symbolischen Grenzen nicht überschritten."[956]
e) Die Jugend ist eine Zeit der sexuellen Reife und des sexuellen Ausprobierens.	e) Im Spätmittelalter gab es in jeder mittleren Stadt ein „Frauenhaus", d.h. Freudenhaus. Zur Hauptkundschaft solcher Etablissements gehörten die Gesellen. Man hat sogar die Ausweitung der Prostitution im 14. und 15. Jahrhundert auf die wachsende Gesellenzahl zurückgeführt. In Zunftordnungen wurde den Gesellen ausdrücklich verboten, sexuelle Kontakte zu weiblichen Mitgliedern des Meisterhaushalts aufzunehmen. Viele Gesellenlieder, die aus der Frühen Neuzeit überliefert sind, enthalten sexuelle Anspielungen, die sicherlich nicht allein der Phantasie der Sänger entsprangen. Ein Ratgeber aus dem Jahr 1842 warnte vor den mo-

955 Hartmann, Geschichte, S. 44; Schlenkrich, Alltag, S. 95.
956 Schlenkrich, Alltag, S. 93.

	ralischen Gefahren der Wanderjahre nach dem Motto: Ein ander Städtchen, ein ander Mädchen.[957]
f) Die Erwachsenen versuchen die Kontrolle über die Jugendlichen nicht zu verlieren. Die Obrigkeiten bemühen sich um die Abschaffung oder Kanalisierung der Jugendbräuche. Die Beachtung der Jugendlichen durch die erwachsene Gesellschaft wechselt zwischen Erwartung, Sympathie, Argwohn und Ablehnung.	f) Die Meister, die selbst Gesellen gewesen waren, hatten durchaus Verständnis für das Verhalten des Nachwuchses. Manchmal bedienten sie sich der Gesellen, um ihre eigenen Ziele durchzusetzen. Indem die Gesellen sich mit den Ehrbegriffen der Zunftbewegung identifizierten, lagen sie auf einer Linie mit überzeugten Meistern.[958] Das „Austoben" junger Männer wurde toleriert, sofern bestimmte Grenzen nicht überschritten wurden. Schwierig wurde es immer dann, wenn der gesellschaftliche Status des Zunfthandwerkertums in Gefahr geriet. Da ein wildes Jugendleben – bis hin zu Bandenkriegen – seit dem Spätmittelalter zum Repertoire der Führungsschichten gehörte, konnten die Gesellen auch dort mit viel Verständnis rechnen, solange sie die gesellschaftliche Ordnung nicht zu sehr störten.[959] Die Gesellen nahmen eine gewisse Aufsicht durch Meisterschaft und Obrigkeiten hin und begehrten selten auf, nämlich wenn sie meinten, sich gegen eine Verschärfung der Aufsicht oder andere Verschlechterungen wehren zu müssen.
g) Übergangsrituale („rites de passage") lassen sich vor allem am Beginn und Ende der Jugendzeit beobachten.	g) Die beeindruckendsten Rituale des Zunftwesens bezogen sich auf das „Gesellenmachen", die Aufnahme in die Gesellenschaft.[960]
h) Die Jugendlichen schaffen eine Subkultur mit modischen,	h) In Straßburg wurde 1465 verboten, dass mehr als drei Gesellen

957 Reininghaus, Entstehung, S. 219; Saal, Wanderbuch, S. 210; Borst, Alltagsleben, S. 404.
958 Althaus, Rechtsnormen,, S. 45f, 172ff; Decker, Bürger, S. 98.
959 Schmoller, Strassburg, S. 20.
960 Vgl. Kapitel 5.3.1.

gleiche Hüte, Röcke oder Hosen trügen.[961] Im Jahr 1472 schlossen Städte des Oberrheins einen Vertrag, in dem sie gegen einheitliche Gesellenkleidung vorgingen.[962]
Offenbar gelang es den Obrigkeiten, die Einheitlichkeit der Gesellenkleidung wirksam zu verhindern, denn später ist nur noch die Rede von einer Kleidung der Amtsinhaber der Gesellenschaften, die ihren Rang ausdrückte, und von gemeinsamer Zunfttracht der Meister, Gesellen und Lehrlinge.[963] Stattdessen vereinbarten die Gesellen als Erkennungsmerkmal eine bestimmte Art den Mantel zu knöpfen oder das Gepäck zu tragen.[964]
Der Degen avancierte zum Symbol der Gesellen. „Das Tragen einer Seitenwaffe galt als Zeichen der Mannbarkeit, und so ist es verständlich, daß sich die Jungen schon frühzeitig eine solche zulegten. Auch bei den wandernden Gesellen hatte der Degen oder Stock seine zünftische Bedeutung.“[965]
Seit dem 15. Jahrhundert opponierten die Obrigkeiten gegen das Degentragen der Gesellen, das sie als ständische Anmaßung empfanden, konnten sich aber nicht durchsetzen. Der Reichsschluss von 1731 verbot den Gesellen, sich mit Degen zu zeigen. Im späteren 18. Jahrhundert kam der Degen aus der Mode.[966]

961 Schmoller, Tucher- und Weberzunft, S. 525.
962 Schulz, Handwerksgesellen, S. 96f.
963 Clasen, Streiks und Aufstände, S. 12; Moser, Steinmetz- und Maurerzunft, S. 55; Otruba/Sagoschen, Gerberzünfte, S. 35.
964 Otruba, Gewerbe, S. 19.
965 Roth, Zunftherrlichkeit, S. 25.
966 Wissell, Recht III, S. 28, 30; Reininghaus, Die Gesellenvereinigungen am Ende, S. 231f; Emig, Berufserziehung, S. 231; Clasen, Streiks und Aufstände, S. 17; Proesler, Handwerk, S. 63*.

i) sprachlichen	i) Die frühesten nachweisbaren Anfänge einer Jugendsprache auf deutschem Boden reichen in die Zeit der ersten Universitätsgründungen im 14. Jahrhundert zurück.[967] Seit dem 14. Jahrhundert ist der Brauch belegt, einem Gesellen bei der Aufnahme in die Gesellenschaft einen Spitznamen zu verleihen, seit dem 17. Jahrhundert eine ausgebildete Gesellensprache.[968] Ein Wörterbuch, das 1910 zusammengestellt wurde, vermittelt ein charakteristisches Bild der Gesellensprache am Ende der Zunftzeit.[969] Ein Teil der Worte ist dem Rotwelschen, der Geheimsprache der Bettler und Verbrecher, zuzuordnen, die seit dem 14. Jahrhundert nachweisbar ist (z.B. acheln, anschmieren, beschummeln, Dallesbruder, Kaff, Kittchen, Kohldampf, Mackes, Penne, Radau, Schickse, Schmiere stehen, verkümmeln). Das Rotwelsche fand Eingang in die Studentensprache, so dass unklar ist, woher die Gesellen ihre rotwelschen Ausdrücke bezogen, ob direkt vom Rotwelschen oder über Vermittlung der Studenten (z.B. Blechling, Kluft, Stromer, verkohlen). Einige fremdsprachige Ausdrücke könnten gut von den Studenten stammen, etwa „Pickus“ für Essen (aus dem Französischen) oder Ligium (wahrscheinlich richtig Lignum, d.h. Holz) für Brot (aus dem Lateinischen). Auch deutsche Worte entstammen der Studentensprache

967 Freund, Trends, S. 147.

968 Reininghaus, Entstehung, S. 212; Bräuer, Gesellen, S. 141; Fromm, Studien, S. 62.

969 Analyse des „Kleinen Wörterbuchs der Gesellensprache“ (siehe unten) nach Kluge, Friedrich: Etymologisches Wörterbuch der deutschen Sprache, 19. Auflage Berlin 1963. Vgl. auch Bohnenkamp/Möbus, Gunst, S. 177–187.

	(z.B. berappen). Etliche Worte, die dem Verfasser des Wörterbuchs 1910 aufgefallen sind, sind Worte der normalen Umgangssprache, im einen oder anderen Fall etwas veraltet. Nur sehr wenige Worte können als „Erfindung“ der Gesellen oder Zünfte gelten: fechten (seit dem 16. oder 17. Jahrhundert nachgewiesen), umschauen. Diese Worte bezeichnen Spezifika, die es ausschließlich im Zunftwesen gab. Eine große Gruppe der Ausdrücke sind witzige, ironisierende Umschreibungen von Handwerksberufen, Dingen oder Personen, mit denen die wandernden Handwerker zu tun hatten. Sie erinnern an die Jugendsprache, wie wir sie heute kennen (z.B. Damian, eigentlich ein Heiliger, hier abgeleitet von „dämlich“; vgl. die verschiedenen Ausdrücke für Polizisten und Schnaps/-flaschen; ein Soriksschwächer ist hier ein Schnapsbruder, aber eigentlich ein Torkler, der „Sori“, flüssige Exkremente, getrunken hat). Auch die Tatsache, dass Anleihen bei einer „Geheimsprache“ wie dem Rotwelschen gemacht wurden, weist auf den Jugendaspekt, denn ein herausragendes Kennzeichen der Jugendsprache ist ihre Abgrenzungsfunktion gegenüber den Erwachsenen. Viele der Worte sind inzwischen in die Umgangssprache eingegangen, die Wandergesellen haben sie dahin transportiert.
j) und geselligen Eigenheiten.	j) Zur Geselligkeit gehörte das Singen. Die weitaus größte Gruppe der seit dem 17. Jahrhundert überlieferten Zunftlieder waren Gesänge, welche sich auf das Gesellenwandern und das Leben in den Gesel-

	lenschaften bezogen (Wander- und Trinklieder). In diesen Gesängen geht es in oft recht derber Weise um Erlebnisse auf der Wanderschaft, das Entdecken der weiten Welt, das Verhältnis zu Meistern, Frauen und Mädchen und das Alkoholtrinken.[970]
k) Ein typisches Merkmal ist die geografische Unstetigkeit: Jugendjahre sind Wanderjahre.	k) Wohl in keiner anderen Jugendkultur spielte das Wandern eine so große Rolle. Was woanders bloß ein Ausdruck jugendlichen Suchens ist, wurde von den Zünften institutionalisiert und verpflichtend gemacht.
l) Für die Erwachsenen haben Jugendliche oft nur mehr Spott übrig.	l) Von Spottliedern wurde schon gesprochen. Des weiteren ist das städtische Faschingsbrauchtum zu erwähnen, dessen Träger in der Hauptsache die Zünfte und hier besonders die Gesellen waren.
m) Für männliche Jugendliche ist die Einübung der Geschlechtsrollen rund um die Pole Mut und Furcht typisch, mit Aktionismus und Gewalt und der Überschreitung von Zeitnormen.	m) Die strengen Disziplinarregeln der Zünfte und Gesellenschaften waren wohl begründet. Raufereien waren an der Tagesordnung. Legendär sind die Auseinandersetzungen zwischen Gesellen und Studenten, deren rauflustige Teile sich „gleichsam immerwährenden Krieg geschworen haben“.[971] Die Studenten blickten arrogant auf die „Knoten“ hinunter, welche jenen Faulheit und Hochmut vorwarfen und ihre größeren Körperkräfte für handgreifliche Auseinandersetzungen nutzten.[972] „So sagten 1471 sechs Schusterknechte den Doktoren, Licentiaten und Baccalaren der Universität Leipzig in aller Form die Fehde an. Erst durch das Ein-

970 Vgl. Schade, Handwerkslieder; Strobach, Droben auf jenem Berge; Schade, Handwerksleben, S. 320–329.

971 Saal, Wanderbuch, S. 99.

977 Mayer, Geschichte des deutschen Handwerks, S. 90f; Mummenhoff, Handwerker, S. 95ff; Bräuer, Gesellen, S. 150, 152f; Mengers, Aus den letzten Tagen, S. 36, 49ff.

	greifen der Herzöge Ernst und Albrecht von Sachsen und des Bischofs von Merseburg konnte die Auseinandersetzung beigelegt werden. Als sich die Studenten von Erfurt 1510 in die politischen Wirren der Stadtgemeinde einmengten, wurde das Universitätsgebäude mit Kanonen beschossen, die Bibliothek verwüstet und die Professoren und Studenten mußten mit Schimpf und Schande die Stadt verlassen. Auch in Ingolstadt kam es wiederholt zu Auseinandersetzungen zwischen den Studenten und der Handwerkerschaft, so mit den Hutmachern 1524, mit den Müllern und Bäckern 1529. In Jena scheint das Verhältnis zwischen Studenten und Handwerksburschen besonders gespannt gewesen zu sein, so daß letzteren 1696 das Degentragen verboten wurde. Aber selbst noch aus dem 19. Jahrhundert sind uns aus Heidelberg solche Händel überliefert. Am Fronleichnamstag des Jahres 1805 lieferten sich die Kontrahenten ein Scharmützel, das in ein blutiges Handgemenge ausartete und erst abends mit Hilfe der Militärwache beendet werden konnte.“[973]

Zusammenfassend lässt sich sagen, dass die „Erfindung des Gesellen“ parallel zum Gesellenwandern die Gesellenschaften als Institutionen der Jugendkultur hervorbrachte. Nachdem diese entstanden waren, wurden ihnen allerhand nützliche Aufgaben übertragen, welche der Ausbreitung der neuen Institutionen sehr förderlich waren. Gesellenschaften organisierten das Wanderwesen, entlasteten Meister und Obrigkeiten von wirtschaftlichen (Herberge, Umschau), religiösen (Totenmemoria, Begräbnisfolge), sozialen (Wandergeschenke, Krankenversorgung) und disziplinarischen (Gerichtsbarkeit) Verpflichtungen und integrierten den Nachwuchs in das Zunftwesen. Die Gesellenschaften vermittelten ihren Mitgliedern eine schöne Jugendzeit, eine definierte Position in der Ständegesellschaft und – falls es einmal nötig wurde – Kampfkraft gegen Meister und Obrigkeiten.

973 Roth, Zunftherrlichkeit, S. 106.

Einmal etabliert, perpetuierten sich die Gesellenschaften von selbst, weil in vielen Handwerken niemand im Wandersystem bestehen konnte, ohne zuvor einer Gesellenschaft beigetreten zu sein.

Kleines Wörterbuch der Gesellensprache (1910)[974]

abladen	bezahlen
acheln	essen
Alter	Meister
anschmieren	betrügen
Asche	Geld
auf die Fahrt steigen	mit dem Betteln beginnen
auf die Falle springt er nicht	er lässt sich nicht erwischen
Bankarbeit	auf der Bank schlafen
Bankerottsbrühe	Kaffee
Barack	Krätze, Grind
Beinlinge	Strümpfe
berappen	bezahlen
Berliner	Felleisen [Rucksack, Tornister]
Berliner Luft	Kümmel
beschummeln	betrügen
Bienchen	Laus
blau pfeifen	Hunger leiden
Blechling	Geldstück
Blechner	Klempner
Butz	Polizeidiener
Caroline	Schnapsflasche
Dallesbruder	Armer, schlecht Gekleideter
Damian	einfältiger Kerl
Deckel	berittener Polizist
Detz	Kopf
deutscher Reichskäfer	Wanze
dippeln	wandern
Doppelschickse	Mädchen, das beim Betteln stiehlt
Draht	Geld
Dreckschwalbe	Maurer
Drehscheibe, -winde	Narrenhaus
dufter Kunde	schlauer Bruder
Dütcheskrämer	Kaufmann
einstellen	Gesellen annehmen
Elementendrechsler	Töpfer
Elementenfärber	Bierbrauer
Ellenreiter	Kaufmann
fackeln	schreiben

974 Nach: Müller, Blütezeit, S. 28–31.

fechten	betteln
fegen	trinken
Fettlappen	Tuchmacher
filzen	untersuchen
Finne	Schnapsflasche
Flachs	Geldstück
Flammer	Schmied
Flebbe	Pass, Papiere
Flöte	Gefängnis, Krankenhaus
fünf Poscher	Haus, wo es beim Betteln fünf Heller gibt
Galach	Pfarrer
Galachine	Pfarrfrau
Galachschickse	Pfarrköchin
Galgenposamentier	Seiler
geflettert	gestohlen, genommen
gekehlt	getötet
Gips	Geld
Hanf	Brot
Hans Tapps	der Unbeholfene
hochgehen	beim Betteln erwischt werden
Kaff	Dorf
Kaffer	Bauer
Kafferitsche	Bauernmädchen
kaput	dem Tode verfallen
Katzenkopf	Schlosser
Katzoff	Metzger
Keimchen	Jude
Kies	Geld
Kittchen	Arresthaus
Kluft	Anzug
Knopf steigen	betteln gehen
Knopf	Pfennig
Kohl reißen	Lügen auftischen
Kohldampf schieben	Hunger leiden
Kommando	auf dem Schub
Konfusionsrat	Gelehrter
Kopfschuster	Hutmacher
Krauter	Meister
Kreuzspanne	Weste
Krone	Wirtin
Kunde	Handwerksbursche
Lamm	Hemd
Leder gehen	barfuß laufen
ledern	ausbeuten
Lehmer	Bäcker

Leimrat, -pfanne	Schreiner
Ligium	Brot
linker Kunde	kein geriebener Handwerksbursche
Linkmichel	Einfaltspinsel
linsen	sehen
Lopez	Gauner, Landstreicher
Mackes	Hiebe
Mandator	Saufbruder
Mochim	Stadt
Möhren	Polizeifinger
Moos	Geld
Morgenstern	Gefängnis
nachspannen	auf der Herberge untersucht werden
Obermann	Hut
Pech	Unglück
Pechhengst	Schuster
Penne	Herberge, Wirtshaus
Penneboss	Herbergsvater, Wirt
Pennebruder	einer, der die Herberge frequentiert
Pferdeschuster	Sattler
Pflanzer	Schuster
Pickus	Essen
Piependreher	Zigarrenmacher
Pillendreher	Apotheker
plattmachen	im Freien schlafen
Plauderer	Lehrer
Plembel	Bier
Polente	Polizei
Poscher	Pfennig
putzen	saufen
Radau	Spektakel
Rädchen	Talerstück
Rauscher	Stroh, Streu
Rechtsverdreher	Rechtsanwalt
Religion	Handwerk
Roller	Müller
Rumtreiber	Böttcher
Sänftling	Bett
schallern	singen
Schatullienbrühe	Kaffee
Scheinlinge	Augen
schenigeln	arbeiten
Schickse	Mädchen
schießen	stehlen
schimpfen	zum Gesellen erklären

Schinikelswind	Zuchthaus
Schlummerkies	Schlafgeld
schmalmachen	im Wirtshaus betteln
Schmiere stehen	Wache stehen
Schmockfink	Tabakspfeife
schmoren	trinken
Schneidling	Messer
Schnurrer	Bettler
Schockelmai und Loreken	Kaffee mit Brötchen
Schub	erwischt und nach der Heimat verbracht werden
Schucker	Polizeidiener
Schundläppchen	Leinweber
Schwächbruder	Kneipgenie
schwächen	laufen
Schwarzburger	Floh
Schwarzkünstler	Schornsteinfeger
Söger	Kaufmann
Soriksschwächer	Schnapsbruder
Sorof	Schnaps
Staude	Hemd
Steinröschen	Zylinderhut
Stenz	Stecken
Stichler	Schneider
Stift	Lehrling
Stoppelhopfer	Bauer
Straßburger	Zigarrenstummel
Streifling	Strumpf, Hose
stricken	betteln
Stromer	Hut, Kunde
Suschen-Backer	Pferdemetzger
talfen	betteln
Tappenreiter	Mensch, der auf verschiedene Gewerbe reist
Totenschein	Marschroute nach der Heimat
Trittchen, Trittling	Schuhe, Stiefel
Turmspitzenvergolder	Bauer
umschauen	nach Arbeit fragen
Unvernunft mit Feldhühnern	Wurst mit Kartoffeln
verkohlen	anlügen
verkümmeln	verkaufen
verkündigen	verkaufen
Verschitt gehen	gefangen werden
Verschönerungsrat	Barbier
Wachtmeister	großer Schnaps
Wallmisch	Rock
Wallon	Polizist

weggehen	gefangen werden
Weidlinger	Hose
Winde	Haus
Wolkenschieber	Bauer
Zink	Stempel
zinkiert	gestempelt
Zopfianus	Hopfenbauer
Zopper, Zoppkunde	Dieb
Zottelware	gestohlene Sachen
zupfen	stehlen

3.2.2.3.2. Der blaue Montag

Woher der blaue Montag seine Farbe erhielt, weiß man nicht, allerlei Erklärungen kursieren. Die Bezeichnung wurde von den violetten Altarverkleidungen des Rosenmontags abgeleitet, als volksetymologische Deutung von rituellen Pflugumzügen in England („plough monday"), von der Trunkenheit feiernder Gesellen (sie waren „blau"), verschiedenen Bedeutungen des Eigenschaftswortes „blau" (leer, gehaltlos, schwindelhaft; heilig) oder auch von der früher häufigen Gewohnheit, Wochentagen Farben zuzuordnen. Die juristische Literatur des 17. Jahrhunderts habe die verschiedenen Farben, die für den Montag im Umlauf waren, normiert zu blau.[975] „Solange mit Waid gefärbt wurde, mußte die Wolle, nachdem sie 12 Stunden im Färbebad gelegen hatte, ebensolange an der Luft oxydieren. Sonntags ließ man sie 24 Stunden im Bad, worauf sie den ganzen Montag an der Luft liegen mußte. Die Gesellen konnten müßig gehen, wenn in solcher Weise ‚blau gemacht' wurde. ... Wahrscheinlicher ist der Bezug auf die Kleiderordnung des Mittelalters, in der die Farben der Stoffe für jeden Stand festgelegt waren. Die für Bauern und Handwerker angemessenen Farben waren die ‚geringen Farben' grau und braun, die Feiertagsfarbe war jedoch blau. Wenn die Handwerker am Montag nicht arbeiteten und statt dessen den blauen Feiertagsrock anzogen, konnten sie vom ‚blauen Montag' sprechen, der damit im Gegensatz zum ‚grauen Alltag' steht."[976]

Unser Wissen über den blauen Montag beschränkt sich zum Glück nicht auf mehr oder minder kuriose Spekulationen. Bis zum 16. Jahrhundert sprach man vom „guten Montag", bevor sich daneben die Bezeichnung „blauer Montag" einbürgerte. An diesem Montag hatten die Gesellen frei, um die Geschäfte der Gesellschaft abzuwickeln. Oft handelte es sich nur um einzelne Montage im Jahr oder gar nur um deren Nachmittage, an denen die Gesellen ihre Versammlungen abhielten. Manchmal gelang es den Gesellen, den Brauch auf jeden zweiten Montag oder sogar auf jeden Montag auszzudehnen und sich auf diese Weise zusätzliche Freizeit zu verschaffen, die sie zum Feiern oder für die Eigenproduktion verwenden durften. Der Montag bot sich zu diesem Zweck an. Große Feste wie Ostern und Pfingsten erstreckten sich auf den Sonntag und Montag. Die Sonntags-

975 Siemsen, Germanengut, S. 71f; Fischer, Volk, S. 196f; Wissell, Recht II, S. 416–419.
976 Röhrich/Meinel, Redensarten, S. 171f.

heiligung erlaubte den Gesellen nicht, sonntags in der Herberge zu feiern oder das Bad zu besuchen. Die Arbeitsverträge der Gesellen endeten gewöhnlich sonntags, so dass am Montag die Wanderung angetreten wurde. Wer sonntags arbeiten musste, zum Beispiel auf Jahrmärkten, erhielt den Montag frei. Auch die Meister hielten ihre Versammlungen und Totenmemorien oft montags ab. Amtliche Verrichtungen und Volksbelustigungen fanden ebenfalls häufig montags statt.[977]

Der blaue Montag war immer umstritten. In Handwerken mit Wochenlohn bedeutete er eine Arbeitszeitverkürzung bei vollem Lohnausgleich, die den Gewinn der Meister spürbar schmälerte. Die Obrigkeiten bekämpften den Brauch, weil er die Autonomie der Gesellenschaften verkörperte. Die Auseinandersetzung wogte hin und her, einmal setzten sich die Anhänger, einmal die Gegner des blauen Montags durch. Noch in der Mitte des 19. Jahrhunderts kam der blaue Montag vor; er überlebte sogar das Ende der Gesellenschaften.[978] Bis in die jüngste Vergangenheit hielt sich in Handwerken, die regelmäßig samstags arbeiten, die Gewohnheit, am Montag den Betrieb zu schließen. Die Ausweitung der Ladenöffnungs- und die Flexibilisierung der Arbeitszeiten machten dem ein Ende.

3.2.2.3.3. Streiks

Streiks sind die ultima ratio des kollektiven Arbeitskampfes. In der vor- und frühindustriellen Epoche sind sie einzuordnen in eine Vielzahl Protestformen von Bauern und Landarbeitern, städtischen Gruppen, Fabrik-, Eisenbahnbau- und Heimarbeitern, angefangen mit mündlichen oder schriftlichen Beschwerden und dem Rechtsweg über Demonstrationen, Diebstähle, Sachbeschädigungen und Gewaltandrohungen bis zum Maschinensturm. Noch in der Mitte des 19. Jahrhunderts war die Protestform der „Katzenmusik" („Charivari") verbreitet.[979]

Nicht allein abhängig Beschäftigte legten die Arbeit nieder. Im Jahr 1158 schlichtete der Erzbischof von Köln einen Streit zwischen dem Kloster Maria im Kapitol und dessen Hörigen, dem die Arbeitsverweigerung der Hörigen samt Verlassen ihrer Hofstellen vorausgegangen war.[980] Die Metzgermeister des oberfränkischen Städtchens Weißenstadt stellten im Jahr 1794 den Fleischverkauf ein, weil ein Beamter sie als „Schinder" abqualifiziert hatte.[981] Gesellenstreiks sind bekannt, seit es Gesellenschaften gab: Der früheste Nachweis eines Gesellen-

977 Siemsen, Germanengut, S. 71f; Bräuer, Handwerk im alten Chemnitz, S. 78f; Wissell, Recht II, S. 416; Schultz, Das ehrbare Handwerk, S. 53, 95; Zöllner, Zunftverfassung, S. 59; Bodemann, Zunfturkunden, S. LXI; Krumbholtz, Gewerbe, S. 94*; Mayer, Geschichte des deutschen Handwerks, S. 93; Johanni, Zünfte, S. 126; Röhrich/Meinel, Redensarten, S. 170f; Schulz, Stellung, S. 315; Fischer, Volk, S. 193f; Mengers, Aus den letzten Tagen, S. 32; Reininghaus, Entstehung, S. 167–173; Bräuer, Gesellen, S. 44ff.

978 Wissell, Recht II, S. 422, 425f, 434; Lenger, Kleinbürgertum, S. 174; Puschner, Handwerk, S. 97; Reith, Arbeits- und Lebensweise, S. 158; Schulze, Handwerkerorganisation, S. 126; Proesler, Handwerk, S. 38*f.

979 Streik. Zur Geschichte, S. 18f; Kaschuba, Gesellenkampf, S. 399–404.

980 Lexikon des Mittelalters. Studienausgabe, Stuttgart/Weimar 1999, Band 8, Sp. 234.

981 Höpfel, Aufstand, S. 23f.

streiks – der Breslauer Gürtlergesellen im Jahr 1329 – fällt zusammen mit der ältesten Nennung einer Gesellenschaft.[982] Fast immer organisierten Gesellenschaften die Arbeitskämpfe der Gesellen.[983]

Das Wort „Streik“ ist vom englischen „strike“ abgeleitet. In der Bedeutung einer kollektiven Arbeitsniederlegung ist es in England seit 1810 bezeugt. In Deutschland war es in allerlei Verballhornungen (Strick, Stricke usw.) seit den 1850er Jahren im Gebrauch, seit den 1870er Jahren ist die Form „Streik“ üblich.[984] Zuvor war von „Aufständen“ die Rede. Die Obrigkeiten bezeichneten damit das gesamte Verhalten der Gesellen, das sie als Verstoß gegen Ruhe und Ordnung auffassten, während die Gesellen den „Aufstand“ wertfrei als „Aufstehen von der Arbeit“ betrachteten, den Teil ihrer Maßnahmen, der sich auf den Auszug aus der bestreikten Stadt bezog. Arbeitsniederlegungen ohne Auszug bezeichneten die Gesellen als „Feiern“.[985]

Lieber als zu streiken bedienten sich die Gesellen des Boykotts, zeitgenössisch „Verruf“. Einzelne Meister, ganze Zünfte, komplette Städte bestraften sie, indem sie abwanderten und ihren auswärtigen Kollegen mitteilten, dass die Betroffenen zu meiden seien. Der Verruf wurde zurückgenommen, sobald der auslösende Konflikt bereinigt war, was Jahre dauern konnte, während denen die boykottierten Meister keine neuen Gesellen erhielten. Das Danziger Handwerk wurde erst 47 Jahre nach einem Verruf von 1751 wieder für „ehrlich“ erklärt. Verrufe waren heimliche, schwer kontrollierbare und effektive Kampfmittel, sofern es nicht eine größere Zahl verheirateter, sesshafter Gesellen im boykottierten Handwerk gab. Gegenüber einem – vor der Gewerbeordnung des Norddeutschen Bundes von 1869 illegalen Streik, bei dem mit dem Eingreifen des Militärs gerechnet werden musste, barg der Verruf ein viel geringeres Risiko für seine Teilnehmer.[986]

Ein Verruf war zu schlichten, indem die überregionalen Verbindungen des Zunftwesens eingesetzt wurden: „Dann konnte die Lade [Gesellenschaft] einer anderen Stadt versuchen, diese [Schlichtung] herbeizuführen und unter Zuziehung von zwei anderen Laden auch zustande bringen. Das geschimpfte Handwerk selbst konnte durch das Anrufen einer größeren Lade den Versuch einer Verständigung unternehmen. Das geschah der hohen Kosten wegen jedoch nur, wenn es durch das Fehlen von Gesellen in eine echte Notlage geraten war. Der Abschluß einer Vereinbarung war auch dann wieder an die Zustimmung von insgesamt drei Laden gebunden. Von jeder der drei Laden wurde ein Deputierter entsandt, der im Namen seiner Lade handeln konnte. Die angerufene Lade setzte sich mit den noch benötigten Laden in Verbindung, meist mit solchen in einer Stadt, in der sich der eine oder andere der fortgezogenen Ladengesellen aus der bestreikten Stadt auf-

982 Roth, Zunftherrlichkeit, S. 82.
983 Reininghaus, Entstehung, S. 183.
984 Grimm, Jacob und Wilhelm: Deutsches Wörterbuch, Nachdruck München 1984, Band 19, Sp. 1298; Streik. Zur Geschichte, S. 12.
985 Reith/Grießinger/Eggers, Streikbewegungen, S. 8–12.
986 Reininghaus, Entstehung, S. 187; Jahn, Gewerbepolitik, S. 42ff; Wissell, Recht III, S. 15; Tenfelde, Entstehung, S. 109.

hielt, deren Urteil man nicht völlig übergehen wollte.“[987]

Wilfried Reininghaus wies bis etwa 1510 rund 35 Gesellenstreiks im Gebiet des deutschen Zunftwesens nach, von denen diverse Gewerbe betroffen waren. Die Streikorte streuten über das gesamte Gebiet mit Ausnahme Mitteldeutschlands, Frankens und Bayerns.[988] Reininghaus' Angaben sind lückenhaft, allein in Sachsen kam es von der Mitte des 15. bis zur Mitte des 16. Jahrhunderts zu mindestens 20 Gesellenstreiks an mehreren Orten.[989] Schwerpunkte der Streikbewegungen lagen in größeren und Reichsstädten, vor allem in städtereichen Gebieten.[990] Viele Streiks entstanden im Anschluss an Pestjahre, wenn die Gesellen hofften, die Arbeitsmarktsituation zu ihren Gunsten nutzen zu können.[991] Die schlechte Konjunktur des 17. Jahrhunderts und der Dreißigjährige Krieg scheinen die Streikfrequenz herabgesetzt zu haben.[992]

„'Die Geschichte der Zünfte im 18. Jahrhundert', hat man pointiert zusammenfassen können, ‚ist zugleich eine Geschichte von Gesellenaufständen.“[993] Fast in allen größeren Städten kam es zu Streiks, gegen Ende des 18. Jahrhunderts waren sogar mittlere und kleine Städte der Provinz betroffen. Vor allem Massenhandwerke wie Schmiede, Schneider, Schuster, Gerber und Tischler, in denen viele Gesellen beschäftigt waren, beteiligten sich an Arbeitskämpfen. Eine unvollständige Zusammenstellung weist für den deutschsprachigen Raum zwischen 1700 und 1806 541 Gesellenstreiks nach.[994] In Augsburg wurden im 18. Jahrhundert mehr als 80 schwere Streitfälle registriert, die häufig zu Arbeitsniederlegungen führten.[995] Würzburg erlebte von 1719 bis 1804 38 Streiks.[996] Die Zunahme der Streikaktivitäten erklärt sich zum einen aus der Expansion der Gesellenschaften: Als diese in immer mehr Orten und Handwerken gegründet wurden, verbreiterte sich die organisatorische Basis für Streiks.[997] Zum anderen wurde es für die Gesellen schwerer, im Konfliktfall die „normale“ Lösung zu suchen: Zum nächsten Termin kündigen, das Bündel schnüren – und ab in die nächste Stadt. Je schlechter die wirtschaftliche Lage wurde, umso weniger attraktiv wurde es abzuwandern, tauschte man doch meistens den Teufel mit dem Beelzebub. Anlässe zum Streik gab es genug. Die politische, wirtschaftliche und finanzielle Krise vieler Reichsstädte ließ innerstädtische Auseinandersetzungen aufleben, zu denen auch Gesellenstreiks gehörten.[998] Der Druck der Obrigkeiten auf die Gesellenschaften verschärfte sich, die wirtschaftliche Lage vieler Gesellen wurde prekär.

987 Wissell, Recht III, S. 192f.
988 Reininghaus, Entstehung, S. 178ff; vgl. Schönberg, Bedeutung, S. 121; Mummenhoff, Handwerker, S. 89; Roth, Zunftherrlichkeit, S. 82.
989 Reddig, Handwerker, S. 8.
990 Vgl. Kittner, Arbeitskampf, S. 71ff.
991 Reininghaus, Entstehung, S. 37ff, 62.
992 Grießinger, Kapital, S. 292; Clasen, Streiks und Aufstände, S. 7.
993 Wehler, Deutsche Gesellschaftsgeschichte I, S. 94.
994 Reith/Grießinger/Eggers, Streikbewegungen, S. 37, 46f; Mascher, Gewerbewesen, S. 363; Kocka, Stand, S. 182; Wissell, Recht VI, S. 142–170..
995 Clasen, Der Streik der Ausburger Müllergesellen, S. 187.
996 Grießinger/Reith, Ordnungskonzeptionen, S. 134f.
997 Vgl. Schanz, Geschichte, S. 111.
998 Press, Reichsstadt, S. 11–16.

Ein großer Teil der Streiks des 18. Jahrhunderts beabsichtigte nicht die Verbesserung der Arbeitsbedingungen, sondern die Abwehr von Verschlechterungen.[999]

Berühmt wurde der Streik der Augsburger Schuhmachergesellen im Jahr 1726. Diese hatten 1724 mit ihren Würzburger Kollegen wegen deren Streiks korrespondiert. Der Augsburger Rat, der es offenbar auf eine Machtprobe ankommen lassen wollte, verfügte daraufhin, dass sämtliche Korrespondenz der Schuhmachergesellen in Zukunft über ihn zu erfolgen habe. Gegen diese Anordnung, welche die Autonomie der Gesellenschaft bedrohte, kam es 1726 zum Ausstand. Die Gesellen zogen in einen benachbarten Ort, der zu Bayern gehörte, sich also außerhalb der Reichweite des reichsstädtischen Militärs befand. Stadtrat und Gesellen mobilisierten ihre Beziehungen. Der Stadtrat intervenierte bei der bayerischen Regierung, ihrem kaiserlichen Stadtherrn und dem Reichstag und verlangte von anderen Reichsstädten, die streikenden Gesellen nicht mehr in Arbeit zu nehmen. Die Gesellen forderten ihre Kollegen in anderen Städten zum Boykott Augsburgs auf. Der lokale Konflikt erhielt eine reichsweite Dimension. Er wurde zu einem der Auslöser für den Reichsschluss von 1731.[1000]

Seit 1780, besonders seit 1790, nahm die Zahl der Streiks zu. Im Jahrzehnt von 1790 bis 1799 registrierte man 195 Streiks.[1001] Allein in Nürnberg wurde zwischen 1786 und 1806 97mal gestreikt.[1002] Die Auseinandersetzungen, die das gesamte 18. Jahrhundert bestimmten, spitzten sich zu. Nicht zu vernachlässigen ist der Einfluss der Französischen Revolution. Sie verschärfte die finanzielle Situation der Städte und Territorien, die wachsende Rüstungslasten schultern mussten und ihren finanziellen Druck an die Untertanen weiterreichten. Die Ereignisse in Frankreich bewiesen, dass eine vereinte Bevölkerung in der Lage war, gegen widerstrebende Obrigkeiten etwas zu erreichen, sie lieferten griffige Schlagworte und ermutigten zur Tat. Selbst in der tiefsten Provinz waren sie bekannt. Die Obrigkeiten waren verängstigt und geschwächt, die Erfolgschancen der Gesellen schienen besser als je zuvor. In Nürnberg zogen 1793 mit Knüppeln bewaffnete Schneider-, Schlosser- und Schreinergesellen nach Pariser Vorbild vor das Rathaus und sangen Freiheitslieder. In Darmstadt stellten Schreinergesellen 1792 einen Freiheitsbaum auf, an den sie Zettel mit politischen Forderungen hefteten. Politische Aktionen von Gesellen blieben allerdings selten, wesentlich häufiger waren Streiks um wirtschaftliche und wirtschaftspolitische Fragen. Historiker haben einen Widerspruch darin gesehen, dass die Gesellen einerseits den Idealen der Französischen Revolution anhingen und andererseits das Zunftsystem aufrechterhalten wollten, obwohl es doch in Frankreich im Jahr 1791 abgeschafft worden war. Die Gesellen waren moderner als diese Historiker; sie sahen kein prinzipielles Problem darin, die politische Partizipation breiter Bevölkerungskreise mit einer regulierten Wirtschaftsform zu kombinieren; im Gegenteil: Demokratie schien ein probates Mittel zu sein, um die eigenen wirtschaftlichspolitischen Ideale gegen widerstrebende Bürokratien zu verteidigen. Vom demokratischen

999 Reith/Grießinger/Eggers, Streikbewegungen, S. 16; vgl. Grießinger, Kapital, S. 285–389.
1000 Wissell, Recht III, S. 67–108; Dipper, Geschichte, S. 146f.
1001 Reith/Grießinger/Eggers, Streikbewegungen, S. 37.
1002 Grießinger/Reith, Ordnungskonzeptionen, S. 134f.

Standpunkt aus waren die Handwerker das Volk, dem die Politik zu dienen hatte, nicht die verhältnismäßig wenigen Kaufleute, Verleger, Manufakturisten und Fabrikanten, denen an Gewerbefreiheit gelegen war. Aus der Sicht der „Sozialen Marktwirtschaft" ist eine Regulierung der Wirtschaft nicht nur möglich, sondern vernünftig und notwendig. Eine ähnliche Position vertraten Gesellen und Meister noch während der Revolution von 1848/49. Mit umgekehrten Vorzeichen war sie ebenfalls der Wirtschaftswissenschaft und den spätabsolutistischen Regimen des Vormärz geläufig, die ihrer Bevölkerung zunehmende wirtschaftliche Freiheit bei politischer Enthaltsamkeit anboten.[1003]

Nach 1806 ging die Zahl der Gesellenstreiks stark zurück. Die Gesellenschaften wurden zerschlagen, die Obrigkeiten erholten sich von dem Schock der Französischen Revolution, in der Bevölkerung kehrte angesichts der Napoleonischen Kriege Ernüchterung über die Vor- und Nachteile der Revolution ein, die wirtschaftliche Lage verschlechterte sich rasant. Nach der staatlichen Neuordnung der napoleonischen Zeit war es Streikenden kaum noch möglich, in ein Nachbarterritorium auszuweichen. Erst während der Revolution von 1848/49 kam es zu einer erneuten kurzen Streikwelle. Als das Streikgeschehen abermals aufflammte, nachdem die Gewerbeordnung des Norddeutschen Bundes 1869 die Koalitionsfreiheit gewährt hatte, war kaum noch von Gesellenstreiks zu sprechen, sondern in der weit überwiegenden Zahl von industriellen Arbeitskämpfen.[1004]

Die Aufmerksamkeit, welche die Gesellenstreiks in den letzten Jahrzehnten in der Fachöffentlichkeit fanden, darf nicht darüber hinwegtäuschen, dass es sich – abgesehen von den 1790er Jahren – um historische Randerscheinungen handelte. Selbst wenn man eine erhebliche Dunkelziffer unterstellt, gab es in vielen Jahren überhaupt keine oder bestenfalls eine einstellige Zahl an lokal begrenzten Streiks mit jeweils meist unter 100 Teilnehmern. Viele Orte waren Jahrzehnte oder Jahrhunderte lang nicht von Streiks betroffen. Das Zunftwesen samt Gesellenwandern war ausgezeichnet in der Lage, Streiks zu vermeiden, bis sich die wirtschaftlichen und politischen Verhältnisse am Ende des 18. Jahrhunderts zuspitzten. Gesellenstreiks dauerten bisweilen nur wenige Stunden, präziser spräche man hier von Demonstrationen. Zum Vergleich: Von 1871 bis 1895 ereigneten sich im Deutschen Reich jährlich zwischen 15 und 390 Streiks, von 1896 bis 1931 – ausgenommen den Ersten Weltkrieg – jährlich über 500 Streiks.[1005]

1003 Press, Reichsstadt, S. 23–55; Schultz, Das ehrbare Handwerk, S. 129; Böhmert, Beiträge, S. 51; Emig, Berufserziehung, S. 66; Wiest, Entwicklung, S. 75; Kocka, Stand, S. 185; Reith/Grießinger/Eggers, Streikbewegungen, S. 16; Emig, Berufserziehung, S. 287; Reininghaus, Entstehung, S. 236; Grießinger, Kapital, S. 117f; Clasen, Streiks und Aufstände, S. 323; Herzig, Kontinuität, S. 301; Althaus, Rechtsnormen,, S. 189; Höpfel, Aufstand, S. 25; Schwarz, Lage, S. 230ff, 375, 377; Barnowski-Fecht, Handwerk, S. 130, 149, 173.

1004 Grießinger, Kapital, S. 24; Todt/Radandt, Frühgeschichte, S. 68–79, 200–207; Dipper, Geschichte, S. 146f; Wissell, Recht III, S. 152; Kocka, Arbeitsverhältnisse, S. 357; Barnowski-Fecht, Handwerk, S. 153; Lenger, Sozialgeschichte, S. 64, 108; Kittner, Arbeitskampf, S. 127f.

1005 Streik. Zur Geschichte, S. 294ff; Clasen, Streiks der Augsburger Schuhknechte, S. 197; Kocka, Stand, S. 182f.

Da es außer Bittschriften und Gerichtsverfahren keine legalen Protestformen gab, eskalierte mancher Streit zum Streik, den man heute auf anderem Wege beilegen würde. Die Anlässe zum Streik erscheinen aus heutiger Sicht oft nichtig; ausführliche Gravamina-Kataloge, die im Zuge der Auseinandersetzungen aufgestellt wurden, offenbaren aber, dass hinter kleinen Anlässen tiefe Zerwürfnisse stehen konnten. Die Forderungen der Gesellen lassen sich drei Konfliktfeldern zuweisen: der Ökonomie im engeren Sinne (Lohn, Arbeitszeit, Arbeitsmarkt, Arbeitsbedingungen), der Autonomie der Gesellenschaften (Versammlungsrecht, Selbstverwaltung, Herberge, Brauchtum, Strafgerichtsbarkeit, Finanzhoheit, Sozialfürsorge) und der Aufrechterhaltung des Zunftwesens, symbolisiert in Fragen der Ehre (kompetitive Konflikte, Statusfragen, Verbalinjurien, Diebstahl, Schulden, Unzucht, Unehelichkeit, Unehrlichkeit). Alle drei Konfliktfelder spielten in sämtlichen Streikepochen eine Rolle, wobei Fragen der Ehre im ausgehenden 17. und im 18. Jahrhundert an Bedeutung gewannen. Die Angst vor dem Verlust der Passierlichkeit – der Konformitätsdruck des Systems – stachelte die Gesellen an, sich zu Tugendwächtern des Zunftwesens aufzuschwingen. Für das 18. Jahrhundert ergab eine Stichprobe, dass mehr als die Hälfte aller Streikforderungen die Ökonomie, ein gutes Viertel die Autonomie der Gesellenschaften und ein gutes Fünftel die Ehre betraf. Besonders umstritten waren Lohnfragen, Arbeitsvermittlung und Arbeitsmarktkontrolle, die Gerichtsbarkeit der Gesellenschaften, Statusfragen und Beleidigungen. Lohnforderungen wurden nur in bestimmten Zeiträumen vorgebracht, während sich die anderen Konfliktfelder in allen Zeiträumen fanden. Meistens verfolgten die Gesellen Ziele aus mehreren Konfliktfeldern gleichzeitig: Ging es beispielsweise gegen die Mitarbeit von Frauen in Handwerksbetrieben, waren nach Auffassung der Streikenden die Ehre der (männlichen) Gesellen und der Zünfte beeinträchtigt, die Arbeitsplätze und Lohnhöhe der Gesellen und mittelbar die Durchsetzungskraft der Gesellenschaften gefährdet.[1006]

Eine Auseinandersetzung zwischen Meistern und Gesellen in Leipzig im Jahr 1555[1007]

„Die Gegensätze der Meister und Gesellen, wie sie in späterer Zeit auftraten, werden gut beleuchtet durch eine Eingabe der Leipziger Zimmergesellen vom Jahre 1555 an den Rat und eine Gegeneingabe der Meister.

Die Gesellen führen darin folgende Punkte mit der Bitte um Berichtigung an:

1. Kürzung des Wochenlohnes durch die Meister, die von jenen damit begründet werde, daß sie Werkzeug für die Gesellen halten müßten.

2. Einbuße des alten Rechtes der Gesellen, eine Woche nach Dienstantritt, wenn es ihnen nicht gefalle, wieder abzudanken. Jetzt erhielten sie in diesem Falle ein Vierteljahr in der Stadt keine Arbeit mehr.

1006 Reith/Grießinger/Eggers, Streikbewegungen, S. 52f; Grießinger/Reith, Ordnungskonzeptionen, S. 137–165; Dipper, Geschichte, S. 146; Wissell, Recht III, S. 190, 192; Bräuer, Gesellen, S. 135f; Reininghaus, Entstehung, S. 181; Haupt/Crossick, Kleinbürger, S. 228; Duclaud, Zünfte, S. 126; 17; Hähnsen, Geschichte, S. 149f, 206; Kaufhold, Handwerk, S. 111; Roth, Zunftherrlichkeit, S. 83; Kocka, Stand, S. 183; Clasen, Streiks der Augsburger Schuhknechte, S. 22ff; Todt/Radandt, Frühgeschichte, S. 107–152.

1007 Zöllner, Zunftverfassung, S. 62f.

3. Zurückweisung der Beschuldigung, daß sie die fremden Gesellen verhetzten und wieder forttrieben; dies verschuldeten vielmehr die Meister durch ihr Verhalten.

4. Beschwerde betr[effend] der gemeinsamen Lade, weil die Meister, obgleich sie nur 13 gegen 70 Gesellen wären, ihnen jede Gewalt darüber absprechen wollten. Der Obermeister hätte verschiedentlich Geld aus der Lade genommen ohne Willen der Gesellen, nachdem er den Schlüssel dem Altknecht ‚abgedräuet' habe. Sie bitten um Gewährung einer eignen Lade, da die Meister einem kranken Gesellen ‚keinerlei furderung' aus der gemeinsamen Kasse täten.

5. Die Meister beschäftigten Gesellen, die das Handwerk nicht wie gebührlich gelernt hätten.

6. Obgleich jeder Meister nur einen Lehrjungen halten solle, nähmen sie bereits ein Vierteljahr vor Ausgang desselben einen andern an.

7. Geringe Flickereien durften früher von den Gesellen in Feierstunden gebessert werden; das hätten die Meister jetzt untersagt.

Zum Schluß wird der Rat ersucht, die Eigennützigkeit der Meister abzustellen.

Die Meister bringen in ihrer Gegeneingabe folgendes vor:

1. Sie könnten keinen höheren Lohn geben, da sie für eine beträchtliche Summe ‚Zeug' halten müßten.

2. Der Vorwurf der Verhetzung der Wanderburschen wird aufrechterhalten.

3. Sie werfen den Gesellen vor, daß sie Holz vom Bau entwenden.

4. Sie beklagen sich, daß die Gesellen, wenn die Meister sie wegen Gebrechen in der Arbeit strafen, gleich davonlaufen.

5. Sie wollen nicht mehr genötigt sein, die Gesellen mit zu Grabe zu bringen. Jede Partei solle fortan ihr eigenes Leichentuch haben.

In den Statuten, die 1555 für Meister und Gesellen bestätigt wurden, berücksichtigte der Rat teils die Wünsche der Meister, teils die der Gesellen:

Die letzteren waren in drei Punkten erfolgreich:

1. erhielten sie eine besondere Lade,

2. wurde bestimmt, dass der Meister fortan nicht mehr als wöchentlich einen Groschen für Abnutzung des Zeuges vom Lohne abziehen dürfe,

3. sollte der Meister erst sechs Wochen vor Ausgang des alten Lehrlings einen neuen annehmen.

Die Meister hatten in vier Punkten Erfolg:

1. erhielten sie ein gesondertes Leichentuch,

2. wurde das Stören der Gesellen verboten, es geschehe denn mit Vorwissen und Bewilligung des Meisters,

3. wurde das Holzwegtragen vom Bau strengstens untersagt,

4. sollten die Gesellen, die ohne redliche Ursache ihrem Meister von der Arbeit gingen, ein Vierteljahr am Orte keine Beschäftigung erhalten.

Das Beispiel zeigt, daß die Gesellen als geschlossene Korporation wohl imstande waren, Forderungen den Meistern gegenüber durchzusetzen, wenn sie natürlich auch nicht in allem erfolgreich sein konnten."

Nicht alle Streiks richteten sich gegen die Meister. Eine Querschnittsuntersuchung zum Ende des 18. Jahrhunderts ergab, dass in rund einem Sechstel der Fälle die Gesellen von ihren Meistern unterstützt wurden. Jeder dritte Ausstand wandte sich allein oder teilweise gegen die städtische Obrigkeit.[1008] Ging es um die Aufrechterhaltung des Zunftwesens oder der Zunftehre, so stimmten die Interessen von Meistern und Gesellen überein.[1009] Indem sie die Gesellen unterstützten, konnten einzelne Meister – zum Beispiel Kleinmeister ohne Gesellen – Zunftkollegen, die ihre Konkurrenten waren, in Schwierigkeiten zu bringen hoffen.[1010] In Bayreuth streikten im Jahr 1800 die Maurer- und Zimmerergesellen für höhere Löhne. Es ist zwar nicht zu beweisen, dass ihre Meister sie dazu angestiftet hätten, die Meister nutzten aber den Streik, um eigene Forderungen bei der Obrigkeit anzubringen. Da sich sowohl Gesellen als auch Meister auf eine obrigkeitliche Lohntaxe bezogen, war die Gelegenheit günstig.[1011]

Träger von Gesellenstreiks waren meist die Wandergesellen, während „Sitzgesellen" (Meistersöhne, Gesellen mit Familie) wenig in die Gesellenschaften integriert waren und teilweise andere Interessen vertraten. Verheiratete Gesellen konnten einen Streik schwer durchstehen, wollten sie ihre Familien nicht im Stich lassen. Die Meister favorisierten und privilegierten deshalb einheimische Gesellen, die von ihren wandernden Kameraden von Streiks ausgeschlossen wurden. Wer keine familiären Bindungen am Streikort hatte, riskierte nicht viel, wenn ihn die Obrigkeiten auswiesen. Im Bauhandwerk, das seit dem Mittelalter viele „ewige" Gesellen hatte, gab es aber auch Streiks verheirateter und sesshafter Gesellen. Neben divergierenden Interessen infolge ihrer sozialen Lage behinderten die ständigen Streitereien über Verstöße gegen Vorschriften der Gesellenschaften eine Solidarisierung der Gesellen.[1012]

Am liebsten streikten die Gesellen, wenn sie ihre Meister in Phasen der Hochkonjunktur treffen konnten, in der Zeit voller Auftragsbücher vor Messen oder Feiertagen. Die typische Streiksaison dauerte von Mai bis Oktober; im Winter konnten die Gesellen schlecht wegwandern.[1013] Die verschiedenen Bedingungen der einzelnen Gewerbe und das ausgeprägte Berufsbewusstsein der Gesellen behinderten die Solidarisierung über Berufsgrenzen hinweg. Die meisten Streiks blieben auf einen Beruf in einer Stadt begrenzt, die Anzahl der gewerbeübergreifenden Streiks wuchs aber in der zweiten Hälfte des 18. Jahrhunderts deutlich.[1014] Streikerfahrungen aus anderen Orten wurden von Wandergesellen vermittelt.[1015]

1008 Kocka, Stand, S. 182; Bräuer, Gesellen, S. 141.
1009 Kocka, Stand, S. 182; Höpfel, Aufstand, S. 23f; Clasen, Der Streik der Ausburger Müllergesellen, S. 221; Lentze, Nürnbergs Gewerbeverfassung im Mittelalter, S. 275.
1010 Schanz, Geschichte, S. 138.
1011 Althaus, Rechtsnormen,, S. 172ff.
1012 Kocka, Stand, S. 180, 182; Fischer, Volk, S. 46f; Clasen, Der Streik der Ausburger Müllergesellen, S. 207; Althaus, Rechtsnormen,, S. 52ff; Herzig, Kontinuität, S. 300; Fischer, Quellen, S. 97; Reith/Grießinger/Eggers, Streikbewegungen, S. 19; Wissell, Recht II, S. 214; Schwarz, Lage, S. 216.
1013 Reith/Grießinger/Eggers, Streikbewegungen, S. 6ff, 39.
1014 Reith/Grießinger/Eggers, Streikbewegungen, S. 13, 15.
1015 Reith/Grießinger/Eggers, Streikbewegungen, S. 19.

Einem Streik gingen andere Kofliktformen voraus. In der Zunftversammlung wurden die Streitigkeiten thematisiert, die Gesellen verstießen aus Protest gegen einschlägige Vorschriften, schimpften oder beschwerten sich bei der Obrigkeit.[1016] Eine Herberge am Ort war einem Streik förderlich. Mussten die Gesellen unter Aufsicht eines Meisters tagen, waren Absprachen zum Streik nicht möglich.[1017] Die Streikplanung erfolgte auf einer der regelmäßigen oder auf einer außerordentlichen Versammlung der Gesellenschaft, bei der sich die Gesellen zur Streikfolge verpflichteten. Wer sich verweigerte, musste mit Repressalien der Gesellenschaft rechnen. Bei auswärtigen Gesellenschaften wurden schriftlich Meinungen zur Legitimität der Streikgründe eingeholt. Eventuell wurde ein Warnstreik angesetzt.[1018]

Die Gesellen verließen ihre Arbeitsplätze und führten einen Umzug durch die Straßen der Stadt oder ein Festgelage in der Herberge durch. „Nach Beendigung des Streiks gehört es zu den Standardforderungen der Gesellen, von den Meistern die Zahlung ihrer Unkosten zu verlangen, und der Streit um die – oft nicht geringen – Beträge währt dann oft wesentlich länger als der Streik selbst."[1019] Normalerweise war ein Streik an diesem Punkt beendet. Die Gesellen hatten „gefeiert" und der Öffentlichkeit ihr Selbstbewusstsein vorgeführt. Verhandlungen mit den Meistern oder ein Schiedsspruch der Obrigkeit beendeten die Auseinandersetzungen. Falls die Obrigkeit nicht zur Gewalt gegriffen hatte, war es ruhig und diszipliniert zugegangen; die Gesellen suchten Krawall zu vermeiden, um sich von den Unterschichten abzuheben und die Obrigkeit nicht zum militärischen Einschreiten zu provozieren.[1020]

Wurde der Streik fortgesetzt, weil keine Einigung erzielt werden konnte, so erfolgte jetzt der „Auszug" der Gesellen vor die Stadt, in der Regel in die nächste Umgebung, um von hier aus in Verhandlungen treten zu können. Dabei nahmen sie die Lade mit: Sie diente als Streikkasse; wäre sie Streikbrechern in die Hände gefallen, hätten diese im Namen der Gesellenschaft gegen die Interessen der Streikenden agieren können. Mit „Laufbriefen" an andere Gesellenschaften und Streikposten versuchten sie einen Boykott der Meister ihrer Stadt zu organisieren. Während des Auszugs wurde in einem Wirtshaus gefeiert. Wurde der Streik beendet, zogen die Gesellen mit ihrer Lade wieder festlich in die Stadt und auf einem Umzug durch die Straßen, um symbolisch das Ende der Aktion darzustellen. Streiks dauerten zwischen einigen Stunden und mehreren Wochen.[1021] „Nur etwa ein Fünftel der Streiks war durch Auszüge, Abwanderung oder Teilabzug gekennzeichnet; Boykottaktionen waren noch weitaus seltener. Vor allem bei großen Streiks, die eine gewisse Öffentlichkeit erzeugten und die die Obrigkeit unter

1016 Bräuer, Gesellen, S. 131–134.

1017 Salow, Zunftwesen, S. 99.

1018 Reith/Grießinger/Eggers, Streikbewegungen, S. 17, 19f; Clasen, Streiks der Augsburger Schuhknechte, S. 34f; Clasen, Der Streik der Augsburger Müllergesellen, S. 232; Kocka, Stand, S. 183.

1019 Reith/Grießinger/Eggers, Streikbewegungen, S. 21.

1020 Grießinger, Kapital, S. 117ff, 417; Reininghaus, Entstehung, S. 184f; Kocka, Stand, S. 182f.

1021 Reith/Grießinger/Eggers, Streikbewegungen, S. 22–25, 39; Reininghaus, Entstehung, S. 184; Schultz, Das ehrbare Handwerk, S. 104f; Roth, Zunftherrlichkeit, S. 83.

Zugzwang setzen konnten, zogen die Gesellen in umliegende Ortschaften, um einem Eingreifen der Obrigkeit vorzubeugen. Die zeitliche Verteilung zeigt, daß Auszug und Abwanderung in der zweiten Hälfte des 18. Jahrhunderts an Bedeutung verloren: 1790 bis 1806 waren nur noch 15% der Streiks mit einem Auszug oder mit Abwanderung verbunden."[1022] Die Streiks wurden in dieser Zeit kürzer.[1023]

Die Meister standen ihren Gesellen nicht wehrlos gegenüber. Sie ersetzten abziehende Gesellen durch neu zuziehende, Hilfskräfte oder Familienmitglieder, verpflichteten sich gegenseitig, keinen der Streikbeteiligten mehr zu beschäftigen und bedienten sich ihrerseits des Verrufs. Ohne Gesellen schwand zwar ihr Profit dahin, sie waren aber in der Lage, ohne deren Beitrag zur Produktion zu überleben. Von der Obrigkeit erhielten sie regelmäßig Unterstützung, weil diese Ruhe und Ordnung aufrechterhalten wollte und ihre Politik von Handwerksmeistern mitbestimmt wurde.[1024]

Offensichtlich waren die Waffen zwischen Meistern und Gesellen in Streiks annähernd gleich verteilt; wahrscheinlich streikten die Gesellen nur dann, wenn sie sich gute Erfolgschancen ausrechneten. In vielen Fällen erreichten sie zumindest teilweise ihre Ziele, insbesondere wenn es ihnen gelang, eine Interessenkongruenz mit der Obrigkeit herzustellen. Gegen Ende des 18. Jahrhunderts endete ungefähr die Hälfte der Streiks mit einem Erfolg oder Teilerfolg der Gesellen. Nach 1800 verschlechterte sich ihre Situation dramatisch. Von etwa 1800 bis 1848 waren die wenigsten Streiks aus Sicht der Gesellen erfolgreich. Die Zahl der Streikbrecher wuchs, überregionale Märkte erlaubten es, bestreikte Produkte durch Einfuhr zügig zu ersetzen, das Abwandern der Gesellen in andere Orte war in den wirtschaftlich schwierigen Zeiten wenig aussichtsreich, der Widerstand der Obrigkeiten wurde zu massiv.[1025]

Gesellenstreiks in Husum 1785/86

Selbst im kleinen Husum kam es 1785 und 1786 zu mehreren Gesellenstreiks. Zunächst klagten die Schneidergesellen gegen einen Meister, weil er einen verheirateten Gesellen beschäftigte. Die Zunftversammlung entschied zugunsten des Meisters und verpflichtete die Gesellen, die Kosten des Verfahrens zu tragen. „Bald darauf bezahlten sie auch ein jeder eine unbedeutende Summe ... und versprachen den beträchtlichen Rest aus der Gesellenlade und Kasse, die, der Bestimmung der Zunftgesetze gemäß, nur für kranke und verarmte Brüder zu benutzen war, zu bestreiten. Das konnte unmöglich gelitten werden, zumal der Kasseninhalt ja zum Theil gestiftet und zusammengebracht war von früheren Gesellen. Dem Verbot aber setzten sie die Drohung entgegen, daß sie, falls ihnen dies nicht gestattet würde, nach 8 Tagen 'aufsagen' und alle davon gehen würden. Daher

1022 Reith/Grießinger/Eggers, Streikbewegungen, S. 54.

1023 Grießinger, Kapital, S. 384f.

1024 Schönberg, Bedeutung, S. 121; Ehrenburg, Gewerbefreiheit, S. 20f; Bräuer, Handwerk im alten Chemnitz, S. 98; Kaufhold, Handwerk, S. 111.

1025 Reininghaus, Entstehung, S. 185; Grießinger/Reith, Ordnungskonzeptionen, S. 172–178; Kocka, Stand, S. 183; Todt/Radandt, Frühgeschichte, S. 66f.

entschlossen sich die Meister, den größten Theil der Kosten zu bezahlen."[1026]

Als nächste protestierten die Schustergesellen, die vom Rat die Aufhebung der Sperrstunde in den Wirtshäusern verlangten. Trotz öffentlich verlesener Verbote demonstrierten sie – im Verein mit anderen Gesellen und Arbeitern – vor dem Rathaus und in den Straßen der Stadt, trafen sich in Wirtshäusern und legten die Arbeit nieder. Nach mehreren Wochen des Tumultes beruhigte sich die Lage, „nach langem Hin- und Herreden bequemte sich das Schusteramt dazu, die Zeche und die Summe, die die Schustergesellen und die der übrigen Aemter verschwelgt, ... zu bezahlen."[1027]

Im Jahr 1786 entzündete sich der Unwillen der Schustergesellen an einer Beleidigung, die eine Schmiedwitwe über den Altgesellen der Schuster ausgesprochen hatte. Die Witwe nahm ihre Beleidigung zurück und entschuldigte sich, die Gesellen hatten ihren Altgesellen aber aufgrund der Beschuldigungen der Witwe inzwischen abgewählt und einen anderen an seine Stelle gesetzt. Nachdem die Beleidigung gegenstandslos geworden war, revidierten die Gesellen ihre Wahl. Der Konflikt entzündete sich jetzt an der Frage, wer die Zeche der Wahlversammlungen bezahlen solle. Im weiteren Verlauf der Auseinandersetzungen demonstrierten die Gesellen zusammen mit Arbeitern, Matrosen und Lehrlingen lautstark, woraufhin die Gemeinde einen Gesellen einsperrte, den sie aber nach Protesten wieder freiließ. Schließlich wurde die Zeche von den Meistern der Schusterzunft und aus der Gesellenlade bezahlt. In diesen unruhigen Zeiten gab es noch weitere Gesellenaufstände in Husum, „die alle mit großen Saufgelagen endeten, deren Zechen zu bezahlen aber keiner verpflichtet zu sein glaubte."[1028]

3.2.2.3.4. Widerstände

Die Gesellenschaften entwickelten ein Eigenleben, das sich nicht auf die von Meistern und Obrigkeiten gewünschten religiösen und sozialen Tätigkeitsfelder beschränkte. Die wachsende Macht der Gesellen, die sich sogar zu regionalen Bündnissen verabredeten, wurde als Bedrohung empfunden.[1029] Mit Verrufen und Streiks ließen die Gesellen ihre Muskeln spielen und trotzten Meistern und Obrigkeiten bessere Arbeitsbedingungen, blaue Montage und eigene Trinkstuben ab. Mit Kleidung und Degen spielten sie sich in der Öffentlichkeit als Herren auf. Seit dem Ende des 14. Jahrhunderts provozierte der Erfolg der Gesellenschaften Gegenreaktionen. Die einheitliche Kleidung der Gesellen, das Degentragen, die Trinkstuben, der blaue Montag, das Schenken, die Versammlungen, die eigene Gerichtsbarkeit – alle autonomen Äußerungen der Gesellen wurden von den Obrigkeiten bekämpft. Konnte man die Gesellenschaften nicht abschaffen, versuchte man sie wenigstens einzuschränken und zu bevormunden. Auf allen Ebenen, in den Zünften, Städten, Ländern und im Reich, wurde das rechtliche Instrumentari-

1026 Voß, Innungen, S. 72f, Zitat: S. 73.
1027 Voß, Innungen, S. 73ff, Zitat: S. 75.
1028 Voß, Innungen, S. 75–79, Zitat: S. 79.
1029 Vgl. Kapitel 2.4.

um gegen Gesellenschaften mobilisiert. Die Gesellen mussten auf einheitliche Kleidung und regionale Bündnisse verzichten, gelegentlich wurden blaue Montage gestrichen, auch die Teilnahme von Meistern an Gesellenversammlungen mussten sie erdulden, den Obrigkeiten gelang es aber nicht, die Gesellenbewegung zurückzudrängen; bereits am Ende des 15. Jahrhunderts mussten sie einsehen, dass die zersplitterten politischen Kräfte im Reich jede für sich zu schwach waren, um gegen die internationale Gesellenbewegung wirksam vorzugehen. Eine einzelne Obrigkeit musste befürchten, dass fremde Gesellen ihr Territorium mieden, wenn sie deren Selbstverwaltung abschaffte, und die eigenen Gesellen auf ihren Wanderungen nicht mehr akzeptiert wurden. Eine reichsweite Solidarität unter den Obrigkeiten kam trotz Bemühungen niemals zustande.[1030]

Der Reichsabschied von 1731 verbot fast alle Aktivitäten der Gesellenschaften, wurde aber in diesem Sinne nirgends realisiert. Der preußische König kopierte in seinen Generalprivilegien für die Zünfte von 1734 bis 1736 die Reichspolitik, ebenfalls ohne Erfolg. Die Französische Revolution veränderte die Situation radikal. Seit 1789 überzog eine Streikwelle nie geahnten Ausmaßes das Deutsche Reich; selbst Kleinstädte erlebten Gesellenaufstände. Die Obrigkeiten beobachteten die Vorgänge mit großer Aufmerksamkeit. Nachdem sie einige Jahre abgewartet und nachgegeben hatten, bemühten sie sich, alle Erscheinungen, die an Entwicklungen im revolutionären Frankreich erinnerten, zu unterdrücken. Die französische Gefahr schuf die Jahrhunderte lang vermisste Solidarisierung der Obrigkeiten. Das preußische Allgemeine Landrecht wandte sich 1794 gegen Gesellenschaften.[1031] Sein § 396 verbot Gesellenschaften, § 398 ließ jedoch Versammlungen unter Aufsicht der Zunftvorsteher zu, und § 399 erlaubte Altgesellen und Kassen für soziale Zwecke. Die Steilvorlage des Gesetzes wurde gleich im nächsten Jahr zu ersten Treffern genutzt. Die Verschärfung der Repression gegen Gesellenschaften begann in Preußen als Reaktion auf Beschwerden großbetrieblicher, für die Armee arbeitender Werkstätten, zunächst in Berlin, dann in anderen preußischen Städten. Die Gesellenschaften wurden nicht beseitigt, aber ihre Auflagen verboten, ihre Autonomie bei der Wahl der Altgesellen eingeschränkt, ihr Recht zum Umschicken und ihre Eigengerichtsbarkeit abgeschafft. Ziel der Meister und der mit ihnen verbündeten Obrigkeiten war die Ausschaltung aller autonomen Aktivitäten der Gesellen.

Außerhalb Preußens machte Frankfurt am Main 1799 den Anfang, indem es die Gesellenschaft der Schlosser aufhob; der Stadtrat nutzte einen Streik der Gesellen, die aus der Stadt gezogen waren. Die befürchteten Widerstände der Frankfurter Schlosser und auswärtiger Gesellenschaften blieben aus, was andere Städte unter Führung Bremens und mehrere deutsche Länder ermutigte, in den kommenden Jahren eine ähnliche Politik zu betreiben. In Frankreich, den von Frankreich besetzten deutschen Gebieten und der Schweiz waren inzwischen die Zwangs-

1030 Reininghaus, Haus, S. 60–66; Schmoller, Tucher- und Weberzunft, S. 525f; Hähnsen, Geschichte, S. 31f; Arentz, Zersetzung, S. 67; Stieglitz, Zünfte, S. 71; Jahn, Gewerbepolitik, S. 44–51; Hogen, Erwerbsordnung, S. 99–102; Puschner, Handwerk, S. 224f; Schmidt, Frühkapitalismus, S. 85f.

1031 Allgemeines Landrecht, S. 470.

zünfte abgeschafft und die Gesellenschaften verboten oder funktionslos geworden. Nennenswerten Widerstand zeigten die Gesellen zur Überraschung der Obrigkeiten nicht. Sie waren gespalten, eine beachtliche Minderheit war nicht mehr bereit, für die Aufrechterhaltung der Gesellenschaften zu kämpfen, weil sie in Manufakturen und Fabriken alternative Arbeitsplätze angeboten bekam, gesetzestreu sein wollte oder die wachsende Belastung durch Auflagegebühren beklagte. Diese Gebühren dienten der Finanzierung des überregionalen Schriftverkehrs, der Wander- und Krankenfürsorge und Geselligkeit. Die Obrigkeiten nutzten gezielt die schwierige wirtschaftliche Situation vieler Gesellen, die nicht in der Lage waren, sich mit Streiks zu wehren, weil abziehende Gesellen leicht durch neu zuziehende ersetzt werden konnten. Die Gesellen resignierten vor der Übermacht der konzertierten Repression, mit deren Wucht sie nicht gerechnet hatten. Einige Territorien wie Bayern, Hamburg und Hessen-Darmstadt behielten Gesellenschaften zunächst bei, anderswo wurden sie nach ihrer Abschaffung neu gegründet, um das Wanderwesen aufrecht zu erhalten, die Passierlichkeit der Gesellen zu gewährleisten und die Armenkassen zu entlasten. Die Repression selbstständiger Regungen der Gesellenschaften setzte sich indes kontinuierlich fort. Das Ende der Zünfte war schließlich das Ende fast aller Gesellenschaften. Einige lebten als Unterstützungskassen weiter, andere gingen in der Gewerkschaftsbewegung auf, ein paar wurden zu Traditionsvereinen.[1032]

3.2.3. Die Meister

Das deutsche Wort „Meister" ist eine sprachliche Umformung des lateinischen „magister", die bereits im Althochdeutschen vorkommt. Es ist eine ehrende und titelhafte Bezeichnung, die verliehen wird infolge einer maßgebenden Stellung, Gelehrsamkeit oder Kunstfertigkeit.[1033] Ein Handwerksmeister vereint alle drei Bedeutungsvarianten in seinen Eigenschaften als Betriebsleiter, Ausbilder und handwerklicher Könner. Die Zunft war eine Vereinigung von Meistern, die gleichzeitig Betriebsinhaber waren, ein Unternehmer- und Unternehmensverband. Im Zunftwesen waren Meisterschaft und Mitgliedschaft identisch: Wer ausschied, verlor den Meistertitel.

Wie jeder Typusbegriff kannte der des Zunftmeisters einen Randbereich, in dem die typischen Kennzeichen nur zum Teil vorlagen. In einigen Zünften - etwa

1032 Stieglitz, Zünfte, S. 100; Zünfte und Handwerk in Hessen, S. 16; Hähnsen, Geschichte, S. 445; Wissell, Recht III, S. 211, 214; Wissell, Recht VI, S. 362; Schultz, Das ehrbare Handwerk, S. 120; Bessenrodt, Handwerk, S. 46f; Grießinger, Kapital, S. 255–285; Zerwas, Arbeit, S. 58; Kocka, Arbeitsverhältnisse, S. 346f; Todt/Radandt, Frühgeschichte, S. 42f, 52–57; Nerger, Geschichte, S. 32, 35; Emig, Berufserziehung, S. 287, 421f; Reininghaus, Die Gesellenvereinigungen am Ende, S. 230f, 240; Kocka, Einführung, S. 464; Farnam, Gewerbepolitik, S. 63f; Hinkmann, Korporationen, S. 113; Anegg, Gewerbestruktur, S. 153; Barnowski-Fecht, Handwerk, S. 151f; Deter, Handwerksgerichtsbarkeit, S. 95; Proesler, Handwerk, S. 54*–70*.

1033 Vgl. Grimm, Jacob und Wilhelm: Deutsches Wörterbuch, Nachdruck München 1984, Band 12, Sp. 1952–1966.

im Bausektor - waren ebenfalls die Gesellen Mitglied, wenn auch mit abgestuften Rechten. Seit dem 16. Jahrhundert sind angestellte Zunftmeister bekannt; gegen Ende des 18. Jahrhunderts gab es sie in großer Zahl.[1034] Viele Zunftmeister bildeten keine Lehrlinge aus oder arbeiteten als Alleinmeister völlig ohne Mitarbeiter.[1035] Freimeister wirkten außerhalb der Zünfte mit obrigkeitlichem Spezialprivileg. In der Position eines Hofhandwerkers bildeten sie oft die Spitze ihres Fachs.[1036]

Wie der Erwerb der Meisterwürde in der Frühzeit des deutschen Zunftwesens vonstatten ging, wissen wir nicht. Seit dem 14. Jahrhundert ist ein charakteristisches Muster erkennbar. Strenger als bei Lehrlingen und Gesellen wurde darauf geachtet, dass von Meisterkandidaten die gewünschten Voraussetzungen der Ehrbarkeit und persönlichen Freiheit, des Geschlechtes, der Religion und Konfession sowie der Nationalität erfüllt wurden. Vom Meister wurde – von seltenen Ausnahmen abgesehen – erwartet, dass er verheiratet war; kurz vor oder nach der Aufnahme in die Zunft hatte er die Ehe einzugehen. Ein unverheirateter Meister gefährdete mit seinen sexuellen Beziehungen die Ehre der Zunft und stellte deren Position in Gesellschaft und Politik in Frage. Mitarbeiter konnte er nicht beschäftigen, da diese üblicherweise in seinem Haushalt zu wohnen hatten; die Haushaltsführung oblag aber der Frau. Ein großer Anteil unverheirateter Meister hätte das Zunftwesen auf lange Sicht in Gefahr gebracht, da keine Lehrlinge mehr ausgebildet worden wären. Nicht zuletzt übte die Ehefrau, die im Betrieb ihres Mannes half, einen Garten bewirtschaftete oder einer außerhäuslichen Erwerbstätigkeit nachging, eine stabilisierende Funktion aus, weil sie dem Mann in wirtschaftlich schwierigen Zeiten mit ihrem Einkommen zur Seite stand.[1037] Die Obrigkeiten wandten sich im 17. und 18. Jahrhundert gegen die Ehepflicht der Meister, wie sie überhaupt alle Regelungen bekämpften, welche die Durchlässigkeit des Zunftwesens verminderten.[1038]

Hatte ein Kandidat die persönlichen Voraussetzungen nachgewiesen, seine kommunalen oder staatlichen Pflichten erfüllt (Bürgerrecht, Waffenbeschaffung oder Militärdienst) und den vorgeschriebenen handwerklichen Werdegang hinter sich gebracht, durfte er sich bei der zuständigen Zunft der von ihm gewählten Stadt oder Region um die Aufnahme bewerben. Während der Antragsphase wurde der Kandidat Jahrmeister, Stückmeister oder Meistergeselle genannt.[1039] Die Zunft nahm ihn nur dann auf, wenn er bestimmte Bedingungen erfüllte: In einer geschlossenen Zunft musste ein Platz frei sein; außerdem musste der Kandidat ein Mindestvermögen oder eine Betriebsstätte nachweisen, eine Prüfung erfolgreich

1034 Bräuer, Gesellen, S. 24; Schlenkrich/Bräuer, Armut, S. 96ff; Bräuer, Das zünftige Handwerk, S. 70; Bräuer, Handwerk im alten Chemnitz, S. 112–117; Kocka, Stand, S. 143; Kocka, Arbeitsverhältnisse, S. 327; Fischer, Volk, S. 46; Clasen, Streiks und Aufstände, S. 46.

1035 Vgl. Kapitel 4.3.

1036 Vgl. Kapitel 4.1.

1037 Warncke, Handwerk, S. 118; Zöllner, Zunftverfassung, S. 65; Kocka, Stand, S. 149; Keller, Handwerkeralltag, S. 28; Schwarzlmüller, Berufslaufbahn, S. 164; Neuburg, Zunftgerichtsbarkeit, S. 54f.

1038 Proesler, Handwerk, S. 41*, 68*.

1039 Wissell, Recht III, S. 296.

abgelegt, Mut- und Dienstzeiten absolviert und Gebühren gezahlt haben. Nach der Aufnahme hatte er seinen Kollegen ein Festessen zu spendieren. Die Frage, inwieweit die Zünfte die Aufnahme neuer Meister erschwert hätten, ist eine der am meisten diskutierten in der Zunftliteratur. „Meister werden ist gar schwer, Meister sein ist es nicht mehr", könnte man einen Vers Wilhelm Buschs abwandeln, um die ältere Auffassung von den Schwierigkeiten des Meisterwerdens auszudrücken. Seit dem Spätmittelalter, nach anderen seit dem 16. Jahrhundert hätten sich die Zünfte gegen Neuaufnahmen abgeschlossen, um ihre Vorrechte exklusiv zu genießen, lautet eine Lieblingsthese der älteren Zunftforschung.

3.2.3.1. Absolute Abschließung

Eine Zunft konnte sich nicht willkürlich weigern, einen Bewerber aufzunehmen. Erfüllte er die Bedingungen, musste sie ihn integrieren.[1040] Dem konnte sie entgehen, wenn sie von der Obrigkeit vor Neuaufnahmen geschützt wurde: Die Maximalzahl der Mitglieder wurde fixiert; Aufnahmen durften nur in dem Umfang erfolgen, wie Plätze frei wurden. Abschließungen kannte man auch außerhalb des Zunfthandwerks; in Konstanz waren im 16. Jahrhundert die unzünftigen Berufe der Maklerinnen und Garnhändlerinnen, der Gastwirte und der Weinschänken beschränkt.[1041] In Pavia war die Gerberzunft schon am Ende des 10. Jahrhunderts geschlossen.[1042] Aus Deutschland sind Zunftabschließungen vom 13. Jahrhundert bis zum Ende der Zunftepoche bekannt.[1043]

Natürliche, wirtschaftliche und politische Gründe bewirkten, dass Zünfte geschlossen wurden. Eine Fischerzunft wurde geschlossen, um der Überfischung vorzubeugen, eine Baderzunft, weil Badstuben kostspielig waren und die geeigneten Plätze an Bächen und Flüssen nicht beliebig vermehrt werden konnten. Ähnliches galt für die ebenfalls standortgebundenen Müller und Gerber. In vielen Städten schrieb der Stadtherr oder Stadtrat den Handwerken im Mittelalter Ort und Zahl der Verkaufsplätze vor; hier war die Mitgliederzahl durch die Anzahl der Stände oder Buden reglementiert. Vor allem bei den Grundnahrungsmitteln Brot und Fleisch achteten die Obrigkeiten auf eine stetige, gute und preiswerte Versorgung der Bevölkerung, indem sie den Verkauf auf öffentlichen „Bänken" im Rathaus oder städtischen Kaufhaus oder auf dem Markt vorschrieben. Im Laufe der

1040 Sonntag, Zunftzwang, S. 50; Hähnsen, Geschichte, S. 33.

1041 Feger/Rüster, Wirtschafts- und Gewerberecht, S. 41*.

1042 Luzzatto, Economic History, S. 60.

1043 Mummenhoff, Handwerker, S. 5; Neuburg, Zunftgerichtsbarkeit, S. 53; Handbuch Wirtschaftsgeschichte, S. 576; Schönberg, Bedeutung, S. 75f; Arneth, Verfassung, S. 23f. Knut Schulz' These, am Ende des 14. und in den ersten Jahrzehnten des 15. Jahrhunderts sei es nicht zu Abschließungen gekommen, weil die Städte bemüht gewesen seien, ihre Pestverluste durch Zuzug auszugleichen, überzeugt nicht. (Schulz, Verflechtungen, S. X; vgl. Bräuer, Grundzüge, S. 21.) Auch aus diesem Zeitraum sind zahlreiche Zunftabschließungen bekannt. Massive Bevölkerungseinbußen konnten eine Öffnung der Zünfte veranlassen, um Handwerker in die Stadt zu ziehen; hatte die Pest eine Zunft unterdurchschnittlich betroffen, konnte aber auch das Gegenteil eintreten, da jedem Produzenten der Zunft jetzt im Mittel weniger Konsumenten als zuvor gegenüber standen.

Zeit lockerten sich diese Beschränkungen, der Verkauf in einem Laden oder in der Werkstatt wurde zugelassen, die Qualitätskontrolle ging auf die Zünfte über. Ehemals geschlossene Zünfte wurden geöffnet. In Hildesheim wurde im 17. und 18. Jahrhundert die Zahl der Töpfer beschränkt, weil man befürchtete, deren hoher Holzverbrauch treibe die Brennstoffpreise für die übrigen Konsumenten hoch. Andere Zünfte wurden geschlossen, weil man eine ruinöse Konkurrenz unter den Mitgliedern verhindern wollte. Hufschmiede, Wagner und Schornsteinfeger konnten ihre Kundschaft kaum vermehren. Kam es zum Verdrängungswettbewerb, war womöglich die Versorgung der Bewohner mit Waren oder Dienstleistungen einheimischer Anbieter nicht mehr gewährleistet, Gewerbetreibende verarmten. Exportgewerbe wurden geschlossen, weil man den Produzenten helfen wollte, ihr Auskommen unter verschärften Wettbewerbsbedingungen zu finden. Die Räte und Regierungen halfen ihren Gewerbetreibenden, damit sie nicht „'ahn denn bettelstab gedeyenn müstenn'". Dem Steuersäckel der Städte waren wenige gut verdienende Handwerker dienlicher als viele verarmte. Aufmüpfige Zünfte wurden geschwächt, indem man ihre Mitgliederzahl limitierte oder reduzierte. Während einige Städte vom Instrument der Zunftabschließung rege Gebrauch machten, nutzten andere es wenig. Prosperierende Metropolen wie Köln im Mittelalter oder Berlin im 18. Jahrhundert brauchten sich nicht auf diese Weise zu schützen. Im Kurfürstentum Hannover wurden während der Französischen Revolution Abschließungsanträge – die vorher Jahrzehnte lang ignoriert worden waren – von der Regierung wohlwollend beschieden, um die zünftige Bevölkerung zu beruhigen.[1044]

Die Zünfte waren nicht per se für die Abschließung. Je größer eine Zunft war, umso mächtiger wurde sie, umso mehr gesellschaftliches Ansehen, politischen Einfluss und renommierte Ämter vermittelte sie ihren Mitgliedern. Die Zünfte wussten, dass Abschließungen die illegale Tätigkeit von Handwerkern außerhalb der Zunft förderten. Eine Abschließung wurde erst in Erwägung gezogen, wenn der wirtschaftliche Druck zu stark wurde. Die Zunft hatte ein vitales Interesse an der Erhaltung der Mitgliedsbetriebe, um nicht ihre eigene Existenz aufs Spiel zu setzen. Konkurrenzreduktion durch Abschließung schien ein einfaches Mittel, dies zu erreichen. Abwandern konnten die Meister im Zunftsystem ja nicht, beim Ortswechsel verloren sie ihr Meisterrecht. In Wirtschaftskrisen stellten Zünfte immer wieder Abschließungsanträge bei den Obrigkeiten.[1045] Gelegentlich wurden Zünfte eigens zu dem Zweck gegründet, sich abschließen zu können.[1046] Die Böttcher in Flensburg schlossen sich ab, um die Qualität ihrer Produkte zu stei-

1044 Zöllner, Zunftverfassung, S. 47 (Zitat); Warncke, Handwerk, S. 130, 152; Loesch, Zunfturkunden I, S. 70*; Flemming, Innungen, S. 238; Hopp, Zunft, S. 30; Wissell, Recht II, S. 54; Scheschkewitz, Zunftwesen, S. 174; Flemming, Innungen, S. 239f; Schmidt, Zunft, S. 21; Rörig, Stadt, S. 103; Müllerleile, Gewandschneidergilde, S. 21, 61ff; Voß, Innungen, S. 99; Kaufhold, Handwerk, S. 59; Trübsbach, Handwerk, S. 99f; Ortloff, Recht, S. 5; Habicht, Stadt- und Landhandwerk, S. 217ff, 225f, 233; Keutgen, Ämter, S. 233–236; Hoffmann, Interesse, S. 41f.

1045 Welter, Studien, S. 99ff; Schultz, Das ehrbare Handwerk, S. 42; Schwarzlmüller, Berufslaufbahn, S. 146.

1046 Flemming, Innungen, S. 84.

gern und mit den Böttcherwaren der Hansestädte konkurrenzfähig zu werden; sie nahmen gewissermaßen Friedrich Lists Konzept des „Erziehungszolls" vorweg.[1047]

Theorie und Praxis lagen weit auseinander. Abschließungen wurden von den Obrigkeiten genehmigt unter dem Vorbehalt, sie jederzeit aufheben zu dürfen, sobald sich die Umstände änderten. Wie viele andere staatliche Maßnahmen, blieben Abschließungsanordnungen und -verbote oft folgenlos. Manchmal wurde die Maximalzahl so hoch angesetzt, dass sie niemals erreicht wurde, manchmal ignorierte die Zunft die Beschränkung oder deren Aufhebung einfach. Freimeistergenehmigungen setzten Abschließungen außer Kraft. Die meisten Abschließungen hatten keinen messbaren wirtschaftlichen Effekt. Im besten Falle konnten sie negative Veränderungen der Wettbewerbsverhältnisse kurzfristig leicht dämpfen. Auf lange Sicht war eine Abschließung undenkbar, sie hätte wegen Nachwuchsmangels zur Abschnürung der Zunft geführt.[1048]

Die Augsburger Weber suchten die Nachteile der absoluten Zunftabschließung zu vermeiden, indem sie den Zugang nicht verhinderten, sondern begrenzten. Doch auch diese Politik erfuhr wiederholt Änderungen. Man agierte und reagierte, ohne dass sich eine klare Linie erkennen ließe. Im Jahr 1682 traf man Maßnahmen gegen die Zunahme des Handwerks. In Zukunft sollten jährlich nur noch acht Personen Meister werden dürfen, nämlich vier Meister- und zwei Bürgersöhne sowie zwei auswärtige Gesellen. Um 1708 wurde die Zahl der Meistersöhne frei gegeben, auch Gesellen, die eine Meisterwitwe heirateten, unterlagen keiner Beschränkung mehr. Im Jahr 1715 wurden diejenigen, die weder Meistersöhne waren noch eine Witwe heirateten, zusätzlich mit langen Dienstzeiten beschwert. 1747 schließlich wurde die Ernennung neuer Meister in Gänze suspendiert, das Verbot wurde aber schon zu Weihnachten desselben Jahres wieder aufgehoben.[1049]

Abschließung der Schuhmachergilde in Burgdorf bei Celle 1785[1050]

In einer Eingabe an die Regierung trug die Burgdorfer Schuhmachergilde am 15. März 1784 den Wunsch vor, die Gilde abzuschließen und so lange keine neuen Meister mehr aufzunehmen, bis die Zahl der Meister von 56 auf 30 gesunken sei. Zur Begründung führte die Gilde an:

„Die Zahl muß also ... vermindert werden, teils um den bleibenden ein besseres und sicheres Auskommen zu verschaffen, teils um den Landmann vor schädlichem Betrug zu bewahren, teils um die zwecklosen Gildegerechtigkeiten mehr einschränken zu können, teils und besonders aber um dadurch fehlende Handwerke und nützliche Erwerbungsmittel per indirectum anzuziehen.

Jeder Mensch muß seine Hantierung haben, sie bestehe, worin sie wolle; sieht

1047 Schrader, Zünfte, S. 58.

1048 Hartmann, Geschichte, S. 59; Welter, Studien, S. 105f; Schrader, Zünfte, S. 56f; Scheschkewitz, Zunftwesen, S. 175; Flemming, Innungen, S. 243; Müllerleile, Gewandschneidergilde, S. 5; Hähnsen, Geschichte, S. 123f, 246; Trübsbach, Handwerksordnungen, S. 99; Skalweit, Dorfhandwerk, S. 59–66; Emig, Berufserziehung, S. 401; Decker, Bürger, S. 20, 22.

1049 Clasen, Streiks und Aufstände, S. 30f, 35.

1050 Bessenrodt, Handwerk, S. 39–42; Zitat: S. 40.

er also, daß er als Schuster nicht fortkommen kann, so ersinnet er einen anderen Erwerbszweig und je verschiedener, desto mehr Concurrenz, desto mehr Industrie. ...

Die nachteiligsten Folgen, die aus dem zu stark besetzten Schuhmacherhandwerk für die Stadt und die Umgegend entstehen, sind kurz die:

1. Einer nimmt dem anderen die Nahrung, und keiner hat sein Auskommen; der arme pfuscht, kann also die Arbeit wohlfeiler geben, der reiche muß pfuschen, um den gleichen Preis halten zu können. Alle haben keinen Vorteil bei der Arbeit.

2. Der Untertan wird dadurch häufig betrogen. Von den 56 Meistern können nur 12 reell arbeiten. Die übrigen müssen ihr Leder von den reicheren pfundweise kaufen und bekommen nicht das beste. Sie müssen Nebenerwerb suchen, liefern minderwertig, und der Landmann wird auf dem Markte mit schlechter Ware betrogen.

3. Der Staat ernährt manchen Faullenzer. Der arme Schuster wandert mit ein paar Schuhen, die er aus geborgtem Leder gefertigt hat, auf die entlegenen Märkte, verzehrt auf der Wanderung den Profit, kommt mit müden Knochen heim, muß sich ein paar Tage ausruhen und hat nichts als die Erinnerung an das genossene Vergnügen.

4. Unsere Stadt verarmt dabei. Jeder Handwerker muß Nahrungsgeld in die Cämmereykasse geben, desgl[eichen] der Gilde, arme und reiche gleich viel. Die Meisterschaft kostet einem Meistersohn 20 Th[a]l[e]r, einem fremden 50 Th[a]l[e]r, ein Geld, das wenige bar haben.

5. Die vielen armen Schuster schädigen den Kredit der Stadt. Unglaublich ist's, daß die Cämmereykasse 2645 Th[a]l[e]r Restanten hat, worunter die Schuster am häufigsten paradieren.

6. Die Schuster verlieren die Lust an anderer Hantierung. Der Sohn lernt vom Vater pfuschen. Der Junge sieht und empfindet nichts als den Knieriemen, und alle Lust vergeht ihm."

Die Regierung gab dem Wunsch der Burgdorfer Schuhmacher im Jahr 1785 nach. Trotzdem erlaubte sie in den Folgejahren zahlreiche Ausnahmen, so dass die Abschließung der Gilde folgenlos blieb. Der Stadtmagistrat bemühte sich 1799 um eine Aufhebung der Schließung, welche eine reine Formsache gewesen wäre.

Ob es – wie oft behauptet – während der Frühen Neuzeit einen Trend der Zünfte zur Abschließung gab, ist unbewiesen. Einiges spricht dafür, anderes dagegen, ausagekräftige statistische Untersuchungen wurden bisher nicht durchgeführt.[1051] Da eine absolute Abschließung stets die Zustimmung der Obrigkeit voraussetzte, kann sie nicht gegen deren Willen erfolgt sein. Eine Zunahme der Zahl der Abschließungen wäre jedenfalls kein Argument für einen angeblichen Verfall des Zunftwesens.

1051 Hähnsen, Geschichte, S. 39; Scheschkewitz, Zunftwesen, S. 108, 172f; Hendinger, Gerberhandwerk, S. 35; Kaufhold, Gewerbefreiheit, S. 79; Kieser, Kartell, S. 77; Pini, in: Lexikon des Mittelalters. Studienausgabe, Stuttgart/Weimar 1999, Band IX, Sp. 695; Bak, in: Lexikon des Mittelalters. Studienausgabe, Stuttgart/Weimar 1999, Band IX, Sp. 704.

3.2.3.2. Relative Abschließung

Unabhängig von den Obrigkeiten konnten die Zünfte Maßnahmen der relativen Abschließung durchführen, sofern sie sie in den Statuten nicht verankerten oder aber diese missachteten. Der Breslauer Goldschmiedegeselle Wolfgang Vincentz verlängerte 1551 freiwillig seine Wanderung, weil er meinte, „daß ich noch einige Jahre auf das Meisterrecht warten sollte, denn es waren schon der Goldschmiede zu viele in Breslau und etliche mußten recht magere Mäuse ziehen.“[1052] Er misstraute seiner Heimatzunft; im Jahr 1553 notierte er, er wisse nicht, „wer unter den Meistern zu Breslau mir für diesmal mißgünstig sein werde.“[1053] Offenbar ging er davon aus, man werde ihm beim Meisterwerden Schwierigkeiten bereiten, weil sich bereits zu viele Anbieter auf dem Markt tummelten.

Der Vorwurf, die Zünfte hätten sich mit ihren Forderungen nach langen Dienst- und Mutzeiten, hohen Mindestvermögen, teuren Meisterstücken, enormen Eintrittsgeldern und üppigen Meistermahlen gegen Zugänge abgeschottet, gehört zum Standardrepertoire der Missbrauchsvorwürfe neuzeitlicher Obrigkeiten und der älteren Zunftforschung.[1054] Knut Schulz vertrat diesen Standpunkt noch vor wenigen Jahren; er begründete die Abschließungstendenz der Zünfte seit der Mitte des 16. Jahrhunderts mit „sehr viel schlechteren konjunkturellen Bedingungen“.[1055] Inzwischen weiß man, dass die Vorwürfe gegen die Zünfte überwiegend aus der Luft gegriffen waren.[1056]

Dienst- und Mutzeiten werden in der Literatur nicht immer klar unterschieden. Unter der Dienst- oder Standzeit verstand man einen Zeitraum, den ein Meisterkandidat zwischen Wanderung und Meisterschaft bei der Zunft seiner Wahl, normalerweise bei einem einzigen Meister dieser Zunft, arbeiten musste. Die Mutzeit umfasste die Zeitspanne, in welcher der Kandidat seine Mutungen (Anmeldungen zur Meisterschaft) bei der Zunft vorbringen musste. Dienst- und Mutzeiten konnten zusammenfallen, sich überschneiden oder nacheinander zu absolvieren sein. Dienstzeiten gab es nicht in geschlossenen Zünften, weil dem Publikum daran lag, dass eine freie Meisterstelle möglichst bald wieder besetzt werde. Ebenso wenig kannten Gebietszünfte, deren Angehörige verstreut wohnten und ihr Handwerk vielleicht als einzige in einem Ort vertraten, Dienstzeiten. Der Idee nach sollten Dienst- und Mutzeiten der Zunft die Gelegenheit geben, den Bewerber charakterlich und fachlich einschätzen zu lernen, seine Papiere zu prüfen und über ihn Erkundigungen einzuziehen. Manchmal ersetzten sie die Meisterprüfung. Meistersöhne und -schwiegersöhne sowie die Ehemänner von Meisterwitwen konnten befreit werden, weil man sich auf das Urteil des Meisters bzw. der Witwe verlassen konnte, die sicherlich keine ungeeigneten Personen in ihrer Familie akzeptierten. Woanders rechtfertigte man die Zeiten damit, dass der Geselle für die

1052 Fischer, Quellen, S. 39.

1053 Fischer, Quellen, S. 46.

1054 Schulze, Handwerkerorganisation, S. 78; Wiest, Entwicklung, S. 77f; Scheschkewitz, Zunftwesen, S. 101.

1055 Schulz, in: Lexikon des Mittelalters. Studienausgabe, Stuttgart/Weimar 1999, Band IX, Sp. 689.

1056 Vgl. Brohm, Handwerkspolitik, S. 197.

Werkstatt und das Material, die ihm ein Meister für die Prüfung zur Verfügung stellte, eine Gegenleistung erbringen müsse.[1057]

Bisweilen wurden die Vorschriften ausgenutzt: „Im Lüneburger Archiv finden sich mehrere Prozeßakten, aus denen hervorgeht, daß die Meister kurz vor Beendigung der Mutzeit den Dienst unter dem Vorwand des Arbeitsmangels kündigten und der Geselle die Bedingungen für die Meisterschaft nicht erfüllen konnte, denn die Mutzeit mußte bei *einem* Meister ausgedient werden."[1058]

Seit dem Beginn des 14. Jahrhunderts sind Dienst- und Mutzeiten belegt. Die Dauer betrug zunächst oft ein Jahr – nach dem Vorbild der städtischen Bürgerrechtsverleihung, die bei beinem Zugereisten nach „Jahr und Tag" geschah –, doch kamen Zeitspannen zwischen einem Vierteljahr und sechs Jahren vor. Bis zum 17. Jahrhundert pendelten sich die Dienst- und Mutzeiten bei ein bis zwei, seltener drei Jahren ein. Ähnlich wie bei Lehr- und Wanderzeiten handelte es sich hierbei nicht um eine Verlängerung, sondern um eine Normierung auf mittlerem Niveau.[1059] Im 18. Jahrhundert konnten Dienst- und Mutzeiten gegen Zahlung eines Geldbetrages ganz oder teilweise erlassen werden.[1060] Lehrbriefe, Kundschaften und Meisterstücke ließen inzwischen ein ausreichendes Urteil über die Qualifikation eines Bewerbers zu, so dass man die antiquierte Vorschrift nutzen konnte, um Geld in die Kassen zu bringen.

Die Bremer Schuhmacher verlangten um 1300 von ihren neuen Meistern einen Vermögensnachweis in Höhe von 8 Mark; der Ratszensus betrug damals 32 Mark.[1061] Auch in anderen Städten wurden bis ins 18. Jahrhundert Mindestvermögen vorausgesetzt, zu einer allgemeinen Forderung wurden sie jedoch nie. Aus vielen Zunftordnungen verschwanden sie im Laufe der Zeit wieder, weil es selbstverständlich war, dass der neue Meister zur Betriebsgründung ein gewisses Vermögen brauchte. An einer Überprüfung der Vermögensverhältnisse waren Zunft und städtische Obrigkeit interessiert, um sicherzustellen, dass der neue Meister nicht gleich bei der ersten Geschäftsstockung der Armenversorgung zur Last fiel. Obwohl nicht intendiert, war die Notwendigkeit, ein Kapital zur Betriebsgründung aufzubringen, in einer Zeit mit rudimentärem Bankwesen eine hohe Hürde für den Zunftbeitritt. Bewerber aus ärmeren Kreisen konzentrierten sich auf Berufe, die wenig Kapital erforderten, etwa die Schneiderei, während ihnen Handwerke mit hohem Anlagevermögen wie Bäckerei oder Gerberei eher verschlossen blieben. Bestrebungen der Zünfte, den Beitritt zu erleichtern, indem sie das Betriebskapital vorschossen, sind nicht bekannt. Die Zunftmeister waren zufrieden, einen Konkurrenten weniger aufnehmen zu müssen.[1062]

1057 Warncke, Handwerk, S. 104; Hopp, Zunft, S. 41f; Decker, Bürger, S. 15; Wissell, Recht I, S. 359; Zöllner, Zunftverfassung, S. 66–71; Emig, Berufserziehung, S. 272; Neuburg, Zunftgerichtsbarkeit, S. 40; Arneth, Verfassung, S. 25; Döhler, Beschreibung, S. 133; Otruba, Gewerbe, S. 66; Arentz, Zersetzung, S. 64; Wesoly, Auswirkungen, S. 117f.

1058 Scheschkewitz, Zunftwesen, S. 58. Kursivschreibung durch mich.

1059 Ziekow, Freiheit, S. 166–171; Wissell, Recht I, S. 364; Jahn, Gewerbepolitik, S. 54; Neuburg, Zunftgerichtsbarkeit, S. 39.

1060 Emig, Berufserziehung, S. 271.

1061 Böhmert, Beiträge, S. 17.

1062 Welter, Studien, S. 95; Hähnsen, Geschichte, S. 36; Wissell, Recht I, S. 136f; Schrader,

Ein neues Problem warf die Verdinglichung der Bürger- und Zunftrechte auf. In Deutschland und Österreich wurde seit dem 16. Jahrhundert der Zutritt zu Zünften erschwert, weil die Zunftrechte von persönlichen Rechten zu vererb- und handelbaren Eigentumstiteln wurden. Teilweise war das Bürger- oder Gewerberecht „radiziert" („verwurzelt"): Das Bürgerrecht erhalten oder eine gewerbliche Tätigkeit ausüben durfte nur noch derjenige, der ein Haus in der Stadt oder sogar ein genau bestimmtes Haus besaß, auf welchem das Recht „wurzelte". Die Radizierung gehörte zu einer allgemeinen Entwicklung im Recht, welche persönliche Rechtsverhältnisse zu dinglichen werden ließ. Analog wurde die Mitgliedschaft in einer Zunft zu einem handelbaren und vererblichen Gut, einer „Realgerechtigkeit", die hohe Preise erzielte. Neue Zunftstellen wurden geschaffen, indem der Staat die Erlaubnis teuer verkaufte. Ein Bewerber um die Meisterschaft musste fortan außer seiner Betriebseinrichtung und gegebenenfalls einem Haus das Zunftrecht kaufen. Mit dem Verkauf von Realgerechtigkeiten machten auch die Zünfte Politik für oder gegen einzelne Bewerber. Besonders seit der zweiten Hälfte des 18. Jahrhunderts erschwerten Realgerechtigkeiten den Erwerb der Zunftmitgliedschaft spürbar. Die Frage, ob und wie Besitzer zu entschädigen seien, wurde zu einem Hauptproblem des Übergangs zur Gewerbefreiheit, weil enorme Summen im Raum standen, welche die Staaten nicht aufbringen konnten. In Preußen und Bayern entschied man sich nach langem Überlegen schließlich, durch den Übergang zur Gewerbefreiheit die bestehenden Realgerechtigkeiten einfach zu entwerten.[1063]

Soll man den Leistungsstand eines Meisterkandidaten überwachen? Diese Frage wurde von vielen Zünften mit Nein beantwortet; noch in der Mitte des 19. Jahrhunderts wehrten sich Handwerker gegen staatliche Bemühungen, den Befähigungsnachweis zu verschärfen. Man wollte den Staat aus Handwerksangelegenheiten heraushalten, verließ sich auf die Kräfte des Marktes, die jedem Meister ein kundengerechtes Qualitätsniveau abverlangten, die lange Ausbildungsdauer und die Warenschau.[1064] In Innsbruck wurden schon 1573 die Maurer und Steinmetze vom Stadtrat einer mündlichen Prüfung unterzogen, während die Zunft auf eine Meisterprüfung verzichtete.[1065] Andere Zünfte waren gründlicher und machten die Aufnahme von einer Prüfung abhängig. Ein schlechter Meister konnte den Ruf der Zunft und das Geschäft der Mitmeister schädigen. Hatten die führenden Städte einer Region Meisterstücke eingeführt, kamen die anderen in Zugzwang, wollten sie nicht in Misskredit geraten. An dieser Stelle trafen sich die Interessen der

Zünfte, S. 131f; 99, S. 33; Bodemann, Zunfturkunden, S. XXXIXf; Schragmüller, Bruderschaft, S. 39; Neuburg, Zunftgerichtsbarkeit, S. 42; Clasen, Streiks und Aufstände, S. 41; Warncke, Handwerk, S. 112; Lentze, Nürnbergs Gewerbeverfassung im Mittelalter, S. 242f; Rohrscheidt, Zunftzwange, S. 64.

1063 Hasse, Zunft, S. 8; Ehmer, Zünfte, S. 99; Haenert, Preispolitik, S. 109f; Fischer, Quellen, S. 70; Haenert, Preispolitik, S. 124f; Schwarzlmüller, Berufslaufbahn, S. 189; Anegg, Gewerbestruktur, S. 45, 110–131; Branding, Einführung, S. 36f; Rau, Zunftwesen, S. 8f; Popp, Entstehung, S. 37–40, 135f; Hoffmann, Interesse, S. 171.

1064 Hemmen, Zünfte, S. 40; Bessenrodt, Handwerk, S. 101; Schmidt, Zunft, S. 18f; Emig, Berufserziehung, S. 273, 406, 417; Hoffmann, Interesse, S. 113.

1065 Moser, Steinmetz- und Maurerzunft, S. 106.

Zünfte mit denen der Obrigkeiten. Während die Prüfung eines Lehrlings indirekt dessen Lehrmeister prüfte und damit zu Streit innerhalb der Zunft Anlass geben konnte, standen hier keine derartigen Schwierigkeiten zu befürchten, denn der Prüfling gehörte der Zunft noch nicht an. Handelte es sich um einen Meistersohn, so gewährte man ihm die Möglichkeit, sich von der Meisterprüfung befreien zu lassen, womit man die Klippe elegant umschiffte.

In der Ratsverordnung für die Berliner Bäcker wurde 1272 von den angehenden Meistern eine Arbeitsprobe (Probebacken) verlangt. Meisterstücke als Prüfungsaufgabe sind zuerst 1313 für die Stettiner Schmiede belegt. Während Probearbeiten die Ausnahme blieben, wurde die Anfertigung von Meisterstücken im Laufe der Jahrhunderte die typische Prüfung eines Meisterkandidaten. In Norddeutschland setzten sich Meisterstücke früher und konsequenter durch als im Süden.[1066] An Landhandwerker wurden geringere Ansprüche gestellt als an ihre Kollegen in der Stadt.[1067]

Wie streng auch immer die Anforderungen waren, die Meisterprüfung konnte – wie andere Zunftvorschriften auch – zur Verhandlungssache werden. Die Zünfte hatten oft nichts dagegen, wenn ein Kandidat das Meisterstück mit Geld ablöste und die Zunftkasse auffüllte.[1068] Die Flaschner im thüringischen Sonneberg sprachen im Jahr 1800 ausnahmsweise einen Gesellen ohne Meisterstück zum Meister, weil er von weither (aus dem mehr als 50 km entfernten Meiningen!) komme und ohnehin bekannt sei, dass er ein Meisterstück anfertigen könne, natürlich unter der Bedingung, dass sich niemand sonst auf diese Ausnahme berufen könne ...[1069]

Um eine faire Prüfung zu gewährleisten, mussten die Meisterstücke ohne Hilfe in einer fremden Werkstatt unter Aufsicht in einem vorgegebenen Zeitraum angefertigt werden. Welche Meisterstücke erwartet wurden, legten die Statuten fest. Die fertigen Meisterstücke wurden von der Vollversammlung, einem Ausschuss oder dem Vorstand besichtigt; manchmal wurden Vertreter der Obrigkeiten hinzugezogen, welche das öffentliche Interesse an hochwertigen Handwerkswaren vertraten und verhinderten, dass die Prüfung genutzt wurde, um Bewerber abzuwehren. Fehler wurden mit Geldstrafen geahndet. An diesem Verfahren übten die Obrigkeiten im 18. und 19. Jahrhundert heftige Kritik: Die Zünfte verlangten teure und unverkäufliche Meisterstücke, die Aufseher und Prüfer seien aufwendig zu beköstigen, Geldstrafen würden willkürlich verhängt. In der Tat durfte eine Zunft

1066 Mayer, Geschichte des deutschen Handwerks, S. 94f; Schulz, Handwerksgesellen, S. 297–302, 305; Roth, Zunftherrlichkeit, S. 107; Bodemann, Zunfturkunden, S. LXIVf; Zöllner, Zunftverfassung, S. 67; Böhmert, Beiträge, S. 18; Dollinger, Hanse, S. 182; Hohmann, Zunftwesen, S. 26; Schönberg, Bedeutung, S. 56f; Jahn, Gewerbepolitik, S. 57; Ziekow, Freiheit, S. 188f, 203; Hemmen, Zünfte, S. 43; Warncke, Handwerk, S. 108; Loesch, Zunfturkunden I, S. 71*f; Hartmann, Geschichte, S. 56, 84; Hopp, Zunft, S. 43; Sonntag, Zunftzwang, S. 36; Scheschkewitz, Zunftwesen, S. 61, 64; Emig, Berufserziehung, S. 406; Gutzwiller, Zünfte, S. 24.

1067 Emig, Berufserziehung, S. 275.

1068 Hopp, Zunft, S. 44; Kreutzberger, Gewerberecht, S. 118; Martin, Akten, S. 67; Scheschkewitz, Zunftwesen, S. 63; Johanni, Zünfte, S. 86; Emig, Berufserziehung, S. 274.

1069 Ehrlicher, Zunft, S. 24f.

das Niveau der Meisterstücke nicht zu tief ansetzen, sollte die Prüfung ihr Ziel erreichen, den Meister zu qualitätvoller Produktion zu befähigen. Während man in älterer Zeit die Meisterstücke den Gegenständen entnahm, die am häufigsten von den Kunden verlangt wurden, kam man später dazu, schwierigere Aufgaben zu stellen, die in der Lage waren, das Leistungsvermögen des Prüflings wirklich festzustellen. Je schärfer die Konkurrenz durch das Landhandwerk und den überregionalen Handel wurde, umso mehr versuchten die Stadtzünfte sich durch die Qualität ihrer Waren positiv herauszuheben; infolgedessen stiegen die Ansprüche an die Meisterstücke im 17. und 18. Jahrhundert. Schikanöse Erschwerungen der Meisterstücke sind jedoch nur selten nachweisbar.

Die Leipziger Schneider erwarteten von ihren Meisterkandidaten ein Priestergewand, eine Mönchskutte, Kleidung für Edelleute, Bürger, Bauern und Magister sowie dem Stand entsprechende Brautgewänder. Doch Papier ist geduldig, seit 1493 brauchten die Leipziger Schneider nur ein gerade bestelltes Gewand anzufertigen und den Rest zu zeichnen.[1070] Die Kieler Schmiede verlangten 1743 von einem Gesellen, der lange bei seinem Schwiegervater gearbeitet hatte, ein ausgesprochen teures Meisterstück und setzten ihm auch ansonsten zu. „Verhindern konnte und wollte das Amt ... nicht seine endliche Aufnahme, die es ja selbst beantragt hatte, aber der Zweck war erreicht, wenn sie ihm möglichst erschwert und dem Böhnhasen gezeigt wurde, wie sehr er sich von einem ehrlichen Amtsmeister unterschied."[1071]

Da die Meisterstücke in den selten geänderten Statuten beschrieben wurden, entsprachen sie vielfach nicht mehr der aktuellen Mode. Man behalf sich, indem man die Statuten ignorierte und zeitgemäße Meisterstücke festsetzte. Eine Beköstigung von Amtspersonen, während sie ihr Amt ausübten, war seinerzeit überall gang und gäbe. Zog sich die Anfertigung eines Meisterstücks über Wochen hin, entstanden naturgemäß recht hohe Kosten für den Prüfling. Diese waren jedoch nicht zu vermeiden, übertriebene Bewirtungskosten kamen kaum vor. Mit Geldstrafen für Fehler der Meisterstücke wollte die Zunft ihre Kandidaten zu guten Leistungen anspornen. Fast nie fiel ein Kandidat durch, ohne Sanktionen hätte es den Meisteranwärtern genügt, die Prüfung „irgendwie" zu bestehen, das erstrebte hohe Niveau der Prüfungen hätte man nicht erreichen können.[1072]

Wie nötig Geldstrafen waren, belegt ein Beispiel aus der Schreinerzunft des oberfränkischen Wunsiedel aus dem Jahr 1677. An der Truhe des Johann Caspar Leypold wurden sieben, an seinem Fensterrahmen zwölf Fehler festgestellt. Die Mängel waren ernst zu nehmen: Unterschiede in der Ausführung mehrfach vorhandener Teile, unsauberes Arbeiten, falsche Materialwahl, Nichteinhalten von

1070 Duclaud, Zünfte, S. 130.
1071 Hähnsen, Geschichte, S. 237.
1072 Schulz, Handwerksgesellen, S. 311; Ziekow, Freiheit, S. 207f; Warncke, Handwerk, S. 109f; Hermandung, Zunftwesen, S. 55; Kreutzberger, Gewerberecht, S. 118; Adamczyk, Möbel, S. 22f; Schultz, Das ehrbare Handwerk, S. 86; Steinkamp, Stadt- und Landhandwerk, S. 10; Thikötter, Zünfte, S. 39; Krumbholtz, Gewerbe, S. 109*; Jahn, Gewerbepolitik, S. 63–68; Scheschkewitz, Zunftwesen, S. 62; Salow, Zunftwesen, S. 102; Emig, Berufserziehung, S. 278; Schwarzlmüller, Berufslaufbahn, S. 169–178; Clasen, Streiks und Aufstände, S. 39; Fromm, Studien, S. 50f; Hopp, Zunft, S. 124.

Maßen und nicht gangbare Teile. Leypold bestand die Prüfung, musste aber für jeden Fehler 30 Kreuzer an die Zunftkasse abführen.[1073]

Die Kritik an Meistermahlen entzündete sich an der Üppigkeit der Feste und ihren Umgangsformen – dazu siehe Kapitel 5.2. –, an der Möglichkeit, anlässlich der Mahlzeiten politisch relevante Absprachen zu treffen, sowie an den Kosten, die sie den Meisteranwärtern verursachten. Der werdende Meister hatte in kürzester Zeit immense Ausgaben zu schultern: Er musste sich verheiraten und einen Hausstand gründen, einen Betrieb kaufen oder aufbauen, das Bürgerrecht erwerben, öffentliche Pflichten wie die Beschaffung von Waffen oder Feuereimern erfüllen und nicht zuletzt Mitglied in einer Zunft werden. Hatte er glücklich alle Dienste, Mutungen und Prüfungen überstanden, so ging es ans Zahlen. Die Aufwendungen für das Meistermahl waren ein Bestandteil einer umfangreichen Gebührenordnung; diese umfasste außerdem Zahlungen an die Stadt oder den Landesherrn, an öffentliche oder zunfteigene Armenkassen, für die bruderschaftlich-religiösen Aufgaben der Zunft (Geld- oder Wachsabgaben), für das Recht zur Benutzung des Zunfthauses und der Zunftbetriebe, für die Dienstleistungen von Amtsträgern rund um das Meisterwerden und schließlich allgemein in die Zunftkasse. Wo die Zunftgerechtigkeit gekauft werden musste, machte sie einen wesentlichen Teil der Kosten aus. Anstelle von regelmäßigen oder außerordentlichen Beiträgen ihrer Mitglieder ließen die Zünfte lieber Neulinge zur Ader. Stadtfremde zahlten am meisten, zunftfremde Stadtkinder weniger, Zunftkinder am wenigsten; Dorfhandwerker erhielten manchmal Gebührenermäßigung, wenn sie einer Stadtzunft als Externe beitraten. Während man Lehrlinge und Gesellen wenig belastete, um den Zufluss von Mitarbeitern nicht zu beeinträchtigen, konnte man von einem neuen Meister eine finanzielle Gegenleistung für das wertvolle Privileg der Meisterwürde erwarten. Je vornehmer die Zunft und je besser die Verdienstmöglichkeiten ihrer Mitglieder, desto höher die Eintrittsgelder. Umgekehrt wurden die Gebühren in wirtschaftlich schwierigen Zeiten herabgesetzt, um Meister anzulocken.[1074] Um die Mitte des 13. Jahrhunderts unternahmen Kölner Zünfte den Versuch, ihr Gebührensystem umzustellen auf eine Art Umsatzsteuer, sie scheiterten aber am Einspruch des Stadtrates, der befürchtete, die Steuer werde die Preise der Endkunden erhöhen.[1075] Unter diesen Umständen war es am einfachsten, die neuen Meister zahlen zu lassen. Die Meistergebühren waren oft der wichtigste Einnahmeposten der Zünfte.[1076]

1073 Adamczyk, Möbel, S. 21f, 263.

1074 Fröhlich, Sicherung, S. 48, 51; Zöllner, Zunftverfassung, S. 81f; Göttmann, Bäckerzunft, S. 33f, 64; Lourens/Lucassen, Gilden, S. 78; Welter, Studien, S. 92, 98f; Terhalle, Gilden, S. 22, 49; Loesch, Zunfturkunden I, S. 70*; Canzler, Zünfte, S. 67; Duclaud, Zünfte, S. 147f; Hopp, Zunft, S. 124; Keller/Brod, Fischer, S. 42; Wissell, Recht I, S. 132f, 135; Johanni, Zünfte, S. 93; Puschner, Handwerk, S. 217; Reininghaus, Zünfte, Städte und Staat, S. 59; Reininghaus/Thurmann/Walberg, Quellen, S. 362; Schmidt, Zunfturkunden I, S. 38*, 42*; Flemming, Innungen, S. 15; Schwarzlmüller, Berufslaufbahn, S. 183.

1075 Loesch, Zunfturkunden I, S. 94*.

1076 Kreutzberger, Gewerberecht, S. 66; Sonntag, Zunftzwang, S. 31; Weyrauch, Amts- und Gewerbeordnungen, S. 114; Ziegler, Zunftwesen, S. 28; Trautmann, Entwicklung, S. 360f; Lentze, Nürnbergs Gewerbeverfassung im Mittelalter, S. 257.

Schon im 13. Jahrhundert kamen Steigerungen von Aufnahmegebühren vor. Seit dem 15. Jahrhundert vervielfachten sich die absoluten Beträge in vielen Zünften. Anders als es die ältere Forschung glaubte, lag dies nur zu einem verschwindend geringen Prozentsatz an dem Wunsch der Meister, ihre Zunft abzuschließen. Naturalleistungen wurden in Geldleistungen umgewandelt, wodurch die Höhe der Zahlungen scheinbar anstieg. In Köln partizipierten die ehemaligen Zunftvorsteher an den Einnahmen, so dass sie ein Interesse daran hatten, hohe Gebühren zu erheben, aber keine prohibitiven.[1077] Die Hildesheimer Gewandschneider schütteten ihre exorbitant hohen Eintrittsgelder an die Mitglieder aus.[1078]

Während der „Preisrevolution des 16. Jahrhunderts" – von 1470 bis 1618 – stiegen die Preise für Getreide um 260%, für Fleisch um 180% und für Löhne um 120% an. Ab der Mitte des 18. Jahrhunderts erfolgte ein erneuter Preisschub.[1079] Die Gebührenerhöhungen der Zünfte hielten mit dem Preisverfall nicht immer Schritt. Zudem waren hohe Ausgaben für Zunfthäuser und zunfteigene Betriebe zu tragen; die zu deren Finanzierung aufgenommenen Kredite belasteten die Zünfte Jahrzehnte lang. Der Staat kritisierte zwar hohe Zunftgebühren und setzte sie herab, um den Zuzug ins Land zu fördern, wirkte aber im Großen und Ganzen gebührensteigernd. Der unersättliche absolutistische Staat, der ein stehendes Heer, eine expandierende Verwaltung und einen prunkvollen Fürstenhof zu bezahlen hatte, entdeckte die Zünfte als reich sprudelnde Gebührenquelle: Der staatliche Anteil an den Zunfteinnahmen wuchs, die Gebührenerhöhungen der Zünfte sind seit dem 17. Jahrhundert zu einem großen Teil auf staatliche Forderungen zurückzuführen. Ein Schreiner musste in Wunsiedel 1754 44 Gulden 15 Kreuzer zum Meisterwerden bezahlen; davon erhielten der Landesherr 33 Gulden 12 Kreuzer, die Stadt 2 Gulden 12 Kreuzer und die Zunft 8 Gulden 48 Kreuzer.[1080] Erst in den 1840er Jahren hatten die deutschen Länder ein Steuersystem eingeführt, das den traditionell hohen Anteil der Gebühren an den Staatseinnahmen wesentlich verminderte. Im 18. und 19. Jahrhundert kamen im Zuge der allgemeinen Verrechtlichung und der Angriffe auf das Zunftwesen exorbitante Prozesskosten hinzu. Trotz aller Gebührenerhöhungen gelang es den Zünften langfristig nicht, Ausgaben und Einnahmen zur Deckung zu bringen; am Ende des 18. Jahrhunderts waren sie häufig überschuldet.[1081] In Oldenburg veranlasste der Magistrat 1785 sogar die Wiedereinführung bzw. Erhöhung von Aufnahmegebühren, um die Zünfte in

1077 Arentz, Zersetzung, S. 66.

1078 Müllerleile, Gewandschneidergilde, S. 5, 24.

1079 Henning, Das vorindustrielle Deutschland, S. 180, 283; vgl. Wesoly, Auswirkungen, S. 115.

1080 Adamczyk, Möbel, S. 26.

1081 Arentz, Zersetzung, S. 64; Duclaud, Zünfte, S. 178; Hähnsen, Geschichte, S. 168; Hermandung, Zunftwesen, S. 96; Ullmann, Steuerstaat, S. 19, 21, 35, 37; Schultz, Das ehrbare Handwerk, S. 88; Bessenrodt, Handwerk, S. 28; Scheschkewitz, Zunftwesen, S. 171; Johanni, Zünfte, S. 21, 81; Schichtel, Recht, S. 189; Salow, Zunftwesen, S. 80; Schmidt, Zunfturkunden I, S. 43*; Schmoller, Tucher- und Weberzunft, S. 536; Schulze, Handwerkerorganisation, S. 75; Schrader, Zünfte, S. 64; Emig, Berufserziehung, S. 281–284, 403; Luther, Zunftdemokratie, S. 50f; Schulz, Handwerksgesellen, S. 212–219; Gutzwiller, Zünfte, S. 26; Otruba, Gewerbe, S. 69; Farnam, Gewerbepolitik, S. 20, 24, 26; Bräuer, Handwerk im alten Chemnitz, S. 103.

die Lage zu versetzen, ihre Schuldzinsen zu begleichen.[1082] Nichtsdestoweniger wurde auch dort, wo es nichts zu beanstanden gab, der Missbrauchsvorwurf gegen die Zünfte aufrecht erhalten.[1083]

Im Übrigen beharrte man üblicherweise nicht starr auf den Gebührenforderungen gegenüber einem neuen Meister, sondern verhandelte über deren Höhe, schröpfte Wohlhabende und Unerfahrene, gewährte Unvermögenden Nachlass und stundete die Beträge auf Jahre hinaus oder ersetzte sie durch jährliche Beiträge, mit dem Resultat, dass kaum ein Bewerber durch Zunftgebühren vom Beitritt abgehalten worden sein dürfte.[1084] Dem Soldatensohn David Werner wurde 1713 ein Eintrittsgeld von 30 Talern in die Lippstadter Metzgerzunft auferlegt, von dem bei seinem Tod 1728 noch 10 Taler ausstanden.[1085] Die Lippstadter Bäcker legten 1774 fest, dass die Eintrittsgebühren erst ab dem dritten Betriebsjahr, aufgeteilt in drei Jahresraten, zahlbar seien, um den jungen Meister nicht übermäßig zu belasten.[1086]

Knut Schulz hat darauf hingewiesen, dass viele Maßnahmen der Zünfte „den Charakter des heftigen Reagierens auf akute Schwierigkeiten und nicht den des systematischen Vorgehens" hatten.[1087] Die Zünfte konnten sich auf Dauer nicht gegen neue Meister abschotten, weil sie dann irgendwann ohne Nachwuchs dagestanden hätten und eingegangen wären. Die Meister wussten, dass sie entweder die Ausgaben ihrer Zunft ausschließlich selbst bestreiten oder neue Meister zulassen mussten, auf welche sie einen Großteil der Ausgaben abwälzen konnten. Die Kunst bestand – wie in der Zollpolitik – darin, den Punkt zu treffen, der den maximalen fiskalischen Ertrag (aus den Aufnahmebeiträgen) bei minimaler Konkurrenzverschärfung (infolge neuer Mitglieder) erbrachte. Das Hin und Her der Gebühren wird aus der ständigen Suche nach diesem Punkt erklärbar.

Wie gezeigt, sind viele der angeblich der Abschließung dienenden Maßnahmen ganz anders zu begründen. Da, wo eine Zunft sich abzuschließen trachtete, wusste sie, dass es nur vorübergehend gelingen konnte. Die langfristigen Wirkungen der relativen Abschließungspolitik waren geringfügig, sonst hätte die Zahl der „ewigen Gesellen" zunehmen müssen. Oben wurde diese Frage schon diskutiert, als es um den Gesellenzölibat und die Wohnung der Gesellen im Meisterhaushalt ging. Die Zahl der ewigen Gesellen stimmte cum grano salis mit der der verheirateten Gesellen überein. Gerade in der Epoche, in der die angeblichen Abschließungstendenzen der Zünfte sich intensivierten, wurde der Gesellenzölibat konsequenter als je zuvor beachtet. Die Zahl der verheirateten Gesellen nahm erst am

1082 Barnowski-Fecht, Handwerk, S. 63.
1083 Habicht, Stadt- und Landhandwerk, S. 196f.
1084 Hähnsen, Geschichte, S. 229f; Kaufhold, Handwerk, S. 56; Martin, Akten, S. 69–74; Johanni, Zünfte, S. 82, 93f; Reininghaus, Zünfte, Städte und Staat, S. 59; Reininghaus/Thurmann/Walberg, Quellen, S. 374; Salow, Zunftwesen, S. 109; Schmoller, Tucher- und Weberzunft, S. 404. Diese Beobachtungen lassen sich in Orten aller Größenordnungen und Rechtsverhältnisse machen, von der Reichs- über die Bischofs- bis zur Landstadt. Vgl. Schichtel, Recht, S. 207.
1085 Reininghaus/Thurmann/Walberg, Quellen, S. 166.
1086 Reininghaus/Thurmann/Walberg, Quellen, S. 361.
1087 Schulz, Handwerksgesellen, S. 454.

Ende der Zunftzeit zu, als es den Landesregierungen längst möglich war, jeden Abschließungsversuch einer Zunft zu vereiteln. Bis gegen 1800 wurde – mit den genannten Ausnahmen – fast jeder Geselle später ein Meister.

In Nürnberg vergingen 1797 zwischen dem Beginn der Lehre und dem Erwerb der Meisterwürde durchschnittlich etwa acht bis zwölf Jahre. Am längsten war die Frist bei den Edelmetallberufen mit 12,3 Jahren, am niedrigsten bei den Massenhandwerken der Eisen- und Textilverarbeitung mit 8 bzw. 8,1 Jahren.[1088] Trotz unzähliger Veränderungen im Detail waren die durchschnittlichen Fristen über Jahrhunderte praktisch unverändert geblieben. Alle vermeintlichen Abschließungsbestrebungen der Zünfte zusammen hatten nicht einmal eine Verlängerung der Wartezeiten hervorgerufen. Den Verlängerungen auf dem Papier, die manchmal zu beobachten sind, standen umfangreiche Möglichkeiten gegenüber, durch Verhandlungen oder Befreiungen Fristen zu verkürzen.

Mit dem Ausschluss von Frauen aus dem Zunftwesen wurde die Hälfte der Bevölkerung diskriminiert, mit dem Ausschluss der Mitglieder anderer christlicher Konfessionen noch einmal die Hälfte des verbleibenden Rests. Zusammen mit der Kopplung des Zunftrechts an das Bürgerrecht, der Verweigerung gegenüber Juden, Angehörigen anderer Nationalitäten und Ehrlosen und der Abgrenzung gegenüber nichtzünftigen Berufen wurde erreicht, dass zeitweise vier Fünfteln oder mehr der Bevölkerung das Zunftwesen verschlossen blieb. Die genannten Abgrenzungen bewirkten – vor allem in der Frühen Neuzeit, als sich auch andere privilegierte Bevölkerungsgruppen in ähnlicher Weise gegen Statusänderungen wehrten[1089] – eine weit stärkere Abschließung als alle organisatorischen oder finanziellen Maßnahmen, die eine Zunft sich einfallen lassen konnte.

3.2.3.3. Die Zunft ein generationenübergreifender Familienverband?

Nicht besser ist um die These bestellt, die Zunft sei ein generationenübergreifender Familienverband gewesen, ebenfalls eine alte und in der kollektiven Wahrnehmung des alten Handwerks fest verwurzelte Ansicht.[1090] Familiäre Bindungen spielten in der vorindustriellen Gesellschaft tatsächlich eine erheblich größere Rolle als heutzutage, wo ehemalige Aufgaben der Familie vom Staat oder der Sozialversicherung wahrgenommen werden. Bauernhöfe blieben über Generationen, sogar über Jahrhunderte in einer Familie.

In der Zunft drückten sich familiäre Gesichtspunkte in der Stellung der Frauen und in der Bevorzugung von Familienangehörigen während des Handwerkerlebenslaufs aus. Oben wurde gezeigt, dass die Einführung des Gesellenwanderns selbstständig erwerbstätige Frauen aus dem Zunftleben verdrängte. Auch gegenüber Meisterwitwen verhielten sich die Zünfte nicht übermäßig entgegenkommend. Die Absicht, das Zunftwesen als solches funktionsfähig zu erhalten, begrenzte die Chancen des weiblichen Familienteils, seinen Platz in der Zunft ein-

1088 Wiest, Entwicklung, S. 41.
1089 Schulze, Gemeinnutz, S. 624f.
1090 Fischer, Volk, S. 133f.

zunehmen. Zu einem analogen Schluss kommt die Analyse der Vorteile, welche Familienangehörige als Lehrlinge, Gesellen und Meisteranwärter genossen. Auch hier war die Wirksamkeit einer Familienpolitik der Meister gering.

Privilegien für Meistersöhne sind so alt wie das Zunftwesen, sie sind schon im 13. Jahrhundert nachzuweisen.[1091] Meistersöhne wurden bevorzugt, falls sie denselben Beruf wie ihr Vater ergriffen. In manchen Zünften brauchten sie keine offizielle Lehrzeit zu absolvieren, weil man davon ausging, dass sie während der gesamten Kindheit vom Vater angeleitet wurden. Ein Lehrgeld brauchten sie in diesem Fall natürlich ebenfalls nicht zu bezahlen. Manchmal wurden sie gleich nach der Geburt „freigesprochen“, so dass sie ohne Formalitäten und Gebühren in die Gesellenzeit starten konnten, sobald sie das Alter und die erforderliche Qualifikation erlangt hatten; auch eine vorübergehende Abschließung der Zunft konnte sie nicht daran hindern. Man sprach davon, die Kinder „erbten“ das Handwerk vom Vater, ohne dass daraus ein Automatismus für deren Laufbahn folgerte. Viele Zünfte bestanden zwar auf einer Lehrzeit der Meistersöhne, verkürzten diese aber gegenüber anderen Bewerbern. Trotzdem ist zu beobachten, dass Meistersöhne de facto oft längere Lehrzeiten durchmachten als vorgeschrieben. Offenbar hatte der Vater kein Interesse daran, dass sein Sohn zu bald auf Wanderschaft ging, weil er in diesem Moment seine günstige Arbeitskraft verlor. Auch bei den Wanderzeiten hatten Meistersöhne Vorteile. Sie brauchten nicht so lange zu wandern, konnten sich von der Wanderpflicht freikaufen oder erhielten Dispense, falls sie für ihre Eltern sorgen mussten. Meister, die ihren Sohn als Betriebsnachfolger aufbauen wollten, versuchten ihn daran zu hindern in die Fremde zu ziehen, weil die Wahrscheinlichkeit groß war, dass er sich auswärts niederließ statt heimzukommen. Da das Gesellenwandern vorzugsweise der Flexibilisierung des Arbeitsmarktes diente, war es für Meistersöhne, die den väterlichen Betrieb übernehmen sollten, verzichtbar. Starb der Vater, konnte man den Sohn nicht erst auf eine jahrelange Wanderung schicken, sondern musste die Betriebsübernahme samt der Versorgung der Hinterbliebenen sofort einleiten. Die größten Vorteile wurden den Meistersöhnen beim Meisterwerden eingeräumt. Dienstzeiten wurden gestrichen oder verkürzt, und auf Meisterstücke wurde verzichtet, weil man den Bewerber gut kannte und sich auf das Urteil seines Vaters verlassen konnte. Auch bei dem Anteil der Aufnahmegebühren, welcher der Zunft zufloss, wurde den Meistersöhnen Nachlass eingeräumt. Die Zahlungen des Sohnes stammten ja letztlich aus dem Betrieb des Meisters, den die Zunft nicht zusätzlich belasten wollte. Beim Meisterwerden wurden auch die Gesellen bevorzugt, die eine Meistertochter oder -witwe heirateten, wenn auch nicht so weitgehend wie die Söhne. Die genannten Vorteile für Familienmitglieder waren sicherlich dem Familiensinn der Meister geschuldet, aber sie konnten gleichzeitig aus der Logik des Zunftwesens abgeleitet werden. Dort fanden sie ihre Grenze: Konnte sich die Zunft nicht auf die Fähigkeiten des Meistersohnes verlassen, bestand sie auf dem üblichen Ausbildungsgang. Wollte die Zunft Auswärtige anlocken, stellte sie sie Meistersöhnen gleich. Nach Kriegs- und Seuchenverlusten und bei Zünften in Randlagen

1091 Roth, Zunftherrlichkeit, S. 111; Wissell, Recht II, S. 34f.

kam dies öfter vor.[1092]

Viele Zünfte kannten eine Abstufung der Bevorzugungen, angefangen mit Meistersöhnen über einheiratende Gesellen hin zu Bürgerkindern und schließlich zu Fremden, welche die vollen Lasten tragen mussten.[1093] Dies entsprach dem Prinzip des „Näherrechts“, bei dem „Näherstehenden“ rechtliche Vorteile gewährt werden. Das Näherrecht war im Mittelalter und der Frühen Neuzeit weit verbreitet, es fand sich etwa im Erbrecht oder beim Recht des Grundeigentums.[1094]

Da Familienangehörige bevorzugt wurden, sollte man einen hohen Grad an Betriebskontinuität über die Generationen hinweg erwarten. Dies war jedoch keineswegs der Fall. Man muss differenzieren zwischen der Quote der Söhne, die das Handwerk ihres Vaters erlernten, und der Quote derjenigen, die ihm im selben Betrieb nachfolgten. Die Situation war von Stadt zu Stadt, von Zunft zu Zunft und von Jahrzehnt zu Jahrzehnt verschieden. Beispiele lassen sich anführen, in denen sich das Handwerk einer Stadt fast ausschließlich aus sich selbst rekrutierte, wie auch solche, in denen es fast völlig aus Zugereisten bestand. In Handwerken, in denen es etwas zu vererben gab, die über ein hohes Betriebskapital, insbesondere ein Haus, verfügten, scheint „Berufsvererbung“ verbreiteter gewesen zu sein als in solchen, die fast nichts besaßen. Warum sollte ein armer Schneidersohn seinem Vater in dessen Beruf nachfolgen wollen? Auch Handwerksmeister strebten für ihre Kinder nach sozialem Aufstieg, der über ein Studium vielleicht realisierbar war, über die Fortführung des elterlichen Betriebs in den engen Grenzen, die das Zunftwesen vorgab, eher nicht.

Von der „Berufsvererbung“ ist die Betriebsvererbung zu unterscheiden. Die Weiterführung des väterlichen Betriebs durch den Sohn war während der Zunftepoche eine sehr seltene Ausnahme. Da nur ein einziger Meister je Betrieb erlaubt war und die meisten Handwerker bis zu ihrem Tod arbeiten mussten, konnte der Sohn den väterlichen Betrieb erst nach dem Ableben des Vaters übernehmen. Starb der Vater während der Wanderung des Sohnes, so brauchte man lediglich die Wanderzeit abzukürzen, um dem Sohn die Nachfolge zu ermöglichen. Starb der Vater früher, konnte der Sohn bei einem anderen Meister lernen und die Witwe den Betrieb fortführen, bis der Sohn ausgelernt hatte. Ein unüberwindliches Hindernis tat sich auf, wenn der Vater die Gesellenzeit seines Sohnes überlebte. Dem Sohn blieb nichts Anderes übrig, als entweder im väterlichen Betrieb als Geselle mitzuarbeiten und auf unabsehbare Zeit auf eine eigene Familie zu verzichten – womit die Generationenfolge unterbrochen wurde – oder sich mit einem eigenen Betrieb selbstständig zu machen. Teils ließen sich die Meistersöhne im selben Ort nieder wie ihre Väter, wodurch es in kleinen Zünften zu verwandtschaftlichen Beziehungen zwischen der Mehrzahl der Mitglieder kommen konnte.

1092 Ehrlicher, Zunft, S. 20f; Martin, Akten, S. 72, 86; Scheschkewitz, Zunftwesen, S. 38f; Warncke, Handwerk, S. 115; Arentz, Zersetzung, S. 64; Bräuer, Handwerk im alten Chemnitz, S. 104; Roth, Zunftherrlichkeit, S. 111; Reddig, Handwerker, S. 17; Reininghaus, Wanderungen, S. 191; Warncke, Handwerk, S. 116; Bräuer, Handwerk im alten Chemnitz, S. 104; Döhler, Beschreibung, S. 155; Kaufhold, Handwerk, S. 57; Brod, Chronik, S. 30; Canzler, Zünfte, S. 100; Runge, Gewerbetheorie, S. 51.

1093 Schultz, Herkunft, S. 51f.

1094 Döhler, Beschreibung, S. 68; Conrad, Rechtsgeschichte, S. 417, 427.

Keineswegs selten blieben sie in Orten, die sie während ihrer Wanderung aufsuchten, und sorgten dafür, dass deren Zunftwesen eine Blutauffrischung erhielt. Auch Witwenheiraten standen der Selbstrekrutierung des Handwerks über Generationen hinweg eher entgegen. Ob eine Betriebsvererbung über die Heirat einer Meistertochter oder -witwe überhaupt öfter vorkam, ist umstritten; man findet Fälle, welche die These belegen, und andere, die ihr widersprechen. Die Versorgungsehe von Witwen kam bei den Unterschichten häufiger vor als im Zunfthandwerk. Für den Schwiegersohn entstanden dieselben Nachfolgeprobleme wie für den Sohn. Nur der Geselle, der die Witwe heiratete, konnte sofort den Meisterbetrieb weiterführen und vielleicht ein hübsches Vermögen erwerben. Hoffentlich hatte er sich nicht verschätzt, als er das Geschäft erheiratete, und die „Alte" überlebte ihn ... Mit diesen Überlegungen wird deutlich, dass generationenübergreifende Familienbetriebe in größerer Zahl erst nach der Zunftepoche entstehen konnten, als Gesellenzölibat und Meisterzahlbeschränkung aufgehoben waren. Kaum ein heutiger Familienbetrieb lässt sich über das 19. Jahrhundert hinaus zurückverfolgen. Im 19. Jahrhundert setzte sich das bürgerliche Familienmodell bei den Handwerkern durch. Prosperierende Meister, die sich am Übergang zum Wirtschaftsbürgertum befanden, und verlagsabhängige Kleinmeister, die auf die Mithilfe ihrer Familienangehörigen angewiesen waren, tendierten zu Mehrgenerationenbetrieben.[1095]

3.2.3.4. Der Austritt aus der Zunft

Nachdem bislang vom Eintritt in eine Zunft die Rede war, soll der Vollständigkeit halber jetzt der Austritt angesprochen werden. Viel gibt es dazu nicht zu sagen, denn freiwillig verließ kaum einer die Zunft, der er seine berufliche und gesellschaftliche Stellung verdankte. In den Statuten wurde die Möglichkeit des Austritts fast nie erwähnt. Austritte kamen vor, weil jemand seinen Beruf wechselte, den Aufstieg vom Handwerk in den Handel schaffte, Freimeister – beispielsweise Hofhandwerker – wurde, in den Ruhestand ging oder verzog. All diese Fälle waren sehr selten.[1096]

1095 Ziekow, Freiheit, S. 183; Reith, Zünfte, S. 61; Bräuer, Handwerk im alten Chemnitz, S. 69; Hendinger, Gerberhandwerk, S. 30; Hähnsen, Geschichte, S. 231; Kaufhold, Handwerk, S. 61; Wissell, Recht I, S. 289; Wissell, Recht II, S. 38, 47, 50ff; Lenger, Kleinbürgertum, S. 113f; Krumbholtz, Gewerbe, S. 111*; Ehmer, Herkunft, S. 51; Ehmer, Herkunft, S. 52f; Wiest, Entwicklung, S. 41; Johanni, Zünfte, S. 99; Mitterauer, Familie, S. 23–27; Schlenkrich, Alltag, S. 72; Kocka, Arbeitsverhältnisse, S. 326; Haupt/Crossick, Kleinbürger, S. 122f; Keller, Handwerkeralltag, S. 29; Decker, Bürger, S. 21, 67f; Kaufhold, Einführung, S. 46f; Ehmer, Strukturwandel, S. 101; Ehmer, Traditionen, S. 102, 234f, 242; Emig, Berufserziehung, S. 205; Roth, Zunftherrlichkeit, S. 111; Werkstetter, Frauen, S. 279, 371; Warncke, Handwerk, S. 117ff; Bräuer, Handwerk im alten Chemnitz, S. 104ff, 110; Schultz, Das ehrbare Handwerk, S. 59, 88f; Schultz, Herkunft, S. 58; Wehler, Deutsche Gesellschaftsgeschichte I, S. 94; Reith, Zünfte, S. 67; Ehmer, Denken, S. 63.

1096 Johanni, Zünfte, S. 86; Neuburg, Zunftgerichtsbarkeit, S. 60.

4. ZIELE UND TÄTIGKEITEN

Ein Gemeinplatz der Zunftforschung behauptet, die Zunft habe „den ganzen Menschen“ erfasst.[1097] Neben ihren wirtschaftlichen Aufgaben werden die religiösen, politischen, militärischen, gesellschaftlichen und sittlichen Funktionen genannt, die sich bei Zünften feststellen lassen, um diese These zu begründen.[1098] Zünfte seien „multifunktionale Institutionen“ gewesen,[1099] ja sogar „Lebensgemeinschaften des Handwerks“.[1100] Von einer „Lebensgemeinschaft“ kann gewiss keine Rede sein; diese gab es in der vorindustriellen Zeit in Klöstern und Sekten, während Zunftangehörige normalerweise keine Wohnung teilten. Ein Zunftmitglied gehörte gleichzeitig seiner Familie und einem größeren Verwandtschaftsverband, einer Stadt oder einem Dorf, einem Territorium und einer Kirchengemeinde an; die Zunft stellte nur eine seiner Bindungen dar, wenn auch eine wichtige, da sie seinem wirtschaftlichen Überleben diente und die anderen Beziehungen beeinflusste. Umgekehrt lassen sich Einflüsse der Familien, des Staates und der Kirche auf das Zunftwesen feststellen, ohne dass man diesem ein Eigenleben absprechen könnte. Man darf sich nicht blenden lassen von Berichten über ein dichtes Zunftleben, das tägliche Besuche in der Trinkstube, politische Partizipation im Stadtrat, quartalsweise Versammlungen, gegenseitige Unterstützung im Notfall, häufige Gelage und Zusammenkünfte zu Familienfeiern sowie gemeinsame religiöse Verrichtungen umfasst. Diese Verhältnisse gab es nur in wenigen Zünften, vor allem in südwestdeutschen Reichsstädten und Städten der späteren Deutschschweiz im Spätmittelalter. Häufiger war die Zunft, die sich einmal jährlich traf und an diesem Tag das komplette Gemeinschaftsprogramm vom Kirchenbesuch über die Vollversammlung bis zum Imbiss abwickelte, deren soziale Wohltaten sich auf gelegentliche Almosen beschränkten und die ihre bescheidenen politischen Einflussmöglichkeiten durch einen langjährigen Vorstand weitgehend selbstständig wahrnehmen ließ. Weder in der Breite noch in der Tiefe ging die Zunftbindung so weit, dass sie den „ganzen Menschen“ ergriff.

Das Zunftwesen blieb kein Hort einer „tödlichen Mittelalterlichkeit“, sondern passte sich flexibel neuen Bedingungen an.[1101] Ausgehend von religiösen und wirtschaftlichen Aufgaben erwarben die Zünfte im Laufe des Spätmittelalters weitere Funktionen. Seit dem 16. Jahrhundert verloren sie diese zum größten Teil wieder, so dass sich die typische Zunft am Ende des Zunftzeitalters als eine wirt-

1097 Gierke, Genossenschaftsrecht I, S. 227; Breuer, Wesen, S. 61; Fischer, Volk, S. 105; Reininghaus, Handwerk und Zünfte im Paderborner Land, S. 11; Kieser, Kartell, S. 1; Ehmer, Denken, S. 51.

1098 Faust, Geschichte, S. 27.

1099 Haupt/Crossick, Kleinbürger, S. 30; vgl. Kieser, Kartell, S. 8ff.

1100 Elkar, Schreiner, S. 34.

1101 Fröhlich, Sicherung, S. 30.

schaftliche Einheit mit geringfügigem nichtwirtschaftlichem Beiwerk darstellte. Der Vorgang war allerdings weit komplexer, als es die einfache Formel von der zunehmenden Funktionsabspaltung suggeriert. In katholischen Gegenden wurde die religiöse Funktion der Zünfte während der Frühen Neuzeit sogar wichtiger als je zuvor. Indem sie ihre sozialen Aufgaben zu Unterstützungskassen ausbauten, erweiterten Zünfte noch im frühen 19. Jahrhundert ihre Aktivitäten.

4.1. DER ZUNFTZWANG

Mit dem Zunftzwang wird der Zwang aller Gewerbetreibenden eines Gebietes und eines Berufes (oder einer bestimmten Anzahl Berufe) zur Mitgliedschaft in einer Zunft bezeichnet. Der Mitgliedschaftszwang wird als „persönlicher Zunftzwang“ unterschieden vom „örtlichen“, „sachlichen“ und „regalistischen“ Zunftzwang, die bezogen werden auf das Gebiet, für das der Zunftzwang gilt, seine wirtschaftlichen Implikationen und die Verpflichtung zum Verkauf an festgelegten Plätzen. Letzteres ist lediglich ein Spezialfall der wirtschaftlichen Implikationen und soll deshalb hier nicht als besondere Kategorie angesehen werden. Der „örtliche“ und der „sachliche“ Zunftzwang sind Konsequenzen des „persönlichen“: Wer Menschen in eine Organisation zwingt, muss festlegen, wen er eingliedern möchte und wozu.[1102]

4.1.1. Außenseiter

Der persönliche Zunftzwang war den Zünften von Beginn an eigen. Byzantinische und italienische Zünfte des 10. und 11. Jahrhunderts kannten ihn ebenso wie frühe deutsche Zünfte.[1103] Die Kölner Bettdeckenweber verwandelten sich von der Bruderschaft zur Zunft durch Einführung des persönlichen Zunftzwangs. In einer Reihe Städte wurde zuerst auf den Zunftzwang verzichtet, bevor man die Erfahrung machte, dass sämtliche Zunftprivilegien, marktordnenden und öffentlichen Aufgaben persönlichen Zwang voraussetzten. Ein Handwerker, der die Regeln des Zunftwesens nicht genau einhielt, bekam möglicherweise Probleme, sich mit Personal zu versorgen. Im Laufe des Mittelalters wurde der Zunftzwang überall verbindlich.[1104]

Gustav Schmollers These, der Zunftzwang habe sich aus dem Gewerbegericht entwickelt, gilt als widerlegt. Gunnar Mickwitz kommentierte sie mit den Worten: „Unter allen angeführten Zwecken der Zunftbildung sind es nur zwei, die den allerwichtigsten Zug des Zunftwesens, die Organisation des totalen Gewerbezweiges, erklären können: der judiziale und der wirtschaftliche Zweck. Nun hat

1102 Sonntag, Zunftzwang, S. 11; Ennen, Zünfte, S. 89; Horsch, Zünfte, S. 51f.

1103 Sonntag, Zunftzwang, S. 8; Zöllner, Zunftverfassung, S. 45; Hohmann, Zunftwesen, S. 67; Luzzatto, Economic History, S. 60; vgl. Kapitel 2.1.

1104 Eberstadt, Ursprung, S. 128ff; Stieda, Entstehung, S. 83–87; Keutgen, Ämter, S. 191, 238f; Dubler, Handwerk, S. 55; Moser, Steinmetz- und Maurerzunft, S. 78.

aber die Untersuchung gezeigt, dass die eigene Gerichtsbarkeit keineswegs im Zunftleben unerlässlich ist, sondern als ein Entwicklungsprodukt aus dem Umstand, dass in der Zunft das ganze Gewerbe organisiert war, anzusehen ist. Zum grossen Teil ist übrigens das Gewerberecht selbst erst durch die Zünfte geschaffen worden."[1105]

4.1.1.1. Illegale

Der persönliche Zunftzwang fand seine Grenze, wo Außenseiter ohne Erlaubnis außerhalb der Zunft dasselbe Gewerbe betrieben wie Zunftangehörige. Solche Gewerbetreibende wurden Pfuscher, Stümp(l)er, Störer oder Bö(h)nhasen genannt. „Das Verb ‚pfuschen' ist in der Bedeutung: liederlich, ohne nötige Sorgfalt arbeiten zuerst 1572 für Breslau belegt. Es gilt als Bildung zu der Interjektion ‚pfu(t)sch', die lautmalend das Aufzischen von Raketen oder das Reißen von Zeug bei schlechter Arbeit nachahmt."[1106] Der Stümper oder Stümpler „war ein Handwerker, der ... mit angeblich stumpfen, unzulänglichen Werkzeugen herumpfuschte, dessen Arbeit so unvollkommen wie ein Baumstumpf blieb, dem das wichtigste, die Krone fehlte."[1107] Der „Störer" ist von der Arbeit im Hause des Kunden abgeleitet, die als „Arbeit auf der Stör", d.h. bei wechselndem Einsatzort, bezeichnet wurde. Das auswärtige Arbeiten war für Zünfte unkontrollierbar und daher suspekt.[1108] Vom mittelniederdeutschen „Böne" = Dachboden stammt der Ausdruck „Bönhase". Wie der „Dachhase" – die Katze – auf dem Dachboden Mäuse fängt, arbeiteten nichtzünftige Handwerker auf Dachböden heimlich für ihre „Mäuse". Vor allem in Norddeutschland war der Ausdruck verbreitet. Die Redensart „Bönhasen jagen" ist zum ersten Mal im Jahr 1755 für Hamburg belegt.[1109]

Die reichsweite Hüttenorganisation der Steinmetze erlaubte 1459/60 ihren Gesellen noch, bei unzünftigen Meistern zu arbeiten. Auf dem Land, wo es keine Steinmetzmeister gab, durften Gesellen sogar selbstständig Bauten aufführen.[1110] Je flächendeckender das Zunftwesen wurde, umso strenger wurde seine Trennung von Bönhasen geregelt. Auf außerzünftige Produzenten war man nicht mehr angewiesen. Schon im 14. Jahrhundert verboten Zünfte ihren Mitgliedern die Zusammenarbeit mit Außenseitern. Wer das Meisterrecht einer Zunft erwerben wollte, durfte ausschließlich bei Zunftmeistern gelernt und gearbeitet haben. Kein Meister durfte einen Gesellen beschäftigen, der – sei es auch noch so kurzfristig – für einen Bönhasen tätig geworden war, oder gar selbst für einen solchen arbeiten. Die Lüneburger Goldschmiede beschlossen 1592 sogar, keinen Sohn eines Bönhasen in die Lehre zu nehmen; er hätte nach der Lehre die Armada der Außensei-

1105 Mickwitz, Kartellfunktionen, S. 159; vgl. Ziekow, Freiheit, S. 44.
1106 Röhrich/Meinel, Redensarten, S. 165.
1107 Röhrich/Meinel, Redensarten, S. 165.
1108 Röhrich/Meinel, Redensarten, S. 166.
1109 Röhrich/Meinel, Redensarten, S. 166.
1110 Moser, Steinmetz- und Maurerzunft, S. 61, 98.

ter verstärken oder seinem Vater zünftige Tricks verraten können. Zunftfremden Handwerkern durften weder Werkzeuge noch Hilfsmittel, Rohstoffe oder Halbfabrikate verkauft oder geliehen werden. Ihre Produkte waren vom Handel ausgeschlossen, ihre Waren wurden beschlagnahmt, ihre Händler und Kunden bestraft. Allerdings wurde in dieser Strenge selten gegen Bönhasen vorgegangen. In den Nachbargebieten der Niederlande und allgemein in ländlichen Regionen drückte man schon einmal ein Auge zu. Zünftigen Handwerksmeistern wurde erlaubt, mit Produkten ihres Handwerks zu handeln, aus welcher Quelle auch immer sie stammen mochten. Manchmal wurden Bewerber mit einem außerzünftigen Makel nicht ausgeschlossen, aber benachteiligt.[1111] Der Reichsschluss von 1731 gestattete einem Gesellen ausdrücklich, außerhalb des Zunfthandwerks zu arbeiten, falls es für sein „Brod und Fortkommen“ notwendig sei, ohne dass ihm daraus Nachteile erwachsen dürften.[1112]

Schon 1368 klagten die Schneider Wiens über Konkurrenz jenseits der Zunft.[1113] Seit dem 17. Jahrhundert wurde das Problem zum Dauerthema auf den Landtagen.[1114] Ein zeitgenössischer Nationalökonom schätzte die Zahl der Störer in den österreichischen Erblanden 1679 auf rund 50.000 gegenüber 100.000 zünftigen Meistern.[1115] Im 18. Jahrhundert störten Dorfhandwerker, Höker und Hausierer, Importkaufleute, auswärtige Handwerker, Nebenerwerbshandwerker, Soldaten, Trödeljuden, pfuschende Handwerksgesellen, Frauen und Mädchen die Kreise der Zunftmeister.[1116]

Zum Teil schufen sich die Zünfte ihr Außenseiterproblem selbst. Je mehr Bedingungen und Regeln sie für den Ausbildungsgang bis zur Meisterschaft erfanden, umso größer war die Zahl der Kandidaten, die schon im Vorfeld oder zu irgendeinem Zeitpunkt der Ausbildung scheiterten und dem Zunftwesen den Rücken kehrten. Wurde eine Zunft vorübergehend abgeschlossen, hatten Interessenten an einer Lehre und Gesellen gar keine andere Chance, als sich einem nichtzünftigen Meister zu verdingen oder sich selbstständig zu machen. In Hildesheim bekämpften sich die Zünfte der noch nicht vereinigten Alt-, Neu- und Dammstadt gegenseitig als Störer. Bönhasen arbeiteten für den Markt, für Kaufleute oder Verleger, aber auch für Zunftmeister, die ihre Waren vertrieben. Externe Faktoren verschärften das Problem. In den Vorstädten außerhalb der Mauern und im Umland der Städte entstanden schwer kontrollierbare „Speckgürtel“, in denen sich Bönhasen vorzugsweise niederließen, um ihren städtischen Kunden nahe zu sein. Die Störer produzierten billiger, weil sie die Zunftgebühren sparten, auf Qualitätsvorschriften nicht zu achten brauchten, beliebig viele und billige Arbeitskräfte beschäftigen, ihre Rohstoffe frei beziehen und Erfindungen und Verbesserungen ohne Hindernisse einführen konnten. In der Frühen Neuzeit prosperierte das

1111 Klein, Aussenseiterpolitik, S. 6ff, 11–23; Reininghaus/Thurmann/Walberg, Quellen, S. 438; Canzler, Zünfte, S. 77ff; Scheschkewitz, Zunftwesen, S. 30; Neuburg, Zunftgerichtsbarkeit, S. 151.

1112 Proesler, Handwerk, S. 64*.

1113 Wissell, Recht II, S. 323.

1114 Schlenkrich/Bräuer, Armut, S. 102; Ehrenburg, Gewerbefreiheit, S. 3.

1115 Schwarzlmüller, Berufslaufbahn, S. 147.

1116 Schlenkrich/Bräuer, Armut, S. 101.

Landhandwerk. Das deutsche Duodezfürstentum trug ebenfalls zur Vermehrung der Störer bei: Wie leicht konnte man eine Reichsstadt schädigen, wenn man in unmittelbarer Nähe eine Anzahl Bönhasen ansiedelte! Vor allem Gewerbe, die wenig Kapital erforderten, kamen in Frage: Der klassische Bönhase war der Schneider, der mit minimalem Handwerkszeug und ohne Werkstatt seine Arbeit aufnehmen konnte. Außerzünftige Gewerbetätigkeit wurde zum Tummelplatz für Arme und Nebenerwerbshandwerker.[1117]

Die Altonaer Schmiedezunft auf Hasenjagd im Jahr 1639[1118]

„Ein Schmied, Namens Poppe Lüders, war nach Altona gezogen, ohne dem Amte beizutreten, und hatte sich im Hause eines Goldschmieds eingemietet, da ein Protest des Schmiede-Amtes hiergegen bei dem Goldschmiede-Amte und bei dem Hausherrn des Lüders resultatlos geblieben war. Darauf schickten die Schmiede zu dem widerspenstigen Manne und frugen, ob er sich gütlich mit ihnen vertragen wolle. Der aber antwortete, er hätte mit dem Amte nichts zu thun und ließ, nach dem Berichte der Schmiede, ‚auch sonst viele verdrießliche, unnütze Worte vernehmen'. Auf die gräfliche Vogtei in Ottensen zitiert und vom Vogte befragt, ob er sich mit dem Amte vereinigen wolle, soll er sich dort ebenfalls ungebührlich betragen und dem Vogte sogar ‚ein Knipken geschlagen' haben. Zwei weitere Beschickungen hatten ebenso wenig Erfolg, ‚worauf wir endlich', wie die Schmiede berichten, ‚ihn nach Amtsgerechtigkeit besucht und gar wenig Werkzeug genommen haben'. Nun geriet der Geschädigte seinerseits in Wut, schalt seine Widersacher gräulich und verklagte sie beim Amtmann zum Pinneberge, der sich vergeblich bemühte, eine Einigung herbeizuführen und dem hartnäckigen Lüders endlich aufgab, binnen acht Tagen sich mit dem Amte zu vertragen oder die Arbeit niederzulegen oder endlich sich auf die Freiheit [ein Areal für Freimeister] zu begeben. Nach Ablauf der Frist wartete das Amt noch vier Wochen.

Da Lüders aber inzwischen anderen Meistern zwei Gesellen abspenstig machte, ‚sich freventlich auf öffentlicher Gassen mit Geigen umherspielen lassen und mit Jauchzen gerufen haben soll, wie er so viel Geld verdienen könne', so sahen sich die Amtsmeister abermals veranlaßt, ihn nach Amtsgerechtigkeit zu besuchen. Sie kamen vor verschlossene Thüren, und da sie hinein riefen, man möchte doch in Güte öffnen, soll Lüders geantwortet haben: ‚der Teufel sollte ihnen ins Herz fahren'. Auch hatte Lüders eine geladene Pistole und seine beiden Gesellen, der eine einen Degen, der andere eine Axt bei sich. Nach wiederholter Ermahnung von draußen und vielen Scheltworten von drinnen brachen die Schmiede endlich die Thür auf, Lüders richtete auf einen der Eindringlinge die Pistole, welche aber versagte, worauf die Amtsschmiede, wie sie behaupten, nur das thaten, was sich nach Amtsgerechtigkeit gebühre, d. h. ihm nochmals Handwerkszeug fortnahmen. Die begangenen Gewaltthätigkeiten fanden indeß bei den Beamten kein Gefallen. Den Schmieden wurde aufgegeben, dem Lüders sein Handwerkszeug unverzüglich wieder zuzustellen und den angerichteten Schaden

1117 Schwarzlmüller, Berufslaufbahn, S. 146; Döhler, Beschreibung, S. 192f; Wiest, Entwicklung, S. 72; Hartmann, Geschichte, S. 76f; Trautmann, Entwicklung, S. 399; Fischer, Volk, S. 45f.

1118 Ehrenburg, Gewerbefreiheit, S. 40f.

zu bezahlen. Sie gehorchten, richteten aber zugleich am 14. Oktober 1639 eine bewegliche Vorstellung an den Grafen, worin sie bei fernerer Nichtachtung ihrer Amtsgerechtigkeiten den Untergang des Handwerks vorhersagten."

Die städtischen Behörden standen fast immer auf der Seite ihrer Zünfte, zumal wenn die Bönhasen außerhalb der Stadt lebten, da diese keine Steuern zahlten und den eigenen Bürgern Konkurrenz machten; lediglich die Selbsthilfe der Zünfte kritisierten sie, weil sie auf dem öffentlichen Gewaltmonopol bestanden. Auf der Hasenjagd kam es mitunter zu Mord und Totschlag, den Frauen der Bönhasen wurden die Kleider vom Leib gerissen. Andere Zünfte waren zurückhaltender und begnügten sich damit, die Arbeitsbedingungen der Außenseiter zu verschlechtern oder diese formal an die Zunft zu binden, weil sie einsahen, dass es unmöglich war, das Übel an der Wurzel zu packen. Als sich die Territorialherren stärker in das Wirtschaftsleben einmischten, verbesserten sich die Chancen der Bönhasen: Auch sie waren Landeskinder, deren wirtschaftliche Lage ihren Landesherrn etwas anging. Noch strikter als die Städte beharrten die absolutistischen Territorialstaaten auf dem staatlichen Gewaltmonopol. Zunächst wurde der Hasenjagd ein Beamter als Aufpasser beigegeben, später wurden die Zünfte anstelle der Jagd auf den Rechtsweg verwiesen. Zünfte, die eigenmächtig gegen Bönhasen vorgingen, wurden verfolgt, Bönhasen auf der Basis staatlicher Konzessionen als Freimeister legalisiert.[1119] Man versuchte mit den Störern zu einem modus vivendi zu kommen, sofern diese nicht die Suprematie der Zünfte und deren gesellschaftlichen Rang in Frage stellten.[1120] In Mainz arrangierte man sich im 18. Jahrhundert allmählich mit Pfuschern. Die Zünfte verschwendeten nicht unaufhörlich ihre Energien für Zusammenstöße mit ihnen, die Ärger mit den Behörden einbrachten. „Die Akten zur Mainzer Schreinerzunft vermitteln den Eindruck, daß die Meister mit relativ wenigen Aktionen, die allerdings einen sehr geringfügigen Anlaß haben konnten, wenigstens verhindern wollten, daß die Zunftgesetze allmählich ganz in Vergessenheit gerieten bzw. Pfuscher und Publikum allzu ungeniert miteinander ins Geschäft kamen."[1121] Zwischen zunftangehörigen Schreinern und Pfuschern entwickelte sich eine stillschweigende Arbeitsteilung: „In Mainz gab es zweifellos ein recht weites Betätigungsfeld für die Unzünftigen, es ist auch schwer vorstellbar, daß die Stadtmeister ihr Prestige hätten erringen können, wenn sie sich vorwiegend mit einfachen Gebrauchsmöbeln aus Tannenholz, Totenladen und anspruchsloser Bauschreinerei befaßt hätten." Die Herstellung von Fensterrahmen überließ man den Glasern, einfache Arbeiten den Störern.[1122]

1119 Wissell, Recht II, S. 335; Ehrenburg, Gewerbefreiheit, S. 3; Kaufhold, Handwerk, S. 37; Schultz, Das ehrbare Handwerk, S. 38f; Jahn, Gewerbepolitik, S. 120–124; Scheschkewitz, Zunftwesen, S. 110; Como, Zunft, S. 49; Aul, Entwicklung, S. 27, 29; Hähnsen, Geschichte, S. 373; Hoffmann, Winkelarbeiter.

1120 Ehmer, Denken, S. 71f.

1121 Decker, Bürger, S. 34.

1122 Decker, Bürger, S. 35.

4.1.1.2. Konzessionierte

Auf nicht weniger Widerstand der Zünfte trafen Außenseiter, die mit obrigkeitlicher Erlaubnis außerhalb der Zunft ihrem Gewerbe nachgingen. Zeitgenössische Juristen unterschieden die Kategorien der Freimeister, Gnadenmeister und privilegierten Meister, ohne zu einer einheitlichen Begrifflichkeit zu finden. Hier wird – wie in der neueren Literatur üblich – der Einfachheit halber stets von Freimeistern gesprochen, die dank der *Gnade* der Obrigkeit das *Privileg* erhielten, *frei* von der Zugehörigkeit zu einer Zunft zu praktizieren. Obwohl stets von Meistern die Rede ist, gehörten in größerer Zahl Gesellen ohne zünftiges Meisterrecht dazu. Manchmal wurden Freimeister gegenüber Zunftmeistern schlechter gestellt dadurch, dass sie keine oder weniger Lehrlinge und Gesellen halten durften. Einige genossen alle Freiheiten, die ein vorindustrieller Gewerbebetrieb haben konnte, andere mussten sich den Zunftregeln mehr oder minder angleichen. Das Zunftwesen strahlte auf das nichtzünftige Handwerk aus. Jede Obrigkeit und jede Zunft verfolgte ihre eigene Politik, die sie im Einzelfall abwandelte.[1123]

Im dänischen Altona bei Hamburg litten die Freimeister im 18. Jahrhundert unter permanentem Lehrlingsmangel. Die Freimeister des Tischlerhandwerks wollten daher 1732 neben der bestehenden Tischlerzunft eine eigene Zunft gründen, um ebenfalls von den Vorteilen des Zunftwesens profitieren zu können. Auf der anderen Seite traten zwei Küfermeister im Jahr 1748 aus ihrer Zunft aus, weil diese ihnen maximal zwei Gesellen erlaubte. Die Tischlerzunft zwang die Freimeister des Tischlergewerbes, ihr je einen Reichstaler zu zahlen, damit die Zunft ihnen Gesellen und überschüssige Arbeiten vermittle. Im Jahr 1738 überlegte der dänische König, alle Freimeister in die Zünfte zu zwingen, da er von den Zünften eine jährliche Steuer einheben wollte.[1124]

Der Hamburger Stadtrat behielt sich bereits im Jahr 1375 das Recht vor, Freimeister zu ernennen.[1125] In Köln gab es sie mindestens seit 1397. „Durchweg erscheinen Freimeister aber erst mit Beginn des 16. Jahrhunderts in den Quellen."[1126] Nicht überall wurden Freimeister zugelassen, meist blieb ihre Zahl geringfügig. Ihre Ära wurde die Frühe Neuzeit.[1127] In Brandenburg-Preußen wurden nur wenige Freimeister konzessioniert. „Die Landesherren waren grundsätzlich gegen solche Praxis. König Friedrich I. teilte 1708 anläßlich der Abweisung eines Gesuchs den [Berliner] Magistraten diese Meinung mit, die auch seine Nachfolger nicht änderten: daß *wir nun nicht gesonnen sind, in hiesigen Residentzien Freymeister zu setzen*. Der Staat hatte die Zünfte schon fest genug im Griff, um besser mit dem kompletten Zunftzwang als gegen ihn regieren zu können."[1128] Den aus-

1123 Ortloff, Recht, S. 308–316; Bessenrodt, Handwerk, S. 115; Salow, Zunftwesen, S. 22; Nerger, Geschichte, S. 23; Hähnsen, Geschichte, S. 258f; Zincke, Jahre, S. 62.

1124 Rohde, Entwicklung, S. 181–184, 188.

1125 Welter, Studien, S. 56.

1126 Ennen, Zünfte, S. 98; vgl. Klein, Aussenseiterpolitik, S. 36.

1127 Fromm, Studien, S. 43; Warncke, Handwerk, S. 123; Hähnsen, Geschichte, S. 249; Kaufhold, Handwerk, S. 58; Wiest, Entwicklung, S. 71; Klein, Aussenseiterpolitik, S. 29f, 36; Habicht, Stadt- und Landhandwerk, S. 92; Brohm, Handwerkspolitik, S. 331.

1128 Schultz, Das ehrbare Handwerk, S. 39f.

giebigsten Gebrauch von der Freimeisterschaft machte Österreich im 18. und 19. Jahrhundert. Im Jahr 1725 wurde die Praxis, Freimeister zu ernennen, per Gesetz geregelt, zuerst in Wien und Niederösterreich, dann in Böhmen. „Nur eine verschwindend kleine Anzahl von Zünften (Apotheker, Fleischhauer, Maurer und Zimmermeister, Schmiede und wenige Andere) blieb von den Schutzbefugnissen (Ernennungen zu Freimeistern) gänzlich unberührt, in den übrigen aber waren die Regierungsbehörden mit denselben derart freigebig gewesen, daß schon am Ende des 18. Jahrhunderts in manchem Handwerke die Zahl der bürgerlichen (zünftigen) Meister von jener der befugten Meister (der Decreter) nahezu überholt worden war.“[1129]

Freimeisterstellen dienten der Legalisierung von Bönhasen oder der Versorgung von Staatsdienern. Randexistenzen wurden integriert, deren geringfügige Geschäftstätigkeit ihnen nicht erlaubte, die Kosten des Zunftbeitritts aufzubringen. Frauen, die von den Zünften nicht oder – als Witwen – nur für begrenzte Zeit zugelassen wurden, durften ihr Handwerk mit Spezial-Konzession ausüben. Ein Geselle, der schwer erkrankte, so dass er keine Anstellung bei einem Zunftmeister fand, erhielt eine Konzession, damit er nicht mehr betteln musste. Im dänischen Herzogtum Schleswig-Holstein wurden Söhne von Hofbediensteten und Günstlinge des Hofes zu Freimeistern ernannt. Auch in München wurden Freimeisterstellen vornehmlich an ehemalige Hofbedienstete und deren Frauen und Kinder vergeben, um sie zu belohnen und im Alter zu versorgen. Viele Freimeister fassten ihre Situation als Übergangsstadium auf und bemühten sich, die Mitgliedschaft in einer Zunft zu erringen.[1130]

Außerdem bediente sich der Staat der Freimeister, um Wirtschaftsförderung zu betreiben, Anreize zur Ansiedlung auswärtiger Fachkräfte zu bieten und Innovationen anzuregen, ohne das Zunftwesen als solches zu tangieren. Auf vorübergehend stark erhöhten Arbeitsanfall, etwa nach großen Bränden, reagierten die Obrigkeiten mit der zeitlich befristeten Beschäftigung von Arbeitskräften außerhalb des Zunftwesens. Auswärtige Arbeitskräfte wurden vorübergehend ohne Zunftmitgliedschaft zugelassen, falls Einheimische bestimmte Arbeiten nicht ausführen konnten. Spezialisten, die zuzogen, durften dauerhaft oder für einige „Freijahre“ außerhalb der Zünfte bleiben. Das berühmteste Beispiel sind die Hugenotten, die nach 1685 in Brandenburg-Preußen angesiedelt wurden mit der Vergünstigung, die ersten zehn Jahre als Freimeister zu arbeiten. Der Kölner Rat sicherte 1403 allen Siegburger Bürgern, die nach Köln einwandern wollten, zu, dass sie zwei Jahre lang vom Zunftrecht befreit blieben, ausgenommen die Warenschau. Der erste Lüneburger Freimeister war 1547 ein Bäcker aus Stade, der mit dem Rat einen Vertrag über zehn Jahre schloss, in dem ihm die Zunftfreiheit gewährt wurde, weil er neue Sorten Brötchen und Weißbrot zu backen versprach. Der Vertrag wurde so ausgestaltet, dass die Rechte der Bäckerzunft nicht beeinträchtigt wurden. In Altona, wo der Landesherr eine große Anzahl Einwanderer zur Niederlassung bewegen wollte, ohne die bestehenden Zünfte zu beseitigen, wurde 1612

1129 Reschauer, Geschichte, S. 10.

1130 Puschner, Handwerk, S. 169; Zincke, Jahre, S. 97; Schichtel, Recht, S. 238f; Rohde, Entwicklung, S. 180f; Voß, Innungen, S. 54; Canzler, Zünfte, S. 142.

eine „Freiheit" geschaffen, ein Areal, in dem Handwerker als Freimeister siedeln durften. Da sich die Zünfte vehement gegen eine Erweiterung der „Freiheit" wehrten, mussten deren Bewohner winzige Häuser und überhöhte Mieten hinnehmen. In die „Freiheit" zogen auch unfähige und unredliche Personen, so dass der Ruf des Altonaer Handwerks insgesamt litt. Auf Bitten der Zünfte wurden daher 1649 die Handwerker der „Freiheit" in die Zünfte integriert. In Bremen wurden im 17. und 18. Jahrhundert mehrmals Freischuster zugelassen, die Manufakturen betrieben und Bönhasen in Heimarbeit beschäftigten. Diese Freimeister regten die Zunft zu Innovationen an.[1131]

Schließlich waren Freimeisterstellen ein obrigkeitliches Instrument, um Zunftkartellen und allgemein der Macht der Zünfte entgegen zu wirken.[1132] Die Lübecker Bürgerschaft war 1546 anlässlich einer Teuerung „unzufrieden über die Kleinheit des Brotes. Die Folge war, daß jeder Bäcker sein bestimmtes Zeichen auf sein Brot setzen sollte. Als die Bäcker sich weigerten, das zu tun und ihre Werkstätten überhaupt schließen wollten, setzte der Rat ... vier Freibäcker ein. Sie bildeten schließlich auch ein Amt, das aber nicht, wie man denken sollte, zum großen Amt der Bäcker gehörte, sondern es wurde dem großen Amt der Schmiede zugelegt, um die Freibäcker nicht den Bedrückungen der Kollegen auszusetzen."[1133] Ähnlich erging es Fleischhauern zu Anfang des 17. Jahrhunderts; der Rat ließ den Freimeistern sogar einen besonderen Verkaufsstand bauen.[1134] Beamte des Bischofs von Münster plädierten 1798 dafür, „daß der Landesherr Freimeister ‚in zweckmäßiger Anzahl ernenne', damit die Zunftmitglieder durch die Konkurrenz sich um eine bessere Qualifikation bemühen".[1135] In München wurden nach 1790 besonders viele Konzessionen vergeben, um die Position der Zünfte zu untergraben.[1136]

Eine besondere Spezies der konzessionierten Handwerker waren Soldatenhandwerker, die sich zu ihrem schlecht bezahlten militärischen Beruf etwas hinzuverdienten oder in den Perioden soldfreier Beurlaubung oder im Ruhestand ihrem Handwerk zuwandten. Die stehenden Heere der Frühen Neuzeit rekrutierten sich vielfach aus Handwerkern, die von ihrem Handwerk allein nicht leben konnten, ihre Lehre abgebrochen oder als Gesellen ihren Arbeitsvertrag unrechtmäßig gekündigt hatten. Das Militär benötigte ihre handwerkliche Qualifikation zur Eigenversorgung, etwa mit Nahrungsmitteln, Uniformen, Stiefeln, Perücken, Schlosserarbeiten oder Bauwerken. Obwohl den Zünften ein potenzieller Absatzmarkt geschmälert wurde, bot die Eigenversorgung der Truppen selten Anlass zum Streit. Zum einen bezweifelten die Zünfte nicht das Recht jeder Person oder

1131 Hähnsen, Geschichte, S. 252, 260ff; Kreutzberger, Gewerberecht, S. 20f; Johanni, Zünfte, S. 94; Steinkamp, Stadt- und Landhandwerk, S. 8; Sonntag, Zunftzwang, S. 55; Scheschkewitz, Zunftwesen, S. 111; Böhmert, Beiträge, S. 31, 33; Schultz, Herkunft, S. 56; Warncke, Handwerk, S. 122; Zincke, Jahre, S. 80; Ehrenburg, Gewerbefreiheit, S. 24, 28; Rohde, Entwicklung, S. 78f.

1132 Wissell, Recht II, S. 56; Schönberg, Bedeutung, S. 30.

1133 Warncke, Handwerk, S. 124.

1134 Warncke, Handwerk, S. 148.

1135 Terhalle, Gilden, S. 71.

1136 Puschner, Handwerk, S. 171.

Institution zur Eigenversorgung, zum anderen entgingen ihnen ja lediglich Geschäfte, die sie zuvor nicht gehabt hatten. Anders war es, wenn das Militär Handwerker beschäftigte, die nicht Soldaten waren, oder Soldaten für Kunden außerhalb des Militärs arbeiteten. Da sie überwiegend in Städten untergebracht waren, kam es zur Konkurrenz zwischen städtischen Zünften und Soldatenhandwerkern. Die Obrigkeiten, welche zur Fürsorge für ihre Soldaten verpflichtet waren, gewährten Soldatenhandwerkern allerlei Vorrechte. Sie durften ihr Handwerk wie Freimeister betreiben, jedenfalls wenn sie das Bürgerrecht der Stadt besaßen, oder sich als Gesellen bei Zunftmeistern verdingen. Auf der anderen Seite mussten sich die Obrigkeiten mit den Beschwerden der Zunftmeister befassen, welche es nicht hinnahmen, dass ihre Privilegien gestört wurden. Die Zünfte erreichten es, dass Soldaten jegliche Kundenproduktion verboten wurde, dass sie in die Zünfte eintreten mussten oder wenigstens in ihrem Betrieb keine Mitarbeiter beschäftigen durften. Beim Erwerb der Meisterwürde wurden Soldaten begünstigt, indem ihnen Gebühren, Wander- und Dienstzeiten erlassen wurden.[1137]

Der direkte wirtschaftliche Schaden für die Zünfte durch Freimeister und Soldatenhandwerker war gering, da deren Anzahl nicht sehr groß war. Allerdings verhinderten konzessionierte Handwerker die Realisierung von Monopolgewinnen. Langfristig gewichtiger waren die politischen und weltanschaulichen Folgen. Eine allzu vernehmliche politische Regsamkeit der Zünfte wurde auf diese Weise leicht verhindert. Die Installierung von Freimeistern und Soldatenhandwerkern machte klar, dass die Obrigkeiten die Macht in den Händen hatten, nicht die Zünfte. Die konzessionierten Meister ließen sichtbar werden, dass man auch ohne Zunftorganisation als Handwerker existieren konnte. Wo ihnen keine Betriebsbeschränkungen auferlegt waren, zeigte sich, welche unternehmerischen Chancen sich ohne Zunftregeln auftaten.

4.1.2. Bannmeilen

Innerhalb des Stadtgebietes galten alle Rechte, welche eine Stadt besaß, einschließlich der Zunftrechte. Darüber hinaus bemühten sich die Städte – ob Reichsoder Landstadt – in Konkurrenz zu Zwangs- und Bannrechten des Adels um einen Bezirk außerhalb der Stadtmauern, in dem ihr Recht galt, obwohl die Einwohner dieses Bezirks kein Bürgerrecht besaßen. Nürnberg brachte es im Laufe der Zeit zu einem Territorium von erheblicher Größe und Herrschaftsdichte, andere Städte mussten sich damit zufrieden geben, dass ihr rechtlicher Einfluss außerhalb der Mauern gering blieb oder völlig fehlte. Seit dem 11. Jahrhundert besaßen Städte im Rheinland, in Flandern und Nordfrankreich im Umland Gerichtsrechte, die

1137 Hähnsen, Geschichte, S. 265ff; Gerteis, Städte, S. 111; Kaufhold, Handwerk, S. 38; Schichtel, Recht, S. 242;.Hermandung, Zunftwesen, S. 83; Schultz, Das ehrbare Handwerk, S. 20; Bessenrodt, Handwerk, S. 70; Jahn, Gewerbepolitik, S. 124; Puschner, Handwerk, S. 173; Zincke, Jahre, S. 110f, 147; Ziekow, Freiheit, S. 313; Otruba, Gewerbe, S. 23; Habicht, Stadt- und Landhandwerk, S. 87; Schrott, Handel, S. 73f; Reith, Arbeits- und Lebensweise, S. 246; Barnowski-Fecht, Handwerk, S. 98; Brohm, Handwerkspolitik, S. 272–276.

sich zu einem „Weichbild" verdichteten, und Wirtschaftsrechte, deren Ausdehnung mit dem Begriff „Bannmeile" belegt wurde. Zu den Wirtschaftsrechten, welche über die Stadtmauern hinausreichten, gehörten Marktfriedens- und Geleitrechte, dann auch Markt-, Schank-, Back-, Brau- und Gewerbemonopole, Vorkaufs- und Stapelrechte. Weichbild und Bannmeile konnten in ihrer Ausdehnung übereinstimmen, brauchten es aber nicht. Eine Bannmeile konnte ein Umkreis mit dem Radius einer Meile – oder einer anderen Entfernung – um die Stadt sein oder ein anders geformtes Gebiet. Im Zuge der deutschen Ostsiedlung drang dieses Stadtrecht nach Osten vor. Dort realisierte sich der Marktbann zunächst als Gasthaus- und Braubann, da die slawischen Dorfwirtshäuser, die man verdrängen wollte, traditionell Markt- und Braustätten waren.[1138]

Als sich das Zunftwesen in den Städten etablierte, wurde die Bannmeile zum Schutz der Zünfte über das Stadtgebiet hinaus fruchtbar gemacht. Seit dem 14. Jahrhundert ist der Zunftbann in schriftlichen Quellen fassbar. Er war ein Ausfluss des Marktbannes, insofern die Marktposition der Zünfte geschützt wurde, und des Gewerbebannes, insofern es um die Produktion der Zunfthandwerker ging. Innerhalb der Bannmeile galten der „Zunftzwang im besonderen", nach dem jeder Handwerker Mitglied der städtischen Zunft zu sein hatte, und der „Zunftzwang im allgemeinen", nach dem Einwohner des Bezirks nur bei Zunfthandwerkern kaufen durften.[1139] Teils wurde jegliche Handwerksarbeit von Nichtzünftlern in der Bannmeile verboten, teils typisches Landhandwerk oder sogar städtisches Handwerk erlaubt, wenn sich die Handwerker aus der Bannmeile der Stadtzunft anschlossen oder zumindest ihrer Warenschau unterwarfen. Wer über besondere Fähigkeiten verfügte, wurde von Verboten befreit.[1140] In Verden an der Aller wogten die Auseinandersetzungen um die Bannmeile bis zur Einführung der Gewerbefreiheit im 19. Jahrhundert hin und her: Einmal wurde das Gebiet verkleinert, ein anderes Mal vergrößert, einmal wurden gewerbliche Betätigungen innerhalb der Bannmeile erlaubt, ein anderes Mal verboten.[1141]

Im nördlichen Rheinland und der westfälischen Grafschaft Mark war das Bannmeilenrecht schwach ausgeprägt, ohne dass dies negative Auswirkungen gehabt hätte. Die Städte lebten vom Fernhandel und von qualitativ hochwertigen Handwerksprodukten für den Export, die in der Umgebung nicht hergestellt wurden.[1142] Obwohl die Stadt Köln gegen ihren Erzbischof keine Bannmeile durchsetzen konnte, fand sie Ersatzmittel, um ihre Gewerbetreibenden zu schützen. Vor der Schlacht bei Worringen 1288, in der die Truppen der Stadt und des erzbischöflichen Stadtherrn aufeinander prallten, kooperierte man: Der Erzbischof unterstellte 1230 die Weber in Deutz, dem Nachbarort auf der anderen Rheinseite,

1138 Küchler, Bannmeilenrecht; Roth, Zunftherrlichkeit, S. 17; Wissell, Recht II, S. 60; Zöllner, Zunftverfassung, S. 46; Kellenbenz, Wirtschaftsgeschichte I, S. 91; Deter, Rechtsgeschichte, S. 59; Schulze, Handwerkerorganisation, S. 47.

1139 Hermandung, Zunftwesen, S. 77, 82; Döhler, Beschreibung, S. 195f; Klein, Aussenseiterpolitik, S. 38, 60.

1140 Nerger, Geschichte, S. 9; Küchler, Bannmeilenrecht, S. 120; Stieda, Entstehung, S. 83–87; Klein, Aussenseiterpolitik, S. 11, 42f.

1141 Nerger, Geschichte, S. 11ff.

1142 Sonntag, Zunftzwang, S. 65; Reininghaus, Zünfte, Städte und Staat, S. 27.

der Kölner Wollzunft.[1143] Später wurde das Verhältnis konfrontativ. Die Kölner Goldschmiede schlossen 1557 alle Bewerber aus, die aus Deutz kamen, die Korbmacher ließen 1695 keinen Lehrling zu, der aus einem Umkreis von vier Meilen um die Stadt stammte. Das Schwertamt der Domstadt beschloss 1579, von Konkurrenten aus der näheren Umgebung keine Halbfabrikate zu kaufen.[1144]

Die Kölner fanden sich in der Frühen Neuzeit in Bedrängnis ihres Nachbarn wie viele andere Städte. Landesherren förderten in unmittelbarer Nachbarschaft der Reichsstädte Landstädte, um am Erfolg der Reichsstädte teilzuhaben oder sie niederzuringen, so dass sie gezwungen wurden, ihre Selbstständigkeit aufzugeben und sich dem Nachbarterritorium anzuschließen. So erging es Köln mit Deutz, Frankfurt am Main mit Hanau und Offenbach, Nürnberg mit Fürth und Hamburg mit Altona.[1145] „Seit der Mitte des 16. Jahrhunderts verlor das Bannmeilenrecht für Goslar immer mehr an praktischer Bedeutung. Das Haus Braunschweig hatte sich bis dicht an die Stadtmauern herangeschoben und förderte ohne Rücksicht auf die wirtschaftliche Notlage der Stadt die Ansiedlung von Gewerbebetrieben vor den Mauern Goslars.“[1146] Landesherren, welche das Landhandwerk städtischen Zünften anschlossen, führten das Institut der Bannmeilen ad absurdum, indem sie die Gebiete weit über den städtischen Rahmen hinaus erweiterten.[1147] Das Fürstentum Göttingen durchlöcherte 1748 das Bannmeilenrecht, indem es in den Dörfern innerhalb der Bannmeilen Handwerker in kleiner Zahl zuließ.[1148] Im 18. und 19. Jahrhundert wuchsen in vielen Territorien die Ausnahmen vom Bannmeilenrecht – und sogar von den Zunftrechten innerhalb der Stadtmauern –, das aber erst mit der Gewerbefreiheit endgültig abgeschafft wurde.[1149]

4.1.3. Das Haushaltsprinzip

Jeder darf seinen Eigenbedarf selbst erzeugen! Dieser Satz, der hier als „das Haushaltsprinzip“ bezeichnet werden soll, erscheint auf den ersten Blick trivial – ist aber alles Andere als das. Aus Gründen der öffentlichen Sicherheit wurde das Haushaltsprinzip durchbrochen, etwa wenn der Betrieb eines Backofens von einer Genehmigung abhängig gemacht wurde oder das Kaminkehren staatlich beauftragten Schornsteinfegern überlassen werden musste, um die Brandgefahr zu verringern. Aus fiskalischen Gründen wurde das Bierbrauen überwacht. Für die Zünfte hatte das Haushaltsprinzip einschneidende Konsequenzen, weil es ihnen in großem Umfang Absatzchancen nahm. Ein Problem für die Zünfte ergab sich, wenn ein Haushalt externe Handwerker aufnahm, damit sie im Haushalt Arbeiten verrichteten. Auf diese Weise konnte der den Zünften reservierte öffentliche

1143 Sonntag, Zunftzwang, S. 64.
1144 Klein, Aussenseiterpolitik, S. 9, 20.
1145 Rohde, Entwicklung, S. 14.
1146 Kreutzberger, Gewerberecht, S. 137.
1147 Skalweit, Dorfhandwerk, S. 12.
1148 Habicht, Stadt- und Landhandwerk, S. 173ff.
1149 Barnowski-Fecht, Handwerk, S. 32, 81; Hähnsen, Geschichte, S. 370, 400; Popp, Entstehung, S. 46ff, 55.

Markt umgangen werden. Anstatt zu einem Zunftschneider zu gehen, engagierte man einen Hausschneider, anstatt Vieh zu verkaufen und Fleisch einzukaufen ließ man eine Hausschlachtung vornehmen. Haushandwerker, die ausschließlich in den Haushalten ihrer Auftraggeber arbeiteten, waren normalerweise nicht Mitglied einer Zunft. Nolens volens nahmen die Zünfte diesen gewohnheitsrechtlichen Zustand hin, solange weder der Haushandwerker noch sein Auftraggeber als Konkurrenten auf dem Markt auftraten, also über den Eigenbedarf hinaus produzierten. Wo der Marktverkauf aus Haushaltsproduktion geduldet wurde – wie im Kommunbrauwesen –, wurde er nach der Menge begrenzt; trotzdem behinderte er professionelle Strukturen. Obwohl die Zünfte gut aufpassten, erzeugte das Haushaltsprinzip eine Grauzone, die Streit provozierte: Wie sollte man einen Flickschuster, der für seinen Eigenbedarf neue Schuhe anfertigte, daran hindern, diese nach kurzem Gebrauch weiter zu verkaufen?[1150]

Zu größeren Problemen führte das Haushaltsprinzip, wenn der Haushalt keine Privatperson oder Familie war, sondern eine soziale Institution, die womöglich zahlreiche Handwerker verschiedener Berufe für ihren „Eigenbedarf“ beschäftigte. Von den Auseinandersetzungen mit Soldatenhandwerkern war schon die Rede. Eine zusätzliche Schwierigkeit ergab sich, wenn die Institution über einen Immunitätsbezirk verfügte, der nur mit ihrer Erlaubnis betreten werden durfte, und von den üblichen bürgerlichen Lasten befreit war. Die Zünfte konnten im Immunitätsbezirk keine Kontrollen durchführen und hatten Mühe, ihre Rechte gegen Handwerker auf Immunitäten geltend zu machen. Zudem waren die Handwerker der Immunitäten oft preiswerter, weil sie Abgaben und Dienste für die Stadt nicht im vollen Umfang zu leisten brauchten oder ihren Lebensunterhalt zum Teil aus anderen Quellen bestritten.

Einer der Ursprünge des städtischen Handwerks waren die Handwerker, die für einen Bischof oder ein Kloster arbeiteten. Auseinandersetzungen mit Handwerkern der „Toten Hand“ begleiteten die Zünfte vom ersten Tag ihres Bestehens bis zu ihrem Ende im 19. Jahrhundert. Kleriker und angestellte Handwerker produzierten an allen Regeln vorbei für den Markt, oft steuerfrei und außerhalb des städtischen Machtbereichs, obwohl ihre Immunitäten mitten im Stadtgebiet lagen. Zusätzlich zu Dom-, Pfarrkirchen-, Kloster- und Hospitalimmunitäten entstanden im Spätmittelalter Beginenkonvente, klosterähnliche Lebensgemeinschaften von Frauen. In Köln gab es im Jahr 1320 89 Konvente, in Straßburg entstanden 85, in Frankfurt am Main 57, in Mainz 28, in Worms 16, in Essen 6 und in Lübeck 5 Konvente. Die meisten Konvente mussten für ihren Lebensunterhalt arbeiten; mit Textilien überschwemmten sie den städtischen Markt. Der kirchliche Sektor war im Spätmittelalter weit umfangreicher als heute; in Städten, in denen sich kirchliche Einrichtungen ballten, konnte deren Handwerksproduktion zu einer messbaren Beeinträchtigung der Zünfte führen, insbesondere der Textil- und Bekleidungszünfte. Das Spätmittelalter war voll von „Pfaffenkriegen“, städtischen Auseinandersetzungen, in denen es um die wirtschaftlichen Vorteile der Kirche und

1150 Schönberg, Bedeutung, S. 28; Hemmen, Zünfte, S. 39; Sonntag, Zunftzwang, S. 62; Krumbholtz, Gewerbe, S. 126*; Klein, Aussenseiterpolitik, S. 28, 30; Loesch, Zunfturkunden I, S. 68*; Ennen, Zünfte, S. 95f.

ihrer Mitarbeiter ging. In der Reformationszeit vereinte sich dieser Punkt mit anderen Kritiken an der Kirche zu einer explosiven Mischung. Selten gelang es den Zünften, die Vorrechte der Toten Hand zu beschneiden und ihre Handwerker zur Mitgliedschaft zu zwingen. Manchmal erreichten sie wenigstens, die Warenschau auf die Produkte der Toten Hand auszudehnen. Nach der Reformation wurden in evangelischen Territorien viele kirchliche Einrichtungen abgeschafft, und die weiter bestehenden verloren oft ihre wirtschaftlichen Privilegien. In katholischen Territorien behielt die Kirche ihre wirtschaftliche Sonderstellung bis zum 19. Jahrhundert im Wesentlichen bei.[1151]

In Universitätsstädten entfalteten sich ähnliche Streitigkeiten zwischen Zünften und Universitäten. Gegen Ende des 15. Jahrhunderts hatten die Studentenbursen der Kölner Universität das Recht, „Bier selbst zu brauen, dürfen es aber nur an die Studenten verkaufen, nicht an sonstige Einwohner der Stadt, weil das gemeine Gut dadurch an der Akzise und die Brauer in ihrer Nahrung beeinträchtigt würden. Sie dürfen um diese Zeit nur eine beschränkte Menge Rohstoff verarbeiten."[1152] Die Leipziger Schneider führten während des 17. Jahrhunderts rund achtzig Jahre lang einen Kampf gegen die Universität wegen einiger Störer, die sich im Bezirk der Universität aufhielten. „Hier konnten sie wegen der eigenen Gerichtsbarkeit der Alma mater nicht belangt werden. Die Schneider gewannen zwar den Streit, aber unter erheblichen finanziellen Opfern."[1153]

Die 1735 gegründete Universität Göttingen hatte nach vier Jahren 54 Universitätshandwerker, teils aus zünftigen Berufen. Später nahm die Zahl ab, die Auswahl der Universitätshandwerker beschränkte sich auf Berufe, die speziellen Universitätsbedarf deckten (Buchbinder, Instrumentenmacher, Graveure usw.).[1154] „Universitätshandwerker müssen das Bürgerrecht nicht erwerben und nur dann Gildemitglied werden, wenn sie mit Hilfskräften arbeiten wollen. Auch entfällt i[n] d[er] R[egel] die Pflicht zur Zahlung der an die Person geknüpften Steuern sowie anderer Abgaben. Darüber hinaus sind Universitätshandwerker dem Zugriff von Gilden und Magistrat weitgehend entzogen, da sie, wie alle Universitätsbürger, der Universitätsgerichtsbarkeit unterworfen sind und dem Landesherrn bzw. seiner Regierung direkt unterstehen." Diese Privilegien waren erforderlich, um geeignete Mitarbeiter anzuwerben.[1155] „Da Universitätshandwerker im allgemeinen auch keine Hilfskräfte beschäftigen dürfen, dient der Widerstand Göttinger Gilden eher der langfristigen Sicherung von Gewerbevorrechten als der Begrenzung augenblicklicher Konkurrenz." Die Universität brachte neue Anbieter auf den Handwerksmarkt, aber auch zusätzliche Nachfrager, die allerdings nicht im-

1151 Rörig, Stadt, S. 118; Ennen, Die europäische Stadt, S. 252; Störmer, Vergesellschaftungsformen (Protokoll), S. 47; Kaufhold, Handwerk, S. 34; Sonntag, Zunftzwang, S. 22f, 60; Krumbholtz, Gewerbe, S. 42*, 126*; Lütge, Sozial- und Wirtschaftsgeschichte, S. 137; Ennen, Frauen, S. 175; Hergemöller, Krisenerscheinungen, S. 315ff, 348; Reddig, Handwerker, S. 12f; Johanni, Zünfte, S. 52; Ziekow, Freiheit, S. 315; Ennen, Zünfte, S. 91; Habicht, Stadt- und Landhandwerk, S. 87, 176.

1152 Klein, Aussenseiterpolitik, S. 35f.

1153 Duclaud, Zünfte, S. 134.

1154 Habicht, Stadt- und Landhandwerk, S. 89.

1155 Habicht, Stadt- und Landhandwerk, S. 166f, Zitat: S. 166.

mer bei Zunfthandwerkern kauften.[1156]

Die Städte bauten als erste öffentliche Einrichtungen im Spätmittelalter eine moderne Verwaltung auf und errichteten in großem Umfang kommunale Wirtschaftsbetriebe. In diesen wurden Gewerbetreibende im Nebenerwerb oder hauptberuflich beschäftigt. Als städtische Mitarbeiter gehörten sie keiner Zunft an. Bei größerem Arbeitsanfall stellte die Stadtverwaltung zusätzliche Gesellen ein oder überließ ihren angestellten Meistern, diese zu engagieren. Darüber hinaus wurden gewerbliche Aufträge an Zunftmeister vergeben. Bei Großaufträgen wurden diese von zünftigen Beschränkungen der Mitarbeiterzahl befreit. Obwohl mit den städtischen Mitarbeitern ein Sektor entstand, der Zunftmeistern Arbeiten vorenthielt, regte sich kein Widerstand dagegen. Die städtischen Betriebe dienten vielfach direkt den Zünften, deren Mitglieder ihre Nutzer waren, und entlasteten sie davon, eigene Betriebe zu errichten. Gewerbetreibende, die auf eine Nebentätigkeit bei der Stadtverwaltung oder einen Auftrag hoffen durften, hielten sich mit Kritik zurück. Die Zahl der städtischen Bediensteten war weit entfernt davon, den selbstständigen Meistern in irgendeinem Gewerbe ernsthafte Konkurrenz zu machen.[1157]

Stadt und Land waren gleichermaßen von den Sonderrechten des Adels betroffen. In seinen Stadthäusern und auf Landgütern beschäftigte er eine Vielzahl an Handwerkern für den Eigenbedarf. Städtische Importverbote missachtete er und führte von den Landgütern Waren zum Gebrauch in seinem Stadthaushalt ein. Da adelige Haushalte eine erhebliche Größe aufweisen konnten, ging den Zünften ein umfangreicher und wegen seines Niveaus lukrativer Markt verloren.[1158] Die Zersplitterung Deutschlands gebar eine Unzahl fürstlicher Residenzen, an denen fest angestellte Hofhandwerker tätig wurden, die oft außerhalb des Zunftwesens standen. „Meist handelte es sich um ausgesuchte Spezialisten, die das Bedürfnis der höfischen Gesellschaft nach gehobenen Luxusgegenständen zu befriedigen hatten.“[1159] An kleineren Residenzen der Duodezfürstentümer konnten sie aber auch bloß der Versorgung mit Alltagsgegenständen dienen. Um sie anzulocken, wurden ihnen Privilegien wie Abgaben- und Zunftfreiheit verliehen. Verdiente Mitarbeiter der Höfe wurden mit einer Hofhandwerkerstelle versorgt. Hofhandwerker stießen auf Widerstand der Zünfte, sofern sie über ihre Hofarbeiten hinaus den Markt belieferten. Davon zu unterscheiden sind „Hofhandwerker“ im weiteren Sinne, die Zunft- oder Freimeister waren und mit ihrem Ehrentitel lediglich Lieferungen an den Hof, die Qualität ihrer Produkte und deren „allerhöchste“ Anerkennung dokumentierten, aber ansonsten für den freien Markt produzierten. Hofhandwerker (im engeren Sinne) sind seit dem 12. Jahrhundert nachzuweisen. In Renaissance und Barock wuchs ihre Zahl im Zuge der Prachtentfaltung der Höfe.

1156 Habicht, Stadt- und Landhandwerk, S. 90.

1157 Kreutzberger, Gewerberecht, S. 20; Thikötter, Zünfte, S. 19; Wiest, Entwicklung, S. 72; Klein, Aussenseiterpolitik, S. 29, 44.

1158 Hähnsen, Geschichte, S. 268.

1159 Schichtel, Recht, S. 241.

Präzise statistische Untersuchungen gibt es nicht, aber man kann davon ausgehen, dass die Wirkung der Hofhandwerker auf das Zunftwesen weniger in ihrer Zahl bestand als in dem Prestige und den Freiheiten, die sie genossen. Bis zum Ende der Zunftzeit gab es Zunftmeister, die Luxuswaren für die Höfe produzierten, doch das außerzünftige Hofhandwerk ergatterte einen immer größeren Teil des wachsenden Marktes an Luxusprodukten. An den Sitzen der größeren Höfe entwickelte sich eine Arbeitsteilung zwischen dem Hofhandwerk für luxuriöse und dem Zunfthandwerk für mittlere bürgerliche Qualitäten.[1160]

Fest angestellte Hofhandwerker trachteten danach, Zunftmitglied zu werden, um die „Passierlichkeit" ihrer Mitarbeiter zu verbessern, die Gegnerschaft der Zünfte zu neutralisieren und sich und ihrer Familie das wirtschaftliche Überleben nach dem Ende ihrer Anstellung bei Hofe zu sichern.[1161] Ansonsten galten Zunftregeln für das Hofhandwerk oft nicht. „Die Hofhandwerker des 18. Jahrhunderts ... waren Partisanen der Marktökonomie, betrieblicher Rationalisierung und technischer Hochleistung. Sie arbeiteten mit hohen Gewinnspannen, mußten freilich auch mit automatischer Kürzung ihrer Forderungen oder deren Uneinbringlichkeit rechnen. Sie verzeichneten einen Umsatz, der die kleine Welt der Zunftbürger sprengte. Sie fanden Kredit und Vorfinanzierung bei Auftraggebern, wurden von kapitalstarken Kaufleuten finanziert oder schufen sich ... selbst eine ausreichende Kapitalbasis. Sie arbeiteten meist auf Lager, nur die größten Aufträge wurden noch nach Order abgewickelt, und es gehörte wesentlich zu ihrer Leistung, die Nachfrage stets wach zu halten durch Modellwechsel und Gewinnung der tonangebenden Häuser. Die Dimension der Werkstätten lag oftmals nahe an der Manufaktur ... Das Zunftgebot, daß ein Meister nicht Fachleute anderer Profession beschäftigen durfte, haben sie meist gelassen ignoriert: Denn stets stand die Obrigkeit auf Seiten derer, die dem schönen Leben dienten, viele Leute ins Brot setzten und fremdes Geld ins Land brachten."[1162]

4.2. WIRTSCHAFTLICHE ZIELE

4.2.1. Der Interessenverband

Josef Ehmer lobte 1998 zwei Wissenschaftler für ihren Forschungsansatz, „der Zünfte nicht als harmonische Gemeinschaften von Gleichen begreift, sondern als hierarchisch strukturierte Institutionen, als Arenen des Konflikts und als komplexes Geflecht von gemeinsamen Interessen und inneren sozialen Gegensätzen."[1163]

Diesen Ansatz verfolgte bereits Clamor Neuburg im Jahr 1880; er wurde in

1160 Hemmen, Zünfte, S. 38; Sonntag, Zunftzwang, S. 59; Loesch, Zunfturkunden I, S. 67*; Otruba, Gewerbe, S. 23; Haenert, Preispolitik, S. 173f; Anegg, Gewerbestruktur, S. 147f; Reith, Zünfte, S. 51ff; Stieglitz, Zünfte, S. 101; Stürmer, Kultur, S. 88; Bräuer, Bemerkungen, S. 37; Reith, Strukturen, S. 128; Elkar, Schreiner, S. 36; Schultz, Das ehrbare Handwerk, S. 19, 40; Zincke, Jahre, S. 49–55; Brohm, Handwerkspolitik, S. 264–267.

1161 Brohm, Handwerkspolitik, S. 269f.

1162 Stürmer, Kultur, S. 90; vgl. Elkar, Schreiner, S. 37.

1163 Ehmer, Denken, S. 47.

der Zunftforschung wenig beachtet, weil die mächtige „Historische Schule der Nationalökonomie“ ein Entwicklungsschema des Aufstiegs und Verfalls vertrat, das rund ein Jahrhundert lang alle anderen Ansätze zudeckte. Neuburg schrieb: „Wir finden im Gegentheil überall, dass die Zünfte, weil sie in engster Verbindung mit der ganzen öffentlichen Verfassung stehen, auch in ihrer inneren Verfassung durch das öffentliche Interesse beeinflusst werden; da sie eben nicht beliebige Korporationen sind, sondern Glieder der kommunalen Verfassung bilden, konnten nicht die Interessen der Zunft allein maasgebend für die Entwickelung derselben sein, es mussten dieselben einen Kompromiss eingehen mit den allgemeinen Interessen. Während z. B. bei den Aufnahmebedingungen das Interesse der Zünfte in Folge des menschlichen Egoismus forderte, dieselben möglichst zu erschweren, um die Conkurrenz nicht zu sehr anwachsen zu lassen, hatte die Gemeinde das Entgegengesetzte zu wünschen und war für sie vor Allem wichtig, dass der Aufzunehmende Garantien gab, die gewährleisteten, dass er sein Gewerbe gehörig konnte, auch war für sie wichtig, dass er durch seine moralische Qualifikation geeignet schien, ein guter Bürger der Stadt zu werden. In Folge dieses Streites entgegengesetzter Interessen tragen die Bestimmungen meist, wenn man so sagen darf, den Charakter des Kompromisses. ... Es galt hier die materiellen Interessen der Zünfte mit denjenigen der übrigen Bevölkerung in Einklang zu bringen und war in Folge dessen es hier vor Allem schwierig eine Richtung der Vorschriften zu finden, die beiden Theilen genügte.“[1164]

Neuburg ging in seiner Analyse noch weiter. Innerhalb der Zunft entdeckte er Spannungsfelder, weil die Heterogenität der Mitglieder die Stabilität der Organisation in Frage stellte: „Auch in ihrem eigenen Kreise mussten, wenn sie [die Zunft] ihren Charakter nicht verlieren sollte, alle Mitglieder annähernd auf gleichem Niveau gehalten werden, es musste daher nach Möglichkeit nur ein geringer Spielraum gelassen werden, innerhalb dessen eine freie Entwickelung möglich war; ganz abgesehen davon, dass natürlich eine unreelle Conkurrenz verhindert wurde, musste auch dem Kapital Besitzenden oder Geschickteren und Fleissigeren die Gelegenheit genommen werden, sich durch diese Vorzüge zu sehr über seine Mitbrüder emporzuheben.“[1165]

Rudolf Rösler ergänzte: „Die erste Sorge der Zunft galt naturgemäss dem Bestand des Ganzen, den sie durch die Aufrechterhaltung bzw. Vermehrung der bestehenden Freiheiten und Gewohnheiten, durch Wahrung des Ansehens der Zunft und der Handwerkerehre und endlich durch Erhaltung und Vermehrung des Zunftvermögens zu erreichen trachtete.“[1166] Organisations- und Mitgliederinteressen brauchten nicht notwendigerweise übereinzustimmen.

Die Zunftmitglieder bildeten keine homogene Masse: „Wenn nun die Bestimmungen, welche der ganzen Zunft zu Gute kamen, auch dem einzelnen Mitgliede Nutzen brachten, so brauchte dieser Nutzen doch nicht für alle der gleiche zu sein, ja er konnte unter Umständen für einzelne Mitglieder überhaupt gar nicht

1164 Neuburg, Zunftgerichtsbarkeit, S. 88f; vgl. Bräuer, Handwerk im alten Chemnitz, S. 19, 47; Oexle, Zunft, S. 42.

1165 Neuburg, Zunftgerichtsbarkeit, S. 89f.

1166 Rösler, Beitrag, S. 45.

vorhanden sein, wenn es diesen nicht gelang, gegen die Conkurrenz ihrer Genossen aufzukommen. Es mussten also die Schutzmaasregeln, welche der gesammten Zunft einen Erwerb sicherten, noch eine Ergänzung finden, wenn derselbe Zweck auch für den Einzelnen erreicht werden sollte.“[1167]

Neuburgs Methode wurde von der neueren Forschung bestätigt.[1168] Historische Quellen belegen sie vielfach. Schon der Breslauer Goldschmied Wolfgang Vincentz schrieb 1565 in sein Hausbuch, jeder Meister verfolge eigene Interessen, denn es hatte „doch jeder seinen eigenen Zulauf nach Ruhm und Leumund. Der eine mehr, der andere minder, nach seiner Kunstfertigkeit.“ Innerhalb der Zunft enstand Uneinigkeit, weil sich die Meister spezialisiert hatten und unterschiedlich viel konnten und weil Konkurrenzneid herrschte.[1169]

Der staatliche Eisenobmann stellte 1645 über das Sensenschmiedehandwerk im oberösterreichischen Kirchdorf-Micheldorf fest: „'bej diesem Handtwerch gleich bej Maister unnd Khnechtschafften so ganz unnd gar khain rechtschaffene Zusambenhaltung noch Ainigkhaith nicht findtent ... also jedweter nur auf seinen aignen Vortl schauent, hirbej deß Handtwerchs Herhaltung ... gar wenig in Gedenckh noch inn Obacht gezogen wierdet'“.[1170] In der Iglauer Tuchmacherzunft gab es am Ende des 17. und Anfang des 18. Jahrhunderts über Jahrzehnte Kämpfe zwischen kleinen und großen Meistern um die Vorschriften zur maximalen Betriebsgröße, die Verteilung der Steuerlasten und die Macht in den Gremien.[1171]

Neben Obrigkeiten, Zünften und einzelnen Meistern machte sich eine vierte Gruppe von Akteuren bemerkbar: die Fernkaufleute. Während Einzelhändler in Handwerkszünften Mitglied waren, sich als eigene Zunft formierten oder einer Fernhändlergilde anschlossen, waren die Fernhändler eine selbstständige Kraft innerhalb der Zunftpolitik. Sie waren nicht mit den Obrigkeiten identisch, denn in den Stadträten artikulierten sich außer ihren Interessen die des Stadtadels und – seit den Zunftkämpfen – der Zünfte. In Städten mit Zunftverfassung wurden Fernhändlergilden formal politischen Zünften gleichgestellt, vertraten aber eigenständige Ziele, die sich mit denen der wirtschaftlichen Zünfte nicht zu decken brauchten.

Leider werden wir über die wirtschaftlichen Ziele der genannten Akteure aus der Überlieferung selten informiert. Politische Taktik gebot verdecktes Handeln, so dass die Akteure ihre wirklichen Absichten nicht immer offenlegten oder Scheinbegründungen nannten. Verbotene Preisabsprachen wurden naturgemäß nicht schriftlich niedergelegt, sie sind aus Reaktionen der Obrigkeiten zu erschließen.

Zunftordnungen waren Ergebnisse von Verhandlungen, ohne eine direkte Aussage über den Gang der Verhandlungen zu erlauben. Rechtsnormen und Rechtspraxis unterschieden sich erheblich. Man ist darauf angewiesen, neben den Äußerungen der Betroffenen die Systemlogik des Zunftwesens und das „wohlver-

1167 Neuburg, Zunftgerichtsbarkeit, S. 127.
1168 Decker, Bürger, S. 136; Simon-Muscheid, Handwerkszünfte, S. 247; Ehmer, Denken, S. 60.
1169 Fischer, Quellen, S. 51f; Zitat: S. 50.
1170 Fischer, Sensen, S. 46.
1171 Werner, Geschichte, S. 97–103.

standende Eigeninteresse" – die Analyse, wem und wie eine beabsichtigte Maßnahme genutzt hat oder hätte – zur Interpretation der Fakten heranzuziehen.[1172]

4.2.2. Das Kartell

Kartelle sind Unternehmenszusammenschlüsse, die darauf abzielen, den Markt für Produkte eines Wirtschaftszweiges zu beeinflussen, indem sie den Wettbewerb beschränken, die Marktordnung verbessern oder die betriebliche Rationalisierung vorantreiben.[1173] Zünfte waren Kartelle, denn stets ging es ihnen darum, den Markt zu beeinflussen. Der Zunftzwang schloss Außenseiter vom Marktverkehr aus und legte Gestaltungsmacht für den Markt in die Hände der Zunftmitglieder. Zunftbünde können als Regionalkartelle interpretiert werden.

Eine der umstrittensten Fragen der Zunftforschung ist die, ob die Zünfte ihre Marktmacht zur Wettbewerbsbeschränkung egoistisch miss- oder für das Gemeinwohl gebrauchten. Alfred Kieser fasste die herrschende Meinung der älteren Zunftforschung zusammen, als er bemerkte, am Ende des 15. Jahrhunderts habe ein Teufelskreis wachsender Wettbewerbsbeschränkung eingesetzt, „der letztlich zur Auflösung der Zünfte ... führte. Auf Druck von außen reagierten die Zünfte mit immer weiterreichenden Kartellierungen. Diese reduzierten aber die Anpassungsfähigkeit der Zunft, wodurch sich konkurrierende Organisationsformen wie Verlag, Manufaktur und Fabrik auf Kosten der Zunft ausbreiten konnten. Der Druck auf die Zunft nahm zu usw."[1174] Gunnar Mickwitz wollte die These von den gemeinwohlorientierten mittelalterlichen Zünften nicht gelten lassen und spitzte den Egoismusvorwurf zu. Die Zünfte, meinte er, seien von vornherein mit der Absicht errichtet worden, den Wettbewerb zu beschränken.[1175]

Helene Krefft wies mit Recht darauf hin, dass die Vorwürfe Kiesers und Mickwitz' in dieser Strenge nicht haltbar sind: „Es soll nun nicht behauptet werden, daß jede Zunft immer die Funktionen eines [wettbewerbsbeschränkenden] Kartells erfüllt hätte."[1176] Je heterogener eine Zunft zusammengesetzt war, je leichter Kunden Zunftprodukte substituieren konnten und je stärker der Widerstand der Obrigkeiten war, desto schwerer fiel es den Zünften, Wettbewerbsbeschränkungen zu realisieren.[1177] Als die Kölner Bettdeckenweber 1149 den Zunftzwang erbaten, beabsichtigten sie, dass alle Hersteller von Bettdecken den von der Bruderschaft geschaffenen Marktplatz benutzen sollten; die Weber wollten auf diese Weise ihre Kollegen an den Baukosten beteiligen. Dieses Verhalten war von Seiten der Gründer zweifellos egoistisch, aber es beschränkte den Wettbewerb nicht, sondern erhöhte die Markttransparenz für die Kunden, die jetzt leichter die

1172 Ennen, Zünfte, S. 16; Haenert, Preispolitik, S. 79f; Scheschkewitz, Zunftwesen, S. 157.
1173 Gabler-Wirtschafts-Lexikon. Taschenbuchausgabe, 11. Auflage Wiesbaden 1984, Sp. 2334f.
1174 Kieser, Kartell, S. 77; vgl. Göttmann, Bäckerzunft, S. 60; Krumbholtz, Gewerbe, S. 188*f; Volckart, Wirtschaften, S. 70f.
1175 Mickwitz, Kartellfunktionen, S. 163; vgl. Schönberg, Bedeutung, S. 18–29; Handbuch Wirtschaftsgeschichte, S. 576.
1176 Krefft, Kartelle, S. 236.
1177 Scheschkewitz, Zunftwesen, S. 155; Kaufhold, Handwerk, S. 208.

Angebote der an einer Stelle im Stadtgebiet konzentrierten Hersteller vergleichen konnten.

In der neueren Forschung schlägt das Pendel zur anderen Seite aus. Steven Epstein urteilte, selbst die restriktivsten Zunftpraktiken hätten eher Regeln für den Wettbewerb vorgeschrieben als ihn zu beseitigen. Und Josef Ehmer ergänzte, den Zünften sei es mit ihren Vorschriften nicht um die Beseitigung der Konkurrenz gegangen, sondern um die Bewältigung von deren sozialen Folgen.[1178] Keine Zunft durfte annehmen, den Wettbewerb dauerhaft unterdrücken zu können: „Nicht alle Wettbewerbsmöglichkeiten sind vorausschaubar, die Marktsituationen wechseln, neue Rohstoffe oder Techniken verursachen Strukturwandlungen, zwischenzünftlerische Wettbewerbsbeziehungen werden im Zeitablauf immer wieder ausgelöst. Interessenkollisionen innerhalb der Zunft, Mißachtung interner Absprachen, Umgehungen gesetzlicher Vorschriften geben ebenso wie die Existenz von Außenseitern und das immerhin mögliche Auftreten neuer Konkurrenten einem Wettbewerb eine gewisse Chance.“[1179] Indes waren die Zünfte weder nach ihren Absichten noch nach den Wirkungen ihres Handelns Unschuldslämmer. Bot sich die Chance, Monopolrenditen einzufahren, konnten sie der Versuchung nicht immer widerstehen. Zahlreiche Auseinandersetzungen mit den Obrigkeiten legen beredtes Zeugnis darüber ab. Im Wind des Wandels segelten sie mit, wenn es ihnen nutzte, und sie stemmten sich dagegen, wenn sie den Eindruck hatten, dass die Position einzelner Meister oder der Zunft als solcher in Gefahr geriet.

4.2.2.1. Im Visier der Obrigkeiten

Kämpfe um die Wirtschaftspolitik der Zünfte begleiteten das Zunftwesen von der Mitte des 13. Jahrhunderts bis zu seinem Ende im 19. Jahrhundert. Hatte der Begriff der „Einung“ zuerst eine politische Dimension gehabt, wurde er jetzt auf die wirtschaftlichen Folgen des Zunftverhaltens bezogen. Man warf den Zünften vor, Kartelle zu Lasten der Bürger zu bilden.[1180] Vor allem die Produzenten der Grundnahrungsmittel wurden von den Obrigkeiten scharf beobachtet, ob sie nicht ihre Kunden übervorteilten.[1181] Hatte man den Eindruck, die Zünfte hätten wettbewerbswidrige Absprachen getroffen, verbot man sie kurzerhand. Außerdem dienten Zunftverbote dazu, den Zuzug von Gewerbetreibenden zu erleichtern. Auch wenn die Maßnahmen der Obrigkeiten den Betroffenen im Einzelfall schadeten, verhinderten sie doch nicht das Gedeihen des Zunftwesens insgesamt.

In Köln wurde 1258 ein generelles Verbot aller Preisabsprachen der Zünfte ausgesprochen.[1182] Dem Kölner Beispiel wurde überall gefolgt.[1183] Im Jahr 1264 hoben die Ratsherren Erfurts mit Hilfe ihres Stadtherrn, des Mainzer Erzbischofs,

1178 Ehmer, Denken, S. 39.
1179 Ennen, Zünfte, S. 117.
1180 Haenert, Preispolitik, S. 79; Mickwitz, Kartellfunktionen, S. 132; Skalweit, Dorfhandwerk, S. 30f.
1181 Hohmann, Zunftwesen, S. 97.
1182 Ennen, Zünfte, S. 55.
1183 Vgl. Kreutzberger, Gewerberecht, S. 157; Wissell, Recht II, S. 270f.

die Zünfte der Fleischer und Bäcker auf und gaben den Marktverkauf für alle Einheimischen und Auswärtigen frei.[1184] In Wien wurde 1276 nach mehreren Stadtbränden der Zunftzwang für fünf Jahre suspendiert, um die Wirtschaft zu beleben. Das Wiener Stadtrecht von 1340 verbot alle Verabredungen der Zünfte, wobei unklar bleiben muss, ob es sich hierbei um eine primär wirtschaftlich oder politisch motivierte Maßnahme handelte. Wiederum zur Wirtschaftsförderung eliminierte Herzog Rudolf IV. 1361 und 1364 die Zünfte in Wien. Nach dem Tod des Herzogs wurden sie 1367 wieder zugelassen.[1185] Der Kölner Rat beseitigte den Zunftzwang der Fleischer 1348, um sie zu zwingen, „fortan nach Gewicht zu verkaufen und dementsprechend die Preise festzusetzen. Bis dahin war der Verkauf ‚nach der Hand' oder stückweise üblich gewesen, und der Preis wurde nach Gutdünken bestimmt, wobei eine Übervorteilung des Käufers von seiten des erfahrenen Verkäufers häufig war."[1186]

Der Rat der Stadt Frankfurt am Main hob gegen 1350 Preisabsprachen der Schmiede auf. „In Einzelverbände spaltet etwa 1350 der Rat die gemeinsame Zunft der Zimmerleute, Steindecker und Steinmetzen auf, hauptsächlich aus dem Grunde, um den von dieser Organisation praktizierten Zunftzwang zu beseitigen, der anscheinend die vom Rat zu dieser Zeit durchgeführten Stadterweiterungs- und Befestigungsarbeiten stark behindert."[1187] Im hessischen Frankenberg wurden die Zünfte 1366 vom Landgrafen verboten, weil sie ihre Waren überteuert hatten, ausgenommen die Wollweber, denen man diesen Vorwurf nicht machte. Die Wismarer Fleischer wurden von ihrem Rat 1372 bei einer Absprache über Produktionsbeschränkungen ertappt, die sie schon dreißig Jahre vorher getroffen hatten.[1188] „In Kassel öffnete Landgraf Hermann, nach einer starken Sterblichkeit, in einer Gerichts- und Polizeiordnung vom 21. Febr[uar] 1384 alle Zünfte und gestattete Jedem in seinem Hause den uneingeschränkten Kauf und Verkauf, um hierdurch fremde Gewerbetreibende in die Stadt zu ziehen und die vorhandenen Lücken wieder auszufüllen. Der Landgraf behielt sich überdies ausdrücklich vor, nach Ablauf von drei Jahren, darüber weitere Bestimmung zu treffen, ob wieder Innungen errichtet und Handwerksmeister eingeführt werden sollten, oder nicht."[1189] Die bayerischen Herzöge hoben 1384 in Regensburg „alle Einungen an dem Bräuamt, Fleischhaueramt, Pfragneramt und alle anderen Einungen auf, so daß nun jeder Arbeiter ohne Irrung arbeiten könne."[1190]

Berühmtheit erlangte die „reformatio Sigismundi", eine Schrift, die 1439 von einem Unbekannten auf dem Baseler Konzil verfasst und Kaiser Sigmund zugeschrieben wurde, obwohl dieser sie nur teilweise beeinflusst hatte. Überarbeitungen der Schrift wurden in zahllosen Handschriften und Frühdrucken ver-

1184 Pitz, Gewerbeverbände, S. 682; Czok, Volksbewegungen, S. 62.
1185 Krefft, Kartelle, S. 40–43; Planitz, Stadt, S. 294; Lentze, Nürnbergs Gewerbeverfassung des Spätmittelalters, S. 611; Lentze, Nürnbergs Gewerbeverfassung im Mittelalter, S. 221; Fischer, Handwerksrecht, S. 57f; Otruba, Gewerbe, S. 13.
1186 Schmidt, Zunft, S. 13f.
1187 Göttmann, Bäckerzunft, S. 9.
1188 Krefft, Kartelle, S. 151.
1189 Mascher, Gewerbewesen, S. 239.
1190 Mummenhoff, Handwerker, S. 42.

breitet. Das Werk enthält einen Katalog an Vorschlägen zur Verbesserung von Kirche und Welt. In der reformatio Sigismundi wurde beklagt, dass Zünfte ihre Monopolposition ausnützten und die Preise hochtrieben. Da dies gegen das Gemeinwohl verstoße, plädierte die Schrift für die Abschaffung der Zünfte. Der politische Einfluss der Zünfte gefährde die Stabilität der Ständeordnung. Da außerdem eine strikte Abgrenzung der Berufe gewünscht wurde, die sich nur in einem Zunftsystem verwirklichen lässt, kann die Forderung nach Abschaffung der Zünfte nicht wörtlich gemeint gewesen sein. Überhaupt waren Forderungen der reformatio Sigismundi in sich widersprüchlich und utopisch. In praktische Politik mündeten sie nicht: Gerade in der Zeit ihrer höchsten Popularität wurden die Zünfte von den Obrigkeiten am wenigsten bedrängt.[1191]

Auch während der Frühen Neuzeit wiederholten sich Zunftverbote, mit denen die wirtschaftliche Position einzelner Zünfte geschwächt werden sollte. Die Reichspolizeiordnung von 1548, das Reichsgutachten von 1672 und der Reichsschluss von 1731 verboten Preisabsprachen von Handwerkern.[1192] In Kursachsen wurden im 16. Jahrhundert von Staats wegen Untersuchungen zur Preispolitik der Zünfte angestellt, die zu dem Ergebnis kamen, der Vorwurf der Preistreiberei treffe nicht zu.[1193] Andernorts scheinen die Verhältnisse nicht so idyllisch gewesen zu sein. Der Zunftzwang der Lüneburger Böttcher wurde 1604/5 aufgehoben, nachdem es die Zunft schon 1479 erwischt hatte.[1194] In der Landgrafschaft Hessen-Darmstadt „wurden 1604 die Zünfte aufgehoben, drei Jahre später jedoch wieder eingeführt."[1195]

Als die Kasseler Zünfte „zu Unrecht für die Verteuerung der Waren und die Münzverschlechterung verantwortlich gemacht wurden, hob sie der Landgraf [von Hessen] 1621 auf, allerdings wurden sie 4 Jahre später wieder anerkannt."[1196] Der Kasseler Stadtrat hob im August des Jahres 1667 die Fleischerinnung wegen unzulänglicher Fleischlieferung auf, „und als sie im Januar 1669 wieder anerkannt wurde, geschah es mit der Mahnung, die Stadt hinfort notdürftig [bedarfsgerecht] mit Fleisch zu billigem Preise zu versorgen, andernfalls sollte die Zunft überhaupt beseitigt werden. Bereits im Jahre 1676 war die Metzgerinnung wieder seit einigen Jahren aufgelöst; es kann mit Sicherheit gar nicht angegeben werden, wann gegen Ende des 17. Jahrh[un]d[er]ts die Zunft von der Regierung anerkannt war oder nicht."[1197]

Ähnlich erging es den Fleischern in Paderborn 1720 und in Münster 1720 und 1787, die Preise abgesprochen hatten.[1198] Auch aus Köln ist aus dem 17. und 18.

1191 Schulze, Geschichte, S. 90; Wissell, Recht III, S. 34f; Lexikon des Mittelalters. Studienausgabe, Stuttgart/Weimar 1999, Band VII, Sp. 550f; Großes vollständiges Universal-Lexikon, hrsg. von Johann Heinrich Zedler, Band 64, Leipzig/Halle 1750, Sp. 59f; Baethgen, Schisma, S. 97f.

1192 Proesler, Handwerk, S. 9*, 41*, 67*.

1193 Fischer, Volk, S. 53.

1194 Scheschkewitz, Zunftwesen, S. 102.

1195 Emig, Berufserziehung, S. 84.

1196 Salow, Zunftwesen, S. 22.

1197 Salow, Zunftwesen, S. 112f.

1198 Deter, Rechtsgeschichte, S. 182, 184.

Jahrhundert wiederholt zu berichten, dass der Rat der Fleischerzunft vorübergehend ihre Rechte entzog, um sie wirtschaftlich gefügig zu machen.[1199]

4.2.2.2. Innovationen

Zu den Grundannahmen der älteren Forschung gehört die Aussage, die Zünfte seien in der Frühen Neuzeit innovationsfeindlich geworden.[1200] Reinhold Reith und einige andere haben diese Theorie inzwischen entkräftet.[1201] Der Aufstieg der europäischen Wirtschaft während der Frühen Neuzeit, der als „Proto-Industrialisierung“ bezeichnet wurde, war weniger den Verlagen und Manufakturen zu verdanken, deren Bedeutung überakzentuiert worden ist, als vielmehr den immer noch das Wirtschaftsgeschehen dominierenden Zünften. Bereits der Erlanger Professor Johann Andreas Ortloff, der den Zünften gegenüber durchaus kritisch eingestellt war, bemerkte im Jahr 1799, dass Handwerker an den Erfindungen seiner Zeit maßgeblich beteiligt waren.[1202] Er stellte starke Faktoren fest, die Handwerker daran hinderten, dass aus Inventionen Innovationen wurden, sah aber keine Hindernisse in Zunftregeln oder der Institution der Zunft als solcher.[1203] Die Handwerker seien, so Ortloff, „lüstern“ nach dem Besitz neuer Erfindungen und strebten nach „Selbstvervollkommung und Selbstveredlung ... reger als es zu irgend einer Zeit war“.[1204]

4.2.2.2.1. Förderungen

Über einige betriebswirtschaftlich-organisatorische Neuerungen, die das Zunftwesen bei den Mitgliedsbetrieben veranlasste, wurde bereits berichtet. Die schon im Spätmittelalter hoch entwickelte Schriftlichkeit der Zunftverwaltung löste bei den Mitgliedern Bildungsimpulse aus: Sie bemühten sich um eine Schulbildung, die Grundfertigkeiten im Lesen, Schreiben und Rechnen vermittelte. Zusammen mit Preis- und Lohntaxen, die von Obrigkeiten oder Zünften erstellt wurden, verbesserte diese die Fähigkeiten der Zunftmeister, Einnahmen und Ausgaben zu kalkulieren. Der Ausbildungsgang vom Lehrling über den Gesellen zum Meister und die Werkstattschau regten zu einer rationellen Gestaltung der Arbeitsabläufe an. Die detaillierten Verhaltensregeln zum zünftigen Lebenslauf gliederten den Betrieb klar und übersichtlich hierarchisch. Kriterien für die Personalauswahl wurden entwickelt, freiwillige Sozialleistungen gewährt, Finanzierungsinstrumente geschaffen. Eine effiziente Kommunikation wurde innerhalb der Gremien von Zunft und Gesellenschaft eingeübt und gegenüber den Obrigkeiten praktiziert,

1199 Schmidt, Zunft, S. 88f.
1200 Endrej, Kampf, S. 133; Troitzsch, Wandel, S. 11, 145; Ennen, Zünfte, S. 82.
1201 Vgl. Reith, Innovationen, S. 21–60.
1202 Ortloff, Abhandlung, S. 4.
1203 Vgl. Ortloff, Abhandlung, S. 9–30.
1204 Ortloff, Abhandlung, S. 61f.

Kooperationen der Betriebe untereinander, mit dem Handel und mit anderen Zünften wurden erprobt. Juristische Kenntnisse wurden in der Praxis vermittelt, Absatzstrategien implementiert. Viele Regelungen des heutigen Arbeits- und Tarifrechts finden sich im Zunftwesen angelegt. Mag auch Manches gegenüber den ausgefeilten Instrumentarien der modernen Betriebswirtschaftslehre rudimentär oder primitiv erscheinen, darf man doch nicht übersehen, dass die Zünfte im Vergleich zur Zeit vorher einen starken Innovationsschub auslösten. Im Großen und Ganzen waren die betriebswirtschaftlichen Innovationen des Zunftwesens am Ende des Mittelalters fertig ausgearbeitet. Die Ausbreitung des Zunftwesens sorgte dafür, dass immer weitere Kreise daran partizipierten.

Von ihrer Konstruktionsweise her förderte die Zunftorganisation auch den technischen Fortschritt. Indem Ausbildung, Marktauftritt, Preis- und Lohngestaltung, minimale Produktqualität und maximale Betriebsgröße von der Zunft vorgegeben wurden, wurden diese Parameter der Gestaltungshoheit des Einzelbetriebs entzogen. Der Innovationswettbewerb verlagerte sich auf die wenigen Freiräume jenseits der Zunftregeln, die den Betrieben verblieben; dort wurde er umso heftiger geführt. Da Vorschriften und Kontrollen nur Mindeststandards der Produkte sicherten, stand es jedem Handwerker frei, bessere Qualitäten anzubieten, welche nicht unter die eingeführten Preistaxen fielen; die hohe Ehre, die guten Handwerkswaren zukam, war ebenfalls ein Anreiz zu qualitätssteigernden Bemühungen. Unter den Restriktionen des Zunftwesens konnte man den Ertrag auf Dauer am ehesten dadurch erhöhen, dass man künstlerisch oder funktionell höherwertige Waren verkaufte oder die Herstellungszeit je Stück verringerte. Ersteres veranlasste die Suche nach kleinen Tricks, die als Geheimnis streng gehütet und kaum verbreitet wurden. Letzteres regte – da jede Selbstausbeutung ihre natürlichen Grenzen hat – arbeitssparende Innovationen an.[1205]

Da die Konsumenten Alternativen zum einzelnen Handwerksbetrieb hatten, mussten sich die Handwerker nach modischen Veränderungen richten. Wer nichts verkaufte, verarmte unweigerlich, wer gut verdiente, hatte soziale Aufstiegschancen. Am Wandel der Meisterstücke im Laufe der Jahrhunderte lässt sich der modische Einfluss auf das Zunfthandwerk gut ablesen. Die vorindustrielle Epoche war zwar nicht so schnelllebig wie die Gegenwart, doch auch damals gab es modische Einflüsse – nicht nur im Bekleidungsgewerbe. Die internationale Verflechtung des Zunftwesens dank der Gesellenwanderung förderte die Ausbreitung neuer Stile und Moden. Die Französische Revolution leitete beispielsweise das Ende der Perückenmacher ein, die sich zur Ruhe setzen oder andere Berufe ergreifen mussten. Widerstand gegen modebedingte Änderungen gab es nicht, da jeder einsah, dass man Absatz nicht erzwingen konnte.[1206]

Im Frühen und Hohen Mittelalter strebte die christliche Kirche technischen Fortschritt an, um die Freiräume für „unproduktive" kirchliche Tätigkeiten zu vermehren. Handarbeit wurde von der Kirche grundsätzlich als etwas Positives angesehen. Zisterzienserklöster waren Mittelpunkte des technischen Fortschritts. Als sich im Späten Mittelalter die Ideale der Kirche veränderten, weil die Bettel-

1205 Ennen, Zünfte, S. 52, 73, 77; Reith, Innovationen, S. 49f.
1206 Schultz, Das ehrbare Handwerk, S. 16f; Reith, Innovationen, S. 48f.

ordensbewegung nicht mehr auf eigene Wertschöpfung, sondern auf den Empfang von Almosen ausgerichtet war, übernahmen die Zünfte die Rolle als Motor des technischen Fortschritts.[1207] Während des Mittelalters sowie im 16. Jahrhundert wurden bedeutende Erfindungen gemacht, Techniken weiterentwickelt und verbreitet. Das Spinnrad, der Trittwebstuhl und der Schraubstock setzten sich durch. Mühlen – die großtechnischen Anlagen der vorindustriellen Zeit – wurden verwendet, um Tuche zu walken, Gerblohe zu mahlen, Lumpen für die Papierherstellung zu zerstampfen, Holz zu sägen, Hämmer anzutreiben oder Korn zu mahlen. Arbeitserleichterungen wurden eingeführt und neue Arbeitsgebiete erschlossen.[1208] Obwohl die Literatur behauptet, zwischen 1600 und 1750 habe es wenig epochemachende Erfindungen gegeben, sind auch aus dieser Zeit zahlreiche Innovationen bekannt, die inner- und außerhalb des Zunftwesens erfolgten.[1209] In Nürnberg engagierten sich Einheimische und Einwanderer in diesem Sinne: „Im Jahre 1650 verfertigt der Zirkelschmied Hautsch die erste Feuerspritze mit kontinuierlichem Wasserstrahl; ein chemisches Verfahren zur Ätzung des Glases wird von dem Glasschneider Schwanhardt 1671 entdeckt; zwischen 1680 und 1690 wird die Wippe erfunden, die die Arbeitsleistung eines Heftleinmachers auf über das Doppelte steigert, und 1690 baut der Flötenmacher Denner die erste Klarinette. Daneben werden einige bedeutende Erfindungen von Ausländern eingeführt: Zu Beginn des 18. Jahrhunderts wird die erste Nürnberger Spiegelpoliermühle unter der technischen Anleitung von englischen Katholiken errichtet; die Kenntnis der Glasbläserei bringt 1650 der Niederländer Fino nach Nürnberg und die ersten Perückenmacher wandern im dritten Viertel des 17. Jahrhunderts aus Wien ein."[1210]

Die Zünfte förderten den Zuzug von Know-how. Gesellen, die während ihrer Wanderschaft bekannte Gewerbezentren aufgesucht hatten, wurden bevorzugt.[1211] Obwohl die Kemptener Schmiede im 16. Jahrhundert aus Wettbewerbsgründen keinen fremden Gesellen in ihre Werkstätten ließen, nahmen sie denjenigen von ihrem Verbot aus, „'der ettwas schmiden wollte, das kainer in unser Zunfft nit khunde'".[1212] Im Jahr 1562 brachte ein Mitglied der Zunft der Bohrer und Polierer von Schmucksteinen in Freiburg im Breisgau eine neue Art des Bohrens von auswärts mit, die er dank eines kaiserlichen Privilegs ausüben durfte.[1213] Sagen des 16. und 17. Jahrhunderts feierten die Innovationskraft der Zunfthandwerker, denen man bedeutende Erfindungen zuschrieb.[1214]

1207 Emmerich, Geiz, S. 48f; Ludwig, Technik, S. 16, 21, 27.
1208 Ludwig, Technik, S. 11, 36; Schmidtchen, Technik, S. 525f; Ennen, Die europäische Stadt, S. 234; Werner, Geschichte, S. 59; Reith, Innovationen, S. 42f.
1209 Troitzsch, Wandel, S. 11; vgl. Kieser, Kartell, S. 53–58.
1210 Wiest, Entwicklung, S. 125f.
1211 Emig, Berufserziehung, S. 215.
1212 Vachenauer, Handlungskompetenz, S. 169.
1213 Trimborn, Beitrag, S. 24.
1214 Vgl. Meiche, Sagenbuch, S. 940–945.

Wie die Babuschen nach Groitzsch gekommen sind[1215]

„Bei Leipzig liegt das kleine Städtchen Groitzsch, dessen Hauptnahrungszweig in dem Anfertigen von sogenannten Babuschen und Pantoffeln von Korduanleder besteht. Die Kunst, diese ursprünglich türkische Fußbekleidung zu verarbeiten, soll von einem Schuhmachergesellen aus Groitzsch, namens Meyer, um das Jahr 1617 in seine Vaterstadt gebracht worden sein, und erzählt man, derselbe sei auf seiner Wanderung in der Fremde in die Hände eines Algierschen Korsaren geraten und von diesem nach Konstantinopel verkauft worden; dort sei er als Gärtnerknecht in die Gärten des großherrlichen Serails gekommen und habe daselbst mit einer Türkin Bekanntschaft gemacht, dieselbe entführt und mit in sein Vaterland genommen. Da er nun aber keine Schätze mitgebracht hatte, so kam er auf den Gedanken, solche Pantoffeln zu verfertigen, wie er in der Türkei sowohl von Männern als von Frauen hatte tragen sehen, und da er überdem im Auslande auch die Bereitung des Korduanleders gelernt hatte, so gelang ihm diese Spekulation so gut, daß er nicht bloß selbst dadurch reich ward, sondern daß auch seine Vaterstadt von da an fast ganz Europa mit dergleichen Schuhwerk versah.

Nach einer andern Version der Sage wäre jene Begebenheit unter Wiprecht von Groitzsch gefallen; es hätte die Türkin Babuse geheißen, es wären die Liebenden durch die Wachen gestört worden, und es hätte sich Meyer einen Schuh seiner Schönen mitgenommen, sei dann aber wieder ergriffen worden, als Sklave zu einem Gerber gekommen und, nachdem er hier die Behandlung des Korduans gelernt, von diesem nach vier Jahren freigelassen worden: in sein Vaterland zurückgekehrt, habe er angefangen, dergleichen türkische Schuhe zu machen und diese zu Ehren seiner verlorenen Geliebten Babuschen genannt."

Im 17. und 18. Jahrhundert übernahm der Staat die Aufgabe des Innovationsförderers, beispielsweise durch seine Einwanderungspolitik, später auch, indem er Informations- und Spionagereisen nach England unterstützte.[1216] Anregungen der Regierungen wurden von den Zünften den örtlichen Umständen angepasst: Kaiserin Maria Theresia ließ, um das Gewerbe im mährischen Iglau zu fördern, „niederländische Meister dahin kommen und feine Tücher nach englischem und niederländischem Muster aus spanischer Wolle daselbst anfertigen und die Iglauer in dieser Art der Fabrikation unterrichten. Kam nun gleich die Erzeugung dieser Waaren zu hoch und gerieth gleich desshalb die ganze Produktion in's Stocken, so zeigte sich der ungeheure Nutzen doch bald dadurch, dass die heimischen Tuchmacher in der neu erlernten Manier arbeiteten und bald trefflichen Absatz an den auf diese Weise verfertigten ‚Kniestreichern' fanden, zu denen sie statt der spanischen nur ungarische Wolle nahmen."[1217] Auch aus der zweiten Hälfte des 18. Jahrhunderts belegen Beispiele die Fähigkeit der Zünfte, sich neuen technischen und wirtschaftlichen Bedingungen anzupassen. Die Tuchmacher in Iglau brauchten keine Konkurrenz zu scheuen, „besonders seit sie die anderwärts gemachten Erfindungen annahmen, den Wollwolf aufstellten, d[as] i[st] eine Maschine, mit-

1215 Meiche, Sagenbuch, S. 944f.
1216 Reith, Innovationen, S. 46f.
1217 Werner, Geschichte, S. 126.

telst der durch zwei Knechte täglich 2 C[en]t[ne]r Wolle gerissen wurden, während sonst auf Kämmen eine Person bloss 5 bis 6 Pf[un]d täglich riss, ferner die Ratiniermaschine, die Kaiser Franz aus England hatte kommen lassen, nachmachten und durch den Landsmann Kunschak so verbesserten, dass sie die Mustermaschine an Zartheit und Feinheit der Reibung übertraf."[1218]

War der Niedergang eines Gewerbes nicht zu verhindern, suchten die Betroffenen eine Marktnische oder migrierten in andere Berufe. In Hof an der Saale entstand eine bedrohliche Situation für die städtischen Leinenweber, nachdem sich im Jahr 1762 eine Landweberzunft gebildet hatte. Zunächst wichen sie auf andere Produkte aus, bevor sie das Handwerk wechselten: „Die städtischen Meister brachten neue Gewebe heraus, die sich von denjenigen der Landweber in Bezug auf Muster, Verarbeitung, Materialzusammensetzung und Qualität unterschieden. Schließlich wandten sie sich mehr und mehr der Baumwollweberei zu, da sie in diesem freien Gewerbe ihre Zukunft sahen."[1219] Die Strumpfstricker wurden ein Opfer des technischen Fortschritts und mussten den Strumpfwirkern das Feld räumen. „Die Konkurrenten wirkten maschinell auf stählernen Stühlen weit feinere und gleichmäßigere Strümpfe, Hemden, Mützen und Handschuhe, als die Stricker per Hand liefern konnten. Einzelne Meister des alten Gewerks hielten sich dennoch bis an das Ende des 18. Jahrhunderts, indem sie von Frauen gestrickte Mannshemden walkten, rauhten und scherten."[1220] Andere Handwerker begannen mit dem Handel oder nahmen abhängige Beschäftigungen an, wenn ihr Handwerk nicht genug einbrachte.[1221]

Die Nachteile des Kleinbetriebs glichen die Zünfte mit zunfteigenen Betriebsanlagen aus. Die gemeinsamen Betriebe markierten Anfang und Ende des Zunftwesens. Die Kölner Bettdeckenweber organisierten sich 1149 zur ältesten schriftlich belegten Zunft Deutschlands, um gemeinsam einen Marktplatz zu betreiben. Marktstände oder -buden oder eine „Bank" im Rat- oder Kaufhaus waren die ersten gemeinsamen Betriebe der Zünfte. Oftmals wurden städtische Anlagen später von den Zünften gepachtet oder durch zunfteigene Verkaufsstellen ersetzt. An Messeplätzen mieteten Zünfte Lager- und Verkaufsräume für ihre Mitglieder, organisierten eine gemeinsame Reise zur Messe oder schickten Vertreter, welche die Waren der Mitglieder anboten. Exportorientierte Zünfte hatten an wichtigen auswärtigen Standorten ihre festen Kommissionäre. Metzger eröffneten Imbissbuden, in welchen Mitglieder reihum als „Garbrater" oder „Garköche" hantierten. Seit dem 14. Jahrhundert kamen technische Anlagen hinzu. Das Niveau der handwerklichen Produktion hob, die Technologie entwickelte sich. Zünfte besaßen Werkzeuge, die teuer in der Anschaffung waren und regelmäßig, aber vom Einzelnen selten benötigt wurden; diese liehen sie den Mitgliedern gegen Gebühr. Krämer hatten gemeinschaftlich Kuchenformen, Zinngießer Gießformen, Tuchscherer einen Schleifstein. Außerdem mietete, kaufte oder baute man großtechnische Anlagen, die von den Mitgliedern benutzt werden konnten, oder schloss mit

1218 Werner, Geschichte, S. 430f.
1219 Trautmann, Entwicklung, S. 401.
1220 Schultz, Das ehrbare Handwerk, S. 17.
1221 Hähnsen, Geschichte, S. 298, 304, 360; Reininghaus/Thurmann/Walberg, Quellen, S. 365.

den Eigentümern solcher Anlagen Rahmenverträge über die Nutzung durch Zunftmitglieder. Teils wurden die zunfteigenen Betriebe von den Nutzern selbst in Gang gesetzt und unterhalten, teils von jedem Mitglied der Reihe nach eine Zeitlang für die anderen, teils von eigens dafür bestellten Amtsträgern, selten von bezahltem Personal. Tuchmacher hatten Wollküchen, Bleichwiesen, Trockenrahmen, Walkmühlen und Mangeln, Schuhmacher und Gerber Lohmühlen und -gruben, Töpfer Brennöfen, Färber Färbhäuser, Schmiede Hammerwerke und Poliermühlen, Metzger Schlachthäuser, Schmucksteinproduzenten Schleifmaschinen und vieles mehr.[1222]

Ob sich die Zünfte selbst finanziell engagierten, lediglich Vereinbarungen mit Dritten abschlossen oder gar nichts in dieser Richtung unternahmen, hing von den Umständen des Einzelfalls ab. An manchen Orten wurden Anlagen von der Kommune, dem örtlichen Adeligen oder einem privaten Kapitaleigner errichtet, so dass keine zwingende Notwendigkeit für eine eigene Anlage bestand. „In München hatte die Stadt die Einrichtung dieser Anlagen übernommen ... Es mag dahingestellt bleiben, ob die Münchner Zünfte finanziell nicht in der Lage gewesen wären, diese Anlagen zu errichten, oder ob die Stadt Bedenken hatte, diese Betriebsstätten ausschließlich den Zünften zu unterstellen."[1223] Im Jahr 1516 beschäftigten die Münchener städtischen Betriebe 184 Personen, die aus den Benutzungsgebühren bezahlt wurden.[1224] Wurde eine Zunft selbst zum Unternehmer, dann wollte sie die Betriebsabläufe der Mitglieder rationalisieren, ihre Unabhängigkeit von fremden Betriebsinhabern erhöhen oder ihr Kapital anlegen. Sie betätigte sich wie eine moderne Fördergenossenschaft. Ob und wie man sich engagierte, musste gut überlegt werden, da die Investitionen eine Verschuldung auf Jahrzehnte, hohe Eintrittsgebühren und Sonderumlagen der Mitglieder bedeuteten.[1225]

Im 19. Jahrhundert waren gemeinsame Betriebe der festeste Kitt, der dem Zunftwesen verblieben war: „Mehrfach kann man beobachten, daß eine Innung sich auflöste, nachdem die zünftigen Einrichtungen in andere Hände übergegangen waren."[1226] Zünfte gaben ihre Betriebe auf, weil sie hoch verschuldet waren und anstehende Modernisierungen nicht mehr bezahlen konnten. Die Anlagen wurden teurer, die Investitionen angesichts des rasanten technologischen Wandels riskanter. Das Zunftwesen wurde heterogener: Auf der einen Seite standen die Kleinmeister, denen das erforderliche Kapital fehlte, auf der anderen Großbetriebe, die nicht mehr auf Zunftanlagen angewiesen waren, sondern ihre eigenen errichteten. Schon vor dem Ende der Zunftepoche verschwanden die meisten Ge-

1222 Breuer, Wesen, S. 81f; Haenert, Preispolitik, S. 44; Hähnsen, Geschichte, S. 166f; Wefeling, 700 Jahre, ohne Seitenzählung; Lauffs, Zunft- und Gewerbewesen, S. 14; Bräuer, Handwerk im alten Chemnitz, S. 36; Bessenrodt, Handwerk, S. 83, 94; Krumbholtz, Gewerbe, S. 186*; Scheschkewitz, Zunftwesen, S. 121ff; Schragmüller, Bruderschaft, S. 53; Loesch, Zunfturkunden I, S. 129*, 131*f; Reininghaus, Zünfte, Städte und Staat, S. 69; Nadolski, Zunftzinn, S. 362; Wege, Zünfte, S. 38f, 43–48, 51, 67ff, 104f.

1223 Haenert, Preispolitik, S. 44.

1224 Haenert, Preispolitik, S. 45.

1225 Wege, Zünfte, S. 36f, 58; Breuer, Wesen, S. 81f; Arentz, Zersetzung, S. 44f; Trübsbach, Handwerk, S. 96; Schmoller, Tucher- und Weberzunft, S. 417.

1226 Wege, Zünfte, S. 61.

meinschaftsbetriebe.[1227] In Bremen errichteten die Tischler noch in den 1820er Jahren eine gemeinsame Verkaufsstelle. Das Möbellager, zunächst ein Privatunternehmen mehrerer Meister, wurde 1859 zum Zunftbetrieb. Nachdem die Gewerbefreiheit eingeführt und die Zunft aufgelöst worden war, wurde es in eine Aktiengesellschaft umgewandelt.[1228]

4.2.2.2.2. Hemmungen

Auf der anderen Seite setzte das Zunftwesen hemmende Impulse frei, weil die Mitglieder der Zunft und die zuständigen Obrigkeiten von einem innovativen Meister überzeugt werden mussten, dass ihnen seine Innovation nutzte. Einem Erfinder gelang es allenfalls kurzfristig, den Gewinn einer Erfindung allein abzuschöpfen. Persönliche Monopole – wie sie das moderne Patentrecht einem Erfinder zeitlich befristet einräumt – konnten nicht entstehen, wohl aber örtliche. Sobald eine Verbesserung den Kollegen bekannt wurde, opponierten sie dagegen, weil sie ihre Arbeitsplätze in Gefahr sahen, oder kopierten sie in ihren Betrieben. Die Obrigkeiten stimmten einer Innovation zu, welche der Stadt oder dem Land erkennbar Vorteile brachte, oder lehnten sie ab, um Massenarbeitslosigkeit zu verhindern, welche die Stabilität des Gesellschaftssystems gefährdete und die Armenkassen belastete. Gewerbepolitik gegen Massenarbeitslosigkeit ist auch der Gegenwart nicht fremd, wenngleich in Deutschland heutzutage arbeitssparenden hochtechnischen Lösungen regelmäßig der Vorzug vor arbeitsintensiven einfachen Technologien gegeben wird. Im Osten Deutschlands und Europas, wo sich die Wirtschaft später und langsamer und unter größerem staatlichen Einfluss entwickelte, wurden Innovationen widerstrebenden Handwerkern „von oben“ verordnet. Wo die Zünfte im Stadtrat vertreten waren, stiegen ihre Chancen, missliebige Innovationen zu verhindern. Gesperrte Zünfte unterbanden den Abfluss von Technologie radikal.[1229]

Seit dem 14. Jahrhundert sind Verbote von Produkt- und Verfahrensinnovationen bekannt.[1230] „Gegen den Meister der Fingerhuter Jörg Endter in Nürnberg, der 1572 ein von ihm erfundenes Drehrad mit Vorteil anwendete, erhob sich sofort das ganze Handwerk und beschwerte sich über ihn beim Rat, daß er das Drehrad sich und seiner Arbeit zum Nutzen, aber gemeinen Meistern zum Schaden erfunden habe. Dieses Drehrad sei eine gesuchte Neuerung und werde sonst von den Meistern des Fingerhuthandwerks nicht gebraucht, die ihre Arbeit vielmehr an der Drehlade ausbereiteten. Das Drehrad mußte jetzt abgetan werden, und eine hohe Strafe wurde auf dessen weiteren Gebrauch sowie auf jede andere Ausbereitung der Arbeit als nach Handwerksgebrauch und altem Herkommen gesetzt. Dem Meister Heinrich Veit auf dem Neberschmiedhandwerk, das allerlei Handwerks-

1227 Vgl. Deter, Rechtsgeschichte, S. 199.
1228 Branding, Einführung, S. 83f.
1229 Wiest, Entwicklung, S. 124; Endrej, Kampf, S. 138f; Döhler, Beschreibung, S. 60; Fischer, Handwerksrecht, S. 56; Reith, Innovationen, S. 47; Wissell, Recht II, S. 318.
1230 Kieser, Kartell, S. 51ff; Ennen, Zünfte, S. 74f.

zeug, wie Sägeblätter, Laubsägen, Meißel, Bohrer u.a., verfertigte, wurde 1570 auf die Beschwerde der geschworenen und übrigen Handwerksmeister die Verwendung eines von ihm erfundenen Hauzeugs untersagt, das er ‚zu etlichen Gattungen Sägblätter gebraucht, einem gemeinen Handwerk zu sonderem Schaden und Nachteil', und dann noch ein besonderes Gesetz dagegen erlassen."[1231] In Iglau kostete es große Mühe „dem übrigens höchst angesehnen Dobrauer, seine Erfindung, die Verfertigung des Boy, einer Art Flanell, die er 1595 gemacht hatte, ausüben zu dürfen! Die engherzige, kurzsichtige Zunft wendete sich an den Rath, damit dieser dem Dobrauer diese neue Tuchart verbiete; allein es geschah nicht und bald erhielt der Erfinder eine so ungeheure Masse von Bestellung auf die neue Waare, dass der Rath den Befehl ertheilen musste, jeder Tuchscherer solle eine bestimmte Zahl Boy jährlich arbeiten. Und in der That blieb fast zwei Jahrhunderte lang dieser Artikel der gangbarste und einträglichste für die Zunft."[1232] Die Rockenspinner in Freiberg in Sachsen versuchten ihre Kollegen, die sich des Spinnrades bedienten, zu diskriminieren, indem sie den Wechsel von der einen zur anderen Gruppe behinderten und den Radspinnern die Qualitätsanerkennung verweigerten.[1233] Die Polierer in der Zunft der Schmucksteinbohrer und -polierer in Freiburg im Breisgau wehrten sich gegen Innovationen der Bohrer, um deren wirtschaftliche Stärkung zu verhindern und weiterhin selbst die Macht in der Zunft ausüben zu können.[1234]

Wohlmeinende Interventionen der Obrigkeiten gingen an den Bedürfnissen der Betroffenen bisweilen vorbei. Die Stadt Köln lehnte 1412/13 das Angebot eines Großkaufmanns ab, in Köln nach italienischem Vorbild eine Zwirnmühle aufzustellen. Der Stadtrat meinte, dass viele der zünftigen Kölner Seidenspinner „in Not und Armut" gelangen würden. Im 16. Jahrhundert scheiterten zwei ähnliche Versuche am Widerstand der Seidenzunft. Im Jahr 1591 schließlich stellten die Kölner eine Zwirnmühle ohne ausländische Hilfe auf, doch die Spinnerinnen freundeten sich mit der neuen Technik nicht an.[1235]

Beeinträchtigten Neuerungen, die noch nicht ausgereift waren, die Qualität der Produkte, versuchten Zünfte und Obrigkeiten gemeinsam, sie zu verhindern, weil sie ihren guten Ruf nicht schädigen wollten. Indigo wurde im 15. Jahrhundert in Europa als Ersatz des Farbstoffes Waid eingeführt. Färberzünfte opponierten gegen den neuen Farbstoff, weil seine Verarbeitung technologische Probleme bereitete. Erst als die Konkurrenz aus England und Italien, wo man inzwischen erfolgreich mit Indigo arbeitete, zu groß wurde, akzeptierte man es.[1236]

Ein berühmtes Beispiel zünftiger Technologiefeindlichkeit ist die Bandmühle, ein Webstuhl, auf dem mehrere Bänder gleichzeitig gefertigt werden konnten. Sie wurde zuerst in den Niederlanden verwendet und breitete sich vom Niederrhein über den deutschsprachigen Raum aus. Vom ausgehenden 16. Jahrhundert bis zur

1231 Mummenhoff, Handwerker, S. 110f.
1232 Werner, Geschichte, S. 69f.
1233 Schulze, Handwerkerorganisation, S. 109f.
1234 Schragmüller, Bruderschaft, S. 72.
1235 Endrej, Kampf, S. 133f, Zitat: S. 133.
1236 Endrej, Kampf, S. 134; Reith, Innovationen, S. 51ff.

Mitte des 18. Jahrhunderts stritten die Posamentierer um die Bandmühle. Die Maschine konnte von ungelernten Arbeitskräften bedient werden. Hohe Anschaffungskosten bargen die Gefahr, von einem Verleger abhängig zu werden, der den Kaufpreis vorstreckte. Arme Meister und Gesellen drohten zu Lohnarbeitern abzusinken. Der Widerstand war also nicht mit der höheren Produktivität der Bandmühle gegenüber dem normalen Webstuhl begründet, sondern mit Problemen des Zunftwesens. Da man mit dem neuen Gerät anfangs nur grobe, einfache Bänder herstellen konnte, wichen die herkömmlichen Posamentierer auf höherwertige Ware aus, um der Konkurrenz zu entgehen. Es handelte sich nicht um Technikfeindlichkeit per se, wie ein Vergleich mit dem gleichzeitig eingeführten Strumpfwirkerstuhl zeigt, gegen den sich kaum Widerstand regte, weil er billiger und mithin zunftkompatibel war. Der Baseler Stadtrat verabschiedete gegen 1670 einen Kompromiss, nach dem den herkömmlichen Posamentierern das Stadtgebiet vorbehalten bleiben sollte und den Bandmühlen-Manufakturisten der Export zugewiesen wurde. Außerdem mussten die Manufakturisten einen Exportzoll bezahlen, der ihren Produktivitätsvorsprung verringerte, und eine Meisterprüfung ablegen. Der Kölner Stadtrat integrierte 1659 beide Zweige der Bandweberei in einer Zunft, bei spezifischen Regeln für jede Richtung. Während sich viele Reichsstädte beim Reichstag gegen die Bandmühle einsetzten, plädierten seine Anwender am Niederrhein und in Basel sowie Kaufleute, Verleger und Fürsten für sie. In der Mitte des 18. Jahrhunderts hatte sie sich nach quälend langsamer Diffusion überall durchgesetzt, wenn es auch noch im Jahr 1797 im Erzgebirge zu einem Maschinensturm kam.[1237]

Keinen Widerstand der Zunft riefen Rationalisierungen hervor, die „nur“ die Gesellen betrafen.[1238] Um Unruhe zu vermeiden, bediente man sich eines auch heute noch beliebten Verfahrens: Die Mitarbeiter, die dem System bereits angehörten, behielten die alten Konditionen, während neue Mitarbeiter nicht mehr angenommen wurden oder sich schlechteren Konditionen unterwerfen mussten. Im Jahr „1787 wurde von einem Eßlinger Schlossergesellen Christian Friedrich Knoll ein wassergetriebenes ‚Zäuner-Werck' entwickelt, das nach dem Gutachten des [Augsburger] Handwerksgerichts die Arbeitsleistung von zwei bis drei Zainern [Schmieden für Gießformen] ersetzte und von den Goldschlagern angesichts ihres ‚dermaligen außerordentlich starcken Absaz ihrer zumahl nach Engelland gehenden Fabricate' begrüßt wurde. Die Zainer dagegen baten beim Handwerksgericht, ‚bey ihrer ohnehin kümmerlichen Nahrung geschüzet' zu werden, da es eine ‚sie gänzlich Brod- und Nahrungslos stellende Sache sei'. Auf Vorschlag des Handwerksgerichts erklärten sich die Goldschlager bereit, die tatsächlich noch arbeitenden Zainer, denn einige hatten sich mittlerweile auf den Kattundruck verlegt, weiterhin zu beschäftigen.“[1239]

1237 Troitzsch, Wandel, S. 161, 166f; Körner, Handel, S. 71; Reith, Arbeits- und Lebensweise, S. 168–181; Endrej, Kampf, S. 134ff; Jahn, Gewerbepolitik, S. 21; Arentz, Zersetzung, S. 51ff; Reith, Innovationen, S. 35–41; Schöne, Posamentierer, S. 117, 126.

1238 Werner, Geschichte, S. 430f.

1239 Reith, Arbeits- und Lebensweise, S. 185.

4.2.3. Die „Nahrung“

Wie viel Gelehrtenschweiß ist geflossen, um eine zunftspezifische Wirtschaftsgesinnung nachzuweisen! Die Zünfte hätten nicht Erwerb um jeden Preis erstrebt, sondern „Nahrung“. Mit dem Wort „Nahrung“ meinten zeitgenössische Äußerungen nicht die Gesamtheit der Nahrungsmittel, sondern in einem weiteren Sinne den Lebensunterhalt und die Arbeit, die für seine Beschaffung notwendig ist.[1240] Der Zunftzwang wurde auf die „Nahrungsideologie“ zurückgeführt.[1241] Den Zünften, so heißt es, sei es darum gegangen, sich „eine möglichst große Gleichheit“,[1242] „eine weitgehende Chancengleichheit“,[1243] „möglichst gleiche Arbeitsbedingungen“,[1244] ein „möglichst gleiches Einkommen“[1245] oder auch „ein standesgemäßes Auskommen“[1246] oder „eine ökonomisch garantierte Existenz“[1247] zu schaffen. „Keiner sollte dem andern etwas voraushaben.“[1248] Im „Nahrungsprinzip“ wurde sogar „ein sozialistischer Grundzug der zünftigen Wirtschaftspolitik“, der „zünftige Mittelstandssozialismus“, gesehen.[1249] In der Absicht, dem Zunftwesen eine statische Wirtschaftsauffassung nachzuweisen, schoss man bisweilen über das Ziel hinaus. In ostfriesischen Zunftordnungen des 15. und 16. Jahrhunderts wurde von der Absicht der „betherunge der nahrunge“ gesprochen. Anstatt diese Formel angemessen als „Verbesserung der Ernährungsmöglichkeiten“ zu deuten und damit eine dynamische Form der Wirtschaftsförderung auszuweisen, verdrehte sie ein Autor zur „Sicherung der täglichen Nahrung“.[1250]

Selten findet man im Schriftverkehr Begründungen des „Nahrungsprinzips“ aus der Hand der Zünfte, und diese blieben meist wenig konkret. Die Schuhmacher in Kassel begründeten 1540 ihre Gegnerschaft zur Erhöhung der Gesellenzahlen, „darmit der arme bey dem reichenn blibenn unnd einer von den ander nicht verderbett und verdruck werden mucht“.[1251] In Trier beschwerten sich Zunftmeister im 18. Jahrhundert, dass sie infolge der Konkurrenz von Händlern und vermögenden Mitmeistern nicht mehr ihren vollen Unterhalt erwirtschaften könnten.[1252] Aus diesen Stellungnahmen spricht die Sorge, von stärkeren Kollegen vom Markt und aus der Zunft verdrängt und arm zu werden. Irgendeine Wirtschaftsgesinnung lässt sich aus ihnen nicht ableiten. Die Aachener Schuhmacher beschränkten 1584 die Zahl der Arbeitskräfte eines Meisters „’um des Ambachts Gedeihen und Beförderung und gleicher Nahrung untereinander’“.[1253] Eine wirk-

1240 Scheschkewitz, Zunftwesen, S. 163.
1241 Kieser, Kartell, S. 37.
1242 Trautmann, Entwicklung, S. 326.
1243 Roth, Zunftherrlichkeit, S. 114.
1244 Scheschkewitz, Zunftwesen, S. 126.
1245 Fröhlich, Sicherung, S. 52.
1246 Krumbholtz, Gewerbe, S. 183*.
1247 Blickle, Nahrung, S. 73.
1248 Wissell, Recht II, S. 279.
1249 Salow, Zunftwesen, S. 120.
1250 Canzler, Zünfte, S. 48f.
1251 Salow, Zunftwesen, S. 120; im Original kursiv.
1252 Voigt, Handwerk, S. 44.
1253 Hermandung, Zunftwesen, S. 85.

liche Gleichheit der Einkommen erstrebten sie nicht, wollten aber verhindern, dass die Zunft Schaden nahm, wenn die wirtschaftlichen Unterschiede unter den Meistern überhand nahmen. Auch die Kieler Böttcher forderten um 1570, „'dat also ein jeder mit und nevenst dem andern in sinem ampte gefördert werden möge'".[1254]

Mit einer sozialistischen Ordnung experimentierten die Tuchscherer in Nürnberg und München im 16. Jahrhundert. In Nürnberg gab es 1556 elf Tuchscherer-werkstätten. Diese einigten sich, dass sie – unabhängig von der Arbeitsmenge, welche jede Werkstatt bewältige – alle Einnahmen unter sich teilen würden, so dass jede Werkstatt gleichen Lohn bekomme. „'Welchs nicht allein den alten abgearbeiten meistern zu wolfart raichen möchte, Sunder es würde auch durch die tegliche Besichtigung der gemachten arbeit guter vleiss gebraucht, also dass die Tuch rechtgeschaffen berait, unnd das als gut lobe, so das Handwerck vor Jaren von hie aus, Im gantzen Reich gehabt, wider erlangt werde.'" Der Rat genehmigte den Vorschlag der Tuchscherer, musste aber bereits ein halbes Jahr später die Ordnung aufheben. Die Verarbeiter der Tuchschererprodukte – Färber, Tuchmacher und Schneider – hatten sich beschwert, die Qualität der Waren sei zurückgegangen.[1255] Ein ähnliches Modell probierten die Münchener Tuchscherer im Jahr 1580 aus. „Infolge dieses Zusammenschlusses der Tuchscherer war dem Auftraggeber, der die Dienste eines Tuchscherers benötigte, die Möglichkeit genommen, mit dem einzelnen Handwerker einen erträglichen Preis auszuhandeln; und wenn er seine Tücher nicht außerhalb Münchens bearbeiten lassen wollte – was aus Transportschwierigkeiten und Kosten nicht in Frage kam – so mußte er den Monopolpreis der Tuchscherergemeinschaft akzeptieren, wobei es ihm nicht einmal möglich war, persönliche Präferenzen in Bezug auf einen bestimmten Tuchscherer geltend zu machen. Im Jahre 1589 ... wird das Kollektivmonopol der Tuchscherer wieder aufgelöst und zwar auf Bitten der Tuchscherer selber, da es sich herausgestellt hat, daß die Faulen auf Kosten der Fleißigen lebten."[1256] Den Tuchscherern war nicht daran gelegen, sozialistische Ideale zu verwirklichen. Sie wollten die Produktqualität verbessern, ihre Gewinne steigern und (in Nürnberg) alte Meister versorgen. Da die Werkstätten vermutlich annähernd gleich groß waren, war die Verteilung der Einnahmen nach der Zahl der Werkstätten statt nach der der Produkte nicht so abwegig wie sie auf den ersten Blick scheinen mag. Trotzdem führte sie, da sie den Meistern jeden materiellen Anreiz zu besserer und vermehrter Produktion nahm, zu Trittbrettfahrereffekten. Die Kenntnis dieser gescheiterten Versuche hätte der Menschheit manchen späteren sozialistischen Missgriff ersparen können ...

Eine Wirtschaftsgesinnung versuchte die christliche Kirche den Menschen zu vermitteln. Seit dem Frühmittelalter wandte sie sich gegen Habgier und Egoismus im Wirtschaftsleben. Die Kirche sah ein, dass erfolgreiches Wirtschaften nötig ist, um die materiellen Voraussetzungen für ihre eigene Existenz zu schaffen. Das Wirtschaften solle aber kein Selbstzweck und durch ethische Maximen wie Ge-

1254 Hähnsen, Geschichte, S. 50.
1255 Wissell, Recht II, S. 286f, Zitat: S. 286.
1256 Haenert, Preispolitik, S. 142.

rechtigkeit und soziale Ordnung gebändigt werden. Gegen gute Geschäfte und hohe Gewinne war nichts einzuwenden, solange die Wirtschaftssubjekte nicht im Gewinnstreben aufgingen oder ihre Mitmenschen ausbeuteten.[1257] Die „reformatio Sigismundi“ nahm 1439 diese Argumentationslinie auf: „Unsere Vorfahren sind nicht Toren gewesen. Die Zünfte und Gilden sind zu dem Zwecke erfunden worden, daß Jeder durch sie sein tägliches Brot verdiene und Niemand ins Handwerk des Anderen übergreife. So wird die Welt ihr Elend los, und Jeder kann seinen Unterhalt finden und Jeder seiner Nahrung sicher sein.“[1258] Mit anderen Worten: Eine nach kirchlichen Vorstellungen regulierte Wirtschaftsordnung mit Gilden und Zünften genügt dem Anspruch an das Königtum (und andere Obrigkeiten), Daseinsvorsorge für ihre Untertanen zu betreiben, indem ein Überleben ohne Armut ermöglicht wird. Sowohl die Vorstellungen der Kirche als auch die reformatio Sigismundi sind weit verbreitet worden. Sie konnten verwendet werden, um das Zunftwesen zu rechtfertigen, doch dass sie die Ausgestaltung des Zunftwesens merklich beeinflusst hätten, ist zu bezweifeln. Die Regularien der Zünfte lassen sich auch ohne eine solche Wirtschaftsgesinnung begründen. Zu viele Beispiele abweichenden Verhaltens sprechen gegen die breite Rezeption der Ideen, die von Kirche und Königtum vorgetragen wurden. Wirtschafts- oder gesellschaftspolitische Programme lagen dem Verhalten der am Zunftwesen beteiligten Kreise gewöhnlich nicht zu Grunde; sie beschlossen Ad-hoc-Maßnahmen, mit denen konkrete Probleme angegangen werden sollten, ohne diese in ein umfassendes gedankliches System einzuordnen. Allerdings darf man unterstellen, dass die Beteiligten wussten, was in ihrem wohlverstandenen Eigeninteresse lag.[1259]

Der Gegensatz von moderner kapitalistischer Gewinnsucht und traditionalistisch-zünftischem „Nahrungsprinzip“, der von Max Weber, Werner Sombart, Lujo Brentano, Rudolf Kötschke, Erich Maschke und anderen betont wurde, wurde von mehreren Autoren bestritten, die Gewinnsucht auch bei Zunfthandwerkern nachwiesen oder die Konstruktion des Gegensatzpaares als solche für verfehlt hielten.[1260] Friedrich Lütge nahm an, „daß weder ‚Nahrungsprinzip‘ noch ‚kapitalistisches Erwerbsstreben‘ geherrscht haben, sondern daß der Drang nach Macht, Reichtum, Erwerb, der durchaus vorhanden war, durch eine feste *Ordnung* gebändigt wurde. Diese Ordnung war nicht die der allgemeinen Gleichheit und nicht die des ‚freien Spieles der Kräfte‘, sondern man war sich bewußt, daß die Gleichheit nur gegeben ist im Hinblick auf den gleichen Rang vor Gott, also im Hinblick auf das Jenseits, daß aber im Diesseits Ungleichheit herrscht, die durch funktionalständische Gliederungen gegeben ist. Und nur in diesem Sinne und in diesem

1257 Emmerich, Geiz, S. 282, 284; Borst, Alltagsleben, S. 223f; Kieser, Kartell, S. 41.

1258 Borst, Alltagsleben, S. 223f (Text der Reformatio Sigismundi in moderner Übertragung); vgl. Lexikon des Mittelalters. Studienausgabe, Stuttgart/Weimar 1999, Band VII, Sp. 550f; Wissell, Recht III, S. 35 (Originalwortlaut).

1259 Decker, Bürger, S. 97; Lütge, Preispolitik, S. 184, 194.

1260 Kieser, Kartell, S. 37; Göttmann, Handwerk, S. 94; Thamer, Handwerksehre, S. 88; Vachenauer, Handlungskompetenz, S. 178f; Ennen, Zünfte, S. 13; Lütge, Preispolitik, S. 192; Maschke, Mittelschichten, S. 26f; Luther, Zunftdemokratie, S. 28; Scheschkewitz, Zunftwesen, S. 163–168; Schragmüller, Bruderschaft, S. 70; Puschner, Handwerk, S. 153f; Köhler, Einzelhandel, S. 224; Oexle, Zunft, S. 42.

Rahmen hatte die Vorstellung von einer standesgemäßen Nahrung ihren Sinn, also: *Bändigung des Maßlosen, Ordnung der vom Chaos bedrohten Welt.*"[1261] Lütge fuhr fort: „Eines kommt in dieser Zeit, gerade auch in der Wirtschaftspolitik, immer wieder zum Ausdruck, daß man doch in der Regel nicht *das Ziel mit dem Mittel verwechselt*. Man wirtschaftet nicht des Wirtschaftens und des Gewinnes wegen, sondern man wirtschaftet und verdient um dessen willen, was man mit diesen Mitteln erreichen kann, und das sind außer der Sicherung der Existenz sozialer Rang, politischer Einfluß usw. Man erstrebt eine Vertiefung und Steigerung des Lebensgefühles und des Genusses, der Existenz, ein Sich-Auswirken kraftvoller Persönlichkeiten. ... Darüber soll natürlich nicht übersehen werden, daß sich in der Realität des politischen und wirtschaftlichen Lebens viel Ungerechtigkeit, Egoismus, Unterdrückung und dergleichen zeigt. Aber doch geht dies nicht so weit, daß die Ordnung wirklich durchbrochen und damit zerstört wird. Das Verbindende überwiegt das Trennende."[1262]

Bescheidenheit um der gesellschaftlichen Ordnung willen und „dolce vita" anstelle der maßlosen Aufhäufung irdischer Reichtümer – wie Lütge sie beschrieb – sind Charakterzüge, die man in jeder Epoche findet. Sicherlich bestimmten sie auch das Leben von Zunftmitgliedern – neben anderen Zügen, die man nicht übersehen darf. Man braucht nicht bis zu den berühmten Handelsimperien des 16. Jahrhunderts zu gehen, um Gewinnstreben aufzufinden, auch unter namenlosen Zünftlern gab es Strebsame, die bemüht waren, ihre Geschäfte über den üblichen Rahmen auszudehnen. Sie zahlten Stücklohn, führten modische und arbeitssparende Neuerungen ein, erhöhten die Mitarbeiterzahlen, erschlossen neue Kundenkreise usw. Hätte es sie nicht gegeben, wären die zahlreichen Vorschriften, welche die Geschäftstätigkeit einschränkten, überflüssig gewesen. Offenbar rechnete man im Zunftwesen stets damit, dass ein Teil der Meister nach Höherem strebte. Diese Meister wollten nicht innerhalb der gewohnten Ordnung bleiben, sondern sie überwinden und den sozialen Aufstieg in die Händlerschicht schaffen. Indem die Zunft dem Aufstiegsstreben Riegel vorschob, verwies sie Strebsame auf den Ausbruch aus dem Zunftwesen. Die städtischen Führungsschichten wollten ebenfalls nicht, dass Zunftmeister zu stark und mächtig wurden, denn dies hätte ihre eigene Position an der Spitze der städtischen Gesellschaft gefährdet. Aufstiegswillige mussten Freimeister oder Hofhandwerker werden oder sich dem Handel zuwenden, um auf der gesellschaftlichen Leiter nach oben klettern zu können. Hier ließ man sie gewähren, solange ihre Tätigkeit die Existenz der Zünfte nicht in Frage stellte. Wer in der Zunft verblieb, musste sich mit einer mittleren Existenz zufrieden geben; die Gesättigten und die Prekären voller Abstiegsangst waren es denn auch, die auf der Einhaltung der Spielregeln bis ins Detail bestanden und standesgemäße Beschränktheit verlangten, vor allem in Zeiten schlechter Konjunktur.[1263]

1261 Lütge, Sozial- und Wirtschaftsgeschichte, S. 169f.

1262 Lütge, Sozial- und Wirtschaftsgeschichte, S. 171.

1263 Ennen, Die europäische Stadt, S. 150; Gatz, Handwerk, S. 49; Göttmann, Bäckerzunft, S. 58f; Scheschkewitz, Zunftwesen, S. 165, 169; Schulze, Gesellschaft, S. 3, 15; Breuer, Wesen, S. 68; Reith, Lohn, S. 103f.

Dabei ging es nicht um absolute Gleichmacherei. Abgesehen von den kurzlebigen Beispielen aus Nürnberg und München, die oben angeführt wurden, ließen die Zünfte ihren Mitgliedern wirtschaftliche Spielräume, nicht etwa, weil oligarchische Tendenzen dies gegen das „Nahrungsprinzip“ erzwungen hätten, sondern weil es gute Gründe dafür gab.[1264] Qualitäts-, Preis-, Lohn-, Mengen- und Personalvorschriften regelten Minima oder Maxima und ließen den Mitgliedern die Chance, besser, größer und reicher als ihre Kollegen zu werden. Wer die Zunftvorschriften zu nutzen verstand, konnte einen fünf- bis zehnmal so großen Betrieb führen wie der ärmste Mitmeister. Auf diese Weise wurden die Zünfte in die Lage versetzt, sich wirtschaftlichen Wechsellagen flexibel anzupassen. Die zulässigen Grenzen der Betriebe richteten sich nach der Heterogenität, die eine Zunft aushalten konnte, ohne an divergierenden Interessen ihrer Mitglieder zu zerbrechen, und nach dem Wunsch der Obrigkeiten, die Bereicherung Einzelner auf Kosten Anderer zu verhindern, damit weder örtliche Monopole entstanden noch Meister der öffentlichen Armenfürsorge zur Last fielen. Als sich im Spätmittelalter die Zahl der Armen in den großen Städten vervielfachte, gewann Letzteres an Bedeutung.[1265]

4.3. MARKTORDNENDE AUFGABEN

Der Kern des sachlichen Zunftzwangs war ein wirtschaftlicher. Dem Zunftwesen wurden zeitweise und in wechselnder Intensität öffentliche, religiöse oder soziale Aufgaben übertragen, die teils freiwilliger, teils verpflichtender Natur waren, doch niemals wurde auf wirtschaftliche Aufgaben verzichtet.[1266] Die wirtschaftlichen Aufgaben der Zünfte zielten in erster Linie auf die Marktordnung.[1267] Eine Marktordnung war zwingend erforderlich, um überhaupt Märkte abhalten zu können; sie lag im Interesse aller Marktteilnehmer: der Produzenten, Händler, Konsumenten und der öffentlichen Hand, wenn auch nicht alle dieselben Vorstellungen von der Ausgestaltung der Marktordnung hatten. Regeln, die den sachlichen Zunftzwang mit Leben erfüllten, fanden auch auf Erwerbstätige außerhalb der Zünfte Anwendung.[1268] Die handwerkliche Produktion wurde nur insoweit in das Zunftsystem einbezogen, als sie die Existenz der Zunft oder den Marktauftritt der Handwerker berührte. Marktregulierungen gab es lange vor den Zünften; die Be-

1264 Vgl. Dipper, Geschichte, S. 151.

1265 Ennen, Die europäische Stadt, S. 151; Canzler, Zünfte, S. 51; Elkar, Schreiner, S. 33 ; Hähnsen, Geschichte, S. 52; Wehler, Deutsche Gesellschaftsgeschichte I, S. 93; Hardtwig, Genossenschaft, S. 29; Scheschkewitz, Zunftwesen, S. 171; Schmoller, Tucher- und Weberzunft, S. 536.

1266 Schulze, Handwerkerorganisation, S. 46; Mickwitz, Kartellfunktionen, S. 8.

1267 Peitsch, Zunftgesetzgebung, S. 11.

1268 Vgl. Lentze, Nürnbergs Gewerbeverfassung im Mittelalter, S. 251; Sonntag, Zunftzwang, S. 76; Feger/Rüster, Wirtschafts- und Gewerberecht, S. 30*ff. Marktordnungen finden sich überall, wo Märkte abgehalten werden. Im klassischen antiken Griechenland – um nur ein Beispiel zu nennen – nahmen Behörden die Marktaufsicht wahr. Es war verboten, Käufer mit schlechter Ware zu betrügen oder konkurrierende Anbieter verächtlich zu machen. Der Staat gab die zulässigen Maße und Gewichte vor. (Hasebroek, Staat, S. 186ff.)

stimmung der Maße und Gewichte etwa war ein wichtiger Ansatzpunkt gemeindlichen Lebens in frühmittelalterlichen Städten. „Das Neue, was die Zunftbewegung bringt, liegt aber darin, dass die genannten Bestrebungen in ein System gebracht und von einer permanenten Organisation aufgenommen werden.“[1269]

Die Konstituierung der Organisationsform Zunft gebar zusätzliche Regularien, ohne die sie nicht funktionieren konnte. Seit dem 14. Jahrhundert wurden Vorschriften zur Steuerung der Produktionsmengen und zur Beeinflussung der Löhne der Mitarbeiter implementiert. Das System der Marktordnung entwickelte eine Eigendynamik. Wer anfing, den Markt zu regeln, musste sich auf immer neue Regeln einlassen, um Schlupflöcher zu stopfen. Schrieb man den Bäckern den Brotpreis vor, so verkleinerten sie die Brote. Regelte man auch das Gewicht, so verschlechterten sie die Qualität. Normierte man Rohstoffe und Backverfahren, so verknappten sie das Brotangebot und stellten lieber nicht regulierte Waren her. Schritt man dagegen ein, so kürzten sie die Löhne ihrer Mitarbeiter. Eine Preistaxe zog also möglicherweise Größen-, Qualitäts- und Mengenkontrollen sowie Lohntaxen nach sich.

Die marktordnenden Aufgaben der Zünfte fanden ihre Rechtfertigung in einem von der Kirche schon im frühen Mittelalter aufgestellten Modell des ökonomischen Denkens. „Die Einhaltung von Preisen und Maßen, die Verwendung der vorgeschriebenen Währung und der Schutz Machtloser und Armer vor Übervorteilung sollte im Sinne der christlichen Tugenden erfüllt werden. Dabei sind weder Preise noch Maße noch die verwendete Währung als statische Größen anzusehen. Es ging vielmehr um drei Elemente: um Austauschgerechtigkeit, Vertragsgerechtigkeit und Fürsorgepflicht. Ersteres sollte durch eine Transparenz von Maßen, Gewichten und Währungsgebrauch gewährleistet werden. ... Das zweite, die Vertragsgerechtigkeit, schloss womöglich spätantike Elemente der Anfechtung eines Kaufvertrags ein. Zur Vertragsgerechtigkeit gehörten zudem die von den Karolingern geforderte ‚Öffentlichkeit‘ von Kaufverhandlungen und Kauf und das Hinzuziehen von Gutachtern im Falle der Strittigkeit des gerechten Preises einer Sache. Die Fürsorgepflicht schließlich, sollte Spekulationen mit Nahrungsmitteln zu Lasten der *familia* der Grundherren ausschließen und forderte die kirchlichen und weltlichen Inhaber der Benefizien dazu auf, ihre Fürsorgepflicht nicht aus Habgier zu vernachlässigen.“[1270]

In dem Maße, in dem Behörden seit dem Spätmittelalter die Marktordnung selbst übernahmen, wurden die Befugnisse der Zünfte, die diese im Verlaufe des Mittelalters erworben hatten, wieder zurückgenommen.[1271]

4.3.1. Verhalten beim Verkauf

Das Marktrecht war eines der Grundrechte mittelalterlicher und frühneuzeitlicher Städte. Der Marktfrieden beinhaltete nicht allein das Verbot kriegerischer Hand-

1269 Mickwitz, Kartellfunktionen, S. 164; vgl. Ennen, Frühgeschichte, S. 268.
1270 Emmerich, Geiz, S. 281f.
1271 Hähnsen, Geschichte, S. 161.

lungen während des Marktes und auf dem Weg zum und vom Markt, sondern außerdem eine umfangreiche Liste an Verhaltensregeln, die ein friedliches Miteinander auf dem Markt und allgemein im Handel sichern sollten. Teilweise sind diese Regeln bis zur Gegenwart gültig. Wie jedes Recht schützte das Marktrecht die Schwachen vor den Starken. Zünfte konnten einheitlich auftreten und ihr Ansehen bei den Kunden erhöhen. Das Marktgeschehen wurde für die Konsumenten sicher und tranparent. Marktabgaben wurden zuverlässig eingezogen, Ruhe und Ordnung in der Stadt gewährleistet.

Um Streit zu vermeiden, wurden den Verkäufern feste Plätze zugewiesen. In Fulda gab es Fleischbänke – so hießen die Verkaufstische der Fleischer – schon 1165, lange bevor die ersten Zünfte der Stadt gegründet wurden.[1272] Die Zahl, Größe und Form der Bänke oder Buden und ihr Platz auf dem Markt, im Rathaus, Zunft- oder „Kaufhaus" wurden obrigkeitlich fixiert. Da es auf jedem Markt bessere und schlechtere Plätze gibt, wurden sie unter den Bewerbern verlost; andernorts galt der Grundsatz „Wer zuerst kommt, mahlt zuerst", oder Amtsinhaber der Zünfte wurden bevorzugt. Im Laufe der Zeit lockerte sich der Marktzwang, Handwerker und Krämer durften in ihrer Werkstatt oder ihrem Laden verkaufen. Ließ eine Stadt dies zu, so erließ sie Vorschriften über die Führung der Läden. Größe und Aussehen der Ladenöffnung zur Straße, die Öffnungszeiten und Umfang und Gestalt der Werbung wurden vorgegeben. Meist war ein einziger Verkaufsplatz je Produzent erlaubt, Filialisten sollten verhindert werden. Allerdings hielt man sich nicht immer daran; Geschäfte mit mehreren und unterschiedlich große Verkaufsstellen sind bekannt. Werbung sollte zurückhaltend sein, große und schrille Werbung war unerwünscht, die Zahl der Produkte, die gezeigt werden durfte, war begrenzt. Streng verboten war einheimischen Anbietern das Hausieren, da es die Marktordnung außer Kraft gesetzt hätte. Wie viele Personen eine Zunft auf einen auswärtigen Markt entsenden durfte, wurde festgelegt, damit die-Versorgung der eigenen Stadt nicht unterbrochen wurde.[1273]

Der goldene Hut[1274]

„Um einen interessanten Fall neuartiger Werbung geht es 1638 in dem Prozeß des Handwerks der Hutmacher [in Lüneburg] gegen ihren Genossen Christof Hindenburg. Dieser hatte als ‚Nahrungszeichen' einen vergoldeten Hut ausgehängt, der den Unwillen der Zunft hervorrief, weil es eine sonderbare Neuerung und der Zunft zum Schaden sei. Da Hindenburg dies Zeichen ohne Erlaubnis des Rates aufgesteckt habe, bittet die Zunft, ihn anzuweisen, den Hut wieder abzunehmen. Hindenburg antwortete, er habe wie alle Zunftbrüder das Recht, die Waren auszulegen, könne sie aber nicht gegen schlechtes Wetter schützen und habe deshalb

1272 Hohmann, Zunftwesen, S. 2.

1273 Kieser, Kartell, S. 47f; Ennen, Zünfte, S. 48ff, 68f; Thikötter, Zünfte, S. 132; Bodemann, Zunfturkunden, S. XLVIIIf; Döhler, Beschreibung, S. 77; Wiest, Entwicklung, S. 142; Scheschkewitz, Zunftwesen, S. 152f; Johanni, Zünfte, S. 58; Schmidt, Zunfturkunden I, S. 83*; Neuburg, Zunftgerichtsbarkeit, S. 149; Köhler, Einzelhandel, S. 111; Feger/Rüster, Wirtschafts- und Gewerberecht, S. 29*, 34*ff, 41*; Arneth, Verfassung, S. 35f; Loesch, Zunfturkunden I, S. 103, 112*; Loesch, Zunfturkunden II, S. 276; Wege, Zünfte, S. 65f.

1274 Scheschkewitz, Zunftwesen, S. 154.

den Hut ausgehängt. Außerdem sei ein solches Nahrungszeichen nichts Ungewöhnliches, da Branntweinschänken, Freischuster und Schnurmacher dergleichen auch hätten. Die Genossen entgegnen, die Beispiele seien schlecht gewählt, da nicht bewiesen werden könne, daß ein in einer Zunft sitzender Handwerker ein solches ungewöhnliches, mit großer Pracht ausstaffiertes Zeichen, wie er es an Ware nicht mit seiner eigenen Hände Arbeit herstellen könne, aushängen dürfe. Außerdem meinen sie: ‚Ob nun der newer, ausgesteckter, hochtrabender, mit golde ausgeputzter huth nicht dahin gemeinet, das man die nahrung allein an sich durch ungebuhrliche newerung reissen ... will.' Der Rat entscheidet am 14. November gegen sie, und Hindenburg darf sein Nahrungszeichen behalten."

Seit dem 13. Jahrhundert sind zahllose Predigten, satirische Schriften und andere literarische Werke überliefert, die über Unehrlichkeit, Faulheit, Betrug und andere negative Verhaltensweisen von Handwerkern und Kaufleuten gegenüber ihren Kunden klagen.[1275] Vergleichende Werbung war untersagt. Kunden durften nicht von Kollegen weggezogen oder auf der Straße oder in Wirtshäusern angesprochen werden. „Marktschreier" waren verpönt. In vielen Orten galten Zugabeverbote. Den Handwerkern wurde eingeschärft, Kundenaufträge unverzüglich und vollständig zu erledigen und nicht übermäßig viele Aufträge zu sammeln. Ein Meister durfte seinem Kollegen keine Kunden abspenstig machen oder einen vom Kollegen begonnenen Auftrag zu Ende führen. Wenigstens Bäcker und Metzger unterlagen dem Kontrahierungszwang: Sie mussten mit jedem Einheimischen Geschäfte tätigen. Verschiedentlich waren Handwerker der Grundversorgung verpflichtet, eine Mindestmenge an Produkten anzubieten. Die am Ort zugelassenen Maße und Gewichte wurden von der städtischen Obrigkeit bestimmt. Die Verkäufer erhielten geeichte Kopien der Normalmaße, Kunden die Möglichkeit, auf einer öffentlichen Waage nachzuwiegen. In einigen Städten wurden nach italienischem Vorbild „Unterkäufer" installiert, Makler, die Warengeschäfte vermittelten, damit es zwischen Verkäufer und Käufer ordnungsgemäß zuging.[1276] Seit dem Ende des 18. Jahrhunderts wurden Zeitungsinserate geduldet.[1277]

Till Eulenspiegel betrügt einen Metzger in Erfurt um einen Braten[1278]
„Ulenspiegel kunt sein Schalkheit nit lassen, als er gen Erdfort kam, wann er ward bald bekannt von Burgern und Studenten. Er ging eins bi die Metzig, da das

1275 Wissell, Recht VI, S. 105–139.

1276 Wissell, Recht II, S. 274f, 402; Kieser, Kartell, S. 49f; Warncke, Handwerk, S. 152; Bodemann, Zunfturkunden, S. XLVIIIf; Wiest, Entwicklung, S. 142; Scheschkewitz, Zunftwesen, S. 153; Johanni, Zünfte, S. 54–57; Schmidt, Zunfturkunden I, S. 85*; Köhler, Einzelhandel, S. 111; Ennen, Zünfte, S. 70; Feger/Rüster, Wirtschafts- und Gewerberecht, S. 41*. Das Verbot, von Kollegen begonnene Arbeiten zu Ende zu führen, wurde vom Reichsgutachten von 1672 und vom Reichsschluss von 1731 bekämpft. Offenbar versprachen sich die Reichsstände eine Belebung der Konkurrenz zugunsten der Konsumenten, wenn sie das Verbot aufhoben. (Proesler, Handwerk, S. 40*f, 67*.)

1277 Decker, Bürger, S. 17.

1278 Deutsche Volksbücher, S. 99f. Laut Einleitung zum Eulenspiegelbuch stammt dieses aus dem Jahr 1500.

Fleisch in feil war. Da sprach ein Metziger zu ihm, daß er etwas kofen sollt, das er mit ihm zu Hus trüg. Ulenspiegel sagt zu ihm: ‚Was soll ich mit mir nehmen?' Der Metziger sprach: ‚Ein Braten.' Ulenspiegel sagt ja und nimmt den Braten bei dem End und ging damit dahin. Der Metziger lief ihm nach und sagt zu ihm: ‚Nein, nit also, du mußt den Braten bezahlen.' Ulenspiegel sprach: ‚Von der Bezahlung haben Ihr mir nit gesagt, sunder Ihr sagten, ob ich nit etwas wollt mit mir nehmen', und hätt ihn gewiesen uff den Braten, daß er den mit ihm nehmen sollt zu Hus, das wollt er beweisen mit seinen Nachburen, die darbeistunden. Die ander Metziger kamen darzu und sprachen us Haß, ja, es wär wahr. Die andern waren ihm gram darum, dann wann jemans kam zu den andern Metzigern und wollt etwas kaufen, so rief er den Lüten zu ihm und zug ihnen die ab, darum stiften sie darzu, daß Ulenspiegel den Braten behielt. Dieweil der Metziger also zankt, nahm Ulenspiegel den Braten unter den Rock und ging darmit hinweg und ließ sie sich darüber vertragen, so best sie kunten."

4.3.2. Herstellung und Handel

Der Idee nach waren Produktion und Handel getrennte Sphären: Ein Handwerker verkaufte seine eigenen Produkte, ein Krämer Waren, die örtliche Handwerker nicht herstellten, ein Fernhändler besorgte den Groß- und Außenhandel. So wurde die Übersicht über den Handel gewahrt, die Homogenität der Zunft gesichert und der Wettbewerb zwischen den verschiedenen Gruppen der Marktteilnehmer gemildert. Die Abgrenzung des Handwerks vom Fernhandel erwies sich über die Jahrhunderte als stabil. Den Fernhändlern gelang es dank ihres politischen Einflusses gut, diesen Sektor für sich zu reservieren. Den meisten Handwerkern fehlten das Kapital und die Beziehungen, um den großen Sprung vom Handwerk zum Fernhandel zu schaffen. Leichter war es, vom Einzelhandel in den Fernhandel aufzusteigen.[1279]

Im Einzelhandel wurde allerdings häufig von dieser Leitlinie abgewichen. Gewandschneider behielten sich den Einzelhandel mit Stoffen vor und zwangen die Weber, an sie zu verkaufen. Krämer führten Handwerkswaren von auswärts ein, die mit Produkten einheimischer Handwerker konkurrierten.[1280] Die Obrigkeiten gingen dagegen vor, um das Handwerk zu schützen, oder ließen der Entwicklung ihren Lauf, um den Konsumenten nicht zu nahe zu treten.[1281] Handwerker nahmen den Handel mit Waren ihres Gewerbes auf, die sie nicht selbst herstellten (Handwerkshandel), oder eröffneten Gemischtwarenläden, in denen sie Waren anderer Gewerbe feilhielten. Schon aus dem 15. Jahrhundert sind solche Fälle bekannt.[1282] Der Breslauer Goldschmied Wolfgang Vincentz berichtete 1565 von Kollegen, sie holten „sich feine Augsburger Stücke von der Frankfurter Mes-

1279 Vgl. Kapitel 2.6.
1280 Vgl. Kapitel 3.1.6.
1281 Aul, Entwicklung, S. 32f.
1282 Köhler, Einzelhandel, S. 74; Johanni, Zünfte, S. 47; Bodemann, Zunfturkunden, S. XLIV.

se in ihren Laden und schlagen ihren Nutzen [ihre Gewinnspanne] darauf".[1283] Im Jahr 1583 urteilte er: „Manche alten rechten Künste mögen viele Goldschmiede heute nicht erlernen, gebricht ihnen an Geduld, legen sich lieber auf den Handel fremden Werks."[1284] Krämer übten nebenher ein Handwerk aus, zum Beispiel eines, das am Ort noch nicht vorhanden war.[1285]

Im 18. und 19. Jahrhundert nahm der Handwerkshandel größere Ausmaße an. Handwerker, deren Produktion angesichts der Masse ihrer Berufskollegen nicht recht florierte, suchten nach zusätzlichen Erwerbsquellen. Je mehr billigere (und zum Teil bessere) Fabrikwaren Handwerksprodukte verdrängten, umso öfter wichen die Handwerker auf den Handel aus. „Magazine" – heute würden wir sagen: Fachgeschäfte – wurden von Kaufleuten wie von Handwerkern betrieben. Obrigkeiten und Zünfte sahen die Vermischung von Produktion und Handel in den Händen der Handwerker nicht gern. Verkaufte der Handwerker Waren einheimischer Kollegen, gefährdete er den Zusammenhalt der Zunft, wenn er Kollegen von sich abhängig machte; verkaufte er Importwaren, umging er den Zunftzwang und verschärfte den Wettbewerb. Trotz aller Verbote gelang es nicht, den Handwerkshandel zu unterbinden.[1286]

4.3.3. Einfuhr

Wie viel Wettbewerb auswärtiger Produzenten man auf dem heimischen Markt zulassen soll, ist ein ewiges Problem jeder Volkswirtschaft. Phasen des Protektionismus und des Freihandels wechselten sich in der Geschichte ab. Handwerkszünfte akzeptierten die Einfuhr von Handwerkswaren, soweit diese nicht von ihren Mitgliedern hergestellt wurden. Andere Importe lehnten sie ab, es sei denn ihr Export hing davon ab, dass sie Import aus ihrem Absatzgebiet gestatteten. Krämerzünfte wandten sich gegen Importe, wenn diese von Nicht-Mitgliedern vorgenommen wurden. Die städtischen Obrigkeiten machten sich die Position ihrer Bürger zu eigen, weil sie ihr Gewerbe schützen wollten, oder erlaubten den Import, um eine politisch starke oder monopolistisch orientierte Zunft zu schwächen oder den Konsumenten zu nutzen. Fernhändler waren generell am Freihandel interessiert, der ihnen günstige Einkaufsbedingungen und freien Absatz garantierte. Andererseits war ihnen nicht daran gelegen, die heimischen Handwerker niederzuringen, waren es doch ihre treuesten Lieferanten. Mit Exportverboten für Rohstoffe und Importverboten für Fertigprodukte sowie einer dementsprechenden Zollpolitik versuchten seit dem 16. Jahrhundert Territorialherren, das einheimi-

1283 Fischer, Quellen, S. 51f.
1284 Fischer, Quellen, S. 54.
1285 Köhler, Einzelhandel, S. 75.
1286 Kellenbenz, Wirtschaftsgeschichte I, S. 169; Reith, Arbeits- und Lebensweise, S. 250; Kaufhold, Einführung, S. 45; Hoffmann, Interesse, S. 132–140; Aul, Entwicklung, S. 30–33; Arneth, Verfassung, S. 37f; Döhler, Beschreibung, S. 73f; Köhler, Einzelhandel, S. 22; Kaufhold, Handwerk, S. 159f, 183; Trübsbach, Wirtschafts- und Sozialgeschichte, S. 59; Deter, Rechtsgeschichte, S. 141ff; Steinkamp, Stadt- und Landhandwerk, S. 84.

sche Gewerbe zu fördern.[1287]

Der Warenimport kannte verschiedene Handelsformen. Einheimische Groß- und Einzelhändler und Handwerker wickelten ihn ab, auswärtige verkauften auf Messen, Jahr- und Wochenmärkten, in Privathäusern oder als Hausierer. Gegenüber den einheimischen Importeuren befanden sich die Obrigkeiten in der Rolle des Schiedsrichters, der darüber wacht, dass keine Gruppe die anderen vom Markt verdrängt. Gegenüber den Auswärtigen galt es das Interesse der Stadt als Ganzes zu wahren. Während Messen eher dem Durchfuhrhandel dienten, waren Jahr- und Wochenmärkte zur Versorgung ihrer Standorte geschaffen worden. Je nach der Bedeutung einer Stadt wurden ihre Jahrmärkte aus dem näheren oder weiteren Umkreis beschickt, Wochenmärkte hatten Zuspruch aus der näheren Umgebung. Die ersten Jahrmärkte sind aus dem 10. Jahrhundert überliefert, während kleinere Städte Wochenmärkte zum Teil erst im 18. Jahrhundert veranstalteten.[1288]

Im Grunde war der Handel auf den Märkten für jeden Importeur – wie für jeden Einheimischen – frei; der Import war es ja gerade, der die Marktfreiheit der Städte begründete. Importeure wurden von Städten unterstützt, indem für sie die Jahrmärkte verlängert wurden.[1289]

Doch früh schränkten Städte die Marktfreiheit ein, am Niederrhein schon im 11. und 12. Jahrhundert. Seit dem 14. Jahrhundert setzten sich Zünfte, die sich von der Konkurrenz der Fremden bedroht fühlten, für Einschränkungen ein. Manchmal verboten die Städte jeglichen Import, doch meist entwickelten sie ein „Gästerecht", das den Marktzutritt Auswärtiger regelte. Diese hatten ihre Waren der Qualitätskontrolle der einheimischen Zunft zu unterwerfen. Sie durften nur an ausgewählten Markttagen oder in größeren Gebinden verkaufen oder an bestimmten Stellen des Marktes oder hatten höhere Gebühren zu entrichten. In Konstanz hatten um 1400 auswärtige und einheimische Wollweber ihre Tücher unterschiedlich zusammenzulegen. Der Verkauf von Gast zu Gast war untersagt. Oder es wurden ausschließlich Händler zugelassen, deren Städte den Einheimischen das reziproke Marktrecht einräumten. Seit dem 15. Jahrhundert wurden Schutzzölle erhoben.[1290]

Zu besonderen Anlässen hob man die Beschränkungen auf: Zur Zeit des Konstanzer Konzils (1414–1418) wurde erlaubt, „daß auch nicht-zünftige und auswärtige Gewerbetreibende in Konstanz unbeschränkt tätig werden durften", um die Versorgung der großen Schar der Konzilsteilnehmer sicherzustellen.[1291] Die Terri-

1287 Schrott, Handel, S. 73; Klein, Aussenseiterpolitik, S. 55; Loesch, Zunfturkunden I, S. 26*f; Jahn, Gewerbepolitik, S. 146–167.

1288 Planitz, Stadt, S. 83; Krumbholtz, Gewerbe, S. 127*; Skalweit, Dorfhandwerk, S. 8.

1289 Klein, Aussenseiterpolitik, S. 65.

1290 Schönberg, Bedeutung, S. 29, 32, 34f; Keller, Kleinstadt, S. 91f; Böhmert, Beiträge, S. 17; Canzler, Zünfte, S. 52ff; Scheitlin, Zunftwesen, S. 89f; Warncke, Handwerk, S. 154, 156; Klein, Aussenseiterpolitik, S. 22, 49, 51f, 54; Steinkamp, Stadt- und Landhandwerk, S. 35; Krumbholtz, Gewerbe, S. 127*ff; Scheschkewitz, Zunftwesen, S. 144, 149f; Johanni, Zünfte, S. 50ff; Klein, Aussenseiterpolitik, S. 57–63; Loesch, Zunfturkunden I, S. 122*f; Aul, Entwicklung, S. 33f; Sonntag, Zunftzwang, S. 68; Bodemann, Zunfturkunden, S. LI; Kellenbenz, Wirtschaftsgeschichte I, S. 91; Decker, Bürger, S. 38; Feger/Rüster, Wirtschafts- und Gewerberecht, S. 37*f; Köhler, Einzelhandel, S. 68; Horsch, Zünfte, S. 61.

1291 Horsch, Zünfte, S. 54.

torialstaaten des 17. und 18. Jahrhunderts erfanden neue Handelshemmnisse: Sie verboten die Einfuhr aus Gegenden, in denen Seuchen ausgebrochen waren, und verfeinerten das Zollinstrumentarium.[1292] Andererseits wurde den Bürgern jetzt „öfters die Möglichkeit gelassen, fremde Produkte von auswärts zu bestellen", so dass sie auf den Besuch auswärtiger Händler weniger angewiesen waren.[1293]

Außerhalb der offiziellen Märkte war der Handel mit Importwaren verboten. Er störte das Marktrecht, da man ihn nicht kontrollieren konnte, und das Zunftrecht, denn Hausierer bezogen Waren von illegalen Außenseitern.[1294] In Wirklichkeit war es wie in den Witzen von „Radio Eriwan": „Im Prinzip ja, aber ..." Einige Berufe verdienten schon im Mittelalter ihr Geld im Umherziehen.[1295] Als man im Spätmittelalter die Juden aus den Städten vertrieb, gingen sie auf das Land hausieren.[1296] Im 17. Jahrhundert wurde das Hausieren allgemein üblich. Handwerker und Krämer zogen aus der Stadt auf das Land, um ihre Waren denen anzudienen, die keinen städtischen Markt besuchten. Umgekehrt suchte das expandierende Landhandwerk die Städte auf, um seine Produkte abzusetzen.[1297]

Obwohl man bemüht war, alle Importeure dem Gästerecht zu unterwerfen, konnte dies auf die Dauer nicht gelingen. In Goslar ergaben sich im 18. Jahrhundert immense Schwierigkeiten durch in der Stadt hausierende Auswärtige, denn „nicht immer konnten die unbefugten Händler gefaßt werden, sei es, daß sie unentdeckt die Waren in die Stadt holten, sei es, daß sie sich mit den jeweiligen Tor- und Stadtkontrollen abgestimmt hatten. Leider kannte man in der Umgebung den besonders in der zweiten Hälfte des 18. Jahrhunderts herrschenden Zustand der Verwahrlosung und Bestechlichkeit zu gut, als daß man sich nicht des unerlaubten Handels versuchen sollte. Klagte ein Handwerker oder Händler beim Rat auf Verhinderung des unbefugten Handels unter Berufung auf die zugesicherten Privilegien, so vergingen zunächst Wochen, bis die Klage bearbeitet wurde. In der Regel wurde dann dem Beschwerdeführer aufgegeben, er sollte beweisen, daß ihm das Privileg zum alleinigen Handel mit der betreffenden Ware zustand. Bis das Verfahren in Gang kam, vertrieben die Hausierer ungestört ihre Waren. Der Absatz war ihnen praktisch gesichert, da sie regelmäßig unter dem üblichen Marktpreis verkauften. Manchem Bürger bot sich hier eine willkommene Einkaufsquelle, wenn ihm infolge seiner Verschuldung bei hiesigen Gewerbetreibenden von diesen keine Ware mehr verkauft wurde. So verursachte das Hausierwesen auf den Straßen und in den Häusern Goslars häufige und heftige Streitigkeiten zwischen den Korporationen und der Obrigkeit. Schwer ihrer unerlaubten Tätigkeit zu überführen waren die Hausierer, die sich vom Stadtvogt einen Hausierzettel ausstellen ließen, um den Handel im Oberharz zu betreiben. Mit dieser Legitimation konnten sie die Tore der Stadt mit den Waren, die sie handeln durften, passieren."[1298]

1292 Jahn, Gewerbepolitik, S. 107f.
1293 Klein, Aussenseiterpolitik, S. 57ff.
1294 Döhler, Beschreibung, S. 193; Otruba, Gewerbe, S. 78f.
1295 Vgl. Kapitel 2.4.2.
1296 Vgl. Kapitel 3.1.3.1.
1297 Reininghaus, Zünfte, Städte und Staat, S. 66; Deter, Rechtsgeschichte, S. 140.
1298 Kreutzberger, Gewerberecht, S. 162.

In Bamberg unterstützte die Regierung 1803 die Hausierer, weil sie für die Ausstellung von Erlaubnisscheinen Gebühren kassierte.[1299]

4.3.4. Zwischenhandel

Zwischenhandel verteuert die Waren, weil jede Handelsstufe ihre Kosten und Gewinnspanne auf den Warenpreis aufschlägt. Den Zünften und ihren Mitgliedern lag daran, Zwischenhandel auszuschließen, um Rohstoffe und Halbfertigwaren möglichst preiswert zu beziehen. Zwischenhandel in der Hand eines Einzelnen oder weniger Personen barg die Gefahr in sich, Zunftmitglieder von Händlern abhängig zu machen. Waren die Händler selbst Mitglieder der Zunft, so geriet vielleicht die wirtschaftliche und soziale Balance innerhalb der Zunft in eine Schieflage; der Zusammenhalt der Korporation wurde gefährdet. Auch Fernhändlern und der Obrigkeit als Vertreterin der einheimischen Konsumenten lag an günstigen Einkaufspreisen der Zunftmitglieder, denn sie schlugen sich in niedrigen Verkaufspreisen nieder. Die Obrigkeiten gingen mit einer ganzen Reihe von Maßnahmen gegen den Zwischenhandel vor, nicht nur mit Hilfe der Zünfte.[1300] Die Zünfte bedienten sich dreier Verfahren, um Zwischenhandel auszuschalten: des Vorkaufs- und des Einstandsrechtes und des Zunftkaufs.

Das Vorkaufsrecht war dem Stapelrecht nachgebildet, das einen Kaufmann, der die Bannmeile einer Stadt passierte, zwang, seine Waren den Bürgern der Stadt anzubieten, bevor er weiterreisen durfte. Analog besaßen die Mitglieder von Zünften das Recht, Waren, die auf den Markt kamen, als erste zu besichtigen und zu kaufen; das allgemeine Publikum durfte erst nach einer Sperrfrist die restlichen Waren erwerben. Diese Art des Vorkaufs war natürlich nur möglich, wenn alle Waren den Markt erreichten; deshalb war es untersagt, den Verkäufern vor die Stadttore entgegenzugehen.[1301] Eine Variante des Vorkaufsrechtes reservierte den Einkäufern ein Revier im Umland, in dem ihnen alle Waren zuerst anzubieten waren. „Wie die Soester Metzger ein Vorkaufsrecht in der Soester Börde hatten, stand den Lippstädter Fleischhauern bis 1723 ein Vorkaufsrecht in dem zum Fürstentum Münster gehörenden Amt Stromberg zu."[1302]

Damit die Handwerker das Vorkaufsrecht nicht ihrerseits zum Zwischenhandel missbrauchten, durften sie nur so viel aufkaufen, wie sie für den Eigenbedarf benötigten, oder man räumte wiederum den Konsumenten ein Vorkaufsrecht vor den Produzenten ein. Diese Variante des Vorkaufsrechtes findet sich bereits in Stadtrechten des 13. Jahrhunderts.[1303] Alle Marktteilnehmer sollten ihren gerechten Anteil erhalten. Die Kieler Böttcher hatten gegen 1570 den fahrenden Kauf-

1299 Schrott, Handel, S. 72.
1300 Feger/Rüster, Wirtschafts- und Gewerberecht, S. 28*.
1301 Hähnsen, Geschichte, S. 43; Wege, Zünfte, S. 8; Warncke, Handwerk, S. 136; Canzler, Zünfte, S. 54f; Hartmann, Geschichte, S. 85; Bodemann, Zunfturkunden, S. LII; Ennen, Zünfte, S. 44; Feger/Rüster, Wirtschafts- und Gewerberecht, S. 26*; Scheitlin, Zunftwesen, S. 109–115; Otruba, Gewerbe, S. 75; Klein, Aussenseiterpolitik, S. 66.
1302 Reininghaus/Thurmann/Walberg, Quellen, S. 163.
1303 Wege, Zünfte, S. 8; Neuburg, Zunftgerichtsbarkeit, S. 118; Ennen, Zünfte, S. 43.

leuten so viel Reifenholz zu verkaufen, dass auch sie ihre „noturft bekommen" möchten.[1304]

Den Zwischenhandel durch Mitmeister verhinderte das Einstandsrecht, auch „Teilkauf" genannt, das seit dem 14. Jahrhundert praktiziert wurde. Es erlaubte jedem Zunftmitglied, das dem Einkauf eines Mitmeisters beiwohnte, sich zu dessen Konditionen am Geschäft zu beteiligen. Da diese Bestimmung allein kein wirksames Mittel gegen Zwischenhandel darstellt – sie verleitet den Einkäufer zu Heimlichkeit gegenüber seinen Kollegen, falls er in den Zwischenhandel einsteigen möchte –, wurde sie durch die Bestimmungen ergänzt, dass jeder Einkauf der Zunft vorher anzukündigen sei oder allein in Gegenwart aller Mitmeister stattfinden dürfe. Einmal wurde das Einstandsrecht sogar Gegenstand eines Zunftbündnisses: Die mittelrheinischen Holzschuhmacher vereinbarten es 1412 für den Einkauf von Eisenteilen auf dem Frankfurter Markt.[1305]

Am konsequentesten wurde Zwischenhandel verhindert, wenn die Zunft selbst – oder im Ausnahmefall die Obrigkeit – die Rohstoffe für die Mitglieder einkaufte (Zunftkauf).[1306] Seit dem 14. Jahrhundert ist der Zunftkauf überliefert, nachdem es gemeinsame Einkäufe von Handwerkern bereits vor der Zunftzeit gegeben hatte. Beim Zunftkauf betätigte sich die Zunft wie eine Einkaufsgenossenschaft; sie hatte alle Probleme, die diesem Genossenschaftstyp eignen. Der Zunftkauf barg Risiken. Die Zunft hatte Lagerkosten und musste den Einkauf vorfinanzieren. Meistern, die nicht liquide waren, musste sie Kredit gewähren. Die Etats der Zünfte wurden dadurch leicht überstrapaziert, die Zünfte gerieten in Insolvenzgefahr. Nur wenn sich fast alle Meister am Zunftkauf beteiligten, lohnte er sich. Kein Meister durfte auf eigene Faust einkaufen. Ohnehin war der Zunftkauf lediglich auf Rohstoffe und Betriebsmittel anwendbar, die von der Mehrzahl der Meister benötigt wurden; je spezialisierter die Meister eines Gewerbes arbeiteten, desto weniger übereinstimmenden Bedarf hatten sie. Bei der Aufteilung des Einkaufs auf die Interessenten konnte es zu Schwierigkeiten kommen: Sollten alle denselben Anteil erhalten oder einige mehr und andere weniger? Eine präzise Bedarfsschätzung vor dem Einkauf war schwierig, da sich die wirtschaftlichen Bedingungen rasch änderten und die Zunft keine effektiven Zwangsmittel gegen Meister besaß, die ihre Bestellung nicht abnahmen. Überschüssige Waren wurden an Nichtmitglieder verkauft, eventuell zu höheren Preisen.[1307]

Das Beispiel der Zunft der Bohrer und Polierer von Schmucksteinen in Frei-

1304 Hähnsen, Geschichte, S. 46.

1305 Warncke, Handwerk, S. 124, 135; Wissell, Recht II, S. 284; Ennen, Die europäische Stadt, S. 151; Scheschkewitz, Zunftwesen, S. 116; Wege, Zünfte, S. 9f; Neuburg, Zunftgerichtsbarkeit, S. 154; Klein, Aussenseiterpolitik, S. 67; Ennen, Zünfte, S. 41; Göttmann, Handwerk, S. 127f; Schragmüller, Bruderschaft, S. 30.

1306 Gustav Aubin und Arno Kunze bezeichneten als „Zunftkauf" abweichend von der üblichen Terminologie den Verkauf der gesamten Zunftproduktion an einen Händler, der sonst „kollektiver Liefervertrag" heißt. (Aubin/Kunze, Leinenerzeugung, S. 59, 70.)

1307 Wiest, Entwicklung, S. 129f; Breuer, Wesen, S. 80; Kaufhold, Handwerk, S. 134f; Trautmann, Entwicklung, S. 381; Bodemann, Zunfturkunden, S. LII; Krumbholtz, Gewerbe, S. 153*; Scheschkewitz, Zunftwesen, S. 116f; Wege, Zünfte, S. 12, 17, 24–32; Feger/Rüster, Wirtschafts- und Gewerberecht, S. 42*; Mickwitz, Kartellfunktionen, S. 134; Breuer, Wesen, S. 80.

burg im Breisgau veranschaulicht die Probleme des Zunftkaufs: „Die Ansichten über die für sie günstigste Art des Kaufs wechselten mehrmals, je nachdem die Bruderschaft mit der einen oder andern Methode schlechte Erfahrung gemacht hatte. So ordnete man 1544 an, daß alle Steine im Freiburger Kaufhaus deponiert werden müßten, um dort korporativ von sämtlichen Meistern gekauft zu werden. Dann versuchte man es mit dem gemeinsamen Einkauf in den Steinländern selbst, scheiterte aber einmal an den darüber entstandenen Uneinigkeiten zwischen Freiburg und Waldkirch [einem Nachbarort mit einer ähnlichen Produktion], und andrerseits barg diese Art die große Gefahr in sich, daß die entsandten Meister sich heimlich die besten Steine selbst aneigneten oder, was noch schlimmer schien, das Gewerbe verschleppten. Darauf war es die Stadt Freiburg, die die Steine selbst erhandelte und sie dann an die Bruderschaft verkaufte. Diese vielleicht beste Lösung mißlang dadurch, daß man der Stadt zu wenig für die Edelsteine bezahlen wollte. Ferner schloß man mit den böhmischen Grundherrn [den Edelsteinlieferanten] Lieferungsverträge. Auch damit machte man auf beiden Seiten schlechte Erfahrung. Die Schuld für die mangelnde Ordnung des Steinkaufs lag zum großen Teil bei der Bruderschaft, obwohl sie dauernd die Händler als die Sünder hinstellte. Man wollte die Waren so billig wie möglich erstehen, da man gemeinsam zum Kauf schritt. So gedachte die Bruderschaft ihre dadurch erzielte Monopolstellung auszunutzen. Sie versuchte, den so weit wie möglich auszuschaltenden Handel zu ersetzen, ohne aber in der Lage zu sein, etwas Gleichwertiges an dessen Stelle zu finden.“[1308]

Der Kampf gegen den Zwischenhandel blieb ein Charakteristikum des Zunftwesens, wenngleich seit dem 18. Jahrhundert den Zünften ihre Vorkaufsrechte allmählich genommen wurden.[1309] Seit der Mitte des 19. Jahrhunderts ging der Zunftkauf auf moderne Einkaufsgenossenschaften über. Allerdings ließen die Anstrengungen der Zünfte auf diesem Gebiet in der zweiten Hälfte des 18. Jahrhunderts nach.[1310] Gerade in der Zeit schlechter Handwerkskonjunktur, als die Meister der Vorteile billigen Einkaufs in besonderem Maße bedurft hätten, wurden sie weniger genutzt als vorher. Die Mitgliedschaft der Zünfte wurde heterogener. Viele Meister spezialisierten sich, so dass immer weniger Waren für einen gemeinsamen Einkauf in Frage kamen. Wirtschaftlich potente Meister konnten billiger außerhalb der Zunft einkaufen. Die Masse der Meister war zu arm, um Rohstoffe in größerer Menge auf Vorrat zu nehmen, sie lebte von der Hand in den Mund oder musste sich einem Verleger anschließen.

4.3.5. Qualitäten

Die Qualitätssicherung der Zünfte rührte aus der städtischen Daseinsvorsorge her. Ihr ursprünglicher Zweck war die Sicherung vor Betrug. Zum Schutz der Konsumenten wurden schon im 13. Jahrhundert Mindeststandards für Grundnahrungs-

1308 Trimborn, Beitrag, S. 50.
1309 Reininghaus/Thurmann/Walberg, Quellen, S. 164.
1310 Reith, Arbeits- und Lebensweise, S. 258.

mittel definiert, die nicht unterschritten werden durften. Brot, Fleisch, Fisch und Bier unterlagen früh der Kontrolle städtischer Lebensmittelprüfer.[1311] Aus der Kontrolle entstanden Anregungen für Verbesserungen.

Die Erfindung des Saalebiers im Jahr 1642[1312]
Dem Hofer Stadtrat stand die Überwachung der brauenden Bürger zu, die ihre Erzeugnisse nicht nur privat zu Hause konsumierten, sondern im Wechsel eine Zeitlang öffentlich ausschenken durften. Der Stadtrat veranstaltete regelmäßige Bierproben, um die Qualität des Gerstensaftes zu garantieren. Aus dieser Zuständigkeit resultierte die Erfindung einer neuen Biersorte. „Nach Michaelistag, als man wiederum allhier anfieng zu brauen, so wollte von wegen des unreifen hopfens allhier in unserer stadt die bier gar kein gut thun. Es mochten auch die leute machen, wie sie wollten, so schlugen die gebräude dannoch um. Sie musten ihm wohl 2 bis 3 malen andere hefen geben, welche sie dann von fremden (wie dieses orts von undencklichen jahren herkömlich) von Plauen, Oelsniz, Schlaiz, Nailau musten holen laßen, und kostete manchem 20 bis 30 gulden, daß man also auf die gedancken kommen, ob man dann nicht mit nähern kosten und weniger gefahr hießigen orts bräuen könnte. Fiengen derowegen herr burgermeister und rath an zu gedencken, ein bier aus der Saale und nicht aus denen brunnen zu bräuen, nahmen sonderlich malz, schüttete jeder 2 1/2 scheffel, und thäten in das Rathhauß ein halb gebräude, gaben ihm mit saalbier hefen und wurden ziemlich gewahr, daß sie es mit halben kosten verrichten konten. Schmeckte wohl, war auch gesund und nahm den kopf nicht halb so sehr ein als das brunnenbier, war aber doch starck, lieblich und wohl zu trincken. Allein es hatte eine sehr blasse farbe und gab weniger bier aus als aus den brunnen. Hierauf versuchten es andere und wagten es, nahmen diese hefen. Dieses aber schmeckte schon beßer als das erstere, und bedurften kaum zu einem 1/2 gebräude vor 18 groschen hopfen, da sonsten kaum so viele gulden hinlänglich waren. Durch diesen anfang kamen die leute in die gewohnheit, weil ihnen das saalbier beßer als das bronnenbier schmeckete und weilen es auch nicht so viel kostete, wurde es künftig stärcker gebrauet. Es gienge auch beßer ab, und man lobte diese invention über alle maßen sehr.“

Vorschriften über Rohstoffe untersagten schlechte Qualitäten, trugen also den Charakter von Mindestanforderungen. „Eine wirklich einheitliche Rohstoffqualität wird dadurch nicht erreicht. Dies ist bestenfalls in jenen relativ seltenen Fällen möglich, in denen nur ein ganz bestimmter Rohstoff eingekauft und verarbeitet werden darf.“[1313] Die wohl berühmteste Vorschrift über Rohstoffqualitäten ist das bayerische Reinheitsgebot des Bieres: „Nachdem ursprünglich alle Getreidearten vermälzt und dem Getränk die verschiedensten Ingredienzen wie Lulchsamen, Ruß, Scharlachkraut und Bilsensamen zugesetzt worden waren, ergeht im Jahre 1487 eine herzogliche Anordnung, daß jeder Brauer einen ‚Preu-Aid' zu leisten

1311 Stieda, Entstehung, S. 87–90; Scheschkewitz, Zunftwesen, S. 140; Krumbholtz, Gewerbe, S. 176*; Scheitlin, Zunftwesen, S. 119.
1312 Die Hofer Chronik 1633 – 1643, S. 214f.
1313 Ennen, Zünfte, S. 62.

hat, ‚wonach er zu jedem Bier nur Gerste, Hopfen und Wasser nehmen, dieses gewissenhaft sieden und nichts anderes dareintun wolle, noch durch jemand anderen eine Beigabe gestatten solle'. Die klassische Formulierung des Reinheitsgebotes erfolgt im Jahre 1516 durch Herzog Wilhelm IV.: ‚Wir wöllen auch sonderlichen, das füran allenthalbn in unsern Stettn, Märckhten unnd auf dem Lannde zu kainem Pier merer stuckh dann allain Gersten, hopffen und wasser genomen unnd gepraucht sölle werden.' Bei diesem immer wieder übertretenen Gebot ist es bis auf den heutigen Tag geblieben."[1314] Auch die von Krämern vertriebenen Gewürze – die leicht verfälschbar sind – unterlagen der Kontrolle.[1315]

Sebastian Brant: Ein Gesellenschiff (1494)[1316]
„Ein Gesellenschiff fährt jetzt daher,
Das ist von Handwerksleuten schwer,
Von allem Gewerbe und Hantieren,
Sein Gerät tut jeder mit sich führen.
Kein Handwerk hat mehr seinen Wert,
Überlastet ist jedes und beschwert;
Ein jeder Knecht will Meister werden,
Drum sind jetzt Handwerk viel auf Erden.
Mancher zum Meister sich erklärt,
Dem nie das Handwerk ward gelehrt.
Einer dem andern werkt zu Leide
Und treibt sich selbst oft über die Heide;
Daß wohlfeil er es schaffen kann,
Sieht er die Stadt mit dem Rücken an.
Was *dieser* nicht will wohlfeil geben,
Da sieht man zwei oder drei daneben,
Die meinen das zu liefern wohl,
Doch die Arbeit ist nicht, wie sie soll:
Man sudelt Ware jetzt in Eil,
Daß man sie billig halte feil. ...
Wohlfeilen Kauf lobt jedermann,
Und ist doch keine Bürgschaft[1317] dran;
Denn wenig Kosten legt man an,
Wenn man es schnell nur schaffen kann,
Und wenn es nur ein Ansehn habe.
Das Handwerk trägt man so zu Grabe,
Es kann kaum noch ernähren sich.
‚Was *du* nicht tust, das tu nun ich
Und seh nicht Zeit noch Kosten an,
Wenn ich nur recht viel liefern kann!' ...

1314 Haenert, Preispolitik, S. 98.
1315 Eckert, Krämer, S. 71.
1316 Auszug; aus: Brant, Narrenschiff, S. 171ff.
1317 Garantie.

Der Arbeit nützt nicht eilige Hand,
Denn welcher Prüfung hält das stand:
An einem Tag zwanzig Paar Schuh',
Ein Dutzend Degen ohne Scharten?
Viel schaffen und auf Zahlung warten
Vertreibt gar manchem oft das Lachen.
Schlechte Zimmerleut viel Späne machen,
Die Maurer tun gern große Brüche,
Die Schneider machen weite Stiche,
Da wird die Naht gar schwach davon."

Fernhändler drängten darauf, Waren zu standardisieren, um sie auf den überregionalen und internationalen Märkten und Messen leichter absetzen zu können. Ihre Bemühungen gingen über die ohnehin in jeder Stadt vorgeschriebenen Maße und Gewichte hinaus; von ihren Lieferanten erwarteten sie eine Produktion nach genau vorgegebenen Kriterien. Die Markenware hat hier ihren Ursprung. Vor allem im Textil- und Eisenwarensektor kam es früh zu derartigen Tendenzen: Flandrische Tuche, Ulmer Barchent – ein Mischgewebe aus Leinen und Baumwolle –, Siegener Stahl oder Solinger Klingen waren im Mittelalter und der Frühen Neuzeit ein Synonym für Qualität. Im 16. und 17. Jahrhundert beschäftigten sich Reichstage mehrmals mit Qualitätsfragen des Tuchgewerbes. Qualitätsware unterscheidet den professionellen Handwerker vom Heimwerker. Je stärker Zünfte der Konkurrenz durch Pfuscher und Landhandwerker ausgesetzt wurden, umso mehr achteten sie auf Qualität, um sich von Mitbewerbern positiv zu unterscheiden. Auch die Konkurrenz führender Gewerbestädte wirkte in diesem Sinne anregend. Zunftprodukte wurden bis heute zum Inbegriff mittlerer und hoher Qualitäten.[1318] Mitunter schadeten sich die Zünfte damit selbst, weil sie den Markt für einfachere Qualitäten außerzünftigen Konkurrenten überließen. In Freiberg in Sachsen musste die Obrigkeit ihre Tuchmacher 1560 dazu zwingen, in einem gewissen Umfang billige Tuche zu fabrizieren, an denen Fernhandel und einheimischer Bevölkerung gelegen war.[1319] Bei den Edelmetallgewerben der Gold- und Silberschmiede hatten Reich und Länder das Interesse, dass die Metalle nicht mit minderwertigen Stoffen kontaminiert wurden, weil das Währungssystem auf diesen Edelmetallen aufbaute und der Geldwert in Mitleidenschaft gezogen wurde, wenn die Mischungsverhältnisse sich verschlechterten. Die Feingehaltsstempel an Edelmetall-Schmuckstücken, die wir heute noch kennen, sind aus dieser Tradition erwachsen.[1320] Für Zinnwaren wurden Mischungsverhältnisse von Zinn und Blei vorgeschrieben, weil Blei billiger und seine Beimischung aus Gründen der leich-

1318 Hähnsen, Geschichte, S. 41f; Kaufhold, Handwerk, S. 151ff; Lentze, Nürnbergs Gewerbeverfassung im Mittelalter, S. 217ff; Irle, Landesherr, S. 35; Reininghaus, Zünfte, Städte und Staat, S. 67; Loesch, Zunfturkunden I, S. 103*; Schrader, Zünfte, S. 168; Schulze, Handwerkerorganisation, S. 89; Emig, Berufserziehung, S. 95f; Ziekow, Freiheit, S. 236; Neuburg, Zunftgerichtsbarkeit, S. 98ff; Fischer, Quellen, S. 30; Aubin/Kunze, Leinenerzeugung, S. 87; Döhler, Beschreibung, S. 61; Proesler, Handwerk, S. 8*, 26*, 33*.

1319 Schulze, Handwerkerorganisation, S. 101.

1320 Jahn, Gewerbepolitik, S. 20; Ziekow, Freiheit, S. 241; Proesler, Handwerk, S. 8*.

teren Verarbeitung und besseren Haltbarkeit unverzichtbar war, ein hoher Bleianteil aber die Gesundheit schädigt.[1321]

Zünfte erwarben seit dem 13. Jahrhundert das Recht, die Qualitätssicherung selbst durchzuführen. Sie verfügten über das Fachwissen, um die aktuellen Tricks der Kollegen zu durchschauen. Auch wenn die „Schaumeister“ der Zünfte von den Obrigkeiten eidlich verpflichtet wurden, erhöhte der Übergang der Qualitätskontrolle auf die Zünfte doch deren Autonomie. In Köln, der größten deutschen Stadt des Spätmittelalters, blieb die Qualitätskontrolle jedoch eine Sache von Gemeindebeamten, ebenfalls – mit Ausnahmen – in dem autoritär geführten Nürnberg. Die „Schau“ wurde je nach Produkt als Warenschau der Endprodukte oder Werkstattschau der Rohstoffe und Produktionsverfahren durchgeführt. Als Schaumeister fungierten der Zunftvorstand, die Jungmeister oder eigens zu diesem Zweck bestellte Personen oder Ausschüsse. Die Tätigkeit war nicht sonderlich beliebt, denn sie war zeitaufwändig und brachte Ärger mit sich, wenn Kollegen bei Regelverstößen erwischt wurden. „Wandelbare“ Waren, welche die Prüfung nicht bestanden, wurden entschädigungslos vernichtet, ihre Hersteller bestraft.[1322]

Aus dem Urfehdebuch der Stadt Nördlingen vom 14. Mai 1613[1323]
„’Georg Kratzer, Bürger und Lodenweber hier, hat mehrfach wider die Handwerksordnung gehandelt, hat vor 35 Jahren einen Loden, der zu schmal befunden wurde, dennoch siegeln lassen, weshalb ihm das Handwerk verboten wurde. Desgleichen hat er das Blatt (Teil des Webstuhls, durch den die Kettenfäden laufen) zu schmal geführt, Schlick (minderwertige Wolle) und andere verbotene Wolle verarbeitet. Ferner hat er 20 Jahre lang zuviel (ein Meister durfte nur eine vorgeschriebene Menge Loden herstellen) und solch schlechten Loden, jährlich 4 oder 5 Ballen, angefertigt und in diesen selbst das Bleisiegel eingeschlagen ... Endlich hat er das falsche Bleisiegel mit vorzüglicher Geschicklichkeit angenäht, so daß sich im nächsten Vierteljahr bei den Faktoreien an die sieben gefälschte Loden befunden haben. Dadurch kam es an den Tag; er wurde verhaftet und ist, weil er diesen Betrug so lange und hinterlistig zum Nachteil der Allgemeinheit und des Handwerks getrieben hat, ohne Berücksichtigung seines Alters von über 70 Jahren anderen zum Abscheu und Exempel mit dem Schwert hingerichtet worden.’“

Gute Waren erhielten die Freigabe für den Verkauf und – falls es von der Warenart her möglich war – eine Kennzeichnung in Form einer „Marke“, eines Siegels oder Stempels. Qualitätsstufen drückten sich in verschiedenen Marken oder ihrer Anzahl aus. Stadtmarken verbürgten die Herkunft aus einer für ein bestimmtes Produkt wohlbekannten Stadt oder ihrem Umland, das sich den Qualitätsforde-

1321 Nadolski, Zunftzinn, S. 39f.

1322 Krefft, Kartelle, S. 109f; Bodemann, Zunfturkunden, S. LXVII, LXIX; Jahn, Gewerbepolitik, S. 70f; Loesch, Zunfturkunden I, S. 40*; Wissell, Recht II, S. 258; Krumbholtz, Gewerbe, S. 179*f; Wiest, Entwicklung, S. 64f, 139; Neuburg, Zunftgerichtsbarkeit, S. 96ff; Otruba, Gewerbe, S. 12; Peitsch, Zunftgesetzgebung, S. 26.

1323 Roth, Zunftherrlichkeit, S. 47.

rungen der Stadt unterwarf. Meistermarken, die im Zunftbuch registriert wurden, stellten sicher, dass der Meister für sein Produkt geradestehen musste, wenn nach der Prüfung Qualitätsmängel offenbar wurden. Sie festigten den Ruf eines anerkannten Meisters, dessen Waren sogleich als die seinen zu erkennen waren. Fabrikanten und Verleger führten nach der Auflösung der Zünfte Meisterzeichen fort. Nicht zu verwechseln mit den Qualitätsmarken sind die Steinmetzzeichen an Gebäuden, die der Abrechnung dienten. Ausgenommen von der Schau blieben Direktbestellungen und Umarbeitungen.[1324] Die Sitte des Siegelns von Tüchern mit Bleiplomben soll aus Byzanz stammen. „Liutprand, Bischof von Cremona, der im Jahre 968 den Kaiser Nikeforos Phokas besuchte, beschreibt, wie die vom Ausfuhrverbot betroffenen, im Westen höchst begehrten, vom Gastgeber geschenkten Seidenstoffe mit Bleisiegeln versehen wurden, die von den Grenz-Zollbeamten respektiert wurden. ... Das Prestige der byzantinischen Seidenstoffe und ihre Bleisiegel mochten, besonders nachdem dieselben seit 1204 ... ungehindert nach dem Westen strömten, die Anregung zu der Nachahmung dieses Brauches gegeben haben.“[1325]

Die Schau bei den Berliner Goldschmieden im 16. Jahrhundert[1326]

„Die vornehmste Aufgabe der Altmeister [Zunftvorsteher] bestand in der Ueberwachung der gesetzlich festgesetzten Verarbeitung des Metalls. Sie hatten sich durch monatliche unangemeldete Visitationen in den einzelnen Werkstätten davon zu überzeugen, dass der Feingehalt des Silbers und Goldes der richtige war, und entnahmen hier jedesmal eine Probe, welche mit der Marke des betreffenden Meisters gezeichnet wurde. Setzte die Ordnung vom Jahre 1555 ... fest, dass diese Visitationen von den Altmeistern selbst ausgeführt wurden, so bestimmte man im Jahre 1597 ..., dass dies eine Pflicht der beiden jüngsten Meister wäre, welche auch in anderen Amtsgeschäften den Aeltesten zur Hand sein sollten. Auch das verarbeitete Silber und Gold, alles über 2 Loth ... oder 4 Loth ... wiegende Silbergeräth und jede Goldarbeit musste vor dem Verkauf den Altmeistern gezeigt werden, welche dieselbe ‚bestrichen', d. h. zur Probe der Vollwertigkeit mit der Strichnadel ritz[t]en und durch Einschneiden der Zickzacklinie ‚bestachen'. War der Feingehalt der geprüften Gegenstände nicht der richtige, so hatten die Altmeister die Pflicht, dieselben untauglich zu machen und zu zerbrechen, die Verfertiger aber zur Strafe zu ziehen. Erst dann, wenn sich die Gegenstände als vollwertig herausgestellt hatten, wurden sie von dem Altmeister zweimal gestempelt, mit dem Zeichen der Stadt und dem des Goldschmieds, der die Arbeit gefertigt hatte.“

Maßnahmen zur Qualitätsbeeinflussung schalteten den Wettbewerb nicht aus. „All diese Vorschriften sind sicher geeignet, eine Vereinheitlichung der Produkti-

1324 Stieglitz, Zünfte, S. 87; Zöllner, Zunftverfassung, S. 100; Krumbholtz, Gewerbe, S. 181*f; Wiest, Entwicklung, S. 139; Nadolski, Zunftzinn, S. 41; Wadle, Fabrikzeichenschutz, S. 23ff, 28; Deter, Rechtsgeschichte, S. 195.

1325 Endrei, Siegeln, S. 105–109, Zitat: S. 108f.

1326 Sarre, Goldschmiede-Zunft, S. 8f.

on sowie die Erzeugung homogener Produkte zu fördern. Oft werden allerdings nur einige qualitative Elemente festgelegt, während andere zumindest in gewissen Grenzen frei gestaltbar bleiben. Aber selbst eine durch zünftlerische Autorität erreichte Standardisierung der Produkte muß nicht unbedingt zur Minderung oder gar zum Ausschluß eines Wettbewerbs mit der Qualität führen. Es kommt vielmehr ganz darauf an, welche Bestandteile der Erzeugnisse einheitlich festgelegt werden. Eine Normierung der Maße und/oder des Gewichts ist ... eine Vorbedingung für einen wirksamen Wettbewerb mit der Qualität. Durch einheitliche Bezugsgrößen wird dieser häufig effektiver, weil dadurch dem Kunden Qualitätsvergleiche leichter gemacht werden. ... Die Chancen eines Qualitätswettbewerbs sind je nach Gewerbezweig verschieden. Während beispielsweise im Textilgewerbe die Zünfte eine weitgehende Qualitätseinheitlichkeit erreichen können, ist dies in Gewerben mit individueller Kundenproduktion praktisch nicht durchführbar."[1327]

Seit dem 16. Jahrhundert mischte sich die öffentliche Hand wieder stärker in die Qualitätssicherung ein. Die Verwaltungen wuchsen und waren in größeren Städten und auf Länderebene eher in der Lage, Kontrollen selbst durchzuführen. Zünftige Beschaumeister wurden enger an die städtische oder staatliche Verwaltung gebunden oder mit staatlichen Aufpassern ergänzt. Der Staat gab sich nicht mehr damit zufrieden, dass gesellschaftliche Kräfte in seinem Auftrag tätig waren, sondern wollte seinen Einfluss auf das Schauwesen verstärken. Wo es noch keine Schau gab, wurde sie eingeführt. Bestehende Qualitätskontrollen wurden strikter durchgeführt, außerzünftige Produzenten vermehrt in das Schauwesen integriert. Nach der merkantilistischen Anschauung hatte sich der Staat um die Exportförderung zu kümmern, der die Qualitätskontrolle diente.[1328] Vom 16. Jahrhundert an gab es in vielen deutschen Ländern „Leggen", staatliche Schauanstalten für die Leinwandproduktion. Sie bestätigten die richtigen Maße und die Mängelfreiheit der Waren durch Beidrücken eines oder mehrerer Stempel. Noch in den ersten Jahrzehnten des 19. Jahrhunderts wurden Leggen gegründet.[1329] Seit dem ausgehenden 18. Jahrhundert wurden staatliche Kontrollanstalten für Gold- und Silberwaren errichtet.[1330]

Etwa ab der Mitte des 19. Jahrhunderts, teils auch schon in dessen erster Hälfte, traten direkte staatliche Eingriffe in das Schauwesen wieder zurück. Der Staat ging dazu über, die Rahmenbedingungen zu setzen, überließ die Qualitätskontrolle dem Markt und regelte lediglich die freiwillige private Verwendung der Markenzeichen, die gewissen Anforderungen an Klarheit, Bekanntheit und Qualität genügen musste.[1331]

1327 Ennen, Zünfte, S. 64.

1328 Deter, Rechtsgeschichte, S. 181, 184, 190f, 194; Wissell, Recht II, S. 270; Schultz, Das ehrbare Handwerk, S. 51; Jahn, Gewerbepolitik, S. 71–89; Wadle, Fabrikzeichenschutz, S. 21f; Arneth, Verfassung, S. 78; Scheitlin, Zunftwesen, S. 124; Moser, Steinmetz- und Maurerzunft, S. 66; Hähnsen, Geschichte, S. 323f.

1329 Wadle, Fabrikzeichenschutz, S. 39ff.

1330 Wadle, Fabrikzeichenschutz, S. 42.

1331 Wadle, Fabrikzeichenschutz, S. 44ff; Roehl, Beiträge, S. 82.

4.3.6. Preise

Auf der Frankfurter Synode von 794 wurden Preissatzungen für Getreide aufgestellt. In Italien sind Preisregulierungen seit der Ostgotenzeit, in deutschen Städten seit dem 11. Jahrhundert zu finden. Die Lehre vom gerechten Preis, seit dem 13. Jahrhundert von Kirchenlehrern vertreten, entwickelte sich aus dieser Praxis.[1332] Preistaxen der städtischen oder – seit dem 16. Jahrhundert vermehrt – der territorialen Obrigkeiten gaben maximale Warenpreise oder – seltener – Gewinnspannen für den Marktverkehr vor; selten waren Taxen, die im Interesse der Hersteller Mindestpreise festsetzten.[1333] In der Praxis stellten sich Höchstpreise als Festpreise dar. Ab und zu wurden Preistaxen in Zunftordnungen integriert, meist aber – um flexibler zu sein – als eigenständige Vorschriften erlassen.[1334]

Dabei handelte es sich nur ausnahmsweise um Reaktionen auf Preisabsprachen der Zünfte. Die vorherrschenden Motive der Obrigkeiten waren die Daseinsvorsorge für die Konsumenten, damit „der armuth nicht unter die arme gegriffen" würde, und niedrige Einkaufspreise für Exportwaren, welche niedrige Löhne der Hersteller und letztlich niedrige Lebenshaltungskosten voraussetzen, weshalb vor allem Grundnahrungsmittel Preistaxen unterlagen. Die Hersteller des Grundbedarfs subventionierten indirekt den Fernhandel. In München gab es im Mittelalter Preistaxen für Brot und andere Backwaren, Fleisch, Schmalz, Öl, Eier, Hühner, Bier und Wein, letzteres allerdings nur für kurze Zeit, da die Preise des Fernhandelsgutes Wein örtlich kaum beeinflusst werden konnten.[1335] Die Liste der regulierten Waren wurde im Spätmittelalter immer länger; im 15. und 16. Jahrhundert gab es in Leipzig Preistaxen für Metzger, Zinngießer, Salzhändler, Schmiede, Böttcher, Riemer und Tuchscherer. In Köln wurden Kohle, Kalk und Ziegelsteine, in München Fisch, Kerzen, Felle und Häute taxiert.[1336] Der Reichsabschied von 1671 empfahl Preistaxen, um eine Übervorteilung der Kunden zu vermeiden.[1337] Dem Konzept der „guten Polizei" folgend, verordneten Landesregierungen in der Frühen Neuzeit detaillierte Taxordnungen für zahllose Waren.[1338]

Den Handwerkern nahmen sie die Mühen einer exakten Kalkulation ab. Man sollte allerdings nicht – mit Friedrich Lütge – unterstellen, die Handwerker seien

1332 Lütge, Sozial- und Wirtschaftsgeschichte, S. 172f; Mickwitz, Kartellfunktionen, S. 185.

1333 Wiest, Entwicklung, S. 144; Haenert, Preispolitik, S. 53, 62; Kreutzberger, Gewerberecht, S. 154; Feger/Rüster, Wirtschafts- und Gewerberecht, S. 33*.

1334 Ennen, Zünfte, S. 54; Rüdiger, Zunftrollen, S. XVIII; Haenert, Preispolitik, S. 55f; Salow, Zunftwesen, S. 115f. Den von Franziska Haenert konstruierten Gegensatz von „zünftlerischen Mindestpreistaxen" und „obrigkeitlichen Höchstpreistaxen" (Haenert, Preispolitik, S. 56.) gab es nicht. Auch in Reichsstädten mit politischer Beteiligung der Zünfte durften diese keine Preisabsprachen ohne Duldung der Obrigkeiten vornehmen. Im autoritär regierten Nürnberg wurden ebenfalls Mindestpreistaxen eingeführt, ohne dass die Handwerke darauf hätten Einfluss nehmen können.

1335 Lütge, Preispolitik, S. 169–172; Lütge, Sozial- und Wirtschaftsgeschichte, S. 173; Wissell, Recht II, S. 270; Steinkamp, Stadt- und Landhandwerk, S. 27 (Zitat); Hohmann, Zunftwesen, S. 107.

1336 Zöllner, Zunftverfassung, S. 88f; Haenert, Preispolitik, S. 66f.

1337 Proesler, Handwerk, S. 34*.

1338 Jahn, Gewerbepolitik, S. 92ff.

nicht in der Lage gewesen zu kalkulieren, weil ihnen die intellektuellen Kapazitäten gefehlt hätten.[1339] Schließlich konnten sie für Produkte, für die keine Preistaxe existierte, durchaus einen Preis berechnen, der ihnen ihr Auskommen sicherte. Nur wenige Waren wurden von Preistaxen erfasst, individuelle Produkte und direkte Kundenproduktion nicht. Man fragt sich, wie die Durlacher Bäcker überlebten, denen ihr Bürgermeister um 1785 bescheinigte, sie merkten zu niedrige Preise erst, wenn sich ihr Geldbeutel leere.[1340] War das Bildungsniveau in Durlach besonders schlecht? Oder hatte der Bürgermeister, der in den Bäckereien Geschäftsbücher vermisste, einfach nicht verstanden, wie die Bäcker ihre Preisberechnungen durchführten? Lohn- und Rohstoffkosten gingen mit einiger Genauigkeit in die Kalkulation ein, Gemeinkosten wurden grob geschätzt. Außerdem führten die Handwerker Beriebsvergleiche durch und richteten sich nach den Preisen der Wettbewerber.[1341]

Alle Versuche der obrigkeitlichen Preisbeeinflussung scheiterten kläglich. Keine Verwaltung hatte die personellen Kapazitäten, um eine effektive Marktkontrolle durchzuführen. Viele Güter waren zu wenig standardisiert, um mit Einheitspreisen belegt werden zu können. Die Marktbedingungen änderten sich rasch, so dass Preistaxen unablässig überarbeitet werden mussten.[1342]

Die Brotordnung des Adam Ries[1343]

Infolge der stark schwankenden Ernteerträge beeinflusste der Mehlpreis den Brotpreis kurzfristig am meisten, während andere Produktionsfaktoren wie Holzpreise, Löhne und der Wert des Geldes sich langsamer veränderten. Die Politik der Stadträte ging dahin, die Preise derjenigen Backwaren, die als Grundversorgung definiert wurden, konstant zu halten. Die Veränderung des Mehlpreises drückte sich nicht im Preis, sondern im Gewicht der Backwaren aus. Stieg der Mehlpreis, buk der Bäcker die sprichwörtlich kleinen Brötchen. Immer wieder kam der Vorwurf auf, die Bäcker nutzten die Situation aus und verringerten das Gewicht mehr als es den aktuellen Mehlpreiserhöhungen entsprochen hätte, um ihren Gewinn zu erhöhen. Wollte ein Stadtrat dagegen wirksam vorgehen, benötigte er eine amtliche Tabelle, die dem Mehl-Einkaufspreis den Brot-Endverkaufspreis gegenüber stellte.

Die Stadt Annaberg im Erzgebirge gab im Jahr 1533 ihrem berühmten Bürger, dem Rechenmeister Adam Ries, den Auftrag, eine Brotordnung zu entwerfen, die für die Brot- und Brötchensorten der Stadt, welche der Grundversorgung dienten, die benötigten Tabellen lieferte. Die Mathematik hinter den Tabellen war bekannt und bereits oft angewendet worden, Ries' Leistung bestand nicht in einer mathematischen Innovation. Der Annaberger Stadtrat bediente sich vielmehr des hervorragenden Rufes seines Bürgers, um endlich die Vorschriften wirksam gegen die Bäcker durchzusetzen, die ihre unkontrollierten Gewinne dahinschmelzen

1339 Lütge, Preispolitik, S. 187ff.
1340 Zerwas, Arbeit, S. 23.
1341 Wiest, Entwicklung, S. 143.
1342 Brohm, Handwerkspolitik, S. 138f; Ennen, Zünfte, S. 58; Haenert, Preispolitik, S. 74.
1343 Gebhardt/Lorenz/Rüdiger, Brotordnungen; Tabelle: nach Gebhardt, Brotordnung, S. A 159.

sahen. Ries erhielt Folgeaufträge in Zwickau, Hof und Leipzig. Seine gedruckte Annaberger Brotordnung wurde von anderen Städten nachgeahmt. Noch seine Söhne verfassten für verschiedene Städte Brotordnungen, die vom Ruf des Vaters zehrten. Ihre Einführung stieß teilweise auf massiven Widerstand der Bäcker; in Hof wurde ein Bäcker, der dem Rat anzeigte, wieviel man tatsächlich aus einem Scheffel Korn backen könne, von seinen Kollegen ermordet.

Getreidepreis	**Gewicht des einzelnen Brotes**				**Anzahl der Brote**
Groschen je Scheffel	Pfund	Lot	Quent	Teil	je Scheffel Getreide
0	6	9	2	8	40
21	6	0	0	0	42
22	5	23	1	2	44
23	5	15	1	5	46
24	5	8	0	0	48
25	5	1	1	3	50
26	4	27	0	8	52
27	4	21	1	9	54
28	4	16	0	0	56
29	4	11	0	4	58

Je perfektionistischer es wurde, desto bürokratischer und korruptionsanfälliger wurde das System, die Qualitäten verschlechterten sich, Produzenten und Konsumenten wichen der staatlichen Preisüberwachung aus, wo immer sie konnten. Zwischen Anbietern und amtlichen Taxatoren kam es zu handgreiflichen Auseinandersetzungen. Stimmen mehrten sich, welche die Preise freigeben wollten, in einigen Fällen geschah es gegen 1800 bereits.[1344]

Johann Gottfried Hoffmann schilderte 1803, wie leicht man Fleischtaxen unterlaufen konnte: „Der Schlächter wird immer Mittel finden das Taxfleisch so elend zu liefern, daß er auch daran noch allen den Vortheil erhält, den ihm die Konkurrenz seiner Mitmeister zu nehmen erlaubt, und nicht blos den, welchen ihm die Polizei [die staatliche Ordnungsverwaltung] zukommen lassen will. Ist endlich dem gemeinen Manne damit geholfen, daß er für wenig Geld ein bescheidnes Theil Knochen oder Abgänge erhält? Die Polizei sucht dies durch eine Menge specieller Vorschriften und Taxabstufungen zu verhüten; der Eigennutz des Fleischers ist unerschöpflicher in Mitteln die Taxe zu umgehen, als die Polizei in Vorschriften sie zu handhaben. Die Taxe wird endlich ein weitläufiger Kodex, den kein Käufer auswendig wissen kann: die Polizei hat unaufhörlich Streitigkeiten und Mißverständnisse zu schlichten, bei deren Entscheidung d e r bei weitem den besten Theil erwählet, der die Sporteln [Gebühren] bezieht. Man wird des fruchtlosen Treibens müde; die Käufer einigen sich wie sie können; glücklich genug, wenn der Unterpolizeibediente nicht sich noch dafür von dem Fleischer

1344 Deter, Rechtsgeschichte, S. 188; Hohmann, Zunftwesen, S. 111f; Roehl, Beiträge, S. 94.

bezahlen läßt, daß er ihn nicht mit der pro forma gemachten Taxe chikanirt: denn sonst müssen sie auch die Vergütung dieser Auslage übernehmen.“[1345]

4.3.7. Löhne

Gunnar Mickwitz wies obrigkeitliche Lohntaxen seit dem 13. Jahrhundert nach.[1346] Strenggenommen handelte es sich dabei nicht um „Löhne im heutigen Sinn, sondern [um] festgesetzte Vergütungen für Leistungen eines selbständigen Gewerbes.“[1347] Lohntaxen dieser Art wirkten bei Dienstleistungen wie Preistaxen bei Waren. Sie wurden angewandt, sofern ein gewichtiges öffentliches Interesse unterstellt wurde. Im Baugewerbe, wo es üblich war, dass die Baustoffe vom Kunden gestellt und die Handwerker tage- oder wochenweise für ihre Arbeitsleistung bezahlt wurden, waren Lohntaxen häufig. Außer den Meistern bezogen sie Gesellen und Hilfskräfte ein, so dass der Auftraggeber seine Kosten von vornherein gut abschätzen konnte. An einer Vergrößerung seines Betriebes hatte ein Meister unter dem Regime einer Lohntaxe nur dann ein Interesse, wenn er eine Abgabe von den Löhnen seiner Mitarbeiter erhielt, den „Meistergroschen“.[1348] „Ferner finden wir obrigkeitliche Höchstlohntaxen bei den Kaminkehrern, für die Holzzufuhr, für Glaserarbeiten und für die Anfertigung von Hufeisen ... Unter die obrigkeitlichen Lohntaxen sind auch die für das Mühlengewerbe festgesetzten Mahllöhne und Benutzungsgebühren für die Mühlen zu rechnen.“[1349]

Einen anderen Charakter hatten Lohntaxen, die von Zünften für ihre Gesellen festgelegt wurden. Seit dem Ende des 14. Jahrhunderts sind solche Vereinbarungen bekannt. Die Zunftmeister verhielten sich hier wie Arbeitgeberverbände. Da Interessengleichheit bestand, akzeptierten und unterstützten die Obrigkeiten die Eigenmächtigkeit der Meister. Lohntaxen dieser Art beinhalteten Maximallöhne für sämtliche Gesellen einer Zunft. In die gleiche Richtung zielten – schon seit dem 13. Jahrhundert – „Abdingverbote“, wonach ein Mitarbeiter nicht zwischen den Meistern einer Zunft wechseln durfte, bevor sein Vertrag regulär auslief oder er die Stadt für einige Zeit verlassen hatte; er sollte kein Druckmittel für Lohnverhandlungen in die Hand bekommen. Die tatsächliche Wirkung der Lohntaxen war unterschiedlich. Oftmals hatten sie Einheitslöhne innerhalb einer Zunft zur Folge. Anderswo wurden sie, obwohl dies verboten war, wie tarifvertragliche Mindestlöhne verstanden, auf deren Basis Gesellen und Meister in Verhandlungen um Zuschläge eintraten.[1350]

1345 Hoffmann, Interesse, S. 152.

1346 Mickwitz, Kartellfunktionen, S. 131.

1347 Feger/Rüster, Wirtschafts- und Gewerberecht, S. 46*.

1348 Haenert, Preispolitik, S. 71; Jahn, Gewerbepolitik, S. 92ff; Hähnsen, Geschichte, S. 51; Lütge, Preispolitik, S. 174–177; Wissell, Recht II, S. 381; Arneth, Verfassung, S. 86–90.

1349 Haenert, Preispolitik, S. 73.

1350 Jahn, Gewerbepolitik, S. 89f; Neuburg, Zunftgerichtsbarkeit, S. 75f; Fröhlich, Sicherung, S. 55; Haenert, Preispolitik, S. 70f; Wissell, Recht II, S. 362; Scheschkewitz, Zunftwesen, S. 128f; Bodemann, Zunfturkunden, S. XLVI; Arneth, Verfassung, S. 85; Althaus, Rechtsnormen,, S. 115; Fischer, Quellen, S. 53; Mickwitz, Kartellfunktionen, S. 133.

4.3.8. Angebotsmengen

Nachdem sie die Beziehungen zwischen Produzenten, Konsumenten und Händlern, die Qualitäten und Preise der Waren und die Löhne der Produzenten reguliert hatten, wandten sich Zünfte und Obrigkeiten den Angebotsmengen zu, die ein Handwerker auf den Markt werfen durfte. Seit dem 14. Jahrhundert sind Zunftbestimmungen überliefert, die die handwerkliche Produktion quantitativ begrenzten. Während bei Händlerzünften der Tüchtigkeit des Einzelnen keine Grenze gezogen wurde, wurden Handwerker mehr oder minder rigorosen Beschränkungen unterworfen. Mit diesen sollten die Vielfalt der Anbieter im Interesse der Abnehmer erhalten sowie die Marktordnung und das Zunftwesen als ihr wichtigster Träger stabilisiert werden. Verarmte Handwerker belasteten das Sozialsystem, reiche gefärdeten die Suprematie der Führungsschichten.[1351]

Jeder Meister durfte nur eine Werkstatt unterhalten. Arbeitszeiten wurden beschränkt, was die viel beschäftigten Meister bremste, die unterbeschäftigten aber nicht tangierte. Auch Vorschriften über Gesundheits-, Umwelt- und Brandschutz wirkten produktionshemmend, ohne es zu intendieren. Die Höchstmenge der zu verarbeitenden Rohstoffe, der zu benutzenden Werkzeuge (z. B. die Zahl der Webstühle) oder der dem Markt zuzuführenden Produkte je Betrieb und Zeiteinheit wurde festgelegt. Fleischer wurden dem Reihensystem unterworfen: Sie durften der Reihe nach an bestimmten Wochentagen schlachten, so dass absatzbedingte Kurzarbeit nicht zu Betriebsstilllegungen führte. Da strikte Mengenbegrenzungen die Flexibilität des Marktes verringern und tendenziell die Preise erhöhen, wurden sie jedoch recht selten angewandt.[1352]

Sehr rigide wurden die Mindener Bäcker in ihren unternehmerischen Freiheiten beschnitten: „Es war eine ganz bestimmte Getreidemenge vorgeschrieben, die jeder verbrauchen durfte, und zwar ein Malter Weizen und ein Malter Roggen zum Gesamtpreis von 2 Mark. Alle Bäcker hatten dann also einen gleichmäßigen Vorrat von Broten, die sie selbst feilhalten durften. Wenn dieser Vorrat, der wohl kaum oder nicht immer eine ganze Woche lang die Versorgung der Stadt sicherstellte, überall ausverkauft war, so bestimmte der Amtsmeister einen Amtsgenossen ..., der dann zur Ergänzung weitere Brote zu backen hatte. Aber dies geschah im Backofen des Amtsmeisters, der auch die Brote dabehielt; damit ist wohl gesagt, daß auch der Verkauf von Amtswegen erfolgte. Der Verdienst des einzelnen also hörte mit dem Verkauf des Brotvorrates auf, den jeder von seinem genau bemessenen Getreide backen konnte. Nun wurden aber bei dem Amtsmeister jedesmal nur vier große Brote gebacken, so daß im Lauf der Woche sicher mehrere Amtsgenossen bestellt wurden. Es stand ganz in dem Ermessen des Amtsmeisters,

1351 Horsch, Zünfte, S. 58; Handbuch Wirtschaftsgeschichte, S. 576; Dubler, Handwerk, S. 163; Loesch, Zunfturkunden I, S. 110*; Ennen, Zünfte, S. 33; Köhler, Einzelhandel, S. 114f; Johanni, Zünfte, S. 89; Decker, Bürger, S. 26; Wissell, Recht I, S. 291.

1352 Fröhlich, Sicherung, S. 55; Neuburg, Zunftgerichtsbarkeit, S. 140, 153; Kieser, Kartell, S. 47f; Ennen, Zünfte, S. 44, 46f, 51f; Schragmüller, Bruderschaft, S. 24; Warncke, Handwerk, S. 138; Kreutzberger, Gewerberecht, S. 131; Bodemann, Zunfturkunden, S. XLV; Loesch, Zunfturkunden I, S. 110*; Schmidt, Zunfturkunden I, S. 79*f; Neuburg, Zunftgerichtsbarkeit, S. 148; Scheitlin, Zunftwesen, S. 138–153.

wie oft und welche Bäcker er bestimmte. Gleichzeitig mußten bei dieser Gelegenheit auch Weißbrote oder Brötchen gebacken werden, wer sie nicht herzustellen vermochte, löste seine Verpflichtung durch eine Geldsumme ab. Dieses Gebäck wurde also ständig beim Amtsmeister verkauft."[1353]

Weitaus am häufigsten waren Maßnahmen, welche die Zahl der Gesellen und Lehrlinge eines Betriebes und so indirekt die Absatzmengen limitierten; sie kamen überall im deutschsprachigen Zunfthandwerk vor. Um diesen Restriktionen auszuweichen, beschäftigten Meister Familienangehörige oder angelernte Hilfskräfte, was weitere Verbote auslöste. Typisch waren Höchstzahlen von ein bis zwei Gesellen und ein bis zwei Lehrlingen. Zahlen von bis zu sechs Mitarbeitern kamen öfter vor, höhere in der Buchdruckerei und im Baugewerbe, wo es sich als praktischer erwies, große Aufträge einzelnen Betrieben zu übertragen. In Zeiten guter Konjunktur war man flexibel und gestattete vorübergehend Ausnahmen. In Lüneburg beschäftigten Fischmenger um 1580 bis zu 12 Mitarbeiter. In Münster durften vielbeschäftigte Meister im Spätmittelalter die Höchstzahlen bis zu 11 Tage überschreiten. Trotz zahlreicher Ausnahmen und unausgesetzter Überschreitungen wurden die Regelungen bis zum 18. Jahrhundert im Großen und Ganzen beibehalten. Der Reichsschluss von 1731 und das Reichsgutachten von 1771 gaben die Mitarbeiterzahlen frei, wurden aber in diesem Punkt kaum angewandt. Zünfte, die dem „alten Herkommen" anhingen, schlugen stattdessen vor, Großaufträge auf mehrere Meisterbetriebe zu verteilen. Im Verlauf des 18. und frühen 19. Jahrhunderts – in Einzelfällen sogar schon im 17. Jahrhundert – hoben Regierungen die Beschränkungen auf. Der Erhalt des Zunftwesens wurde der Marktflexibilisierung untergeordnet, die Erlaubnis großer Betriebe sollte Gewerbetreibende von auswärts anlocken.[1354]

Die Mitarbeiterbeschränkungen wurden dafür verantwortlich gemacht, dass Zunftbetriebe klein blieben. Ein Blick auf Kunst- und Hofhandwerk, die es außerhalb des Zunftwesens bis zu kleinen Manufakturen brachten, scheint diese Aussage zu bestätigen. Man muss aber berücksichtigen, dass nur wenige Zunftbetriebe überhaupt die erlaubten Maximalzahlen an Beschäftigten erreichten. Mehr als die Hälfte der Meister arbeitete als „Alleinmeister" ohne Mitarbeiter. Etwa ab 1820 änderte sich dies, doch erst in der Mitte des 19. Jahrhunderts übertraf die Mitarbeiter- die Meisterzahl, die Unterscheidung von Handwerks- und Fabrikbetrieb verwischte. Man hat die wenig entwickelte Arbeitsteilung innerhalb eines Handwerksbetriebs als Grund genannt, warum sich eine Betriebsvergrößerung über die erlaubte Maximalzahl hinaus nicht gelohnt habe. Die Beispiele derjenigen, die es trotzdem schafften, widersprechen dieser Vermutung. Überzeugender ist es, die

1353 Lauffs, Zunft- und Gewerbewesen, S. 12f.

1354 Aul, Entwicklung, S. 11, 13; Bräuer, Handwerk im alten Chemnitz, S. 77; Hartmann, Geschichte, S. 44–47; Hendinger, Gerberhandwerk, S. 35; Trautmann, Entwicklung, S. 369; Krumbholtz, Gewerbe, S. 184*f; Scheschkewitz, Zunftwesen, S. 164; Loesch, Zunfturkunden I, S. 74*; Puschner, Handwerk, S. 246; Reith, Arbeits- und Lebensweise, S. 247f, 250; Zincke, Jahre, S. 81; Scheitlin, Zunftwesen, S. 89; Schwarzlmüller, Berufslaufbahn, S. 41; Schlenkrich, Alltag, S. 45; Deter, Rechtsgeschichte, S. 132–136; Proesler, Handwerk, S. 68*, 74*f; Hähnsen, Geschichte, S. 382; Jahn, Gewerbepolitik, S. 140; Wehler, Deutsche Gesellschaftsgeschichte I, S. 94; Sedatis, Liberalismus, S. 63.

Ursachen in den Marktgegebenheiten zu suchen. Die hohe Spezialisierung der Handwerker und die Enge lokaler Märkte in Kleinstädten und auf dem Land sind anzuführen, vor allem aber die große Zahl der Wettbewerber.[1355]

Das Zunftwesen litt tendenziell an „Übersetzung". Im 12. und 13. Jahrhundert, als die große Welle der Stadtgründungen Arbeitsgelegenheiten ohne Ende schuf, machte sie sich nicht bemerkbar, ebensowenig nach den Pestzügen der zweiten Hälfte des 14. Jahrhunderts und nach den Verwüstungen des Dreißigjährigen Krieges. Zu einer Belastung des Zunftwesens wurde die „Übersetzung" seit der Mitte des 18. Jahrhunderts, bevor Fabriken rund ein Jahrhundert später den Überschuss der Handwerker absorbierten. Rechnerisch hätte ein Lehrling pro Meisterleben genügt, um den Fortbestand des Handwerks auf demselben quantitativen Niveau zu gewährleisten. Obwohl die Maximalzahl der Lehrlinge, die ein Meister nebeneinander beschäftigen durfte, meist nur ein bis zwei betrug, zwischen zwei Lehrverträgen Karenzzeiten eingehalten werden mussten, Jungmeister mit Sperren belegt waren, jahre- und jahrzehntelanger „Lehrlingsstillstand" verfügt wurde, auch viele Meister gar keine Lehrlinge ausbildeten, war die Zahl der Lehrlinge auf lange Sicht höher als der Bedarf. Gesellen, deren Arbeitsplätze in Gefahr gerieten, kämpften dagegen. Die günstigen Konditionen, zu denen ein Meister Lehrlinge beschäftigen konnte, reizten, mehr Personen auszubilden als anschließend vom Markt abgenommen werden konnten. Da die Gesellen erst einmal auf die Wanderung geschickt wurden, bekam der ausbildende Meister diesen Zusammenhang nicht sofort mit, wenn er ihn auch langfristig durch stärkeren Andrang bei der Meisterschaft spürte. Der Verzicht eines Meisters oder einer Zunft auf Lehrlinge berührte den Gesamtarbeitsmarkt kaum, ein konzertiertes Vorgehen aller Zünfte war nicht herzustellen.[1356]

Auch die Lehrlingszahlen wurden von den Regierungen am Ende des 18. und Beginn des 19. Jahrhunderts meistens freigegeben. In Köln wollte man im Jahr 1804 auf diese Weise Lohnforderungen der Gesellen einen Dämpfer verpassen. Einige Regierungen ruderten wieder zurück und setzten neue Höchstzahlen fest, weil sie glaubten, die Ausbildungsqualität lasse nach. Dieses Argument wurde immer wieder vorgebracht, um Beschränkungen der Lehrlingszahlen zu begründen. Es passt jedoch nicht zum sonstigen Verhalten der Zünfte, die sich in keiner Weise um die Qualität der Ausbildung kümmerten. Statistiken, welche den behaupteten Zusammenhang belegen würden, gibt es nicht.[1357]

1355 Kaufhold, Handwerk, S. 46, 52; Schultz, Das ehrbare Handwerk, S. 43; Schulz, Handwerksgesellen, S. 37–46; Mitterauer, Familie, S. 34; Bräuer, Gesellen, S. 33; Schulz, Stellung, S. 308; Kaufhold, Umfang, S. 60f; Nipperdey, Deutsche Geschichte 1800–1866, S. 213; Lenger, Kleinbürgertum, S. 63; Wiest, Entwicklung, S. 31; Emig, Berufserziehung, S. 245, 336; Dipper, Geschichte, S. 148; Reith, Sozialisation, S. 16ff.

1356 Wissell, Recht II, S. 298; Schwarzlmüller, Berufslaufbahn, S. 6ff; Wesoly, Auswirkungen, S. 117; Bräuer, Grundzüge, S. 23; Roth, Zunftherrlichkeit, S. 62; Skalweit, Dorfhandwerk, S. 58–66; Reith, Arbeits- und Lebensweise, S. 103; Schlenkrich, Alltag, S. 43, 62f; Emig, Berufserziehung, S. 164; Emig, Berufserziehung, S. 174f; Decker, Bürger, S. 28ff; Kaufhold, Handwerk, S. 67; Kocka, Arbeitsverhältnisse, S. 318; Clasen, Streiks der Augsburger Schuhknechte, S. 7.

1357 Aul, Entwicklung, S. 14; Neuburg, Zunftgerichtsbarkeit, S. 136f; Schwarzlmüller, Berufslaufbahn, S. 44; Hähnsen, Geschichte, S. 382f; Emig, Berufserziehung, S. 371ff; Popp, Ent-

4.4. KOMMUNALE UND STAATLICHE AUFGABEN

Die Zünfte übernahmen marktordnende Aufgaben im öffentlichen Interesse. Was lag näher, als ihnen zusätzliche kommunale und staatliche Aufgaben zu übertragen? Die Städte bedienten sich meistens topografischer Einheiten wie Quartieren, Nachbarschaften oder Kirchensprengeln, um öffentliche Aufgaben ausführen zu lassen. Hatten sie ein dichtes Zunftnetz, so übertrugen sie einige dieser Aufgaben an Zünfte, die daneben aktiv wurden, während die topografischen Einheiten diejenigen Einwohner organisierten, die keiner Zunft angehörten. In Städten mit Zunftverfassung traten politische Zünfte an die Stelle der topografischen Einheiten. Zahl und Reichweite der öffentlichen Aufgaben, welche von Zünften übernommen wurden, waren in den Städten größer als auf dem Land; militärische und polizeiliche Funktionen finden sich lediglich bei städtischen Zünften.

Den Mainzer Webern wurde das Heimburgenamt anvertraut, ihren Wormser Kollegen das Büttelamt. In Augsburg stellten die Wurstmacher die Gefängniswärter.[1358] In Oldenburg wurden im Mittelalter die Zunftmeister als Laienrichter zu Gerichtsverhandlungen bestellt. „Später wurde diese Einrichtung aus verschiedenen Gründen abgeschafft, nachdem auch die Ämter sich selbst darüber beschwert hatten, daß sie durch die starke Inanspruchnahme an den Gerichtstagen ihre Arbeit zu Hause versäumen müßten.“[1359]

Da die Zünfte ohnehin Teile ihrer Einnahmen an städtische und territoriale Behörden abliefern mussten, wurde ihnen teilweise die gesamte Steuerveranlagung ihrer Mitglieder übertragen. Während sie in Straßburg schon im Jahr 1400 ihre Eigenschaft als Steuerbehörde einbüßten, als eine städtische Finanzverwaltung geschaffen wurde, behielten die österreichischen Zünfte fiskalische Aufgaben bis zum Jahr 1801.[1360]

An Orten ohne eigene Poststation mussten Metzger, die Pferde besaßen, für Postkuriere Wechselpferde bereithalten oder die Post selbst in den nächsten Ort schaffen. Erst im 19. Jahrhundert übernahm die Postverwaltung diese Aufgabe ganz.[1361] Die Metzger mussten mit ihren Pferden Verbrecher zur Hinrichtung bringen und Ordnerdienste am Richtplatz ausführen. Im Brandfalle hatten sie die betroffenen Häuser zu Pferd abzusperren. Im Gegenzug erhielten sie freies Weiderecht für ihre Tiere.[1362]

Auch die Bäcker hatten Spezialaufgaben, die aus ihrer Berufstätigkeit herrührten: Sie hatten Getreidevorräte anzulegen, damit in Notzeiten die allgemeine Versorgung zu angemessenen Preisen sichergestellt war. In anderen Städten wurden sämtliche Zünfte oder Zunftmitglieder verpflichtet, Vorräte anzulegen oder stattdessen eine Steuer zu entrichten, mit der der öffentliche Kornspeicher unter-

stehung, S. 61.

1358 Luther, Zunftdemokratie, S. 29.

1359 Hemmen, Zünfte, S. 64.

1360 Warncke, Handwerk, S. 24; Canzler, Zünfte, S. 75ff; Krefft, Kartelle, S. 110f; Schmoller, Tucher- und Weberzunft, S. 486; Ehmer, Zünfte, S. 122, 124; Hinkmann, Korporationen, S. 27.

1361 Stieglitz, Zünfte, S. 76.

1362 Warncke, Handwerk, S. 28; Hähnsen, Geschichte, S. 56.

halten wurde. Auch Hülsenfrüchte und Viehfutter unterlagen der Bevorratungspflicht. Die Vorratsmenge war pro Kopf gleich oder abhängig vom Vermögen des Einzelnen.[1363]

Der Feuerwehrdienst gehörte zu den Pflichten jedes Bürgers. Falls seine Organisation die örtlichen Zünfte berücksichtigte, mussten diese Feuerlöschgerät unterhalten und Bedienpersonal bereitstellen. Üblicherweise hatten neue Zunftmeister einen Löscheimer zu Hause, beim Vorsteher, im Zunfthaus oder einem städtischen Gebäude bereitzustellen oder sich mit einer Abgabe an der Beschaffung geeigneter Gerätschaften zu beteiligen.[1364] In Lippstadt standen im 18. Jahrhundert die Krämer, Metzger und Bäcker sogar „mit einer amtseigenen Schlangenspritze zur Verfügung".[1365]

In Kassel war der Feuerwehrdienst auf die Zünfte nach ihren technischen Möglichkeiten verteilt: „Während die Schmiede zur Herbeischaffung von Leitern, Gabeln und Feuerhaken, die Schuhmacher sich mit ledernen Eimern und kleinen Spritzen zu versehen verpflichtet waren, mußten Zimmerleute, Schiefer- und Ziegeldecker, Wagner, Schreiner, Böttcher, Rot- und Weißgerber, Steinmetzen, Dielenschneider, Maurer, Tüncher, Schornsteinfeger, Brauknechte, Bader, Dienstknechte und Tagelöhner, überhaupt alle Handwerker, die mit Äxten und Beilen umzugehen verstanden, das Feuer löschen helfen."[1366]

Das wichtigste öffentliche Aufgabenfeld städtischer Zünfte war der Militär- und Polizeidienst. Er folgerte wie der Feuerwehrdienst aus dem Bürgerrecht. Alle Bürger, teils auch die Einwohner, waren verpflichtet, militärische und polizeiliche Dienstleistungen zu erbringen. Zu den militärischen Aufgaben gehörten der Bau und Unterhalt der Wehranlagen (Schanzpflicht), die Ausbildung im Gebrauch der Waffen, die Verteidigung der Stadt von der Mauer aus und die Teilnahme an Kriegszügen. Der Wachdienst umfasste die Besetzung der Stadttore und den Gang durch die Straßen in der Nacht sowie Polizeiaufgaben bei großen öffentlichen Veranstaltungen und als erste Mobilmachungsstufe im Krieg. Die regelmäßigen Tagwachen übernahmen schon im Mittelalter bezahlte Kräfte. Der Militärdienst erhöhte nicht allein das Ansehen der Zünfte, er setzte sie auch in den Stand, ihre Interessen gegenüber den Obrigkeiten handgreiflich durchzusetzen.[1367] Wegen dieser Pflichten setzten die Bremer Tonnenmacher 1494 das Mindestalter für die Meisterschaft auf zwanzig Jahre fest.[1368]

1363 Looz-Corswarem, Unruhen, S. 56; Thikötter, Zünfte, S. 128; Bodemann, Zunfturkunden, S. XLII; Krumbholtz, Gewerbe, S. 65*; Salow, Zunftwesen, S. 112; Dirlmeier, Problem, S. 266ff; Fröhlich, Sicherung, S. 59; Gebhardt/Lorenz/Rüdiger, Brotordnungen, S. 48f; Canzler, Zünfte, S. 56.

1364 Gutzwiller, Zünfte, S. 70; Stieglitz, Zünfte, S. 76; Hähnsen, Geschichte, S. 57; Zöllner, Zunftverfassung, S. 105.

1365 Reininghaus/Thurmann/Walberg, Quellen, S. 380.

1366 Salow, Zunftwesen, S. 131.

1367 Nahmer, Wehrverfassungen, S. 3–6, 21, 37f, 45–49; Kraus, Militärwesen, S. 76f, 102ff; Hemmen, Zünfte, S. 43f; Breuer, Wesen, S. 86; Böhmert, Beiträge, S. 42; Wissell, Recht III, S. 25; Siemsen, Germanengut, S. 114; Stieda, Entstehung, S. 52ff; Kieser, Kartell, S. 23; Warncke, Handwerk, S. 30.

1368 Thikötter, Zünfte, S. 136.

Um seiner Militärdienstpflicht genügen zu können, musste der Bürger mit geeigneten Waffen ausgestattet sein. Ein Meister musste beim Eintritt in die Zunft persönliche Waffen vorweisen oder einen Obolus entrichten, den die Zunft verwendete, um eine Rüstkammer auszustatten, aus der sie ihren Mitgliedern die Waffen lieh. Die Zünfte Münsters beschlossen während der Soester Fehde 1444 sogar, je eine Kanone anzuschaffen. Welche und wie viele Waffen zu kaufen waren, wurde einheitlich festgelegt oder relativ zum Vermögen des Betroffenen.[1369]

Die topografische Einteilung des städtischen Wehrwesens ist die ursprüngliche und blieb in den meisten Städten die einzige bis zum Ende des städtischen Militärs. Städte mit Zunftverfassung gingen im Spätmittelalter oft – nicht immer – dazu über, das Quartier durch die politische Zunft zu ersetzen. In Köln hatte die Gaffel ihre Mitglieder mit Waffen zu versehen, die Alarmordnung für plötzliche Überfälle blieb aber nach Kirchspielen organisiert, um rascher reagieren zu können. In anderen Städten bestanden neben den Zünften militärische Verbände für die sonstigen Wehrdienstpflichtigen.[1370] Ernst von der Nahmer wollte 1888 in der Einteilung des Stadtmilitärs nach Zünften eine demokratische Errungenschaft sehen; jüngere Autoren folgten seiner Einschätzung.[1371] Auf die Problematik des Demokratiebegriffs im Zunftwesen wird an anderer Stelle dieses Buches eingegangen.[1372] Auffällig ist, dass in den Zunftkämpfen die Forderung nach militärischer Beteiligung nie eine Rolle spielte. Im Gegenteil: Die Meister waren froh, wenn sie ihren zeit- und kostspieligen und gefährlichen Verpflichtungen entrinnen und sich von ihren Gesellen oder anderen Söldnern vertreten lassen konnten.[1373] Die Übertragung militärischer Befugnisse an Zünfte entsprang vielmehr militärischen Notwendigkeiten. Der Zusammenhalt der Zünfte wirkte sich positiv auf die Kampfmoral aus. Zunftmitglieder, die eng beieinander wohnten, konnten schnell mobilisiert werden. Die Zünfte erfassten ihre Mitglieder vollständig und präzise, was man von den Quartieren nicht unbedingt sagen konnte. Die Privilegien ihrer Mitglieder gaben den Zünften ein Druckmittel an die Hand, um militärische Forderungen der Stadt effizient zu realisieren: Wer sich seinen bürgerlichen Pflichten entzog, musste mit Sanktionen seiner Zunft rechnen. Durch Einschaltung der Zünfte konnte eine Stadt die Zuverlässigkeit und Schlagkräftigkeit ihres Militärs erhöhen.

Jeder Zunft war ein ihrer Stärke entsprechender Abschnitt der Stadtmauer zugeteilt, den sie im Verteidigungsfall zu besetzen hatte. Bei Übungen und auf dem

1369 Nahmer, Wehrverfassungen, S. 30, 35; Krumbholtz, Gewerbe, S. 22*; Fromm, Studien, S. 83; Otruba, Gewerbe, S. 68; Nahmer, Wehrverfassungen, S. 32; Warncke, Handwerk, S. 25, 27.

1370 Kraus, Militärwesen, S. 107, 111; Heinzen, Zunftkämpfe, S. 43, 60, 64ff; Scheitlin, Zunftwesen, S. 43, 192–195; Scheschkewitz, Zunftwesen, S. 224f; Johanni, Zünfte, S. 77; Gutzwiller, Zünfte, S. 9f, 67; Dubler, Handwerk, S. 77; Moser, Steinmetz- und Maurerzunft, S. 72; Lentze, Nürnbergs Gewerbeverfassung im Mittelalter, S. 209; Handbuch Wirtschaftsgeschichte, S. 590.

1371 Nahmer, Wehrverfassungen, S. 19f, 29; Kraus, Militärwesen, S. 109; Heinzen, Zunftkämpfe, S. 3, 62; Mascher, Gewerbewesen, S. 170.

1372 Vgl. Kapitel 2.5. und 5.1.

1373 Nahmer, Wehrverfassungen, S. 33, 36; Warncke, Handwerk, S. 26; Otruba, Gewerbe, S. 86.

Kriegszug trat sie geschlossen auf mit ihrem Vorsteher als Kommandanten. Wurde nur ein Teil des Bürgeraufgebotes benötigt, hatte die Zunft Soldaten proportional zu ihrer Mitgliederzahl zu stellen; gewöhnlich wurden die jüngsten Meister abgeordnet. Militär- und Polizeidienst war ein Ehrenamt, in der Regel wurde nicht einmal Verpflegung gestellt oder eine Aufwandsentschädigung gezahlt. Waren Zunfthäuser vorhanden, versammelte man sich bei Alarm dort. Meistens fochten die Zünfte zu Fuß, während die städtischen Führungsschichten zu Pferde kämpften; es gab aber auch zünftige Kavallerie, etwa der Metzger. Die Lübecker Barbiere und Wundärzte mussten als Feldwundärzte bei Kriegszügen dienen und Gesandtschaften in ferne Länder begleiten.[1374]

In der Frühen Neuzeit erfuhr das Wehrwesen der Städte einschneidende Veränderungen. Schon im 13. Jahrhundert hatte es Söldnerheere gegeben, seit dem 15. Jahrhundert ersetzten diese zusammen mit den stehenden Heeren der Territorien und Reichsstädte die Bürgermilizen auf Kriegszügen. Bürgerwehren wurden zu ortsfesten Hilfstruppen degradiert. Ihr sinkender militärischer Wert ließ Musterungen in den Hintergrund treten; Schießübungen wurden zu unterhaltsamen Schützenfesten. Individuelle Waffenkäufe der Bürger wurden nicht mehr gern gesehen; entweder mussten die Bürger ihre Waffen jetzt vom städtischen Zeughaus erwerben oder dem Zeughaus einen Geldbetrag zahlen, von dem dieses einheitliche Waffen für alle einkaufte. Zwar existierten Bürgerwehren bis in das 19. Jahrhundert, sie hatten aber spätestens seit dem 18. Jahrhundert ausschließlich repräsentative Funktionen. Aus dem Dreißigjährigen Krieg sind noch militärisch relevante Aktivitäten von Bürgerwehren bei der Verteidigung von Städten und Festungen bekannt, danach ließ die militärische Technik diese nicht mehr zu. Ab dem 17. Jahrhundert wurden vielerorts die Wehranlagen aufgegeben. Für Wachdienste beschäftigten die Städte Berufstätige, die Wehrpflicht mutierte zur Steuerzahlung. Vom Ende des 18. Jahrhunderts an führten die Territorialstaaten die Wehrpflicht für ihre Armeen wieder ein.[1375]

Der Schlappentag[1376]

Am Montag nach Pfingstmontag feiern die Hofer alljährlich ihren „Nationalfeiertag“, den „Schlappentag“, dessen Tradition bis zum Jahr 1432 reichen soll. Nachdem die Hussiten im Jahr 1430 die Stadt angezündet hatten, soll der Landesherr seine Untertanen verpflichtet haben, regelmäßig mit den Waffen zu üben. Diese absolvierten die Übungen höchst ungern; in „Schlappen“, ihren Arbeitsschuhen, sollen sie den schmutzigen Stadtgraben aufgesucht haben, um die Pflichtschüsse abzugeben und rasch wieder an ihren Arbeitsplatz zu verschwinden. Obwohl die Bürger murrten, bestand der Landesherr noch während der Frühen Neuzeit darauf, das traditionelle Schießen beizubehalten. Allerdings waren nur noch Jungbürger

1374 Roth, Zunftherrlichkeit, S. 25; Bodemann, Zunfturkunden, S. XXXV; Lauffs, Zunft- und Gewerbewesen, S. 38; Nahmer, Wehrverfassungen, S. 31, 33; Heinzen, Zunftkämpfe, S. 65; Mayer, Geschichte des deutschen Handwerks, S. 102; Warncke, Handwerk, S. 28, 32.

1375 Kraus, Militärwesen, S. 8f, 80f, 88, 91f, 94, 170; Reininghaus, Gewerbe, S. 63; Scheschkewitz, Zunftwesen, S. 222; Mascher, Gewerbewesen, S. 292; Gerteis, Städte, S. 104ff, 110f; Terhalle, Gilden, S. 52; Thikötter, Zünfte, S. 137; Heinzen, Zunftkämpfe, S. 113ff.

1376 Kluge, Schlappentag.

und Abordnungen der Zünfte verpflichtet, einige Jahre lang an öffentlichen Schießübungen teilzunehmen. Man lockte die Bürger mit Verpflegungszuschüssen aus der Stadtkasse und drohte bei Verstößen Geldstrafen an. Es wurde üblich, die Schießsaison aus etwa einem Dutzend, später weniger Schießtagen am Montag nach Pfingstmontag mit einem feierlichen Umzug zu eröffnen. Je zweifelhafter der militärische Wert der Übungen wurde, desto geselliger und vergnüglicher ging es zu. Als in Bayern zum 1. Januar 1869 die Landwehr aufgelöst wurde, fiel die ungeliebte Pflicht endlich fort – doch statt sie schnellstmöglich zu vergessen, bildete sich ein Schützenverein, der seit 1876 einmal jährlich den Schlappentag zelebriert. Ein Umzug vom Rathaus zum Schießhaus und von dort zu einem Biergarten leitet das Fest ein. Eine Brauerei stellt ein süffiges Starkbier her. Kein Wunder, wenn die Hofer anschließend einen „schlappen Tag" haben ...

In Luzern bereits im 15. Jahrhundert, in den meisten Städten gegen 1600 wurde die militärische Gliederung nach Zünften wieder aufgegeben. Einige Städte rückten von der Zunftverfassung ab, so dass diese nicht mehr als Ordnungsprinzip zur Verfügung stand. Doch auch da, wo die Zunftverfassung beibehalten wurde oder nie eine bestanden hatte, ging man aus militärischen Gründen wieder zur topografischen Gliederung des Militärs über. In Köln hatte es 1581 einen Alarm gegeben. Die Bürger waren zu ihren Gaffeln gelaufen, um sich Waffen zu besorgen; anschließend sollten sie mit den Nachbarn aus ihrem Kirchspiel die zugewiesenen Stadtmauerabschnitte besetzen. Das komplizierte Verfahren löste Chaos aus, zum Glück ohne schwerwiegende Folgen, doch der Stadtrat wurde dazu bewogen, ab 1583 wieder zur ausschließlich topografischen Ordnung des Wehrwesens überzugehen. Andere Städte verhielten sich ähnlich.[1377]

Das Wachstum der Städte im Spätmittelalter hatte den Wandel erforderlich gemacht. „Eine verstreute Wohnlage innerhalb eines Handwerkszweiges, wie sie beim ständigen Wachstum der Stadtbevölkerung unvermeidlich wurde, gefährdete den sozialen Zusammenhang und die Effektivität personaler Grundeinheiten, eine topographisch geschlossene Stadteinteilung bot demgegenüber im Verteidigungsfall durch den unmittelbaren nachbarschaftlichen Zusammenhang mehr Aussicht auf ein reibungsloses Zusammentreten des Bürgeraufgebots."[1378]

Obwohl die Zünfte ihre militärische Bedeutung in der Frühen Neuzeit verloren, schmückten sie sich noch lange mit kriegerischen Heldentaten. „Als Männer, die sich durch Furchtlosigkeit und Unverzagtheit hervortaten, während alles um sie herum den Mut verlor, schildert die Handwerkssage gewöhnlich die eigene Zunft oder doch einzelne ihrer Angehörigen und die Verleihung eines Wappens, Siegels oder Banners als die dafür erteilte wohlverdiente Belohnung. So schreiben die Bäcker in München es ihrem entscheidenden Eingreifen zu, daß Ludwig d[er]

1377 Heinzen, Zunftkämpfe, S. 95, 97; Arentz, Zersetzung, S. 90f; Göttmann, Bäckerzunft, S. 100; Krumbholtz, Gewerbe, S. 119*f; Scheschkewitz, Zunftwesen, S. 225; Mayer, Geschichte des deutschen Handwerks, S. 102; Mascher, Gewerbewesen, S. 170; Dubler, Handwerk, S. 77; Eitel, Reichsstädte, S. 75; Nahmer, Wehrverfassungen, S. 42; Gerteis, Städte, S. 108; vgl. Kapitel 6.2.1.

1378 Kraus, Militärwesen, S. 109f.

B[ayer] bei Ampfing siegte, und ihre Leipziger Zunftgenossen behaupten, ihre Fahne von Gustav Adolf für die Beteiligung an der Schlacht bei Breitenfeld erhalten zu haben, während Hans von Sagan, der ebenso beherzte wie bescheidene sagenhafte Held der Schlacht von Rudau von allen Schuhmachern in ganz Deutschland als der Heros ihrer Zunft gerühmt wurde; überall errichtete man Standbilder oder besaß doch wenigstens ein Bild von ihm, und auf dem Deckel des Willkomms der Schusterzünfte ist er meist als mutiger Fahnenträger dargestellt."[1379]

Legenden um die Fahne der Leipziger Bäckerzunft[1380]
„Der Schwedenkönig Gustav II. Adolf Wasa soll, so geht die Mär, den tapferen Leipziger Bäckern für ihre guten Dienste 1631 in der Schlacht bei Breitenfeld vor den Toren Leipzigs eine Fahne verliehen haben.

Eine andere Version stammt von Obermeister C. Seyffert aus dem Jahre 1837: Es erging der Befehl des ‚Rath' an die Bäcker, ‚... vier zu Kriegsdiensten geschickte Personen' zu stellen. Auf der Zunftfahne, die das schwedisch-königliche Wappen trägt, stehen die Namen nur dreier Gesellen: Elias Hes, Peter Luft und Hans Balzer. Möglicherweise haben sich die drei (oder vier) in schwedischen Diensten in Ehren geschlagen und erhielten als Dank das Meisterrecht, und die Zunft durfte das schwedisch-königliche Wappen in ihrer Fahne führen.

Am wahrscheinlichsten ist jedoch folgende Variante: Im Dreißigjährigen Krieg hielt Kursachsen zunächst an einer habsburgerfreundlichen Politik fest und unterstützte den Kaiser und die Liga. Kurfürst Johann Georg I. versuchte 1631 die evangelischen Reichsstände zu einen und sie als eine sowohl von Habsburg als auch von Schweden unabhängige Kraft aufzubauen. Der Krieg erfaßte aber auch Kursachsen, und in dieser Situation war der Anschluß an Schweden unvermeidlich. Später, besonders nach dem Tode Gustavs II. Adolf Wasa am 6. November 1632, wurde der Konflikt Johann Georgs I. mit den Zielen der Schweden deutlich. Es erfolgte eine Annäherung an den Kaiser, die letztlich zum Prager Separatfrieden von 1635 führte. Zunächst war Sachsen jedoch mit den Schweden verbündet. Für die Kaiserlichen unter Tilly galt Leipzig als feindliches Gebiet. Tilly drohte, die Stadt einzunehmen, wenn seine Armee nicht mit Brot beliefert würde. Hilfe von den Schweden konnten die Leipziger nicht erwarten. Nach siegreichen Feldzügen gen Süddeutschland machten Gustav Adolfs Truppen Winterquartier in Mainz. Doch diese Gebiete waren bereits so ausgeplündert, daß die schwedische Armee dort nicht versorgt werden konnte. Da mußten die Sachsen, selber stark in Mitleidenschaft gezogen (unter anderem durch Tilly), helfen. Nach noch 1842 in den Händen des Obermeisters befindlichen Quittungen lieferte allein die Leipziger Innung bereits im Dezember 1631 dreiundsechzigtausend Brote an die schwedische Armee nach Süddeutschland. Zwei weitere Lieferungen folgten. König Gustav II. Adolf Wasa soll nun in Anerkennung dieser raschen und mutigen Hilfe der Leipziger Bäckerinnung eine Feldfahne gestiftet haben. Zum erstenmal wurde sie zum traditionellen Pfingsttreffen 1632 gezeigt. Wie die Geschichte auch immer war: Leipzigs Bäcker haben die ‚Schwedenfahne' noch heute."

1379 Fischer, Volk, S. 173f; vgl. Sieber, Etwas, S. 53ff.
1380 Duclaud, Zünfte, S. 58f.

4.5. RELIGIÖSE AUFGABEN

Eine der erstaunlichsten Eigenschaften der Zünfte war die Verbindung von Wirtschaft und Religion in einer einzigen Institution. Neben den Kaufleuten mit ihren Gilden waren die Handwerker in den Zünften die einzigen Berufstätigen der vorindustriellen Epochen, die wirtschaftliche Verbände besaßen, in denen die Religion eine prägende Rolle spielte. In der Landwirtschaft, im Adel oder in der öffentlichen Verwaltung gab es nichts Vergleichbares. Als die Zünfte im 19. Jahrhundert aufgelöst wurden, versuchte die katholische Kirche mit ihren Vereinen für Gesellen und Arbeiter die Lücke zu füllen, was ihr jedoch nur teilweise gelingen konnte. Für einen modernen Mitteleuropäer gehören wirtschaftliche Betätigung und religiöse Praxis unterschiedlichen Sphären an, zwischen denen es kaum Berührungspunkte gibt.

Theologische Diskussionen führten die Zünfte nicht, selbst aus der Reformationszeit sind keine Debatten über theologische Fragen bekannt. Um die Mitgliedschaft nicht zu spalten, vermeiden wirtschaftliche Organisationen weltanschauliche Diskussionen, die nicht unmittelbar mit ihren Geschäften zu tun haben. Besonderen religiösen Eifer legten Zünfte gewöhnlich nicht an den Tag, wenn es um die Bewältigung des Alltagslebens ging; der gesellschaftlichen Reputation der Zunft und ihrer Mitglieder, Voraussetzung für deren wirtschaftlichen Erfolg, schuldete man aber die Teilnahme am christlichen „Mainstream". Zunftversammlungen verband bestenfalls eine Gottesanrufung in der Begrüßungsrede des Vorsitzenden mit der Religion; ansonsten blieben sie rein weltliche Veranstaltungen.[1381]

Auf das Privatleben ihrer Mitglieder nahmen die Zünfte christlich geformten Einfluss, indem sie außereheliche Sexualbeziehungen bekämpften, die Meisterehe forderten und Juden von der Mitgliedschaft ausschlossen. Nach der Reformation legten sie auf die konfessionelle Übereinstimmung ihrer Mitglieder wert.[1382] Fluchen, Schwören und Gotteslästerungen wurden verboten.[1383]

Vorschriften über den Gottesdienstbesuch der Meister, Gesellen und Lehrlinge waren im Mittelalter selten; da man während der Messen in den Kirchen stand, wäre die Teilnahme ohnehin nicht kontrollierbar gewesen. Als seit dem Spätmittelalter Kirchenstühle und -bänke aufkamen, änderte sich die Situation. Jedem Gottesdienstbesucher wurde ein besonderer Sitzplatz zugewiesen, den er bei der Kirchenverwaltung anmieten musste. In der Nähe des Altars saßen die örtlichen Honoratioren, im Mittelschiff die Mittelschichten, am Rand die Armen. Auch jetzt blieben Vorschriften der Zünfte über den Gottesdienstbesuch Ausnahmen, weil man an der Besetzung des Kirchengestühls leicht erkennen konnte, wer schwänzte. Gelegentlich besaßen die Zünfte eigene Bänke, die mit Schnitzereien verziert waren, doch meist überließen sie den Erwerb eines Sitzplatzes den Mitgliedern selbst. Man saß lieber im Kreis der Familie als unter Kollegen.[1384] Gesellen be-

1381 Vgl. Kapitel 5.1.
1382 Vgl. Kapitel 3.1. und 3.2..
1383 Göttmann, Handwerk, S. 156; Wissell, Recht II, S. 153f.
1384 Bodemann, Zunfturkunden, S. LXXIIf; Scheschkewitz, Zunftwesen, S. 49; Neuburg, Zunft-

vorzugten es Karten zu spielen, Meister übertraten das Gebot des sonntäglichen Gottesdienstbesuchs, weil sie es mit der Sonn- und Feiertagsheiligung nicht zu genau nahmen. Um der Versorgung der Bevölkerung mit Frischwaren willen und bei guter Auftragslage wurde auch an Sonn- und Feiertagen produziert.[1385] In Bremen klagten Prediger und Bauherren der Stephanskirche schon gegen 1700, dass von 600 Gemeindemitgliedern nie über 50, oft kaum 30 zum Sonntagsgottesdienst erschienen.[1386] Nachlassendes Interesse am Gottesdienst war nicht erst eine Begleiterscheinung der Industriezeit.[1387]

In der öffentlichen Wahrnehmung und im Innenverhältnis zwischen Zunftangehörigen waren die religiösen Aktivitäten, die von der Zunft als sozialer Gruppe getragen wurden, wichtiger als der Appell an eine christliche Lebensführung der Mitglieder. Diese Aktivitäten organisierten die Zünfte selbst oder mittels einer Bruderschaft. Falls es keine Bruderschaft gab, lag es nahe, eine bestehende Zunft mit der Wahrnehmung religiöser Aktivitäten zu beauftragen. Andere Zünfte entschieden, das religiöse vom sonstigen Zunftleben organisatorisch abzusondern. Die Zunft der Bettdeckenweber in Köln entstand 1149 aus einer christlichen Bruderschaft; andere Zünfte legten sich früher oder später eine Bruderschaft für ihre religiösen Aufgaben zu. Das Modell der Bruderschaft war bekannt, als sich die ersten Zünfte bildeten, weshalb es im Zunftwesen tausende Male für dessen Bedürfnisse verwendet wurde. Man findet alle denkbaren Formen der Bruderschaften, angefangen von solchen, die ausschließlich den Mitgliedern einer Zunft zur Verfügung standen, über Bruderschaften, welche die Angehörigen der Meisterhaushalte einschlossen, bis zu Bruderschaften für mehrere Zünfte, Kirchengemeinden, Orte oder Ortsteile, die Gesamtbevölkerung oder spezifische soziale Schichten. Wer einer Zunft nicht angehörte, konnte durchaus ein Interesse am Beitritt zu ihrer Bruderschaft haben, um an ihren religiösen Werken teilzunehmen oder von ihrem sozialen Netzwerk zu profitieren.[1388]

Die Politik des Nürnberger Stadtrates, der im 15. und 16. Jahrhundert Bruderschaften verbot, weil er jedes bürgerschaftliche Engagement außerhalb seiner Kontrolle unterbinden wollte, war ein Extremfall. Normalerweise wurden christliche Bruderschaften von den Obrigkeiten begrüßt.[1389]

Im Bistum Würzburg standen am Anfang „die Kleriker-Bruderschaften, deren älteste noch in die erste Hälfte des 14. Jahrhunderts zurückreichen, in der zweiten Hälfte des 14. Jahrhunderts folgt der Adel. Die Bruderschaften der städtischen Laien setzen in der ersten Hälfte des 15. Jahrhunderts ein, mit der zweiten Hälfte

gerichtsbarkeit, S. 83f; Krumbholtz, Gewerbe, S. 153*, 155*; Gröber, Zunftherrlichkeit, S. 107; Wutzel, Handwerksherrlichkeit, S. 80; Rösler, Beitrag, S. 89; Hölscher, Geschichte, S. 52f.

1385 Neuburg, Zunftgerichtsbarkeit, S. 87; Krumbholtz, Gewerbe, S. 156*; Scheschkewitz, Zunftwesen, S. 142; Gutzwiller, Zünfte, S. 124f; Schwarz, Lage, S. 205. Vgl. Kapitel 3.2.2.

1386 Schwarz, Lage, S. 205.

1387 Hölscher, Geschichte, S. 78; Eules, hafner gesellen, S. 64f.

1388 Schulz, in: Lexikon des Mittelalters. Studienausgabe, Stuttgart/Weimar 1999, Band IX, Sp. 689; Zmyslony, Bruderschaften, S. 99; Böhmert, Beiträge, S. 14; Scheschkewitz, Zunftwesen, S. 178ff; Simon-Muscheid, Zunft-Trinkstuben, S. 158.

1389 Vgl. Lentze, Nürnbergs Gewerbeverfassung im Mittelalter, S. 259f.

des 15. Jahrhunderts beginnt die Ausweitung des Bruderschaftswesens in den ländlichen Bereich. … Der sozialen Gliederung der Bevölkerung entspricht also eine zeitlich gestufte Übernahme des bruderschaftlichen Frömmigkeitsmodells."[1390] In Bruderschaften waren Wohlhabende häufiger vertreten als Arme; zwischen den Bruderschaften gab es Abstufungen in der Vornehmheit ihrer Mitglieder.[1391]

Die wichtigste Aufgabe einer Bruderschaft war die Sorge um das Leben nach dem Tod. Was Vermögende individuell konnten, übernahmen Zünfte und Bruderschaften im Kollektiv. Die Beerdigung eines Verstorbenen hat im Dasein eines Christen eine fundamentale Bedeutung, insofern sie den Zeitpunkt der Rückkehr des Menschen zu Gott markiert. Seit dem Spätmittelalter war die Angst vor dem Fegefeuer verbreitet. Das Begräbnis sollte dazu beitragen, den Verstorbenen vor dem Fegefeuer zu bewahren. Alle Mitglieder mussten teilnehmen, wenn einer aus ihrer Mitte, eventuell auch wenn Ehefrau oder Kind eines Mitglieds, verstorben war. In mitgliederstarken oder regional gestreuten Zünften begnügte man sich mit der Teilnahme einer Abordnung der zuletzt eingetretenen oder in der Nachbarschaft wohnenden Meister. Die Verpflichtung umfasste das Abholen der Leiche am Wohnhaus, die Begleitung des Sarges bis zum Friedhof, Teilnahme an der Beerdigungszeremonie, eventuell das Tragen des Sarges auf dem Friedhof und die Rückkehr mit den Angehörigen bis vor die Tür des Trauerhauses. Hier und da gehörten Totenmähler zum Brauchtum.[1392]

Für die Beerdigung standen kostbare Utensilien zur Verfügung, die jede Zunft bzw. Bruderschaft besaß. Der Sarg wurde mit einem – meist schwarzen – Sargtuch (auch Leichentuch oder Boldag genannt) bedeckt. Darauf wurden eine Totenkrone oder Sargschilder, in textiler Variante als Bahrtuchschilder, angebracht.[1393] Die Totenkrone war „ein kunstreiches Gebilde aus Laubwerk und Posamenten".[1394] Sargschilder wurden paarweise verwendet und mit Gurten über das Sargtuch gehängt oder aufgenäht. Sie bestanden aus versilbertem oder vergoldetem Kupferblech. „Seltener sind Schilder, die zu Häupten des Sarges aufgestellt wurden, wie zum Beispiel das der Hamburger Maurermeister aus dem Anfang des 19. Jahrhunderts. Bei den kleineren Zünften wurden auch manchmal aus Holz geschnitzte Schilder oder solche aus bemaltem Blech verwendet."[1395]

In besonderen Messen wurde der Toten gedacht und für sie gebetet. Im Spätmittelalter wurden Totenmemoria zu einer religiösen Mode. Mit der Hilfe der Totenmemoria konstituierte sich die Gesellschaft als Gemeinschaft der Lebenden mit den Toten. Indem man der Toten gedachte, betrieb man Sühne für deren im Leben begangene Sünden und konstruierte eine altehrwürdige Abstammungsfolge des Geschlechts (beim Adel und gehobenen Bürgertum) bzw. Gewerbes (bei den

1390 Remling, Aspekte, S. 154.
1391 Remling, Aspekte, S. 162ff.
1392 Neuburg, Zunftgerichtsbarkeit, S. 66; Loesch, Zunfturkunden I, S. 133*; Schultz, Das ehrbare Handwerk, S. 56; Weyrauch, Zunft- und Handwerksurkunden, S. 55; Schmidt, Zunfturkunden II, S. 76; Döhler, Beschreibung, S. 264; Göttmann, Bäckerzunft, S. 37, 43.
1393 Schmidt, Zunftzeichen, S. 34–38; Hasse, Zunft, S. 10; Roth, Zunftherrlichkeit, S. 142.
1394 Gröber, Zunftherrlichkeit, S. 115.
1395 Gröber, Zunftherrlichkeit, S. 116f.

Zünften). Auch hierbei bestand Teilnahmepflicht: Wer diese Art der Versicherung für das Leben nach dem Tod für sich wünschte, musste sie zuvor seinen verstorbenen Kollegen angedeihen lassen. Wie kirchliche Einrichtungen und Gilden waren Zünfte Empfänger von Stiftungen für das Seelenheil. Von den Erträgen des Stiftungskapitals mussten sie Gedenkmessen für die Stifter oder von diesen benannte Personen ausrichten und „gute Werke" tun, etwa Armen Brot verteilen oder kostenlose Bäder („Seelbäder") gewähren. In Nürnberg unterdrückte der Stadtrat Seelgerätstiftungen an Handwerke, weil er in ihnen ein Politikum sah. Statt individueller Totenmessen rationalisierten Zünfte ihre Memoria, indem sie einmal im Jahr – zum Beispiel unmittelbar vor der jährlichen Vollversammlung – eine Gedenkmesse für alle Verstorbenen der Zunft durchführten.[1396]

Für die Abhaltung der Gedenkmessen betrieben die Zünfte großen Aufwand in den Kirchen. Die Gegenstände der Religionsausübung waren nach mittelalterlicher Auffassung nicht bloße Hilfsmittel, sondern gleichzeitig Heilszeichen und Heilsstoff voll spiritueller Kraft.[1397] Die Zünfte spendeten Messgewänder und bezahlten die Priester für ihre Messen.[1398] Mit Patriziergesellschaften lieferte man sich einen Wettkampf um die prächtigste Ausstattung einer Kapelle oder eines Altars.[1399] Altardecken, Flügelaltäre (aufklappbare Bildtafeln), Statuen und Kerzen gehörten zur Ausstattung eines Zunftaltars.[1400]

Eine besondere Rolle spielten die Kerzen, die Minimalausstattung zünftiger Religiosität im Mittelalter; der Kerzenverbrauch in den Kirchen war vor der Reformation enorm. In einigen Regionen liehen die Kerzen sogar den Zünften ihren Namen. Während im privaten Bereich Unschlitt benutzt wurde, bestanden liturgische Kerzen aus wertvollem Bienenwachs. Zunftgebühren und -strafen mussten im Mittelalter oft als Wachsgabe entrichtet werden. Kerzenhalter waren reich verziert. Eine oder mehrere Kerzen brannten auf oder vor dem Altar an bestimmten Wochentagen oder während der Gedenkmessen und auf Kerzenstangen bei Beerdigungszeremonien und Prozessionen.[1401]

Das wertvolle liturgische Gerät, das auf dem Altar benutzt wurde, konnte ebenfalls bei Prozessionen mitgeführt werden und sicherte dort den Teilnehmern einen angemessenen Platz.[1402] In den Kapellen befanden sich Schränke, in denen es verwahrt wurde, solange man es nicht benötigte.[1403] Glasfenster mit Zunftwappen erinnern bis heute in Kirchen an die Spendenfreudigkeit der Zünfte.[1404]

1396 Angenendt, Grundformen, S. 108f; Hartmann, Geschichte, S. 87; Dubler, Handwerk, S. 68f; Scheschkewitz, Zunftwesen, S. 185; Schilp, Zunft, S. 111; Lentze, Nürnbergs Gewerbeverfassung im Mittelalter, S. 226.

1397 Angenendt, Grundformen, S. 39.

1398 Johanni, Zünfte, S. 44.

1399 Rörig, Stadt, S. 89f.

1400 Roth, Zunftherrlichkeit, S. 142f; Gröber, Zunftherrlichkeit, S. 104; Wutzel, Handwerksherrlichkeit, S. 75, 83.

1401 Schilp, Zunft, S. 111; Kühnel, Alltagsleben, S. 55; Finkenstaedt, Stanglsitzerheilige, S. 27f, 30, 32f; Nadolski, Zunftzinn, S. 321; Dubler, Handwerk, S. 67; Lentze, Nürnbergs Gewerbeverfassung im Mittelalter, S. 225; Reininghaus, Sachgut, S. 453.

1402 Reddig, Handwerker, S. 12.

1403 Gröber, Zunftherrlichkeit, S. 106.

1404 Roth, Zunftherrlichkeit, S. 143.

Die religiösen und weltlichen Gegenstände der Zünfte bildeten oftmals einen Zunftpatron ab, Altäre und Kapellen wurden nach ihm benannt. Am Jahrestag des Patrons hielten die Zünfte ihre Versammlung ab. Die Meister benannten ihre Kinder nach ihm.[1405] Seit der Spätantike wurde nach außergewöhnlichen Menschen Ausschau gehalten, „nach Trägern göttlicher Macht auf Erden, bei denen man Fürsprache und Schutz suchte, so dass die Heiligen als Patrone fungierten."[1406] Wer wagte es, Gott direkt um etwas zu bitten? Lieber schaltete man einen Heiligen als Vermittler ein. Jede Zunft besaß einen Patron, selten mehrere.[1407]

„In vielen Fällen wählte man die Hl. Dreifaltigkeit oder die Muttergottes, oft wurden Heilige, die durch ihre Lebensumstände, Legendenzüge und besonders durch ihre Attribute auffielen, als Schutzheilige in Anspruch genommen. Aus dem alten klösterlichen Bereich stammte der hl. Petrus als Patron der Fischer, aus der volksbekannten Legende zogen die Heiligen Crispin und Crispinian in den Vorstellungsschatz der Schuster ein. Zimmerleute und Tischler konnten sich auf den hl. Joseph berufen, Schäfer und Wollhändler auf den hl. Johannes den Täufer, seiner rauhen Kamelhaarkleidung wegen, aber auch, weil er auf Jesus als das ‚Lamm Gottes' hingewiesen hatte. Die Fleischhauer wählten den Evangelisten Lukas wegen seines Attributs, des Ochsen, und noch schwieriger aufzulösende Legenden wie die des hl. Eligius waren den Schmieden und Goldschmieden begreiflich gemacht worden. So manche Zunft wechselte ihren Patron in den Zeiten von Reformation und Gegenreformation. Vertrauten die Schiffer im Mittelalter auf den hl. Nikolaus, so wurde ihnen in der Barockzeit der hl. Johannes von Nepomuk nahegebracht. Die Schneider konnten zwischen den Heiligen Bartholomäus und Bonifazius wählen."[1408]

Unter dem Einfluss der Renaissance wich man vor allem in protestantischen Gegenden mitunter auf Gestalten der klassischen Mythologie aus. „Die Fleischhauer beispielsweise konnten im antiken Herkules mit der Keule, der den Kalydonischen Eber erschlägt, eine Art von klassischem Zunftpatron erblicken."[1409] Obwohl die protestantischen Konfessionen Heiligenverehrung ablehnten, überstanden die Patrone sogar die Reformation. Sie machten den Mitgliedern ein konkret wahrnehmbares Identifikationsangebot und versinnbildlichten das Handwerk für Außenstehende.

Neben ihrer Präsenz in den Kirchen demonstrierten die Zünfte ihre Christgläubigkeit, indem sie Almosen gaben – in sehr bescheidenem Umfang – und an Prozessionen teilnahmen.[1410] Prozessionen kennt die christliche Kirche seit der Antike. Zur beliebtesten Prozession wurde die im 13. Jahrhundert eingeführte Fronleichnamsprozession. „Sie trägt das Heiligste der Kirche in den Lebensraum der Menschen, um ihn zu segnen; sie macht halt an Stationen – traditionell vier als Symbole der Himmelsrichtungen – und kehrt zurück in den Kirchenraum. Zu

1405 Roth, Zunftherrlichkeit, S. 149; Finkenstaedt, Stanglsitzerheilige, S. 34.
1406 Angenendt, Grundformen, S. 95.
1407 Otruba, Gewerbe, S. 9.
1408 Schmidt, Zunftzeichen, S. 10f; vgl. Finkenstaedt, Stanglsitzerheilige, S. 23.
1409 Schmidt, Zunftzeichen, S. 8.
1410 Zu Almosen vgl. Kapitel 4.6..

ihrer Ausstattung gehören Monstranz und Traghimmel, häufig auch Elemente der Wegbereitung wie Blumenteppiche und Fahnen. Vielerorts werden Bilder mitgetragen; oft werden biblische Szenen gespielt."[1411] Seit dem 15. Jahrhundert ist die Teilnahme von Zünften an der Fronleichnamsprozession belegt. Es handelte sich um eine Pflichtveranstaltung aller Mitglieder, die in einer festlichen Einheitskleidung auftraten. Je näher man der Spitze des Umzuges oder der Monstranz war, desto ehrenvoller war die Position. Die Zünfte stellten sich nach ihrem gesellschaftlichen Rang oder ihrem Alter auf. Wer wertvolles liturgisches Gerät mitführen konnte, erhöhte die Chance auf einen guten Platz. Als öffentliches Ereignis waren kirchliche Umzüge von großer gesellschaftlicher Bedeutung; Rangstreitigkeiten um den Auftritt in der Prozession waren keine Ausnahme. In der „nivellierten Mittelstandsgesellschaft" unserer Tage haben Umzüge durch die Straßen einer Stadt diesen Wesenszug weitgehend verloren.[1412]

In Bayern, Salzburg und Österreich besaßen viele Zünfte Zunftkreuze. „Es handelt sich um monstranzartige, aus vergoldetem Silber – früher aus Holz – verfertigte, höchstens 0,5 m grosse Kreuze ... Ein gewählter Meister der Zunft trug gewöhnlich das Kreuz auf den Prozessionen, es wurde aber auch bei den Begräbnissen hinter das Kopfende der Totenbahre gestellt."[1413] Zunftstäbe oder -stangen gab es in England und Frankreich ebenso wie in den Niederlanden und dem Baltikum, in ganz Deutschland, Österreich, Böhmen und der Schweiz. Die ältesten überlieferten Zunftstangen im deutschsprachigen Raum sind die der Schuster in Braunau am Inn aus dem Jahr 1417.[1414] Die Zunftstangen „haben ihren formalen Ursprung in den Kerzenstangen, wie wir sie aus den Bildquellen des Spätmittelalters kennen, und entwickelten sich mitunter zur aufwendig geschnitzten Stange, die von der Figur des Zunftheiligen bekrönt ist, umgeben von einer formenreichen schreinartigen Umrahmung und auf einem kapitellartigen Sockel stehend. Darunter auf einer Kartusche die Embleme der Zunft, manchmal sogar mit den Namen der geschworenen Zunftmeister, die Auftraggeber waren."[1415] In der Kunstgeschichte werden mehrere Arten der Stangen mit und ohne Kerzen unterschieden.[1416] Zünfte und Bruderschaften in Ungarn, Südtirol, Bayern südlich von Nürnberg und im Gebiet des heutigen Baden-Württemberg führten Laternen mit.[1417] Seit dem 17. Jahrhundert wurden sogenannte „Masterbilder", figürliche Darstellungen der Patrone, gezeigt.[1418]

1411 Lexikon für Theologie und Kirche, 8. Band, Freiburg 1999, Sp. 678–681, Zitat: S. 677; vgl. Finkenstaedt, Stanglsitzerheilige, S. 37f, 85.

1412 Finkenstaedt, Stanglsitzerheilige, S. 38; Schilp, Zunft, S. 117; Lentze, Nürnbergs Gewerbeverfassung im Mittelalter, S. 225.

1413 Prodinger, Friderike, in: Internationales handwerksgeschichtliches Symposium Veszprém 20.–24.11.1978, S. 144.

1414 Finkenstaedt, Zunftstangen, S. 313; Gröber, Zunftherrlichkeit, S. 112; Finkenstaedt, Stanglsitzerheilige, S. 7

1415 Roth, Zunftherrlichkeit, S. 143.

1416 Finkenstaedt, Stanglsitzerheilige, S. 25, 43–56.

1417 Finkenstaedt, Erfassung, S. 165; Finkenstaedt, Beiträge, S. 80.

1418 Reddig, Handwerker, S. 16.

„Bei keiner Zunft und keiner Gilde durfte die Fahne fehlen, ohne die ein richtiges Auftreten des Handwerks bei kirchlichen und weltlichen Festen gar nicht denkbar war. Wir kennen Zunftfahnen in jeder Form und in jeder Technik. Meist waren es schlichte bemalte Seidenfahnen, die Wappen und Handwerksembleme oder auch Handwerkerdarstellungen schmückten, wie bei der Fahne der Mansfelder Bergknappen. Wir kennen aber auch Kirchenfahnen von Zünften, die so üppig in Gold und Silber gestickt und deren Halter so kunstvoll und gewichtig aus vergoldetem Schmiedeeisen gefertigt waren, daß sie in ihrem schweren Prunk nicht mehr von einem Mann allein getragen werden konnten, sondern daß nicht weniger als fünf kräftige Gesellen notwendig waren, um sie im Winde zu meistern. Fahnen aus geflochtenen Hobelspänen, wie sie die Schreinerzünfte liebten, sind noch mancherorts erhalten. Das Schwingen der Fahne im festlichen Zuge war eine Kunst, die lange Übung und sportliche Schulung bei den Trägern voraussetzte.“[1419] Für prächtige Fahnen wurden immense Summen ausgegeben.[1420] Da sie den Zunftstolz verkörperten, besaßen die Fahnen eine politische Bedeutung: Nach einem Zunftaufstand verbot Kaiser Sigmund 1430 den Konstanzer Zünften das Tragen eigener Banner.[1421] Zu religiösen und weltlichen Festen und für militärische Zwecke wurden dieselben Fahnen verwendet.

Die Gesellenschaften kopierten die religiösen Formen ihrer Meister in einfacherer Form. Sie unterhielten seltener einen eigenen Altar, meist nur Kerzen auf einem Altar. Anstelle der Zunftheiligen wählten die Gesellenschaften vielfach Marienpatrozinien. Offenbar sprach die Mütterlichkeit Marias die jungen Männer besonders an. Ihre Altäre standen seltener in Pfarrkirchen als in den Kirchen der Spitäler und Bettelorden. Warum dies so war, ist unbekannt; der finanzielle Aufwand war derselbe. Vielleicht waren die Pfarrkirchen schon ausgebucht, als die Gesellenschaften entstanden, oder man wollte sich bewusst von den Meistern abheben. Während städtische Pfarrkirchen oft unter der direkten Kontrolle der städtischen Obrigkeiten standen, die das Patronatsrecht besaßen, wurden Klosterkirchen weniger von den Ortsobrigkeiten beaufsichtigt. Auch Gesellenschaften erhielten Stiftungen zur Verwaltung übertragen.[1422] In Prozessionen marschierten die Gesellenschaften als eigene Gruppe mit. In der Kieler Prozessionsordnung von 1472 wurde die Bruderschaft der Schustergesellen an neunter Stelle „vor neun Aemtern und zwar selbst als *ampt* aufgeführt, was ihre obrigkeitlich anerkannte Gleichberechtigung neben den Aemtern anzeigt.“[1423]

Die Reformation hatte tiefgreifende Auswirkungen auf die Volksfrömmigkeit sowohl in evangelischen als auch in katholischen Gebieten. In seinem „Sermon vom Sakrament des Leichnams Christi und den Bruderschaften“ wetterte Martin Luther gegen Bruderschaften: „„Zum Ersten wollen wir die boßen ubung der Bruderschafften ansehen, unter wilchen ist eyne, das man eyn fressen und sauffen

1419 Gröber, Zunftherrlichkeit, S. 110f.
1420 Clasen, Streiks und Aufstände, S. 18.
1421 Horsch, Zünfte, S. 27.
1422 Roth, Zunftherrlichkeit, S. 143f; Reddig, Handwerker, S. 5; Reininghaus, Entstehung, S. 112, 128f, 134; Reith, Handwerk, S. 103; Breuer, Wesen, S. 41f; Ebner, Bruderschaften, S. 468; Lentze, Nürnbergs Gewerbeverfassung im Mittelalter, S. 261.
1423 Hähnsen, Geschichte, S. 27.

anricht, leßt eyn meß oder ettlich halten, darnach ist der gantz tag und nacht und andere tag dazu dem teuffell zu eygen geben: da geschicht nit mehr, dann was gott mißfellt.' Statt zu feiern, sollten die Bruderschaftsmitglieder am Tag ihrer Bruderschaft fasten und die Armen speisen, so würde Gott recht geehrt. Auch den Glauben, daß die Bruderschaftsmitglieder durch zahlreiche Fürbitten aus der ewigen Verdammnis errettet werden können, erklärt Luther für nichtig. Taufe und Sakrament, die von Gott selbst eingesetzt sind, seien wirksamer für das Seelenheil, ,dan das sie auß yhren blinden kopfen erdacht haben'. Luthers Stellungnahme entzog den geistlichen Vereinigungen zwei der drei Elemente, die das Bruderschaftswesen im 14. und 15. Jahrhundert hatten aufblühen lassen, nämlich das religiöse und das gesellige Moment. Lediglich in der Armenpflege, wenn sie ernst genommen wurde, sah Luther eine gewisse Berechtigung für die Existenz von geistlichen Vereinigungen."[1424] In der Folge wurden die Bruderschaften in protestantischen Territorien aufgelöst und ihr Vermögen für Armenzwecke verwendet, oder sie verwandelten sich in Sterbekassen.[1425] „In Lübeck blieben nach der Reformation einige vermögende Bruderschaften bestehen ... Aber das gesellige und religiöse Moment verschwand. Mitglieder wurden nicht mehr aufgenommen. Vorsteher verwalteten das Vermögen und regelten die Verteilung der Präbenden an die Armen." Als private Fürsorgeinstitute unter städtischer Aufsicht blieben einige Bruderschaften bis 1846 bestehen.[1426]

Nachdem die Bruderschaften in ihrer alten Form abgeschafft worden waren, mussten sich evangelische Zünfte selbst um ihre religiösen Betätigungen kümmern. Die aus dem Christentum abgeleiteten sittlich-moralischen Ansprüche an das Verhalten der Mitglieder blieben unverändert bestehen, ebenso die Patrone, wenn sie auch nicht mehr als Heilige verehrt wurden. Die Handwerker und ihre Familien sollten sich im christlichen Glauben üben und Fleiß, Redlichkeit und Treue praktizieren. Zunfteigene Altäre wurden aufgegeben, aber Zuschüsse zu kirchlichen Anschaffungen gewährt und Kerzen in der Kirche unterhalten. Der Wachsbedarf ging erheblich zurück. Totenmemoria entfielen, weil man überzeugt war, dass einem Toten bezüglich seines Heils nicht mehr zu helfen sei. Ein gemeinsamer Gottesdienst anlässlich der Jahreshauptversammlung blieb aber bei vielen evangelischen Zünften üblich. Nach wie vor war die Teilnahme an Beerdigungen verpflichtend, auch wenn sich die Vorstellungen über die religiöse Bedeutung der Beerdigung und die Rituale geändert hatten. Prozessionen fanden nicht mehr statt. Das religiöse Leben der evangelischen Zünfte wurde schmuckloser und billiger und nahm weniger Zeit als vorher in Anspruch. Zur ständischen Repräsentation taugte es kaum noch.[1427]

1424 Zmyslony, Bruderschaften, S. 152; vgl. Religion in Geschichte und Gegenwart. Handwörterbuch für Theologie und Religionswissenschaft, 4. Auflage, Band 1, Tübingen 1998, Sp. 1785; Denzler, Georg/Andresen, Carl: dtv-Wörterbuch der Kirchengeschichte, München 1982, S. 642.

1425 Simon-Muscheid, Zunft-Trinkstuben, S. 159; Stieglitz, Zünfte, S. 34; Rüdiger, Zunftrollen, S. XXXIII.

1426 Zmyslony, Bruderschaften, S. 153.

1427 Bräuer, Handwerk im alten Chemnitz, S. 98, 109, 137; Canzler, Zünfte, S. 91ff; Ehrlicher, Zunft, S. 19; Hähnsen, Geschichte, S. 171; Hopp, Zunft, S. 36, 57; Garzmann, Korporations-

Ganz anders stellte es sich in katholischen Gegenden dar. Nach dem Konzil von Trient (1545–1563) blühten die Bruderschaften auf; neue Bruderschaften hatten meistens eine Mitgliedschaft über den Zunftkreis hinaus. Die kirchliche Hierarchie band die Bruderschaften stärker ein und unterstellte sie einer Erzbruderschaft in Rom. Die Initiative zur Gründung von Bruderschaften verlagerte sich auf die Geistlichkeit; Geselligkeit und soziale Aktivitäten traten zurück zugunsten von Frömmigkeitspraxis und religiöser Unterweisung. Während der Barockzeit erlebten die Prozessionen ihren prunkvollen Höhepunkt. Die katholische Kirche erhob sie zum Bekenntnisakt mit antiprotestantischer Stoßrichtung. In Österreich sollten die Zünfte die Gegenreformation in das Handwerk tragen, weshalb auf einen ausgeprägt „katholischen“ Habitus besonderer Wert gelegt wurde. Die meisten religiösen Utensilien katholischer Zünfte, die heute noch vorhanden sind, stammen aus dieser Zeit.[1428]

Seit der Mitte des 17. Jahrhunderts lockerten sich die Bindungen der Zünfte an die Kirchen, wobei es große regionale Unterschiede gab. In evangelischen Städten wuchs das Bedürfnis nach einer intimeren Begräbnisfeier im Kreise von Freunden und Verwandten, so dass es zu einer Vielzahl „stiller“ Beerdigungen kam, sogar ohne Pfarrer. „Bis dahin hatte die stille Beerdigung als unehrenhaft gegolten, in den älteren Kirchenordnungen war sie nur für unbußfertige Sünder und ungetauft verstorbene Kinder vorgesehen, weil diese noch nicht zur christlichen Gemeinde gerechnet wurden.“[1429]

In evangelischen und katholischen Zünften weigerten sich immer mehr Meister, zur Beerdigung von Zunftkollegen oder deren Familienangehörigen zu erscheinen und hinderten ihre Gesellen, durch die Teilnahme an Beerdigungen Arbeitszeit zu versäumen. Von den Obrigkeiten wurden sie hierbei unterstützt. Im 18. und 19. Jahrhundert ging der Gottesdienstbesuch bei allen Konfessionen zurück, zuerst in den Städten, dann auf dem Land. Die Vermietung von Kirchenstühlen wurde allmählich abgeschafft. Von über 100 hessischen Zunftordnungen des 18. Jahrhunderts, die Georg Emig untersuchte, hielt eine einzige die Gesellen zu regelmäßigem Kirchgang an. Mit der Öffnung der katholischen Bruderschaften für andere Bevölkerungskreise – die aus finanziellen Gründen erwünscht war, um teure Prunkgegenstände erwerben zu können, wie auch aus kirchenpolitischen Gründen – schwand ihre Verankerung in den Zünften. Aufklärer kritisierten barocken Pomp. Den Staatsverwaltungen erschien er jetzt als Ressourcenverschwendung. Seit dem ausgehenden 18. Jahrhundert nahm die Zahl der Prozessionen ab, Bruderschaften wurden von Staats wegen verboten oder lösten sich auf; an ihre Stelle traten seit der Mitte des 19. Jahrhunderts kirchliche Vereine. Als es mit dem Zunftwesen zu Ende ging, war von seinen religiösen Wurzeln nicht mehr viel üb-

problem, S. 102; Johanni, Zünfte, S. 44f; Reininghaus, Zünfte, Städte und Staat, S. 49f; Hölscher, Geschichte, S. 120f; Molitor, Verhältnis, S. 322f.

1428 Dubler, Handwerk, S. 72–76; Lexikon für Theologie und Kirche, 2. Band, Freiburg 1994, Sp. 719f; Hardtwig, Genossenschaft, S. 84; Reininghaus, Zünfte und Zunftpolitik, S. 83; Pickl, Bruderschaften, S. 287; Finkenstaedt, Stanglsitzerheilige, S. 14; Kramer, Brauchtum, S. 178; Roth, Zunftherrlichkeit, S. 146; Otruba, Gewerbe, S. 80.

1429 Hölscher, Geschichte, S. 121.

rig.[1430] Ganz sicher war das Handwerk kein „Bollwerk der Frömmigkeit in einer zunehmend säkularisierten Welt".[1431]

Die Bamberger Gärtner bei einer Fronleichnamsprozession im Jahr 1996[1432]

4.6. SOZIALE AUFGABEN

Der soziale Charakter der Zünfte wird in der wissenschaftlichen und heimatkundlichen Literatur gern gelobt. Die Zünfte haben „ein schönes Beispiel der segensreichen Kraft gegeben, die gegenseitiger Hilfe innewohnt"[1433] und ihren Mitgliedern „eine Globalsicherung" geboten, „die alle Wechselfälle des Lebens umfaßte",[1434] so und ähnlich euphorisch heißt es in älteren und neueren Veröffentlichungen. „Eher ethisch als wirtschaftlich fundiert" seien die Zünfte gewesen, die aus christlicher Nächstenliebe den Schwachen beigestanden hätten.[1435] Eine „vor-

1430 Johanni, Zünfte, S. 92; Emig, Berufserziehung, S. 260; Deter, Rechtsgeschichte, S. 36, 236; Hardtwig, Genossenschaft, S. 76; Roth, Zunftherrlichkeit, S. 145f, 148; Finkenstaedt, Stanglsitzerheilige, S. 14; Schwarzlmüller, Berufslaufbahn, S. 133; Deter, Rechtsgeschichte, S. 229; Dubler, Handwerk, S. 76; Emig, Berufserziehung, S. 89f; Otruba, Gewerbe, S. 84; Eules, hafner gesellen, S. 64f; Hölscher, Geschichte, S. 104–109, 194f; Finkenstaedt, Zunftstangen, S. 316; Lexikon für Theologie und Kirche, 8. Band, Freiburg 1999, Sp. 678–681.

1431 Schultz, Das ehrbare Handwerk, S. 54.

1432 Stadtarchiv Bamberg, D 2078, Nr. 96 (Fotograf: S. Schraudner).

1433 Faust, Geschichte, S. 27.

1434 Fröhlich, Sicherung, S. 39.

1435 Nerger, Geschichte, S. 6.

bildliche Fürsorge" für ihre Angehörigen wird ihnen testiert.[1436] Leider hält dieses positive Bild weder in qualitativer noch in quantitativer Hinsicht einer Nachprüfung stand.

In der vormodernen Zeit mit ihrem schwachen Staat war der wichtigste Träger sozialen Handelns die Familie samt Verwandtschaft.[1437] Erwerbslose Kinder und Alte wurden von den arbeitenden Mitgliedern der Familie unterstützt, Kranke von deren weiblichen Mitgliedern gepflegt.[1438] Alleinstehende Verwandte wurden Familien assoziiert, um sie wirtschaftlich zu unterhalten und sozial zu schützen; „Patchwork-Familien" waren gang und gäbe. Auf die Zünfte hatte die Dominanz der Familienstrukturen mehrere Auswirkungen. Die Familienangehörigen eines Meisters waren zu dessen Lebzeiten von Unterstützungen der Zünfte ausgeschlossen, da der Meister für sie aufzukommen hatte; sie profitierten allenfalls indirekt von Zunfthilfe, falls der Meister für sie einen Zunftkredit erhielt.[1439] Um Lehrlinge, die zwar im Meisterhaushalt wohnten, aber noch zu ihrer Herkunftsfamilie zählten, brauchte man sich im Allgemeinen nicht zu kümmern, da kurzfristig der Meisterhaushalt und langfristig die Herkunftsfamilie für sie zuständig waren, es sei denn, der Lehrvertrag bestimmte ausnahmsweise etwas Abweichendes.[1440] Anders war es bei Gesellen und Meistern, denn der Anteil an „Zugereisten", deren Bindungen zu den Ursprungsfamilien abgerissen waren, war hoch. Der Meisterhaushalt wurde zur „Ersatzfamilie". Für soziale Wohltaten außerhalb des Meisterhaushalts blieben wenige Gelegenheiten, die einer Anteilnahme der Zunft bedurften.

Subsidiär zur Familie standen andere soziale Institutionen zur Verfügung, um im Notfall einzuspringen. Innerhalb des ländlichen Feudalsystems war es die Pflicht eines Feudalherrn, seinen Hörigen „Schutz und Schirm" zu sein. Ein Aspekt dieses Konzepts war die Sorge um die Hörigen, wenn diese in Not gerieten.[1441] Dies bedeutete beispielsweise, Hörigen Abgaben zu stunden oder sich um die Unterbringung von Waisenkindern zu kümmern. Aus dem feudalistischen Schutz-und-Schirm-Konzept folgerte die allgemeine Verpflichtung von Dienstherren, sich um ihre Dienstboten zu kümmern.[1442] Diese wurden Verwandten gleichgestellt und mehr oder minder eng der Familie des Dienstherrn integriert. Für den Zunftmeister hieß dieses Prinzip, dass seine Knechte und Mägde einschließlich der Lehrlinge und Gesellen seiner Fürsorge anempfohlen waren: Er sollte selbst, durch seine Familienangehörigen oder die Zunft Sorge für ihr Wohlergehen tragen.

In den Städten mussten fehlende Feudalbeziehungen durch andere Institutionen ersetzt werden. Während der gesamten Zunftepoche dienten Klöster und Pfarreien sowie Hospitalstiftungen der sozialen Fürsorge, letztere ausschließlich in

1436 Schichtel, Recht, S. 19.
1437 Hogen, Erwerbsordnung, S. 25.
1438 Spree, Handwerker, S. 280; Reininghaus, Zünfte, Städte und Staat, S. 54.
1439 Fröhlich, Sicherung, S. 100.
1440 Schlenkrich, Alltag, S. 102; Fröhlich, Sicherung, S. 93.
1441 Hogen, Erwerbsordnung, S. 2f; vgl. Ritter, Entstehung, S. 14f.
1442 Wissell, Recht II, S. 453. Andere leiten die Fürsorgepflicht für das Dienstpersonal von dessen Zugehörigkeit zum Haushalt des Dienstherrn ab. (Göttmann, Handwerk, S. 26f.)

Städten. Sie organisierten die Almosenvergabe an Arme, beschäftigten Arbeitslose und Unterbeschäftigte, betrieben Wanderherbergen und versorgten Kranke und Alte. Seit dem späten Mittelalter traten zusätzlich kommunale, seit dem 17. Jahrhundert staatliche Einrichtungen auf den Plan.[1443] Ein besonderes Interesse der Obrigkeiten, die Sozialkompetenz der Zünfte zu stärken, ist nicht anzunehmen. In Nürnberg gab es besonders viele Sozialeinrichtungen in Händen der Stadt und der vermögenden Führungsschicht. Der Stadtrat, der alles unternahm, um zünftische Selbstständigkeitsbestrebungen zu unterdrücken, wollte den Handwerkern kein eigenes soziales Betätigungsfeld überlassen, das sie seiner Kontrolle entrissen hätte.[1444] Die Zünfte belegten Plätze in Hospitälern, um bei Bedarf ihre Angehörigen unterbringen zu können. Die Bremer Schuhmacher schlossen im Jahr 1240 mit dem Deutschen Orden einen Vertrag, „dass jedes arme, durch Alter, Krankheit etc. an der Erwerbung seines Unterhalts verhinderte Mitglied, wenn es früher ein eigenes Geschäft (Werkstätte) gehabt habe, im Krankenhause des deutschen Hauses in Bremen (infirmarium theotonice in Brema) aufgenommen und ernährt werden solle.“[1445] Dieses Belegungsrecht wurde nach beinahe sechs Jahrhunderten im Jahr 1820 in eine Stiftung umgewandelt.[1446] Gegen Zahlung der für die damalige Zeit beträchtlichen Summe von 700 Reichstalern kauften die Hamburger Schneider 1643 auf ewige Zeiten im Armen-, Gast- und Krankenhaus der Stadt zwei Plätze für Handwerksbrüder, „'so mit Krank- und Leibesschwachheit befallen'.“[1447] Obwohl sich ein großer Teil der Leistungsempfänger der Hospitäler aus dem Handwerk rekrutierte, waren die Zünfte in Deutschland – im Unterschied etwa zu Italien – kaum an Hospitalgründungen beteiligt.[1448] Normalerweise überließ man es dem einzelnen Meister, für sich und seine Familienmitglieder Leistungen der Hospitäler zu akquirieren. Deren Angebot entlastete die Zünfte von der Notwendigkeit, sich intensiv um die soziale Betreuung ihrer Mitglieder zu kümmern. Der Innsbrucker Stadtrat verpflichtete im Jahr 1684 die Zünfte zu Zahlungen an das Spital, weil sie dieses ausnutzten und sich vor der Unterstützung ihrer Mitglieder drückten.[1449]

Andere entlastende Faktoren sollten nicht übersehen werden. Bevor jemand der sozialen Fürsorge anheim fällt, bemüht er sich in der Regel um die eigene finanzielle Absicherung für schlechte Zeiten. Ein übliches Verfahren der Alterssicherung war es, Immobilien zu erwerben, die im Alter an Kinder oder Fremde verkauft wurden, um anschließend zur Miete oder nach dem Nießbrauchsrecht zu wohnen und den Ertrag aus dem Verkauf zum Lebensunterhalt zu verwenden.

1443 Pohl, Einführung, S. 16–20; Fischer, Handwerksrecht, S. 30ff; Gömmel, Sozialpolitik, S. 95.
1444 Wiest, Entwicklung, S. 155, 161.
1445 Böhmert, Beiträge, S. 13.
1446 Böhmert, Beiträge, S. 14.
1447 Koch, Zunftlade, S. 16.
1448 Vgl. Pini, in: Lexikon des Mittelalters. Studienausgabe, Stuttgart/Weimar 1999, Band IX, Sp. 696. Die sehr reiche Knochenhauerzunft in Hildesheim, der 1529 das berühmte Knochenhaueramtshaus zu verdanken ist, stiftete im 15. Jahrhundert ein Hospital für Frauen. (400 Jahre Knochenhauer-Amtshaus, S. 6.) Auch in Straßburg gab es Hospitalgründungen durch Zünfte. (Mackenney, Tradesmen, S. 67.)
1449 Moser, Steinmetz- und Maurerzunft, S. 69.

Kapitalien konnten in langfristigen Darlehen an Private oder öffentliche Einrichtungen angelegt werden, um aus den Zinsen eine Rente zu beziehen. In Hospitäler kaufte man sich ein.[1450] In Innsbruck durften sich alte Maurermeister, die ihren schweren Beruf nicht mehr ausüben konnten, ihren Lebensunterhalt als Gastwirte verdienen.[1451] Diese Verfahren standen naturgemäß nur den besser verdienenden Handwerkern und Wohlhabenden aus den höheren Ständen zur Verfügung. Als sich im Spätmittelalter in den Städten eine Masse ärmerer Handwerker einfand, reichte die Vorsorge Einzelner in vielen Fällen nicht mehr aus. Es ist kein Zufall, dass in Deutschland die Zunftstatuten vom 14. Jahrhundert an in größerem Umfang soziale Tätigkeiten spiegeln.[1452]

Neben den einzelnen Meistern entwickelten die Zünfte ein Vorsorgeinstrumentarium. Sie schufen Rahmenbedingungen, die Armut vorbeugen sollten.[1453] Beschränkungen der Betriebsgrößen dienten dazu, schwächeren Meistern Erwerbschancen zu belassen, ohne dass stärkere sie vom Markt verdrängen konnten. Die Ehefrau des Meisters unterstützte ihren Gatten in seinem Betrieb oder durch eine andere Berufstätigkeit, so dass die Familie im Falle eines Falles nicht ohne Einkommen blieb; der Ehezwang, der mit dem Erwerb der Meisterwürde verbunden war, hatte eine Absicherungsfunktion für den Meister. Meisterwitwen wurden zur Wiederverheiratung gedrängt, auch dies ein Mittel, sie und ihre Kinder vor Armut zu schützen. Ledige Gesellen schickte man auf die Wanderschaft, so dass sie lokaler Arbeitslosigkeit entweichen konnten. Auf der Wanderschaft erhielten sie kleine Unterstützungen, um nicht betteln zu müssen.

Schließlich sei an die geistig-moralische Dimension sozialer Betätigung erinnert. Gesellschaftsverändernde Absichten wurden nicht verfolgt. In einer Gesellschaft, in der jede Blinddarmentzündung zum Tod führen konnte, wurde es als normal hingenommen, dass Menschen durch unvorhersehbare Schicksalsschläge in Not gerieten. Armut wurde als Schicksal oder als Folge der Sünde angesehen. Almosen waren eine Christenpflicht jedes Einzelnen, sie waren Opfer und zurückgegebene Gottesgeschenke und zeigten an, dass es dem Spender nicht darum ging, sich an materielle Güter zu klammern, sondern das ewige Leben zu erringen.[1454] Die aus einer Vielzahl mittelalterlicher Urkunden bekannten Seelgerätstiftungen und berühmte Stiftungen für Hospitäler und andere „gute Zwecke“ dürfen indes nicht darüber hinwegtäuschen, dass das Spendenaufkommen insgesamt winzig war.[1455] Die Gesinnung war beim Almosengeben wichtiger als die Größe der Gaben.[1456] Für Totenmemorien wurde weit mehr gespendet als für Bedürftige.[1457] „Als der englische König Heinrich VIII. nach der Säkularisation 1535 anordnete, von allen Klöstern eine Zusammenstellung der Einkommen und ihrer

1450 Keller, Handwerkeralltag, S. 36f; Decker, Bürger, S. 88; Schewe, Geschichte, S. 154ff.
1451 Moser, Steinmetz- und Maurerzunft, S. 112.
1452 Scheschkewitz, Zunftwesen, S. 195; vgl. Göttmann, Bäckerzunft, S. 43.
1453 Fröhlich, Sicherung, S. 63.
1454 Vgl. Emmerich, Geiz, S. 271–274; Angenendt, Grundformen, S. 2; Heckmann, Wohltätigkeit, S. 100.
1455 Ritter, Entstehung, S. 14.
1456 Heckmann, Wohltätigkeit, S. 100.
1457 Mackenney, Tradesmen, S. 67.

Verwendung anzulegen, wurden auch die karitativen Ausgaben erhoben. Sie betrugen nur zwischen 3 und 5% der Klosterausgaben."[1458] Wenn schon die Klöster so wenig spendeten, wie gering mögen die sozialen Aufwendungen anderer Institutionen gewesen sein? Martin Luthers Lehre versetzte der Spendenbereitschaft einen weiteren Schlag. Luther meinte, die Rechtfertigung vor Gott allein durch den Glauben zu finden; „Werkgerechtigkeit", die Rechtfertigung durch „gute Werke", weckte in ihm den Verdacht der Käuflichkeit von Gottes Wohlwollen. Im Luthertum wurden Aufwendungen für karitative Zwecke erst gegen 1700 wieder geschätzt, als der Pietismus ein tätiges Christentum in der Arbeit für den Nächsten und besonders für den Armen forderte.[1459] Anders war es in den Reformierten Kirchen, wo Zunftordnungen statt der früheren Opfergaben für Schutzheilige und Altäre Zahlungen in Zunftkassen zugunsten Bedürftiger vorsahen.[1460]

Die geschilderten Verhältnisse erklären, warum nur ein geringer Druck auf die Zünfte ausgeübt wurde, sich sozial zu engagieren. Es erscheint beinahe erklärungsbedürftig, warum die Zünfte überhaupt in dieser Hinsicht tätig wurden. Die folgenden Ausführungen werden zeigen, dass es in erster Linie die Bereiche waren, die für das wirtschaftliche Wohlergehen der Einzelbetriebe und der auf diesen aufsetzenden Zünfte relevant waren, in denen sich Zünfte als Helfer in der Not darstellten, während sie nicht vorrangig ein umfassendes soziales Netz pflegen wollten. Abgesehen von den in einer christlich geprägten Gesellschaft selbstverständlichen religiösen Motivationen ging es in der Hauptsache darum, das Zunftsystem gängig zu halten, während darüber hinaus gehende Ambitionen den Zünften und ihren Mitgliedern fern lagen.

Im Mittelpunkt der zünftischen Sozialpolitik standen die Gesellen.[1461] Sie waren, da meist ohne Familie, der schutzloseste Teil der Handwerkerschaft. Als „Dienstboten" hatten sie einen moralischen Anspruch auf Unterstützung durch die „Herrschaft", als Mitglieder eines internationalen Systems von Gesellenschaften vermochten sie für sich relativ gute Bedingungen durchzusetzen. Bei kürzeren Erkrankungen pflegte die Meisterfamilie ihren Gesellen und zahlte seinen Lohn fort. Zog sich die Krankheit in die Länge, war dies nicht ohne weiteres möglich. Der Meister benötigte das Bett für einen anderen Gesellen und scheute Zahlungen ohne Gegenleistung. Die Pflege des Kranken band Kräfte, die im Betrieb fehlten. In diesem Fall sprang die Zunft oder – wo vorhanden – die Gesellenschaft ein.[1462]

1458 Fischer, Handwerksrecht, S. 31.
1459 Ritter, Entstehung, S. 20.
1460 Canzler, Zünfte, S. 103f.
1461 Wissell, Recht II, S. 451.
1462 Kreutzberger, Gewerberecht, S. 106. Ähnlich funktionierte das Unterstützungswesen der Bergarbeiter. „Das Unterstützungswesen war um jene Zeit meist so geregelt, daß im einzelnen Erkrankungs- oder Unglücksfalle zunächst die ‚Gewerkschaft', also der Betrieb als solcher für den Hilfsbedürftigen sorgte. Es wurden die Kurkosten übernommen. An Arbeitsunfähige wurde der Lohn weiter gezahlt. Die Dauer dieser Fortgewährung war bei den einzelnen Gewerken verschieden, sie schwankte von 4 Wochen bei den armen bis 8 Wochen bei den wohlhabenden Betrieben. Für die weiter nötige Fürsorge, namentlich bei dauernder Erwerbsunfähigkeit, beim Tode oder in anderen Notfällen trat die Knappschaftskasse [die Kasse der Arbeiter] ein." (Kleeis, Geschichte, S. 25f.) Es ist ungeklärt, ob zuerst der Bergbau oder das Handwerk diese Prinzipien anwandten. Im deutschen Bergbau gab es Sozialeinrichtungen der

Die Gesellenschaften übernahmen die sozialen Aufgaben gegenüber Gesellen von den Meisterzünften, oft mit finanzieller und administrativer Unterstützung der Meister.[1463] Den Meistern und Obrigkeiten brachte das Eintreten der Gesellenschaften finanzielle Vorteile, den Gesellen einen autonomen Bereich. Bestand neben der Zunft eine religiöse Bruderschaft, so konnte diese die sozialen Aufgaben wahrnehmen.[1464] Man organisierte den Wachdienst am Krankenbett umschichtig, verlegte den Gesellen in die Herberge oder eine Krankenstube und bezahlte Kost, Logis, Arzt- und Apothekerrechnungen.[1465] Das Hamburger Stadtrecht von 1270 sah die Lohnfortzahlung im Krankheitsfall vor.[1466] Die Ordnung der Straßburger Bender enthielt 1355 die Lohnfortzahlung im Krankheitsfall für die Dauer von sechs Wochen.[1467] Gesellenschaften zahlten Krankengeld oft für einen Zeitraum von ein bis drei Wochen.[1468] Benötigte der Kranke keine ständige Aufsicht, schickte man regelmäßig einen Abgesandten zu ihm, um nach seinem Wohlergehen zu sehen und zu kontrollieren, wie die Genesung voranschritt.[1469] Genügte das Vermögen des Gesellen zu seinem Unterhalt während der Krankheit nicht, streckten Zunft oder Gesellenschaft ihm die benötigten Mittel ganz oder teilweise – häufig gegen Pfand – vor. Nach der Genesung hatte der Geselle das Darlehen abzuzahlen. Starb der Kranke, richtete man aus seinem Vermögen oder, wenn es nicht ausreichte, aus Mitteln der Zunft oder Gesellenschaft sein Begräbnis aus.[1470]

Eine Lücke wies die Krankenversorgung der Gesellen während der Wanderschaft auf: Erkrankte der Geselle unterwegs, während er nicht in Arbeit stand, war keine Zunft für ihn zuständig; er musste auf die öffentliche Armenfürsorge hoffen. Rudolf Wissell kommentierte verbissen: „Über das Schicksal des Wanderbur-

Arbeitgeber für ihre Beschäftigten seit dem 13., Knappschaftskassen der Lohnabhängigen seit dem 15. Jahrhundert, zeitlich parallel zu den analogen Einrichtungen der Zünfte bzw. Gesellenschaften. (Peters, Geschichte, S. 23; Schewe, Geschichte, S. 111–116, 133; Lauf, Knappschaft, S. 27f, 41f; Löscher, Anfänge)

1463 Finkenstaedt, Stanglsitzerheilige, S. 67; Breuer, Wesen, S. 56. Nach Knut Schulz kümmerten sich zuerst die verheirateten Gesellen, welche vom Meister keine Hilfe erwarten durften, weil sie nicht in seinem Haushalt lebten, um eine eigenständige Absicherung im Krankheitsfall. Er nannte einige Beispiele oberrheinischer Zünfte mit verheirateten Gesellen, in denen es bereits im 14. Jahrhundert eine Selbsthilfe der Gesellen im Krankheitsfall gab, während die Gesellenschaften mit ledigen Gesellen erst im 15. Jahrhundert folgten. (Schulz, Handwerksgesellen, S. 196ff.)

1464 Fröhlich, Sicherung, S. 98; Canzler, Zünfte, S. 65, 105.

1465 Voß, Innungen, S. 101f; Wissell, Recht II, S. 451–462; Schultz, Das ehrbare Handwerk, S. 106; Trautmann, Entwicklung, S. 356; Fröhlich, Sicherung, S. 88ff, 151–160.

1466 Schewe, Geschichte, S. 118.

1467 Peters, Geschichte, S. 25.

1468 Wilfried Reininghaus ermittelte für einige Gesellenschaften des 15. Jahrhunderts Krankengeldzahlungen in der Höhe des zwei- bis neunfachen Wochenlohns eines Gesellen. Da man zusätzlich zum Barlohn den Naturallohn (Kost und Logis) in Anrechnung bringen muss, der ja weggefallen war, sobald die Gesellenschaft einschritt, ergeben sich die im Text genannten Zahlen. (Reininghaus, Entstehung, S. 251.)

1469 Arentz, Zersetzung, S. 75.

1470 Kreutzberger, Gewerberecht, S. 112; Fröhlich, Sicherung, S. 96f, 137–142; Koch, Zunftlade, S. 15; Terhalle, Gilden, S. 23; Johanni, Zünfte, S. 47; Koch, Zunftlade, S. 17.

schen, der auf der Landstraße erkrankte, breitet sich ein düsteres Schweigen.“[1471] Die Versorgung wandernder Gesellen war eine der Hauptaufgaben der Armenkassen.[1472] Eine Altersversorgung für Gesellen gab es nicht, wurde die Gesellenschaft doch als Zwischenstadium zur Meisterschaft verstanden. Verheiratete Gesellen, die nicht mehr Meister wurden, gingen bei Krankheit und im Alter leer aus.[1473]

Der Elendszug des Georg Trummert[1474]

„Gemäß einem Schreiben seines Meisters hatte Trummert 1771 einen Schlaganfall erlitten, der ihn gänzlich lähmte. Nachdem das Handwerk ihn ein Jahr lang gepflegt und für Medikamente usw. 80 Taler aufgebracht hatte, sah es sich nicht mehr in der Lage, ihn weiter zu unterhalten und schickte ihn auf die Reise. In dem Schreiben werden die Loh- und Rotgerbermeister sowie die Brüderschaften gebeten, dem Armen ‚von einem Ort zu dem andern beförderlich zu seyn, und sich seines elenden Zustand zu erbarmen’. Das Schreiben ist datiert ‚Weissenburg am Rhein 6. April 1772’.

Anscheinend ging man auch die andern Handwerke Weißenburgs um (falsche) Kundschaft (Zeugnisse) an, so daß Trummert sich auf seiner Reise an alle Handwerke um Unterstützung wenden konnte, deren Kundschaft er besaß. Daß Trummert selbst sich diese falschen Kundschaften beschafft hätte, ist unwahrscheinlich wegen seiner schweren Krankheit, auch waren sie ordnungsgemäß ausgefertigt und mit dem Handwerkssiegel versehen. ...

Eineinviertel Jahr später, am 12.7.1773 berichtet ein Ratsprotokoll in Reval, daß Trummert ‚falscher Kundschaften bei verschiedenen Gewerken und Aemtern sich bedienet, dadurch diesen Geld abbetrogen hätte und nunmehro hier inhafftiert’ sei. Der darauf folgende Ratsbeschluß lautet: ‚Dem Georg Trummert bey seiner Kräncklichkeit nur mit Stockschlägen zu bestraffen und, nach abgenommenen Kundschaften, von hier nach draussen mit Schiffsgelegenheit überbringen, dabey aber ihm von dem vorräthig gefundenen Gelde, nach Abzug der hiesigen, Rigaischen und Pernauischen Schulden, etwas zu seinem Fortkommen zu lassen. Dem Herrn Gerichtsvogt wurde die Effectuierung dieses Schlusses empfohlen.’

Trummerts weiteres Schicksal ist unbekannt. Ohne Kundschaften, die ihm auf seiner Weiterreise nützlich gewesen wären, wird er in seiner schweren Krankheit nicht weit gekommen sein.“

Die Zunft der Flößer, Schiffer und Schiffbauer in Speyer besaß seit dem 14. Jahrhundert eine Arbeitslosenversicherung für ihre Gesellen, um Saisonarbeitslosigkeit im Winter zu überbrücken. Meister und Gesellen mussten, gestaffelt nach dem Einkommen, regelmäßige Einzahlungen vornehmen, aus denen die Gesellen während des Winters Darlehen erhielten. Andere Orte hatten ähnliche Systeme.[1475]

1471 Wissell, Recht II, S. 464.
1472 Althaus, Rechtsnormen„ S. 145.
1473 Clasen, Streiks und Aufstände, S. 47.
1474 Fröhlich, Sicherung, S. 164.
1475 Fröhlich, Sicherung, S. 71f.

Keine Hilfe gab es im Falle konjunkturell oder persönlich bedingter Arbeitslosigkeit; in diesem Falle half allein das Wandern.

Die Hilfen im Todesfall können aufgefasst werden als logische Fortsetzung der Sitte eines gemeinsam veranstalteten Begräbnisses, die aus dem Geist christlicher Bruderschaften herrührte. Hätte man darauf verzichtet, das Begräbnis eines verarmten Gesellen zu bezahlen, hätte man bei einer Armenbestattung mitgehen müssen, eine hochnotpeinliche Angelegenheit. Sämtliche anderen Hilfen für Gesellen bezogen sich lediglich auf deren Eigenschaft als Arbeitskraft. Sobald der Geselle das Arbeitsleben verließ und auf die Wanderschaft oder in den Ruhestand ging, interessierte sich keine Zunft mehr für ihn; eine Sozialpolitik nach den Maßstäben christlicher Barmherzigkeit hätte anders ausgesehen.[1476]

Über Hilfen für Lehrlinge, Knechte und Mägde (Hilfsarbeiter) der Zunftbetriebe machen Zunftstatuten gewöhnlich keine Aussagen. Hatten sie Glück, kümmerte sich ihr Meister um sie, hatten sie Pech, schickte er sie heim zu ihren Herkunftsfamilien oder überließ sie der öffentlichen Fürsorge.[1477] Auch die Meister selbst erhielten kaum Unterstützung, wenn sie in Not gerieten, obwohl viele Zunftordnungen seit dem 13. Jahrhundert diese Unterstützung thematisierten.[1478] Vor allem auf dem Land wurde die soziale Sicherung der Meister durch ihre Zunft vernachlässigt.[1479] Ein geregeltes System wie bei den Gesellen war für sie eine Ausnahme. Als Unternehmern oblag ihnen ihre soziale Absicherung prinzipiell selbst. Eine Unterstützung im Krankheitsfall erhielten sie selten; man verließ sich darauf, dass sie gesundheitliche Krisen mitsamt ihrem Personal und ihren Familien ohne Hilfe von außen überstanden. Gelegentlich wurde ihnen ein Geselle zur Verfügung gestellt, der den Betrieb fortführte, oder sie erhielten ein Überbrückungsdarlehen.[1480] Die Zunft griff gewöhnlich erst dann ein, wenn der Meister verarmt war und alle prophylaktischen Maßnahmen versagt hatten. Jetzt, da seine Bedürftigkeit offen zu Tage lag, konnte er – soweit Mittel vorhanden waren – auf seine Berufskollegen hoffen. Sie halfen ihm mit Krediten oder Zuschüssen, einem Platz im Hospital oder – der Finanzierung seiner Beerdigung.[1481]

Einen prominenten Platz in der Zunftliteratur nehmen Beispiele von Rentenzahlungen an alte Handwerker ein. Einige wenige Belegstellen aus führenden Gewerbestädten werden zitiert, um zu beweisen, wie umfangreich die Unterstüt-

1476 Vgl. Roth, Zunftherrlichkeit, S. 140; Bräuer, Handwerk im alten Chemnitz, S. 96f; Koch, Zunftlade, S. 14.

1477 Schlenkrich, Alltag, S. 101.

1478 Roth, Zunftherrlichkeit, S. 140; Hogen, Erwerbsordnung, S. 62.

1479 „Von den 24 Zunftprivilegien, die der letzte Landesherr des Fürstbistums Paderborn vor der Aufhebung der Korporationen [am Ende des 18. Jahrhunderts] bestätigt hatte, enthielten nur sechs Bestimmungen über die Versorgung der in Armut und Krankheit geratenen Amtsgenossen." (Deter, Rechtsgeschichte, S. 227.) In der Grafschaft Saarbrücken enthielten mehrere Zunftordnungen des 16. Jahrhunderts sogar die Forderung, dass die Zunft aus dem Vermögen eines verstorbenen Meisters sein bestes Kleidungsstück erbe. „Dieses Rechtsinstitut weist eine auffallende Ähnlichkeit mit dem Gewandfall der Grundhörigen auf." (Johanni, Zünfte, S. 92.) Hier wurde nicht nur nicht geholfen, man nahm den Hinterlassenen sogar einen Teil ihres Erbes weg.

1480 Fröhlich, Sicherung, S. 81ff; Schewe, Geschichte, S. 141f.

1481 Göttmann, Bäckerzunft, S. 43; Schuster, Stellung, S. 37.

zungen der Zünfte gewesen seien.[1482] Eine Altersrente, die von einem vorher bestimmten festen Zeitpunkt an gezahlt wird, war in der vorindustriellen Zeit kaum vorstellbar. Man arbeitete, so lange man konnte.[1483] Der Zeitraum zwischen dem Ende der Lebensarbeitszeit und dem Tod betrug meist nur einige Tage oder Wochen, während man krank darniederlag, so dass kaum ein Bedarf an einer Altersrente, sondern vielmehr an einer Kranken- oder Armenversorgung bestand. Die wenigen alten Menschen, die arbeitsunfähig waren und dabei noch längere Zeit lebten, wurden von ihrer Familie oder einem Hospital versorgt; vielleicht bekamen sie von der Zunft ab und zu ein Almosen zugesteckt.[1484] Alte Meister erhielten wie die langfristig erkrankten manchmal einen zusätzlichen Gesellen bewilligt oder vorzugsweise zugeteilt, dessen Arbeit ihnen zu Einnahmen verhalf.[1485]

Ebenso wenig Interesse zeigten die Zünfte für die Witwen und Waisen verstorbener Meister. Auf den Wunsch nach rascher Wiederverheiratung der Witwen wurde bereits hingewiesen. Die Witwen sollten einem Betriebsnachfolger den Platz frei halten und durften nur selten den Betrieb beliebig lange auf eigene Rechnung fortführen. Für ältere Witwen, denen man eine erneute Heirat nicht mehr zutraute, machte man Ausnahmen. Meistens jedoch wurden die Witwen aus der Zunft entfernt, wenn eine Übergangszeit von maximal einem Jahr abgelaufen war und sie immer noch keinen Betriebsnachfolger geehelicht hatten. Von der Zunft als einer Familienversorgungs-Anstalt kann keine Rede sein. Die Quittung einer Kölner Goldschmiedswitwe über den Empfang einer Leibrente ihrer Zunft aus dem Jahr 1437, die Heinrich von Loesch auffand, ist in der deutschen Zunftgeschichte einmalig.[1486] Ob mit oder ohne zünftige Unterstützung, waren Witwen begehrte Heiratskandidatinnen in Gewerben, in denen sie eine voll eingerichtete Werkstatt samt Kundenstamm mit in die Ehe brachten.[1487]

Genau so selten ist Fürsorge für Waisenkinder belegt. Blieben sie Halbwaisen, sorgte der überlebende Elternteil für sie; für Vollwaisen fand sich meist jemand aus der Verwandtschaft, der die Verantwortung übernahm. Erst wenn die Kinder „mutterseelenallein“ waren, bestand Anlass einzugreifen. In Bremen legte die Obrigkeit Wert darauf, dass sich die Zünfte für Waisenkinder ehemaliger Mitglieder einsetzten, damit diese nicht die städtische Armenkasse in Anspruch nahmen: „Wenn im Tüffelmacherhandwerk [Pantoffelmacher] arme älternlose Kinder vorhanden sind, so sollen Alt- und Jungmeister zwei derselben aufnehmen und sie das Handwerk lehren; würden diese Kinder zum Tüffelmacher-Handwerk keine Lust haben, so soll ihnen nach Rath der Morgensprachsherren [städtische Zunftaufsicht], der Meister und Aeltesten und der nächsten Freunde ein anderes Handwerk gelehrt werden. Man soll sie ferner aus der Armen-Lade [der Zunft] unter-

1482 Loesch, Zunfturkunden I, S. 133*; Schuster, Stellung, S. 37; Kieser, Kartell, S. 27; Schewe, Geschichte, S. 159ff.

1483 Deter, Rechtsgeschichte, S. 229; Ehmer, Strukturwandel, S. 102.

1484 Böhmert, Beiträge, S. 23f.

1485 Fröhlich, Sicherung, S. 78.

1486 Fröhlich, Sicherung, S. 112f. Schon im 16. Jahrhundert wurden in Deutschland Witwenkassen errichtet, aber nicht im Zunftwesen, sondern bei Berufen, die den Obrigkeiten nahestanden. (Schewe, Geschichte, S. 163f.)

1487 Clasen, Streiks und Aufstände, S. 70ff.

stützen und nicht verlassen, bis sie recht und wohl ausgelernt und insonderheit im Lesen und Schreiben gründlich und genügend unterrichtet sind. Imgleichen soll das Amt Sorge tragen, dass die armen Kinder ihres Amts der Gemeinde nicht zur Last fallen."[1488]

Nach dem bisher Gesagten überrascht es nicht, dass Externe von Zünften und Gesellenschaften kaum mit materieller Hilfe bedacht wurden.[1489] Die Sensenschmiede im oberösterreichischen Kirchdorf-Micheldorf mussten 1604 von den Behörden gezwungen werden, dem örtlichen Spital Zuschüsse zu gewähren; sie selbst hatten nur an Handwerksangehörige gedacht.[1490] Der Nürnberger Rat – der nach dem gescheiterten Aufstand von 1349 in panischer Angst vor handwerklichen Selbstständigkeitsbestrebungen lebte – untersagte seinen Handwerken Armenspenden, denn sie hätten persönliche Verbindungen zugunsten der Handwerke begründen können.[1491] Im Mittelalter erhielten kirchliche Institutionen Zuschüsse, die zu einem geringen Teil Armen zugute kamen. Vor allem aus dem 18. und 19. Jahrhundert sind Beispiele bekannt, dass Zünfte an zunftferne Arme oder soziale Einrichtungen spendeten, die städtische Armenkasse bezuschussten oder unter ihren Mitgliedern für abgebrannte Berufskollegen in anderen Städten sammelten.[1492]

Die reiche Hildesheimer Gewandschneidergilde gab im 16. und 17. Jahrhundert einen großen Teil ihrer Einnahmen für die Armenpflege aus, allerdings – von geringfügigen und seltenen Spenden für Arme oder Abgebrannte abgesehen – stammten die dafür aufgewandten Mittel aus Stiftungen von Privatpersonen, die von der Gilde verwaltet wurden. Der eigene Aufwand der Gilde für soziale Zwecke war geringfügig.[1493] Ähnlich war es überall. Man investierte sein Geld lieber in repräsentative Zunfthäuser, wertvolle Willkomm-Pokale, fröhliche Feste und die prachtvolle Ausstattung von Kirchen oder legte es verzinslich an statt es Bedürftigen zu schenken. Die meisten Zünfte verfügten ohnehin kaum über liquide Mittel, ihre Einnahmen bestanden aus Gebühren, die von Lehrlingen, Gesellen und Meistern anlässlich ihrer Ein- oder Ausschreibung einmalig gezahlt werden mussten, sowie aus Strafgeldern. Nicht immer gab es – niedrige – regelmäßige Beiträge der Meister. Häufiger waren regelmäßige Zahlungsverpflichtungen der Gesellen an ihre Gesellenschaften, mit denen man Wandergesellen, die Arbeit fanden, an der Finanzierung des Wanderwesens beteiligte. Da die Zahl der Wandergesellen stark schwankte, variierte auch der Kassenbestand der Gesellenschaften, der für soziale Zwecke zur Verfügung stand. Bestand ein besonderer Finanzierungsbedarf, sammelte man eine Umlage der Mitglieder ein. Die Einnahmen waren geringfügig und unregelmäßig, eine verbindliche und kontinuierliche Sozialpolitik war unmöglich, langfristige Verpflichtungen wie die Zahlung von Ren-

1488 Böhmert, Beiträge, S. 23.
1489 Homann, Gilden, S. 11; Reininghaus, Entstehung, S. 125.
1490 Fischer, Sensen, S. 27.
1491 Lentze, Nürnbergs Gewerbeverfassung im Mittelalter, S. 262.
1492 Canzler, Zünfte, S. 104f; Hähnsen, Geschichte, S. 171; Kreutzberger, Gewerberecht, S. 65; Reininghaus/Thurmann/Walberg, Quellen, S. 375; Decker, Bürger, S. 100.
1493 Müllerleile, Gewandschneidergilde, S. 48f, 55.

ten konnten auf dieser Basis nicht eingegangen werden.[1494] Die Gesellenschaft der Berliner Weißgerber wurde 1785 durch einen einzigen Krankheits- und Todesfall in den Ruin getrieben, so dass sie den Magistrat um Hilfe anflehen musste.[1495] Gegen Ende des 18. Jahrhunderts gerieten Gesellenschaften in finanzielle Schwierigkeiten, weil sie eine wachsende Zahl arbeitsloser Wandergesellen unterstützen mussten, die Einkünfte von ihren wirtschaftlich bedrängten Mitgliedern aber nicht adäquat gesteigert werden konnten.[1496] Ein Risikoausgleich, den eine Versicherung benötigt, war angesichts der geringen Mitgliederzahlen und der homogenen Mitgliederstruktur nicht möglich.[1497] Man beschränkte sich auf sporadische Wohltaten ohne rechtliche Verpflichtung, ein Mitglied hatte allenfalls einen „moralischen Anspruch" auf die Hilfe der Zunftgenossen.[1498] Selbst wenn in den Statuten Unterstützungen der Höhe und Dauer nach spezifiziert waren, wurden sie nur geleistet, so lange Mittel vorhanden waren. Rechtsstreitigkeiten über ausbleibende Unterstützungen sind nicht bekannt, das Prinzip der Freiwilligkeit wurde allgemein akzeptiert.

Unter dem Druck der wachsenden Zahl städtischer Armer engagierten sich die Städte seit dem späten Mittelalter vermehrt im Armenwesen. Die Kirchen wurden von Stadtverwaltungen aus der Armenfürsorge verdrängt, Hospitäler gingen in städtische Verwaltung über. Die Reformation forcierte diesen Trend. Die städtischen Verwaltungen bürokratisierten und rationalisierten die Armenfürsorge, indem sie zu ihrer Durchführung besondere Institutionen schufen und Kriterien für Bedürftigkeit formulierten. Nachdem man Jahrhunderte lang Betteln als legitime Erwerbsart der Armen akzeptiert hatte, wurde es verpönt. Armenfürsorge sollte nur noch der erhalten, der „unverschuldet" in Not geraten war.[1499] Bei den Zünften lassen sich ähnliche Entwicklungen erkennen. Wurden die Mittel für soziale Zwecke zunächst meist der einzigen Zunftkasse entnommen, richteten viele Zünfte jetzt besondere, zweckgebundene Kassen („Krankenbüchse", Totenlade" usw.) mit eigenen Verwaltern ein.[1500] Detaillierte Regeln wurden aufgestellt, wie diese zu füllen waren und wem, warum und wie Unterstützung zu Teil werden sollte. Umlagen im Bedarfsfall wurden von regelmäßigen Einzahlungen abgelöst, die oft nach dem Einkommen gestaffelt waren.[1501] Da man sich gut kannte, brauchte es keine Tugendkataloge, wie städtische Armenkassen sie aufstellten; trotzdem findet sich auch in Statuten der Zünfte und Gesellenschaften der Hinweis, dass nur

1494 Vgl. Schultz, Das ehrbare Handwerk, S. 108 ; Kleeis, Geschichte, S. 32f ; Canzler, Zünfte, S. 103; Reininghaus, Entstehung, S. 252, 254; Fröhlich, Sicherung, S. 116–123. Dies galt ebenfalls noch für die Unterstützungskassen der ersten Hälfte des 19. Jahrhunderts. Vgl. Reininghaus, Unterstützungskassen, S. 161.

1495 Schultz, Das ehrbare Handwerk, S. 105.

1496 Reininghaus, Die Gesellenvereinigungen am Ende, S. 237.

1497 Hogen, Erwerbsordnung, S. 71.

1498 Das historische Gewerbe, S. 9; Fröhlich, Sicherung, S. 84f, 268.

1499 Sachße/Tennstedt, Geschichte, S. 30–35; Kleeis, Geschichte, S. 28f.

1500 Bräuer, Handwerk im alten Chemnitz, S. 96f. Diese Einrichtungen waren noch keine juristischen Personen, wie Dieter Schewe meinte, sondern rechtlich unselbstständige Abteilungen des Gesamtverbandes, gegen die man keine Klage erheben konnte. (Vgl. Schewe, Geschichte, S. 133.)

1501 Canzler, Zünfte, S. 104.

„würdige“ Mitglieder unterstützt werden dürften.[1502] Die Bürokratisierung des Unterstützungswesens durch die Zünfte hatte seine größere Stetigkeit und Zuverlässigkeit zur Folge. Gleichzeitig schwand das persönliche Moment, die sozialen Aktivitäten wurden weniger geeignet, den emotionalen Zusammenhalt zu gewährleisten.

Einen weiteren Entwicklungsschub brachte die absolutistische Epoche mit sich. Der Absolutismus machte Armenfürsorge zur staatlichen Kompetenz, erhob Steuern zu ihrer Finanzierung, verstärkte die Kontrollen der Bedürftigkeit, verbot konsequent das Betteln, vertrieb und bestrafte Bettler und errichtete Zucht- und Arbeitshäuser, um Arme von der Gesellschaft zu separieren, durch Arbeit zu „verbessern“ und zu „nützlichen Gliedern“ der Gesellschaft zu machen.[1503] Die Position der Zünfte war im Rahmen dieser Politik zwiespältig. Bettelnde Wandergesellen wurden vom Staat verfolgt, der Ruf der Zünfte, die dieses Phänomen im 18. und 19. Jahrhundert massenhaft hervorbrachten, litt. Je mehr sich öffentliche Einrichtungen sozialpolitischen Aufgaben widmeten, desto randständiger wurden die Aktivitäten der Zünfte. Auf der anderen Seite wurden die Zünfte der staatlichen Armutspolitik dienstbar gemacht. Nach dem preußischen Allgemeinen Landrecht von 1794 „war die Kur und Verpflegung eines eingewanderten und krank gewordenen Gesellen, sofern er selbst unvermögend war, aus der Gesellenlade zu bestreiten, in deren Ermangelung aus der Gewerkskasse, also aus Mitteln der Meisterzunft. Reichten diese Leistungen nicht aus, so mußte die Armenkasse des Ortes eintreten.“[1504] Ihre sozialen Tätigkeiten waren es, die den Gesellenschaften bis zur Abschaffung des Zunftwesens das Überleben sicherten, obwohl ihre selbstständigen Regungen den Obrigkeiten ein Dorn im Auge waren. Sie waren es auch, denen in den Erinnerungsberichten von Handwerkern, welche die Spätphase der Zünfte erlebten, besonderes Gewicht beigemessen wurde; insbesondere die Unterstützungskassen der Zünfte trugen zur Verklärung des Zunftbildes bei.

Die Entstehung der Unterstützungskassen war ein langwieriger Vorgang ohne scharfe Trennlinien zu Vorläufern und verwandten Einrichtungen. Übernahmen religiöse Bruderschaften soziale Aufgaben, dann war klar, dass sich diese nicht allein auf die Zunftmeister und -gesellen in der Bruderschaft erstreckten, denn in Bruderschaften konnten Ehepartner und Zunftfremde die Mitgliedschaft erwerben. Einige kleine Zünfte vereinigten sich 1655 in Leipzig zu einer Bruderschaft, um den sozialen Bedürfnissen der Mitglieder besser Rechnung tragen zu können. Diese war von den Zünften organisatorisch klar abgegrenzt und rechtlich selbstständig, kannte die Pflichtmitgliedschaft und gewährte ihren Mitgliedern einen Anspruch auf ein kostenloses Begräbnis.[1505] Die Kölner Webergesellen bildeten 1708 eine Bruderschaft „und vereinbarten eine Ordnung, nach welcher jeder Bruder alle 14 Tage 4 Albus in eine gemeinsame Kasse einzahlte. Im Krankheitsfalle bezog er aus dieser Kasse 1/2 R[eichs]th[aler], bei Bettlägerigkeit 6 Schillinge.

1502 Bräuer, Gesellen, S. 84.
1503 Sachße/Tennstedt, Geschichte, S. 107–115.
1504 Koch, Zunftlade, S. 24.
1505 Duclaud, Zünfte, S. 178.

Doch war die Kasse nur auf 1 Jahr und 6 Wochen unterstützungspflichtig."[1506] Bei dieser Einrichtung gab es also bereits regelmäßige fixe Einzahlungen und einen nach Dauer und Umfang genau bezeichneten Anspruch der Mitglieder. Was den Webergesellen ihre Krankenkasse, war den Kölner Posamentiermeistern 1728 ihre Sterbekasse: „Da es ihnen schlecht geht, wollen sie sich ein geordnetes Begräbnis sichern und zahlen deshalb wöchentlich in eine Kasse 2 Albus ein, wodurch sie im Todesfalle die Zuteilung von 10 R[eichs]th[alern] an ihre Frau sichern."[1507] Mit ihrer Sterbekasse entwickelten die Kölner Posamentierer eingeführte Formen der Begräbnisunterstützung fort: Zünfte und Gesellenschaften hatten schon lange Begräbnisstätten für ihre Angehörigen erworben, stellten den Sarg, Sargschmuck und Kerzen oder übernahmen die Beerdigungskosten.[1508] Neu waren die vollständige Umwandlung der Sachaufwendungen in Geldzahlungen und deren präzise Fixierung. Im Unterschied zu traditionellen Zahlungen von Zünften an ihre Mitglieder, die freiwillig, nach dem Bedarf des Empfängers und den finanziellen Möglichkeiten der Zunft bemessen waren, lagen in den beiden Kölner Beispielen Sondervermögen vor, die eine spezielle Verwaltungsstruktur besaßen und verpflichtende Ein- und Auszahlungen kannten; ob sie bereits juristische Personen waren oder Teil der Zunft, ist unbekannt.[1509]

Nach Anfängen in der Mitte des 17. Jahrhunderts kam es ab der Mitte des 18. Jahrhunderts – nicht nur in Deutschland – zu einem Gründungs-Boom. Sterbe-, Kranken-, Invaliden-, Heirats-, Aussteuer-, Witwen- und Waisenkassen, auch Mehrzweckkassen entstanden allerorten. Sie setzten die Tendenzen zur Bürokratisierung und Rationalisierung, die sich seit Jahrhunderten zeigten, fort. Die Verwüstungen des Dreißigjährigen Krieges, die den hauptsächlich betroffenen Regionen schwer zu schaffen machten, und die konjunkturell bedingte Verarmung des Handwerks seit der Mitte des 18. Jahrhunderts waren ökonomische Triebfedern der Unterstützungskassen. Auf freiwillige Leistungen der Zünfte und Gesellenschaften wollte und konnte man sich nicht mehr verlassen; mit den finanziellen Ressourcen schwand die Solidarität im Zunftwesen. Für Meister und Gesellen boten die Kassen eine Gelegenheit, die Nützlichkeit ihrer von vielen Seiten angefeindeten Organisationen zu beweisen und sich Freiräume von staatlichem Zwang zu bewahren. Als nach 1800 staatliche Repressionen gegen Zünfte und Gesellenschaften noch nie erlebte Ausmaße erreichten, waren Unterstützungskassen eines der Rückzugsgebiete, in denen Meister und Gesellen als soziale Gruppe überleben konnten. Gewerkschaftliche Bestrebungen seit der Mitte des 19. Jahrhunderts und Gesellenstreiks gingen teils von Unterstützungskassen aus, welche das Ende der Zunftzeit überdauerten. Die Obrigkeiten förderten das Kassenwesen aus landesväterlicher Verantwortlichkeit, um ihre Armenfürsorge zu schonen und die argwöhnisch beäugten aufmüpfigen Gesellenschaften auf ein neutrales Gleis zu bugsie-

1506 Arentz, Zersetzung, S. 74.
1507 Arentz, Zersetzung, S. 74.
1508 Fröhlich, Sicherung, S. 104ff, 168ff; Lauffs, Zunft- und Gewerbewesen, S. 40; Hähnsen, Geschichte, S. 172; Hermandung, Zunftwesen, S. 71; Scheschkewitz, Zunftwesen, S. 196.
1509 Vgl. Fröhlich, Sicherung, S. 172.

ren.[1510] Bürger wurden initiativ, die in der kommunalen Armenpflege ehrenamtlich tätig waren und die Probleme genau kannten. In Würzburg wurde 1786 eine Zwangs-Krankenversicherung für Gesellen und deren Krankenversorgung im Julius-Spital eingeführt, weil das besser und billiger war als der Aufenthalt kranker Gesellen im Herbergs-Wirtshaus. Dem Modell Würzburg folgten 1790 Bamberg, 1810–1813 München, 1814 Schweinfurt und 1819–1827 Stuttgart, während 1836 in Solingen Meister und Gesellen gemeinsam Mitglieder waren, ab 1844 auch Dienstboten; der Solinger Versicherungsverein finanzierte auch die ambulante Krankenversorgung.[1511] Religiöse Aspekte verloren an Relevanz. Unternehmer, Gewerkschaften, Gemeinden, Fabrikarbeiter und andere Berufsgruppen gründeten Kassen oder schlossen sich bestehenden an, deren Mitgliedschaft freiwillig oder verpflichtend war. Die staatliche Verwaltung gängelte die freien Kassen und bildete Zwangsvereinigungen. Im Jahr 1872 gab es allein in Preußen über 4.000 Zwangskassen und über 2.000 freiwillige mit zusammen mehr als einer Million Mitgliedern. Mit dem Hilfskassengesetz von 1876 wurden sie in das entstehende staatlich regulierte einheitliche Sozialversicherungssystem integriert. Seit dem Krankenversicherungsgesetz von 1883 wurden die freien Kassen in den Hintergrund gedrängt zugunsten anderer Versicherungsarten. Die Reichsversicherungsordnung von 1911 integrierte einen Teil der ehemaligen Unterstützungskassen als „Ersatzkassen“ in die gesetzliche Krankenversicherung, während sich andere in private Zusatzversicherungen umwandelten.[1512]

1510 Todt/Radandt, Frühgeschichte, S. 60–64; Reith, Arbeits- und Lebensweise, S. 211; Fröhlich, Sicherung, S. 143–150, 162f, 171f; Reininghaus, Gewerbe, S. 63; Ehmer, Zünfte, S. 123; Koch, Zunftlade, S. 19; Bräuer, Handwerk im alten Chemnitz, S. 117; Wefeling, 700 Jahre, ohne Seitenzählung; Schembs, Dach, S. 51f; Hähnsen, Geschichte, S. 172; Schultz, Das ehrbare Handwerk, S. 56f; Martin, Akten, S. 80; Schwarzlmüller, Berufslaufbahn, S. 121; Reininghaus, Entstehung, S. 243.

1511 Spree, Handwerker, S. 281ff.

1512 Lenger, Kleinbürgertum, S. 188f; Gierke, Genossenschaftsrecht I, S. 959f; Tennstedt, Sozialgeschichte, S. 386; Zorn, Entwicklung, S. 12f, 18ff, 25ff, 60–70; Reininghaus, Unterstützungskassen, S. 142ff.

5. STRUKTUREN

5.1. SELBSTVERWALTUNG

Wir wissen nicht, wie die Selbstverwaltung der frühen Zünfte aussah, erst im 14. Jahrhundert werden ihre Formen erkennbar. In Basel scheinen die frühesten Handwerkerorganisationen noch keine Selbstverwaltung besessen zu haben, da eine solche erst gegen 1260 in den Urkunden aufscheint.[1513] In Köln wurde den Bettdeckenwebern jedoch schon 1149 ein Beitrittszwang nach ihrem Recht, in Magdeburg den Schuhmachern 1159 ihr „jus et magisterium" bescheinigt.[1514] Die „klassische" spätmittelalterliche und frühneuzeitliche Zunft wählte in einer Vollversammlung einmal jährlich einen Vorstand aus zwei Mitgliedern, der die Zunftverwaltung übernahm und die Zunft nach außen vertrat; Hilfsdienste führte der zuletzt eingetretene Meister aus. Diese Art der Organisation wurde städtischen Selbstverwaltungskörpern nachgeahmt.[1515] Für kleine städtische Zünfte genügte diese Minimalstruktur, während geografisch oder von der Mitgliederzahl größere Zünfte komplexere Strukturen aufwiesen. Neue Aufgaben erforderten zusätzliche Ämter; das Verhältnis zur Obrigkeit und allgemeine Tendenzen der Verwaltung wie Differenzierung, Bürokratisierung und Verrechtlichung hinterließen ihre Spuren.

5.1.1. Die Vollversammlung

In Norddeutschland hießen die offiziellen Vollversammlungen der Zünfte meist Morgensprache, während man in Süddeutschland Gebote einberief.[1516] Daneben gab es eine Reihe anderer Bezeichnungen wie Stuhltag, Jahrestag, Hauptköhr oder – nach germanischem Vorbild – Ding.[1517] Die Morgensprache konnte am Nachmittag sein, wenn dies auch mitunter Kritik hervorrief; stets fand sie in den hellen Tagesstunden statt, weil man großen Wert auf die saubere Trennung von geselligen Veranstaltungen legte.[1518] Die „Normalfrequenz" der Vollversammlungen war einmal jährlich, aber Frequenzen von vierzehntägig, monatlich, viertel- oder halbjährlich über jährlich bis zu zwei- oder dreijährlich kamen vor. Zünfte, deren

1513 Lentze, Kaiser, S. 31ff.

1514 Vgl. Kapitel 2.1.

1515 Loesch, Zunfturkunden I, S. 79*.

1516 Göttmann, Bäckerzunft, S. 20; Schulze, Handwerkerorganisation, S. 55; Salow, Zunftwesen, S. 77.

1517 Nerger, Geschichte, S. 40; Hermandung, Zunftwesen, S. 72; Aul, Entwicklung, S. 11.

1518 Scheschkewitz, Zunftwesen, S. 83; Lauffs, Zunft- und Gewerbewesen, S. 31.

Mitglieder verstreut lebten, begnügten sich mit selteneren Treffen; bei Gebietszünften trafen sich manchmal die Mitglieder eines Ortes oder kleineren Bezirkes jährlich, während die Vollversammlung sämtlicher Mitglieder im Abstand mehrerer Jahre stattfand.[1519] In den Anfangszeiten scheinen die Versammlungen teilweise „nur nach Bedarf einberufen worden zu sein."[1520] Gesellenschaften, deren Mitgliederbestand rasch wechselte, tagten öfter, zum Beispiel wöchentlich oder vierzehntäglich.[1521] Neben den ordentlichen gab es außerordentliche Versammlungen, die von jedem Mitglied veranlasst werden konnten, das über ein Anliegen entscheiden lassen wollte; der Antragsteller hatte die Kosten der Versammlung zu tragen. In Frankfurt am Main konnte der Stadtrat Versammlungen einberufen, um den Mitgliedern Mitteilungen zu machen.[1522] Die Zunftversammlung war das Treffen der Betriebsinhaber, wenn auch vereinzelt Gesellen hinzugezogen wurden.[1523]

Versammlungen wurden in der Frühzeit unter freiem Himmel abgehalten, an Gerichtsplätzen oder auf dem Kirchhof. Auch Kreuzgänge von Klöstern und die Kirchen, in denen die Zünfte ihre religiösen Feierlichkeiten abhielten, dienten als Versammlungsstätte. Öffentliche Gebäude wie das Rathaus oder städtische Kaufhaus wurden genutzt, wo es bisweilen Zunftstuben gab, oder man traf sich beim Vorsitzenden zu Hause.[1524] Seit dem 13. Jahrhundert errichteten oder kauften Zünfte, die es sich leisten konnten, allein oder zusammen mit anderen Zunfthäuser, meist Mehrzweckgebäude, die neben dem Raum für die Versammlungen über Lager-, Verkaufs- und Warenschauräume sowie Säle für gesellige Veranstaltungen einschließlich privater Feiern verfügten, sowie über Wohnungen, die vermietet wurden. Hatten die Zünfte kommunale Aufgaben, lagerten sie Rüstungen, Waffen, Munition oder Feuereimer in den Zunfthäusern. In Städten mit Zunftverfassung dienten die Häuser politischen Zwecken; hier fanden die Wahlen zu politischen Körperschaften statt. In diesen Städten durften oftmals nur die Zünfte, die eine politische Zunft anführten, ein Gebäude besitzen. In Reichsstädten und den stolzen Kantonshauptstädten der Schweizer Eidgenossenschaft legten die Zünfte besonderen Wert auf ein eigenes Haus. Zunfthäuser waren Ausdruck der zünftigen Autonomie und des bürgerlich-ständischen Stolzes und Objekt der Geldanlage.[1525] In Nürnberg nach dem gescheiterten Handwerkeraufstand von 1348/49 und

1519 Ehrlicher, Zunft, S. 28; Kreutzberger, Gewerberecht, S. 51; Trautmann, Entwicklung, S. 336; Reininghaus, Zünfte, Städte und Staat, S. 50; Salow, Zunftwesen, S. 41; Peitsch, Zunftgesetzgebung, S. 20.

1520 Hemmen, Zünfte, S. 55.

1521 Bräuer, Handwerk im alten Chemnitz, S. 94; Zöllner, Zunftverfassung, S. 56.

1522 Schembs, Dach, S. 31.

1523 Scheschkewitz, Zunftwesen, S. 92.

1524 Warncke, Handwerk, S. 164; Thikötter, Zünfte, S. 62; Schwineköper, Marktbauten, S. 4; Roth, Zunftherrlichkeit, S. 49; Krumbholtz, Gewerbe, S. 164*ff; Stieglitz, Zünfte, S. 59; Reddig, Handwerker, S. 15.

1525 Keller/Brod, Fischer, S. 27; Bräuer, Handwerk im alten Chemnitz, S. 24; Arentz, Zersetzung, S. 17, 35; Hartmann, Geschichte, S. 64f; Brod, Chronik, S. 8, 17–24; Warncke, Handwerk, S. 164f; Rogge, Geschlechtergesellschaften, S. 118; Simon-Muscheid, Zunft-Trinkstuben, S. 154; Elkar, Distanz, S. 164; Binding, in: Lexikon des Mittelalters. Studienausgabe, Stuttgart/Weimar 1999, Band IX, Sp. 709; Hermandung, Zunftwesen, S. 73; Müllerleile, Gewand-

nach dessen Vorbild in anderen süddeutschen Städten wurde Zünften verboten, Zunfthäuser zu besitzen. In diesen Städten tagten die Handwerker in Wirtshäusern.[1526] Im rasch expandierenden Berlin des 18. Jahrhunderts wurden Zunfthäuser auf Initiative des Landesherrn errichtet: „Als die Zahl der Meister in etlichen Gewerken in die Hunderte wuchs und dem Altmeister [Vorsitzenden] zugleich immer häufiger kein eigenes Haus, sondern nur eine beengte Mietwohnung zur Verfügung stand, konnte man nicht mehr in Privathäusern zusammenkommen. Die größeren Innungen bauten sich Gewerkshäuser. König Friedrich Wilhelm I. befahl in den zwanziger und dreißiger Jahren des 18. Jahrhunderts allen Gewerken den Bau eigener Häuser in der Friedrichstadt, um das Wachstum dieses neuen Stadtteils zu fördern. Selbst das nur sechs Mitglieder zählende Pfefferküchler-Gewerk wurde nicht verschont. Die Mitglieder wurden mit beträchtlichen Auflagen belastet, und die Innungen stürzten sich in Schulden. Bald mußten die teuren und unnötig großen Prestigeobjekte wieder veräußert werden. … Die meisten Innungen zogen es nun wohl vor, in gemieteten Sälen zu tagen.“[1527]

Ernst Mummenhoff sprach 1924 von „palastähnlichen“ Zunfthäusern.[1528] Berühmte Beispiele wie das Knochenhaueramtshaus in Hildesheim, das als schönster Fachwerkbau Deutschlands oder gar als schönstes Holzhaus der Welt gerühmt wird, bestechen mit prächtigen Fassaden und Repräsentationsräumen, doch dürfen diese wenigen Beispiele in führenden Handelsstädten nicht darüber hinwegtäuschen, dass Zunfthäuser Ausnahmen blieben und das durchschnittliche Zunfthaus klein, unscheinbar und einfach ausgestattet war.[1529]

Außer der Fassade prunkten die Häuser mit Zierglasscheiben. „Gemalte Glasfenster waren seit dem Mittelalter allgemein beliebt. Dieser stimmungsvolle Schmuck fehlt in keinem der großen Dome und Münster, und oft künden die manchmal recht bescheiden angebrachten Handwerkssymbole vom hohen Gemeinsinn ihrer zünftigen Stifter. Solche Fenster behandeln meist in langen Reihen bildlicher Darstellungen das Leben und Sterben der Heiligen, die sich die Zunft als ihre Patrone ausgesucht hatte; sie blieben jedoch keineswegs auf Kirchen beschränkt, und bald nach der Reformation treten sie auch in den Zunftstuben auf, anfangs nur als bunte Scheiben mit dem Zunftwappen oder dem der Stifter; bald aber, besonders gegen Ende des 16. Jahrhunderts, zeigen sie auch Darstellungen aus dem Handwerker- und Zunftleben. Besonders beliebt waren Bilder jener üppigen Festmähler, die im Laufe des Jahres in den Zunfthäusern und den Herbergen abgehalten wurden. Diese Scheiben sind fast immer Stiftungen wohlhabender

schneidergilde, S. 31; Reininghaus, Zünfte, Städte und Staat, S. 69; Scheben, Zunfthaus, S. 4f; Schmidt, Zunft, S. 63; Schmidt, Zunfturkunden I, S. 57*f; Schmoller, Tucher- und Weberzunft, S. 403; Gröber, Zunftherrlichkeit, S. 25–33; Schwineköper, Marktbauten, S. 3; Martin, Akten, S. 54; Dubler, Handwerk, S. 42; 234.

1526 Elkar, Distanz, S. 166; Stieglitz, Zünfte, S. 59.

1527 Schultz, Das ehrbare Handwerk, S. 34f.

1528 Mummenhoff, Handwerker, S. 24.

1529 Gröber, Zunftherrlichkeit, S. 36; Wutzel, Handwerksherrlichkeit, S. 56; Binding/Mainzer/Wiedenau, Kunstgeschichte, S. 202; Hohmann, Zunftwesen, S. 43; Reininghaus, Sachgut, S. 443.

Handwerker, die sich auf diese vornehme Art verewigen wollten."[1530]

Das Knochenhaueramtshaus in Hildesheim
Hildesheim hatte drei Metzgerzünfte für verschiedene Stadtteile. Die Knochenhauer vom Großen Markt ließen sich 1423 oder früher ein Zunfthaus errichten. Dieses genügte aber schon bald ihren Ansprüchen nicht mehr. Die Zunft war sehr reich, außer Metzgern gehörten ihr angesehene Nichtmetzger an, welche mit ihrer Mitgliedschaft das Ansehen der Zunft und ihren politischen Einfluss nutzen wollten. Im Jahr 1529 ließ die Zunft das berühmte Knochenhaueramtshaus bauen.[1531] Es war außergewöhnlich kostbar. Nach der Abschaffung der Zünfte durch das Königreich Westfalen im Jahr 1808 wurde es für 1310 Taler versteigert, während das Zunfthaus der Metzger vom Kleinen Markt nur 80 Taler einbrachte.[1532]

„Vier große stark gewölbte Keller haben von Anfang an gewiß als Kühlräume gedient. Das Erdgeschoß links und rechts des für die Käufer von beiden Seiten her bequem zugänglichen breiten Durchganges nahm auf umklappbaren Tischen nach rückwärts die Geschäftsräume auf. Die mittleren Geschosse dienten, wie das auch schon ihr liebenswürdiger äußerer Schmuck verriet, gleichzeitig den ernsten Beratungen der Meister und fröhlichen Festen. Wir werden auch nicht fehlgehen in der Annahme, daß in den Giebel- und Dachgeschossen die Häute der geschlachteten Tiere getrocknet oder eingesalzen wurden. Von dem freien Platze hinter dem Hause endlich wissen wir, daß hier noch vor wenigen Menschenaltern die Verarbeitung der Tiere erfolgte und daß man bei dieser Arbeit die engen Zugänge mit Ketten abzusperren pflegte."[1533]

Der Bauepoche entsprechend, haben wir es hier „mit einem Bauwerk der Übergangszeit von der Gotik zur Renaissance zu tun, bei der die Konstruktion der Gotik, die Dekoration der Renaissance überlassen ist."[1534]

Das gotische Element ist „an der Außenseite des Gebäudes nach der Marktstraße hin auf dem Schwellbalken oberhalb des Zwischengeschosses zum Ausdruck gebracht, dessen Schnitzwerk hier als echt gotischer Laubfries ... anzusprechen ist. Sonst symbolisiert der ornamentale Schmuck des Schnitzwerkes im Wesentlichen den Beruf und die Berufstätigkeit seines Erbauers, des Knochenhaueramtes, in echt launiger Weise. So sehen wir beispielsweise auf dem Riegel über dem Rundbogen des Einganges rechts und links von dem Schriftsatz des Erbauungsjahres zwei prächtige Wappenschilder mit dem Wahrzeichen des Knochenhaueramtes, dem Lamm Gottes mit der Fahne, während auf den breiten Schwellbalken über den Untergeschossen ... humorvolle Berufsszenen, unter anderen ein Ochsenschlachten, angebracht sind. Unvergleichlich schön sind die mit den Figuren der Kopfbänder unter den Balkenköpfen verbundenen ornamentalen Schnitzwerke, deren köstliche Engelsfiguren auf geschnitzten Blütenkelchen stehen, aus welchen ein breites die Figuren umrahmendes Rankenwerk sich entwickelt. Auch

1530 Gröber, Zunftherrlichkeit, S. 61.
1531 400 Jahre Knochenhauer-Amtshaus, S. 4–7.
1532 400 Jahre Knochenhauer-Amtshaus, S. 9.
1533 400 Jahre Knochenhauer-Amtshaus, S. 7f
1534 400 Jahre Knochenhauer-Amtshaus, S. 16.

die Ecklösung der Ständer und Konsolen. und mit ihnen das humorvolle Schnitzwerk des Torbogens, ist besonders reizvoll, wie auch die ehemaligen Windbretter zwischen den balkentragenden Figurenkopfbändern."[1535]

Das Knochenhaueramtshaus[1536]

1535 400 Jahre Knochenhauer-Amtshaus, S. 17f.
1536 Binding/Mainzer/Wiedenau, Kunstgeschichte, S. 188.

Im Inneren waren die Gebäude in erster Linie zweckmäßig. Erhöhten Wert auf Ausschmückung legte man beim Festsaal und beim Versammlungsraum. Die Lippstadter Bäcker besaßen im 18. Jahrhundert ein Zunfthaus mit einem Festsaal im Obergeschoss. Dieser „hatte eine blaue, mit goldenen Sternen besetzte Decke und war mit einer Musikantentribüne versehen. Auf deren Vorderseite zeigte ein Gemälde nach holländischer Manier eine Bürgerfamilie, die sich auf einem Balkon an Obst und Wein delektierte.“[1537] Ähnlich gediegene Ausstattungen finden sich heute noch in den Sälen von Wirtshäusern. Der Versammlungsraum hatte einen schmucken Kachelofen und Schränke und Regale für das Geschirr und die Fahne. Man saß auf geschnitzten Bänken und Stühlen an langen Holztischen. Die Wände waren holzgetäfelt und mit Bildern geschmückt. Meistertafeln zeigten Porträts und Namen der Zunftmeister; sie sind vor allem in Norddeutschland aus dem 18. Jahrhundert überliefert.[1538] Wappentafeln, die in ganz Deutschland vom 15. bis zum 19. Jahrhundert nach adeligem Vorbild angefertigt wurden, verewigten Gründer oder Vorsteher mit Namen und Wappen und der Jahreszahl ihrer Amtsführung.[1539]

„Die ‚Wandlade‘ oder ‚Flügellade‘ ist ein flacher Schrein in einem Rahmen, mit einer zweiflügeligen Tür zu verschließen. Er enthält keine Gegenstände, ... sondern führt sich als Zunftdarstellung vor Augen: Auf den Flügeln außen und auch innen sind meist Zunftembleme, nicht selten auch Bilder von Zunftmeistern angebracht, im Schrein zeigen malerische oder plastische Darstellungen die Zunftgenossen bei der Arbeit oder beim Festmahl oder einfach am Gemeinschaftstisch. ... Diese Wandladen stellen sich uns eigentlich als verweltlichte, säkularisierte Flügelaltäre des Spätmittelalters dar. Sie kommen auch offenbar nur in protestantischen Gebieten vor und weisen nie religiöse Darstellungen auf, sie sind gewissermaßen Selbstdarstellungen der betreffenden Zunft.“[1540] Die ältesten Flügelladen stammen aus dem späten 16. Jahrhundert.[1541] „Über die schwäbischen und fränkischen Reichsstädte hinaus kennt man sie kaum, und in den Hansestädten waren sie völlig unbekannt.“[1542] Der Flügelschrein der Görlitzer Tuchmacher aus dem Jahre 1664 ist eines der wenigen Beispiele außerhalb Süddeutschlands.[1543] Die Flügelladen wurden ausschließlich bei Versammlungen feierlich geöffnet.[1544]

Die Inneneinrichtung des Metzgerzunfthauses in Köln am Ende des 18. Jahrhunderts

„Der Hauptraum des Zunfthauses war ‚der große Sommersaal‘ oder ‚das große Zunftzimmer‘. Ein kleinerer und 3 große ausziehbare Nußbaumtische, ein kleines Eichentischchen – an dem die Amtsmeister in den Versammlungen zu sitzen

1537 Reininghaus/Thurmann/Walberg, Quellen, S. 376.
1538 Gröber, Zunftherrlichkeit, S. 40; Schmidt, Zunftzeichen, S. 9.
1539 Gröber, Zunftherrlichkeit, S. 53; Dubler, Handwerk, S. 39.
1540 Schmidt, Zunftzeichen, S. 15f; vgl. Pechstein, Zunftaltertümer, S. 112ff.
1541 Pechstein, Zunftaltertümer, S. 112.
1542 Gröber, Zunftherrlichkeit, S. 40.
1543 Gröber, Zunftherrlichkeit, S. 43.
1544 Gröber, Zunftherrlichkeit, S. 38.

pflegten –, 4 Tannen- und 3 Eichenbänke, 12 hohe Eichenstühle, ein großer, mit grünem Plüsch bezogener Sessel – der Bannerherrnstuhl –, ein kleiner und ein großer Eichenschrank und ein Ofen bilden die Einrichtung. In dem großen Schrank werden die Eßbestecke, Trinkgefäße, Teller und Schüsseln (meist Zinnsachen), die Tischwäsche und etliche Kerzenleuchter aufbewahrt. In diesem Saal stand ferner eine Hausuhr. An den Wänden hingen zwei mittelgroße Spiegel mit Goldrahmen, dann etliche Schildereien, teils reichsgeschichtliche Ereignisse darstellend, andere waren religiösen Inhalts (Kreuzigung Christi mit der Veronika). Es hingen dort weiter die Zunftbretter: a) das grün gestrichene Brett in vergoldetem Rahmen mit den Schildern der Meister und Beigeschworenen, b) das Ungehorsamenbrett, c) das Armenbrett, d) ein Eichenbrett, worauf die Namen aller Meister geschrieben waren. An der Wand hing ferner eine Papiertafel in schwarzem Rahmen, den Meisterseid enthaltend. Das Kölner Wappen und der Bürgereid waren auch dort zu finden. Von Luxusartikeln werden nur etliche silberne Schilder und ein silberner Vogel mit Silberkette genannt. Verschiedene Gegenstände erinnern an das Gewerbe der Hauseigentümer: ein gemalter Ochse auf kleinem, rundem Täfelchen und ein großer Ochsenkopf mit 6 großen Kupferleuchtern. Auf dem Schrank standen drei große mit dem Amtswappen versehene Zinnschenkkannen.

Die übrigen Räume des Zunfthauses enthielten nach den Inventaren nur das notwendigste Mobil[i]ar. Im ‚Winterzimmer' standen nur ein Ofen, 4 alte, lange Tannentische und zwei alte Tannenbänke. – Im ‚Stübchen' standen ein Ofen, ein viereckiger Eichentisch und 3 Tannenbänke. Hier befanden sich auch allerlei zum Kochen notwendige Dinge: kupferne Kessel, Roster und so weiter. – ‚Unten im Stübchen' ... werden nur ein Ofen und ein abschlagbarer Tannentisch erwähnt. – In der ‚Küche' bilden eine alte Tannenanrichte und der Herd mit seinen nötigen Gerätschaften den wesentlichen Bestand der Einrichtung. Hier stehen auch die 30 ledernen Brandeimer, die jedes Gaffelhaus besaß. – Im ‚Zunftdienerstübchen' endlich nennen die Inventare nur einen schlechten Ofen und einen kleinen Tannentisch.

Ein Teil des Zunfthauses war vermietet, er wird ‚Zinshaus' oder ‚Nebenhaus' genannt. Hier standen auf dem Speicher noch etliche überflüssige Tische und Bänke, die der Zunft gehörten."[1545]

Obwohl die Zunftversammlung der Kern der zünftigen Selbstverwaltung war, nahmen vielerorts Vertreter des Stadtrates daran teil. In Norddeutschland hießen sie Morgensprachsherren, aber auch Ratsdeputierte, -vorgesetzte oder -freunde, Zunft- oder Wetteherren, Beisitzer, Verweser, Verordnete, Amtshäupter, Obmänner, Obermeister oder Amtspatrone.[1546] In Städten des Hanseraums und Branden-

1545 Schmidt, Zunft, S. 70ff.

1546 Böhmert, Beiträge, S. 8; Warncke, Handwerk, S. 162; Kreutzberger, Gewerberecht, S. 48f; Schrader, Zünfte, S. 62; Bodemann, Zunfturkunden, S. XXIX; Martin, Akten, S. 60; Weyrauch, Zunft- und Handwerksurkunden, S. 32f; Krumbholtz, Gewerbe, S. 136; Capeller, Tuchmacher, S. 24; Rohde, Entwicklung, S. 166f; Decker, Bürger, S. 14; Loesch, Zunfturkunden I, S. 63*.

burgs wurde die Teilnahme von Ratsmitgliedern im 13. Jahrhundert eingeführt, weil die Zünfte öffentliche Aufgaben der Marktordnung und Gerichtsbarkeit übernahmen; damit wurde die Verbindung zwischen dem Rat als dem Vertreter sämtlicher Bürger und der Zunft als dessen Beauftragten hergestellt.[1547] Nach verlorenen Zunftkämpfen mussten die Bremer Zünfte ab 1366 Morgensprachsherren dulden, welche sie politisch beaufsichtigen sollten. Bremen eiferten andere norddeutsche Städte nach, selbst wenn sie nie Zunftkämpfe erlebten.[1548] Teils legten die Zünfte selbst Wert auf die Teilnahme der Obrigkeit: Im Jahr „1591 richteten z.B. die Kamm- und Leuchtenmacher [Lübecks] eine Eingabe an den Rat, worin sie baten, der Rat möge die Wetteherren beauftragen, bei ihren Morgensprachen anwesend zu sein, da sie allein nicht vermöchten gute Ordnung zu halten und Beschlüsse zu fassen."[1549] Die öffentlichen Vertreter wurden von den Zünften als Ordnungsmacht, Interessenvertreter und Verbindungsleute zum Stadtrat instrumentalisiert.[1550] In Altona wurde 1766 „darüber Klage geführt, daß die Zünfte dazu übergegangen seien, sich ihre Patrone selbst zu wählen und sie nach eigenem Gutdünken auch wieder abzusetzen. Es werde auch nicht – wie vorgeschrieben – ein Magistratsmitglied, sondern häufig eine Person erwählt, die bereit sei, den Älterleuten oder anderen Zunftangehörigen Gefälligkeiten zu erweisen. Die Objektivität des Patrons sei somit nicht mehr gewährleistet."[1551] In Preußen mokierte man sich 1810, die öffentlichen Vertreter seien parteiisch für die Zünfte, weil ihnen ihr Posten Einnahmen verschaffe.[1552]

In der Frühen Neuzeit, besonders in der absolutistischen Epoche bemühten sich Stadt- und Landesherren – auch außerhalb Norddeutschlands – mit Hilfe ihrer Beamten die Kontrolle über die Zünfte zu intensivieren.[1553] In Kurmainz war ab 1719 ein Ratsfreund zu Geboten beizuziehen oder nachträglich darüber zu informieren. Seit 1741 musste er ausnahmslos zu den vier jährlichen Hauptgeboten, seit 1784 zu allen Zunftversammlungen hinzugezogen werden.[1554] In Berlin forderte 1714 „eine königliche Verordnung, daß die seit alters her vom Rat den Gewerken beigeordneten Assessoren ihre Aufgabe endlich ernst nehmen und tatsächlich an jeder Zunftversammlung teilnehmen sollten. Bisher hatten die reichen Handelsherren und einflußreichen Beamten, die als Ratsherren solch Assessorenamt innehatten, nur nach Zeit und Gelegenheit die Einladungen zu den Quartalsversammlungen der Zünfte angenommen. Bei den ausgedehnten Palavern und Schmausereien ließ sich manch städtischer Auftrag oder günstiges Verlagsgeschäft zum beiderseitigen Vorteil einfädeln." Seit 1718 wurde den Assessoren

1547 Welter, Studien, S. 44f; Peitsch, Zunftgesetzgebung, S. 22.

1548 Böhmert, Beiträge, S. 8; Hemmen, Zünfte, S. 11; Warncke, Handwerk, S. 160; Scheschkewitz, Zunftwesen, S. 86; Loesch, Zunfturkunden I, S. 63*.

1549 Warncke, Handwerk, S. 162.

1550 Scheschkewitz, Zunftwesen, S. 87f; Böhmert, Beiträge, S. 36.

1551 Rohde, Entwicklung, S. 166f.

1552 Deter, Rechtsgeschichte, S. 9.

1553 Warncke, Handwerk, S. 162; Kreutzberger, Gewerberecht, S. 48f; Weyrauch, Zunft- und Handwerksurkunden, S. 32f; Trautmann, Entwicklung, S. 323; Aul, Entwicklung, S. 11; Hohmann, Zunftwesen, S. 45; Stieglitz, Zünfte, S. 61; Jahn, Gewerbepolitik, S. 140.

1554 Decker, Bürger, S. 14.

vom König die Kassenführung der Zünfte übertragen.[1555] „Die Assessoren waren nun keine Beisitzer der Altmeister mehr, sie hatten das Direktorium der Zünfte inne. Der Ordnung nach waren es stets Magistratsmitglieder, also mittlere und höhere Beamte.“[1556] Die preußischen General-Privilegien sahen um 1735 für alle Zünfte das Amt eines Beisitzers verbindlich vor.[1557] Die Realität sah – wie so oft – anders aus als es die Regierungen wünschten, Vorschriften wurden schlicht ignoriert.[1558]

Eine Zunftversammlung unterlag strengen Regeln. Auf dem Hin- und Rückweg hatte es ruhig herzugehen. Es bestand Anwesenheitspflicht. Wer zu spät kam, zahlte Strafe, ebenso, wer zu früh ging. Manchmal gab man – wie an den Universitäten – eine Zeitspanne zu, bis zu der alle eingetroffen sein mussten; sobald eine bestimmte Kerze abgebrannt war, wurde begonnen. Waffen durften nicht mitgebracht werden. Der Würde der Handlung entsprach die Kleiderordnung: Die beste Kleidung wurde gewünscht, keine Arbeitskleidung. Die Verhandlungen der Versammlung unterlagen der Geheimhaltung, damit sich kein Externer in Zunftangelegenheiten einmischen konnte.[1559] Die Meister der Lüneburger Bäcker und Schneider mussten im 16. Jahrhundert schwören: „Ich will auch nicht melden, was in der Morgensprache gehandelt und gesagt wird; dasselbe will ich meiner Hausfrau nicht sagen, sondern nur denen, die mit mir im Amte [in der Zunft] sitzen.“[1560]

Die Elemente einer Zunftversammlung waren in höchstem Grade normiert mit einer fixen Sitzordnung der Teilnehmer – zum Beispiel abgestuft nach der Dauer der Zugehörigkeit –, einer vorbestimmten Tagesordnung und Reglementierungen, wer wann sprechen durfte und in welcher Weise. Beleidigungen, Schwüre und Flüche waren verboten. Sofern Gesellen teilnahmen, saßen sie an einem Extratisch.[1561] Das Zeremoniell der Zunftversammlungen deckte sich mit dem der alten Gerichtsverhandlungen und Volksversammlungen, wie es in Städten Norddeutschlands teilweise bis in das 18. Jahrhundert praktiziert wurde.[1562] Die Versammlung begann dadurch, dass der Vorsitzende sich Gehör verschaffte, die Lade und – sofern vorhanden – die Flügellade öffnete. Er begrüßte die Teilnehmer in einer von Wort zu Wort genau vorgeschriebenen Form, welche die Rechtsgültigkeit der Versammlung feststellte, entbot Gott und den weltlichen Obrigkeiten den ihrem Rang zustehenden Gruß, ermahnte die Teilnehmer, Disziplin zu wahren, und stellte die Tagesordnung vor. Anschließend wurden die Statuten verlesen, um sie den Mitgliedern einzuschärfen und den ordnungsgemäßen Verlauf der Ver-

1555 Schultz, Das ehrbare Handwerk, S. 115.
1556 Schultz, Das ehrbare Handwerk, S. 116.
1557 Sarre, Goldschmiede-Zunft, S. 11.
1558 Reininghaus/Thurmann/Walberg, Quellen, S. 172.
1559 Warncke, Handwerk, S. 158; Scheschkewitz, Zunftwesen, S. 84; Wissell, Recht II, S. 195; Hähnsen, Geschichte, S. 13; Kreutzberger, Gewerberecht, S. 52. Das Verbot, in der Öffentlichkeit Waffen zu tragen, fand sich regelmäßig in städtischen Ordnungen.
1560 Bodemann, Zunfturkunden, S. XXXI; vgl. Rösler, Beitrag, S. 46.
1561 Kreutzberger, Gewerberecht, S. 55; Göttmann, Bäckerzunft, S. 23; Döhler, Beschreibung, S. 57.
1562 Wissell, Recht III, S. 197.

sammlung sicherzustellen. Nahmen Vertreter der Obrigkeit an der Versammlung teil, konnten sie kontrollieren, ob die Zunft seit der letzten Versammlung eigenmächtig Veränderungen der Statuten vorgenommen hatte. Mitteilungen der Obrigkeit wurden bekannt gegeben. Waren Beiträge zu kassieren, ließ der Vorsitzende ein Zahlbrett oder eine Büchse herumgehen. Er erstattete seinen Rechenschaftsbericht und legte die Abrechnung der Kassengeschäfte vor. Nun war es an der Zeit, Klagen und Anträge der Mitglieder zu verhandeln. Diese waren dem Vorsitzenden vor der Versammlung mitgeteilt worden oder wurden durch eine „Umfrage" unter den Teilnehmern ermittelt. Als letzter Tagesordnungspunkt erfolgten personelle Veränderungen wie das Aufdingen oder Freisprechen von Lehrlingen oder die Annahme neuer Mitglieder. Mit dem Schließen der Lade beendete der Vorsitzende die Versammlung.[1563]

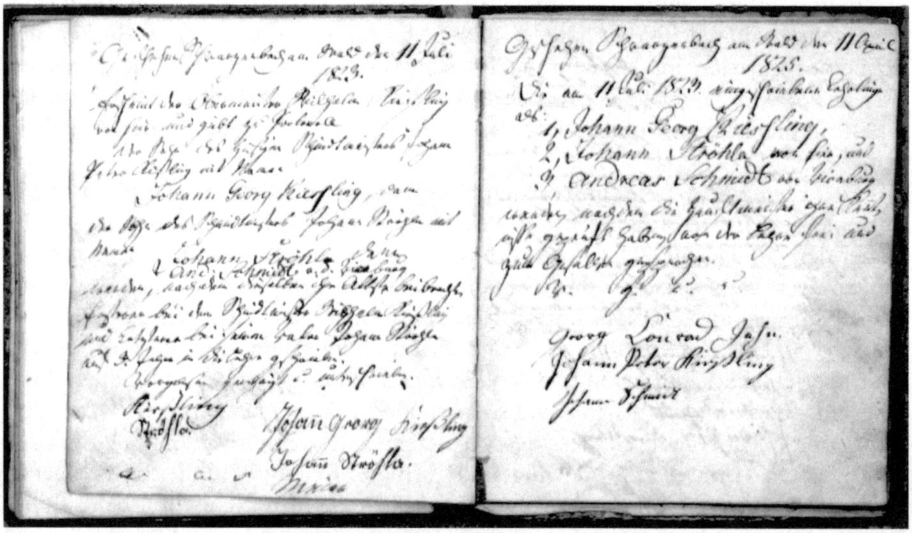

Protokollbuch der Schmiede und Wagner in Schwarzenbach am Wald 1763–1858[1564]

Versammlungen der Gesellenschaften („Auflagen" nach dem zu zahlenden Beitrag; „Umfragen", „Schenken") verliefen nach einem sehr ähnlichen Schema. An die Stelle des Vertreters der Obrigkeit als Aufsicht und Kontaktperson trat ein Zunftmeister. Neuankömmlinge wurden nach ihren Lehrherren und Meistern gefragt, um ihre Zünftigkeit zu prüfen; sie bestellten Grüße aus dem Ort, aus dem sie kamen, und trugen die Namen der dortigen Sündenböcke vor, die gegen Zunft-

1563 Warncke, Handwerk, S. 162f; Siemsen, Germanengut, S. 109; Kreutzberger, Gewerberecht, S. 53f, 63, 65; Schmidt, Zunft, S. 74.; Göttmann, Bäckerzunft, S. 102; Fromm, Studien, S. 77.
1564 Stadtarchiv Hof, BZ 120.

regeln verstoßen hatten und verrufen worden waren. Regelmäßiger als die Meister sammelten die Gesellen Beiträge ein, um Wandergesellen an den Unkosten des Wanderwesens zu beteiligen.[1565]

5.1.2. Verwaltungssachgut

Zur korrekten Durchführung der Versammlungen benötigte jede Zunft oder Gesellenschaft Gegenstände, die man heute noch in vielen Museen besichtigen kann. Um zur Versammlung einzuladen, verwendete man Ladetafeln oder -stöcke aus Holz oder Metall. Der Bote zeigte auf seinem Umgang den allen Mitgliedern bekannten Gegenstand vor und legitimierte sich auf diese Weise als Vertreter des Vorsitzenden; wurde es nicht benötigt, hing das Ladesymbol in der Zunftstube oder über dem Stammtisch im Wirtshaus. Die Methode der Einberufung per Ladetafel fand sich bereits beim mittelalterlichen Königtum. In Norddeutschland verwendete man überwiegend schildförmige Ladetafeln, in Süddeutschland herrschten Ladestöcke vor.[1566] „Mancherorts trug der Zunftdiener, wenn er die Meister zusammenrufen mußte, seinen schriftlichen Auftrag in einem hohlen Ordonnanzstab, um ihn vor Nässe zu schützen."[1567] Um sich Ruhe zu verschaffen, benutzte der Vorsitzende ein Regimentsholz, ein Würdezeichen, das an die Zepter von Königen erinnert, oder einen Hammer oder eine Tischglocke.[1568] Das Zahl- oder Zechbrett oder eine Geldbüchse wurden hervorgeholt, wenn es darum ging, bei offiziellen oder geselligen Versammlungen Beiträge einzusammeln. Zu Wahlen verwendete man Losurnen, zum Protokollieren zunfteigenes Schreibzeug.[1569] Die Zunftordnung hatte im Mittelalter vielfach die Gestalt einer Rolle. Diese wurde „in einem stabförmigen Gefäß aus Holz, Messing oder Leder aufbewahrt". Von der ursprünglichen Form wurde der Ausdruck „Rolle" übertragen auf die später ausschließlich in Kodexform vorliegenden Statuten.[1570]

Der weitaus wichtigste Gegenstand der Zunftverwaltung war die Lade, auch Truhe, Schrein, Büchse oder Kasten genannt. In der Zunftliteratur wird sie als Heiligtum der Zünfte verherrlicht.[1571] Es handelte sich um einen tragbaren Holzkasten mit Einteilungen, in dem Verwaltungsunterlagen wie Statuten, Bücher, Protokolle, Akten, Korrespondenz, Geburts- und Lehrscheine, Siegel und Geld aufbewahrt wurden. Nicht zufällig stammen die ältesten Nachweise von Zunftladen aus der zweiten Hälfte des 15. Jahrhunderts: Vorher besaßen die meisten Zünfte nichts, für dessen Aufbewahrung sie eine Lade benötigt hätten. Die Lade

1565 Bräuer, Handwerk im alten Chemnitz, S. 94; Hähnsen, Geschichte, S. 194f; Wissell, Recht III, S. 10; Schultz, Das ehrbare Handwerk, S. 98; Zöllner, Zunftverfassung, S. 56; Schwarzlmüller, Berufslaufbahn, S. 150; Grießinger, Kapital, S. 224ff.

1566 Schmidt, Zunftzeichen, S. 22; Nagybákay, Quellenwert, S. 91f.

1567 Gröber, Zunftherrlichkeit, S. 58.

1568 Gröber, Zunftherrlichkeit, S. 58; Hasse, Zunft, S. 10; Schmidt, Zunftzeichen, S. 22; Finkenstaedt, Beiträge, S. 78.

1569 Gröber, Zunftherrlichkeit, S. 165; Nadolski, Zunftzinn, S. 365f.

1570 Hasse, Zunft, S. 10.

1571 Gröber, Zunftherrlichkeit, S. 54.

hatte zwei oder drei Schlösser mit unterschiedlichen Schließungen; die Schlüssel waren sicherheits- und kontrollhalber auf die entsprechende Zahl Amtsinhaber verteilt, die nur gemeinsam die Lade öffnen konnten.[1572] Ihr Inhalt – nicht irgend eine angedichtete „Heiligkeit“ – war es, der die Zünfte veranlasste, die Lade während ihrer Versammlungen zu öffnen: Die offene Lade zeigte jedem Teilnehmer, dass Unterlagen und Geld vollständig vorhanden waren, und bot ihm die Möglichkeit, die Rechtskraft von Form und Inhalten der Veranstaltung zu überprüfen. So wurde sichergestellt, dass die Verhandlungsergebnisse nicht im Nachhinein angezweifelt werden konnten. Diese Rechtsqualität machte die besondere Bedeutung der Lade aus; deshalb wurde sie auf Umzügen mitgeführt oder von den Obrigkeiten beschlagnahmt.

Zunftlade der Hofer Zeugwirker 1645[1573]

Truhen waren die wichtigsten Möbel bis tief in die Frühe Neuzeit. In Köln wurden die Schreinsurkunden seit dem 12. Jahrhundert in den namengebenden Schreinen aufbewahrt.[1574] Jeder Haushalt besaß Truhen, in denen die Wäsche lagerte. Schränke wurden erst allmählich üblich. Einzelne Zünfte schafften, als sie

1572 Brod, Chronik, S. 31f; Kreutzberger, Gewerberecht, S. 62; Reininghaus, Sachgut, S. 444.
1573 Museum Bayerisches Vogtland, Hof, 2/4, 5/5. Foto: Haus der Bayerischen Geschichte, Augsburg.
1574 Klötzer, Quellen, S. 50.

reicher wurden, Aktenschränke an.[1575] Die Zunftlade „befand sich meist in der Behausung des Zunftmeisters und wurde zu feierlichen Gelegenheiten aus dessen Haus herbeigeschafft. Die Installierung eines neuen Zunftvorstandes wurde dadurch bildhaft dargetan, daß man die Lade von ihrer bisherigen Behausung in die neue trug."[1576] Zur Prachtentfaltung bestanden Zunftladen aus Hartholz, während die der Gesellenschaften meist aus billigerem Weichholz hergestellt wurden. Die Meister bestellten „vornehme Tischlerarbeit, Kästchen mit Schlagdeckel aus hartem Holz, Wände und Deckel womöglich politiert, nicht selten eingelegt und das ganze Stück mit zierlichen, aber auch bedacht sperrenden Schlössern versehen. Die oft beträchtliche Qualität dieser Zunfttruhen hat sicherlich dazu beigetragen, daß viele gute Stücke erhalten geblieben sind, im Verhältnis jedenfalls mehr als entsprechende bäuerliche Weichholzmöbel."[1577] Zunfttruhen waren fast nie bemalt, anders Gesellentruhen.[1578]

Eines der wertvollsten Stücke in der Lade war das Zunftsiegel. Das älteste bekannte Stadtsiegel ist das Kölner von 1149,[1579] Zunftsiegel kamen im 13. Jahrhundert auf und sind seit dem 14. Jahrhundert in Abdrücken nachweisbar. Das älteste überlieferte Zunftsiegel ist das der Berliner Knochenhauer von 1311.[1580] Während die frühesten Zunftsiegel aus den Bischofsstädten Köln und Mainz kirchlich-religiöse Symbole zeigten, wählten die Würzburger Zünfte, obwohl ebenfalls in einer Bischofsstadt, neben grafischen Elementen Produkte oder Werkzeuge der Handwerke, weil sie seit 1265 in Kämpfe mit dem Bischof und der Geistlichkeit der Stadt verstrickt waren.[1581] Die Würzburger Linie wurde prägend für die Siegeldarstellungen der Zünfte in Deutschland. Auch Zunftpatrone, Wappen der Städte und Länder und in der Barockzeit Allegorien und Sagen zierten die Siegel.[1582] Seit dem 15. Jahrhundert wurden Zunftsiegel allgemein üblich, etwas später persönliche Siegel der Handwerksmeister.[1583]

Für die Ausbreitung des Siegelwesens waren mehrere Ursachen maßgebend. Siegelführung war Ausdruck der Selbstständigkeit der Zunft. Ein eigenes Siegel zu haben bedeutete, eine unabhängige Korrespondenz führen zu dürfen.[1584] „Nichts beweist die Unselbständigkeit und Unmündigkeit der Nürnberger Handwerke mehr als der Umstand, daß sie nicht einmal befugt waren, eigene Siegel zu führen oder sich ihrer selbständig zu bedienen. ... Als dann später die [Nürnberger] Handwerke Siegel führen durften, war dieses Recht durch solche Vorsichtsmaßregeln eingeschränkt, daß es nicht viel bedeutete. Es durften sich die Handwerke eigener Siegel bedienen, aber nur mit Vorwissen des Rats oder des Rugsamts [der städtischen Aufsichtsbehörde], dem sie es nach jedesmaligem

1575 Rüdiger, Zunftrollen, S. XXIII.
1576 Schmidt, Zunftzeichen, S. 16.
1577 Schmidt, Zunftzeichen, S. 18.
1578 Schmidt, Zunftzeichen, S. 19.
1579 Planitz, Stadt, S. 234.
1580 Bischoff, Zunft- und Handwerkssiegel, S. 127.
1581 Engel, Zunftsiegel, S. 37–51.
1582 Reininghaus, Sachgut, S. 437.
1583 Nadolski, Zunftzinn, S. 75; Mummenhoff, Handwerker, S. 7.
1584 Stieglitz, Zünfte, S. 38; Werner, Geschichte, S. 35f.

Gebrauch wieder einzuliefern hatten."[1585] Ohne eigenes Siegel musste man auf das der Stadt oder des Landesherrn zurückgreifen, ein umständliches und teures Verfahren. Die Zünfte benötigten Siegel, um Rechtsgeschäfte zu beurkunden, zum Beispiel den Kauf von Zunfthäusern, die Vergabe oder Aufnahme von Krediten oder die Beglaubigung von Lehr- und Meisterbriefen oder Arbeitsbestätigungen der Gesellen, sowie zum Verschluss abgehender Schreiben. Der Wanderzwang der Gesellen, der sich seit dem 16. Jahrhundert allgemein durchsetzte, ließ die Zahl der Zunftsiegel stark wachsen, da jetzt zahlreiche Schriftstücke zu beglaubigen waren. Im einen oder anderen Fall dienten Zunftsiegel für Zwecke der Warenschau, doch wurden dafür meist Marken oder kleinere und einfachere Siegel verwendet.[1586]

Nicht allein das Siegel, viele bildliche Darstellungen administrativen wie dekorativen Charakters schmückte das Wappen der Zunft. Die Wandbemalung einer Kapelle in Gent in Flandern zeigt bewaffnete Zunftmitglieder des 13. Jahrhunderts, die auf ihren Schildern und Fahnen das Zunftzeichen tragen. Zunftwappen entstammen also wie die Wappen anderer Gruppen dem militärischen Sektor, wo sie die im Mittelalter noch nicht vorhandenen Uniformen ersetzten. Ab dem 14. Jahrhundert finden sich Zunftwappen auf Petschaften und seit dem 15. Jahrhundert als dekoratives Element auf Zunftgegenständen aller Art. Die Zünfte verhielten sich analog anderen Wappen tragenden Bevölkerungsschichten. Als Wappenbilder dienten meist typische Arbeitsmittel oder Produkte des Handwerks. Seit dem 14. Jahrhundert gab es außerdem den – seltenen – Fall, dass der Zunft einer Großstadt vom Herrscher ein Wappen verliehen wurde, das sich dann bei den Zünften des Landes allgemein durchsetzte.[1587] „Die Darstellung von Schutzheiligen in den Zunftzeichen trat in zwei Wellen auf: zuerst im 14.–15. Jahrhundert zur Zeit des christlichen Mittelalters, dann nach längerer Pause zur Zeit der barocken Gegenreformation. Besonders in von Katholiken bewohnten Gebieten findet man viele Zunftzeichen mit Schutzheiligen."[1588] Seit dem 16. Jahrhundert wurden Zunftwappen gesammelt auf Wappentafeln dargestellt.[1589] Man findet sie heutzutage noch als Zeichen der in einem Ort vertretenen Handwerke an Maibäumen.

5.1.3. Ämter

Zünfte begnügten sich selten mit einem Einzelvorstand, die überwiegende Zahl der Zünfte hatte zwei Vorstandsmitglieder, es kam aber auch jede andere Zahl bis zu etwa einem Dutzend Personen vor. Die Vorstandsvorsitzenden wurden bezeichnet als Zunftmeister (entsprechend: Gildemeister, Innungsmeister usw.), Werk-, Vier-, Ober-, Kerzen-, Alt-, Vor-, Schleifer-, Brudermeister, geschworene Meister, Ältermänner oder -leute, Greven, Richtmänner und mit vielen anderen

1585 Mummenhoff, Handwerker, S. 43.
1586 Bischoff, Zunft- und Handwerkssiegel, S. 131ff; Pieper-Lippe, Zunftsiegel, S. 2f.
1587 Nagybákay, Quellenwert, S. 92–95.
1588 Nagybákay, Quellenwert, S. 97f.
1589 Gröber, Zunftherrlichkeit, S. 68.

Ausdrücken, die auf ihre Anzahl, den Eid, den sie der Obrigkeit schwören mussten, ihre Eigenschaft als Chef eines wirtschaftlichen und religiösen Verbandes oder ihre richterlichen Funktionen abhoben. Die anderen Vorstandsmitglieder hießen Beigeordnete oder Geschworene. Der Vorstand hatte in kleinen Zünften beinahe Allzuständigkeit. Er berief die Versammlungen ein und leitete sie, führte Bücher und Kasse, worüber er der Versammlung Rechenschaft ablegen musste, korrespondierte inner- und außerhalb der Zunft, bewahrte die Schriftstücke und sonstigen Sachgüter der Zunft auf, führte die Prüfungen und Aufnahmen von Lehrlingen und Meistern und die Werkstatt- und Warenschau durch und kaufte für die Mitglieder Rohstoffe ein. Zunftversammlungen fanden oft im Hause des Vorsitzenden statt. Hatte die Zunft politischen Einfluss, zum Beispiel eine Vertretung im Stadtrat, wurde dieser vom Vorsitzenden ausgeübt.[1590]

Mit der Würde des Vorstandes vertrugen sich untergeordnete Hilfsdienste nicht. Diese musste der Jungmeister, der zuletzt eingetretene Meister, ausführen. Er wirkte als Bote, der die Mitglieder zu Versammlungen einlud, kaufte zu geselligen Veranstaltungen ein und bediente während der Veranstaltungen, vollstreckte die vom Vorstand gegenüber Mitgliedern verhängten Strafen, beaufsichtigte das Zunfthaus, nahm als Stellvertreter der Zunft an öffentlichen Schießübungen teil, sammelte Beiträge ein und pfändete säumige Zahler, ging in der Kirche bei seinen Kollegen mit dem Klingelbeutel herum, jagte die Bönhasen, kontrollierte, ob die Mitmeister die Sonntagsruhe einhielten, schloss die Verkaufsstände auf, kurz: ihm oblagen alle unangenehmen, weil zeitaufwendigen, ärgerbehafteten und wenig angesehenen Dienste. Treffend hieß er Knecht oder Diener, Schenke, Büttel, Bote oder Läufer. Die Obrigkeiten sahen sich im 17. und 18. Jahrhundert veranlasst zu der Mahnung, Jungmeister dürften nicht „zu hart beschweret" werden.[1591]

Bereits im 13. Jahrhundert besaßen größere Städte Kanzleien unter einem Stadtschreiber. Seit dem 15. Jahrhundert war dieser als Syndikus außerdem mit juristischen Aufgaben betraut.[1592] Mit einer Verzögerung von ein bis drei Jahrhunderten übernahmen die Zünfte dieses System. Zuerst wurde für das Führen von Protokollen und Büchern ein besonderes Ehrenamt geschaffen, bevor dieses Amt besoldet wurde. Nicht mehr ausschließlich Mitglieder, auch Externe bewarben sich um die Schreiberstelle. Neben einem kleinen jährlichen Grundgehalt bekamen sie für jede einzelne Tätigkeit eine Vergütung. Während der Frühen Neuzeit wurden in wachsendem Umfang juristisch ausgebildete Personen wie Advo-

1590 Kieser, Kartell, S. 66f; Hemmen, Zünfte, S. 51ff; Warncke, Handwerk, S. 168f; Hermandung, Zunftwesen, S. 59; Kreutzberger, Gewerberecht, S. 40; Weyrauch, Amts- und Gewerbeordnungen, S. 102; Krumbholtz, Gewerbe, S. 135*f; Trautmann, Entwicklung, S. 333; Johanni, Zünfte, S. 71; Reininghaus/Thurmann/Walberg, Quellen, S. 370; Scheschkewitz, Zunftwesen, S. 74f; Lauffs, Zunft- und Gewerbewesen, S. 31f; Eitel, Reichsstädte, S. 30; Fromm, Studien, S. 72; Scheitlin, Zunftwesen, S. 38f.

1591 Hemmen, Zünfte, S. 47; Warncke, Handwerk, S. 119; Hähnsen, Geschichte, S. 164; Keller/Brod, Fischer, S. 36; Johanni, Zünfte, S. 73; Lauffs, Zunft- und Gewerbewesen, S. 33; Müllerleile, Gewandschneidergilde, S. 38ff; Reininghaus/Thurmann/Walberg, Quellen, S. 173, 372f; Salow, Zunftwesen, S. 77; Schmidt, Zunft, S. 57f; Proesler, Handwerk, S. 39* (Zitat), 64*.

1592 Rörig, Stadt, S. 95; vgl. Gerteis, Städte, S. 85ff.

katen oder Notare zu nebenamtlichen Zunftschreibern. Ihnen wurde außer den Schreibarbeiten die Rechtsberatung und -vertretung der Zunft übertragen. Einige Zünfte leisteten sich sogar den Juristen zusätzlich zum Schreiber. Rechtsstreitigkeiten und Verhandlungen mit Behörden, die Zeit und Kraft kosteten, erforderten juristischen Beistand.[1593]

Nur ausnahmsweise wurde die Finanzverwaltung speziellen Ämtern zugeordnet.[1594] Sie gehörte zu den Kernbereichen der Vorstandstätigkeit, die man sich nicht gern aus der Hand nehmen ließ. Anders war es mit der Werkstatt- und Warenschau, die in manchen Zünften von besonderen Amtsinhabern durchgeführt wurde, welche – da sie öffentliche Befugnisse im Auftrag wahrnahmen – eng mit der Obrigkeit zusammen arbeiteten. Sie wurden von der Stadtverwaltung beauftragt, vereidigt und kontrolliert.[1595] Für den Zunftkauf und die Führung der Zunftbetriebe gab es ebenfalls Spezialisten, die von der Vollversammlung gewählt wurden. Die Kieler Schuhmacher bestellten 1526 „smerherren“: „Einmal bildeten sie eine Art Festausschuß für den Fronleichnamshagen [ein Fest am Fronleichnamstag]. Sodann waren sie der Vorstand des Amtes in seiner Eigenschaft als Einkaufsgenossenschaft. Sie kauften jährlich den Bedarf der Schuster an Pech, Talg und Fett ein, was in ihrem Hause aufgeteilt wurde.“[1596] Die Wollweberzunft in Butzbach (Oberhessen) wählte einen Baumeister, der die Gebäude und Mühlen der Zunft in Ordnung halten musste.[1597] Die Hofer Tuchmacher hatten einen Walkmeister, der die Walkmühle verwaltete, und einen Waidmeister, der den Färbewaid einkaufte und das Farbhaus führte.[1598] Häufig waren Prüfungskommissionen für die Abnahme der Meisterstücke.[1599] In einigen Leipziger Zünften gab es im Mittelalter Kerzenwarte, die für die Unterhaltung der Kerzen am Zunftaltar zuständig waren.[1600] War die Zunft gleichzeitig eine Bruderschaft, gab es manchmal außer den Zunftämtern Bruderschaftsämter einschließlich einer besonderen Vorstandschaft.[1601] Hatte eine Zunft eine Gesellenschaft, dann wurde zu deren Beaufsichtigung vielleicht ein Ladenmeister oder Gesellenvater bestellt, der an den offiziellen Versammlungen der Gesellenschaft teilnahm und ihr mit Rat und Tat zur Seite stand.[1602]

Wie der Vorstand konnte der Jungmeister von seinen umfangreichen Aufgaben entlastet werden. In größeren Zünften gab es mehrere Knechte, welche die

1593 Kieser, Kartell, S. 67; Schultz, Das ehrbare Handwerk, S. 35; Schmoller, Tucher- und Weberzunft, S. 493; Bräuer, Handwerk im alten Chemnitz, S. 26; Keller/Brod, Fischer, S. 35; Kreutzberger, Gewerberecht, S. 40f; Martin, Akten, S. 76; Schmidt, Zunft, S. 57.

1594 Krumbholtz, Gewerbe, S. 152*.

1595 Hermandung, Zunftwesen, S. 65f; Weyrauch, Zunft- und Handwerksurkunden, S. 36; Horsch, Zünfte, S. 39; Reininghaus/Thurmann/Walberg, Quellen, S. 371f; Peitsch, Zunftgesetzgebung, S. 26.

1596 Hähnsen, Geschichte, S. 20.

1597 Weyrauch, Amts- und Gewerbeordnungen, S. 107.

1598 Trautmann, Entwicklung, S. 335f.

1599 Johanni, Zünfte, S. 74; Schmidt, Zunfturkunden I, S. 59*.

1600 Zöllner, Zunftverfassung, S. 79.

1601 Scheschkewitz, Zunftwesen, S. 181.

1602 Hähnsen, Geschichte, S. 164.

Aufgaben unter sich aufteilten, oder Angestellte, die dafür bezahlt wurden.[1603] Die Miltenberger Fischer und Schiffer professionalisierten das Amt im Jahr 1723, weil sie froh waren, auf diese Weise die ungeliebte Tätigkeit auf lange Zeit los zu werden. Ihr Zunftknecht hatte Schulden bei der Zunft, die er durch die Fortsetzung seiner Tätigkeit abtragen durfte.[1604] Schaffer, Wirte, Rechen-, Urten-, Stuben- oder Weinmeister hatten für gesellige Treffen einzukaufen und bei ihnen zu bedienen sowie die Zunftstube zu führen.[1605] Die Dachdecker in Frankfurt am Main hatten 1476 zwei Rechenmeister, die wechselweise jeweils vier Wochen lang zuständig waren, bei Hochzeiten und Taufen in der Zunftstube die Gäste zu bewirten.[1606]

Als das Gesellenwandern üblich geworden war, musste man sich Gedanken machen, wie die ankommenden Gesellen untergebracht werden sollten. Oft nächtigten sie beim Zunftvorsteher oder wurden der Reihe nach den Meistern zugeteilt. In Chemnitz gab es das Amt des Herbergsvaters, „das gleichfalls nicht selten nach dem Rotationsprinzip ausgeübt wurde. Beim ‚Vater', wie er meist verkürzend genannt wurde, waren jene in der Stadt tätigen fremden Gesellen untergebracht, die im Meisterhaus keine Bleibe finden konnten. Bei ihm befand sich auch die Herberge als Stätte der Gesellenzusammenkünfte. Für die ankommenden Gesellen hatte er eine Arbeit zu vermitteln oder an dieser Vermittlung mitzuwirken. Verschiedentlich wurde in der Küche seines Hauses den Gesellen ein Morgen- und/oder Abendessen bereitet. Stets gehörte er zu den brauenden Bürgern, denn er hatte die Gesellen bei ihren Zusammenkünften mit Getränken zu versorgen. Es versteht sich, daß er in diesem Zusammenhang auch eine Aufsichts- und Erziehungsfunktion ausübte."[1607] Andere Zünfte vergaben die Position des Herbergsvaters einem Gastwirt, der sie neben seinen sonstigen Geschäften ausübte, oder errichteten – vielleicht mit weiteren Zünften gemeinsam – eine Herberge, für die sie einen Wirt verpflichteten.

Schließlich seien die Ausschüsse und Beiräte erwähnt, die in größeren Zünften an die Stelle der Vollversammlungen traten.[1608] In Köln gab es Ausschüsse in Zünften schon im 14. Jahrhundert.[1609] In Frankfurt am Main sind sie im 16. Jahrhundert aktenkundig: „Die Ursachen, weswegen die Zunft zusammenberufen werden konnte, waren so viele, und die damit für die Meister verbundene Unbequemlichkeit, die verlorene Arbeitszeit, der Schaden an ihrem Werk so groß, daß man immer mehr dazu überging, geringere Angelegenheiten Ausschüssen zur Entscheidung zu übertragen und alle Gebote möglichst auf die Feiertage zu verlegen. Nur bei besonderen Anlässen und zu den Fronfastengeboten sollte die ganze Zunft zusammentreten. So bestellten die Fischer 1531 acht Personen, die Schmie-

1603 Thikötter, Zünfte, S. 60; Müllerleile, Gewandschneidergilde, S. 38ff; Hermandung, Zunftwesen, S. 75.

1604 Keller/Brod, Fischer, S. 36.

1605 Reininghaus/Thurmann/Walberg, Quellen, S. 167; Lauffs, Zunft- und Gewerbewesen, S. 29; Göttmann, Bäckerzunft, S. 27.

1606 Schembs, Dach, S. 31.

1607 Bräuer, Handwerk im alten Chemnitz, S. 26.

1608 Vgl. Keller/Brod, Fischer, S. 34f; Scheschkewitz, Zunftwesen, S. 81.

1609 Luther, Zunftdemokratie, S. 23.

de sechs, und später, 1586, zehn Personen, die zusammen mit den Zunftmeistern und auch Ratsfreunden Streitigkeiten erledigten, Geburtsurkunden prüften usw."[1610] In Oldenburg wurden seit dem Ende des 15. Jahrhunderts die ehemaligen Vorsteher in einem Beratergremium zusammengefasst. Ähnliche Beiräte wurden in vielen Orten geschaffen; die Hildesheimer Gewandschneider bezeichneten sie als „Senioren". Ziel der Beiräte war die Kontinuität der Verwaltungsführung trotz des üblichen jährlichen Wechsels der Vorsteher; teilweise hatten sie Kontrollpflichten gegenüber dem Vorstand auszuüben wie die Prüfung der Jahresrechnung oder die Teilnahme an wichtigen Verhandlungen mit den Obrigkeiten. In diesem Fall verwischte die Grenze zwischen Beiräten und Ausschüssen.[1611]

Gesellenschaften waren eine „Zunft in der Zunft". Dem Zunftvorsteher entsprach der Altgeselle (auch: Altknecht oder -führer, Büchsengeselle, Wirt, Wortführer, Schaffer), dem Jungmeister der Junggeselle (auch: Örten-, Irten- oder Ürtengeselle, Lade-, Zuschick-, Führer- und Zechgeselle, Beisitzer oder Germeister), der einen Wandergesellen in der Herberge begrüßen und zur Versammlung aufwarten musste, dem Kerzenmeister der Kerzengeselle.[1612]

Trotz der erwähnten Professionalisierungstendenzen beruhte das Zunftwesen bis zum Schluss in erster Linie auf dem Ehrenamt. Die Amtsinhaber erhielten Anteile von Gebühren und Strafzahlungen, die bei ihren Amtshandlungen fällig wurden, Beitrags- oder Steuerermäßigungen und Vorrechte bei der Benutzung zunfteigener Betriebe, wurden bei ihren Tätigkeiten verköstigt und von städtischen Verpflichtungen befreit oder durften einen Lehrling oder Gesellen zusätzlich beschäftigen; selten bekamen sie ein kleines Gehalt. Das Prestige der Position konnte werbewirksam sein, sie eröffnete den einen oder anderen Informationsvorsprung und Gelegenheiten, Einfluss auf die Zunftpolitik zugunsten des eigenen Betriebes zu nehmen. Doch all das war offensichtlich wenig Gegenleistung für den zeitlichen Aufwand und die Unannehmlichkeiten, die man sich einhandelte, wenn man zwischen Mitmeistern Streit schlichten oder Kollegen wegen schlechter Produkte oder anderer Verstöße gegen die Ordnungen maßregeln musste. Die Klage, dass Zunftämter unbeliebt waren, hörte man oft. Kandidaten wechselten sogar ihr Gewerbe, um nicht den Vorsitz übernehmen zu müssen. Als Zwangsorganisation stand der Zunft eine Möglichkeit offen, die heutige Vereine nicht haben: Sie machte die Annahme eines Amtes zur Pflicht. Froh war man, wenn sich

1610 Schmidt, Zunfturkunden I, S. 59*; vgl. Göttmann, Bäckerzunft, S. 32.

1611 Hemmen, Zünfte, S. 53; Müllerleile, Gewandschneidergilde, S. 36f; Reininghaus/Thurmann/Walberg, Quellen, S. 370; Johanni, Zünfte, S. 74.

1612 Ehrlicher, Zunft, S. 21; Wissell, Recht III, S. 295f; Bräuer, Handwerk im alten Chemnitz, S. 94. Eine abweichende Terminologie vermerkte Wilfried Reininghaus (Reininghaus, Entstehung, S. 201f.) Einen Altgesellen hatten auch Zünfte ohne Gesellenschaft; es war regelmäßig der Geselle, der beim Zunftvorsitzenden arbeitete. (Kreutzberger, Gewerberecht, S. 109.) – Ein Junggeselle war etymologisch nicht allein jung, sondern auch unverheiratet und von geringem Rang und Ansehen. Aus der Handwerkssprache ging das Wort in den allgemeinen Sprachgebrauch über, wo es einen unverheirateten Mann jeglichen Alters meint. (Grimm, Jacob und Wilhelm: Deutsches Wörterbuch, Nachdruck München 1984, Band 10, Sp. 2394.) Der Junggeselle im Sinne eines Amtsinhabers einer Gesellenschaft darf nicht verwechselt werden mit dem Junggesellen, der das Übergangsstadium zwischen der Freisprechung des Lehrlings und der Aufnahme in eine Gesellenschaft bezeichnete. (Vgl. Kapitel 5.3.)

ein Freiwilliger fand, der für ein Amt kandidierte, und hatte nichts dagegen, diesen alljährlich wiederzuwählen. Zunftvorsteher, die über lange Zeiträume ihre Ämter innehatten, gehörten zu den Gebildeteren, wirtschaftlich Potenteren und gesellschaftlich Angeseheneren, die sich den Einsatz für das Amt leisten konnten und wollten. Parallel zu Stadträten wurden Zünfte schon im Spätmittelalter vom Trend zur Oligarchisierung erfasst.[1613] In Kiel war eine herkömmliche Vorbedingung für die Wahl zum Zunftvorsteher „der Besitz von eigenem Grund und Boden in der Stadt. ... In späterer Zeit wurde die Kenntnis von Lesen und Schreiben als notwendig stillschweigend vorausgesetzt."[1614] Oft „wurden Meister gewählt, von denen man sich großzügige Schlemmereien erhoffte."[1615]

5.1.4. Demokratie

Gab es eine Zunftdemokratie?, fragte Rudolf Luther im Jahr 1968.[1616] Luther bezog seine Frage auf die Positionen der Zünfte innerhalb der Zunftkämpfe des Spätmittelalters. Er kam zu dem Ergebnis, dass das Verhalten der Zünfte mit modernen Demokratievorstellungen nicht zur Deckung zu bringen war.[1617] Während die Teilhabe der Zünfte an der Stadtverwaltung inzwischen gründlich untersucht worden ist, sind Anspruch und Formen ihrer Selbstverwaltung nach wie vor auf weite Strecken „terra incognita". Die Urteile über den demokratischen Charakter der Zunftselbstverwaltung gehen in der neueren Literatur weit auseinander. Frank Schulz-Nieswandt hob die „mittelalterlichen Wurzeln moderner Demokratie" hervor.[1618] Rainer S. Elkar beobachtete in den Zünften im Spätmittelalter demokratische Ansätze, welche seit dem 16. Jahrhundert von den Obrigkeiten erstickt worden seien. Auf der anderen Seite bezweifelte er, „dass dem Zunftwesen ein demokratischer Charakter beizumessen sei."[1619] Leo von Stieglitz wiederum betonte, es seien vor allem die inneren, genossenschaftlichen Strukturen der Zünfte, „die bis heute nachwirken und deren Bedeutung nicht hoch genug eingeschätzt werden kann: Jedes Zunftmitglied ist gleichberechtigt, und die Wahl der Vorstände und alle Entscheidungen folgen dem Prinzip: ein Mitglied – eine Stimme."[1620]

1613 Bräuer, Handwerk im alten Chemnitz, S. 24, 133; Hähnsen, Geschichte, S. 163f; Hermandung, Zunftwesen, S. 61; Krumbholtz, Gewerbe, S. 139*f; Scheschkewitz, Zunftwesen, S. 81; Johanni, Zünfte, S. 73; Schmidt, Zunfturkunden I, S. 56*; Sarre, Goldschmiede-Zunft, S. 7f; Scheschkewitz, Zunftwesen, S. 79, 81; Neuburg, Zunftgerichtsbarkeit, S. 68; Eitel, Reichsstädte, S. 31; Hohmann, Zunftwesen, S. 39f; Simon-Muscheid, Handwerkszünfte, S. 309; Naujoks, Obrigkeitsgedanke, S. 13. In der Grafschaft Saarbrücken gab es im 18. Jahrhundert bei einigen Zünften die Möglichkeit, sich von einem Amt loszukaufen. (Johanni, Zünfte, S. 72.) Zur Oligarchisierung der Stadträte vgl. Kapitel 2.5.2. und 6.2.1.

1614 Hähnsen, Geschichte, S. 162f.

1615 Roth, Zunftherrlichkeit, S. 113.

1616 Luther, Zunftdemokratie.

1617 Vgl. Kapitel 2.5.2.

1618 Schulz-Nieswandt, Gilden, S. 39.

1619 Elkar, Distanz, S. 168.

1620 Stieglitz, Zünfte, S. 12.

Demokratie ist eine Herrschaftsform, die vom Volk ausgeht und in Übereinstimmung mit dem mehrheitlichen Volkswillen ausgeübt wird; sie manifestiert sich in Wahlen und Abstimmungen.[1621] Wie demokratisch eine konkrete Herrschaftsform ist, hängt davon ab, welche Ansprüche man an den Umfang des „Volkes" und die Durchführung der Wahlen und Abstimmungen stellt.

In der klassischen Epoche der antiken athenischen Demokratie, welche dieser Herrschaftsform ihren Namen verlieh, wie auch in den mittelalterlichen Städten war das „Volk" bei weitem nicht die gesamte Einwohnerschaft. An der Regierung einer mittelalterlichen Stadt wurden normalerweise nur diejenigen beteiligt, die das Bürgerrecht besaßen. Genauso war es – von wenigen Ausnahmen abgesehen – in den Zünften. Bürgerrecht und Meisterschaft waren fest verbunden, vollwertiges Zunftmitglied war der Meister und Bürger. Hilfskräfte und Lehrlinge hatten nie, Gesellen selten ein Mitspracherecht. Wie die Meister ihre Gesellen, so schlossen seit etwa 1450 die Gesellen die Lehrlinge aus ihren Verbänden aus.[1622] Die Auffassung, dass die gesamte Einwohnerschaft an der Demokratie zu beteiligen sei, entwickelte sich im 18. Jahrhundert; praxisrelevant wurde sie in Deutschland – von kurzlebigen Experimenten abgesehen – erst im 19. Jahrhundert. Auf die Zünfte hatte die geänderte Auffassung keine Auswirkungen mehr; sie stand dem ständischen Exklusivitätsanspruch der Zünfte diametral entgegen und vertrug sich eher mit der Gewerbefreiheit, die allen Menschen von Rechts wegen gleiche Chancen im Wirtschaftsleben verspricht.

Für die Analyse von Wahlen und Abstimmungen eröffnen sich zwei Fragenkomplexe, zum einen zur Durchsetzungskraft der Ergebnisse der Wahlen und Abstimmungen, zum anderen zur Fairness der Verfahren. Ersteres rührt an das Problem der direkten oder repräsentativen Demokratie, Letzteres an die Möglichkeiten aller Teilnehmer, ihren Willen in die Entscheidungsprozesse einzubringen.

Zünfte und Gesellenschaften übten – wie es kleinen Gruppen adäquat ist – die Partizipation ihrer Mitglieder direkt aus, wenn auch bei größeren Zünften Ausschüsse errichtet wurden, die ein repräsentatives Element einführten. Gelegentlich gab es Wahlmänner: Die Meister des Kölner Wollenamtes wählten ab 1397 einen Kreis von 29 Personen, der die zwei Vorsteher bestimmte.[1623] Obwohl die Obrigkeiten sich mit Stadtratsmitgliedern oder Verwaltungsbeamten in das Zunftleben einmischten, gelang es ihnen, wie oben dargelegt wurde, auf diese Weise nicht, die Entscheidungsautonomie der Zünfte effektiv zu durchbrechen. Wirksamer waren direkte Interventionen der Landesherren, welche sich die Bestätigung, Änderung und Aufhebung der Zunftordnungen vorbehielten, Einzelentscheidungen der Zünfte von ihrer Genehmigung abhängig machten und mit einer Fülle von Ausnahmen das Zunftrecht konterkarierten.[1624] Die Strategie der absolutistischen Fürsten ging auf der kommunalen Ebene – zu der die Zünfte gerechnet wurden – weniger dahin, Partizipationsverfahren abzuschaffen, als sie ins Leere laufen zu lassen, indem man den Gremien die wichtigen Aufgaben nahm bzw.

1621 Beck, Reinhart: Sachwörterbuch der Politik, 2. Auflage Stuttgart 1986, S. 214.
1622 Reininghaus, Entstehung, S. 216.
1623 Arentz, Zersetzung, S. 57.
1624 Vgl. Kapitel 6.2.2.

ihre Entscheidungen an die Zustimmung der Regierungen band. Es ist verständlich, dass die langsame Aushöhlung ihrer demokratisch ausgeübten Befugnisse der Oligarchisierung der Zünfte Vorschub leistete: Wenn es kaum noch etwas zu entscheiden gab, konnte man Führungspositionen ohne Schaden einzelnen Personen oder Familien auf Dauer überlassen.

Damit ist die Fairness der demokratischen Verfahren berührt. In oligarchischen Systemen hat nicht jeder dieselbe Chance, ein Amt zu erlangen, selbst wenn er formal gleichberechtigt ist. Wer würde es in einer lokalen, persönlich eng verbundenen Zunft oder Gesellenschaft wagen, einen langjährigen, verdienten, angesehenen und einflussreichen Vorsitzenden von seiner Position zu verdrängen? In den Statuten der Zünfte und Gesellenschaften sind selten Angaben zum Wahlverfahren enthalten. Man darf annehmen, dass Wahlen wie Abstimmungen üblicherweise offen vonstatten gingen, so dass eine Opposition schwer zu etablieren war. Manchmal war es Sitte, dass die Mitglieder ihre Stimmen in der Reihenfolge des Ranges oder des Alters abgaben. Eine Abweichung von der Meinung der Ranghöheren oder Älteren konnte als Affront gegen deren Ehre aufgefasst werden und ernsthafte Konsequenzen für die Abweichler nach sich ziehen.[1625] Unter diesen Umständen half es wenig, dass die Wahlperioden kurz waren; jedes Jahr, spätestens aber nach zwei oder drei Jahren wurde neu gewählt, bei Gesellenschaften sogar noch häufiger, weil deren Zusammensetzung rasch wechselte. Manchmal wählte man jährlich eine Hälfte des Vorstandes neu, um die Kontinuität der Arbeit zu sichern.[1626]

Schon im Spätmittelalter ersetzten Zünfte die Wahl der Amtsinhaber durch Kooptation: Die bisherigen Amtsinhaber wählten ihre Nachfolger aus.[1627] In Kiel setzte der Stadtrat 1525 fest, dass die Zunftvorsitzenden von ihm zu berufen seien; die Zünfte genossen allerdings ein Vorschlagsrecht.[1628] In Luzern gelang es der Führungsschicht im 17. und 18. Jahrhundert, die Zünfte zu dominieren, indem sie sich systematisch in die verschiedenen Zünfte einkaufte.[1629]

Der absolutistische Staat förderte die Oligarchisierung, weil sie seinen Vorstellungen von Herrschaft entsprach. Die preußischen General-Privilegien aus den 1730er Jahren legten fest, dass stets der älteste Meister Zunftvorsitzender werden solle.[1630] Die Einmischungen der Obrigkeiten liefen auf lebenslange Amtsdauern hinaus.[1631]

Aus Frankfurt am Main ist allerdings ein bemerkenswerter Fall überliefert, der belegt, wie uneinheitlich die Politik der absolutistischen Epoche war; der Frankfurter Stadtrat gerierte sich geradezu als Musterdemokrat, indem er gegen die Laxheit der Zünfte darauf bestand, dass die hergebrachten Grundsätze ihre Gültigkeit behalten sollten: „Der Rat achtete auch auf ordnungsgemäße Wahl der Zunftgeschworenen: Am 29. Oktober 1748, als die Meister Bonaventura Eck und

1625 Ehrlicher, Zunft, S. 26; Schmidt, Zunft, S. 75.
1626 Ehrlicher, Zunft, S. 25; Hermandung, Zunftwesen, S. 60; Staudenmeyer, Lage, S. 67.
1627 Göttmann, Bäckerzunft, S. 26.
1628 Hähnsen, Geschichte, S. 17.
1629 Dubler, Handwerk, S. 129.
1630 Sarre, Goldschmiede-Zunft, S. 8; Schultz, Das ehrbare Handwerk, S. 35.
1631 Hähnsen, Geschichte, S. 162f.

Johannes Lohnsetzer zu Geschworenen [Vorstehern der Dachdeckerzunft] gewählt worden waren, beschloß der Rat das Handwerk anzuweisen, es sollte keine zu Geschworenen vorschlagen, die in den sechs vorigen Jahren Geschworene gewesen waren. 1777 beschwerten sich einige Meister wegen Vorziehung einiger jüngerer Meister zu der Geschworenen-Stelle. Am 28. Oktober 1778 wurden die Geschworenen angewiesen, den Vorschlag zur Wahl künftig nicht mehr nach der Reihe, sondern mittels ordnungsgemäßer Umfrage nach den meisten Stimmen zu errichten."[1632] Was dahinter gesteckt haben könnte, lässt ein Vergleich mit Nürnberg erahnen. Der Nürnberger Rat ermahnte die Handwerke der Stadt im Jahr 1599, nicht die wohlhabendsten Meister an die Spitze zu setzen, sondern die tüchtigsten.[1633] Oligarchisierungstendenzen in den Zünften konnten – so fürchtete der Nürnberger Rat wahrscheinlich – zur autoritären Zunftpolitik des Rates eine Gegenmacht entstehen lassen. In den Gesellenschaften ging es nicht demokratischer zu. Ihre Vorsitzenden wurden oft von den Meistern bestimmt oder – nach der Wahl durch die Vollversammlung der Gesellen – bestätigt, oder der älteste Geselle am Ort erhielt das Amt automatisch.[1634]

Ein Vergleich ihrer Wahlmodi ist geeignet, einen Eindruck vom demokratischen Geist der Zünfte zu vermitteln. In Oldenburg setzte im Spätmittelalter der Stadtrat meistens die Vorsteher ein, während deren Bestimmung „bei den Kramern und vermutlich auch bei den Gewandschneidern durch Selbstwahl erfolgte, und dieses Amt bei den Barbieren in bestimmter Reihenfolge unter den Meistern umging."[1635] In Münster erhielten in derselben Zeit einige Zünfte ihre Vorsteher vom Rat, andere wählten sie in der Vollversammlung, einige in einem abgestuften Verfahren mit Wahlmännern.[1636]

In Aachen wurden bis zum 17. Jahrhundert die Zunftvorsteher von den Mitgliedern gewählt, außer bei der vornehmen Wollenzunft, wo sie der Rat einsetzte. Bei den Schmieden wählten die ehemaligen Vorsteher einen ihrer Nachfolger, die anderen Meister den zweiten; bei den anderen Zünften wählte jeweils die Vollversammlung den gesamten Vorstand. In der gemischten Zunft der Spiegelmacher bestimmten die Spiegelmacher eines und die Schilderer, Glasmaler und Glasmacher gemeinsam das zweite Vorstandsmitglied.[1637] In Goslar gab es im 18. Jahrhundert nebeneinander folgende Wahlmodi zum Zunftvorstand: Wahl durch die Mehrheit der Meister auf ein Jahr oder auf Lebenszeit, Wahl durch die Mehrheit der Meister und Gesellen für zwei Jahre, wobei sich jeweils ein Meister und ein Geselle an der Spitze abwechselten, Wahl eines Vorstandes von vier Personen, der unter sich einen Vorsitzenden bestimmte, Wahl eines Vorsitzenden aus zwei Vorschlägen, die der letzte Amtsinhaber präsentierte, und jährlicher Wechsel der Vorsitzenden in der Reihenfolge, in der sie das Meisterrecht erworben hatten.[1638]

1632 Schembs, Dach, S. 51.
1633 Lentze, Nürnbergs Gewerbeverfassung im Mittelalter, S. 273.
1634 Krumbholtz, Gewerbe, S. 88*f; Kreutzberger, Gewerberecht, S. 109; vgl. Thamer, Arbeit, S. 482.
1635 Hemmen, Zünfte, S. 51.
1636 Krumbholtz, Gewerbe, S. 134*f.
1637 Hermandung, Zunftwesen, S. 59f.
1638 Kreutzberger, Gewerberecht, S. 40ff.

Die Beispiele lassen sich mühelos vermehren.[1639] In all diesen Städten und in allen Epochen existierten verschiedene Wahlverfahren nebeneinander. Obwohl sie in vielen Bereichen bemüht waren, Zunftregeln zu vereinheitlichen, fanden die Zünfte nichts dabei, nach unterschiedlichen Prinzipien ihre Vorstände einzusetzen. Ein starkes demokratisches Bewusstsein der Zünfte lässt sich nicht ablesen. Wichtig war ihnen, dass ihre Interessen gewahrt wurden, wie dies geschah, war sekundär. Selbst mit Vorsitzenden, die von außen oktroyiert wurden, konnte man sich arrangieren. Im Ergebnis der spätmittelalterlichen Zunftkämpfe waren die Autonomie der Zünfte und ihr Einfluss auf die Stadtverwaltungen gewachsen; Forderungen der Zünfte nach demokratischeren Wahlverfahren oder eine demokratische Umbildung dieser Verfahren im Gefolge der Zunftkämpfe sind indes nicht bekannt.

Zusammenfassend lässt sich feststellen, dass die Zünfte keine Verfechter der Demokratie waren. Sie übernahmen demokratische Wahlverfahren aus dem ihnen bekannten kommunalen Umfeld, wehrten sich aber nicht gegen andere Methoden zur Bestimmung der Amtsinhaber, solange ihre Interessen gewahrt blieben.[1640] Eine Tendenz zur Oligarchisierung war im Zunftsystem angelegt, sie wurde durch das Wirken der Obrigkeiten verstärkt, insbesondere während der absolutistischen Epoche. En passant sorgten die Zünfte jedoch dafür, dass auch im Absolutismus demokratische Verfahrensweisen nicht völlig vergessen wurden. Grundlagen demokratischen Handelns wie Gewaltlosigkeit, Diskussionen, Abstimmungen und Wahlen übten sie massenhaft ein. Auf diesen Erfahrungsschatz konnten die demokratischen Bewegungen des 19. Jahrhunderts zurückgreifen.[1641]

5.1.5. Rechtsprechung

Heutige Vereine üben allenfalls eine Schiedsgerichtsbarkeit über ihre Mitglieder in vereinsinternen Angelegenheiten aus, wenn auch mit bisweilen einschneidenden Konsequenzen, denkt man etwa an die Kompetenzen der Schiedsrichter und der Verbandsgerichtsbarkeit im Sport, deren Rechtsprechung bis zu Berufsverboten reicht. Die Ausübung des Rechtswesens gilt als Aufgabe des Rechtsstaates, der im Strafrecht auf eigene Initiative und im Zivilrecht auf Antrag der Parteien tätig wird. In der vormodernen Zeit konnte von einem Rechtsmonopol des Staates keine Rede sein, der Rechtsprechung durch nichtstaatliche Instanzen war ein weiter Raum gegeben. Neben der Schiedsgerichtsbarkeit in inneren Angelegenheiten verfügten die Zünfte über Befugnisse der Gewerbe- und Zivilgerichtsbarkeit für Streitigkeiten zwischen ihren Mitgliedern, mitunter auch für Streitigkeiten zwi-

1639 Scheschkewitz, Zunftwesen, S. 76f; Lauffs, Zunft- und Gewerbewesen, S. 32f.

1640 Einige Parallelen der Selbstverwaltung der Zünfte mit der der Gemeinden zählte Peter Blickle auf: Die Satzungsautonomie war beschränkt; Vertreter der Obrigkeiten (Gemeinden: Dorf- bzw. Stadtherren) nahmen an den Versammlungen teil; es bestand Teilnahmepflicht; man versammelte sich in Kirchen; Waffentragen war während der Versammlungen verboten; Ausschüsse ersetzten Vollversammlungen; Wahlverfahren waren zum Teil akklamatorisch. (Blickle, Kommunalismus, S. 42f.)

1641 Vgl. Reininghaus, Entstehung, S. 242.

schen Mitgliedern und Nichtmitgliedern sowie Verstößen gegen die Zunftregeln durch Mitglieder oder Dritte. Sie übten die Qualitätskontrolle über Waren von Mitgliedern und auswärtigen Marktfieranten aus, urteilten über das gewerbliche und sittliche Verhalten ihrer Mitglieder während der Versammlungen, in der Werkstatt und im Privatleben, verfolgten die Bönhasen und die Störer der Marktordnung.[1642]

Nicht jede Zunft verfügte über sämtliche Kompetenzen. Clamor Neuburg unterschied „drei Grundtypen der Entwicklung der Zunftgerichtsbarkeit in Deutschland je nach dem Grad der Beteiligung der Zünfte am Stadtregiment. Als niedrigste Stufe bezeichnet er die Ausübung der Gewerbepolizei und die schiedsrichterliche Funktion bei kleineren Streitigkeiten. Am häufigsten sieht er ferner einen gewissen Anteil der Zünfte an der Gerichtsbarkeit unter Mitwirkung des Stadtrates verwirklicht, während seltener und nur in Städten mit entschiedener Zunftherrschaft der Zunft weitgehende richterliche Befugnisse zugestanden seien. ... Aber nirgendwo in den deutschen Städten kam der Entscheidung der Zunft letztinstanzliche Urteilskraft zu, welche immer der Rat oder eine sonstige höhere Institution für sich beanspruchten."[1643]

Rechtszersplitterung war dem Mittelalter gemein: Jede Gemeinschaft – auch die kleinste – tendierte dahin, ihr eigenes Recht zu entwickeln.[1644] Nach dem „dinggenossenschaftlichen" Prinzip, das „aller Ordnung des Mittelalters zugrundelag", bestimmte sich die Zuständigkeit eines Gerichtes nicht nach dem Gegenstand des Verfahrens, sondern nach der Zugehörigkeit einer Person zu einer sozialen Gruppe.[1645]

Gegen diese Auffassung wandten sich die Vertreter des Römischen Rechts, das – ausgehend vom wiederentdeckten spätantiken Recht – seit dem 11. Jahrhundert an der Universität Bologna gelehrt wurde. In Deutschland wurde das Römische Recht seit dem 12. Jahrhundert bekannt. Es wurde allmählich rezipiert und seit dem 15. Jahrhundert als geltendes Recht – in Konkurrenz zu anderen Rechtsvorstellungen – allgemein anerkannt. Das Römische war ein schriftliches Recht, das von Berufsjuristen im Auftrag und zum Nutzen der Stadt- und Landesherren angewandt wurde.[1646] Der Streit zwischen den unterschiedlichen Rechtsauffassungen war im Zunftwesen seit dem Spätmittelalter virulent. Neben der Theorie des Rechts ging es um die Ausübung von Macht und den Empfang der Gerichtsgebühren und Geldstrafen.

Die mittelalterlichen Städte hatten ein Interesse daran, ihren Zünften gerichtliche Befugnisse einzuräumen. Die ehrenamtlichen Stadträte waren froh, nicht

1642 Hähnsen, Geschichte, S. 136; Kieser, Kartell, S. 24; Siemsen, Germanengut, S. 10; Warncke, Handwerk, S. 24; Hartmann, Geschichte, S. 69; Sonntag, Zunftzwang, S. 74f; Bodemann, Zunfturkunden, S. XXXIIf; Krumbholtz, Gewerbe, S. 141*.

1643 Göttmann, Bäckerzunft, S. 29; vgl. Neuburg, Zunftgerichtsbarkeit, S. 244f, 266f, 291ff; Wissell, Recht II, S. 179.

1644 Conrad, Rechtsgeschichte, S. 346.

1645 Pitz, Gewerbeverbände, S. 676; vgl. Conrad, Rechtsgeschichte, S. 374; Göttmann, Bäckerzunft, S. 28; Weber, Wirtschaft, S. 438, 451, 454f.

1646 Conrad, Rechtsgeschichte, S. 365ff; Gerteis, Städte, S. 99–102; Weichs, Studien, S. 1; Kroeschell, Rezeption.

jede Bagatelle entscheiden zu müssen. Für die Beurteilung komplizierter gewerberechtlicher Fragen fehlten ihnen die fachlichen Qualifikationen. Die Zünfte, die ihre Autonomie erhöhen, ihrem ständischen Selbstbewusstsein Ausdruck verleihen und Einnahmen erzielen wollten, setzten sich in den Zunftkämpfen des Spätmittelalters dafür ein, ihre Rechtsprechungskompetenzen zu vermehren. Dabei stießen sie auf zunehmenden Widerstand der Obrigkeiten, die eine starke Position der Zünfte verhindern und die Einnahmen aus dem Rechtswesen für sich reklamieren wollten und sich dazu des Römischen Rechts bedienten. Während der gesamten Frühen Neuzeit behielten die Zünfte viele Kompetenzen, da die Obrigkeiten noch nicht über den Verwaltungsapparat verfügten, der erforderlich gewesen wäre, die Zünfte aus dem Rechtswesen zu verdrängen.[1647] Der Druck auf die Zünfte nahm jedoch zu.

Die Reichspolizeiordnung von 1530 beschränkte die Zunftgerichtsbarkeit auf Handwerkssachen und legte als Berufungsinstanz ein obrigkeitliches Gericht fest.[1648] Der Reichsabschied von 1731 duldete Zunftrechtsprechung nur mit Zustimmung und Wissen der Ortsobrigkeit.[1649] In ähnlicher Weise äußerten sich einzelstaatliche Vorschriften, auch diese weitgehend erfolglos. Allerdings gelang es vielen Obrigkeiten, vor allem in Städten, in denen sie aus den Zunftkämpfen siegreich hervorgingen, den Zunftorganen für Gerichtsverhandlungen die Teilnahme eines Vertreters der Obrigkeit vorzuschreiben. Die Anwesenheit bei Gerichtsverhandlungen der Zünfte war eine der wichtigsten Aufgaben der „Morgensprachsherren". Außerdem versuchte man, die Zuständigkeiten der Zünfte zu verringern, den Anteil der Obrigkeiten an den Gebühren und Strafen zu erhöhen und die Appellationsmöglichkeiten bei den Gerichten der Obrigkeiten zu stärken. Seit dem Spätmittelalter richteten die größeren Städte Ratsdeputationen, die von Fall zu Fall entschieden, und ständige Gewerbegerichte ein. Die Zünfte reagierten darauf mit dem Bemühen, die Morgensprachsherren zu instrumentalisieren, Gebühren und Strafen zu erhöhen, um ihren Eigenanteil beizubehalten, und den Instanzenzug zu behindern. War die Zunft für einen Rechtsstreit zuständig, so war dieser zwingend vor ihr auszutragen. Ein Mitglied, das erfolglos an die obrigkeitliche Gerichtsbarkeit appellierte, wurde unter Umständen von der Zunft zur Rechenschaft gezogen. Strafen obrigkeitlicher Gerichte zogen zusätzliche Disziplinarmaßnahmen der Zünfte nach sich.[1650]

In dieser Auseinandersetzung, die sich über die gesamte Zunftzeit hinzog, ging es hin und her. Die Zünfte büßten Rechte ein, konnten sie aber später teilweise wieder erobern. Noch gegen 1800 wurde die Zunftgerichtsbarkeit damit gerechtfertigt, sie entlaste den Staat, sichere kompetente Entscheidungen und motiviere die Betroffenen, dem Handwerksrecht Folge zu leisten. Erst im 19. Jahrhundert setzte sich die staatliche Gerichtsbarkeit hier wie anderswo durch, so dass

1647 Göttmann, Bäckerzunft, S. 29; Ziekow, Freiheit, S. 53f; Peitsch, Zunftgesetzgebung, S. 39; Hähnsen, Geschichte, S. 430; Jahn, Gewerbepolitik, S. .138ff

1648 Proesler, Handwerk, S. 3*f.

1649 Proesler, Handwerk, S. 62*f.

1650 Wissell, Recht II, S. 187, 190, 253ff; Bodemann, Zunfturkunden, S. XXXIIf; Johanni, Zünfte, S. 69; Reith/Grießinger/Eggers, Streikbewegungen, S. 26–34; Deter, Handwerksgerichtsbarkeit, S. 22ff.

den Zünften schließlich nur noch die interne Schiedsgerichtsbarkeit blieb.[1651]

Zunftgericht war die Vollversammlung, ersatzweise der Zunftvorsitzende, der Vorstand oder ein Ausschuss.[1652] In norddeutschen Zünften blieb die Vollversammlung typischerweise die einzige Instanz des Zunftgerichts, während in Süddeutschland schon früh kleinere Gremien an ihre Stelle traten.[1653] Als in Bremen 1821 die Zunftgerichtsbarkeit von der Vollversammlung auf die Morgensprachsherren plus Alt- und Jungmeister überging, regte sich kein Widerspruch: Die Meister waren froh, von zeitraubenden Gerichtsterminen entbunden zu werden.[1654] Die Gerichtsbarkeit durch die Vollversammlung unter Vorsitz des Zunftmeisters entsprach der deutsch-rechtlichen Gerichtsordnung mit einem Richter und seinem „Umstand".[1655] Einzelentscheidungen des Vorsitzenden oder Urteile durch den Vorstand oder einen Ausschuss beschleunigten die Verfahren und näherten das Zunftrecht dem Römischen Recht an. In diesen Fällen bildete die Vollversammlung die zweite Instanz.[1656]

In der Grafschaft Saarbrücken richtete sich während der Frühen Neuzeit die Zusammensetzung des Gerichts „oft nach Art der zu entscheidenden Sachen. So ist auffällig, daß Streitsachen, welche fachliche Fragen betrafen, meist vor solchen Richterkollegien verhandelt wurden, die sich aus älteren Meistern zusammensetzten. Streitsachen nicht fachlicher Art, wie Scheltworte und ähnliche Händel unter den Zunftgenossen, wurden gewöhnlich der Zunftversammlung überantwortet."[1657] Bei der Klage eines Kunden gegen ein Zunftmitglied „wurde wegen der Besorgnis der Befangenheit des Gerichtes das Kollegium von zwei Meistern des Handwerks ‚mit zu Ziehung des Zunftherren, oder sonsten Jemanden vom Stadt-Rath' gebildet."[1658]

Die Formalia der Zunftgerichtsverhandlungen ähnelten denen der öffentlichen Niedergerichte.[1659] Die Flaschner in Sonneberg (Sachsen-Meiningen) schickten 1751 in Schiedsgerichtsverfahren alle Betroffenen und mit ihnen Verwandten und Verschwägerten aus dem Raum, bevor die Meister dem Alter nach ihre Stimme abgaben.[1660] „Diese Vorsorge ist gewiss getroffen, damit jeder, nicht behindert durch etwaige aus den Folgen einer Verurteilung zu gewärtigende Feindschaften, seine Meinung frei offenbaren könne."[1661]

1651 Hähnsen, Geschichte, S. 430; Vogel, Zünfte, S. 3; Göttmann, Bäckerzunft, S. 30; Deter, Handwerksgerichtsbarkeit, S. 68f; Peitsch, Zunftgesetzgebung, S. 177.

1652 Wissell, Recht II, S. 201–204; Hermandung, Zunftwesen, S. 63f, 68; Weyrauch, Amts- und Gewerbeordnungen, S. 106; Johanni, Zünfte, S. 74.

1653 Salow, Zunftwesen, S. 81.

1654 Branding, Einführung, S. 22.

1655 Lauffs, Zunft- und Gewerbewesen, S. 35.

1656 Schmidt, Zunft, S. 76f.

1657 Johanni, Zünfte, S. 67.

1658 Johanni, Zünfte, S. 68.

1659 Scheschkewitz, Zunftwesen, S. 88; Ziekow, Freiheit, S. 52.

1660 Ehrlicher, Zunft, S. 26.

1661 Rösler, Beitrag, S. 46.

Gerichtsverhandlungen der Leipziger Kürschner[1662]
„Wie es bei einer Gerichtsverhandlung herzugehen pflegte, läßt in anschaulicher Weise die Kürschnerordnung vom Jahre 1598 erkennen: ‚Wan ein meister in gewöhnlicher handtwergs vorsamblung was zue clagen, zuesuchen und furzuetragen (hat), soll er fur der eltisten tisch tretten, umb [er]laub[nis] bitten undt als dan darauf seine clage oder was er sonsten an undt furzuebringen, vormelden und antzeigen. Darauf den[n] der beclagte mit seiner andtwort undt notturftt auch gehört (werden soll), undt wan beyde partheyen entwichen [aus dem raum gegangen], und die zeugen, do deren angegeben werden möchten, verhört, soll die sache allen meistern zuer kennen gegeben werden, sich daraus mit einander zu bereden. Do dan aus iedere tisch ein meister aufstehen undt den eltisten ihr bedencken vormelden undt antzeigenn soll, do dan auch nach befundener beschaffenheit dem part, so straffwürdig befunden, durch den obermeister die vorwurckte straff angemeldet werdenn soll. Unndt es sollen sich die parthen, wan man sie endtweichen heißet, still undt friedlich vorhalten bey straff drey groschenn.“

„Wenn die Gesellen es zu keiner Bruderschaft gebracht hatten, unterstanden auch sie in ihren kleinen Streitigkeiten der Zunftgerichtsbarkeit, sonst aber hatten sie ihre Angelegenheiten selbst zu schlichten. Oft ist es ein wunderliches Gemisch von Zuständigkeiten, das sich uns darbietet.“[1663] Die Gerichtsbarkeit der Gesellenschaften erfolgte teils autonom, teils unter Zuziehung von Meistern. Für die Gesellen war das Zunftgericht die zweite Instanz, für Streitigkeiten zwischen Gesellen und Meistern gab es paritätisch besetzte Schiedsgerichte. Das detaillierte Brauchtum der Gesellenschaften provozierte zahllose Verstöße; die Gesellenschaften handelten sich den Vorwurf ein, ihr Formalismus diene lediglich zum Auffüllen der Bierkasse dank der vielen Geldstrafen.[1664] Während den Meistern im Reichsschluss von 1731 eine eingeschränkte Gerichtsbarkeit zugestanden wurde, wurde sie den Gesellen strikt untersagt.[1665]

Die Zünfte verfügten über ein reiches Repertoire an Sanktionen. Sie begannen mit der Auflage für den Verurteilten, den Kontrahenten um Verzeihung zu bitten, ihm die Hand zu reichen und seinen Schaden zu ersetzen. Fehlerhafte Waren wurden beschlagnahmt. Sehr verbreitet waren Vermögensstrafen, die aus Wachs für religiöse Zwecke, Bier für das gesellige Beisammensein oder einem Geldbetrag bestehen konnten. Nachdem im Spätmittelalter für leichte Vergehen Strafen zu „Haut und Haar“ und Ehrenstrafen aufgekommen waren, verhängten auch die Zünfte gelegentlich Strafen wie das Verprügeln oder das Abschneiden der Haare. Ein Frevler rückte eine Zeitlang in der Sitzordnung nach hinten, musste den Meistertisch verlassen oder die Aufgaben des Jungmeisters übernehmen, oder sein Namensschild wurde im Zunfthaus an das „Ungehorsamenbrett“ gehängt. Schwerere Vergehen wurden geahndet, indem man dem Schuldigen vorübergehend die

1662 Zöllner, Zunftverfassung, S. 85f.
1663 Wissell, Recht II, S. 206f.
1664 Bräuer, Handwerk im alten Chemnitz, S. 95f; Krumbholtz, Gewerbe, S. 92*f; Wissell, Recht II, S. 215.
1665 Proesler, Handwerk, S. 64*.

Lehrlinge oder Gesellen entzog, ihm befristet das Arbeiten verbot oder ihn gar aus der Zunft ausschloss, was einem lebenslänglichen Berufsverbot gleichkam. Den Gepflogenheiten der Zeit gemäß wurden drastische Strafen verhängt; die Zahlung eines Wochenlohnes für einen kleinen Disziplinarverstoß war nichts Ungewöhnliches. Allerdings wurden die Strafen selten so vollzogen wie vorgesehen, meistens gingen der Bestrafung mehrere Schlichtungsversuche voraus, oder die Strafe wurde „auf Gnade“ ermäßigt. Geldstrafen dienten dazu, die Amtsträger der Zunft zu bezahlen, der Zunft und den Obrigkeiten Einnahmen zu verschaffen.[1666] Obwohl dieses Finanzierungssystem, das der öffentlichen Gerichtsbarkeit nachgebildet war, den Beteiligten einen Anreiz geben konnte, durch viele Prozesse und hohe Strafen ihre Einnahmen zu erhöhen, lässt sich in der Praxis eine solche Tendenz nicht belegen. Offenbar waren Aufwand und Ärger der Verfahren so groß, dass die potenziellen Einnahmen sie nicht ausglichen.

Einen Vollstreckungsapparat hatten die Zünfte nicht, trotzdem verpufften ihre Strafandrohungen nicht wirkungslos. Das persönliche Moment der kleinen Gruppen war ein zuverlässiges Mittel, um Mitglieder zum Gehorsam zu veranlassen. Ein effizientes Zwangsmittel war das Schmähen, Schelten, Auftreiben oder Verrufen, insbesondere seit das Gesellenwandern üblich geworden war: „Das Schelten und Auftreiben war ein mächtiges Mittel der Strafgewalt der Aemter [und Gesellenschaften], um einen Missetäter gegen Handwerksrecht und -gewohnheit der Förderung im Handwerk für unwürdig zu erklären und ihn den Zünften anderer Städte als unredlich zu brandmarken. Sein Name wurde an das schwarze Brett geschrieben oder ins schwarze Buch der Lade eingetragen. Am Orte verlor er den Nutzen der zünftigen Einrichtungen, besonders die Zulassung zu den Amtsversammlungen und den Arbeitsnachweis der Gesellen. Nach auswärts wurden ihm Schmähbriefe nachgesandt und ebenfalls an die Aemter der größeren Nachbarstädte ... geschickt oder durch die wandernden Gesellen mit dem Handwerksgruße mündlich übermittelt. Nicht nur das ganze Amt, sondern auch der einzelne Meister und vor allem die Gesellenbrüderschaft benutzte das Schelten als wirksamstes Zwangsmittel besonders dann, wenn sich ein Handwerker der genossenschaftlichen Strafe entziehen wollte.“[1667]

Die Reichspolizeiordnung von 1530 verbot Verrufe und verwies auf den Rechtsweg bei den Obrigkeiten; ihr folgten zahlreiche ähnliche Vorschriften des Reichs, der Länder und Städte – alle Jahrhunderte lang wirkungslos. Die Zünfte blieben lieber ihren eigenen Zwangsmitteln treu als die Unabhängigkeit ihrer Rechtsprechung von den Obrigkeiten aufs Spiel zu setzen.[1668] Die Praxis der Verrufe schützte insbesondere die Rechtsprechung der Gesellenschaften vor Eingriffen der Meister und Obrigkeiten. In Nürnberg, wo nach 1349 Autonomiebestrebungen der Zünfte radikal unterdrückt wurden, kam es zu der kuriosen Situation,

1666 Hemmen, Zünfte, S. 57f; Göttmann, Bäckerzunft, S. 28; Hähnsen, Geschichte, S. 14; Mitteis/Lieberich, Rechtsgeschichte, S. 302; Wissell, Recht II, S. 220; Doberkat, Gildebuch, S. 85; Stieda, Entstehung, S. 105–112; Martin, Akten, S. 62, 102; Johanni, Zünfte, S. 87f; Lauffs, Zunft- und Gewerbewesen, S. 35ff; Schragmüller, Bruderschaft, S. 90; Schmidt, Zunft, S. 79f; Emig, Berufserziehung, S. 260; Döhler, Beschreibung, S. 212.

1667 Hähnsen, Geschichte, S. 150f.

1668 Kreutzberger, Gewerberecht, S. 168; Wissell, Recht II, S. 242.

dass die Meisterzünfte keine eigene Gerichtsbarkeit mehr besaßen, während die Gesellenschaften diese behaupten konnten, weil sie die Unterstützung ihrer auswärtigen Kollegen mit dem Mittel der Verrufe mobilisieren konnten. Der Nürnberger Stadtrat wagte keine zu tiefen Einschnitte in das Gesellenwesen, um die Zuwanderung von Mitarbeitern nicht aufs Spiel zu setzen.[1669] Noch im 19. Jahrhundert kamen Verrufe vor, doch mehrten sich seit dem 18. Jahrhundert die Fälle, „daß die Bestraften sich mit Erfolg dem Spruch der Zunft widersetzten, indem sie sich an die Obrigkeit wandten und diese das Urteil aufhob oder milderte“ oder „daß der Urteilsspruch von dem oder den Betroffenen einfach ignoriert wurde. Viele Zünfte besaßen jetzt nicht mehr die Macht und das Ansehen, um sich gegenüber ihren Mitgliedern durchzusetzen.“[1670]

5.2. GESELLIGKEIT

Sie „schlemmeten und demmeten“, rügte der Hofer Gymnasialrektor und Stadtrat Enoch Widman seine Zeitgenossen in seiner Stadtchronik vom Jahr 1592.[1671] Der Vorwurf von Ausschweifungen und Verschwendungssucht ist ein festes Sujet der Zunftkritik seit Jahrhunderten. Von einer „verhängnisvolle[n] Neigung zu maßloser Völlerei“[1672] wird gesprochen und von einer „Freßlust“, verglichen mit der heutige „Schlemmerdiners ja Kinderhappen aus der Puppenküche seien“.[1673] Andere loben eine gemäßigte Geselligkeit der Zünfte als Urbild bürgerlicher Gemütlichkeit und traditionsbildende Kraft.

Geselligkeit ist das entspannte Beisammensein einer miteinander kommunizierenden Gruppe, oft verbunden mit der Aufnahme von Speisen und Getränken, Gesprächen und Spielen. In der Gegenwart ist die Geselligkeit auf dem Rückzug, bis vor wenigen Jahrzehnten hatte sie eine weit größere Bedeutung als heute. Im Arbeitsleben gab es viele Anlässe zum Feiern: Beginn und Ende größerer Arbeiten würdigten Auftraggeber und -nehmer in geselliger Runde. Als eines der letzten Überbleibsel dieser Tradition kennen wir die Richtfeste nach dem Erstellen des Dachstuhls eines Hausneubaus. Verwaltungstätigkeiten boten ebenfalls viele Gelegenheiten zur Geselligkeit, seien es die Besetzung von Ämtern, die Rechnungslegung oder die Einhebung von Steuern und Abgaben.[1674] Die Speisung von Mitarbeitern während der Arbeitszeit war ein üblicher Bestandteil von Werk- und Arbeitsverträgen, in vielen Städten wurde der regierende Bürgermeister auf Kosten der Stadtkasse verpflegt.[1675] Trinkgelder, die wir geben, um die Qualität einer Dienstleistung zu belohnen, stammen aus dieser Tradition. Übergänge der Berufslaufbahn wie der Beginn und Abschluss einer Ausbildung wurden gebührend gefeiert, man denke an den Doktorschmaus der Universitäten. Auch die Freizeit

1669 Lentze, Nürnbergs Gewerbeverfassung im Mittelalter, S. 278.
1670 Emig, Berufserziehung, S. 88f.
1671 Kluge, Korn, S. 412.
1672 Hopp, Zunft, S. 35.
1673 Wissell, Recht II, S. 26.
1674 Kramer, Brauchtum, S. 179.
1675 Rörig, Stadt, S. 110.

wurde gern in geselliger Runde verbracht. Man traf sich mit Familie, Freunden und Nachbarn, zu Hause, im Wirtshaus oder im Rahmen einer Institution. Ein zentrales Element der frühmittelalterlichen Gilden und der späteren christlichen Bruderschaften war das gemeinsame Festmahl der Mitglieder und Angehörigen.[1676]

In diesen Kontext ist die Geselligkeit der Zünfte und Gesellenschaften einzuordnen. Im Zunftleben gab es Anlässe für geselliges Beisammensein bei personellen Veränderungen wie der Aufdingung und Freisprechung von Lehrlingen, der Aufnahme von Meistern oder der Ankunft und Abreise von Wandergesellen, bei administrativen Verrichtungen wie den offiziellen Versammlungen, bei religiösen, bruderschaftlichen Aktivitäten wie der Teilnahme an einer Prozession, dem Jahrestag des Zunftheiligen oder der Beerdigung eines Mitglieds oder bei Zunftfesten und privaten Feierlichkeiten der Familien der Mitglieder, zu denen das Zunfthaus benutzt, das Zunftgeschirr ausgeliehen und die Zunftgenossen eingeladen wurden.[1677] Stets wurde zuerst der offizielle Teil der Veranstaltung nüchtern und formell absolviert, bevor man zur Geselligkeit überging: „Übereinstimmend schrieben alle Zunft- und Gildeordnungen vor, das im Anschluß an den offiziellen Teil der Versammlung fällige ‚Gildebeer' grundsätzlich erst nach Rechnungslegung und Erledigung der Amtssachen auszuschenken."[1678] Bis auf private Feiern war die Teilnahme an geselligen Ereignissen Pflicht.[1679] Meistens wurden die Unkosten aus der Zunftkasse genommen oder von einem dazu verpflichteten Gastgeber (etwa dem Lehrling oder Jungmeister) bezahlt, oder man veranstaltete eine Umlage oder überließ es jedem Teilnehmer, für seinen Aufwand aufzukommen.[1680] Das gesellige Treiben war neben dem bruderschaftlichen die Stelle, an der die Familien der Mitglieder in das Zunftleben eingebunden wurden.[1681]

Für die Zünfte war Geselligkeit von besonderer Bedeutung, „'darmit die Bandt der Einigheit desto mehr gestifftet werde'."[1682] Zunftmitglieder waren von Hause aus nicht Freunde, Partner oder Kollegen, sondern Konkurrenten.[1683] Wer in eine Zunft eintrat, wurde von den Altmitgliedern bisweilen schamlos ausgebeutet, indem er hohe Gebühren zahlen oder teure Festmähler ausrichten musste. Jungmeister wurden diskriminiert, sie durften keine Lehrlinge an- oder mussten ungeliebte Ämter übernehmen. Die Akten sind voll von Streitigkeiten unter den Meistern, unter den Gesellen und zwischen Meistern und Gesellen. Automatische Gruppensolidarität gab es nicht, sie musste immer wieder mühsam errungen werden. Um die Zunft funktionsfähig zu erhalten, sollte Geselligkeit den emotionalen Kitt produzieren. Außerdem nutzte man sie als Mittel der sozialen Repräsentation.

1676 Siemsen, Germanengut, S. 70; vgl. Kapitel 2.1.

1677 Zöllner, Zunftverfassung, S. 104; Schmidt, Zunfturkunden I, S. 49*; Nadolski, Zunftzinn, S. 360.

1678 Canzler, Zünfte, S. 74.

1679 Weyrauch, Amts- und Gewerbeordnungen, S. 119; Zuger Zünfte, S. 7.

1680 Kreutzberger, Gewerberecht, S. 65; Keller/Brod, Fischer, S. 38; Krumbholtz, Gewerbe, S. 153*; Arneth, Verfassung, S. 54.

1681 Borst, Alltagsleben, S. 424.

1682 Canzler, Zünfte, S. 74.

1683 Eules, hafner gesellen, S. 59; Haenert, Preispolitik, S. 168.

Im Mittelalter und (abgeschwächt) der Frühen Neuzeit gab es kaum Wirtshäuser, deren große Zeit erst im 19. Jahrhundert begann. Wollte oder konnte man sich nicht privat treffen, musste man ein öffentliches Gebäude wie das Rathaus, das einen Veranstaltungsraum besaß, oder das „Klubhaus" einer Organisation aufsuchen. Seit dem 14. Jahrhundert sind „Geschlechtergesellschaften" der städtischen Führungsschichten bekannt, die „Herrentrinkstuben" für ihre Mitglieder unterhielten. Zeitlich parallel entstanden Zunfthäuser, Meister- und Gesellentrinkstuben, in denen die Zünfte ihre geselligen Veranstaltungen abhielten. Wer wem zum Vorbild diente, war von Stadt zu Stadt verschieden: Einmal machten die „Geschlechter", ein anderes Mal die Zünfte den Anfang, hinter dem die andere Seite nicht zurückstehen wollte.[1684] Die Zunfthäuser und -trinkstuben werden gern als Beleg dafür genommen, welch großer Stellenwert der Geselligkeit in den Zünften zukam. Man darf jedoch nicht übersehen, dass sich nur die reichsten Zünfte in größeren Handelsstädten dergleichen Etablissements leisten konnten und das gewöhnliche Zunfthaus klein und einfach war.[1685]

Jede Zunft und Gesellenschaft war bestrebt, einen umfangreichen Vorrat an Zunftgeschirr zu besitzen. Aus dem Mittelalter sind keine Geschirrbestandteile von Zünften überliefert, weil man in dieser Epoche wenig Geschirr benutzte (individuelle flache Teller und Gabeln gab es noch nicht) und dieses meistens aus Holz bestand, das weggeworfen wurde, sobald es abgenutzt war. Falls man kostbareres Geschirr aus Metall besaß, ließ man es später vielfach einschmelzen, um ein dem wechselnden Zeitgeschmack gemäßes Geschirr herstellen zu lassen. Die Baseler Weberzunft hatte bereits 1515 ein kostbares Essgeschirr aus Zinn, als Geschirrteile noch überwiegend aus Holz bestanden.[1686] Nur vereinzelt gab es goldene, silberne oder versilberte Geschirrteile, während das typische Material des Zunftgeschirrs in der Frühen Neuzeit das Zinn wurde. Während sich wohlhabende Bürger seit dem 17. Jahrhundert dem Steinzeug und im Jahrhundert danach dem Porzellan zuwandten, beharrten die Zünfte meist auf Zinn. Dieses hatte neben seinem Gebrauchs- einen Materialwert, der einen Teil des Vermögens der Zunft oder Gesellenschaft darstellte und sich in Notfällen „versilbern" ließ. Vermehrt im 19. Jahrhundert wandten sich arme Zünfte dem erheblich billigeren Steinzeug zu.[1687] Man beschaffte die Geschirrteile nach und nach aus dem Verbandsvermögen oder machte es neuen Mitgliedern zur Pflicht, ein Geschirrteil (meist einen Becher) zu kaufen.[1688] Daraus erklärt sich der schlichte Charakter der meisten Gebrauchsstücke: Man nutzte einfach die bei einem Zinngießer der näheren Umgebung vorhandenen Gießformen, ohne zusätzliche, handgearbeitete Verzierungen zu verlangen.

1684 Kälble, Zivilisierung, S. 34, 38; Rogge, Geschlechtergesellschaften, S. 120, 125; Simon-Muscheid, Zunft-Trinkstuben, S. 151ff; Hermandung, Zunftwesen, S. 97–103.

1685 Göttmann, Bäckerzunft, S. 45.

1686 Nadolski, Zunftzinn, S. 275.

1687 Nadolski, Zunftzinn, S. 10, 196; Hasse, Zunft, S. 11; Stieglitz, Zünfte, S. 70. Ausnahmen bestätigen die Regel: Zunftkrüge aus Markenkeramik gab es vereinzelt auch schon vor dem 19. Jahrhundert. (Wutzel, Handwerksherrlichkeit, S. 103.)

1688 Reininghaus/Thurmann/Walberg, Quellen, S. 175; Nadolski, Zunftzinn, S. 268.

Zu einem kompletten Zunftgeschirr gehörten eine Küchenausstattung (Pfannen, Kessel usw.), Tafelgeschirr (Leuchter, Blumenvasen, Schüsseln, Platten, Schöpflöffel, Vorlegegabeln, seit dem 17. Jahrhundert Tabakdose und Aschenbecher) sowie individuelles Geschirr (Becher, seit dem 17. Jahrhundert Teller und Besteck sowie Pfeifen) in einer für alle Mitglieder ausreichenden Stückzahl und vielleicht Gestaltmodeln, die das Zunftzeichen den Backwaren für die Zunftmähler einprägten.[1689] Viel wichtiger als die seltenen Gelage war das Trinken, das jede Geselligkeit der Zünfte und Gesellenschaften begleitete. Außer Bechern brauchte man Kannen verschiedener Größe, auf deren künstlerische Gestaltung Wert gelegt wurde.[1690] Die üblichen Getränke waren Bier, Schnaps sowie (in Anbaugebieten und zu besonderen Gelegenheiten) Wein. Kakao und Kaffee, die Modegetränke des Adels und Bürgertums seit dem 17. Jahrhundert, setzten sich im Zunftleben nicht durch. Schenkkannen wurden – einer verbreiteten Mode folgend – als „Gestaltgefäße“ ausgebildet. Die Schneider besaßen eine Kanne in der Form einer Schere, die Fischer einen Fisch, die Metzger einen Ochsen usw.[1691] Vexierkrüge stellten lustige Szenen dar.[1692] Riesige „Schleifkannen“ dienten als Vorratsgefäße großer Getränkemengen bei Tisch. Die Herkunft der Bezeichnung ist unklar; möglicherweise ist sie davon abgeleitet, dass man die Ungetüme nicht tragen konnte, sondern über den Boden zu schleifen hatte.[1693]

Das Spitzenstück des Zunftgeschirrs war der „Willkomm“, ein großer, für eine Person gerade noch handhabbarer Deckelpokal, aus dem der Reihe nach getrunken wurde. Sein Material und seine künstlerische Qualität waren das Beste, was sich eine Zunft leisten konnte. Außer dem Zunftzeichen waren die Namen der Stifter oder der Zunftvorsteher zur Zeit der Anschaffung dem Willkomm eingraviert. Widmungsschildchen hingen an ihm mit den Namen der freigesprochenen Lehrlinge oder neuen Meister, welche die Schilder spendieren mussten.[1694] „Der Willkomm war das Trinkgefäß, das, mit edlem Wein gefüllt, dem Lehrling bei der Lossprechung, dem jungen Meister als Zeichen seiner neuen Würde und dem geehrten Gast zur Begrüßung in der Herberge feierlich kredenzt wurde. Ein Handwerk, dem kein Willkomm zustand, konnte auf allzu große Achtung keinen Anspruch erheben, und so erfahren wir manchmal von den großen Anstrengungen, welche eine arme Zunft machte, um sich vom Rat der Stadt das Recht des Willkomms zu erkämpfen. Er war mehr als ein gewöhnliches, profanes Trinkgefäß und durfte nicht zum täglichen Gebrauch herabgewürdigt werden. Seine Benutzung war aufs allergenaueste geregelt, und meist stand der Willkomm als stolzester Besitz der Zunft wohlversichert im Stubenschrank, und es war ein heiliger Akt, wenn er hervorgeholt wurde.“[1695] Willkomm-Pokale kamen seit dem 16.

1689 Schmidt, Zunftzeichen, S. 33; Hasse, Zunft, S. 11; Finkenstaedt, Beiträge, S. 77f; Nadolski, Zunftzinn, S. 205, 275, 302, 325, 366; Gröber, Zunftherrlichkeit, S. 63.

1690 Vgl. Nadolski, Zunftzinn, S. 194–204.

1691 Nadolski, Zunftzinn, S. 131, 134; Gröber, Zunftherrlichkeit, S. 88f.

1692 Schmidt, Zunftzeichen, S. 32f.

1693 Nadolski, Zunftzinn, S. 140f; Stieglitz, Zünfte, S. 70.

1694 Schmidt, Zunftzeichen, S. 31f; Stieglitz, Zünfte, S. 65; Nadolski, Zunftzinn, S. 128.

1695 Gröber, Zunftherrlichkeit, S. 80f.

Jahrhundert überall in Europa vor mit einem Schwerpunkt in Norddeutschland.[1696] „Wo auch immer Willkomm-Pokale gegossen werden, hinsichtlich ihrer Formgebung wird der Einfluß fürstlichen Prunk- und Repräsentationsgeräts sichtbar."[1697]

Zünfte ohne Zunfthaus nutzten oft ein Wirtshaus für ihre Zusammenkünfte, Wandergesellen begaben sich nach ihrer Ankunft in die „Herberge", in der Regel ebenfalls ein Wirtshaus. Dort wurde der Stammtisch der Zunft oder Gesellenschaft mit einem Stubenschild (auch: Zunft-, Tisch- oder Nachbarschaftszeichen) gekennzeichnet, das auf dem Tisch stand oder – häufiger – darüber hing.[1698] „In der Anfangszeit kommt vielleicht noch insofern eine Gebrauchsfunktion hinzu, als ein zugewanderter Geselle mitunter vom Herbergsvater das ‚Zeichen' erhält, um sich damit selbst als Arbeitssuchender auf den Weg zu den Meistern zu machen. Das Zeichen kann im einfachsten Fall eine runde Zinnscheibe mit der Aufschrift z.B. ‚fremder Bäcker' sein, die dann gegenüber den Meistern als Ausweis vorgewiesen wird. Ergänzt wird die Gebrauchsfunktion jahrhundertelang durch eine symbolische Bedeutung bei Zusammenkünften der Zunft – Zeichen oder Schild haben gleichsam abschirmend über der Runde zu thronen."[1699] Die Zeichen stellten ein typisches Handwerkszeug dar oder eine Szene aus dem Handwerksleben. Auch Stubenschilder sind erst seit dem 16. Jahrhundert bekannt.[1700]

Die gute Überlieferungslage der großen, gut ausgestatteten Zünfte und der optische Eindruck, den prächtige Zunfthäuser und museale Glanzstücke der Zunftgeschirre auf den Betrachter ausüben, verklären die recht triste Wirklichkeit der Zunftgeselligkeit. Die Arbeitszeiten der Handwerker waren erheblich länger als die Normalarbeitszeit eines Arbeitnehmers heutzutage. Noch weit ausgedehnter war die Anwesenheit am Arbeitsplatz, wenn diese auch von langen Pausen unterbrochen war. Der Arbeitstag begann früh am Morgen und endete am späten Abend, manchmal erst in der Nacht, zumindest während der hellen Jahreszeiten. Obwohl es eine Sonn- und Feiertagsruhe gab, war auf deren Einhaltung kein Verlass.[1701] Die Geldlöhne waren niedrig: In Mainz konnte sich gegen Ende des 18. Jahrhunderts ein Geselle von seinem gesamten Wochenlohn in der Herberge gerade zwei Maß Wein leisten.[1702] Unter diesen Umständen war ein regelmäßiger Besuch geselliger Orte schwer zu realisieren. Um Nachtruhe, Ordnung und Sicherheit zu gewährleisten, ordneten die Stadtobrigkeiten frühe Sperrzeiten an, oft bereits um 21 Uhr. In den frühneuzeitlichen Zünften mit Mitgliedern aus verschiedenen Städten oder mit einem großen regionalen Einzugsbereich war an eine ausgeprägte Zunftgeselligkeit schon aus Verkehrsgründen nicht zu denken. Diese Zünfte hielten ihre Versammlungen vielleicht nur einmal innerhalb mehrerer Jahre ab. In kleinen Zünften kamen Ereignisse wie Lehrlingseinschreibungen oder Meisterfeiern jahrelang nicht vor. Nicht zuletzt spielte das Geld eine Rolle. Die Mindener Bäcker pflegten „alle 5 bis 6 Jahre ein großes Fest, den sogenannten

1696 Nadolski, Zunftzinn, S. 85.
1697 Nadolski, Zunftzinn, S. 86.
1698 Schmidt, Zunftzeichen, S. 25; Stieglitz, Zünfte, S. 59; Gröber, Zunftherrlichkeit, S. 91.
1699 Nadolski, Zunftzinn, S. 356.
1700 Stieglitz, Zünfte, S. 60; Gröber, Zunftherrlichkeit, S. 91.
1701 Vgl. Kapitel 3.2.2.
1702 Decker, Bürger, S. 48.

‚Maitag' zu feiern, Dienstags und Mittwochs nach Pfingsten. 1442 aber ... war der Aufwand so prunkvoll, und besonders die Frauen hatten so große Ausgaben für ihre Kleider, daß von diesem Jahr ab das Fest nur noch einen Tag lang dauern sollte."[1703] Im 18. Jahrhundert häuften sich die Fälle, dass Festlichkeiten eingeschränkt oder abgeschafft wurden, weil Zünfte hoch verschuldet waren. Es gelang vielfach nicht, die früher von der Zunft getragenen Kosten den Mitgliedern aufzubürden, weil diese nicht willens oder wegen der schlechten Konjunktur nicht in der Lage waren, die Ausgaben zu übernehmen.[1704]

Eine landesherrliche Kommission kritisierte 1699, bei den Zünften in Lippstadt werde alles „mit Fressen und Saufen angefangen und vollendet."[1705] Im Spätmittelalter war der Drang zur üppigen Tafel weit verbreitet, Höhepunkt der Schlemmereien scheint die Renaissanceepoche im 15. und 16. Jahrhundert gewesen zu sein.[1706] „Nach adelichen und furstlichen sitten"[1707] ließ man auffahren, was Keller und Scheunen hergaben. Die Hansegrebengilde Kassels, in der die „haute volée" vereint war, veranstaltete beeindruckende Gelage: „Zum *immes corporis Christi* [Imbiss zum Fronleichnamstag] 1567 waren sechsunddreißig Tische im Neuen Bau und im Weinkeller besetzt, und es wurden verzehrt ein Rind, ein Kalb, 5 Lämmer, 8 Gänse, 31 Hühner, 15 Paar Tauben, 8 Pfund Speck, 18 Pfund Butter, 300 Eier, 13 Pfund Käse, Mehl, Salzfische, Wein, Bier, Brot und Wecke, insgesamt für 24 Gulden 22 alb[us] 16 h[e]l[ler]. Vom Fürsten erhielten sie jedesmal als Festgabe einige Stockfische und ‚etzliche' Pfund Butter."[1708] Die Zünfte versuchten nach Kräften, mit dem opulenten Lebensstil der Kaufleute mitzuhalten.[1709]

Meistermahle der Lüneburger Kürschner gegen 1600[1710]

„Über die Speisen, die ein Meisterschaftskandidat im Verlauf der Formalitäten bis zum endgültigen Erwerb der Meisterschaft auffahren lassen mußte, gibt es recht detaillierte Bestimmungen der Kürschner aus der Zeit um 1600. Zunächst mußte er – wenn er eine Morgensprache forderte – eine Kost geben, die im wesentlichen der unten geschilderten Amtskost entsprach. Wenn er die Innung erhielt, mußte er den Alterleuten ein Gericht nach ihrem Begehren ausrichten ‚... undt 12 s[chilling], des lecht ein ider 3 s[chilling], de moth he ock leggen'. Wenn er dann auf dem Rathaus die Bürgerschaft erworben hatte, mußte er ihnen wieder ein Gericht geben: Grapenbraten[1711], ein Viertel vom Schaf gebraten, Butter, Käse und Bier. Das gleiche Mahl mußte er dann am Sonntag vor der Amtskost den Alterleuten im Hamburger Keller vorsetzen lassen.

1703 Lauffs, Zunft- und Gewerbewesen, S. 41.
1704 Keller/Brod, Fischer, S. 38; Hähnsen, Geschichte, S. 160; Schmidt, Zunft, S. 64, 93.
1705 Reininghaus/Thurmann/Walberg, Quellen, S. 368.
1706 Schmoller, Strassburg, S. 20.
1707 Kluge, Korn, S. 412.
1708 Salow, Zunftwesen, S. 127.
1709 Krumbholtz, Gewerbe, S. 169*.
1710 Scheschkewitz, Zunftwesen, S. 189f.
1711 Ein in einem großen Topf gekochtes Stück Rindfleisch. (Grimm, Jacob und Wilhelm: Deutsches Wörterbuch, Nachdruck München 1984, Band 8, Sp. 1888.)

Die Amtskost, die der junge Meister zu geben hatte, konnte sich sehen lassen. Zu Beginn der Mahlzeit gebot der Altermann Frieden. Dann wurden in mehreren Gängen aufgetischt:

1. Zwei Schinken zu je sieben Pfund, zu jedem Schinken Rauchfleisch und eine Mettwurst, dazu Schafwurst.
2. Etwa 60 Pfund Frischfleisch, das die Alterleute auswählten.
3. Gekochter Stockfisch.
4. Frisches Schaffleisch mit Petersilienwurzel.
5. Zwei gute Hinterviertel vom Schaf als Braten; falls davon zuviel gegessen wurde, mußte der junge Meister für den andern Tag frisches Fleisch beschaffen.
6. Zwei ‚verndel' Butter und sieben Pfund Süßmilchkäse.

Jeder Amtsbruder gab dem jungen Meister 6 d. [denarii, d.h. Pfennig] als Beihilfe zur Amtskost.

Dieses Essen genügte aber nicht, denn am Abend mußte der Spender noch eine kalte Mahlzeit und am nächsten Tag wieder eine Kost ausrichten, die nicht näher spezifiziert sind. Die Menge des konsumierten Bieres ist nicht erwähnt, doch dürfte sie in Ansehung der Speisekarte nicht eben gering gewesen sein."

Die barocke Leibesfülle der Landesfürsten und anderer führenden Persönlichkeiten des 17. und 18. Jahrhunderts, die aus Porträts der Zeit zu uns spricht, verrät, dass überbordende Genusssucht auch dieser Epoche eigen war. Allerdings ist die Beziehung zwischen den Führungsschichten und der breiten Bevölkerung jetzt nicht mehr so einfach zu beschreiben wie vorher. Die Faustregel, dass jeder im Aufwand den Führungsschichten nachstrebt, soweit er es sich leisten kann, galt nicht mehr. Kleider- und Luxusordnungen wollten jedem seinen festen Platz in der Gesellschaft zuweisen; wer die vorgegebenen ständischen Schranken überschritt, wurde bestraft. In Ansätzen entstand eine bürgerliche Kultur, die sich nicht mehr als Kleinausgabe des Adels verstand, sondern einen eigenen Lebensstil kreierte. Das bürgerliche Drei-Gänge-Menü bildete sich heraus. Viele Zünfte wurden infolge von Kriegen und Krisen wirtschaftlich gebeutelt, so dass sie sich kaum noch über Wasser halten konnten. Territorialisierung und Spezialisierung brachten räumlich gestreute und kleine, arme Zünfte mit sich. Große Festessen gab es zwar noch, aber sie wurden immer seltener.[1712] Die Interventionen der Obrigkeiten, die seit dem 16. Jahrhundert gegen hohe Aufwendungen für zünftige Tafelrunden kämpften, zeigten Wirkung.[1713] Der Durchschnitt lebte ausgesprochen bescheiden.

Ein Bild des Mittelmaßes zeichnen die Rechnungen der Hofer Maurerzunft. „In den Zunftrechnungen der Jahre 1626–1644 finden sich Ausgaben für den Verzehr mehrmals jährlich bei Zusammenkünften und Reisen. Werden Nahrungsmittel genannt, so meistens Bier und Brot, selten Käse. Selbst wenn man sich mit Bürgermeister und Stadtvogt traf, blieb das Mahl bescheiden. Zur Zunftversammlung des Jahres 1677 gab es 1 1/2 Eimer Bier sowie Weißbrot. Im Jahr 1772 wurde bei Zunftversammlungen Bier abgerechnet. Bei einem Treffen mit Meistern,

1712 Hähnsen, Geschichte, S. 160; Fromm, Studien, S. 53.
1713 Wissell, Recht II, S. 29; Vogel, Zünfte, S. 3; Scheschkewitz, Zunftwesen, S. 191.

Gesellen, Lehrjungen und Bürgern wurde einiges verzehrt, von elf Meistern mit dem Handwerksschreiber der ‚gewöhnliche Lehrbraten'. Am Thomastag ließ man sich Bier, Brot und ‚die gewöhnlichen Heringe' schmecken. Im Jahr 1814/15 machten Ausgaben für ‚Zehrung', die beim Freisprechen, am Thomastag, am Jahrestag und ‚beim Aufdingen der Jungen' anfielen, rund zwei Drittel aller Aufwendungen der Hofer Maurerzunft aus. Luxus spricht aus diesen Rechnungen nicht: Selbst die den Mittelschichten zuzurechnenden Handwerksmeister ernährten sich bescheiden in traditioneller Weise mit Bier und Brot und ausnahmsweise mit einem Braten oder einem Stück Fisch."[1714]

Die Lippstadter Bäcker, die reichste Zunft der Stadt, stand den Hofer Maurern im 18. Jahrhundert an Einfachheit in nichts nach. Einmal im Jahr wurde anlässlich der Rechnungslegung ein Fest gefeiert. „Ein Faß Bier lag bereit. Zum Bier gab es Salzkuchen. Außerdem wurden ‚Toback, Pfeiffen und Lichter', ab 1781 auch Spielkarten geliefert. ... Bis 1756 wurde im Festsaal [des Zunfthauses] ein Faß Bier für 8 Taler aufgelegt, das 1754 nicht reichte, sodaß ‚von H[errn] Caspar Budde[berg] 10 Kannen Bier nachgeholt' wurden. Nach dem Siebenjährigen Krieg, als die Einnahmen zurückgegangen waren und die Zunft in der [kleineren] unteren Amtsstube tagte, ging es sparsamer her. Es wurde nur noch eine Tonne Bier für 4 Taler bestellt. ... Der Sparkurs wurde durchgehalten bis 1784. Als die Stadt in diesem Jahre der Zunft die 1757 vorgeschossenen Kontributionsgelder zurückerstattet hatte, wurden die Amtsbrüder nach der Martini-Morgensprache zu ‚gebratenen Schweins-Ribben', Salat, Brot, Butter, Käse und Senf eingeladen. Bier, Pfeifen, Tabak, Lichter und Spielkarten fehlten dabei nicht. In den nächsten 4 Jahren wurde nach der Martini-Morgensprache das gleiche Menü geboten."[1715] Was sich die Lippstadter Bäcker ab 1784 gönnten, als endlich einmal wieder Geld in der Kasse war, ist nicht gerade üppig zu nennen, eher ein Imbiss.

Der Soziologe Norbert Elias untersuchte in einem berühmten Buch den „Prozess der Zivilisation". Er vertrat die These, dass sich die Menschheit seit dem Mittelalter auf dem Weg der Zivilisierung befinde, die noch nicht abgeschlossen sei. Zu Beginn der Frühen Neuzeit sah er eine neue Stufe der Zivilisierung erreicht. Elias verstand unter „Zivilisierung" die fortschreitende Affektkontrolle durch den Einzelnen. Als Vorbilder dienten im Mittelalter die ritterlichen und in der Frühen Neuzeit die höfischen Manieren, bevor diese von den bürgerlichen abgelöst wurden. Von den Führungsschichten „tröpfelten" die Benimmregeln hinunter zu den mittleren und unteren Schichten.[1716] Als Ursache der Zivilisierungsvorgänge während der Frühen Neuzeit sah Elias die zunehmenden Interdependenzen der Menschen, die sich in wachsender Arbeitsteilung, expandierender Staatlichkeit und einer stärkeren Einbindung der Menschen in ein institutionelles Geflecht ausdrückten. Die größere Sicherheit, welche die gesellschaftlichen Institutionen sowie technische Innovationen vermittelten, machten eine intensivere Triebkontrolle möglich Der Lebensstil wandelte sich zu langfristiger Planung statt spontanem Triebausleben, zu rationalem statt affektivem Handeln und zur Abschwächung

1714 Kluge, Korn, S. 414.
1715 Reininghaus/Thurmann/Walberg, Quellen, S. 366.
1716 Elias, Prozeß I.

des Trieblebens, das durch Ersatzbefriedigungen abgeleitet wurde oder abstarb.[1717]

Einen Anteil am „Prozess der Zivilisation“ übernahmen die Zünfte. Ihre Geselligkeit artete nicht in wildes „Fressen und Saufen“ aus, wie es die Lippstadter Landesherrschaft 1699 behauptet hatte, sondern war strengen Regeln unterworfen. Benimmregeln gab es in Zünften nachweislich seit dem Beginn des 14. Jahrhunderts.[1718] Beleidigungen und Beschimpfungen von Zunftgenossen waren untersagt und mit hohen Strafen bedroht. Körperliche Gewalt sollte vermieden oder zumindest kanalisiert werden. Waffen durften nicht mitgeführt werden.[1719] Ein gutes Bild von den Zusammenkünften der Handwerker gibt die Ordnung der Kopenhagener Goldschmiede von 1429, einer deutschen Zunft, wie die niederdeutsche Sprache der Ordnung beweist: „Wer jemand einen Hurensohn schimpfte, sollte einen ‚lodigen Verding' sonder Gnade zahlen. Schlug er seinem Gegner einen ‚Pust' (Beule), mußte er ohne Gnade eine ‚lodige' Mark zahlen. Schlug der Meister einen Knecht (Gesellen), war die Strafe ein ‚lodiger Verding'; schlug umgekehrt ein Knecht seinen Meister, hatte er eine halbe ‚lodige' Mark zu zahlen. Als Strafe für das Messerstechen war ebenfalls eine ‚lodige' Mark festgesetzt.“[1720] Die Schuhmacher in Frankfurt am Main erlaubten Zweikämpfe zwischen Gesellen unter Aufsicht des Ältermanns und nach einem präzise beschriebenen Verfahren. Der Faustkampf lief nach einer Schilderung aus dem Jahr 1706 so ab, „daß es drei Runden gibt, die immer dann beendet sind, wenn einer der Kontrahenten zu Boden geht. Wenn nun alle ‚drey Gänge vorbey, so geben sie einander die Hände, und fragen, ob einer dem andern anjetzo vor einen braffen und ehrlichen Kerl hielte. Wann sie es bejahen, trinkt einer dem andern zu; darauf seynd sie wieder gute Freunde, obschon zum öfteren der eine stehet und ihm das Blut aus der Nasen und Maul läufet und dem andern das Hembd auf dem Leibe zerrissen.'“[1721]

Stark reglementiert wurde das Trinken. Niemand sollte mehr trinken als er bei sich behalten konnte.[1722] „Sehr häufig wird das Vergießen von Bier verboten, es darf nicht mehr auf den Tisch, als mit der Hand, nicht mehr unter den Tisch, als mit dem Fuß bedeckt werden kann. Niemand darf im Gelage einschlafen.“[1723] Das Spielen, eine häufige Quelle des Streits, wurde verboten, „oder man erlaubte nur gewisse Arten von Spielen, wie Würfelspiele, Brettspiele, Kartenspiele, Kugelspiele, oder endlich man gestattete nur eine gewisse Höhe des Spielsatzes. Mitunter mußte auch der Zunftbeamte erst seine Erlaubnis gegeben haben. Wurde aber gespielt, dann war auch der Verlierer verpflichtet, seinen Spielgegner in derselben Sitzung zu bezahlen, wenn mit diesem keine gütliche Vereinbarung zustande kam. Bei Verkündigung des Urtenschlusses [Ende der Geselligkeit] durften neue Spiele nicht mehr begonnen werden.“[1724]

1717 Elias, Prozeß II.
1718 Neuburg, Zunftgerichtsbarkeit, S. 72f; Rumpf, Handwerkerleben, S. 36f.
1719 Siemsen, Germanengut, S. 73.
1720 Wissell, Recht II, S. 160.
1721 Nadolski, Zunftzinn, S. 212.
1722 Wissell, Recht II, S. 161; Böhmert, Beiträge, S. 16.
1723 Siemsen, Germanengut, S. 106f.
1724 Schmidt, Zunfturkunden I, S. 53*; vgl. Wissell, Recht II, S. 164.

Trotz aller Disziplinierungen ging es in Zünften und Gesellenschaften durchaus nicht bierernst zu. Die wiederholten und immer detaillierteren Aufforderungen der Statuten zum zurückhaltenden Auftreten der Meister und Gesellen können sogar dahin interpretiert werden, dass die Regeln wohl des Öfteren übertreten wurden. Protokolle und Rechnungsbücher enthalten zahllose Eintragungen über Strafen wegen Verstößen gegen die Benimmregeln. Die Emotionalität der Teilnehmer wurde aber nicht nur zu unterdrücken versucht, man leitete sie auch in harmlose Gefilde ab. Die Steinmetzen Brünns verboten 1647, „'buhlerische' Lieder“ vor offener Lade zu singen, fanden aber offensichtlich nichts dabei, mit ihnen den geselligen Teil der Zusammmenkünfte zu bereichern.[1725] In Lobgesängen auf das eigene und Spottgesängen auf andere Handwerke, Wander- und Trinkliedern ging es derb zur Sache, Beleidigungen Außenstehender, sexuelle Anspielungen und die Schilderung von Regelverletzungen waren an der Tagesordnung. Was man nicht durfte, hier durfte man es symbolisch ausleben.[1726]

Schneiders Wanderschaft (aus dem Jahr 1597)[1727]
Es wollt ein Schneider wandern
Gen Wilpertshausen,
Begegnet ihm der Zi zi zi, Bock bock bock, Meck meck meck.
Es thät ihm grausen.

Der Schneider gieng den Berg auf,
Begegnet ihm ein Geiß.
Da sprach derselbige Zi zi zi, Bock bock bock, Meck meck meck:
„Wie machstu mir so heiß!“

Die Geiß gab ihm zu trinken
Aus einem Fingerhut.
Da sprach derselbig Zi zi zi, Bock bock bock, Meck meck meck:
„Wie ist der Wein so gut!“

Der Schneider war so trunken,
Er war so grausam voll.
Da ward derselbig Zi zi zi, Bock bock bock, Meck meck meck
Vor großer Ohnmacht toll.

Es kam eine Geiß gelaufen,
Sie wollt ihm helfen auf.
Da sprach derselbig Zi zi zi, Bock bock bock, Meck meck meck:

1725 Wissell, Recht II, S. 167.

1726 Vgl. Wissell, Recht III, S. 222–291; Schade, Handwerkslieder; Strobach, Droben auf jenem Berge.

1727 Schade, Handwerkslieder, S. 247f. Die Schneiderei erforderte geringe Körperkraft, Schneider galten muskulöseren Kollegen anderer Handwerke als schwächlich und ängstlich. Die bekannteste satirische Schneidergeschichte ist „Das tapfere Schneiderlein“ der Brüder Grimm. (Schwarzlmüller, Lehrling, S. 47.)

„Ich stich dir ein Loch in Bauch".
Die Geiß die nahm den Schneider
Auf ihre krumme Horn,
Sie warf denselben Zi zi zi, Bock bock bock, Meck meck meck.
Wol in die Hagendorn.

Und da er wieder heraus kam,
Hat er ein krummes Bein.
Da sprach derselbig Zi zi zi, Bock bock bock, Meck meck meck:
„Ein andermal bleib daheim."

In Gluckgluck (aus dem Jahr 1829)[1728]
In Gluckgluck leb ich,
In Gluckgluck schweb ich:
Und wer in Gluckgluck lebt,
Der ist mein Bruder.

Hab ich keinen Kreuzer Geld
In meiner Tasche,
So hab ich Gluckgluck noch
In meiner Flasche.

Hab ich keinen Kreuzer Geld,
So thu ich borgen.
Bezahl ich heute nicht,
Bezahl ich morgen.

Hab ich kein Federbett,
So hab ich Sachen.
„Komm, Schätzchen! Schlaf mit mir!
Wollens schon machen."

Hat mich kein Mädchen lieb,
So läßt sies bleiben.
Wer weiß, ob mirs gefällt,
Bei ihr zu bleiben.

Hat mich kein Meister lieb,
So läßt ers bleiben.
Wer weiß, wo mich der Wind
Noch wird hintreiben.

Treibt mich ein kühler Wind
Aus meinem Lande,

1728 Schade, Handwerkslieder, S. 174f.

So treibt er mich doch nicht
Aus meinem Stande.

Bin wie der Vogel frei
Überall auf Erden.
Denk nicht wies morgen sei:
`s wird ja schon werden.

In Gluckgluck leb ich,
In Gluckgluck schweb ich:
Und wer in Gluckgluck lebt,
Der ist mein Bruder.

Die Regeln der Zunftgeselligkeit sorgten für ein friedliches Miteinander, folgten dem christlichen Mäßigungsgrundsatz und gliederten Zünfte und Gesellenschaften in die Gesellschaftsordnung ein dadurch, dass sie die vom Adel und den „Geschlechtern" propagierten Sitten adaptierten.[1729] Vornehme Zurückhaltung und verfeinerte Lebensart, an den Höfen kultiviert, transportierten die Zünfte in vereinfachter Gestalt in die Alltagswelt der Mittelschichten. Das Streben nach „Distinktion" trieb bisweilen seltsame Blüten. Die Wormser Fischer wollten „zu große Vertraulichkeit untereinander dadurch verhindern, daß man den Zünftigen verbot, sich untereinander in der Zunftstube auf dem Gebot zu duzen. Zum erstenmal wurde dieses Verbot am 10.7.1698 ausgesprochen. Bald darauf wurden 3 Zünftige ‚wegen Duzens' jeder zu 15 kr[euzer] Strafe verurteilt. Bis 1707 kamen noch mehrere Bestrafungen deswegen vor. Später findet sich im Zunftbuch kein Vermerk mehr darüber; es ist also nicht festzustellen, ob sich die Fischerzünftigen daran gewöhnten, auf dem Gebot sich nicht mit Du anzureden, oder aber die späteren Zunftherren keinen Wert mehr darauf legten, vielleicht weil sie eingesehen hatten, daß der Kampf vergeblich war."[1730]

Die Obrigkeiten gingen gegen die Zunftgeselligkeit seit dem Spätmittelalter massiv vor. Sie kritisierten sie als grob, diffamierten sie als „Missbrauch" der Zunftgerechtigkeiten, brandmarkten sie als Verschwendung und Störung des Arbeitsrhythmus. Versammlungen ohne obrigkeitliche Aufsicht wurden mit Misstrauen betrachtet, weil sie zu Gewalttätigkeiten führen konnten und ihren Teilnehmern die Gelegenheit gaben, sich über gemeinsame Aktionen abzusprechen.[1731] Zunfttrinkstuben wurden nicht verboten, weil sie den Zünften eine feste Anschrift gaben, so dass sie der Rat leichter finden konnte, wenn er mit ihnen zu reden oder ihnen etwas zu verkünden hatte oder sie zu Ratsgeschäften heranziehen wollte.[1732] Man verringerte aber die Öffnungszeiten der Zunftstuben und kontrollierte sie scharf. „Eine politische Mitwirkung fand dort kaum noch statt."[1733]

1729 Kälble, Zivilisierung, S. 48–55; Göttmann, Bäckerzunft, S. 41; Martin, Akten, S. 41.
1730 Martin, Akten, S. 64.
1731 Schultz, Das ehrbare Handwerk, S. 37f.
1732 Schembs, Dach, S. 31.
1733 Elkar, Distanz, S. 169ff, 172 (Zitat); Schembs, Dach, S. 33; Simon-Muscheid, Zunft-

Die Kosten der Meisterfeiern erschwerten das Meisterwerden und galten der merkantilistischen Politik als Wirtschaftshemmnis. Anstelle der Geselligkeit sollten die finanziellen Mittel für die Armenversorgung ausgegeben werden.[1734] Der Protestantismus, der das gesamte Leben als Buße auffasste, verteufelte Vergnügen und Genuss.[1735] Schärfer noch als die Meister verfolgte man die Gesellen.[1736] Im Herzogtum Coburg wurden 1803 sämtliche Zunftmahlzeiten verboten. Ein Wagnermeister aus Coburg kommentierte lakonisch, dass solches „'bey uns nicht geschehen kann, den wir haben nur Schulden und kein Gelt zum Schmaußen'."[1737]

5.3. BRAUCHTUM

Kaum eine Organisation gilt als derart brauchtumsverhaftet wie die Zünfte. Traditionsvereine pflegen „zünftiges" Brauchtum bis in die Gegenwart, weil es den Alltag mit einem nostalgischen Flair überzieht. Zwischen Bräuchen, Riten, Ritualen und Zeremonien wird in der Literatur nicht klar unterschieden. Alle vier Ausdrücke bezeichnen regelmäßig wiederkehrende Handlungen von Gruppen, die einen geregelten Ablauf und einen festlichen Charakter haben sowie Bedeutungen, welche über die unmittelbare Handlung hinausweisen. Das handwerkliche Brauchtum wurde neben dem Arbeitsbrauchtum – das hier nicht interessiert – vor allem vom Zunftbrauchtum geprägt. Eine kleinere Rolle spielten Bräuche der Handwerker außerhalb von Beruf und Zünften: Abgesehen vom Meistergesang ist es während der Zunftzeit nicht zu einem erwähnenswerten Handwerkerbrauchtum jenseits der Zünfte gekommen. Zunftbrauchtum manifestierte sich bei Versammlungen der Zünfte, ihren Wahlen und Amtsübergaben, bei Übergängen im Lebenslauf der Handwerker und dem Auftreten der Zünfte in der Öffentlichkeit.[1738] Da über den Ablauf der Versammlungen und religiöse Feste bereits an anderer Stelle dieses Buches zu lesen ist, werden im Folgenden die Übergänge und die nichtreligiösen öffentlichen Auftritte vorgestellt.

5.3.1. Übergänge

Ist bei Volks- und Völkerkundlern, Soziologen und Historikern die Rede von „Übergangsriten" oder „rites de passage", so beziehen sie sich meist auf ein Konzept des Franzosen Arnold van Gennep, das dieser im Jahr 1908 anhand ethnologischen Materials entwickelte. „Van Gennep beschäftigte sich insbesondere mit ‚Grenzsituationen' im Leben des einzelnen wie der Gesellschaft, und er stieß überall auf solche Grenzen und auf deren entsprechende Markierung in Form von

Trinkstuben, S. 153; Schmidt, Zunft, S. 93.

1734 Weyrauch, Amts- und Gewerbeordnungen, S. 119.

1735 Weyrauch, Amts- und Gewerbeordnungen, S. 121; Kluge, Mummereien, S. 60ff.

1736 Vgl. Kapitel 3.2.2.

1737 Beck, Wagnerhandwerk, S. 24.

1738 Vgl. Bimmer, Brauchforschung, S. 445; Kaschuba, Einführung, S. 184; Fischer, Volk, S. 150; Gennep, Übergangsriten.

Symbolen und Ritualen. Jahres- und Lebenszeiten, Wechsel zwischen Berufen, Schichten, Religionen und Altersstufen setzen Grenzen, bedeuten Trennungen, an denen sich etwas verändert, etwas anderes oder Neues beginnt. Damit Gesellschaft aber nicht nur aus solchen Grenzen besteht, müssen Übergänge vorhanden sein, die den Wechsel und Wandel ermöglichen. Van Genneps Hypothese lautet, daß diese Übergänge gleichsam die Schwachstellen aller Gesellschaften seien, weil Grenzen zugleich auch Ordnung bedeuten. Wer Grenzen überschreitet, begibt sich aus einer Ordnung heraus, muß also gleichzeitig in eine andere Ordnung eingebunden werden, um nicht das gesellschaftliche Gesamtsystem zu stören oder es zu zerstören. Alle Gesellschaften versuchten daher, diese Grenzüberschreitungen und Übergänge zu kontrollieren, indem sie rituelle und symbolische Festlegungen trafen, wie das Verlassen der alten und das Erreichen der neuen Position zu bewerkstelligen sei. Es sind die *rites de passage*, die diesen Wechsel regeln – seien es lebensgeschichtliche oder soziale Wechsel. Sie steuern die Modalitäten der Veränderung für den Betroffenen, sie bestimmen zugleich aber auch die Modalitäten des Umgangs damit für seine soziale Umgebung."[1739]

Nach van Gennep werden Übergangsriten in drei Phasen wirksam: als Trennungsriten, welche die Ablösung vom bisherigen Zustand kennzeichnen, als Schwellen- bzw. Umwandlungsriten, welche sich auf einen Raum- bzw. Zustandswechsel beziehen, und als Angliederungsriten, welche die Integration in den neuen Zustand darstellen.[1740] In den Zünften kamen für Übergangsriten das Aufdingen und Freisprechen der Lehrlinge, das Meisterwerden, Gesellenmachen und -wandern in Frage.

Den Beginn einer zünftigen Karriere markierte die Aufdingung eines Lehrlings. Christian Doehler beschrieb sie im Jahr 1730 so: „Ist nun die Zeit zum Auffdingen vorhanden, und das Handtwerck beysammen, so wird der Junge nebst seinem Vater oder Vormunde vorgelassen, welcher denn, oder sein Vater vor ihn, das Handtwerck um Aufnahme ersuchet, und seinen Geburths-Brieff darleget, nebst dem gewöhnlichen Aufdinge Geld ...; darauf antwortet der Obermeister, nimmt das Geld und Geburths-Brieff an, läst denselben vor dem sämtl[ichen] Handtwerck ablesen, herum vociren, ob einer oder der andere was einzuwenden hat, wann dann alles richtig befunden wird, legt er ihn in die Lade wie auch das Geld, wo nicht etwas zu ihrer Ergötzlichkeit angewendet, oder unter die Meister vertheilet wird, zu Vergeldtung ihrer Versäumniß; auch wird des Jungen Nahme in das Handtwercks-Buch eingeschrieben ... Der Junge aber gelobet an, daß Er seinem Meister getreu seyn, das Seinige nach Vermögen verrichten und nicht davon lauffen wolle."[1741] Manchmal hatte der Lehrling zu geloben, dass er keine Geheimnisse verraten und niemals als Störer arbeiten werde; Bürgschaften wurden bestellt. In einigen Zünften wurde die Handlung nicht vor der Vollversammlung, sondern vor dem Vorstand vollzogen. Nach den rechtlichen Vorgängen erfolgte ein Zunftschmaus auf Kosten des Lehrlings.[1742]

1739 Kaschuba, Einführung, S. 188; vgl. Gennep, Übergangsriten, S. 239.
1740 Gennep, Übergangsriten, S. 21.
1741 Döhler, Beschreibung, S. 92.
1742 Schwarzlmüller, Berufslaufbahn, S. 23–27; Schade, Handwerksleben, S. 258; Hopfgartner,

Auch die Freisprechung am Ende der Lehrzeit fand vor der Vollversammlung statt. Die Papiere des Lehrlings wurden aus der Lade herausgesucht. Der Lehrmeister bestätigte seinen Kollegen, dass der Lehrling ausgelernt habe, die Bürgen wurden entlastet. Die Zunft notierte die Freisprechung in ihren Büchern und stellte dem Lehrling zur Bestätigung einen Lehrbrief aus, den sie in ihre Lade legte, um ihn vor Verlust zu schützen; der Lehrling erhielt für die Wanderschaft eine beglaubigte Abschrift. Wieder folgte ein Festmahl auf Kosten des Lehrlings.[1743]

Das Meisterwerden zerfiel in mehrere Phasen. Einmal oder mehrmals musste der Meisterkandidat einmuten, d.h. während einer Versammlung um die Aufnahme in die Zunft bitten. Dazu musste er Nachweise vorlegen, dass er alle Aufnahmebedingungen erfüllte, und seine Bitte in einen genau vorgeschriebenen Wortlaut kleiden. Die Aufnahme selbst war ein an Schlichtheit nicht zu überbietender Rechtsakt. Der Zunftvorsitzende fragte seine Mitmeister während einer Versammlung, ob sie etwas gegen die Aufnahme des Neuen einzuwenden hätten. Da die Meister beim Einmuten ausreichend Zeit gehabt hatten, Einwände vorzubringen, war dies eine rhetorische Frage. Der Bewerber wurde vom Vorsitzenden mit einem Glückwunsch aufgenommen und verpflichtet, dem Handwerk treu zu bleiben und Verschwiegenheit zu wahren; möglicherweise musste er außerdem Treue zur Obrigkeit schwören. Auch dieser Versammlung schloss sich ein Festmahl auf Kosten des Bewerbers an.[1744] Als seltene Ausnahme ist es zu werten, dass die Wollweber in Fulda im Jahr 1543 ihre neuen Meister dem Ritual einer „Taufe“ unterzogen.[1745] In Lüneburg, wo die Zünfte besonders eng an den Stadtrat gebunden waren, wurde den Gewandschneidern und Fleischhauern die Mitgliedschaft in der Zunft wie ein Mannlehen übertragen.[1746]

Obwohl es sich beim Aufdingen, Freisprechen und Meisterwerden um die wichtigsten Übergänge in einer Zunftkarriere handelte, lassen sich nur in Ansätzen van Gennepsche Übergangsriten feststellen. Trennungsriten fehlten völlig, Umwandlungs- und Angliederungsriten waren schwach entwickelt. Alle Umwandlungsriten dienten ausschließlich der Wahrung rechtlicher Belange, der Sicherstellung eines regelgerechten Ablaufs der Handlungen in einer in erster Linie mündlich verfassten Organisation. Die Festmähler nach den Rechtsakten können als Angliederungsriten aufgefasst werden. Die Zünfte stellen sich hier – wie schon bei den Vorschriften des Versammlungsablaufs festgestellt wurde – als ausgesprochen nüchterne Organisationen dar.

Das eigentliche Spielfeld der Übergangsriten waren die Gesellenschaften; Zunftbräuche waren überwiegend Gesellenbräuche. Während der Epoche der Gesellenschaften musste ein Lehrling nach der Freisprechung von der Gesellenschaft zum Gesellen „gemacht“ werden, bevor er auf Wanderschaft gehen konnte. Aller-

Geschichte, S. 33.

1743 Schwarzlmüller, Berufslaufbahn, S. 58f, 65, 73; Döhler, Beschreibung, S. 97f; Schade, Handwerksleben, S. 257f; Warncke, Handwerk, S. 66; Gröber, Zunftherrlichkeit, S. 17; Emig, Berufserziehung, S. 196f.

1744 Schwarzlmüller, Berufslaufbahn, S. 189; Döhler, Beschreibung, S. 137, 149; Emig, Berufserziehung, S. 196f.

1745 Hohmann, Zunftwesen, S. 122; vgl. Fischer, Volk, S. 218f.

1746 Bodemann, Zunfturkunden, S. XXVIIf.

dings war das Gesellenmachen nicht in allen Handwerken üblich. Wo es keine Gesellenschaft gab, nahm ein erfahrener Geselle die für die Wanderschaft unverzichtbaren Handlungen vor, während die anderen Teile des Gesellenmachens entfielen, oder der ehemalige Lehrling besuchte als erste Station seiner Wanderung eine Stadt mit einer Gesellenschaft seines Handwerks, um deren Mitgliedschaft er sich bewarb.[1747] Das galt ebenfalls für Gesellen aus England und den Niederlanden, die im Reichsgebiet wandern wollten.[1748] Zwischen der Freisprechung und der Aufnahme in die Gesellenschaft hieß der junge Handwerker Junggeselle, Jünger, Mittler, Bursche, Bürschel, Kornut, Kofent oder Halbgeselle.[1749]

Zu den unverzichtbaren Handlungen gehörte der Unterricht im Grußbrauchtum und dem Verhalten des Gesellen während der Wanderschaft. Solange es keine Kundschaften oder Wanderbücher gab, musste der Geselle sich bei der Ankunft in der Herberge einer Stadt dadurch als Handwerksangehöriger ausweisen, dass er Kleidung und Ausrüstung in einer bestimmten Art trug und ein wortwörtlich festgelegtes Grußritual absolvierte. Um die behauptete Wanderroute zu prüfen, fragte man ihn nach Sehenswürdigkeiten der besuchten Orte.[1750] Der älteste schriftlich überlieferte Gesellengruß ist in der Ordnung der Rochlitzer Steinmetzen von 1462 enthalten.[1751] Dieser ist kurz und schlicht und enthält noch nicht die aus späterer Zeit bekannte stereotype Formel „Mit Gunst und Verlaub“. Das 1705 von Friedrich Friese und später von anderen Autoren überlieferte Grußbrauchtum mit seinen barocken Formen dürfte erst im 17. Jahrhundert entstanden sein. Um seine Funktion zu erfüllen, musste der Gruß geheim gehalten werden, was bis zum 18. Jahrhundert offenbar recht gut gelang. Der Reichsschluss von 1731 verbot die Geheimhaltung.[1752] Als sich im Laufe des 18. Jahrhunderts die schriftlichen Wanderbelege durchsetzten, verfiel sie, und man konnte Handwerksgrüße in wissenschaftlichen Werken und auf Jahrmarktsdrucken nachlesen. Jetzt wurde der ankommende Geselle gefragt, ob er ein „Briefer“ oder ein „Grüßer“ sei; den ersteren mochten die Behörden, letzteren die Gesellen lieber.[1753] Mit ihrem umständlichen Grußbrauchtum erscheinen die Gesellen altmodisch, umständlich, verknöchert. Man muss aber bedenken, dass in der öffentlichen Verwaltung seinerzeit ein noch weit größerer Aufwand getrieben wurde, wenn es darum ging, einen Korrespondenzpartner korrekt anzusprechen. Im 17. Jahrhundert waren viele Zeitgenossen der Meinung, die Sprache der Reichsabschiede und Kanzleien habe nicht allein die amtliche, sondern ebenfalls die gewerbliche Sprache beein-

1747 Kreutzberger, Gewerberecht, S. 85; Döhler, Beschreibung, S. 102; Mengers, Aus den letzten Tagen, S. 10; Handwörterbuch des deutschen Aberglaubens, hrsg. von Hanns Bächtold-Stäubli und Eduard Hoffmann-Krayer, 10 Bände, Nachdruck Augsburg 2000 (Original 1927–1942) III, Sp. 1421f; Grießinger, Kapital, S. 101; Ortloff, Beantwortung, S. 18f; Clasen, Streiks und Aufstände, S. 17f.

1748 Schade, Handwerksleben, S. 296; Nadolski, Zunftzinn, S. 142.

1749 Emig, Berufserziehung, S. 200; Wissell, Recht III, S. 290ff.

1750 Grießinger, Kapital, S. 228; Fischer, Volk, S. 160, 169ff, 221–225.

1751 Wissell, Recht V, S. 129f.

1752 Proesler, Handwerk, S. 65*.

1753 Wissell, Recht III, S. 226; Wissell, Recht V, S. 113; Schultz, Das ehrbare Handwerk, S. 74; Jahn, Gewerbepolitik, S. 51f; Schade, Handwerksleben, S. 306; Gröber, Zunftherrlichkeit, S. 15.

flusst.[1754] Die Behörden bedienten sich ausführlicher Formularbücher, um für jeden Adressaten die seinem Rang adäquate Form des Schreibens, der Anschrift und Anrede zu finden.

Wegen einer falschen Anrede konnte ein Schreiben unter Protest zurückgewiesen werden. So auch bei den Zünften: „Ein Kupferschmiedemeister [in Goslar] klagte im Jahre 1781, dass der ankommende Geselle keinen Gruß des Handwerks, von dem er geschieden war, übermittelte. Der Meister war gekränkt, denn seine Werkstatt hatte doch nicht weniger Ansehen als andere. Er holte einen Mitmeister als Zeugen und ließ über den Vorfall ein Protokoll für die Zunft aufnehmen. – Eine Klage eines Osteroder Kupferschmiedemeisters aus dem Jahre 1730 beim Goslarer Handwerk über einen Gesellen und dessen vorigen Meister bezüglich des nicht bestellten Grußes zeigt, dass die Zünfte beim Handwerk des Ortes, von dem der Geselle kam, Beschwerde führten und um Genugtuung baten, wenn dieser Brauch nicht befolgt wurde.“[1755]

Gruß der Bäckergesellen bei der Ankunft in der Herberge[1756]

„Wanderte ein fremder Bursche auf der Herberge ein, so musste er sein Bündel oder Felleisen ordentlich aufgeschnallt auf beiden Schultern, seine Handschuhe in der linken Hand und seinen Stock in der rechten tragen. Beim Eintritt in die Herberge lautete sein Gruß:

‚Guten Tag, Gott ehre das Reich, Gott ehre das Gelach, Gott ehre den Herrn Vater, Frau Mutter, Brüder und Schwestern, und alle fromme Becker-Knechte, wie sie versammlet seyn, es sey gleich hie oder anderswo.'

Auch beim Betreten der Stube musste er diesen Gruß sprechen. Dann redete er die anwesenden Handwerksgenossen an:

‚Mit Gunst, ihr Brüder, wo oder welches ist der Herr Vatter?'

Nachdem man ihm den Herbergsvater gezeigt hatte, trat er auf ihn mit folgenden Worten zu:

‚Mit Gunst, ich will den Herrn Vatter und die Frau Mutter gebetten haben, sie wollen mich und meine MitConsorten beherbergen, wir wollen uns verhalten, wie es einen frommen Beckenknecht zustehet und gebühret, es sey gleich hie oder anderswo.'

Hatte ihm nun der Herbergsvater zugenickt, so sprach der Geselle weiter:

‚Mit Gunst, wir wollen den Herrn Vatter angesprochen haben, er wolle uns vergönnen, unsern Bündel abzulegen.'

Auch dieser Bitte wurde durch Kopfnicken stattgegeben. Daraufhin legte der zugewanderte Geselle sein Felleisen unter die Bank. Es auf den Tisch oder auf die Bank zu stellen, verstieß gegen den Handwerksbrauch; erst der Herbergsvater holte das Bündel wieder hervor und legte es auf die Bank.“

1754 Josten, Sprachvorbild, S. 148.
1755 Kreutzberger, Gewerberecht, S. 92.
1756 Wissell, Recht III, S. 322f. Vermutlich aus dem 18. Jahrhundert.

Wir Geschworne Ober und andere Meister des Ehrsamen Handwercks derer Weißgerber in der Stadt Straßburg bescheinen hiemit daß gegenwärtiger Gesell Nahmens

Kundschaft mit Abbildung der Stadt Straßburg 1788[1757]

Nachdem der Geselle seinen Unterricht empfangen hatte, konnte er während einer Versammlung feierlich in die Gesellenschaft aufgenommen werden. Oftmals war die Aufnahme ein schlichter Rechtsakt ähnlich der Aufdingung eines Lehrlings, während andere Gesellenschaften seit dem Spätmittelalter ein differenziertes Brauchtum entwickelten.[1758] Seit dem 14. Jahrhundert erhielten neue Gesellen einen Spottnamen verliehen, mit dem sich die Gesellen untereinander anredeten.[1759] Die Müller in Wiener Neustadt praktizierten das Gesellenmachen schon 1484.[1760] Im 17. und 18. Jahrhundert entfaltete sich das Brauchtum zu seiner prächtigsten Blüte. Die Neulinge mussten sich waschen, ihre Kleider wechseln, wurden mit einem Holzstück „rasiert“ oder von einem „bösen Zahn“ befreit. Handwerkliche Tätigkeiten wurden an ihnen ausgeführt, um sie zu einem „fertigen Werkstück“ zu machen: Buchdrucker wurden gegautscht, Schreiner gehobelt, Schuhmacher gebeutelt. Aus „ungehobelten Gesellen“ wurden „gemachte“ Leute.

1757 Stadtarchiv Hof, UA 17.
1758 Wissell, Recht III, S. 319f.
1759 Reininghaus, Entstehung, S. 212, 215; Bräuer, Gesellen, S. 141; Fromm, Studien, S. 62.
1760 Otruba, Gewerbe, S. 49.

Indem sie eine Bank durchkrochen oder einen Tisch übersprangen, überwanden die Neuen symbolisch die Grenze zwischen Kindheit und Jugend. Der Altgeselle hielt ihnen eine „Schleifpredigt", welche in lustiger Weise das Wanderleben und die Versuchungen des Gesellendaseins schilderte und die Handwerksbräuche beim Wandern erläuterte; die Kandidaten erhielten ihren „Schliff". Scherzhafte Prüfungen im erlernten Handwerk wurden durchgeführt. Der Kandidat wurde gehänselt: verspottet, geschlagen oder an den Haaren gezogen. Bei einer „Taufe" wurde er mit Wasser, Bier oder Wein übergossen. Schließlich wurde er mit den Abzeichen der Gesellenschaft (Gesellenstab, Degen, Kranz, Bändchen am Hemd) geschmückt, erhielt ein Bier und eine Zigarre, wurde von einem Mädchen geküsst und durfte zum ersten Mal tanzen. Seine Mitgesellen durfte er fortan duzen. Ein Festmahl beendete die Prozedur.[1761]

Die van Gennepschen Phasen der Trennung, Umwandlung und Angliederung lassen sich in diesem Brauchtum gut beobachten, wenngleich einige der Bräuche mehreren Phasen zugeordnet werden können. Über die Herkunft der Bräuche wurde viel spekuliert. Von germanischen Jünglingsweihen, den Spielen junger Hansekaufleute in Bergen, Ritualen dörflicher Burschenschaften, der Seeleute, Studenten und Schüler war die Rede, überall fand man Ähnliches. Derbes Initiationsbrauchtum männlicher Jugendlicher war bis zum 18. Jahrhundert weit verbreitet, der Einschnitt zwischen Kindheit und Jugend wurde im Brauchtum intensiv begangen. Wer wann welches Element von wem übernommen hat, ist nicht zu ermitteln, dass die engen Kontakte der Handwerker zu Schülern, Studenten und Kaufleuten zu gegenseitiger Anregung Anlass gaben, ist anzunehmen.[1762] Wie Schüler und Studenten nahmen auch die Gesellen bei der Kirche Anleihen, wenn sie „Prozessionen" durch die Herberge veranstalteten, den Neuling von einem „Paten" unterrichten ließen, ihm eine „Predigt" hielten und ihn „tauften".[1763] Durch die Anwendung auf ihre spezifische Situation als wandernde Handwerker gaben sie der Mischung diverser Brauchtumselemente eine eigentümliche Prägung.

Obwohl primär durch rechtliche oder lebenszyklische Zusammenhänge definiert, hatten die Zunftbräuche vielfältige positive Auswirkungen auf das Zunftleben. Sie halfen bei der Bewältigung von Krisen, bildeten die Identität der Mitglieder, gewährten Verhaltenssicherheit, stifteten Ordnung, vermittelten Ehre, schufen einen exklusiven Zirkel, überhöhten den Alltag symbolisch und erleichterten die

1761 Handwörterbuch des deutschen Aberglaubens, hrsg. von Hanns Bächtold-Stäubli und Eduard Hoffmann-Krayer, 10 Bände, Nachdruck Augsburg 2000 (Original 1927–1942) III, Sp. 1422–1431; Reininghaus, Entstehung, S. 214; Stieglitz, Zünfte, S. 48; Siemsen, Germanengut, S. 62, 65–68; Elkar, Handwerk als Lebensform, S. 107; Fromm, Studien, S. 62; Wissell, Recht I, S. 308; Fischer, Volk, S. 198ff; Schade, Handwerksleben, S. 259, 292, 344; Moser, Steinmetz- und Maurerzunft, S. 51.

1762 Siemsen, Germanengut, S. 61; Handwörterbuch des deutschen Aberglaubens, hrsg. von Hanns Bächtold-Stäubli und Eduard Hoffmann-Krayer, 10 Bände, Nachdruck Augsburg 2000 (Original 1927–1942) II, Sp. 189, III, Sp. 1461, IV, Sp. 688; Warncke, Handwerk, S. 67; Gennep, Übergangsriten, S. 247; Wissell, Recht III, S. 234; Matter, Volkskunde, S. 188; Grießinger, Kapital, S. 123; Drechsler, Handwerkssprache, S. 34.

1763 Wissell, Recht III, S. 243–257, 268–181; Kieser, Kartell, S. 35f; Fischer, Volk, S. 58f.

Kommunikation innerhalb der Gruppe. Unterschiedliche Interessen integrierte der Bezug auf das gemeinsame Ritual; er half den Meistern, über ihre Konkurrenzsituation hinwegzusehen, und den Wandergesellen, trotz kurzen Aufenthaltes in einem Ort die Solidarität der jugendlichen „peer group" zu erfahren. Die langfristige Stabilität und die Geschlossenheit der Zünfte gegenüber Dritten, ihr öffentliches Ansehen und ihre politische Durchsetzungsmacht wurden gestärkt.[1764]

Gesellen wurden durch ihre Rituale zu diszipliniertem Verhalten ermahnt: „Nur so konnten die oft recht wilden Burschen, die jahrelang in der Fremde gelebt hatten, zur geregelten Arbeit beim Meister und zu zuchtvollem Benehmen in der Herberge und im sonstigen bürgerlichen Leben erzogen werden."[1765] Eine „magische" Deutung des Zunftbrauchtums, wie sie noch im Jahr 1981 vorgenommen wurde, wird hingegen von den historischen Quellen nicht gestützt.[1766]

„Die Münchener Schlosser- und Maschinenbauer-Innung bewahrt ein handgeschriebenes ‚Handwerks-Piechl', Arbeit eines ungenannten Zunftgenossen, mit Statuten aus der Zeit des Dreißigjährigen Krieges: Viermal im Jahre versammelt sich alles zum feierlichen Zunftgottesdienst in der Patronatskirche. Zugleich wird ‚wegen Verspottung der katholischen Religion' bei strenger Strafe verboten, bei der Freisprechung der Gesellen eine Prozession mit Lichtern und Besen zu veranstalten."[1767] Die Kirche wandte sich im 17. und 18. Jahrhundert vehement gegen die Persiflage ihrer Rituale beim Gesellenmachen. Im Verlauf des 18. Jahrhunderts gelang es ihr, die kirchlichen Anspielungen aus dem Gesellenbrauchtum zu verbannen.[1768]

Die Ausweisfunktion der Grußformeln ging verloren in dem Maße, in dem sich Kundschaften und Wanderbücher durchsetzten, Grußrituale entleerten sich zur bloßen Form.[1769] Der Reichsabschied von 1731 verbot alle Zunftbräuche, weil sie seltsam, lächerlich, ärgerlich und „unerbarlich" seien.[1770]

Die Obrigkeiten zielten auf das Brauchtum und wollten das symbolische Herz des Zunftwesens, insbesondere der Gesellenschaften, treffen. Die Betroffenen wehrten sich und hielten an ihren Bräuchen fest, die für sie jetzt eine zusätzliche Bedeutung erlangten, weil sie sie in ihrem Abwehrkampf zur Rettung des Zunftwesens stärkten.

Die Situation verhärtete zusehends, eine Modernisierung der überholten barocken Brauchformen unterblieb, weil sie einen Anknüpfungspunkt zur Abschaffung der Bräuche geboten hätte. Seit dem Ende des 18. Jahrhunderts mehrten sich Stimmen aus Handwerkerkreisen, Wissenschaft und Öffentlichkeit, die das Brauchtum als verknöchert und repressiv auffassten. Der Druck der Passierlichkeit reichte aber aus, um die Übergangsriten der Gesellen bis zum Ende des

1764 Gennep, Übergangsriten, S. 257; Grießinger, Kapital, S. 107; Fischer, Volk, S. 47f, 168; Kieser, Kartell, S. 27f; Rogge, Geschlechtergesellschaften, S. 121; Roth, Zunftherrlichkeit, S. 64; Kocka, Stand, S. 181.

1765 Gröber, Zunftherrlichkeit, S. 15.

1766 Grießinger, Kapital; zur Kritik vgl. Henkel, Zunftmißbräuche.

1767 Rumpf, Handwerkerleben, S. 25.

1768 Schade, Handwerksleben, S. 298–301; Wissell, Recht III, S. 243–257; Fischer, Volk, S. 58f.

1769 Kocka, Arbeitsverhältnisse, S. 344; Drechsler, Handwerkssprache, S. 23.

1770 Wissell, Recht III, S. 259; Proesler, Handwerk, S. 63*.

Zunftwesens aufrecht zu erhalten. Mit dem Ende der Zünfte schliefen ihre Bräuche rasch ein, nur in wenigen Traditionsvereinen überlebten sie.[1771]

5.3.2. Weltliche Feste

Als Massenerscheinung treten öffentliche Feste weltlichen Charakters in der deutschen Stadtgeschichte im 15. Jahrhundert auf. Ebenfalls seit dem 15. Jahrhundert sind öffentliche Zunftfeste bekannt. Die zeitliche Parallelität ist kein Zufall, denn Hauptträger des städtischen Festgeschehens waren Zunfthandwerker, besonders Gesellen. Während die religiösen Festlichkeiten der Zünfte nach wie vor von den Meistern dominiert wurden, traten bei den weltlichen Festen die Gesellen in den Vordergrund. Im 15. und 16. Jahrhundert waren in den meisten großen und vielen mittleren Städten Zünfte für alle nennenswerten Handwerke eingeführt und fast überall Gesellen vorhanden. In dieser Zeit hatten die Zünfte den Höhepunkt ihrer kommunalen Bedeutung erreicht; sie übernahmen kommunale Aufgaben und waren in den politischen Gremien repräsentiert. Die Städte bedienten sich ihrer Zunftorganisation nicht nur für Militär und Feuerwehr, sondern ebenso für die Mitgestaltung der öffentlichen Unterhaltungen. Die Zünfte beteiligten sich mit Freuden: Ihre Mitglieder hatten Spaß am Feiern und genossen das Gemeinschaftserlebnis, demonstrierten ihren gesellschaftlichen Rang, grenzten sich gegen die Unterschichten ab – welche an den Feiern nur als Zuschauer teilnehmen durften – und bewiesen ihre Nähe zu den führenden Kreisen ihrer Kommune.

In einer Gesellschaft, in der der soziale Status zur Schau gestellt wurde, kam es immer wieder zum Streit zwischen Patriziern und Zünften, aber auch zwischen verschiedenen Zünften, um die Veranstaltung von und die Teilnahme an Festen, um die Position innerhalb des Festgeschehens, ja sogar um das Recht, von einer hochrangigen Persönlichkeit während des Festes besucht zu werden.[1772] Mit der Behauptung, ihr Festprivileg sei von einem Kaiser oder König als Dank für ihre herausragende Tapferkeit im Krieg verliehen worden, stärkten Zünfte und Gesellenschaften ihre Verhandlungsposition.[1773] Der Nürnberger Schembartlauf stand im Spannungsfeld der Auseinandersetzungen von Patriziat und Handwerkern. Den Geschlechtern gelang es „bis 1539, den Schembartlauf zu dominieren, indem sie 135 Teilnehmer stellten. Damit war der ursprüngliche Sinn der Veranstaltung entwertet, denn der zuerst 1449 fassbare Schembartlauf beruhte auf einem Privileg Karls IV. für die Metzger und Messerschmiede, das den Handwerkern gestattet, einen Tanz (und Umzug) in Samt und Seide zu veranstalten – also sich, wenn auch nur temporär, über die Distinktion mittels der Kleidung hinwegzusetzen."[1774]

1771 Zerwas, Arbeit, S. 49f; Flemming, Innungen, S. 7; Fischer, Volk, S. 218; Gröber, Zunftherrlichkeit, S. 5; Grießinger, Kapital, S. 78; Saal, Wanderbuch, S. 51; Fischer, Quellen, S. 133f; Aul, Entwicklung, S. 19; Drechsler, Handwerkssprache, S. 24.

1772 Rogge, Geschlechtergesellschaften, S. 111–116; Roth, Zunftherrlichkeit, S. 138; Handwörterbuch des deutschen Aberglaubens, hrsg. von Hanns Bächtold-Stäubli und Eduard Hoffmann-Krayer, 10 Bände, Nachdruck Augsburg 2000 (Original 1927–1942) III, Sp. 1432.

1773 Sieber, Etwas, S. 58.

1774 Rogge, Geschlechtergesellschaften, S. 112f.

Viel Ärger gab es mit Studenten. Im Jahr 1613 weilten vier altenburgische Prinzen in Leipzig, zu deren Ehre die Schuhmacher vor ihrem Wohnhaus einen Tanz aufführten, „der viel Beifall fand. Nicht so bei den Studenten. Sie äfften, um die Schuster zu hänseln, diese Tänze häufig nach. Ein offener Kampf entbrannte, den der Rat der Stadt nur noch mit einem Aufgebot der bewaffneten Bürgerschaft beilegen konnte.“[1775]

Ländliche und Regionalzünfte verbanden ihre Jahresversammlung mitunter mit einer öffentlichen Veranstaltung. Städtische Zünfte beteiligten sich an den ortsüblichen Festen ihrer Stadt, feierten anlässlich ihrer Jahresversammlung oder des Umzugs in eine neue Herberge, traten bei Fürstenbesuchen oder -hochzeiten, Leichenbegängnissen der Landesherren oder hoher Ratsmitglieder auf oder führten mehr oder minder regelmäßig ein Volksfest durch. Einige Zunftfeste sind der Ursprung heutiger Volksfeste. Besonders stark war der Anteil der Zünfte am städtischen Fastnachtstreiben.[1776]

Eine beliebte Festform war der Umzug durch die Straßen mit Fahnenschwingen und geschmückten Wagen. Man ordnete sich nach dem Rang oder Alter der Zunft und präsentierte sich in einer Tracht, welche die Zusammengehörigkeit der Zunftangehörigen unterstrich. In Nürnberg gab es zum Frühlingsanfang Lichteumzüge, die das Ende der „Lichtarbeit“ markierten, gelegentlich mit einem Feuerwerk verbunden.[1777]

Riesenbrote und Riesenwürste

„Und wie die Bäcker wohl an einzelnen Orten mit einem Brod von schier unglaublicher Ausdehnung oder einer gewaltigen Brezel in den Straßen alt und jung in Erstaunen setzten, so erfreuten sich die Fleischhackergesellen wohl kaum eines geringeren allgemeinen Beifalls, wenn sie an Fastnacht mit ihrer gewaltigen Riesenwurst durch die Stadt zogen.“[1778] Aus Nürnberg und Zittau werden Umzüge von Fleischern mit Riesenwürsten berichtet. „Auch in Königsberg waren die Schlachter auf ihre großen Würste stolz. 1558 trugen dort 48 Schlachtergesellen eine Wurst durch die Stadt, die 198 Ellen lang war; 1583 war die Wurst schon 596 Ellen lang, 434 Pfund schwer und wurde von 91 Gesellen getragen; und 1601 schließlich schleppten 103 Gesellen ein Monstrum, das 1005 Ellen maß und 885 Pfund wog.“[1779] Ein Eintrag im „Buch der Rekorde“ wäre ihnen sicher gewesen.

Die Knechte der Schweinemetzger in Nürnberg trugen 1614 „unter dem Klange der Schalmeien und Sackpfeifen eine Wurst von gutem Bratwurstzeug in einer Länge von 493 Ellen, die sie gern auf 500 Ellen gebracht hätten, – aber es zerriß ihnen das Gedärm – durch die Stadt. Fünf Meister hatten sie angefertigt,

1775 Duclaud, Zünfte, S. 186.

1776 Stieglitz, Zünfte, S. 77f; Roth, Zunftherrlichkeit, S. 138; Fischer, Volk, S. 231f; Grießinger, Kapital, S. 121; Eules, hafner gesellen, S. 45.

1777 Handwörterbuch des deutschen Aberglaubens, hrsg. von Hanns Bächtold-Stäubli und Eduard Hoffmann-Krayer, 10 Bände, Nachdruck Augsburg 2000 (Original 1927–1942) VIII, Sp. 1396f; Roth, Zunftherrlichkeit, S. 137; Hermandung, Zunftwesen, S. 59; Thikötter, Zünfte, S. 17; Mummenhoff, Handwerker, S. 131; Sieber, Etwas, S. 51f.

1778 Mummenhoff, Handwerker, S. 129.

1779 Wissell, Recht VI, S. 180ff, Zitat: S. 180f.

und es waren darauf gegangen 183 Pfund gutes Schweinefleisch und Speck und 20 Pfund ganzer Pfeffer. Getragen wurde sie von 12 Metzgerknechten. Mit Rosmarin und Kränzen belegt und geziert, hing sie an einer langen, in den Stadtfarben angestrichenen Stange, die in der Mitte mit zwei Eisen zusammengefaßt war, damit sie sich bei der Wendung von einer Gasse in die andere und auch sonst biegen konnte. Unten an der Stange waren in der Quere zwei Träger angebracht, und so wurde sie von den Knechten auf die Achsel genommen. Vorauf gingen Spielleute, die wacker musizierten. In allen Gassen war großer Zulauf und Gedränge von Manns- und Weibsleuten, von jung und alt, von groß und klein. Jedermann wollte die große lange Wurst sehen, wie denn in Wahrheit diese Wurst als von jungen Leuten erdacht und gemacht ‚wohl zu sehen gewest'. Noch am Aschermittwochsabend wurde sie zerschnitten und den Herren Eltern – dem obersten (geheimen) Rat der Stadt – und andern Herren des Rats, auch Freunden und Bekannten einige Ellen verehrt, die übrigen Trümmer aber beim Tanz, den die Metzger im Wirtshaus zur blauen Flasche am Kohlenmarkt hielten, in Fröhlichkeit mit einander verzehrt und damit gute Fastnacht gehalten."[1780] Die Wurstumzüge beinhalteten die Verteilung von Gratisproben und waren mithin eine Branchenwerbung, wie man sie heutzutage auf Messen und Ausstellungen findet.[1781]

Ähnlich beliebt waren die Gruppentänze der Handwerksgesellen. Während die Oberschichten Reigentänze aufführten, bei denen die Füße am Boden blieben, waren für die Zünfte lebendige Figurenreigen typisch, die im Freien stattfanden.[1782] Die ältesten Belege solcher Tänze stammen aus Brügge aus dem Jahr 1398.[1783] Aus vielen Städten sind Reifentänze bekannt, bei denen die Teilnehmer kunstvoll ihre Reifen ineinander schlangen, durch das Gewirr krochen und hinüber sprangen. Messertänze wurden mit blanken Schwertern ausgeführt; sie setzten sich aus Tanzfiguren, Scheingefechten und akrobatischen Einlagen zusammen. Metzger verbanden sich beim Rundtanz mit Schläuchen, die Würsten ähnlich sahen.[1784] Mit den Tanzvorführungen waren Heischebräuche verbunden: Die Tänzer baten ihre Zuschauer nach der Vorstellung um eine Spende.[1785]

Da sich die Zunftangehörigen ohnehin im Schießen üben mussten, gehörten Schützenfeste zu ihrem Programm. Zu Maifesten wurden ein Maikönig oder Maigraf oder eine Maigräfin gewählt. In der Pfalz, in Bruchsal, Württemberg und Baden-Durlach, wo es Schäferzünfte gab, wurden Schäferspiele veranstaltet. Die Brauergesellen Hamburgs feierten seit dem 16. Jahrhundert alle zwei Jahre die „große Höge", ein Fest von acht Tagen Dauer, das aus Festmählern, Tänzen und einem Umzug durch die Straßen der Stadt bestand. Auch Theater wurde gern gespielt.[1786]

1780 Mummenhoff, Handwerker, S. 129f.
1781 Haenert, Preispolitik, S. 165.
1782 Dünnebeil, Umzug, S. 137.
1783 Kramer, Brauchtum, S. 176.
1784 Wissell, Recht VI, S. 179; Roth, Zunftherrlichkeit, S. 135f; Grießinger, Kapital, S. 120.
1785 Kluge, Mummereien, S. 62.
1786 Schembs, Dach, S. 29; Wissell, Recht VI, S. 187–195; Siemsen, Germanengut, S. 26–55; Roth, Zunftherrlichkeit, S. 136f.

Im Laufe der Frühen Neuzeit wurden die öffentlichen weltlichen Feste der Zünfte meistens von den Obrigkeiten eingeschränkt, obwohl es in einigen Städten gegenläufige Entwicklungen gab. Widerstand hatte es von Beginn an gegeben: Man gönnte den Konkurrenten um die Herrschaft in der Stadt ihre repräsentativen Auftritte nicht, sah die öffentliche Ordnung und religiöse Observanz gefährdet. Die Reformation brachte in protestantischen Gegenden den Fasching zum Erliegen. Berufsschauspieler verdrängten das Amateurtheater. Obwohl es sogar über die Zunftepoche hinaus Zeugnisse zünftigen Festbrauchtums gibt, nahmen Zahl und Pracht der Feste seit dem späten 16. Jahrhundert erheblich ab. Nach Reformation und Absolutismus tat die Aufklärung ein Übriges, um das Brauchtum zu diskreditieren. Johann Gottfried Hoffmann fragte im Jahr 1803: „Was nützt es dem Bürgerstande, daß er mit schweren Kosten Feste begeht, worüber er selbst spottet; welche neun Zehntheile der Theilnehmer mit heimlicher Unzufriedenheit, verdrängt durch eine unzeitige Scham, so gar mit nagenden Sorgen im Herzen mitmachen, blos weil unberichtigte Begriffe von einer Gewerksehre, in früher Jugend empfangen, aufgeregt durch die Eitelkeit einiger Sprecher, welche der armseligen Ehre den Marschallstab zu führen nicht entrathen wollen, sie nöthigen, ihre beßre Ueberzeugung der Macht der Gewohnheit und des Beispiels aufzuopfern?“ Der Wiederaufschwung der urbanen Festkultur im 19. Jahrhundert stützte sich nicht mehr auf Zünfte, sondern auf bürgerliche Vereine.[1787]

5.3.3. Der Meistergesang

Liebe – Triebe – Hiebe sind das Holz, aus dem Opern geschnitzt werden. Walther liebt Eva, Sixtus auch, Männer prügeln sich um Frauen, wie im richtigen Leben geht es zu in Richard Wagners Oper „Die Meistersinger von Nürnberg“. Zum Happy End erhält der Verliebte seinen Schatz, weil er den Sängerwettstreit gewinnt, und Hans Sachs, der „Star“ der Meistersinger, sublimiert seine heimlichen Liebesträume mit der Hymne „Verachtet mir die Meister nicht und ehrt mir ihre Kunst“.

Mit seiner 1868 uraufgeführten Oper verherrlichte Wagner ein Handwerkerbrauchtum, das vom 14. bis 18. Jahrhundert in Städten Süddeutschlands, Österreichs, Schlesiens und Mährens Verbreitung fand. Wagners Oper ist es zu verdanken, dass der Meistergesang nicht in Vergessenheit geriet. Der Meistergesang gehörte nicht zu den Zünften, wurde aber von Zunfthandwerkern getragen und nach dem Muster der Zünfte organisiert. Die weit überwiegende Zahl der Teilnehmer entstammte Handwerkerkreisen. Daneben partizipierten Akademiker und andere Mitglieder der Führungsschichten, doch diese wandten sich meist der von den Universitäten ausstrahlenden neulateinischen Dichtung zu und versammelten sich zu deren Pflege in literarischen Gesellschaften. Die Meistersinger verehrten als ihre Ahnherren die Sangspruchdichter des 12. bis 15. Jahrhunderts, die von

1787 Hoffmann, Interesse, S. 87 (Zitat); Schembs, Dach, S. 29; Clasen, Streiks und Aufstände, S. 21–24; Kluge, Mummereien, S. 63–67; Roth, Zunftherrlichkeit, S. 131, 135f, 139; Grießinger, Kapital, S. 120; Siemsen, Germanengut, S. 56; Rohrscheidt, Zunftzwange, S. 103ff.

Hof zu Hof gezogen waren, um ihre Kunst vorzutragen. Organisatorische Vorformen der Singschulen findet man in städtischen Singbruderschaften, die von Geistlichen geleitet wurden und der Liedpflege in deutscher Sprache galten.[1788]

Ein Sänger musste eine Stufenfolge analog der Zunftlaufbahn absolvieren vom Singer über den Dichter zum Meister.[1789] Einmal monatlich traf man sich an einem Sonntagnachmittag zu einer Singschule, bei der „in Einzelvorträgen Lieder gesungen wurden. Text, Melodie und Vortrag mußten genau festgelegten Regeln entsprechen. Die Merker, besonders bewährte und kompetente Mitglieder, die von der Gesellschaft gewählt worden waren und sich gewöhnlich von der aktiven Teilnahme an den Wettsingen zurückgezogen hatten, ahndeten als Jury jeden Regelverstoß eines Vortragenden mit Strafpunkten. Sieger war, wer die wenigsten Fehler gemacht hatte. Dem Gewinner des Hauptsingens, des wesentlichsten Teils einer solchen Veranstaltung, in dem ausschließlich geistliche Lieder dargeboten werden durften, wurde das Schulkleinod, eine goldene Münzkette, verliehen. Meist ging dem Hauptsingen ein Freisingen voraus; dessen Lieder hatten literarische und historische Stoffe, manchmal auch aktuelle Vorkommnisse (niemals aber politische!) zum Vorwurf. Die Schulhalter setzten den Singern oft auch Sachpreise aus, deren Wert während des 17. Jahrhunderts beträchtlich anstieg. Haupt- und Freisingen waren gewissermaßen der offizielle Teil der Singschulen; sie hatten, da sie vor einem zahlenden Publikum stattfanden, Konzertcharakter. Intern waren die an die Hauptsingen sich anschließenden Zechsingen, die in einem Gasthaus abgehalten wurden; auch sie fanden als Wettbewerb statt. Die vorgetragenen Lieder waren ohne Ausnahme Meisterlieder. Es war jedoch keineswegs Bedingung, daß die Singer ein selbstgetextetes und -komponiertes Lied darboten; schöpferische Fähigkeiten eigneten nur der geringeren Zahl der Meistersinger. – Einige Personen traten weder als Verfasser von Liedern oder Tönen (Ton nannten die Meistersinger die Gesamtheit von Melodie-Metrum-Reimschema) noch als Interpreten in Erscheinung. Sie gaben ihrer Liebe zur Meisterkunst als Veranstalter von (mit einigen Kosten verbundenen) Singkränzen und als Mäzene Ausdruck."[1790]

Nach Anfängen im 15. erlebte der Meistergesang seine Höhepunkte im 16. und 17. Jahrhundert in protestantischen Städten. Seit dem Ende des 17. Jahrhunderts schlief er langsam ein; die Nürnberger Meistersingergesellschaft wurde 1778 aufgelöst. In Memmingen bestand eine solche bis 1875.[1791] Auch in seiner Blütezeit beschäftigte sich nur ein winziger Bruchteil der Handwerker mit Meistergesang. Lediglich wirtschaftlich gesicherte Handwerker konnten sich die Teilnahme an Singschulen leisten. Die strengen Regeln, denen der Meistergesang unterlag, schnürten die künstlerischen Entfaltungsmöglichkeiten ein. Im Laufe der Frühen Neuzeit separierten sich die Führungsschichten vom Handwerk, so dass allmäh-

1788 Brunner, Geschichte, S. 223f; Wesoly, Diskussionsvotum, S. 193; Roth, Zunftherrlichkeit, S. 118; Stahl, Meistersinger, S. 8, 22, 24ff; Werner, Geschichte, S. 59; Hahn, Meistergesang, S. 7, 9–26, 44–47.

1789 Wutzel, Handwerksherrlichkeit, S. 107f.

1790 Stahl, Meistersinger, S. 8; vgl. Hahn, Meistergesang, S. 56–61.

1791 Stahl, Meistersinger, S. 10f; Hahn, Meistergesang, S. 85.

lich die Mäzene ausblieben. Etliche der Meistersingerstädte wurden von wirtschaftlichen Krisen erfasst, so dass der Kreis der Handwerker, die für eine Meistersingerkarriere in Frage kamen, immer kleiner wurde. Als sich der Musikgeschmack änderte, erwiesen sich die Regeln des Meistergesangs als ein zu enges Korsett, die späten Gesellschaften pflegten vor allem das Theaterspiel.[1792]

Hans Sachs[1793]

„S[achs] lernte von 1509 bis 1511 das Schuhmacherhandwerk und begab sich danach auf eine fünfjährige Wanderschaft, die ihn durch Süddeutschland und den Rhein hinab führte. 1516 kehrte er nach Nürnberg zurück und arbeitete hier noch einige Zeit als Geselle. Am 30. Jan[uar] 1520 wurde er zum Meister gesprochen. ...

S[achs]' Vater war ein wohlhabender Handwerksmeister und auch seine erste Frau bzw. deren Eltern scheinen nicht gerade arm gewesen zu sein. ... Als er starb, hinterließ er zwei Häuser, die, als sie im Dez[ember] 1579 von den Erben verkauft wurden, zusammen 831 Gulden erbrachten. An festangelegten Geldern besaß er eine Eigenschaft von 500 Gulden auf dem Haus unter den Hutern, das er 1542 verkauft hatte, eine Gatterschaft von 300 Gulden auf einem Haus am Milchmarkt und 700 Gulden, die als Ewiggeld angelegt waren. Die Höhe seines Barvermögens ist unbekannt, scheint aber nicht ganz unbeträchtlich gewesen zu sein.

S[achs] besuchte von seinem achten bis zu seinem sechzehnten Lebensjahr die Lateinschule, was für einen Handwerkersohn eine ungewöhnlich lange Schulzeit war. Während seiner Schuhmacherlehre erhielt er auch seinen ersten Unterricht in den Regeln des Meistergesangs ... Während seiner Wanderschaft besuchte er vor allem Städte, in denen Meistersingergesellschaften ihre Kunst übten. In München und in Frankfurt hielt er selbst Singschulen ab. ...

S[achs] dichtete 4 398 Meisterlieder (2 066 geistlichen und 2 332 weltlichen Inhalts) in 275 Meistertönen, mehr als 70 Lieder in nichtmeisterlichen Tönen, etwa 1 700 Spruchgedichte und sieben Prosa-Dialoge. Vier dieser Dialoge entstanden 1524 und befassen sich mit den religiösen und politischen Fragen dieser Jahre. Seine entschiedene Parteinahme für Martin Luther und die Anliegen der Reformation machte S[achs] über Nürnberg hinaus populär. ... Neben seinem dichterischen hatte S[achs] auch musikalisches Talent. Er komponierte 13 Meister- und 16 einfache Töne. ...

Auch S[achs'] dramatisches Werk ist umfangreich. Er verfaßte 64 Komödien, 61 Tragödien und 85 Fastnachtspiele. Seine Stücke waren sowohl beim Publikum als auch bei den theaterspielenden Handwerkern äußerst populär. ... Viele seiner Fastnachtspiele erfreuen sich heute noch großer Beliebtheit."

1792 Stahl, Meistersinger, S. 46; Hahn, Meistergesang, S. 53f, 80–86.
1793 Stahl, Meistersinger, S. 265ff.

6. ABSTIEG

6.1. GROẞBETRIEBLICHE HERAUSFORDERUNGEN

Wir haben gesehen, dass die Funktionsfähigkeit des Zunftwesens in fast allen Gewerben kleine Mitgliedsbetriebe erzwang. Die Zünfte versuchten die Nachteile der fehlenden „economies of scale" auszugleichen, indem sie genossenschaftlich vorgingen, Ein- und Verkauf gemeinsam organisierten und einzelne Produktionsstufen auslagerten. Auf beiden Feldern, beim großbetrieblichen Handel und in der großbetrieblichen Produktion, entstanden mächtige Anbieter außerhalb des Zunftwesens.

6.1.1. Fernhandel und Verlagswesen

Das Verlagswesen ist fast ausgestorben, nur im Buch- und Bierverlag hat es sich in Resten erhalten. In der vor- und frühindustriellen Zeit hatte es eine weit größere Bedeutung. Das typische Revier des Verlegers war der Fernhandel mit Massenware, die von Handwerkern bezogen oder hergestellt wurde. Wollte ein Handwerker seine Produkte im Fernhandel nicht selbst einkaufen oder vertreiben, konnte er die Vermittlung eines Kaufmanns in Anspruch nehmen. In dem Moment, in dem der Kaufmann dem Handwerker Rohstoffe oder Maschinen oder Kredit zu deren Beschaffung „vorlegte", wurde er zu dessen (Gezeug- oder Geld-) Verleger. Der Verleger nahm dem Produzenten die mit Hilfe der Vorschüsse hergestellten Fertigwaren gegen einen vorher vereinbarten Kaufpreis ab. Einen Fernhändler reizte am Verlag die langfristige Konstanz der Beziehung zu seinem Lieferanten und die Hoffnung, den Lieferanten so weit von sich abhängig zu machen, dass er den Einkaufspreis der Ware drücken konnte. Einem Handwerker gewährte der Verlag ebenfalls Vorteile. War er kapitalschwach, so hätte er ohne die Hilfe des Kaufmanns seinen Betrieb gar nicht erst aufnehmen können. Der Verleger entlastete ihn vom Zeitaufwand und Marktrisiko beim Einkauf der Rohmaterialien und beim Vertrieb der Erzeugnisse, stattete ihn mit neuester Technologie aus und garantierte ihm für die Zeitspanne vom Rohstoffeinkauf bis zum Absatz der Fertigware ein fixes Einkommen. Grundsätzlich kamen alle Waren für den Verlag in Frage, am besten gedieh er bei Massenwaren des Fernhandels, vor allem im Textil- und Metallsektor.[1794]

Vorformen des Verlags waren der Samtkauf (Verkauf der Gesamtproduktion eines einzelnen Handwerkers an einen Kaufmann ohne Vorschussgewährung) und der kollektive Liefervertrag einer Zunft im Auftrag ihrer Mitglieder mit einem

1794 Holbach, Frühformen, S. 564ff; Wissell, Recht II, S. 303; Wege, Zünfte, S. 76ff; Handbuch Wirtschaftsgeschichte, S. 578.

Kaufmann.[1795] „Wurde von einem Handwerker nicht für einen Kunden, sondern für einen anderen Meister oder einen Kaufmann gegen Lohn gearbeitet, lag der Verdacht auf eine verlegerische Abhängigkeit jedenfalls nahe; aus dem gelegentlichen Lohnwerk von Meistern für Berufskollegen oder außerzünftige Auftraggeber konnte durchaus eine verlagsmäßige Abhängigkeit erwachsen, was teilweise durch Lohnwerksverbote verhindert werden sollte."[1796]

Ob der Verlag zu einer Hilfe oder zu einer drückenden Abhängigkeit für den Verlegten wurde, hing davon ab, ob es Alternativen gab. Konnte der Handwerker den Verleger wechseln, oder war er ihm ausgeliefert, weil er hoch verschuldet war oder der Verleger ein regionales Monopol besaß? Durfte der Handwerker nebenher für den Markt oder andere Verleger arbeiten? War er kurz- oder langfristig gebunden? Bot ihm seine Zunft andere Formen des Bezugs, des Absatzes oder der Kreditgewährung, die den Verleger überflüssig machten? Eine eindeutige Antwort auf diese Fragen ist nicht möglich.[1797] In Leipzig standen im 16. Jahrhundert zahlreiche Handwerker finanziell oder beim Rohstoffbezug in Abhängigkeit von Kaufleuten, ohne dass sich dies für sie negativ bemerkbar gemacht hätte, da ihnen die Messestadt jederzeit den Wechsel zu einem anderen Kaufmann ermöglichte.[1798] Die Schmucksteinbearbeiter Freiburgs im Breisgau mussten sich im 17. Jahrhundert auf die Zusammenarbeit mit einem Verleger einlassen, weil sie die hohen Einkaufspreise für ihr Rohmaterial nicht mehr bezahlen konnten; die wenigen, weit entfernten Lieferanten, die man nicht umgehen konnte, hatten ihr Oligopol genutzt, um so hohe Preise durchzusetzen, dass die Zunft in Schulden geraten war.[1799]

Die frühesten Belege des Verlagswesens finden sich im deutschsprachigen Raum im 13. Jahrhundert. Im Bergbau und Hüttenwesen, bei der Metallverarbeitung, im Leder-, Pelz- und Holzgewerbe gab es bereits im Spätmittelalter Verlage. In der Baumwollverarbeitung – die oft zunftfrei blieb – lässt sich das Verlagswesen von Beginn an feststellen; der von weit her importierte Rohstoff und die besondere Gründungssituation des Baumwollgewerbes sind zu berücksichtigen. In großem Maßstab trat das Verlagswesen seit dem 15. Jahrhundert auf, als der internationale Handel eine höhere Entwicklungsstufe erklomm und das Landhandwerk in großem Maßstab in den Fernhandel eintrat. Während norddeutsche Hansekaufleute weniger in das Verlagswesen einstiegen, wurde es zum Eldorado süddeutscher Fernhändler-Kompanien. Unsichere Zeiten wie der Dreißigjährige Krieg, in dem alte Handelsbeziehungen abbrachen, erhöhten die Bedeutung der Fernhändler für das Handwerk. Als seit der Mitte des 18. Jahrhunderts die Bevölkerungs- und mit ihnen die Handwerkerzahlen in die Höhe schnellten – man sprach von der „Übersetzung" vieler Handwerke –, verschlechterte sich die Position der Verlegten gegenüber ihren Verlegern, die leicht auf andere Produzenten ausweichen konnten. In dieser Phase sammelten sich die großen Vermögen in den

1795 Scheschkewitz, Zunftwesen, S. 158–161.
1796 Holbach, Frühformen, S. 587.
1797 Schmidt, Frühkapitalismus, S. 99f; Wege, Zünfte, S. 94.
1798 Keller, Handwerkeralltag, S. 12f.
1799 Schragmüller, Bruderschaft, S. 94.

Händen der Verleger an, die zu Beginn des Industriezeitalters den Eisenbahnbau und die Fabriken finanzierten. In der ersten Hälfte des 19. Jahrhunderts befand sich das Verlagswesen auf dem Höhepunkt seiner Entwicklung. Mit dem Übergang der Massenproduktion vom Handwerk auf Fabriken verschwand es nach der Mitte des 19. Jahrhunderts allmählich.[1800]

Verleger entstammten dem Fernhandel oder dem Handwerk. Für Zunfthandwerker war die Verlegertätigkeit eine Chance, zünftige Begrenzungen hinter sich zu lassen und in einen höheren Stand aufzusteigen. Der Nürnberger Stadtrat, der fest in der Hand von Kaufleute-Verlegern war, wandte sich lange Zeit gegen den Verlag durch Mitmeister, weil er befürchtete, dies könne die Handwerke stärken. Trotzdem setzte sich der Mitmeister-Verlag im 16. Jahrhundert durch, ohne dass er die politische Macht des Patriziates in Frage stellte.[1801]

Die Zünfte standen, sofern sie die Interessen der kleinen Meister vertraten, dem Verlagswesen skeptisch gegenüber, wenn die Beziehung zwischen einzelnen Handwerkern und Verlegern bestand. Sie löste die Meister ein Stück aus dem Zunftverband, an dessen Stelle für sie die Loyalität zum Verleger trat. Mitmeister-Verleger orientierten sich zum Fernhandel und störten die soziale Homogenität der Zunft. Daher untersagten Zünfte ihren Mitgliedern die Arbeit für Verleger oder übernahmen die Aufgaben des Verlegers selbst, etwa durch Kreditvergabe. Unbedenklich war der Verlag aus der Sicht der Zunft, wenn die Zunft von Verleger-Meistern geführt wurde oder sich als Gesamtheit mit einem Kaufmann verband.[1802] Die Lübecker Bernsteindreher schlossen bereits 1424 einen kollektiven Liefervertrag mit einem Kaufmann; ob dieser gegenüber Zunftmitgliedern auch als Verleger tätig war, wissen wir nicht.[1803] In Iglau gründeten 1592 die Tuchmacher unter Mitwirkung ihrer Zunft selbst einen Verlag, um den Wollimport zu verbilligen und den Tuchabsatz zu steigern.[1804]

Obwohl die Zünfte vielfältige Formen regionaler und überregionaler Zusammenarbeit pflegten, gelangen ihnen niemals Absprachen, welche das Verlagswesen überflüssig gemacht hätten. Gegen den Widerstand der Fernhändler, welche die Stadträte dominierten, waren solche Absprachen nicht durchsetzbar. Kein Stadtrat hätte ein Zunftbündnis toleriert, das sich gegen seine Mitglieder gerichtet hätte. Die Freiburger Bohrer und Polierer von Schmucksteinen verboten ihren Mitgliedern 1544 die Zusammenarbeit mit Verlegern, mussten die Fortführung bestehender Verträge aber den vorhandenen Verlegern bis zu deren Ableben zugestehen, da einige von ihnen Stadträte oder Bürgermeister waren.[1805]

Gustav Aubin und Arno Kunze untersuchten den Leinwandverlag städtischer Zunfthandwerker in Ostmitteldeutschland. Der Erwerb von Massenware auf dem

1800 Holbach, Frühformen, S. 564, 581f; Loesch, Zunfturkunden I, S. 25*; Schulz, Handwerksgesellen, S. 50; Bräuer, Bemerkungen, S. 38f; Wiest, Entwicklung, S. 90f; Schilling, Stadt, S. 23; Aubin/Kunze, Leinenerzeugung, S. 29–41, 56, 213; Schmoller, Tucher- und Weberzunft, S. 549; Kellenbenz, Wirtschaftsgeschichte II, S. 77f.

1801 Ziekow, Freiheit, S. 153; Aubin, Formen.

1802 Holbach, Frühformen, S. 590f; Wissell, Recht II, S. 300; Loesch, Zunfturkunden I, S. 95*.

1803 Breuer, Wesen, S. 82.

1804 Werner, Geschichte, S. 62ff.

1805 Schragmüller, Bruderschaft, S. 33.

Markt barg für den Leinwandkaufmann Gefahren. „Dieser war bei seinem Einkauf auf den Zufall angewiesen, ob gerade die von ihm begehrten Sorten und diese wieder in der gewünschten Menge und zu einem ihm genehmen Preis auf dem Markte vertreten waren. Wollte der Kaufherr diesen Fährlichkeiten des Zufalls entgehen, so mußte er einen auf Lieferung der gewünschten Sorten und Mengen abzielenden Vertrag abschließen.“[1806] Die Verleger bevorzugten als Vertragspartner ganze Zünfte, weil sie auf diese Weise umfangreiche Geschäfte mit sehr geringem Personalaufwand ausführen konnten.[1807] Die typischen Verlagsverträge im ostelbischen Leinwandverlag wurden auf ein Jahr abgeschlossen. Der Verleger behielt sich vor, dass die von ihm bestellte Produktsorte von der Zunft nur für ihn produziert werden durfte. Die Zünfte konnten aber mehrere Verleger nebeneinander haben, nämlich für unterschiedliche Sorten. Der Vorschuss wurde immer in Geld gezahlt. Während die oberdeutschen Barchentweber ihren Vorschuss mitunter in der Form ihres Rohstoffes Baumwolle erhielten, bekamen die ostmitteldeutschen Leinenweber immer Geld, weil hier der Garn- und der Leinwandhandel von verschiedenen Händlergruppen ausgeübt wurden. Für Vorschüsse an verstorbene oder insolvente Mitglieder musste die Zunft geradestehen.[1808] Die Verleger konnten sich gegenüber den Zünften so lange durchsetzen, wie die örtlichen Obrigkeiten auf ihrer Seite standen. Daher waren sie bemüht, diese als ihre örtlichen Vertreter in das Geschäft einzubeziehen. Manchmal gewährte der Stadtrat ihnen eine Bürgschaft für die Zunftschulden.[1809]

Die ostelbischen Leinenweber waren besonders kapitalschwach; sie gehörten zu den ärmsten Handwerkern. Oft hatten sie nicht genug Geld, um Garn einzukaufen. Manche waren so arm, dass ihnen sogar der Lebensunterhalt während der Produktionsphase vorgestreckt werden musste.[1810] An dieser Stelle traten die Zünfte ein, indem sie Rohstoffe gemeinsam einkauften und ihren Mitgliedern gegen Kredit zur Verfügung stellten. „Aber die eigenen Mittel der Zünfte waren sehr beschränkt, sie mußten sich, wenn es sich um größere Summen handelte, diese selbst wieder auf Kredit verschaffen und sahen sich bald, da die schwachen Elemente in ihren Reihen mit der Rückzahlung in Verzug gerieten, in eine sehr schwierige Lage zwischen diese und ihre eigenen Geldgeber versetzt. So scheint diese Art einer genossenschaftlichen Beschaffung des Rohmaterials durch die Zunft keinen großen Umfang gewonnen zu haben.“[1811]

Aus dem Zunftkauf entwickelte sich im 16. Jahrhundert das Verlagswesen für die ostelbischen Leinenweber dadurch, dass die Zünfte als Geldgeber einen Abnehmer ihrer Fertigprodukte wählten.[1812] An den Lieferverträgen der Zünfte mit den Verlegern mussten alle Meister der Zunft teilnehmen. Die Zünfte mussten ihre Mitglieder überwachen, damit sie die eingegangenen Lieferverpflichtungen

1806 Aubin/Kunze, Leinenerzeugung, S. 42. Zum Folgenden vgl. auch das Beispiel Leipzigs: Duclaud, Zünfte, S. 121f.
1807 Aubin/Kunze, Leinenerzeugung, S. 107f.
1808 Aubin/Kunze, Leinenerzeugung, S. 79, 89ff, 93, 97.
1809 Aubin/Kunze, Leinenerzeugung, S. 103, 108.
1810 Aubin/Kunze, Leinenerzeugung, S. 47f, 51.
1811 Aubin/Kunze, Leinenerzeugung, S. 49.
1812 Aubin/Kunze, Leinenerzeugung, S. 53, 60, 66.

einhielten.[1813] „So haben manche von ihnen [den Meistern] den Vorschuß für persönliche Zwecke verwendet, statt dafür Garn zu kaufen, andere wieder haben die fertige und dem Kaufherrn versprochene Ware anderswo freihändig verkauft, wenn der Tagespreis gerade über dem Vertragspreis stand."[1814] Der Verlag verbreitete sich vor allem in marktfernen Gegenden, wo man nicht auf die Messen der größeren Städte reiste, um seine Waren abzusetzen.[1815] Im Gebiet des ostmitteldeutschen Leinwandverlags kam es wegen des Wettbewerbs zwischen den Verlegern nicht zu Abhängigkeitsproblemen. Die Meister lobten den Verlag, ihre Zahl erhöhte sich dank der verbesserten Absatzchancen.[1816] Im 18. Jahrhundert ging der Leinwandverlag ein, das städtische Leinenweberhandwerk sank zugunsten des ländlichen zur Bedeutungslosigkeit herab.[1817]

Eine eigentümliche Gestalt hatten die württembergischen „Compagnien", die im 17. und 18. Jahrhundert für die Weberei aus Schafwolle in Calw, aus Leinen in Urach und aus Baumwolle in Sulz, Heidenheim und Cannstatt errichtet wurden. „Das bedeutendste Unternehmen war die Calwer Compagnie, die auf zwei Pfeilern aufbaute: Alle Weber innerhalb des Gebiets der Calwer ‚Moderation' ... hatten nur für die Compagnie zu arbeiten, und auf eine ganze Reihe von Waren besaß die Compagnie ein Monopol für das ganze Land. ... Und – erstaunlicherweise – blieb die Compagnie rechtlich eine Zunft, mit Ordnung, Obmann und Zunftmeistern, obwohl eine derartige Ausdehnung mit ihren Abhängigkeiten und Monopolen keinesfalls den allgemeinen Zunftregeln entsprach."[1818] Die Calwer Zeughandlungs-Compagnie wurde 1650 von 23 Händlern gegründet unter der „Patenschaft" der württembergischen Regierung. Sie war verpflichtet, den ihr zwangsweise angeschlossenen Webern beständig Arbeit zu geben; im Gegenzug durften diese nur für die Compagnie arbeiten. Neben den so fest an die Compagnie gebundenen Meistern gab es – zum Ausgleich konjunktureller Schwankungen – solche, die nur gelegentlich von der Compagnie verlegt wurden.[1819]

Die Auswirkungen des Verlagswesens auf das Zunftsystem waren zwiespältig. Es war nicht der Untergang des Zunfthandwerks, wie von sozialistischen Autoren behauptet wurde, die meinten, die „kapitalistische Produktionsweise" der Verleger habe die „einfache Warenproduktion" der Zünfte verdrängt.[1820] Im Gegenteil hatte das Verlagswesen sowohl für das zünftige als auch für das freie Handwerk segensreiche Wirkungen, weil es den Produzenten den internationalen Markt erschloss und mittellosen Bevölkerungskreisen Arbeit verschaffte. „Kapitalistisch" dachten und handelten die Handwerker sowieso, soweit sie es vermochten. Durch ihre Zusammenarbeit mit Zünften stabilisierten die Verleger das Zunftwesen. Andererseits nahm die Abhängigkeit der Zünfte von Verlegern dem Zunftwesen den Glanz der Größe, den es sich selbst gern zulegte, und offenbarte

1813 Aubin/Kunze, Leinenerzeugung, S. 57.
1814 Aubin/Kunze, Leinenerzeugung, S. 58.
1815 Aubin/Kunze, Leinenerzeugung, S. 70.
1816 Aubin/Kunze, Leinenerzeugung, S. 110, 114, 121.
1817 Aubin/Kunze, Leinenerzeugung, S. 106f.
1818 Stieglitz, Zünfte, S. 104.
1819 Staudenmeyer, Lage, S. 104–107.
1820 Handbuch Wirtschaftsgeschichte, S. 577.

jedermann die Überlegenheit des Handels. Der Verlag zunftfreier Handwerke schuf Substitutionskonkurrenz zur Zunftproduktion (etwa dank der Verdrängung von zünftig hergestellten Woll- und Leinwandwaren durch unzünftige Baumwollwaren) und zeigte, dass eine Produktion ohne Zünfte langfristig erfolgreich sein konnte. Während die wirtschaftlichen Wirkungen des Verlags auf die Zunft uneindeutig blieben, führten die mentalen Wirkungen unzweifelhaft zu einer Schwächung des Zunftwesens.

6.1.2. Manufakturen und Fabriken

Manufakturen sind „Fabriken ohne Maschinen"; der Übergang von der Manufaktur zur Fabrik geschieht gleitend infolge verstärkter Mechanisierung. Vom Handwerksbetrieb unterscheidet sich die Manufaktur dadurch, dass sie größer ist, ohne dass eine exakte Schwelle angegeben werden kann. Viele Manufakturen der vorindustriellen Zeit hatten nur um die zehn Mitarbeiter und wurden darin von Handwerksbetrieben im Baugewerbe zum Teil übertroffen. Die Manufaktur entstand als größerer Handwerksbetrieb außerhalb des Zunftwesens aufgrund einer staatlichen Konzession. Die „dezentralisierte" oder „zerstreute" Manufaktur verband einen Verlag mit dezentraler Produktion in kleinen Handwerksbetrieben mit einer Manufaktur, in der einzelne Stadien des Herstellungsprozesses konzentriert waren.

Die Frauenhäuser („Gynäzeen") der Karolingerzeit können als frühe Formen der Manufaktur aufgefasst werden, wobei offen bleiben muss, wie weit sie arbeitsteilig organisiert waren.[1821] Die „Papiermühle, die Ulman Stromer 1391 [als erste deutsche Papiermühle in Nürnberg] errichtete, und in der er 12 Leute beschäftigte, ist bereits als gewerblicher Großbetrieb anzusehen, bestimmt aber Kobergers Druckerei in Nürnberg, in der um 1500 an 24 Pressen 100 Gesellen arbeiteten. Weiter finden wir schon frühzeitig große Zeugdruckereien, Tuchmanufakturen, Spitzenindustrien, Glasbläsereien usw."[1822] Wir haben gesehen, dass erfolgreiche Künstler wie Lucas Cranach Manufakturen betrieben.[1823] Im 15. Jahrhundert traten Manufakturen in der Waffenherstellung auf, im 16. Jahrhundert im Textil- und Metallsektor. Seine größte Ausdehnung erzielte das Manufakturwesen in der zweiten Hälfte des 18. und ersten Hälfte des 19. Jahrhunderts, bevor es von Fabriken abgelöst wurde. In Sachsen entstanden von der Mitte des 16. Jahrhunderts bis 1763 insgesamt 67 Manufakturen, von 1764 bis 1800 hingegen 150. In Preußen arbeiteten 1802 rund 200.000 Menschen in Manufakturen gegenüber 480.000 im Handwerk. In Bayern, einem Land mit wenigen Manufakturen, erzielten diese um 1790 ca. 17% des Produktionsvolumens des Handwerks. Manufakturen entstanden, um die stehenden Heere der Frühen Neuzeit mit massenhaft gleichförmigen Produkten zu versorgen, den Luxusbedarf der Höfe zu befriedigen oder neue Erzeugnisse herzustellen, die das Handwerk noch nicht liefern konnte,

1821 Sprandel, Handel (Vorträge und Forschungen), S. 23.
1822 Gatz, Handwerk, S. 90f.
1823 Vgl. Kapitel 3.1.6.

etwa Tapeten, Spiegel, Porzellan, Farben, Seife, Zucker, Essig oder Tabakwaren. Die Regierungen erteilten Manufaktur-Konzessionen, weil Unternehmer über ein innovatives Produkt verfügten und zusätzliche Arbeitsplätze und Steuereinnahmen versprachen und weil man auf diese Weise die wirtschaftliche Tätigkeit leichter beeinflussen konnte als es gegenüber einer Vielzahl handwerklicher Kleinbetriebe möglich war.[1824]

Die Münchener Färber errichteten 1443 ein Färberhaus, „das der Schwarz- und Schönfärberei diente und in dem unter der Oberaufsicht der Tuchmacher, Scherer und Färber bis zu 18 Arbeitskräfte gleichzeitig tätig waren."[1825] Eine Manufaktur im Zunfteigentum war jedoch eine seltene Ausnahme, weil die meisten Zünfte zu klein waren, um solche Betriebe zu unterhalten; ihnen fehlten Kapital und Arbeitsvolumen, um die Manufakturstufe zu erreichen. Immerhin zeigt das Beispiel, dass die verbreitete Vorstellung einer Gegnerschaft zwischen Zunft und Manufaktur korrigiert werden muss. Solange Manufakturen nicht in den gewohnten Arbeitsbereich der Zünfte eingriffen, erregten sie keinen Widerstand von deren Seite. Die Arbeitsmärkte überschnitten sich wenig, weil Manufakturen hauptsächlich Frauen, „Pfuscher" und Landbewohner beschäftigten, sich also aus Arbeitsmärkten bedienten, welche den Zünften fern lagen. Da die Zünfte ihren Gesellen meistens die Arbeit in Manufakturen verboten, falls sie noch einmal in das Zunftwesen zurückkehren wollten, sorgten sie für die Separierung der Arbeitsmärkte. Die Vermehrung der Manufakturen schöpfte aus dem Bevölkerungszuwachs, gefährdete die Rekrutierung zünftiger Arbeitskräfte aber nicht. Manufaktur-Unternehmer stammten manchmal aus dem Zunfthandwerk; sie fassten das Manufakturwesen als Chance auf, zünftige Begrenzungen der Erwerbstätigkeit zu überschreiten. Massenhandwerke wie die Schneiderei, Schuhmacherei, Bäckerei und Metzgerei blieben manufakturfrei. In anderen Handwerken arbeiteten Zünfte freiwillig oder infolge staatlichen Zwangs mit Manufakturen zusammen, weil sie deren Vorprodukte bezogen oder sie mit Vorprodukten versorgten. Beide Seiten profitierten von der Zusammenarbeit. Selten waren die Fälle, in denen Manufakturen dem Handwerk Konkurrenz machten, zum Beispiel in der Tuchmacherei, Gerberei und Metallverarbeitung. Der Wettbewerb der Manufakturen erstreckte sich auf die Endprodukte, aber auch auf Nebentätigkeiten; Manufakturen stellten zum Beispiel ihre Transporttonnen selbst her statt sie bei der Küferzunft zu bestellen. Gegen Ende des 18. Jahrhunderts häuften sich die Konkurrenzsituationen und führten zu mitunter heftigen Reaktionen der Handwerker bis zu öffentlichen Tumulten und der Zerstörung von Manufaktureinrichtungen.[1826] Trotzdem ist festzu-

1824 Holbach, Frühformen, S. 582f; Handbuch Wirtschaftsgeschichte, S. 578; Bräuer, Bemerkungen, S. 27; Bräuer, Das zünftige Handwerk, S. 55; Götschmann, Kuchenreuter, S. 45f; Herms, Anfänge, S. 9–18, 38f; Kaufhold, Handwerk, S. 181; Schultz, Das ehrbare Handwerk, S. 41; Kocka, Traditionsbindung, S. 336f; Kaufhold, Entwicklung, S. 62f; Reith, Zünfte, S. 52f; Otruba, Gewerbe, S. 28; Weinhold, Meister, S. 185.

1825 Schmidtchen, Technik, S. 542.

1826 Herms, Anfänge, S. 39; Henning, Das vorindustrielle Deutschland, S. 263; Simon-Muscheid, Frauenarbeit, S. 23; Handbuch Wirtschaftsgeschichte, S. 578; Otruba, Zunftordnung, S. 108f; Bräuer, Bemerkungen, S. 39; Bräuer, Grundzüge, S. 23; Schultz, Das ehrbare Handwerk, S. 21f; Ziegler, Zunftwesen, S. 56; Kocka, Stand, S. 186f; Rohde, Entwicklung, S. 196f;

halten, dass die bestehenden Zünfte vom Manufakturwesen insgesamt wenig beeinträchtigt wurden, wichtiger waren die Effekte auf die Fortentwicklung des Zunftwesens: „Da die Manufakturerzeugnisse zumeist der Mode entsprachen und oft neu, noch nicht dagewesen waren, entzogen sie gerade den beweglichen, zeit- und zukunftsorientierten Teil der Nachfrage dem Handwerk.“[1827] Erfolgreiche Manufakturen leiteten Wasser auf die Mühlen der Kritiker, welche das Zunftwesen für überholt erklärten.[1828]

Ernster wurde die Lage mit dem Aufkommen der Fabriken, also mit dem Fortschreiten der Mechanisierung. Als erste traf es die Handspinnerinnen, die seit etwa 1790 von englischem Maschinengarn bedrängt wurden. Seit den 1780er Jahren, gefördert durch die französische Besetzung und die Kontinentalsperre, entstanden industrielle Unternehmungen in Deutschland.[1829] Zunächst wurde das Textilhandwerk von englischer und französischer Konkurrenz und dann von deutschen Fabriken angegangen, während andere Handwerke sich teilweise erst Jahrzehnte später industriellen Wettbewerbern stellen mussten.[1830] Wie stets bei kontinuierlich fortschreitenden und regional zeitversetzten Vorgängen fällt es schwer, einen Zeitpunkt anzugeben, an dem die Fabriken zur bestimmenden Kraft der deutschen Wirtschaft geworden wären. In der Literatur findet man unterschiedliche Daten, von 1835[1831] über 1840[1832] bis 1850[1833].

Auf das Handwerk hatte die Industrialisierung unterschiedliche Auswirkungen. Einige Handwerke wurden von billigeren und besseren Fabrikwaren in ihrer Existenz bedroht; neben der Spinnerei sind für die hier interessierende Epoche vor allem die verschiedenen Arten der Weberei, die Leder- und die Metallverarbeitung zu nennen. Während die Leinenweberei stark reduziert wurde, konnten andere Handwerke dem Rationalisierungsdruck ausweichen, indem sie anstelle der Produktion den Handel mit Fabrikwaren, deren Montage und Reparatur aufnahmen oder Lohneinbußen hinnahmen. Die Verelendung breiter Bevölkerungsschichten in den 1820er bis 1840er Jahren, die nach einer kurzen Pause während der Napoleonischen Kriege den Trend seit der Mitte des 18. Jahrhunderts fortsetzte, war keine Folge der Industrialisierung, sondern der zu langsamen Industrialisierung: Dem Bevölkerungsdruck stand an vielen Orten ein zu geringes Arbeitsangebot gegenüber, die handwerklichen Löhne sanken relativ zu den Preisen für Lebensmittel und Brennholz. Das Handwerk klagte heftig über die Konkurrenz – oft mit weit übertriebenen Angaben –, obwohl es die Anpassung an die neuen Bedingungen mit Bravour schaffte. Die Zahl der Handwerker wuchs bis zum Ende der Zunftepoche ununterbrochen, seit den 1830er Jahren bis gegen 1860 sogar überproportional. Die Erwartung, das Handwerk werde zwischen den Großbetrie-

Puschner, Handwerk, S. 178f.
1827 Kaufhold, Handwerk, S. 181.
1828 Weitershausen, Zustand, S. 87.
1829 Henning, Industrialisierung, S. 96; Lütge, Sozial- und Wirtschaftsgeschichte, S. 463.
1830 Kaufhold, Entwicklung, S. 62; Kocka, Traditionsbindung, S. 339; Hasse, Zunft, S. 5; Hähnsen, Geschichte, S. 398.
1831 Henning, Industrialisierung, S. 77.
1832 Kellenbenz, Wirtschaftsgeschichte II, S. 79.
1833 Lütge, Sozial- und Wirtschaftsgeschichte, S. 460.

ben zermalmt, bewahrheitete sich nicht. Maschinen hielten langsam auch in der Werkstatt des Handwerkers Einzug. Für Luxusgegenstände, Einzelanfertigungen, Anpassungen, Montagen und Reparaturen waren Handwerker nach wie vor gefragt. Handwerklich geprägte Berufssparten wie der Maschinenbau wurden von der industriellen Entwicklung gefördert. Kaum betroffen von Industriewaren blieben zunächst die Bäcker, Metzger, Schneider oder auch die Baugewerbe, die von der Verstädterung profitierten. Sie litten allenfalls darunter, dass ihre Gesellen in Fabriken abwanderten, wo sie mehr verdienten, konnten das Problem aber gewöhnlich auf einfache Weise dadurch lösen, dass sie vermehrt ausbildeten.[1834]

Der Verlust, den das Zunfthandwerk erlitt, bestand also nicht in einer tatsächlichen Einbuße an Wirtschaftskraft, auch wenn dies damals gern behauptet wurde und bis heute vielfach wiederholt wird. Der Schaden entstand – wie beim Verlagswesen – in erster Linie auf der mentalen Ebene. Zum einen büßte das Handwerk seinen Ruf ein: Der „Flickschuster“ gilt weniger als der „Schuhmacher“, der bettelnde Wandergeselle unterhöhlte den zünftigen Ehrbegriff.[1835] Zum anderen wurde die Aufmerksamkeit der Zeitgenossen vom sattsam bekannten Handwerk abgelenkt auf die neue, prosperierende, mit so vielen Hoffnungen verbundene industrielle Wirtschaftsweise, zu deren Erfolg man beitragen wollte. Das Freihandelsprinzip, auf dem die industrielle Wirtschaftsweise beruhte, schien das Prinzip der Zukunft zu sein.[1836]

Die Zünfte behinderten die Industrialisierung nicht.[1837] Im Gegenteil: Sie stellten den Fabriken eine nie versiegende Quelle gut ausgebildeter Mitarbeiter zur Verfügung. Die Industrie konnte sofort auf diese Ressource zurückgreifen und sparte die Ausbildungskosten (was sie übrigens bis heute tut).[1838] Kein einziger Fall ist bekannt, in dem der Einspruch einer Zunft eine Fabrikgründung verhindert hätte.

Ebenso wenig war das Ende der Zünfte die zwangsläufige Folge der Industrialisierung.[1839] Philippe Minard urteilte für Frankreich: „Die Zünfte waren ein Instrument, dessen sich die Wirtschaftsakteure bedienten. Sie waren ein Instrument unter anderen und entsprachen dem Bedürfnis von Zeitgenossen, den Markt zu organisieren und zu regulieren. Dieses Instrument war sicher dynamischer, als man bisher behauptet hat, und es war nicht notwendigerweise der Fluchtpunkt der Schwächsten, der Verlierer im Zuge wirtschaftlicher Veränderungen. Es gehörte zu der Palette der institutionellen Ressourcen, die die Wirtschaftsakteure besaßen,

1834 Wehler, Deutsche Gesellschaftsgeschichte I, S. 94; Habicht, Stadt- und Landhandwerk, S. 67; Nipperdey, Deutsche Geschichte 1800–1866, S. 210f; Botzenhart, Reform, S. 150; Trübsbach, Handwerk, S. 105; Emig, Berufserziehung, S. 337ff; Kaufhold, Einführung, S. 40; Henning, Industrialisierung, S. 128f, 139–149, 193; Kellenbenz, Wirtschaftsgeschichte II, S. 76.

1835 Schlenkrich/Bräuer, Armut, S. 113f.

1836 Kocka, Arbeitsverhältnisse, S. 349f; Emig, Berufserziehung, S. 321; Barnowski-Fecht, Handwerk, S. 247, 251–255; Kocka, Traditionsbindung, S. 338; Schwarz, Nahrungsstand, S. 216.

1837 Vgl. Henning, Industrialisierung, S. 61.

1838 Reith, Sozialisation, S. 1f.

1839 Vgl. Schwarz, Nahrungsstand, S. 220.

um ihre Strategien durchzusetzen und ihre Bedürfnisse zu formulieren. Dieses Instrument zu beseitigen, wie man es im Jahre 1791 [in Frankreich] getan hat, hieß nicht, diese Bedürfnisse zu eliminieren. Für ihre Artikulation angemessene Formen und Foren zu finden, war eine der schwierigsten Aufgaben der nachrevolutionären Zeit."[1840]

Die Konkurrenz der Fabriken störte die Marktkontrolle der Zünfte. In Fabriken wurden teilweise dieselben Produkte hergestellt wie im Handwerk, nur billiger und besser. Da sich neben dem lokalen Markt und dem örtlichen Produktionsbetrieb andere Vertriebswege herausbildeten, war eine effektive Marktkontrolle der Waren ausgeschlossen. Traditionelle Vorschriften des Zunfthandwerks über die Separierung der Arbeitsmärkte, das Verhalten auf dem Markt und gegenüber dem Handel und über die Preisgestaltung waren nicht mehr durchsetzbar. Das Aufkommen der Fabriken nahm den Zünften einen ihrer zentralen Wirkungsbereiche, beeinflusste die Mehrzahl ihrer Aufgabenfelder aber nicht. Einige Zunftcharakteristika waren bereits während der Zunftepoche entfallen, andere wie die Qualitätskontrolle und Importbeschränkungen wurden dem Staat übertragen. Gemeinsamer Einkauf und Zunftbetriebe fanden sich später im gewerblichen Genossenschaftswesen wieder, Lohntaxen in Tarifverträgen mit Gewerkschaften, der persönliche Zunftzwang und der Ausbildungsgang vom Lehrling über den Gesellen zum Meister in Innungen und Handwerkskammern.

6.2. FREUND UND FEIND

6.2.1. Die Städte

Die Zünfte entstanden im Rahmen der mittelalterlichen Stadtkultur.[1841] Die These von ihrem Niedergang in der Frühen Neuzeit korrespondiert mit der These vom gleichzeitigen wirtschaftlichen und politischen Niedergang der Städte. Wie diese, so wird jene These inzwischen in Frage gestellt.[1842]

Als Ursachen des Niedergangs der Hanse in der Frühen Neuzeit nannte Philippe Dollinger in seinem Standardwerk zur Hansegeschichte: „der Verfall der Kontore, die Erfolge der Konkurrenz, der Widerstand gegen die gemeinsame Ordnung und partikularistische Tendenzen."[1843] An der Verlagerung von Handelsrouten wegen der Entdeckung Amerikas – wie oft behauptet – habe der Niedergang der Hanse nicht gelegen, im Gegenteil, die Städte hätten vom Handel mit Spanien und Portugal sogar profitiert. Allerdings verloren sie relativ an Bedeutung. Die Territorien gewannen an Macht zu Lasten der Städte, große Handelsunternehmungen wie die der Fugger rissen Teile des hansischen Handels an sich. Die Privilegien der Hanse wurden beschnitten, die Solidarität innerhalb der Hanse

1840 Minard, Zünfte, S. 194f.
1841 Mayer, Geschichte des deutschen Handwerks, S. 128; Mummenhoff, Handwerker, S. 16.
1842 Vgl. Schilling, Stadt, S. 51ff.
1843 Dollinger, Hanse, S. 401.

bröckelte. Im 17. Jahrhundert schlief die Städtehanse ein.[1844]

Etwas später litten auch die oberdeutschen Städte, nämlich am Bedeutungsverlust Venedigs, ihres Haupthandelspartners, an hohen Verlusten aus Fürstengeschäften, Störungen des Handels über die Niederlande und den Folgen des Dreißigjährigen Krieges.[1845] Etliche Städte stagnierten während der Frühen Neuzeit. Dieses Bild darf jedoch nicht verallgemeinert werden. Besser als vielen Reichsstädten erging es Landstädten, besonders Residenzen, hinter denen „der Wirtschaftsraum und die fördernde Hand des Landesstaates stand".[1846] Während Köln, Augsburg, Nürnberg oder Straßburg auf ihrem spätmittelalterlichen Bevölkerungsniveau verharrten, expandierten Städte wie Berlin, Wien oder – schwächer – München. Die Zahl der Städte nahm leicht, die der Stadtbewohner erheblich zu, letztere vor allem im 18. und 19. Jahrhundert.[1847] Die für das Zunftwesen entscheidende Veränderung war nicht ein angeblicher wirtschaftlicher Rückgang der Städte, sondern die Verschiebung der politischen Gewichte zugunsten der Landesherrschaft. Die Städte wurden stärker in die territorialstaatliche Ordnung eingebunden, büßten an Autonomie ein und veränderten ihre Verfassungsstrukturen zu Lasten der Zünfte.[1848] Die Zünfte wurden von mehreren Seiten in die Zange genommen.

„Zwar wurden", fasste Knut Schulz den Forschungsstand zusammen, „in vielen Fällen nominaliter die alten kommunalen Einrichtungen belassen, realiter stellten sie jedoch kaum mehr als leere Hülsen dar und wurden in den meisten Städten durch staatliche Zuständigkeiten und Behörden weitgehend ersetzt. Dies betraf besonders Außenpolitik, Militärwesen und Gerichtsbarkeit. Zweifellos waren von diesem Prozeß die Territorialstädte stärker betroffen, aber auch von den Reichsstädten oder Freien Reichsstädten gelang es nur wenigen, Ansprüche und Eingriffe ‚staatlicherseits' abzuweisen und ihre Eigenständigkeit im vollen Umfang zu behaupten."[1849] Die Zahl der Reichsstädte ging von etwa 65 auf 51 zurück, weil einige zur Schweiz übertraten, an Frankreich fielen oder einem Territorialstaat einverleibt wurden.[1850] Am Ende des 18. Jahrhunderts hatten die Zünfte auch da, wo sie in den städtischen Gremien vertreten blieben, kaum noch etwas zu entscheiden, weil die städtischen Gremien weitgehend entrechtet waren.

Seit dem Beginn des 16. Jahrhunderts wurden die Zünfte aus der Regierungsverantwortung in Landstädten, seit der Mitte des 16. Jahrhunderts in einigen Reichsstädten verdrängt.[1851] Kaiser Karl V. opponierte gegen die Zunftverfassung in Augsburg und Ulm 1548 und in 25 kleineren schwäbischen Reichsstädten in den Jahren 1551 und 1552. Bis auf zwei Städte, die nach einigen Jahren zur Zunftverfassung zurückkehrten, wurde diese in den betroffenen Ortschaften nach dem Nürnberger Vorbild dauerhaft beseitigt. Der Kaiser verstand die Reform

1844 Vgl. Dollinger, Hanse; Lütge, Sozial- und Wirtschaftsgeschichte, S. 292–295.
1845 Schilling, Stadt, S. 24f.
1846 Press, Folgen, S. 260.
1847 Vgl. Kapitel 2.2.; Schilling, Stadt, S. 36f.
1848 Schilling, Stadt, S. 40–49.
1849 Schulz, Freiheit, S. 278; vgl. Gerteis, Städte, S. 75–81.
1850 Gerteis, Städte, S. 68.
1851 Barnowski-Fecht, Handwerk, S. 39.

nicht so sehr als Stärkung seiner Position als Stadtherr und des katholischen Glaubens gegen die protestantischen Teile der Bürgerschaften, sondern in erster Linie als Verwaltungsreform. Die Zahl der Räte sollte verringert, ihre Amtszeit verlängert werden. Die Zünfte sollten von den ungeliebten ehrenamtlichen Aufgaben entlastet, die Effizienz der Politik sollte erhöht werden. Zum Teil wurden die Räte ab jetzt besoldet. Die Herrschaft ging von den politischen Zünften auf die Patriziergeschlechter und professionelle, akademisch ausgebildete Beamte über.[1852]

Ab dem 17. Jahrhundert folgten viele Stadtherren dem Vorbild des Kaisers. Die schon im Mittelalter angelegte Tendenz zur Oligarchisierung der Stadträte, Bürokratisierung und Professionalisierung der Stadtverwaltungen schritten voran. Die verbleibenden städtischen Befugnisse wurden konzentriert in kleineren Gremien, die von einer Auswahl führender Familien per Kooptation besetzt wurden. Die Zünfte wurden nur noch selten gefragt, wenn wichtige Entscheidungen anstanden. Dabei handelte es sich um einen allgemeinen Zug der europäischen Entwicklung, der im einen Land früher, im anderen später auftrat. Die Zünfte büßten die Chance ein, sich gegen Verschlechterungen ihrer wirtschaftlichen Privilegien auf politischem Wege zu wehren.[1853] Die Oligarchisierung prägte sich in Reichsstädten schärfer aus als in Landstädten. Unter „den Augen des Landesherrn war eine Abschottungspolitik der führenden Familien weniger leicht möglich, während sich in manchen Reichsstädten die Oligarchie sehr verhärtete. Dabei haben die vom [Dreißigjährigen] Krieg gemeinsam mit den säkularen Wandlungsprozessen provozierten Veränderungen oft eine Diskrepanz zwischen der politischen Macht und der wirtschaftlichen Stellung der Oligarchen deutlich werden lassen. Dies konnte in den Landstädten leichter ausgeglichen werden als in den Reichsstädten. Der nahe Landesherr konnte effektiver reagieren als der ferne Kaiser und sein Reichshofrat.“ [1854]

Allerdings gab es auch Städte und Landschaften, die eine gegenläufige Entwicklung durchmachten. Während Zünfte, die im 17. oder 18. Jahrhundert gegründet wurden, meist von der politischen Macht ausgeschlossen blieben, konnten sie in Kleve-Mark noch im 17. Jahrhundert starke innerstädtische Positionen aufbauen.[1855] In Lüneburg nutzten Zünfte den Dreißigjährigen Krieg, um ihre Mitspracherechte zu erweitern. Im Jahr 1632 paktierte der Stadtrat mit den Schweden, während die Zünfte ihrem Landesherrn treu blieben. Dieser sorgte dafür, dass ab 1639 Vertreter der Zünfte einen geringen Anteil an der bisher strikt patrizischen Stadtregierung bekamen.[1856] In Herborn in Oberhessen „bildete sich im Jahre

1852 Gerteis, Städte, S. 65; Eitel, Reichsstädte, S. 3, 10, 74f, 96, 103–106; Naujoks, Obrigkeitsgedanke, S. 118, 120ff, 135–139, 145, 147; Naujoks, Kaiser Karl V., S. 10; Schulze, Geschichte, S. 150f.

1853 650 Jahre Zürcher Zünfte, S. 18; Reininghaus, Zünfte, Städte und Staat, S. 46f; Warncke, Handwerk, S. 44; Elkar, Distanz, S. 174; Keller, Handwerkeralltag, S. 40; Naujoks, Obrigkeitsgedanke, S. 189; Deter, Rechtsgeschichte, S. 237f, 261; Gerteis, Städte, S. 68, 75–81; Farr, Artisans, S. 165–169; Kieser, Kartell, S. 68.

1854 Press, Folgen, S. 259.

1855 Reininghaus, Gewerbe, S. 62.

1856 Bodemann, Zunfturkunden, S. XXXV–XXXVIII.

1637 ein Ausschuß der Zünfte, um die Stadtpolitik mitzubestimmen. ... Neben dieser Beteiligung errangen die Zünfte das Recht, daß der eine Bürgermeister aus ihren Reihen gewählt wurde." Die Gießener Zünfte erhielten noch 1779 die Erlaubnis, einen Unterbürgermeister zu bestimmen.[1857] Während des gesamten Zeitraums, besonders um 1600 und nach 1780, wurde Deutschland von einer Vielzahl städtischer Aufstände erschüttert, in denen sich Zünfte und andere Gruppen gegen die Verschlechterung ihrer Positionen wehrten, mit abnehmendem Erfolg.[1858] Das Ende der Zunftherrschaft in den Städten war erreicht, als die Länder im 19. Jahrhundert die Einwohner- anstelle der Bürgergemeinde einführten.[1859]

Im 19. und frühen 20. Jahrhundert wurde der Partikularismus der Zünfte und der von ihnen geprägten Städte für die Niederlage Deutschlands gegen die napoleonische Armee verantwortlich gemacht.[1860] Noch in der aktuellen Literatur wird – nunmehr mit positivem Zungenschlag – die mittelalterliche und frühneuzeitliche Stadt als Gegenpol zum Nationalismus aufgefasst.[1861] Beide Einschätzungen, die vormodernen Städten eine tragische Rolle oder eine historische Mission zuschreiben wollen, sind anachronistisch. Der deutsche Nationalismus erwachte erst nach und teils wegen der napoleonischen Kriege. Stadtbewohner waren nicht minder nationalistisch als die Landbevölkerung. Die Regierungen der deutschen Territorien blieben noch Jahrzehnte lang skeptischer gegenüber der nationalen Vereinigung als große Teile ihrer Bevölkerung. Die allmähliche Entmachtung der Städte und ihrer Zünfte im Verlauf der Frühen Neuzeit war nicht mehr und nicht weniger als der Ausdruck einer Machtverschiebung von den Städten zu den Ländern.[1862]

6.2.2. Die Länder

Bereits im Mittelalter waren – wie geschildert – die Beziehungen zwischen Zünften und Obrigkeiten sehr eng. Die Obrigkeiten veranlassten die Gründung von Zünften und genehmigten deren Statuten, machten die Aufnahme in eine Zunft vom Erwerb des Bürgerrechts abhängig, vereidigten Zunftvorsteher und Schaumeister, schickten Beamte als Aufseher und Kontaktpersonen zu Zunftversammlungen, nahmen gerichtliche Aufgaben in Zunftangelegenheiten wahr, übertrugen den Zünften marktordnende und andere öffentliche Aufgaben und boten nicht zuletzt den Zünften ein politisches Betätigungsfeld. „Obrigkeit" in diesem Sinne war meistens die Stadtverwaltung mittels des Stadtrates, je nach dem Grad der städtischen Autonomie in mehr oder weniger enger Verbindung mit dem Stadtherrn.

Im Laufe der Frühen Neuzeit änderte sich das Verhältnis zwischen Obrigkeiten und Zünften in mehrfacher Hinsicht. Auf einigen Feldern lockerte sich der

1857 Weyrauch, Amts- und Gewerbeordnungen, S. 132.

1858 Warncke, Handwerk, S. 22, 43; Gerteis, Städte, S. 83; Weingärtner, Geschichte, S. 76f; Reininghaus, Zünfte und Zunftpolitik, S. 73.

1859 Haupt, Wege, S. 9

1860 Mascher, Gewerbewesen, S. 483.

1861 Benevolo, Stadt, S. 95.

1862 Rörig, Stadt, S. 34, 122.

Zusammenhang, weil Zünfte ihre politischen Mitwirkungsrechte oder öffentlichen Aufgaben verloren. Auf der anderen Seite intensivierten sich die Beziehungen, weil die Obrigkeiten die Kontrolle der Zünfte verstärkten. Vor allem aber verschoben sich die Gewichte von den städtischen Obrigkeiten zu den Territorien. Die Territorialherrschaft entwickelte sich von der Landeshoheit des Spätmittelalters über die Landesherrschaft des 15. und 16. Jahrhunderts zum Absolutismus des 17. und 18. Jahrhunderts in der Richtung wachsender Staatsmacht auf Kosten der Städte, Gemeinden und Grundherren und gesellschaftlicher Einrichtungen wie der Zünfte. In den Ländern erfolgte diese Entwicklung unterschiedlich schnell, doch überall nahm spätestens am Ende des 18. Jahrhunderts die Landesregierung den entscheidenden Einfluss auf das Zunftwesen.

Die Politik der Regierungen gegen das Zunftwesen stand seit dem 17. Jahrhundert unter dem Schlagwort der Bekämpfung von „Missbräuchen". Indem die Regierungen gegen „Missbräuche" oder „Missstände" vorgingen, implizierten sie, sie selbst verträten das Gemeinwohl. Die Gleichsetzung von Gemeinwohl und Staatsinteressen bedeutete, dass die Zünfte unter dem Vorbehalt ihres Nutzens für den Staat beurteilt wurden. Was dem Staat nutzte, bestimmte der Herrscher, so dass persönliche Faktoren in der Zunftpolitik eine große Rolle spielten. Die Politik blieb wechselhaft; was ein „Missbrauch" war, wurde niemals eindeutig definiert. Einig waren sich aber alle Regierungen darin, dass der Einfluss des Zunftwesens zugunsten des Staates zurückgedrängt werden sollte: Der größte „Missbrauch" des Zunftwesens war aus ihrer Sicht seine Existenz als konkurrierende politische Kraft. Gegen die geballte Macht des Staates hatte eine einzelne Zunft nur die Berufung auf das alte Herkommen anzubringen, so dass sich die machtpolitische Auseinandersetzung oft in der Form eines Kampfes zwischen Alt und Neu oder zwischen Konservatismus und Progressivität abspielte. Oder man tauchte ab und hoffte, dass die Welle schadlos über einen hinwegrollen und verebben werde. Die Schwäche und Wankelmütigkeit der staatlichen Verwaltung und die Kompetenzstreitigkeiten zwischen Städten und Landesherren gaben Anlass zur Hoffnung, dass ein solches Verhalten von Erfolg gekrönt sein werde. Die Gesellen konnten sich mit Hilfe ihrer überregionalen Organisation lange Zeit wirkungsvoller wehren als die ortsfesten Meister.[1863]

Die wichtigste Methode, Zünfte zu bekämpfen, und eines der beliebtesten Verfahren frühneuzeitlicher Politik war die Reaktion der Obrigkeiten auf „Gelegenheiten". Beschwerden über Zunftentscheidungen wurden an den Landesherrn herangetragen, der in seinen Eigenschaften als Regierungschef und oberster Richter tätig wurde. Aus „landesväterlicher" Fürsorge wich er von Zunftregeln ab. Als der Pfälzer Kurfürst Karl Ludwig nach den Verwüstungen des Dreißigjährigen Krieges Peuplierungspolitik betreiben und zu diesem Zweck die Zunftregeln lockern wollte, belehrte er einen Beamten, der pflichtgemäß die gültigen Verordnungen anzuwenden trachtete, „'hierinnen noch etwas durch die Finger zu se-

1863 Schichtel, Recht, S. 14; Schultz, Das ehrbare Handwerk, S. 42; Deter, Rechtsgeschichte, S. 49; Reddig, Handwerker, S. 18; Wutzel, Handwerksherrlichkeit, S. 72; Rau, Zunftwesen, S. 49; Peitsch, Zunftgesetzgebung, S. 114, 178; Brohm, Handwerkspolitik, S. 105f; Bessenrodt, Handwerk, S. 128.

hen'". Zunftstatuten und -privilegien wurden wie Lehen des Staates behandelt, die nach dem Tod eines Herrschers der Bestätigung seines Nachfolgers bedurften, deren Vergabe dieser eventuell von Änderungen abhängig machte. Der Erfolg des Zunftwesens brachte die Landesregierungen ins Spiel, die an einem so wichtigen gesellschaftlichen Phänomen nicht vorbeisehen konnten. Das Landhandwerk benötigte einen rechtlichen und politischen Rahmen, den ihm keine Stadt geben konnte. Reformen von Finanzwesen, Verwaltung und Gerichtsbarkeit, die nicht speziell auf das Zunftwesen abzielten, minderten en passant die zünftige Autonomie: Der Staat erhöhte seine Steuereinnahmen und mithin seine Anteile an den Zunftgebühren, baute eine professionelle Verwaltung auf, die immer mehr Aufgaben an sich zog, und setzte das Römische Recht durch, das der Laiengerichtsbarkeit der Zünfte widersprach. Schließlich versuchte man mit allgemeinen Verordnungen und Gesetzen Einfluss auf die Zünfte auszuüben, allerdings mit wenig Erfolg; erst im 19. Jahrhundert beeinflussten Gesetze die Zunftentwicklung nachhaltig. Indem man Einzelfälle zu angeblich allgemein verbreiteten „Missbräuchen" hochspielte, gewann man eine Legitimation zu breitem Vorgehen gegen das Zunftwesen. Von der Revision einzelner Statuten über die Generalrevision sämtlicher Statuten eines Gewerbes oder aller Gewerbe eines Landes und generelle Vorschriften gegen bestimmte „Missbräuche" ging die Entwicklung zu allgemeinen Handwerks- oder Gewerbeordnungen für Landesteile oder ganze Länder. Jedes Land verfolgte eine eigene Strategie, was ein Land im 16. Jahrhundert praktizierte, führte ein anderes im 18. oder frühen 19. Jahrhundert ein. Da die Vorschriften vor den letzten Jahren des 18. Jahrhunderts kaum eingehalten wurden, gehörte es zum Ritual, sie mit sich verschärfenden Strafandohungen immer und immer wieder zu publizieren. Aus der Fülle der Vorschriften auf die Größe der Probleme zu schließen – wie es die ältere Zunftforschung tat – führt in die Irre.[1864]

Zu Beginn des 16. Jahrhunderts war die staatliche Entwicklung so weit fortgeschritten, dass die Landesregierungen erste Maßnahmen gegen die Zunftautonomie ergreifen konnten. Der Graf von Nassau erließ 1504 „Churbriefe", er ließ sich alle Zunftordnungen seines Landes vorlegen und änderte an einigen Stellen die überkommene Praxis.[1865] Dem Grafen ging es dabei weniger um inhaltliche Aspekte als um eine Machtdemonstration: Allen relevanten politischen Kräften sollte verdeutlicht werden, dass ab jetzt die Zunftpolitik landesherrliches Revier war. Nach dem Bauernkrieg wandten sich die Regierungen gegen Zünfte, welche für Unruhen verantwortlich gemacht wurden. Man verbot sie vorübergehend oder nahm sie an die kurze Leine.[1866] Der Mainzer Erzbischof als Stadt- und Landesherr Miltenbergs setzte 1527 eine neue Stadtordnung fest. „Generös meinte der Kardinal, er hätte die Zünfte auch vollständig auflösen können, doch *damit gute Ordenung und Pollicey erhalten, auch unser gnediger Wille hirin gespürt werde*, lasse er die Zünfte *gnädigst* weiterbestehen. Jeder Zunft sollten durch Keller,

1864 Dipper, Geschichte, S. 284 (Zitat); Brohm, Handwerkspolitik, S. 105f; Schichtel, Recht, S. 186; Steinkamp, Stadt- und Landhandwerk, S. 5f; Decker, Bürger, S. 119; Deter, Rechtsgeschichte, S. 81.

1865 Irle, Landesherr, S. 31.

1866 Endres, Zünfte, S. 170; Zünfte und Handwerk in Hessen, S. 6.

Schultheiß und Stadtrat zwei Zunftmeister *verordnet werden*. Die Rechnungsführung unterlag der strengen Kontrolle der Obrigkeit. Keine Zunftversammlung durfte ohne *Befehl und Wissen* des Schultheißen oder Kellers abgehalten werden."[1867] Während 1521 noch der Stadtrat die Zunftordnungen in Kraft setzte, war es nach 1527 die Regierung des Erzbischofs. „Deutlicher lässt sich die Verschiebung der Kompetenzen von der städtischen zur landesherrlichen Obrigkeit kaum dokumentieren. Jetzt kassierte die Stadt keinen Anteil mehr an den Strafen, sondern die landesherrliche Kellerei und die Zünfte erhielten jeweils die Hälfte des Betrags."[1868]

Weniger rigoros verfuhr der dänische König als Stadtherr Kiels. Er schrieb 1525 dem Kieler Rat und befahl ihm „im allgemeinen Interesse die Aemter aufzuheben oder zum mindesten die schweren Unkosten, die sie ihren Mitgliedern auferlegten, zu mäßigen." In der Folge hob der Kieler Rat 13 von 22 Zünften auf und reformierte die restlichen neun, indem er die Aufnahmegebühren begrenzte, die Zahl der Zunftversammlungen auf eine pro Jahr festsetzte und die Zunftvorsteher durch den Rat einsetzte.[1869] „Der Landesherr überließ die erforderlichen Maßregeln ganz dem Gutdünken und ihre Durchführung ganz der Macht des Rates, selbst seine Forderungen waren nur allgemein gehalten und nur auf eine Reform schlechthin gerichtet."[1870]

Von besonderer Bedeutung wurden die österreichischen Reformen des Jahres 1527. Der spätere Kaiser Ferdinand I. hatte in seiner spanischen Heimat frühabsolutistische Herrschaftsweisen kennen gelernt. Die Habsburger hatten 1516 in Spanien die Herrschaft übernommen und dabei ein Zunftwesen vorgefunden, dessen Autonomie schon am Ende des 15. Jahrhunderts von den „katholischen Königen" Ferdinand und Isabella stark vermindert worden war. Nach seinem Regierungsantritt in Österreich ahmte Ferdinand I. ihr Beispiel 1527 in Polizei- und Handwerksordnungen für mehrere seiner österreichischen Länder und einer Generalhandwerksordnung nach.[1871] Die Generalhandwerksordnung gab der Zunftpolitik der deutschen Länder und des Reiches fast drei Jahrhunderte lang das Programm vor.

Die Generalhandwerksordnung Ferdinands I. von 1527[1872]

Alle Zünfte [d.h. deren autonome Aktivitäten], ihre Geheimabsprachen und „aigennützigen gebreuch" werden verboten.

Nach Beerdigungen von Handwerkern dürfen keine Versammlungen oder geselligen Treffen stattfinden.

Versammlungen und Statuten sind nur mit Genehmigung der lokalen Obrigkeiten erlaubt.

An die Spitze eines Handwerks sollen die Handwerker zwei Meister und zwei

1867 Keller/Brod, Fischer, S. 30.
1868 Keller/Brod, Fischer, S. 31.
1869 Hähnsen, Geschichte, S. 8f.
1870 Hähnsen, Geschichte, S. 65.
1871 Klein, Gilds, S. 186; Jahn, Gewerbepolitik, S. 131; Mascher, Gewerbewesen, S. 314; Ehmer, Zünfte, S. 114; Pickl, Bruderschaften, S. 286; Das historische Gewerbe, S. 29.
1872 Zusammenfassung; aus: Das historische Gewerbe, S. 30–41.

Gesellen wählen, die von der Obrigkeit vereidigt werden sollen.

Schriftverkehr, Beschwerden und Vorschläge sollen ausschließlich über die lokale Obrigkeit angewickelt werden. Statuten darf nur der Landesherr verändern.

Die Handwerke haben keine eigene Gerichtsbarkeit, sondern werden an die Obrigkeit als Gerichtsinstanz verwiesen. Streiks sind verboten.

Verrufe dürfen nur von der lokalen Obrigkeit durchgeführt werden.

Handwerksarbeiten für das Rechtswesen müssen ausgeführt werden. Die Unehrenhaftigkeit von toten Tieren wie Katzen oder Hunden wird aufgehoben.

Kartellabsprachen sind verboten.

Mehrzünftigkeit und die Absolvierung mehrerer Lehren in verschiedenen Handwerken werden erlaubt. Das Wegkaufen von Betriebsmitteln durch Mithandwerker wird verboten.

Die bestehenden Zunftherrschaften von Geistlichen, Adel usw. werden garantiert.

Unehelichkeit und eine frühere Tätigkeit als Störer schließen von der Meisterschaft nicht mehr aus, jedoch wenn einer „offenwar eerloes oder, das er an andern orten uneerlich abgeschiden" ist. Die Meisterprüfung wird mündlich vor einer Kommission der Obrigkeit abgelegt. Nach einem Gelöbnis des Kandidaten wird dieser von der Obrigkeit zum Meister erklärt.

Wer einen Mitmeister oder Gesellen der Unehre anklagt, soll bei falscher Anklage selbst bestraft werden.

Das Aufdingen der Gesellen hat vor der Obrigkeit zu geschehen.

Die Meister dürfen sich nicht gegenseitig die Gesellen abwerben. Entlaufene Lehrjungen oder Gesellen dürfen nicht von einem anderen Meister angenommen werden.

Die Gesellen haben angemessenen Lohn zu erhalten.

Verstöße von Gesellen gegen die Generalhandwerksordnung haben die Meister der Obrigkeit anzuzeigen.

Wandernde Landhandwerker sollen sich häuslich niederlassen. Landhandwerker der Prälaten, Herren und Edlen dürfen auch für die ländliche Nachbarschaft arbeiten, aber keinen Gewandhandel betreiben, außer in der Steiermark.

Meisterabgaben betragen ein Pfund Pfennig für die Obrigkeit, ein Pfund Pfennig zum Gottesdienst und zwei Pfund Pfennig für das Bürgerrecht; weitere Gebühren sind unzulässig.

Meisterwitwen dürfen das Handwerk fortführen und Gesellen haben, so lange sie unverheiratet bleiben.

Die Umschau für Wandergesellen wird von den geschworenen Meistern und Gesellen durchgeführt, welche alle Meister nach Bedarf gleichmäßig zu berücksichtigen haben. Das Schenken der Wandergesellen wird aufgehoben; stattdessen hat jeder Wandergesell Anspruch auf acht Tage Arbeit im Ankunftsort. Wandergesellen dürfen auf ihrem Weg von ihren Kollegen nicht während der Arbeitszeit begleitet werden.

Die Gesellen sollen sich anständig aufführen; sie dürfen ihren Meister nicht bestehlen. Einen freien Tag erhalten sie alle zwei Wochen, wenn kein Feiertag in diese Zeit fällt. Streiks sind verboten. Gesellen dürfen verheiratet sein; in diesem

Fall dürfen sie nur mit Zustimmung ihrer Frau auf Wanderschaft gehen.

Auf offenen Plätzen werden Tanz und Spiel den Gesellen verboten; falsche Karten oder Würfel werden untersagt.

Der Meister darf den Gesellen nicht vorzeitig entlassen, der Geselle nicht vorzeitig kündigen. Verbotswidrig handelnde Gesellen dürfen von keinem Meister mehr beschäftigt werden.

Vorehelicher Geschlechtsverkehr, Zwangsheiraten und der Raub weiblicher Mitglieder der Meisterfamilie werden den Gesellen verboten.

Jeder Meister kann so viele Gesellen haben, wie er will.

Ein kranker Geselle, der von seinem Meister gepflegt wird, hat diesen dafür zu bezahlen. Stirbt er, so darf sich der Meister an seinem Eigentum schadlos halten. Sofern der kranke Geselle sich nicht selbst unterhalten kann und auch sein Meister nicht, wird der Unterhalt aus der Handwerksbüchse vorgestreckt. Um die Vollstreckung des Erbes eines verstorbenen Gesellen hat sich das Handwerk zu kümmern.

Für Lehrjungen gelten ähnliche Verhaltensregeln wie für Gesellen.

Entlaufene Diener sind ihrem Herrn zuzustellen, dem sie nachdienen müssen. Bei einem ehrbaren Abschied hat der Herr seinen Dienern oder Knechten einen „passport oder abschiedzedel“ zu geben. Nur mit solchem Zeugnis darf ein Diener oder Knecht angenommen werden.

Die Änderung dieser Ordnung behält sich der Landesherr vor.

Der Bischof von Münster verbot 1536 sämtliche Zünfte seiner Residenz, weil sie auf Seiten der Täufer gegen ihn gekämpft hatten. Anstelle der Zünfte richtete er ein Konzessionssystem ein. Seit etwa 1550 wurden Zünfte wieder zugelassen, blieben aber unter strenger Aufsicht des Stadtrates. Die Zünfte betrieben zu Beginn des Dreißigjährigen Krieges abermals eine antibischöfliche Politik. Nachdem sich das Kriegsglück der kaiserlich-katholischen Partei zugewandt hatte, verbot der Bischof 1623 alle Zünfte in seinem Land. Als kein Widerstand mehr zu befürchten war, ließ er sie 1632 wieder zu, behielt sich aber das Recht vor, in Zukunft sämtliche Zunftordnungen zu bestätigen. Nachdem die Zünfte der Residenzstadt zusammen mit dem Stadtrat erneut gegen ihn vorgegangen waren, entmachtete er sie 1661 wieder; er ließ sich sämtliche Statuten zur Überprüfung einreichen. Im Fürstbistum machte er erst im 18. Jahrhundert in großem Stil von seinen Möglichkeiten Gebrauch, während er sich zuvor nicht in die Aktivitäten der dortigen Zünfte einmischte.[1873]

Das Münsteraner Beispiel markiert das eine Ende der Skala: Der Landesherr kümmerte sich nur dann um Zunftpolitik, wenn sich extreme politische Unbotmäßigkeit einstellte, und engagierte sich erst im 18. Jahrhundert auf diesem Politikfeld stärker. Am anderen Ende der Skala befanden sich Territorien, die von vornherein das Zunftwesen dem Staat unterordneten. In der von Hohenzollern beherrschten Markgrafschaft Brandenburg-Kulmbach bzw. -Bayreuth entwickelte sich das Zunftwesen erst seit dem Ende des 15. Jahrhunderts zu nennenswerten

1873 Reininghaus, Zünfte und Zunftpolitik, S. 82; Krumbholtz, Gewerbe, S. 54*–71*, 229*ff; Terhalle, Gilden, S. 40–43, 49ff.

Ausmaßen. In der Epoche des Hochabsolutismus machten die Hohenzollern aus den Zünften ihres Landes quasi Staatsanstalten: „Die Obrigkeit übte vor allem einen bestimmenden Einfluß auf die Zusammensetzung der Zunft aus. Es wurden von ihr die Bedingungen für die Aufnahme von Lehrlingen, Gesellen und Meistern umfassend in den Ordnungen und Gesetzen festgelegt. Bei Vorhandensein derselben mußte die Aufnahme gewährt, bei Fehlen mußte sie verweigert werden. Die Erteilung einer Dispens von einzelnen Voraussetzungen bei Vorliegen besonderer Umstände war den Landesbehörden vorbehalten. Die Zunftmitgliedschaft war zur staatlichen Konzession gestaltet. Die Zwangs- und Bannrechte der Handwerker wurden auch im obrigkeitlichen Staate anerkannt. Jedoch bestimmte, da sie als vom Staate verliehene Privilegien galten, dieser Inhalt und Grenzen derselben. Bei der Ausübung des Zwanges aber war die Zunft, von geringfügigen Fällen abgesehen, an obrigkeitliche Mitwirkung gebunden. Vielfach war der Zunft jegliche Selbsthilfe gegen Pfuscher und Störer verboten und sie lediglich zur Anzeige an die Landesbehörden verwiesen. Insbesondere zeigt sich bei den Organen der Zunft, der Zunftversammlung und den Zunftvorstehern, die staatliche Bevormundung. Die Obrigkeit gab einerseits den Ausschlag bei der Einberufung und Bestellung, zum andern wahrte sie sich eine dauernde Kontrolle über die Tätigkeit derselben. Die Rechenschaftspflicht der Zunftorgane gegenüber den landesherrlichen Beamten vollends verlieh diesen den Charakter von staatlichen Unterbehörden. Nahezu gänzlich genommen waren den Zünften und ihren Organen gerichtliche und polizeiliche Befugnisse über die Innungsangehörigen. Es war ihnen in gerichtlichen Dingen lediglich die Zuständigkeit in geringfügigen Angelegenheiten belassen. Im übrigen jedoch stand jegliche Wahrnehmung der Gerichtsbarkeit in Strafsachen sowohl wie hinsichtlich der Entscheidung von Streitigkeiten den Stadt- und Landesbehörden zu. Desgleichen lag auch die Wahrung der polizeilichen Belange bei der Obrigkeit. Nicht der Zunft und ihren Organen, sondern ihr oblag die Bekämpfung der Handwerksmißbräuche, wie die Sicherung der Güte und Brauchbarkeit der Handwerksprodukte durch die Schau. Von ihr ergingen auch die Vorschriften über Lohn und Preis, von ihr wurden diese auch überwacht. Es war ferner ... der Existenzgrund der Zünfte in den Willen des Staates verlegt. Die Bildung der Zünfte vollzog sich nicht durch den Zusammenschluß der Handwerker im Wege freier Einung, sie wurden vom Staat errichtet. In der Macht der Obrigkeit war es auch gelegen, die Zünfte wieder aufzuheben. ... Den Handwerkern war es genommen, sich selbst eine Ordnung zu geben. Die Obrigkeit verlieh ihnen Statuten und Ordnungen und nahm auch im übrigen die rechtliche Regelung der inneren und äußeren Zunftverhältnisse durch eine nimmer weiter ausgedehnte Polizei- und Gewerbegesetzgebung vor."[1874]

Das habsburgische Österreich, das Kurfürstentum Sachsen und kleine weltliche Fürstentümer tendierten seit dem 16. Jahrhundert zur strikteren Anbindung ihrer Zünfte an die Landespolitik, während in geistlichen Territorien und in einigen größeren deutschen Ländern eine zurückhaltendere Linie verfolgt wurde. Große Flächenstaaten hatten es schwer, denn sie mussten auf zahllose unterschiedliche Privilegien Rücksicht nehmen, so dass sie keine einheitliche Politik

1874 Arneth, Verfassung, S. 95ff.

für das gesamte Land realisieren konnten. Früher oder später entdeckte jede Regierung die Vorzüge einer straffen Zunftpolitik. Im 18. Jahrhundert gingen die Fürsten ausnahmslos dazu über, das Zunftwesen ihrer Herrschaft zu unterwerfen.[1875]

Die sächsischen Kurfürsten bestätigten schon im 16. Jahrhundert Zunftordnungen ihrer Landeskinder, etwa wenn es sich um Landzünfte handelte oder der kurfürstliche Hof ein besonderes Interesse an den Lieferungen einer Zunft hatte, obwohl das zu dieser Zeit üblicherweise noch ein städtisches Recht war. In den nächsten zwei Jahrhunderten setzte sich dieses Prinzip immer mehr durch. Die Zünfte selbst beantragten gern die landesherrliche Konfirmation ihrer Ordnungen, weil sie ihnen einen stärkeren Schutz gewährte als eine städtische oder grundherrliche. Im Jahr 1766 wurden die Zunftordnungen von der Regierung flächendeckend revidiert, im Jahr 1780 Generalinnungsartikel verabschiedet, die einen verbindlichen Rahmen für alle Zünfte des Landes vorgaben.[1876]

Die brandenburgisch-preußische Politik wurde seit dem 17. Jahrhundert aktiver in Zunftfragen. Der Große Kurfürst bestätigte nach seinem Regierungsantritt im Jahr 1640 sämtliche Berliner Zunftordnungen, in dieser Konsequenz offenbar ein neuer Vorgang. Das kurz zuvor zu Brandenburg-Preußen gekommene Magdeburg erhielt 1688 im Rahmen einer Polizeiordnung die erste allgemeine Handwerksordnung des Landes. Den Reichsschluss von 1731 nahm Preußen zum Anlass, in den Jahren 1732 bis 1736 Generalzunftartikel („Generalprivilegien") zu erlassen, die jeweils allen Zünften eines Gewerbes einheitliche Vorschriften gaben. Seit den 1790er Jahren begann eine neue Phase der preußischen Zunftpolitik. Neue Zünfte wurden nicht mehr gegründet, Beschränkungen der Gesellenzahlen aufgehoben, Gesellenbruderschaften energisch verfolgt.[1877]

Die österreichischen Regierungen hatten seit dem 16. Jahrhundert mit Polizei- und Zunftordnungen und einer Vielzahl Einzelfallentscheidungen auf das Zunftwesen Einfluss ausgeübt.[1878] Im 18. Jahrhundert verschärften sie das Tempo der Reformen. Die Praxis, Freimeister zu ernennen, wurde 1725 gesetzlich geregelt; man schuf neben dem Zunftmeister den Rechtsbegriff des staatlich konzessionierten „Decreters" und vergab Konzessionen äußerst freizügig. Im Jahr 1732 wurde eine Generalzunftordnung erlassen, die allerdings kaum praktiziert wurde.[1879]

1875 Wenisch, Zunftordnungen, S. VIII; Stieglitz, Zünfte, S. 32–37; Barnowski-Fecht, Handwerk, S. 50, 82; Hemmen, Zünfte, S. 24ff; Brohm, Handwerkspolitik, S. 105f; Großes vollständiges Universal-Lexikon, hrsg. von Johann Heinrich Zedler, Band 64, Leipzig/Halle 1750, Sp. 101–111; Herrmann, Gesellschaft, S. 136; Emig, Berufserziehung, S. 84; Schichtel, Recht, S. 55, 186; Beck, Wagnerhandwerk, S. 15; Deter, Handwerksgerichtsbarkeit, S. 25; Steinkamp, Stadt- und Landhandwerk, S. 5f; Ziegler, Zunftwesen, S. 31; Decker, Bürger, S. 119; Johanni, Zünfte, S. 62, 65; Runge, Gewerbetheorie, S. 48; Canzler, Zünfte, S. 146; Bessenrodt, Handwerk, S. 128.

1876 Schulze, Handwerkerorganisation, S. 50; Flemming, Innungen, S. 16–20; Keller, Kleinstadt, S. 80.

1877 Reininghaus, Gewerbe- und Zunftpolitik, S. 116f; Schultz, Das ehrbare Handwerk, S. 109, 111; Peitsch, Zunftgesetzgebung, S. 114f, 144f; Schultz, Zunfthandwerk, S. 130f.

1878 Großes vollständiges Universal-Lexikon, hrsg. von Johann Heinrich Zedler, Band 64, Leipzig/Halle 1750, Sp. 93–101.

1879 Reschauer, Geschichte, S. 10ff.

„Etwa um 1740 setzten von Seiten der Regierung Überlegungen ein, für eine Reihe von Zünften ... als wachstumshemmend empfundene Beschränkungen abzuschaffen. 1753/54 legte eine Neuordnung der staatlichen Kompetenzen fest, diese Gewerbe dem zentralen Kommerzdirektorium zu unterstellen, sie also aus der Kompetenz der lokalen Obrigkeiten auszugliedern. Die entsprechenden Gewerbe bezeichnete man als ‚Kommerzial-Gewerbe', ihre Inhaber als ‚Kommerzial-Professionisten'. Eine erste Liste von Kommerzialgewerben ist 1755 aus Niederösterreich bekannt, sie bezog sich auf 48 Gewerbe. 1764 folgte Oberösterreich, dann kamen die weiteren Kronländer. Im großen und ganzen umfaßten die Kommerzial-Gewerbe alle Textilhandwerke und Exportgewerbe, insbesondere die Erzeugung von Leinwand, Tuch, Baumwoll- und Seidengeweben, verschiedene Metallwaren, Glas- und Spiegelerzeugung, Lederverarbeitung und die größeren Kaufleute. Diese Gewerbe blieben weiterhin zünftig organisiert, sie wurden von Produktionsbeschränkungen aber weitgehend befreit. Die nicht in den Listen enthaltenen Zünfte galten als ‚Polizei-Gewerbe', die den lokalen Obrigkeiten unterstanden, nur für den lokalen Bedarf produzieren und nicht unbeschränkt vermehrt werden sollten. Das Prinzip der ‚geschlossenen Zunft' mit einer festgesetzten Höchstzahl von Meistern wurde für diese Gewerbegruppe damit de facto in die staatliche Gewerbegesetzgebung übernommen; allerdings sollten nicht die Zünfte selbst, sondern die lokalen politischen Behörden bzw. Ortsobrigkeiten diese Höchstzahl festsetzen. Für wenige andere Gewerbe versuchten die Behörden, eine völlige Gewerbefreiheit einzuführen. Von 1765 bis 1779 wurden das Spinnen, das Weißnähen, das Spitzenklöppeln, das Stricken, das Leinwandweben auf dem flachen Land, das Seidenbandweben und einige wenige andere kleinere Gewerbe zu ‚freien Gewerben' erklärt, die jedermann gegen bloße Anmeldung betreiben konnte. Diese Maßnahmen führten aber nicht automatisch zur Beseitigung der Zünfte: Auch in einigen nunmehr ‚freien' Gewerben behielten die Handwerker ihre zünftische Organisation bis in das 19. Jahrhundert bei, wie z.B. die österreichischen Leinenweber. Allerdings verschoben sich allmählich die Gewichte in Richtung auf Kommerzial-Gewerbe und freie Gewerbe."[1880]

Joseph II., der von 1780 bis 1790 regierte, setzte die Politik seiner Mutter Maria Theresia fort. „In den Städten galten nahezu alle Gewerbe, sofern sie keine besonderen, speziellen Kenntnisse und Fähigkeiten (z.B. bei Rauchfangkehrern, Hebammen etc.) erforderten, auf Grund von Erlässen als frei. Ein Bewerber benötigte hiezu allerdings die Erlaubnis (Konzession) seiner zuständigen Behörde. ... Alle Gewerbe, die einen gewissen Grad geistiger Bildung voraussetzten, ... wurden zu freien Künsten erklärt und von allen Beschränkungen durch Korporationen befreit."[1881] Die österreichische Methode, ein Gewerbe nach dem anderen für zunftfrei zu erklären, wurde auch in anderen Territorien im 18. und 19. Jahrhundert angewandt.[1882]

Am Ende des 18. Jahrhunderts war das Zunftwesen löchrig wie ein Sieb. Die Autonomie der Zünfte war fast überall verschwunden oder erheblich einge-

1880 Ehmer, Zünfte, S. 120f.
1881 Otruba, Gewerbe, S. 27.
1882 Hähnsen, Geschichte, S. 373; Roehl, Beiträge, S. 48–61.

schränkt. Wer mit der Anwendung einer Zunftregel auf sich nicht einverstanden war, besaß gute Chancen, durch eine Eingabe bei der Regierung einen Dispens zu erwirken. Eine Regel nach der anderen wurde von den Regierungen mit allgemeiner Wirkung eingeschränkt oder aufgehoben. Ehemalige Zunftaufgaben wie die Warenschau, die Gerichtsbarkeit oder das Jagen der Bönhasen wurden vom Staat übernommen. In diesem Buch wurde an zahlreichen Stellen auf staatliche Interventionen in allen Tätigkeitsfeldern der Zünfte hingewiesen. Um die Wende vom 18. zum 19. Jahrhundert herrschte „in der Praxis der Gewerbepolitik ein höheres Maß an Freiheit beim Zugang zum Gewerbe, als die herrschende Meinung annimmt.“[1883] Diese Politik wurde in den ersten Jahrzehnten des 19. Jahrhunderts fortgesetzt, so dass der endliche Übergang zur Gewerbefreiheit nur noch einen kleinen Schritt bedeutete.

6.2.3. Das Reich

Die Reichsreform des 15. bis 17. Jahrhunderts schuf als Reichsspitze einen Dualismus von Kaiser und Reichstag. Reichsgesetze benötigten in einem komplizierten mehrstufigen Verfahren die Zustimmung beider Seiten. Obwohl pro forma der Kaiser die Tagesordnung der Reichstage vorgab, kamen Initiativen zu Gesetzen sowohl vom Kaiser als auch von den Reichsständen, die den Reichstag beschickten. Da das Reich seine Gesetze nicht selbst, sondern ausschließlich mit Hilfe der Stände und der von diesen dominierten Reichskreise umsetzen konnte, war es vom Willen der Territorien und deren politischer und militärischer Macht abhängig. Trotzdem war das Reichsrecht nicht bedeutungslos. Die Reichsstände nutzten es, um gemeinsame Anliegen zu formulieren und mit einer zusätzlichen Legitimation zu versehen. Das Reichsrecht spiegelte die Interessen der Reichsstände und ermutigte diese zu eigenen Maßnahmen.[1884]

Kurz nach den Ländern wurde das Reich handswerkspolitisch aktiv. Alle Reichsstände kannten die Verhältnisse des Zunfthandwerks aus unmittelbarer Anschauung, auch der Kaiser, der als Stadtherr der Reichsstädte und Territorialfürst in enger Verbindung mit Zünften stand. Erste Initiativen der Reichsstädte in den Jahren 1510 und 1517, die „geschenkten“ Handwerke vom Reich verbieten zu lassen, blieben folgenlos.[1885]

Doch nachdem die Aufstandsversuche des „gemeinen Mannes“, die im Bauernkrieg 1524–1526 kulminierten, niedergeschlagen worden waren, ging man daran, ihn Stück für Stück aus der Leitung des Zunftwesens zu verdrängen. Die Handwerkspolitik des Reiches blieb bis zu dessen Ende im Jahr 1806, verglichen mit anderen Politikbereichen des Reichs, eine Marginalie, wenn auch nach dem Dreißigjährigen Krieg die nunmehr souveränen Territorien stärker in das Handwerk eingriffen. An der Verschärfung der reichsrechtlichen Bestimmungen zum

1883 Kaufhold, Gewerbefreiheit, S. 79f.
1884 Boldt, Verfassungsgeschichte, S. 256f, 264–272; Stieglitz, Zünfte, S. 12; Kreutzberger, Gewerberecht, S. 3f.
1885 Meyer, Geschichte I, S. 27.

Handwerk lässt sich ablesen, wie die Ausbildung der Landesherrschaft und des Absolutismus voranschritt.

Der kleinste gemeinsame Nenner der Reichsstände und eine Konstante ihrer Handwerkspolitik vom 16. bis zum 18. Jahrhundert war die Verringerung der Selbstständigkeit der Zünfte und Gesellenschaften zugunsten der Obrigkeiten. Vor allem die Gesellenschaften wurden verfolgt. Man warf ihnen vor, die Produktionskosten zum Schaden der Konsumenten hochzutreiben und die rechte Ordnung zu stören. Zu Recht erkannten die Reichsstände in der territorienübergreifenden Organisation der Gesellen ihre stärkste Gegenmacht in der Handwerkspolitik. Des weiteren beabsichtigte man, die Gerichtsbarkeit der Zünfte zu schwächen, den Kreis der „unehrlichen“ Personen zu verkleinern, Lohnstreitigkeiten zwischen Meistern und Gesellen und Streit um die Anerkennung von Lehrzeiten zu vermeiden, Preisabsprachen zu unterbinden, textile Fernhandelsgewerbe zu fördern, das Hauptwährungsmetall Silber zu stabilisieren und die Konsumenten mit Hilfe von Preistaxen vor dem Handel zu schützen. Nach 1648 kamen weitere Politikfelder hinzu.[1886] Ein Kampf gegen die Existenz des Zunftwesens spricht aus den Maßnahmen des Reiches nicht, auch wenn der Reichsschluss von 1731 damit drohte, alle Zünfte „nach dem Beyspiel anderer Reiche“ abzuschaffen, falls sie dem Gesetz Widerstand leisten würden. Da 1731 noch nirgends die Zünfte abgeschafft worden waren und das Reich diese Kompetenz gar nicht für sich beanspruchen konnte, handelte es sich um eine leere Drohung.[1887]

Zum ersten Mal wurde das Handwerk in der Reichspolizeiordnung von 1530 vom Reichsgesetzgeber erwähnt. Titel XXXIX verbot die Arbeitsvermittlung und das Schenken der Gesellen, weil dafür viel Arbeitszeit aufgewendet werden müsse. Die Strafgewalt der Gesellen (Schmähen und Auftreiben) wurde ebenso untersagt wie die Zunftgerichtsbarkeit in Sachen, „so ein Handwerck nicht betrifft“.[1888] Die Reichspolizeiordnung von 1548 wiederholte diese Verbote und ergänzte sie mit weiteren Regelungen. Gesellen mit kurzer sollen in Orten mit längerer Lehrzeit jederzeit anerkannt werden. Streit um Lohn und Verpflegung der Gesellen soll zwischen Meistern, Gesellen und Obrigkeiten geschlichtet werden. Preisabsprachen unter Handwerkern sind verboten. Kinder, deren Eltern einem „unehrlichen“ Beruf nachgehen, dürfen nicht deswegen von den Zünften ausgeschlossen werden. Läden zum Tuchverkauf dürfen weder Dächer noch Planen errichten, um nicht ihre Kunden beim Kauf durch Schattenwurf zu betrügen. Der Feingehalt des Silbers wird festgelegt; mit der Stadt- und der Meistermarke ist er zu garantieren.[1889] Reichsabschiede von 1551, 1566 und 1594, ein kaiserliches Mandat von 1570 und die Reichspolizeiordnung von 1577 wiederholten diese Bestimmungen. Der Reichsabschied von 1566 brachte zusätzlich den Auftrag an die Reichskreise, einen übermäßigen Wollexport zu verhindern, der Reichsabschied von 1594 das Verbot schlechter Seidenfarben.[1890] Der Reichsabschied von 1551 beklagte, dass

1886 Vgl. Fischer, Volk, S. 62.
1887 Proesler, Handwerk, S. 69*.
1888 Proesler, Handwerk, S. 3*f.
1889 Proesler, Handwerk, S. 7*–11*.
1890 Proesler, Handwerk, S. 12*–26*.

die Gesetze nicht eingehalten würden. Die Gesellen hätten sich entzogen, indem sie aus Orten, die das Gesetz anwenden wollten, abwanderten. „Aus dem erfolgt, wo nicht alle Stånd durch das Reich Teutscher Nation gemeiniglich in ihren Oberkeiten über diese Ordnung zugleich halten, daß die nicht gehandhabt oder in stätige Übung gebracht werden mög.“[1891] Dieses Problem blieb dem Reichshandwerksrecht bis zum Ende des Reichs eigen.

Außer auf der höchsten politischen Ebene versuchten die Reichsstände mit Verträgen zwischen einzelnen Ländern und Reichskreisen zum Ziel zu kommen. „Als Beispiel sei etwa auf die 1541 in Naumburg zwischen Sachsen, Brandenburg und Hessen zustandegekommene ‚Einung‘ hingewiesen, die insbesondere eine gemeinsame Einschränkung der Zunftgerichtsbarkeit und ein allgemeines Verbot des ‚Auftreibens‘ und ‚Scheltens‘ vereinbarte, ihr Ziel aber so wenig erreichte, daß Sachsen sich wiederholt – 1543, 1550, 1555 – über ihre geringe Wirksamkeit bitter beklagte. Auch zwischen ganzen Reichskreisen – so zwischen dem bayerischen, schwäbischen und fränkischen – kam es zu ähnlichen Abreden. Ihnen war kein besseres Ergebnis beschieden.“[1892]

Nachdem der Dreißigjährige Krieg die Reichshandwerkspolitik unterbrochen hatte, flammte sie nach 1648 wieder auf. Der Westfälische Frieden hatte die „reformatio politiae“ auf die Tagesordnung des Reichstags gesetzt. Nach langem Hin und Her kristallisierte sich die Handwerkspolitik als ein Zweig der Politikreform heraus.[1893] Ein Reichsabschied im Jahr 1671 erließ für die Bearbeitung und den Verkauf von Wolltüchern Qualitätsvorschriften. Die Obrigkeiten sollten darauf achten, dass nicht zu viel Wolle ins Ausland verkauft werde. Um Betrug zu unterbinden, solle überall die Tuchschau mit geschworenen Schaumeistern eingeführt werden. Damit die Kunden nicht vom Handel übervorteilt würden, sollten obrigkeitliche Preistaxen aufgestellt werden.[1894]

Seit 1665 verhandelten die Reichsstädte im Rahmen ihrer Reichstagskurie über ein Gesetz, mit dem sie das Handwerksrecht in ihrem Sinne gestalten wollten. Einige Gesellenstreiks hatten sie angeregt, den Faden der Vorkriegszeit wieder aufzunehmen. Trotz unterschiedlicher Interessenlagen einigte man sich schließlich auf einen Entwurf, den man den anderen Reichsständen vorlegte. Im März 1672 wurde er als Reichsgutachten verabschiedet, aber vom Kaiser nicht ratifiziert, sodass ein Gesetz nicht zustande kam. Die höheren Stände und der Kaiser hatten kein übermäßiges Interesse am Thema, weil ihnen wichtiger als die Rechtseinheit des Reiches war, ihren Handlungsspielraum zu wahren.[1895]

„Der Entwurf wäre wahrscheinlich aber überhaupt nicht oder mit weit weniger tatsächlichen Einflußmöglichkeiten der Städte zustande gekommen, wäre er von den höheren Kollegien nicht als so relativ unwichtig eingeschätzt worden, daß er hervorragend als Lückenfüller in steckengebliebenen, als viel bedeutender eingeschätzten Verhandlungen zur Kaiserlichen Wahlkapitulation oder zur

1891 Proesler, Handwerk, S. 12*.
1892 Fischer, Volk, S. 63.
1893 Frensdorff, Zunftrecht, S. 2f.
1894 Proesler, Handwerk, S. 34*.
1895 Winzen, Handwerk, S. 8, 45, 122–125, 172–175; Meyer, Geschichte I, S. 76–89.

Reichssekurität geeignet gewesen wäre."[1896] Mit dem Reichsgutachten holten die Reichsstände zum Rundumschlag gegen die Autonomie des Zunftwesens aus. Mit ihren teilweise revolutionären Vorschlägen wollten sie die Durchlässigkeit des Zunftwesens erhöhen, um lokale Streiks zu verhindern und die Macht der Zünfte zu brechen. Von einer selbstbewussten gesellschaftlichen Organisation sollten die Zünfte zum verlängerten Arm der Obrigkeiten werden.

Das Reichsgutachten von 1672[1897]

1. Die Zünfte dürfen keine Versammlungen abhalten und sich keine Ordnungen geben ohne Zustimmung der Obrigkeit.
2. Meister und Obrigkeiten haben darauf zu achten, dass kein Geselle wegwandert, der sich etwas zu schulden kommen lassen hat. Widrigenfalls ist der Meister zu strafen. Die Obrigkeit soll den Gesellen verrufen.
3. Die absolvierte Lehre ist unabhängig von ihrer Dauer überall anzuerkennen.
4. Der Personenkreis, der nicht für unehrlich erklärt werden darf, wird auf städtische Bedienstete ausgeweitet.
5. Schmähen und Auftreiben sind verboten.
6. Hauptladen werden abgeschafft.
7. „Große und beschwerliche Übermaß" beim Aufdingen und Freisprechen von Lehrlingen, beim Schenken der Gesellen, bei Gebühren- und Strafzahlungen werden abgeschafft.
8. Die Zünfte dürfen ihre Gerichtsbarkeit nur mit Erlaubnis der Obrigkeiten ausüben.
9. „Allerhand seltsame, theils lächerliche, theils ärgerliche und unerbarliche Gebräuche" der Gesellen sollen beseitigt werden. Der „blaue Montag" wird verboten. Jungmeister dürfen nicht zu hart beschwert werden.
10. Die Gerichtsbarkeit der Gesellen wird aufgehoben.
11. Legitimierte uneheliche Kinder dürfen nicht mehr von Zünften ausgeschlossen werden.
12. Meisterstücke und die Meisteraufnahme sollen verbilligt werden; Entscheidungen darüber stehen der Obrigkeit zu.
13. Aufzählung von allerlei „Missbräuchen":
    1) Verarbeitung von Hundehäuten durch Gerber, Unredlichkeit von Personen, die einen Hund oder eine Katze töten oder ein Aas anrühren,
    2) Verbot, die Arbeit eines anderen Meisters zu vollenden,
    3) Preisabsprachen der Handwerker,
    4) Ausschluss von angeklagten, aber für unschuldig erkannten Meistern,
    5) Diskriminierung von Straftätern nach der Verbüßung ihrer Tat und von Unschuldigen durch die Gesellen,
    6) Heiratsverbot der Gesellen, Heiratszwang der Meister,
    7) Dienstjahre,
    8) verschiedene Missbräuche bei den Papiermachern.

1896 Winzen, Handwerk, S. 176.
1897 Zusammenfassung; aus: Proesler, Handwerk, S. 35*–43*.

Diese Missbräuche sind abzuschaffen.

14. Die Vorschriften sind den Meistern jährlich zu verlesen, auf Herbergen auszulegen und den Lehrlingen bei der Lossprechung gegen Eid vorzuhalten.

15. Die Reichskreise sollen gemeinsam diese Ordnung in die Tat umsetzen und Lohntaxen für Gesinde und Tagelöhner aufstellen.

Obwohl es keine Gesetzeskraft erlangte, blieb das Reichsgutachten nicht folgenlos. Unter seinem Einfluss erließen Braunschweig 1692 und Hessen-Kassel 1693 Landesgesetze.[1898] Seine wichtigste Folge war der Reichsschluss von 1731. Gesellenstreiks der 1720er Jahre, vor allem der Lissaer Tuchmacherstreik von 1723 und der Augsburger Schuhmacherstreik von 1726, hatten das Thema wieder auf die Tagesordnung gesetzt, denn sie demonstrierten die reichsweite Vernetzung der Zünfte und Gesellenschaften. Der Absolutismus hatte sich so weit entwickelt, dass er nunmehr gewillt war, die Autonomie des Zunftwesens wirksam zu bekämpfen. Neben den Reichsstädten waren jetzt die Territorien daran interessiert, gegen die Zunftautonomie vorzugehen.[1899]

Der Reichsschluss von 1731 wird in der Literatur als Reichshandwerks- oder Reichszunftordnung bezeichnet. Er war nichts weniger als das; seinen Autoren ging es keineswegs um eine systematische Darstellung eines Rechtsgebietes, sondern um die Abstellung angeblicher „Missbräuche", die in bunter Abfolge aufgezählt wurden. Während sich „Ordnungen" durch Definitionen von Rechtsbegriffen und Gebote auszeichnen, strotzt der Reichsschluss von bewusst vage gehaltenen Begrifflichkeiten –damit er unter den unzähligen regionalen, lokalen und individuellen Sonderrechten Anwendung finden konnte – und Verboten. Der Reichsschluss übernahm die Inhalte des Reichsgutachtens von 1672 und ergänzte sie mit einigen zusätzlichen Regelungen. Der Ton hatte sich nach sechzig Jahren weiter verschärft. Geburts- und Lehrbriefe der Lehrlinge, so der Reichsschluss, seien in den Zunftladen zu deponieren. Ausführlich wurde das neue Institut der Kundschaft, der Zeugnisse während der Gesellenwanderungen, beschrieben. Für „unehrlich" wurden nur noch Schinderkinder gehalten. Gesellenstreiks wurden ausdrücklich verboten. Zunftkorrespondenz hatte über die Obrigkeiten zu erfolgen. Gesellen durften keine Degen mehr tragen. Sie durften außerhalb des Zunftwesens arbeiten, ohne dass dies ihrer Zunftkarriere im Wege stehen sollte. Eine zweite Zunftmitgliedschaft wurde geduldet. Die Verschwiegenheit der Zunftgeheimnisse wurde beseitigt. Vorteile von Meistersöhnen, absolut geschlossene Zünfte und Beschränkungen der Gesellenzahlen wurden abgeschafft.[1900] Gesellenschaften wurden vom Reichsschluss nicht verboten, ihre Entfaltungsmöglichkeiten aber so weit beschnitten, dass sie zu rein geselligen Vereinen mit sozialem Einschlag geworden wären, falls der Reichsschluss konsequent umgesetzt worden wäre.[1901]

1898 Winzen, Handwerk, S. 176.

1899 Frensdorff, Zunftrecht, S. 2f, 75; Winzen, Handwerk, S. 7, 181f; Meyer, Geschichte II, S. 34–65.

1900 Proesler, Handwerk, S. 55*–68*.

1901 Vgl. Frensdorff, Zunftrecht, S. 6.

Die meisten Reichsstände publizierten das Gesetz innerhalb weniger Monate. Trotzdem wurde es in vielen Fällen nicht angewandt. „Ausführlich hat Jacob Gottlieb Sieber, Syndikus der Reichsstadt Goslar, 1771 die Schwierigkeiten behandelt, die dem Vollzug des Reichsschlusses entgegenstanden. Seine zehn ‚Hauptursachen' lassen vier grundsätzliche Probleme erkennen: 1.) die unterschiedliche Bedeutung und Interpretation des Begriffes Handwerk; 2.) den häufig erhobenen Vorwurf, der Reichsschluß sei vielfach ‚gar nicht oder noch nicht gehörig' publiziert worden; 3.) die Berufung der traditionsbewußten, auf ihre Autonomie bedachten Zünfte auf ältere kaiserliche Privilegien, Verträge mit den Magistraten sowie auf die Stadtverfassungen, die ihnen mit dem Reichsschluß kollidierende Rechte und Freiheiten zugestanden, und 4.) die daraus resultierende – nicht zuletzt auch durch die Furcht vor Unruhen bestärkte – ambivalente Haltung der städtischen Obrigkeiten, die überdies nicht selten den Reichsschluß als Eingriff in ihre Hoheitsrechte ansahen, in Hinsicht auf seine Durchsetzung ‚soviel nur irgends thunlich ... durch die Finger zu sehen' – woraus die Zünfte wiederum den Schluß zogen, ‚daß das Reichsgesetz nicht zur Observanz gekommen' und ihnen somit ‚stillschweigend nachgelassen worden' sei."[1902]

Die vom Reichsschluss beschworenen „Missbräuche" gab es vielerorts gar nicht. Die Reichsstände waren nicht willens, Instrumente der Wirtschaftspolitik wie die Abschließung von Zünften aus der Hand zu geben. Teilweise trauten sich die Reichsstände nicht, gegen ihr Zunftwesen vorzugehen, weil sie nicht sicher sein konnten, ob alle anderen Reichsstände dies auch taten; bei unterschiedlich stringenter Umsetzung des Gesetzes mussten sie befürchten, dass ihre Gesellen abwanderten. Das Gesetz war stellenweise so schwammig formuliert, dass man lange streiten konnte, ob es auf eine spezifische Personengruppe überhaupt zutraf und was es für diese bedeuten sollte. Am schnellsten und konsequentesten wurde es in Flächenstaaten umgesetzt, die gegen die Abwanderung von Gesellen dank ihrer Größe besser geschützt waren. Preußen erließ 1732 bis 1736 Generalzunftartikel, die jeweils für alle Zünfte eines Gewerbezweiges verbindlich waren. Andere Territorien zogen sämtliche Zunftordnungen ein und änderten sie im Sinne des Reichsschlusses oder arbeiteten dessen Inhalte fallweise ein, sobald eine Zunftordnung der Regierung zur Bestätigung eingesandt wurde.[1903] Die Mühlen der Verwaltung mahlten langsam. Der bayerische Kurfürst ordnete 1765 die Revision sämtlicher Zunftordnungen des Landes an. Die Vielzahl der Ordnungen im Verhältnis zur geringen Zahl der Beamten brachte es mit sich, dass die Reform mit

1902 Reichshandwerksordnung und Reichsstädte, S. 36f.

1903 Winzen, Handwerk, S. 182f; Frensdorff, Zunftrecht, S. 81f; Böhmert, Beiträge, S. 45; Terhalle, Gilden, S. 55, 67; Hähnsen, Geschichte, S. 131f; Kaufhold, Handwerk, S. 31ff; Steinkamp, Stadt- und Landhandwerk, S. 9; Jahn, Gewerbepolitik, S. 52; Reichshandwerksordnung und Reichsstädte, S. 36, 38, 42; Schichtel, Recht, S. 187, 203; Mascher, Gewerbewesen, S. 369f; Schultz, Zunfthandwerk, S. 125ff; Kreutzberger, Gewerberecht, S. 176–201; Wissell, Recht III, S. 145, 150f; Wiest, Entwicklung, S. 59; Emig, Berufserziehung, S. 86f; Ehmer, Zünfte, S. 118; Aul, Entwicklung, S. 8f; Habicht, Stadt- und Landhandwerk, S. 161; Barnowski-Fecht, Handwerk, S. 55; Fischer, Volk, S. 61f; Peitsch, Zunftgesetzgebung, S. 116; Meyer, Geschichte II, S. 73–76.

zehnjähriger Verzögerung begonnen wurde und sich bis 1796 hinzog.[1904] Am längsten dauerte die Einführung der Kundschaften. Sie stieß auf anhaltenden Widerstand der Zünfte und Gesellen, die sich die obrigkeitliche Einmischung in ihre Angelegenheiten verbaten. Beamte vernachlässigten die Kontrolle und stöhnten über Arbeitsüberlastung. Zünfte unterliefen die Absichten der Gesetzgeber, indem sie jedem, der anfragte, eine Kundschaft ausstellten, ob er Arbeit fand oder nicht. Daher wurden ab 1808 anstelle der Kundschaften Wanderbücher nach französischem Vorbild ausgestellt, die von Beamten zu führen waren.[1905]

Mit dem Reichsschluss von 1731 hatte das Reich sein Pulver in der Handwerkspolitik verschossen. Bis zum Ende des Reichs im Jahr 1806 war man mit seiner praktischen Umsetzung beschäftigt, ohne sie vollenden zu können. In den Jahren 1771 und 1772 wurden noch kleinere Korrekturen angefügt, welche der Modernisierung des Zunftrechtes dienen sollten und die Linie von 1731 fortführten. Ein Reichsgutachten von 1771 mahnte noch einmal, den blauen Montag abzustellen. Es ließ weibliche Hilfskräfte in Zunftbetrieben zu und hob alle Beschränkungen der Lehrlings- und Gesellenzahlen auf.[1906] Der Kaiser setzte dieses Reichsgutachten ein Jahr später in Kraft und beseitigte außerdem die „Unehrlichkeit" der Schinderkinder als letzter sozialer Gruppe.[1907]

6.2.4. Wissenschaft und Verwaltung

In den vorigen Abschnitten wurde das Verhältnis der Obrigkeiten zu den Zünften in erster Linie unter machtpolitischen Gesichtspunkten bestimmt. Macht braucht, soll sie nicht in Despotie ausarten, eine Legitimation, die von den Beherrschten anerkannt wird. Auch wenn sich Herrscher im Alltag über ihre Legitimationsgrundlage hinwegsetzen, können sie doch nicht dauerhaft auf sie verzichten. Das „Heilige Römische Reich Deutscher Nation" offenbarte schon im Namen seinen Gottesbezug. Im Gottesgnadentum der Herrscher lebte dieser bis zum Ende der Monarchie fort. Neben der religiösen Begründung der Herrschaft waren das Gemeinwohl oder der gemeine Nutzen von Belang. Der Kaiser trug den Ehrentitel „Augustus" oder „Mehrer des Reichs"; wie auch immer dieser konkret interpretiert wurde, verkörperte er doch stets die Verpflichtung des Herrschers, sich zugunsten seiner Untertanen einzusetzen. In mehreren Kapiteln dieses Buches wurde dargelegt, dass Zünfte seit ihrer Entstehung als Teil der öffentlichen Daseinsvorsorge angesehen wurden. Produzenten- und Konsumentenschutz, die Aufrechterhaltung von Ruhe und Ordnung und die Stabilisierung der Ständegesellschaft motivierten Obrigkeiten, sich für das Zunftwesen zu verwenden. Zünfte legten in ihren Statuten Wert auf die Feststellung, sie verhielten sich gemeinwohlkonform. Das „Nahrungsprinzip" wurde zum Schlagwort nach dem Motto:

1904 Puschner, Handwerk, S. 203ff.

1905 Puschner, Handwerk, S. 231f; Hähnsen, Geschichte, S. 211f; Reichshandwerksordnung und Reichsstädte, S. 39f.

1906 Proesler, Handwerk, S. 74*f.

1907 Proesler, Handwerk, S. 78*.

„Leben und leben lassen“. In ostfriesischen Zunftordnungen des 15. und 16. Jahrhunderts begegnet die Formulierung „nutt unde profitt des ghemeynen“, d.h. „Nutzen und Vorteil des Volkes“.[1908]

Seit dem 16. Jahrhundert wurde der gemeine Nutzen der Zünfte in Zweifel gezogen. Ihre Gegner warfen ihnen „Eigennutz“ vor.[1909] Obrigkeiten begründeten ihr Vorgehen gegen Zünfte mit diesen Zweifeln. Die Naturrechtsdiskussion des 17. Jahrhunderts betonte, „daß es das natürliche Recht eines jeden sei, sich durch seiner Hände Arbeit sein Brot zu verdienen. Diesen Gedanken führte man im 17. J[ahr]h[undert] gegen die Zunftverfassung allgemein ins Feld. Ein Braunschweiger Gildereglement von 1688 erwägt z.B. in seinem Eingang, ‚ob es nicht dem gemeinen Besten weit verträglicher sei, einem jeden sein Handwerk, wie und an was Orten er zum Besten könne, nach Belieben treiben zu lassen, als die so viele Mißbräuche nach sich ziehende und die natürliche Freiheit, seine Nahrung nach bestem Vermögen zu suchen, dergestalt einschränkende Gilden und Zünfte weiter zu dulden’.“[1910] Ein Teil des Bremer Rates sprach sich 1624 und abermals 1642/43 für die Abschaffung der Zünfte aus, weil die Gewerbe am besten blühten, wenn sie unbehindert von Monopolen und Hemmungen allein dem Wettbewerb überlassen blieben, und das Naturrecht lehre, dass niemand sich auf Kosten anderer bereichern dürfe.[1911]

Schon gegen 1615 hatte der Münchener Hofrat zu bedenken gegeben, „das gesammte Zunftwesen in Baiern aufzuheben, weil es verderblich und ohne Nutzen sei, und ganz unnöthigen Aufwand verursache.“[1912] Im Jahr 1655 fiel gelegentlich einer der zahllosen Streitigkeiten zwischen den Hamburger und Altonaer Handwerken im Rat der Stadt Hamburg die Äußerung: „‚Man möchte wünschen, daß die Ämter abgeschafft werden könnten’.“[1913] Veit Ludwig von Seckendorf wandte sich in seinem Buch „Der Fürstenstaat“ 1664 gegen die Existenz von Zünften, da deren Abschließungstendenzen der Peuplierungspolitik der Fürsten nach dem Dreißigjährigen Krieg entgegenstünden: Gewähre man den Menschen keine freien wirtschaftlichen Betätigungsmöglichkeiten, so wanderten sie aus. Auch gegen Gesellenwanderungen sprach von Seckendorf sich aus, da diese Unsittlichkeiten mit sich brächten.[1914] Als 1672 der Reichstag sein Reichsgutachten abfasste, „waren mehrere Stimmen für die gänzliche Aufhebung“ der Zünfte.[1915] Eine anonyme Schrift aus dem Jahr 1703, die wahrscheinlich von einem braunschweigischen Beamten stammte, votierte für die Abschaffung der Zünfte. Sie behinderten den technischen Fortschritt und das Gedeihen der Manufakturen.[1916] Der Jurist Christian Doehler kritisierte 1730 die vermeintlichen Abschließungstendenzen der

1908 Canzler, Zünfte, S. 48 (Zitat); Scheschkewitz, Zunftwesen, S. 162; Schulze, Gemeinnutz, S. 597–600.
1909 Schulze, Gemeinnutz, S. 600.
1910 Weichs, Studien, S. 47.
1911 Böhmert, Beiträge, S. 33f; Mascher, Gewerbewesen, S. 349; Branding, Einführung, S. 13.
1912 Mascher, Gewerbewesen, S. 349.
1913 Ehrenburg, Gewerbefreiheit, S. 42.
1914 Frensdorff, Zunftrecht, S. 73f.
1915 Rau, Zunftwesen, S. 5; vgl. Meyer, Geschichte I, S. 79.
1916 Frensdorff, Zunftrecht, S. 74f.

Zünfte: „Die Meinung einiger Politicorum, daß man die Anzahl der Handwercker mehr nicht solte lassen anwachsen, als der Zustandt einer Stadt und Landes vertragen kan, ...ist mit Behutsamkeit zu practiciren, theils weil man nicht wissen kann, welche Anzahl adaequat sey, theils weil ein Meister schon selber zusehen wird, wo er seine effecten hinbringe.“[1917] Man könne nicht sagen, dass die Zünfte „zu Beförderung des gemeinen besten etwas beytragen, weil auch an Orten, wo keine Zünffte sind, doch das gemeine Wesen floriret, gute Waaren gefertiget und Commercia getrieben werden.“[1918]

Die Vielfalt der Einwände, die philosophische, wirtschaftliche und staatspolitische Dimensionen aufwiesen, bekam Breite und Tiefe durch das Wirken der Aufklärung. Die Privilegien der Zünfte wurden als Verstoß gegen die wirtschaftliche Vernunft gedeutet. Ihre Bräuche wurden von „aufgeklärten“ Eliten für abstoßend und minderwertig erklärt; zwischen dem Kulturbegriff der Bildungsbürger und dem des Volkes tat sich eine Kluft auf. Im gebildeten Bürgertum wurde die aufklärerische Kritik am Zunftwesen im Laufe des 18. Jahrhunderts zum Gemeinplatz bis in die Provinz.[1919] Ein Regierungsbeamter in Schaumburg-Lippe schrieb 1728: „’Wenn ich bey einrichtung eines Landes etwas zu sagen hätte, würde ich die concession aller und jeder Privilegiorum wiederrathen, und einen jeden frey handeln lassen, auch alle Zünfte cassiren’.“[1920] Der Hofer „Landeshauptmann“ (Landrat) Philipp Ludwig von Weitershausen wandte sich 1784 vehement gegen Zünfte: „Es ist merkwürdig, daß alle freye Gewerbe, und die an keine so genannte Ordnungen gebunden sind, sich wohl und in guten Umständen befinden; da hingegen kein einziger durch Zwang und Zunftrecht eingeschränkter Handwerksmann durch solches – aber vielleicht durch ein anderes, wobey er freye Hand hatte – wohlhabend worden ist. Die Kaufleute stehen alle gut, man weiß bey Menschengedenken von keinem Banqueroute, und sie handeln ohne Innungs- und Ausschließungsrecht; die Weber, die die Leinweberey verlassen, und die von allem Zwang befreyte Flor- und Tüchleinswürkerey [auf der Basis des Rohstoffs Baumwolle] ergriffen haben, befinden sich so wohl dabey, daß ein großer Theil alle Messen besucht, unterdessen, daß die zunftmäßigen Leinweber am Hungertuch nagen.“[1921] Von Weitershausen legte 1792 einen detaillierten Katalog von Kritikpunkten gegen die Zunftordnungen vor. Er kritisierte den finanziellen Aufwand für die Aufrechterhaltung des Zunftlebens, insbesondere die Zunftfeiern, und meinte, das Geld solle lieber für gewerbliche Zwecke ausgegeben werden. Zunftberatungen seien überflüssig, da die relevanten Entscheidungen ohnehin Aufgabe der Obrigkeit seien und sein sollten. Zünfte widersprächen Philosophie, Vernunft, Freiheit, Aufklärung und Wohlstand.[1922]

Trotz aller Kritik war die Sache der Zünfte noch nicht verloren. Gewichtige Stimmen erhoben sich zu ihrer Verteidigung, wenn sie auch ihre Argumentationen

1917 Döhler, Beschreibung, S. 9f.

1918 Döhler, Beschreibung, S. 10f.

1919 Thamer, Handwerksehre, S. 82; Bessenrodt, Handwerk, S. 103; Rohde, Entwicklung, S. 189; Reininghaus, Zünfte und Zunftpolitik, S. 80f.

1920 Steinkamp, Stadt- und Landhandwerk, S. 23. Im Original kursiv.

1921 Weitershausen, Uebersicht, S. 15.

1922 Weitershausen, Zustand, S. 87–94.

immer mehr ausfeilen mussten, um den wachsenden Chor der Gegner zu übertönen. Das populäre Zedlersche Universal-Lexikon plädierte im Jahr 1750 für den Erhalt der Zünfte. Sie seien die Grundlage der Staats- und Gesellschaftsordnung, gäben der Gesellschaft eine Gliederung, seien politische Körperschaften, Steuerzahler und militärische Einheiten, verhinderten Armut und sicherten die Warenqualität. Den Mitgliedern der Zünfte vermittelten sie Ordnung. Sie nähmen soziale Aufgaben wahr, indem sie Witwen und Waisen unterstützten, bedürftigen Meistern Kredit gewährten, Kornmagazine für Teuerungsperioden unterhielten, Mittel für soziale Zwecke aufwendeten und (im Idealfalle) eine dezente Geselligkeit pflegten. Man könne die Zünfte zu Brandversicherungen ausbauen. Schließlich verhinderten sie die schädlichen Folgen ungehemmter Konkurrenz, insbesondere übermäßiges Sinken der Preise, wodurch wirtschaftliche Existenzen gefährdet würden, und wirkten gegen Müßiggang.[1923]

Kameralisten setzten sich teils für, teils gegen das Zunftwesen ein.[1924] Der prominenteste Fürsprecher der Zünfte war Justus Möser (1720–1794), ein Jurist, der ab 1741 Anstellungen bei der Ritterschaft und beim Staat im Fürstentum Osnabrück bekleidete. Ab 1766 veröffentlichte er Aufsätze zur Handwerkspolitik. Ausgangspunkt seines ökonomischen Denkens war die Erhaltung der Ständegesellschaft.[1925] „Möser sah die erste Aufgabe des verantwortungsbewußten Staatsmannes darin, den Staatskörper in der ständisch geformten Gestalt zu konservieren und ihre harmonische Abstufung zu bewahren.“[1926] Da Möser zu dem Schluss kam, Ehre und Reichtum bestimmten die gesellschaftliche Stellung der Bürger, setzte er sich dafür ein, die spezifische Ehre der Stände zu stärken und den Reichtum in der Gesellschaft ausgewogen zu verteilen.[1927] In Verlegern und Großbetrieben sah er nicht allein wirtschaftliche Größen, sondern akute Gefahren für den Staatsaufbau, „und deshalb schien ihm die Abschirmung des Handwerks durch eine zünftige Gewerbeverfassung in zeitgemäßer Abwandlung den sichersten Schutz gegen falsche Verteilung des Vermögenszuwachses im Volke zu bieten.“[1928] Aus diesen Grundvorstellungen, der Achtung vor allem Vergangenen und seiner praktischen Tätigkeit entwickelte Möser eine Gewerbelehre, die auf die provinziellen Verhältnisse des Fürstbistums Osnabrück zugeschnitten war. Ihm war bewusst, dass sie in größeren Verhältnissen nicht so, wie er sie skizzierte, anwendbar war.[1929] Zur Wiederherstellung des Zunftwesens machte er differenzierte Vorschläge. Als Zeitgenosse der absoluten Monarchie nahm er das Recht

1923 Großes vollständiges Universal-Lexikon, hrsg. von Johann Heinrich Zedler, Band 64, Leipzig/Halle 1750, Sp. 150–156.

1924 Henning, Industrialisierung, S. 62; Dipper, Geschichte, S. 152.

1925 Runge, Gewerbetheorie, S. 13, 29, 31f; Zunkel, Friedrich: Ehre, Reputation, in: Geschichtliche Grundbegriffe. Historisches Lexikon zur politisch-sozialen Sprache in Deutschland, hrsg. von Otto Brunner, Werner Conze und Reinhart Kosellek, Studienausgabe, Stuttgart 2004, Band 2, S. 1–63, hier: S. 46.

1926 Runge, Gewerbetheorie, S. 132.

1927 Runge, Gewerbetheorie, S. 133.

1928 Runge, Gewerbetheorie, S. 135.

1929 Runge, Gewerbetheorie, S. 18, 42, 137.

der Gewerbeaufsicht für den Staat in Anspruch.[1930] „Eine obrigkeitliche Beaufsichtigung des Gewerbes hielt Möser zum Schutze des Konsumenten für unumgänglich."[1931] Die alte Standesehre solle im Handwerkertum wieder erweckt werden.[1932] Die Bürger sollten wieder stärker am Militär- und Justizwesen ihrer politischen Gemeinde beteiligt werden.[1933] „Durch die Betrauung mit öffentlichen Ämtern glaubte Möser, Kaufleute und Handwerker zu guten Bürgern erziehen und insbesondere ihren Bürgersinn und ihr Verantwortungsbewußtsein gegenüber dem Staat wecken zu können."[1934] Die wirtschaftliche Selbstständigkeit des Handwerkers sei zu erhalten, Zünfte seien zu unterstützen, weil sie die Familie als gesellschaftliche Keimzelle erhielten.[1935] Zu diesen Zwecken schlug er eine Reihe Maßnahmen vor. Großbetriebe (Verlage und Manufakturen) seien abzuschaffen. Stattdessen sollen die Handwerker die Vorzüge des Großbetriebs durch Genossenschaften oder Staatsanstalten genießen. Nur in größeren Städten könnten außerzünftige Großbetriebe geduldet werden. Das Landhandwerk solle entweder in die Städte abwandern oder hinter die Bannmeilen zurückweichen. Der Zunftzwang sei streng durchzuführen, indem die verschiedenen Gewerbearten klar voneinander geschieden würden. Importe seien – auf der Ebene der deutschen Nation – zu verbieten oder durch Zölle einzuschränken, um einheimische Handwerkswaren zu schützen. Der Handel der Krämer mit Handwerkswaren sei zu verbieten.[1936] Neben der Erhaltung und Wiederherstellung des alten Zunftwesens dachte Möser an Verbesserungen. Besonderes Augenmerk schenkte er der Handwerkerausbildung. Er empfahl die Verbesserung der Realschulen und die Errichtung von Gewerbefachschulen.[1937] „Um die monopolistischen Rechte gewerblicher Korporationen zu brechen, empfahl er regelmäßige Abhaltung freier Märkte und Förderung der Freimeisterei."[1938]

Johann G. Braumüller, ein Kaufmann und Fabrikant aus der Mark Brandenburg, sprach sich 1795 für die Erhaltung der Zünfte aus, weil er ein konservatives Gesellschaftsmodell vertrat. Immer wieder betonte er in seiner Schrift, dass der König seine Untertanen wie ein Vater seine Kinder regieren und sie in ihrem wirtschaftlichen Handeln nicht allein lassen, sondern – zum Beispiel durch den Erlass von Zunftregeln – sich um sie kümmern solle. „Ich glaube nicht nöthig zu haben, weitläuftig zu beweisen, daß die Regierungen dergleichen vebundene Gesellschaften [wie die Zünfte] leichter leiten und sie dem Staat nützlicher machen können, als unverbundene und zerstreute Glieder; hier ist ein mit Ordnung verbundener Körper, der nöthigenfalls leichte geheilet oder gestärket werden kann, das ist bey zerstreuten Gliedern unmöglich."[1939] Die Abschaffung der Zünfte führe zu „Zü-

1930 Runge, Gewerbetheorie, S. 156.
1931 Runge, Gewerbetheorie, S. 40.
1932 Runge, Gewerbetheorie, S. 30.
1933 Runge, Gewerbetheorie, S. 152f.
1934 Runge, Gewerbetheorie, S. 33.
1935 Runge, Gewerbetheorie, S. 30, 34.
1936 Runge, Gewerbetheorie, S. 35ff, 152.
1937 Runge, Gewerbetheorie, S. 39.
1938 Runge, Gewerbetheorie, S. 40.
1939 Braumüller, Beweis, S. 19.

gellosigkeit der Sitten, Armuth, Ausschweifung, Nichtzahlung der Staatsabgaben und Aufhebung vieler Gesetze".[1940] Die Zünfte achteten darauf, dass sich niemand der Wehrpflicht entzieht.[1941] Die französischen Manufakturen haben eine Zweiteilung der Gesellschaft in Reich und Arm hervorgerufen, die zum Aufstand der Unterdrückten in der Französischen Revolution führte.[1942] Die eingerissenen Zunftmissstände solle und könne man beseitigen.[1943]

Neben konservativen bis reaktionären Gesellschaftsvorstellungen wie bei Möser und Braumüller wurden pragmatische Argumente zugunsten des Zunftwesens vorgebracht. Man befürchtete, das Niveau handwerklicher Arbeiten sinke nach Abschaffung des zunftgebundenen Ausbildungsganges und der zünftigen Qualitätssicherung. Die Zünfte und ihre Mitglieder besaßen geldwerte Rechtsansprüche, über die man nicht einfach hinweggehen könne; wer sollte sie entschädigen? Wer sollte die sozialen und marktordnenden Aufgaben der Zünfte übernehmen? Musste man nicht davon ausgehen, dass nach der Aufhebung des Zunftwesens Monopole entstanden? Die Sitten würden sich lockern, die Kriminalität zunehmen. Die Folgen eines radikalen Wechsels der Wirtschaftsverfassung waren unabsehbar. Besser als die Abschaffung der Zünfte erschien ihre Reform.[1944] Noch Joseph Görres im Jahr 1815 und Karl Freiherr vom Stein 1821 vertraten diese Auffassung.[1945]

Trotzdem gewannen seit dem letzten Viertel des 18. Jahrhunderts die Zunftkritiker langsam die Oberhand. Auf der Grundlage der Aufklärungsphilosophie erarbeiteten sie neue volkswirtschaftliche Systeme, die Hilfen zur Lösung praktischer Probleme und einen theoretischen Horizont versprachen.[1946]

„In einem Zeitraum von 20 Jahren zwischen 1755 und 1776 erschienen die bedeutendsten wirtschaftstheoretischen Werke des 18. Jahrhunderts: 1755 Johann Heinrich Gottlob Justis ‚Staatswirtschaft', drei Jahre später (1758) François Quesnays (1694–1774) ‚Tableau Economique', zwischen 1763 und 1767 Joseph von Sonnenfels' (1733–1817) ‚Grundsätze der Polizey, Handlung und Finanzwirtschaft' und schließlich 1776 Adam Smith' (1723–1790) ‚Wealth of Nations'. Obwohl sie unterschiedliche wirtschaftstheoretische Positionen – Kameralismus (Justi, Sonnenfels), Physiokratismus (Quesnay), (Wirtschafts-)Liberalismus (Smith) – vertreten, standen sie im ‚Kampf gegen die Zünfte ... in einer Linie.' Von ausgeprägt anti-zünftischem Geist geleitet waren die in Deutschland auf wenig Resonanz stoßenden Lehren der Physiokratie und insbesondere zunächst auch Adam Smith. Auch die Kameralisten ‚wollten die Zünfte aufheben oder zumin-

1940 Braumüller, Beweis, S. 20.
1941 Braumüller, Beweis, S. 23.
1942 Braumüller, Beweis, S. 27.
1943 Braumüller, Beweis, S. 33.
1944 Steinkamp, Stadt- und Landhandwerk, S. 24; Puschner, Handwerk, S. 187f; Kaufhold, Gewerbefreiheit, S. 81.
1945 Zunkel, Friedrich: Ehre, Reputation, in: Geschichtliche Grundbegriffe. Historisches Lexikon zur politisch-sozialen Sprache in Deutschland, hrsg. von Otto Brunner, Werner Conze und Reinhart Kosellek, Studienausgabe, Stuttgart 2004, Band 2, S. 1–63, hier: S. 47; Rohrscheidt, Zunftzwange, S. 197ff.
1946 Winch, Aufkommen, S. 340.

dest gründlich reformieren, weil sie dem gewerblichen Fortschritt im Wege stünden.'"[1947]

In Deutschland gewann die Lehre des schottischen Professors Adam Smith herausragende Bedeutung in den volkswirtschaftlichen Debatten. Er veröffentliche 1776 sein epochemachendes Werk über „Wesen und Ursachen des Reichtums der Völker". Viele seiner Ideen waren seit 100 Jahren und länger Standardrepertoire der englischen und französischen Volkswirtschaftslehre. Neben einigen weiterführenden Theorien hatte Smiths Abhandlung vor allem als Lehrbuch Bedeutung, das verstreute Thesen integrierte, empirisch untermauerte und auf hohem sprachlichen Niveau zum „richtigen" historischen Zeitpunkt einer breiten Öffentlichkeit präsentierte. Smith wandte sich gegen den Merkantilismus, die seinerzeit beherrschende Wirtschaftstheorie und -praxis. Obwohl er eine aktive Wirtschaftspolitik nicht ausschloss, wurde er bekannt mit der Forderung, das staatliche Wirken einzuschränken auf drei Pflichten: die Bereitstellung von Sicherheit nach innen und außen, von Rechtsstaatlichkeit sowie von wirtschaftlich notwendiger Infrastruktur.[1948]

Einzelne Stimmen hatten schon im 16. Jahrhundert den Gegensatz von Gemein- und Eigennutzen auf den Kopf gestellt und behauptet, der Eigennutzen sei der Antrieb einer gut funktionierenden Gesellschaft. Diese zunächst vereinzelten Stimmen baute Adam Smith in eine Wirtschaftsvorstellung ein, die den Eigennutzen zur Quelle des allgemeinen Wohlstandes erhob.[1949] In einem Fischereistreit zwischen Hamburg und Altona, in dem die Hamburger Fischhändler ihre Altonaer Kollegen vom Hamburger Fischmarkt fernhalten wollten, argumentierte 1585 einer der betroffenen Altonaer Fischer, „daß es nämlich jedem erlaubt sein sollte, seine Ware dort zu verkaufen, wo er sie am besten absetzen könne." Außerdem bemerkte er, „daß jemand viel lieber eine Ware für einen Schilling von einem Fremden, als für zwei oder drei Schilling von einem Einheimischen kaufen würde".[1950] Die Zünfte mussten sich fragen lassen, ob sie geeignet seien, den Einzelnen am besten zu fördern. Sie wurden von Smith als Ausdruck des Merkantilismus bekämpft. Zum Schaden des Konsumenten – den Smith zum Maßstab allen Wirtschaftens erhob – sprächen sich ihre Mitglieder ab und erhöhten die Preise über das „natürliche" Maß hinaus. Sie behinderten die Mobilität der Arbeitskräfte. Das Erfordernis einer Lehre verurteilte Smith als wirtschaftlich überflüssig und schädlich, ein vermeidbares Wettbewerbshindernis. Ebenso wie die Lehre seien die Qualitätsvorschriften der Zünfte leicht und wirksam durch das Wirken des Marktes zu ersetzen. In einer ungehinderten Marktwirtschaft sänken die Preise und mithin die Löhne der Handwerker, während der Konsument und damit die Allgemeinheit gewinne.[1951] Smiths Zunftkritik war streckenweise naiv. Sein Glaube, man könne die meisten Berufe innerhalb weniger Tage, allenfalls einiger Wo-

1947 Puschner, Handwerk, S. 185f; vgl. Kaufhold, Gewerbefreiheit, S. 76.
1948 Smith, Untersuchung, S. 671f; vgl. die einführenden Aufsätze von Erich W. Streissler in Smith, Untersuchung, S. 1–70.
1949 Schulze, Gemeinnutz, S. 602f, 606–610.
1950 Ehrenburg, Fischer, S. 11f.
1951 Smith, Untersuchung, S. 188–197, 202.

chen erlernen, und benötige dazu keine Lehrzeit, ist ebenso unzutreffend wie seine Unterstellung, Lehrlinge seien meist faul, da demotiviert, während ein per Stücklohn bezahlter Geselle im Eigeninteresse fleißig arbeite.[1952] Preisabsprachen kamen unter Zunftmitgliedern vor, doch sind sie der „freien" Marktwirtschaft ebenso wenig fremd.[1953] Über das Gesellenwandern war die Mobilität der Arbeitskräfte in das Zunftwesen eingebettet worden. Dass in der Marktwirtschaft die Preise niedriger seien als in anderen Wirtschaftssystemen, ist eine weltanschauliche Aussage, die niemand beweisen oder widerlegen kann, genauso wenig wie das zugrunde liegende Dogma, der „homo oeconomicus" erstrebe die Maximierung seines Eigennutzens.

Trotz seiner Schwächen wurde das Smithsche Opus bis zur Gegenwart zum Bestseller. Es wurde bereits 1777 in Deutschland rezensiert; eine gute deutsche Übersetzung erschien 1794. Jetzt begann das Buch an deutschen Universitäten seinen Siegeslauf. Viele höhere Beamte wurden an den Hochschulen im Smithschen Geiste unterrichtet. Neben Intellektuellen und Fabrikanten wurden sie zu den treuesten – und einflussreichsten – Anhängern Adam Smiths in Deutschland.[1954] „Die Rezeption Smiths durch die deutsche Nationalökonomie seit 1794 zeigt Ergebnisse im Schrifttum und praktischen Wirken der deutschen, vor allem preußisch-norddeutschen Beamtenschaft der ersten Jahrzehnte des 19. Jahrhunderts. ... Die Angehörigen des höheren Dienstes, die in Göttingen, Königsberg, Jena usw. studiert hatten, waren alle mit den Forderungen nach Gewerbefreiheit, Freihandel und weitgehender staatlicher Zurückhaltung im Wirtschaftsleben vertraut und konnten den liberalen Ideen auch in der Praxis zum Durchbruch verhelfen."[1955] Im Jahr 1803 begründete der Magistrat von Burgdorf bei Celle die Ablehnung einer Maurerzunft mit den Worten: „'Es ist bekannt, daß die besten Handwerker in den Ländern sind, in welchen gar kein Gildenzwang existiert und wo ein jeder dasjenige betreiben darf, wozu ihn sein Genie und seine Geschicklichkeit am besten qualifizieren.' Diese Erklärung war eine vollkommene Umkehrung früherer Auffassungen, wo Gilden die Gewähr qualifizierter Arbeit bieten sollten und auch boten."[1956] Den zunächst tastenden Einzelfallentscheidungen sollten bald weiterreichende, grundsätzliche Maßnahmen folgen.

In Deutschland fanden Smiths Gedanken Eingang in einer Form, die sich in einem wesentlichen Punkt von den Ansichten des Begründers der Lehre unterschied. Die „deutsche Wendung" des Wirtschaftsliberalismus lässt sich gut ablesen an der Schrift „Das Interesse des Menschen und Bürgers bei den bestehenden Zunftverfassungen", die der preußische Staatsbeamte Johann Gottfried Hoffmann 1803 anonym in Königsberg herausbrachte. Ganz auf der Linie Smiths verurteilte Hoffmann die Zünfte: „Der Korporationsgeist strebt ewig, und ewig vergebens

1952 Smith, Untersuchung, S. 191f.
1953 Smith, Untersuchung, S. 195.
1954 Roehl, Beiträge, S. 9; Winkel, Nationalökonomie, S. 7ff; Winch, Aufkommen, S. 347; Branding, Einführung, S. 36; Rohrscheidt, Zunftzwange, S. 183–196.
1955 Winkel, Nationalökonomie, S. 18f; vgl. Roehl, Beiträge, S. 45ff; Dipper, Geschichte, S. 152; Bauer, Zunftverfassung, S. 42; Kaufhold, Gewerbefreiheit, S. 77, 84; Schultz, Das ehrbare Handwerk, S. 126.
1956 Bessenrodt, Handwerk, S. 104.

dem Gemeingeiste entgegen."[1957] Die einstige Funktion der Zünfte als Staatsersatz sei überholt: „Aber diese Zeiten sind glücklicherweise vorüber; und es bedarf so wenig mehr der Privatpolizei, als der Privatjustiz."[1958] Ihre Qualitätskontrolle sei überflüssig, es genüge, dass der Handwerker „gut und wohlfeil arbeitet, und bei Fleiß und Sparsamkeit hinreichenden Erwerb findet."[1959] Denn: „Der Käufer ist in der Regel der kompetenteste Richter über den Werth der Ware; auch der Nichtkenner giebt selten mehr als einmal Lehrgeld, und geht zum zweitenmale gern zu dem bessern und billigern Arbeiter. Wo aber die Ware von der Beschaffenheit ist, daß ihre Beurtheilung Kenntnisse fordert, welche bei dem großen Haufen der Konsumenten nicht vorauszusetzen sind; oder wo Fehler statt finden können, die erst durch den Gebrauch merklich werden, und bei dem Ankaufe nicht kenntlich sind; da hat die Polizei durch Schauanstalten und Anordnung besondrer Aufsicht längst bekundet, wie wenig sie auf die Garantie der Zünfte rechnen dürfe."[1960] Dem Publikum würden die Kosten des Zunftwesens aufgehalst.[1961] Auch an die Stelle von Preistaxen solle freie Konkurrenz treten.[1962]

Dann aber wich Hoffmann von Smith ab: Nicht die Abkehr des Staates vom Wirtschaftsgeschehen, sondern dessen vermehrtes Engagement sei erforderlich. Die Zünfte seien durch den Staat als marktordnende Institution zu ersetzen: „Wären die Zunftverfassungen auch unverbesserlich organisiert, wäre es rein ihr Zweck die öffentliche Wohlfahrt auf die individuelle zu gründen, wählten sie zu diesem wohltätigen Zwecke die angemessensten Mittel, hinderten sie nirgends die freie Thätigkeit irgend eines nützlichen Gliedes des großen Staatskörpers: so liegt dennoch in den städtischen Gewerben ein viel zu wichtiger Theil der Staatskräfte, als daß die Regierung sie nicht unter ihre besondre Aufsicht nehmen müßte."[1963] Hier trafen sich die deutschen Zunftgegner mit den Befürwortern. Die Alternative zu einem schlechten Zunftwesen schien nicht der freie Markt, sondern staatliche Wirtschaftspolitik zu sein. Einen staatsfernen Weg, Reformen zu verwirklichen, konnten sie sich nicht vorstellen. Die Frage nach Reform oder Abschaffung der Zünfte wurde von einer wirtschafts- zu einer allgemeinpolitischen, die vielfältige Bezüge zur Staatsverfassung, zum Verhältnis der Regierungen zum Volk, zu militärischen, moralischen, fiskalischen und gesellschaftspolitischen Aspekten aufwies. Ein langer, mühseliger Weg bis zur Abschaffung des Zunftwesens war vorgezeichnet. An dessen Schlusspunkt stand die Abschaffung des Zunftwesens nicht wegen seiner Schwächen – die es wie jede Wirtschaftsregulierung von Anfang an gehabt hatte –, sondern weil das Gewaltmonopol des Staates sie zu fordern schien.[1964]

1957 Hoffmann, Interesse, S. 42.
1958 Hoffmann, Interesse, S. 58.
1959 Hoffmann, Interesse, S. 78.
1960 Hoffmann, Interesse, S. 81f.
1961 Hoffmann, Interesse, S. 80. In Sachsen-Meiningen kursierten zu Beginn des 19. Jahrhunderts Flugschriften, die das Publikum darauf aufmerksam machten, es trage mittels des Kaufpreises die Kosten des Zunftwesens. (Ehrlicher, Zunft, S. 31.)
1962 Hoffmann, Interesse, S. 146f.
1963 Hoffmann, Interesse, S. 46f; vgl. Winch, Aufkommen, S. 347; Puschner, Handwerk, S. 191f.
1964 Vgl. Laudani, Guild System, S. 116.

6.3. DAS ENDE

Die Anhänger Adam Smiths forderten, die Zünfte (genauer: den Zunftzwang) abzuschaffen als notwendigen Schritt auf dem Weg zur allgemeinen Gewerbefreiheit. Im Jahr 1869 war es in Deutschland schließlich so weit: Die Zünfte waren beseitigt, nach Auffassung der Zeitgenossen herrschte Gewerbefreiheit. Auf dem Weg dorthin fielen die beiden Parameter durchaus nicht immer zusammen. Die Alternative zum Zunftzwang war nicht zwingend Gewerbefreiheit, sondern wahlweise ein staatliches Konzessionssystem. Seit Jahrhunderten hatten die deutschen Territorien Konzessionen an Gewerbetreibende erteilt, so dass man diese Praxis gewohnt war. Auch unter dem Regime der Gewerbefreiheit muss jeder Gewerbetreibende einen Gewerbeschein lösen, damit der Staat den Überblick über das Gewerbe behält und Steuern eintreiben kann. Je nachdem, ob der Gewerbeschein eine bloße Formalie oder mit mehr oder minder schwer zu erfüllenden Auflagen und Kosten verbunden ist, kommt sein Erwerb der Gewerbefreiheit oder dem Konzessionssystem nahe. Dieselbe Gesetzeslage kann im Verwaltungshandeln zu entgegengesetzten Ergebnissen führen.

Unter Gewerbefreiheit versteht man nach Friedrich-Wilhelm Henning: „(1) Jedermann kann (2) in jedem Umfang (3) jeden Produktionszweig (4) mit jeder Produktionstechnik eröffnen und betreiben.“[1965] In dieser Radikalität hat es Gewerbefreiheit nie gegeben. Wirtschaftliche und soziale Hemmnisse führen das von Henning formulierte Freiheitspostulat der Gewerbefreiheit offensichtlich ad absurdum: Trivialerweise kann nicht jeder Mensch einen Weltkonzern eröffnen. Selbst wenn man das Wort „kann“ durch „darf“ ersetzt und Gewerbefreiheit auf die Freiheit von staatlicher Bevormundung bezieht, ist totale Gewerbefreiheit eine Illusion. Die Frage lautet nicht, ob Zwang oder Freiheit zugelassen werden, sondern wie umfänglich die Pflichten und Rechte der Wirtschaftsteilnehmer sein sollen. In diesem Sinne wurde die Forderung nach Gewerbefreiheit im 18. und 19. Jahrhundert als Überschreitung hergebrachter Grenzen verstanden. Ständische Schranken wurden aufgehoben, so dass prinzipiell jeder Beruf jedem Bewerber unabhängig von seiner Herkunft offen stand. Eine bestimmte Vorbildung – etwa eine zünftige Lehr- und Gesellenzeit – sollte nicht mehr verlangt werden dürfen. Kapazitätsbeschränkungen wie geschlossene Zünfte oder maximale Mitarbeiterzahlen sollten beseitigt werden. Wo er produzierte und verkaufte und welche Produktionsweise ein Gewerbetreibender anwendete, sollte seiner Wahl überlassen bleiben.[1966]

Der von Theoretikern konstruierte Antagonismus von Zunftzwang und Gewerbefreiheit ist nicht allein auf Seiten der Gewerbefreiheit zu relativieren. Auch der andere Pol des Begriffspaares, der Zunftzwang, ist nie in der Reinheit vorhanden gewesen, die ihm zugeschrieben wurde. Niemals hatten mehr als zwei Drittel aller Handwerker dem Zunftzwang unterlegen.[1967] Auch da, wo er herrschte, beseitigte der Zunftzwang die Gewerbefreiheit nicht völlig, es sei denn, eine Zunft

1965 Henning, Industrialisierung, S. 60.
1966 Henning, Industrialisierung, S. 60; Fischer, Handwerksrecht, S. 63.
1967 Vgl. Kapitel 2.3.1.

schloss sich mit Zustimmung der Obrigkeit absolut gegen Neuaufnahmen ab.[1968] Seit dem 14. Jahrhundert konzessionierten die Obrigkeiten Freimeister außerhalb des Zunftwesens.[1969] Als die Theoretiker am Ende des 18. Jahrhunderts zum Angriff bliesen, war das Regelwerk des Zunftwesens nach Jahrhunderte langem Einwirken der Obrigkeiten schon so durchlöchert, dass der Zustand der Zünfte mancherorts von gewerbefreiheitlichen Idealen nicht allzu weit entfernt war.[1970]

6.3.1. Vorläufer

Das erste deutsche Land, das seine Zünfte dauerhaft abschaffen wollte, war – Dänemark. Seit 1460 regierte der dänische König in Personalunion in Schleswig-Holstein. Er lockerte ab 1600 die Zunftbestimmungen in seinem Land, im Jahr 1613 beseitigte er in Dänemark den Zunftzwang und führte die Gewerbefreiheit ein. Schleswig-Holstein folgte zwei Jahre später. Die Zünfte blieben als freiwillige Vereinigungen bestehen. Sie klagten, dass ihr Gewerbe beeinträchtigt sei und ihre Gesellen bei den Zünften im übrigen Deutschland nicht mehr anerkannt würden; außerdem sei die Fürsorge der Zünfte für die Mitgliederfamilien nicht mehr gewährleistet. Der Landesherr reagierte auf die Beschwerden und schrieb 1620 wieder den Nachweis der ehelichen Geburt, einen sittlichen Lebenswandel, das Bürgerrecht und eine Lehrzeit vor. Ab 1621 wurden auch wieder Konzessionen vergeben. Die Gewerbefreiheit hatte einen erheblichen Anstieg der Zahl der Handwerksmeister zur Folge. Sie nahmen sich gegenseitig die Arbeit weg, verarmten oder konnten ihre Steuern nicht mehr zahlen. Von 1628 an wurde das Zunftwesen in Schleswig-Holstein wiederbelebt, um die vom Dreißigjährigen Krieg zerstörte Wirtschaft des Landes wieder aufzubauen.[1971]

Im Jahr 1640 wurde Altona dem dänischen Staatsverband angeschlossen, der es zu einem Gewerbezentrum im Süden des Reiches und Gegengewicht zum benachbarten Hamburg ausbaute. Im Stadtrechtsprivileg wurde 1664 festgelegt, dass die Zünfte abgeschafft seien und Gewerbefreiheit herrsche. Hamburger Bönhasen und niederländische Flüchtlinge und Exulanten sollten in Altona optimale Produktionsbedingungen vorfinden. Das Vorhaben hatte großen Erfolg, Altonas Bevölkerungszahl wuchs rasch. Da man keine Qualifikationsnachweise verlangte, siedelten sich auch mangelhaft befähigte Handwerker in Altona an. Das Altonaer Handwerk wurde zum Inbegriff der Ramschware. Kein auswärtiger Geselle wollte auf seiner Wanderschaft in Altona arbeiten, kein Altonaer Geselle wurde auswärts akzeptiert. Ab 1665 wurde die Gewerbefreiheit Stück um Stück zurückgenommen, seit 1670 wurden sogar absolut abgeschlossene Zünfte zugelassen. Noch einmal im Jahr 1703 wurde ein Liberalisierungsversuch unternommen, der aber bereits 1710 beendet wurde. Nachdem Altona 1713 abgebrannt war, hob der Landesherr den Zunftzwang erneut auf, weil er die Zuwanderung fördern wollte – mit

1968 Deter, Rechtsgeschichte, S. 55.
1969 Vgl. Kapitel 4.1.1.
1970 Vgl. Kapitel 6.2.
1971 Rohde, Entwicklung, S. 84; Hähnsen, Geschichte, S. 74–93.

den bekannten negativen Folgen. Nach wenigen Jahren war auch dieser Versuch gescheitert.[1972]

Die dänischen Vorstöße fanden in Deutschland keine Nachahmer. Niemand riskierte, die „Passierlichkeit" der Gesellen und den Ruf der einheimischen Handwerkswaren zu gefährden. Trotz aller Bemühungen schien eine reichsweit abgestimmte Zunftpolitik nicht realisierbar zu sein. Überdies waren die gesellschaftlichen und politischen Folgen einer Abschaffung der Zünfte nicht kalkulierbar. Auch wenn Intellektuelle und Interessenten darauf drängten, war für die Regierungen nicht daran zu denken. Der Zunftjurist Christian Doehler meinte 1730, die Zünfte würden wohl bleiben „so lange als die Welt stehet".[1973] Bis zum Ende des 18. Jahrhunderts blieb diese Position in Deutschland unerschüttert. Das preußische Allgemeine Landrecht von 1794 erstrebte Rechtsvereinheitlichung und Modernisierung, aber keine Abschaffung der Zünfte. Wenige Jahre später sollte sich die Situation in Preußen radikal ändern. Der Anstoß kam aus dem Ausland.

Ab 1773 bemühte sich Österreich um die Abschaffung der Zünfte – allerdings nicht in den österreichischen Stammländern, sondern in seinen norditalienischen Besitzungen. Große Staaten nutzten die verschiedenen Traditionen und Mentalitäten ihrer Besitzungen für begrenzte politische Experimente. Unter der Regierung Maria Theresias und dem Einfluss ihres Sohnes, des späteren Kaisers Joseph II., hatte Österreich seit der Mitte des 18. Jahrhunderts im Geist des aufgeklärten Absolutismus einschneidende Liberalisierungen des Zunftwesens vorgenommen und seit 1765 eine Reihe Gewerbe freigegeben. Dieses Konzept übertrug man 1773 auf die italienischen Besitzungen, wo es konsequenter angewendet wurde als in Österreich selbst. In der Lombardei wurden bis 1787 sämtliche Zünfte aufgehoben. In Triest hatte ohnehin seit den ältesten Zeiten bis auf wenige Ausnahmen Gewerbefreiheit geherrscht. Nur in Venezien mahlten die Reformmühlen etwas langsamer.[1974] Österreichs italienische Liberalisierungen hätten auf die deutschsprachigen Staatsgebiete Rückwirkungen haben können, wenn nicht die Französische Revolution dazwischen gekommen wäre. Sie lenkte das Augenmerk der Regierungen auf dringendere politische Probleme und diskreditierte die Gewerbefreiheit als revolutionäre Tat. So kam es, dass auch diese Gelegenheit, die Zünfte abzuschaffen, im deutschsprachigen Raum ungenutzt verstrich.

Das französische Zunftwesen war dem deutschen sehr ähnlich. Der wichtigste Unterschied resultierte aus der abweichenden staatlichen Entwicklung Frankreichs, die früher und deutlicher zum Zentralismus neigte. Schon im 14. Jahrhundert verspürte das französische Zunftwesen die Bemühungen des Königtums um die Zentralisierung der Staatsverwaltung. Seit dem 15. Jahrhundert mussten die Zünfte einen Teil ihrer Gebühren an den König abliefern und ihre Versammlungen von ihm genehmigen lassen. Die Einflussnahme des Staates intensivierte sich im 17. und 18. Jahrhundert, weil die Zünfte hohe Steuern und Gebühren zahlen

1972 Rohde, Entwicklung, S. 1–5, 12, 62–70, 86, 98–116, 120ff, 137ff, 142–163.

1973 Döhler, Beschreibung, S. 265.

1974 Mascher, Gewerbewesen, S. 592f; Reschauer, Geschichte, S. 168; Pini, in: Lexikon des Mittelalters. Studienausgabe, Stuttgart/Weimar 1999, Band IX, Sp. 695; Lill, Geschichte, S. 44–50; Frigo, Zünfte, S. 208–211.

mussten, um die Staatseinnahmen zu erhöhen. Ludwig XV. schränkte die Zuständigkeiten der Städte und des Adels für die Zünfte ein. Die königliche Regierung zielte darauf ab, die Zünfte zu bloßen Befehlsempfängern zu degradieren. Dazu ist zwar nicht gekommen, doch um die Mitte des 18. Jahrhunderts war die französische Zunftpolitik so weit, dass eine Abschaffung der Zünfte im ganzen Land durchsetzbar schien. Die Ausweichmöglichkeiten, die das föderalistische deutsche System bot, waren in Frankreich unvorstellbar; der König konnte hoffen, bis zur kleinsten Provinzzunft durchgreifen zu können.[1975]

Zum Test, was ging, kam es 1776. Im Jahr 1774 war Anne-Robert Jacques Turgot Finanzminister geworden. Er hing der physiokratischen Lehre an und war überzeugt, Zünfte schadeten der Volkswirtschaft. Mit einem Gesetz vom 26.2.1776 führte er die Gewerbefreiheit ein und verbot Zünfte. Das Gesetz stieß jedoch auf unerwartet heftigen Widerstand. In einigen Regionen wurde es ignoriert. Aus verschiedenen Gründen, die nur zum Teil mit seiner Gewerbepolitik zusammenhingen, wurde Turgot schon im Mai 1776 von seinem Amt abgelöst. Im August wurde das Zunftwesen in modifizierter Form wieder eingeführt.[1976]

Das Ende der französischen Zünfte kam plötzlich und eher beiläufig im Jahr 1791. Der Französischen Revolution, die 1789 begann, „waren die Korporationen von vornherein verdächtig, da sie auf dem Prinzip des Privilegs beruhten. Mit dem Gedanken der Freiheit und Gleichheit aller Bürger waren die korporativen Privilegien nicht mehr vereinbar."[1977] Die Nationalversammlung befasste sich jedoch erst nach zwei Jahren mit der Zunftfrage, weil zuvor andere, wichtigere Probleme zu lösen waren: die Ausarbeitung einer Verfassung, die Gewaltenteilung, Bestimmung und Schutz der Menschenrechte. Mit einem Gesetz vom 2. bis 17. März 1791, das eine neue Gewerbesteuer einführte, wurden die Gewerbefreiheit verkündet und die Zünfte aufgehoben, mit einem Gesetz vom 20.6.1791 die Gesellenschaften verboten. Unter Napoleon wurden 1801 für die Bäcker und 1802 für die Metzger wieder Zünfte eingerichtet, die bis 1858 (Metzger) bzw. 1863 (Bäcker) bestanden; davon abgesehen bedeutete das Jahr 1791 das Ende des französischen Zunftwesens und den Anfang vom Ende des deutschen.[1978]

Die Ausdehnung der Gewerbefreiheit über Frankreichs Grenzen hinaus erfolgte nicht durch Überzeugungsarbeit, sondern mit Gewalt. Mit der Größe der Nation exportierten die Armeen die Grundsätze der Revolution. Auf dem Gebiet des späteren Belgien, das 1795 der Französischen Republik einverleibt wurde, wurden noch in diesem Jahr die Zünfte abgeschafft.[1979] In den Niederlanden verschwanden die Zünfte zwischen 1798 und 1818, weil die Prinzipien der Französischen Revolution und der politischen und fiskalischen Vereinheitlichung durchgesetzt wurden.[1980] Von 1796 bis 1815 stand Italien unter französischem Einfluss;

1975 Farnam, Gewerbepolitik, S. 2f, 18f, 38, 42.

1976 Hinkmann, Korporationen, S. 90, 96ff; Minard, Zünfte, S. 186; Farnam, Gewerbepolitik, S. 57ff.

1977 Hinkmann, Korporationen, S. 109.

1978 Hinkmann, Korporationen, S. 109–113; Minard, Zünfte, S. 181; Farnam, Gewerbepolitik, S. 66f.

1979 Haupt/Crossick, Kleinbürger, S. 48.

1980 Lucassen/Prak, Guilds, S. 69.

im Jahr 1806 wurde der Code civil und mit ihm die Gewerbefreiheit in den französisch besetzten Teilen Italiens eingeführt. Nach der Befreiung 1815 wurden die Reformen teils beibehalten, teils rückgängig gemacht.[1981] Ähnlich erging es der Schweiz, aus der 1798 die Helvetische Republik wurde, die am 19.10.1798 die Gewerbefreiheit proklamierte. Die französisch- und italienischsprachigen Teile der Schweiz blieben dabei, abgesehen von der Stadt Neuenburg, die von 1803 bis 1848 wieder Zünfte mit Zwangsrechten duldete. In der deutschsprachigen Schweiz war die Entwicklung von Kanton zu Kanton unterschiedlich. Die Verfassung von 1848 brachte im Wesentlichen Niederlassungs- und Handelsfreiheit, die Verfassungsrevision von 1874 schließlich Gewerbefreiheit in der Gesamtschweiz.[1982]

6.3.2. Durchführung

Frankreich griff in den Revolutionskriegen auch auf deutsches Gebiet aus. Wo immer die Franzosen ein Territorium eroberten, führten sie ihre Gesetze ein. In den linksrheinischen Territorien wechselten sich Zunftabschaffung und -wiederzulassung abhängig vom Erfolg der französischen und antifranzösischen Truppen seit 1791 zum Teil mehrmals ab; 1798 wurde die Gewerbefreiheit links des Rheins „endgültig", d.h. ununterbrochen bis 1813, etabliert.[1983] Das Großherzogtum Berg und das Königreich Westfalen, beide seit 1806 bzw. 1807 von Verwandten Napoleons regierte Satellitenstaaten, schafften ihre Zünfte 1808 (Westfalen) bzw. 1809 (Berg) ab.[1984] Ab 1810 gehörte ein breiter Küstenstreifen entlang der Nordsee zu Frankreich, der ebenfalls zügig dem französischen Gewerberecht angeglichen wurde.[1985]

Nach dem Ende der Franzosenzeit hoben die meisten betroffenen deutschen Staaten die Gewerbefreiheit wieder auf. „Die Lehren der Geschichte und Wissenschaft verkennend", kritisierte der Liberale Heinrich Mascher 1866, „erweckte Bremen schon im Jahre 1814, kaum nachdem der Donner der Kanonen vor Waterloo verhallt war, die Zünfte wieder. In Hannover geschah dies 1815. Kurhessen rief die Zünfte am 5. März 1816, Oesterreich in Südtirol am 12. Nov[ember] 1816, Ostfriesland am 11. August 1817 und Oldenburg am 28. Jan[uar] 1830 in's Leben zurück."[1986] Preußen behielt für seine Gebiete, die französisch besetzt gewesen waren, die Gewerbefreiheit bei.

1981 Lill, Geschichte, S. 67–88, 96–100; Frigo, Zünfte, S. 209, 214.

1982 Ziekow, Freiheit, S. 327; Zuger Zünfte, S. 10, 12; Dubler, Handwerk, S. 169–177; Bauer, Zunftverfassung, S. 86–98, 148–190, 195, 249; 650 Jahre Zürcher Zünfte, S. 8, 11, 35; Gutzwiller, Zünfte, S. 18f; Wanner, Zunftkraft, S. 44–48.

1983 Popp, Entstehung, S. 42; Henning, Industrialisierung, S. 63; Peitsch, Zunftgesetzgebung, S. 179; Decker, Bürger, S. 158; Arentz, Zersetzung, S. 30; Reininghaus, Zünfte und Zunftpolitik, S. 71; Johanni, Zünfte, S. 24.

1984 Mascher, Gewerbewesen, S. 492; Henning, Industrialisierung, S. 63; Bernert, Handwerk, S. XVIII, 338.

1985 Branding, Einführung, S. 14; Barnowski-Fecht, Handwerk, S. 180f.

1986 Mascher, Gewerbewesen, S. 496; vgl. Barnowski-Fecht, Handwerk, S. 213ff.

Preußen war das erste deutsche Land, das die Gewerbefreiheit freiwillig und ohne spätere Rücknahme einführte. Bei Jena und Auerstedt hatte es 1806 eine Niederlage gegen die napoleonische Armee erlitten, die offenbarte, dass das friderizianische Militärwesen gegen den revolutionären Elan der französischen Truppen chancenlos war. Die preußische Staatsspitze zog daraus den Schluss, das Staatswesen sei zu reorganisieren, die Untertanen seien für den König neu zu motivieren. Der spätere Staatskanzler Karl August Fürst von Hardenberg formulierte in einer Denkschrift an den König im Jahr 1807: „'Mein System beruht darauf, dass jeder Einwohner des Staats gänzlich frei sei, seine Kräfte auch frei benutzen und entwickeln könne, ohne durch die Willkühr eines Anderen daran behindert zu werden; dass die Gerechtigkeit strenge und unparteiisch gehandhabt werde; dass das Verdienst, in welchem Stande es sich befinde, ungehindert emporstreben könne, und dass endlich durch Erziehung, durch echte Religiosität und durch jede zweckmässige Einrichtung im Vaterlande e i n Interesse und e i n Sinn gebildet werde, auf dem unser Wolstand und innere Sicherheit gegründet werden könne.'“[1987] Das von einer kleinen Gruppe führender Beamter um Hardenberg und den Freiherrn vom Stein verfochtene und vom König mehr oder weniger mitgetragene Programm sollte vor allem den Bauern zugute kommen, welche die Masse der Bevölkerung stellten. Der Wohlstand sollte mittels wirtschaftlicher Freiheit erhöht werden, damit die dankbare Bevölkerung den Monarchen unterstützte und sich von den Ideen der Französischen Revolution distanzierte. Ein weiteres Ziel der preußischen Reformen seit 1806 war es, höhere Steuern zur Bezahlung der exorbitanten Kriegskontributionen an Frankreich einzuheben. Ein Edikt vom 9.10.1807 hob zum Martinitag 1810 die Erbuntertänigkeit der Bauern auf und riss die Standesschranken zwischen Adel, Bürgern und Bauern beim Immobilieneigentum und Gewerbebetrieb ein. Die Städteordnung vom 19.11.1808 und Verordnungen der Jahre 1806 bis 1808, welche Vorschriften über die Weberei, Bäckerei, Metzgerei und Hökerei, über Steinbrüche, Mühlen, Brauereien und Brennereien lockerten, dienten ebenfalls dem Ziel, den „Bürgergeist“ zu beleben.[1988]

Nach dem französischen Vorbild von 1791 brachte das Edikt über die Einführung einer allgemeinen Gewerbe-Steuer vom 2.11.1810 die Gewerbefreiheit mit sich. Nur noch in 34 Gewerben, „bei deren ungeschicktem oder unlauterem Betrieb allgemeine Gefahr obwaltete“, wurde ein behördlicher Befähigungsnachweis verlangt. Zahllose Ausführungsbestimmungen in den folgenden Jahren erläuterten und konkretisierten das Gesetz. Zur Begründung hieß es, man müsse die zweite Hälfte der Kontributionen aufbringen und daher die Besteuerungsgrundlage ausweiten. Mit der Gewerbesteuer, die anlässlich der jährlichen Lösung des Gewerbescheines fällig werden sollte, hoffte man die benötigten Mittel einzuwerben. Nachdem die Erbuntertänigkeit der Bauern aufgehoben worden war, wurde eine Regelung notwendig, die den Bauern ihre legalen beruflichen Alternativen nannte; die Einführung der Gewerbefreiheit war die denkbar radikalste Antwort auf

1987 Rohrscheidt, Zunftzwange, S. 200.

1988 Rohrscheidt, Zunftzwange, S. 233–237, 239ff, 351; Vogel, Gewerbefreiheit, S. 13, 31, 37, 224f; Fischer, Handwerksrecht, S. 61; Ziekow, Freiheit, S. 329, 339, 342; Roehl, Beiträge, S. 106; Schultz, Das ehrbare Handwerk, S. 131; Unruh, Veränderungen, S. 399, 416–419.

diese Frage. Zünfte blieben erlaubt, aber ohne Zwangsrechte. Die Regierung erwartete, dass sich die entrechteten Zünfte von selbst auflösen würden. Das Problem, bei leeren Staatskassen die Realgerechtigkeiten der Zunftmitglieder zu entschädigen, versuchte man dadurch zu umgehen. Die Angst um den Wert ihrer Realgerechtigkeiten trieb viele Betroffene zur Opposition gegen das gesamte Gesetzeswerk. Anders als es der weltanschauliche Impetus Hardenbergs und seiner Mitstreiter und der massive Widerstand der Stände, Städte und Zünfte gegen das Gesetz erwarten ließen, blieben die Auswirkungen des Gesetzes geringfügig. Weder wurden die erhofften steuerlichen Erträge erwirtschaftet noch lösten sich die Zünfte auf. Die Untertanen wandten sich in der Tat von Napoleon ab, aber weniger infolge der gewerbefreiheitlichen Gesetzgebung als aus Enttäuschung über die französische Politik und Kriegführung. Viele Zünfte machten weiter, als sei nichts geschehen, einige versuchten sogar, sich mit Unterstützung von Stadtverwaltungen gegen Neuaufnahmen abzuschließen. Für unzünftige Meister blieb es schwierig, Lehrlinge und Gesellen zu bekommen, weil diese fürchteten, niemals mehr bei einem Zunftmeister arbeiten zu können. In weiten Teilen Deutschlands war das Zunftwesen ja noch vorhanden. Allerdings dürften die preußischen Schwierigkeiten mit der „Passierlichkeit" kleiner gewesen sein als es die der meisten anderen deutschen Länder in vergleichbarer Lage gewesen wären, da Preußens Staatsgebiet – zumindest nach 1815 – groß genug war, um alternative Arbeitsgelegenheiten außerhalb des Zunftwesens im Lande zu vermitteln.[1989]

Nach dem Sieg über Napoleon verebbte der Reformelan. Da die wirtschaftliche Befreiung der politischen und militärischen Stabilisierung gedient hatte, schien die Notwendigkeit weiterer Reformschritte zunächst nicht gegeben. Das grundlegende Bekenntnis zur Gewerbefreiheit blieb zwar in der Staatsspitze lebendig, der Reformprozess brach aber 1813 erst einmal ab. Die Politik wandte sich – nicht nur in Preußen – anderen Problemen zu.[1990]

Die nach dem Wiener Kongress ab 1815 Preußen zugeschlagenen Gebiete behielten jeweils ihre Gewerbeverfassung. „In den vormals zum Königreich Westfalen, zum Großherzogthum Berg und zum französischen Kaiserreich gehörig gewesenen Landestheilen, also in der Provinz Sachsen, mit Ausnahme des Herzogthums Sachsen und der von Schwarzburg-Sondershausen und Schwarzburg-Rudolstadt und Sachsen-Weimar abgetretenen Distrikte, ingleichen des Gebiets von Erfurt, und der diesseits der Elbe gelegenen Theile der Altmark und des Her-

1989 Roehl, Beiträge, S. 109–129, 133f (Zitat), 137–167; Rohrscheidt, Zunftzwange, S. 372–379, 514; Vogel, Gewerbefreiheit, S. 135, 138, 205; Kocka, Arbeitsverhältnisse, S. 30f; Georges, Handwerk, S. 33, 42f, 45f; Botzenhart, Reform, S. 19; Kaufhold, Gewerbefreiheit, S. 86–90.

1990 Vogel, Gewerbefreiheit, S. 226; Georges, Handwerk, S. 49, 52; Ziekow, Freiheit, S. 460. Donald Winch glaubte, der Vorsprung der britischen Industrie sei dafür verantwortlich gewesen, dass in Deutschland auch nach Meinung liberaler Theoretiker dem Staat eine „stärkere Schutzfunktion" für die Wirtschaft zugefallen sei als in England. (Winch, Aufkommen, S. 364.) Bei Friedrich Lists Konzept der Erziehungszölle findet man derartiges Gedankengut. Das Beispiel der preußischen Reformpolitik von 1806 bis 1813, die Niederlegungen Johann Gottfried Hoffmanns im Jahr 1803 (vgl. Kapitel 6.2.4.) und noch früher die Gesellenstreiks der 1790er Jahre (vgl. Kapitel 3.2.2.3.3.) belegen hingegen, dass der Ruf nach dem Staat viel älter und politisch anders begründet war.

zogthums Magdeburg, in der Provinz Westfalen, mit Ausnahme des Herzogthums Westfalen und der Grafschaft Wittgenstein-Wittgenstein und Wittgenstein-Berleburg, sowie der Aemter Burbach und Neuenkirchen, im diesseits rheinischen Theil von Kleve und Berg, so weit derselbe zum Departement des Appelllations-gerichts Hanau gehört, hatten neue Regierungen, während des schnellen Wechsels der unsicheren Zustände, seit dem Ausbruch des französischen Revolutionskrieges, die vorgefundenen gewerblichen Verfassungen aufgelöst, in anderen Landestheilen, z. B. in Neuvorpommern und Rügen, Herzogthum Westfalen, Fürstenthum Siegen, Grafschaften Wittgenstein und Herzogthum Sachsen hingegen waren die Zünfte zwar dem Namen nach noch unberührt geblieben, wie sie sich bis zu Ende des vorigen [18.] Jahrhunderts ausgebildet hatten, aber die Verhältnisse, aus denen sie hervorgegangen, waren unter der Macht neuer Gedanken spurlos verschwunden. ... Während in den der Fremdherrschaft unterworfen gewesenen Landestheilen eine fast unbedingte Gewerbefreiheit herrschte ..., war in den anderen Landestheilen noch jeder Gewerbebetrieb abhängig von Konzessionen, deren Ertheilung aus den mannigfachsten Gründen versagt werden konnte. In den neu und wieder erworbenen Provinzen fand sich theilweise keine Spur der Zünfte mehr vor, in anderen neu erworbenen Distrikten dagegen bestanden dieselben im ausgedehntesten Umfange fort.“[1991]

Die Rechtszersplitterung der preußischen Territorien hatte negative Auswirkungen auf das Alltagsleben der Gewerbetreibenden und Konsumenten. Im einen Ort nahmen die Zünfte ausschließlich Mitarbeiter an, die eine lupenreine Zunftkarriere hinter sich hatten, im Nachbarort hingegen durfte jeder handwerkliche Arbeiten verrichten, der einen Gewerbeschein erwarb. Im einen Ort durften die Kunden nur bei Zunftmitgliedern kaufen, im anderen, wo sie wollten. Schon Hardenberg hatte 1817 ein einheitliches Gewerbegesetz für die gesamte Monarchie gewünscht, die Arbeiten an diesem Projekt begannen aber erst nach seinem Tod im Jahr 1822 und zogen sich bis 1845 hin. Die Gewerbeordnung vom 17.1.1845 hielt an den Grundsätzen der Reformära fest, kam aber den Kritikern in Details entgegen. Gewerbliche Tätigkeit war grundsätzlich anzeigepflichtig, aber genehmigungsfrei; einer Konzession bedurften Gewerbe, die erhebliche Gefahren oder Belästigungen mit sich bringen konnten. Die Zahl der Gewerbe, in denen ein Befähigungsnachweis verlangt wurde, erhöhte sich, in einigen Gewerben durfte nur mehr derjenige Lehrlinge annehmen, der Mitglied einer jetzt einheitlich „Innung“ genannten Zunft war.[1992]

Auf die Handwerkerforderungen während der Revolution von 1848/49 reagierte der preußische Staat und führte 1849 wieder Vorschriften zur Lehr- und Gesellenzeit sowie zur Prüfungspflicht ein. Außerdem schuf er zur Vertretung der

1991 Mascher, Gewerbewesen, S. 497.

1992 Wehler, Deutsche Gesellschaftsgeschichte II, S. 60; Mascher, Gewerbewesen, S. 509; Kaufhold, Gewerbefreiheit, S. 92, 95; Roehl, Beiträge, S. 181, 190, 251–263, 271; Rüfner, Verwaltungstätigkeit, S. 477f. Hessen-Darmstadt setzte sich nach der napoleonischen Zeit aus zünftigen und – ehemals von Frankreich verwalteten – zunftfreien Gebieten zusammen. In zunftfreien Orten, die in der Nähe eines „ausländischen“ Zunftgebietes lagen, traten die Meister in „ausländische“ Zünfte ein, um jenseits der Grenze arbeiten zu dürfen. (Emig, Berufserziehung, S. 348.)

Handwerker, Händler und Fabrikanten Gewerberäte, die aber wegen unklarer Zuständigkeiten und der Vermischung der Interessen der verschiedenen in ihnen vertretenen Erwerbszweige nicht gediehen; im Jahr 1864 ging der letzte Gewerberat ein.[1993]

Die Zurückhaltung bei der Vervollkommnung der Gewerbefreiheit nach 1815 war kein Spezifikum preußischer Regierungen. In Baden und Württemberg war der politische Liberalismus während des Vormärz (1815–1848) teils für und teils gegen Gewerbefreiheit, teils für und teils gegen staatliche Interventionen in das Wirtschaftsleben, je nachdem wie man die wirtschaftlichen und gesellschaftlichen Konsequenzen einschätzte.[1994] Die politische Entwicklung tendierte im Großen und Ganzen zu mehr Gewerbefreiheit, doch der Druck blieb schwach, die Regierungen waren unentschlossen und versuchten, eindeutige Richtungsentscheidungen zu vermeiden. Das einzige deutsche Land, das sich zweifelsfrei zur Gewerbefreiheit bekannte, war das Herzogtum Nassau. Nach Vorarbeiten in den Jahren 1809, 1812, 1814 und 1817 führte Nassau die Gewerbefreiheit im Jahr 1819 ein; weiterhin durften Lehrlinge nur von Meistern ausgebildet werden. Im Jahr 1849 wurde außerdem der selbstständige Gewerbebetrieb vom Meisterrecht und einer Gemeindekonzession abhängig gemacht. Diese Einschränkungen entfielen im Jahr 1860. Nassau entschied sich so früh für die Gewerbefreiheit, weil sie besser zur Verfassung passe – die Nassau als erstes deutsches Land 1814 eingeführt hatte –, ohnehin seit der Franzosenzeit in einigen Landesteilen Gewerbefreiheit herrschte und diese sich bewährt habe.[1995]

Einen anderen Weg schlug Bayern ein, das sich am österreichischen Vorbild orientierte. Seit dem Ende des 18. Jahrhunderts bemühten sich die bayerischen Regierungen, den Einfluss konkurrierender Gewalten auf die Innenpolitik zurückzudrängen. Die Rechte der Zünfte wurden zugunsten des Staates beschnitten. Bayern war wohl das deutsche Land, das sich vom Reichsdeputationshauptschluss 1803 bis zum Wiener Kongress 1815 territorial am häufigsten und tiefsten veränderte. Die Frage der Rechtseinheit stellte sich für Bayern schärfer als für andere Länder, die mangelnde Rechtseinheit leichter durch kulturelle Integration ersetzen konnten. Mit der Ausnahme der Pfalz, die 1815 bayerisches Staatsgebiet wurde und die von den Franzosen eingeführte Gewerbefreiheit beibehielt, erhielt Bayern schon früh ein einheitliches Gewerberecht. „Am 1.12.1804 trat in Bayern eine neue Gewerbeordnung in Kraft. Bis 1807 folgte eine Reihe von Verordnungen, die den Kern des alten Zunftsystems berührten: Die Zünfte konnten künftig nicht mehr über die Zulassung von Meistern entscheiden. Dieses Recht wurde staatlichen Behörden übertragen, die Gewerbekonzessionen auf Lebenszeit erteilten. ... 1818 ging das Gewerbekonzessionsrecht im rechtsrheinischen Bayern vom Staat auf die Kommunen über, 1825 folgte das ‚Gesetz, die Grundbestimmungen für das Gewerbswesen betreffend'. Beides waren Maßnahmen der Dezentralisierung staatlicher Gewerbepolitik. Schon 1818 kam es darauf an, welche Politik von der

1993 Mascher, Gewerbewesen, S. 541.
1994 Sedatis, Liberalismus, S. 77.
1995 Mascher, Gewerbewesen, S. 605ff; Ziekow, Freiheit, S. 504.

jeweiligen Kommune eingeschlagen wurde."[1996] Die Zünfte wurden 1825 durch „Gewerbsvereine" ersetzt – nicht zu verwechseln mit „Gewerbevereinen" –, die nur noch eine Gutachterfunktion und Qualitätskontrolle ausübten, sich in der Lehrlingsausbildung engagierten und Hilfskassen betrieben. Die Praxis der Konzessionsvergabe bestand aus Kompromissen zwischen kommunalen Behörden und Gewerbsvereinen. Von 1825 bis 1834 wurden Konzessionen sehr freizügig vergeben, ab 1834 nach Beschwerden der Konzessionsinhaber restriktiver. Offenbar war das Konzessionssystem flexibel genug, um den Ansprüchen der langsamen bayerischen Gewerbeentwicklung zu genügen. Das Bestreben, aus Vorsicht nichts zu übereilen, und die Problematik, ob und wie die Realgerechtigkeiten zu entschädigen seien, führten dazu, dass Bayern erst am 30.1.1868 die Gewerbefreiheit einführte, als es politisch nicht mehr anders ging.[1997]

Deutschland stand mit seiner zurückhaltenden, tastenden Gewerbepolitik nicht allein in Europa. Auch in anderen Ländern kam die Gewerbefreiheit langsam voran. In Italien führten das Königreich Neapel 1821 und das Königreich Sardinien 1844 die Gewerbefreiheit ein.[1998] Die rumänischen Fürstentümer unternahmen den Schritt 1834,[1999] Schweden 1847.[2000] In Spanien war die Auflösung des Zunftwesens ein Jahrzehnte langer Prozess, der 1836 zur Vollendung gebracht wurde. „Die Proklamation der Freiheit der künstlerischen Berufe während der Regierungszeit Karls III. (1782–1785) führte dazu, dass die Zünfte der Maler und Bildhauer verschwanden. ... Im Jahre 1784 wurde die Seidenstrumpfherstellung von den ‚Zunftzwängen' befreit und im Tuchgewerbe Gewerbefreiheit eingeführt. ... 1789 endlich wurde das gesamte Textilgewerbe von den Zunftzwängen befreit. ... Im Jahre 1793 wurde zumindest auf dem Papier die Zunft der Seidenzwirner beseitigt. ... Ein Jahr nach der Proklamation der Verfassung von 1813 erklärte ein Dekret der Cortes die Gewerbefreiheit, ohne jedoch die Zünfte formell zu beseitigen. Die absolutistische Regierung restaurierte die Zünfte nach 1814, aber sie reformierte sie auch, um Monopolbildungen zu verhindern. ... In der Übergangszeit zu einem konstitutionellen Regime stand die Reform der Zünfte auf der Tagesordnung. Im Januar 1834 schließlich untersagte man alle Vereinigungen, welche die Produktion monopolisierten. Alles, was die Gewerbefreiheit oder ‚die freie Konkurrenz zwischen Arbeitern oder Kapital' behinderte, wurde abgeschafft. Die Zünfte bestanden zwar fort, doch ohne ihre eigenständige Jurisdiktion. Als die konstitutionelle Regierung 1836 das Dekret aus dem Jahre 1813 erneuerte, hob sie auch die Privilegien der Zünfte auf. Dies ist nicht mit einer eigentlichen Abschaffung der Zünfte gleichzusetzen, doch de facto verschwanden die meisten nach wenigen Jahren."[2001]

1996 Elkar, Schreiner, S. 41.

1997 Ziekow, Freiheit, S. 431f; Elkar, Schreiner, S. 42; Möller, Gewerbevereine, S. 48; Popp, Entstehung, S. 109, 127ff; Seiffert, Quellen, S. IVf; Reddig, Handwerker, S. 11; Schwarz, Nahrungsstand, S. 30.

1998 Frigo, Zünfte, S. 208f; Guenzi/Massa, Introduction, S. 4f.

1999 Gross, Entwicklung, S. 14.

2000 Edgren, Zünfte, S. 233.

2001 Ribalta, Zünfte, S. 224f.

Das wichtigste Land, das sich im Vormärz seines Zunftwesens entledigte, war England. Schon im 16. Jahrhundert hatten die englischen Könige großen Einfluss auf die Gründung von Zünften und die Genehmigung ihrer Statuten gewonnen.[2002] Im 17. Jahrhundert argumentierten königliche Gerichte, Handelsfreiheit sei ein angeborenes Recht des Menschen, von der Magna Charta garantiert.[2003] Die Londoner Zünfte wurden seit dem 17. Jahrhundert von Kaufleuten beherrscht. In anderen Teilen Englands behielten die Zünfte ihre Bedeutung als Handwerksvertretung bis ins 18. Jahrhundert. „Der dauerhafte Rückgang der englischen Zünfte setzte in den Produktionsgewerben ... erst zwischen 1720 und 1740, in den Dienstleistungsgewerben nicht vor den 1760er Jahren ein."[2004] Je mehr der Freihandel in England an Boden gewann, desto schwächer wurde das Zunftwesen. Die Zahl der Ausnahmen wuchs, der Lehrzwang wurde aufgegeben [2005] Schließlich erlaubte die „Municipal Reform Bill" für England und Wales 1835 allen Einwohnern, in jeder beliebigen Gemeinde ein Gewerbe zu betreiben, unabhängig vom Bürgerrecht oder lokalen Beschränkungen. Viele Zünfte lösten sich daraufhin auf, andere beschränkten sich auf ihre Vermögensverwaltung.[2006]

Als 1848 die Revolution ausbrach, hatten Westeuropa fast vollständig sowie Nordeuropa und Italien teilweise die Zünfte abgeschafft, während in Ostmittel- und Südosteuropa das Zunftwesen noch lebendig war. Deutschland stand geografisch wie gewerberechtlich in der Mitte mit Preußen und Nassau auf der Seite der Gewerbefreiheit und den anderen deutschen Ländern in Wartestellung. Es gab gute Gründe, dass man den Rufen der Freiheitsapostel unter den Nationalökonomen und Beamten eher zögerlich folgte. Die Handwerker selbst drängten fast nie auf eine Systemänderung. „Als König Friedrich Wilhelm IV. 1841 Köln passierte, nutzten 600 Handwerksmeister die Gelegenheit seines kurzen Aufenthalts in der Stadt, um ihm ihre miserable Lage vor Augen zu führen und die Wiedereinführung geschlossener Korporationen mit Zunftzwang und förmlichen Meisterprüfungen einzufordern."[2007] Die traditionalistischen unter den Zunfthandwerkern hingen an ihrer Jahrhunderte lang bewährten Institution. Wer mit den Beschränkungen der Zünfte unzufrieden war, konnte eine Ausnahmegenehmigung der Behörden erlangen, so dass er keinen Grund hatte, gegen das Zunftwesen als solches vorzugehen. Nach wie vor erfüllten die Zünfte ihre Funktion als Lobby der Mitglieder gegenüber Politik und Wettbewerbern. Sie sorgten für Qualitätsarbeit und die Ausbildung des Nachwuchses und verhießen ihren Mitgliedern Hilfe bei Notlagen und eine anerkannte Position im Gesellschaftsgefüge. Gerade weil sich der Druck auf das Zunftwesen von allen Seiten erhöhte, schlossen sich die Handwerker enger an ihre Organisation, den einzigen verbliebenen Rückhalt in Zeiten der Unsicherheit und Existenzangst. Was ohne sie zu erwarten war, ahnte man nicht. Solange noch so viele Zünfte existierten, wagte keiner, den Anfang zu machen

2002 Eggerer, Brethren, S. 38.
2003 Kramer, Craft Gilds, S. 205.
2004 Ehmer, Denken, S. 36.
2005 Kramer, Craft Gilds, S. 138–175; Handbuch Wirtschaftsgeschichte, S. 660; Henning, Industrialisierung, S. 64 ; Haupt/Crossick, Kleinbürger, S. 39; Winch, Aufkommen, S. 354.
2006 Kramer, Craft Gilds, S. 180f.
2007 Haupt/Crossick, Kleinbürger, S. 49.

und die „Passierlichkeit“ seiner Mitarbeiter und Produkte aufs Spiel zu setzen. Aus den Regionen, welche die Gewerbefreiheit schon seit längerem eingeführt hatten, hörte man Widersprüchliches. Wie stets bei Reformen gab es Gewinner und Verlierer. Genaue Untersuchungen der Wirkungen, die von der Gewerbefreiheit ausgingen, wurden nicht durchgeführt; weder die wissenschaftlichen Methoden noch der personelle Apparat waren vorhanden. Im Gestrüpp der Mutmaßungen konnte sich keiner zurechtfinden, auch Regierungen und Parlamente stocherten im Nebel, so dass die Auseinandersetzung um die Gewerbefreiheit statt einer wirtschaftlichen Sach- eine politische Streitfrage sein musste. Nach dem Trauma der Französischen Revolution und der Kriege und Erhebungen in ihrem Gefolge entschied man sich, so dezent wie möglich vorzugehen, damit keine Kämpfe mit der Bevölkerung provoziert würden. Diese Politik war erfolgreich. Die Handwerker beteiligten sich zwar rege an der Revolution von 1848/49, aber nicht wegen der Gewerbepolitik, sondern aus allgemeinpolitischen Erwägungen. Die Gewerbepolitik kam auf die Tagesordnung der Revolution, weil die Nationalversammlung in der Frankfurter Paulskirche eine Verfassung beriet, die auch zu wirtschaftlichen Fragen Position beziehen sollte. Die Handwerker nutzten die neuen Spielräume, um in ihrem Sinne auf die Verhandlungen einzuwirken. „Klappern“ gehörte seit eh und je zum Handwerk; jetzt schwoll es zum öffentlichen Zunftkonzert an. Dabei zeigte sich, dass die Handwerker mehrheitlich für ein modernisiertes Zunftwesen votierten.[2008]

Die Aktivitäten der Handwerker schlugen sich während der Revolution in zahllosen Petitionen an die Parlamente nieder. Die Protagonisten der Handwerkerbewegung waren neben Intellektuellen Vertreter von Zünften und Vereinen; oft war in den Petitionen von „den“ Handwerkern eines Ortes die Rede, ohne dass feststellbar wäre, inwieweit die veröffentlichte Meinung mit der öffentlichen übereinstimmte. Die scheinbare Geschlossenheit der Bewegung darf nicht überschätzt werden, bereits 1848 gab es eine Minderheit unter den Handwerkern, die sich nicht mehr für das Zunftwesen einsetzte.[2009]

Neben mehreren regionalen und Fachkongressen fand vor allem der Deutsche Handwerker- und Gewerbekongress Beachtung, der vom 14. Juli bis zum 18. August 1848 in Frankfurt am Main tagte.[2010] Ein Bremer Tischlermeister hatte sich wegen der Gewerbereform an den Fünfziger-Ausschuss – der die Nationalversammlung vorbereitete – gewandt, war aber abgewiesen worden mit dem Bemerken, die Handwerker sollten selbst aktiv werden. Er lud daraufhin eine Versammlung norddeutscher Handwerksmeister nach Hamburg ein, die sich entschieden gegen Gewerbefreiheit und für die Selbstverwaltung des Handwerks aussprach, aber in weiteren Fragen zu keiner Einigung kam. Auf Veranlassung dieser Versammlung wurde der nationale Kongress nach Frankfurt berufen.[2011]

2008 Nipperdey, Deutsche Geschichte 1800–1866, S. 216ff; Borst, Alltagsleben, S. 227; Emig, Berufserziehung, S. 359; Sedatis, Liberalismus, S. 68, 78, 82; Kieser, Kartell, S. 80, 82f; Böhmert, Beiträge, S. 46, 50ff; Hoffmann, Interesse, S. 191f.

2009 Lenger, Sozialgeschichte, S. 77; John, Handwerk, S. 187f; Goldschmidt, Handwerkerbewegung, S. 24ff; Georges, Handwerk, S. 66.

2010 Goldschmidt, Handwerkerbewegung, S. 49; John, Handwerk, S. 186.

2011 Zerwas, Arbeit, S. 126–135.

Er machte sich zur Aufgabe, für die Nationalversammlung eine Gewerbeordnung zu entwerfen. Der Kongress wurde dominiert von Handwerksmeistern. Gesellen sollten ausgeschlossen werden, weil die Meister ihre Angelegenheiten zu vertreten beanspruchten wie Väter die ihrer Söhne. Erst als bekannt wurde, dass die Gesellen einen eigenen Kongress planten, ließ man sie – mit minderen Rechten – zu. Die Meister wollten die gewohnte Ordnung, in der die Gesellen Teil des Meisterhaushalts waren, beibehalten.[2012] Der Entwurf einer Gewerbeordnung, den der Kongress verabschiedete, sah Zwangsinnungen vor und einen Ausbildungsgang vom Lehrling über den Gesellen zum Meister wie gewohnt, eliminierte aber alle „kapitalistischen" Elemente der bisherigen Zunftpraxis (Zahlungen statt der Übernahme von Pflichten wie der Mut- oder Wanderzeit), die als „Missbräuche" kritisiert worden waren. Damit war die Gewerbeordnung quasi eine gereinigte, idealisierte Zunftordnung. Die Innungen sollten unabhängig von staatlichem Einfluss sein, aber über örtliche Gewerberäte und landes- bzw. reichsweite Gewerbekammern den Staat beraten. Auch zur Beschränkung der Konkurrenz durch Fabriken und das Landhandwerk machte der Kongress Vorschläge.[2013] Von den Landmeistern des Großherzogtums Weimar, den Einwohnern Hildesheims und den Zunftmeistern des Kreises Vechelde und des braunschweigischen Weserkreises hagelte es Proteste gegen die Pläne des Kongresses. Sie benachteiligten die Landmeister und hielten die bekannten Missbräuche des Zunftwesens am Leben.[2014] Gewerbetreibende aus der Rheinpfalz verteidigten die Gewerbefreiheit, die ihnen seit der Franzosenzeit lieb und teuer sei.[2015] Die Mehrzahl der Handwerksmeister stimmte dem Vorschlag des Kongresses zu.[2016]

Nachdem die Gesellen von ihren Chefs an den Rand gedrängt worden waren, nahmen sie ihre Angelegenheiten selbst in die Hand. Vom 20. Juli bis zum 20. September 1848 tagten sie ohne Meister, ebenfalls in Frankfurt am Main. Die Gesellen ließen Fabrikarbeiter – Gesellen, die in Fabriken arbeiteten – zu ihrer Tagung zu, die sie „Allgemeiner deutscher Arbeiter-Congreß" nannten. Die Vorstellungen der Gesellen lagen nicht allzu weit von denen der Meister entfernt. Im Kampf gegen den Wettbewerb des Einzelhandels trafen sich ihre Interessen. Auch die Gesellen wünschten Zwangsinnungen statt Gewerbefreiheit und Verwaltungsräte ähnlich den Gewerberäten der Meister. Naturgemäß traten dazu Forderungen, welche die Position der Gesellen im Verhältnis zu den Meistern stärken sollten, wenn auch von einem „Klassenkampf" zwischen Meistern und Gesellen keine Rede sein kann. Die Innungen sollten nicht mehr allein aus Meistern, sondern aus Meistern und gleichberechtigten Gesellen gebildet werden. Die Verwaltungsräte sollten alle im Gewerbe Beschäftigten eines Ortes vereinen, nicht nur die Meister. Mit der Integration der Fabrikarbeiter in das Innungswesen und der Fabriken in die Verwaltungsräte wiesen die Gesellen über die traditionellen Grenzen des

2012 Zerwas, Arbeit, S. 137–151; John, Handwerk, S. 194, 197ff.

2013 Zerwas, Arbeit, S. 151–158; Wehler, Deutsche Gesellschaftsgeschichte II, S. 731f; Lenger, Kleinbürgertum, S. 178f; John, Handwerk, S. 195, 206–256.

2014 Goldschmidt, Handwerkerbewegung, S. 36.

2015 Goldschmidt, Handwerkerbewegung, S. 40f.

2016 Goldschmidt, Handwerkerbewegung, S. 38f.

Zunftwesens hinaus; der Wechsel der Arbeitsstellen vom Handwerksbetrieb in die Fabrik und zurück ohne Sanktionsdrohung der Zünfte war ihnen ein Bedürfnis. Wäre den Vorstellungen der Gesellen gefolgt worden, wäre das Zunftwesen auf die gesamte produzierende gewerbliche Wirtschaft ausgedehnt worden. Während die Meister ihre Konkurrenten bekämpfen wollten, indem sie das bestehende Zunftwesen stärkten, wollten die Gesellen die Konkurrenz sogar als eigenständigen wirtschaftlichen und politischen Faktor ausschalten und der Zunftordnung unterwerfen.[2017]

Die Bemühungen der Handwerker blieben erfolglos. Die Entwürfe der Grundrechte für das deutsche Volk und der allgemeinen deutschen Gewerbeordnung sahen die leicht abgemilderte Gewerbefreiheit vor nach dem preußischen Muster von 1845.[2018] Ein Gewerbekongress, den der preußische König für sein Land einberufen hatte, stellte ähnliche Forderungen auf wie die Frankfurter Kongresse, wurde aber mit Kleinigkeiten abgespeist, einigen Vorschriften über die Ausbildung, einer Erhöhung der Zahl der Gewerbe, für die ein Befähigungsnachweis verlangt wurde, und der Einrichtung gemischter Gewerberäte aus Handwerkern, Fabrikanten und Kaufleuten, die von vornherein zum Scheitern verurteilt waren.[2019] Die Intellektuellen und Beamten, welche die Nationalversammlung beherrschten, standen seit langem auf der Seite der Gewerbefreiheit, die Regierungen verübelten den Handwerkern ihre Beteiligung an der Revolution, die Anhänger des Zunftwesens fanden kaum Fürsprecher in den politischen Führungsschichten.

Die Ziele der revolutionären Handwerkerbewegung werden von Teilen der deutschen Geschichtswissenschaft verurteilt: Sie seien defensiv, konservativ, sogar restaurativ und reaktionär gewesen, heißt es. Dass dieselben Personen, die Zunftideale verfolgten, gleichzeitig demokratische Ziele hatten, wird als Widerspruch empfunden.[2020] Wir hatten gesehen, dass die Meister im Mittelalter ihre ökonomische Position nutzten, um politische Partizipation zu erreichen, und die Gesellen in ihren Streiks in den 1790er Jahren einen Widerspruch zwischen ihren demokratischen und ihren zünftlerischen Zielen nicht erblicken konnten.[2021] Die preußischen Reformer der Jahre 1806 bis 1813 verbanden – unter umgekehrten Vorzeichen – antidemokratische mit antizünftlerischen Absichten. Einen Gleichklang von politischer Freiheit und Gewerbefreiheit wie in Frankreich gab es in Deutschland nicht. Im Übrigen ist Gewerbefreiheit nicht a priori mit wirtschaftlicher Freiheit zu identifizieren. „Den Kampf des Handwerks gegen das Kapital und eine ‚anarchische Konkurrenz', der in der programmatischen Parole gipfelt, ‚der Anhäufung des Besitzes in einer Hand durch eine möglichst gleiche Verteilung der Erwerbsfähigkeit entgegenzuwirken', mag als schlechthin konservativ

2017 Zerwas, Arbeit, S. 158–163; Goldschmidt, Handwerkerbewegung, S. 47f; Lenger, Kleinbürgertum, S. 180ff, 231; John, Handwerk, S. 199–205.

2018 Goldschmidt, Handwerkerbewegung, S. 58–67; Sedatis, Liberalismus, S. 87.

2019 Goldschmidt, Handwerkerbewegung, S. 50ff; Wehler, Deutsche Gesellschaftsgeschichte II, S. 731f; John, Handwerk, S. 281.

2020 Lenger, Sozialgeschichte, S. 86; Bergmann, Handwerk, S. 337; Lenger, Kleinbürgertum, S. 150, 185.

2021 Vgl. Kapitel 2.5.2. und 3.2.2.3.3.

bezeichnen, wer den modernen Kapitalismus zum Sinn der Geschichte und Inbegriff allen Fortschritts erhebt. Tatsächlich stehen die Postulate des Handwerks 1848 im engsten Zusammenhang mit der bürgerlich-demokratischen Auffassung von einer gleichmäßigen Verteilung der Erwerbschancen auf der Grundlage von Produktionsverhältnissen, in denen Arbeit und Eigentum noch weitgehend in der Person des Handwerksmeisters vereinigt sind. Wird dieser Zusammenhang berücksichtigt, dann erscheinen die gesellschafts- und wirtschaftspolitischen Bestrebungen des Handwerks nicht als Gegensätze zu seinen demokratischen Zielen im politischen Bereich."[2022]

Da Wirtschaftsakteure immer ungleiche Startchancen haben, ist absolute Gewerbefreiheit aus der Sicht der Sozialen Marktwirtschaft, der herrschenden Richtung der Wirtschaftspolitik in der Bundesrepublik, keineswegs die allein seligmachende Wirtschaftsform. Viele Meister und Gesellen waren Anhänger der Revolution, weil sie ihnen politische Einflussmöglichkeiten eröffnete, mit denen sie auch ihre wirtschaftlichen Ziele besser verfolgen konnten. Vice versa war eine Verbesserung ihrer wirtschaftlichen Lage geeignet, ihr demokratisches Potenzial zu stärken. Außerdem muss man dem Eindruck entgegentreten, die Handwerker hätten ausschließlich nach hinten geblickt. Sie erstrebten nicht die vollständige Revitalisierung der klassischen Zunftkonzeption. Einer Erweiterung ihrer Geschäftsbefugnisse – etwa im Handwerkshandel oder bei der Zahl der Verkaufsstellen – waren die Meister nicht abgeneigt. Wolle man ihnen keinen Wettbewerbsschutz vor Fabrikanten und Kaufleuten innerhalb des Zunftwesens gewähren, so argumentierten sie in Württemberg, seien sie eben für die Einführung der Gewerbefreiheit.[2023]

Nach der Niederschlagung der Revolution bestand für die Regierungen kein Grund mehr, aus Revolutionsfurcht Wünsche der Handwerker zu berücksichtigen. Sie zögerten noch einige Jahre, bevor sie massiv gegen das Zunftwesen vorgingen. Petitionen gegen die Gewerbefreiheit, wie es sie in Preußen in der Mitte der 1850er Jahre noch einmal in großem Umfang gab, wurden ignoriert, ebenso der Widerstand, den die Zünfte bei den Gesetzgebungsverfahren zur Gewerbefreiheit ab 1857 artikulierten.[2024] Wirtschaftsliberale Wissenschaftler und Politiker vereinten sich 1857 im Kongress deutscher Volkswirte, der ein Jahr später in Gotha zum ersten Mal zusammentrat. Er verlangte die restlose Abschaffung der Zünfte, die durch Genossenschaften ersetzt werden sollten.[2025] Auch Vertreter von Gewerbevereinen wagten sich mit ähnlichen Vorschlägen aus der Deckung.[2026]

In den Staaten, die Gewerbefreiheit eingeführt hätten, gediehen die Gewerbe und überflügelten inzwischen die deutschen Handwerksbetriebe, wurde argumen-

2022 Sedatis, Liberalismus, S. 88.

2023 Sedatis, Liberalismus, S. 83; Fischer, Einführung, S. 216f; Haupt/Crossick, Kleinbürger, S. 33, 50f; Möller, Gewerbevereine, S. 59.

2024 Georges, Handwerk, S. 80; Siemann, Gesellschaft, S. 39; Horster, Entwicklung, S. 125f, 138; Sedatis, Liberalismus, S. 98.

2025 Mascher, Gewerbewesen, S. 585; Goldschmidt, Handwerkerbewegung, S. 103f; Winkel, Nationalökonomie, S. 40.

2026 Goldschmidt, Handwerkerbewegung, S. 83ff; Mascher, Gewerbewesen, S. 586.

tiert.[2027] Kritischere Geister räumten ein, dass zwar in England ohne Zünfte Waren hoher Qualität hergestellt würden, in den ebenfalls zunftlosen USA aber nicht; immerhin sei daraus zu folgern, dass die Existenz der Zünfte auf die Qualität der Waren keinen Einfluss nehme. Andere rühmten die USA: Ein ganzer Staat entstehe aus dem Urwald – in vollkommener Gewerbefreiheit. Die Frage, ob man sich das Ausland zum Vorbild nehmen solle, blieb strittig.[2028]

Entscheidender als diese Frage wurde der ausländische, in erster Linie englische Einfluss auf den Absatz von Handwerkswaren. Auch der treueste Anhänger des Zunftwesens musste zugeben, dass die deutschen Zünfte keine Antwort auf die guten und preiswerten englischen Industriewaren fanden, die den Markt überschwemmten. Seit den 1850er Jahren traten auch deutsche Fabrikanten vermehrt als Wettbewerber auf, die Industrialisierung erfuhr ihren Durchbruch. Die Exporteure, einst überzeugte Anhänger des Zunftwesens, wechselten die Seiten, weil sie sich von zunftfreier Produktion billigere und bessere Produkte versprachen, die sie leichter auf ausländischen Märkten absetzen könnten.[2029]

Die Schwierigkeiten des Strukturwandels ließen viele Handwerker den Glauben an den Nutzen des Zunftwesens verlieren. Nachdem die außerökonomischen Funktionen der Zünfte fast alle entfallen waren, war die Einstellung der Mitglieder zu ihrer Zunft nur mehr traditionalistisch oder ökonomisch-utilitaristisch. Die Jahrhunderte langen Bestrebungen der Obrigkeiten, den Zunftgeist zu demontieren, zeigten ihre Wirkung, das Ansehen des Zunftwesens war bei Außenstehenden wie Mitgliedern auf einem Tiefpunkt angekommen. Die Meister drückten sich vor Zunftversammlungen, Feiern, Leichenbegängnissen und Beitragszahlungen, die sie als zusätzliche Belastung in ohnehin problematischen Zeiten auffassten. In Düsseldorf wurden 1849 mehrere freiwillige Innungen gegründet; sie existierten nur wenige Jahre, weil es ihnen nicht gelang, die Abhängigkeit der Handwerker von den „Magazinen“ zu beenden. Als einige Jahre später die Zünfte in allen deutschen Ländern abgeschafft wurden, weinte kaum ein Handwerker ihnen eine Träne nach. Mit ihren Privilegien erlosch das Interesse der Handwerker an ihren Organisationen.[2030]

Seit den 1850er Jahren erlebte die Konjunktur einen Aufschwung, der bis zum „Gründerkrach“ 1873 anhielt. Die erfolgreichen Handwerker, die davon profitierten und expandierten, fanden keine Gründe mehr, das Zunftwesen zu verteidigen. Weniger erfolgreiche, die in Fabriken abwandern konnten, fielen als Fürsprecher des Zunftwesens ebenfalls aus. Je schärfer die Konkurrenz wurde, desto rascher schwand die Solidarität innerhalb der Zünfte, da der Handwerker neben dem Fabrikanten nicht minder seinen Zunftkollegen als Wettbewerber begriff. Obwohl das

2027 Branding, Einführung, S. 47.

2028 Allgemeine deutsche Real-Encyklopädie für die gebildeten Stände (Conversations-Lexikon), 8. Auflage, 12. Band, Leipzig 1837, S. 543; Braumüller, Beweis, S. 26; Mascher, Gewerbewesen, S. 561.

2029 Branding, Einführung, S. 39.

2030 Lenger, Kleinbürgertum, S. 181; Fischer, Handwerksrecht, S. 72; Emig, Berufserziehung, S. 365; Goldschmidt, Handwerkerbewegung, S. 69; Schwarz, Nahrungsstand, S. 70; Puschner, Handwerk, S. 211f; Emig, Berufserziehung, S. 343f, 353, 367, 369; Haupt/Crossick, Kleinbürger, S. 31; Hoffmann, Interesse, S. 229f; Branding, Einführung, S. 77.

Handwerk auch in dieser Phase zu keiner einheitlichen Position fand, mehrten sich die Stimmen, die sich für Gewerbefreiheit aussprachen. Der Deutsche Handwerkerbund, der in den 1860er Jahren gegen die herrschende wirtschaftsliberale Meinung opponierte, repräsentierte nur wenige Handwerker und erzielte keine nachhaltige Wirkung. Die schweigende Mehrheit wurde zunftmüde und sah allmählich ein, dass es keinen Sinn mehr machte, sich gegen den „Mainstream" zu stemmen. In einer Petition an die zweite badische Kammer klagten die Durlacher Handwerker 1859: „Lehr- und Wanderjahre sowie das Meisterrecht seien nur Beschränkungen für den Fleißigen und Geschickten, heute könne man schließlich in vierzehn Tagen weiterkommen als früher in drei Jahren. Ferner seien die Zunftvorschriften bereits weitgehend hinfällig, da man sich von ihnen loskaufen könne. Durch das Verbot des Übergangs von einem Gewerbe zu einem anderen seien durch den Umschwung der Verkehrsverhältnisse ruinierte Meister daran gehindert worden, sich eine neue Existenz aufzubauen. Die Gewerbefreiheit werde endlich gleiches Recht für alle schaffen." Eine Alternative zu dem Gegensatzpaar Zunftwesen oder Gewerbefreiheit schien nicht vorstellbar zu sein. Die 1860er Jahre wurden in Theorie und Praxis zur goldenen Zeit des deutschen Wirtschaftsliberalismus. Mit den Genossenschaften des Sozialliberalen Hermann Schulze-Delitzsch schien eine gute Alternative zur Verfügung zu stehen.[2031]

Jetzt ging es schnell. Die Ausdünnung des Zunftwesens wurde zu einem sich selbst verstärkenden Prozess. Ohne zünftige Vorschriften konnten Konkurrenten nach Belieben Maschinen und preiswerte Hilfskräfte einsetzen, so dass selbst Handwerke, die noch keinen industriellen Druck verspürten, zur Aufgabe ihres Zunftstatus gedrängt wurden.[2032] Annähernd gleichzeitig beschäftigten sich die Regierungen fast aller deutschen Länder mit der Einführung der Gewerbefreiheit.[2033] Dänemark beschloss 1857, zum 1.1.1862 zur Gewerbefreiheit überzugehen.[2034] Als Impulsgeber für Deutschland wirkte Österreich, das 1859 beschloss, ab dem 1.5.1860 in der gesamten Monarchie Gewerbefreiheit einzuführen. Die Zünfte blieben unter der Bezeichnung „Genossenschaften" als Zwangskörperschaften bestehen, besaßen aber kaum noch Rechte, bis 1883 wieder der Befähigungsnachweis und geregelte Berufslaufbahnen verlangt wurden.[2035] Nachbarschaft wirkte ansteckend: Sachsen ließ sich von Österreich inspirieren, Braunschweig von Sachsen, Lübeck von Hamburg, Hessen-Darmstadt von Preußen.[2036]

2031 Kocka, Arbeitsverhältnisse, S. 32f; Roehl, Beiträge, S. 275; Georges, Handwerk, S. 80; Bessenrodt, Handwerk, S. 80; Sedatis, Liberalismus, S. 93, 102ff (Zitat: S. 103), 110f; Lenger, Kleinbürgertum, S. 195; Kaufhold, Gewerbefreiheit, S. 100; Offermann, Leitbilder, S. 540, 542f; Emig, Berufserziehung, S. 363; Haupt/Crossick, Kleinbürger, S. 178, 206; Offermann, Leitbilder, S. 550; Lenger, Sozialgeschichte, S. 109; Mascher, Gewerbewesen, S. 588; Goldschmidt, Handwerkerbewegung, S. 112–115; Georges, Handwerk, S. 85–88; Barnowski-Fecht, Handwerk, S. 299f; Branding, Einführung, S. 47, 54, 72; Horster, Entwicklung, S. 104.

2032 Branding, Einführung, S. 38.

2033 Mascher, Gewerbewesen, S. 587f.

2034 Nielsen, Wirtschaftsgeschichte, S. 446.

2035 Ehmer, Guilds, S. 121; Mascher, Gewerbewesen, S. 596f; Das historische Gewerbe, S. 12; Otruba, Gewerbe, S. 33–36.

2036 Horster, Entwicklung, S. 137f; Mascher, Gewerbewesen, S. 636; Ziekow, Freiheit, S. 511, 524; Zünfte und Handwerk in Hessen, S. 3.

Die thüringischen Kleinstaaten koordinierten ihr Vorgehen.[2037] Mehrere Länder mussten 1867 die Gewerbefreiheit übernehmen, nachdem sie von Preußen annektiert worden waren.[2038] Mit dem sogenannten Notgewerbegesetz vom 8.7.1868 und der Gewerbeordnung vom 21.6.1869 realisierte der Norddeutsche Bund die Gewerbefreiheit. Diejenigen seiner Mitglieder, die zuvor gezögert hatten, wurden jetzt erfasst, und mithin unterlagen alle deutschen Territorien der Gewerbefreiheit.[2039] Das Gesetz des Norddeutschen Bundes, das sich an die preußischen Bestimmungen von 1845 anlehnte, wurde 1872 vom Deutschen Reich übernommen. Ab dem 1.1.1873 hatte Deutschland ein einheitliches Gewerberecht.[2040]

Einführung der Gewerbefreiheit in Deutschland[2041]	
1810	Preußen
1819	Nassau
1861	Bremen, Sachsen, Oldenburg
1862	Württemberg, Baden, Weimar, Meiningen
1863	Gotha, Reuß jüngere Linie, Coburg, Waldeck, Altenburg
1864	Braunschweig, Frankfurt am Main, Hamburg, Lübeck (Fürstentum), Schwarzburg-Rudolstadt, Schwarzburg-Sondershausen
1866	Hessen-Darmstadt, Lübeck (Stadt)
1867	Schleswig-Holstein, Hessen-Kassel, Hessen-Homburg, Hannover
1868	Bayern, Reuß ältere Linie
1869	Anhalt-Bernburg, Anhalt-Dessau-Köthen, Mecklenburg-Schwerin, Mecklenburg-Strelitz, Lauenburg, Lippe-Detmold, Schaumburg-Lippe, Hohenzollern-Hechingen, Hohenzollern-Sigmaringen

6.3.3. Folgen

Man staunt, mit wie wenig Sachkenntnissen die Diskussionen um die Abschaffung der Zünfte im 19. Jahrhundert geführt wurden. Am Beispiel Preußens wurde bereits erwähnt, dass sich die Debatten weniger an tatsächlichen Folgen der Maßnahmen orientierten als an politischen Gesichtspunkten. Die Befürchtungen der Zunftfreunde waren gewaltig, man erwartete das Schlimmste.

Karl Heinrich Rau, seit 1822 Professor für Nationalökonomie in Heidelberg und der berühmteste Exponent der deutschen Volkswirtschaftslehre bis nach der

2037 Mascher, Gewerbewesen, S. 628–636; Ziekow, Freiheit, S. 487, 490, 492, 494.

2038 Hähnsen, Geschichte, S. 461; Ziekow, Freiheit, S. 471f, 495–499, 506.

2039 Goldschmidt, Handwerkerbewegung, S. 115–119; John, Handwerk, S. 284f; Allgemeine deutsche Real-Enzyklopädie für die gebildeten Stände (Conversations-Lexikon), 11. Auflage, 15. Band, Leipzig 1868, S. 791; Conversations-Lexikon. Allgemeine deutsche Real-Encyklopädie, 12. Auflage, 15. Band, Leipzig 1879, S. 865.

2040 Popp, Entstehung, S. 138.

2041 Daten der Gesetzesbeschlüsse. Böhmert, Beiträge, S. 59; Mascher, Gewerbewesen, S. 617, 628–636; Hemmen, Zünfte, S. 1; Ziekow, Freiheit, S. 456–459, 471f, 487, 490, 492, 494–499, 506f, 511, 515, 517, 519, 522–528; Stieglitz, Zünfte, S. 119; Beck, Wagnerhandwerk, S. 16; Emig, Berufserziehung, S. 365; Hähnsen, Geschichte, S. 461.

Jahrhundertmitte, untersuchte 1816 die potenziellen Wirkungen der Zunftabschaffung. Obwohl aus mehreren Staaten erste Erfahrungen vorgelegen haben dürften, argumentierte er rein vom Standpunkt der Theorie aus.[2042]

Karl Heinrich Rau im Jahr 1816 zu den Folgen der Zunftabschaffung[2043]

„Werden die Schranken hinweggenommen, welche den Gewerbsmann innerhalb eines bestimmten Umfanges von Arbeiten halten, wird also entweder jedem unbedingt frei gegeben, welchen Gegenstand er für seine Thätigkeit aufsuchen will, oder wird wenigstens die Erlaubniß jedem auf Begehren ertheilt, ohne daß man einen Beweis der Geschicklichkeit fordert, oder auf die Anzahl der Berechtigten u[nd] dergl[eichen] Rücksicht nimmt, so wird die nächste Folge eine u n - g l e i c h e B e s e t z u n g d e r G e w e r b e seyn. ... Mancherlei Umstände können der Grund seyn, weßhalb einzelne Beschäftigungen vor andern gewählt werden; z. B. wenn sie leicht zu erlernen sind, oder vollends ohne eigentliche Erlernung mit Hülfe einer angeborenen Gewandtheit ausgeübt werden können, wenigstens so, daß dem Scheine nach brauchbare Waaren oder Dienste hervorgebracht werden. Kommt hierzu noch der Umstand, daß man mit geringem Verlage [Investitionskapital] auskommen kann, so finden sich viele Menschen geneigt, einen solchen Zweig hervorbringender Arbeit zu ergreifen, den sie, wenn er nicht den erwarteten Gewinn geben sollte, eben so schnell und leicht mit einem anderen vertauschen können. ...

Die nothwendige Folge der ungleichen Besetzung ist s t a r k e A e n d e - r u n g der h e r k ö m m l i c h e n P r e i s e, Wohlfeilheit einiger, Theurung anderer Güter. ...

Wenn nicht eine glückliche Fügung, auf die wenigstens nie mit Sicherheit zu rechnen ist, eine Erweiterung des Absatzes zuläßt, so können nicht alle Waaren verkauft werden, die Betriebsamkeit geräth in Stockung, das Ersparniß früheren Wohlstandes wird aufgezehrt, e s f e h l t a n U n t e r h a l t. ... Man setzt also eine Anzahl von Arbeitern des Auslandes in Nahrung, während eben so viele inländische zu Folge einer unrichtigen Besetzung der Gewerbe kümmerlich das Leben fristen. ...

Wird wohl der A b n e h m e r in dieser Lage der Dinge die erwarteten oft und laut begehrten Vortheile genießen? Anfänglich versetzt ihn freilich das schnelle Sinken der Preise in große Freude, er beeifert sich, die Weisheit der Regierung zu rühmen, daß sie endlich den verkehrten Zwang hinweggeräumet habe. Aber bald zeigt sich ihm, daß er manche Gegenstände weit theurer als bisher bezahlen muß. Das unaufhörliche Schwanken der Preise stört ihn in jeder Berechnung, und er macht überdieß die Erfahrung, daß Betrügereien häufiger als vorher eintreten, gegen die er nicht genug auf seiner Hut seyn kann; denn der verarmende Handwerker wird durch die Armuth zu ihnen angetrieben, der andere durch seine Ungeschicklichkeit oder leichtsinnige Gewinnsucht. ...

Ohne sich selbst zu widersprechen kann die Regierung anfangs keinem die Ehe untersagen, und begreiflich werden die Gesellen nicht anstehen, die dargebo-

2042 Sedatis, Liberalismus, S. 55; Rau, Zunftwesen.
2043 Rau, Zunftwesen, S. 98–125.

tene Erlaubniß zu benutzen. Den Anwachs dieser Familien, die, so unbedachtsam angehäuft, nicht bestehen können, planmäßig zu leiten, wäre ein höchst schwieriges Geschäft. Die Unglücklichen ergreifen alle möglichen, gleichviel ob erlaubte oder unerlaubte, Hülfsmittel; hier geht ein verzweifelnder Vater in die weite Welt, dort wird ein gewissenhafterer von Sorgen, Anstrengung, schlechter Kost, Mangel aller Pflege, vor der Zeit ins Grab gestürzt. Nun ist vollends das Schicksal der Hinterbliebenen traurig. Durch einen angenommenen Gesellen das Geschäft fortzuführen, wie dieß der Meisterswittwe möglich gemacht und auf allerlei Weise erleichtert wird, geht nun nicht an. Keiner wird sich bereit finden lassen, für andere zu arbeiten, da ihn nichts hindert, auf eigene Rechnung das Gewerbe zu treiben ...

Die bisher betrachtete Form der Betriebsamkeit [nach der Abschaffung der Zünfte] hat auch auf die Erhaltung und Vorbereitung guter Gewerbskenntniß keine bessere Wirkung, als auf die sichere Ernährung. ... Die Lehrlinge haben ... geringe Lust, Anstrengung und Aufwand an die mehrjährige Erlernung eines Handwerkes zu wenden; es könnte mehreren anderen einfallen, dasselbe zu thun, und so würden auch die Geschicktesten wegen unverhältnißmäßiger Anhäufung keinen Unterhalt finden; selbst von jedem Stümper drohet einige Gefahr. Wo kurze Uebung hinreicht, eines Geschäftes fähig zu werden, fällt dieß zwar hinweg; um so mehr gilt es aber von solchen Gewerben, zu denen eine mühsam zu erlangende Geschicklichkeit ohne vielen Verlag erforderlich ist. Dieser allein kann den starken Andrang abhalten; der begüterte Vater wählt deßhalb seinen Söhnen gerade solche Gewerbe, die ohne beträchtlichen Aufwand nicht unternommen werden können; hier ist es der Reichthum, der einen Vorzug geben kann. Wird dennoch eine förmliche Lehrzeit begonnen, so schwebt dem Lehrling die nahe Aussicht auf Selbstständigkeit unablässig vor Augen. Schon bei geringen Fortschritten meint er genug zu können, er verlangt sehnlich nach der Unabhängigkeit, und noch körperlich und geistig unreif eilt er der gewünschten Freiheit zu. ...

... auch ist das zu Grund gehen weder dem Publikum gleichgültig, denn es muß von dem Erwerbe der Wohlhabenden doch der Arme erhalten werden, und bis er verarmt, kann er viele Abnehmer betrogen haben, noch dem Staate, dem auf diese Art viele brauchbare Bürger verloren gehen.

Schlechte Arbeit fällt nach dem bisherigen unvermeidlich dem Abnehmer zur Last. Wenn gute und schlechte Arbeiter um seine Gunst wetteifern, so wird ebenso oft als jene den Sieg davon tragen, auch der umgekehrte Fall eintreten können. Wenn hier neben dem einen kunstreichen Mann drei Stümper zu Grunde gehen, so wird dort, in einem anderen Gewerbe, wo der Unterschied in der Beschaffenheit der Waaren minder in die Augen fällt, der gleich Geschickte verdrossen, seine Vorzüglichkeit nicht anerkannt, seine Mühe nicht belohnt zu sehen; er bequemt sich am Ende, wie die anderen, nachlässig zu arbeiten, um schneller etwas fertig zu bringen. ...

Auch abgesehen hiervon, wird die Anlegung einer genauen, dem Einkommen jedes Bürgers entsprechenden Gewerbssteuer erschwert. Bei der bisherigen Einrichtung ließ sich immer ein ziemlich sicherer Ansatz erhalten, einzelner, freilich niemals vermeidlicher Unrichtigkeiten nicht zu gedenken. Jedes Gewerbe hatte einen scharf begränzten Wirkungskreis. Man konnte überschlagen, wie viel in jedem Zweige hervorbringender Arbeit von den Handwerkern einer Stadt erzeugt und gewonnen wurde. Eigene Schätzungen der Steuerpflichtigen und Gutachten beeideter Bürger machten es möglich, mit einiger Gewißheit zu bestimmen, wie viel von jenem Einkommen auf jeden einzelnen Meister zu rechnen sei. Nun aber ist alles in unaufhörlichem Schwanken."

Zusammengefasst glaubte Rau nach der Einführung der Gewerbefreiheit arbeitslose und verarmte Produzenten in zerstörten Familienverhältnissen, durch teure und schlechte Waren und Betrug geschädigte Konsumenten, einen mangelhaft ausgebildeten Nachwuchs und niedrige und schwankende Steuereinnahmen des Staates auf die Gesellschaft zukommen. Zum Glück bewahrheiteten sich Raus Alpträume nicht.

Nachdem Preußen 1810 die Gewerbefreiheit eingeführt hatte, blickte die Regierung gespannt auf die beabsichtigten wohltätigen Folgen, die sich jedoch nicht einzustellen gedachten. „Im Gegenteil ließ das Ausbleiben rascher und spektakulärer Erfolge im Staatskanzleramt und unter den Gewerbepolitikern selbst die Frage aufkommen, was die Gewerbefreiheit praktisch eigentlich bewirkt habe. Schon 1814 bedauerte [der Mitarbeiter des Staatskanzlers Hardenberg] Scharnweber, daß sich auf dem platten Lande noch keine wohltätigen Erfolge der Gewerbefreiheit bemerkbar gemacht hätten."[2044] Einige Jahre später jubelte Johann Gottfried Hoffmann, der das preußische Statistische Büro leitete, das ländliche Gewerbe mache gute Fortschritte, dabei dürfte es sich aber um übertriebenen Zweckoptimismus gehandelt haben. In Wirklichkeit schritt die Ausdehnung des Landhandwerks seit Jahrhunderten fort und tat dies auch in Gegenden ohne Gewerbefreiheit. Zum Teil war der Boom darauf zurückzuführen, dass die zuvor streng reglementierte Zahl der Mühlen exorbitant anstieg, was viele Müller in den Ruin trieb.[2045] In Baden und Württemberg machten sich in den ersten Jahren nach der Einführung der Gewerbefreiheit etliche Gesellen selbstständig in Gewerben, die wenig Kapital benötigten. Die Zahl der selbstständigen Schneider, Schuhmacher und Tischler nahm sprunghaft zu, während die der Bäcker und Metzger nahezu konstant blieb. Nach wenigen Jahren kam es zur Marktbereinigung, die nicht konkurrenzfähigen Betriebe verschwanden.[2046] In Bremen trat nicht einmal ein vorübergehender Effekt ein.[2047] Der von Rau befürchtete Abstieg in die Armut erfolgte nicht, weil die meisten deutschen Länder die Gewerbefreiheit in einer Phase der Hochkonjunktur einführten, so dass arbeitslose Handwerker leicht Ersatzarbeitsplätze fanden.

Die vorhergesagten negativen Auswirkungen auf Preise und Qualitäten der Waren traten ebenfalls nicht ein, weil die Konkurrenz der Fabrikwaren den Konsumenten die Substitution von Handwerksprodukten erlaubte. Das Handwerk zog

2044 Vogel, Gewerbefreiheit, S. 202.
2045 Vogel, Gewerbefreiheit, S. 138; Roehl, Beiträge, S. 135–162.
2046 Sedatis, Liberalismus, S. 151–155, 157, 459 ; vgl. Kaufhold, Gewerbefreiheit, S. 107.
2047 Branding, Einführung, S. 85.

sich aus der Produktion von Massenwaren zurück und fand seine neue Aufgabe bei der Unterstützung und Ergänzung der industriellen Produktion. Diese Entwicklung, die Deutschland erst nach 1850 voll erfasste, hatte Rau 1816 noch nicht absehen können.[2048] Ebenso wenig wurden die Steuern aus gewerblichen Einkommen in Mitleidenschaft gezogen, weil die Länder ihr Steuersystem modernisierten, so dass sie mit den neuen Verhältnissen zurecht kamen. Allerdings gab es für einen Rückgang der Ausbildungsqualität, wie von Rau befürchtet, tatsächliche Anzeichen.[2049] Die Sorge um die Ausbildung des Nachwuchses wurde einer der Anlässe für die Novelle zur Gewerbeordnung vom 18.7.1881, die den Innungen wieder die Regelung der Lehrverhältnisse übertrug.[2050]

Einige Beobachter berichten, die Zahl handwerklicher Großbetriebe sei mit der Gewerbefreiheit angestiegen.[2051] Da die Zünfte Betriebsgrößenbeschränkungen gekannt hatten, liegt diese Einschätzung nahe. Man darf aber nicht vergessen, dass Betriebsvergrößerungen nur möglich sind, wenn der Markt mitspielt, und dass sie auch zu Zunftzeiten vorgekommen waren, indem der Interessent eine Sondererlaubnis einholte oder die Vorschriften missachtete. Die Gewerbefreiheit schuf keine neuen Tatbestände, sie verringerte lediglich den bürokratischen Aufwand.[2052] Auch auf das Gedeihen der Fabriken und Verlage, das Landhandwerk und die Innovationskraft der Handwerksbetriebe hatte sie keine messbaren Auswirkungen.[2053] Unabhängig vom Zeitpunkt, zu dem die Gewerbefreiheit eingeführt wurde, entwickelte sich das Handwerk in allen deutschen Ländern parallel.[2054] Staatskanzler Hardenberg hatte 1816 der Stadt Berlin, die sich über die Gewerbefreiheit beschwert hatte, geantwortet, die negativen Erscheinungen seien nicht Folge der Gewerbefreiheit, sondern der misslichen Zeitumstände.[2055] „Die entscheidenden Daten für die wirtschaftliche und soziale Entwicklung Deutschlands im 19. Jahrhundert", so Karl Heinrich Kaufhold, „setzte die Industrialisierung mit ihren unmittelbaren Folgeerscheinungen. Die davon auch auf das Handwerk ausgehenden Einflüsse wirkten ungleich stärker, als es die Gewerbefreiheit konnte."[2056]

2048 Vgl. Kapitel 6.1.2.
2049 Emig, Berufserziehung, S. 434.
2050 Vgl. Kapitel 7.1.2.2.
2051 Barnowski-Fecht, Handwerk, S. 191; Branding, Einführung, S. 86.
2052 Vogel, Gewerbefreiheit, S. 158.
2053 Kaufhold, Gewerbefreiheit, S. 102f; Henning, Einführung, S. 150f, 176f; Goldschmidt, Handwerkerbewegung, S. 3f.
2054 Henning, Einführung, S. 171f; Vogel, Gewerbefreiheit, S. 228f.
2055 Roehl, Beiträge, S. 168ff.
2056 Kaufhold, Gewerbefreiheit, S. 114; vgl. Nipperdey, Deutsche Geschichte 1800–1866, S. 215; Henning, Einführung, S. 176; Fischer, Handwerksrecht, S. 71; Ehmer, Denken, S. 43.

7. AUSBLICK

7.1. NACHWIRKUNGEN

Obwohl seit fast 150 Jahren abgeschafft, hat das Zunftwesen Wirkungen bis zur Gegenwart, die meist nicht auf den ersten Blick erkennbar sind.

7.1.1. Gesellschaft

Die Zünfte waren zwar keineswegs von einem ausgeprägt demokratischen Geist beseelt, retteten aber einige für die demokratische Praxis notwendige Verhaltensweisen über den Absolutismus hinweg.[2057] Das bürgerliche Vereinswesen des 19. Jahrhunderts konnte unmittelbar am Zunftvorbild ansetzen: Statuten bürgerlicher Vereine wurden denen der Zünfte nachgebildet.[2058] Die Unterstützungskassen der Zünfte und Gesellenschaften waren eine der Wurzeln der modernen Krankenkassen. Die Tradition des Zunftwesens brachte das Element der Selbstverwaltung in die Sozialversicherung, das trotz aller staatlichen Interventionen bis heute überlebt hat.[2059] Auf das Nachleben der Zünfte in Redewendungen der Umgangssprache wurde bereits hingewiesen.[2060]

Böse Zungen rechnen dem „zünftigen Wertekanon“ „irrationale Lösungen von Gegenwartsproblemen“ bis hin zur „kleinbürgerliche[n] Wendung zum Faschismus“ zu.[2061] So schmeichelhaft es für die Zünfte wäre, hätten sie lange nach ihrem Ende noch solch großen Einfluss, so entschieden muss diese Auffassung zurückgewiesen werden. In dem Bemühen um eine klare typologische Entgegensetzung von Zunftepoche und moderner Gesellschaft wird das Kind mit dem Bade ausgeschüttet. Weder propagierten die Zünfte einen besonderen „Zunftgeist“ noch unterschied sich ihre tatsächliche Wirtschaftsgesinnung oder -praxis wesentlich von der ihrer Umwelt. Viele angeblich „typische“ Zunfteigenschaften fanden sich auch außerhalb des Zunftwesens oder wurden sogar von dort in das Zunftwesen übernommen.[2062] Spätestens in der zweiten Hälfte des 19. Jahrhunderts verschwanden die letzten Reste zünftiger Lebensart: Nachdem die Organisationen beseitigt worden waren, lebten der „Familienanschluss“ der Mitarbeiter und das Gesellenwandern einige Jahrzehnte fort, solange sie noch ökonomische Bedeu-

2057 Vgl. Kapitel 5.1.4.
2058 Fischer, Handwerksrecht, S. 19; Siemann, Gesellschaft, S. 264.
2059 Vgl. Kapitel 4.6.
2060 Vgl. Kapitel 1.1.
2061 Haupt/Crossick, Kleinbürger, S. 15.
2062 Vgl. Kapitel 4.2. und 4.3.

tung hatten.[2063] Zu Beginn des 20. Jahrhunderts hatten sich die Reste zünftiger Lebensart in bewusst gepflegte nostalgische Nischen zurückgezogen, die bunte Farbtupfer in den grauen Alltag setzen, aber wenig gesellschaftliche Ausstrahlung besitzen.

In Städten der deutschsprachigen Schweiz blieben wirtschaftliche oder politische Zünfte über das Ende des Zunftzeitalters hinaus erhalten. In Freiburg im Üchtgau gab es 1949 noch zwei Zünfte, nachdem im Laufe der Zeit die meisten Zünfte auf der Strecke geblieben waren.[2064] Auch in Zug lösten sich die Zünfte überwiegend auf, als die Gewerbefreiheit eingeführt wurde. Andere wandelten sich zu Vereinen, welche Tradition, Kameradschaft und Geselligkeit pflegen, Faschingsbrauchtum und Wohltätigkeit. Im Laufe der Zeit nahmen diese Vereine nicht mehr ausschließlich Aktive des namengebenden Berufs auf, sondern Menschen verschiedener Berufe. Einige begrenzten die Mitgliederzahl, um Exklusivität zu wahren. In der jüngeren Vergangenheit wurden einst aufgelöste Zünfte neu gegründet.[2065] Die ehemaligen politischen Zünfte Zürichs sind heute Traditionsvereine, welche Geselligkeit, Freundschaft, öffentliche Feste und Lokalpatriotismus auszeichnen. Eine ihrer Hauptaufgaben ist es, einen Umzug zum alljährlichen Sechseläutenfest zu veranstalten. In Zürichs eingemeindeten Ortsteilen wurden neue Zünfte gegründet. Zürichs Zünfte sind nicht in erster Linie dafür bekannt, Wohltätigkeit zu üben, da sie ihren Dienst für die Allgemeinheit vor allem in den Aufwendungen für das Sechseläutenfest und den Unterhalt ihrer Zunfthäuser begründet sehen.[2066] Anders ist es in Basel, wo sich die politischen Zünfte zu einer Art Service-Clubs gewandelt haben. Im Jahr 1880 hatten sie ihre letzten öffentlichen Funktionen verloren. Die Zahl der Zünfte, denen jeder Baseler Bürger – nach Berufen geordnet – beitreten muss, hat sich seither nicht verändert. Die Baseler Zünfte betätigen sich im Unterhalt ihrer Liegenschaften, mit Geselligkeit, der Durchführung von Festen und Spenden für wohltätige Zwecke.[2067] Die Berner politischen Zünfte haben nach wie vor die Aufgabe, für ihre Mitglieder, sofern erforderlich, die Vormundschaft zu organisieren, die von der Armenfürsorge der historischen Zünfte hergeleitet wird. Weniger als ein Zehntel der Berner gehört als „Burger" – im Unterschied zu den „Bürgern" der Einwohnergemeinde – einer Zunft an. Als ihre Aufgaben verstehen sie die Unterhaltung sozialer und kultureller Einrichtungen, finanziert aus der Verwaltung ihrer umfangreichen Liegenschaften, vor allem aus land- und forstwirtschaftlichen Grundstücken.[2068]

In London existieren heutzutage rund 100 Zünfte, darunter einige mit Berufszwang. Ihre Aufgaben sind Geselligkeit, Wohltätigkeit (Universitätsstipendien, Unterhaltung von Privatschulen) und die Wahl des Lord Mayor der City of London, des repräsentativen Bürgermeisters der Londoner Innenstadt.[2069]

2063 Haupt/Crossick, Kleinbürger, S. 230f, 261.
2064 Gutzwiller, Zünfte, S. 20.
2065 Zuger Zünfte, S. 12–34.
2066 650 Jahre Zürcher Zünfte, S. 5, 37ff; Zürichs Zünfte, S. 21, 95, 339; Wanner, Zunftkraft, S. 20.
2067 Wanner, Zunftkraft, S. 50–53.
2068 Zürichs Zünfte, S. 176ff; Hinweise von Max-Peter Kleefeld, Bern.
2069 Zürichs Zünfte, S. 37, 41f.

Deutschland hat seine Zunfttradition rigider gekappt als die genannten Städte der Schweiz und Englands. Öffentliche Aufgaben von Nachfolgevereinen der historischen Zünfte sind in Deutschland undenkbar. Schützenvereine führen sich mit mehr oder weniger Berechtigung auf Zunfttraditionen zurück.[2070] In katholischen Gegenden hat sich Zunftbrauchtum im religiösen Kontext erhalten. Wie am Beginn des Zunftwesens stand in Köln auch an dessen Ende eine Bruderschaft: Nach dem Verbot der Zünfte durch die Franzosen machten die Brauer der Stadt als religiöse Bruderschaft weiter.[2071] Die Münchener Brauer ziehen an ihrem Jahrestag mit Fahne und Lade, die sonst im Stadtmuseum aufbewahrt werden, feierlich vom Marienplatz in die Peterskirche. Die Bamberger Häcker führen zur Fronleichnamsprozession ihre barocken Zunftstangen mit.[2072] In Frankfurt am Main und Miltenberg haben sich Fischer- und Schiffer-Zünfte zu Fischereivereinen umgebildet, die ihre angestammten Fischereirechte verwerten.[2073] Die Würzburger Fischerzunft wurde zum Museumsverein.[2074]

Im Bauhandwerk, vorzugsweise bei Zimmerleuten, sind Traditionsbemühungen zu verspüren, die sowohl an Zünften als auch an Gesellenschaften anknüpfen. In einigen Orten führen Vereine die Tradition der Zünfte in ununterbrochener Linie fort; sie pflegen Brauchtum und Geselligkeit und benutzen die alten Zunftutensilien. Andernorts entstanden derartige Vereine erst nach dem Ende der Zunftzeit. In den neuen Bundesländern wurden sie nach der Wiedervereinigung an einigen Orten wiederbelebt. Neben „ortsfesten“ Vereinen gibt es seit dem Ende des 19. Jahrhunderts solche, die sich speziell des Gesellenwanderns annehmen: die „rechtschaffenen Fremden“, die „Freiheitsbrüder“, die „freien Vogtländer“ und die „Rolandsbrüder“. Sie unterstützen wandernde Gesellen durch Rat und Tat, in einigen Fällen mit Übernachtungsgelegenheiten.[2075]

Der Rolandschacht

Sechs Maurer aus Bremen gründeten am 1. Mai 1891 in Nürnberg den Rolandschacht. Er entstand als Abspaltung von der „Zunft der rechtschaffenen Fremden“, welche Zimmerleute und Dachdecker einerseits sowie Maurer und Steinsetzer andererseits trennte. Der Rolandschacht wollte diese Berufsgruppen vereinen, um die Geselleninteressen wirkungsvoller gegenüber den Meistern durchsetzen zu können. Als Symbol wurde – der Herkunft der Gründer gemäß – der Bremer Roland gewählt, ein Symbol von Recht und Freiheit.[2076] Der Rolandschacht ist ein Dachverband mit Ortsvereinen, deren Mitglieder nach ihrer Lehre mindestens drei

2070 Vgl. Kapitel 4.4.
2071 Scheben, Zunfthaus, S. 166ff.
2072 Roth, Zunftherrlichkeit, S. 156.
2073 Engelhardt, Geschichte, S. 27; Keller/Brod, Fischer, S. 74f, 78.
2074 Brod, Chronik, S. 24.
2075 Kunze, Richtfeste, S. 136–148; Roth, Zunftherrlichkeit, S. 156; Bohnenkamp/Möbus, Gunst, S. 48–69. Der Name der „freien Vogtländer“ ist davon abgeleitet, dass Maurer und Zimmerleute aus dem armen sächsischen Vogtland im 18. Jahrhundert in den Sommermonaten auswärts auf Montage arbeiteten. In Berlin wurde 1751 für sie die Siedlung „Neu Voigtland“ gebaut. (Schultz, Das ehrbare Handwerk, S. 25.)
2076 Richter, Rolandschacht, S. 13ff.

Jahre auf Wanderschaft gewesen sind. Die Ortsvereine gewähren Unterkunftsmöglichkeiten für die Wandergesellen und pflegen Geselligkeit und Brauchtum, etwa den „Zimmermannsklatsch", eine Abfolge von Handklatschen mehrerer Teilnehmer, wie auch Gruß-, Verabschiedungs- und Aufnahmerituale nach altem Vorbild. Eine eigene „Sprache" wird gepflegt, Handwerkslieder werden gesungen, verstorbene Mitglieder zu Grabe getragen. Zu den Utensilien der Mitglieder gehören spezielle Schmuckbänder, Bierkrüge und Tabakpfeifen. Als Tracht wurde die der Hamburger Zimmerleute gewählt. Mitglieder des Rolandschachts sind Mitglied der zuständigen Gewerkschaft des Deutschen Gewerkschaftsbundes. Der Dachverband ist Teil eines europäischen Verbandes der Gesellenvereine. Heutzutage sind neben Gesellen auch Meister, Techniker, Berufsschullehrer und Unternehmer aus nahezu allen Bauberufen Mitglied der Vereinigung.[2077] „Sinn und Zweck des Wanderns ... ist es, junge Handwerksgesellen im Bauhandwerk zu vervollkommnen und sie in Freundschaft und Kameradschaft über Grenzen hinweg zusammenzuführen in einem Geiste, der Recht und Ehre aller Menschen achtet und würdigt. Der Blick über die Grenzen, die Erweiterung des Horizontes, das Kennenlernen anderer Arbeitstechniken und -praktiken ist noch heute in den weltweiten Reisen der Rolandsbrüder lebendige Tradition. Bester handwerklicher Tradition verpflichtet und zugleich dem Fortschritt offen, das ist kein Widerspruch."[2078]

7.1.2. Wirtschaft

Wie bei einer wirtschaftlichen Institution nicht anders zu erwarten, hatte das Zunftwesen Nachwirkungen im Wirtschaftsleben, wenn auch nicht auf das Wirtschaftssystem als Ganzes. Der Wirtschaftsliberalismus entwickelte sich in Deutschland gerade im Kampf gegen das Zunftwesen. In seiner extremen Variante lehnte er jeden Eingriff in das Wirtschaftsgeschehen ab. Als Gegenpol entstanden staatsinterventionistische Lehren bis hin zum Sozialismus und zum „ständischen" Wirtschaftsaufbau der Nationalsozialisten, welche die Marktkräfte weitgehend auszuschalten trachteten. Nach dem Zweiten Weltkrieg versuchte die Soziale Marktwirtschaft die Mitte zu halten, indem sie dem Staat die Rolle zuwies, durch maßvolle Interventionen für das Funktionieren des Marktes zu sorgen. In all diesen Konzeptionen ist für regulierende gesellschaftliche Instanzen wie Zünfte kein Platz vorgesehen, bestenfalls werden sie nolens volens geduldet. Trotzdem gelang es dem Zunftwesen, Impulse gewissermaßen unterhalb der Systemschwelle in das moderne Wirtschaftsleben zu schmuggeln. Genossenschaften, Innungen, Handwerkskammern und Gewerkschaften lassen sich partiell auf Zunfttraditionen zurückführen.

2077 Vgl. Richter, Rolandschacht, S. 23–91.
2078 Richter, Rolandschacht, S. 49.

7.1.2.1. Genossenschaften

Waren die Zünfte Genossenschaften? Für Otto von Gierke und eine Tradition, die ihm folgte, war dies unzweifelhaft.[2079] Vom heutigen Standpunkt aus wird man den Sachverhalt differenzierter betrachten. Typische Zünfte und moderne Genossenschaften unterscheiden sich eindeutig bezüglich der Freiwilligkeit des Ein- und Austritts und tendenziell bezüglich der Gemeinwohlorientierung und des Umfangs und der Vielfalt der Aufgaben. Gemeinsam ist ihnen die Selbstverwaltung, die dem Ideal egalitärer Demokratie folgt, wenngleich wir gesehen hatten, dass dieses Ideal während der Zunftepoche noch gar nicht bestand und folgerichtig die zünftige Wirklichkeit vom später formulierten Idealbild erheblich abwich. Ob man angesichts der Unterschiede Zünfte und moderne Genossenschaften unter einem einheitlichen Genossenschaftsbegriff subsumieren oder für verschiedene Organisationsformen halten möchte, bleibt letztlich Ansichtssache. Jedenfalls ist nicht zu bestreiten, dass sich die Zünfte beim Zunftkauf wie eine Einkaufsgenossenschaft und mit ihren Eigenbetrieben wie eine Produktionsgenossenschaft verhielten.[2080]

Zwischen Zünften und modernen Genossenschaften verläuft eine durchgehende Traditionslinie, wenngleich die modernen Genossenschaften neben den Zünften andere Ursprünge hatten. In kleinem Umfang bestanden mittelalterliche und frühneuzeitliche Genossenschaften bis in das Industriezeitalter fort, vor allem auf dem Land. Zu ihnen gesellten sich seit dem letzten Viertel des 18. Jahrhunderts Neugründungen von Unternehmen, welche teils öffentliche und teils private Rechtsformen hatten, teils philanthropisch und teils rentabilitätsbezogen arbeiteten. Einige dieser Neugründungen hatten genossenschaftsähnliche Formen.[2081] In Preußen wurden seit 1820 Handwerkerkassen gegründet, „die auf das Wirken von Kommunen, Philanthropen oder Gewerbe-, Gesellen- oder Innungsvereinen zurückgingen. Allein in Berlin entstanden in den Jahren 1848/49 rund hundert sogenannter ‚Bezirks-Darlehnskassen'. Die Handwerkerkassen standen häufig in Verbindung mit Gewerbehallen und dienten dann der kurzfristigen Kreditierung der dort angebotenen Waren. Manche nahmen Spareinlagen an oder vergaben Personalkredite gegen Bürgschaft oder Pfand oder langfristige Realkredite. Sowohl zinslose als auch zu den üblichen Sätzen verzinste Kredite kamen vor. Neben der Annahme von Spenden und zinslosen Krediten und der Aufnahme verzinslicher ‚Anleihen', d.h. größerer Einlagen, wurde auch bereits Eigenkapital gebildet, etwa durch die Ausgabe klein gestückelter Aktien oder die Erhebung von Mitgliedsbeiträgen. Die Verwaltung der Kassen erfolgte gewöhnlich durch einen ehrenamtlichen Vorstand ohne Beteiligung der Kreditnehmer. Bei einigen der frühen Kassen mußten die Nutznießer die Mitgliedschaft erwerben und solidarisch für die Schulden haften."[2082] Auch der 1844 ins Leben gerufene Centralverein für das Wohl der

2079 Gierke, Genossenschaftsrecht; Borst, Alltagsleben, S. 462; Schönberg, Bedeutung, S. 133; Hardtwig, Genossenschaft, S. 27.
2080 Vgl. Kapitel 4.2. und 4.3.
2081 Kluge, Geschichte, S. 42ff.
2082 Kluge, Geschichte, S. 43f.

arbeitenden Klassen in Preußen gründete Spar- und Vorschusskassen für kleine Gewerbetreibende. Ähnliche Einrichtungen entstanden seit den 1820er Jahren in Württemberg und (für den Bedarf von Landwirten) in Baden.[2083] Professor Gottfried Kinkel, der Vorsitzende des Bonner Handwerker-Bildungsvereins, forderte 1848 zur Unterstützung des Handwerks unter anderem die Gründung von Einkaufsgenossenschaften und Vorschusskassen.[2084] Forderungen dieser Art fanden sich auch in anderen Programmen der Revolutionszeit, etwa auf den Handwerkerkongressen.[2085] Die „Allgemeine deutsche Arbeiterverbrüderung", die 1848 auf Betreiben Stephan Borns entstand und Gesellen und Arbeiter organisierte, wollte gar die gesamte Wirtschaft und Gesellschaft auf Produktivgenossenschaften aufbauen.[2086]

An dieser Stelle trafen sich Stephan Born und der liberale Politiker Hermann Schulze aus Delitzsch bei Leipzig, mit dessen Auftreten üblicherweise der Anfang der modernen deutschen Genossenschaftsbewegung datiert wird. Nicht zufällig waren die großen Genossenschaftsgründer Schulze-Delitzsch und später Friedrich Wilhelm Raiffeisen in Regionen tätig, in denen es zwar noch Zünfte, aber keinen Zunftzwang mehr gab, und die Handwerker bzw. Bauern Anschluss an benachbarte Wirtschaftsmetropolen suchten. Schulze-Delitzsch und seine politischen Freunde begannen traditionell und gründeten 1849 und 1850 in Delitzsch und dem benachbarten Eilenburg Kranken- und Sterbekassen sowie Bezugs- und Absatzgenossenschaften für einzelne Handwerke, überführten also ehemals zünftige Einrichtungsarten in moderne Form. Im Jahr 1850 folgte mit dem Vorschussverein zu Delitzsch die erste Kreditgenossenschaft, auch sie zunächst an Handwerker adressiert.[2087] Die Übertragung des aus dem Zunftwesen bekannten Konzepts auf den neuen Aufgabenbereich des Bankwesens wurde zum Erfolgsrezept der modernen Genossenschaften. Wie die Arbeiterverbrüderung betrachtete Schulze-Delitzsch die Genossenschaft als „Innung der Zukunft". Sie sollte eine umfassende Gesellschaftsreform in Gang setzen. Selbstständigkeit im Erwerb sei die Basis, auf der Wohlstand, Kultur, Moral und Demokratie, kurz: die erstrebenswerte Gesellschaft aufbaue. An der Spitze stehe die Produktivgenossenschaft, in welcher der Arbeiter zugleich der Geschäftsinhaber ist, während Hilfsgenossenschaften als Vorstufen zu verstehen seien. Im Idealfall sollte die gesamte Wirtschaft von Produktivgenossenschaften getragen werden. In diesem Modell war die Genossenschaft als tragender Grund der Gesellschaft vorgesehen, so wie es – einem idealisierten Bild gemäß – dereinst die Zunft gewesen sei. Etwa seit dem Ende der 1860er Jahre reduzierte Schulze-Delitzsch seine Ziele, weil sich Produktivgenossenschaften kaum entwickelten, Hilfsgenossenschaften aber prosperierten. Prinzipiell hielt er zwar an der Produktivgenossenschaft als Spitze des Systems fest, gestand jetzt aber auch den Hilfsgenossenschaften einen Eigenwert zu. Die Idee der Produktivgenossenschaft wanderte von der liberalen zur sozialistischen Programmatik.

2083 Kluge, Geschichte, S. 44f.
2084 Steindl, Handwerk, S. 177.
2085 Sedatis, Liberalismus, S. 89; Zerwas, Arbeit, S. 167f.
2086 Zerwas, Arbeit, S. 170–257.
2087 Kluge, Geschichte, S. 46; Stieglitz, Zünfte, S. 119.

Hilfsgenossenschaften, so Schulze-Delitzsch in seiner neuen Konzeption, sollten den Mittelstand wirtschaftlich integrieren mit dem Ziel, jede erfolgreiche Genossenschaft irgendwann in eine Aktiengesellschaft umzuwandeln. An ihrer Stelle sollte eine neue Genossenschaft gegründet werden, damit den Unbemittelten jederzeit eine adäquate Organisation zur Verfügung stehe. Mit dem beschränkten Zweck der Unterstützung von Kleingewerbetreibenden, die ohne Genossenschaft keine oder zu teure Leistungen für ihren Betrieb bekamen, gediehen die städtischen Genossenschaften in den folgenden Jahrzehnten hervorragend.[2088] Seit der Mitte der 1850er Jahre wurden die Genossenschaften, die zuerst als Hort des Liberalismus von den Regierungen misstrauisch beäugt worden waren, in politisch neutralisierter Gestalt vom Staat anerkannt. Besonders die Kreditgenossenschaften expandierten, so dass gegen 1880 ein beinahe flächendeckendes Netz städtischer Kreditgenossenschaften vorhanden war.[2089]

Obwohl es ihnen nicht gelang, zur „Innung der Zukunft" zu werden, ist der Beitrag der Genossenschaften nach Schulze-Delitzsch zur Prosperität des Handwerks hoch einzuschätzen. Vor allem den besser gestellten Handwerkern halfen sie, Anschluss an die wirtschaftliche Entwicklung zu finden. Die städtischen Kreditgenossenschaften wurden nach dem Ersten Weltkrieg von Handwerkerbanken zu echten „Volksbanken", das Genossenschaftswesen erschloss neue Geschäftszweige und Mitgliederkreise. Im heutigen deutschen Genossenschaftswesen ist von der ursprünglichen Verankerung im Handwerk nur noch wenig zu spüren.[2090]

7.1.2.2. Innungen und Handwerkskammern

Seit der Mitte der 1870er Jahre stagnierten die Mitgliederzahlen der städtischen Kreditgenossenschaften; ihr Mitglieder- und Geschäftspotenzial war ausgeschöpft, soweit dies nach den Vorstellungen der damaligen liberalen Genossenschaftspromotoren tunlich war.[2091] Bezugs- und Absatzgenossenschaften des Handwerks entwickelten sich eher zaghaft, weil es schwierig war, für die auseinanderstrebenden Bedürfnisse der Handwerker eine gemeinsame Grundlage zu finden. Innerhalb von nicht einmal drei Jahrzehnten hatte das städtische Genossenschaftswesen seine Leistungsfähigkeit bewiesen und seine Grenzen aufgezeigt. Es war zu einer wichtigen Stütze des Handwerks geworden, aber offensichtlich kein Allheilmittel für die Schwierigkeiten des Handwerks in der Industrialisierung.

Als die Grenzen der liberalen Genossenschaftsbewegung sichtbar wurden, kamen neue Forderungen der Handwerkerbewegung zu Tage. Das wirtschaftspolitische Klima veränderte sich in Deutschland – und nicht nur dort – nach dem „Gründerkrach" 1873 weg vom Freihandel in Richtung stärkerer staatlicher Ein-

2088 Kluge, Geschichte, S. 100–103; Thamer, Handwerksehre, S. 95; Fischer, Handwerksrecht, S. 72; Lenger, Phase, S. 242.
2089 Kluge, Geschichte, S. 57f, 71ff, 259, 471.
2090 Georges, Handwerk, S. 83.
2091 Kluge, Geschichte, S. 481.

mischung in wirtschaftliche Angelegenheiten. Die Demokratisierung verhinderte eine Fortsetzung der Politik der 1850er und 1860er Jahre, als die Zünfte von Regierungen und Parlamenten oftmals gegen den Willen der Betroffenen abgeschafft worden waren. Mit Ausnahme der Sozialdemokraten, die der Meinung waren, das Handwerk werde unweigerlich von der Industrie zermahlen werden, buhlten alle Parteien des Reichstags um Wähler aus dem Handwerk. Obwohl die Parteipräferenzen der Handwerker heterogen blieben, führte das Zusammenwirken des parteipolitischen Wettbewerbs mit den kleinen, aber lauten Handwerkerverbänden zu einer – zunächst noch vorsichtigen – Wende in der Handwerkspolitik, die sich des Rückgriffs auf ein idealisiertes Zunftwesen zu ihrer Legitimierung bediente. Parlamente und Presse boten die Bühne für „pressure groups", die sich während des Kaiserreichs auf allen Seiten entfalteten. Die neue Linie wurde unter das Schlagwort der „Mittelstandspolitik" gestellt, mit dem Politik für die mittleren Schichten neue propagandistische Kraft gewann und eine antisozialistische Spitze erhielt.[2092]

Der Zunftfaden riss in Deutschland nie völlig ab. Zwar lösten sich die meisten Zünfte auf, nachdem die Gewerbefreiheit verkündet worden war, ein kleiner Teil von ihnen blieb aber – zumeist unter der Bezeichnung „Innung" – bestehen. Auf einem Kongress in Dresden versammelten sich 1872 Vertreter von 700 Innungen aus 145 deutschen Städten, die 1873 den Verein selbständiger Handwerker und Fabrikanten gründeten.[2093] Innungen wurden sogar neu gegründet, um genossenschaftliche Aufgaben zu übernehmen, die Ausbildungsverhältnisse zu regeln, den Arbeitsnachweis zu organisieren, als Arbeitgeberverband gegenüber Gesellen und Lehrlingen aufzutreten und ein Preiskartell zu bilden. Sie blieben überwiegend erfolglos, weil die Solidarität unter den Mitgliedern, die sich als Konkurrenten betrachteten, zu wünschen übrig ließ. Aber sie transportierten das dreistufige Ausbildungssystem der Zünfte über die Zeit der extremen Gewerbefreiheit hinweg und boten der Politik einen Anknüpfungspunkt, als es darum ging, eine neue Handwerksschutzpolitik zu formulieren.[2094]

Der Staat hatte schon im Vormärz und vermehrt seit 1848 Gewerbevereine unterstützt und seit der Mitte der 1850er Jahre Genossenschaften.[2095] Jetzt weitete er seine Handwerkspolitik auf die Innungen aus. „Die Novelle zur Gewerbeordnung vom 18. Juli 1881 erkannte den Innungen öffentlich-rechtlichen Charakter zu und überwies ihnen die Lehrlingsausbildung sowie die Trägerschaft von sozialen Einrichtungen und Fachschulen unter Bildung von Gesellenausschüssen. 1886 folgten Korporationsrechte für Innungsverbände."[2096] Da das Handwerk für die Industrie mit ausbildete, war die Stärkung der handwerklichen Ausbildung gleich-

2092 Sedatis, Liberalismus, S. 188f; Mayer, Geschichte des deutschen Handwerks, S. 98; Haupt, Wege, S. 10; Winkel, Nationalökonomie, S. 45f; Haupt/Crossick, Kleinbürger, S. 51; Wehler, Gesellschaftsgeschichte III, S. 684f; Lenger, Sozialgeschichte, S. 157ff; Nipperdey, Deutsche Geschichte 1866–1918, S. 259f.

2093 John, Handwerk, S. 286.

2094 Schembs, Dach, S. 72–86; Branding, Einführung, S. 91–98; Fischer, Handwerksrecht, S. 73f; Schultz, Das ehrbare Handwerk, S. 132.

2095 Möller, Gewerbevereine, S. 47–62; Stieglitz, Zünfte, S. 119.

2096 Zünfte und Handwerk in Hessen, S. 22; vgl. Sedatis, Liberalismus, S. 189; Lenger, Sozialgeschichte, S. 155.

zeitig eine Maßnahme der Industriepolitik.[2097] Obwohl seit 1884 die Lehrlingsausbildung Innungsmitgliedern vorbehalten wurde und ab 1887 Nichtmitglieder zur Finanzierung bestimmter Innungsaufgaben herangezogen werden konnten, stieg die Zahl der Innungen nur mäßig an. „Neben den preußischen Westprovinzen zeigten auch die südwestdeutschen Länder nur geringen Enthusiasmus für die wieder aufgewerteten Innungen, denen sich vor allem die Besitzer größerer Betriebe anschlossen." Am Ende des 19. Jahrhunderts umfassten die Innungen weniger als ein Viertel der selbstständigen Handwerker.[2098] Der Staat musste die Handwerker zu ihrem „Glück" zwingen. Der Gesetzgeber beschloss 1897, ab dem Jahr 1900 fakultative Zwangsinnungen zuzulassen: Die Mehrheit der anwesenden Innungsmitglieder in einer zu diesem Zweck einberufenen Versammlung durfte die Mitgliedschaft für alle Handwerker desselben Berufes und Ortes verpflichtend machen. Die neue Möglichkeit wurde rege genutzt, trotzdem blieb bis zum Ersten Weltkrieg weiterhin rund die Hälfte aller Handwerker außerhalb der Innungen.[2099] Im Jahr 1908 wurde außerdem der „kleine Befähigungsnachweis" eingeführt, die Verknüpfung der Ausbildungsberechtigung mit dem Meistertitel.[2100]

Zusammen mit der fakultativen Zwangsinnung wurde die Mitgliedschaft in einer Handwerkskammer eingeführt. Die deutschen Wirtschaftskammern lassen sich zurückverfolgen bis zu den „Kommerzienräten" und „Kommissionen", die vereinzelt schon im 17. Jahrhundert bestanden haben. Sie standen stets im Spannungsfeld zwischen den Polen eines Selbstverwaltungs- und eines Staatsorgans. Die Franzosen führten in den von ihnen besetzten deutschen Gebieten zu Beginn des 19. Jahrhunderts Handels- und Gewerbekammern ein. Die Handwerkerkongresse der Revolutionsjahre 1848/49 stellten Forderungen nach Kammern auf. Preußen erlaubte daraufhin im Jahr 1849 „Gewerberäte". In den meisten deutschen Bundesstaaten gab es 1871 für den Handel, manchmal auch für das Gewerbe Vertretungskörperschaften.[2101] „Als der Preußischen Regierung in dem 1893 gegründeten Bund der Landwirte eine starke agrarpolitische Opposition erwuchs, ergriffen im Gegenzug einzelne Abgeordnete die Initiative zur Schaffung von Kammern als Vertretungskörperschaften des gesamten landwirtschaftlichen Berufsstandes." Das preußische Beispiel wurde bis 1909 von elf deutschen Bundesstaaten nachgeahmt.[2102] Jetzt fehlten nur noch die Handwerker als große Wirtschaftsgruppe, die zum 1.4.1900 ihre Kammern bekamen. Diese sollten Forderungen der Handwerkerlobby befriedigen und die Tätigkeit der Lobbyisten in geordnete und vom Staat zu kontrollierende Bahnen lenken. Protestpotenzial der fakultativen Zwangsinnungen wurde auf diese Weise neutralisiert. Die Handwerkskammern wurden halbstaatliche Institute, die im gesamten Reich gleichmäßig gebildet wurden. Ihre Mitglieder wurden von Innungen, Gewerbe- und anderen Handwerkervereinen gewählt, so dass ausschließlich organisierte Betriebsinhaber

2097 Felleckner, Zünfte, S. 6f, 9.
2098 Lenger, Sozialgeschichte, S. 156.
2099 Lenger, Sozialgeschichte, S. 157; Zünfte und Handwerk in Hessen, S. 22.
2100 Lenger, Sozialgeschichte, S. 157.
2101 Mascher, Gewerbewesen, S. 492f; Eyll, Berufsständische Selbstverwaltung (Band 3), S. 73f, 77, 81.
2102 Eyll, Berufsständische Selbstverwaltung (Band 3), S. 80.

in den Kammern vertreten waren. Angelegenheiten der Gesellen wurden von Gesellenausschüssen wahrgenommen. Die Kammern sollten Innungen gründen, Lehr- und Prüfungsbedingungen festsetzen, Gesellen- und Meisterprüfungen abnehmen und das Handwerk mit Fachschulen, Genossenschaften, Unterstützungskassen, Vorträgen, Kursen und Ausstellungen fördern. Außerdem hatten sie die Interessen der Handwerker beim Staat zu vertreten. Was die Innungen für einzelne Berufe auf der örtlichen Ebene, waren die Kammern für alle Handwerke einer größeren Region, etwa eines Regierungsbezirks.[2103]

Fakultative Zwangsinnungen und Handwerkskammern bedeuteten keine Rückkehr zum Zunftwesen. Die Zwangsrechte der neuen Institutionen blieben sehr beschränkt. Wo Mitgliedschaftszwang herrschte, beinhaltete er lediglich die Beitragspflicht und die Pflicht, sich den Ausbildungsvorschriften zu unterwerfen. Für die Geschäftstätigkeit und politische Artikulation der Mitglieder unterbreiteten Innungen und Kammern Angebote, die ein Mitglied nicht in Anspruch zu nehmen brauchte.

Die Weimarer Republik wurde zur großen Zeit der gesellschaftlichen Organisationen: Vereine aller Sparten, Parteien und parteinahe Organisationen, kirchliche Verbände und Genossenschaften erlebten traumhafte Zuwächse ihrer Mitgliederbestände. So auch die Innungen, deren Mitgliederzahlen sich von 1907 bis 1926 verdoppelten. Der Schwerpunkt verschob sich von freiwilligen zu Zwangsinnungen.[2104] „Im Mittelpunkt der Debatte um die Situation des Handwerks standen die Schlagworte Sozialisierung und Kommunalisierung. Der wirtschaftlichen Instabilität versuchte man durch Schaffung weiterer Zwangsinnungen zu begegnen. Ihre obligatorische Einführung wurde aber nicht erreicht. Die Novelle zur Gewerbeordnung schuf 1929 aber die Handwerkerrolle, in die die Handwerkskammern alle Handwerksbetriebe ihres Bezirkes einzutragen hatten. Das bisher übliche indirekte Kammerwahlrecht wurde nun dem demokratischen allgemeinen, gleichen, geheimen und unmittelbaren Reichstagswahlrecht angepaßt. Die Befugnisse der Gesellenausschüsse wurden erweitert.“[2105]

Etwa seit 1930 erfolgte im Handwerk ein politischer Rechtsruck zur NSDAP, wenngleich nach wie vor viele Handwerker der konservativen Wirtschaftspartei, der SPD oder dem katholischen Zentrum nahe standen.[2106] Das nationalsozialistische Regime erfüllte Forderungen der Handwerkerlobby, die seit Jahrzehnten erhoben worden waren. Im Jahr 1934 wurde die Mitgliedschaft in der zuständigen Innung verpflichtend; alle Innungen eines Ortes wurden in Kreishandwerkerschaften zusammengefasst. Ein Jahr später wurde der „große Befähigungsnachweis“ verwirklicht, der die Betriebsleitung von der Meisterprüfung abhängig macht. Parallel zur Entwicklung in anderen Wirtschaftsbereichen sollten diese Maßnahmen nicht nur Wahlversprechen einlösen, sondern die Betroffenen vollständig erfassen und strikt der staatlichen Kontrolle unterwerfen. Um den „totalen Krieg“ mit weniger Personal und Reibungsverlusten organisieren zu können, wurden

2103 Stremmel, Destillat, S. 63–97.
2104 Lenger, Sozialgeschichte, S. 187.
2105 Zünfte und Handwerk in Hessen, S. 27.
2106 Lenger, Sozialgeschichte, S. 190–193.

1943 die Industrie- und Handelskammern, Wirtschafts- und Handwerkskammern in „Gauwirtschaftskammern" konzentriert.[2107]

Nach der Kapitulation des Deutschen Reiches am 8. Mai 1945 lösten die Alliierten die Gauwirtschaftskammern auf. Innungen und Kammern konstituierten sich rasch wieder, angelehnt an ihren Status vor 1933. Die alten Regelungen wurden weitergeführt oder leicht modifiziert. Die Innungen verloren ihren Zwangscharakter.[2108] Die unterschiedlichen Regelungen der Besatzungszonen und Länder vereinheitlichte die Handwerksordnung 1953. Sie behielt die bewährte Linie mit geringfügigen Anpassungen bei. Abgesehen von der Aufweichung des großen Befähigungsnachweises seit 1998 sind die Grundstrukturen der Handwerksordnung bis zur Gegenwart unverändert.[2109]

7.1.2.3. Gewerkschaften

Was Genossenschaften, Innungen und Handwerkskammern für die Betriebsinhaber waren, wurden Gewerkschaften für die abhängig beschäftigten Handwerker. Historiker streiten darum, ob die Gewerkschaften der Zunftgesellen- oder der Manufaktur- und Fabrikarbeiterbewegung entstammen. Beide Ansichten sind berechtigt. Die gewerkschaftliche Massenbewegung nach der Aufhebung des Sozialistengesetzes im Jahr 1890 war der Struktur ihrer Mitgliedschaft und ihrem Selbstverständnis nach in der Hauptsache Teil der Arbeiterbewegung. In der Entstehungsphase der Gewerkschaften war das anders. Überall in den Industrieländern stellten städtische Handwerker die soziale Basis der frühen Gewerkschaftsbewegung. Die Zahl der reinen Fabrikarbeiter war noch gering, die gewerkschaftlich aktiven Fabrikarbeiter waren meist Gesellen, die handwerklich gelernt hatten und dann in die Fabrik gewechselt waren. Die Lebenslagen von Arbeitern und Gesellen glichen sich zunehmend an, da das Wohnen im Meisterhaushalt und der Gesellenzölibat immer seltener wurden. In der Revolution von 1848 war es eine der Hauptforderungen der Gesellen, den Wechsel zwischen Fabriken und Zünften zu erleichtern.[2110] Seit den 1870er Jahren versuchten Gewerkschafter, die Gesellenschaften als historisches Identifikationsangebot für die Gewerkschaftsbewegung fruchtbar zu machen.[2111]

Was brachten die Gesellen in die Gewerkschaftsbewegung ein? Ihr vielleicht wichtigstes Erbe für die Gewerkschaften war ihre Organisationserfahrung: Sie kannten sich aus im Umgang mit Arbeitgebern einschließlich der Durchführung von Streiks und in der Verwaltung autonomer Organisationen samt Kassenwesen

2107 Zünfte und Handwerk in Hessen, S. 28; Eyll, Berufsständische Selbstverwaltung und Verbände, S. 692.

2108 Eyll, Berufsständische Selbstverwaltung (Band 5), S. 351ff; Georges, Handwerk, S. 311–315.

2109 Eyll, Berufsständische Selbstverwaltung (Band 5), S. 357f; Schembs, Dach, S. 155; Zünfte und Handwerk in Hessen, S. 30; Gesetz zur Ordnung des Handwerks, S. 9–92.

2110 Lenger, Phase, S. 233; Boch, Zunfttradition, S. 39, 63; Lenger, Kleinbürgertum, S. 16; Kocka, Traditionsbindung, S. 341; Fischer, Einführung, S. 217; Kaschuba, Gesellenkampf, S. 388f.

2111 Reininghaus, Entstehung, S. 9; Reininghaus, Gesellenvereinigungen als Problem, S. 265.

und Geselligkeit und verfügten über ein überregionales Kommunikationsnetz. Wanderungen über weite Distanzen waren für sie nichts Ungewöhnliches, weshalb es nicht überrascht, dass die demokratischen und sozialistischen deutschen Gruppierungen in Frankreich und der Schweiz während des Vormärz einen hohen Anteil an Handwerksgesellen hatten. Die Kader des ADAV Ferdinand Lassalles, des Vorgängers der SPD, rekrutierten sich primär aus ehemaligen Zunfthandwerkern. In einigen Fällen wandelten sich Gesellenschaften direkt in Gewerkschaften um. Häufiger holten sich Gewerkschaften personelle oder finanzielle Unterstützung von Gesellenschaften oder Unterstützungskassen oder integrierten diese in ihren Verband. Symbole und Utensilien der Gesellenschaften gingen in die Gewerkschaftsbewegung ein. Für die Gründung der Ortsgruppe einer Gewerkschaft konnte das Anschriftenbuch des Altgesellen sehr hilfreich sein. Gewerkschaften zahlten ihren Mitgliedern Wanderunterstützung und Hilfe im Notfall und führten für sie einen Arbeitsnachweis analog den Traditionen des Zunftwesens. Die ersten Gewerkschaften, welche die Grenzen einer einzelnen Stadt überschritten, wurden 1848 von Buchdruckern und Zigarrenmachern gegründet, zwei Berufen mit handwerklichem Hintergrund, wenn auch durch großbetriebliche Strukturen über das Zunfthandwerk hinausgewachsen. Die Düsseldorfer Buchdrucker verwendeten 1868 ihre Krankenkasse als Streikkasse.[2112]

Die Vielfalt arbeitsrechtlicher Regelungen in Tarifverträgen hat Vorläufer in den Regularien der Zünfte. „Die ‚Preisverzeichnisse' genannten, gedruckten Tarifverträge zwischen den Schleifern und den Verleger-Fabrikanten [in Solingen in den 1870er Jahren] ähnelten in frappanter Weise der letzten zünftigen ‚Messerlohnsatzordnung' von 1789, die bis zur Aufhebung der Solinger Zünfte im Jahre 1811 gegolten hatte. 1877 entstand in Solingen sogar erneut ein paritätisch besetztes Schiedsgericht, die ‚Vergleichskammer', welche wie ihre Vorläufer der Zunftzeit über die einheitliche Entlohnung und das Qualitätsniveau der Schneidwaren zu wachen hatte."[2113]

Selbstverständlich verlief der Übergang von Gesellenschaften zu Gewerkschaften weder bruchlos noch geradlinig. Klassenkämpferische Gewerkschafter warfen den Gesellenschaften ein rückständiges Bewusstsein vor. In Hamburg spalteten sich während des Vormärz die Gesellenschaften in zwei Gruppen, deren eine am alten Herkommen festhalten wollte, während die andere den Übergang zur Arbeiterbewegung nahtlos vollzog. In politischen Kontexten und bei Unterstützungskassen arbeiteten die Gesellen oft mit Meistern zusammen. Vom Handwerkerkongress der Meister spalteten sie sich 1848 erst ab, als die Meister sie verschmähten. Die Gewerkschaften der Buchdrucker und Zigarrenmacher sahen keinen Widerspruch darin, sich nach dem Muster einer abgeschlossenen Zunft um Verbesserungen ihrer Position zu kümmern, indem sie Zugangsbeschränkungen für ihren Beruf verlangten. Die Zahl der Gesellenschaften und die Solidarität der

2112 Fischer, Einführung, S. 216; Reininghaus, Gesellenvereinigungen als Problem, S. 270; Limmer, Gewerkschaftsbewegung, S. 18; Fülberth, Entwicklung, S. 25; Lenger, Kleinbürgertum, S. 203, 206; Lenger, Sozialgeschichte, S. 82f; Todt/Radandt, Frühgeschichte, S. 60–64; Kocka, Traditionsbindung, S. 354f; Kocka, Einführung, S. 464; Herzig, Kontinuität, S. 319.

2113 Boch, Zunfttradition, S. 66f.

Gesellen waren im Zuge der Repression seit dem Ende des 18. Jahrhunderts erheblich zurückgegangen. Viele Gesellenschaften waren aufgelöst worden oder hatten ihre Selbstständigkeit verloren. Streiks fanden zwischen 1806 und 1848 ausgesprochen selten statt; anders als spätere Streiks der Gewerkschaften blieben sie örtlich beschränkt. Die für gewerkschaftliche Ziele nutzbaren Gesellentraditionen waren also bereits sehr ausgedünnt, als sich die Keime der Gewerkschaftsbewegung zeigten. Seit den 1860er Jahren überwanden die Gewerkschaften berufliche Grenzen, die für die Gesellenschaften stets maßgebend geblieben waren.[2114]

Die Unterstützung gewerkschaftlicher Ziele differierte je nach Beruf der Gesellen. Zimmerer und Maurer gründeten frühe und effektive Gewerkschaften. Sie blieben auch nach dem Ende der Zünfte stolze Handwerker, die auf den Baustellen eine günstige Kommunikationsstruktur und beinahe während des gesamten 19. Jahrhunderts eine hervorragende Baukonjunktur vorfanden, so dass sie mit guten Erfolgsaussichten Forderungen an ihre Chefs stellen konnten. Schneider, Schuster und Tischler, Angehörige überlaufener Massenberufe, blieben den Gewerkschaften fern, obwohl sie sich rege an der politischen Arbeiterbewegung beteiligten. Diese Berufe arbeiteten oft für Kaufleute, die Bekleidungs- oder Möbelmagazine betrieben, und sahen kaum Chancen, ihre Abhängigkeiten durch gewerkschaftliches Vorgehen zu erleichtern.[2115]

7.2. JENSEITS DER GRENZEN

Zunftartige Handwerkerorganisationen waren keine deutsche oder europäische Erfindung. Die frühesten Organisationen dieser Art scheint es in Indien gegeben zu haben. R. C. Majumdar hielt indische Zünfte vor 800 v. Chr. für wahrscheinlich.[2116] Da sich diese Aussage lediglich auf die Interpretation einiger Worte in einer literarischen Quelle bezieht, darf man sie mit Fragezeichen versehen. Die Gelehrten stimmen aber darin überein, dass zumindest seit Buddhas Zeiten im 5. Jahrhundert v. Chr. im nördlichen Indien Zünfte existiert hätten. Die Erblichkeit von Handwerksberufen, Gewerbegassen und -dörfer und Vorsteher sind aus dieser Epoche überliefert. Aus den zwei Jahrhunderten nach Buddha ist bekannt, dass die Könige ihre Handwerker bei wichtigen Gelegenheiten in Gruppen versammelten und Vorsteher dieser Gruppen wichtige Positionen in der staatlichen Verwaltung einnahmen. Streitigkeiten zwischen den Gruppen wurden vom königlichen Schatzmeister geschlichtet. Die Gruppen verfügten über Rechtsprechungsbefugnisse in Privatangelegenheiten ihrer Mitglieder. Für die Beteiligung an gemeinsamen Arbeiten und die Verteilung der Löhne gab es Regeln. Auch als militärische Einheiten traten die Gruppen auf.[2117] In der Zeit vom 2. Jahrhundert vor bis

2114 Fischer, Einführung, S. 216; Tenfelde, Entstehung, S. 42ff; Lenger, Kleinbürgertum, S. 177, 183; Todt/Radandt, Frühgeschichte, S. 68–79, 107–152, 200–207; Kocka, Traditionsbindung, S. 354f, 358ff; Kocka, Einführung, S. 463f; Herzig, Kontinuität, S. 319.

2115 Boch, Zunfttradition, S. 41ff, 48.

2116 Majumdar, life, S. 13.

2117 Fick, Gliederung,, S. 177–183; Prasad, Cities, S. 6; Rhys Davids, India, S. 96f; Majumdar, life, S. 21–29.

zum 3. Jahrhundert nach Christus sind staatliche Interventionen zugunsten von Handwerkerorganisationen belegt, welche die Wichtigkeit dieser Organisationen unterstreichen. Die Organisationen erhielten staatliche Kredite und liehen ihrerseits Geld aus.[2118] Bis zu diesem Zeitpunkt lässt das dürftige Material noch keine klare Aussage darüber zu, welchen Autonomiegrad die Organisationen aufwiesen. Obwohl die Forscher sie durchweg als Zünfte einstufen, könnte es sich auch um behördenartige Institutionen gehandelt haben. Erst im 4. und 5. Jahrhundert n. Chr. sprudeln die Quellen so reichhaltig, dass ein eindeutiger Beweis indischer Handwerkerzünfte zu führen ist. Die Zünfte betätigten sich mit dem Bau von Versammlungshäusern, Tempeln, Bädern und Gärten und halfen armen Leuten bei religiösen Verrichtungen. Ihre Verwaltung bestand aus einem Vorsteher und mehreren weiteren Vorstandsmitgliedern, welche bei Verstößen gegen Zunftvorschriften über Mitglieder richten durften. Letzte Berufungsinstanz der Zunftgerichtsbarkeit war der König. Auf Mitgliederversammlungen konnten Vorsteher abgesetzt werden. Mitglieder mussten Beiträge entrichten. Die Zünfte spielten auch eine nicht näher zu bestimmende Rolle in der Gemeindeverwaltung. Ob Zunftzwang herrschte, ist unbekannt.[2119] Beispiele aus späteren Epochen geben Anlass zu der Vermutung, dass Zünfte in Indien eine ununterbrochene Kontinuität bis zum Beginn des 20. Jahrhunderts hatten.[2120]

Mark Wischnitzer wollte anhand einiger Bibelstellen nachweisen, dass bereits in alttestamentlichen Zeiten, Jahrhunderte vor dem Hellenismus, jüdische Zünfte existierten. Die Belegstellen, die Wischnitzer anführte, sind jedoch so dünn, dass große interpretatorische Kraft nötig ist, um sie im gewünschten Sinne zu verstehen.[2121] Im klassischen antiken Griechenland gab es eine geringe Anzahl Kultverbindungen, die sich der Verehrung einer bestimmten Gottheit widmeten und ausschließlich Handwerker aufnahmen. Die große Bedeutung der Sklaverei im Handwerk scheint darüber hinausgehende Handwerkerorganisationen verhindert zu haben.[2122] Die ersten ägyptischen Zünfte entstanden zu Beginn des 3. Jahrhunderts v. Chr.: Müller, Bierbrauer, Eisenarbeiter und Fischer schlossen sich während der ptolemäischen Herrschaft in Berufsverbänden zusammen, aber auch Transportarbeiter, Priester, Beamte, Soldaten und Kaufleute.[2123] Von den römischen Kollegien war schon die Rede; aus staatsrechtlichen und religiösen Vereinigungen wurden sie in der Kaiserzeit zu wirtschaftlichen Verbänden.[2124]

Die Antike überdauerten Zünfte in Indien und im Römischen Reich bzw. dessen Nachfolger, dem Byzantinischen Reich. Im Frühen und Hohen Mittelalter entstand das europäische Zunftwesen, zunächst in Italien, anschließend in West- und Mitteleuropa.[2125] Von Deutschland aus wurden Nord-, Ost- und Südosteuropa für das Zunftwesen erschlossen. Die dänischen Zünfte entwickelten sich seit dem

2118 Majumdar, life, S. 29–35.
2119 Majumdar, life, S. 47–60.
2120 Majumdar, life, S. 65, 78ff; Unwin, Gilds, S. 2f.
2121 Wischnitzer, History, S. 2, 11f, 48.
2122 Burford, Künstler, S. 48–60, 191f.
2123 San Nicolò, Vereinswesen I, S. 66–206, insbesondere S. 72, 77, 83, 94.
2124 Vgl. Kapitel 2.1.
2125 Vgl. Kapitel 2.1.

14. Jahrhundert nach dem Vorbild der deutschen Hansestädte. Sie konnten auf einem ausgedehnten Bruderschaftswesen aufbauen.[2126] Dänemark und die Hanse beeinflussten maßgeblich das Zunftwesen in Schweden, das seit dem 14. Jahrhundert nachzuweisen ist. Das schwedische Zunftwesen erreichte im 17. und 18. Jahrhundert eine nennenswerte Größenordnung und strahlte im Zuge der schwedischen Großmachtpolitik auf das Baltikum aus.[2127] In Norwegen bildeten sich Zünfte unter dem Einfluss deutscher Zuwanderer seit dem 13. Jahrhundert, wenn auch nur in einzelnen Städten.[2128] Die deutsche Ostsiedlung war verantwortlich für die Anfänge des Zunftwesens im Baltikum, in Böhmen und Mähren, Polen, Ungarn und auf dem Balkan seit dem 13. Jahrhundert. Deutsche Siedler brachten die aus der Heimat bekannte Organisationsform mit, die neuen Städte übernahmen mit dem deutschen Stadt- das Zunftrecht, und einheimische Herrscher förderten ihre Wirtschaft, indem sie sich an der materiellen Kultur Deutschlands orientierten.[2129]

In Europa blieb einzig Russland zunftfrei. Das russische Handwerk war noch im 17. Jahrhundert auf einem bescheidenen Stand. Handwerker waren innerhalb adeliger Grundherrschaften tätig, auf dem Land und in wenigen größeren Städten. Das städtische Handwerk war – vor allem in den technologisch entwickelten Zweigen – oft in der Hand von Einwanderern, besonders Deutschen. Als erster russischer Herrscher bemühte sich Zar Peter der Große systematisch um Gewerbepolitik. Auf Reisen im westlichen Europa hatte er sich über die damals moderne merkantilistische Wirtschaftspolitik informiert. Der Schwerpunkt seiner Gewerbeförderung lag bei der Errichtung von Manufakturen. Gegen Ende seiner Regierungszeit wandte er sich dem Handwerk zu. Um dessen Niveau zu heben, versuchte er im Jahr 1720, Zünfte zu etablieren. Diese blieben freiwillige Organisationen, wenn der Staat auch Druck auf die Handwerker ausübte, ihnen beizutreten. Es gab weder Privilegien noch Betriebsgrößenbeschränkungen; die Zünfte sollten mit Hilfe der Warenschau die Produktqualität erhöhen. Der Ukas des Zaren wurde nur in Petersburg und Moskau angewandt, und auch dort lösten sich die Zünfte nach wenigen Jahren wieder auf. Das gescheiterte Experiment wurde von den Nachfolgern Peters nicht fortgeführt. Katharina II., die 1762 den Thron bestieg, beendete die merkantilistische Wirtschaftspolitik Russlands endgültig.[2130]

Das europäische Zunftwesen wies trotz aller Varianten von Ort zu Ort, ja von Zunft zu Zunft, ein erstaunliches Gleichmaß auf, bis zu den Utensilien der Zunft-

2126 Hegel, Städte I, S. 241–249; Hoffmann, Gilden, S. 25.

2127 Hoffmann, Gilden, S. 30; Hegel, Städte I, S. 344f; Lindström, Stadt, S. 170–193; Soom, Zunfthandwerker, S. 208f; Edgren, Zünfte, S. 233.

2128 Hoffmann, Gilden, S. 20; Hegel, Städte I, S. 435–440; Blom, Ursprung, S. 25f; Riis, in: Lexikon des Mittelalters. Studienausgabe, Stuttgart/Weimar 1999, Band IX, Sp. 703.

2129 Ennen, Die europäische Stadt, S. 150; Bräuer, Grundzüge, S. 19; Haupt, Wege, S. 17; Spiesz, Zunftwesen, S. 296; Bak, in: Lexikon des Mittelalters. Studienausgabe, Stuttgart/Weimar 1999, Band IX, Sp. 704; Samsonowisz, in: Lexikon des Mittelalters. Studienausgabe, Stuttgart/Weimar 1999, Band IX, Sp. 704f; Hlavácek, in: Lexikon des Mittelalters. Studienausgabe, Stuttgart/Weimar 1999, Band IX, Sp. 705; Kaplinski, Zunftzeichen, S. 128, 131, 140ff; Rösler, Beitrag, S. 28; Roth, Vorwort, S. 7.

2130 Black, Guilds, S. 123; Ordega, Gewerbepolitik, S. 7, 31, 80, 87, 92f, 95f, 139.

kultur.[2131] Die so erfolgreiche Organisationsform Zunft wurde mit ihren Regeln vorbildlich für das Handwerk insgesamt ebenso wie für eine Reihe nichthandwerklicher Berufe.[2132] Gegen Ende des Mittelalters konnte man mit gutem Recht von einem einheitlichen europäischen Zunftwesen sprechen, wenn auch in europäischen Randzonen und auf dem Land Abstriche vom klassischen Zunftmodell hingenommen werden mussten. Das Zunftwesen Englands unterschied sich vom kontinentalen, weil England die Erfindung des Gesellen und des Gesellenwanderns nicht vollzog.[2133] In Frankreich und den Niederlanden verbreiteten sich Zünfte weniger als im deutschsprachigen Raum.[2134] Mit dem Erstarken der Nationalstaaten während der Frühen Neuzeit differenzierte sich das Zunftwesen aus. In Ländern mit einer starken zentralen Regierung wurde es deren Zielen stärker dienstbar gemacht als in föderalistisch verfassten Staaten. Länder mit bedeutendem Fernhandel wie England und die Niederlande ordneten – wie zuvor schon die Hansestädte – ihr Zunftwesen stärker den Interessen des Handels unter. Trotzdem ähnelten sich die Strukturen des Zunftwesens bis zum ausgehenden 18. Jahrhundert in allen europäischen Ländern, die es eingeführt hatten.

Die arabischen Länder kannten zu Mohammeds Lebzeiten keine Zünfte. Die islamische Expansion nach Mohammeds Tod brachte den eroberten Gebieten zwar einen kräftigen Modernisierungsschub, aber kein Zunftwesen.[2135] Im maurischen Spanien gab es am Königshof eine große Zahl Hofhandwerker. In den Städten lebten Händler und Handwerker in besonderen Straßen oder Vierteln. Da die Bevölkerung in einem streng hierarchischen System eng an das Herrscherhaus gebunden war, konnten selbstständige Zünfte nicht entstehen.[2136] Auch die christlichen Kreuzfahrerstaaten Palästinas blieben im 12. und 13. Jahrhundert ohne Zünfte. „Zwar waren Handwerker gleichen Gewerbes in jeweils einer Straße konzentriert, aber nur zum Zweck der Überwachung und Besteuerung, und allein die Ärzte scheinen ein Kollegium gebildet zu haben, dem unter dem Vorsitz des Bischofs die Examination und Lizenzierung fremdländischer Ärzte oblag. Es ist ganz klar, warum es nicht zur Zunftbildung kam. Nie hätten sich fränkische Handwerker mit syrisch-christlichen, jüdischen oder griechisch-orthodoxen Handwerkern, die es ja gab, in einer Zunft vereinigt. Damit war *a priori* der Zweck der Zunft, nämlich die Regulierung des Marktes von der Angebotsseite her, unerreichbar, ebenso wie man in einem dringend auf Einwanderung angewiesenen Land neue fränkische Handwerker nicht hätte abweisen können."[2137]

Die ersten islamischen Zünfte entstanden im Osmanischen Reich. Unter dem Namen „futuwwa" kannten die islamischen Regionen Vorderasiens bruderschaftsartige Bünde. Diese fanden eine Fortsetzung in Anatolien seit dem 13. Jahrhundert unter dem Namen „Achitum". Der Achi war Vorsteher einer Gemein-

2131 Nagybákay, Quellenwert, S. 90.
2132 Reininghaus, Stadt, S. 9; vgl. Kapitel 4.1.1.
2133 Spiesz, Zunftwesen, S. 293.
2134 Spiesz, Zunftwesen, S. 294; Lis/Soly, Exportgewerbe, S. 49, 52f; Lourens/Lucassen, Gilden, S. 68, 77.
2135 Epstein, Wage labor, S. 48.
2136 Klein, Gilds, S. 168; Clot, Spanien, S. 100, 179, 204, 245, 266, 271, 276, 326.
2137 Mayer, Geschichte der Kreuzzüge, S. 162.

schaft junger unverheirateter Männer, vornehmlich aus dem Handwerkerstand, die für ihre allabendlichen Treffen ein Klubhaus unterhielten und durchreisende Fremde bewirteten. Aspekte des Achi-Brauchtums wurden von den späteren osmanischen Zünften übernommen.[2138] Bei ihrem Vordringen auf den Balkan seit dem 14. Jahrhundert und im Kontakt mit Byzanz, das sie 1453 eroberten, lernten die Osmanen Zünfte kennen. Seit dem 16. Jahrhundert kamen Zünfte unter der Bezeichnung „esnaf" im gesamten Osmanischen Reich vor. Sie ähnelten den europäischen in vielerlei Hinsicht. Neben religiös und ethnisch getrennten Zünften gab es gemischte. Ihre Abhängigkeit vom Staat variierte von Stadt zu Stadt. Ein Bannmeilenrecht, Wanderjahre und das Meisterstück waren unbekannt. Großen Wert legten die osmanischen Zünfte auf die Qualitätskontrolle der Produkte. Im Laufe des 19. Jahrhunderts verfielen die Zünfte allmählich, weil sie sich gegen die eingeführten Industriewaren nicht zur Wehr setzen konnten. Im Jahr 1910 wurden sie abgeschafft und durch Handwerkskammern ersetzt. Die osmanische Herrschaft hatte je nach Land unterschiedliche Auswirkungen auf das Zunftwesen. Ägypten und Syrien erhielten erst durch die Osmanen Zünfte. Während in Ungarn das Zunftwesen während der osmanischen Epoche zurückging, erlebte es in der – nicht von den Osmanen besetzten – Slowakei einen Aufschwung, weil viele Handwerker aus der ungarischen Tiefebene dorthin emigriert waren. Die Länder, die sich seit dem 19. Jahrhundert aus dem Osmanischen Reich lösten, eliminierten ihr Zunftwesen.[2139]

In Japan gruppierten sich Händler und Handwerker seit dem Spätmittelalter zu *za* genannten Gilden. „Sie leisteten den Tempeln und Schreinen oder dem Adel, denen sie gehörten, Abgaben oder Frondienste und erwarben dafür das Recht, innerhalb der Machtbereiche ihrer Herren die Grenzen ohne Zoll zu passieren, oder das Privileg, sich in bestimmten Gebieten mit Material zu versorgen oder dort Handel zu treiben. Die Gilden der Händler und Handwerker, die dem Kofukuji, dem Todaiji, dem Schrein Iwashimizu Hachimangu, dem Schrein Gionsha gehörten, waren auf vielen Gebieten spezialisiert, ihr Aktionsraum war groß."[2140] Im 16. Jahrhundert wurden viele kleine Adelige von der Macht verdrängt; mit ihnen wurden ihre Zünfte bekämpft. Während des 18. Jahrhunderts entstand den städtischen Zünften Konkurrenz durch das Landhandwerk.[2141]

Nach einigen Autoren seit dem 8., nach anderen seit dem 16. Jahrhundert bildeten sich in China Händlergilden, die vielfach Handwerker einbezogen. Ein Entstehungsgrund war die Vertretung aller Händler aus einer bestimmten Region in einer Stadt ähnlich der frühen deutschen Hanse, ein anderer vielleicht die Auflö-

2138 Taeschner, Zünfte, S. 9–18, 225, 277–286, 406–414.

2139 Faroqhi, Migrationen, S. 277; Faroqhi, in: Lexikon des Mittelalters. Studienausgabe, Stuttgart/Weimar 1999, Band IX, Sp. 708; Taeschner, Zünfte, S. 416–422; Matuz, Das Osmanische Reich, S. 110; Okyar, Industrialisation, S. 185f; Gross, Entwicklung, S. 13; Unwin, Gilds, S. 3; Dóka, Zunftorganisationen, S. 147; Cirkovic, in: Lexikon des Mittelalters. Studienausgabe, Stuttgart/Weimar 1999, Band IX, Sp. 706; Nemeskürthyová, Zunftsatzungen, S. 61, 66; Baer, Ottoman Guilds, S. 95–100; Kalpaktschieff, Zünfte, S. 11, 26, 30, 33–41; Nikoloff, Handwerk, S. 43ff, 52, 62, 73f; Roth, Vorwort, S. 7.

2140 Inoue, Geschichte, S. 115.

2141 Inoue, Geschichte, S. 165f, 268.

sung von Gewerbegassen. Für den Staat waren die Gilden Ansprechpartner und Berater. Da sich das chinesische Kaisertum kaum in Handel und Gewerbe einmischte, konnten die Gilden in großer Freiheit handeln. Teils umfassten die Organisationen nur Mitglieder eines Herkunftsgebietes, teils eines einzigen Berufes, teils ausschließlich Betriebsinhaber, teils auch deren Beschäftigte. Die Verwaltungsstrukturen waren einfach mit – oft gewählten – Vorstehern aus den Reihen der Mitglieder. Die Lehre unterlag einem Regelsystem. Für die Aufnahme als Mitglied war zunächst meist das gesellschaftliche Ansehen ausschlaggebend, während fachliche Qualifikationen im Laufe der Zeit an Bedeutung gewannen. Die Organisationen bemühten sich, den Wettbewerb durch Außenseiter und der Mitglieder untereinander zu beschränken, Zunftzwang oder gar Abgeschlossenheit gab es aber nur selten. In einigen Organisationen bildeten sich „Gesellenschaften" der Mitarbeiter nach dem Vorbild, aber in partieller Gegnerschaft zu den Gesamtorganisationen. Soziale Aufgaben (gegenseitige Hilfe bei Krankheit, Armut und Beerdigung), kommunale (Feuerwehr, Polizeidienste usw.) und religiöse (Unterhaltung einer Gebetsstätte, Patrone) wurden wahrgenommen. Obwohl seit dem 17. Jahrhundert eigene Häuser vorhanden waren, blieb die Geselligkeit wenig entwickelt. Die Verbände existierten bis ins 20. Jahrhundert, obwohl die internationale Öffnung der chinesischen Märkte sie nach 1850 schwer bedrängte; die Kommunisten machten ihnen den Garaus.[2142]

Es wäre reizvoll, eine Entwicklungslinie des Zunftwesens von Indien über den Hellenismus nach Ägypten, von dort ins Römische Reich, über Byzanz nach Europa und wieder in den Osten ins Osmanische Reich und nach China und Japan zu konstruieren. Weltgeschichtlich wäre dies möglich, doch leider gibt es keinerlei Beweise dafür. Wahrscheinlicher ist es, dass das Zunftwesen mehrmals unabhängig voneinander erfunden wurde.[2143]

Am Beginn des Zunftwesens standen vielfach staatliche oder religiöse Organisationen, deren vorhandene Strukturen man für wirtschaftliche Zwecke nutzen konnte. Zünfte wurden möglich, als das Handwerk ein qualitatives und quantitatives Niveau erreicht hatte, das professionelle und spezialisierte Handwerker kannte, die sich an bestimmten Orten konzentrierten und für den anonymen Markt produzierten. Ein Staat, der die Position der Zünfte in Wirtschaft und Gesellschaft garantierte, war ebenfalls vonnöten. Lagen diese Voraussetzungen vor, folgte daraus nicht notwendigerweise ein Zunftwesen. In Stadtstaaten war es überflüssig, weil die Verhältnisse leicht überschaubar waren. Flächenstaaten konnten unter vormodernen Kommunikationsbedingungen auf die Mithilfe gesellschaftlicher Institutionen schlecht verzichten. Sesshaftigkeit, Urbanisierung, Schriftlichkeit und persönliche Freiheit waren nicht zwingend erforderlich, aber hilfreich.

Oft machten die Händler den Anfang mit beruflichen Zusammenschlüssen, denen die Handwerker bald folgten. Gilden und Zünfte halfen dem Staat, der mit

2142 Katô, Hang, S. 45–83; Golas, Ch'ing Guilds, S. 555–560, 563–577, 580; Unwin, Gilds, S. 21; Haupt, Wege, S. 16; Sprenkel, Ordnung, S. 104f; Elvin, China, S. 125, 131; Tsur, Betriebsformen, S. 55ff.

2143 Schulz-Nieswandt, Gilden, S. 9; Black, Guilds, S. 7; Weyrauch, Handwerkerorganisationen, S. 23–31.

ihrer Unterstützung Herrschaft und Kontrolle ausüben, die Versorgungssicherheit der Bevölkerung garantieren und seine Außenbeziehungen regulieren konnte, und den Betroffenen selbst, denen sie Ausbildung, wirtschaftliche Absicherung, soziale und politische Integration versprachen. Gesellschaftsgliederung und Religion wurden durch sie stabilisiert. Fast überall organisierten sich die Handwerker entlang beruflicher und lokaler, allenfalls regionaler Grenzen. In kleinen Ländern gab es auch landesweite Zünfte. Wie viel Autonomie ihnen zugestanden wurde, entschied sich in politischen Auseinandersetzungen mit den jeweiligen Herrschern. Ob und wie ein Land mit Zünften durchsetzt war, war für seinen ökonomischen Erfolg nicht von Belang.

Die enge Verquickung mit den Regierungen führte dazu, dass die Zünfte nicht primär aus wirtschaftlichen, sondern aus weltanschaulichen und politischen Motiven aufgelöst wurden. Sie standen der Ausbildung der starken modernen Staatlichkeit im Wege, sei es in marktwirtschaftlichen oder sozialistischen Ordnungen. In den USA konnten sie sich nicht entfalten, weil die europäischen Einwanderer dort ein von den europäischen Verhältnissen abweichendes Wirtschafts- und Gesellschaftsmodell vertraten. Die Kolonialmächte waren wenig daran interessiert, dass in den von ihnen beherrschten Gebieten autonome gesellschaftliche Kräfte entstanden. Der staatliche Niedergang des Osmanischen Reichs, Chinas und Japans im 19. und 20. Jahrhundert setzte Modernisierungen in Gang, welche Methoden der militärisch und wirtschaftlich überlegenen Mächte kopierten, um deren Bevormundung abzuschütteln. Der entscheidende Impuls zur Beseitigung des Zunftwesens ging in all diesen Fällen letztlich von Europa aus.

ANHANG

WÖRTERBÜCHER, LEXIKA UND BIBLIOGRAFIEN

Grimm, Jacob und Wilhelm: Deutsches Wörterbuch, Nachdruck München 1984

Kluge, Friedrich: Etymologisches Wörterbuch der deutschen Sprache, 19. Auflage Berlin 1963

Großes vollständiges Universal-Lexikon, hrsg. von Johann Heinrich Zedler, Band 64, Leipzig/Halle 1750

Allgemeine deutsche Real-Encyklopädie für die gebildeten Stände (Conversations-Lexikon), 7. Auflage, 12. Band, Leipzig 1830

Allgemeine deutsche Real-Encyklopädie für die gebildeten Stände (Conversations-Lexikon), 8. Auflage, 12. Band, Leipzig 1837

Allgemeine deutsche Real-Encyklopädie für die gebildeten Stände. Conversations-Lexikon, 9. Auflage, 15. Band, Leipzig 1848

Allgemeine deutsche Real-Encyklopädie für die gebildeten Stände. Conversations-Lexikon, 11. Auflage, 15. Band, Leipzig 1868

Conversations-Lexikon. Allgemeine deutsche Real-Encyklopädie, 12. Auflage, 15. Band, Leipzig 1879

Illustrirtes Konversations-Lexikon. Vergleichendes Nachschlagebuch für den täglichen Gebrauch. Hausschatz für das deutsche Volk und „Orbis pictus" für die studirende Jugend, 8. Band, Leipzig/Berlin 1880

Meyers Konversations-Lexikon. Eine Encyklopädie des allgemeinen Wissens, 4. Auflage, 16. Band, Leipzig/Wien 1890

Brockhaus-Enzyklopädie in 24 Bänden, 19. Auflage, 24. Band, Mannheim 1994

Lexikon des Mittelalters. Studienausgabe, Stuttgart/Weimar 1999

Beck, Reinhart: Sachwörterbuch der Politik, 2. Auflage Stuttgart 1986

Geschichtliche Grundbegriffe. Historisches Lexikon zur politisch-sozialen Sprache in Deutschland, hrsg. von Otto Brunner, Werner Conze und Reinhart Koselleck, Studienausgabe, Band 2, Stuttgart 2004

Wörterbuch der Soziologie, hrsg. von Günter Endruweit und Gisela Trommsdorff, Stuttgart 1989

Lexikon für Theologie und Kirche, 2. Band, Freiburg im Breisgau 1994, 8. Band, Freiburg im Breisgau 1999

Religion in Geschichte und Gegenwart. Handwörterbuch für Theologie und Religionswissenschaft, 4. Auflage, Band 1, Tübingen 1998

Denzler, Georg/Andresen, Carl: dtv-Wörterbuch der Kirchengeschichte, München 1982

Handwörterbuch des deutschen Aberglaubens, hrsg. von Hanns Bächtold-Stäubli und Eduard Hoffmann-Krayer, 10 Bände, Nachdruck Augsburg 2000 (Original 1927–1942)

Gabler-Wirtschafts-Lexikon. Taschenbuchausgabe, 11. Auflage Wiesbaden 1984

Bibliographie des Handwerks und Gewerbes. Gruppe D: Verzeichnis der Dissertationen, 8 Bände: 1885–1908, Münster 1961; 1909–1918: Münster 1960; 1919–1925, Münster 1958; 1926–1932, Münster 1959; 1933–1944, 2. Auflage Münster 1962; 1945–1952, Göttingen 1955; 1953–1959, Münster 1962; 1960–1964, Münster 1967

MONOGRAFIEN, SAMMELBÄNDE UND AUFSÄTZE

Abel, Wilhelm: Neue Wege der handwerksgeschichtlichen Forschung, in: Handwerksgeschichte in neuer Sicht (Göttinger Beiträge zur Wirtschafts- und Sozialgeschichte, 1), hrsg. von Wilhelm Abel, Göttingen 1978, S. 1–25

Abel, Wilhelm (Hrsg.): Handwerksgeschichte in neuer Sicht (Göttinger Beiträge zur Wirtschafts- und Sozialgeschichte, 1), Göttingen 1978

Adamczyk, Raimund: Bemalte Möbel des Sechsämterlandes. Eine Untersuchung über ihre Ausprägungen, Herstellung und Bedeutung (Beiträge zur Volkskunde des Fichtelgebirges, I), Arzberg 1988

Alföldy, Géza: Römische Sozialgeschichte, Wiesbaden 1975

Allgemeines Landrecht für die preussischen Staaten von 1794, hrsg. von Hans Hattenhauer und Günter Bernert, 3. Auflage Neuwied 1996

Althaus, Heidi: Rechtsnormen und Rechtswirklichkeit der Bayreuther Maurer und Zimmerleute im Jahre 1800. Der Streik der Maurer- und Zimmergesellen im Mai 1800 (Grundlagen des Rechts, 5), Berlin/Baden Baden 1997

Amman, Jost: Das Ständebuch, hrsg. von Manfred Lemmer, 11. Auflage Frankfurt am Main 1995

Anegg, Ernst: Zur Gewerbestruktur und Gewerbepolitik Bayerns während der Regierung Montgelas, Diss. München 1965

Angenendt, Arnold: Grundformen der Frömmigkeit im Mittelalter (Enzyklopädie deutscher Geschichte, 68), München 2003

Anz, Christoph: Gilden im mittelalterlichen Skandinavien (Veröffentlichungen des Max-Planck-Instituts für Geschichte, 139), Göttingen 1998

Arentz, Ludwig: Die Zersetzung des Zunftgedankens. Nachgewiesen an dem Wollenamte und der Wollenamtsgaffel in Köln (Veröffentlichungen des Kölnischen Geschichtsvereins, 12), Köln 1935

Arneth, Christian: Verfassung und Recht der Handwerker nach den Innungsordnungen und Gesetzen der Markgrafschaft Bayreuth im Zeitalter des Absolutismus, Diss. Erlangen 1948

Aubin, Gustav/Kunze, Arno: Leinenerzeugung und Leinenabsatz im östlichen Mitteldeutschland zur Zeit der Zunftkäufe. Ein Beitrag zur industriellen Kolonisation des deutschen Ostens, Stuttgart 1940

Aubin, Hermann: Formen und Verbreitung des Verlagswesens in der Altnürnberger Wirtschaft, in: Beiträge zur Wirtschaftsgeschichte Nürnbergs (Beiträge zur Geschichte und Kultur der Stadt Nürnberg, 11), Band II, Nürnberg 1967, S. 620–668

Aul, Werner: Die Entwicklung des Zunftwesens in Mecklenburg-Strelitz unter Einfluß der landesherrlichen Gewerbepolitik 1731–1868, Diss. Rostock 1931

Baer, Gabriel: Ottoman Guilds: A Reassessment, in: Social and Economic History of Turkey (1071 – 1920). Papers Presented to the “First International Congress on the Social and Economic History of Turkey”, hrsg. von Osman Okyar und Halil Inalcik, Ankara 1980, S. 95–102

Baethgen, Friedrich: Schisma und Konzilszeit. Reichsreform und Habsburger Aufstieg (Gebhardt. Handbuch der deutschen Geschichte. 9. Auflage. Taschenbuchausgabe, 6), 3. Auflage München 1978

Banasch, Georg: Der wandernde Handwerksgeselle in unserer Zeit, Diss. Breslau 1917

Barnowski-Fecht, Sabine: Das Handwerk der Stadt Oldenburg zwischen Zunftbindung und Gewerbefreiheit (1731–1861). Die Auflösung der Sozialverfassung des „alten Handwerks“ und ihre Transformation unter den Bedingungen von Stadtentwicklung und staatlicher Gewerbepolitik (Oldenburger Studien, 44), Oldenburg 2001

Baron, Salo Wittmayer: Economic history of the Jews, New York 1975

Battenberg, Friedrich: Das europäische Zeitalter der Juden. Zur Entwicklung einer Minderheit in der nichtjüdischen Umwelt Europas, 2 Bände, 2. Auflage Darmstadt 2000

Bauer, Hans: Von der Zunftverfassung zur Gewerbefreiheit in der Schweiz 1798–1874. Ein Beitrag zur schweizerischen Wirtschaftsgeschichte, Basel 1929

Baur, Veronika: Kleiderordnungen in Bayern vom 14. bis zum 19. Jahrhundert (Miscellanea Bavarica Monacensia. Dissertationen zur Bayerischen Landes- und Münchner Stadtgeschichte, 62), München 1975

Bechtold, Klaus D.: Zunftbürgerschaft und Patriziat. Studien zur Sozialgeschichte der Stadt Konstanz im 14. und 15. Jahrhundert (Konstanzer Geschichts- und Rechtsquellen, XXVI), Sigmaringen 1981

Beck, Wolfgang: Das Wagnerhandwerk in Coburg und im Coburger Land, Diss. Würzburg 1987
Behn, Richard: Über die Voraussetzungen des Bürgerrechtserwerbs in den deutschen Städten des Mittelalters. Ein Beitrag, Diss. Göttingen 1911
Behrends, Okko: Die Rechtsformen des römischen Handwerks, in: Das Handwerk in vor- und frühgeschichtlicher Zeit. Teil I: Historische und rechtshistorische Beiträge und Untersuchungen zur Frühgeschichte der Gilde. Bericht über die Kolloquien der Kommission für die Altertumskunde Mittel- und Nordeuropas in den Jahren 1977 bis 1980 (Abhandlungen der Akademie der Wissenschaften in Göttingen. Philologisch-historische Klasse. Dritte Folge, 122), hrsg. von Herbert Jankuhn u.a., Göttingen 1981, S. 141–203
Beiträge zur Wirtschaftsgeschichte Nürnbergs (Beiträge zur Geschichte und Kultur der Stadt Nürnberg, 11), 2 Bände, Nürnberg 1967
Benevolo, Leonardo: Die Stadt in der europäischen Geschichte, München 1993
Bergmann, Jürgen: Das Handwerk in der Revolution von 1848. Zum Zusammenhang von materieller Lage und Revolutionsverhalten der Handwerker 1848/49, in: Handwerker in der Industrialisierung. Lage, Kultur und Politik vom späten 18. bis ins frühe 20. Jahrhundert, hrsg. von Ulrich Engelhardt (Industrielle Welt. Schriftenreihe des Arbeitskreises für moderne Sozialgeschichte, 37), Stuttgart 1984, S. 320–346
Bernert, Helmut: Handwerk zwischen Zunft und Gewerbefreiheit. Quellen zum Handwerksrecht im 19. Jahrhundert (Quellen zum Handwerks- und Gewerberecht, 1), Kassel 1998
Berns, Peter: Die Gesellschafts- und Wirtschaftsauffassung bei Martin Luther, Berlin/Wien/Zürich 1938
Bessenrodt, Otto: Burgdorfer Handwerk. Gilden, Zünfte und Innungen 1541–1879 (Stadtgeschichtliche Hefte der Kreisstadt Burgdorf, 4), Burgdorf 1964
Bevölkerungsgeschichte Europas, hrsg. von Carlo M. Cipolla und Knut Borchardt, München 1971
Bickel, Beate/Kuntz, Andreas: Handwerksforschung, in: Grundriß der Volkskunde. Einführung in die Forschungsfelder der Europäischen Ethnologie, hrsg. von Rolf W. Brednich, 3. Auflage Berlin 2001, S. 171–200
Bimmer, Andreas C.: Brauchforschung, in: Grundriß der Volkskunde. Einführung in die Forschungsfelder der Europäischen Ethnologie, hrsg. von Rolf W. Brednich, 3. Auflage Berlin 2001, S. 445–468
Binding, Günther: Baubetrieb im Mittelalter, Darmstadt 1993
Binding, Günther/Mainzer, Udo/Wiedenau, Anita: Kleine Kunstgeschichte des deutschen Fachwerkbaus, 4. Auflage Darmstadt 1989
Bischoff, Johannes: Zunft- und Handwerkssiegel im Fürstentum Brandenburg-Bayreuth. Grundsätzliches zur Erforschung der nachmittelalterlichen Zunftsiegel, in: Fränkisches Handwerk, hrsg. von Georg Fischer (Die Plassenburg, 13), Kulmbach 1958, S. 125–146
Black, Antony: Guilds and civil society in European thought from the twelfth century to the present, London 1984
Blankertz, Herwig: Die Geschichte der Pädagogik. Von der Aufklärung bis zur Gegenwart, Wetzlar 1982
Blickle, Peter: Kommunalismus. Skizzen einer gesellschaftlichen Organisationsform, Band 1: Oberdeutschland, München 2000
Blickle, Renate: Nahrung und Eigentum als Kategorien in der ständischen Gesellschaft, in: Ständische Gesellschaft und soziale Mobilität, hrsg. von Winfried Schulze und Helmut Gabel (Schriften des Historischen Kollegs. Kolloquien, 12), München 1988, S. 73–93
Blockmans, Wim P.: Formale und informelle soziale Strukturen in und zwischen den großen flämischen Städten im Spätmittelalter, in: Einungen und Bruderschaften in der spätmittelalterlichen Stadt, hrsg. von Peter Johanek (Städteforschung, A 32), Köln/Weimar/Wien 1993, S. 1–15
Blockmans, Wim P.: Kaufmännische und gewerbliche Genossenschaften im niederländisch-nordfranzösischen Raum (10.–13. Jh.), in: Kaufmännische und gewerbliche Genossenschaften („Gilden und Zünfte") im frühen und hohen Mittelalter, Teil I: Allgemeine Probleme und europäischer Hintergrund (Konstanzer Arbeitskreis für mittelalterliche Geschichte. Protokoll Nr. 232 über die Arbeitstagung vom 9.–12.10.1979 auf der Insel Reichenau), Konstanz 1980,

S. 67–71
Blom, Grethe Authén: Der Ursprung der Gilden in Norwegen und ihre Entwicklung in den Städten während des Mittelalters, in: Gilde und Korporation in den nordeuropäischen Städten des späten Mittelalters (Quellen und Darstellungen zur hansischen Geschichte. Neue Folge, XXIX), hrsg. von Klaus Friedland, Köln/Wien 1984, S. 5–27
Boch, Rudolf: Zunfttradition und frühe Gewerkschaftsbewegung. Ein Beitrag zu einer beginnenden Diskussion mit besonderer Berücksichtigung des Handwerks im Verlagswesen, in: Prekäre Selbständigkeit. Zur Standortbestimmung von Handwerk, Hausindustrie und Kleingewerbe im Industrialisierungsprozess (Veröffentlichungen des Instituts für europäische Geschichte Mainz, Abteilung Universalgeschichte, Beiheft 31), hrsg. von Ulrich Wengenroth, Wiesbaden 1989, S. 37–69
Bodemann, Eduard: Die älteren Zunfturkunden der Stadt Lüneburg (Quellen und Darstellungen zur Geschichte Niedersachsens, I), Hannover 1883
Böhmert, Victor: Beiträge zur Geschichte des Zunftwesens (Preisschriften der Fürstlich Jablonowskischen Gesellschaft zu Leipzig, IX), Leipzig 1862, Nachdruck Leipzig 1969
Bohnenkamp, Anne/Möbus, Frank: Mit Gunst und Verlaub! Wandernde Handwerker: Tradition und Alternative, 5. Auflage Göttingen 2001
Boldt, Hans: Deutsche Verfassungsgeschichte. Politische Strukturen und ihr Wandel, Band 1, München 1984
Bolte, Karl Martin/Hradil, Stefan: Soziale Ungleichheit in der Bundesrepublik Deutschland, Opladen 1988
Boos, Heinrich: Urkundenbuch der Stadt Worms, I. Band, Berlin 1886
Borst, Otto: Alltagsleben im Mittelalter, Frankfurt am Main 1983
Bos, Sandra/Lourens, Piet/Lucassen, Jan: Die Zünfte in der niederländischen Republik, in: Das Ende der Zünfte. Ein europäischer Vergleich, hrsg. von Heinz-Gerhard Haupt (Kritische Studien zur Geschichtswissenschaft, 151), Göttingen 2002, S. 127–153
Botzenhart, Manfred: Reform, Restauration, Krise. Deutschland 1789–1847, Darmstadt 1997 (Erstausgabe 1985)
Branding, Ursula: Die Einführung der Gewerbefreiheit in Bremen und ihre Folgen (Veröffentlichungen aus dem Staatsarchiv der Freien Hansestadt Bremen, 19), Bremen 1951
Brant, Sebastian: Das Narrenschiff, Stuttgart 1980
Bräuer, Helmut: Bemerkungen zur sozialökonomischen Entwicklung des Zunfthandwerks in Sachsen zwischen 1648 und 1763, in: III. Internationales handwerksgeschichtliches Symposium Veszprém 18.–24.10.1986, Band 1, Veszprém 1987, S. 23–47
Bräuer, Helmut: Das zünftige Handwerk in Sachsen und die „Landes-Oeconomie-, Manufactur- und Commercien-Deputation“ im 18. Jahrhundert, in: Studien zur älteren sächsischen Handwerksgeschichte (Sitzungsberichte der Sächsischen Akademie der Wissenschaften zu Leipzig. Pädagogisch-historische Klasse, 130–6), hrsg. von Karl Czok und Helmut Bräuer, Berlin (Ost) 1990, S. 50–84
Bräuer, Helmut: Einige Grundzüge der mitteleuropäischen Zunfthandwerksgeschichte – Vom Spätmittelalter bis zum Ancien régime, in: Handwerk zwischen Idealbild und Wirklichkeit. Kultur- und sozialgeschichtliche Beiträge (Schweizerisches Freilichtmuseum Ballenberg. Wissenschaftliche Schriften, IV), hrsg. von Paul Higger, Bern/Stuttgart 1991, S. 15–35
Bräuer, Helmut: Gesellen im sächsischen Zunfthandwerk des 15. und 16. Jahrhunderts, Weimar 1989
Bräuer, Helmut: Gesellenmigration in der Zeit der industriellen Revolution. Meldeunterlagen als Quellen zur Erforschung der Wanderbeziehungen zwischen Chemnitz und dem europäischen Raum, Karl-Marx-Stadt (Chemnitz) 1982
Bräuer, Helmut: Handwerk im alten Chemnitz. Studien zur Sozial- und Wirtschaftsgeschichte des Chemnitzer Handwerks von den Anfängen bis zum Beginn der industriellen Revolution, Chemnitz 1992
Bräuer, Helmut: Innungsordnungen als Quellen für die Erforschung der bürgerlichen Ideologie, in: Internationales handwerksgeschichtliches Symposium Veszprém 20.–24.11.1978, Veszprém 1979, S. 324–335

Bräuer, Helmut: Statuten der Chemnitzer Handwerksgesellen vom Ausgang des 15. bis zum Beginn des 17. Jahrhunderts, Karl-Marx-Stadt (Chemnitz) 1979
Bräuer, Helmut: Überlegungen zur Auswertung von Wanderbüchern, in: II. Internationales Handwerksgeschichtliches Symposium Veszprém 21.–26.8.1982, Band 1, Veszprém 1983, S. 273–282
Bräuer, Helmut: Zur Wanderungsmotivation sächsischer Handwerksgesellen im 15./16. Jahrhundert. Quellenbefund – theoretische Erörterungen – Hypothesen, in: Migration in der Feudalgesellschaft, hrsg. von Gerhard Jaritz und Albert Müller (Studien zur Historischen Sozialwissenschaft, 8), Frankfurt am Main/New York 1988, S. 217–237
Braumüller, Johann G.: Beweis, daß Gilden, Innungen und Zümfte einem wohlgeordneten Staate nützlich und nöthig sind; nebst einigen Gedanken über Monopolien, Berlin 1795
Breuer, Heinz: Das Wesen der deutschen Zünfte im Mittelalter. Eine literarisch-kritische Untersuchung, Diss. München 1941
Brod, Walter M. (Hrsg.): Die Chronik der Zunfthäuser 1559–1999. Die Zunftarchivalien 1334–1850. Festschrift zum 6. Juni 1999. 40 Jahre Zunftsaal, im Auftrag der Fischerzunft Würzburg, Würzburg 1999
Brohm, Ulrich: Die Handwerkspolitik Herzog Augusts des Jüngeren von Braunschweig-Wolfenbüttel (1635–1666) (Göttinger Beiträge zur Wirtschafts- und Sozialgeschichte, 21), Stuttgart 1999
Brunner, Horst: Zur Geschichte der Meistergesangsforschung, in: Deutsches Handwerk in Spätmittelalter und Früher Neuzeit (Göttinger Beiträge zur Wirtschafts- und Sozialgeschichte, 9), hrsg. von Rainer S. Elkar, Göttingen 1983, S. 223–243
Bucher, Bruno: Die alten Zunft- und Verkehrs-Ordnungen der Stadt Krakau. Nach Balthasar Behem's Codex Picturatus in der k.k. Jagellonischen Bibliothek, Wien 1889
Buchholz, Ernst Wolfgang: Vom Mittelalter zur Neuzeit (Raum und Bevölkerung in der Weltgeschichte. Bevölkerungs-Ploetz, 3), 3. Auflage Würzburg 1966
Burford, Alison: Künstler und Handwerker in Griechenland und Rom, Mainz 1985
Burkhardt, Johannes: Der Dreißigjährige Krieg, Darmstadt 1997 (Original Frankfurt am Main 1992)
Büscher: Die Statuten der früheren Gilden, Ämter und Zünfte binnen der Stadt Essen (Beiträge zur Geschichte von Stadt und Stift Essen, 8), Essen 1884
Canzler, Gerhard: Zünfte und Gilden in Ostfriesland bis 1744, Weener 1999
Capeller, F.: Tuchmacher und Zeugwirker im Markt Redwitz, in: Der Siebenstern, 1962, S. 23–25
Caro, Georg: Sozial- und Wirtschaftsgeschichte der Juden im Mittelalter und der Neuzeit, 2 Bände, 2. Nachdruck der 2. Auflage, Hildesheim/Zürich/New York 1999
Clasen, Claus-Peter: Der Streik der Augsburger Müllergesellen von 1794 oder Die Geschichte des Mühlknechtes Leonhard Reh, in: Zeitschrift des Historischen Vereins für Schwaben, 1997, S. 187–244
Clasen, Claus-Peter: Streiks der Augsburger Schuhknechte. Freiheit und Gerechtigkeit, Augsburg 2002
Clasen, Claus-Peter: Streiks und Aufstände der Augsburger Weber im 17. und 18. Jahrhundert (Veröffentlichungen der Schwäbischen Forschungsgemeinschaft bei der Kommission für Bayerische Landesgeschichte. Reihe 1, 20), Augsburg 1993
Claude, Dieter: Die Handwerker der Merowingerzeit nach den erzählenden und urkundlichen Quellen, in: Das Handwerk in vor- und frühgeschichtlicher Zeit. Teil I: Historische und rechtshistorische Beiträge und Untersuchungen zur Frühgeschichte der Gilde. Bericht über die Kolloquien der Kommission für die Altertumskunde Mittel- und Nordeuropas in den Jahren 1977 bis 1980 (Abhandlungen der Akademie der Wissenschaften in Göttingen. Philologisch-historische Klasse. Dritte Folge, 122), hrsg. von Herbert Jankuhn u.a., Göttingen 1981, S. 204–266
Clot, André: Das maurische Spanien. 800 Jahre islamische Hochkultur in Al Andalus, Düsseldorf 2004
Como, Franz Anton: Zunft und Gewerbe der Schneider im alten Straßburg, I. Teil, in: Jahresbericht des Bischöflichen Gymnasiums an St. Stephan zu Straßburg, XI, Straßburg 1893, S. 3–

52

Conrad, Hermann: Deutsche Rechtsgeschichte, Band I, 2. Auflage Karlsruhe 1962

Cordt, Ernst: Die Gilden. Ursprung und Wesen (Göppinger Arbeiten zur Germanistik, 407), Göppingen 1984

Czok, Karl: Städtische Volksbewegungen im deutschen Spätmittelalter. Ein Beitrag zu Bürgerkämpfen und innerstädtischen Bewegungen während der frühbürgerlichen Revolution, Habilitationsschrift Leipzig 1963

Czok, Karl/Bräuer, Helmut (Hrsg.): Studien zur älteren sächsischen Handwerksgeschichte (Sitzungsberichte der Sächsischen Akademie der Wissenschaften zu Leipzig. Pädagogisch-historische Klasse, 130–6), Berlin (Ost) 1990

Das Hausbuch der Mendelschen Zwölfbrüderstiftung zu Nürnberg. Deutsche Handwerkerbilder des 15. und 16. Jahrhunderts, Textband, München 1965

Das historische Gewerbe. Satzung und Leben der Zünfte. Mit einer Einführung von Roman Sandgruber, Wien 1980

Decker, Karola: Bürger, Kurfürst und Regierung. Das Beispiel der Mainzer Schreinerzunft im 18. Jahrhundert (Beiträge zur Geschichte der Stadt Mainz, 29), Mainz 1990

Denkwürdigkeiten des Grafen Maximilian Joseph von Montgelas über die innere Staatsverwaltung Bayerns (1799–1817), hrsg. von G. Laubmann und M. Doeberl, München 1908

Denzel, Markus A. (Hrsg.): Statistik der Professionisten im Kurfürstentum Baiern nach der Dachsbergschen Volksbeschreibung (1771–1781) (Quellen und Forschungen zur Historischen Statistik von Deutschland, 22), St. Katharinen 1998

Deter, Gerhard: Handwerksgerichtsbarkeit zwischen Absolutismus und Liberalismus. Zur Geschichte der genossenschaftlichen Jurisdiktion in Westfalen im 18. und 19. Jahrhundert (Münsterische Beiträge zur Rechtswissenschaft, 26), Berlin 1987

Deter, Gerhard: Rechtsgeschichte des westfälischen Handwerks im 18. Jahrhundert: das Recht der Meister (Veröffentlichungen der Historischen Kommission für Westfalen, XXII A), Münster 1990

Deutsche Volksbücher in drei Bänden, 2. Band, 4. Auflage Berlin/Weimar 1982

Die Hofer Chronik 1633 – 1643, hrsg. von Arnd Kluge (55. Bericht des Nordoberfränkischen Vereins für Natur-, Geschichts- und Landeskunde), Hof 2006

Diefenbacher, Michael: Massenproduktion und Spezialisierung. Das Handwerk in der Reichsstadt Nürnberg, in: Stadt und Handwerk im Mittelalter und früher Neuzeit (Städteforschung, A 54), hrsg. von Karl Heinrich Kaufhold und Wilfried Reininghaus, Köln/Weimar/Wien 2000, S. 211–228

Dieling, Friedrich: Zunftrecht. Eine Rechtsquellenstudie mit besonderer Berücksichtigung des Schneiderhandwerks (Heidelberger rechtswissenschaftliche Abhandlungen, 15), Heidelberg 1932

Dilcher, Gerhard: Personale und lokale Strukturen kaufmännischen Rechts als Vorformen genossenschaftlichen Stadtrechts, in: Gilde und Korporation in den nordeuropäischen Städten des späten Mittelalters (Quellen und Darstellungen zur hansischen Geschichte. Neue Folge, XXIX), hrsg. von Klaus Friedland, Köln/Wien 1984, S. 65–77

Dipper, Christof: Deutsche Geschichte 1648–1789, Darmstadt 1997 (Erstausgabe Frankfurt am Main 1991)

Dirlmeier, Ulf: Zum Problem von Versorgung und Verbrauch privater Haushalte im Spätmittelalter, in: Haus und Familie in der spätmittelalterlichen Stadt, hrsg. von Alfred Haverkamp (Städteforschung, A 18), Köln/Wien 1984, S. 257–288

Doberkat, Julia: Das Gildebuch der Fleischhauer- und Schuhmachergilde zu Hattingen, 1573–1668, in: Märkisches Jahrbuch für Geschichte, 2005, S. 79–103

Döhler, Christian: Kurtze Beschreibung der Handwercks-Rechte und Gewohnheiten, nach der heutigen Observanz, Jena 1730

Dóka, Klára: Die späten Zunftorganisationen des ostmitteleuropäischen Gewerbes und die Übergangsperiode in die Manufaktur, beziehungsweise in das kapitalistische Unternehmen, in: Internationales handwerksgeschichtliches Symposium Veszprém 20.–24.11.1978, Veszprém 1979, S. 146–157

Dollinger, Philippe: Die Hanse, 5. Auflage Stuttgart 1998
Domel, Georg: Die Zünfte in Köln am Ausgang des Mittelalters unter besonderer Berücksichtigung der Weberzunft und Weberschlacht, Köln 1923
Domonkos, Ottó: Reiserouten der wandernden Handwerksgesellen und die technisch-historische Bedeutung der Gesellenwanderschaften, in: Internationales handwerksgeschichtliches Symposium Veszprém 20.–24.11.1978, Veszprém 1979, S. 12–30
Doren, Alfred: Deutsche Handwerker und Handwerkerbruderschaften im mittelalterlichen Italien, Berlin 1903
Doren, Alfred: Entwicklung und Organisation der Florentiner Zünfte im 13. und 14. Jahrhundert (Staats- und socialwissenschaftliche Forschungen, 15. Band, 3. Heft), Leipzig 1897
Doren, Alfred: Studien aus der Florentiner Wirtschaftsgeschichte, Band 2: Das Florentiner Zunftwesen vom 14. bis zum 16. Jahrhundert, Stuttgart 1908, Nachdruck Aalen 1969
Doren, Alfred: Untersuchungen zur Geschichte der Kaufmannsgilden des Mittelalters. Ein Beitrag zur Wirtschafts-, Social- und Verfassungsgeschichte der mittelalterlichen Städte (Staats- und socialwissenschaftliche Forschungen, 52), Leipzig 1893
Drechsler, Paul: Handwerkssprache und -brauch, in: Beiträge zur Volkskunde. Festschrift Karl Weinhold zum 50jährigen Doktorjubiläum am 14. Januar 1896 dargebracht (Germanistische Abhandlungen, XII), Breslau 1896, Nachdruck Hildesheim/New York 1977, S. 11–35
III. Internationales handwerksgeschichtliches Symposium Veszprém 18.–24.10.1986, 2 Bände, Veszprém 1987
Dubler, Anne-Marie: Handwerk, Gewerbe und Zunft in Stadt und Landschaft Luzern (Luzerner Historische Veröffentlichungen, 14), Luzern/Stuttgart 1982
Duclaud, Jutta und Rainer: Leipziger Zünfte, Berlin 1990
Dülmen, Richard van: Der ehrlose Mensch. Unehrlichkeit und soziale Ausgrenzung in der Frühen Neuzeit, Köln/Weimar/Wien 1999
Dünnebeil, Sonja: Umzug und Tanz als Formen der „bewegten" Repräsentation, in: Geschlechtergesellschaften, Zunft-Trinkstuben und Bruderschaften in spätmittelalterlichen und frühneuzeitlichen Städten (Veröffentlichungen des Südwestdeutschen Arbeitskreises für Stadtgeschichtsforschung, 30), hrsg. von Gerhard Fouquet, Matthias Steinbrink und Gabriel Zeilinger, Ostfildern 2003, S. 129–145
Eberstadt, Rudolph: Der Ursprung des Zunftwesens und die älteren Handwerkerverbände des Mittelalters, Leipzig 1936
Ebner, Robert: Geistliche und weltliche Bruderschaften im Mittelalter in Hof a. d. Saale, in: Frankenland, 2001, S. 467–471
Eckert, Heinrich: Die Krämer in süddeutschen Städten bis zum Ausgang des Mittelalters (Abhandlungen zur Mittleren und Neueren Geschichte, 16), Berlin/Leipzig 1910
Edgren, Lars: Die schwedischen Zünfte im 18. Jahrhundert, in: Das Ende der Zünfte. Ein europäischer Vergleich, hrsg. von Heinz-Gerhard Haupt (Kritische Studien zur Geschichtswissenschaft, 151), Göttingen 2002, S. 231–249
Eggerer, Elmar W.: „Sworn Brethren and Sistren". Gilden und Zünfte der Britischen Inseln von der normannischen Eroberung bis zum Jahr 1603, Diss. München 1993
Eggers, Petra: Hamburger Handwerkslehrlinge der Schuhmacher und Schiffszimmerer-Zunft im 18. und 19. Jahrhundert, in: III. Internationales handwerksgeschichtliches Symposium Veszprém 18.–24.10.1986, Band 1, Veszprém 1987, S. 143–152
Ehbrecht, Wilfried: Beiträge und Überlegungen zu Gilden im nordwestlichen Deutschland (vornehmlich im 13. Jahrhundert), in: Gilden und Zünfte. Kaufmännische und gewerbliche Genossenschaften im frühen und hohen Mittelalter, hrsg. von Berent Schwineköper (Vorträge und Forschungen, XXIX), Sigmaringen 1985, S. 413–450
Ehbrecht, Wilfried (Hrsg.): Städtische Führungsgruppen und Gemeinde in der werdenden Neuzeit (Städteforschung, A 9), Köln 1980
Ehmer, Josef: Bevölkerungsgeschichte und Historische Demographie 1800 – 2000 (Enzyklopädie deutscher Geschichte, 71), München 2004
Ehmer, Josef: Die Herkunft der Handwerker in überregionalen städtischen Zentren: Zürich, Wien und Zagreb zur Mitte des 19. Jahrhunderts, in: Handwerk in Mittel- und Südosteuropa. Mobi-

lität, Vermittlung und Wandel im Handwerk des 18. bis 20. Jahrhunderts, hrsg. von Klaus Roth, München 1987, S. 47–67

Ehmer, Josef: Guilds in early modern Austrria, in: Guilds, economy and society (Ciencias Económicas y Empresariales, 35), hrsg. von Clara Eugenia Núnez, Sevilla 1998, S. 121–134

Ehmer, Josef: Ökonomischer und sozialer Strukturwandel im Wiener Handwerk – von der industriellen Revolution zur Hochindustrialisierung, in: Handwerker in der Industrialisierung. Lage, Kultur und Politik vom späten 18. bis ins frühe 20. Jahrhundert, hrsg. von Ulrich Engelhardt (Industrielle Welt. Schriftenreihe des Arbeitskreises für moderne Sozialgeschichte, 37), Stuttgart 1984, S. 78–104

Ehmer, Josef: Soziale Traditionen in Zeiten des Wandels. Arbeiter und Handwerker im 19. Jahrhundert (Studien zur Historischen Sozialwissenschaft, 20), Frankfurt am Main/New York 1994

Ehmer, Josef: Traditionelles Denken und neue Fragestellungen zur Geschichte von Handwerk und Zunft, in: Handwerk, Hausindustrie und die Historische Schule der Nationalökonomie. Wissenschafts- und gewerbegeschichtliche Perspektiven, hrsg. von Friedrich Lenger, Bielefeld 1998, S. 19–77

Ehmer, Josef: Zünfte in Österreich in der frühen Neuzeit, in: Das Ende der Zünfte. Ein europäischer Vergleich, hrsg. von Heinz-Gerhard Haupt (Kritische Studien zur Geschichtswissenschaft, 151), Göttingen 2002, S. 87–126

Ehrenberg, Richard: Die altonaer Fischer und ihr Streit mit dem hamburger Fischeramte, in: Altona unter Schauenburgischer Herrschaft, II/III, Altona 1891, S. 1–38

Ehrenberg, Richard: Gewerbefreiheit und Zunftzwang in Ottensen und Altona, 1543 bis 1640 (Altona unter Schauenburgischer Herrschaft, IV), Altona 1892

Ehrenpreis, Stefan: Sozialdisziplinierung durch Schulzucht? Bildungsnachfrage, konkurrierende Bildungssysteme und der ‚deutsche Schulstaat' des siebzehnten Jahrhunderts, in: Institutionen, Instrumente und Akteure sozialer Kontrolle und Disziplinierung im frühneuzeitlichen Europa. Institutions, Instruments and Agents of Social Control and Discipline in Early Modern Europe, hrsg. von Heinz Schilling (Ius Commune. Sonderhefte, 127), Frankfurt am Main 1999, S. 167–185

Ehrlicher, K.: Eine Sonneberger Zunft (Die Flaschnerzunft), in: Schriften des Vereins für S. Meiningische Geschichte und Landeskunde, 90, Hildburghausen 1931, S. 16–32

Einungen und Bruderschaften in der spätmittelalterlichen Stadt, hrsg. von Peter Johanek (Städteforschung, A 32), Köln/Weimar/Wien 1993

Eisenbart, Liselotte Constanze: Kleiderordnungen der deutschen Städte zwischen 1350 und 1700. Ein Beitrag zur Kulturgeschichte des deutschen Bürgertums (Göttinger Bausteine zur Geschichtswissenschaft, 32), Göttingen/Berlin/Frankfurt am Main 1962

Eitel, Peter: Die oberschwäbischen Reichsstädte im Zeitalter der Zunftherrschaft. Untersuchungen zu ihrer politischen und sozialen Struktur unter besonderer Berücksichtigung der Städte Lindau, Memmingen, Ravensberg und Überlingen (Schriften zur südwestdeutschen Landeskunde, 8), Stuttgart 1970

Elias, Norbert: Über den Prozeß der Zivilisation. Soziogenetische und psychogenetische Untersuchungen, 2 Bände, 15. Auflage Frankfurt am Main 1990

Elkar, Rainer S.: Auf der Walz. Handwerkerreisen, in: Reisekultur. Von der Pilgerfahrt zum modernen Tourismus, 2. Auflage München 1999, S. 57–61

Elkar, Rainer S.: Fragen und Probleme einer interdisziplinären Handwerksgeschichte, in: Deutsches Handwerk in Spätmittelalter und Früher Neuzeit (Göttinger Beiträge zur Wirtschafts- und Sozialgeschichte, 9), hrsg. von Rainer S. Elkar, Göttingen 1983, S. 3–31

Elkar, Rainer S.: Die Mühsal der Walz. Selbstzeugnisse wandernder Handwerksgesellen als Quellen für die Sozial- und Wirtschaftsgeschichte des Handwerks im 19. Jahrhundert, in: II. Internationales Handwerksgeschichtliches Symposium Veszprém 21.–26.8.1982, Band 1, Veszprém 1983, S. 293–313

Elkar, Rainer S.: Handwerk als Lebensform – über das Verhältnis von handwerklicher Existenzsicherung und ritualisiertem Lebenslauf, in: Handwerk zwischen Idealbild und Wirklichkeit. Kultur- und sozialgeschichtliche Beiträge (Schweizerisches Freilichtmuseum Ballenberg.

Wissenschaftliche Schriften, IV), hrsg. von Paul Higger, Bern/Stuttgart 1991, S. 97–112

Elkar, Rainer S.: Kommunikative Distanz: Überlegungen zum Verhältnis zwischen Handwerk und Obrigkeit in Süddeutschland während der frühen Neuzeit, in: Geschlechtergesellschaften, Zunft-Trinkstuben und Bruderschaften in spätmittelalterlichen und frühneuzeitlichen Städten (Veröffentlichungen des Südwestdeutschen Arbeitskreises für Stadtgeschichtsforschung, 30), hrsg. von Gerhard Fouquet, Matthias Steinbrink und Gabriel Zeilinger, Ostfildern 2003, S. 163–179

Elkar, Rainer S.: Lernen durch Wandern? Einige kritische Anmerkungen zum Thema „Wissenstransfer durch Migration“ , in: Handwerk in Europa. Vom Spätmittelalter bis zur Frühen Neuzeit (Schriften des Historischen Kollegs. Kolloquien, 41), hrsg. von Knut Schulz, München 1999, S. 213–232

Elkar, Rainer S.: Schola Migrationis. Überlegungen und Thesen zur neuzeitlichen Geschichte der Gesellenwanderungen aus der Perspektive quantitativer Untersuchungen, in: Handwerk in Mittel- und Südosteuropa. Mobilität, Vermittlung und Wandel im Handwerk des 18. bis 20. Jahrhunderts, hrsg. von Klaus Roth, München 1987, S. 87–108

Elkar, Rainer S.: Schreiner in Franken. Handwerk zwischen Zunft, Kunst und Fabrik, in: Möbel aus Franken, München 1991, S. 28–45

Elkar, Rainer S.: Umrisse einer Geschichte der Gesellenwanderungen im Übergang von der Frühen Neuzeit zur Neuzeit, in: Deutsches Handwerk in Spätmittelalter und Früher Neuzeit (Göttinger Beiträge zur Wirtschafts- und Sozialgeschichte, 9), hrsg. von Rainer S. Elkar, Göttingen 1983, S. 85–116

Elkar, Rainer S.: Wandernde Gesellen in und aus Oberdeutschland. Quantitative Studien zur Sozialgeschichte des Handwerks vom 17. bis zum 19. Jahrhundert, in: Handwerker in der Industrialisierung. Lage, Kultur und Politik vom späten 18. bis ins frühe 20. Jahrhundert, hrsg. von Ulrich Engelhardt (Industrielle Welt. Schriftenreihe des Arbeitskreises für moderne Sozialgeschichte, 37), Stuttgart 1984, S. 262–293

Elkar, Rainer S. (Hrsg.): Deutsches Handwerk in Spätmittelalter und Früher Neuzeit (Göttinger Beiträge zur Wirtschafts- und Sozialgeschichte, 9), Göttingen 1983

Elvin, Mark: Warum hat das vormoderne China keinen industriellen Kapitalismus entwickelt? Eine Auseinandersetzung mit Max Webers Ansatz, in: Max Webers Studie über Konfuzianismus und Taoismus. Interpretation und Kritik, hrsg. von Wolfgang Schluchter, Frankfurt am Main 1983, S. 114–133

Emig, Georg: Die Berufserziehung bei den Handwerkerzünften in der Landgrafschaft Hessen-Darmstadt und im Grossherzogtum Hessen vom Beginn des 18. Jahrhunderts bis zur Einführung der Gewerbefreiheit 1866, Diss. Frankfurt am Main 1967

Emmerich, Bettina: Geiz und Gerechtigkeit. Ökonomisches Denken im frühen Mittelalter (Vierteljahrschrift für Sozial- und Wirtschaftsgeschichte. Beihefte, 168), Stuttgart 2004

Endrei, Walter: Das Siegeln der Tücher, in: Internationales handwerksgeschichtliches Symposium Veszprém 20.–24.11.1978, Veszprém 1979, S. 105–109

Endrei, Walter: Kampf der Textilzünfte gegen die Innovationen, in: II. Internationales Handwerksgeschichtliches Symposium Veszprém 21.–26.8.1982, Band 1, Veszprém 1983, S. 129–144

Endres, Rudolf: Zünfte und Unterschichten als Elemente der Instabilität in den Städten, in: Revolte und Revolution in Europa. Referate und Protokolle des Internationalen Symposiums zur Erinnerung an den Bauernkrieg 1525 (Memmingen, 24. – 27. März 1975) (Historische Zeitschrift. Beiheft (Neue Folge), 4), München 1975, S. 151–170

Engel, Wilhelm: Würzburger Zunftsiegel aus fünf Jahrhunderten (Mainfränkische Hefte, 7), Würzburg 1950

Engelhardt, Jürgen (Hrsg.): Die Geschichte der Frankfurter Fischer-Schiffer-Zunft 945–1977 e.V., Frankfurt am Main 1985

Ennen, Edith: Der Stadtfriede – ein Wegbereiter öffentlicher Friedewahrung, in: Wirtschaft, Gesellschaft, Unternehmen. Festschrift für Hans Pohl zum 60. Geburtstag, hrsg. von Wilfried Feldenkirchen, Frauke Schönert-Röhlk und Günther Schulz, Stuttgart 1995, S. 541–551

Ennen, Edith: Die europäische Stadt des Mittelalters, 4. Auflage Göttingen 1987

Ennen, Edith: Frauen im Mittelalter, 5. Auflage München 1994
Ennen, Edith: Frühgeschichte der europäischen Stadt, 3. Auflage Bonn 1981
Ennen, Reinald: Zünfte und Wettbewerb. Möglichkeiten und Grenzen zünftlerischer Wettbewerbsbeschränkungen im städtischen Handel und Gewerbe des Spätmittelalters (Neue Wirtschaftsgeschichte, 3), Köln/Wien 1971
Epstein, Steven A.: Wage labor and guilds in medieval Europe, Chapel Hill/London 1991
Erichsen, Johannes: Vorlagen und Werkstattmodelle bei Lucas Cranach, in: Lucas Cranach. Ein Maler-Unternehmer aus Franken (Veröffentlichungen zur Bayerischen Geschichte und Kultur, 26), Augsburg 1994, S. 180–185
Eules, Susanne: „der hafner gesellen lobliche bruderschaft". Organisation der Hafnerbruderschaft und Erzeugnisse der Hafner des 15. bis 18. Jahrhunderts im Elsaß, Sundgau und Breisgau (Artes populares. Studia ethnographica et folkloristica, 22), Frankfurt am Main u.a. 1991
Eyll, Klara van: Berufsständische Selbstverwaltung, in: Deutsche Verwaltungsgeschichte, hrsg. von Kurt G. A. Jeserich, Hans Pohl und Georg-Christoph von Unruh, Band 3, Stuttgart 1984, S. 71–84
Eyll, Klara van: Berufsständische Selbstverwaltung, in: Deutsche Verwaltungsgeschichte, hrsg. von Kurt G. A. Jeserich, Hans Pohl und Georg-Christoph von Unruh, Band 5, Stuttgart 1987, S. 349–367
Eyll, Klara van: Berufsständische Selbstverwaltung und Verbände, in: Deutsche Verwaltungsgeschichte, hrsg. von Kurt G. A. Jeserich, Hans Pohl und Georg-Christoph von Unruh, Band 4, Stuttgart 1985, S. 682–695
Farnam, Henry W.: Die innere französische Gewerbepolitik von Colbert bis Turgot (Staats- und socialwissenschaftliche Forschungen, 1. Band, 4. Heft), Leipzig 1878, Nachdruck Bad Feilnbach 1990
Faroqhi, Suraiya: Migrationen in staatlicher Regie: Osmanische Handwerker des 16. und 17. Jahrhunderts beim Ortswechsel nach Istanbul, in: Handwerk in Europa. Vom Spätmittelalter bis zur Frühen Neuzeit (Schriften des Historischen Kollegs. Kolloquien, 41), hrsg. von Knut Schulz, München 1999, S. 277–296
Farr, James R.: Artisans in Europe 1300–1914 (New approaches to European history, 19), Cambridge 2000
Faust, Helmut: Geschichte der Genossenschaftsbewegung. Ursprung und Aufbruch der Genossenschaftsbewegung in England, Frankreich und Deutschland sowie ihre weitere Entwicklung im deutschen Sprachraum, 3. Auflage Frankfurt am Main 1977
Feger, Otto/Rüster, Peter: Das Konstanzer Wirtschafts- und Gewerberecht zur Zeit der Reformation, Konstanz 1961
Felleckner, Thomas: Mittelalterliche Zünfte und moderne Handwerksorganisationen, in: Handwerk. Aspekte aus Geschichte und Gegenwart. Aufsatzsammlung, hrsg. von Wolfgang König, Potsdam 2003, S. 1–9
Fick, Richard: Die sociale Gliederung im nordöstlichen Indien zu Buddha's Zeit. Mit besonderer Berücksichtigung der Kastenfrage. Vornehmlich auf Grund der Jâtaka dargestellt, Kiel 1897, Nachdruck Graz 1974
Finkenstaedt, Helene und Thomas: Stanglsitzerheilige und Große Kerzen. Stäbe, Kerzen und Stangen der Bruderschaften und Zünfte in Bayern, Weißenhorn 1968
Finkenstaedt, Thomas: Beiträge zu einem Katalog der Zunftaltertümer in Bayern (Veröffentlichungen zur Volkskunde und Kulturgeschichte, 46), Würzburg 1991
Finkenstaedt, Thomas: Die Zunftstangen, in: Der Welf, 2003, S. 312–329
Finkenstaedt, Thomas: Zur Erfassung von Zunftaltertümern, besonders in Bayern, in: II. Internationales Handwerksgeschichtliches Symposium Veszprém 21.–26.8.1982, Band 2, Veszprém 1983, S. 159–170
Finley, Moses I.: Die antike Wirtschaft, 2. Auflage München 1980
Fischer Wolfram: Quellen zur Geschichte des deutschen Handwerks. Selbstzeugnisse seit der Reformationszeit, Göttingen/Berlin/Frankfurt am Main 1957
Fischer, Franz: Die blauen Sensen. Sozial- und Wirtschaftsgeschichte der Sensenschmiedezunft zu Kirchdorf-Micheldorf bis zur Mitte des 18. Jahrhunderts (Forschungen zur Geschichte Ober-

österreichs, 9), Graz/Köln 1966
Fischer, Georg: Volk und Geschichte. Studien und Quellen zur Sozialgeschichte und historischen Volkskunde (Die Plassenburg, 17), Kulmbach 1962
Fischer, Wolfram: Armut in der Geschichte. Erscheinungsformen und Lösungsversuche der „Sozialen Frage" in Europa seit dem Mittelalter, Göttingen 1982
Fischer, Wolfram: Einführung und Auswertung, in: Handwerker in der Industrialisierung. Lage, Kultur und Politik vom späten 18. bis ins frühe 20. Jahrhundert, hrsg. von Ulrich Engelhardt (Industrielle Welt. Schriftenreihe des Arbeitskreises für moderne Sozialgeschichte, 37), Stuttgart 1984, S. 211–218
Fischer, Wolfram: Handwerksrecht und Handwerkswirtschaft um 1800, Diss. Berlin 1954
Flemming, Max: Die Dresdner Innungen von ihrer Entstehung bis zum Ausgang des 17. Jahrhunderts. Erster Teil (Mitteilungen des Vereins für Geschichte Dresdens, 12.–14. Heft), Dresden 1896
Fouquet, Gerhard/Steinbrink, Matthias/Zeilinger, Gabriel (Hrsg.): Geschlechtergesellschaften, Zunft-Trinkstuben und Bruderschaften in spätmittelalterlichen und frühneuzeitlichen Städten (Veröffentlichungen des Südwestdeutschen Arbeitskreises für Stadtgeschichtsforschung, 30), Ostfildern 2003
Frank, Walter: Zunft und Nation. Rede zur Eröffnung des „Reichsinstituts für Geschichte des neuen Deutschlands", Hamburg 1935
Frensdorff, Ferdinand: Das Zunftrecht insbesondere Norddeutschlands und die Handwerkerehre, in: Hansische Geschichtsblätter, 1907, S. 1–89
Freund, Thomas: Trends der Jugendkultur und ihre Sprache, in: Sprache im Gespräch. Zu Normen, Gebrauch und Wandel der deutschen Sprache, hrsg. von Gisela Schmirber (Berichte und Studien der Hanns-Seidel-Stiftung München, 72), München 1997, S. 137–148
Frevert, Ute: Frauen-Geschichte – Zwischen Bürgerlicher Verbesserung und Neuer Weiblichkeit, Frankfurt am Main 1986
Friedland, Klaus (Hrsg.): Gilde und Korporation in den nordeuropäischen Städten des späten Mittelalters (Quellen und Darstellungen zur hansischen Geschichte. Neue Folge, XXIX), Köln/Wien 1984
Frigo, Daniela: Die italienischen Zünfte am Ende des Ancien Régimes: Stand, Probleme und Perspektiven der Forschung, in: Das Ende der Zünfte. Ein europäischer Vergleich, hrsg. von Heinz-Gerhard Haupt (Kritische Studien zur Geschichtswissenschaft, 151), Göttingen 2002, S. 197–214
Fritze, Konrad: Kompanien und Bruderschaften im spätmittelalterlichen Stralsund. Quellenlage und Charakter der Korporationen, in: Einungen und Bruderschaften in der spätmittelalterlichen Stadt, hrsg. von Peter Johanek (Städteforschung, A 32), Köln/Weimar/Wien 1993, S. 31–43
Fritzsche, Bruno: Handwerkerhaushalte in Zürich 1865–1880. Eine Bestandsaufnahme, in: Handwerker in der Industrialisierung. Lage, Kultur und Politik vom späten 18. bis ins frühe 20. Jahrhundert, hrsg. von Ulrich Engelhardt (Industrielle Welt. Schriftenreihe des Arbeitskreises für moderne Sozialgeschichte, 37), Stuttgart 1984, S. 105–126
Fröhlich, Sigrid: Die Soziale Sicherung bei Zünften und Gesellenverbänden (Sozialpolitische Schriften, 38), Berlin (West) 1976
Fromm, Irmgard: Studien zur Geschichte der Zünfte in Striegau, Diss. Breslau 1938
Fülberth, Georg: Die Entwicklung der deutschen Gewerkschaftsbewegung von den Anfängen bis 1873, in: Geschichte der deutschen Gewerkschaftsbewegung, hrsg. von Frank Deppe, Georg Fülberth und Jürgen Harrer, 4. Auflage Köln 1989
Gallion, Wilhelm: Der Ursprung der Zünfte in Paris, Diss. Freiburg im Breisgau 1910
Garzmann, Manfred R. W.: Zum Korporationsproblem im spätmittelalterlichen Braunschweig, in: Einungen und Bruderschaften in der spätmittelalterlichen Stadt, hrsg. von Peter Johanek (Städteforschung, A 32), Köln/Weimar/Wien 1993, S. 71–109
Gatz, Konrad: Das alte deutsche Handwerk, Essen 1934
Gebhardt, Rainer (Hrsg.): Die Annaberger Brotordnung von Adam Ries. Kommentierte und bearbeitete Faksimileausgabe der 1533 erstellten und 1536 gedruckten Brotordnung (Schriften des

Adam-Ries-Bundes Annaberg-Buchholz, 16), Annaberg-Bucholz 2004

Gebhardt, Rainer/Lorenz, Wolfgang/Rüdiger, Bernd: Brotordnungen und Adam Ries, in: Die Annaberger Brotordnung von Adam Ries. Kommentierte und bearbeitete Faksimileausgabe der 1533 erstellten und 1536 gedruckten Brotordnung, hrsg. von Rainer Gebhardt (Schriften des Adam-Ries-Bundes Annaberg-Buchholz, 16), Annaberg-Bucholz 2004, S. 47–77

Gennep, Arnold van: Übergangsriten (Les rites de passage), 3. Auflage Frankfurt am Main/New York/Paris 2005

Georges, Dirk: 1810/11 – 1933: Handwerk und Interessenpolitik. Von der Zunft zur modernen Verbandsorganisation (Europäische Hochschulschriften. Reihe III, 552), Frankfurt am Main u.a. 1993

Gerlich, Alois: Heimburgenamt und Weberzunft in Mainz, in: Mainzer Zeitschrift, 44/45, 1949/50, S. 76–81

Gerteis, Klaus: Die deutschen Städte in der frühen Neuzeit. Zur Vorgeschichte der „bürgerlichen Welt", Darmstadt 1986

Gesetz zur Ordnung des Handwerks (Handwerksordnung) und ergänzende Vorschriften, 35. Auflage Düsseldorf 2005

Geuter, Klaus: Das Korbwarengewerbe am Obermain, in: Mitteilungen der Fränkischen Geographischen Gesellschaft, Band 23/24, 1978, S. 362–374

Gierke, Otto von: Das deutsche Genossenschaftsrecht, 4 Bände, 1868, 1873, 1881 und 1913, Nachdruck Darmstadt 1954

Gilden in Schleswig-Holstein. Vorträge zur Ausstellung im Landesarchiv Schleswig-Holstein, Schleswig 2000

Golas, Peter J.: Early Ch'ing Guilds, in: The City in Late Imperial China, hrsg. von G. William Skinner, Stanford 1977, S. 556–580

Goldschmidt, Ernst Friedrich: Die deutsche Handwerkerbewegung bis zum Sieg der Gewerbefreiheit, Diss. München 1915

Gömmel, Rainer: Merkantilstaatliche und kommunale Sozialpolitik (vom 17. Jahrhundert bis zur Bismarckzeit, in: Staatliche, städtische, betriebliche und kirchliche Sozialpolitik vom Mittelalter bis zur Gegenwart. Referate der 13. Arbeitstagung der Gesellschaft für Sozial- und Wirtschaftsgeschichte vom 28. März bis 1. April 1989 in Heidelberg, hrsg. von Hans Pohl (Vierteljahrschrift für Sozial- und Wirtschaftsgeschichte. Beihefte, 95), Stuttgart 1991, S. 89–109

Götschmann, Dirk: Die Kuchenreuter und ihre Zunftgenossen. Das Oberpfälzer Büchsenmacherhandwerk von seinen Anfängen bis um 1850 (Studien und Quellen zur Kunstgeschichte Regensburgs, III), Regensburg 1991

Göttmann, Frank: Die Frankfurter Bäckerzunft im späten Mittelalter. Aufbau und Aufgaben städtischer Handwerkergenossenschaften (Studien zur Frankfurter Geschichte, 10), Frankfurt am Main 1975

Göttmann, Frank: Handwerk und Bündnispolitik. Die Handwerkerbünde am Mittelrhein vom 14. bis zum 17. Jahrhundert (Frankfurter Historische Abhandlungen, 15), Wiesbaden 1977

Graeber, Andreas: Untersuchungen zum spätrömischen Korporationswesen, Frankfurt am Main/Bern/New York 1983

Graus, František: Judenfeindschaft im Mittelalter, in: Antisemitismus. Von der Judenfeindschaft zum Holocaust (Schriftenreihe der Bundeszentrale für politische Bildung, 213), hrsg. von Herbert A. Strauss und Norbert Kampe, Bonn 1985, S. 29–46

Grießinger, Andreas: Das symbolische Kapital der Ehre. Streikbewegungen und kollektives Bewußtsein deutscher Handwerksgesellen im 18. Jahrhundert, Frankfurt am Main/Berlin/Wien 1981

Grießinger, Andreas/Reith, Reinhold: Obrigkeitliche Ordnungskonzeptionen und handwerkliches Konfliktverhalten im 18. Jahrhundert. Nürnberg und Würzburg im Vergleich, in: Deutsches Handwerk in Spätmittelalter und Früher Neuzeit (Göttinger Beiträge zur Wirtschafts- und Sozialgeschichte, 9), hrsg. von Rainer S. Elkar, Göttingen 1983, S. 117–180

Gröber, Karl: Alte deutsche Zunftherrlichkeit, München 1936

Gross, Hermann: Die Entwicklung des Handwerks in Südosteuropa unter mitteleuropäischen und osmanischen Einflüssen, in: Handwerk in Mittel- und Südosteuropa. Mobilität, Vermittlung

und Wandel im Handwerk des 18. bis 20. Jahrhunderts, hrsg. von Klaus Roth, München 1987, S. 11–21
Gross, Nachum (Hrsg.): Economic history of the Jews, New York 1975
Guenzi, Alberto/Massa, Paola: Introduction, in: Guilds, Markets and Work Regulations in Italy, 16th–19th Centuries, hrsg. von Alberto Guenzi, Paola Massa und Fausto Piola Caselli, Aldershot u.a. 1998, S. 1–15
Guilds, economy and society (Ciencias Económicas y Empresariales, 35), hrsg. von Clara Eugenia Núnez, Sevilla 1998
Gutzwiller, Hellmut: Die Zünfte in Freiburg i. Ue. 1460–1650 (Freiburger Geschichtsblätter, XL), Freiburg im Üchtgau 1949
Habicht, Bernd: Stadt- und Landhandwerk im südlichen Niedersachsen im 18. Jahrhundert. Ein wirtschaftsgeschichtlicher Beitrag unter Berücksichtigung des Zugangs zum Markt (Göttinger Beiträge zur Wirtschafts- und Sozialgeschichte, 10), Göttingen 1983
Häberlein, Mark/Jeggle, Christof (Hrsg.): Vorindustrielles Gewerbe. Handwerkliche Produktion und Arbeitsbeziehungen in Mittelalter und früher Neuzeit (Irseer Schriften. Studien zur schwäbischen Kulturgeschichte. Neue Folge, 2), Konstanz 2004
Haenert, Franziska: Preispolitik im Handwerk vom 16. bis 18. Jahrhundert unter besonderer Berücksichtigung der Münchner Verhältnisse, Diss. München 1956
Hahn, Reinhard: Meistergesang, Leipzig 1985
Hähnsen, Fritz: Geschichte der Kieler Handwerksämter. Ein Beitrag zur Schleswig-Holsteinischen Gewerbegeschichte (Mitteilungen der Gesellschaft für Kieler Stadtgeschichte, 30), Kiel 1920
Hänselmann, Ludwig: Urkundenbuch der Stadt Braunschweig, Erster Band, Braunschweig 1862
Hamann, Bruno: Geschichte des Schulwesens. Werden und Wandel der Schule im ideen- und sozialgeschichtlichen Zusammenhang, 2. Auflage Bad Heilbrunn 1993
Hamerow, Theodore S.: Restoration, Revolution, Reaction. Economics and Politics in Germany 1815–1871, 6. Auflage Princeton 1972
Handbuch Wirtschaftsgeschichte, hrsg. vom Institut für Wirtschaftsgeschichte der Akademie der Wissenschaften der DDR, in 2 Bänden, Berlin (Ost) 1981
Hanke, Michael: Mitten in der Bewegung der Zeit ... Geschichte des Kolpingwerkes in Deutschland, Band 2, Köln 2002
Hardtwig, Wolfgang: Genossenschaft, Sekte, Verein in Deutschland. Band I: Vom Spätmittelalter bis zur Französischen Revolution, München 1997
Hartfelder, Karl: Die alten Zunftordnungen der Stadt Freiburg i. B., Teil I (Beilage zum Programm des Gymnasiums zu Freiburg i. B.), Freiburg im Breisgau 1879
Hartmann, Ludo Moritz: Zur Geschichte der Zünfte im frühen Mittelalter, in: Zeitschrift für Social- und Wirthschaftsgeschichte, 1895, S. 109–129
Hartmann, Moritz: Geschichte der Handwerkerverbände der Stadt Hildesheim im Mittelalter (Beiträge für die Geschichte Niedersachsens und Westfalens, 1), Hildesheim 1905
Hasebroek, Johannes: Staat und Handel im alten Griechenland, Tübingen 1928, Nachdruck Hildesheim 1966
Hasse, Max: Zunft und Gewerbe in Lübeck (Lübecker Museumshefte, 10), Lübeck 1972
Hauck, K.: Gemeinschaftsstiftende Kulte der Seegermanen (Zur Ikonologie der Goldbrakteaten, XIX), in: Kaufmännische und gewerbliche Genossenschaften („Gilden und Zünfte") im frühen und hohen Mittelalter, Teil I: Allgemeine Probleme und europäischer Hintergrund (Konstanzer Arbeitskreis für mittelalterliche Geschichte. Protokoll Nr. 232 über die Arbeitstagung vom 9.–12.10.1979 auf der Insel Reichenau), Konstanz 1980, S. 3–6
Haupt, Heinz-Gerhard: Neue Wege zur Geschichte der Zünfte in Europa, in: Das Ende der Zünfte. Ein europäischer Vergleich, hrsg. von Heinz-Gerhard Haupt (Kritische Studien zur Geschichtswissenschaft, 151), Göttingen 2002, S. 9–37
Haupt, Heinz-Gerhard (Hrsg.): Das Ende der Zünfte. Ein europäischer Vergleich (Kritische Studien zur Geschichtswissenschaft, 151), Göttingen 2002
Haupt, Heinz-Gerhard/Crossick, Geoffrey: Die Kleinbürger. Eine europäische Sozialgeschichte des 19. Jahrhunderts, München 1998
Heckmann, Marie-Luise: Die christliche Wohltätigkeit im Mittelalter, in: Frömmigkeitsformen in

Mittelalter und Renaissance (Studia humaniora, 37), hrsg. von Johannes Laudage, Düsseldorf 2004, S. 96–133

Hegel, Karl von: Städte und Gilden der germanischen Völker im Mittelalter, 2 Bände, Leipzig 1891, Nachdruck Aalen 1962

Heidrich, Ingrid: Die wirtschaftliche und soziale Situation im Raum Ravenna Ende des 11. Jahrhunderts nach den dokumentarischen Quellen, in: Wirtschaft, Gesellschaft, Unternehmen. Festschrift für Hans Pohl zum 60. Geburtstag, hrsg. von Wilfried Feldenkirchen, Frauke Schönert-Röhlk und Günther Schulz, Stuttgart 1995, S. 580–595

Heinzen, Toni: Zunftkämpfe, Zunftherrschaft und Wehrverfassung in Köln. Ein Beitrag zum Thema „Zünfte und Wehrverfassung“ (Veröffentlichungen des Kölnischen Geschichtsvereins, 16), Köln 1939

Hemmen, Hans: Die Zünfte der Stadt Oldenburg im Mittelalter. Dargestellt nach Urkunden und Akten im Großherzoglichen Haus- und Zentral-Archiv und Stadtarchiv zu Oldenburg, Sonderdruck aus dem Jahrbuch für die Geschichte des Herzogtums Oldenburg, Band XVIII, Oldenburg 1910

Hendinger, Helmtraut: Vom Gerberhandwerk zur Lederindustrie. Eine Untersuchung des Bedeutungs- und Strukturwandels der Gerberei in vier Jahrhunderten an Beispielen aus Franken und Schwaben, in: Jahrbuch für fränkische Landesforschung, 1970, S. 15–82

Henkel, Martin: Zunftmißbräuche. „Arbeiterbewegung“ im Merkantilismus, Frankfurt am Main/New York 1989

Henning, Friedrich-Wilhelm: Das vorindustrielle Deutschland 800 bis 1800, 3. Auflage Paderborn 1977

Henning, Friedrich-Wilhelm: Die Einführung der Gewerbefreiheit und ihre Auswirkungen auf das Handwerk in Deutschland, in: Handwerksgeschichte in neuer Sicht (Göttinger Beiträge zur Wirtschafts- und Sozialgeschichte, 1), hrsg. von Wilhelm Abel, Göttingen 1978, S. 147–177

Henning, Friedrich-Wilhelm: Die Industrialisierung in Deutschland 1800 bis 1914, 5. Auflage Paderborn 1979

Herborn, Wolfgang: Verfassungsideal und Verfassungswirklichkeit in Köln während der ersten zwei Jahrhunderte nach Inkrafttreten des Verbundbriefes von 1396 dargestellt am Beispiel des Bürgermeisteramtes, in: Städtische Führungsgruppen und Gemeinde in der werdenden Neuzeit (Städteforschung, A 9), hrsg. von Wilfried Ehbrecht, Köln 1980, S. 25–52

Hergemöller, Bernd-Ulrich: Krisenerscheinungen kirchlicher Machtpositionen in hansischen Städten des 15. Jahrhunderts (Braunschweig, Lüneburg, Rostock, Osnabrück), in: Städtische Führungsgruppen und Gemeinde in der werdenden Neuzeit (Städteforschung, A 9), hrsg, von Wilfried Ehbrecht, Köln 1980, S. 313–348

Hermandung, Alex: Das Zunftwesen der Stadt Aachen bis zum Jahre 1681, Diss. Münster 1910

Herms, Doris: Die Anfänge der bremischen Industrie. Vom 17. Jahrhundert bis zum Zollanschluß (1888) (Veröffentlichungen aus dem Staatsarchiv der Freien Hansestadt Bremen, 20), Bremen 1952

Herrmann, Erwin: Gesellschaft und Wirtschaft, in: Oberfranken in der Neuzeit bis zum Ende des Alten Reiches, hrsg. von Elisabeth Roth, Bayreuth 1984, S. 83–148

Herrmann, Erwin: Soziales und wirtschaftliches Gefüge, in: Oberfranken im Spätmittelalter und zu Beginn der Neuzeit, hrsg. von Elisabeth Roth, Bayreuth 1979, S. 53–129

Hertel, Gustav: Urkundenbuch der Stadt Magdeburg, Band 1 (Geschichtsquellen der Provinz Sachsen und angrenzender Gebiete, 26), Halle 1892, Nachdruck 1975

Herzig, Arno: Kontinuität und Wandel der politischen und sozialen Vorstellungen Hamburger Handwerker 1790–1870, in: Handwerker in der Industrialisierung. Lage, Kultur und Politik vom späten 18. bis ins frühe 20. Jahrhundert, hrsg. von Ulrich Engelhardt (Industrielle Welt. Schriftenreihe des Arbeitskreises für moderne Sozialgeschichte, 37), Stuttgart 1984, S. 294–319

Higger, Paul (Hrsg.): Handwerk zwischen Idealbild und Wirklichkeit. Kultur- und sozialgeschichtliche Beiträge (Schweizerisches Freilichtmuseum Ballenberg. Wissenschaftliche Schriften, IV), Bern/Stuttgart 1991

Hinkmann, Ulrich: Die Korporationen des Handels und Handwerks in Frankreich vor der Abschaf-

fung durch die Revolution, Bern/Frankfurt am Main 1972
Hinz, Berthold: „Sinnwidrig zusammengestellte Fabrikate“? Zur Varianten-Praxis der Cranach-Werkstatt, in: Lucas Cranach. Ein Maler-Unternehmer aus Franken (Veröffentlichungen zur Bayerischen Geschichte und Kultur, 26), Augsburg 1994, S. 174–179
Höfler, Otto: Vorwort des Herausgebers, in: Rudolf Siemsen, Germanengut im Zunftbrauch, Berlin 1942, S. 11–12
Hoffmann, Erich: Spätmittelalterliche städtische Gilden und Bruderschaften in Skandinavien, insbesondere in Dänemark, in: Einungen und Bruderschaften in der spätmittelalterlichen Stadt, hrsg. von Peter Johanek (Städteforschung, A 32), Köln/Weimar/Wien 1993, S. 17–30
Hoffmann, Hermann (Hrsg.): Würzburger Polizeisätze. Gebote und Ordnungen des Mittelalters 1125 – 1495. Ausgewählte Texte, Würzburg 1955
Hoffmann, Johann Gottfried: Das Interesse des Menschen und Bürgers bei den bestehenden Zunftverfassungen, Königsberg 1803, Nachdruck o. O. 1979
Hoffmann, Philip R.: Winkelarbeiter, Nahrungsdiebe und rechte Amtsmeister. Die „Bönhaserei“ als Forschungsproblem der vorindustriellen Gewerbegeschichte und deren Bedeutung für das frühneuzeitliche Handwerk am Beispiel Lübecks, in: Vorindustrielles Gewerbe. Handwerkliche Produktion und Arbeitsbeziehungen in Mittelalter und früher Neuzeit, hrsg. von Mark Häberlein und Christof Jeggle (Irseer Schriften. Studien zur schwäbischen Kulturgeschichte. Neue Folge, 2), Konstanz 2004, S. 183–210
Hogen, Georg: Erwerbsordnung und Unterstützungswesen in Deutschland von den letzten Jahrhunderten des Mittelalters bis zum Dreißigjährigen Kriege, mit besonderer Berücksichtigung der Zunftverfassung, Diss. Erlangen 1913
Hohmann, Josef: Das Zunftwesen der Stadt Fulda von seinen Anfängen bis zur Mitte des 17. Jahrhunderts, Diss. Münster 1909
Holbach, Rudolf: Frühformen von Verlag und Großbetrieb in der gewerblichen Produktion (13. – 16. Jahrhundert) (Vierteljahrschrift für Sozial- und Wirtschaftsgeschichte. Beihefte, 110), Stuttgart 1994
Holl, Karl: Luther und die mittelalterliche Zunftverfassung, in: Karl Holl, Gesammelte Aufsätze zur Kirchengeschichte, Band III, Tübingen 1928, Nachdruck Darmstadt 1965, S. 130–133
Hölscher, Lucian: Geschichte der protestantischen Frömmigkeit in Deutschland, München 2005
Homann, Hans-Dieter: Die Gilden. Berufsgenossenschaften, Sozialverbände, Standesverbände. Dokumente, Fragen, Erläuterungen, Darstellung (Geschichte original – am Beispiel der Stadt Münster, 8), Münster 1982
Hopfgartner, Alfons: Geschichte der Schuhmacherzunft in Innsbruck bis zur Einführung der Gewerbefreiheit 1859 (Veröffentlichungen des Innsbrucker Stadtarchivs. Neue Folge, 10), Innsbruck 1979
Hopp, Dora Grete: Die Zunft und die Nichtdeutschen im Osten, insbesondere in der Mark Brandenburg (Wissenschaftliche Beiträge zur Geschichte und Landeskunde Ost-Mitteleuropas, 16), Marburg 1954
Horsch, Friedrich: Die Konstanzer Zünfte in der Zeit der Zunftbewegung bis 1430 unter besonderer Berücksichtigung des Zunftbuches und der Zunftbriefe (Konstanzer Geschichts- und Rechtsquellen, XXIII), Sigmaringen 1979
Horster, Paul: Die Entwicklung der Sächsischen Gewerbeverfassung (1780–1861), Diss. Heidelberg 1908
Illegitimität im Spätmittelalter, hrsg. von Ludwig Schmugge und Béatrice Wiggenhauser (Schriften des Historischen Kollegs. Kolloquien, 29), München 1994
Imamuddin, S. M.: The economic history of Spain. (Under the Umayyads, 711 – 1031) (Asiatic Society of Pakistan, 11), Dacca 1963
Inoue, Kiyoshi: Geschichte Japans, 2. Auflage Darmstadt 1995
Internationales handwerksgeschichtliches Symposium Veszprém 20.–24.11.1978, Veszprém 1979
Irle, Trutzhart: Landesherr und Gewerbe im Siegerland des 16. Jahrhunderts (Siegerländer Beiträge zur Geschichte und Landeskunde, 13), Siegen 1964
Irsigler, Franz: Zur Problematik der Gilde- und Zunftterminologie, in: Kaufmännische und gewerbliche Genossenschaften („Gilden und Zünfte“) im frühen und hohen Mittelalter, Teil I:

Allgemeine Probleme und europäischer Hintergrund (Konstanzer Arbeitskreis für mittelalterliche Geschichte. Protokoll Nr. 232 über die Arbeitstagung vom 9.–12.10.1979 auf der Insel Reichenau), Konstanz 1980, S. 13–16

Jacobsen, Grethe: Gesetz und Realität in der Geschichte von Handwerkerinnen, in: „Was nützt die Schusterin dem Schmied?" Frauen und Handwerk vor der Industrialisierung (Studien zur Historischen Sozialwissenschaft, 22), hrsg. von Katharina Simon-Muscheid, Frankfurt am Main/New York 1998, S. 53–65

Jahn, Georg: Zur Gewerbepolitik der deutschen Landesfürsten vom 16. bis zum 18. Jahrhundert, Diss. Leipzig 1909

Jakobs, H.: Bruderschaft und Gemeinde in Köln (11./12. Jh.), in: Kaufmännische und gewerbliche Genossenschaften („Gilden und Zünfte") im frühen und hohen Mittelalter, Teil II: Entstehung und Verfassung der „Gilden und Zünfte" im früh- und hochmittelalterlichen Deutschland (Konstanzer Arbeitskreis für mittelalterliche Geschichte. Protokoll Nr. 237 über die Arbeitstagung vom 18.–21.3.1980 auf der Insel Reichenau), Konstanz 1980, S. 27–33

Jankuhn, Herbert u. a. (Hrsg.): Das Handwerk in vor- und frühgeschichtlicher Zeit. Teil I: Historische und rechtshistorische Beiträge und Untersuchungen zur Frühgeschichte der Gilde. Bericht über die Kolloquien der Kommission für die Altertumskunde Mittel- und Nordeuropas in den Jahren 1977 bis 1980 (Abhandlungen der Akademie der Wissenschaften in Göttingen. Philologisch-historische Klasse. Dritte Folge, 122), Göttingen 1981

Johanni, Oswald: Zünfte und Zunftrecht in der Grafschaft Saarbrücken 1413–1798, Diss. Saarbrücken 1957

John, Peter: Handwerk im Spannungsfeld zwischen Zunftordnung und Gewerbefreiheit. Entwicklung und Politik der Selbstverwaltungsorganisationen des deutschen Handwerks bis 1933 (WSI-Studie zur Wirtschafts- und Sozialforschung, 62), Köln 1987

Josten, Dirk: Sprachvorbild und Sprachnorm im Urteil des 16. und 17. Jahrhunderts. Sprachlandschaftliche Prioritäten – Sprachautoritäten – Sprachimmanente Argumentation (Arbeiten zur Mittleren Deutschen Literatur und Sprache, 3), Frankfurt am Main/Bern 1976

Kälble, Mathias: Die „Zivilisierung" des Verhaltens. Zum Funktionswandel patrizischer Gesellschaften in Spätmittelalter und früher Neuzeit, in: Geschlechtergesellschaften, Zunft-Trinkstuben und Bruderschaften in spätmittelalterlichen und frühneuzeitlichen Städten (Veröffentlichungen des Südwestdeutschen Arbeitskreises für Stadtgeschichtsforschung, 30), hrsg. von Gerhard Fouquet, Matthias Steinbrink und Gabriel Zeilinger, Ostfildern 2003, S. 31–55

Kalpaktschieff, Stoyan S.: Die Zünfte Bulgariens im 19. Jahrhundert, Diss. Greifswald 1900

Kaplinski, Küllike: Verbindungen der Tallinner Zunftschragen mit den Schragen der dänischen und deutschen Städte, in: Internationales handwerksgeschichtliches Symposium Veszprém 20.–24.11.1978, Veszprém 1979, S. 128–138

Kaschuba, Wolfgang: Einführung in die Europäische Ethnologie, 2. Auflage München 2003

Kaschuba, Wolfgang: Vom Gesellenkampf zum sozialen Protest. Zur Erfahrungs- und Konfliktdisposition von Gesellen-Arbeitern in den Vormärz- und Revolutionsjahren, in: Handwerker in der Industrialisierung. Lage, Kultur und Politik vom späten 18. bis ins frühe 20. Jahrhundert, hrsg. von Ulrich Engelhardt (Industrielle Welt. Schriftenreihe des Arbeitskreises für moderne Sozialgeschichte, 37), Stuttgart 1984, S. 381–406

Katô, Shigeshi: On the Hang or the Associations of Merchants in China, with Especial Reference to the Institution in the T'ang and Sung Periods, in: Memoirs of the Research Department of the Toyo Bunko (The Oriental Library), 8, 1936, S. 45–83

Kaufhold, Karl Heinrich: Das Handwerk der Stadt Hildesheim im 18. Jahrhundert. Eine wirtschaftsgeschichtliche Studie (Göttinger Beiträge zur Wirtschafts- und Sozialgeschichte, 5), 2. Auflage Göttingen 1980

Kaufhold, Karl Heinrich: Die Entwicklung des Handwerks im 19. und frühen 20. Jahrhundert, in: Handwerk zwischen Idealbild und Wirklichkeit. Kultur- und sozialgeschichtliche Beiträge (Schweizerisches Freilichtmuseum Ballenberg. Wissenschaftliche Schriften, IV), hrsg. von Paul Higger, Bern/Stuttgart 1991, S. 53–80

Kaufhold, Karl Heinrich: Einführung und Auswertung, in: Handwerker in der Industrialisierung.

Lage, Kultur und Politik vom späten 18. bis ins frühe 20. Jahrhundert, hrsg. von Ulrich Engelhardt (Industrielle Welt. Schriftenreihe des Arbeitskreises für moderne Sozialgeschichte, 37), Stuttgart 1984, S. 37–50

Kaufhold, Karl Heinrich: Gewerbefreiheit und gewerbliche Entwicklung in Deutschland im 19. Jahrhundert, in: Blätter für deutsche Landesgeschichte, 1982, S. 73–114

Kaufhold, Karl Heinrich: Umfang und Gliederung des deutschen Handwerks um 1800, in: Handwerksgeschichte in neuer Sicht (Göttinger Beiträge zur Wirtschafts- und Sozialgeschichte, 1), hrsg. von Wilhelm Abel, Göttingen 1978, S. 27–63

Kaufhold, Karl Heinrich/Reininghaus, Wilfried (Hrsg.): Stadt und Handwerk im Mittelalter und früher Neuzeit (Städteforschung, A 54), Köln/Weimar/Wien 2000

Kaufmännische und gewerbliche Genossenschaften („Gilden und Zünfte") im frühen und hohen Mittelalter, Teil I: Allgemeine Probleme und europäischer Hintergrund (Konstanzer Arbeitskreis für mittelalterliche Geschichte. Protokoll Nr. 232 über die Arbeitstagung vom 9.–12.10.1979 auf der Insel Reichenau), Konstanz 1980, Teil II: Entstehung und Verfassung der „Gilden und Zünfte" im früh- und hochmittelalterlichen Deutschland (Konstanzer Arbeitskreis für mittelalterliche Geschichte. Protokoll Nr. 237 über die Arbeitstagung vom 18.–21.3.1980 auf der Insel Reichenau), Konstanz 1980

Kellenbenz, Hermann: Deutsche Wirtschaftsgeschichte, Band 1: München 1977, Band 2: München 1981

Keller, Gottfried: Die Leute von Seldwyla, 1. Band, Berlin/Weimar 1986

Keller, Katrin: Handwerkeralltag im 16. Jahrhundert. Zu grundlegenden Lebensverhältnissen von Meistern der Leipziger Leder- und Textilhandwerke, in: Studien zur älteren sächsischen Handwerksgeschichte (Sitzungsberichte der Sächsischen Akademie der Wissenschaften zu Leipzig. Pädagogisch-historische Klasse, 130–6), hrsg. von Karl Czok und Helmut Bräuer, Berlin (Ost) 1990, S. 8–49

Keller, Katrin: Kleinstadt und Handwerk. Strukturen und Entwicklungstendenzen im 18. Jahrhundert, in: Stadt und Handwerk im Mittelalter und früher Neuzeit (Städteforschung, A 54), hrsg. von Karl Heinrich Kaufhold und Wilfried Reininghaus, Köln/Weimar/Wien 2000, S. 61–92

Keller, Wilhelm Otto/Brod, Walter M.: Fischer und Schiffer in Miltenberg. Beiträge zur Geschichte ihrer Zunft vom 14. bis zum 20. Jahrhundert (Mainfränkische Hefte, 101), Würzburg 1999

Keutgen, Friedrich: Ämter und Zünfte. Zur Entstehung des Zunftwesens, Jena 1903, Nachdruck Aalen 1965

Keyser, Erich: Bevölkerungsgeschichte Deutschlands, 3. Auflage Leipzig 1943

Kiby, Ulrika: Bäder und Badekultur in Orient und Okzident. Antike bis Spätbarock, Köln 1995

Kiebel, Hannes: „Herberget gerne". Anmerkungen zur historischen Entwicklung der „Herberge zur Heimat", in: Hundert Jahre „Herberge zur Heimat Detmold". Erinnerungen, Bilder, Dokumente. Jubiläumsfestschrift und Katalog zur Ausstellung im Lippischen Landesmuseum in Detmold im Oktober 1985, Detmold 1985, S. 40–48

Kieser, Alfred: Das Kartell der Ehrbarkeit. Entstehung, Entwicklung und Niedergang der Zunft, Arbeitspapier, o. O. Juni 1987

Kintzinger, Martin: Eruditus in arte. Handwerk und Bildung im Mittelalter, in: Handwerk in Europa. Vom Spätmittelalter bis zur Frühen Neuzeit (Schriften des Historischen Kollegs. Kolloquien, 41), hrsg. von Knut Schulz, München 1999, S. 155–187

Kittner, Michael: Arbeitskampf. Geschichte – Recht – Gegenwart, München 2005

Kleeis, Friedrich: Die Geschichte der sozialen Versicherung in Deutschland, Berlin 1928

Klein, Gottfried: Die Aussenseiterpolitik der rheinischen Zünfte, Diss. Köln 1929

Klein, Julius: Medieval Spanish Gilds, in: Facts and Factors in Economic History. Articles by former Students of Edwin Francis Gay, Cambridge (Mass.) 1932, Nachdruck New York 1967

Klötzer, Wolfgang: Archivalische Quellen zur Zunft- und Gewerbegeschichte, in: Blätter für deutsche Landesgeschichte, 1982, S. 45–59

Kluge, Arnd: Der Hofer Schlappentag – Tradition oder Mythos?, in: Hofer Heimatbuch. Führer durch das Museum Bayerisches Vogtland, Hof 1996, S. 44–46

Kluge, Arnd: Geschichte der deutschen Bankgenossenschaften. Zur Entwicklung mitgliederorientierter Unternehmen (Schriftenreihe des Instituts für bankhistorische Forschung, 17), Frank-

furt am Main 1991
Kluge, Arnd: Korn, Glees und Döner Kebap – Essen und Trinken in der Geschichte der Hofer Region, in: Archiv für Geschichte von Oberfranken, 1997, S. 397–427
Kluge, Arnd: Mummereien und Pancketiren – Fünf Jahrhunderte Fasching in Hof, in: Miscellanea curiensia. Beiträge zur Geschichte und Kultur Nordoberfrankens und angrenzender Regionen (49. Bericht des Nordoberfränkischen Vereins für Natur-, Geschichts- und Landeskunde), Hof 2003, S. 59–78
Köbler, Gerhard: Das Familienrecht in der spätmittelalterlichen Stadt, in: Haus und Familie in der spätmittelalterlichen Stadt, hrsg. von Alfred Haverkamp (Städteforschung, A 18), Köln/Wien 1984, S. 136–160
Koch, Peter: Von der Zunftlade zum rationellen Großbetrieb. Kleine Geschichte der privaten Krankenversicherung in Deutschland, Karlsruhe 1971
Kocka, Jürgen: Arbeitsverhältnisse und Arbeiterexistenzen. Grundlagen der Klassenbildung im 19. Jahrhundert (Geschichte der Arbeiter und der Arbeiterbewegung in Deutschland seit dem Ende des 18. Jahrhunderts, 1), Bonn 1990
Kocka, Jürgen: Einführung und Auswertung, in: Handwerker in der Industrialisierung. Lage, Kultur und Politik vom späten 18. bis ins frühe 20. Jahrhundert, hrsg. von Ulrich Engelhardt (Industrielle Welt. Schriftenreihe des Arbeitskreises für moderne Sozialgeschichte, 37), Stuttgart 1984, S. 461–468
Kocka, Jürgen: Traditionsbindung und Klassenbildung. Zum sozialhistorischen Ort der frühen deutschen Arbeiterbewegung, in: Historische Zeitschrift, 1986, S. 333–376
Kocka, Jürgen: Weder Stand noch Klasse. Unterschichten um 1800 (Geschichte der Arbeiter und der Arbeiterbewegung in Deutschland seit dem Ende des 18. Jahrhunderts, 1), Bonn 1990
Koeppen, Werner: Die Anfänge der Arbeiter- und Gesellenbewegung in Franken (1830–1852). Eine Studie zur Geschichte des politischen Sozialismus (Erlanger Abhandlungen zur mittleren und neueren Geschichte, 21), Erlangen 1935
Köhler, Erich: Einzelhandel im Mittelalter. Beiträge zur betriebs- und sozialwirtschaftlichen Struktur der mittelalterlichen Krämerei (Vierteljahrschrift für Sozial- und Wirtschaftsgeschichte. Beihefte, 36), Stuttgart/Berlin 1938
Körner, Martin: Handel und Geldwesen im mittelalterlichen Europa, in: Europäische Bankengeschichte, hrsg. von Hans Pohl, Frankfurt am Main 1993, S. 31–72
Kowalski, Werner: Die wandernden Handwerksgesellen und die Anfänge der deutschen Arbeiterbewegung 1833–1839, Diss. Halle 1960
Kraack, Gerhard: Das Gildewesen der Stadt Flensburg, Flensburg 1966
Kraack, Gerhard: Zur Geschichte der Schützengilden im schleswigschen Raum vom Mittelalter bis heute, in: Gilden in Schleswig-Holstein. Vorträge zur Ausstellung im Landesarchiv Schleswig-Holstein, Schleswig 2000, S. 75–93
Kramer, Karl-S.: Brauchtum und Feste in der spätmittelalterlichen Stadt. Soziale Zuordnung an Beispielen, in: Einungen und Bruderschaften in der spätmittelalterlichen Stadt, hrsg. von Peter Johanek (Städteforschung, A 32), Köln/Weimar/Wien 1993, S. 171–183
Kramer, Stella: The English Craft Gilds. Studies in their progress and decline, New York 1976 (Original 1927)
Kraus, Jürgen: Das Militärwesen der Reichsstadt Augsburg 1548–1806. Vergleichende Untersuchungen über städtische Militäreinrichtungen in Deutschland vom 16.–18. Jahrhundert (Abhandlungen zur Geschichte der Stadt Augsburg, 26), Augsburg 1980
Krefft, Helene: Kartelle und Zünfte. Tragen die mittelalterlichen Zünfte kartellartigen Charakter?, Diss. Göttingen 1925
Krettner, Josef/Finkenstaedt, Thomas: Erster Katalog von Bruderschaften in Bayern (Veröffentlichungen zur Volkskunde und Kulturgeschichte, 6), München/Würzburg 1980
Kreutzberger, Eberhard: Das Gewerberecht der Reichsstadt Goslar im 18. Jahrhundert und der Reichsschluß von 1731 (Beiträge zur Geschichte der Stadt Goslar, 18), Goslar 1959
Kroeschell, Karl: Die Rezeption der gelehrten Rechte und ihre Bedeutung für die Bildung des Territorialstaates, in: Deutsche Verwaltungsgeschichte, hrsg. von Kurt G. A. Jeserich, Hans Pohl und Georg-Christoph von Unruh, Band 1, Stuttgart 1983, S. 279–288

Krumbholtz, Robert: Die Gewerbe der Stadt Münster bis zum Jahre 1661 (Publicationen aus den K. Preußischen Staatsarchiven, 70), 1898, Nachdruck Osnabrück 1965

Küchler, Winfried: Das Bannmeilenrecht. Ein Beitrag der mittelalterlichen Ostsiedlung zur wirtschaftlichen und rechtlichen Verschränkung von Stadt und Land (Marburger Ostforschungen, 24), Würzburg 1964

Kühnel, Harry: Das Alltagsleben im Hause der spätmittelalterlichen Stadt, in: Haus und Familie in der spätmittelalterlichen Stadt, hrsg. von Alfred Haverkamp (Städteforschung, A 18), Köln/Wien 1984, S. 37–65

Kunze, Peter: Richtfeste gestern & heute. Brauchtum im Bauhandwerk, Leipzig 1995

Kurze, Dietrich : Lob und Tadel der artes mechanicae unter besonderer Berücksichtigung des Speculum cite humane des Rodrigo Sánchez de Arévalo (1467) – mit drei Anhängen, in: Handwerk in Europa. Vom Spätmittelalter bis zur Frühen Neuzeit (Schriften des Historischen Kollegs. Kolloquien, 41), hrsg. von Knut Schulz, München 1999, S. 109–153

Lambrechts, Pascale/Sosson, Jean-Pierre (Hrsg.): Les métiers au moyen age. Aspects économique et sociaux. Actes du Colloque international de Louvain-la-Neuve 7–9 octobre 1993, Louvain-la-Neuve 1994

Landau, Peter: Das Weihehindernis der Illegitimität in der Geschichte des kanonischen Rechts, in: Illegitimität im Spätmittelalter, hrsg. von Ludwig Schmugge und Béatrice Wiggenhauser (Schriften des Historischen Kollegs. Kolloquien, 29), München 1994, S. 41–53

Laudani, Simona: The Guild System in Sardinia in the Eighteenth and Neineteenth Centuries, in: Guilds, Markets and Work Regulations in Italy, 16th–19th Centuries, hrsg. von Alberto Guenzi, Paola Massa und Fausto Piola Caselli, Aldershot u.a. 1998, S. 98–116

Lauf, Ulrich: Die Knappschaft. Ein Streifzug durch tausend Jahre Sozialgeschichte, Sankt Augustin 1994

Lauffs, Frid: Das Mindener Zunft- und Gewerbewesen im Mittelalter (Mindener Jahrbuch, VI), Minden 1934

Lehnert, Walter: Nürnberg – Stadt ohne Zünfte. Die Aufgaben des reichsstädtischen Rugamts, in: Deutsches Handwerk in Spätmittelalter und Früher Neuzeit (Göttinger Beiträge zur Wirtschafts- und Sozialgeschichte, 9), hrsg. von Rainer S. Elkar, Göttingen 1983, S. 71–81

Lenger, Friedrich: Die Gewerbegeschichtsschreibung der Historischen Schule. Einige zentrale Konzepte und ihr sozialpolitischer Kontext, in: Handwerk, Hausindustrie und die Historische Schule der Nationalökonomie. Wissenschafts- und gewerbegeschichtliche Perspektiven, hrsg. von Friedrich Lenger, Bielefeld 1998, S. 9–18

Lenger, Friedrich: Die handwerkliche Phase der Arbeiterbewegung in England, Frankreich, Deutschland und den USA – Plädoyer für einen Vergleich, in: Geschichte und Gesellschaft, 1987, S. 232–243

Lenger, Friedrich: Sozialgeschichte der deutschen Handwerker seit 1800, Frankfurt am Main 1988

Lenger, Friedrich: Zwischen Kleinbürgertum und Proletariat. Studien zur Sozialgeschichte der Düsseldorfer Handwerker 1816–1878 (Kritische Studien zur Geschichtswissenschaft, 71), Göttingen 1986

Lentze, Hans: Der Kaiser und die Zunftverfassung in den Reichsstädten bis zum Tode Karls IV. Studien zur städtischen Verfassungsentwicklung im späteren Mittelalter (Untersuchungen zur deutschen Staats- und Rechtsgeschichte. Alte Folge, 145), Breslau 1933, Nachdruck Aalen 1964

Lentze, Hans: Nürnbergs Gewerbeverfassung des Spätmittelalters im Rahmen der deutschen Entwicklung, in: Beiträge zur Wirtschaftsgeschichte Nürnbergs (Beiträge zur Geschichte und Kultur der Stadt Nürnberg, 11), Band II, Nürnberg 1967, S. 593–619

Lentze, Hans: Nürnbergs Gewerbeverfassung im Mittelalter, in: Jahrbuch für fränkische Landesforschung, 1964, S. 207–281

Lerner, Franz: Ungarische Handwerksgesellen in Frankfurt am Main, in: Internationales handwerksgeschichtliches Symposium Veszprém 20.–24.11.1978, Veszprém 1979, S. 31–42

Levi, Giovanni/Schmitt, Jean-Claude: Einleitung, in: Geschichte der Jugend, Band I, Frankfurt am Main 1996, S. 9–20

Lill, Rudolf: Geschichte Italiens vom 16. Jahrhundert bis zu den Anfängen des Faschismus, Darmstadt 1980

Limmer, Hans: Die deutsche Gewerkschaftsbewegung (Geschichte und Staat, 116), 10. Auflage München/Wien 1981

Lindström, Dag: Stadt und Handwerk in Schweden, in: Stadt und Handwerk im Mittelalter und früher Neuzeit (Städteforschung, A 54), hrsg. von Karl Heinrich Kaufhold und Wilfried Reininghaus, Köln/Weimar/Wien 2000, S. 169–193

Lis, Catharina/Soly, Hugo: Die Zünfte in den Österreichischen Niederlanden, in: Das Ende der Zünfte. Ein europäischer Vergleich, hrsg. von Heinz-Gerhard Haupt (Kritische Studien zur Geschichtswissenschaft, 151), Göttingen 2002, S. 155–180

Lis, Catharina/Soly, Hugo: Exportgewerbe, Zünfte und kapitalistische Entwicklungen in den Nördlichen und Südlichen Niederlanden im späten Mittelalter und der Frühen Neuzeit, in: Zunftlandschaften in Deutschland und den Niederlanden im Vergleich. Kolloquium der Historischen Kommission für Westfalen am 6. und 7. November 1997 auf Haus Welbergen, hrsg. von Wilfried Reininghaus, Münster 2000, S. 45–70

Loesch, Heinrich von: Die Kölner Zunfturkunden nebst anderen Kölner Gewerbeurkunden bis zum Jahre 1500 (Publikationen der Gesellschaft für rheinische Geschichtskunde, XXII), 2 Bände, Bonn 1907, Nachdruck Düsseldorf 1984

Looz-Corswarem, Clemens von: Unruhen und Stadtverfassung in Köln an der Wende vom 15. zum 16. Jahrhundert, in: Städtische Führungsgruppen und Gemeinde in der werdenden Neuzeit (Städteforschung, A 9), hrsg. von Wilfried Ehbrecht, Köln 1980, S. 53–94

Löper, Carl: Die Rheinschifffahrt Straßburgs in früherer Zeit und die Straßburger Schiffleut-Zunft. Nebst einer einleitenden Abhandlung: E. Trauttwein von Belle: Das Zunftwesen und die Stadtverfassung der alten Reichsstadt Straßburg, Straßburg 1877

Löscher, Hermann: Die Anfänge der erzgebirgischen Knappschaft, in: Zeitschrift der Savigny-Stiftung für Rechtsgeschichte. Kanonistische Abteilung, 40, 1954, S. 223–238

Lourens, Piet/Lucassen, Jan: Gilden und Wanderung: Die Niederlande, in: Handwerk in Europa. Vom Spätmittelalter bis zur Frühen Neuzeit (Schriften des Historischen Kollegs. Kolloquien, 41), hrsg. von Knut Schulz, München 1999, S. 65–79

Lourens, Piet/Lucassen, Jan: „Zunftlandschaften“ in den Niederlanden im späten Mittelalter und der Frühen Neuzeit, in: Zunftlandschaften in Deutschland und den Niederlanden im Vergleich. Kolloquium der Historischen Kommission für Westfalen am 6. und 7. November 1997 auf Haus Welbergen, hrsg. von Wilfried Reininghaus, Münster 2000, S. 11–43

Lucassen, Jan/Prak, Maarten: Guilds and society in the Dutch Republic (16th–18th centuries), in: Guilds, economy and society (Ciencias Económicas y Empresariales, 35), hrsg. von Clara Eugenia Núnez, Sevilla 1998, S. 63–77

Ludwig, Karl-Heinz: Technik im hohen Mittelalter zwischen 1000 und 1350/1400, in: Propyläen Technikgeschichte, hrsg. von Wolfgang König, 2. Band, Neuausgabe, Berlin 1997, S. 9–205

Lütge, Friedrich: Deutsche Sozial- und Wirtschaftsgeschichte. Ein Überblick, 3. Auflage Berlin/Heidelberg/New York 1966

Lütge, Friedrich: Die Preispolitik in München im hohen Mittelalter. Ein Beitrag zum Streit über das Problem „Nahrungsprinzip“ oder „Erwerbsstreben“, in: Jahrbücher für Nationalökonomie und Statistik, 1941, S. 162–202

Luther, Rudolf: Gab es eine Zunftdemokratie? (Kölner Schriften zur Politischen Wissenschaft. Neue Folge, 2), Berlin (West) 1968

Luzzatto, Gino: An Economic History of Italy from the Fall of the Roman Empire to the beginning of the Sixteenth Century, 2. Auflage London 1968

Mackenney, Richard: Tradesmen and Traders. The World of the Guilds in Venice and Europa, c. 1250 – c. 1650, Totowa 1987

Majumdar, R. C.: Corporate life in ancient India, 3. Auflage Calcutta 1969

Manz, Luise: Der Ordo-Gedanke. Ein Beitrag zur Frage des mittelalterlichen Ständegedankens (Vierteljahrschrift für Sozial- und Wirtschaftsgeschichte. Beihefte, 33), Stuttgart 1937

Martin Saint-Léon, Étienne: Histoire des corporations de métiers. Depuis leurs origines jusqu'à leur suppression en 1791, 4. Auflage Paris 1941

Martin, Anna: Aus den Akten der Fischerzunft. Beiträge zur Geschichte des Wormser Fischerei-

wesens (Der Wormsgau. Beihefte, 9), Worms 1941
Mascher, Heinrich A.: Das deutsche Gewerbewesen von der frühesten Zeit bis auf die Gegenwart. Nach Geschichte, Recht, Nationalökonomie und Statistik, Potsdam 1866
Maschke, Erich: Mittelschichten in den deutschen Städten des Mittelalters, in: Städtische Mittelschichten. Protokoll der VIII. Arbeitstagung des Arbeitskreises für südwestdeutsche Stadtgeschichtsforschung Biberach 14.–16. November 1969 (Veröffentlichungen der Kommission für geschichtliche Landeskunde in Baden-Württemberg, B 69), hrsg. von Erich Maschke und Jürgen Sydow, Stuttgart 1972, S. 1–31
Matter, Max: Volkskunde des Handwerks als Sozialgeschichte des Handwerks? Versuch eines Überblicks über volkskundliche Handwerksforschung – Geschichte und neuere Forschungsergebnisse, in: Deutsches Handwerk in Spätmittelalter und Früher Neuzeit (Göttinger Beiträge zur Wirtschafts- und Sozialgeschichte, 9), hrsg. von Rainer S. Elkar, Göttingen 1983, S. 183–201
Matuz, Josef: Das Osmanische Reich. Grundlinien seiner Geschichte, 3. Auflage Darmstadt 1994
Maurer, Ernst: Zunft und Handwerker der alten Zeit. Ein volkssoziologischer Versuch, Nürnberg 1940
Mayer, Hans Eberhard: Geschichte der Kreuzzüge, 9. Auflage Stuttgart/Berlin/Köln 2000
Mayer, Johann Eugen: Geschichte des deutschen Handwerks (Zünfte, Gilden, Innungen etc.) (Geschichtliche Jugend- und Volksbibliothek, 43), Regensburg 1914
Meiche, Alfred: Sagenbuch des Königreichs Sachsen, Leipzig 1903, Nachdruck Leipzig 1985
Mengers, Christian: Aus den letzten Tagen der Zunft. Erinnerungen eines alten Handwerkers aus seinen Wanderjahren, Leipzig 1910
Meyer, Moritz: Geschichte der Preussischen Handwerkerpolitik. Nach amtlichen Quellen, 1. Band: Die Handwerkerpolitik des Grossen Kurfürsten und König Friedrich's I. (1640–1713), Minden 1884, Nachdruck Glashütten 1972; 2. Band: Die Handwerkerpolitik König Friedrich Wilhelm's I. (1713–1740), Minden 1888, Nachdruck Glashütten 1972
Mickwitz, Gunnar: Die Kartellfunktionen der Zünfte und ihre Bedeutung bei der Entstehung des Zunftwesens. Eine Studie in spätantiker und mittelalterlicher Wirtschaftsgeschichte (Societas Scientiarum Fennica. Commentationes Humanarum Litterarum, VIII/3), Helsingfors 1936, Nachdruck New York 1979
Militzer, Klaus: Führungsschicht und Gemeinde in Köln im 14. Jahrhundert, in: Städtische Führungsgruppen und Gemeinde in der werdenden Neuzeit (Städteforschung, A 9), hrsg. von Wilfried Ehbrecht, Köln 1980, S. 1–24
Minard, Philippe: Die Zünfte in Frankreich am Ende des 18. Jahrhunderts: Analyse ihrer Abschaffung, in: Das Ende der Zünfte. Ein europäischer Vergleich, hrsg. von Heinz-Gerhard Haupt (Kritische Studien zur Geschichtswissenschaft, 151), Göttingen 2002, S. 181–195
Mit Fremden leben. Eine Kulturgeschichte von der Antike bis zur Gegenwart, hrsg. von Alexander Demandt, Andreas Müggenburg und Heinrich Schlange-Schöningen, München 1995
Mitteis, Heinrich/Lieberich, Heinz: Deutsche Rechtsgeschichte. Ein Studienbuch, 18. Auflage München 1988
Mitterauer, Michael: Familie und Arbeitsorganisation in städtischen Gesellschaften des späten Mittelalters und der frühen Neuzeit, in: Haus und Familie in der spätmittelalterlichen Stadt, hrsg. von Alfred Haverkamp (Städteforschung, A 18), Köln/Wien 1984, S. 1–36
Möller, Frank: Die bayerischen Gewerbevereine von 1848, in: Handwerk, Bürgertum und Staat. Beiträge des Zweiten Handwerksgeschichtlichen Kolloquiums auf Schloss Raesfeld, 12. bis 14. Januar 1995 (Untersuchungen zur Wirtschafts-, Sozial- und Technikgeschichte, 15), hrsg. von Wilfried Reininghaus und Ralf Stremmel, Dortmund 1997, S. 47–62
Mohl, Karl Friedrich: Ueber die Frage: Wie können die Vortheile, welche durch das Wandern der Handwerksgesellen möglich sind, befördert, und die dabey vorkommenden Nachtheile verhütet werden? Eine durch die Königl. Societät der Wissenschaften in Göttingen gekrönte Preisschrift, in: Zwo Preisschriften über die Frage: Wie können die Vortheile, welche durch das Wandern der Handwerksgesellen möglich sind, befördert, und die dabey vorkommenden Nachtheile verhütet werden?, Erlangen 1798
Molitor, Hansgeorg: Das regulierte Verhältnis zu Gott. Frömmigkeit in der Frühen Neuzeit, in:

Frömmigkeitsformen in Mittelalter und Renaissance (Studia humaniora, 37), hrsg. von Johannes Laudage, Düsseldorf 2004, S. 311–331

Mordstein, Johannes: Die Handwerksordnungen der Wertinger Schuhmacher 1560 und 1608 im Kontext der ostschwäbischen Zunftlandschaft, in: Jahrbuch des Historischen Vereins Dillingen an der Donau, 2005, S. 157–186

Moser, Heinz: Die Steinmetz- und Maurerzunft in Innsbruck von der Mitte des 15. bis zur Mitte des 18. Jahrhunderts (Veröffentlichungen des Innsbrucker Stadtarchivs. Neue Folge, 4), Innsbruck 1973

Müller, L.: Aus der Blütezeit der Handwerksburschen, in: Aus der Blütezeit des Handwerksburschenlebens und des Zunftwesens, hrsg. von L. Müller, Marburg 1910, S. 1–47

Müller, Walther: Zur Frage des Ursprungs der mittelalterlichen Zünfte, Diss. Leipzig 1910

Müllerleile, Ernst: Die Gewandschneidergilde in Hildesheim, Diss. Freiburg im Breisgau 1913

Mummenhoff, Ernst: Der Handwerker in der deutschen Vergangenheit, 2. Auflage Jena 1924

Nadolski, Dieter: Zunftzinn. Formenvielfalt und Gebrauch bei Fest und Alltag des Handwerks, München 1986

Nagybákay, Péter: Historischer Quellenwert der Zunftgegenstände, internationale Zusammenhänge zwischen den Zunftzeichen, in: Internationales handwerksgeschichtliches Symposium Veszprém 20.–24.11.1978, Veszprém 1979, S. 88–104

Nahmer, Ernst von der: Die Wehrverfassungen der deutschen Städte in der zweiten Hälfte des XIV. Jahrhunderts, Diss. Marburg 1888

Naujoks, Eberhard: Obrigkeitsgedanke, Zunftverfassung und Reformation. Studien zur Verfassungsgeschichte von Ulm, Eßlingen und Schwäb. Gmünd (Veröffentlichungen der Kommission für geschichtliche Landeskunde in Baden-Württemberg,, B 3), Stuttgart 1958

Naujoks, Eberhard (Hrsg.): Kaiser Karl V. und die Zunftverfassung. Ausgewählte Aktenstücke zu den Verfassungsänderungen in den oberdeutschen Reichsstädten (1547–1556) (Veröffentlichungen der Kommission für geschichtliche Landeskunde in Baden-Württemberg, A 36), Stuttgart 1985

Nemeskürthyová, Ludmila: Die Zunftsatzungen in der Slowakei im 15. und 16. Jahrhundert, in: III. Internationales handwerksgeschichtliches Symposium Veszprém 18.–24.10.1986, Band 2, Veszprém 1987, S. 61–71

Nerger, Karl: Geschichte der Verdener Zünfte. Handwerk und Handel in 6 Jahrhunderten (Geschichte der Stadt Verden (Aller) in Einzeldarstellungen, 1), Verden 1972

Neuburg, Clamor: Zunftgerichtsbarkeit und Zunftverfassung in der Zeit vom 13. bis 16. Jahrhundert. Ein Beitrag zur ökonomischen Geschichte des Mittelalters, Stuttgart 1880, Nachdruck Wiesbaden 1966

Neuschäffer, Hubertus: Zur Geschichte der Gilden in Schleswig-Holstein, in: Gilden in Schleswig-Holstein. Vorträge zur Ausstellung im Landesarchiv Schleswig-Holstein, Schleswig 2000, S. 37–57

Nielsen, Axel: Dänische Wirtschaftsgeschichte, Jena 1933

Nikoloff, Kosta: Das Handwerk und Zunftwesen in Bulgarien während der türkischen Herrschaft und nach der Befreiung, Diss. Freiburg im Breisgau 1908

Nipperdey, Thomas: Deutsche Geschichte 1800–1866. Bürgerwelt und starker Staat, München 1998 (Originalausgabe 1983)

Nipperdey, Thomas: Deutsche Geschichte 1866–1918, Band I, München 1998 (Originalausgabe 1990)

Obst, Karin: Der Wandel in den Bezeichnungen für gewerbliche Zusammenschlüsse des Mittelalters. Eine rechtssprachgeographische Analyse (Germanistische Arbeiten zur Sprache und Kulturgeschichte, 4), Frankfurt am Main/Bern/New York 1983

Oexle, Otto Gerhard: Die Anfänge der Gilden im Frankenreich (6.–9. Jh.), in: Kaufmännische und gewerbliche Genossenschaften („Gilden und Zünfte") im frühen und hohen Mittelalter, Teil I: Allgemeine Probleme und europäischer Hintergrund (Konstanzer Arbeitskreis für mittelalterliche Geschichte. Protokoll Nr. 232 über die Arbeitstagung vom 9.–12.10.1979 auf der Insel Reichenau), Konstanz 1980, S. 47–54

Oexle, Otto Gerhard: Die funktionale Dreiteilung als Deutungsschema der sozialen Wirklichkeit in der ständischen Gesellschaft des Mittelalters, in: Ständische Gesellschaft und soziale Mobilität, hrsg. von Winfried Schulze und Helmut Gabel (Schriften des Historischen Kollegs. Kolloquien, 12), München 1988, S. 19–51

Oexle, Otto Gerhard: Die mittelalterliche Zunft als Forschungsproblem, in: Blätter für deutsche Landesgeschichte, 1982, S. 1–44

Oexle, Otto Gerhard: Gilden als soziale Gruppen in der Karolingerzeit, in: Das Handwerk in vor- und frühgeschichtlicher Zeit. Teil I: Historische und rechtshistorische Beiträge und Untersuchungen zur Frühgeschichte der Gilde. Bericht über die Kolloquien der Kommission für die Altertumskunde Mittel- und Nordeuropas in den Jahren 1977 bis 1980 (Abhandlungen der Akademie der Wissenschaften in Göttingen. Philologisch-historische Klasse. Dritte Folge, 122), hrsg. von Herbert Jankuhn u.a., Göttingen 1981, S. 284–354

Offermann, Toni: Mittelständisch-kleingewerbliche Leitbilder in der liberalen Handwerker- und handwerklichen Arbeiterbewegung der 50er und 60er Jahre des 19. Jahrhunderts, in: Handwerker in der Industrialisierung. Lage, Kultur und Politik vom späten 18. bis ins frühe 20. Jahrhundert, hrsg. von Ulrich Engelhardt (Industrielle Welt. Schriftenreihe des Arbeitskreises für moderne Sozialgeschichte, 37), Stuttgart 1984, S. 528–551

Okyar, Osman: Industrialisation and Handicrafts in the 19th Century Ottoman Empire, in: Handwerk in Mittel- und Südosteuropa. Mobilität, Vermittlung und Wandel im Handwerk des 18. bis 20. Jahrhunderts, hrsg. von Klaus Roth, München 1987, S. 183–193

Ordega, Sigismund von: Die Gewerbepolitik Russlands von Peter I – Katharina II (1682–1762), Diss. Tübingen 1885

Ortloff, Johann Andreas: Beantwortung der Preisfrage: Wie können die Vortheile, welche durch das Wandern der Handwercksgesellen möglich sind, befördert, und die dabey vorkommenden Nachtheile verhütet werden?, welcher von der königlichen Akademie der Wissenschaften zu Göttingen das erste Accessit zuerkannt wurde, in: Zwo Preisschriften über die Frage: Wie können die Vortheile, welche durch das Wandern der Handwerksgesellen möglich sind, befördert, und die dabey vorkommenden Nachtheile verhütet werden?, Erlangen 1798

Ortloff, Johann Andreas: Corpus iuris opificiarii, oder Sammlung von allgemeinen Innungsgesetzen und Verordnungen für die Handwerker, 2. Auflage Erlangen 1820

Ortloff, Johann Andreas: Das Recht der Handwerker, Erlangen 1803

Ortloff, Johann Andreas: Staatswissenschaftliche Abhandlung über die Frage: Durch welche Mittel könnten unsere Handwerker dazu gebracht werden, daß sie diejenigen Verbesserungen ihrer Gewerbe nützen, deren Zuverlässigkeit durch die Erfahrung, oder auch durch andere Gründe erwiesen sind?, Erlangen 1799

Otruba, Gustav: Gewerbe und Zünfte in Niederösterreich, St. Pölten 1989

Otruba, Gustav: Zunftordnung und Fabriksprivileg. Rechtliche Kontinuität im Industrialisierungsprozess?, in: II. Internationales Handwerksgeschichtliches Symposium Veszprém 21.–26.8.1982, Band 1, Veszprém 1983, S. 105–118

Otruba, Gustav/Sagoschen, Josef A: Gerberzünfte in Österreich. Organisation und Verbreitung, Recht und Brauchtum in sieben Jahrhunderten (Kulturelle Schriftenreihe des Vereins Österreichischer Ledertechniker, 6), Wien 1964

Pechstein, Klaus: „Zunftaltertümer" aus Nürnberg, in: Internationales handwerksgeschichtliches Symposium Veszprém 20.–24.11.1978, Veszprém 1979, S. 110–121

Peitsch, Dietmar: Zunftgesetzgebung und Zunftverwaltung Brandenburg-Preußens in der frühen Neuzeit, Frankfurt am Main/Bern/New York 1985

Peters, Horst: Die Geschichte der sozialen Versicherung (Fortbildung und Praxis, 39), 3. Auflage Sankt Augustin 1978

Peters, K.: Gilden, Ämter und Zünfte in Lübeck, in: Kaufmännische und gewerbliche Genossenschaften („Gilden und Zünfte") im frühen und hohen Mittelalter, Teil II: Entstehung und Verfassung der „Gilden und Zünfte" im früh- und hochmittelalterlichen Deutschland (Konstanzer Arbeitskreis für mittelalterliche Geschichte. Protokoll Nr. 237 über die Arbeitstagung vom 18.–21.3.1980 auf der Insel Reichenau), Konstanz 1980, S. 75–80

Pickl, Othmar: Bruderschaften, Gesellenverbände und Gesellenordnungen in der Steiermark in: II. Internationales Handwerksgeschichtliches Symposium Veszprém 21.–26.8.1982, Band 1,

Veszprém 1983, S. 283–292

Pieper-Lippe, Margarete: Westfälische Zunftsiegel (Geschichtliche Arbeiten zur westfälischen Landesforschung, 8), Münster 1963

Pitz, Ernst: Gewerbeverbände und Zünfte in Mittel- und Westeuropa im 12. und 13. Jahrhundert, in: Wirtschaft, Gesellschaft, Unternehmen. Festschrift für Hans Pohl zum 60. Geburtstag, hrsg. von Wilfried Feldenkirchen, Frauke Schönert-Röhlk und Günther Schulz, Stuttgart 1995, S. 675–694

Planitz, Hans: Die deutsche Stadt im Mittelalter. Von der Römerzeit bis zu den Zunftkämpfen, 3. Auflage Wien/Köln/Graz 1973

Pohl, Hans: Einführung, in: Staatliche, städtische, betriebliche und kirchliche Sozialpolitik vom Mittelalter bis zur Gegenwart. Referate der 13. Arbeitstagung der Gesellschaft für Sozial- und Wirtschaftsgeschichte vom 28. März bis 1. April 1989 in Heidelberg, hrsg. von Hans Pohl (Vierteljahrschrift für Sozial- und Wirtschaftsgeschichte. Beihefte, 95), Stuttgart 1991, S. 7–43

Popp, August: Die Entstehung der Gewerbefreiheit in Bayern (Abhandlungen aus dem Staatswissenschaftlichen Seminar an der Universität Erlangen, 4), Leipzig 1928

Prasad, Kameshwar: Cities, crafts and commerce under the Kusanas, Delhi 1984

Press, Volker: Reichsstadt und Revolution, in: Stadt und wirtschaftliche Selbstverwaltung. 22. Arbeitstagung in Pforzheim 11.–13. November 1983, hrsg. von Bernhard Kirchgässner und Eberhard Naujoks (Stadt in der Geschichte. Veröffentlichungen des Südwestdeutschen Arbeitskreises für Stadtgeschichtsforschung, 12), Sigmaringen 1987, S. 9–59

Press, Volker: Soziale Folgen des Dreißigjährigen Krieges, in: Ständische Gesellschaft und soziale Mobilität, hrsg. von Winfried Schulze und Helmut Gabel (Schriften des Historischen Kollegs. Kolloquien, 12), München 1988, S. 239–268

Proesler, Hans: Das gesamtdeutsche Handwerk im Spiegel der Reichsgesetzgebung von 1530 bis 1806 (Nürnberger Abhandlungen zu den Wirtschafts- und Sozialwissenschaften, 5), Berlin 1954

Puhle, Matthias: Magdeburg im Mittelalter. Der Weg von der Pfalz Ottos des Großen bis zur Hansestadt um 1500 (Studien zur Landesgeschichte, 16), Halle 2005

Puschner, Uwe: Handwerk zwischen Tradition und Wandel. Das Münchener Handwerk an der Wende vom 18. zum 19. Jahrhundert (Göttinger Beiträge zur Wirtschafts- und Sozialgeschichte, 13), Göttingen 1988

Püttner, Günter/Losch, Bernhard: Verwaltung durch Private und in privatrechtlicher Form, in: Deutsche Verwaltungsgeschichte, hrsg. von Kurt G. A. Jeserich, Hans Pohl und Georg-Christoph von Unruh, Band 5, Stuttgart 1987, S. 368–385

Racine, P.: Associations de Marchands et associations de metiers en Italie de 600 à 1200, in: Kaufmännische und gewerbliche Genossenschaften („Gilden und Zünfte“) im frühen und hohen Mittelalter, Teil I: Allgemeine Probleme und europäischer Hintergrund (Konstanzer Arbeitskreis für mittelalterliche Geschichte. Protokoll Nr. 232 über die Arbeitstagung vom 9.–12.10.1979 auf der Insel Reichenau), Konstanz 1980, S. 38–40

Radtke, Christian: Kommune und Gilde im hochmittelalterlichen Schleswig, in: Gilden in Schleswig-Holstein. Vorträge zur Ausstellung im Landesarchiv Schleswig-Holstein, Schleswig 2000, S. 113–133

Rau, Karl Heinrich: Über das Zunftwesen und die Folgen seiner Aufhebung, 2. Auflage Leipzig 1816

Rauser, Jürgen: Das Alt-Künzelsauer Gewerbe im Spiegel seiner Zunftordnungen des 17./18. Jahrh. (Hohenloher Historische Hefte, 18), Schloß Stetten 1968

Reddig, Wolfgang F.: Handwerker und ihre Organisationen in Bamberg. Von der Zunft zum Gewerbs-Verein (Darstellungen und Quellen zur Geschichte Bambergs, 3), Bamberg 1991

Reichshandwerksordnung und Reichsstädte. Der Vollzug der Reichsschlusses von 1731 in den fränkischen Reichsstädten, in: Reichsstädte in Franken. Aufsätze 2: Wirtschaft, Gesellschaft und Kultur, hrsg. von Rainer A. Müller (Veröffentlichungen zur Bayerischen Geschichte und Kultur, 15/2), München 1987, S. 33–45

Reininghaus, Wilfried: Das „ganze Haus“ und die Gesellengilden. Über die Beziehungen zwischen

Meistern und Gesellen im Spätmittelalter, in: Deutsches Handwerk in Spätmittelalter und Früher Neuzeit (Göttinger Beiträge zur Wirtschafts- und Sozialgeschichte, 9), hrsg. von Rainer S. Elkar, Göttingen 1983, S. 55–70

Reininghaus, Wilfried: Die Entstehung der Gesellengilden im Spätmittelalter (Vierteljahrschrift für Sozial- und Wirtschaftsgeschichte. Beihefte, 71), Wiesbaden 1981

Reininghaus, Wilfried: Die Gesellenvereinigungen am Ende des Alten Reiches. Eine Bilanz von dreihundert Jahren Sozialdisziplinierung, in: Handwerker in der Industrialisierung. Lage, Kultur und Politik vom späten 18. bis ins frühe 20. Jahrhundert, hrsg. von Ulrich Engelhardt (Industrielle Welt. Schriftenreihe des Arbeitskreises für moderne Sozialgeschichte, 37), Stuttgart 1984, S. 219–241

Reininghaus, Wilfried: Die Unterstützungskassen der Handwerksgesellen und Fabrikarbeiter in Westfalen und Lippe (1800–1850), in: Westfälische Forschungen, 35, 1985, S. 131–163

Reininghaus, Wilfried: Gesellenvereinigungen als Problem der Kontinuität in der deutschen Sozialgeschichte in: II. Internationales Handwerksgeschichtliches Symposium Veszprém 21.–26.8.1982, Band 1, Veszprém 1983, S. 265–272

Reininghaus, Wilfried: Gewerbe in der frühen Neuzeit (Enzyklopädie deutscher Geschichte, 3), München 1990

Reininghaus, Wilfried: Handwerk und Zünfte im Paderborner Land und in Höxter (Heimatkundliche Schriftenreihe, 22), Paderborn 1991

Reininghaus, Wilfried: Handwerk und Zünfte in Westfalen (12.–16. Jahrhundert), in: Les métiers au moyen age. Aspects économique et sociaux. Actes du Colloque international de Louvain-la-Neuve 7–9 octobre 1993, hrsg. von Pascale Lambrechts und Jean-Pierre Sosson, Louvain-la-Neuve 1994, S. 265–282

Reininghaus, Wilfried: Migrationen von Handwerkern. Anmerkungen zur Notwendigkeit von Theorien, Konzepten und Modellen, in: Handwerk in Europa. Vom Spätmittelalter bis zur Frühen Neuzeit (Schriften des Historischen Kollegs. Kolloquien, 41), hrsg. von Knut Schulz, München 1999, S. 195–212

Reininghaus, Wilfried: Sachgut und handwerkliche Gruppenkultur. Neue Fragen an die „Zunftaltertümer“, in: Die Repräsentation der Gruppen. Texte – Bilder – Objekte, hrsg. von Otto Gerhard Oexle und Andrea von Hülsen-Esch (Veröffentlichungen des Max-Planck-Instituts für Geschichte, 141), Göttingen 1998, S. 429–463

Reininghaus, Wilfried: Stadt und Handwerk. Eine Einführung in Forschungsprobleme und Forschungsfragen, in: Stadt und Handwerk im Mittelalter und früher Neuzeit (Städteforschung, A 54), hrsg. von Karl Heinrich Kaufhold und Wilfried Reininghaus, Köln/Weimar/Wien 2000, S. 1–19

Reininghaus, Wilfried: Wanderungen von Handwerkern zwischen Hohem Mittelalter und Industrialisierung. Ein Versuch zur Analyse der Einflußfaktoren, in: Migration in der Feudalgesellschaft, hrsg. von Gerhard Jaritz und Albert Müller (Studien zur Historischen Sozialwissenschaft, 8), Frankfurt am Main/New York 1988, S. 179–215

Reininghaus, Wilfried: Zünfte, Städte und Staat in der Grafschaft Mark. Einleitung und Regesten von Texten des 14. bis 19. Jahrhunderts (Geschichtliche Arbeiten zur westfälischen Landesforschung. Wirtschafts- und sozialgeschichtliche Gruppe, 7), Münster 1989

Reininghaus, Wilfried: Zünfte und Regionen. „Zunftlandschaften“ als Forschungsproblem, in: Zunftlandschaften in Deutschland und den Niederlanden im Vergleich. Kolloquium der Historischen Kommission für Westfalen am 6. und 7. November 1997 auf Haus Welbergen, hrsg. von Wilfried Reininghaus, Münster 2000, S. 3–9

Reininghaus, Wilfried: Zünfte und Zunftpolitik in Westfalen und im Rheinland am Ende des Alten Reiches, in: Das Ende der Zünfte. Ein europäischer Vergleich, hrsg. von Heinz-Gerhard Haupt (Kritische Studien zur Geschichtswissenschaft, 151), Göttingen 2002, S. 71–86

Reininghaus, Wilfried: Zur Gewerbe- und Zunftpolitik Brandenburg-Preussens in der Grafschaft Mark (1650–1806), in: III. Internationales handwerksgeschichtliches Symposium Veszprém 18.–24.10.1986, Band 2, Veszprém 1987, S. 113–124

Reininghaus, Wilfried: Zur Handwerksgeschichte in der DDR. Bemerkungen zu Forschungen zwischen 1970 und 1989, in: Blätter für deutsche Landesgeschichte, 1990, S. 283–299

Reininghaus, Wilfried (Hrsg.): Zunftlandschaften in Deutschland und den Niederlanden im Vergleich. Kolloquium der Historischen Kommission für Westfalen am 6. und 7. November 1997 auf Haus Welbergen, Münster 2000

Reininghaus, Wilfried/Stremmel, Ralf (Hrsg.): Handwerk, Bürgertum und Staat. Beiträge des Zweiten Handwerksgeschichtlichen Kolloquiums auf Schloss Raesfeld, 12. bis 14. Januar 1995 (Untersuchungen zur Wirtschafts-, Sozial- und Technikgeschichte, 15), Dortmund 1997

Reininghaus, Wilfried/Thurmann, Erich/Walberg, Hartwig: Quellen zur Zunftgeschichte Lippstadts in der frühen Neuzeit (Quellen und Forschungen zur Geschichte der Stadt Lippstadt, 8), Lippstadt 1993

Reisekultur. Von der Pilgerfahrt zum modernen Tourismus, 2. Auflage München 1999

Reith, Reinhold: Arbeits- und Lebensweise im städtischen Handwerk. Zur Sozialgeschichte Augsburger Handwerksgesellen im 18. Jahrhundert (1700–1806) (Göttinger Beiträge zur Wirtschafts- und Sozialgeschichte, 14), Göttingen 1988

Reith, Reinhold: Handwerk und Zunft in Mühldorf am Inn zur Salzburger Zeit, in: Mühldorf a. Inn – Salzburg in Bayern, Mühldorf 2002, S. 98–107

Reith, Reinhold: Lohn und Leistung aus der Perspektive der Historischen Schule der Nationalökonomie. Zum Problem der Wirtschaftsmentalitäten, in: Handwerk, Hausindustrie und die Historische Schule der Nationalökonomie. Wissenschafts- und gewerbegeschichtliche Perspektiven, hrsg. von Friedrich Lenger, Bielefeld 1998, S. 78–104

Reith, Reinhold: Strukturen des Arbeitsmarktes im Augsburger Handwerk des 18. Jahrhunderts, in: III. Internationales handwerksgeschichtliches Symposium Veszprém 18.–24.10.1986, Band 1, Veszprém 1987, S. 127–141

Reith, Reinhold: Technische Innovationen im Handwerk der frühen Neuzeit? Traditionen, Probleme und Perspektiven der Forschung, in: Stadt und Handwerk im Mittelalter und früher Neuzeit (Städteforschung, A 54), hrsg. von Karl Heinrich Kaufhold und Wilfried Reininghaus, Köln/Weimar/Wien 2000, S. 21–60

Reith, Reinhold: Wage conflicts and wage formation in early modern German guilds, in: Guilds, economy and society (Ciencias Económicas y Empresariales, 35), hrsg. von Clara Eugenia Núnez, Sevilla 1998, S. 79–90

Reith, Reinhold: Zünfte im Süden des Alten Reiches: Politische, wirtschaftliche und soziale Aspekte, in: Das Ende der Zünfte. Ein europäischer Vergleich, hrsg. von Heinz-Gerhard Haupt (Kritische Studien zur Geschichtswissenschaft, 151), Göttingen 2002, S. 39–69

Reith, Reinhold: Zur beruflichen Sozialisation im Handwerk vom 18. bis ins frühe 20. Jahrhundert. Umrisse einer Sozialgeschichte der deuutschen Lehrlinge, in: Vierteljahrschrift für Sozial- und Wirtschaftsgeschichte, 1989, S. 1–27

Reith, Reinhold/Grießinger, Andreas/Eggers, Petra: Streikbewegungen deutscher Handwerksgesellen im 18. Jahrhundert. Materialien zur Sozial- und Wirtschaftsgeschichte des städtischen Handwerks 1700–1806 (Göttinger Beiträge zur Wirtschafts- und Sozialgeschichte, 17), Göttingen 1992

Remling, Ludwig: Formen und Ausmaß gewerblicher Autonomie in nordwestdeutschen Städten (14.–16. Jahrhundert), in: Stadt und wirtschaftliche Selbstverwaltung. 22. Arbeitstagung in Pforzheim 11.–13. November 1983, hrsg. von Bernhard Kirchgässner und Eberhard Naujoks (Stadt in der Geschichte. Veröffentlichungen des Südwestdeutschen Arbeitskreises für Stadtgeschichtsforschung, 12), Sigmaringen 1987, S. 60–76

Remling, Ludwig: Sozialgeschichtliche Aspekte des spätmittelalterlichen Bruderschaftswesens in Franken, in: Einungen und Bruderschaften in der spätmittelalterlichen Stadt, hrsg. von Peter Johanek (Städteforschung, A 32), Köln/Weimar/Wien 1993, S. 149–169

Reschauer, Heinrich: Geschichte des Kampfes der Handwerkerzünfte und der Kaufmannsgremien mit der österreichischen Bureaukratie (Vom Ende des 17. Jahrhunderts bis zum Jahre 1860), Wien 1882

Rhys Davids, T. W.: Buddhist India, London 1903, Nachdruck Delhi 2002

Ribalta, Pere Molas: Die Zünfte im Spanien des 18. und beginnenden 19. Jahrhunderts: Gesellschaftliche, politische und ideologische Aspekte, in: Das Ende der Zünfte. Ein europäischer Vergleich, hrsg. von Heinz-Gerhard Haupt (Kritische Studien zur Geschichtswissenschaft,

151), Göttingen 2002, S. 215–229
Richter, Richard: Der Rolandschacht. Die Zunft der reisenden Bauhandwerker, Villingendorf 1982
Rippmann, Dorothee: Frauen und Handwerk. Gedanken zum Stadt-Land-Vergleich im Spätmittelalter, in: „Was nützt die Schusterin dem Schmied?" Frauen und Handwerk vor der Industrialisierung (Studien zur Historischen Sozialwissenschaft, 22), hrsg. von Katharina Simon-Muscheid, Frankfurt am Main/New York 1998, S. 131–157
Ritter, Gerhard A.: Entstehung und Entwicklung des Sozialstaates in vergleichender Perspektive, in: Historische Zeitschrift, 1986, S. 1–90
Roehl, Hugo: Beiträge zur Preussischen Handwerkerpolitik vom Allgemeimen Landrecht bis zur Allgemeinen Gewerbeordnung von 1845 (Staats- und socialwissenschaftliche Forschungen, 17/4), Leipzig 1900
Rohde, Reimer: Die Entwicklung der Handwerkerzünfte in Altona von 1640 bis zum Ende des 18. Jahrhunderts. Ein Beitrag zur Geschichte der Altonaer Gewerbeverfassung unter den Bedingungen des dänischen Merkantilismus, Diss. Hamburg 1974
Röhrich, Lutz/Meinel, Gertraud: Redensarten aus dem Bereich von Handwerk und Gewerbe, in: Alemannisches Jahrbuch, 1971/72, Bühl 1973, S. 163–198
Rohrscheidt, Kurt von: Vom Zunftzwange zur Gewerbefreiheit. Eine Studie nach den Quellen, Berlin 1898, Nachdruck Glashütten 1976
Rörig, Fritz: Die europäische Stadt und die Kultur des Bürgertums im Mittelalter, 4. Auflage Göttingen 1964
Rösler, Rudolf: Beitrag zur Geschichte des Zunftwesens. Älteres Zunftwesen in Hermannstadt bis zum Jahre 1526, Diss. Erlangen 1911
Rogge, Jörg: Geschlechtergesellschaften, Trinkstuben und Ehre. Bemerkungen zur Gruppenbildung und den Lebensordnungen in den Führungsschichten mittelalterlicher Städte, in: Geschlechtergesellschaften, Zunft-Trinkstuben und Bruderschaften in spätmittelalterlichen und frühneuzeitlichen Städten (Veröffentlichungen des Südwestdeutschen Arbeitskreises für Stadtgeschichtsforschung, 30), hrsg. von Gerhard Fouquet, Matthias Steinbrink und Gabriel Zeilinger, Ostfildern 2003, S. 99–127
Roth, Hans: Von alter Zunftherrlichkeit, Rosenheim 1981
Roth, Klaus: Vorwort, in: Handwerk in Mittel- und Südosteuropa. Mobilität, Vermittlung und Wandel im Handwerk des 18. bis 20. Jahrhunderts, hrsg. von Klaus Roth, München 1987, S. 7–9
Roth, Klaus (Hrsg.): Handwerk in Mittel- und Südosteuropa. Mobilität, Vermittlung und Wandel im Handwerk des 18. bis 20. Jahrhunderts, München 1987
Rózsa, Miklós: Das Verwaltungssystem des zweien ungarischen allgemeinen Gewerbegesetzes bis zum Ende des 19. Jahrhunderts, in: II. Internationales Handwerksgeschichtliches Symposium Veszprém 21.–26.8.1982, Band 1, Veszprém 1983, S. 119–128
Rüdiger, Otto: Die ältesten Hamburgischen Zunftrollen und Brüderschaftsstatuten, Hamburg 1874, Nachdruck Glashütten im Taunus 1976
Rüfner, Wolfgang: Die Verwaltungstätigkeit unter Restauration und Konstitution, in: Deutsche Verwaltungsgeschichte, hrsg. von Kurt G. A. Jeserich, Hans Pohl und Georg-Christoph von Unruh, Band 2, Stuttgart 1983, S. 470–503
Rumpf, Max: Deutsches Handwerkerleben und der Aufstieg der Stadt, Stuttgart 1955
Runge, Joachim: Justus Mösers Gewerbetheorie und Gewerbepolitik im Fürstbistum Osnabrück in der zweiten Hälfte des 18. Jahrhunderts (Schriften zur Wirtschafts- und Sozialgeschichte, 2), Berlin (West) 1966
Saal, C. Th. B.: Wanderbuch für junge Handwerker oder populäre Belehrungen, 2. Auflage Weimar 1842, Nachdruck Gütersloh 1982
Sachße, Christoph/Tennstedt, Florian: Geschichte der Armenfürsorge in Deutschland, Band 1, 2. Auflage Stuttgart/Berlin/Köln 1998
Salow, Edmund: Das Zunftwesen in Kassel bis zum Erlaß der hessischen Zunftordnung von 1693 (Hessische Forschungen zur geschichtlichen Landes- und Volkskunde, 12), Hessisch Lichtenau 1978 (Original Diss. Leipzig 1923)
Samsonowicz, Henryk: Trois formes d'organisation de l'artisanat dans les villes hanséatiques aux

XIVe–XVe siècles, in: Les métiers au moyen age. Aspects économique et sociaux. Actes du Colloque international de Louvain-la-Neuve 7–9 octobre 1993, hrsg. von Pascale Lambrechts und Jean-Pierre Sosson, Louvain-la-Neuve 1994, S. 307–315

San Nicolò, Mariano: Ägyptisches Vereinswesen zur Zeit der Ptolemäer und Römer, 2 Bände, 2. Auflage München 1972

Sandner, Ingo/Ritschel, Iris: Arbeitsweise und Maltechnik Lucas Cranachs und seiner Werkstatt, in: Lucas Cranach. Ein Maler-Unternehmer aus Franken (Veröffentlichungen zur Bayerischen Geschichte und Kultur, 26), Augsburg 1994, S. 186–193

Sarre, Friedrich: Die Berliner Goldschmiede-Zunft von ihrem Entstehen bis zum Jahre 1800. Ein Beitrag zur Kunst- und Gewerbe-Geschichte Berlins, Berlin 1895

Schade, Oskar: Deutsche Handwerkslieder, Leipzig 1865, Nachdruck Wiesbaden 1970

Schade, Oskar: Vom deutschen Handwerksleben in Brauch, Spruch und Lied, in: Weimarisches Jahrbuch, IV/2, 1856, S. 241–344

Schanz, Georg: Zur Geschichte der deutschen Gesellen-Verbände mit 55 bisher unveröffentlichten Documenten aus der Zeit des 14.–17. Jahrhunderts, Leipzig 1877

Scheben, Wilhelm: Das Zunfthaus und die Zunft der Brauer in Köln, Köln 1875

Scheitlin, Otto: Das st. gallische Zunftwesen von den Anfängen bis zum Ende des 16. Jahrhunderts, Diss. Basel 1937

Schembs, Hans-Otto: Wir bau'n ein schützend Dach. Die Geschichte der Steindecker-Zunft in Frankfurt am Main (1350–1864), der Dachdecker-Genossenschaft (1873/1885–1903) und der Dachdecker-Innung (seit 1903), Frankfurt am Main 1988

Scheschkewitz, Ulrich: Das Zunftwesen der Stadt Lüneburg. Von den Anfängen bis zur Änderung der Stadtverfassung im Jahre 1639, Lüneburg 1966

Schewe, Dieter: Geschichte der sozialen Versicherung im Mittelalter in den Gilden Europas (Sozialpolitische Schriften, 80), Berlin 2000

Schich, Winfried: Zum Ausschluß der Wenden aus den Zünften nord- und ostdeutscher Städte im späten Mittelalter, in: Mit Fremden leben. Eine Kulturgeschichte von der Antike bis zur Gegenwart, hrsg. von Alexander Demandt, Andreas Müggenburg und Heinrich Schlange-Schöningen, München 1995, S. 122–136

Schichtel, Peter: Das Recht des zünftigen Handwerks im Herzogtum Pfalz-Zweibrücken während des 18. Jahrhunderts. Ein Beitrag zum Gewerberecht eines deutschen Kleinstaates gegen Ende des Ancien Régime (Schriften zur Rechtsgeschichte, 37), Berlin 1986

Schiller, Friedrich: Gedichte, hrsg. von Norbert Oellers, Stuttgart 1999

Schilling, Heinz: Die Stadt in der Frühen Neuzeit (Enzyklopädie deutscher Geschichte, 24), 2. Auflage München 2004

Schilp, Thomas: Zunft und Memoria. Überlegungen zur Selbstdeutung von Zünften im mittelalterlichen Westfalen, in: Zunftlandschaften in Deutschland und den Niederlanden im Vergleich. Kolloquium der Historischen Kommission für Westfalen am 6. und 7. November 1997 auf Haus Welbergen, hrsg. von Wilfried Reininghaus, Münster 2000, S. 107–120

Schindler, Norbert: Die Hüter der Unordnung. Rituale der Jugendkultur in der frühen Neuzeit, in: Geschichte der Jugend, Band I, Frankfurt am Main 1996, S. 319–382

Schlenkrich, Elke: Der Alltag der Lehrlinge im sächsischen Zunfthandwerk des 15. bis 18. Jahrhunderts (Medium Aevum Quotidianum. Sonderband, IV), Krems 1995

Schlenkrich, Elke: Überlegungen zur geschlechtsspezifischen Ausbildung im sächsischen Zunfthandwerk des Spätmittelalters und der frühen Neuzeit, in: „Was nützt die Schusterin dem Schmied?“ Frauen und Handwerk vor der Industrialisierung (Studien zur Historischen Sozialwissenschaft, 22), hrsg. von Katharina Simon-Muscheid, Frankfurt am Main/New York 1998, S. 111–116

Schlenkrich, Elke/Bräuer, Helmut: Armut, Verarmung und ihre öffentliche Wahrnehmung. Das sächsische Handwerk des ausgehenden 17. und 18. Jahrhunderts, in: Stadt und Handwerk im Mittelalter und früher Neuzeit (Städteforschung, A 54), hrsg. von Karl Heinrich Kaufhold und Wilfried Reininghaus, Köln/Weimar/Wien 2000, S. 93–117

Schluchter, Wolfgang (Hrsg.): Max Webers Studie über Konfuzianismus und Taoismus. Interpretation und Kritik, Frankfurt am Main 1983

Schmidt, Benno (Hrsg.): Frankfurter Zunfturkunden bis zum Jahre 1612 (Veröffentlichungen der Historischen Kommission der Stadt Frankfurt am Main, VI/1), 2 Bände, 1914, Nachdruck Wiesbaden 1968

Schmidt, Georg: „Frühkapitalismus" und Zunftwesen. Monopolbestrebungen und Selbstverwaltung in der frühneuzeitlichen Wirtschaft, in: Stadt und wirtschaftliche Selbstverwaltung. 22. Arbeitstagung in Pforzheim 11.–13. November 1983, hrsg. von Bernhard Kirchgässner und Eberhard Naujoks (Stadt in der Geschichte. Veröffentlichungen des Südwestdeutschen Arbeitskreises für Stadtgeschichtsforschung, 12), Sigmaringen 1987, S. 77–114

Schmidt, Gustav: Lehrbuben, Handwerksburschen und Zunftmeister. Vom einstigen Zunftwesen im oberfränkischen Raum (Heimatbeilage zum Amtlichen Schulanzeiger des Regierungsbezirks Oberfranken, 229), Bayreuth 1996

Schmidt, Julie: Die Zunft der Fleischer zu Köln. Einleitung und Teil I: Die Zunft der Fleischer mit Ausschluß ihres wirtschaftlichen Lebens, Diss. Bonn 1917

Schmidt, Leopold: Zunftzeichen. Zeugnisse alter Handwerkskunst, Salzburg 1973

Schmidt, Peer (Hrsg.): Kleine Geschichte Spaniens, Stuttgart 2004

Schmidtchen, Volker: Technik im Übergang vom Mittelalter zur Neuzeit zwischen 1350 und 1600, in: Propyläen Technikgeschichte, hrsg. von Wolfgang König, 2. Band, Neuausgabe, Berlin 1997, S. 207–598

Schmidt-Wiegand, Ruth: Die Bezeichnungen Zunft und Gilde in ihrem historischen und wortgeographischen Zusammenhang, in: Gilden und Zünfte. Kaufmännische und gewerbliche Genossenschaften im frühen und hohen Mittelalter, hrsg. von Berent Schwineköper (Vorträge und Forschungen, XXIX), Sigmaringen 1985, S. 31–52

Schmoller, Gustav: Die Strassburger Tucher- und Weberzunft. Urkunden und Darstellung nebst Regesten und Glossar. Ein Beitrag zur Geschichte der deutschen Weberei und des deutschen Gewerberechts vom XIII. – XVII. Jahrhundert, Straßburg 1879

Schmoller, Gustav: Strassburg zur Zeit der Zunftkämpfe und die Reform seiner Verfassung und Verwaltung im XV. Jahrhundert. Rede gehalten zur Feier des Stiftungsfestes der Universität Strassburg am 1. Mai 1875 (Quellen und Forschungen zur Sprach- und Culturgeschichte der germanischen Völker, XI), Straßburg 1875

Schmugge, Ludwig: Einleitung, in: Illegitimität im Spätmittelalter, hrsg von Ludwig Schmugge und Béatrice Wiggenhauser (Schriften des Historischen Kollegs. Kolloquien, 29), München 1994, S. 1–9

Schmugge, Ludwig: Kollektive und individuelle Motivstrukturen im mittelalterlichen Pilgerwesen, in: Migration in der Feudalgesellschaft, hrsg. von Gerhard Jaritz und Albert Müller (Studien zur Historischen Sozialwissenschaft, 8), Frankfurt am Main/New York 1988, S. 263–289

Schmugge, Ludwig/Braun, Hans: Dispense und Legitimierungen durch die Pönitentiarie für Illegitime alemannischer Städte (ca. 1450–1550). Fallstudien aus den Diözesen Basel und Konstanz, in: Handwerk in Europa. Vom Spätmittelalter bis zur Frühen Neuzeit (Schriften des Historischen Kollegs. Kolloquien, 41), hrsg. von Knut Schulz, München 1999, S. 33–49

Schneider, Reinhard: Das Frankenreich (Oldenbourg Grundriß der Geschichte, 5), München/Wien 1982

Schönberg, Gustav: Zur wirtschaftlichen Bedeutung des Deutschen Zunftwesens im Mittelalter. Ein Beitrag zur Geschichte des Zunftwesens, Berlin 1868, Nachdruck Vaduz 1977

Schöne, Bernd: Lausitzer Bandweberei – vom Zunfthandwerk zur Manufaktur und zur frühen Fabrik, in: Internationales handwerksgeschichtliches Symposium Veszprém 20.–24.11.1978, Veszprém 1979, S. 176–181

Schöne, Bernd: Posamentierer – Strumpfwirker – Spitzenklöpplerinnen. Zu Kultur und Lebensweise von Textilproduzenten im Erzgebirge und im Vogtland während der Periode des Übergangs vom Feudalismus zum Kapitalismus (1750–1850), in: Volksleben zwischen Zunft und Fabrik. Studien zu Kultur und Lebensweise werktätiger Klassen und Schichten während des Übergangs vom Feudalismus zum Kapitalismus, hrsg. von Rudolf Weinhold, Berlin (Ost) 1982, S. 107–164

Schrader, Hans: Die Schleswiger Zünfte mit besonderer Berücksichtigung der Flensburger Gilden und Brüderschaften bis zum Beginn des 16. Jahrhunderts, Diss. Leipzig 1913

Schragmüller, Elsbeth: Die Bruderschaft der Borer und Balierer von Freiburg und Waldkirch. Beitrag zur Gewerbegeschichte des Oberrheins (Volkswirtschaftliche Abhandlungen der badischen Hochschulen. Neue Folge, 30), Karlsruhe 1914

Schremmer, Eckart: Standortausweitung der Warenproduktion im langfristigen Wirtschaftswachstum. Zur Stadt-Land-Arbeitsteilung im Gewerbe des 18. Jahrhunderts, in: Vierteljahrschrift für Sozial- und Wirtschaftsgeschichte, 1972, S. 1–40

Schrott, Konrad: Handel, Zünfte und Pfuscher zu Bamberg in der Säkularisation 1802/03, in: Heimat Bamberger Land, 9/1997, S. 72–76

Schultz, Helga: Das ehrbare Handwerk. Zunftleben im alten Berlin zur Zeit des Absolutismus, Weimar 1993

Schultz, Helga: Die Herkunft der Berliner Handwerker im 18. Jahrhundert, in: II. Internationales Handwerksgeschichtliches Symposium Veszprém 21.–26.8.1982, Band 1, Veszprém 1983, S. 49–62

Schultz, Helga: Handwerk und Zünfte auf dem Lande unter den Bedingungen der ostelbischen Gutsherrschaft, in: Internationales handwerksgeschichtliches Symposium Veszprém 20.–24.11.1978, Veszprém 1979, S. 206–217

Schultz, Helga: Landhandwerk im Übergang vom Feudalismus zum Kapitalismus. Vergleichender Überblick und Fallstudie Mecklenburg-Schwerin (Forschungen zur Wirtschaftsgeschichte, 21), Berlin (Ost) 1984

Schultz, Helga: Zunfthandwerk zwischen Tradition und Krise? – Die Wirkungen des Reichszunftgesetzes von 1731 in Brandenburg-Preussen, in: III. Internationales handwerksgeschichtliches Symposium Veszprém 18.–24.10.1986, Band 2, Veszprém 1987, S. 125–135

Schulz, Knut: „Denn sie lieben die Freiheit so sehr ...“ Kommunale Aufstände und Entstehung des europäischen Bürgertums im Hochmittelalter, 2. Auflage Darmstadt 1995

Schulz, Knut: Die Handwerksgesellen, in: Unterwegssein im Spätmittelalter, hrsg. von Peter Moraw (Zeitschrift für historische Forschung. Beiheft, 1), Berlin 1985, S. 71–92

Schulz, Knut: Die Norm der Ehelichkeit im Zunft- und Bürgerrecht spätmittelalterlicher Städte, in: Illegitimität im Spätmittelalter, hrsg. von Ludwig Schmugge und Béatrice Wiggenhauser (Schriften des Historischen Kollegs. Kolloquien, 29), München 1994, S. 67–83

Schulz, Knut: Die Stellung der Gesellen in der spätmittelalterlichen Stadt, in: Haus und Familie in der spätmittelalterlichen Stadt, hrsg. von Alfred Haverkamp (Städteforschung, A 18), Köln/Wien 1984, S. 304–326

Schulz, Knut: Handwerksgesellen und Lohnarbeiter. Untersuchungen zur oberrheinischen und oberdeutschen Stadtgeschichte des 14. bis 17. Jahrhunderts, Sigmaringen 1985

Schulz, Knut: Patriziergesellschaften und Zünfte in den mittel- und oberrheinischen Bischofsstädten, in: Gilden und Zünfte. Kaufmännische und gewerbliche Genossenschaften im frühen und hohen Mittelalter, hrsg. von Berent Schwineköper (Vorträge und Forschungen, XXIX), Sigmaringen 1985, S. 311–335

Schulz, Knut, Patriziergesellschaften und Zünfte in den mittel- und oberrheinischen Bischofsstädten, in: Kaufmännische und gewerbliche Genossenschaften („Gilden und Zünfte“) im frühen und hohen Mittelalter, Teil II: Entstehung und Verfassung der „Gilden und Zünfte“ im früh- und hochmittelalterlichen Deutschland (Konstanzer Arbeitskreis für mittelalterliche Geschichte. Protokoll Nr. 237 über die Arbeitstagung vom 18.–21.3.1980 auf der Insel Reichenau), Konstanz 1980, S. 37–39

Schulz, Knut: Verflechtungen des europäischen Handwerks vom 14. bis zum 16. Jahrhundert. Einführende Bemerkungen, in: Handwerk in Europa. Vom Spätmittelalter bis zur Frühen Neuzeit (Schriften des Historischen Kollegs. Kolloquien, 41), hrsg. von Knut Schulz, München 1999, S. VII–XVII

Schulz, Knut (Hrsg.): Handwerk in Europa. Vom Spätmittelalter bis zur Frühen Neuzeit (Schriften des Historischen Kollegs. Kolloquien, 41), München 1999

Schulze, Artur: Die Entwicklung des alten Handwerks in den Dörfern und Landstädten der preußischen Südoberlausitz. Ein Beitrag zur Wirtschaftsgeschichte des ostdeutschen Kolonisationsgebietes, in: Neues Lausitzisches Magazin, 103 (1927), S. 165–236

Schulze, Franz: Die Handwerkerorganisation in Freiberg i. Sa. bis zum Ende des 16. Jahrhunderts,

Freiberg 1920
Schulze, Winfried: Deutsche Geschichte im 16. Jahrhundert 1500–1618, Darmstadt 1997 (Erstausgabe 1987)
Schulze, Winfried: Die ständische Gesellschaft des 16./17. Jahrhunderts als Problem von Statik und Dynamik, in: Ständische Gesellschaft und soziale Mobilität, hrsg. von Winfried Schulze und Helmut Gabel (Schriften des Historischen Kollegs. Kolloquien, 12), München 1988, S. 1–17
Schulze, Winfried: Vom Gemeinnutz zum Eigennutz. Über den Normenwandel in der ständischen Gesellschaft der Frühen Neuzeit, in: Historische Zeitschrift, 1986, S. 591–626
Schulz-Nieswandt, Frank: Gilden als „totales soziales Phänomen“ im europäischen Mittelalter. Rechts- und religionsgeschichtliche Wurzeln der Genossenschaftlichkeit als Archetypus menschlicher Gesellung im Lichte ethnologischen Vergleichsmaterials (Genossenschaft und Versicherung, 1), Weiden/Regensburg 2000
Schuster, Dora: Die Stellung der Frau in der Zunftverfassung (Quellenhefte zum Frauenleben in der Geschichte, 7), Berlin 1927
Schwarz, Gerard: „Nahrungsstand“ und „erzwungener Gesellenstand“. Mentalité und Strukturwandel des bayerischen Handwerks im Industrialisierungsprozeß um 1860 (Beiträge zu einer historischen Strukturanalyse Bayerns im Industriezeitalter, 10), Berlin (West) 1974
Schwarz, Klaus: Die Lage der Handwerksgesellen in Bremen während des 18. Jahrhunderts (Veröffentlichungen aus dem Staatsarchiv der Freien Hansestadt Bremen, 44), Bremen 1975
Schwarzlmüller, Josef: Die Berufslaufbahn Lehrling – Geselle – Meister in den Handwerkszünften Oberösterreichs, Wien 1979
Schwarzlmüller, Josef: Vom Lehrling zum Meister im alten Schneiderhandwerk Oberösterreichs (vom Mittelalter bis zur Gewerbeordnung 1859) (Linzer Schriften zur Sozial- und Wirtschaftsgeschichte, 10), Linz 1984
Schwineköper, Berent: Genossenschaftliche Marktbauten und Zunfthäuser in West- und Mitteleuropa, in: Kaufmännische und gewerbliche Genossenschaften („Gilden und Zünfte“) im frühen und hohen Mittelalter, Teil II: Entstehung und Verfassung der „Gilden und Zünfte“ im früh- und hochmittelalterlichen Deutschland (Konstanzer Arbeitskreis für mittelalterliche Geschichte. Protokoll Nr. 237 über die Arbeitstagung vom 18.–21.3.1980 auf der Insel Reichenau), Konstanz 1980, S. 2–10
Schwineköper, Berent (Hrsg.): Gilden und Zünfte. Kaufmännische und gewerbliche Genossenschaften im frühen und hohen Mittelalter (Vorträge und Forschungen, XXIX), Sigmaringen 1985
Schwinges, Rainer Christoph: Migration und Austausch: Studentenwanderungen im Deutschen Reich des Späten Mittelalters, in: Migration in der Feudalgesellschaft, hrsg. von Gerhard Jaritz und Albert Müller (Studien zur Historischen Sozialwissenschaft, 8), Frankfurt am Main/New York 1988, S. 141–155
Sczesny, Anke: Von Handwerkern, Zünften und Bauern – Gewerbe und Gesellschaft im ländlichen Ostschwaben der Frühen Neuzeit, in: Zeitschrift des Historischen Vereins für Schwaben, 2002, S. 139–158
650 Jahre Zürcher Zünfte, Zürich 1986
Sedatis, Helmut: Liberalismus und Handwerk in Südwestdeutschland. Wirtschafts- und Gesellschaftskonzeptionen des Liberalismus und die Krise des Handwerks im 19. Jahrhundert (Geschichte und Theorie der Politik. Abhandlungen aus dem Institut für Grundlagen der Politik des Fachbereichs Politische Wissenschaft der Freien Universität Berlin, A 4), Stuttgart 1979
Seiffert, Hans: Quellen zur Handwerksgeschichte (Materialien zur Geschichte der Stadt Helmbrechts und ihrer Umgebung, I), Helmbrechts 1928
Sieber, Siegfried: Etwas über Zunftsagen, mit Bezugnahme auf das Egerer Fahnenschwingen, in: Mitteilungen des Vereines für Geschichte der Deutschen in Böhmen, 54, 1916, S. 50–58
Sieber, Siegfried: Nachbarschaften, Gilden, Zünfte und ihre Feste, 2 Teile, in: Archiv für Kulturgeschichte, 11/4, 1914, S. 455–482; 12/1, 1914, S. 56–78
Siebers, Winfried: Ungleiche Lehrfahrten. Kavaliere und Gelehrte, in: Reisekultur. Von der Pilgerfahrt zum modernen Tourismus, 2. Auflage München 1999, S. 47–57

Siemann, Wolfram: Gesellschaft im Aufbruch. Deutschland 1849–1871, Darmstadt 1997 (Erstausgabe 1990)

Siemsen, Rudolf: Germanengut im Zunftbrauch, Berlin 1942

Simon-Muscheid, Katharina: Basler Handwerkszünfte im Spätmittelalter. Zunftinterne Strukturen und innerstädtische Konflikte, Bern u.a. 1988

Simon-Muscheid, Katharina: Frauenarbeit und Männerehre. Der Geschlechterdiskurs im Handwerk, in: „Was nützt die Schusterin dem Schmied?" Frauen und Handwerk vor der Industrialisierung (Studien zur Historischen Sozialwissenschaft, 22), hrsg. von Katharina Simon-Muscheid, Frankfurt am Main/New York 1998, S. 13–33

Simon-Muscheid, Katharina: Zunft-Trinkstuben und Bruderschaften: „Soziale Orte" und Beziehungsnetze im spätmittelalterlichen Basel, in: Geschlechtergesellschaften, Zunft-Trinkstuben und Bruderschaften in spätmittelalterlichen und frühneuzeitlichen Städten (Veröffentlichungen des Südwestdeutschen Arbeitskreises für Stadtgeschichtsforschung, 30), hrsg. von Gerhard Fouquet, Matthias Steinbrink und Gabriel Zeilinger, Ostfildern 2003, S. 147–162

Simon-Muscheid, Katharina (Hrsg.): „Was nützt die Schusterin dem Schmied?" Frauen und Handwerk vor der Industrialisierung (Studien zur Historischen Sozialwissenschaft, 22), Frankfurt am Main/New York 1998

Simon-Muscheid, Katharina/Jacobsen, Grethe: Resümee, in: „Was nützt die Schusterin dem Schmied?" Frauen und Handwerk vor der Industrialisierung (Studien zur Historischen Sozialwissenschaft, 22), hrsg. von Katharina Simon-Muscheid, Frankfurt am Main/New York 1998, S. 159–165

Skalweit, August: Das Dorfhandwerk vor Aufhebung des Städtezwangs (Abhandlungen des Europäischen Handwerks-Instituts Frankfurt am Main, 1), Frankfurt am Main 1942

Smith, Adam: Untersuchung über Wesen und Ursachen des Reichtums der Völker, hrsg. von Erich W. Streissler, Tübingen 2005

Sonntag, Willy: Der Zunftzwang in Köln bis zum Ausgang des Mittelalters, Diss. Köln 1937

Soom, Arnold: Die Zunfthandwerker in Reval im 17. Jahrhundert (Vitterhets Historie och Antikvitets Akademien. Handlingar. Historiska serien, 15), Stockholm 1971

Sosson, Jean-Pierre: Die Körperschaften in den Niederlanden und Nordfrankreich: neue Forschungsperspektiven, in: Gilde und Korporation in den nordeuropäischen Städten des späten Mittelalters (Quellen und Darstellungen zur hansischen Geschichte. Neue Folge, XXIX), hrsg. von Klaus Friedland, Köln/Wien 1984, S. 79–90

Spiesz, Anton: Das Zunftwesen des Königreichs Ungarn und sein Platz im gesamteuropäischen Zunftwesen, in: Internationales handwerksgeschichtliches Symposium Veszprém 20.–24.11.1978, Veszprém 1979, S. 293–307

Sprandel, Rolf: Der handwerkliche Familienbetrieb des Spätmittelalters und seine Probleme, in: Haus und Familie in der spätmittelalterlichen Stadt, hrsg. von Alfred Haverkamp (Städteforschung, A 18), Köln/Wien 1984, S. 327–337

Sprandel, Rolf: Handel und Gewerbe vom 6.–11. Jahrhundert, in: Gilden und Zünfte. Kaufmännische und gewerbliche Genossenschaften im frühen und hohen Mittelalter, hrsg. von Berent Schwineköper (Vorträge und Forschungen, XXIX), Sigmaringen 1985, S. 9–30

Sprandel, Rolf: Handel und Gewerbe vom 6.–11. Jahrhundert, in: Kaufmännische und gewerbliche Genossenschaften („Gilden und Zünfte") im frühen und hohen Mittelalter, Teil I: Allgemeine Probleme und europäischer Hintergrund (Konstanzer Arbeitskreis für mittelalterliche Geschichte. Protokoll Nr. 232 über die Arbeitstagung vom 9.–12.10.1979 auf der Insel Reichenau), Konstanz 1980, S. 7–10

Spree, Reinhard: Handwerker und kommunale Krankenhäuser im 19. Jahrhundert, in: Stadt und Handwerk im Mittelalter und früher Neuzeit (Städteforschung, A 54), hrsg. von Karl Heinrich Kaufhold und Wilfried Reininghaus, Köln/Weimar/Wien 2000, S. 269–300

Sprenkel, Sybille van der: Die politische Ordnung Chinas auf lokaler Ebene: Dörfer und Städte, in: Max Webers Studie über Konfuzianismus und Taoismus. Interpretation und Kritik, hrsg. von Wolfgang Schluchter, Frankfurt am Main 1983, S. 91–113

Stahl, Irene: Die Meistersinger von Nürnberg. Archivalische Studien (Nürnberger Werkstücke zur Stadt- und Landesgeschichte, 33), Nürnberg 1982

Staley, Edgcumbe: The Guilds of Florence, Chicago 1906, Nachdruck New York 1967
Stannek, Simone: Armut und Überlebensstrategien von Frauen im sächsischen Zunfthandwerk des 16.–18. Jahrhunderts, in: „Was nützt die Schusterin dem Schmied?“ Frauen und Handwerk vor der Industrialisierung (Studien zur Historischen Sozialwissenschaft, 22), hrsg. von Katharina Simon-Muscheid, Frankfurt am Main/New York 1998, S. 99–109
Staudenmeyer, Walter: Die soziale Lage der in der Calwer Zeughandels-Compagnie gebannten Zeugmacher, in: Städtische Mittelschichten. Protokoll der VIII. Arbeitstagung des Arbeitskreises für südwestdeutsche Stadtgeschichtsforschung Biberach 14.–16. November 1969 (Veröffentlichungen der Kommission für geschichtliche Landeskunde in Baden-Württemberg, B 69), hrsg. von Erich Maschke und Jürgen Sydow, Stuttgart 1972, S. 104–119
Steidl, Annemarie: Probleme und Möglichkeiten über Frauenarbeit im ländlichen Handwerk zu sprechen, in: „Was nützt die Schusterin dem Schmied?“ Frauen und Handwerk vor der Industrialisierung (Studien zur Historischen Sozialwissenschaft, 22), hrsg. von Katharina Simon-Muscheid, Frankfurt am Main/New York 1998, S. 117–129
Steindl, Harald: „Handwerk, errette dich!“ – Meister und Gesellen im Kampf gegen die Gewerbefreiheit im Vormärz und in der Revolution von 1848/49, in: III. Internationales handwerksgeschichtliches Symposium Veszprém 18.–24.10.1986, Band 2, Veszprém 1987, S. 175–198
Steinkamp, Arno: Stadt- und Landhandwerk in Schaumberg-Lippe im 18. und beginnenden 19. Jahrhundert (Schaumburger Studien, 27), Rinteln 1970
Stieda, Wilhelm: Zur Entstehung des deutschen Zunftwesens, Jena 1876, Nachdruck Vaduz 1977
Stieglitz, Leo von: Zünfte in Württemberg. Regeln und Zeichen altwürttembergischer Zünfte vom 16. bis zum 19. Jahrhundert. Begleitbuch zur Ausstellung im Württembergischen Landesmuseum Stuttgart 7.5.2000 – 17.9.2000, Stuttgart 2000
Stöckle, Albert: Spätrömische und byzantinische Zünfte. Untersuchungen zum sogenannten Eparchikon biblion Leos des Weisen (Klio. Beihefte, 9), Leipzig 1911, Nachdruck Aalen 1963
Störmer, Wilhelm: Bürgerliche Korporationen im spätmittelalterlichen Bayern, in: Einungen und Bruderschaften in der spätmittelalterlichen Stadt, hrsg. von Peter Johanek (Städteforschung, A 32), Köln/Weimar/Wien 1993, S. 111–147
Störmer, Wilhelm: Vergesellschaftungsformen des Meliorats und des Handwerks in den Städten des bayerisch-österreichischen Raumes, in: Gilden und Zünfte. Kaufmännische und gewerbliche Genossenschaften im frühen und hohen Mittelalter, hrsg. von Berent Schwineköper (Vorträge und Forschungen, XXIX), Sigmaringen 1985, S. 337–375
Störmer, Wilhelm: Vergesellschaftungsformen des Meliorats und des Handwerks in den Städten des bayerisch-österreichischen Raumes, in: Kaufmännische und gewerbliche Genossenschaften („Gilden und Zünfte“) im frühen und hohen Mittelalter, Teil II: Entstehung und Verfassung der „Gilden und Zünfte“ im früh- und hochmittelalterlichen Deutschland (Konstanzer Arbeitskreis für mittelalterliche Geschichte. Protokoll Nr. 237 über die Arbeitstagung vom 18.–21.3.1980 auf der Insel Reichenau), Konstanz 1980, S. 46–49
Stopp, Klaus: Die Erstellung einer Bibliographie der Handwerkskundschaften mit Stadtansichten, in: Internationales handwerksgeschichtliches Symposium Veszprém 20.–24.11.1978, Veszprém 1979, S. 80–82
Strauss, Herbert A.: Juden und Judenfeindschaft in der frühen Neuzeit, in: Antisemitismus. Von der Judenfeindschaft zum Holocaust (Schriftenreihe der Bundeszentrale für politische Bildung, 213), hrsg. von Herbert A. Strauss und Norbert Kampe, Bonn 1985, S. 66–87
Strauss, Herbert A./Kampe, Norbert (Hrsg.): Antisemitismus. Von der Judenfeindschaft zum Holocaust (Schriftenreihe der Bundeszentrale für politische Bildung, 213), Bonn 1985
Stremmel, Ralf: „Destillat der Zünfte“ und „Tummelplatz für Agitationen“? Die Handwerkskammern im Kaiserreich (1900–1914), in: Handwerk, Bürgertum und Staat. Beiträge des Zweiten Handwerksgeschichtlichen Kolloquiums auf Schloss Raesfeld, 12. bis 14. Januar 1995 (Untersuchungen zur Wirtschafts-, Sozial- und Technikgeschichte, 15), hrsg. von Wilfried Reininghaus und Ralf Stremmel, Dortmund 1997, S. 63–97
Strobach, Hermann: Droben auf jenem Berge. Deutsche Volkslieder I, Augsburg 2002
Stürmer, Michael: Höfische Kultur in Alteuropa: ihr Erbe an die Industriewirtschaft, in: II. Internationales Handwerksgeschichtliches Symposium Veszprém 21.–26.8.1982, Band 2,

Veszprém 1983, S. 83–91
Stürmer, Michael (Hrsg.): Herbst des Alten Handwerks. Zur Sozialgeschichte des 18. Jahrhunderts, München 1979
Taeschner, Franz: Zünfte und Bruderschaften im Islam. Texte zur Geschichte der Futuwwa, Zürich/München 1979
Tenfelde, Klaus: Die Entstehung der deutschen Gewerkschaftsbewegung. Vom Vormärz bis zum Ende des Sozialistengesetzes, in: Geschichte der deutschen Gewerkschaften von den Anfängen bis 1945, hrsg. von Ulrich Borsdorf und Gabriele Weiden, Köln 1987
Tenfelde, Klaus/Volkmann, Heinrich: Streik. Zur Geschichte des Arbeitskampfes in Deutschland während der Industrialisierung, München 1981
Tennstedt, Florian: Sozialgeschichte der Sozialversicherung, in: Handbuch der Sozialmedizin, hrsg. von Maria Blohmke u.a., Band 3, Stuttgart 1976, S. 385–492
Terhalle, Hermann: Gilden und Zünfte in Stadtlohn und Vreden (Beiträge des Heimatvereins Vreden zur Landes- und Volkskunde, 22), Vreden 1983
Thamer, Hans-Ulrich: Arbeit und Solidarität. Formen und Entwicklungen der Handwerkermentalität im 18. und 19. Jahrhundert in Frankreich und Deutschland, in: Handwerker in der Industrialisierung. Lage, Kultur und Politik vom späten 18. bis ins frühe 20. Jahrhundert, hrsg. von Ulrich Engelhardt (Industrielle Welt. Schriftenreihe des Arbeitskreises für moderne Sozialgeschichte, 37), Stuttgart 1984, S. 469–496
Thamer, Hans-Ulrich: Handwerksehre und Handwerkerstolz. Auto- und Heterostereotype des Handwerks. Ein Beitrag zur Mentalitätsgeschichte, in: Handwerk zwischen Idealbild und Wirklichkeit. Kultur- und sozialgeschichtliche Beiträge (Schweizerisches Freilichtmuseum Ballenberg. Wissenschaftliche Schriften, IV), hrsg. von Paul Higger, Bern/Stuttgart 1991, S. 81–96
Thikötter, Elisabet: Die Zünfte Bremens im Mittelalter, Diss. Berlin 1930
Thoms, Henry Eduard: Die Entstehung der Zünfte in Hildesheim. Ein Beitrag zur Geschichte des Zunftwesens, Diss. Leipzig 1908
Todt, Elisabeth/Radandt, Hans: Zur Frühgeschichte der deutschen Gewerkschaftsbewegung 1800–1849, Berlin 1950
Trautmann, Dietmar: Die wirtschaftliche und soziale Entwicklung der Stadt Hof von Anbeginn bis zur Gegenwart. Mit einem Abriß der Entstehungs- und politischen Geschichte. Teil 1: Die Zeit bis zur Eingliederung in das Königreich Bayern (Chronik der Stadt Hof, VII/1), Hof 1979
Treue, Wilhelm/Kellermann, Rudolf: Die soziale und wirtschaftliche Bedeutung des Nürnberger Handwerks im 15. und 16. Jahrhundert, in: Das Hausbuch der Mendelschen Zwölfbrüderstiftung zu Nürnberg. Deutsche Handwerkerbilder des 15. und 16. Jahrhunderts, Textband, München 1965, S. 71–92
Trimborn, Herbert: Ein Beitrag zur österreichischen merkantilistischen Gewerbepolitik am Beispiel der Bruderschaft der Borer und Balierer zu Freiburg und Waldkirch, Diss. Freiburg im Breisgau 1940
Troitzsch, Ulrich: Technischer Wandel in Staat und Gesellschaft zwischen 1600 und 1750, in: Propyläen Technikgeschichte, hrsg. von Wolfgang König, 3. Band, Neuausgabe Berlin 1997, S. 9–267
Trübsbach, Rainer: Das Handwerk der Rotgerber in Bayreuth im 18. Jahrhundert. Probleme sozial- und wirtschaftsgeschichtlicher Forschung im Regionalbereich vor der Industrialisierung, in: Archiv für Geschichte von Oberfranken, 1981, S. 83–122
Trübsbach, Rainer: Handwerksordnungen als Spiegel wirtschafts- und sozialgeschichtlicher Entwicklungen in der Markgrafschaft Bayreuth, in: Archäologie und Geschichte, Pegnitz 1990, S. 95–101
Trübsbach, Rainer: Wirtschafts- und Sozialgeschichte Bayreuths im 18. Jahrhundert. Zur materiellen Kultur des Handwerks in der Zeit der Vor- und Frühindustrialisierung, in: Archiv für Geschichte von Oberfranken, 1985, S. 7–289
Tsur, Nyok-Ching: Die gewerblichen Betriebsformen der Stadt Ningpo (Zeitschrift für die gesamte Staatswissenschaft. Ergänzungshefte, XXX), Tübingen 1909

Uitz, Erika: Frauenarbeit im Handwerk. Methodenfragen und inhaltliche Probleme, in: „Was nützt die Schusterin dem Schmied?" Frauen und Handwerk vor der Industrialisierung (Studien zur Historischen Sozialwissenschaft, 22), hrsg. von Katharina Simon-Muscheid, Frankfurt am Main/New York 1998, S. 35–52

Ullmann, Hans-Peter: Der deutsche Steuerstaat. Geschichte der öffentlichen Finanzen vom 18. Jahrhundert bis heute, München 2005

Unruh, Georg-Christoph von: Die Veränderungen der Preußischen Staatsverfassung durch Sozial- und Verwaltungsreformen, in: Deutsche Verwaltungsgeschichte, hrsg. von Kurt G. A. Jeserich, Hans Pohl und Georg-Christoph von Unruh, Band 2, Stuttgart 1983, S. 399–470

Unwin, George: The Gilds and Companies of London, 4. Auflage London 1963, Nachdruck London 1966

Vachenauer, Wilhelm: Handlungskompetenz als Ziel der zünftischen Berufsausbildung in Spätmittelalter und Früher Neuzeit. Exemplarisch dargestellt und analysiert an Hand des Zunftbuches der Kemptener Schmiede von 1419 bis 1757 mit Hilfe aktueller didaktischer Kategoriensysteme (Deutsche Hochschuledition, 123), Neuried 2001

Verwaltung und Politik in Städten Mitteleuropas. Beiträge zu Verfassungsnorm und Verfassungswirklichkeit in altständischer Zeit, hrsg. von Wilfried Ehbrecht (Städteforschung, A 34), Köln/Weimar/Wien 1994

400 Jahre Knochenhauer-Amtshaus 1529–1929, Hildesheim 1929

Vogel, Barbara: Allgemeine Gewerbefreiheit. Die Reformpolitik des preußischen Staatskanzlers Hardenberg (1810–1820) (Kritische Studien zur Geschichtswissenschaft, 57), Göttingen 1983

Vogel, Hubert: Die Münchner Zünfte. Dokumente und Bilder zu ihrer Geschichte seit 1290. Ausstellung des Münchner Stadtarchivs 9. Oktober bis 30. November 1970, München 1970

Voigt, August: Handwerk und Handel in Trier in der späteren Zunftzeit. Versuch einer quellenmäßig-systematischen Darstellung der gewerblichen Wirtschaftsanschauungen in ihrem Wandel vom Beginne des 16. bis zum Ende des 18. Jahrhunderts, Diss. Gießen 1929

Volckart, Oliver: Öffentliches und privates Wirtschaften: Zur Trennung von Staat und Gesellschaft im Verlauf der Vormoderne (ca. 12.–18. Jahrhundert), in: Öffentliches und privates Wirtschaften in sich wandelnden Wirtschaftsordnungen. Referate der 18. Arbeitstagung der Gesellschaft für Sozial- und Wirtschaftsgeschichte vom 7. bis 9. April 1999 in Innsbruck, hrsg. von Jürgen Schneider (Vierteljahrschrift für Sozial- und Wirtschaftsgeschichte. Beiheft, 156), Stuttgart 2001, S. 53–81

Vom alten Gesellenhaus zum modernen Kolpinghaus. 1891–1991. 100 Jahre Kolpinghaus St. Erhard in Regensburg, Regensburg 1991

Voß, Magnus: Die Innungen und Zünfte in Husum, ein Beitrag zur Geschichte des Orts, Husum 1896

Wachendorf, Helmut: Die wirtschaftliche Stellung der Frau in den deutschen Städten des späteren Mittelalters, Diss. Hamburg 1934

Wadle, Elmar: Fabrikzeichenschutz und Markenrecht. Geschichte und Gestalt des deutschen Markenschutzes im 19. Jahrhundert. Erster Teil: Entfaltung (Schriften zur Rechtsgeschichte, 14), Berlin 1977

Walker, Mack: German Home Towns. Community, State, and General Estate 1648–1871, Ithaca/London 1998

Wanner, Gustav Adolf: Zunftkraft und Zunftstolz, Basel 1976

Warncke, Johannes: Handwerk und Zünfte in Lübeck, 2. Auflage Lübeck 1937

Weber, Max: Wirtschaft und Gesellschaft. Grundriss der verstehenden Soziologie, Studienausgabe, 5. Auflage Tübingen 1980

Wefeling, Karl: 700 Jahre Schuhmacher-Zunft, -Gilde, -Innung Braunschweig 1260–1960, Braunschweig 1960

Wege, Erich: Die Zünfte als Träger wirtschaftlicher Kollektivmaßnahmen (Vierteljahrschrift für Sozial- und Wirtschaftsgeschichte, Beiheft 20), Stuttgart 1930

Wehler, Hans-Ulrich: Deutsche Gesellschaftsgeschichte, Band 1, 3. Auflage München 1996; Band 2, 3. Auflage München 1996; Band 3, München 1995; Band 4, München 2003

Weichs, Engelhart Freiherr von: Studien zum Handwerkerrecht des ausgehenden 17. Jahrhunderts

unter besonderer Berücksichtigung der Schriften von Adrian Beier, Diss. Königsberg 1938
Weingärtner, Georg: Zur Geschichte der Kölner Zunftunruhen am Ende des 18. Jahrhunderts. Geschichte der bürgerlichen Deputatschaft, Diss. Münster 1913
Weingärtner, Josef: Der Kost- und Logiszwang im Bäckergewerbe, Diss. Marburg 1910
Weinhold, Rudolf: Meister – Gesellen – Manufakturier. Zur Keramikproduktion und ihren Produzenten in Sachsen und Thüringen zwischen 1750 und 1830, in: Volksleben zwischen Zunft und Fabrik. Studien zu Kultur und Lebensweise werktätiger Klassen und Schichten während des Übergangs vom Feudalismus zum Kapitalismus, hrsg. von Rudolf Weinhold, Berlin (Ost) 1982, S. 165–250
Weitershausen, Philipp Ludwig von: Gegenwärtiger Zustand der Landeshauptmannschaft Hof als ein Beytrag zur Statistischen Kenntniß des Burggrafthums Nürnberg oberhalb Gebürgs, Bayreuth 1792
Weitershausen, Philipp Ludwig von: Uebersicht der Stadt- und Landeshauptmannschaft Hof. Erste Abtheilung, Hof 1784
Welter, Julian: Studien zur Geschichte des hamburgischen Zunftwesens im Mittelalter, Diss. Berlin 1895
Wenisch, Rudolf: Zunftordnungen aus Stadt und Bezirk Komotau (1460–1741) (Sudetendeutsche Geschichtsquellen, 6), Reichenberg/Komotau 1936
Werkstetter, Christine: Frauen im Augsburger Zunfthandwerk. Arbeit, Arbeitsbeziehungen und Geschlechterverhältnisse im 18. Jahrhundert (Colloquia Augustana, 14), Berlin 2001
Werner, Karl: Urkundliche Geschichte der Iglauer Tuchmacher-Zunft (Preisschriften, gekrönt und herausgegeben von der Fürstlich Jablonowskischen Gesellschaft, VIII), Leipzig 1861
Wesoly, Kurt: Die Auswirkungen der sogenannten Preisrevolution im 16. Jahrhundert auf die Handwerkerschaft am Mittelrhein, in: III. Internationales handwerksgeschichtliches Symposium Veszprém 18.–24.10.1986, Band 1, Veszprém 1987, S. 113–126
Wesoly, Kurt: Diskussionsvotum zum Beitrag von Martin Kintzinger, in: Handwerk in Europa. Vom Spätmittelalter bis zur Frühen Neuzeit (Schriften des Historischen Kollegs. Kolloquien, 41), hrsg. von Knut Schulz, München 1999, S. 189–194
Weyrauch, Thomas: Handwerkerorganisationen in der vorindustriellen Stadt. Ein interkultureller Vergleich des Handwerkertums in Asien, Afrika und Europa, Wettenberg 1993
Weyrauch, Thomas: Städtische Amts- und Gewerbeordnungen der frühen Neuzeit im mittleren Hessen (Mitteilungen des Oberhessischen Geschichtsvereins Gießen. Neue Folge, 72), Gießen 1987
Weyrauch, Thomas: Zunft- und Handwerksurkunden der Freien Reichsstadt Gelnhausen, 2. Auflage Wettenberg 1996
Wiest, Ekkehard: Die Entwicklung des Nürnberger Gewerbes zwischen 1648 und 1806 (Forschungen zur Sozial- und Wirtschaftsgeschichte, 12), Stuttgart 1968
Wilda, Wilhelm Eduard: Das Gildenwesen im Mittelalter, Halle 1831, Nachdruck Aalen 1964
Willoweit, Dietmar: Von der natürlichen Kindschaft zur Illegitimität. Die nichtehelichen Kinder in den mittelalterlichen Rechtsordnungen, in: Illegitimität im Spätmittelalter, hrsg von Ludwig Schmugge und Béatrice Wiggenhauser (Schriften des Historischen Kollegs. Kolloquien, 29), München 1994, S. 55–66
Winch, Donald: Das Aufkommen der Volkswirtschaftslehre als Wissenschaft 1750–1870, in: Europäische Wirtschaftsgeschichte. The Fontana Economic History of Europe, Taschenbuchausgabe, Band 3, Stuttgart/New York 1985 (Originalausgabe 1976), S. 333–377
Winkel, Harald: Die deutsche Nationalökonomie im 19. Jahrhundert, Darmstadt 1977
Winzen, Kristina: Handwerk – Städte – Reich. Die städtische Kurie des Immerwährenden Reichstags und die Anfänge der Reichshandwerksordnung (Vierteljahrschrift für Sozial- und Wirtschaftsgeschichte, Beiheft 160), Stuttgart 2002
Wirtschaft, Gesellschaft, Unternehmen. Festschrift für Hans Pohl zum 60. Geburtstag, hrsg. von Wilfried Feldenkirchen, Frauke Schönert-Röhlk und Günther Schulz, Stuttgart 1995
Wischnitzer, Mark: A History of Jewish Crafts and Guilds, New York 1965
Wissell, Rudolf: Des alten Handwerks Recht und Gewohnheit, hrsg. von Ernst Schraepler (Einzelveröffentlichungen der Historischen Kommission zu Berlin, 7), 6 Bände, Berlin (West) 1971–

1988
Wunder, Gerd: Die soziale Struktur der Handwerkerschaft in unseren alten Städten, in: Städtische Mittelschichten. Protokoll der VIII. Arbeitstagung des Arbeitskreises für südwestdeutsche Stadtgeschichtsforschung Biberach 14.–16. November 1969 (Veröffentlichungen der Kommission für geschichtliche Landeskunde in Baden-Württemberg, B 69), hrsg. von Erich Maschke und Jürgen Sydow, Stuttgart 1972, S. 120–134

Wutzel, Otto: Handwerksherrlichkeit. Das Handwerk in Vergangenheit und Gegenwart, Linz 1992

Zerwas, Hans-Jörg: Arbeit als Besitz. Das ehrbare Handwerk zwischen Bruderliebe und Klassenkampf 1848, Reinbek 1988

Ziegler, Otto: Das Zunftwesen der Markgrafschaft Baden-Baden von 1535 bis 1771, Diss. Frankfurt am Main 1933

Ziekow, Jan: Freiheit und Bindung des Gewerbes (Schriften zur Rechtsgeschichte, 54), Berlin 1992

Zincke, W.: Sechshundert Jahre Geschichte der Berliner Schneider-Gilde und ihrer Zeit. 1288–1888. Eine Festschrift, Berlin 1888

Zmyslony, Monika: Die Bruderschaften in Lübeck bis zur Reformation (Beiträge zur Sozial- und Wirtschaftsgeschichte, 6), Kiel 1977

Zöllner, Georg: Die Zunftverfassung in Leipzig bis zum Jahre 1600, Diss. Leipzig 1915

Zorn, Leopold: Die Entwicklung der Hilfskassen, Diss. Heidelberg 1912

Zuger Zünfte damals – heute, hrsg. von den Zünften der Stadt Zug, Zug 1982

Zünfte und Handwerk in Hessen. Ausstellung der hessischen Staatsarchive zum Hessentag 1985 in Alsfeld, o. O. 1985

Zürichs Zünfte einst und jetzt. Zum Jubiläum ihres 10jährigen Bestehens hrsg. von der Zunft Witikon Zürich, Zürich 1990

II. Internationales Handwerksgeschichtliches Symposium Veszprém 21.–26.8.1982, 2 Bände, Veszprém 1983

ABBILDUNGEN, TABELLEN UND TEXTEINSCHÜBE

REGISTER (ORTE, PERSONEN UND SACHEN)